Exceptional Children

An Introduction to Special Education, Twelfth Edition

최신특수교육 제12판

William L. Heward, Sheila R. Alber-Morgan, Moira Konrad 지음

김진호, 박재국, 방명애, 서효정, 유은정, 이효신, 한경근 옮김

Σ 시그마프레스

최신특수교육, 제12판

발행일 | 2022년 7월 25일 1쇄 발행

지은이 | William L. Heward, Sheila R. Alber-Morgan, Moira Konrad
옮긴이 | 김진호, 박재국, 방명애, 서효정, 유은정, 이효신, 한경근
발행인 | 강학경
발행처 | ㈜시그마프레스
디자인 | 이상화, 우주연, 김은경
편 집 | 김은실, 이호선, 윤원진
영업부 | 문정현, 송치헌, 김인수, 김미래, 김성옥

등록번호 | 제10-2642호
주소 | 서울시 영등포구 양평로 22길 21 선유도코오롱디지털타워 A401~402호
전자우편 | sigma@spress.co.kr
홈페이지 | http://www.sigmapress.co.kr
전화 | (02)323-4845, (02)2062-5184~8
팩스 | (02)323-4197

ISBN | 979-11-6226-396-9

Exceptional Children: An Introduction to Special Education, 12th Edition

교육의 대상이 되는 아이들은 매우 다양하다. 한 학급을 살펴보아도 아이들의 행동이나 성격, 발달 정도나 학업 수행능력, 신체적 특성이나 일상생활기술 등의 여러 부분에서 서로 다른 차이를 보인다. 예를 들면 어떤 아이는 책 읽기를 좋아하고 수학 계산하는 것을 싫어할 수 있으며, 또 어떤 아이는 활발하고 운동을 잘하지만, 어떤 아이는 조용히 앉아 생각하는 것을 좋아할 수도 있다. 이러한 개인의 특성이나 차이를 '개인차'라는 용어로 표현할 수 있으며, 이러한 차이나 다양성은 아이들 사이에서뿐만 아니라 한 아이의 내면에서도 살펴볼 수가 있다. 따라서 개인차는 '개인 간 차'와 '개인 내 차'로 나누어볼 수 있다. 개인 간 차는 사람들 간에 보이는 차이와 다양성을 의미하는 것이고, 개인 내 차는 한 개인이 가지고 있는 내면의 여러 가지 특성에서의 차이를 의미하는 것이다.

그런데 이러한 차이가 매우 커서 그들의 교육적 특성에 맞는 특별한 교육이 필요한 아동들이 있는데, 이들을 총칭하여 '특수아동'이라 부른다. 특수아동은 단지 학습이나 생활의 여러 영역에서 차이의 정도가 다른 아동들과 좀 더 구별되고 독특한 특성을 보이는 것일 뿐이다. 그러므로 특수나 장애라는 명칭은 특수아동을 일반 아동과 구별하기 위한 목적보다는 그 아동의 교육적 특성과 교육 및 지원의 필요성에 따라 이해하고 교육하는 것이 중요하다.

특수아동에게도 우리 모두와 마찬가지로 그 무엇과 바꿀 수 없는 저마다의 고귀한 인권이 있으며, 이들도 똑같이 존중받으며 교육받을 권리가 있다. 이들이 가지고 있는 독특성을 인정하고, 그들이 잠재능력을 최대한 계발하여 가정과 학교와 사회에서 잘 적응하고 사회 구성원으로서 잘 살아갈 수 있도록 하는 일은 우리 사회에 맡겨진 사명이다. 지금까지 우리나라는 특수교육에서 많은 양적인 발전이 이루어졌다. 그러나 이제는 양적인 발전과 함께 특수교육의 효과와 결과를 높이는 질적인 변화에 관심을 기울여야 하는 시기가 되었다.

역자들은 이러한 관점으로 대학 강단에서 '특수교육학'을 강의하면서 특수교육과 특수아동에 대한 종합적인 개관을 할 수 있는 좋은 책을 물색하다가 *Exceptional Children: An Introduction to Special Education*을 만나게 되었다. 무엇보다도 이 책에는 장애 영역별 특수아동에 대한 최신자료와 정보, 이해하기 쉬운 도표, 비교적 자세한 교수방법, 대안적 교육 배치, 최근 쟁점 및 미래 동향 등이 체계적으로 수록되어 있어 역자들의 마음을 흥분시켰다. 이에 모든 역자는 기쁜 마음으로 번역을 하여 2002년에 처음으로 번역서(제6판)를 출판하였다.

그 이후부터 지금까지 이 책은 지속적으로 개정되고 발전되어 왔는데, 원서 제10판까지의 저자인 Heward 박사는 저자 두 명을 더 보강하여 2017년에 제11판, 2021년에 제12판을 출판하였다. 이에 역자들은 더욱 새로운 내용과 정보를 독자들에게 제공하는 것이 필요하다고 생각하고, 원서 제12판을 다시 번역하는 작업을 하게 되어 이렇게 새로운 번역본인 **최신특수교육, 제12판**을 출판하게 되었다.

이 책은 원서와 같이 총 제15장으로 구성되어 있다. 역자들은 가능한 한 자신의 전공 분야와 관련된 부분을 번역하도록 고려하였다. 서효정 교수는 제1장과 제2장, 이효신 교수는 제3장과 제14장, 김진호 교수는 제4장과 제15장, 박재국 교수는 제5장과 제11장, 방명애 교수는 제6장과 제7장, 유은정 교수는 제8장, 제9장, 제10장, 한경근 교수는 제12장과 제13장을 번역하였다. 원서를 번역하면서 역자들은 가능한 한 원문에 충실하고자 노력하였으며, 원문의 내용을 우리말로 바꾸기가 어렵거나 번역하면 어색한 부분들은 우리말에 적합한 표현을 하여 독자들의 이해를 돕고자 최선의 노력을 다하였다. 그럼에도 미진한 부분이 있음을 시인하며 독자 여러분의 피드백이나 제안을 기쁜 마음으로 받아들이고자 한다.

"이 책이 지속적으로 번역되어 나올 수 있도록 지원해준 (주)시그마프레스 강학경 사장님과 정성을 다하여 편집과 교정을 한 편집부, 그리고 번역 작업에 도움을 준 여러분에게 깊은 감사의 마음을 전합니다.

지금까지 이 책에 관심을 보여주시고 사용해주신 많은 분들께 진심으로 감사한 마음을 전합니다. 이 책을 통하여 특수교육을 공부하는 학생이나 교육현장에 종사하는 교사 및 관계자들이 특수교육과 특수아동을 깊이 이해하는 데 많은 도움이 되기를 기대합니다."

2022년
역자 일동

William L. Heward, Ed.D., BCBA-D

Heward 박사는 현재 오하이오주립대학교의 교육과 인간생태학 단과대학(College of Education and Human Ecology)의 명예교수로 있으며, 지난 30년간 이 대학에서 특수교사를 양성하는 일에 헌신하였다. 포르투갈에서 시니어 풀브라이트 학자로 있었으며 일본, 브라질, 싱가포르 등에서는 교환교수를 역임하였고, 23개 이상의 나라에서 교사들을 위한 워크숍을 실시하였다. 그는 많은 상을 수상하였는데, 오하이오주립대학교에서는 최우수 교육상을 받았으며, 미국 심리학회(APA)의 25분과에서 교육 분야에 오랜 시간에 걸쳐 많은 학문적 성취를 보인 학자에게 수여하는 Fred S. Keller Behavioral Education Award를 수상하였다. Heward 박사는 100개가 넘는 학술논문을 게재하고 여러 권의 책을 집필하였는데, 다른 학자들과 공동으로 저술한 *Applied Behavior Analysis*와 *Sign Here: Behavioral Contracting for Families*는 여러 언어로 번역되었다. 최근의 그는 통합교실에서 집단교수의 효과를 높이는 교육방법에 관심을 두고 연구하고 있다.

Sheila R. Alber-Morgan, Pd.D., BCBA-D

Alber-Morgan 박사는 현재 오하이오주립대학교의 교육과 인간생태학 단과대학(College of Education and Human Ecology)에서 특수교육전공 교수로 재직하고 있다. 7년 동안 사우스캐롤라이나주의 도시와 시골에 있는 학교에서 특수교사로 일하였으며, 지금은 대학에서 20년 넘게 교사들을 양성하고 있다. 그녀는 80개가 넘는 학술논문과 현장논문 그리고 책의 장들을 저술하였으며, 저서로는 *Using RTI to Teach Literacy to Diverse Learners, K-8: Strategies for the Inclusive Classroom*(Corwin Press, 2010)이 있다. Alber-Morgan 박사는 주로 현장의 교사들과 협력하며 연구를 실시하는데, 교과학습이나 기능적 기술 또는 사회성 기술 등을 일반화하고 유지하는 능력을 향상시키기 위한 행동중재 방법과 전략 등에 관심을 두고 연구하고 있다.

Moira Konrad, Ph.D.

Konrad 박사는 현재 오하이오주립대학교의 교육과 인간생태학 단과대학(College of Education and Human Ecology)에서 특수교육전공 부교수로 재직하고 있다. 9년 동안 공립학교에서 다양한 유형의 장애학생들을 가르쳤으며, 약 20년 이상을 교사교육에 참여하여 왔다. Konrad 박사는 효과적 교수, 자기결정, 읽기와 쓰기, 교육과정 중심 측정과 같은 분야에서 약 50개가 넘는 학술논문을 저술하였다. 그녀는 현재 *Intervention in School and Clinic*의 부편집장, *Remedial and Special Education*과 *Journal of Vocational Rehabilitation*의 편집이사 등으로 활동하고 있다.

저자 서문

특수교육은 지금도 진행 중인 사람들에 대한 이야기이다. 조기중재 서비스를 받는 중복 장애아의 이야기이기도 하며, 교사와 부모의 협력에 힘입어 일반학교에서 비장애 또래들과 함께 교과 및 비교과 교육을 받고 있는 지적장애아에 대한 이야기이기도 하다. 학습장애가 있는 중학생이 교사와 부모가 자신의 강점을 높이고 약점은 보완하는 교육프로그램을 구성하는 데 같이 참여하고 있는 이야기이기도 하며, 문제해결을 위해 새로운 통찰력을 제시하는 영재아동에 대한 이야기이기도 하다. 또는 영어를 제2외국어로 배우는 뇌성마비 고등학생의 이야기이기도 하며, 최근에 자신의 아파트로 이사하여 시내버스를 타고 직장에 통근하는 시각장애 여성의 이야기이기도 하다. 또한 특수교육은 특수아동을 둔 부모와 가족들의 이야기이기도 하며, 특수아동들을 직접 가르치거나 관련된 서비스를 제공하는 교사나 전문가들의 이야기이기도 하다.

이러한 전문가 중에서 가장 중요한 사람이 교사이다. 그렇기에 특수교육은 문화적으로 관련성이 있는 학습 기회를 자신의 미술과 음악 수업시간으로 연결시키는 유치원 교사의 이야기이기도 하다. 또한 학습장애학생들을 위해 읽기 교수를 섬세하게 설계하는 4학년 특수학급 교사의 이야기이기도 하며, 지적장애학생들에게 가르칠 독립생활기술을 작은 단계로 나누어 학생들을 지도하는 중학교 교사의 이야기이기도 하다. 고등학교를 졸업한 후 지역 대학에 진학할 수 있도록 초기 성인기에 진입한 자폐성 장애학생들을 지도하는 교사의 이야기이다.

우리는 새로 개정한 **최신특수교육, 제12판**(*Exceptional Children*)이 여러분에게 지금도 진행 중인 특수교육의 이야기를 들려주는 의미 있고, 쉽게 다가갈 수 있고, 흥미로운 책이 되기를 희망한다. 여러분이 교사가 되기 위하여 대학에서 공부하고 있는 학부 학생이든, 휴먼 서비스와 관련이 있는 프로그램에 등록한 학생이든, 혹은 오랫동안 교직에 있었던 일반교사이든 간에 특별한 교육과 요구가 필요한 특수아동과 성인들에 대하여 깊게 공부하고 또한 같이 어울려 생활하기를 소망한다.

특수교육의 개인적인 관점

이 책을 쓴 목적은 미래의 교사들에게 특수아동의 삶을 향상시킬 수 있는 정보와 수단을 알려주기 위함이었다. 이러한 목적을 달성하기 위해서 우리는 특수교육을 복잡하고 역동적으로 만드는 역사, 실제, 발달, 어려운 점 및 기회 등을 가능한 명료하게 기술하였다. 물론 이러한 작업은 말처럼 쉬운 것은 아니었으며, 필자의 신념과 특수교육에 대한 기본 가정이 책 내용에 영향을 미쳤다는 것을 부정할 수 없다. 특수교육에 대한 개인적인 신념과 가정(절대 특이하지도 않지만 특수교육계에 있는 모든 사람과 동일하지도 않음)이 교재의 내용과 논조에 영향을 미쳤기 때문에 독자들은 이러한 견해에 대해 분명히 판단해주기 바란다. 여기에 우리가 특수교육 분야를 이해하고 특수교육 분야에 도움이 되고자 한 노력에 중요한 역할을 했던 10가지 주요 가정을 소개하고자 한다.

장애인들은 학교, 가정, 작업장 및 지역사회에서 비장애인들과 같은 환경에서 살고 같은 프로그램에 참여할 기본적 권리를 지닌다. 다시 말해서 장애아동이나 장애 성인들이 배우고 살고 일하고 생활하는 환경과 프로그램은 비장애인들의 환경과 프로그램과 최대한 유사해야 한다는 것이다. 장애인들과 비장애인들은 서로에게 배우며 기여할 수 있으나, 이는 정기적이고 의미 있는 상호작용이 있을 때만 가능한 일이다.

장애인들은 자기결정을 할 권리가 있다. 특수교사들은 장애학생들이 자신의 삶에 자율성을 증가시키는 방법을 학습할 수 있도록 우선적으로 지도해야 한다. 장애학생에게 자기결정과 자기옹호 기술을 지도하는 것은 모든 특수교사의 주요 목적이 될 필요가 있다.

특수교육은 조기판별 및 예방 노력에서 비롯된 효과성을 확장해야만 한다. 장애 위험군 아동을 조기에 판별하게 되면 장애 혹은 상황의 영향을 줄일 수 있는 가능성을 높여준다. 지체장애, 감각손상, 영유아의 발달지연 등을 조기에 판별하고자 한 노력은 상당히 많이 이루어졌다. 이 교재에서 다루겠지만 다층지원체계(MTSS) 접근법은 학습장애나 정서행동장애와 같은 장애를 판별하고 예방하는 데 역할을 하였다.

특수교육은 장애학생이 학교에서 성인생활로의 전환을 할 수 있도록 도움을 주어야 한다. 점차 늘어나는 장애학생이 고등학교를 졸업하고 난 후 대학에 진학하거나 고용이 되고 스스로 생활하며 지역사회에서 친구와 함께 여가활동을 즐기지만, 이러한 긍정적인 결과는 많은 장애학생들에게서 보편적으로 나타나지는 않는다. 특수교육은 교실 환경 내에서의 성과를 향상시키는 것에만 만족해서는 안 된다. 우리는 장애학생이 학령기 이후 성인기에서 요구하는 여러 가지 사항들에 대응하고 즐길 수 있도록 준비시켜야만 한다. 우리는 장애학생들의 중등교육 이후의 성과를 향상시키는 것이 상당히 중요하다고 생각하고

있기에 제12판에서는 장마다 전환교육 : 현재가 미래를 만든다를 추가하였다. 이 영역은 장애학생의 나이 혹은 장애 범주에 상관없이 모든 장애학생을 위한 전환 중심 교수의 중요성을 강조한다.

특수교육은 문화적 역량 신장과 사회 정의 도모를 위해 노력해야만 한다. 이 프롤로그에 기술한 바와 같이 우리는 많은 사회적 쟁점들(전염병, 경제적 불평등, 경찰 과잉진압, 기후 변화)로 고심하고 있으며, 이는 장애인들과 유색인종들에게 더 큰 영향을 미친다. 특수교사들은 이러한 어려움들을 해결하기 위해 노력해야 하는 입장을 취해야 한다. 교사들은 본인이 세계적인 시민임을 알고 잘못된 점을 고치기 위해서 증거에 기반한 수단을 활용해야 한다. 교사들은 매일 본인들에게 다음과 같은 질문을 해야만 한다. 인종주의에 대응하기 위해서 무엇을 해야 하는가? 각 아동의 강점과 교차하는 정체성을 축하하기 위해서는 무엇을 해야 하는가? 유색인종 아동을 효과적으로 지도하기 위해서 무엇을 해야 할 것인가? 모든 가족을 환영하기 위해서 무엇을 해야 할 것인가? 학교에서 감옥으로 가는 학생을 줄이기 위해서 무엇을 해야 할 것인가? 건강과 환경의 지속성을 향상시키고 세상을 보다 공정한 곳으로 만들기 위해서 무엇을 해야 할 것인가? 이 교재에서 소개된 다양한 우수교사들과 같은 특수교사들은 최고의 교사들이다. 그들은 문제를 확인하는 방법, 성취하기 어려운 목표를 수립하는 방법, 그 목표를 향해 체계적으로 일하는 방법을 알고 있다.

특수교육의 의미와 효과는 학교와 가정의 협력이 있을 때 극대화된다. 전문가들은 특수아동의 부모와 가족들을 같은 목표를 추구하는 동료로 인식하기보다는 종종 환자, 클라이언트 혹은 심지어 적으로 취급하며 그들의 요구를 무시해 왔다. 어떤 특수교사들은 자신들이 부모들에게 서비스를 제공해야 함에도 불구하고 부모들이 자신을 섬겨야 한다고 여기기도 한다. 부모들은 여러 면에서 아동의 최초의 교사이며 최상의 교사이다. 따라서 특수교사에게 부모와 효과적으로 협력하는 기술은 매우 중요하다.

특수교사의 노력은 다른 관련 전문 분야의 지식 및 서비스와 통합될 때 가장 효과적이다. 학제 간에 협력을 하게 되면 우리 학생을 위해 성취할 수 있는 것이 더 많아지는 것은 자명함에도 불구하고, 특수교사들이 자신의 영역에 해당하는 권리에 대해 논쟁을 하는 것은 어리석은 일이다. 학제 간 협력을 위한 전문 분야는 의료 및 건강 서비스, 행동분석, 상담, 사회복지, 직업재활이다.

모든 학생은 효과적인 특수교육을 받을 권리가 있다. 교육자들의 가장 큰 책임은 학생들에게 학업적·사회적·직업적·개인적 기술을 효과적으로 지도하기 위해 필요한 교수를 계획하고 실행하는 것이다. 이러한 기술들은 우리 삶의 질에 영향을 미치는 기술과 동일하다. 즉, 직업과 관련된 일들을 효과적이며 효율적으로 처리하고 지역사회의 생산적인 구성원이 되며 가정에서 편안한 삶을 유지하고 가족이나 친구들과 의사소통하고 즐겁고 의미 있게 여가시간을 보내는 것과 동일하다. 교수란 우리가 가르치는 학생이 긍정적인 삶의 변화를 성취할 때 효과적이라 할 수 있다. 다시 말해서 과정을 증명할 수 있는 방법은 성과이다.

교사들은 자신들이 사용하는 교육과정과 교수자료의 효과성을 검증해야 한다. 많은 사람이 장애아동을 가르치기 위해 끝없는 인내가 필요하다고 생각한다. 그러나 이러한 견해는 특수아동이나 아동을 가르치는 일반교사와 특수교사들을 존중하지 않는 말이다. 교사들은 특수아동이 학습에서 진보를 보이지 못하는 것이 그 아이들이 가지고 있는 지적장애, 학습장애, 주의집중장애, 정서장애 등의 타고난 특성 때문이라고 간주하여 특수아동들이 학습할 수 있을 때까지 참고 기다려서는 안 된다. 그 대신 증거 기반의 실제를 실행하고, 학생의 성취를 직접적이고 빈번하게 측정하며, 이러한 과정의 효과를 증명하기 위해 필요한 방법들을 수정하는 데 활용해야만 한다. 이것이 바로 특수교사가 해야 하는 일이라고 우리는 믿는다. 엄격하게 이루어진 과학적 연구를 통해서 효과가 있다고 밝혀진 교수전략과 방법의 많은 예를 이 교재에서 설명하였다. 이 교재 혹은 개론 수준의 교재를 읽고 난 후에 특수아동을 지도하는 데 필요한 모든 것을 안다고 할 수는 없지만, 여러분은 명시적이고 체계적인 지도의 중요성과 능숙한 특수교사가 갖추어야 하는 교수기술에 대해 이해할 수 있을 것이다.

장애인의 미래는 밝다. 우리는 교수와 학습을 향상시키고, 장애를 초래하는 요인을 예방하고 최소화하며, 비장애인들로 하여금 장애인을 수용하도록 격려하고, 장애를 보상하기 위해 공학적 접근을 시도하기 시작했을 뿐이다. 필자는 미래에 대해 특정한 것들을 예견할 수는 없지만 특수아동과 성인들이 학교, 가정, 직장 및 지역사회에서 보다 독립적인 삶을 누리게 될 수 있도록 돕는 방법을 더 많이 터득하게 될 것이라는 점은 확신할 수 있다.

요약 차례

차례

제2부 특수아동의 교육적 요구

제3부 생애주기에 따른 특수교육

제15장
전환교육

PART

1

특수교육의 기초와 이해

CHAPTER **1**

특수교육의 목적과 약속

E. D. Torial/Alamy Stock Photo

⋁ 주요 학습목표

1.1 손상, 장애, 핸디캡, 위험군 용어를 구별할 수 있다.

1.2 특수교육을 받는 학령기 아동의 비율을 장애 범주별로 파악할 수 있고, 장애 명칭에 대한 장점과 단점을 설명할 수 있다.

1.3 특수교육을 관장하는 법이 필요한 이유를 설명할 수 있고, 장애아동에게 제공되는 무상의 적절한 공교육을 이끈 주요 법정 소송 사건과 연방정부 등록부를 확인할 수 있다.

1.4 예방적 중재, 교정적 중재, 보상적 중재를 정의하고 각 중재에 대한 예를 들 수 있다.

1.5 특수교육의 차원을 정의하고, 특수교육계가 직면한 다양한 어려움에 대해 설명할 수 있다.

학력, 자격증, 경력

- 쿠츠타운대학교 초등교육과 특수교육학 학사(1997)
- 이스트스트라우즈버그대학교 특수교육 교육학 석사(2002)
- 뉴저지시립대학교 교육공학 석사(2007)
- 왈던대학교 특수교육 교육학 박사(2014)
- 초등교육과 특수교육, 뉴저지
- 초등교사와 특수교사 경력 19년
- 뉴저지주 우수교사 선정(2011), 국가교육연합 우수교사상 수상(2012), 특수아동협회 올해의 교사(2014)
- 특수아동협회 회장 당선자(2021~2022), 특수아동협회 회장(2022~2023)

우수교사 사례

Danielle Kovach

Tulsa Trail Elementary School, Hopatcong Borough Schools, Hopatcong, NJ

나는 어렸을 때부터 마음속으로 교사가 되고 싶었다. 어머니의 하이힐 구두를 신고 인형들과 선생님 놀이를 했다. 고등학생 때는 장애아동을 위한 캠프에서 봉사를 했다. 이 캠프에 있었던 장애아동들은 어려움에도 불구하고 강한 인내심을 갖고 있었고, 이 경험을 통해 겸손해지고 영감도 받았다. 그해 여름 나는 장애아동들의 삶에 영향을 미치는 사람이 되고 싶다는 걸 깨달았다.

나의 학급은 항상 여러 가지 활동으로 분주하다. 나는 학생들과 노래도 하고, 춤도 추며, 연기도 한다. 학습을 증진시키기 위해 학생들이 움직일 방법을 찾는다. 상호작용 수업은 학생들이 학습한 정보를 오래 유지하도록 돕고, 오래 앉아 있는 것을 힘들어하는 학생들에게도 도움이 된다. 우리 학급 학생들은 수업시간이 여러 활동으로 구성되어 있는 경우에 수업에 더 열심히 참여하고 더 많은 수업내용을 기억한다. 학생들이 한 과목이나 한 가지 기술에 10~15분씩 집중할 수 있도록 '학습 공간(learning lab)'을 설계하였다. 학생들이 학습 공간을 순회할 동안 나는 각 학생의 필요에 따라 도움을 제공할 수 있다.

연구와 증거에 기반을 둔 실제를 참고하여 특수아동들에게 가장 효과적인 방법으로 기술, 창의적 사고, 그리고 협동을 이용한 교수를 설계한다. 이렇게 함으로써 우리 학급 학생들은 비판적 사고능력을 키우고 성공하기 위해 협동하는 방법을 배운다. 매일 학생들의 학습 성취도를 측정한다. 이러한 형성평가는 각 학생의 성과를 기록하고 필요에 따라 수정하고 차별화하고 조절하는 것을 가능하게 한다.

수업을 할 때 학생들의 학업성취를 도울 수 있는 효과적인 방법을 찾는다. 한 가지 방법이 효과가 없으면 다른 효과적인 방법을 찾을 때까지 계속 시도하며 노력한다. 특수교사로서 지금까지 배운 점이 있다면 특수아동들의 능력을 절대 과소평가하지 말라는 것이다. 크든 작든 학생들의 성취를 소중히 여기며 축하해준다.

학생들에게 완벽한 학업성취를 기대하지 않으며 그들의 작은 학업성취도 칭찬해주고 격려한다. 비장애학생과 다름없이 특수아동들에 대해서도 기대수준을 낮추지 않고 각 특수아동의 학습을 도전적이게 만들기 위해 노력한다. 그들이 할 수 없는 것보다 그들이 할 수 있는 것에 초점을 맞춘다. 우리 반 급훈은 "우리는 할 수 있다!"이고, 교실 출입문에는 "너무 큰 어려움도 없고, 너무 작은 승리 또한 없다."고 쓰여 있다.

우리 모두 직시하자. 가르치는 일은 힘든 일이다. 수업이 끝나고 집에 돌아갈 때 지쳐 있지 않다면 그날은 최선을 다하지 않았다는 것이다. "다른 사람들이 네가 흘린 땀을 절대 보지 못하게 하라."는 속담은 우리 반에 적용되지 않는다. 나는 우리 반 학생들이 내가 얼마나 열심히 노력하는지 보길 바란다. 내가 100% 노력하는 것을 보여주면 그들도 100% 노력할 것이라는 마음에서다. 가르치는 일이 항상 찬란하게 빛나는 일은 아니지만, 그 보상은 그 어떠한 어려움보다 훨씬 보람차다.

특 수아동을 가르치는 일은 보람된 직업이다. Danielle Kovach와 같은 특수교사들은 역동적이면서 신나는 교육현장에서 일한다. 특수교사들이 하는 일에 대해서 알아보고 특수교육에서 등장하는 지속적이고 새로운 어려움 및 논란들에 대해서 알아보기 위해서 특수아동을 이해하는 데 필수적인 개념과 견해를 검토할 필요가 있다.

특수아동은 누구인가

학습목표 1.1   손상, 장애, 핸디캡, 위험군 용어를 구별할 수 있다.

모든 아동은 신체적인 특성(예 : 어떤 사람은 키가 작고 어떤 사람은 힘이 세다)이나 학습능력(예 : 어떤 사람은 쉽게 새로운 기술을 습득하는 반면, 어떤 사람은 집중된 교수가 필요하다)이 서로 다르다. **특수아동**(exceptional children)의 신체적인 특성이나 학습능력은 규준과 매우 달라서(이상이거나 이하) 교육을 통해 충분히 혜택을 얻기 위해서는 특수교육의 개별화된 프로그램과 관련 서비스가 요구된다. 특수아동이라는 용어는 학습문제가 있는 아동은 물론 수행능력이 너무 뛰어나서 교육과정이나 교수방법을 수정하여 그들의 잠재력을 충족시킬 필요가 있는 아동까지 포함하는 개념이다. 따라서 특수아동이란 학습장애아 또는 행동장애아, 지체장애아, 감각장애아 및 영재아를 포함하는 포괄적인 용어이다. 장애아동이라는 용어는 영재아를 포함하지 않으므로 특수아동이라는 용어보다 제한적으로 사용된다. 몇 가지 관련 용어들을 살펴보면 특수성 개념을 보다 쉽게 이해할 수 있을 것이다.

비록 손상, 장애, 핸디캡의 용어가 서로 혼용되고 있지만 동의어는 아니다. **손상**(impairment)은 신체의 특정 부위나 기관의 기능이 손실되었거나 감소한 것을 의미한다(예 : 사지손상). **장애**(disability)는 손상으로 인해 특정한 과제(예 : 걷기, 보기, 읽기)를 수행할 때 제한이 발생하는 것을 의미한다. 그러나 장애가 있다 해도 그 장애가 교육적 · 개인적 · 사회적 · 직업적 및 기타 문제를 야기하지 않으면 핸디캡은 없는 것이다. 예를 들어 다리 하나를 절단한 지체장애아가 의족을 사용함으로써 학교생활과 가정생활을 하는 데 문제가 없다면 핸디캡이 없는 것이다. 적어도 이 용어는 환경에 대한 신체적 기능과 관련된 용어이다.

핸디캡(handicap)이란 장애나 손상이 생긴 사람이 환경과 상호작용을 하면서 직면하는 문제 혹은 불이익을 의미한다. 어떤 장애는 특정 상황에서 핸디캡을 받을 수 있지만 다른 상황에서는 그렇지 않을 수 있다. 예로 의족을 사용하는 아동이 농구장에서 비장애 또래 아동과 경쟁을 할 때는 핸디캡(불이익)이 있을 수 있지만, 교실에서 학습할 때는 불리함을 느끼지 않을 수 있다. 장애를 가진 대부분의 사람들은 학교, 직장 또는 지역사회 활동에 참여할 수 있는 자신들의 능력이나 접근성을 제한하는 다른 사람들의 부정적인 태도나 부적절한 행동에서 핸디캡을 경험하기도 한다.

위험군(at risk) 아동이란 현재 장애아동으로 진단되지는 않았으나 장애를 보일 가능성이 평균보다 훨

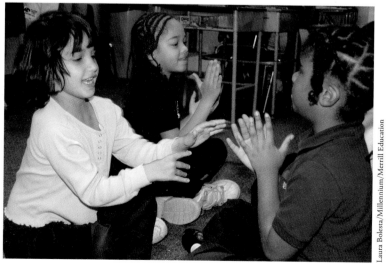

Laura Bolesta/Millennium/Merrill Education

장애아동들은 특수한 교육적 요구를 가지고 있기는 하지만 비장애아동들과 다른 점보다는 유사한 점이 더 많다.

씬 큰 아동을 의미한다. 교육자들은 이 용어를 영아나 취학 전 아동에게 적용하는데 생물학적인 상태, 출생 시의 환경 또는 환경적인 결핍 등으로 나중에 발달장애를 보일 수 있기 때문이다. 또한 이 용어는 일반학급에서 현저한 학습이나 행동문제를 나타내고 결국에는 장애아동으로 진단받을 위험이 있는 학생에게도 사용된다.

모든 아동의 개인적인 특성이 서로 다르다 할지라도 특수아동은 특히 규준에서 현저하게 차이가 나기 때문에 만약 교육에서 충분하게 혜택을 받으려면 개별적으로 설계된 특수한 교수 프로그램이 요구된다. 비록 특수아동들이 다른 아동들과 차이점보다 유사점이 많을지라도 장애가 있지 않은 동일 연령의 또래들과 중요한 측면에서 서로 다르다. 우리가 그러한 차이를 인정하느냐와 어떻게 반응하느냐가 아동의 학교와 학교 밖 영역에서의 성공 여부에 지대한 영향을 미칠 것이다.

특수아동은 몇 명인가

학습목표 1.2   특수교육을 받는 학령기 아동의 비율을 장애 범주별로 파악할 수 있고, 장애 명칭에 대한 장점과 단점을 설명할 수 있다.

2018~2019학년도 3~21세 사이의 장애를 가진 7,300만 명의 아동 및 청소년이 특수교육을 받았다(U.S. Department of Education, 2020a). 연방정부에서 사용되는 13개의 장애 범주에 있는 학령기 아동의 수

표 1.1   특수교육과 관련 서비스를 제공받은 6~21세 학생 수(2018~2019학년도)

장애 범주	학생 수(단위 : 천 명)	비율
특정학습장애	2,377,739	37.6
말 또는 언어장애	1,036,790	16.4
기타 건강장애	1,025,953	16.2
자폐	633,844	10.0
지적장애	423,215	6.7
정서장애	344,473	5.5
발달지체*	167,704	6.2
중복장애	126,697	2.0
청각장애	64,359	1.0
정형외과적 손상	33,516	0.5
뇌손상	25,344	0.4
시각손상	24,169	0.4
농-맹	1,425	<0.1
전체	6,315,228	100.0

* 특정 장애 명칭을 부여하지 않고 3~9세 아동에게 적용되는 범주
출처 : U.S. Department of Education, IDEA Section 618 Data Products (2020a).

를 표 1.1에 제시하였다. 다음은 미국의 특수교육과 관련된 몇 가지 수치들이다.

- 전체 학령기 아동 중 약 9.5%가 특수교육을 받는 장애아동으로 나타났다.
- 특수교육을 받고 있는 대상자 중 남학생은 여학생보다 2배 더 많다.
- 2017학년도의 경우 38만 8,694명의 영유아(0~2세)와 81만 5,010명의 아동(3~5세)이 특수교육을 받았다.
- 특수교육을 받는 아동들이 일차적인 장애 범주로 분류되고 있지만 많은 아동들은 한 가지 이상의 장애로 영향을 받고 있다. 특수교육을 받는 1만 1,000명의 초등학생들을 대상으로 한 전국 조사에 의하면 학생 중 40%가 이차적인 장애를 가지고 있다(Marder, 2009).
- 유치원부터 고등학교 3학년까지 약 300~500만 명의 영재아가 있다(National Association for the Gifted, 2020a).

특수아동 명칭이 사용되고 분류되는 이유는 무엇일까

몇백 년 전만 해도 생존이 중요한 관심사였기 때문에 사람들을 분류하고 장애 명칭을 사용하는 것은 별로 중요하지 않았다. 생존에 필요한 활동에 참여하는 것을 방해하는 장애를 가지고 있는 사람들을 죽게 내버려두거나 어떤 경우에는 죽이기도 했다(Berkson, 2004). 그 후 지적장애나 행동문제를 보이는 사람들을 일컬을 때 저능아, 바보, 천치 등의 인격을 손상시키는 용어를 사용한 것을 비롯하여 많은 부정적인 용어들이 건강 장애인 혹은 신체 장애인들을 지칭하는 데 사용되었다. 이러한 용어들을 사용한 목적은 장애인들이 일상생활의 활동에 참여하거나 특권을 누리는 것으로부터 배제하기 위한 것이었다.

장애 명칭 사용과 특수교육의 적격성

미국 장애인교육법(IDEA)에 의하면 아동이 특수교육과 관련 서비스를 받기 위해서는 반드시 장애를 가지고 있다고 판별되어야 하고, 대부분의 경우 학습장애나 정형외과적 손상과 같은 연방법의 장애 범주 중 하나에 속하게 된다(IDEA는 3~9세 아동의 경우 특정 장애 명칭이 부여되지 않더라도 발달지체로 분류되면 특수교육 서비스를 받을 수 있도록 허용하고 있다). 그러므로 실제적으로 특정 장애 영역에 속해야만 특수교육 및 관련 서비스를 받을 자격이 부여되는 것이다.

어떤 교육자들은 분류를 위한 명칭 사용이 특수아동을 낙인찍고 기회를 박탈한다고 믿는다(예 : Karten, 2017; Lockwood & Coulter, 2017). 반면에 어떤 교육자들은 특수아동 또는 그들의 특수한 학습요구를 분류하는 것이 적절한 특수교육 서비스를 제공하는 데 선수요건이라고 주장한다. 또한 듣기 '편안한' 용어를 사용하는 것은 지원을 위한 개인의 요구와 상황을 최소화하거나 평가절하하는 것이라고 주장한다(예 : Arishi & Boyle, 2017; Kauffman & Badar, 2013).

특수아동을 분류하거나 명칭을 붙이는 것은 과학적 · 재정적 · 교육적 관심사일 뿐만 아니라 정서적 · 정치적 · 윤리적인 면까지 모두 고려해야 하는 매우 복잡한 문제이다(Florian et al., 2006; McLaughlin et al., 2006; Valle & O'Connor, 2019). 대부분의 복잡한 이슈와 마찬가지로 특수아동의 명칭 사용에 관하여 찬반양론이 존재한다. 특수아동의 명칭 사용과 분류의 찬반양론의 근거는 다음과 같다.

장애 분류와 장애 명칭 사용의 장점

- 장애 명칭 사용은 학습이나 행동에서의 의미 있는 차이를 인식하게 해준다. 그렇기 때문에 장애 명

칭을 사용하는 것은 이러한 차이에 책임감 있게 반응하는 첫 번째이자 필요한 단계이다.

- 장애 명칭은 그러한 명칭이 없는 사람들에게는 제공할 수 없는 조정과 서비스를 제공할 수 있게 한다. 예를 들어 어떤 고등학생 부모는 자녀에게 학습장애라는 명칭을 갖게 함으로써 대학 입학시험에서 추가 시간을 제공받는 것과 같이 조정할 수 있는 적격성을 부여받게 된다.
- 장애 명칭 사용은 비장애 또래들로 하여금 장애아동의 비전형적인 행동을 보다 긍정적으로 수용할 수 있게 한다.
- 장애 분류는 전문가나 연구자들로 하여금 장애 관련 연구의 결과를 평가하고 분류하며 다른 전문가들과 의사소통하는 것을 돕는다(예 : National Autism Center, 2020).
- 많은 연구와 프로그램들의 재정 및 지원들이 특정 장애 영역별로 이루어진다.
- 장애 명칭 사용은 특정 장애 영역을 위한 프로그램을 개발하고 법적 행동을 지원하는 옹호집단을 구성할 수 있게 한다(예 : Autism Speaks, American Federation for the Blind).
- 정책입안자들이나 일반인들은 장애 명칭을 사용함으로써 특수아동의 요구를 쉽게 이해할 수 있다.

장애 분류와 장애 명칭 사용의 단점

- 장애 명칭 사용은 주로 장애, 손상 및 수행결함 등에 초점을 두기 때문에 한 개인이 할 수 있는 혹은 할 수 있을 법한 것들보다는 할 수 없는 것에 초점을 맞추게 한다.
- 장애 명칭 사용은 장애아동을 낙인찍고, 또래들이 장애아동을 거부하거나 놀리게 만들 수도 있다.
- 교사는 장애 명칭이 부여된 학생에게 기대감을 낮추고 그 결과 다른 아동들과 다르게 대할 수도 있다. 이러한 차별적인 대우는 아동이 새로운 기술을 습득하는 데 방해를 할 뿐만 아니라 장애 명칭에 근거한 낮은 기대에 부합하는 수준으로 수행하고 발달하도록 만든다.
- 장애 명칭의 사용은 아동의 자존감에 부정적인 영향을 준다.
- 장애 명칭은 종종 아동의 모든 행동 특성을 설명하기 위한 근거로 남용될 수 있다(예 : "셰리는 정서장애아동이기 때문에 그런 행동을 한 거야."). 장애 명칭 사용은 학습문제가 아동의 내부적인 요인에 일차적으로 기인한다고 암시하여 수행결함의 원인이 되는 교수 변인의 체계적 검사와 책무성을 감소시킨다. 특히 장애 명칭이 비효과적인 교수에 대한 변명을 제공할 때 이는 특히 좋지 않은 결과를 초래한다(예 : "제일런은 학습장애 때문에 학습내용을 이해할 수 없을 거야.").
- 아동이 특정 장애 범주(예 : 청각장애)에 속한다는 것은 그 장애 범주의 한 가지 이상의 특성을 공유하기 때문인데도 불구하고, 장애 명칭 사용은 특정 장애 범주에 속하는 모든 아동이 모든 면에서 동일하다고 간주하게 함으로써 각 아동의 개별적인 특성을 간과하게 한다(Smith & Mitchell, 2001a, 2001b).
- 소수인종과 비주류인 문화적 배경의 아동들에게 장애 명칭이 부여되는 비율이 높다.
- 특수아동을 장애 범주에 따라 분류하기 위해서는 많은 재정, 전문가 및 아동의 학습시간 등이 요구되는데, 그 재정 및 시간이 어려움을 보이는 학생들에게 중재를 제공하고 그에 따른 효과를 평가하는 데 사용되면 더욱 값질 것이다.

지난 수십 년간 특수교육에서 사용하고 있는 장애 범주의 명칭 사용에 대한 찬성과 반대 입장이 계속 대립되어 왔다(Hobbs, 1976a, 1976b). 장애 명칭 사용에 대한 개념적 논쟁과 연구를 전적으로 찬성할 수도 없고 반대할 수도 없다. 왜냐하면 장애 명칭 사용이 학생들에게 미치는 영향에 대해서 방법론적인 결함과 모순되는 증거로 인해 일관성 있는 결론을 내리기가 어렵기 때문이다.

장애 명칭 사용과 분류에 대한 대안

많은 교육자들은 교육과 관련된 변인에 초점을 두고 특수아동을 분류하자는 대안적인 접근방법을 제안하고 있다(예 : Hardman et al., 1997; Sontag et al., 1977; Terzi, 2005). 예를 들어 Reynolds 외(1996)는 성취수준을 기준으로 최하위권 20%와 최상위권 20%에 속하는 학생들의 학습 성과를 향상시키기 위해 비범주적인 접근법을 제안하였다.

어떤 특수교육 전문가들은 특수아동이 학습할 필요가 있는 교육과정과 기술에 따라 아동을 분류하는 것을 제안한다. 예를 들면 다음과 같다.

> 만약 장애 명칭을 사용하여 특수아동을 언급해서는 안 된다면 우리는 그들을 무엇이라고 불러야 하는가? 우선 롭, 에이미, 호세라고 부를 수 있고 그 밖에 그들에게 가르치기 위해 노력하는 것에 기초하여 부를 수 있을 것이다. 예를 들어 만약 교사가 브랜든에게 계산·읽기·독해를 가르치기를 원한다면 계산하는 능력이 필요한 아동, 읽기이해가 필요한 아동, 독해능력이 필요한 아동으로 부를 수도 있다. 그간 우리는 이렇게 학생들을 불러 왔는데, 줄리어드 음대에 다니고 있는 샘을 '트럼펫 부는 학생'이라고 불렀고, 하버드에 다니고 있는 제인을 '법학도'라고 불러 왔다(T. C. Lovitt, 2011년 8월 7일, 개인적 대화).

장애 명칭은 그 자체가 문제되지는 않는다. 대부분의 특수교사들은 특별한 교수와 서비스를 필요로 하는 아동들을 일컬을 때 공통 언어가 필요하다는 것에 대해 동의한다. 하지만 장애 명칭은 교육과 관련 서비스의 설계와 전달에 관련된 변인들을 효과적이고 적절하게 의사소통하는 정도에 영향을 미친다. 예를 들어 핸디캡이 있는 또는 전맹인과 같은 포괄적 명칭은 그 집단으로 분류되는 모든 이들이 같다고 가정하므로 개개인의 개성을 잃게 된다. 아동을 '지체장애가 있는 남자아동'이라고 설명하는 것은 그 아동의 장애가 그 아동의 가장 중요한 특성이라는 것을 시사한다.

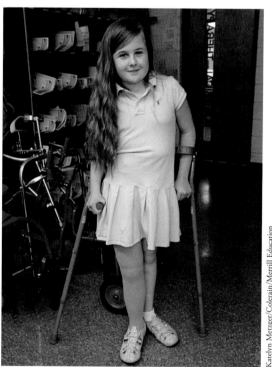

그렇다면 특수아동을 어떻게 지칭해야 할까? 톰 로빗의 조언에 따르면 우리는 린다, 숀, 제키 등 각 아동의 이름을 불러야 한다. 에컨대 '학습장애가 있는 5학년 학생 미치'라고 지칭하면, 개별 학생의 학생으로서의 일차적 역할에 초점을 맞추도록 돕는다. 이렇게 지칭하면 미치의 학습문제를 무시하지 않으면서 그에 대해 알아야 할 다른 점들이 있다는 것을 인식하게 한다.

전문가 단체들과 옹호집단들은 장애 명칭에 관해 견해를 달리한다. 시각장애인연합은 시각적으로 도전적인과 실명한 사람들과 같은 용어 사용에 반대하는 결의안을 채택하였다. 이러한 부자연스러운 완곡한 표현은 "시각장애인과 같은 간단하고 적절한 용어를 피하려는 터무니없는 시도이므로 받아들일 수도 없을 뿐만 아니라 냉소를 살 만하다."고 여겼기 때문이다(Jernigan, 1993, p. 867). 미국 정신지체협회는 정신지체에 비해 지적장애가 낙인이 덜하다고 여겨서 미국 지적 및 발달장애협회로 이름을 변경하였다(Prabhala, 2007). 2010년에 오바마 대통령은 모든 연방법에서 정신지체를 지적장애 용어로 대체하는 로사법에 서명했다.

특수교육의 적격성을 위해 샬럿에게 부여된 장애 명칭을 다른 용어로 변화시킨다고 해도 장애의 영향이 감소되지는 않는다. 그러나 샬럿을 장애 명칭 대신에 '미스터리를 읽기 좋아하는 5학년 학생'으로 지칭하면 강점과 능력이 부각될 수 있다.

Katelyn Metzger/Colerain/Merrill Education

특수아동 교육을 관리하는 법은 왜 필요한 것일까

학습목표 1.3   특수교육을 관장하는 법이 필요한 이유를 설명할 수 있고, 장애아동에게 제공되는 무상의 적절한 공교육을 이끈 주요 법정 소송 사건과 연방정부 등록부를 확인할 수 있다.

배타적이었던 과거

한 사회는 주류를 이루는 사람들과 다른 사람들을 어떻게 대하느냐에 따라 평가될 수 있다. 이러한 기준으로 볼 때 미국의 교육체계는 훌륭한 역사를 갖고 있다고 할 수 없다. 인종, 문화, 언어, 성별, 경제적 수준이 주류와 다른 아동들이나 장애를 가진 아동들은 교육적 기회가 공평하게 주어지지 않거나 거절당해 왔다(Banks & Banks, 2020).

많은 장애아동이 공교육프로그램에서 완전히 배제되었던 것이 그리 오래된 과거의 일이 아니다. 1970년대 이전에 미국의 많은 주들은 공립학교가 장애아동의 취학을 거부할 수 있도록 허용하였다. 예를 들어 어떤 주는 "학교생활을 하기에 신체적 또는, 정신적으로 부적격한 학생"을 학교가 거부할 수 있도록 허용하였고, 또 어떤 주는 그러한 학생들의 등교를 거부할 수 있는 법이 있기도 했다. 이러한 법이 소송에 제기되었을 때 미국 연방법원은 대개 특수아동의 배제를 지지해 왔다. 1919년에 13세의 정상적인 지적능력을 가진 지체장애학생이 지역사회에 있는 학교로부터 거부를 당했다. 이유는 그 학생이 "교사와 다른 학생에게 우울하고 매우 불쾌한 영향을 미치기" 때문이었다(J. D. Smith, 2004, p. 4).

1913년에 정신박약보호위원회는 심각한 장애를 가지고 있는 사람은 시민권을 부여하기에 적절하지 않다고 결정하였다. 장애를 가지고 있는 사람들에게 '천치', '정신이상', 또는 '뇌전증 발작' 등의 명칭을 부여하고, 교육과 치료를 제대로 제공받지 못했던 그들은 주정부가 운영하는 대규모 수용시설에 감금되었다. 일부 경우에는 잔인하고 비인간적으로 방치되기도 하였다.

공립학교가 특수아동 교육에 대한 책임을 받아들이기 시작했을 때도 분리의 철학과 교육은 보편적이었다. 장애아동들은 분리된 학급에 배치되었고, 일반교육프로그램의 비장애아동들과 교사들에게 접근할 수 없었다. 경도 학습장애나 행동장애아들은 일반학급에 머물러 있을 수 있었으나 특별한 도움을 받지 못했다. 이러한 아동들은 만족스러운 학업성취를 하지 못했기 때문에 '느린 학습자(slow learner)' 또는 '실패아(failure)'로 불렸고, 교사가 아동의 문제행동을 견디지 못할 때는 징계라는 이름하에 정학시키기도 하였다. 시각장애, 청각장애 또는 지체장애나 건강장애가 있는 중증의 장애아동들은 특수학교나 기관에 배치되거나 집에 머물러 있었다. 영재아들은 지원이 없어도 그들 스스로 잘할 수 있을 것이라고 여겨졌기 때문에 학교에서 특수교육을 거의 받지 못했다.

특수아동에 대한 사회의 반응은 많은 변화를 거쳐 왔다. 평등·자유·정의에 대한 개념이 확장되면서 배제되고 격리되었던 장애아동들과 그들의 가족들은 통합되고 참여하기 시작했다. 사회는 장애아동의 교육에 대해서도 지역 공립학교가 책무성을 가져야 한다고 여긴다. 더 이상 장애아동이 교육으로부터 아무런 혜택을 받을 수 없기 때문에 학교에서 배제되어야 한다고 생각하지 않는다. 연방법률과 의회는 모든 장애아동이 **무상의 적절한 공교육**(free appropriate public education, FAPE)을 **최소제한환경**(least restrictive environment, LRE)에서 받을 권리가 있다는 점을 명시하고 있다(Yell, 2019a).

공평치 못한 분리

특수교육의 역사는 인권운동과 밀접하게 관련되어 있다. 특수교육은 사회 발전과 1950~1960년대에 있었던 법원의 판정에 큰 영향을 받았다. 특히 브라운 대 토피카교육위원회(1954) 법정 소송은 인종에 따른 학생 분리에 대해 도전했던 획기적인 사건이었다. 이 소송에 대한 대법원의 판결은 모든 아동에게 똑같은 조건으로 교육받을 권리가 주어져야 한다는 것이었다.

> 오늘날 교육은 주정부와 지역자치체계의 가장 중요한 기능일 것이다. 의무교육법과 교육에 대한 막대한 지출이 우리 민주주의 사회에서 교육이 얼마나 중요한 것인가를 증명한다. 따라서 교육은 가장 기본적인 책임의 수행이다. … 오늘날 어떤 아동도 교육기회가 박탈된 상황에서 성공을 기대하는 것은 어렵다(*Brown vs. Board of Education*, 1954).

브라운 소송의 판결은 장애아동 부모들로 하여금 왜 자신들의 아이는 교육에 대해 평등의 원리를 적용받지 못하느냐는 의문을 들게 하였다. 부모나 옹호자들은 1960년대와 1970년대 초기 소송에서 장애아동의 교육 접근성이 거부되는 교육체계에 대해 실망을 많이 하였다. 부모들은 제14차 헌법 개정안에 기초하여 자녀의 교육권에 대해 주장을 펼쳤는데, 이 법은 어떤 주도 법적인 평등권을 부정할 수 없고, **적법 절차**(due process) 없이 그 누구의 삶과 자유 또는 재산을 침해할 수 없음을 표명하였다.

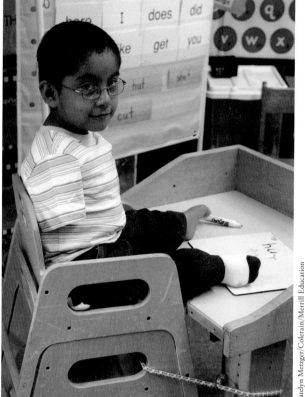

Katelyn Metzger/Colerain/Merrill Education

과거에 호세와 같은 아동은 공립학교 입학을 거절당했다.

평등성 보호

과거에 장애아동들은 분리된 환경이나 특정 교육프로그램으로부터 배제된 교육환경에서 교육을 받았다. 일차적으로 법원은 장애아동이 거부되거나 분리되었을 때 이러한 차별화된 처치가 타당하고 필요한 것인지 검토한다. 이러한 질문에 대해 조사한 것 중 역사적으로 가장 중요한 사례가 1972년에 제기된 펜실베이니아 정신지체아협회와 펜실베이니아주와의 소송이다. 펜실베이니아 정신지체아협회(PARC)는 공교육으로부터 혜택을 받을 수 없다고 간주되는 아동들을 공교육으로부터 배제하는 법에 이의를 제기하였다.

*PARC*를 지지하는 변호사와 부모들은 아동이 지적장애가 있다는 이유로 교육을 할 수 없다고 가정하는 것은 타당하지도 않고 필요하지도 않다고 주장했다. 펜실베이니아주가 아동들을 교육할 수 없다는 것을 증명하지도 못하고, 아동들을 공교육프로그램에서 배제시키는 합당한 이유 또한 제시하지 못하였기 때문에 법원은 대상 아동들이 무상 공교육을 받을 자격이 있다고 판결하였다. 또한 법원은 자녀들의 교육프로그램을 수정하기 전에 부모들이 통보를 받을 권리가 있다고 판결을 내렸다.

펜실베이니아주와 *PARC*의 소송은 이후 연방정부의 법에 지대한 영향을 미쳤기 때문에 특히 중요하다. 법원은 모든 지적장애아동들이 무상의 적절한 공교육을 받아야 할 뿐만 아니라 분리된 환경보다 더 선호되는 정규 공립학교의 일반학급에 배치되어야 함을 명시하였다.

> 다음은 주정부의 의무사항이다. 지적장애아동들은 무상 공교육프로그램에 배치되고 아동의 능력에 따라 적절한 훈련을 받아야 한다. … 다른 형태의 교육프로그램이나 훈련 프로그램보다 특수학교의 배치가 바람직하며, 특수학교의 배치보다는 일반학교의 배치가 바람직하다(*PARC vs. Commonwealth of Pennsylvania*, 1972).

브라운과 *PARC* 소송의 판결은 특수교육에 지대한 영향을 미쳤다(Yell, 2019a). 이런 획기적 사례의 판결은 이후의 연방법, 특히 미국 장애인교육법(IDEA) 제정에 반영되었다.

장애인교육법

1975년 의회에서 전장애아교육법인 PL 94-142가 통과되었는데, 이 법은 역사상 교육에 가장 지대한 영향을 미친 법으로 간주되고 있다. 미국 의회는 PL 94-142를 다섯 번이나 개정하여 재인준하였다. 1990년 개정에서 이 법의 명칭을 장애인교육법으로 바꾸고 약자를 IDEA로 부르게 되었다. 가장 최근에 IDEA가 개정되면서 PL 108-466은 2004년에 장애인교육진흥법이라는 명칭으로 재인준되었다.

장애인교육법(IDEA)은 미국 전역에 있는 학교에 영향을 미쳤고 일반교사, 특수교사, 학교 관리자, 부모, 장애학생의 역할 및 책임을 변화시켰다. 이 법은 다른 시민들과 똑같은 권리와 특권을 가진 동등한 시민으로 장애인들을 대우하고자 하는 사회적 관심을 반영하고 있다. IDEA의 목적은 다음과 같다.

1. (A) 모든 장애아동이 그들의 독특한 요구를 충족시키기 위해 설계된 특수교육과 관련 서비스를 강조하는 무상의 적절한 공교육을 받고 미래의 교육, 고용, 독립적인 생활을 준비할 수 있도록 하는 것이다. (B) 장애아동들과 그 부모들의 권리를 보호하는 것이다. (C) 주정부, 지역 교육구, 교육 서비스 기관 및 연방정부 기관이 모든 장애아동에게 교육을 제공할 수 있도록 지원하는 것이다.
2. 주정부로 하여금 장애 영유아들과 가족들을 위해 주 전역의 포괄적이고 조정된 다학문적 기관 간 시스템을 실행하여 조기중재 서비스를 제공하도록 돕는 것이다.
3. 체계를 향상시키기 위한 활동, 공동연구와 교직원 준비, 조정된 기술 지원, 정보 보급, 지원, 공학 발전과 시청각 매체 서비스 등을 지원함으로써 교사와 부모가 장애아동의 교육성과를 향상시킬 수 있도록 보장하는 것이다.
4. 장애아동을 교육하는 노력과 교육의 효과를 평가하고 그 효과를 보장하기 위한 것이다(PL 108-466, Sec. 601 [d]).

장애인교육법의 주요 원리

미국 장애인교육법의 규칙과 규정은 여섯 가지의 주요한 원리에 포함되며, 이러한 주요 원리는 1975년 이후로 변하지 않고 유지되어 왔다.

배제 금지 학교는 장애가 있는 모든 아동을 교육해야 한다. 즉, 6~17세에 해당하는 모든 장애아동은 장애의 특성이나 정도에 상관없이 무상 공교육을 받아야 한다. 주정부가 3~5세의 비장애아동과 18~21세의 비장애학생에게 공교육을 제공하는 경우 모든 장애학생들도 동등하게 교육적 혜택을 받아야 한다. 또한 각 주의 교육기관은 출생 후부터 21세까지의 장애아동과 장애를 가지고 있을 것으로 의심되는 아동들을 찾아내어 진단과 평가를 할 책임이 있다. 미국 장애인교육법에서는 이를 **아동발견체계**(child find system)라고 한다.

비차별적 평가 학교는 아동이 장애가 있는지, 그리고 만약 장애가 있다면 교육 혜택을 받을 수 있도록 아동에게 필요한 특별하게 고안된 교수가 무엇인지 결정할 때 편견 없는 복합적인 진단평가 방법을 사용해야 한다. 진단과 평가과정은 인종, 문화 또는 모국어와 관련된 편견이 없어야 한다. 모든 평가는 아동의 모국어로 진행되어야 하고 하나의 평가점수에 근거하여 분류나 배치를 해서는 안 된다.

무상의 적절한 공교육　모든 장애아동은 장애의 유형과 정도에 상관없이 무상의 적절한 공교육(FAPE)을 받아야 한다. 이러한 교육은 부모가 비용을 지불하는 것이 아니라 국가에서 모든 비용을 제공해야 한다. 장애아동의 독특한 요구에 맞는 **개별화 교육프로그램**(individualized education program, IEP)을 반드시 수립하고 실행해야 한다. IEP는 장애아동의 현재 수행수준을 구체화하고, 측정 가능한 연간목표를 설정하며, 교육적인 효과를 얻고 목표를 달성하도록 아동을 지원해주는 특별한 특수교육과 관련 서비스를 기술한다(IEP의 자세한 사항은 제2장 참조). 교수와 학습 '우선 목표를 세워라'를 참조하길 바란다.

　장애아동들은 때때로 그들의 접근이나 참여를 방해하는 환경에 의하여 지역 인근의 학교에 다니거나 교육활동에 참여하는 것을 거부당하기도 한다. 예를 들어 휠체어를 탄 아동은 특별한 장비가 장착된 학교버스가 필요하다. 건강장애아동은 하루에도 몇 번이나 약물투여가 요구된다. 정형외과적인 손상을 입은 아동은 팔과 다리를 유연하게 구부리며 힘을 충분히 지탱하게 하는 신체적 치료를 필요로 한다. IDEA는 학교가 장애아동이 특수교육으로부터 효과를 얻고 접근을 할 수 있도록 하는 보조공학이나 관련 서비스를 제공하도록 요구한다. IDEA의 규정에 포함된 관련 서비스 형태는 표 1.2에 제시하였다.

최소제한환경　IDEA는 (1) 장애학생이 비장애학생들과 최대한 적절하게 교육을 함께 받아야 하고, (2) 장애의 특성과 정도에 따라 학생이 보충지원과 서비스를 제공받았음에도 수업시간에 혜택을 받지 못하는 경우에만 분리시켜야 함을 요구한다. IDEA는 장애학생의 IEP에 그 학생이 정규 수업시간, 비교과 활동, 비학업적 활동(예 : 점심시간, 휴식시간, 교통, 댄스 등)에 있어서 비장애 또래들과 함께하지 못하는 정당화된 이유를 명시하게 함으로써 일반교실에서의 통합을 강조한다. 각 장애학생이 자신의 교육적 요구에 따라 최소제한환경에서 교육받는 것을 보장하기 위해서 교육구는 연계적 배치와 서비스의 대안(예 : 일반학급에서 자문을 받음, 학습 도움실, 특수학급, 특수학교)을 제공해야 한다(최소제한환경과 연계적 서비스에 대한 자세한 논의는 제2장에 제시하였다).

적법 절차　학교는 장애아동과 부모들의 권리와 관심을 보호하기 위해서 광범위한 절차를 준수해야만 한다. 특수교육에 관련된 진단과 배치를 하기 전에 부모의 동의를 받아야 하며, 아동의 장애에 대한 모든 정보는 비밀로 하되 부모에게는 모두 공개하도록 하고 있다. 만약 학교에서 실시한 진단과 평가의 결과에 대해 부모가 동의하지 않을 경우 공적 자금으로 독립적인 평가를 요구할 권리가 있다. 또한 판별, 평가, 배치, 특수교육프로그램 및 관련 서비스에 관하여 학교와 부모가 상이한 의견을 가지고 있으면 부모는 정당한 법 절차에 따라 **공청회**를 요구할 수 있다. 주는 부모에게 공청회 전에 제3자에 의한 중재로 문제를 해결할 수 있는 기회를 제공해야 한다.

부모 참여 및 공동 의사결정　학교는 특수교육과 관련 서비스를 계획하고 실행할 때 장애아동의 부모와 반드시 협력해야 한다. 그 부모(그리고 적절한 경우에는 학생)의 요구사항은 IEP의 목표, 관련 서비스 그리고 배치를 결정할 때 반드시 고려되어야 한다.

법의 다른 규정

장애 영유아를 위한 특수교육 서비스　많은 주에서 0~2세의 장애 영아나 유아에게 조기교육을 거의 제공하지 않는 점을 주목하여 1986년에 국회는 PL 99-457인 장애인교육법(Education of the Handicapped Act)의 개정안에 영유아 서비스까지 포함하였다. 1990~1991학년도부터 PL 99-457은 각 주에서 3~5세의 장애아동들에게도 모든 학령기 아동들이 받고 있는 것과 동일한 서비스와 보호를 제공해야 한다고 규정하였다.

교수와 학습

우선 목표를 세워라

학습목표가 왜 중요한가 특수교육은 목표 지향적 교수이다. 명확히 설정된 목표가 없는 교수는 아무리 효과적인 교수방법을 사용한다 해도 좋지 않을 것이다. '백만장자가 되기 위한 법'이라는 촌극에서 코미디언 스티브 마틴은 "우선 100만 달러를 구하라."고 말한다. 목표 지향적 수업을 가르치기 위해 무엇을 해야 하나? 우선 목표를 세워야 한다. 100만 달러 없이는 백만장자가 될 수 없듯이 목표 없이는 목표 지향적 수업을 가르칠 수 없다. 다행히 100만 달러를 구하는 것보다 좋은 학습목표를 세우는 것이 훨씬 쉽다.

측정 가능한 학습목표는 어떻게 수립하는가 학습목표는 학생들이 학습을 끝내고 난 후 나타날 기술이나 지식을 상세하게 진술한 것을 의미한다. 학습목표는 수업 과정에서 의도되고 있는 관찰 가능하고 측정 가능한 성취행동, 그 행동을 수행하게 될 상황이나 조건, 도달 기준의 세 가지 요소로 구성된다.

행동 학습목표는 소리 내어 단어 읽기, 문단 쓰기, 집 주소 말하기 등 학생에게 나타날 관찰 가능하고 측정 가능한 행동을 포함한다. '~하는 것을 알 수 있다' 또는 '~를 이해할 수 있다' 등은 명시적 행동을 제시하지 않기 때문에 학습목표에 사용해서는 안 된다.

관찰할 수 없거나 셀 수 없는 것	관찰할 수 있고 셀 수 있는 것
문학 즐기기	소리 내어 읽기
역사 이해하기	시각표 구성하기
독립성 기르기	스스로 옷 입기
권위 존중하기	어른과 무례하지 않게 대화하기
향상시키기, 느끼기, 알기	지적하기, 그림 그리기, 식별하기, 쓰기 등

출처 : Bateman & Herr (2019).

조건 학습목표에 학생이 성취행동을 수행하게 될 구체적인 조건을 진술해야 한다. 교사들은 이러한 조건들을 명시함으로써 학생들이 목표를 달성했는지를 평가할 수 있다. 조건은 "4학년 수준의 250단어의 지문이 주어지면…", "0부터 180도 사이에 10개의 각도가 있는 문제지와 각도기가 주어지면…", "첫 번째 활동을 시작하기 위해 사진 활동 일정과 지시사항이 주어지면…"과 같이 진술할 수 있다.

도달 기준 학생이 목표에서 결정한 행동을 어느 정도 성취해야 도달했다고 평가할 수 있을까? 도달 기준을 선택할 때 교사들은 생산성, 정확성, 속도, 지속성, 인내력을 감안해야 한다. 도달 기준 진술문의 예는 "1분 내로 150개 단어를 5개 이상 틀리지 않고 정확하게 읽기", "주제문, 3개의 뒷받침 정보, 그리고 결론 문장을 포함하여 주제와 관련된 최소한 5개의 문장으로 구성된 문단 쓰기", "각 각도를 100% 정확도로 재기"와 같다.

  도달 기준은 야심적이되 성취 가능해야 하며, 일반교육과정 기준, IEP 목표와 목적, 진전도 점검 정보와 부합해야 한다. 또한 의미가 통해야 하며 행동에 적합해야 한다. 예를 들어 90%의 정확도를 성취하는 것은 부산한 길을 건너거나 전원장치를 안전하게 이용하는 기술에는 부적합할 것이다.

표 1.2 특수교육 관련 서비스의 유형 및 정의

관련 서비스	IDEA 정의
청각학	(1) 청각장애아동을 판별하고, (2) 청각장애의 범위, 특성 및 정도를 진단하며(재활을 위한 의료·전문적 의뢰 포함), (3) 재활 활동(청능 훈련, 독화, 청각 평가, 언어 보존)을 실시하고, (4) 청각장애를 예방하기 위한 프로그램을 개발하여 적용하며, (5) 청각장애아와 부모 및 교사에게 청각장애에 관련된 상담을 하고, (6) 아동을 위해 적절한 보청기를 선택하여 그 효과를 평가
상담 서비스	사회사업가, 심리학자, 상담가 등 자격을 갖춘 전문가 상담 서비스를 제공
조기판별 및 진단	가능한 한 어린 시기에 장애를 판별하기 위해 공식적인 계획을 이행
통역 서비스	(1) 청각장애아동을 위한 구어 음성 서비스, 신호 언어 음성 서비스, 수어 음성 서비스 그리고 통역 서비스, 실시간 통역(CART), C-Print와 TypeWell과 같은 녹음기, (2) 농-맹 아동을 위한 특별 통역 서비스
의료 서비스	특수교육과 관련 서비스가 필요할 수 있는 아동의 의학 관련 장애를 판단하기 위한 진단과 평가를 자격증을 소지한 의사가 제공
작업치료	(1) 전문적인 작업치료사가 서비스를 제공하고, (2) 다음의 내용을 포함. (A) 질병이나 상해로 인해 결손되거나 잃어버린 기능을 향상시키고, (B) 독립적으로 과제를 수행할 수 있는 능력을 향상시키며, (C) 조기 중재하여 초기 혹은 추가적인 기능손상이 발생하는 것을 예방함
방향정위와 보행	시각장애아동으로 하여금 학교와 주변 환경에서 독립적으로 보행하도록 돕는 서비스를 제공
부모 상담과 훈련	(1) 부모들이 자녀의 특별한 요구를 이해할 수 있도록 돕고, (2) 부모들에게 아동발달에 관한 정보를 제공하고, (3) 부모들이 자녀의 IEP 또는 IFSP 수행을 지원할 수 있게 필요한 기술을 습득하도록 도움
물리치료	자격증 있는 물리치료사가 서비스를 제공
심리 서비스	(1) 심리 및 교육 검사, 그리고 다른 평가절차를 실시, (2) 평가결과를 해석, (3) 학습에 관련된 아동 행동과 상황에 관한 정보를 얻고 통합하고 해석, (4) 심리검사, 인터뷰, 행동평가를 통해 나타나는 특수요구 아동을 위한 학교 프로그램을 계획할 때 다른 직원들과 상담, (5) 아동과 부모를 위한 심리상담을 포함한 심리적인 서비스 프로그램을 계획하고 관리, (6) 긍정적 행동중재 전략을 개발하는 데 협조
여가	(1) 아동의 여가기능 평가, (2) 치료 여가 서비스 실시, (3) 학교나 지역사회에서 여가 프로그램 실행, (4) 여가 교육 실시
재활상담 서비스	개인이나 집단을 대상으로 진로발달, 고용 준비, 독립성 및 고용환경 및 지역사회에서의 통합에 관련된 서비스 제공
학교 건강 서비스와 간호 서비스	건강 서비스는 아동 개별화 교육프로그램을 통해 기술된 것처럼 장애아동이 무상의 적절한 공교육을 받을 수 있도록 설계. 학교 간호 서비스는 자격 있는 학교 간호사 혹은 다른 자격 있는 사람을 통해 제공. 학교 건강 서비스는 자격 있는 학교 간호사 또는 다른 자격 있는 사람을 통해 제공
학교 내 사회복지 서비스	(1) 장애아동의 발달사와 생활환경 등에 대한 정보를 수집, (2) 아동과 가족을 위해 집단 상담이나 개인 상담을 제공, (3) 아동의 학교 적응에 영향을 미치는 아동의 생활환경(가정, 학교, 지역사회)에 속한 문제들에 있어서 부모와 다른 사람과 함께 일함, (4) 아동이 가능하면 효율적으로 학습할 수 있게 학교와 지역사회 자원을 동원함, (5) 긍정적 행동중재 전략을 개발하는 데 협조
말-언어병리 서비스	(1) 말 혹은 언어장애가 있는 아동 판별, (2) 진단, (3) 말 혹은 언어장애 재활을 위해 의료 혹은 다른 전문적 관심이 필요한 경우 의뢰, (4) 의사소통 문제를 재활하고 예방하기 위한 서비스 제공, (5) 말·언어장애와 관련하여 부모, 아동, 교사를 대상으로 상담 실시

표 1.2 특수교육 관련 서비스의 유형 및 정의(계속)

관련 서비스	IDEA 정의
이동	(1) 등하교 시 이동, (2) 학교 건물 안과 학교 주위에서 이동, (3) 장애아동의 이동에 필요한 특별한 편의시설(특별 버스, 엘리베이터, 경사로)
예외	(1) 관련 서비스는 수술하여 심어야 하는 의학적 장치, 그 장치기능의 최적화와 유지 및 교체를 포함하지 않음, (2) 위 조항이 ① 인공와우 등 외과수술로 끼워넣는 장치를 한 아동이 개별화 교육프로그램 팀에 의해 아동에게 필요하다고 결정된 관련 서비스를 받을 권리를 제한하지 않음, ② 아동이 등하교 시 또는 학교에 있는 동안 호흡, 영양, 다른 신체기능의 작동을 포함한 아동의 건강과 안전을 유지하기 위해 필요한 의학적 장치들을 적절하게 점검하고 유지해야 하는 공교육 기관의 책임을 면제하지 않음, ③ 외과수술로 끼워넣은 장치의 외형체계가 적절하게 기능하는지 정기적으로 점검하는 것을 방해해서는 안 됨

출처 : IDEA 규정, 34 Code of Federal Regulations (CFR) §300.34; Authority: 20 USC §1401 (26).

영유아를 위한 조기중재   PL 99-457은 주에서 장애 영유아와 그들의 가족에게 조기중재 서비스를 제공할 것을 권장하는 장려책을 포함한다. 지원을 받는 아동은 출생부터 2세까지의 아동인데, 이들은 발달지체 혹은 발달지체를 유발할 수 있는 의료적 상태를 진단받았기 때문에 조기중재 서비스가 필요하다. 미국 장애인교육법은 이 연령대를 위한 공식적인 특수교육 서비스보다 장애 영유아와 그 가족을 위한 주정부 차원의 포괄적·협력적·다학문적·통합된 조기중재 서비스를 개발하고 실행할 것을 권장한다. 또한 모든 장애 영유아를 판별하고 서비스를 제공하기 위하여 주정부에 제공하는 연방 재정을 점진적으로 확대시킬 것을 권장하고 있다. 각 주에 있는 다양한 교육 및 서비스 기관들은 의료적 및 교육적 평가, 신체적인 치료지원, 언어중재, 부모 교육 등과 같은 서비스를 제공하기 위하여 서로 협력을 하고 있다. 이와 같은 조기중재는 장애 영유아의 부모를 포함한 다학문적인 팀에 의해 문서화된 **개별화 가족 서비스 계획**(individualized family service plan, IFSP)에 따라 계획되고 실시되고 있다(IFSP는 제14장 참조).

보조공학   IDEA는 무상의 적절한 공교육(FAPE)을 받고 있는 아동을 위해 보조공학이 필요한지 결정하도록 IEP 팀에게 요구한다. IDEA 정의에 따르면 **보조공학**(assistive technology)이란 "장애아동의 기능적인 능력의 개선, 유지, 확대에 필요한 도구나 장비 및 생산 시스템으로, 구매 후 바로 활용하거나 수정하거나 맞춤형으로 활용할 수 있다."(20 USC 1401, Sec. 602[1]). 보조공학은 보완대체 의사소통 기구(제8장), 저시력 지원도구(제10장), 자세유지 및 이동장치(제11장), 맞춤형 장난감과 게임(제14장) 등과 같은 특별히 고안된 장치와 서비스를 포함한다.

보편적 학습설계   보편적 설계의 개념은 건축학에서 유래되었는데, 이는 장벽이 없는 물리적 환경을 위한 구조물이나 설계를 말한다(예 : 휠체어 사용자를 위한 경사로, 높이를 낮춘 도로 경계석 설치). IDEA 2004는 보편적 설계를 보조공학법률(Assistive Technology Act)에서의 정의와 일관되게 "최대한 광범위한 기능적 능력을 가진 다양한 사람들에 의해 사용될 수 있는 제품 및 서비스를 설계하고 전달하는 개념 또는 철학이고, 보편적 설계는 (보조공학을 요청하지 않고) 즉시 접근 가능한 제품, 서비스, 보조공학과 호환 가능한 제품 및 서비스를 포함한다."(Sec. 3[19])고 정의 내렸다.

보편적 학습설계(universal design for learning, UDL)의 기본적인 발상은 교육과정의 자료들과 학습 기술들은 장애아동을 포함한 다양한 학습자들의 학습 스타일을 포괄할 수 있도록 충분히 융통성 있게 초기부터 설계되어야 한다는 것이다. 교육과정과 교수에 적용되는 UDL은 세 가지 원칙을 포함한다. (1) 다양한 방식의 표상 제공 : 정보와 지식을 획득하기 위한 선택사항을 다양한 학습자들에게 제공하는 것 (예 : 유인물, 음성 사진 제공, 접근 가능한 웹페이지 제공 등과 같이 다양한 형태로 자료를 제시하는 것), (2) 다양한 방식의 행동과 표현 제공 : 학습자가 알고 있는 것을 표현하기 위한 다양한 선택사항을 제공하는 것(예 : 말하기, 쓰기, 음성작동 스위치 활용하기), (3) 다양한 방식의 참여 수단 제공 : 학생의 흥미를 유발하고 적절한 도전을 제공하며 동기를 향상시킬 수 있는 선택사항을 제공하는 것이다(Center for Applied Special Technology, 2020).

장애인교육법과 관련된 법적 논쟁

미국 장애인교육법(IDEA)이 특수교육 서비스를 받는 학생 수를 극적으로 증가시켰고 장애아동과 그 가족들의 법적인 권리에 대한 인식을 신장시켰지만, 장애학생의 교육과 관련된 수많은 논쟁도 야기했다. 부모들과 옹호자들은 수천 건의 적법절차 공청회와 수백 건의 법정 소송을 제기하였다. 적법절차 공청회와 법정 소송은 부모와 학교가 대결구도로 이루어져 많은 비용과 시간을 소비하게 만들었다.

법원이 IDEA에 기반을 둔 다양한 법적 논쟁을 어떻게 해결해 왔는지 일반화하기란 쉽지 않다. 무상의 적절한 공교육과 최소제한환경에 대해 다양한 법적 해석이 존재한다. 연방법령과 규정들은 이 용어들을 반복적으로 사용하고 있지만 부모, 교육자, 재판관, 변호사의 관점에서 볼 때 이 용어는 법적으로 충분히 명료하게 정의된 것이 아니다. 따라서 특정한 아동을 위한 적절하고 최소로 제한적인 환경이 무엇인가 또는 교육구로 하여금 특정 유형의 교수 프로그램이나 서비스를 제공하도록 강제해야 하는가 등에 대한 소송이 제기될 때 법원은 제시되는 증거에 따라 판결한다. 또 법원이 해결해 왔던 또 다른 중요한 쟁점은 학교 운영의 연장, 무상의 적절한 공교육(FAPE)과 관련 서비스, 징계 절차, 최중도장애학생들의 기본적인 교육권에 대한 사항이다.

학교 운영의 연장 현재 공립학교는 연간 180일 동안 운영되고 있는데, 중도 · 중복장애아동의 부모와 교육자들은 180일이 아동들의 교육적 요구를 충족시키기에는 너무 짧다고 주장하고 있다. **암스트롱 대 클라인(1979)** 간 소송의 경우 5명의 중도장애아 부모들이 방학 동안 아동들의 기능수준이 퇴보되기 때문에 학교 프로그램을 연장해달라고 요구하였고, 법원에서는 학교로 하여금 학습 프로그램을 연장하도록 명령하였다. 그 결과 미국 장애인교육법(IDEA)은 만약 개별화 교육프로그램(IEP) 팀이 학생의 무상의 적절한 공교육(FAPE)을 위해 수업일수 연장이 필요하다고 결정하면 교육구는 이를 제공하도록 요구하고 있다(34 CFR §300.309).

무상의 적절한 공교육과 관련 서비스 IDEA의 관련 서비스 조항은 학교가 무상의 적절한 공교육(FAPE)을 제공하기 위해 어떤 종류의 서비스가 필요하고 타당한가, 어

장애학생들이 공교육을 받고 혜택을 누릴 수 있도록 학교 지구는 관련 서비스와 사진에 제시된 프린트 자료를 확대할 수 있는 도구와 같은 보조공학을 장애학생들에게 제공해야만 한다.

떤 서비스가 아동 부모의 책임하에 있어야 하는가 등에 대한 많은 이견과 논쟁을 일으켜 왔다. 장애인 교육법과 관련하여 대법원까지 항소한 사례는 헨드릭 허드슨 센트럴 교육구 교육위원회 대 로우리(1982)의 소송건이다. 에이미 로우리는 청각장애 4학년으로 특수교육과 관련 서비스가 필요한 아동이었다. 교육 구에서 처음에는 보청기, 언어치료, 개인교사 그리고 수어 통역사를 제공하였다. 에이미가 교사의 입술을 읽으려고 교사를 자주 쳐다볼 뿐만 아니라 수어 통역사의 통역으로 정보를 얻기보다는 교사에게 지시사항을 반복해달라고 요청하는 경우가 많으므로 수어 통역사는 수어 통역 서비스를 잘 활용하지 않는다고 보고하였고, 이후에 교육구는 이 서비스를 철회하였다. 에이미 부모는 에이미가 진행 중인 수업의 50%는 놓치고 있으므로 적절한 무상 공교육을 받지 못한다고 주장하였다. 에이미는 다른 관련 서비스는 지속적으로 받고 있으며 통역사의 도움 없이도 학년 성취수준을 통과하고 있다는 것이 교육구의 입장이었다. 사실 학교 관계자들은 통역사가 있으면 교사 및 또래 아동들과 상호작용을 하는 데 방해가 된다고 생각하였다. 또한 통역 서비스를 제공하기 위해 교육구는 연간 25,000달러의 비용이 든다는 사실에 주목하였다. 이 소송에 대해 대법원은 에이미가 수화 통역사의 도움 없이도 만족할 만한 학업성취를 보이고 있으므로 적절한 교육을 받고 있으며 교육구가 전일제 수어 통역사를 고용할 필요는 없다고 판결하였다.

무상의 적절한 공교육과 교육 혜택 무상의 적절한 공교육 요건을 충족하기 위해 필요한 교육 혜택의 최소 기준에 대한 제재를 판결 내린 로우리 소송은 2017년 앤드류 대 더글라스 카운티 교육구의 소송 사건에 대한 미국 대법원의 판결문에도 언급되었다. 앤드류는 자폐와 주의력결핍 과잉행동장애(ADHD)가 있는 초등학생으로 심각한 학업적·행동적 문제가 있었다. 앤드류가 4학년 때, 그의 진보가 악화되자 그의 부모는 앤드류를 상당한 향상을 보였던 사립학교로 전학시켰다. 그 후 부모는 앤드류를 다시 공립학교로 전학시켰는데, 공립학교 팀에서 작성한 IEP에서는 발전사항이 없었다. 그리하여 부모는 개별화 교육계획을 거부하고, 앤드류를 다시 사립학교로 전학시킨 후, 더글라스 카운티 교육구가 앤드류의 사립학교 수업료를 배상해줄 것을 요구하는 공청회를 요청하였다. 이러한 요청은 거부되고 지방법원은 교육구의 편을 들었다. 그러나 결국 이 소송은 미국 대법원에서 검토되었는데, 대법원에서는 로우리 소송에서 성립되었던 최소의 교육 혜택 기준을 거절하고 학교에서 부모의 입학금과 소송비를 지불하도록 판결을 내었다.

> 로우리와 앤드류 소송을 통해 알 수 있는 새로운 기준은 로우리 건의 절차상의 문제(즉, 교육구에서 절차상 요구사항을 준수하였는가?)와 관련된다. 이는 또한 두 번째 앤드류 소송에서 제기된 "개별화 교육계획이 학생이 처한 상황에서 적절한 진보를 보일 수 있도록 합리적으로 계산되어 작성되었는가?"에 대한 부분도 고민하게 한다(Yell, 2019b, p. 57).

징계 장애학생의 정학 또는 퇴학에 부모가 항의하여 소송을 제기하였다. 스튜어트 대 내피(1978) 소송의 경우 특수학급에 배치된 고등학생이 등교 후 많은 시간 동안 학교 주변을 배회하였다는 이유로 퇴학을 시켰는데, 법원은 이 사례의 퇴학은 아동에게 무상의 적절한 공교육을 제공하라는 장애인교육법을 무시한 처사라는 부모의 의견에 동의했다. 다른 소송의 경우 법원은 학교가 퇴학의 원인이 학생의 장애와 관련이 없다는 것을 증명할 수 있다면 장애학생도 퇴학을 받을 수 있다고 하였다. 1988년에 있었던 호닉 대 도우의 소송에서 대법원은 학교가 장애아동을 퇴학시키거나 10일 이상 정학시킬 수 없다고 판결하였다.

1997년에 개정된 장애인교육법(PL 105-17)은 몇몇 예외를 제외하고는 학교가 장애아동을 비장애아동과 똑같은 방법으로 징계할 수 있다는 규정을 두었다. 이 규정은 만약 학교가 장애아동을 퇴학시키거나 10일 이상 정학시키고자 할 때는 개별화 교육프로그램 팀이나 자격을 갖춘 전문가가 아동의 문제행동과 장애의 연관성에 대해 검토를 하도록 요구하고 있다. 이러한 검토를 **증거 명시**(manifestation determination)라고 한다(Katsiyannis & Maag, 2001). 만약 아동의 문제행동이 장애와 관련이 없다는 결정이 나면 비장애아동과 같은 징계를 적용할 수 있으나, 학교는 대안적인 장소에서 지속적으로 교육 서비스를 제공해야 한다.

IDEA 2004는 특별한 상황(예 : 학생이 학교에 무기를 가지고 오거나 소지하는 경우, 불법 마약을 가지고 있거나 사용하거나 혹은 학교에서 파는 경우, 학교나 학교 행사에서 누군가에게 심각한 상처를 입히는 경우)에 대한 징계 조항을 개정하였는데, 학교 관계자는 장애학생의 문제행동이 장애와 관련된 것인지 아닌지에 따라 출석일수 중 45일까지 대안적 교육환경에 배치할 수 있는 권한을 가지게 되었다.

교육받을 권리　티모시 대 로체스터 교육구(1989)의 소송은 미국 장애인교육법의 차별금지(배제 금지) 철학에 도전한 사례이다. 1988년 7월에 뉴햄프셔의 지방법원의 로플린 판사는 사지마비의 13세 중도장애아가 특수교육으로부터 혜택을 받을 수 없기 때문에 교육 서비스를 받기에 부적절하다고 판결하였다. 판사는 로체스터 교육구에 승소판결을 내렸는데, 판결의 근거로 IDEA는 '모든 장애학생'에게 교육 서비스를 제공하도록 의도되지 않았음을 들었다. 판사는 연방법은 심한 중도장애를 가진 '적은 수의 학생'에 대해서는 명백히 하지 않고 있다는 것과, 그렇기에 PL 94-142 내에서 교육받기 위한 조건을 충족하였는지를 판단하기 위해서는 특별한 평가와 검증 과정을 거쳐야 함을 분명히 하였다.

그러나 1989년 5월에 있었던 상소심에서 법원은 장애의 특성이나 정도에 상관없이 모든 장애아동이 공교육을 받을 권리가 있다고 판결하였다. 3명의 재판관은 "학교는 법이 통과되기 전에 광범위하게 행해졌던 관행과 장애아동은 교육할 수 없다는 생각을 바탕으로 장애학생을 일방적으로 공교육으로부터 제외시킴으로써 EHA(Education for All Handicapped Children Act) 조항을 피할 수 없다."고 결론 내렸다(U. S. Court of Appeals, 875 F.2d 954 [1st Cir.]).

관련 법률

자비츠 영재아교육법　1988년에 통과된 제이콥 K. 자비츠 영재아교육법은 300만 명의 영재 아동을 위한 유일한 연방법이다. 이 법은 영재 학생들을 대상으로 하는 국립연구센터의 입증 프로그램을 운영하기 위해 연방정부의 지원을 제공하고, 영재아 프로그램에서 과소평가되었던 학생들을 지원하기 위한 모델 개발 및 확산을 위해 경쟁적으로 연구비를 제공하며, 영재교육 교육과정과 프로그램의 질을 향상시키기 위해 경쟁적으로 보조금을 제공한다. 자비츠 법은 매우 고무적이기는 하나 그간 "만성적으로 재정지원을 적게 받아 온" 상태이다(CEC, 2015).

1973년 재활법 제504조　재활법(1973) 제504조는 장애인의 인권에 관련된 중요한 법으로, 장애인이 연방정부의 자금지원을 받고 있는 모든 프로그램과 활동에 장애에서 기인한 어떤 차별도 받지 않고 참여할 수 있도록 명시하고 있다(Sec. 504, 29 USC §794[a]). 이 법은 (인종, 피부색 혹은 국적에 기초한 차별이 금지된) 시민법(1964)과 함께 적용되며, 장애아동과 성인을 위한 교육과 고용 및 다른 환경에서의 참여 기회를 확장시켰다. 이 법은 '감각, 신체 혹은 말하기 기술에 손상이 있는 학생들을 위한 보조지원'에 대한 규정을 요구한다(예 : 시각장애학생을 위한 독서기, 지체장애학생의 이동을 지원하는 사람들). 이러한 요구는 학교, 대학, 그리고 고용주들이 반드시 모든 지원을 항상 제공해야 한다는 뜻은 아니다. 이것은 단지 어떠한 장애인도 적절한 지원이 제공되지 않아서 프로그램으로부터 배제되어서는 안

된다는 의미이다.

제504조는 IDEA와 다르게 연방에서 기금을 지원받는 프로그램도 아니고 장애인에게 연방기금을 제공하지도 않는다. 그러나 이것은 "모든 연방기금을 지원받는 수혜자에게 장애인을 차별하지 못하도록 의무를 부과한다."(Johnson, 1986, p. 8). 물론 연방기금을 지원받는 수령자 안에는 공립 교육구가 포함된다. 또한 대부분의 대학과 대학교뿐만 아니라 사립교육기관에서 교육받는 많은 학생들도 연방정부의 재정적 지원을 받는다. 시민권리의회는 부모, 장애인 또는 다른 사람들이 교육구가 제504조를 위반하고 있다고 제기하면 이를 검토한다.

제504조의 중요한 특성 중 하나는 지체장애나 감각장애를 가지고 있는 학생이나 교사에게 건축에 접근할 수 있도록 해야 한다는 것이다. 그러나 이 법이 장애물이 전혀 없는 환경을 요구하고 있는 것은 아니다. 이 법이 강조하고 있는 것은 모든 물리적 구조를 변경하라는 것이 아니라 장애인들이 프로그램에 접근할 수 있도록 허용하라는 것이다. 예를 들어 지체장애학생이 화학과목을 수강하고자 할 때 학교는 교실의 위치를 이동하기 쉬운 곳으로 바꾸어 그 학생이 자신이 원하는 과목에 접근할 수 있게 해야 한다. 미국 장애인교육법(IDEA)과 같이 제504조는 '가장 통합된 적절한 환경'에서의 비차별적 배치를 요구하고 있으며, 특히 장애인 고용의 차별혐의와 관련된 많은 법정 소송 사건에 대한 근거를 제공해 왔다. 제504조에서 교사들이 알아야 할 것들에 대한 논의는 O'Connor 외(2016)를 참조하라.

미국 장애인법   미국 장애인법(ADA)은 1990년에 법안이 승인되었으며 2008년에 개정되었다. 미국 장애인법은 민간부문의 고용, 공공 서비스, 교통시설, 통신의 활용에 있어서 장애인의 인권을 보호하기 위한 것으로 재활법(1973)을 확장시킨 것이다. 미국 장애인법에서 장애인이란 (1) 정신적 또는 신체적 손상으로 말미암아 중요한 일상생활 활동(예 : 본인 돌보기, 의사소통하기, 일하기)에 제약을 받는 자, (2) 그러한 손상의 기록을 가지고 있는 자(예 : 현재는 심장병이 없으나 심장병으로 차별을 받은 경험이 있는 자), (3) 그러한 손상이 있다고 간주되는 자(예 : 일상생활 활동에 아무런 제약이 없음에도 불구하고 얼굴화상으로 차별을 받는 자)로 정의하고 있다. 미국 장애인법의 중요한 규정은 다음의 네 가지 주요 영역에 해당된다.

- 고용 : 15인 이상을 고용하고 있는 고용주는 장애 때문에 고용을 거부할 수 없으며, 장애를 이유로 승진을 거부할 수 없다. 또한 고용주는 고용된 장애인이 필수 작업 기능을 수행할 수 있도록 편의시설을 제공해야 한다. 고용주는 직업생활에서의 요구사항 혹은 직업상황에서의 편의시설을 제공해야 하는데, 편의시설을 제공하면서 고용인들에게 '부당한 어려움'을 부여하거나 고용인이 관련 비용을 지불하게 해서는 안 된다.
- 공공시설(대중교통 포함) : 미국 장애인법(ADA)의 규정은 장애인들이 이용할 수 있는 대중교통을 위한 요구사항을 상세하게 기술하고 있다. 대중교통 당국에 의해 구입된 새로운 이동매체는 반드시 장애인이 이용할 수 있어야 한다. 모든 도시 간 철도 및 통근 철도 서비스도 장애인이 접근 가능하고 이용할 수 있어야 한다.
- 공공 편의시설 및 상업적 시설 : 호텔, 레스토랑, 식료품점, 공원, 레크리에이션 시설과 같이 공공에 개방된 사업체는 장애인을 차별해서는 안 된다. 새로운 건물은 반드시 접근이 가능하도록 지어야 하며, 기존 시설의 장벽을 제거하여 접근성이 즉각적으로 향상된다면 장벽을 제거해야 한다. 이 법은 큰 회사가 쉽게 제공할 수 있는 편의시설을 지역의 작은 사업체는 제공하기 어렵다는 것을 인정하고 있다.
- 전화 서비스 : 공공기관에 전화 서비스를 제공하는 회사의 경우에 농인이나 난청인 장애인을 위해

일주일에 7일, 하루에 24시간 전화의사소통 중계 서비스(TRS)를 제공해야 한다. TRS에서 의사소통 보조자가 수어/지문자를 사용하여 전화하는 사람과 구어를 사용하는 사람 사이에서 전달을 하는 것이다.

모든학생성공법 2015년 오바마 대통령이 서명한 모든학생성공법(ESSA, PL 114-95)은 1965년 린든 존슨 대통령이 선포한 빈곤과의 전쟁의 한 부분으로, 처음 제정되었던 초·중등교육법을 재승인한 것이다. 특수교육에 영향이 있는 ESSA의 주요 조항은 다음과 같다(National Council on Disability, 2018a).

기준 : ESSA는 단위학교가 읽기, 수학, 과학에서 '도전이 되는' 내용 기준을 실행하도록 요구한다. 주는 장애학생들이 활용할 수 있는 대안평가를 개발할 수 있도록 하였으나 이러한 대안평가는 일반교육과정에 접근할 수 있도록 엄격하게 학업내용과 연계되어야 하며, "가장 높은 수준의 기준을 성취할 수 있도록 전문가의 판단을 반영해야만 한다."(National Council on Disability, 2018a, p. 19). 또한 주 기준은 모든 학생들이 고등교육 혹은 경쟁 고용에 진입할 수 있도록 준비시켜야만 한다.

징계 : ESSA는 주들이 (a) 학교 폭력을 줄이고, (b) 징계의 한 형태로 학생을 교실환경에서 제외시키는 것을 피하며, (c) 격리시키고 물리적인 저지를 가하는 것을 피하는 것에 대해 기술함으로써 학교 환경을 개선하기 위한 방법을 설명하도록 요구한다.

전문적 학습 : ESSA는 특수교사들이 적어도 학사학위를 취득하고, 특수교사로서 완전한 자격을 갖출 것을 요구한다. 학교는 특수교육 자격증 요건을 응급상황에서, 일시적으로 혹은 잠정적으로 완화해서는 안 된다.

표 1.3은 특수아동의 교육과 장애를 가진 개인의 권리에 관한 연방정부의 제정법을 요약한 것이다.

표 1.3 특수아동의 교육과 권리에 관련된 연방법률

연도	법률	교육적 시사점
1958	National Defense Education Act(PL 85-926)	지적장애아동을 교육하는 교사를 지도할 전문가를 훈련할 자금 제공
1961	Special Education Act(PL 87-276)	청각장애(농)아동을 교육하는 교사를 지도할 전문가를 훈련할 자금 제공
1963	Mental Retardation Facility and Community Center Construction Act(PL 88-164)	PL 85-926에서 제공하는 지원을 다른 장애아동들을 교육하는 교사들의 훈련에도 확대하여 적용
1965	Elementary and Secondary-Education Act(PL 89-10)	가난하거나 장애가 있는 아동들을 위한 프로그램을 개발하는 주나 교육구에 자금 지원
1966	Amendment to Title 1 of the Elementary and Secondary Education Act(PL 89-313)	장애아동을 위한 기관이나 다른 환경에서 실시되고 있는 주가 지원하는 프로그램에 자금 지원
1966	Amendments to the Elementary and Secondary Education Act(PL 89-750)	연방 장애아동 교육부 신설
1968	Handicapped Children's Early Assistance Act(PL 90-538)	장애를 가진 학령 전 아동을 위한 실험 프로그램인 '첫 번째 기회 지원망' 설립

표 1.3   특수아동의 교육과 권리에 관련된 연방법률(계속)

연도	법률	교육적 시사점
1969	Elementary, Secondary, and Other Educational Amendments(PL 91-230)	학습장애의 정의와 학습장애아동을 위한 주정부 차원의 프로그램에 자금 지원
1970	Education Amendments of 1970(PL 92-318)	많은 주들이 영재 학생 교육프로그램을 구성할 때 기준으로 삼는 '멀랜드 보고서'(1972)를 발표했던 영재아 연구 지원
1973	Section 504 of the Rhabilitation Act(PL 93-112)	장애가 있다는 이유로 연방자금 지원을 받는 프로그램이나 활동으로부터 배제받을 수 없다고 명시
1974	Education Amendments(PL 93-380)	기존 법률 확장, 영재아 교육프로그램을 위해 주와 지역 교육구에 자금 지원, 교육 배치 결정에 대한 장애아동과 그 부모의 권리 보호
1975	Developmental Disabilities Assistance and Bill of Rights Act(PL 94-103)	지적장애를 가지고 있는 시민의 권리 확립과 지적장애나 다른 발달장애를 가지고 있는 사람들을 위해 서비스가 제공되어야 하는 영역 언급
1975	Education for All Handicapped Children Act(EAHCA)(PL 94-142)	6~21세의 장애학생을 위한 무상의 적절한 공교육 제공, 교육적 의사결정에 있어서 장애아동과 부모의 권리 보호, 각 장애아동을 위한 개별화 교육프로그램 개발, 장애 학생은 최소제한환경에서 교육적 서비스를 받아야 함을 명시
1978	Gifted and Talented Children's Education Act of 1978(PL 95-561)	영재 학생의 요구를 충족시키기 위한 연수 프로그램, 연구 및 프로젝트에 대한 자금 지원
1983	Amendments to the Education of the Handicapped Act(PL 98-199)	각 주로 하여금 학교를 졸업하고 사회로 나가는 장애학생에 대한 자료를 수집하고 성인 사회로 전환하기 위해 필요한 고등학생의 요구를 파악, 장애 영유아에게 서비스를 제공하는 주에 격려금 지급
1984	Developmental Disabilities Assistance and Bill of Rights Acts(PL 98-527)	장애 성인을 위한 고용과 관련된 훈련 프로그램 개발 명시
1986	Handicapped Children's Protection Act(PL 99-372)	자녀의 적절한 교육을 보장하기 위한 청문회나 소송에 들어가는 변호사 비용을 관계 당국이 부모에게 배상
1986	Education for the Handicapped Act Amendments of 1986(PL 99-457)	각 주는 3~5세의 장애 유아에게 무상의 적절한 교육 제공, 출생 후~2세의 장애 영유아와 그의 가족을 위한 포괄적인 학제 간 서비스를 개발하도록 격려금 지원
1986	Rehabilitation Act Amendments(PL 99-506)	장애 성인을 위한 지원고용 프로그램 개발
1988	Jacob K. Javits Gifted and Talented Students Education Act(PL 100-297)	영재 학생 교육을 위한 연구, 교사 교육, 프로그램 개발을 지원하는 연방자금 제공
1988	Technology-Related Assistance For Individuals with Disabilities Act of 1988(PL 100-407)	모든 연령의 장애인에게 공학적 지원을 하기 위한 주 차원의 프로그램 개발
1990	Americans with Disabilities Act(PL 101-336)	장애 시민이 고용에서 차별받지 않도록 권리 보호, 모든 공공 서비스 · 편의시설 · 교통시설 · 통신시설에 대한 접근성 제공
1990	Individuals with Disabilities Education Act(IDEA) Amendments of 1990(PL 101-476)	1975년의 EAHCA를 재명명, 자폐와 뇌손상을 독립된 장애 범주로 인정, 16세부터 개별화 교육프로그램에 전환 서비스에 대한 서술 포함, 관련 서비스에 재활상담과 사회사업 서비스 포함

연도	법률	교육적 시사점
1994	Goals 2000 : Educate America Act(PL 103-227)	2000년까지 교육개혁에 연방정부 자금을 지원하여 8개의 국가 교육 목표를 성취하도록 도움
1997	Individuals with Disabilities Education Act(IDEA) of 1997(PL 105-17)	IDEA의 재구조화와 몇 개의 주요 조항 첨부 : 부모의 참여 증진과 공동 의사결정, 개별화 교육프로그램 팀에 일반교사 참여, 장애아동의 일반교육과정의 접근성, IEP의 필요에 따라 긍정적 행동지원계획 명시, 주 또는 지역 교육구 차원의 평가 프로그램에 장애학생 참여, 학교가 장애학생의 교육 배치를 변경시키는 처벌을 하거나, 퇴학시키거나, 10일 이상 정학을 시키고자 할 경우에 IEP 팀은 문제행동이 장애와 관련이 없는지 검토해야 하는 증거 명시 요구
2001	No Child Left Behind Act of 2001(초·중·고 교육법의 재인준)(PL 107-110)	교육구는 모든 아동이 과학적 연구에 의해 검증된 교육과정과 교육방법을 질 높은 교사에 의해 교육을 받도록 보장하여 적절한 연간 향상도를 달성해야 함. 매년 충분한 향상을 보이지 못하는 학교들에게 지원을 제공한 후에도 향상이 되지 않으면 교정을 요구하게 되며, 그럼에도 불구하고 충분한 향상을 보이지 못하면 재구조화를 해야 함
2004	Individuals with Disabilities Education Improvement Act of 2004(PL 108-446)	장애인교육법의 주요 구성요소와 원리는 그대로 유지하되 다음과 같은 중요한 변화를 포함함. 대안적 성취기준과 관련된 대안적 평가를 받는 학생들의 IEP에만 단기목표 포함함. 다년 개별화 교육프로그램의 예비 프로그램, 학습장애아동 선별을 위해 중재반응 사용, 질 높은 특수교사의 정의, 학생의 문제행동이 장애와 관련이 있든 없든 권총을 소지하는 등의 특별한 상황이 발생하면 장애학생도 최고 45일까지 학교로부터 격리하여 임시 교육환경에 배치함
2015	Every Student Succeeds Act(PL 114-95)	모든 학생들이 도전이 되는 학업 성취기준을 사용함. 보조공학을 포함하여 평가를 위한 적절한 조정을 활용할 수 있고, 학교 폭력이나 혐오적인 징계를 줄임으로써 학교 환경을 개선함. 또한 특수교사는 특수교육 자격증이 있어야 함

표 1.3 특수아동의 교육과 권리에 관련된 연방법률(계속)

특수교육은 무엇인가

학습목표 1.4 예방적 중재, 교정적 중재, 보상적 중재를 정의하고 각 중재에 대한 예를 들 수 있다.

특수교육은 다양한 관점에서 정의되고 평가될 수 있는 복잡한 체계이다. 예를 들면 특수교육은 장애를 가진 자녀의 교육과 관련된 의사결정에 부모를 적법 절차에 따라 참여시켰는지, 교육구의 IEP가 IDEA에서 요구하는 구성요소를 얼마나 표방하고 있는지 등의 쟁점들에 관심이 있는 임상가들이 운영하는 '법이 지배하는 사업'으로 볼 수도 있다. 사회정치적인 관점에서 보면 특수교육은 시민평등권 운동의 결과물이며, 장애인에 대한 사회의 변화된 태도로 보일 수 있다. 이러한 각 관점은 타당성이 있고 특수교육과 관련 실제를 정의하는 데 중요한 역할을 하고 있다. 그러나 특수교육의 가장 중요한 핵심은 **중재**에 기반을 둔 교수라는 것이다.

중재로서의 특수교육

무엇보다 특수교육은 장애인이 학습하고, 학교와 사회에 적극적으로 참여하는 것을 저해하는 장애물이 발생하지 않도록 예방하고, 기존 장애물을 제거하며, 장애인으로 하여금 장애물을 극복하도록 하는 목적성이 있는 중재이다. 특수교육의 세 가지 주요 중재 형태는 예방적 중재, 교정적 중재, 보상적 중재이다.

예방적 중재   특수교사들은 잠재적이거나 경미한 문제들이 장애가 되는 것을 막기 위해 예방적 중재(preventative intervention)를 설계한다. 예방은 세 단계로 이루어진다.

- **1차 예방**(primary prevention) : 장애의 새로운 사례 수, 즉 **발생률**(incidence)을 줄이는 것이다. 이것은 위험요소를 제거하거나 줄이려고 노력함으로써 아동에게 장애가 발생하지 않도록 하는 것이다. 교육자들은 중재목표가 되는 문제행동에 의해 영향받을 수 있는 모든 학생을 위해 1차 예방을 한다. 예를 들어 행동장애를 예방하기 위한 학교 전체 차원의 프로그램에서 1차 예방은 모든 학생을 대상으로 하는 학급이나 학교차원의 긍정적 행동지원을 포함한다(Simonsen & Sugai, 2019).
- **2차 예방**(secondary prevention) : 현재 존재하고 있는 위험요소의 부정적인 영향을 제거하거나 최소화하는 것으로 특정 위험에 노출되어 있는 아동들을 대상으로 한다. 행동장애를 방지하기 위한 학교차원의 2차 예방은 문제행동의 초기 신호를 보이는 학생을 위한 특화된 중재이다.
- **3차 예방**(tertiary prevention) : 장애의 영향을 최소화하는 것으로 장애가 있는 사람들을 대상으로 한다. 예를 들어 정서행동장애가 있다고 판별된 학생들을 위해 집중적인 중재가 제공될 수 있을 것이다.

예방적인 노력은 출생 전과 같이 가능한 한 빨리 시작되었을 때 가장 예후가 좋다. 이 책의 다음 장들에서 장애 결과를 예방하고 최소화하는 효과적인 방법들에 대해서 기술하고 있다. 불행하게도 1차 예방과 2차 예방 프로그램은 드물게 이루어지고 있으며, 장애의 발생률을 상당히 줄이기 위해서는 앞으로도 수십 년의 시간이 필요할 것이다.

교정적 중재   교정은 장애의 특정 영향을 제거하기 위하여 노력한다. **교정적**(remediation)이라는 단어는 교육적인 용어이고 사회복지에서는 **재활**(rehabilitation)이라는 용어를 더 많이 사용한다. 이 두 용어 모두 장애인에게 독립적이고 성공적으로 기능하는 데 필요한 기술을 가르치는 것을 목표로 한다. 학교 환경에서 필요한 기술은 학업적인 기술(예 : 읽기, 쓰기, 셈하기), 사회적 기술(예 : 의사소통을 시작하고 유지하기), 자기관리기술(예 : 먹기, 입기, 화장실 사용하기) 또는 직업적 기술(직업을 갖기 위해 중등학생이 준비해야 하는 진로 및 직업기술) 등이다. 교정적 중재의 기본적인 가정은 장애를 가진 사람이 특정 상황에서 성공하기 위해서는 특별한 교수가 필요하다는 것이다.

보상적 중재   보상적 중재(compensatory intervention)는 장애인이 장애에도 불구하고 과제를 수행할 수 있도록 대체기술을 교수하는 것이다. 학생들에게 보조장치를 사용하도록 가르치는 것이나 방향정위와 이동과 같은 특별한 훈련을 제공하는 것이 보상적 중재의 예이다. 교정적 중재는 손의 사용이 불편한 뇌성마비 아동에게 컴퓨터 과제수행을 위해 손의 사용을 가르치는 반면에, 보상적 중재는 머리에 다는 막대나 컴퓨터 자판 등의 기술을 제공하여 제한된 소근육 통제능력을 보상하는 것이다.

교수로서의 특수교육

학습목표 1.5 특수교육의 차원을 정의하고, 특수교육계가 직면한 다양한 어려움에 대해 설명할 수 있다.

결국 교수가 특수교육의 전부라 할 수 있다. 하지만 모든 교육에 같은 교수가 적용될 수는 없다. 그렇다면 특수교육에서 **특별한** 것은 무엇일까? 이 질문에 대한 답으로 누가(교수자), 무엇을(교수내용), 어떻게(교수방법), 어디에서(교수장소) 가르치는가의 차원에서 특수교육을 설명하면 다음과 같다.

누가(교수자)   부모와 가족이 함께 협력하는 전문가로 구성된 학제 간 팀이 특수아동의 학습에 일차적인 책임을 지게 된다. 교사들은 각 학생의 IEP의 핵심인 교수를 제공한다. 이러한 교사들은 일반교사와 특수아동에게 특수교육을 제공하기 위해 특별 훈련을 받고 특수교육 자격증을 가진 특수교육 교사를 포함한다(Zigmond, 2007, p. 151). 특수교사와 일반교사는 많은 전문가(예 : 학교 상담가, 언어병리학자, 물리치료사, 상담가 등)뿐만 아니라 특수아동의 요구에 따라 교육적이고 관련된 서비스를 제공하는 특수교육실무원(예 : 학급 보조원)과 함께 일한다.

무엇을(교수내용)   특수교육은 교육과정에 의해(즉, 가르치는 것에 의해) 일반교육과 차별화되기도 한다. 모든 장애아동이 일반교육과정에 최대한 접근하여 학습하는 것이 필요하지만 일부 장애아동의 개별화 교육프로그램(IEP)의 장기목표와 단기목표는 주의 표준이나 교육구의 교육과정과 관련이 없다. 일부 장애아동들은 비장애아동들이 교수과정을 거치지 않고 습득하는 기술을 학습하기 위해서 고강도의 체계적인 교수가 필요하다.

  특수교사들은 종종 장애학생이 학교, 가정, 지역사회, 고용환경에서의 성공과 독립생활을 위해 필요로 하는 기술과 지식을 지도하기 위해서 **기능적 교육과정**(functional curriculum)을 사용하기도 한다. 예를 들어 많은 중도장애학생들에게는 옷 입기, 화장실 사용하기, 구매하기, 간식 준비하기 등과 같은 기술들이 교육과정의 중요한 부분을 차지한다. 또한 앞서 논의했듯이, 어떤 아동은 장애의 영향을 최소화하기 위해서 점자로 글을 읽거나 음성출력장치를 사용하는 등의 기술을 배우기도 한다.

어떻게(교수방법)   특수교육은 일반교육과 달리 교수자료와 교수방법도 특수화되고 수정된다. 특수교사가 청각장애아동에게 수어로 의사소통하는 것을 관찰하면 이러한 차이는 극명하게 드러난다. 특수교사가 특정 과제를 과제 분석하여 학생이 학습하는 것을 지원하면서 언어적 · 신체적 촉구를 체계적이고 단계적으로 감소시켜 나갈 때 특수교육 교수의 차별화된 특성이 적게 나타날 수 있겠지만 이 또한 특수하지 않은 것은 아니다.

  특수교육이 일반교육과 구분되는 또 다른 특징은 특수교육이 세부적이고 집중적이며 엄격하게 교수된다는 점이다. 예를 들어 Mellard 외(2011)는 교수의 강도(시간, 빈도, 교수시간), 집단 크기, 반응 기회의 수, 피드백의 즉각성 등을 변화시키면서 교수를 다양화할 수 있는 방법을 10가지 차원에서 제시하였다. 교수와 학습 '빨리 가야 좋은 거야! 유창성 향상은 학업성취를 촉진한다'를 참고하기 바란다.

교수와 학습

빨리 가야 좋은 거야! 유창성 향상은 학업성취를 촉진한다

유창성은 무엇이고 왜 중요한가   유창성(fluency)은 정확성과 속도의 조합이며 학업성취를 촉진하기 위해 필요하다. 정확성은 일반적으로 백분율 정확도의 형태로 나타나며, 학업성취를 평가하는 데 주로 사용된다. 반면에 유창성은 능숙도의 좀 더 완성된 그림이다. 두 학생이 한 페이지의 수학 문제를 100%의 정확성을 갖고 완성한다 하더라도, 2분 내로 모든 수학 문제를 푼 학생이 7분 내로 푼 학생보다 더 뛰어나다. 유창한 학생은 주저 없이 제2의 천성인 듯 기술을 실행한다.

  유창성은 기능적으로 중요한 의미를 갖는다. 많은 기술은 매일 특정 비율 혹은 속도로 실행해야 한다. 다른 학생들은 1분 내로 읽는 활동지의 지시사항을 어떤 학생은 5분이 걸려 읽는다면 주어진 시간 내로 과제를 수행할 수 없을 수도 있다.

특정 기술에 유창한 학생들은 다음과 같은 특징을 보인다(Stocker et al., 2019).

- **보다 나은 기억력** : 기술이나 지식을 차후에 이용할 수 있는 능력
- **보다 나은 집중력** : 더 오랜 시간 동안 과제에 참여할 수 있는 능력. 유창한 학생은 환경의 작은 사건에 영향을 받을 가능성이 적다.
- **향상된 응용력과 일반화** : 새로운 상황에서 새로운 기술을 응용할 수 있는 능력. 덧셈과 뺄셈 같은 핵심기술에 능숙한 학생들은 긴 나눗셈 같은 복합기술을 더 빨리 학습한다.

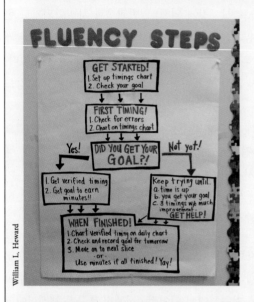

William L. Heward

어떻게 하면 유창성을 향상시킬 수 있을까 다음에 제시된 유창성 촉진 전략은 교사주도 전략, 또래주도 전략, 자기주도 전략으로 사용될 수 있다.

반복 읽기 학생은 한 지문을 수업시간 동안 3~5번 소리 내어 읽거나 미리 정해진 목표를 달성할 때까지 **반복 읽기**(repeated reading)를 한다(예 : 1분당 100개 단어). 반복하여 읽을 때마다 학생은 스스로 결과를 기록하고 1분당 정확하게 읽는 단어의 수를 늘리려고 노력한다. 학생이 주어진 지문의 유창성 기준을 달성하면, 교사는 조금 더 어려운 새로운 지문을 소개한다. 수많은 연구에서 반복 읽기가 초 · 중 · 고등학교 일반 학생과 특수아동의 음독 유창성을 향상시킨다는 것을 보여준다(Alber-Morgan et al., 2007; Kostewicz & Kubina, 2011; Lee & Yoon, 2017; Tam et al., 2006; Yurick et al., 2006).

시간제 연습시험 주어진 시간에 학생들이 기술을 가능한 한 여러 번 수행할 수 있도록 기회를 주는 것은 유창성을 향상시키기 위한 아주 좋은 방법 중 하나이다. 일반 학생이나 특수아동이 1분 단위로 연습하게 하는 것은 학업(예 : 수학적 사실), 기술(예 : 조립), 그리고 기타 기술과 함께 유창성을 향상할 수 있도록 돕는다(Fishley et al., 2012; Greene et al., 2018; Ramey et al., 2016).

매일 1분 내 빨리 말하기(SAFMEDS) **매일 1분 내 빨리 말하기**(say all fast a minute each day shuffled, SAFMEDS)는 질문, 단어 또는 문제를 앞면에 제시하고 정답을 뒷면에 제시한 카드로 구성되어 있다. 학생은 1분 안에 가능한 한 많은 카드를 최대한 빨리 답해야 한다. 학생은 질문이나 문제를 보고 답을 말한 뒤, 카드를 뒤집어서 답을 확인한 후 '정답' 또는 '오답' 더미에 카드를 올려놓아야 한다. Behaviorbabe(2020)는 SAFMEDS의 상용법과 예를 제공한다.

유창성 만들기 팁과 지침

- **학습의 연습단계에 유창성을 구축한다.** 학습의 초기단계에 학생들은 기술을 정확하게 수행하는 것을 학습하도록 중점을 둔다. 학생이 기술을 정확하게 수행하는 것을 익히기 전에 빨리 하려고 한다면 유창성을 구축하는 것보다 연습과정상의 오류를 범할 가능성이 크다. (SAFMEDS는 학습의 초기단계에 활용될 수 있다.)
- **유창성을 구축하기 위해 연습시간을 짧게 한다.** 대부분의 학업기술을 연습하는 데 1분이면 충분하다. 10초, 15초, 20초 등 짧게 시간을 활용하는 것은 학생들이 유창성을 점차적으로 구축해나가는 데 도움을 준다(Kostewicz & Kubina, 2011).
- **매일 유창성 연습을 한다.** 매일 수업시간이 끝날 무렵에 1분 소리 내어 읽기를 2번 혹은 3번 실시할 수 있다.
- **유창성 연습시간을 재미있게 만든다.** 유창성 연습시간은 시험시간이 아니므로 게임과 같은 접근법을 활용한다.
- **유창성 구축을 위한 피드백은 능숙도에 중점을 둔다.** 맞춘 비율에 중점을 둔 정확성이 아니라 정확한 숫자(빈도)를 강조한다.

- 학생이 스스로 개인 목표를 수립하고 최고의 점수를 획득할 수 있도록 장려한다.
- 학생이 본인의 진전 정도를 확인할 수 있도록 한다. 그렇게 하여 매일 본인의 최고 수행정도를 그래프에 그리도록 한다.

어디에서(교수장소) 특수교육은 종종 특수교육이 이루어지는 장소에 의해서 이해된다(하지만 정의되는 것은 아니다). 비록 대부분의 장애학생들은 일반학급에서 학습시간을 보내고 있지만, 학습 도움실이나 특수학급 혹은 분리된 기숙제 및 통학제 특수학교에서 교육받는 사람도 있다. 그리고 일반학급에 있는 많은 학생들은 하루의 일부 시간에 개별화 교수를 받을 수 있는 특수학급에서 시간제 수업을 받는다. 미국 교육부에서 사용하고 있는 여섯 가지 교육 배치의 정의는 표 1.4와 같다.

또한 특수교육은 학교가 아닌 다양한 상황에서 교수될 수 있다. 유아 특수교사는 집에서 부모가 영유아를 어떻게 보육할 것인지 가르치는 데 많은 시간을 보낼 수 있다. 중도장애아동을 가르치는 특수교사는 일상생활에 필요한 기능적인 기술과 직업기술을 지역사회에 기초하여 교수한다.

2018~2019학년도를 기준으로 할 때 학령기 장애아동 중 약 5분의 4는 일반학급에서 교육을 받았다 (그림 1.1 참조). 이것은 일반학급에서만 교육받는 59.4%의 학생과 특수교사가 개별화된 교수를 제공하는 학습 도움실에서 시간제로 도움을 받는 20.7%의 학생들을 포함한다. 모든 장애아동 중 14.6%는 일반학교 내에 위치하는 특수학급에서 교육받았다. 학령기 장애학생 중 3%는 분리된 학교에서 특수교육을 받았다. 기숙학교와 가정이나 병원 프로그램과 같은 학교가 아닌 환경에서 교육받는 학생들은 전체 장애학생의 2.3% 미만에 해당하였다.

표 1.4 장애아동의 교육 배치에 대한 연방정부의 정의

교육 배치	정의
일반학급 (regular class)	장애아동이 교육프로그램의 대부분을 일반학급에서 제공받으며, 수업일수의 80% 이상에 해당하는 시간 동안 일반학급에 있는다.
학습 도움실 (resource room)	장애아동이 수업일수의 40~79%에 해당하는 시간 동안 일반학급에 있는다.
특수학급 (separate class)	장애아동이 수업일수의 40% 미만에 해당하는 시간 동안 일반학급에 있는다.
특수학교 (separate school)	장애아동이 공공비용으로 특수교육 및 관련 서비스를 제공받는 것이 수업일수의 50% 이상이다.
기숙시설 (residential facility)	장애아동이 24시간 운영되는 공립 또는 사립 기숙시설에서 공공비용으로 24시간 특수교육 및 관련 서비스를 제공받는다.
집/병원 환경 (homebound or hospital)	장애아동이 자신의 집이나 병원에서 특수교육 및 관련 서비스를 제공받는다.

출처 : U. S. Department of Education, (2019a). *Forty-first annual report to Congress on the implementation of the Individuals with Disabilities Education Act.* Washington, DC: Office of Special Education and Rehabilitative Services.

주 : 미국 특수교육프로그램 부서는 장애학생이 일반학급에서 교육받는 시간의 비율에 기초하여 교육 배치를 범주화한다. 예를 들어 '일반학급' 배치에 대한 미국 연방정부의 정의는 학생이 일주일에 하루 온종일 일반학급 이외의 장소에서 보충수업과 관련 서비스를 받을 수 있도록 허용한다. 마찬가지로 '특수학급'에 배치된 학생도 일반학급에서 일정 시간 교육을 받을 수 있도록 허용한다.

그림 1.1 학령기 장애학생의 교육환경 비율

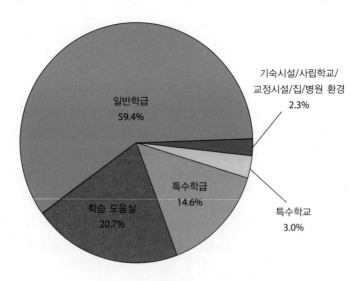

출처 : *U.S. Department of Education*, *IDEA Section* 618 Data Products (2020a).

특수교육의 정의

특수교육은 특수아동의 교육적 필요와 권리에 대한 사회의 반응이라고 설명할 수 있다. 이러한 사회의 반응은 부모의 권리 옹호, 법, 소송 및 장애인 자신의 자기옹호 등을 포함한다. 또 다른 측면에서의 특수교육은 나름대로의 역사, 문화적 실제 및 특수아동과 성인의 교육적 필요에 초점을 맞춘 연구기반 등을 가지고 있는 분야이다. 그러나 특수아동이 가장 의미 있고 빈번하게 접하는 수준에서의 **특수교육**은 개별적으로 계획되고, 특별하고, 강력하며, 목표지향적인 교수를 의미한다.

특수교육이 효과적이고 윤리적으로 적용되려면 연구로 검증된 교수방법을 사용하고, 교사는 아동의 수행수준을 직접적으로 자주 평가해야 한다. 표 1.5에 특수교육의 기본적인 차원과 특성을 제시하였다.

현재와 미래의 과제

특수교사들은 특수교육 현장에서 이루어진 발전에 대해 긍정적으로 느낄 만한 타당한 이유가 있다. 장애아동들이 무상으로 적절한 교육을 받을 수 있다는 면에서 큰 성과가 있었다. 교육자들은 교육할 수 없다고 여겨졌던 중도장애아동을 효과적으로 교수하는 방법을 개발하는 등 많은 성과를 남겼다. 또한 특수교사와 장애아동의 부모는 아동의 교육을 위해서 협력하게 되었고, 기술혁신은 많은 장애아동들로 하여금 신체손상과 의사소통장애를 극복할 수 있도록 하였다. 이 책의 다른 장들에서 이런 발전을 더 많이 소개할 것이다.

특수교육 분야가 해결해야 할 많은 과제 중에서 가장 중요한 것은 효과적인 교수실제를 폭넓게 적용하는 것이다. 그렇게 함으로써 장애학생들이 전환 시기를 거쳐 성인기에 진입하면서 더 높은 수준의 성공과 독립성을 경험하게 하는 것이다. **전환교육 : 현재가 미래를 만든다** '모든 교사가 전환교사입니다'를 참고하기 바란다.

표 1.5 특수교육의 차원과 특성	
차원	특성
개별적으로 계획된 특수교육	• 각 아동의 진단평가 결과와 아동과 부모로부터 수집된 정보에 따라 학습의 장기목표와 단기목표를 선택한다. • 각 아동의 교육적 요구에 따라 교수방법과 교수자료를 선택하고 조절한다. • 각 아동이 목표기술을 학습하고 사용할 기회를 고려하여 교수환경을 선택한다.
전문화된 특수교육	• 일반학급에서는 거의 사용되지 않는 독특하거나 수정된 교수절차(예 : 시간지연법, 토큰강화, 자기점검법)를 사용한다. • 특수아동이 학습목표를 성취하도록 다양한 교수자료를 사용하고 지원한다. • 관련 서비스를 활용한다. • 보조공학을 활용한다.
집중적인 특수교육	• 세부적인 사항, 정확성, 구조, 명확성에 주안점을 두고 명시적으로 교수한다. • 학생들의 활발한 참여, 반복 연습, 체계적인 피드백을 강조한다.
목표지향적인 특수교육	• 특수아동이 현재와 미래에 최대한 자급자족하고 성공할 수 있도록 돕는 것을 목표로 하여 교수한다. • 아동이 교육성과를 어느 정도 성취하느냐에 따라 교수의 효과가 결정된다.
연구에 기초한 특수교육	• 모든 교수 접근방법이 동일하게 효과적인 것은 아니다. • 연구에 의해 검증된 교수 프로그램과 교수절차를 사용한다.
아동의 수행에 따라 제공되는 특수교육	• 아동의 성취수준의 향상에 대해 체계적이고 지속적으로 점검한다. • 아동의 학습을 직접적으로 자주 평가하여 교수를 수정한다.

이론과 실제의 간극 좁히기

연구자들은 장애아동을 위한 효과적인 교수실제에 대해 과학적인 증거기반을 가진 지식을 발견하여 왔고 신뢰도를 보강하고 있다(Cook & Tankersley, 2013; Rumrill et al., 2020). 예를 들어 조기 읽기교수의 어떤 측면이 이후의 읽기문제를 보일 아동의 수를 줄일 수 있는가(Simmons et al., 2011; Stahl et al., 2020), 중도 지적장애학생에게 새로운 학습기술을 가르치기 위하여 **시간지연**(time delay)이라고 불리는 교수법을 어떻게 사용해야 하는가(Horn et al., 2020; Seward et al., 2014), 성인으로의 성공적인 전환을 위해 학교에서 교수해야 하는 중등 특수교육의 구성요소 등에 관하여 과학적 연구를 통해 알게 되었다(Morgan & Riesen, 2016; Simmons & Flexer, 2013). 과학적인 증거기반의 교수실제는 이 책의 전반에 걸쳐 설명되었고, 교수와 학습에서 강조하였다.

그러나 불행하게도 많은 장애학생들이 이러한 지식의 혜택을 받지 못할 뿐만 아니라(예 : Fuchs et al., 2015; McLesky & Waldron, 2011; Zigmond & Kloo, 2011) 비효과적이라고 알려진 교수법으로도 지도를 받고 있다(Botts et al., 2008; Heward, 2003, 2005; Kauffman, 2011; Silvestri & Heward, 2016). 특수교사들은 증거에 기반을 둔 실제와 관련된 특수교육 학계의 지식과 실제 대부분의 장애학생이 받고 있는 교육과정과 교수의

특수교육은 개별적으로 계획되고 특수하게 설계된 강도 높은 교수이다.

전환교육 : 현재가 미래를 만든다

모든 교사가 전환교사입니다

고등학교를 졸업하고 대학에 입학하거나 취직이 되고, 스스로 살며, 지역사회에서 여가를 함께하는 친구와 함께 생활하는 특수교육대상학생의 수가 증가하고 있다고는 하지만, 이러한 긍정적인 결과는 아직 많은 성인기의 장애인들에게 일반적이지는 않다. 특수교육은 교실환경 내에서 학생의 성과를 향상시키는 것에만 만족해서는 안 된다. 학령기의 교육이 학생들이 성인기에 직면하게 되는 다면적인 요구사항들과 기회에 대처하고 이를 즐길 수 있도록 학생들을 준비시켜 주어야만 한다.

학생의 독립성 및 삶의 질을 증진시키기 위해서 전환계획 수립과 실행은 학생이 어렸을 때부터 이루어져야 하고, 초등학교, 중학교, 고등학교에 걸쳐 지속적으로 이어져야만 한다. 유치원부터 고등학교 3학년에 이르기까지 아동의 삶에 등장하는 모든 교사들은 장기적인 관점의 전환목표를 달성하기 위한 긍정적인 동력이 될 수 있다.

타일러 루이스를 소개합니다. 성공적인 특수교육 이야기를 들어보세요.

타일러는 자폐가 있는 젊은 청년이다. 초등학교 때 타일러는 친구들을 사귀었고, 비교과 활동에 참여하면서 본인이 댄스와 지도에 관심이 많다는 점을 알게 되었다. 고등학교 때 타일러는 일반교실에 완전 통합되었으며, 합창단에서 노래를 부르면서 사회적 기술과 자신감을 향상시켰고, 직업 흥미를 탐색하기 시작하였다. 현재 타일러는 고등학교를 졸업하면서 취업했던 크로거(식료품점)에서 전일제로 일하고 있다. 타일러의 이야기를 통해서 효과적인 전환의 모습을 살펴볼 수 있다.

타일러는 독립적으로 일하러 갈 수 있고, 식료품점 안전 팀을 이끌며, 도움이 필요할 때 도움을 요청할 수 있는 자기결정적인 24세 청년으로 성장하였다. 타일러의 아버지는 타일러를 성실하고 독립적이며 정이 많은 청년이라고 언급한다. 타일러가 현재 경험하는 삶의 질은 본인과 학령기에 도움을 준 많은 사람들(교사, 전문가, 가족)이 동일한 목적을 향해 기술, 열정, 인내심을 가졌기 때문에 얻을 수 있었던 성과였다.

전환목표는 반드시 자기옹호와 자기결정을 포함해야 하는데, 이는 학생들이 삶의 전반에 걸쳐 본인들이 필요한 것에 접근할 수 있도록 하고, 책임 있는 결정을 내릴 수 있도록 하며, 성취에 대한 보상을 거두게 하는 데 도움이 되기 때문이다. 오늘의 교훈은 학습자의 내일에 도움이 될 수 있으며, 사실상 내일뿐만 아니라 내년의 내일 그리고 그다음 해의 내일까지도 도움이 된다.

이 교재의 각 장에 '전환교육 : 현재가 미래를 만든다' 글상자를 제시하였으며, 학생의 연령과 장애 영역에 걸쳐 다양한 전환에 필요한 중재전략과 지원에 중점을 두었다. 문화적으로 반응하는 전환계획(제3장), 대학 성공전략(제5장), 자퇴 예방(제6장), 자기옹호(제8장), 우정 쌓기(제9장), 자기관리기술(제11장), 유아들의 수업(제14장)으로 구성되어 있다.

이 교재를 읽으면서 교사로서 어떤 전환교사가 될 수 있을지 고민해보기 바란다.

차이를 줄여야만 한다. 오늘날 특수교육이 직면한 문제는 학급에서 활용할 지식을 습득하는 것만이 아니다. 특수교육은 다양한 문제에 직면해 있는데, 다음과 같은 요구를 포함한다.

- 특수교사가 전문가 기준을 충족하도록 교사양성 프로그램과 교사연수 프로그램의 질을 향상시켜야 한다(CEC, 2020).
- 영재 아동들을 위한 특수교육프로그램의 질과 활용성을 증가시켜야 한다.
- 성인기로 전환하는 중등기 장애학생을 도와야 한다.
- 발달된 보조공학을 활용하여 신체나 감각손상으로 인한 영향을 감소시키거나 제거시켜야 한다.
- 장애인의 교육적 수행과 독립성을 향상시키기 위해 보조공학에 대한 접근성을 증가시켜야 한다.
- 특수교육을 위한 재정을 증가시켜야 한다. 장애아동을 가르치는 것은 비용이 많이 든다. 특수교육

을 위한 법률과 규정, 그리고 관련된 서비스는 학교에서 그들에게 제공하는 재정적 지원이 부족할 경우에 그 적용이 제한된다. 1975년에 IDEA가 의회에 통과되었을 때 장애아동 교육의 '초과비용'의 40%는 연방 재정에서 지원한다고 약속하였다. 의회가 국가 평균인 약 18% 이상의 비용을 통과시킨 적이 없다(National Council on Disability, 2018b). 법안(H.R.551, IDEA Full Funding Act)이 하원 교육인력위원회에 의해 통과된다면, 연방재정지원이 2015년 17.7%에서 2025년 40%로 증가할 것이다.

- 장애인에 대한 비장애인의 행동과 태도를 향상시켜야 한다.
- 비장애인이 선택할 수 있는 주거, 고용, 여가의 모든 범위에 장애인이 참여할 수 있도록 기회를 증가시켜야 한다.

특수교육이 앞으로 이러한 과제들을 얼마나 성공적으로 풀어나갈지는 알 수 없다. 그러나 이러한 도전이 비단 특수교사들만 감당해야 하는 문제는 아니다. 일반교육, 성인 서비스 기관(예 : 직업재활, 사회복지 관련), 의료계 연구자와 임상 전문가, 정부기관 등의 관련자를 포함하여 사회 구성원 전체가 서로 협력하며 해결해나가야 할 것이다.

우수교사로부터의 조언

by Danielle Kovach

일곱 가지 조언을 돛대 삼아 특수교육을 항해하라

특수교사의 일상은 모험으로 가득 차 있다. 도전적인 일들이 일어난다 할지라도 다음에 제시하는 일곱 가지의 조언은 초임교사가 학급에서 성공할 수 있도록 도울 것이다.

- **학급 분위기** : 사랑, 안전, 행복 및 서로에 대한 존중이 넘쳐나는 학급 분위기를 조성하라. 학생들에게 사랑한다고 말만 하지 말고, 모든 학생에게 인사를 하고 눈 맞춤을 하며 격려의 말을 건네고 긍정적인 태도로 대하는 등 일상에서 행동으로 보여주라.
- **협력** : 효과적으로 협력하기 위해서 교사는 아이디어를 교환하는 데 있어서 개방적이어야 한다. 협력의 대상은 학생의 교육에 관련된 모든 사람, 즉 교사, 관리자, 부모, 특수교육실무원, 치료사, 교육위원회 구성원, 학생 본인을 포함한다.
- **의사소통** : 교사는 부모와 전화, 회의, 이메일, 일지 등을 활용하여 개방적이고 지속적인 의사소통을 해야 한다. 웹사이트나 소셜 미디어 등의 온라인 의사소통 방법도 고려해보라(그러나 이러한 플랫폼을 활용할 경우 학교의 방침부터 먼저 확인하고 따르기를 바란다).
- **구조** : 교수계획과 평가를 실시할 때 공정하고 융통성이 있어야 한다. 과제는 학생 참여를 촉진할 수 있도록 도전적이어야 하고 학생들의 현행 기술과 선호에 바탕을 두어야 한다. 각 학생이 가장 효과적으로 학습할 수 있는 교수방법을 선택해야 한다.
- **일관성** : 교사는 말한 대로 행해야 한다. 교사는 학생들에게 최후통첩을 말하기 전에 후속결과를 고려해야 한다. 교사가 학생들에게 1년 내내 휴식시간을 박탈하겠다는 최후통첩을 말하기 전에 정말 그대로 실행할 수 있을지 고려하라는 것이다.
- **학급관리** : 효과적인 학급관리 방법과 전략에 대해 연구하라. 학생들이 교사의 학급관리 시스템을 학습할 시간을 주어야 하며, 학급관리 시스템이 잘 운영되지 않을 때를 대비하여 예비 계획을 세워야 한다. 모든 접근방법이 모든 학생에게 효과적이지 않다. 추가적인 지원이 필요한 학생을 위해서 개별화 행동계획을 고려해보라. 학생에게 학습동기를 부여할 수 있는 전략을 사용하되 학생의 생활연령을 고려한 계획을 세워야 한다.

• **끊임없는 개선 노력** : 교사는 잘 가르칠 수 있는 방법을 지속적으로 학습하고, 학생들이 효과적으로 학습할 수 있도록 가르쳐야 한다. 이는 교사의 정체성에 대한 표현이다. 교사는 평생 학습자가 되어야 한다. 학생을 효과적으로 가르칠 수 있는 방법을 끊임없이 연구하라. 대학원에 진학하여 전문적인 지식을 얻고, 워크숍이나 온라인 회의에 적극적으로 참여하여 최근 동향에 대해 학습하라. 교사에게 가장 중요한 것은 학생들에 관하여 끊임없이 배워야 한다는 것이다. 학생들을 통해 많은 것을 배우게 될 것이다.

핵심용어와 개념

개별화 가족 서비스 계획(IFSP)	보편적 학습설계(UDL)	최소제한환경(LRE)
개별화 교육프로그램(IEP)	손상	특수아동
기능적 교육과정	시간지연	핸디캡
매일 1분 내 빨리 말하기(SAFMEDS)	유창성	1차 예방
무상의 적절한 공교육(FAPE)	위험군	2차 예방
반복 읽기	장애	3차 예방
발생률	적법 절차	
보조공학	증거 명시	

요약

특수아동은 누구인가

• 특수아동은 신체적인 특성이나 학습능력이 규준과 매우 달라서 (이상이거나 이하) 특수교육의 개별화된 프로그램이 필요한 학생을 말한다.

• 손상은 신체의 특정 부위나 기관의 기능이 손실되었거나 감소한 것을 의미한다.

• 장애는 손상으로 인해 개인이 특정 과제를 대부분의 사람들이 수행하는 방법으로 할 수 없을 때 발생한다.

• 핸디캡이란 장애를 가진 사람이 환경과 상호작용을 하면서 직면하는 문제를 말한다.

• 위험군 아동이란 현재 장애아동으로 진단되지는 않았으나, 중재가 제공되지 않을 경우 장애를 보일 가능성이 평균보다 훨씬 큰 아동을 의미한다.

특수아동은 몇 명인가

• 2018~2019학년 동안 3~21세 사이의 장애를 가진 740만 명의 아동이 특수교육을 받았다.

• 전체 학령기 아동 중 약 9.5%가 특수교육을 받는 장애아동으로 나타났다.

• 전체 학령기 특수아동의 54%는 학습장애와 말 또는 언어장애 범주에 속한다.

특수아동 명칭이 사용되고 분류되는 이유는 무엇일까

• 어떤 교육자들은 장애 명칭이 아동과 다른 이들의 특수아동에 대한 인식에 부정적 영향을 미치며 특수아동이 소외받을 가능성을 크게 한다고 주장한다. 반면 다른 이들은 장애 명칭이 적절한 중재를 제공하기 위해 필요하고 연구결과를 비교하고 소통하는 데 중요하다고 주장한다.

• 장애 명칭이 아니라 교육과 관련된 변인에 초점을 두고 특수아동을 분류하자는 대안적 접근방법이 제안되고 있다(예 : 학생들이 학습하는 교육과정과 기술 분야에 따라 학생을 분류하는 방법).

특수아동 교육을 관리하는 법은 왜 필요한 것일까

• 1970년대 이전에 미국의 많은 주들은 공립학교가 장애아동의 취학을 거부할 수 있도록 허용하였다. 공립학교가 특수아동 교육에 대한 책임을 받아들이기 시작했을 때도 분리의 철학과 교

육은 보편적이었다.

- 1954년에 브라운 대 토피카교육위원회 법정 소송은 대법원이 교육은 공평한 조건으로 모든 아동에게 이루어져야 함을 선언한 획기적인 사건이었고, 이 소송은 특수교육에 큰 영향을 주었다.
- 1972년에 제기된 펜실베이니아 정신지체아협회(PARC) 대 펜실베이니아주와의 소송에서 법원은 모든 지적장애아동들이 무상의 적절한 교육을 받아야 할 뿐만 아니라 분리된 환경보다 더 선호되는 정규 공립학교의 일반학급에 배치되어야 함을 명시하였다.
- 모든 특수아동은 법 아래 보호받을 권리가 보장되며, 이 권리는 최소제한환경(LRE)에서 무상의 적절한 교육을 받을 권리로 해석되어 왔다.
- 모든 특수아동과 부모는 적법 절차에 의한 보호를 받을 권리가 있는데, 이는 아동의 교육적 배치에 대한 권리, 공청회를 요구할 수 있는 권리, 결정서를 볼 권리, 판결에 대해 항소할 권리를 포함한다.

장애인교육법

- 1975년에 의회에서 처음 통과되고 2004년에 재인준된 장애인교육법은 여섯 가지 원리가 있다.
  - 배제 금지 : 학교는 장애가 있는 모든 아동을 장애의 특성이나 정도에 상관없이 교육해야 한다.
  - 비차별적 평가 : 학교는 아동이 장애가 있는지, 그리고 만약 장애가 있다면 특수교육이 필요한지 결정하기 위해서 편견 없는 복합적인 진단평가 방법을 사용해야 한다.
  - 무상의 적절한 공교육 : 모든 장애아동은 무상의 적절한 교육을 받아야 한다. 장애아동의 독특한 요구에 맞는 개별화 교육프로그램을 반드시 수립해야 하며, 장애아동에게 연구와 실제에 기반한 보조공학이나 관련 서비스를 제공해야 한다.
  - 최소제한환경 : 장애의 정도와 특성 때문에 일반학급에서 적절한 교육을 받기 어려운 경우를 제외하고 장애아동은 가능한 한 비장애아동들과 함께 최소제한환경에서 교육을 받아야 한다.
  - 적법 절차 : 학교는 장애아동과 부모들의 권리를 보호하기 위해서 특정한 절차와 보호장치를 따라야 한다.
  - 부모 참여 및 공동 의사결정 : 학교는 특수교육 서비스를 설계하고 실행할 때 장애아동의 부모 및 장애학생과 반드시 협력해야 한다.
- IDEA는 각 주가 3~5세의 장애아동들에게 특수교육 서비스를 제공해야 한다고 규정한다. 또한 이 법은 출생부터 2세까지의 장애 영유아에게 조기중재 프로그램을 국가가 제공하도록 한다. 조기중재 프로그램은 개별화 가족 서비스 계획에 따라 실시되어야 한다.
- IDEA는 학교가 장애아동이 특수교육을 받을 수 있고 특수교육으로부터 혜택을 받을 수 있도록 관련 서비스와 보조공학을 제공하도록 요구한다.
- IDEA는 새로운 교육과정의 자료와 학습기술이 장애아동을 포함한 다양한 범위의 학습자들의 학습 요구를 포괄할 수 있도록 하는 보편적 학습설계(UDL)를 장려한다.
- 특정 교육구들이 IDEA의 조항들을 실행하는 방법과 관련하여 많은 법정 소송들이 있었다. 다양한 법적인 논쟁들은 각 장애아동이 최소제한환경에서 맞춤형 교수와 관련 서비스를 제공받을 수 있도록 하는 법을 확립했다.
- 자비츠 영재아교육법은 각 주에 영재 아동을 위한 프로그램을 개발하도록 자금을 지원한다.
- 재활법의 제504조는 장애인이 연방정부의 자금지원을 받고 있는 교육과 직업교육을 포함한 모든 프로그램에 장애에 기인한 어떤 차별도 받지 않고 참여할 수 있도록 명시한다.
- 미국 장애인법(ADA)은 고용(민간사업 영역), 공공 서비스, 편의시설, 교통시설, 통신의 활용에 있어서 장애인의 인권을 보호하기 위한 것이다.
- 모든학생성공법(ESSA)은 모든 학생들에게 도전이 되는 학업 기준을 요구하였고, 보조공학을 포함하여 평가 시 적절한 조정을 활용할 수 있도록 하였다. 또한 학교폭력이나 혐오스러운 징계를 줄여 학교 환경을 향상시키고자 하였으며, 특수교육 자격증이 있는 특수교사가 특수교육을 할 수 있도록 하였다.

특수교육은 무엇인가

- 특수교육은 예방적 중재, 교정적 중재, 보상적 중재 세 가지 형태의 의도적인 중재 노력으로 구성된다.
- 특수교육은 개별적으로 계획되고 특수하면서 집중적인 목표지향적 교수이다. 특수교육이 효과적이고 윤리적으로 적용되기 위해서는 연구에 의해 검증된 교수방법을 사용해야 하고, 아동의 수행수준을 직접적으로 빈번하게 평가해야 한다.

현재와 미래의 과제

- 특수교육이 풀어나가야 할 과제는 많지만 가장 중요한 과제는 과학적 연구에 의해 밝혀진 효과적인 증거기반의 교수실제와 교실에서 수업을 받는 특수아동들의 학습 경험의 차이를 줄이는 것이다.

CHAPTER 2

특수교육 서비스의 계획과 제공

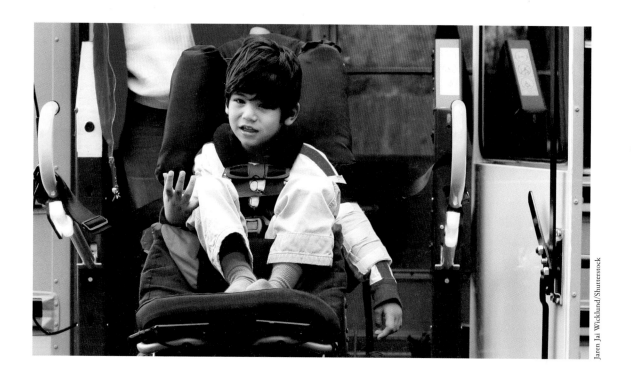

Jaren Jai Wicklund/Shutterstock

∨ 주요 학습목표

2.1 특수교육이 제공되는 각 절차의 기능을 설명할 수 있다.

2.2 특수교육을 받는 집단별 불균형비율 현상을 정의하고, 어느 집단이 특수교육을 받는 비율이 높거나 낮은지, 그리고 왜 문제인지 설명할 수 있다.

2.3 팀 접근의 세 가지 유형을 비교·대조할 수 있다.

2.4 개별화 교육프로그램의 필수 구성요소를 설명할 수 있다.

2.5 최소제한환경을 정의하고, 특정 학생을 위한 최소제한환경이 일반학급이 아닐 수도 있음을 설명할 수 있다.

학력, 자격증, 경력

- 센트럴주립대학교 정치학 과 행정학 학사(2001)
- 오하이오주립대학교 특수 교육학 석사(2007)
- 오하이오 경도-중등도 중 재 전문가(유치원 & 초중 고), 오톤-질링엄 전문가
- 교육 경력 14년

우수교사 사례

Keisha Whitfield

Jefferson Elementary School,
Gahanna-Jefferson Public Schools, Gahanna, OH

나는 하루의 80%를 일반학급에서 장애아동들을 지원하며 나머지 시간은 특수학급에서 집중적인 개별화 교수와 소집단 교수를 제공한다. 일반학급에서 협력교수 하는 것을 즐기는데, 이는 주정부 기준과 학급의 모든 학생들의 요구를 바탕으로 수업을 계획하고 실행할 기회가 있기 때문이다. 협력교수를 효과적으로 실행하기 위해서는 상당히 체계적인 계획과 협력이 필요하지만, 그만한 노력의 가치가 있다. 집중적인 중재와 학생들을 개별적으로 알아갈 수 있는 특수학급에서 가르치는 것도 좋아한다.

우리 학급 장애아동들은 학업기술에 결함이 있어서 읽기, 쓰기와 수학에서 학년 수준보다 낮은 내용을 학습한다. 언어치료를 받는 의사소통장애가 있는 학생들도 있다. 전반적으로 우리 학급 장애아동들은 교사와 또래들과 좋은 관계를 유지하고 있다. 하지만 몇몇 학생들은 친구를 사귀고 유지하기, 언쟁 없이 비구조화된 활동에 참여하기, 그리고 비구조화된 시간 동안 게임이나 활동을 할 때 또래를 참여시키기 어려워한다.

특히 전미공통교육과정을 적용한 이후로 엄격해진 학습요구는 장애학생들과 비장애학생들 모두에게 큰 도전이다. 특수교사로서 나의 일은 학생들이 어떤 일이 주어져도 끈기 있게 노력하며 자신들의 강점을 찾아나가도록 돕는 것이다. 나는 큰 과제들을 작게 나누기, 다양한 읽기수준에 맞는 정보를 주는 책 찾기, 수업내용에 따른 단계별 발판 제공하기, 그리고 학생들이 조직적이 되도록 돕는 데 시간을 많이 투자한다. 이것은 매일 해결하려고 노력하는 엄청난 과제이다.

다행히 노력의 가치가 있다. 몇 년 전 우리 학급은 주정부 학력검사에서 0%의 통과율을 보였다. 모두 학년 수준 이하의 읽기수준이었으며 읽기를 싫어했다. 그리고 그해 우리는 이해능력, 유창성, 쓰기, 목표 세우기, 그리고 성장형 마음가짐을 개발하는 데 노력했다. 학년 말에 우리 학급 모든 학생들은 눈에 띄게 발전했으며, 많은 학생들은 주정부 읽기 평가를 통과하기도 했다. 그해는 놀라웠고, 나에게 동기를 부여하는 기준점이 되었다.

제1장에서 특수교육을 개별적으로 계획된, 특수하고도 집중적이며 목표지향적인 교수라고 정의하였다. 그러면 교사는 각 특수아동에게 필요한 교육과정과 교수방법을 어떻게 수정할까? 그리고 교수는 어떤 목표를 지향해야 할까? 제2장에서는 특수교육의 기본 계획과정을 검토하고 장애학생을 교육할 때 주의를 기울여야 할 네 가지 중요한 측면 (1) 전문가 간 협력과 팀 접근, (2) 개별화 교육프로그램(IEP), (3) 최소제한환경(LRE), (4) 통합교육에 대해 알아볼 것이다.

특수교육의 절차 및 단계

학습목표 2.1 특수교육이 제공되는 각 절차의 기능을 설명할 수 있다.

장애인교육법(IDEA)은 학교로 하여금 장애학생을 선별하고 교육할 때 특정 절차를 따르도록 요구하고 있다. 각 주와 교육구의 규정과 연방법이 법적인 목적을 충족하기 위해 지나치게 세분화되어 있어서 일부는 불필요하게 보일 수도 있지만, 이 절차는 다음과 같은 질문에 대해 답할 수 있도록 구성되어 있다.

- 누가 특수교육을 필요로 하는가?
- 학생은 특수교육을 받기에 적격한가? 다시 말해서 이 아동의 장애가 교육 수행에 부정적인 영향을 미치는가?
- 아동의 장애로부터 비롯된 독특한 교육적 요구는 무엇인가?
- 학생이 학교사회에서 학업적 성취 및 기능적 수행을 점차 성공적으로 할 수 있도록 하기 위해서 어떠한 특별한 교수, 조정, 관련 서비스 및 보충지원이 필요한가?
- 아동에게 가장 적절한 최소제한환경은 어디인가?
- 특수교육이 아동의 성취수준을 향상시키는 데 기여하는가? 만약 그렇지 않다면 프로그램에 어떠한 변화를 주어야 하는가?

그림 2.1은 특수교육을 계획하고 실행하고 평가하는 데 있어서 중요한 단계를 제시하고 있다. 또한 각 단계의 몇 가지 주요 절차, 구성요소, 요구사항을 강조하고 있다.

의뢰 전 중재

특수교육이 필요한 학생들은 (1) 교사나 부모가 학습, 행동 또는 발달에서 또래들과의 차이를 보고하거나, (2) 선별검사 결과가 장애 가능성을 시사하기 때문에 학교의 관심을 받게 된다. 선별검사는 비교적 빠르고 비싸지 않으며 대집단의 학생들에게 쉽게 실시할 수 있는 검사로서, 장애 가능성과 전문적인 진단평가가 필요한 학생들을 선별하는 것이다. 예를 들어 대부분의 학교는 모든 초등학생에게 시력 선별검사를 실시한다.

대부분의 학교는 형식적인 진단평가를 위한 검사나 평가를 요청하기 전에 **의뢰 전 중재**(prereferral intervention)라는 과정을 거친다. 장애인교육법이 의뢰 전 중재를 의무적으로 요구하고 있지 않지만, 지역 교육구는 장애인교육법(IDEA) 재정의 15%까지 사용하여 "특수교육과 관련 서비스가 필요하지 않더라도 일반교육 환경에서 학습과 행동 면에서 추가적인 지원이 필요한 유치원생부터 고등학교 3학년 학생들을 대상으로 … 조기중재 서비스를 개발하거나 실행한다."(PL 108-466, Sec. 613[f][1])고 밝히고 있다.

의뢰 전 중재는 학생지원 팀, 교사지원 팀, 문제해결 팀이라고도 불리는 **중재지원 팀**(intervention assistance team)에 의해 수립되는데, 일반학급에서 학업적 또는 행동적 어려움을 나타내는 학생들을 위한 중재를 고안하고 실행하기 위해 교사를 지원한다. 중재지원 팀은 주로 학교 관리자, 교육행정가, 보건교사, 상담가, 다양한 학년을 가르쳐본 경험이 있는 교사, 그리고 1명이나 또는 그 이상의 특수교사로 구성되는데 적어도 이들 중 1명은 행동중재계획을 수립하는 기술이 있어야 한다. 담임교사가 학생의 학업적인 문제나 행동적인 문제를 설명해주면 그 팀은 함께 "학생 문제의 원인뿐만 아니라 가능한 문제해결 방안에 대해 자유 토론을 한다."(Spinelli, 2012, p. 6). 중재지원 팀은 중재전략을 개발하고 일반교사가 중재전략을 실행하고 학생들의 자료를 바탕으로 사용한 전략을 평가하도록 지원한다.

그림 2.1   특수교육의 계획, 제공 및 평가의 기본 단계

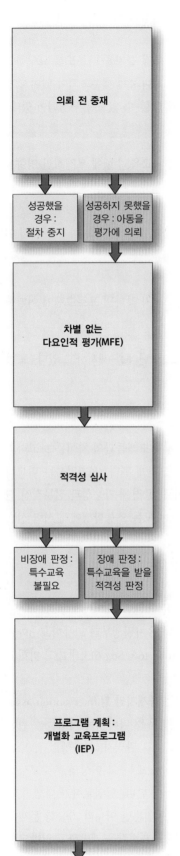

- 아동의 학습, 행동, 발달, 선별검사 결과 등에 근거한 교사나 부모의 보고가 장애의 가능성을 시사한다.
- 부모에게 통보한다.
- 중재지원 팀이 교사를 도와 문제를 해결하기 위해서 교육과정과 교수를 수정하도록 한다.
- 많은 교육구들은 특수교육에 의뢰되는 아동을 판별하기 위해 중재반응(RTI)과 긍정적 행동중재 및 지원(PBIS)을 포함하는 예방과 중재과정인 다층지원체계(MTSS)를 사용한다.
- 의뢰 전 중재는 장애인교육법이 요구하고 있는 것은 아니다. 의뢰 전 중재가 장애 가능성이 큰 학생들의 의뢰나 평가를 지연시키는 데 사용되어서는 안 된다.

- 검사와 평가에 대한 부모의 동의를 얻어야 한다.
- 다요인적 평가는 의심되는 장애와 연관된 모든 영역(예 : 학업수행, 지능, 사회적 행동, 시력, 건강)을 고려해야 한다.
- 다요인적 평가는 다양한 진단도구와 전략(예 : 형식적 검사, 교실에서의 직접 관찰, 부모의 정보 제공)을 사용한다.
- 다요인적 평가는 인종, 문화, 언어, 성별에 근거하여 차별을 해서는 안 된다.
- 다요인적 평가는 학생이 장애를 가지고 있는지, 어떠한 관련 서비스가 필요한지, 학생이 일반교육과정에 어떻게 참여할 수 있는지 등을 결정하는 데 있어서 정보를 제공해야 한다.

- 평가 팀은 아동이 장애인교육법의 13개 장애 범주 중 1개의 진단기준에 부합하여 특수교육을 받기에 적격한지를 판단하기 위해서 다요인적 평가결과와 모든 관련된 정보를 검토한다.
- 부모는 평가결과의 해석과 서비스의 적격성 결정에 참여한다.
- 읽기나 수학 교수 결여로 학습에 문제가 발생하였거나 모국어가 아니어서 언어가 능숙하지 못하여 학습문제를 보이는 것을 장애로 간주하여 아동을 특수교육에 적격하다고 판단해서는 안 된다.

- 개별화 교육프로그램 팀은 아동의 장애로 인한 요구를 충족하기 위해서 특별히 설계한 교수, 관련 서비스, 보조공학 등을 포함한 개별 맞춤형 프로그램을 개발하기 위해 조직된다.
- 부모는 동등한 파트너로서 참여하며, 적절한 경우에는 학생 본인도 참여한다.
- IEP는 다음과 같은 요소들을 포함한다.
  - 측정 가능한 연간목표(대안평가를 받는 학생들을 위해서는 단기목표와 기준도 제시)
  - 학생이 일반교육과정과 비교과 활동에 참여하고 기능수준이 향상되기 위해 필요한 서비스
  - 학생이 주정부와 교육구에서 실시하는 평가 프로그램에 참여할 수 있는 정도
  - 필요한 경우 긍정적 행동중재 계획
  - 16세 이전에 전환교육 서비스 시작
- 학생이 필요로 하는 교수와 관련 서비스는 비용이 얼마나 드는지 또는 해당 교육구로부터 서비스를 제공받을 수 있는지에 상관없이 판정되어야 한다.

그림 2.1 특수교육의 계획, 제공 및 평가의 기본 단계(계속)

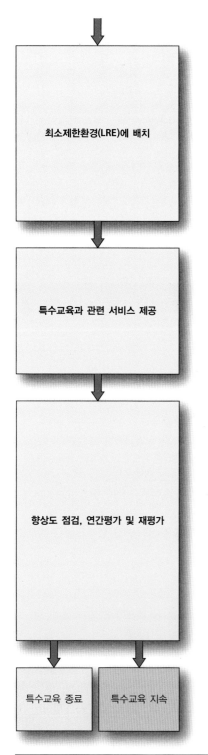

최소제한환경(LRE)에 배치

- 학생이 필요로 하는 교육적 요구와 서비스를 결정한 다음에는 IEP 팀에 의해 배치가 결정되어야 한다.
- 배치는 장애 범주에 근거해서는 안 된다.
- 장애인교육법은 일반학급을 최소제한환경의 시작점으로 간주한다.
- IEP는 학생이 일반학급으로부터 분리되는 정도에 대한 설명을 포함한다.
- 학교는 연계적 대안배치 서비스 대신 완전통합 정책만 사용해서는 안 된다.
- 부모가 배치결정에 참여해야 하며 배치 결과에 동의해야 한다.

특수교육과 관련 서비스 제공

- IEP는 최소제한환경에서 실시한다.
- 학생은 해당 학교 일반교육과정과 비교과 활동에 참여한다.
- 학생은 주정부나 교육구에서 실시하는 진단 · 평가에 참여해야 한다(필요에 따라 IEP는 진단 · 평가의 수정이나 대안적 진단 · 평가방법에 대해 명시해야 한다).
- 부모는 프로그램과 배치의 수정을 요구할 수 있다.

향상도 점검, 연간평가 및 재평가

- 부모는 언제든지 자녀의 특수교육 서비스 동의안을 철회할 수 있다.
- 학교는 장애학생의 IEP 연간목표를 향한 향상도에 대한 정보를 장애학생의 부모에게 정기적으로 제공해야 한다(예 : 분기별 보고서와 성적표).
- IEP는 최소한 1년에 한 번씩 공식적으로 검토되어야 한다.
- IEP 팀은 아동이 연간목표에 대해서 기대되는 향상을 나타내지 못하거나 아동의 요구가 변화된 경우에 개별화 교육프로그램을 수정한다.
- 최소한 3년에 한 번, 각 장애아동에 대한 다요인적 평가가 수행되어야 한다(부모와 학교가 불필요하다고 생각하지 않는 한).
- IEP 팀은 장애가 여전히 존재하는지, 장애가 여전히 교육에 부정적인 영향을 미치는지, 특수교육 서비스가 여전히 필요한지 등에 대해 결정해야 한다.

특수교육 종료   **특수교육 지속**

점차적으로 교육구들이 **다층지원체계**(multi-tiered system of support, MTSS)를 사용하여 학업적 측면에서는 **중재반응**(response to intervention, RTI)을, 행동적 측면에서는 **긍정적 행동중재 및 지원**(positive behavioral intervention and support, PBIS)이라 불리는 좀 더 형식적이고 체계적인 의뢰 전 중재과정을

사용하기 시작했다. 점차 강도가 높아지고 과학적으로 효과가 입증된 교수 및 행동지원에 학생이 어떻게 반응하는지에 따라 아동이 학습과 행동 기대를 충족하는 데 어려움을 보이는 것이 불충분한 교수의 문제인지 또는 장애로 인한 문제인지를 결정하는 데 도움을 줄 수 있다. "만약 학생에게 효과가 입증된 교수를 제공했음에도 불구하고 저조한 성취수준을 보인다면 낮은 수행의 원인에서 교수의 질은 제외시키고 장애에 대한 증거를 제시하게 된다. 그러나 제공되는 교수에 잘 반응하는 학생에게 중재반응(RTI)은 중요한 예방적 기능을 한다."(L. S. Fuchs et al., 2007, p. 13).

다층지원체계(MTSS)는 과학적으로 효과가 입증된 교수 및 지원이 각각의 층에서 적용되어야 한다. 교수와 학습 '동시에 응답하기 : 교실에서 나오는 긍정적 소음'은 적극적인 학생 참여를 장려하는 효과가 입증된 교수기술의 사례이며, 특히 다층지원체계의 1단계에서 유용한 교수이다. 다층지원체계는 또한 효과적인 팀워크를 필요로 한다(예 : Avant & Swerdlik, 2016). 팀 안에서 효과적으로 협력하는 전략에 대해서는 이 장의 후반부와 제3장에서 다룰 것이다. 중재반응(RTI)은 제5장에서, 긍정적 행동중재 및 지원(PBIS)은 제6장에서 논의된다.

교수와 학습

동시에 응답하기 : 교실에서 나오는 긍정적 소음

동시에 응답하기란 무엇인가 동시에 응답하기(choral responding, CR)는 교사가 제시한 질문에 대해 학생들이 일제히 한 목소리로 대답하는 것으로 집단 교수시간에 학생의 참여를 높일 수 있는 가장 단순하고 빠른 방법이다.

집중하지 않는 학생들이 떠드는 시끄러운 교실과는 달리 동시에 응답하기는 학생들의 목소리가 능동적 학습을 만드는 '긍정적 소음'을 발생시킨다. 교사들은 CR을 예전부터 사용해 왔지만, 효과에 대한 연구는 사용한 시간에 비해 최근에 이루어졌다. 적극적인 학생 반응, 학습 및 과제 집중 행동에 대한 CR의 긍정적 효과를 보고한 동료 검토 연구는 1970년대 후반부터 발표되었다(Heward & Wood, 2015; Twyman & Heward, 2018).

교사는 다음의 세 가지를 충족하는 모든 교과 내용에 CR을 사용할 수 있다. (1) 제시되는 각각의 질문, 문제 또는 항목은 오직 하나의 정답만이 존재한다. (2) 각 질문은 간단한 구두 대답으로 답변된다. (3) 자료를 활기찬 속도로 제시할 수 있다. CR은 기초 학업기술, 교과 주제, 상위 문제(예 : 수학 문장제 문제)를 해결하기 위한 연쇄 또는 연속적 단계를 가르칠 때 사용된다.

어떻게 동시에 응답하기를 사용하는가

- **명확하게 지시하고 활동을 시범 보인다.** 학생들에게 질문의 유형을 알려주고 교사와 학생의 역할을 수행해보면서 한두 번 시범을 보인다.
- **짧은 생각시간을 제공한다.** 질문이나 문제의 복잡성과 학생의 발달수준에 따라 생각시간을 얼마나 할지 결정한다. 만약 생각시간이 4~5초 이상으로 필요하다면 내용을 더 작은 범주로 세분화한다.
- **학생이 대답할 수 있도록 신호를 보낸다.** 학생이 반응할 수 있도록 명확하고 지속적인 청각신호나 시각신호를 사용한다(예 : "얘들아", 손가락 튕기기, 손 또는 팔 움직이기). 신호를 보내기 직전에 "준비하세요."라고 말하는 것은 일치된 반응을 증가시킨다.
- **피드백을 제공한다.** 정답만을 듣는다면 확인 또는 칭찬하고 즉시 바로 다음 질문을 제시한다. 1~2개의 오답을 듣는다면, (1) 다수의 대답을 확인하고 정답을 다시 말해준다(예 : "맞아. 리튬은 알칼리 금속이야."). (2) 몇 번의 시도 후에 그 질문을 반복한다(예 : "리튬은 어떤 유형의 원소인가요?"). 몇몇의 오답을 듣게 된다면, (1) 간략한 설명과 함께 정답을 말해준다(예 : "주기율표에서 리튬은 여섯 알칼리 금속 원소 중 첫 번째라는 것을 기억해."). (2) 즉시 동일한 질문을 CR로 반복한다. (3) 몇 개의 다른 질문 후에 동일 질문을 반복한다.

- **학생 개별 차례를 배치한다.** 가끔 CR 신호를 보내는 대신 개별 학생을 불러서 시킨다. 모든 학생이 듣고 대답할 준비를 할 수 있도록 학생의 이름을 부르기 전에 질문을 먼저 제시한다.
- **활기찬 속도를 유지한다.** 교사가 CR을 빠른 속도로 진행할 때 학생들은 더 많은 응답을 하고, 높은 정확도로 반응하며, 더 과제에 집중한다.
- **재미있게 진행한다.** 학생들은 CR 팀 게임과 교사 목소리의 볼륨, 톤, 리듬에 자신의 대답을 연결하는 것을 즐긴다. 예를 들어 3배수만큼 뛰어세기를 가르쳤을 때, 교사는 숫자 하나를 말하고 절반의 학생들을 가리키며 다음 연속 숫자를 말하도록 한다. 각 팀은 어느 한 팀이 실수할 때까지 번갈아가며 한 목소리로 대답한다(예 : 왼쪽 팀, "3"; 오른쪽 팀, "6"; 왼쪽 팀, "9"…).

의뢰 전 중재는 그 유형과 상관없이 다음의 목표를 달성하도록 계획되어야 한다.

- 학생과 교사에게 교수와 행동관리를 위한 지원을 제공하라.
- 장애 때문이 아니라 적절한 교수를 받지 못한 결과로 학습과 행동의 문제를 보이는 학생들이 특수교육 대상자로 판별되는 빈도를 줄이라.
- 비교적 가벼운 문제가 특수교육이 필요할 정도로 악화되지 않도록 방지하라.
- 다양한 문제를 효과적으로 중재할 수 있도록 교사의 능력을 강화시켜 특수교육에 의뢰되는 학생들의 수를 줄이라.
- 교사나 부모로부터 비롯되는 아동 관련 문제를 해결하여 특수교육 적격성을 평가하는 과정에서의 금전 및 시간적 소모를 줄이라.
- 특수교육에 의뢰되어 특수교육 대상으로 적격성이 판정된 학생을 위해 특수교육과 관련 서비스를 계획하고 평가하는 데 중요한 기초 자료를 IEP 팀에게 제공하라.

특수교육 적격성을 판정하기 위한 공식적인 평가나 사정을 지연시키기 위하여 다층지원체계나 다른 의뢰 전 중재 접근을 사용하지 않는 교육구도 있다. 의뢰 전 중재가 진행되는 도중에도 부모는 자녀가 특수교육 서비스의 판별이나 적격성 판단을 위한 포괄적인 평가를 받도록 요청할 권리가 있다.

의뢰 전 중재 동안 과학적으로 검증된 강도 높은 교수에 잘 반응하는 학생들은 특수교육을 위한 진단평가를 받을 필요가 없다.

평가 및 적격성 심사

장애인교육법은 장애를 가지고 있을 것으로 의심되는 모든 아동들이 비차별적인 **다요인적 평가**(multi-factored evaluation, MFE)를 받도록 요구하고 있다.

학교 또는 학부모가 아동이 특수교육 평가를 받도록 요구할 수 있다. 특수교육 평가를 누가 요청하였든지 상관없이 학교는 부모에게 아동의 평가목적을 알리고 부모로부터 평가에 대한 동의를 받아야 한다. 교육구는 부모에게 동의를 받은 날로부터 60일 이내에 아동이 특수교육을 받기에 적격한지와 아동의 교육적 요구를 평가해야 한다(IDEA, Sec. 614[a][1][c]).

장애인교육법은 아동을 진단할 때 교육구로 하여금 다음과 같은 사항을 준수하도록 요구한다.

진단평가 시 지역 교육구는 다음과 같이 해야 한다.

A. 다양한 진단도구와 전략을 사용하여 학부모 등으로부터 기능적·발달적·학업적 관련 정보를 수집하고 다음과 같은 사항을 결정하도록 돕는다.
   (1) 아동이 장애아동인지 아닌지 여부
   (2) 아동이 일반교육과정에 참여하고 진보를 보일 수 있을지에 대한 정보 혹은 취학 전 아동의 경우 적절한 교육활동에 참여하기 위한 정보를 포함한 개별화 교육프로그램의 내용
B. 아동이 장애아동인지를 결정하거나 아동을 위해 적절한 교육프로그램을 결정할 때 한 가지 측정방법만 사용해서는 안 된다.
C. 기술적으로 타당하고 신뢰할 수 있는 특정 검사도구를 사용하여 신체적 요소, 발달적 요소, 인지적 요소, 행동적 요소를 측정해야 한다.

각 지역 교육구는 다음과 같은 추가적인 요구사항도 충족시켜야 한다.

A. 아동을 평가하는 데 사용되는 진단평가 도구와 방법은 다음과 같아야 한다.
   (1) 특정 인종이나 문화에 대해 차별해서는 안 된다.
   (2) 아동이 학업적으로, 발달적으로, 기능적으로 알고 있는 것과 할 수 있는 것에 대해 정확한 정보를 얻을 수 있는 언어와 의사소통 형태로 제시되어야 한다.
   (3) 타당하고 신뢰할 수 있어야 한다.
   (4) 전문적인 훈련을 받고 지식을 갖춘 전문가가 실시해야 한다.
   (5) 진단평가 도구의 개발자가 제시한 지시사항을 준수해야 한다.
B. 아동은 장애가 의심되는 모든 영역에 대해 진단과 평가를 받아야 한다.
C. 진단도구와 전략은 아동의 교육적 필요를 진단하는 데 있어서 관련 정보를 제공해야 한다.
D. 아동이 학기 중 전학을 가게 될 경우에 이전 학교와 전학 가게 될 학교가 협조하여 가능한 한 신속하고 필수적인 평가를 실시하고 완수하도록 촉구해야 한다(PL 108-446, Sec. 614[2]).

다요인적 평가(MFE)는 **학생 연구 팀**이라고도 불리는 다학문적 평가 팀에 의해 수행되며 그 팀은 아동의 부모를 포함한다. 이 팀은 검사결과들과 기타 관련 정보들을 검토하여 아동이 자신의 교육적 성취에 영향을 미치는 장애를 가지고 있는지와 특수교육을 필요로 하는지 여부를 결정한다. 장애인교육법은 "학습의 어려움이 읽기, 수학 등의 적절한 교수의 결여 혹은 영어가 모국어가 아니기 때문에 비롯된 것이라면 아동에게 장애 판정을 내려서는 안 된다."고 명시하고 있다(PL 108-446, Sec. 614[b][4]). 다요인적 평가는 단순히 장애 유무와 특수교육의 적격성에 대한 정보를 제공하는 것 이상의 역할을 해야 한

다. 장애인교육법은 아동의 교육적 필요와 그 교육적 필요를 어떻게 충족시킬 수 있는가에 대한 정보까지도 평가보고서에 포함시킬 것을 요구하고 있다.

프로그램 계획

평가 팀은 아동이 교육적 수행에 부정적 영향을 미치는 장애를 가지고 있다고 판단되면 개별화 교육프로그램(IEP) 팀을 소집한다. 개별화 교육프로그램 팀은 아동의 개별화 교육계획과 관련하여 무엇을(측정 가능한 장기목표와 단기목표), 어떻게(특수화된 교수와 관련 서비스), 누가(교사와 관련 서비스 제공자), 언제(특수교육과 관련 서비스의 빈도)에 대해 결정해야 한다. IEP는 특수교육 과정에서 핵심이며, IEP에 대한 보다 상세한 설명은 이 장의 후반부에서 설명한다.

학생 수행을 직접적이고 빈번하게 측정하는 것은 학생의 성과와 교수의 효과에 대한 가장 의미 있는 정보를 제공한다.

교육 배치

아동의 교육적 필요와 그 필요를 충족시키기 위한 특수교육과 관련 서비스가 결정되고 나면 개별화 교육프로그램 팀은 아동이 적절한 교육을 받을 수 있는 최소제한환경을 결정하게 된다. 장애학생이 학습하는 곳은 특수교육과 장애인교육법 내에서 많이 논쟁이 되면서 오해되는 측면 중 하나이며, 이와 관련해서는 이 장의 후반부 및 교재 전반에 걸쳐 자세하게 논의하였다.

성취도 점검, 연간 평가와 재평가

특수교육은 특별하고도 강도가 높은 목표지향적인 교육이며, 지속적으로 평가되어야 하는 교육이기도 하다.

지속적인 성취도 점검 아무리 개별화 교육프로그램의 목표가 적절하고 계획된 교수이며 목표에 맞게 특수교육과 관련 서비스가 계획된다 하더라도 성취수준을 지속적으로 점검하지 않는다면 개별화 교육프로그램은 유용성이 없어진다. 학교는 모든 장애학생들에게 무상의 적절한 공교육을 제공해야 하며 평가의 의무가 동반된다. 학생의 수행에 대해 직접적으로 자주 평가하는 것(제4장 참조)은 학생의 성취도 향상과 효과적인 교수에 대한 가장 의미 있는 정보를 제공한다(Berkeley & Riccomini, 2011; Tindal et al., 2016).

연간 평가 아동의 개별화 교육프로그램은 영구적인 문서가 아니다. 개별화 교육프로그램안의 모든 구성요소인 장기목표와 성과, 특별하게 설계된 교수와 관련 서비스의 이행, 배치의 적절성이 철저하게 정기적으로 적어도 1년에 한 번씩은 검토되어야 한다. 개별화 교육프로그램 팀은 장기목표를 충족시킬 만큼 아동이 향상을 보이지 않거나 아동의 개별적 요구가 달라지면 개별화 교육프로그램을 수정한다.

재평가 어떤 학생들에게는 특별히 설계된 교수와 관련 서비스가 문제를 개선하거나(예 : 조음장애를 위한 언어치료) 손상된 기능에 적응하도록(예 : 보철기구나 이동기기) 지원해줄 수 있다. 그래서 더 이상 특수교육이 필요하지 않게 될 수도 있다. 적어도 3년에 한 번씩 학교는 아동이 여전히 특수교육을 필요로 하는지 결정하기 위해(부모와 학교가 평가가 필요하지 않다고 동의하지 않는 한) 장애아동 각각에 대해 다요인적 평가를 실시해야 한다. 개별화 교육프로그램 팀은 학생에게 장애가 더 이상 없거나 장애가 있다 하더라도 교육받는 데 지장을 주지 않는다고 판단되면 그 학생을 특수교육 대상자에서 제외하고 특수교육 서비스를 중단한다.

특수교육 대상자가 되기는 쉽지만 일단 장애 명칭이 부여된 학생이 특수교육 대상자에서 제외되기는 어렵기 때문에 특수교육을 '일방통행로'라고 간주하기도 하지만(Finn et al., 2001, p. 339), 6~12세까지의 1만 1,000명 이상의 특수교육 대상 학생에 대한 전국 규모의 연구에 따르면 학생의 17%가 2년 후에 특수교육 대상자에서 제외되어 더 이상 특수교육을 받지 않는 것으로 보고되었다(SRI International, 2005). 또 다른 전국 규모의 연구도 특수교육을 받은 학령 전 아동의 16%가 2년 후에 특수교육 대상자에서 제외된 것으로 보고하였다(Daley & Carlson, 2009).

2008년 장애인교육법은 자녀에 대한 특수교육 동의안을 언제든지 철회할 수 있는 권한을 부모에게 부여하였다. 특수교육에 대한 철회를 요청하는 부모의 문서 요청이 있으면 학교는 그 아동에 대한 특수교육과 관련 서비스를 모두 중단해야 한다.

특수교육을 받는 문화적 · 언어적으로 비주류 집단 출신 학생의 불균형비율 현상

학습목표 2.2   특수교육을 받는 집단별 불균형비율 현상을 정의하고, 어느 집단이 특수교육을 받는 비율이 높거나 낮은지, 그리고 왜 문제인지 설명할 수 있다.

특정 집단에서 그 집단의 인구비율에 근거할 때 예측되는 것보다 특수교육을 받는 비율이 상당히 높거나 낮게 나타나는 **불균형비율 현상**(disproportionate representation)이 보인다. 문화적 · 언어적으로 비주류 집단 출신 학생들이 특수교육의 장애 범주와 집단에 따라 너무 많이 나타나거나 적게 나타났다. 표 2.1은 다른 인종적/민족적 배경을 가지고 있는 학생의 특수교육 위험비율을 나타낸다. 위험비율은 일반

표 2.1   2017~2018학년도 특수교육을 받고 있는 6~21세 학생의 장애 범주와 인종에 따른 위험비율

인종/민족 범주	특수교육을 받고 있는 비율(%)	위험비율
미국 원주민/알래스카 원주민	15.1	1.6
아시아계	4.3	0.5
아프리카계 미국인	12.0	1.4
히스패닉/라틴아메리카계	9.4	1.0
하와이와 그 외 태평양섬 원주민	13.8	1.5
백인	8.5	0.9
둘 이상의 인종	8.6	1.0

주 : 비율은 소수점 첫째 자리에서 반올림함.

출처 : U.S. Department of Education (2019a). *Forty-first annual report to Congress on the implementation of the individuals with Disabilities Education Act* (Exhibit 26, p. 48). Washington, DC: Author.

학생 수와 비교할 때 특수교육을 받을 가능성이다. 위험비율 1.0은 장애로 판별된 학생 수가 전체 학생 수의 비율과 같음을 의미한다. 위험비율이 1.0보다 크다는 것은 과도하게 나타나는 것을 가리키고, 1.0 보다 작다는 것은 작게 나타나는 것을 가리킨다.

모든 장애 영역을 포함시켜 비교해보면 미국 원주민 학생들, 하와이와 그 외 태평양섬 원주민, 아프리카계 미국인은 특수교육 대상자에서 그 비율이 더 많이 나타나고, 아시아계 학생들은 적게 나타난다. 라틴아메리카계, 백인, 그리고 다민족 학생은 학령기 아동에 대한 그들의 인구비례와 비슷한 비율로 특수교육을 받고 있다.

장애 범주별 데이터를 보면 불균형이 두드러진다. 아프리카계 미국인 학생의 위험비율을 예로 들면 정서장애(위험비율 = 2.0)와 지적장애(위험비율 = 2.2) 범주가 특히 높다(U.S. Department of Education, 2019). 인구학적 연구보고서들은 문화적으로 다양한 세 그룹 아프리카계 미국인, 라틴아메리카계 미국인, 원주민계 미국인이 영재아 교육에 일관성 있게 덜 참여하고 있다고 보고한다(Donovan & Cross, 2002; Ford, 1998; Peters et al., 2019).

이와 같은 불균형 현상은 적절한 것인가? 특수교육을 받기 위한 판별과 분류는 전적으로 교육적 수행에 부정적으로 영향을 미치는 아동의 장애에 근거해야 한다. 학생이 장애를 가지고 있는 것으로 판별되는 것 자체가 문제는 아니다. 교육적 수행에 부정적 영향을 미치는 장애를 가지고 있는 학생들은 인종적·문화적·언어적 배경에 상관없이 특수교육을 받을 권리가 있기 때문이다. 그러나 아동이 특수교육에 잘못 배치되어 분리되고 적절한 교육적 중재를 받지 못하며 낙인이 찍히게 되는 경우에 문제가 된다(Cartledge et al., 2016). 예컨대 장애가 있는 아프리카계 미국 학생이 장애가 있는 유럽계 학생보다 더 제한적인 교육환경에 배치되는 경향이 있다고 보고되었다(National Council on Disability, 2018c).

불균형 현상은 아동이 장애를 가지고 있음에도 불구하고 인종적 배경 때문에 특수교육을 받지 못하게 될 때도 문제가 된다(De Valenzuela et al., 2006). 인종별 불균형은 자폐 범주에서도 나타나는데, 이 중 아프리카계 학생들과 라틴아메리카계 학생들이 특수교육을 받는 비율이 상당히 낮다(Travers et al., 2014).

불균형 현상의 원인은 지적하기가 어려워서 종종 논쟁거리가 되었다(Cartledge & Dukes, 2009; Connor et al., 2019; Ford & Toldson, 2015; Harry & Klingner, 2006, 2007). 문화적·언어적으로 비주류 집단 출신의 학생들이 백인 학생들보다 장애의 출현율이 높은가? 예를 들면 훨씬 많은 수의 문화적 비주류 집단 출신의 학생들이 건강관리를 잘 받지 못하는 엄마에게서 태어나 가난 속에서 살아간다. 이러한 요인은 장애의 출현율을 높이는 것과 관련된다. 2016학년도에 라틴아메리카계 미국인 학생과 아프리카계 미국인 학생의 45%가 빈곤도가 높은 공립학교에 다니고 있음이 보고되었다(무상 혹은 저비용 급식에 대한 연방정부의 적격성 기준에 의함)(National Center for Education Statistics, 2019a). 이와 비교할 때 백인 학생은 8%만이 그러한 학교에 다니고 있다. 그러나 어떤 연구자들은 소수민족 학생들의 장애 판정과 배치과정에서의 편견이 본질적인 문제라고 제시하기도 한다(Harry & Klingner, 2006). 이러한 설명은 부분적으로 설득력이 있다.

의뢰와 판별절차에 있어서의 문화적 및 인종적 편견 방지에 대한 인식

특수교육에서 인종 간 장애 출현율의 불균형 현상에 대한 이유를 이해하는 것은 간단한 일이 아니다. 많은 요인이 고려되어야 하지만 교육자들은 이러한 문제에 대해 세 가지 요인을 지적한다. (1) 학생 및 가족과 교사 간의 문화적 차이가 편견에 근거한 의뢰를 초래한다. (2) 문화적으로 비주류 집단 출신의 학생들의 진단 자체가 부정확하여 특수교육 대상자로 판별하는 실수를 한다. (3) 문화를 고려한 교육과

blue jean images/Getty Images

학생의 문화적·인종적·언어적 다양성에 민감하게 반응하는 교육과정의 내용과 교수방법을 사용할 때 교사는 가장 효과적인 교육을 하게 된다.

정과 교수실제가 부족하다.

오늘날 미국의 경우 교사의 79%는 백인이며, 76% 는 여자이고(National Center for Education Statistics, 2019b), 그들이 문화적·언어적으로 다양한 학생들 을 가르치고 있다. 예를 들어 정서행동장애 범주에 아 프리카계 학생들이 많이 포함되어 있는 이유에 대해 서 어떤 연구자들은 아프리카계 학생들의 행동양상이 백인 교사가 가지고 있는 학급행동에 대한 기대와 일 치하지 않기 때문이라고 한다(Hale, 2001; Kunesh & Noltemeyer, 2019). 즉, "아프리카계 학생들이 자신들의 문화에 걸맞은 행동을 할 때(Boykin, 1983), 이러한 양 상에 익숙하지 않은 대부분의 백인 교사는 오해를 하고 부적절한 행동이라고 간주하게 된다."는 것이다(Webb-Johnson, 2003, p. 5).

진단 과정상의 편견은 문화적으로 비주류 집단 출신의 학생들을 특수교육에 과다하게 배치하게 만든 다. 학생이 문화적으로 또는 언어적으로 교사와 배경이 다를 경우에 타당하고, 정확하며, 편견 없는 진 단결과를 얻기가 어렵다(Ford, 2010; Newkirk-Turner & Johnson, 2018; Utley & Obiakor, 2001).

교사나 학교 심리학자들이 문화적 차이를 장애와 혼돈하게 되면 부적절한 의뢰를 하게 된다. Fiedler 와 동료들(2008)은 학교 관계자들이 불균형 비율 현상을 야기하는 외적 요소(예 : 책임 요구, 학군 우선 권) 및 내적 요소(예 : 교사의 신념, 의뢰, 평가, 그리고 적격성 심사 단계에서 학교의 관행)를 확인하고 고려하는 데 도움을 주는 체크리스트를 개발했다. 장애와 다양성의 차이를 구분하는 것에 대한 논의는 제8장과 Klingner와 Eppolito(2014)에서 다룬다.

문화적으로 비주류 집단 출신의 학생들과 관련된 복잡한 쟁점을 알기 위해서 특수교육자들은 (1) 문 화적으로 다양한 학생 및 가족과 교사 간 역기능적인 상호작용과, (2) 특수교육의 의뢰 및 진단과정의 문제, (3) 비효과적인 교수와 규율 등을 이해해야 한다(Kunesh & Noltemeyer, 2019; Salend, Garrick, & Duhaney, 2005; West et al., 2007). 문화적으로 다양한 학생들의 필요를 충족시키기 위해서 학교는 다음과 같은 세 가지의 노력을 해야 한다. 첫째, 교직원은 학생과 그들의 가족에 대해 문화적으로 민감 해야 한다(Cartledge & Kourea, 2008; Harry, 2008). 둘째, 교직원은 문화적으로 다양한 집단 출신의 학생들의 교육적 필요를 충족시키기 위해 적절한 진단전략을 적용해야 한다. 셋째, 교사들은 교육과정 과 교수에 대해 다문화적인 접근을 지원하는 문화적으로 민감한 교수실제를 적용해야 한다(Banks & Banks, 2016; Lo et al., 2014; Yuan & Jiang, 2019).

협력과 팀의 중요성

학습목표 2.3   팀 접근의 세 가지 유형을 비교·대조할 수 있다.

특수교육은 팀에 의한 교육이다. 예를 들어 일반학급에서 10세 제시카를 가르치는 일반교사, 제시카의 언어능력을 향상시키기 위해 일반교사를 정기적으로 만나 공동으로 활동을 계획하는 언어치료사, 학습 도움실에서 제시카에게 집중적인 읽기교수를 실시하며 제시카를 위해 일반교사와 협력하여 수학과 과학의 교육과정을 수정하는 특수교사, 체육관에서 제시카를 가르치는 특수 체육교사, 집에서 숙제를 도와주고 제시카의 향상을 모든 팀원에게 알리는 부모 등은 모두 제시카의 장애로 인한 교육적 필요를 충족시키기 위해 특수교육과 관련 서비스를 계획하고 실시하고 평가하는 팀의 구성원이다. 제시카의 교육을 위한 팀 구성원들이 열린 마음과 솔직한 태도로 의사소통하고 협력하지 않는다면 제시카에게 질 높은 교육을 제공할 수 없을 것이다.

협력

협력이라는 용어는 이제 특수교육 분야에서는 보편적이고 필수적인 교육실제가 되었다. 교사들은 서로 협력할 때 교실에서 학습문제와 행동문제를 보다 잘 진단하고 해결할 수 있다는 것을 알게 되었다. 팀의 구성원들이 협력하여 일할 수 있는 방법은 조정, 자문, 팀 접근 등이다(Bigge et al., 1999).

조정(coordination)은 협력의 가장 단순한 형태로 계획된 시간에 체계적인 방법으로 서비스가 제공되는지를 점검하기 위해 구성원들이 지속적으로 대화하고 협력한다. 비록 특수교육 분야에서 중요하고 필수적인 요소이지만 조정은 서비스 제공자들에게 정보나 특정 영역에서 자신이 노력하고 있는 세부사항을 보고하도록 요구하지 않는다. 다행히 제시카의 경우 IEP 팀 4명의 교육자는 단순한 조정 이상의 협력을 한다.

자문(consultation)의 경우 각 구성원은 정보와 전문지식을 서로 주고받는다. 일반적으로 자문은 노련한 전문가가 신참자에게 일방적으로 조언을 하는 것으로 여기지만, 팀 구성원은 자문을 해주는 사람과 받는 사람이 서로 역할을 바꾸어 할 수 있다. 예를 들어 제시카의 3학년 담임교사는 협동학습 모둠에서 제시카의 언어 표현을 확장하기 위한 전략을 세우기 위해 언어치료사로부터 전문적인 조언을 받을 수 있다. 반대로 제시카의 학습 도움실 교사에게는 과학과 교육과정에 대해 상세한 설명을 해주는 자문가가 될 수도 있다.

팀 접근

특수교육의 절차는 구성원들이 특수교육이 필요한 아동을 위해 효과적으로 협력할 것을 요구한다. 이러한 팀들이 기능적이고 효율적으로 기능할 때 특수교육은 가장 효과적이다(Correa et al., 2005; Janney et al., 2015). 팀 접근(teaming)은 협력에서 가장 어렵고, 팀 구성원에게 가장 역할이 많이 부여되는 단계이다. 팀 접근은 "서로의 강점을 살리며 함께 일하는 조정과 자문을 하면서 모든 팀 구성원이 대등한 입장에서 상호성을 가지고 정보를 교환하는 것이다."(Bigge et al., 1999, p. 13).

비록 팀 접근이 많은 변인을 포함하고 있지만 일반적으로 팀의 모든 구성원은 분명하게 부여된 책무가 있고, 다른 구성원과 상호작용하고 도움을 주고받으며 배우는 중요성을 인식하게 된다. 많은 사람들은 장애학생과 교사가 복잡한 문제에 부딪혔을 때 개인보다 팀에서 이루어지는 결정과 합의가 더 안전하다고 믿는다. 교육현장에서 적용되고

팀 접근은 교사가 문제를 확인하고 해결하도록 돕는다.

있는 팀 접근은 일반적으로 다학문적 팀, 간학문적 팀, 초학문적 팀으로 이루어진다(McGonigel et al., 1994).

다학문적 팀   다학문적 팀(multidisciplinary team)은 서로 독립적으로 일하는 여러 분야의 전문가들로 구성된다. 각 구성원은 독립적으로 평가하고 중재를 계획하며 서비스를 제공하게 되므로, 아동을 다양한 특성을 가지고 있는 전인격체로 보기보다는 분야별로 아동의 한 특성만을 고려하기 쉽다. 이러한 다학문적 팀 접근방법은 장애아동을 훈련 영역에 따라 분할하여 나누지 않도록 주의해야 한다[오래전부터 '장애아동의 손은 작업치료사, 다리는 물리치료사, 머리는 교사에게 나누는 것'(Williamson, 1978)으로 표현하였다]. 또한 팀 구성원 간에 의사소통이 결여되는 것도 문제로 지적되고 있다.

간학문적 팀   간학문적 팀(interdisciplinary team)은 팀 구성원들이 공식적인 경로를 통해 의사소통을 하는 것이 특징이다. 각 구성원은 자신의 분야와 관련된 진단과 평가만 하지만 서로 정보를 교환하고 중재를 계획한다. 일반적으로 각 구성원은 중재계획 중 자신의 분야에 관련된 서비스를 제공할 책임이 있다.

초학문적 팀   팀 접근법 중 가장 수준이 높고 성취하기 어려운 것은 초학문적 팀(transdisciplinary team)이다. 초학문적 팀은 아동에게 통합된 방법으로 서비스를 제공하기 위하여 구성원들이 함께 진단과 평가를 하고, 전문 분야를 초월하여 정보와 전문지식을 나누며 중재목표와 전략에 관해 공동으로 의사결정을 한다(Delano et al., 2020; Friend & Cook, 2017). 다학문적 팀이나 간학문적 팀의 구성원들은 각각 독립적으로 서비스를 제공하는 반면에, 초학문적 팀은 관련 서비스를 통합된 형태로 제공하기 위해 역할을 공유한다. 어떤 팀 접근방법을 사용하든 구성원들은 전문가 간의 경쟁관계에서 벗어나는 것을 배우고 학생에게 도움이 되도록 협력해야 한다(Zigmond et al., 2011).

개별화 교육프로그램

학습목표 2.4   개별화 교육프로그램의 필수 구성요소를 설명할 수 있다.

개별화 교육프로그램(individualized education program, IEP)은 '장애인교육법의 핵심'이며 "모든 장애아동을 위한 무상의 적절한 공교육(FAPE)"이다(Bateman, 2017, p. 102). 장애인교육법(IDEA)은 3~21세에 해당하는 장애인에게 개별화 교육프로그램을 계획하고 실시하도록 요구하고 있다. 또한 교사들은 출생부터 2세까지의 장애 영유아를 위한 **개별화 가족 서비스 계획**(individualized family service plan, IFSP)을 개발해야 한다. 개별화 가족 서비스 계획은 제14장에서 자세히 논의된다. IDEA는 누가 IEP를 개발하고 어떤 내용을 포함해야 하는지 구체적으로 제시한다.

IEP 팀

개별화 교육계획은 **개별화 교육계획 팀**(IEP team)을 구성하는 구성원들이 서로 협력하여 개발해야 하며, 장애인교육법은 다음과 같은 구성원들이 개별화 교육계획 팀에 포함되어야 한다고 명시하고 있다.
   IEP 팀이라는 용어는 다음과 같은 사람들로 구성된 집단을 의미한다.

1. 아동의 부모
2. 1명 이상의 일반학급 교사(아동이 일반학급에서 교육을 받고 있거나 받게 될 경우)

3. 1명 이상의 특수교사 또는 특수교육 제공자
4. 지역 교육기관의 대표
    ① 장애아동의 독특한 교육적 요구를 충족하기 위해 특별히 계획된 교수를 제공하고 감독할 자격이 있는 자
    ② 일반교육과정에 지식이 있는 자
    ③ 지역교육기관의 자원 활용에 대해 지식이 있는 자
5. 진단 및 평가결과의 교육적 시사점을 해석할 수 있는 자
6. 아동의 장애에 관련된 전문지식을 가지고 있는 자(예 : 관련 서비스 제공자)로서 부모나 기관, 학교가 임의로 지정하는 자
7. 적절한 경우에 장애학생 본인(PL 108-446, Sec. 614[d][1][B])

IEP 구성요소

각 IEP는 다음과 같은 구성요소를 포함해야 한다.

1. 다음의 내용을 포함한 아동의 현재 학업성취 및 기능 수행수준
    ① 아동의 장애가 일반교육과정의 참여와 향상에 어떤 영향을 미치는가
    ② 학령 전 아동의 경우 아동이 적절한 활동에 참여하는 것에 장애가 어떤 영향을 미치는가
    ③ 대안적 성취기준에 따라 대안평가를 해야 하는 아동의 경우 단기목표는 무엇인가
2. 다음 내용에 대해 측정이 가능한 연간목표와 단기목표(학업 및 기능 목표 포함)
    ① 아동이 일반교육과정에 참여하고 향상되기 위해 교육적 요구를 충족시키는 것
    ② 아동의 장애 때문에 초래되는 독특한 교육적 요구를 충족시키는 것
3. 연간목표를 향한 아동의 진보를 어떻게 측정할 것이며 어떻게 보고할 것인지에 대한 기술
4. 다음에 기술된 것을 위해서 아동에게 제공될 특수교육, 관련 서비스 및 기타 보조 서비스에 대한 내용과 교육과정의 수정과 아동에게 제공될 지원에 관한 내용
    ① 연간목표를 성취하기 위해서
    ② 일반교육과정, 과외활동 및 비학업적인 활동에 참여하고 향상되기 위해서
    ③ 이러한 활동에 비장애아동이나 다른 장애아동들과 함께 참여하기 위해서
5. 아동이 4의 ③항목에서 언급한 활동을 할 때 비장애아동들과 함께 참여할 수 없는 정도와 이유에 대한 설명
6. 다음과 같은 평가 관련 내용
    ① 주정부나 지역 교육구에서 실시하는 학업평가에 참여하기 위해서 필요한 수정
    ② 만약 IEP 팀이 아동으로 하여금 주정부나 지역 교육구에서 실시하는 학업평가에 대해 대안평가를 실시해야 한다고 결정했을 경우에는 다음과 같은 기술을 해야 한다.
        (a) 왜 학업평가가 아동에게 적절하지 않은가
        (b) 왜 선택된 대안평가가 아동에게 적절한가
7. 4에 언급된 서비스 제공 시작일, 교수적 수정, 예측되는 서비스 제공 빈도, 장소 및 지속기간 등에 관한 내용(PL 108-446, Sec. 614[d][I][B]), 16세 이상 학생의 IEP에는 학교생활에서 성인생활로의 전환을 어떻게 지원할 것인지를 포함해야 한다.
8. 학생이 16세가 되기 이전에 IEP는 실제화되어야 하고, 그 이후 매년 수정해야 한다.

① 훈련, 교육, 고용, (적절한 경우) 독립적 생활기술 등과 관련된 적절하고도 측정 가능한 중등교육 이후의 목표

② 이러한 목표를 성취하기 위해 필요한 교과목 등을 포함한 전환교육 서비스

③ 주정부의 법이 정한 성인의 나이에 도달하기 최소한 1년 전에 학생에게 이러한 권리에 대해 통보(PL 108-446, Sec. 614[d][I][A][i])

학생의 개별화 교육프로그램을 개발할 때 IEP 팀은 다음 사항을 고려해야 한다.

1. 일반적 요소
   ① 학생의 강점, ② 학생의 교육향상을 위한 부모의 관심, ③ 학생에 대한 초기 평가 혹은 가장 최근 평가의 결과, ④ 학생의 학업적 · 발달적 · 기능적 요구들

2. 특별한 요소에 대한 고려
   ① 학생의 행동이 학습 등을 방해하는 경우 긍정적 행동중재와 지원, 기타 전략들의 사용을 고려한다.
   ② 국어 능력에 제한이 있는 경우 학생의 IEP에 관련된 요구로 아동의 언어적 요구를 고려한다.
   ③ 맹이나 시각손상이 있는 아동의 경우 IEP 팀은 아동의 읽기, 쓰기기술을 평가한 후에 점자교수나 점자의 사용이 아동에게 적절하지 않다고 판단되지 않는 한 점자로 교육하거나 점자 사용을 제공해야 한다.
   ④ 농이나 청각적 어려움이 있는 아동의 경우 아동의 언어와 의사소통적 요구를 고려한다.
   ⑤ 아동이 보조공학 기기와 서비스를 필요로 하는지 고려한다(PL 108-446, Sec. 614 [d][3][A&B]).

IEP 기능과 양식

개별화 교육프로그램(IEP)은 아동의 현재 수준이 어떠하며, 무엇을 목표로 하고, 어떻게 그 목표에 도달하며, 목표에 도달하기까지 시간이 얼마나 소요되고, 어떻게 목표가 달성되었는지 평가할 것인가에 관하여 명확히 설명하는 체계이다. 개별화 교육은 교사와 가족들에게 아동의 필요와 목표를 현실적으로 인식하고 이를 책임을 갖고 창의적으로 성취할 수 있는 기회를 제공한다. 현실적 관점은 비관적이거나 아동의 학업성취나 기능적 수행을 향상시킬 수 있는 능력과 잠재력에 대해 제한적인 관점을 갖는 것이 아니다. 오히려 구체적인 교수개발과 서비스를 통해 현재 아동의 수행능력을 미래 목표에 도달하게끔 하는 방법을 말한다.

개별화 교육프로그램은 교사와 학교의 책무성에 대한 평가기준이 되기도 한다. 즉, 특정 학교나 교육프로그램이 효과적인지 아닌지는 아동으로 하여금 개별화 교육프로그램에 명시된 장 · 단기목표를 성취할 수 있도록 어느 정도 돕는지에 따라 결정된다. 다른 전문가와 마찬가지로 교사도 교수의 효과성을 증명해야 하고 IEP는 교사가 그렇게 할 수 있도록 방법을 제공해야 한다. 교육구는 IEP에 명시된 특수교육과 관련 서비스를 법적으로 제시해야 하고, 학교는 환경을 고려하여 아동이 적절한 진보를 보일 수 있는 IEP를 반드시 제공해야 한다(Couvillon et al., 2018, p. 292).

개별화 교육프로그램의 양식은 교육구마다 매우 다양하고, 일부 학교는 법에서 요구하는 것 이상으로 상세하거나 추가 정보를 포함하기도 한다. Bateman과 Linden(2012)은 개별화 교육프로그램의 작성에 있어서 표준화된 양식과 컴퓨터에 지나치게 의존하는 것은 바람직하지 않다고 지적했다. "형식화된 양식 자체가 진정한 개별화를 방해할 수 있다. 타당한 양식은 가장 유연하고 창조적으로 작성될

그림 2.2 학습장애와 ADHD가 있는 4학년 학생을 위한 IEP의 한 부분

학업성취와 기능수행의 현재 수행수준	연간목표와 단기목표/기준	특수교육 & 관련 서비스
루카스는 아주 많은 단어를 알고 있다. 그는 말하고 쓸 때 흥미로우면서도 연령에 적절한 단어들을 사용한다. 글을 읽을 때도 복잡한 단어나 내용을 잘 이해한다. 그는 자주 사용되는 일견 단어를 숙달했고 음성학적으로 규칙적인 소리가 나는 단일어를 이해한다. 루카스는 야구 선수와 해양 생물, 특히 상어에 관한 책 읽기를 좋아한다. 그의 표준화된 읽기시험 점수는 이해력에서 상대적 강점이 있고 유창성에서 약점이 있다는 것을 보여준다. 루카스는 3학년 때 모든 수업에서 합격 점수를 받았지만 가장 낮은 점수는 읽기였다. 그는 주(state) 시험에서 수학은 통과했으나 읽기는 근소한 차이로 낙제했다. 4학년 수준의 읽기 지문이 주어졌을 때, 루카스는 현재 1분 동안 55단어(WPM)를 읽으면서 4~6개의 실수를 한다. 그의 실수는 대부분 'the, an'과 같은 사소한 단어를 빠뜨리고 다음절어(예 : recognize, appreciated)에서 막힌다. 그는 읽기 유창성과 긴 단어들을 연습해야 한다.	4학년 수준의 읽기 지문이 주어졌을 때, 루카스는 3개의 연속적인 구절에서 2개 이하의 오류 없이 분당 90단어를 읽을 것이다. **기준** 4학년 수준의 읽기 지문이 주어졌을 때, 루카스는 … 1a. 3개의 연속적인 구절에서 2개 이하의 오류 없이 분당 64단어를 읽을 것이다. 1b. 3개의 연속적인 구절에서 2개 이하의 오류 없이 분당 73단어를 읽을 것이다. 1c. 3개의 연속적인 구절에서 2개 이하의 오류 없이 분당 82단어를 읽을 것이다. 1d. 3개의 연속적인 구절에서 2개 이하의 오류 없이 분당 90단어를 읽을 것이다.	읽기를 위한 소집단, 개별화 교수 다음절어에 중점을 둔 명시적이고 체계적인 파닉스 교수 그리스어와 라틴어 어원의 명시적이고 체계적인 교수 적절한 학년 수준의 지문을 일정 시간에 따라 반복적으로 읽고 피드백과 유창성 자가 그래프 작성하기
루카스는 야구와 상어에 관심이 있고, 마당에서 할머니를 도와드리는 것을 좋아한다. 그는 상대적으로 수학에 강점이 있다. 특히 선생님이 '오늘의 문제(수학 수업을 시작할 때 제시되는 도전적인 수학 문제)'를 제시할 때 적극적으로 참여한다. 과제에 흥미가 있거나 친구들과 함께할 때 루카스는 또래와 비슷한 속도로 작업한다. 수학, 미술, 체육, 음악에 대한 과제수행을 다른 과목에 비해 더 잘한다. 혼자서 조용하게 완성해야 하는 읽기, 국어, 과학, 사회 과제를 받았을 때 그는 보통 또래와 잡담하고, 종이에 뭔가를 끼적거리거나 주머니 속에서 작은 장난감을 만지작거린다. 혼자서 학업과제를 완성하도록 했을 때, 루카스는 전체 시간의 40%만 열중한다. 학급 친구들에 따르면 비슷한 활동을 할 때 60~90%를 열중한다.	20분 동안 독립적으로 완성해야 하는 학업과제가 주어졌을 때, 루카스는 10번 중 8번은 최소 75%의 시간 동안 과제에 집중하고 90% 이상의 과제를 완수할 것이다. **단기목표** 20분 동안 독립적으로 완성해야 하는 학업과제가 주어졌을 때, 루카스는 … 2a. 10번 중 8번은 교사의 지시를 재진술할 것이다. 2b. 10번 중 8번은 30초 안에 과제를 시작할 것이다. 2c. 10번 중 8번은 손을 들어 선생님께 진행상황을 보여주거나 1~2번 도움을 요청할 것이다.	자기관리기술에 대한 명시적 교수(예 : 타이머 사용하기, 선생님께 도움 요청하기) 루카스가 지시한 일을 할 때 칭찬하기 위한 강화체계 선호하는 좌석 배치(교사와 가까운 자리나 문이나 교실 내 이동이 많아 주의가 산만해지는 장소에서 떨어진 곳) 계속 작업해야 함을 상기시키는 신호카드를 책상과 플래너 안쪽에 붙여놓기 자기관리기술을 연습하기 위해 매달 학교 상담교사와 정규적으로 상담하기

주 : 전체 IEP는 학생의 다면 평가 결과, 모니터링 계획의 진전도, 일반학급에서의 참여도, 조정(주 단위와 지역구 평가 포함), 서비스 제공일, 16세 이상 학생을 위한 전환계획을 포함할 것이다. 목표는 기준(루카스의 읽기목표 참고) 또는 단기목표(루카스의 행동목표 참고)로 세분화될 수 있다. 목표에 대한 더 자세한 예시는 제1장, 중도장애학생을 위한 적절한 목표에 대한 논의는 제12장, 고학년 학생을 위한 전환 중심 IEP의 사례는 제15장에 있다.

수 있으면서도 가능한 한 단순한 방법으로 모든 요소를 포함할 것이다."(p. 65). 그림 2.2는 학습장애와 ADHD가 있는 4학년 학생 루카스의 IEP 일부를 보여주고 있다.

IEP 팀이 해결해야 하는 어려운 과제 중 하나는 개별화 교육프로그램이 어느 정도 포괄적이어야 하느냐이다. 교사와 부모는 IEP가 교육과정과 같지 않다는 것을 인식하는 것이 중요하다. "IEP 목표가 학생이 배워야 할 전체 범위와 순서를 다 담아낼 정도로 포괄적이지는 않다. 특수교사가 가르치는 내용 대부분은 IEP에 기록된 것 이상이다. 때때로 특수교사들은 IEP에 모든 교육과정을 포함하려고 하는데, 그 결과 너무 길고 세부적이 된다."(Browder, 2001, p. 35).

그림 2.3   측정할 수 없는 IEP 목표를 측정 가능한 목표로 바꾸기

'측정할 수 있다'는 것은 IEP 장·단기목표의 중요한 특성이다. 목표는 측정할 수 없을 때 평가될 수 없다. 평가될 수 없다면 장애인교육법을 위반하는 것이고, 결과적으로 아동에게 무상의 적절한 공교육을 제공할 수 없게 된다. 측정할 수 있는 목표는 학습자의 현재 수준, 수행 정도, 기대되는 수행수준이나 준거를 포함한다. 학습자의 수행은 관찰 가능하고 시각적으로 볼 수 있어야 하며, 셀 수 있는 행동이어야 한다.

관찰할 수 없거나 셀 수 없는 것	관찰할 수 있고 셀 수 있는 것
문학 즐기기	소리 내어 읽기
역사 이해하기	마감시간에 맞추어 과제 완성하기
독립성 기르기	스스로 옷 입기
권위 존중하기	어른과 무례하지 않게 대화하기
향상하기, 느끼기, 알기	지적하기, 그림 그리기, 식별하기, 쓰기 등

측정할 수 없는 목표를 측정 가능하게 만들기

"레베카는 능동적 청취기술이 증가할 것이다." 이와 같은 목표는 레베카가 목표에 도달하기 위해 수행해야 할 수준을 가리키는 준거를 제시하지 못할 뿐만 아니라 능동적 청취행동을 구체화하지도 못한다. 우리는 레베카의 이전 수준을 알지 않고서는 개선된 상태를 말할 수 없다. 그러나 수천 가지의 목표들이 "학생은 X를 향상할 것이다."라는 형태로 진술되어 있다. 그것은 측정할 수도 없고 유용하지도 않다. 이러한 목표를 개선하기 위해서 우리는 목표 설정자가 능동적 청취를 어떤 의미로 썼는지를 물어봐야 한다. 구두로 지시하는 사항에 따르는 것이라고 표현하면 학습자의 수행을 시각적으로 수용할 수 있을지도 모른다. 만약 그렇다면 다음과 같이 측정할 수 있게 바꾸는 것이 의도와 더 가까울 것이다. "종이 접어서 건네주기와 같은 간단한 2단계 구두 지시사항이 5개 주어질 때 레베카는 4개를 정확하게 수행할 것이다."

"사라는 여가시간 사용에 대해 현명한 선택을 할 것이다."라고 목표를 설정할 때 사라가 실제로 현명한 선택을 할지라도 우리는 그것을 눈으로 볼 수가 없다. 아마도 목표를 설정한 사람은 다음과 같은 것을 의미했을 것이다. "사라는 최소한 일주일에 한 번 학교에서 지원하는 특별활동에 참여할 것이다."

"베스는 상체의 강도를 적절한 수준에서 나타낼 것이다."라는 목표는 "베스는 XYZ 테스트에서 상체 강도를 또래 수준으로 통과할 것이다."라고 바꿀 수 있다.

알렉스는 지능이 높은 16세 소년인데 난독증이 심하며 자신이 읽고 쓰고 철자를 적는 데 문제가 있다는 사실에 심하게 화가 나 있고 혼란스러워한다. 아래의 두 목표는 알렉스의 IEP에 기능적 학업기술을 개발하는 목표를 측정할 수 없게 제시한 것이다.

"10개의 단어가 주어질 때, 알렉스는 철자를 모으고 소리 내어 발음하는 데 80%의 정확도를 보일 것이다." 우리는 알렉스의 향상을 어떻게 결정할 수 있을까? 물론 10개의 단어를 주고 그에게 어떤 것을 해보라고 요구할 수 있다. 이것은 간단하다. 그러나 어떤 단어를 보여주느냐가 문제이다. '앉기, 빵, 통나무, 고양이' 같은 단어인가? 아니면 '해설, 안과학, 기업가' 등과 같은 단어인가? 읽기에서 80%의 정확도는 무엇인가? 'palace'를 'place'로 'tentative'를 'tantative'로 'when'을 'where'로 읽는다면 부분적으로 정확도를 계산해주어야 하는가? 또한 단어를 읽는 데 얼마나 오랜 시간을 허용해야 하는가? 아마도 목표 설정자는 다음을 의미했을지도 모른다. "10개의 익숙하지 않은 CVC 단어가 주어졌을 때, 알렉스는 20초 안에 10개 중 9개를 정확하게 해독할 수 있을 것이다."

"알렉스는 80%의 정확도로 제시된 나라의 역사와 문화를 연구할 것이다." 알렉스가 현재 철자를 소리 내고 해독하는 것을 배우는 1학년 중반 수준의 읽기능력을 가지고 있다는 것을 생각할 때, 어떻게 이런 목표를 만들 수 있겠는가? 알렉스가 내일 아침에 학교에 와서 "저 지난밤에 실수 하나 하지 않고 중국의 역사와 문화에 대해 연구했어요."라고 말한다면 우리는 목표를 완성했다고 체크할 수 있겠는가? 목표 설정자가 의도한 것은 무엇일까? 다음과 같이 바꾸면 어떨까? "중국의 역사와 문화에 대한 1시간짜리 PBS 비디오와 테이프 녹음기가 주어졌을 때 비디오를 시청한 후에 하나의 실수도 없이 중국에 대해 배운 것 10개를 받아 적고 녹음할 수 있다."

출처 : Bateman, B.D., & Herr, C. M.(2006). *Writing measurable IEP goals and objectives* (pp. 153-155). Verona, WI: Attainment Company, Inc.의 허락하에 사용함.

특수교육이 '특별히 설계된 교수'라는 사실을 아는 것은 아동의 IEP에 어떤 내용을 포함시킬 것인가를 결정하는 데 도움을 줄 것이다(Strickland & Turnbull, 1993). 학생의 IEP에 통합되어야 하는 것은 일반 학생들을 위해 표준적으로 만들어진 수정의 범위를 초월하는 교육과정과 교수의 수정 혹은 특수아동의 교육적 수행에 부정적 영향을 미치는 것을 치료하거나 보상할 필요에 따라 '특별히 설계된 교수'를 의미한다.

학생의 장애로 인해 부정적인 영향을 받는 기능의 각 영역은 IEP의 연간목표에 포함되어야 한다. 서비스가 효과적으로 제공된다면 IEP 팀이 학생이 1년 안에 성취할 수 있다고 믿는 것을 서술한 것이 연간목표이다.

그러나 IEP 목표들이 측정 불가능한 경우에 IEP 팀의 힘든 작업과 아동의 향상에 대한 기대가 유명무실해진다. 그림 2.3은 IEP 목표에 대해 측정할 수 없는 예와 그것들을 어떻게 측정 가능하게 바꿀 수 있는지를 제시하였다.

IEP 문제점과 가능한 해결책

IEP 과정은 계속 문제가 제기되고 있는 사항이다. 장애인교육법의 요구사항 중 개별화 교육프로그램은 "산더미 같은 문서업무를 요구하기 때문에 법에 있어서 가장 인기가 없는 측면이 되어버렸다."(Gallagher, 1984, p. 228). 30년 이상이 지난 후에 Bateman과 Linden(2012)은 비슷한 의견을 말하고 있다.

> 안타깝게도 대부분의 IEP가 교사들에게는 대단히 부담스러우면서도 아동과 부모에게는 거의 소용이 없게 되었다. 창조적이고, 융통성 있고, 수립된 자료에 근거하며, 아동의 독특한 요구에 개별적으로 최상의 교육중재를 적용하는 것과는 거리가 멀다. 전형적인 IEP는 특별한 서비스가 제공되지 않아 '텅 비었고' 때로는 목표도 측정하지 않는다(p. 71).

실제적인 IEP에 관한 연구들은 이러한 심한 표현들을 지지하는 것처럼 보인다. 예를 들어 Grigal 외(1997)는 고등학생들을 위한 IEP를 연구한 결과 전환 관련 목표가 모호한 교육성과를 포함하며(예 : 제일 살기 좋은 곳을 생각할 것이다, 직업을 탐구할 것이다), 평가 절차도 없고, 활동이나 교수자료의 수정도 거의 없다고 보고하였다. 법에서 요구하고 있는 모든 구성요소가 IEP에 포함되어 있다 하더라도, 개별화 교육프로그램의 서류 내용이 학급 내에서의 교사와 교수활동과 학생의 학습활동을 좌우한다고 볼 수는 없다. 이상적인 IEP의 개념은 원대하고 대단한 잠재력을 가지고 있기는 하지만 IEP를 살펴보면 서류에 기술되어 있는 것과 아동이 학급 내에서 경험하는 교수는 일관성이 없는 것으로 보고되었다(S. W. Smith & Brownell, 1995).

장애인교육법은 IEP 회의에 부모의 참여와 장애학생 본인의 참여를 격려하고 있지만 개별화 교육프로그램 과정에 있어서의 부모 참여와 학생 참여에 대한 연구결과들은 일관성이 없다(Test, 2004). 109개의 중학교와 고등학교의 개별화 교육프로그램 회의를 분석한 연구 결과, Martin 외(2006)는 "IEP 회의에 참여하여 의견을 잘 표현하지 않고 참여 정도가 매우 낮은 학생들로 인해 학생의 참여가 기껏해야 명목상으로 보일 수 있다."고 말하였다(p. 197).

그러나 긍정적인 면을 살펴보면 수많은 연구들이 다양한 장애학생들이 IEP 과정에 활발하게 참여하고, 심지어 회의를 이끄는 것도 배울 수 있다고 보고하였다(예 : Arndt et al., 2006; Diegelmann & Test, 2018). IEP에 학생과 그 가족을 참여시키기 위한 자료, 교육과정 및 전략은 Davis와 Cumming (2019a), Giangreco 외(2011), Konrad(2008), Turnbull 외(2015), 그리고 Van Dycke 외(2006)에서 확인할 수 있다(전환교육 : 현재가 미래를 만든다 '누구의 개별화 교육프로그램인가' 참조).

전환교육 : 현재가 미래를 만든다

누구의 개별화 교육프로그램인가

우리는 왜 IEP 과정에 학생의 참여를 높여야만 하는가

개별화 교육프로그램의 개발과 실행에 학생들을 참여시켜야 하는 이유에는 크게 세 가지가 있다. 첫째, IEP 과정에서 학생의 적극적인 참여는 학생들로 하여금 중등교육 이후의 삶으로 성공적인 전환을 위해 반드시 필요한 자기인식, 목표설정, 자기옹호기술, 의사결정기술을 포함한 자기결정기술을 연습하도록 하는 기회를 제공한다. 둘째, IEP 팀이 학생의 참여를 심각하게 고려할수록 학생들이 참여하는 의미 있는 IEP를 개발할 가능성이 높다. 셋째,

IDEA는 '학생이 참여해야 할 필요가 있을 경우' IEP 회의에 참석하도록 요구한다. 대부분의 경우 학생이 IEP 과정의 일부분이라도 참여하는 것이 필요하다.

IEP 과정에 학생을 어떻게 참여시킬 수 있을까

Konrad(2008)는 IEP 과정의 다섯 단계에서 학생이 참여할 수 있다고 제안한다. 첫 번째 단계는 배경지식 활성화 하기이다. 이 단계에서 학생들은 IEP 과정, 자신들의 장애, 그리고 법적 권리에 대해 학습할 수 있다. 두 번째 단계는 설계하기 단계이다. 이 단계에서 학생들은 진단과정에서 적극적인 역할을 하며, 자신의 강점과 필요에 대해 학습할 수 있다. 세 번째 단계는 초안 작성하기 단계이다. 학생들은 스스로 비전 선언문을 작성하고 회의 참석자들을 초대함으로써 글쓰기 능력을 연습할 수 있다. 교사가 IEP 초안을 작성할 때 학생은 1인칭 시점으로 학업성취와 기능적 수행의 현재 수준에 대해 작성하여 참여할 수 있다. 학생은 스스로 작성한 IEP 초안을 다음 회의에서 가족과 공유할 수 있다. 네 번째 단계는 실제 IEP 회의이다. IEP 회의에서 학생들은 소개하기부터 회의 전체를 이끄는 것을 포함해 다양한 방법으로 참여할 수 있다. 학생은 회의가 의미 있고 생산적으로 운영되도록 준비하고 연습해야 한다. 학생들이 IEP 회의에 참여하는 데 준비하기 위해 사용 가능한 무료 또는 저가의 자료들이 많다(Mazzotti et al., 2018; Uphold et al., 2007 참조). IEP 과정의 최종단계이자 가장 중요한 단계는 실행단계이다. 이 단계에서 학생들은 자료수집자이자 자기옹호자이다. 학생이 다른 모든 과정에서 적극적으로 참여를 했다면 스스로의 요구, 목표와 장애를 인식할 수 있으며, 자신의 성과에 대해 생각하며 요구를 말할 수 있다. 이 단계에서의 참여는 IEP 다음 단계에서 더 적극적으로 참여하고 중등 이후 교육환경으로 전환할 때 자기옹호를 할 수 있도록 준비할 기회를 제공한다.

우수교사 사례의 Keisha Whitfield가 IEP 과정에서 초등학생들을 참여시키는 데 사용하는 10단계는 다음과 같다.

1. 학생들에게 배경지식을 제공한다. IEP가 무엇인지와 학생들에게 왜 필요한지를 가르친다.
2. 학생들과 현재 IEP를 함께 검토한다. 학생의 현재 목표를 검토하며 학생의 성장을 강조하며 상의한다. 학생들이 강점인 영역과 약점인 영역을 판별할 수 있도록 도움을 준다. 이를 위한 가장 쉬운 방법은 IEP 진보 보고서를 학생과 함께 검토하는 것이다.
3. 각 학생은 행동 및 학업 자체평가를 한다.
4. 각 학생을 인터뷰하며 '비전 보드'를 만든다. 학생의 대답에 따라 IEP 회의에 사용할 핵심단어를 쓰고 차트 종이에 그림을 그린다.
5. 각 학생은 'SMART' 목표를 세우고 그 목표를 이루기 위한 단계를 구상한다.
6. 연령이 높은 학생들은 회의에서 발표할 파워포인트를 만든다. 연령이 낮은 학생들은 비전 보드를 소개하는 비디오를 만든다.
7. IEP 회의에서 참여할 방법은 역할놀이를 통해 연습한다. 학생들이 회의에 참석하기 전에 모든 과정을 숙지하고 있는지를 확인하기 위해 학생들에게 체크리스트를 제공한다.
8. 나이가 많은 학생들은 회의에서 스스로 만든 파워포인트를 발표한다. 나이가 더 적은 학생들은 비전 보드를 소개하거나 스스로 만든 비디오를 발표한다.
9. 회의가 끝난 후 학생의 가족이 학생의 비전 보드를 가져가서 집에 걸 수 있도록 격려한다.
10. 학생들이 다음 IEP가 개발됐을 때 더 적극적인 역할을 할 수 있도록 준비시키기 위해 1년에 걸쳐 학생들이 스스로 자체평가할 기회를 제공한다. 이러한 일련의 과정에 학생들을 참여시키는 가장 최선의 방법은 학생들의 진보 보고서를 만드는 것이라 믿는다. 학생과 함께 정기적으로 스스로의 진보를 점검할 수 있는 기회를 만든다.

일반교사들도 IEP 과정으로부터 배우는 점이 있다. 393개 중학교와 고등학교 IEP 회의에 대한 연구에 따르면 회의에서 어떤 것을 결정하는 데 도움을 준 정도와 다음에 해야 할 일을 아는 정도에 대한 문항에서 일반교사들은 학생들을 포함한 다른 회의 참석자들보다도 본인 스스로를 낮게 평가하였다 (Martin et al., 2004). 일반교사들은 회의 목적을 아는 것, 회의에서 말하는 것, 그들이 생각을 말할 때 편안함을 느낀 것, 회의에서 이야기된 것을 이해하는 것, 회의에 대해 좋은 감정을 느끼는 것에서도 학생 다음으로 두 번째로 낮게 평가하였다.

질 높은 교수가 뒷받침되지 않는다면 부모와 학생의 참여수준, 목표의 적절성과 측정 가능성, 문서에 대한 IEP 팀의 만족도와 상관없이 많은 장애아동들은 향상을 보이지 않을 것이다. 이러한 현실적인 문제는 2004년 장애인교육법의 요구사항으로 이어져 교사들로 하여금 증거기반의 실제(EBP)를 사용하도록 하였다.

최소제한환경

학습목표 2.5 최소제한환경을 정의하고, 특정 학생을 위한 최소제한환경이 일반학급이 아닐 수도 있음을 설명할 수 있다.

장애인교육법은 장애를 가지고 있는 모든 아동이 **최소제한환경**(least restrictive environment, LRE)에서 교육받을 것을 요구하고 있다. 장애인교육법은 공립기관에서 교육을 받든지 다른 보호시설에서 교육을 받든지 장애아동들이 최대한 비장애아동들과 함께 교육을 받아야 한다고 규정하고 있다. 따라서 아동의 장애 특성이나 장애 정도로 말미암아 보조 서비스와 도움을 제공하더라도, 성공적으로 일반교육환경에서 교육을 받을 수 없을 경우에만 특수학급이나 특수학교 등 일반교육환경 이외의 교육환경에서 교육을 받아야 한다고 규정하고 있다(PL 108-446, Sec. 612[a][5][A]).

최소제한환경이란 일반학교 프로그램에 가장 가까우면서도 아동의 특수교육적인 요구가 충족되는 곳이어야 한다. 최소제한환경은 상대적이고 전적으로 개별화된 개념이며 장애 범주로 결정되는 것이 아니다. 10세의 전맹 학생을 위한 최소제한환경이 장애 유형과 정도가 같은 장애를 가진 다른 10세의 장애학생에게는 부적절할 수 있다. 그리고 두 학생 모두의 최소제한환경은 시간의 흐름에 따라 변할 수 있다. 장애인교육법에 관련 내용이 명시된 이후 장애학생에게 가장 적절하고 최소로 제한된 환경의 종류에 대해서 다양한 의견이 있다. 몇몇의 교사와 부모들은 일반학급 외의 배치가 모두 제한적인 환경이라고 간주하지만 대부분의 교사와 부모들은 일반학급에서 학생의 교육적 요구가 충분히 충족되지 않는다면 통합학급 배치가 제한적이고 부적절하다고 생각한다.

대안적 배치의 연계

오늘날 대부분의 학교는 장애아동의 개인적인 요구를 충족시키기 위해 **대안적 배치의 연계**(continuum of alternative placement)를 제공하고 있다.

대안적 배치의 연계

1. 각 공공기관은 특수교육과 관련 서비스를 받는 장애학생의 요구를 충족시키기 위해 대안적 배치의 연계를 이용할 수 있도록 보장해야 한다. 2. 대안적 배치의 연계는 이 조항에서 다음을 요구한다. (1) 300.38조항 이하에 특수교육의 정의 부분에서 나오는 대안적 배치를 포함하라(일반학급, 특수학급, 특수학교, 가정에서의 교수, 병원과 기관에서의 교수). (2) 일반학급 배치와 연관되어 제공되는 보충 서비스 조항을 만들라(학습 도움실이나 순회 교수)(Authority : 20 USC 1412 §300.115[a][5]).

배치의 연계는 피라미드 형태로 묘사되고 있는데 아랫부분에는 일반학급이 위치하며 윗부분은 특수학교, 기숙학교, 가정 혹은 병원이 해당된다(그림 2.4 참조). 피라미드는 바닥이 가장 넓은데 이는 대부

그림 2.4   장애아동을 위한 연계적 배치

분의 장애학생이 일반학급에서 교육받고 있음을 의미하고, 보다 집중적인 교수와 고도로 특수화된 서비스가 요구되는 장애학생은 연계의 위로 이동한다.

그림 2.4에서 묘사하고 있는 8개 중 5개 단계는 일반학교에서 적용 가능하다. 처음 3개 단계는 일반학급에 전일제 배치이고 일반교사와 함께 팀 티칭을 하거나 자문을 하는 특수교사로부터 다양한 정도와 형태의 서비스를 제공받는다. 학습 도움실에서는 시간제로 특수교사가 장애학생을 가르친다. 분리된 특수학급에 전일제로 있는 학생은 점심시간, 휴식시간, 미술이나 음악시간 같은 특정한 시간을 제외하고는 비장애학생들과 분리되어 다른 장애학생과 함께 대부분의 학교생활을 하게 된다. 분리된 특수학급이 일반학급보다는 비장애학생과의 통합기회를 덜 제공하지만 장애학생만 다니는 특수학교나 기숙학교보다는 많은 통합 기회를 준다. 가정이나 병원에 있는 아동은 개인의 교육적 요구에 기초하여 특수교육과 서비스를 제공받지만 다른 아동들과의 상호작용 기회는 거의 없다.

최소제한환경 결정

IEP 팀은 장애로 인한 아동의 요구와 그 요구를 충족하기 위한 특수교육 및 관련 서비스가 결정된 이후 아동을 위한 적절한 배치를 결정한다. 장애인교육법에서 요구하고 있는 교육적으로 바람직한 의사결정 과정은 다음과 같다. (1) 학교는 아동이 장애를 가지고 있는지의 여부와 특수교육을 받기에 적격한지를 결정한다. (2) 아동의 교육적 필요가 결정되면 아동의 필요를 충족시키기 위한 특수교육과 관련 서비스를 구체적으로 기술한 IEP를 작성한다. (3) 아동은 적절한 프로그램이 제공되고 만족스러운 교육적 향상을 촉진할 수 있는 최소제한환경에 배치된다.

배치에 대한 IEP 팀 논의의 시작점은 일반학급이다. 장애아동이 일반학급에서 IEP의 목표를 성취할 수 없고 특별히 설계된 교수와 관련 서비스가 필요하다고 IEP 팀이 결정할 때에만 장애아동을 일반학급에서 분리할 수 있다. Mercer 외(2011)는 IEP 팀이 장애아동에게 가장 **가능성을 많이 주는 환경**을 최소제한환경으로 간주해야 한다고 제안하였다.

장애아동에 대한 한 단계의 교육 배치가 모든 활동에 적용되어야 한다고 간주해서는 안 된다. 팀 구성원들은 아동을 학교생활의 세 가지 차원인 일반교육과정, 과외활동(예 : 동아리) 및 기타 학교활동(예 : 점심시간, 휴식시간)에 어느 정도 통합시킬 수 있는지 고려해야 한다. 장애인교육법은 IEP 팀이 학생의 필요를 충족시키기 위해 위에서 언급한 차원 중 한 차원에서는 완전히 통합되는지, 또 다른 차원에서는 시간제로 부분 통합이 이루어지는지 결정을 하도록 허용하였다(H. R. Turnbull et al., 2009).

또한 교육 배치가 영구적이라고 간주해서도 안 된다. 연계적 배치 서비스의 개념은 아동의 교육적 필요에 따라 한 단계에서 다음 단계로 융통성 있게 이동할 수 있음을 의미한다. 따라서 IEP 팀은 아동을 위한 장·단기목표를 최소한 매년 정기적으로 검토하여 충분한 근거가 있는 경우에는 새로운 교육적 배치에 대한 결정을 해야 한다. 아동을 위한 새로운 교육적 배치가 고려될 경우에는 아동의 부모에게 알려서 동의하는지를 물어야 하고, 부모가 요구할 경우에는 추가적인 정보를 제공해야 한다.

통합교육

통합이라는 용어와 **최소제한환경**이라는 용어는 자주 혼동되기는 하지만 동의어가 아니다. **통합**(inclusion)은 장애학생을 일반학급에서 교육하는 것을 의미하는 반면에, 최소제한환경 원리는 장애학생이 적절한 프로그램이 제공될 수 있고 만족스러운 교육 향상을 보일 수 있는, 최대한 일반학급에 가까운 교육환경에서 교육받는 것을 의미한다. 따라서 많은 장애학생들에게 일반학급과 최소제한환경은 같은 의미를 가지고 있지만 항상 그렇지는 않다.

장애학생을 통합시키는 것에 대해서는 많은 논의와 오해를 불러일으켜 왔다. 많은 장애아동의 부모들은 아동을 일반학급에 배치하는 것을 적극적으로 지지하는 반면에, 다른 부모들은 일반학급이 개별화된 집중교육을 시키지 못한다는 이유로 일반학급에 배치되는 것을 반대한다(Garrick Duhaney & Salend, 2000). 중도장애아동 부모들에 대한 최근 연구에 따르면 어떤 부모들은 통합을 선호하며 어떤 부모들은 통합에 반대한다(Gallagher et al., 2000; Palmer et al., 2001). Havey(1999)는 학교의 배치결정에 동의하지 않는 부모들의 사례 중 67%가 더 제한적인 교육환경을 찾고 있었다고 보고하였다(예 : 부모들은 자녀가 일반학급에 하루 종일 배치되는 대신에 학습 도움실에서 매일 일정 시간 교육받기를 원했다).

장애인교육법은 모든 장애아동을 일반학급에 배치하도록 요구하지도 않을뿐더러 일반학급 교사가 특수교사나 관련 전문가의 도움 없이 장애아동을 가르쳐야 한다고 요구하지도 않는다. 모든 장애아동이 일반학급에 통합되는 것은 아니지만, 일반교사

Scott Cunningham/Merrill Education

통합교육을 규정하는 두 가지 특징은 개별화된 교육성과를 성취하기 위한 활동을 함께하는 것과 모든 학생이 소속감을 느끼며 공동체의 구성원으로 받아들여지는 것이다.

는 이전보다 훨씬 더 광범위한 학습, 행동, 감각 및 신체 차이를 지닌 학생들을 가르쳐야 한다. 그렇기에 장애인교육법은 학교가 일반학급 교사에게 다양한 학습자를 가르칠 수 있는 능력을 함양하기 위한 교원 연수교육을 제공하도록 요구하고 있다. 학교가 연수나 지원을 거의 제공하지 않거나 아예 제공하지 않을 경우 일반학급 교사들이 그들의 교실에 장애학생을 받아들이는 것을 부담스러워하는 것은 이해할 만한 일이다(DeSimone & Parmar, 2006; Waldron et al., 2011). 이미 일반학급 교사들은 많은 역할들을 부여받고 있다. 일반교사들은 관리가 어려운 특별한 교육적 요구를 가지고 있는 아동을 받아들임으로써 자신의 학급의 요구가 더 커지는 것을 원하지 않는다(Cook et al., 2007). 따라서 일반학급 교사는 자신의 학급에 장애아동이 배치되는 의사결정에 참여할 자격이 있고, 지속적인 자문과 학교 관리자나 특수교사로부터의 지원 서비스를 받을 권리가 있다(Kochhar-Bryant, 2008).

어떤 교육가들은 장애학생이 비장애학생의 학업성취를 방해하는 것에 관심을 표하기도 하지만, 이를 지지할 만한 증거는 없다. 오히려 Cole 외(2004)는 전통적인 교실에서 교육받았던 272명의 비장애학생의 비교집단보다도 통합학급의 334명의 비장애학생들이 읽기와 수학에서 더 높은 성취를 보였다고 보고하였다. 장애학생에 대한 종단연구에 따르면 4~8학년의 통합교실에서 80% 또는 그 이상을 보낸 학생들은 특수학급에서 배웠던 또래보다 주(state) 단위 평가에서 읽기와 수학 성적이 더 높게 나왔다(Cole et al., 2020). 이러한 결과들을 생각해보면 학생의 학업성취에 영향을 미치는 가장 중요한 요인은 학생의 장애 존재 여부가 아니라 교수의 질일 가능성이 가장 크다.

학습 도움실이나 특수학급에 장애아동을 배치한다고 해서 아동이 요구하는 특별한 교수가 보장되지는 않는다(예 : Lemons et al., 2018; McLeskey & Waldron, 2011). 또한 단순히 일반학급에 장애학생을 통합하는 것이 곧 그 학생이 학습과 행동에서 적절한 것을 배울 수 있거나 교사와 비장애학생들에게 사회적으로 수용된다는 것을 의미하지는 않는다(Cook, 2004; Siperstein et al., 2007). 특수교사가 통합되는 장애아동들에게 적절한 사회적 기술과 행동을 가르치고, 비장애아동들에게는 장애아동에 관해 교육하는 것이 중요하다.

성공적인 통합 프로그램은 학령 전 아동들(Lawrence et al., 2016; Sainato et al., 2015)로부터 고등학생(Carter et al., 2016; Cobb Morocco et al., 2006)에 이르기까지 다양할 뿐만 아니라 통합된 장애아동들도 경도장애아동들(Rojewski et al., 2015)부터 중도장애아동들(Ryndak & Fisher, 2007)에 이르기까지 광범위하다. 일반교육에 장애아동들을 통합시킬 방법은 여러 연구에서 찾을 수 있다(Friend & Bursuck, 2019; Giangreco & Doyle, 2007; Mastropieri & Scruggs, 2018; McLeskey et al., 2018; Salend, 2016; Storey, 2020).

협력교수와 협동학습을 통한 통합 촉진

협력교수   일반교사와 특수교사가 통합학급에서 함께 교수를 계획하고 실행하는 협력교수는 특수교육 현장에서 보편화되었다. 실제로 이 책에 소개된 많은 교사들은 적어도 하루의 일부를 일반학급에서 협력교수를 하는 데 보내고, Amaris Johnson(제5장)을 포함한 몇몇 교사는 대부분의 수업시간을 협력교수의 형태로 보낸다. 협력교수는 수업의 목적, 장애학생의 개별화된 교육목표와 필요한 지원, 교과목에 대한 교사의 전문성 등에 따라 다양한 형태를 취할 수 있다(Potts & Howard, 2011; Scruggs & Mastropieri, 2017). 우수교사 Keisha Whitfield는 "모든 일반교사들이 협력교수가 어떻게 진행되는지 이해하는 것은 아니다. 나는 일반교사들이 협력교수의 다양한 형태를 알도록 도와주고 그들의 수업에서 내가 도울 수 있는 역할을 알려주었다."라고 하였다. 일반적으로 다음의 다섯 가지 협력교수 형태가 사용된다.

- 교수-지원(1명 교수/1명 보조) : 1명의 교사는 전체 학급을 대상으로 교수하고, 다른 교사는 교실을 돌아다니며 학생들의 수행에 대해 자료를 수집하고 도움을 제공한다. 이 형태의 협력교수는 특정 교과목에 대한 1명의 교사의 전문성을 발휘하게 하는 것이 장점이다. 이 장에서 소개된 Keisha Whitfield 교사는 "내가 학생들과 함께하는 시간을 보다 효율적으로 사용하고 나와 협력 파트너가 그룹 교수를 재편하고 개선하도록 돕는 형성평가 데이터를 수집하기 위해 이 형태를 사용한다."고 하였다.
- 평행 교수 : 학생 대 교사의 비율을 낮춰야 할 필요성이 있을 때 학급을 두 집단으로 나누어 같은 교수자료를 사용하여 2명의 교사가 교수한다.
- 스테이션 교수 : 어렵지만 순차적으로 제시할 필요가 없는 교육과정의 내용을 교수하기 위해서 학급을 두 집단으로 나누고, 교사는 각각 한 집단을 맡아 같은 시간에 다른 내용을 교수하고, 끝나면 집단을 바꾸어 자기가 맡은 내용을 교수한다.
- 대안적 교수 : 한 교사가 전체 학급을 가르치는 동안 다른 교사는 소집단 또는 개인적으로 대안적인 내용을 교수하거나, 기술을 교정하거나, 습득된 기술을 숙달시키거나, 심화학습을 시킨다.
- 팀 교수 : 교사들이 함께 계획하고 교수함으로써 서로의 전문성을 접목시킨다(Salend, 2016).

협력교수의 성공은 체계적인 계획과 교사 간 솔직한 의사소통과 융통성에 달려 있다. 그러나 한 사람이 아닌 두 사람이 가르친다고 해서 수업이 자동적으로 개선될 것이라고 생각해서는 안 된다. 협력교수 방법들이 논리적이기는 하지만 협력교수의 효과에 대해서는 좀 더 많은 연구성과들이 필요하다(Szumski et al., 2017; Zigmond, 2007).

협동학습　협동학습 활동은 장애학생을 학업적 교육과정과 사회적 지원망에 통합시키기 위한 전략적인 접근방법이다. 협동학습은 다양한 형태로 일어날 수 있으나, 일반적으로 학급의 모든 학생이 이질적인 소집단에 배치되어 공동의 학습목표를 성취하기 위해 서로 돕는 것이다(Johnson & Johnson, 2017). 그러나 단순히 '함께 학습하기' 위해 학생을 그룹에 배치하는 것이 반드시 협동학습으로 이어지는 것은 아니다(Gillies, 2016). Slavin(1995)에 따르면 협동학습은 다음의 두 가지 구성요소가 중요하다.

1. **집단의 목표** : 집단의 모든 구성원은 점수나 강화물, 집단의 성공을 인정하는 것 등을 얻기 위해 함께 일한다.
2. **개인의 책무성** : 집단의 각 구성원은 자신의 학습목표를 성취하여 집단의 성공에 기여해야 한다. 그러나 각 구성원이 집단에 기여하는 방법은 각 구성원의 개인적 필요와 학습목표에 따라 다양하다.

잘 구성된 협동학습 활동은 구성원으로 하여금 적극적으로 참여하게 하며 성공을 위한 내적 동기를 부여한다.

또한 협동학습은 학업적인 교육성과를 향상시킬 뿐만 아니라 장애학생들과 비장애학생들 간의 긍정적인 대인관계, 우정, 상호적 지원을 촉진할 수 있으며, 이는 성공적인 통합을 이루기 위해 필수적이다(Maheady et al., 2006; Moeyaert et al., 2019)(교수와 학습 '학급 전체 또래교수 : 통합학급의 모든 학생을 위한 협력학습' 참조). 협동학습에 대한 더 자세한 내용은 제4장에서 확인할 수 있다.

학급 전체 또래교수(CWPT)는 협동학습의 한 형태로서 지난 30년 동안 통합학급에서 장애학생과 비장애학생에게 읽기, 수학, 사회 등 다양한 교과목을 가르치는 효과적인 교수 접근방법으로 인정받아 오고 있다(Gardner et al., 2007; Mackiewicz et al., 2011; Moeyaert et al., 2019)(교수와 학습 '학급 전체 또

교수와 학습

학급 전체 또래교수 : 통합학급의 모든 학생을 위한 협력학습

학급 전체 또래교수(CWPT)는 왜 중요한가 잘 설계된 학급 전체 또래교수(classwide peer tutoring, CWPT) 프로그램은 개별화된 교육과정 내용, 높은 반응률, 즉각적 피드백, 일일 진전 점검, 긍정적 사회적 상호작용, 그리고 재미 등 학생들의 학습을 향상시키는 요소를 모두 포함한다. 또래를 일대일 교사로 활용하는 전략은 새로운 것이 아니다(Lancaster, 1806). 교사가 학업성취도가 높은 학생을 파악하여 특정 기술을 습득하지 못한 또래 아동을 돕는 것은 전통적 접근방법이었다.

최근 CWPT 프로그램은 저성취아와 장애아동을 포함한 모든 학생이 새로운 교육과정을 학습하기 위해 서로를 돕는, 지속적인 학급 전체의 활동에 적극적으로 참여하는 것을 포함한다. 30년간 통합학급에 대한 연구를 통해 검증된 CWPT 유형에는 네 가지가 있다. 주니퍼가든 아동 프로젝트 CWPT(Greenwood et al., 1997), 또래지원 학습전략(McMaster et al., 2006), 전체 학급 학생 또래교수 팀(Maheady et al., 2006), 오하이오주립대학교 CWPT 유형이다(Heward et al., 1982).

CWPT를 어떻게 적용해야 하나 오하이오주립대학교 유형의 기본 요소를 적용하기 위해서는 다음의 절차를 따라야 한다.

사전평가와 과제카드 만들기 교육과정 분야를 선택한 후 개별적 학습과제(예 : 수학 문제, 과학 정의, 역사)를 설정한다. 학생별로 앞면에는 질문, 뒷면에는 답이 적힌 일련의 과제카드를 만든다.

또래교수 폴더 구성하기 또래교사의 폴더에는 또래학습자가 학습해야 할 과제카드가 담긴 시작카드 주머니, 또래학습자가 이미 학습한 과제카드가 담긴 멈춤카드 주머니, 학생의 진전을 기록하는 차트, 기록을 위해 사용할 매직펜, 교수과정에서 또래교사가 또래학습자에게 주는 도장을 모으기 위해 필요한 별카드가 있다. 또래교수 폴더의 예는 그림 2.5를 참조하라. 학생들이 과제카드나 폴더를 만드는 데 참여할 수도 있다.

그림 2.5 또래교수 폴더

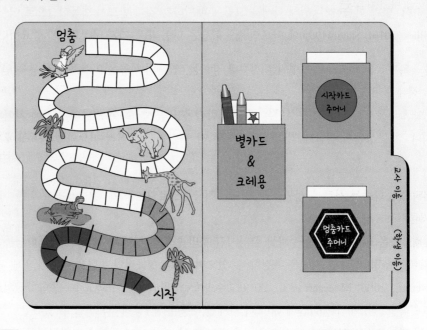

출처 : *Total tutoring for special and general educators [instructor's manual]* by T. E. Heron & W. L. Heward, 2000. Columbus, OH : The Ohio State University Special Education Program의 허락하에 사용함.

CWPT 과정 교수   또래교수자와 또래학습자에게 기대되는 행동을 명확하게 설명하고 시범을 보인다. 또래교수자는 한 회기 동안 최대한 많은 횟수로 과제카드를 제시하고, 매회 카드를 섞고, 또래학습자가 정답을 맞혔을 때 칭찬하고, 일관되게 오답 교정 과정을 지도해야 한다. 예를 들어 또래학습자가 오답을 말했을 경우 또래교수자는 "다시 해보자."고 말한다. 또래학습자가 다시 오답을 말하면, 또래교수자는 "이 단어는 '나무'라고 해. '나무'라고 말해봐."라고 한다. 또래학습자는 과제카드를 보고, 또래교수자의 질문에 즉시 대답을 하고, 피드백을 받는다. 이 과정을 몇몇 학생들과 역할놀이를 통해 숙지하고, 또래교수자－또래학습자 짝을 지어준 후 연습하게 한다.

일일 CWPT 회기 실천하기   5분 시간을 재고 학생들에게 시작하라고 말한다. 연습회기 동안 또래교수자는 최대한 많은 횟수로 과제카드를 제시한다. 5분이 경과하면 학생들은 역할을 바꾼다. 학생들이 또래교수를 실시할 동안 교사는 교실을 순회하며 유도하기, 칭찬하기, 긍정적인 교수행동을 보이면 별카드에 도장 찍기, 질문하기, 그리고 전체적인 활동을 감독한다.

　두 번째 연습회기를 마친 후 학생들은 역할을 서로 바꾼다. 첫 번째 또래교사는 촉진 또는 단서 없이 과제카드를 제시한다. 또래교사와 또래학습자가 서로의 진전을 기록할 수 있도록 5분씩 주어진다.

- 또래교수자는 학습자가 정확한 답을 맞힌 카드를 한쪽에, 틀리게 말한 카드를 다른 한쪽에 모은다.
- 학생들은 서로 역할을 바꾼 후 첫 번째 또래교사였던 학생이 서로 연습한 단어에 대해 질문을 받는다.
- 또래교사는 각 카드 뒷면에 '정답'과 '오답'을 적고 차트에 또래학습자의 일일 진전도를 기록한다.
- 또래학습자가 연속 3회기 동안 과제카드에 정확히 대답을 하면, 그 내용을 학습한 것으로 간주하며, 또래교사는 멈춤카드 주머니로 카드를 옮긴다.
- 학습자가 10개의 카드 모두를 학습하면 교수자는 시작카드 주머니에 새로운 일련의 단어를 넣는다.
- 각 회기는 학생들이 서로를 칭찬하고 격려하며 끝난다.

게임처럼 하라   CWPT는 재미있어야 한다. 게임 같은 형식을 사용하고, 개인과 팀 목표를 세우고, 진전을 기록하고, 강화체계를 사용하여 학생들을 참여시키고 동기를 부여하라.

래교수 : 통합학급의 모든 학생을 위한 협력학습' 참조).

완전통합에 대한 찬반양론

몇몇 특수교육자는 대안적 배치의 연계를 제공하지 말고 모든 장애아동을 일반학급에 배치해야 한다고 주장하고 있다. S. J. Taylon(2005)는 최소제한환경과 연계적 서비스에 관련하여 다음과 같은 사항을 지적하고 있다.

- 최소제한환경 모델은 서비스의 강도 측면에서 분리와 통합을 혼돈한다. 최소제한환경의 원리는 통합된 환경에서 중중 장애인의 요구에 맞는 집중적인 서비스를 제공할 수 없다고 간주한다. 분리 및 통합과 서비스의 강도는 서로 다른 개념이다.
- 최소제한환경 모델은 준비가 된 모델이다. 최소제한환경은 장애인이 최소제한환경으로 옮겨갈 수 있는 권리를 획득해야 한다고 주장한다.
- 최소제한환경 모델은 학생의 권리를 침해하는 것에 제재를 가한다. 최소제한환경은 장애학생의 권리를 제한해도 되는지 여부를 묻는 것이 아니라 장애학생의 권리를 얼마나 제한할 것인가를 묻는다.
- 최소제한환경 모델은 사람들로 하여금 성장하고 변화하도록 요구한다. 최소제한환경은 장애인이 점차 제한적이지 않은 환경으로 옮겨갈 것을 요구한다. 그러나 장애인이 연계적 서비스 체계의 다음 단계로 지속적으로 이동할 수 있다 하더라도, 그 사람의 연계적 교육 배치는 다음 단계의 배치로 이동하기 위해 잠시 머무는 일련의 정류장이 되어버리고 말 것이다.

그림 2.6 통합교육의 요소

1. 모든 학생은 일반교육에 받아들여져야 한다. 학생들에게 가장 첫 번째로 고려되어야 할 배치 환경은 그들이 장애가 없을 경우 다니는 일반교실이다.

2. 장애는 다양성의 한 형태로 인식되어야 한다. 그러므로 장애학생은 한 개인으로 받아들여져야 하고 그들의 장애 때문에 접근이 차단되어서는 안 된다.

3. 장애의 유형이나 정도에 상관없이 적절한 지원이 제공되어야 한다. 지원을 받기 위해 특별한 물리적 환경에 학생을 보내는 대신에 일반적인 환경에서 제공되어야 한다.

4. 학급은 장애학생과 비장애학생이 자연스러운 비율로 구성되어야 한다. 비장애학생의 비율이 장애학생의 비율보다 훨씬 높아야 한다.

5. 발달이나 수행 정도에 상관없이 학생들은 같은 연령의 또래 그룹과 함께 교육받아야 한다.

6. 장애학생은 지원을 받는 동안에도 비장애학생과 교육적 경험을 함께해야 한다. 교육적 경험은 학교의 학업적-기능적 측면과 사회적-개인적 측면 사이에서 개별화된 균형을 추구하여 가치 있는 삶의 성과를 고양시키기 위해 설계된다.

출처 : Giangreco, M. F., Shogren, K. A. & Dymond, S. K. (2020). In F. Brown, J. Mcdonnell, & M. E. Snell (Eds.), *Instruction of students with severe disabilities* (9th ed., p. 7). Upper Saddle River, NJ: Pearson. 출판사의 허락하에 사용함.

- 최소제한환경 모델은 개인이 필요한 서비스와 지원에 중점을 두기보다는 물리적 환경에 관심을 둔다. 최소제한환경은 장애인을 위한 특별한 환경이나 시설을 강조한다. 학계는 다른 사람들과 같은 환경에서 장애인들이 참여하도록 하는 것보다 '시설'(시설의 크기는 점차 줄어들기는 하였음)과 '프로그램'을 만들었다(Taylor, 2005).

일부 학계 권위자들은 완전통합을 사회적 정의의 문제로 보고 있다(예 : Artiles et al., 2006; Beneke et al., 2019; Stainback et al., 1996). 특수교육 분야에서 통합의 의미에 대해 명확히 동의된 바는 없다. 어떤 사람들에게 **통합**이란 모든 장애아동을 전일제로 일반학급에 배치하는 것인 반면에, 또 다른 사람들에게 **통합**이란 장애아동이 잠시 동안이라도 일반학교 환경에 참여하는 것을 의미한다. 통합교육의 강렬한 지지자인 Stainback과 Stainback(1996)은 통합학교를 "모든 사람이 소속감을 느끼고 수용되며 지원하는 곳일 뿐만 아니라 또래를 포함한 학교 공동체의 구성원들이 지원하여 장애아동의 교육적 필요가 충족되는 곳"(p. 3)이라고 정의한다. Giangreco 외(2020)에 따르면 통합교육은 그림 2.6과 같은 "여섯 가지 요소가 매일 지속적으로 일어나는 곳에서만 가능하다."(p. 7)고 주장한다.

사실상 모든 특수교사는 장애아동들을 일반학급에 통합시키는 것을 지지하며, 일반학급 교사와 협력하여 모든 아동을 가르칠 수 있는 모델을 개발하고 평가하는 데 있어서 긍정적인 견해를 가지고 있다(예 : D. Fuchs et al., 2010; Kauffman et al., 2018; McLeskey & Waldron, 2011; Smith & Hilton, 1997). 이 책에서 일반학급에서의 교육적 통합과 사회적 통합을 성공적이고 의미 있게 성취하기 위한 연구기반 모델 프로그램과 전략을 살펴볼 것이다.

그러나 통합을 찬성하면서도 대안적 배치의 연계를 없애는 것을 지지하는 특수교사는 거의 없다. 특수교육의 대표적인 전문기관인 특수아동위원회(CEC, 2014)는 통합이 학교가 추구해야 하는 의미가 있는 목표이기는 하지만, 서비스의 연계와 선택할 수 있는 다양한 프로그램은 계속 제공해야 하고, IEP 계획 팀은 각 아동의 교육적 요구에 따라 배치를 결정해야 한다고 강조하고 있다. 통합에 대해서는 이 교재 전반에 걸쳐 논의될 것이다.

CEC는 모든 아동과 청소년에게 서비스의 연계가 제공되어야 한다고 믿는다. 또한 CEC는 통합이라는 개념이 우리 학교와 지역사회에서 추구해야 하는 의미 있는 목표라고 믿는다. CEC는 장애학생이 지역 학교의 통합학급과 통합적인 지역사회 환경에 최대한 통합되어야 한다고 믿는다. 장애학생이 통합되는 환경에는 각 학생의 개별적 요구에 따라 특별하게 훈련된 교직원과 적절한 지원이 강화되고 제공되어야 한다

(CEC Policy Manual Sec. 3, Part 1, H-13).

Zigmond(2003)는 장애학생을 어디에서 교육할 것인가를 묻는 것은 특수교육이 무엇인지에 대한 핵심을 놓치는 것이라고 다음과 같이 우리에게 상기시키고 있다. 특수교육의 핵심은 개인의 요구에 초점이 맞춰진 교수이다. 따라서 하나의 최상의 교육 배치라는 개념은 개별화와 상충될 수밖에 없다.

> 교육장소가 특수교육을 특수하거나 효과적으로 만들지 못한다. 특수교육의 핵심요소는 효과적인 교수전략과 개별화된 접근방법이며, 이러한 핵심요소들은 하나의 특정 물리적 환경과는 관계가 없다(pp. 196, 198).

통합의 가정, 관점, 실제, 잠재적 혜택, 현실 등과 관련된 의미 있는 논의가 이루어지고 있다(D. Fuchs et al., 2010; Giangreco et al., 2018; Kauffman et al.,2018; McLeskey & Waldron, 2011; Simpson, 2004a; Zigmond et al., 2009).

특수교육은 어디로 가고 있는가

모든 장애아동을 위한 무상의 적절한 공교육에 대한 약속은 실로 거창하다. 이는 장애아동을 위한 '대헌장'이라고 불리기도 했다(Goodman, 1976). Weintraub과 Abeson(1974)은 장애인교육법이 공포되기 전에 "최소한 모든 장애아동을 위한 교육의 기회가 부여되어야 하며, 최대한 모든 학교가 모든 아동을 위한 건전한 학습 환경을 제공해야 한다."(p. 529)고 주장했다. 오늘날 대부분의 전문가들은 이 약속을 성취하기 위하여 상당한 진보가 있었다고 말한다.

장애인교육법은 막대한 영향력을 가지고 있다. 한때 장애학생을 배제하였던 학교가 이제는 장애학생을 통합하는 가장 적절한 방법을 고민한다. 학생이 학교의 요구에 따르는 것이 아니라 학교가 학생의 필요를 충족시켜야 한다는 것이다. 오늘날의 학교는 학업적 교수 이상을 제공한다. 학교는 다양한 배경과 서로 다른 학습적 요구를 가진 장애아동을 위해 광범위한 서비스를 제공한다. 사실상 학교는 의학적 지원, 물리치료, 직업훈련, 부모 상담, 여가지도, 교통, 교직원을 위한 교육 등 다양한 서비스를 제공하는 기관이 되었다.

많은 사람들이 학교와 지역사회에서의 장애아동들의 권리를 인식하게 되었다. 그러나 동등한 교육의 기회를 부여하고 있다는 데 있어서 충분한 증거와 진보가 있는 것은 사실이지만, 특수교육 본연의 문제들(예 : D. Fuchs et al., 2010; D. Gallagher et al., 2004)과 IDEA를 시행하는 데 있어서의 많은 문제점들이 지적되고 있다(예 : Arden et al., 2017; Finn et al., 2001). 교육행정가들은 연방정부가 주정부와 지역 교육구에 특수교육 서비스를 제공하기 위한 충분한 재정지원을 하고 있지 않다고 주장하고 있다(CEC, 2019). 특수교사들은 과다한 서류 업무, 불분명한 지침서, 장애아

Laura Bolesta/Millennium/Merrill Education

어느 장소에 교육이 진행되는지에 상관없이 가장 중요한 변인은 각 학생이 받는 교수의 질이다.

동의 부적절한 분류 등에 대해 불만을 표현하고 있다. 또한 많은 사람들이 문화적으로 비주류 집단 출신의 학생들의 너무 많은 수가 특수교육 대상자로 판정되어 있고, 더 제한적인 환경에 불균형하게 배치되어 있다고 말한다. 그뿐만 아니라 일반학급 교사들은 장애아동을 자신의 학급에 배치하기 전에 충분한 훈련과 지원을 받고 있지 못한다고 느끼고 있다. 이외에도 많은 문제들이 언급되고 있지만 쉬운 해결책은 없는 실정이다.

특수교육은 갈림길에 서 있다. 이전에는 장애아동을 위한 일차적인 쟁점이 교육의 기회였다. 장애학생은 교육을 잘 받고 있는가? 장애학생은 인근의 학교나 지역사회에서 지원을 받을 수 있는가? 몇 가지 문제가 지속적으로 제기되고 있지만(예 : 가난하게 사는 아동, 아주 멀리 사는 아동, 이주자나 집이 없는 가정에 사는 아동), 제1장의 앤드류의 사례가 제시하듯이 오늘날의 주요 관심사는 특수교육의 적절성과 효과성이다.

오늘날 모든 장애아동은 특수교육과 관련 서비스를 받는다. 몇 년 전에 비해 일부 학생들은 새로운 교육과정과 보조공학의 혜택을 받고 있다. 특수교육이 그동안의 성취에 대해 자랑스러워하고 있지만, 많은 장애학생에 대한 교육성과는 실망스럽다. 장애학생들은 대체로 학업성취와 사회적응에 있어서 만족스러운 교육성과를 보이지 못하고 있다.

> 장애학생들의 저조한 교육성과는 장애학생을 어떻게 가르쳐야 하는지에 대한 지식 부족과 이러한 지식을 체계적으로 적용하는 데 있어서의 실패를 반영한다. … 결과적으로 많은 장애아동들이 비효과적인 특수교육을 받고 있다. 600만 명이 넘는 아동들을 교육하고 있는 특수교육은 연구결과에 근거한 교육적 접근방법보다는 관념에 근거한 빈약한 접근방법을 사용하고 있을 뿐이다(Silvestri & Heward, 2016, p. 137).

모든 장애아동을 위해 무상의 적절한 공교육을 제공하겠다는 약속은 성취될 수 있을까? 그 해답은 전문가들이 함께 일하고, 새로운 역할을 감당하며, 서로 의사소통하고, 장애아동의 부모와 가족을 참여시킬 준비가 되어 있느냐에 달려 있다. 그러나 무엇보다도 특수교사들은 아동이 어디에서 교육을 받든 가장 중요한 변인은 아동이 받는 교육의 질이라는 것을 인식해야 한다. 또한 특수교사들은 가장 가르치기 어려운 아동을 가르치는 '특수교육의 필요와 고귀한 사명'을 재발견해야 한다(D. Fuchs et al., 2010).

특수교육은 중대한 일이다. 장애아동들이 겪고 있는 학습문제와 적응문제는 실제이고, 이러한 문제들을 예방하고 교정하는 데 있어서 효과적인 중재가 필요하다. 누가 어디에서 교육을 하든 특수아동들은 효과적인 교수를 받을 자격이 있다.

우수교사로부터의 조언 by Keisha Whitfield

IEP 회의를 준비할 때 자기관리 전략을 사용하라

Keisha Whitfield

- IEP가 부분별로 필요한 모든 정보를 담고 있는지와 회의 후에 해야 할 내용을 체크리스트를 사용해 자율 점검하라. 이러한 체크리스트가 이미 존재하는지를 동료 교사나 지역 교육구 관리자와 확인하라.
- IEP 목표와 목적이 'SMART'한지 확인하라. 목표가 Wright와 Wright(2006b)가 제시한 SMART한 목표에 맞도록 설정하라. 목표는 구체적이고(Specific), 측정 가능하고(Measurable), 실행 가능하고(Actionable), 관련성이 있고 현실적이어야 하고(Relevant and realistic), 시의적절해야 한다(Time limited). 이 약자를 각 목적을 자가평가하는 데 표준으로 삼는다.
- 미리 준비를 하라. 설문내용과 정보 수집을 회의 시작 2주 전까지 미루지 마라. 나는 각 학생의 설문지, 행동과 학업 정보, 관찰 내용, 부모와 교사 간 의사소통, 샘플 작업을 바인더에 정리한다. 이러한 정보를 미리 준비해놓으면 효율성도 높이고 더욱더 의미 있는 IEP로 이어질 것이다.

IEP 과정에 학생과 가족을 적극적으로 참여하도록 하라

- 모든 부모가 참여하기를 원한다고 가정하라. 각 회의에 부모가 참석하지 않는다고 해서 기여가 없는 것은 아니다. 가족들이 편리한 시간에 회의를 계획하고 가능하면 그들이 참여할 수 있는 다른 방법을 모색하라.
- 다양한 방법으로 회의를 주관하라. 학교에서 직접 만나서 회의하는 것은 모든 부모에게 적합하지 않을 수도 있다. 스케줄이 맞지 않으면 페이스타임, 전화 또는 가정방문을 통해 회의한다.
- 회의 전에 IEP 초고를 보내라. 회의 며칠 전에 가정에 문서를 보내면 부모들이 문서를 검토하고, 질문을 생각하고, 제안점을 구상할 수 있는 기회를 제공한다. 이렇게 하면 가족은 자녀교육에 의미 있는 참여를 할 수 있고 더욱더 효과적인 회의가 진행된다.
- 학생 주도의 IEP를 진행하라. 회의에서의 자신의 역할이 무엇인지를 숙지할 수 있도록 학생들을 미리 훈련하라.

일반교사들이 더욱더 효과적일 수 있도록 도와라

- 일반교사들에게 'IEP 한눈에 보기'를 제공하라. 모든 일반교사들은 각 장애아동의 개별화 교수가 어떤 내용을 포함하는지에 대해 정확하게 이해하고 있어야 한다. IEP 한눈에 보기는 목표, 목적, 중요한 날짜, (장애에 대한 정보를 포함한) 개별적으로 설계된 교수 등 일반교사들에게 꼭 필요한 IEP를 요약한다. 이 문서는 작성하는 데 걸리는 시간만큼 일반교사들에게 많은 도움이 된다. 학년이 시작하기 전에 이 문서를 준비하면 장애아동들의 학업과 행동과 관련된 강점과 약점을 더 잘 파악할 수 있다.
- 동료 교사를 훈련하라. 학년이 시작하기 전에 나는 협력교수를 하는 일반교사에게 다양한 협력교수 유형을 설명하는 자료를 제공한다. 일반교사들은 이러한 자료를 통해 협력교수가 어떻게 학생들을 지원할 수 있는지에 대한 다양한 가능성을 인식하게 된다. 협력교수를 실행하는 교사 외의 일반교사들에게 훈련을 제공할 수도 있다. 예를 들어 교수전략에 대한 훈련을 하거나 평가조정에 대한 팁을 제공할 수 있다.
- 협력교사를 주기적으로 만나라. 협력교사와 회의를 통해 학급에서 각 교사의 역할과 학급의 필요에 따라 이러한 역할이 어떻게 변해야 하는지를 논의하라. 교사로서 수업 조정하기, 수업 차별화 방법 모색하기, 모든 학생을 위한 다양한 교수전략 공유하기, 형성평가 설계하고 적용하기, 전체 학급 또는 소그룹 교수하기 등의 책무가 있다.
- 정보를 공유하라. 장애아동들이 수업의 중요한 부분을 놓치고 있거나 모든 학습자가 혜택을 받을 수 있도록 특정 주제가 제시되어야 한다면 일반교사에게 말하라. 장애아동들이 손해를 보지 않도록 제안할 것이 있다면 거리낌 없이 말하라.

핵심용어와 개념

개별화 교육계획 팀	대안적 배치의 연계	중재반응(RTI)
긍정적 행동중재 및 지원(PBIS)	동시에 응답하기(CR)	중재지원 팀
다요인적 평가(MFE)	불균형비율 현상	최소제한환경(LRE)
다층지원체계(MTSS)	의뢰 전 중재	통합

요약

특수교육의 절차 및 단계

- 장애인교육법(IDEA)은 학교로 하여금 장애학생을 선별하고 교육할 때 특정 절차를 따르도록 요구하고 있다.
- 의뢰 전 중재는 아동과 교사를 위해 즉각적으로 교수나 행동관리 지원을 제공하고, 특수교육을 필요로 하지 않는 장애가 없는 아동을 판별할 가능성을 줄여주며, 진단평가가 필요한 학생들을 선별하는 문제해결 방안이다.
- 중재반응(RTI)과 긍정적 행동중재 및 지원(PBIS)을 포함하는 다층지원체계는 아동이 학습에서 어려움을 보이는 것이 좋지 않거나 불충분한 교수의 결과인지 아니면 특수교육이 필요한 장애로 인한 것인지를 판단하기 위해 점점 더 집중적이고 과학적으로 효과가 입증된 교수에 대한 학생의 반응을 측정하는 의뢰 전 중재의 한 형태이다.
- 장애가 있을 것으로 의심되는 모든 아동은 특수교육을 받을 자격과 아동의 교육적 필요와 요구에 대한 정보를 제공하도록 비차별적인 다요인적 평가를 받도록 요구하고 있다.
- 문화적 · 언어적으로 비주류 집단 출신 학생들은 그 집단의 인구비율에 근거할 때 예측되는 것보다 특수교육을 받는 비율이 상당히 높거나 낮게 나타나는 불균형 현상을 보인다.
- 교육자나 학교 심리학자들이 인식되지 않은 다양성과 장애로 인한 결핍을 구분하지 못하면 부적절한 특수교육 의뢰와 장애에 대한 잘못된 판별이 일어날 수 있다.
- 학교는 장애가 있는 모든 학생을 위한 개별화 교육프로그램을 계획하고 제공해야 한다.
- IEP 팀은 아동의 교육적 필요와 요구되는 서비스를 파악한 후 아동이 적절한 교육을 받기 위해 필요한 최소제한환경을 결정한다.
- IEP 팀은 적어도 IEP를 1년에 한 번씩은 검토해야 한다.
- 최소한 3년에 한 번씩 IEP 팀은 아동에게 특수교육이 필요한지에 대한 진단평가를 실시해야 한다.
- 부모는 언제든지 아동의 특수교육과 관련 서비스에 대한 동의를 취소할 수 있다.

협력과 팀의 중요성

- 팀의 구성원들이 협력하여 일할 수 있는 방법은 조정, 자문, 팀 접근 크게 세 가지이다.
- 교육현장에서 적용되고 있는 팀 접근은 일반적으로 다학문적 팀, 간학문적 팀, 초학문적 팀이 있다.

개별화 교육프로그램

- IEP 팀은 아동의 부모, 1명 이상의 일반학급 교사, 1명 이상의 특수교사 또는 특수교육 제공자, 지역 교육기관의 대표, 진단 및 평가결과의 교육적 시사점을 해석할 수 있는 자, 아동의 장애에 관련된 전문지식을 가지고 있는 자로서 부모나 기관, 학교가 임의로 지정하는 자, 그리고 적절한 경우 장애학생 본인을 포함해야 한다.
- 각 IEP는 다음과 같은 일곱 가지 구성요소를 포함해야 한다.
  - 아동의 현재 교육 수행수준에 대한 설명
  - 측정이 가능한 연간목표와 단기목표(대안 성취기준에 따라 대안평가를 받는 학생들의 목표도 포함)
  - 연간목표를 향한 아동의 진보를 어떻게 측정할 것이며 어떻게 보고할 것인지에 대한 기술
  - 아동에게 제공될 특수교육, 관련 서비스 및 기타 보조 서비스에 대한 내용과 교육과정의 수정과 아동에게 제공될 지원에 관한 내용
  - 아동이 비장애아동이나 다른 장애아동들과 함께 참여하는 활동들에 있어서 비장애아동들과 함께 참여할 수 없는 정도와 이유에 대한 설명

- 주정부나 지역 교육구에서 실시하는 학업평가(혹은 적절한 경우 대안평가)에 참여하기 위해서 필요한 수정과 관련된 내용
  - 서비스와 교육과정의 수정 등을 시작할 날짜, 예측되는 빈도, 장소 및 지속기간 등에 관한 내용
- 16세 이상의 학생에 대한 IEP에는 학교생활에서 성인생활로의 전환을 어떻게 지원할 것인지를 포함해야 한다.
- IEP의 목표와 목적을 향한 학생의 진전에 대한 직접적이고 지속적인 점검이 없으면 문서의 유용성은 제한된다.
- IEP는 교사와 부모가 아동의 필요와 목표를 현실적으로 인식하고 목표에 도달하기 위해 창의적 방법을 구상하도록 하는 기회와 책무성을 제공한다.
- 개별화 교육프로그램의 양식은 교육구마다 다양하고, 일부 학교는 법에서 요구하는 것 이상으로 상세하거나 추가적인 정보를 포함하기도 한다.
- 학생의 장애에 의해 부정적인 영향을 받는 기능의 각 영역은 IEP의 장기목표에 포함되어야 한다.

최소제한환경

- 최소제한환경이란 일반학교 프로그램에 가장 가까우면서도 아동의 특수교육적인 필요가 충족되는 곳이어야 한다.
- 최소제한환경은 상대적인 개념으로 같은 장애 유형을 가진 두 학생에게 적절한 최소제한환경은 다를 수 있다.
- 대안적 배치의 연계는 장애아동의 개인적인 요구를 충족시키기 위한 배치와 서비스 방법 중 하나이다.
- IEP 팀은 장애로 인한 아동의 요구와 그 요구를 충족하기 위한 특수교육 및 관련 서비스가 결정된 이후 아동을 위한 적절한 배치를 결정한다.

- 장애아동이 일반학급에서 IEP의 목표를 성취할 수 없고 특별히 설계된 교수와 관련 서비스가 필요하다고 IEP 팀이 결정할 때에만 장애아동을 일반학급에서 분리할 수 있다.

통합교육

- 통합은 장애학생이 일반학급의 학업적 · 사회적 활동에 통합되는 과정을 의미한다.
- 잘 구성된, 신중히 실행된 통합은 일반적으로 모든 연령, 유형, 그리고 장애 정도의 학생들에 효과적일 수 있다.
- 일부 특수교사들은 최소제한환경이나 대안적 배치의 연계를 제공하지 말고 모든 장애아동을 일반학급에 배치해야 한다고 주장하고 있다.
- 협력교수는 2명 이상의 교사가 함께 교수를 계획하고 실행하는 것을 말한다. 일반적으로 교수-지원(1명 교수/1명 보조), 평행교수, 스테이션 교수, 대안적 교수, 그리고 팀 교수 다섯 가지 협력교수 형태가 사용된다.
- 협동학습 활동은 학생들이 소규모의 이질적인 집단에 속해 공동의 학습목표를 성취하기 위한 목적을 지니고 있으며, 장애학생을 학업적 교육과정과 사회적 지원망에 통합시키기 위한 전략적인 접근방법이다.

특수교육은 어디로 가고 있는가

- 특수교육은 모든 장애아동을 위한 무상의 적절한 공교육을 제공하는 데 진보가 있었다.
- 장애인교육법을 실행하는 데 있어 재정지원, 불충분한 교사훈련과 지원, 그리고 일반학급에 장애아동을 통합시키는 데 대한 불만 등 많은 문제점들이 지적되고 있다.
- 아동이 어디에서 교육을 받든 가장 중요한 변인은 아동이 받는 교육의 질이다.

CHAPTER **3**

가족과의 협력

SDI Productions/E+/Getty Images

 주요 학습목표

3.1 부모 및 가족 참여가 점차 강조되는 데 기여한 세 가지 요인을 알 수 있다.

3.2 장애아동 가족의 힘든 일, 특성, 역할을 설명할 수 있다.

3.3 문화적 배경, 신념, 언어적 관습이 부모 참여를 방해할 수 있는 요인임을 알 수 있고, 교직원의 어떤 도움이 가족에게 즐거움과 감사함을 주는지를 알 수 있다.

3.4 교사와 부모 간의 효과적인 의사소통 원칙을 기술할 수 있고, 일반적인 가정-학교 의사소통 방식을 비교할 수 있다.

3.5 장애아동의 부모 참여를 위한 다양한 전략에 관하여 토론할 수 있다.

학력, 자격증, 경력

- 하와이대학교 심리학 학사 (2005)
- 피닉스대학교 특수교육학 석사(2007), 하와이대학교 교육과정 연구(2009)
- 웨스트플로리다대학교 응용행동분석 코스(2017)
- 하와이 행동분석가, BCBA
- 하와이 초등 특수교육 K-12, 경도, 중등도, 중도 우수교사
- 특수교육교사 경력 11년, 나나쿨리/와이아나에 복합지구 자폐범주성장애학생 자원교사 경험 3년

우수교사 사례

Joshua Hoppe

Leeward District · Campbell, Kapolei, Wai'anae, HI

하와이는 여러 문화가 뒤섞인 곳이라고 사람들은 말한다. 하와이 원주민과 다른 태평양섬의 '섬사람들' 외에도 와이아나에 해안의 지배적인 이민자는 필리핀, 사모아, 미크로네시아 사람들이다. 또한 일본인, 중국인, 한국인, 유럽인, 아프리카계 미국인, 라틴아메리카계 가족들도 있다. 우리 지역구 가족의 주류는 다문화이다.

현재 나는 오아후의 리워드 지구에서 자폐 영역의 교사, 학교 팀, 가족을 지원하고 있다. 나의 역할은 교사와 학급 직원들에게 일반적인 자원을 지원하고(훈련, 교재 교구, 코칭 등), 학생 개별 평가, 학생 계획 개발, 직원 훈련 등의 직접 서비스를 제공하며, 교사 상담과 부모 훈련을 제공하는 것이다. 나는 학급 경험을 살려 팀이 학생들을 위해 좀 더 나은 결과를 낼 수 있도록 안내한다.

내 직업에서 학생들과 의사소통하는 방법을 아는 것은 매우 중요한 일이며, 문화적 차이를 존중하면서 학생들의 부모와 의사소통하는 것 또한 중요한 일이다. 영어를 배우고는 있으나 자녀의 교육프로그램에 대해 학교 관계자와 의사소통하는 데 여전히 편하고 유창하게 영어를 구사하지 못하는 부모를 나는 많이 보았다. 이럴 때 우리는 항상 절차에 관한 보장 조항의 번역본을 사용하였고 IEP 회의에는 통역관을 참석시켰다. 이러한 조치는 IDEA의 요구 사항이지만 그보다는 가족들에게 내가 자신들 편에 있다는 것을 보여주는 것이다. 장애아동의 부모와 라포를 형성하면 그들의 문화가 무엇이든 간에 바로 일상이 쉬워진다는 것을 나는 깨달았다. 가족에게 어떤 의미 있는 지원을 제공하기 전에 가족의 가치와 우선순위를 이해할 필요가 있다. 가족이 팀과 편한 관계가 되고 절차에 대해 부담을 갖지 않게 되었을 때 실질적인 협력이 시작될 수 있다.

최근에 경험한 예는 함께 일하는 유치원 교사가 경험한 일이었다. 그녀의 반에는 미크로네시아 학생이 한 명 있었는데, 이 학생의 부모에게 회의를 '서양식'(테이블에 앉아 하기)으로 할지 '미크로네시아식'(바닥에 둥글게 앉아 하기)으로 할지를 선택하라고 했다. 부모는 선택할 수 있게 해줘서 감사하다면서 '미크로네시아식'이 더 편하다고 했다. 그 이후로 부모와 좋은 관계가 형성되었고 의사소통이 용이했으며 학생의 행동 개선을 위한 가정에서의 행동 점검도 훌륭하게 이루어졌다. 하와이 주민의 다양성은 교사에게 도전과 교차문화에 대한 학습기회를 제공한다.

가족은 어린 아동의 인생에 전반적으로 강하게 영향을 미친다. '교사'라는 직업의 전문가들이 활동하기 오래전부터 이미 부모와 가족 구성원들은 아동에게 수많은 기술을 가르쳐 왔다. 부모는 아동에게 최초의 교사이자 격려와 자극, 칭찬과 피드백을 주는 사람이다. 부모만큼 아동에 대해 잘 알고 잘 돌볼 수 있는 사람은 없을 것이다. 최근에서야 특수교육 전문가들은 그러한 기본적인 진리를 이해하기 시작했다.

여러 해 동안 많은 교육자들은 부모를 매우 성가신 존재(지나치게 많은 질문을 하거나, 아동의 교육에 대해 그릇된 제안을 하는)나 무관심한 존재(전문가가 부모에게 필요할 것 같은 충고를 해주면 주의 깊게 듣지 않는)로 여겼다. 부모 역시 전문가를 적으로 생각했던 것 같다. 그러나 오늘날 부모 참여와

가족 지원은 특수교육의 본질적인 요소로 인식되고 있다.

가족 참여를 위한 지원

학습목표 3.1 부모 및 가족 참여가 점차 강조되는 데 기여한 세 가지 요인을 알 수 있다.

최근 많은 단체가 부모 및 가족과 교사 협력의 중요성에 관심을 가지고 서로의 존중과 참여를 기초로 연합하였다. 특수교육에서 부모-교사 간 협력의 중요성을 뒷받침하는 많은 요인이 있겠으나, 다음의 세 가지 결론은 명확하다. 즉, (1) 부모는 참여하기를 원하고, (2) 법은 학교와 가족 간 협력을 요구하며, (3) 교육성과는 부모와 가족이 참여하였을 때 증대된다.

부모 : 변화를 위한 주장

수십 년 동안 장애아동의 부모들은 자녀의 동등한 교육기회를 요구해 왔고 그것은 매우 좋은 결과를 냈다. 제1~2장에서 배운 바와 같이 장애가 있는 모든 아동의 무상의 적절한 공교육(FAPE)에 대한 소송 및 법률 제정에 있어 부모가 주된 역할을 맡아 왔다.

최초의 장애아동을 위한 부모 집단은 1921년에 조직된 전국장애아동협회였다. 1948년에 조직된 미국 뇌성마비협회와 1950년에 조직된 전국지체인협회(현재 The Arc로 불림)는 국가 수준의 부모 조직으로 장애아동에 대한 대중적 인식을 형성하는 데 일익을 담당했다. 1963년에 결성된 미국 학습장애협회(LDA) 역시 부모들이 조직하였고 대부분 부모들로 구성되어 있다. 이 단체는 교육개정에 영향을 끼쳤다. 1975년에 설립된 중증장애인협회(TASH)의 부모 구성원들은 강력하고 효과적인 가족 중심의 교육적 서비스와 중도·중복장애학생의 이웃 학교 및 일반학급과의 통합을 주장해 오고 있다. 1988년에 부모와 전문가들이 설립한 자폐중재과학협회(ASAT)의 임무는 자폐증과 그 중재에 대한 정확하고 과학적인 정보를 널리 보급하는 것이다. 많은 부모 단체들이 교육의 효율성, 지역사회 수용, 필요한 서비스, 장애인의 권리를 위하여 지속적으로 투쟁하고 있다.

입법자 : 부모와 가족 참여 요구

부모들의 주장으로 의회는 최초의 연방특수교육법인 모든 장애아동교육법(PL 94-142)의 핵심 요소로 부모 참여를 포함시켰다. 재인준을 통하여 장애아동 교육에 있어 부모와 가족 참여가 강화되고 확대되었다. 의회는 2004 장애인교육법(IDEA)에 다음과 같이 명시함으로써 부모와 가족 참여의 중요성을 재확인하였다. "30년 이상의 연구와 경험을 통하여 우리는 장애아동의 교육을 보다 효과적으로 실행할 수 있음을 입증하였다. 이것은 부모의 역할을 강화하고, 가족에게 학교와 가정에서의 아동교육에 참여하는 기회를 보장함으로써 가능하다."(20 USC 601[c][5][B]).

부모 참여는 의사결정을 할 때 장애아동의 교육을 위한 국가적 정책을 반영하는 일반적 형태라고 할 수 있는 IDEA의 여섯 가지 기본 규칙 혹은 원리 중의 하나이다. IDEA는 의뢰, 검사, 배치, 프로그램 계획, 평가 등과 관련하여 학교가 장애아동의 부모와 함께 따라야 하는 법률적 지침을 제공한다. 또한 부모들이 자녀의 요구가 충족되지 않았다고 여긴다면, 그에 관한 합당한 절차를 제공해야 한다고 규정하고 있다.

교육자 : 더 큰 효과를 위한 노력

이처럼 부모는 참여하기를 원하고, 법은 그것을 요구하고 있다. 그러나 교육자와 가족 간의 협력적 관계가 중요한 가장 큰 이유는 장애아동에게 다음과 같은 이점이 있기 때문이다.

- IEP 목표 결정의 용이성
- 가장 중요한 두 환경(가정과 학교)에서의 일관성과 지원
- 학습과 발달을 위한 기회 확충
- 다양한 자원과 서비스에의 접근

많은 연구에서 부모 참여와 아동의 여러 가지 개선점 간에 높은 상관관계가 있음을 규명하고 있는데 개선점은 출석, 점수 향상, 표준화 검사점수, 졸업률, 사회성 기술 향상, 졸업 후 더 나은 성과 등과 같은 학업성취나 학교생활과 관련된 것들이었다(Fan & Chen, 2001; McConnell & Kubina, 2014; O'Donnell & Kirkner, 2014; Park & Holloway, 2017; Test et al., 2009). 장애아동을 위한 교육프로그램은 부모와 가족이 적극적으로 참여하였을 때 가장 큰 효과를 나타낸다는 것이 여러 연구에서 입증되고 있다(예 : Newman, 2004; Resetar et al., 2006; Test et al., 2009).

교육자는 장애아동의 특별한 요구를 충족시키기 위하여 전통적인 교사의 역할을 확장해야만 한다. 확장된 교사의 역할은 교실에서 학업기술을 가르치는 것 이상을 요구하고 있다. 오늘날의 특수교사는 학생이 학업, 언어, 사회성, 자조, 여가 및 기타 기술을 학교와 가정 그리고 지역사회에서 사용하고 유지할 수 있도록 교수 프로그램을 계획하고 중재하는 고도의 역할을 감당해야만 한다. 아동이 학교가 아닌 가정이나 지역사회 생활에 참여하는 장면은 150여 가지나 되는데(Dunst, 2001), 이러한 학교가 아닌 환경에서 생활하고 놀며 배우는 것은 두 가지 측면에서 중요하다. 첫째는 일상의 다양한 장면과 상황은 교사가 확장하여 알아야 할 바로 그 문제를 알려준다는 것이고, 둘째는 아동이 가정과 지역사회에서 경험하는 다양한 장면과 사회적 상황은 중요한 기술을 배우고 훈련할 수 있는 좋은 기회를 제공한다는 것이다. 교사들이 도움과 지원을 교실 이외의 곳까지 뻗어야 한다는 것과 부모와 가족은 자연스럽고 필연적인 팀이라는 것은 매우 명백한 사실이다.

부모가 아동이 학교 외의 장소에서 어떤 기술을 사용하는지에 관한 정보를 교사에게 준다면 아동교육에 도움이 될 것이다. 가족은 어느 누구보다도 아동에 대해 잘 알고 있고(Meadan et al., 2010), 교사들은 1년의 대략 반 정도를 학생과 지내며 그중 3분의 1 정도를 학생을 보면서 지낸다는 사실을 상기할 필요가 있다. 아동이 학교 외 시간에 하는 것(또한 하지 않는 것)과 아동의 흥미, 동기, 습관, 두려움, 일상, 압박, 요구, 건강 상태 등과 같은 정보에 관한 부모의 보고는 큰 교육적 의미를 내포하고 있다.

전국부모교사협회, 전국부모정보 및 자원협력센터, PACER 센터 등의 기관에서는 교육자와 가족에게 부모 참여에 관한 자원을 제공해준다. 그러나 부모는 단지 아동의 활동이나 흥미에 관한 보고보다 더 많은 일을 할 수 있다. 아동이 학교에서 배운 기술을 가정이나 지역사회에서 연습시킬 수도 있다(Harte, 2009; McConnell & Kubina, 2016; Park, Alber-Morgan, & Fleming, 2011). 부모가 자녀에게 어떤 기술이 중요하고 배울 필요가 있는지, 또 어떤 기술은 배울 필요가 없는지 등을 확인하는 일에 참여하면, 교사는 아동과 가족의 진정한 삶을 위한 보다 확장된 실질적인 도움을 제공할 수 있게 된다. 가족이 교육계획에 적극적으로 참여해야만 하는 이유는 가족이 개별화 교육프로그램(IEP) 팀에서 결정한 사안과 함께 살아가야 하기 때문이다(Giangreco et al., 2011). 교육자와 관련 전문가들은 아동이 학교에 재학 중일 때도 바뀔 수 있지만 가족은 아동의 일생에서 바뀌지 않는 요인이다.

장애아동 가족의 이해

학습목표 3.2 장애아동 가족의 힘든 일, 특성, 역할을 설명할 수 있다.

부모와 교사가 장애아동의 이익을 위하여 함께 일할 때 그들은 강력한 팀이 된다. 함께 일하기 위해서 그들은 서로 의사소통을 해야 하며, 의사소통이 효율적으로 이루어지기 위해서는 서로가 직면한 문제와 책임을 이해하고 존중해야 한다. 가족은 여러 세대 간에 서로 연관되고 의존적인 요소들이 역동적으로 작용하는 체계이다(Sun, 2016). 각 요소는 아동에게 영향을 미치고 아동은 각 요소에 영향을 미친다. 그러므로 아동의 장애가 가족 체계와 부모의 역할에 어떻게 영향을 미치는지를 이해하는 것은 가족과 효율적인 협력 관계를 만들어 나가기 위해 중요한 첫 번째 단계이다.

부모는 아동의 첫 번째 교사이다.

장애에 대한 가족의 반응

장애를 가진 아기의 출산 혹은 아기가 장애가 있다는 것을 알게 되는 것은 충격적인 사건이 아닐 수 없다. 장애아동의 출생 혹은 아동의 장애 진단은 추가적인 도전과 스트레스를 안겨주는 정신적 상처가 될 만한 '계획 변경'이다(Van Riper, 2007). 장애아동에 대한 부모의 반응을 연구한 초기 연구에 의하면 부모는 슬픔의 순환이라고 하는 적응의 3단계, 즉 직면하기, 조정하기, 수용하기 혹은 순응하기를 거치며 부정적인 경험을 하게 된다(예 : Anderegg et al., 1992; Blacher, 1984; Ferguson, 2003). 먼저 충격, 부인, 불신 등으로 특징지어지는 정서적 위기의 시기를 경험한다. 다음으로는 분노, 죄책감, 우울, 수치심, 낮은 자아존중감, 아동 거부, 과보호 등의 특성을 갖는 정서적 혼란의 시기이다. 마지막으로 자녀의 장애를 수용하게 되는 세 번째 단계에 도달하게 된다. 부모들은 실제로 이와 유사한 순서의 경험을 보고하였다(예 : Boushey, 2001; Holland, 2006).

Poyadue(1993)는 장애 자녀로 인한 가족의 긍정적인 삶에 감사하는, 수용이나 순응 이후의 단계를 제안하였다. 많은 부모들이 장애아동으로 인한 도전에 성공적으로 대처하고 있음을 보고했을 뿐만 아니라 좋은 점도 경험했음을 보고하고 있다(Beighton & Wills, 2017; Kayfitz et al., 2010; Lalvani, 2008). 예를 들면 Patterson과 Leonard(1994)는 만성적이고 복합적인 문제로 가정에서 집중치료를 받고 있는 아동의 부모를 면담하였는데, 그들은 긍정적인 반응과 부정적인 반응을 대략 절반씩 나타내었다고 보고하였다. 긍정적인 반응은 자녀 양육을 통하여 부부 간 결속력이 강화되고 가족 구성원 간에도 강한 유대감이 형성된다는 것이다. 또 다른 연구에서는 장애아동을 자녀로 둔 1,262명의 부모가 다음과 같은 사실에 동의했음을 밝혔다. 즉, "내 아이는 나에게 있어 매우 고무적인 존재이다. 왜냐하면 내 아이는 나에게 예기치 못한 즐거움을 주기 때문이다. 내 아이가 있음으로 해서 나는 보다 책임감 있는 사람이 된다."(Behr et al., 1992, p. 26). 또 다른 연구에서 다운증후군 아동의 어머니는 말했다. "(사람들은) 파멸이라고 생각한다. … 그들은 장애아동이 있는 가정은 아무런 흥밋거리가 없을 것이라고 생각한다. … 나는 전혀 동의하지 않는다. 우리에게는 흥미로운 일이 많이 생긴다."(Lalvani, 2008, p. 441).

대부분의 장애아동 가족은 불확실한 기간이 지나면 건강한 가족 기능을 회복한다. 그들은 아동의 요

그림 3.1 가족의 힘 회복 모델

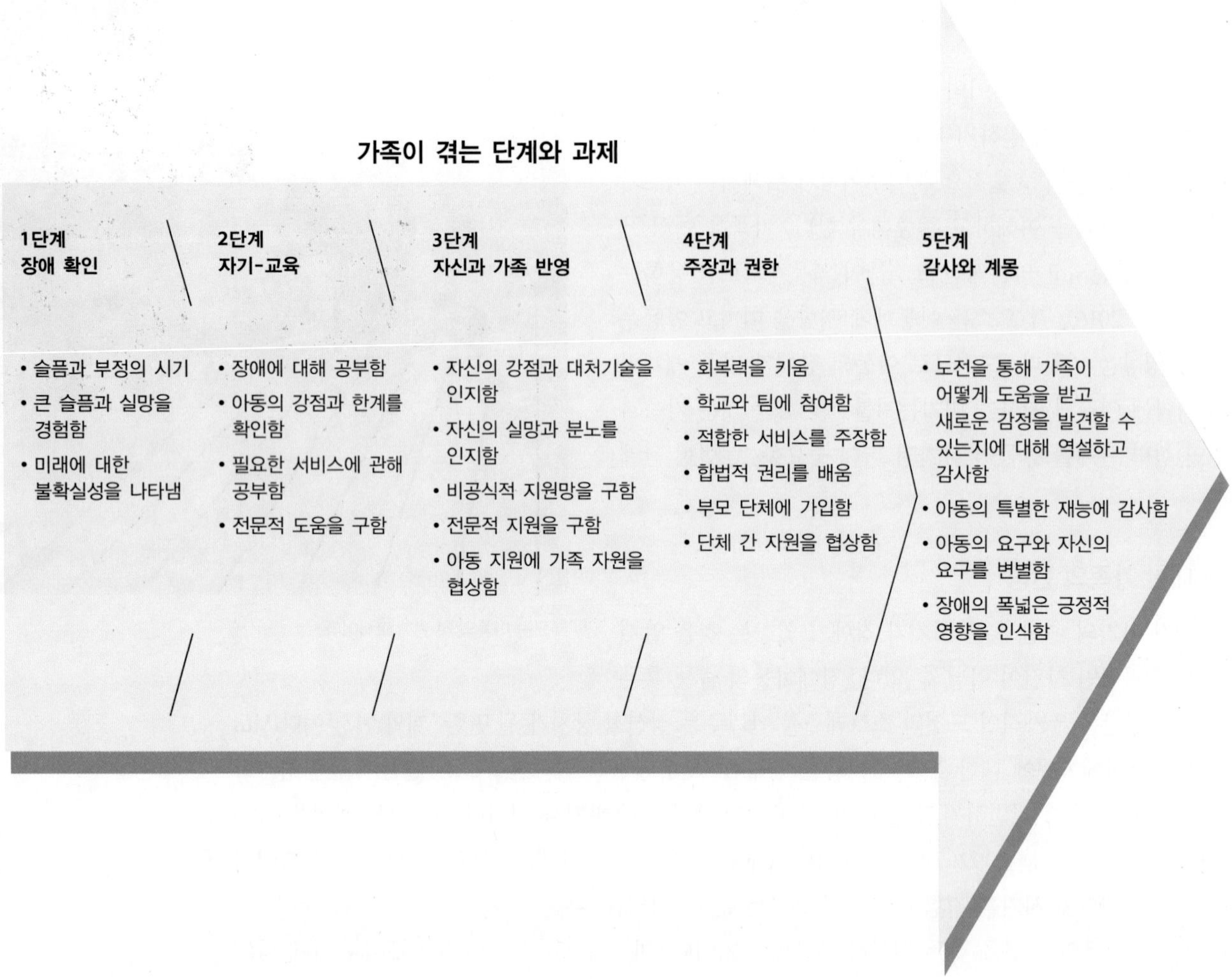

가족이 겪는 단계와 과제

1단계 장애 확인	2단계 자기-교육	3단계 자신과 가족 반영	4단계 주장과 권한	5단계 감사와 계몽
• 슬픔과 부정의 시기 • 큰 슬픔과 실망을 경험함 • 미래에 대한 불확실성을 나타냄	• 장애에 대해 공부함 • 아동의 강점과 한계를 확인함 • 필요한 서비스에 관해 공부함 • 전문적 도움을 구함	• 자신의 강점과 대처기술을 인지함 • 자신의 실망과 분노를 인지함 • 비공식적 지원망을 구함 • 전문적 지원을 구함 • 아동 지원에 가족 자원을 협상함	• 회복력을 키움 • 학교와 팀에 참여함 • 적합한 서비스를 주장함 • 합법적 권리를 배움 • 부모 단체에 가입함 • 단체 간 자원을 협상함	• 도전을 통해 가족이 어떻게 도움을 받고 새로운 감정을 발견할 수 있는지에 대해 역설하고 감사함 • 아동의 특별한 재능에 감사함 • 아동의 요구와 자신의 요구를 변별함 • 장애의 폭넓은 긍정적 영향을 인식함

출처 : Kochhar-Bryant, C. A. (2008). *Collaboration and system coordination for students with special needs: From early childhood to the postsecondary years* (p. 213). Upper Saddle River, NJ: Merrill/Prentice Hall. 출판사의 허락하에 사용함.

구를 충족시키기 위해 할 수 있는 무엇이든 할 것이라고 다짐하면서 강하고도 탄력적이며 낙천적인 마음을 갖게 된다(King et al., 2009; Zechella & Raval, 2018). 그림 3.1은 부모가 자녀의 장애를 알고 수용하며 감사하기까지의 경험과 과제를 보여주는 '회복 모델'의 5단계이다. Kochhar-Bryant(2008)는 다음의 내용에 근거하여 이 모델을 개발하였다.

- 부모와 가족 구성원은 자신의 강점과 요구 그리고 아동에 대해서 가장 잘 아는 최고의 원천이다.
- 부모의 회복력은 즉각적으로 평가할 수 있는 것이 아니라 확인되고 지원되어야 하는 것이다.
- 부모는 지속적인 조절 상황에 놓이게 되는데, 이때 예민하게 관심을 갖는 전문가가 도움이 된다.

부모의 다양한 역할

아동 양육은 막대한 신체적 · 정서적 에너지를 필요로 한다. 유아기 자녀를 둔 42개 가정에 대해 종단연구를 했던 Hart와 Risley(1995)는 자녀를 양육하는 모든 가정은 닮은꼴이라고 지적하였다. "모두들 아기를 먹이고, 키우고, 즐겁게 하려 애쓰며, 이 집을 방문하든 저 집을 방문하든 간에 모든 활동이 아기 중심으로 이루어지고 있다는 것을 발견할 수 있었다. … 부모가 공통적으로 나타내는 것 중에서 가장 인상적인 것은 자라나는 아이에 대한 지속적이고도 놀랄 만한 의욕적 태도이다."(pp. 53, 55).

그러나 장애아동의 부모는 아동의 신체적·정서적 문제와 재정적 문제로 야기되는 스트레스를 부가적으로 경험한다(Reilly et al., 2012). 교육자들은 부모가 아니기 때문에 장애나 만성질환, 혹은 심각한 행동문제를 보이는 아동을 자녀로 둔 부모의 24시간, 혹은 일주일이 실제로 어떠한지에 대해 알 수 없다(Hutton & Caron, 2005). 그렇기 때문에 교육 전문가들은 장애아동이 가족 체계에 어떤 영향을 미치는지, 그리고 무엇에 의해 영향을 받는지에 대해 이해하려고 노력해야 한다. 장애아동의 부모는 사랑과 애정을 제공하는 임무 외에도 다음과 같은 아홉 가지 역할을 해내야 한다.

양육자   어떤 유아든 유아를 돌보는 일은 힘든 일이다. 그런데 장애아동 양육은 훨씬 더 힘든 일이 될 수 있고, 부가적인 스트레스를 줄 수도 있다(Phillips, Conners et al., 2017; Quintero & McIntyre, 2010). 장애가 심한 아동이나 만성적 문제를 가진 아동을 돌보는 일은 쉴 시간을 허락하지 않는다.

> 마이크는 낮에 자고 싶을 때마다 잔다. 그는 자주 호흡을 멈추기 때문에 밤에는 항상 심장 모니터를 착용하고 자는데, 하룻밤에도 몇 번씩 울리곤 한다. 마이크의 섭식과 약 복용 때문에 나는 늘 아침 8시 전에 일어나서 밤 12시나 1시까지 잠자리에 들 수 없다. 이러한 모든 것을 매일매일 하는 것은 결코 쉬운 일이 아니며, 늘 잠이 모자라는 상태이다(Bradley et al., 1992).

장애 자녀를 돌보는 많은 부모가 가족이나 친구로부터 도움을 받고 있지만, 도움의 수준이나 양은 충분하지 못하다. 가족지원 프로그램인 **양육안식 프로그램**(respite care)은 장애 자녀 양육의 책임으로 생긴 부모와 가족의 정신적·육체적 스트레스를 감소시켜줄 수 있다(Strunk, 2010)(그림 3.2 참조).

부양자   일반적으로 부모는 자녀가 출생하여 성인으로 성장할 때까지 음식, 옷, 주거, 활동(예 : 음악 레슨, 운동, 취미) 등을 위한 비용으로 많은 돈을 쓰게 된다. 미국 농무부는 아동을 0세부터 17세까지 양육하는 데 23만 3,610달러의 비용이 든다고 밝혔다(Lino et al., 2017). 자녀에게 장애가 있을 때는 비용이 더 많이 들게 된다.

신체적 장애나 만성적인 건강문제를 가진 아동의 가족이 받을 경제적 타격을 생각해보자.

그림 3.2   양육안식 프로그램 : 가족을 위한 지원

비장애아동의 부모는 흔히 자녀를 일시적으로 돌보아줄 사람을 고용한다. 그러나 장애아동의 부모는 그 범위가 매우 제한적이다. 특히 중도장애아동의 부모에게는 믿을 수 있고 질 높은 아동 양육 서비스가 절박하다(Warfield & Hauser-Cram, 1996). 이러한 필요성에 따라 지역사회에서는 양육안식 프로그램을 개발하였다. **양육안식 프로그램**(respite care)은 부모가 양육 의무에서 벗어나 휴식을 취할 수 있도록 장애를 가진 가족 구성원을 돌보아주는 단기 프로그램이다.

양육안식 프로그램은 장애 자녀에 대한 양육 책임으로 인해 매일(때로는 매 순간) 발생되는 부모의 정신적·신체적 스트레스를 감소시켜줄 수 있다. 가족들이 가장 많이 요청하는 지원은 휴식이다(Solomon, 2007, p. 39). 신경학적인 문제를 가지고 태어나 발작과 극심한 과잉행동을 보이는 아동의 어머니는 양육안식 프로그램의 경험을 다음과 같이 보고했다.

> 벤의 출생 후 4년 동안 우리는 평균 4시간 정도밖에 자지 못했다. 우리는 밖으로 돌았다. 나는 우리가 헤어지게 될 것이라고 거의 확신했다. 남편인 로저는 휴가를 온통 잠으로 보냈다. 바로 그즈음에 양육안식 프로그램을 만나게 되었다. 처음엔 어려웠다. 아이를 떼어놓는다는 것이 죄스러웠다. 우리는 아무도 벤의 문제를 이해할 수 없을 것이라고 생각했다. 그러나 우리는 갈 수밖에 없었다. 교회에서 약간의 자금을 주어 휴가를 가게 해주었다. 그것이 벤이 태어난 이후 남편과 나 그리고 12세 딸 스테이시가 함께한 첫 휴가였다.

가족과 가족의 대변자들은 ARCH 국립양육안식 네트워크와 지원센터를 통하여 양육안식 서비스 공급원을 지역사회에 둘 수 있다.

우리는 1층에 침실이 있는 집을 찾아다녀야 했다. 출입구도 넓혀야 했고, 현관문, 중앙환기장치, 문턱 등을 모두 손봐야 했으며, 자동차도 승합차가 필요했다. 또한 흡인기구, 휴대용 흡인기, 위급 시 용품, 공기압축 매트리스, 휠체어, 방 모니터, 가습기, 목욕용 의자, 산소, 공기청정기, 위 펌프관, 호흡치료기구 등을 구입 해야 했고 유동식, 기저귀, 전기제품, 약, 전기세 등에 대한 추가비용이 더 필요했다(Bradley et al., 1992).

경제적 부담은 자녀가 지체장애나 건강문제를 가진 가족의 문제만은 아니다. 학습장애나 행동문제를 보이는 아동의 부모도 특정 치료와 행동중재 프로그램을 위해 해마다 수천 달러의 돈을 지불하고 있다. 어떤 가족들은 연방, 주, 혹은 지역의 도움을 받지만 그 도움이 필요한 비용을 모두 충당하지는 못한다 (NCSL, 2018; Worcester et al., 2008). 추가비용 외에도 흔히 장애아동 가족의 수입이 줄어들곤 하는데, 부모 중 1명이 아동을 돌보기 위해 직장을 그만두거나 근무시간을 줄여야만 하기 때문이다(Davenport & Eidelman, 2008; Solomon, 2007).

교사   대부분의 아동은 특별히 가르치는 사람 없이도 많은 기술을 스스로 배운다. 그러나 장애아동은 또래처럼 자연스럽게 혹은 독립적으로 새로운 기술을 습득할 수 없다. 그렇기 때문에 부모는 체계적인 교수법을 배워야 하고(McConnell & Kubina, 2016; Ozcan & Cavkaytar, 2009), 일부 부모들은 특수한 장비나 보청기, 교정기, 휠체어 같은 보조장치의 사용법을 배우거나 자녀에게 가르칠 수 있어야 한다 (Parette et al., 2010).

상담가   모든 부모는 자녀의 변화되는 정서, 감정, 태도 등을 다루어야 한다는 점에서 상담가이다. 장애아동의 부모들은 자라나는 아이들이 갖는 일반적인 즐거움과 고통 외에도 장애로 비롯되는 다음과 같은 미묘한 감정들까지도 다루어야 한다. "내가 어른이 되어도 여전히 듣지 못하나요?", "이제 밖에서는 놀지 않을 거야, 애들이 놀려요.", "나는 왜 다른 아이들처럼 수영할 수 없어요?" 장애아동이 자신에 대한 감정을 다루는 데 부모는 중요한 역할을 한다. 부모는 아동과의 상호작용을 통하여 아동으로 하여금 새로운 일을 자신감 있게 시도해보는 활발한 아동이 되도록 도울 수 있으며, 자신과 타인에게 부정적이고 고립된 아동을 자신감 있고 사교적인 아동으로 변화시킬 수도 있다.

행동지원 전문가   모든 아동은 때로 과도하게 행동하는데, 이러한 불순종적이고 바람직하지 못한 행동 때문에 부모들은 좌절하기 일쑤이다. 이러한 문제행동의 빈도와 강도는 장애아동의 경우에 더욱 심각하여 가족이 정상적인 일상생활을 할 수 없도록 만드는 경우가 허다하다(Fox et al., 2002). Turnbull 과 Ruef(1996)는 문제행동을 많이 나타내는 지적장애아동을 둔 가정 14곳을 면담하였다. 면담에 응한 부모들은 자녀가 문제행동의 네 가지 범주(공격성, 파괴성, 자해행동, 이식증) 중 적어도 한 가지를 많이 나타낸다고 보고하였다. 아동의 문제행동은 아동이나 가족에게 미치는 영향에 따라 두 가지 영역으로 나누어진다. 즉, 위험한 행동(예 : "자신의 얼굴을 닥치는 대로 때린다. … 결국은 입에서 피가 난다.")과 어려운 행동(예 : "그 아이는 언제나 입으로 소음을 내거나 투덜거렸다. 오후가 되면 주변의 사람들이 모두 지쳐버린다.")(p. 283)이다. 이러한 행동은 전문적 기술과 일관된 처치가 필요하기 때문에 장애아동의 부모는 이에 대처하기 위한 행동지원기술을 습득해야 한다(예 : Park, Alber-Morgan, & Cannella-Malone, 2011).

비장애 형제자매의 부모   장애아동은 형제자매에게 큰 영향을 미치는데, 그 영향은 매우 다양하다. 일부 연구는 장애아동의 형제자매가 정서적 · 행동적 문제(Vanegas & Abdelrahim, 2016), 분노나 질투 (Hutton & Caron, 2005) 같은 부정적인 영향을 받는다고 보고했다. 그러나 또 다른 연구에서는 장애 형제자매를 돌보거나 애정을 나타내는 사례도 보고하였다(Hannah & Midlarsky, 2005; Moyson & Roeyers, 2011). 또래 중재에 관한 연구에서는 장애가 없는 형제자매가 장애를 가진 형제자매에게 가정에서 새로운 기술이나 행동을 가르칠 수 있다고 보고하였다(Kryzak & Jones, 2017; Zhang & Wheeler, 2011). 장애아동과 그 형제자매 간의 긍정적 관계는 흔히 성인기까지 잘 지속된다(Orsmond & Seltzer, 2000).

장애아동의 형제자매는 장애에 대해 관심을 많이 갖는다. 장애가 자신에게 미칠 영향에 대한 불확실성, 친구들이 보이는 반응에 대한 부담감, 자신은 방치되었다는 느낌, 장애를 가진 형제자매를 위해 많은 것을 해야 한다는 부담감 등이 그들이 가질 수 있는 문제이다(Moyson & Roeyers, 2011). 장애아동과 그 형제자매들이 청소년기와 성인기까지 좋은 관계를 유지하는 데는 부모의 역할이 매우 중요하다(Quintero & McIntyre, 2010).

배우자 가정 내 장애아동의 존재는 결혼생활에 스트레스를 가져올 수 있다. 구체적인 스트레스 요인은 아동의 장애에 대해 서로를 비난하는 것을 포함하여 다양하게 나타날 수 있다. 즉, 행동기대에 대한 불일치, 시간과 돈 그리고 에너지를 장애아동에게 너무 많이 쏟는 것에 대한 부담감 등이 있을 수 있다(Brobst et al., 2009; Meadan et al., 2010; Vanegas & Abdelrahim, 2016). 그러나 장애아동의 존재가 결혼생활에 부정적인 영향을 준다고 추측하는 것은 잘못된 생각이다. 대부분의 장애아동 가족은 평균 이상의 결혼 적응 수준을 나타내고 있고(예 : Wieland & Baker, 2010), 일부 연구에서는 장애 자녀에 대한 문제를 나누어 수행하기 때문에 부부관계가 한층 강화된다고 보고하였다(Bauer, 2008; Scorgie & Sobsey, 2000).

정보 전문가 조부모, 친척, 이웃, 학교 버스기사 등 이들 모두는 아동발달에 중요한 영향을 미칠 수 있는 사람들이다. 비장애아동의 부모는 이러한 여러 사람들로부터 자녀가 적절히 배울 것을 기대할 수 있는 반면에, 장애아동의 부모는 주변 사람들이 자신의 자녀에게 적절히 반응해줄 것을 기대할 수 없다. 따라서 이들은 자녀의 바람직한 행동 습득과 유지를 위하여 다른 사람들이 가능한 한 많이 자녀의 존엄성과 수용, 학습기회, 적응행동의 유지를 위하여 상호작용할 수 있도록 항상 노력해야만 한다. 어떤 어머니는 다운증후군인 자신의 아들을 빤히 바라보는 사람에게 그 사람의 눈을 정면으로 보며 "내 아들에게 관심이 있는 것 같군요. 만나보고 싶으세요?"(Schulz, 1985, p. 6)라고 말하였다. 이러한 행동은 대개 서먹한 상황을 만들곤 하지만, 가끔은 정보를 주고받거나 우정이 싹트는 계기가 되기도 한다.

대변자 IDEA는 장애아동 부모의 권리뿐만 아니라 그들의 노력과 책임에 대해서도 명백히 규정하고 있다. 자녀의 교육에 관여하는 것이 모든 부모에게 바람직한 일이라고 할 수 있지만 장애아동의 부모에게 이것은 필수적인 일이다. 그들은 전문지식을 습득해야 하고(예 : 다른 종류의 관련 서비스), 전문기술을 배워야 하고(예 : IEP 회의에 효과적으로 참여하는 방법), 자녀의 학습목표와 배치, 직업개발 기회 등에 관해 자신의 의견을 분명하게 제안해야 한다(Lindstrom et al., 2007; Wright & Wright, 2006). 부

비장애 형제자매는 흔히 장애와 관련하여 특별한 요구와 염려를 갖게 된다.

Robin Nelson/PhotoEdit

모는 장애인을 평가 절하하는 사회에서 자녀의 효과적인 교육기회와 서비스에 대한 주장을 펼쳐야 한다(Vanegas & Abdelrahim, 2016). 한 어머니는 이렇게 말했다. "만일 내가 이것을 하지 않는다면 내 아이는 실패하게 될 겁니다. 그렇기 때문에 나는 신발 끈을 바짝 동여매고 내가 알아야 할 모든 것을 알아야 하며 무소의 뿔처럼 나아가야 합니다."(King et al., 2009, p. 58).

문화적 차이에 대한 이해와 존중

학습목표 3.3 문화적 배경, 신념, 언어적 관습이 부모 참여를 방해할 수 있는 요인임을 알 수 있고, 교직원의 어떤 도움이 가족에게 즐거움과 감사함을 주는지를 알 수 있다.

전문가와 가족 간의 문화적·언어적 신념 및 관습의 차이는 때로 부모 참여의 걸림돌로 작용한다. 자신의 문화적 시각과 가족의 문화적 가치 및 신념 간의 차이를 인정하지 않고 존중하지 않는 교사는 부모-교사 관계를 악화시키는 편향되고 잘못된 판단을 하기 쉽다.

교육받지 못하고 가난하며 미국의 주류 문화에서 소외된 가정은 그들 고유의 요구와 문제 때문에 학교 일에 적극적으로 참여하는 것이 어려울 수 있다. 다양한 문화의 가정에 관한 문헌은 이들에 대한 다음과 같은 견해를 뒷받침하고 있다(Araujo, 2009; Banks & Banks, 2016; Brandon & Brown, 2009; Cartledge et al., 2000; Correa et al., 2011; Gollnick & Chinn, 2013; Olivos, 2009).

많은 가정이 가난하게 생활하고 있다 2016년도 통계에 따르면 미국 전체 아동의 19%가 가난하게 살고 있고, 41%가 '저소득층'으로 분류된다(Koball & Jiang, 2018). 흑인, 라틴아메리카, 인디언계이거나 부모가 이민자인 장애아동의 경우에는 상황이 더욱 나쁘다(Koball & Jiang, 2018). 2000년에 Fujiura와 Yamaki는 장애아동의 28%가 연방에서 정한 빈곤층보다 낮은 수준에서 생활하고 있고, 장애아동을 양육하는 고충은 더 악화되고 있다고 보고하였다(Parish et al., 2008).

많은 가정이 영어 학습자(English-Language Learners, ELLS)이다 2017년에 미국 학교에 소속된 영어 학습자는 500만 명(학령 인구의 10.1%)이었다(U.S. Department of Education, 2020b). 이들 대부분은 학교와의 상호작용이 어렵고 실제로 상호작용이 이루어지지 않고 있다. 학교는 모국어와 영어로 된 두 가지 자료를 제공해야 하고 가정을 방문하거나 전화로 가족과 직접 의사소통해야 한다.

만일 가족이 불법 체류자라면 그들은 공적인 어떤 사람과 상호작용하는 데 근본적인 두려움을 가지고 있을 수 있다 가족이 불법 체류자라 하더라도 그들과 신뢰를 쌓고 협력을 구축하는 것은 중요하다. 이민귀화국의 활동에 참여하는 것이 특수교육자의 역할은 아니며 학교는 아동을 교육하는 것에 주력해야 한다.

다양한 문화적 배경을 가진 가정은 가족 중심인 경향이 있다 대가족 구성원(라틴아메리카 문화에서 대부)은 아동 양육과 가족 내 의사결정에서 중요한 역할을 한다. 아동의 장애, 심지어 미미한 언어문제조차도 외부인들에게 말하기에는 극도의 사적인 문제가 될 수 있고, 가족 내에서 문제를 해결하려 한다. 교육자가 이러한 혈족체제를 존중하는 것은 중요하다. 또한 학교교육은 가족을 위한 보다 공식적인 지원이고 일반적인 지원 서비스라는 것을 이해하는 것 역시 중요하다. 가족의 밀접하고도 편협한 특성은 장애아동 양육 관련 스트레스에 대처하고 가족의 기능을 살리는 데는 강점으로 작용한다(Bailey et al., 1999a; Rueda et al., 2005).

각 가정은 장애에 대한 서로 다른 경험과 관점을 가질 수 있다 일부 라틴아메리카 문화에서는 장애아동을 신이 선물 혹은 축복으로 부모에게 보냈다고 믿는 반면 다른 일부 사람들은 죄에 대한 벌이나 시험으로 보냈다고 믿는다. 라틴계 가족에 관한 연구에 따르면 부모는 아이가 태어난 이후로 더 좋은 부모가 됨으로써 자신들의 삶이 바뀐다고 생각한다(Bailey et al., 1999a, 1999b). 미 원주민 부족 집단은 장애아동의 출생을 부정적이거나 비극적인 사건으로 생각하지 않는다. 주류 문화에서 장애로 정의될 수 있는 건강이나 신체상의 특성은 결함이라기보다는 특별한 강점으로 여겨진다. "미 원주민 사회는 인내라는 신비로운 선물을 가지고 있다."(Boyd-Ball, 2007, n.p.)고 여긴다.

비록 이전의 연구들이 일부 문화권에서 장애에 대한 민속적 신념과 대안적 처치를 한다고 보고해 왔으나 푸에르토리코 및 멕시코 가정을 중심으로 연구한 보다 최근의 연구에서는 그러한 신념이 보편적으로 나타나는 것은 아니라고 밝혔다(Bailey et al., 1999a, 1999b). 이 가족들은 장애에 대한 종교적 혹은 미신적인 설명을 알고는 있으나 자신의 자녀에 대해 그러한 설명을 진실로 믿고 있지는 않았다고 보고하였다. 또한 일부 가족(주로 원로)은 아동을 치료하기 위한 미신적인 설명을 실제로 믿기도 했는데, 연구자들은 이들이 전통적이거나 종교적인 치유 방법을 찾아야만 했을 것이라고 덧붙였다(Bailey et al., 1999a, 1999b; Zechella & Raval, 2018). 그러나 인터뷰에 응한 대부분의 가족들은 자녀의 장애 처치를 위해 서구의 약물을 사용했고(Bailey et al., 1999a, 1999b), 사실상 일부는 자녀의 처치와 서비스를 위해 미국으로 이주한 것이었다(Zechella & Raval, 2018).

많은 부모가 부정적인 교육 경험을 겪어 왔다 어떤 경우에는 학교에서 인종적·언어적 차별의 희생양이 된 부모도 있다. 가정-학교 간 상호작용에 대한 부정적인 느낌은 학교에서 아동의 나쁜 소식만을 부모에게 전할 때 더 강화된다.

교육체제(특히 특수교육 체제)는 가족을 위협한다 문화적·언어적 배경에 관계없이 어떤 가족에게는 이것이 사실이지만, 영어를 사용하지 않는 가족 혹은 교육받지 못했거나 가난한 가족에게는 전문가의 교육적 용어 사용이 특별히 위협적인 요인이 된다. 어떤 가족은 전문가가 숙련가라는 믿음을 가지고 아동교육에 대한 자신들의 소망을 말하거나 의문을 제기하지도 않고 전문가를 받들어 모시기까지 한다.

전문가가 자신이 관여하는 지역사회와 가족의 문화적·언어적 실제를 이해하는 것이 중요한데, 주요 절차는 문서화되어야 한다. 전문가로서 장애아동의 부모가 어떤 모델 혹은 이론에 근거하여 적응하고 있는지를 추측하는 것은 삼가야 한다. 또한 교육자는 문화적·윤리적 집단의 구성원 모두가 경험과 가치, 신념이 같을 것이라고 전제해서는 안 된다.

실무자들은 모든 부모가 '평생교육'을 받아 온 사람들이고 부모-전문가 간 파트너십에 지식 펀드를 가져다주는 사람이라는 것을 알아야 한다. **지식 펀드**(funds of knowledge)는 가족의 강점, 자원, 통찰력을 의미한다. 모든 가족은 "가정이나 개인의 기능과 안녕을 위한 지식과 기술을 역사적으로 축적하여 왔고 문화적으로 발달시켜 왔다."(Moll et al., 1992, p. 133). Johnson(2004)은 가족의 축적된 지식을 배우고 그에 편승하기 위한 방안으로 교사들에게 다음과 같이 조언한다.

- 학생의 가족과 지역사회 구성원들을 수업에 초대하라.
- 가정을 방문하라.
- 학생들이 살고 있는 지역사회에서 시간을 보내라.
- 학생의 지식 펀드에 관한 수업을 개발하라.
- 가정의 문화적 관습을 드러내는 수업 프로젝트를 계획하라.

아동의 성장에 따른 요구 변화

장애아동이 가족에게 미치는 영향을 이해하기 위한 또 하나의 방법은 아동의 연령에 따라 달라지는 요구를 알아보는 것이다(Turnbull et al., 2015). 표 3.1은 생의 4단계 동안에 부모와 형제가 직면하게 되는 문제와 관심, 그리고 다음 단계로의 전환에서 가족을 지원해줄 전략을 제안해놓은 것이다. 장애아동의 부모 역할은 아동이 성인이 되어도 끝나지 않는다. 70대나 80대가 된 부모가 여전히 그들의 성인자녀를 돌보는 경우가 많다(Pryce et al., 2017).

표 3.1 장애인의 4단계 생애주기별 가족문제와 전략

	생애주기 단계	
	출생과 유아기	아동기
부모 문제	• 장애를 발견하고 인정하기 • 정확한 진단받기 • 형제자매와 친척들에게 알리기 • 조기중재 서비스 정하기 • IFSP 회의 참여하기 • 장애의 의미 알기 • 의사결정을 위해 개인적 관념을 명백히 갖기 • 문제 알리기 • 장애의 긍정적 측면 인식하기 • 가능성 조장하기	• 가족 기능을 수행하기 위한 일과의 확립 • 교육적 개입을 위한 정서조절 • 통합 또는 특수학급 배치문제 명백히 하기 • 완전통합 기회 주장하기 • IEP 회의 참여하기 • 지역사회 내 자원 알아두기 • 과외활동 준비하기 • 장래 가능성 개발하기
형제자매 문제	• 부모와의 시간 부족 • 관심 부족으로 인한 질투심 • 장애와 관련된 오해로 인한 공포	• 신체적 보살핌에 대한 책임 분배 • 휴식과 여가를 위한 가족 자원의 제한성 • 친구들과 교사에게 알리기 • 손윗 형제자매를 능가하는 동생에 대한 우려 • 같은 학교 내 통합 문제 • 장애에 대한 기초 정보 필요
성공적 전환	• 정기적으로 아동을 떼어놓음으로써 학령기의 독립적 생활을 위한 준비 시작 • 정보 수집 및 지역사회 유아기관 방문 • 부모와 부모 프로그램 참여 격려(전환을 경험한 노련한 부모와 전환을 경험하게 될 부모와의 일대일 관계 결연) • 부모를 학교(초·중등학교)나 어떤 활동, 혹은 장차 좋은 아이디어를 줄 수 있는 성인 프로그램에 친숙해지도록 하기	• 부모에게 교육과정 선택에 대한 개요 제공 • IEP 회의를 통한 가족 협조 보장 • '부모와 부모'를 통한 결연, 워크숍, 전환에 대해 토론하는 가족 모임 등의 격려

표 3.1 장애인의 4단계 생애주기별 가족문제와 전략(계속)		
	생애주기 단계	
	청소년기	성인기
부모 문제	• 장애의 만성적 경향에 대한 정서적 조절 • 성 정체감 확립 • 사춘기의 신체 · 정서적 변화 대처 • 동료들로부터 있을 수 있는 고립이나 거부에 대처 • 경력/직업 발달을 위한 계획 • 여가활동 준비 • 아동의 자기결정기술 확립 • 중등 이후 교육계획	• 지원되는 직업과 생활에 요구되는 선택에 대한 설명 • 의존 가능한 성인으로부터 정서적 지원받기 • 가족 외 사회화 기회의 필요 설명 • 직업선택, 직업교육프로그램 주도 • 보호의 가능성에 대한 계획
형제자매 문제	• 형제자매와의 과잉 동일시 • 사람 간 차이점에 대한 이해 • 직업선택에 있어서의 장애 영향 • 정신적 충격, 당황스러움에 대처 • 형제자매 훈련 프로그램 참여 • 형제자매지원 그룹 소속 기회 갖기	• 재정적 지원을 위한 책임 • 유전적 관계에 대한 관심 설명 • 장애에 대한 새 법률 소개 • 직업/생활에 대한 정보 요구 • 형제자매 변호 역할 • 보호문제
성공적 전환	• 지역사회 여가활동으로 가족들과 청소년 원조 • 장래 직업교육프로그램에 필요하게 될 IEP 기술 통합 • 다양한 직업과 생활 선택권에 대해 친숙해지기 • 유사한 장애를 가진 성인이나 학생의 강점과 관련 있는 직업을 가진 성인과 조언자적 관계 발달	• 가족에게 보호, 인생계획, 의지, 위탁에 대한 정보 제공 • 장애인이나 다른 가족 구성원, 기타 서비스 관련자들에게 적절히 책임을 전환할 수 있도록 가족 구성원 원조 • 청소년이나 가족들의 직업선택 원조 • 결혼문제와 가족의 책임 설명

IEP : 개별화 교육프로그램, IFSP : 개별화 가족 서비스 계획

출처 : Turnbull, A., & Turnbull, H., Erwin, E. J., Soodak, L. C., & Shogren, K. A. (2015). *Families, professionals, and exceptionality: Positive outcomes through partnership and trust* (7th ed., p. 108); and Turnbull, A. P., & Turnbull, H. R. (1990, 1997, 2001). *Families, professionals, and exceptionality: Collaborating for empowerment* (2nd ed., pp. 134–135; 3rd ed., p. 149; 4th ed., p. 173). 출판사의 허락하에 사용함.

가족 – 전문가 간 협력관계 형성과 유지

Turnbull 외(2015)는 가족 – 전문가 간 협력관계를 다음과 같이 정의했다.

가족(반드시 부모만이 아님)과 전문가가 학생에게는 직접적인 득이 되고 그들 자신에게는 간접적인 득이 될 어떤 결정을 내리고 그것을 실행하기 위하여 서로의 의견과 전략을 수립하는 데 동의한 관계(p. 161).

Blue-Banning 외(2004)는 가족 – 전문가 간 효과적인 협력관계의 특성을 알아내기 위하여 장애아동이 있는 가정과 없는 가정의 성인 137명과 전문가 53명을 심층 면접하였다. 참여자들은 인종과 사회경제적 수준이 다양했고, 거주지도 캔자스, 노스캐롤라이나, 루이지애나 등으로 다양했다. 연구 결과, 협력적 관계 형성은 의사소통, 책임이행, 평등성, 신뢰, 기술, 존중 등의 여섯 가지 요소로 요약되었다.

Blue-Banning 외(2004)의 연구는 우리가 오랫동안 알아 왔지만 실천하지 못한 사항들을 검증해준 것이다. 효과적인 학교 – 가정 협력관계는 서로의 존중과 신뢰 속에서 공유된 목표를 추구하는 가족 구성원과 전문가에 의하여 이루어진다. 특히 "대인관계 요인 – 의사결정에의 평등한 참여, 문제해결 지향적 회의, 투명한 절차, 존중의 느낌은 회의와 차후의 서비스에 대한 부모의 만족도를 결정하는 중요한 요

인이 될 수 있다."(Slade et al., 2018, p. 254). 가족은 그들이 전반적인 파트너로서 참여할 수 있도록 힘을 얻을 수 있는 지식과 자원을 지원받고, 전문가는 보다 효율적인 교사가 되는 데 도움이 되는 전문적인 지식을 가족으로부터 얻는다.

문화를 고려한 가족 서비스

교사는 다음과 같은 전략을 사용하여 문화적 · 언어적으로 다양한 배경을 가진 가족의 참여를 증대시킬 수 있다(Araujo, 2009; Brandon & Brown, 2009; Francis et al., 2017; Harry, 2008; Rodriguez et al., 2014).

- 초기 면접에 가족의 모국어를 할줄 아는 직원을 참여시킨다.
- 부모-교사 회의와 IEP/IFSP 회의에 숙련된 문화적으로 민감한 통역사를 참여시킨다.
- 가족이 친근하게 느끼는 장소에서 회의를 한다.
- 가족 중 핵심 의사결정자를 정하고 따른다.
- 다른 문화의 가족은 시간에 대하여 교사의 생각과는 다르게 파악할 수도 있음을 인지하고 회의시간을 조화롭게 결정한다.
- 가족이 학교 활동에 참석하기 쉽도록 교통과 탁아를 제공한다.
- 가족의 문화와 경험을 더 많이 알기 위하여 질문한다.

문화적 상호교류　교사는 또한 가치와 신념체계가 가족의 견해와 소망, 의사결정에 영향을 끼친다는 것을 이해하고 **문화적 상호교류**(cultural reciprocity)를 해야 한다. 예컨대 장애를 객관적으로 측정할 수 있고 처치할 수 있는 신체적인 현상으로 보는 특수교육 전문가와 장애를 영적 견지에서 다루어야 하는 신의 축복 혹은 벌로 보는 부모는 효과적인 협력관계를 이루어 나가기가 어려울 수 있다(Bailey et al., 1999a; Harry et al., 1999).

　문화와 인종이 다른 사람들과 자신의 견해 간 차이를 이해하기 위해서는 자신의 문화적 배경과 신념체계에 대한 신중한 검토가 있어야 한다. "우리의 신념과 관습이 단지 하나의 문화적 변형임을 이해하

그림 3.3　문화적 상호교류 쌓기

아동의 차이점을 존중하는 전문가라면 다양한 가족 문화와 학교 문화 간에 다리를 놓으려고 노력하게 될 것이다. 배스 해리는 이 다리를 놓기 위해 전문가들이 문화적 상호교류라 일컫는 쌍방향으로 정보를 공유하고 이해할 것을 권고하였다. 문화적 상호교류는 각 단계에서 다음 단계로 알리는 순환적 특성이 있다.

- **1단계** : 학생의 어려움에 대한 당신의 이해 혹은 적용된 서비스에 내재된 문화적 가치를 확인하라. 당신의 권고가 어떤 가치에 기초하고 있는지를 스스로에게 물어보라. 다음으로 당신이 이러한 가치를 가지게 된 데 영향을 미친 경험을 분석하라. 당신의 가치가 형성되는 데 국가, 문화, 사회경제적 지위, 전문적 교육의 역할을 고려하라.
- **2단계** : 당신이 맡고 있는 가족이 당신의 생각을 인정하고 존중하고 있는지를 알아보라. 만일 가족이 그렇지 못하다면 가족 구성원의 관점이 당신과 어떻게 다른지 알아보라.
- **3단계** : 확인된 어떠한 문화적 차이라도 인정하고 존중하며 당신 생각의 문화적 근거를 충분히 설명하라.
- **4단계** : 논의와 협력을 통하여 이 가족의 가치체계에 당신의 전문적 설명이나 권고를 채택하게 할 가장 효과적인 방법을 결정하라.

　해리는 "당신이 자신의 문화적 자기인지를 갖게 되면 전문가로서의 문화적 토대를 인지할 수 있을 것이다. 이것은 다시 당신이 가족과 대화하는 것을 촉진시켜줄 것이다."라고 지적하였다. 이러한 절차를 통하여 가족은 서비스 결정에 도움이 되는 특수교육 체계에 관한 지식을 갖게 된다. "문화적 상호교류를 통하여 우리는 더 나은 관계뿐만 아니라 보다 합리적인 실행 목적을 알아낸다."

출처 : ERIC/OSEP Special Project.(2001)에서 인용. *Family involvement in special education* (Research Connections in Special Education, no.9, pp. 4-5). Arlington, VA: ERIC Clearinghouse on Disabilities and Gifted Education.

게 되면 자녀를 특수교육프로그램에서 교육시키고 있는 다양한 가족을 존중하고 그들의 요구를 충족시키는 일이 더 용이해진다."(Harry, 2003, p. 138)(그림 3.3 참조).

효과적인 의사소통 원칙

부모와의 쌍방 의사소통은 효율적인 부모-교사 협력관계의 핵심적 요소이다. 부모와 교사 간의 개방적이고 정직한 의사소통 없이는 어떠한 긍정적인 결론에도 도달할 수 없다. Blue-Banning 외(2004)의 연구에서 가족 구성원들은 의사소통을 자주 하는 것과 더불어 질적으로 좋은 의사소통의 중요성에 대하여 언급하였다. "가족 구성원들은 의사소통에 있어 숨김이 없고 왜곡되지 않아야 하며, 정직하고 개방

전환교육 : 현재가 미래를 만든다

문화를 고려한 전환계획

특수교사가 문화를 고려하여 전환계획을 세워야 하는 세 가지 이유가 있다.

졸업 후 비주류 집단이 되는 결과 유색인종 학생, 영어 학습자, 사회경제 수준이 낮은 학생 등은 성공(예 : 고등교육 입학, 좋은 임금을 받는 고용)을 경험하기 쉽지 않다(Musu-Gillette et al., 2016; Newman et al., 2011). 이러한 졸업 후 결과는 장애학생의 경우 더욱 심각하다(Newman et al., 2011).

학생이 나이 들어감에 따라 감소되는 부모 참여 학생이 학교에서 진전을 보임에 따라 일반적으로 부모 참여는 감소한다(Child Trends, 2013). 부모 참여가 장애학생의 긍정적인 졸업 후 결과를 예견하는 강력한 지표임을 고려하면(Test et al., 2009) 모든 교사, 중등 연령의 학생을 가르치는 교사조차도 가족이 참여하도록 각고의 노력을 해야 한다.

가족/학생과 학교 관계자 간 문화적으로 맞지 않는 매칭 학생 집단이 문화적으로, 언어적으로, 경제적으로 더욱 다양화되어 가는 반면 학교 관계자는 동질집단(특히 백인 여성)을 유지한다(National Center for Education Statistics, 2019b).

문화를 고려한 전환 계획이란

문화를 고려한 전환계획을 위해 교사는 가족의 성향을 이해하고, 가족의 말을 경청하면서 설사 그들의 목표가 교사 자신의 관점과 다르더라도 협력해야 하며, 학생의 꿈과 희망을 지원함과 동시에 그들이 계획에 잘 참여하도록 촉진해야 한다(Greene, 2014). 문화를 고려한 전환계획을 실행하는 교사는 이 장에서 언급된 의사소통과 협력 방안을 숙지하고 다음 질문에 대한 답을 찾아야 한다.

- 학생에게 이 사회에서의 성공을 준비시키면서 동시에 가족이 그들의 언어, 가치, 문화적 관습 등을 자녀에게 계승하도록 내가 어떻게 도울 수 있을까?
- 학생의 독립성과 자기결정이라는 목적이 가족의 가치와 충돌할 때 내가 어떻게 이것을 장려할 수 있을까?
- 젊은이들이 자기변호와 안전이라는 균형을 유지하면서 당국을 상대하도록(예 : 이민국, 경찰관) 내가 어떻게 준비시킬까?
- 내 학생의 가족에게 어떤 지역사회 지원이 유효할까? 이러한 지원이 접근가능한가? 그것이 문화를 고려한 서비스인가?
- 학생이 구직 면접이나 '실제 세상'에 나가서 성인과의 상호작용을 준비할 때 눈맞춤, 사회적 거리두기에 관한 기대와 규칙, 시간 개념에 대해 나는 학생에게 무엇을 가르쳐야 할까? 나의 기대가 학생의 문화적 가치와 합당한 것인가?

문화를 고려한 전환계획에 관한 추가 정보는 Povenmire-Kirk 외(2015)와 Suk 외(2020)에서 찾아볼 수 있다.

적이어야 한다."(p. 173). 가족 구성원과 전문가들은 상호 의사소통에 대한 필요성을 강조했는데, 상호 의사소통은 상대방의 말을 주의 깊게 듣고, 단정적으로 받아들이지 않는 태도에서 시작되는 것이다. 한 아버지는 다음과 같이 설명하였다. "무엇보다 중요한 것은 우리들의 말을 잘 듣는 것입니다. … 우리 아이들은 그 누구와도 바꿀 수 없는 소중한 존재이기 때문이죠. … 어떤 사람들은 모든 것에 대해 선입 견을 가지고 있는 것 같습니다. … 그래서 내가 그들(전문가)에게 무언가를 말하고자 할 때 '내 말 좀 들 어보세요'라고 먼저 말해야 하죠."(p. 175).

교사를 대할 때 어떤 느낌이 들었으며 어떻게 해주었으면 좋겠는지에 대해 물었을 때 자폐 아동의 부 모 집단은 가정과 학교 간에 자주, 정직한, 열린 의사소통을 원한다고 답했다(Stoner et al., 2005). "부 모는 성취에 대해 알고 싶어 하지만 또한 교사들이 직면하는 문제가 무엇인지에 대해서도 알고 싶어 한 다."(p. 46). Wilson(1995)은 교사와 부모 사이의 효율적인 의사소통을 위한 다섯 가지 원칙을 제시하 였다.

부모의 진술 수용하기   언어적이든 비언어적이든 부모의 진술을 받아들인다는 것은 부모가 표현하는 것 을 가치 있는 것으로 받아들임을 의미한다. 부모는 자신의 말이 존중된다고 믿을 때 더 자유롭고 솔직 하게 말할 수 있게 된다. 수용은 "나는 당신의 견해를 이해하고 인정한다."는 것을 의미한다. 그러나 부 모들이 말하는 모든 것에 교사가 동의해야 함을 뜻하는 것은 아니다.

적극적으로 듣기   훌륭한 청자는 성실하고 참된 태도로 대화에 임하고 반응하며, 말의 내용에 주의집중 할 뿐만 아니라 누가 말하고 있는지, 어떻게 말하고 있는지에 대해서도 관심을 갖는다. 예를 들면 가족 구성원 전원이 참석한 IEP 회의에서 교사는 목소리 톤이나 몸짓을 통해서도 조부모가 아동의 부모를 위해 말하고 싶어 하는 것이 있는지, 혹은 부모가 다른 의견을 가지고 있는지에 대해 파악해야 한다. 적 극적인 청자는 화자가 말한 내용을 해석하고 분류하며 분석할 뿐만 아니라 활기와 관심을 가지고 화자 의 메시지에 반응한다(Howard et al., 2014; Thistle et al., 2015). 그림 3.4는 한쪽에서만 적극적으로 듣 기를 할 때 발생하는 의사소통 문제이다.

효과적으로 질문하기   교사들은 부모와의 대화에서 가능한 한 개방형 질문을 사용해야 하며, 특히 회 의에서는 더욱 그러하다. 예를 들어 "샤리나가 지난주에 과제하는 데 문제가 있었나요?"처럼 "예" 혹 은 "아니요"의 답변을 하게 되는 폐쇄형 질문보다는 "샤리나가 지난주에 과제를 어떻게 했나요?"와 같 은 개방형 질문이 부모로부터 많은 정보를 얻을 수 있다. 부모에게 하는 질문은 문제나 결함에만 초점 을 맞추어서는 안 되며, 가족이 어떤 사적인 일을 밝히고 싶어 하지 않는지도 고려해야 한다(Turnbull et al., 2015).

격려하기   부모가 자신의 아들딸에 대해 좋은 이야기를 듣는 것은 매우 중요한 일이다. 부모에게 자녀 의 좋은 행동이나 개선된 점을 말해주고 보여줌으로써 부모의 참여를 격려할 수 있다.

초점 맞추기   본론을 이야기하기 전에 인사나 사소한 안부에 관한 이야기를 하는 것이 바람직하지만 부 모와 교사 간의 대화는 아동의 교육프로그램과 진전에 초점이 맞추어져야 한다. 교사들은 각 가족의 문 화적 차이와 독특한 대화 스타일에 민감해져야 한다(Gonzalez-Mena, 2017; Lynch & Hanson, 2011). 또한 사소한 이야기로 본론에서 멀어지는 것을 파악하고, 아동의 교육에 관한 주제로 다시 집중할 수 있는 기술을 익혀야 한다.

그림 3.4 적극적 청자와 소극적 청자 간의 의사소통 문제 예

적극적으로 듣는 부모	소극적으로 듣는 유치원 교사
"나는 아이가 의사소통판을 일상에서 더 많이 사용했으면 좋겠어요. 요즘 아이가 원하는 것을 우리에게 말하지 못해서 매우 절망하고 있어요." 부모는 얼굴을 찡그렸으며 슬퍼 보였다.	"우리 반의 모든 학생은 말을 할 수 있답니다. 앤디에게 언어병리사를 연계시켜 말을 잘할 수 있게 할 거예요." 교사는 다음 부모 회의에 필요한 서류를 챙기고 있다.
"아마도 앤디의 자료를 잘 읽어보지 않으신 것 같군요. 아이가 뇌성마비여서 말소리를 이해할 수 없습니다. 우리는 세인트 루크에서 이미 언어치료사에게 검사를 받았고, 거기서 의사소통판을 만들어주어서 아이가 언어기술을 습득할 수 있게 되었습니다." 부모는 고개를 가로저으며 언어장치 광고지를 앞으로 밀어냈다.	(여전히 다른 서류를 보면서) "아주 유능한 언어병리사를 알고 있답니다. 그 선생님이 앤디를 말하게 할 겁니다. 앤디가 참여할 수 없었던 이야기 나누기 시간에 언어병리사가 앤디를 치료할 것입니다."
"앤디가 이야기 나누기 시간에 제외되지 않았으면 합니다. 앤디는 그룹에 속하는 것을 좋아해요. 의사소통판에 그림을 추가하면 집단의 다른 아이들에게 반응할 수 있을 겁니다. 앤디는 다른 아이들이 하는 일에서 제외되면 심하게 절망합니다." 부모는 의사소통판의 사용을 강조하기 위해 언어장치 광고지를 내려치며 불쾌한 표정을 지었다.	"우리는 이야기 나누기 시간에 장난감을 가지고 오는 것을 허락하지 않습니다. 앤디도 다른 아이들처럼 말을 할 수 있어야 합니다. 그리고 지난번에도 앤디의 행동에 대해 말씀드렸죠. 앤디는 그룹활동을 같이하지 않으려고 해요. 다시 또 그런 일이 일어나면 앤디를 타임아웃시킬 겁니다."
(한숨을 크게 내쉬며) "말씀드렸듯이 앤디는 그룹에 참여하지 못하거나 의사소통을 못하면 크게 실망합니다. 제 생각엔 타임아웃이 이 문제에 대한 올바른 대처는 아닌 것 같네요."	"우리에게 앤디의 행동을 통제하도록 허락하지 않으신다면 앤디가 우리 반에 들어올 수 있을지 모르겠네요." 교사는 시계를 보며 회의시간이 종료되었음을 알렸다.
"우리가 앤디의 문제에 대해 서로 다르게 이해하고 있는 것 같습니다. 팀으로서 다시 만날 필요가 있을 것 같은데 그때는 언어병리사도 함께 참여할 수 있겠죠. 제 생각엔 선생님이 앤디의 의사소통적 요구를 전혀 고려하지 않으시는 것 같아요." 부모는 얼굴이 상기되어 손을 떨며 광고지를 집어들어 가방에 넣었다. 부모는 깊은 숨을 내쉬며 가방을 어깨에 메고 머리를 가로저으며 밖으로 나갔다.	"그러는 게 좋겠군요. 다른 부모를 만나야 해서 시간이 없어요. 오늘 만나서 반가웠습니다." 교사는 미소 지으며 부모의 손을 잡았고 동시에 다음 부모에게 인사하기 위해 문 쪽으로 고개를 돌렸다.

출처 : Howard, V. F., Williams, B. F., & Lepper, C. (2010)에서 인용. *Very young children with special needs: A foundation for educators, families, and service providers*(4th ed., p. 71). 출판사의 허락하에 사용함.

부모-교사 협력관계의 장애물 확인과 제거

부모와 교사가 항상 효과적으로 의사소통하고 다른 사람에게 협력적인 것은 아니다. 그들은 때로 아동을 위해 자신의 생각이 최선이라고 생각하는 상반된 입장을 보이기도 한다. 불행하게도 아동은 결코 이 싸움에서 어느 쪽으로도 치우칠 수 없다. 아동은 가정과 학교 모두에서 자신의 학업을 일관성 있게 지지해주는 환경을 함께 만들어 나가며 자신을 책임져줄 사람이 필요하다.

전문가 장벽 때때로 교사와 부모는 서로 억측으로 일관하고 역행하는 태도를 보인다. 교사는 부모가 때로 관심이 없고 비협조적이며 적대적이라고 불평한다. 부모는 교사가 부정적이고 수용적이지 않으며 건방진 태도를 보이는 경향이 있다고 불평한다. 누구의 잘못인가를 가려내기 위해서가 아니라 변화와 개선할 수 있는 점이 무엇인지를 알아내기 위하여 우리는 부모와 교사 간의 마찰을 야기하는 요인을 알아보아야 한다. 자신의 행동이 부모와의 생산적인 협력관계를 약화시킬 수도 있다는 것을 인정하는 전문가는 자신의 행동을 변화시키고 관계를 개선시킬 수 있는 좋은 잠재력을 갖춘 것이다(Hanhan, 2008; Matuszny et al., 2007).

교사는 부모의 태도를 직접적으로 변화시킬 수 없지만 자신이 전문가로서 부모와의 의사소통을 방해하는 태도를

교사가 부모-교사 간 의사소통의 장애물을 확인하고 제거하면 의사소통이 강화된다.

보일 수도 있다는 점과 그것이 어떤 것인지를 알아야 한다. 일부 전문가는 판에 박힌 태도를 고수하고, 장애아의 부모가 좋아하는 것이 무엇이며 필요로 하는 것이 무엇인지에 대한 잘못된 생각을 갖고 있다 (Dyson, 1996; Voltz, 1994). 흔히 이러한 태도 때문에 가족과 전문가 간 관계가 악화된다. 교사들이 다음과 같은 방법으로 부모와 상호작용을 한다면 부모들이 위협을 느끼고 어리둥절해하며, 분노와 적대감을 가지게 되는 것은 당연할 것이다.

- **부모를 동등한 협력자로 보기보다는 취약한 내담자로 다루기** 부모를 도움이 되지 않는 존재로 보는 전문가는 큰 과오를 범하게 된다. 이러한 문제는 백인 교사가 유색인종의 가족을 '구조'가 필요한 사람으로 볼 때 특히 문제가 된다. 교사는 모든 가족을 좋은 정보제공자로 인정하고 그에 상응하는 태도를 보여야 한다.

- **전문가적 거리감 유지하기** 인간을 다루는 대부분의 전문가들은 객관성과 신뢰성을 유지하기 위해 내담자에게 압도당하지 않도록 어느 정도의 거리를 유지하려고 한다. 그러나 이러한 전문성은 때로 무관심하거나 냉담한 태도로 인식되어 부모-교사 관계를 방해하거나 종결시키기도 한다. 부모는 전문가가 자신에게 진심으로 관심을 가지고 있음을 믿을 수 있어야 한다(Nelson et al., 2004).

- **부모를 상담이 필요한 사람으로 간주하기** 일부 전문가들은 장애 자녀를 둔 사실 자체가 치료나 부모교육을 필요로 하는 일이라는 그릇된 생각을 한다. 발달지체 유아를 위한 유치원에 다니는 자녀를 둔 한 어머니는 자신의 좌절감을 다음과 같이 표현했다. "이곳에 왔던 모든 사람이 나를 보고 '당신은 부모 상담이 필요하다'고 말했습니다. 나는 30여 년을 살아오면서 도움을 받지 않았는데 갑자기 이것은 어떻게 하고 저것은 어떻게 할까에 대해 도움을 필요로 하게 된 것 같습니다. 사람들이 내 아들이 문제가 있는 게 아니라 내가 문제가 있다고 말하는 것 같습니다."(Rao, 2000, p. 481).

- **자녀의 상태와 관련하여 부모 나무라기** 전문가로부터 격려를 받지 못한 일부 부모는 자녀의 장애에 책임을 느끼고 전적으로 죄책감을 가질 수 있다. 생산적인 부모-전문가 관계는 탓하며 나무라는 것이 아닌 협력적으로 문제를 풀어나가는 데 초점을 맞춘다.

- **부모의 지적인 면 경시하기** 교사는 때로 부모의 정보와 제안을 인정하지 않는다. 부모는 지나치게 편견을 가지고 간섭하므로 그들로부터 유용한 정보를 얻기에는 기술이 부족하다고 생각하기 때문이다(Lake & Billingsley, 2000). "그들은 나를 교육받지 못한 사람으로 간주합니다. 과제를 아주 쉬운 단계로 나누어 계속 반복하도록 시킵니다. 나는 간호학교를 나왔고 읽을 수도 있습니다. 아마도 그들은 글을 읽지 못하는 누군가를 만났던 모양인데, 그렇다고 하더라도 '읽을 수 있나요?'라고 물어볼 수 있지 않습니까. 그들은 나를 마치 아이처럼 다룹니다."(Rao, 2000, p. 481).

- **부모를 적으로 다루기** 일부 교사들은 부모와 상호작용할 때마다 최악의 상황을 예견한다. 이러한 태도는 불쾌했던 이전의 경험 때문이라고 부분적으로 이해될 수는 있지만, 자만에 찬 행동이고 새로운 관계에 부정적인 영향을 주는 첫 번째 요소로 볼 수 있다.

- **부모에게 명칭 붙이기** 일부 교사들은 부모에게 명칭을 붙이고 싶어 한다. 진단에 동의하지 않거나 다른 의견을 원하면 거부형으로, 제안한 중재를 거부하면 저항형으로, 명백한 검사결과가 있음에도 불구하고 뭔가가 잘못되었다고 주장하면 염려형으로 분류한다(Sonnenschein, 1981).

갈등해결 비효율적인 부모-교사 관계가 모두 전문가의 잘못으로 초래되는 것은 아니다. 일부 부모는 정말로 함께 일하기가 힘들고 합리적이지도 않다. 일단 서비스가 결정되면 아동은 적절한 교육을 받게 되지만 부모는 전문가의 작은 문제가 주요 쟁점으로 부각될 때까지 자신의 주장을 굽히지 않는다. 한 어머니는 "수년 동안 나는 서비스를 위하여 싸웠다. 지금 나는 실제로는 중요하지 않은 문제를 해결하는 강력계 경찰 같다. 내가 겪었던 일을 생각하기도 싫다. 나는 더 이상 공격적이거나 화가 나 있는 사람이 되고 싶지 않다."고 토로했다(Bronicki & Turnbull, 1987, p. 10).

비록 일부 교사는 장애아동 부모들이 비현실적이고 학교에 지나친 요구를 한다는 견해를 갖고 있으나(예 : Chesley & Calaluce, 1997), 대부분의 교사는 이들의 태도도 다른 모든 부모처럼 단순히 아동을 위한 최고의 교육 서비스와 교육성과를 위한 주장이라고 인정하고 있다. 사물에 대한 다른 시각을 가지고 있고 공통적으로 결과에 관심이 있다면, 우리는 논쟁을 통하여 차이점을 극복할 수 있을 것이다. 그러나 논쟁에서 교사가 부모에게 '이긴다'(부모가 교사의 말에 동의하고 자신의 입장을 포기하는 의미라면)고 하더라도 논쟁은 협력관계에서 좋은 도구일 수는 없다.

대화하기 대화는 모두가 서로의 관점을 알고자 노력하는 갈등해결 접근법이다. Gonzalez-Mena(2017)는 대화와 논쟁의 차이를 다음과 같이 지적하였다.

- 논쟁의 목적은 이기는 것이며 대화의 목적은 정보를 모으는 것이다.
- 논쟁자는 말하고, 대화자는 요청한다.
- 논쟁자는 설득하려 하고, 대화자는 배우려고 한다.
- 논쟁자는 납득시키려 하고, 대화자는 알고자 한다.
- 논쟁자는 상반되는 두 가지 견해를 보고 타당한 것이나 최고의 것을 선택하려 하지만, 대화자는 다양한 관점을 기꺼이 이해하려 한다(p. 160).

아마도 우리는 논쟁에 대한 훈련을 더 했기 때문에 대화보다는 논쟁에 익숙하다. 우리는 먼저 논쟁을 하고 후에 합리적으로 생각하는 경향이 있다. 그러나 너무 늦어지면 부모-교사 관계가 손상될 수 있다. Gonzalez-Mena(2017)는 RERUN, 즉 반영(**R**eflect), 설명(**E**xplain), 이유(**R**eason), 이해(**U**nderstand), 협상(**N**egotiate) 전략을 추천하였다.

- **반영** 다른 사람의 생각이나 느낌을 당신이 인지했다는 사실을 알려라. 다른 사람이 느끼는 것을 인지했다면 아마도 당신은 이렇게 말할지도 모른다. "내 생각에 당신은 그 문제를 이런 방법으로 보시는군요." 만일 다른 사람이 매우 감정적이라고 느껴지면 "당신은 혼란스러워 보이는군요."라고 인정하면 된다. 이러한 반응은 상대방으로 하여금 어떤 말을 좀 더 하도록 만든다. 사람들은 자신의 느낌과 생각이 수용되고 있다는 것을 알면 상대방의 말을 더 잘 들을 수 있게 되고 상대방의 사고에 개방적이게 된다.
- **설명** 당신의 관점을 간결하게 설명하라. 그러나 설교가 되어서는 안 된다. 우리는 2개의 귀와 1개의 입을 가지고 있음을 기억하라. 그것은 우리가 말하는 것의 2배를 들어야 한다는 것을 의미한다.
- **이유** 자신의 관점에 대한 설명은 자신이 왜 그렇게 믿고 느끼는지에 대한 이유를 포함해야 한다.
- **이해** 이것은 가장 어려운 부분이다. 자신과 부모 둘 다의 생각과 느낌에 통하도록 조절하고 두 관점에 대한 상황을 이해하도록 노력하라. 이 시점에서 어떤 말을 할 필요는 없다. 단지 스스로 명백해야 하며 내적으로 말할 수도 있다. 자기반영은 이 과정의 중요한 부분이다. 자신이 이해했다고 생각되면 다음 단계로 갈 준비가 된 것이다.
- **협상** 서로가 만족할 만한 해결을 찾을 때까지 함께 브레인스토밍 한다. 포기하지 마라. 양자택일의 태도를 갖지 마라. 마음에 이원론적 틀을 갖지 않았다면 제3, 제4의 해결책을 발견할 수 있을 것이다. 창의적인 협상자는 아무도 생각하지 못한 새로운 길을 개척할 수 있다(Gonzalez-Mena, 2017, p. 162).

부모와의 갈등해결과 효과적인 의사소통에 대한 추가 정보는 Dyches 외(2012), McLamed와 Reiman(2017), Mueller와 Vick(2018)에서 찾아볼 수 있다.

가정-학교 의사소통 방법

학습목표 3.4   교사와 부모 간의 효과적인 의사소통 원칙을 기술할 수 있고, 일반적인 가정-학교 의사소통 방식을 비교할 수 있다.

모든 부모와 가족에게 적절하고 효과적인 유일한 의사소통 방법이 있는 것은 아니지만, 교사는 가정-학교 간 의사소통 방법을 몇 가지 개발하여 가족과의 의사소통 빈도를 늘리고 그들과의 접촉을 자주 가져야 한다. 어떤 부모나 가족은 대면하는 회의를 선호하고, 어떤 가족은 문서화된 메시지나 전화를 더 좋아한다. 또한 어떤 가족은 전자메일을 통한 잦은 의사소통을 더 좋아한다(Stuart, Flis, & Rinaldi, 2006). 교사는 일방과 쌍방 둘 다의 다양한 의사소통 전략을 갖추고 있어야 하며 부모에게 어떤 의사소통 방법을 더 선호하는지 물어보아야 한다. 우수교사 사례에 소개된 Joshua Hoppe도 이에 동의하면서 "부모가 선호하는 의사소통 방법을 사용하는 것이 중요하다. 우리 반 학부모들도 대면 회의만을 고집하는 분, 알림장 같은 서면자료를 선호하는 분, 전화통화를 선호하는 분, 이메일이나 문자를 선호하는 분 등 매우 다양하다."고 했다. 표 3.2는 가정-학교 간 효과적인 의사소통 방법을 요약한 것이다.

대면 의사소통

부모-교사 회의   등하교 시의 비형식적인 대화는 교사가 가족과 함께할 수 있는 대면 상호작용의 한 예이긴 하지만 좀 더 광범위하고 심층적인 의사소통을 제공하는 것은 부모-교사 회의이다. 교사와 부모는 대면 회의를 통해서 장애아동에 대한 정보를 교환하고 가정과 학교에서 그들을 보조하기 위한 협력방안을 논의할 수 있다. 불행히도 부모-교사 회의가 일부 교사에게는 의례적인 업무가 될 수 있고, 부모에게는 나쁜 소식을 듣게 될 것이라는 생각 때문에 경직되기 쉬운 시간이 될 수 있다. 그러나 부모-

표 3.2   가정-학교 간 의사소통 방법

의사소통 형태	일방적 방법	쌍방적 방법
대면	• 비디오 메시지 • 비디오 포스트	• 비형식적, 자발적 회의 • 부모-교사 회의(비디오 회의와 가정방문 포함) • IEP와 IFSP 회의
텍스트	• 해피그램 • 편지 • 소식지 • 웹사이트 • 게시판 • 앱 전달 메시지	• 가정-학교 간 보고 양식 혹은 알림장 • 대화 노트 • 가정-학교 계약서 • 이메일 • 문자 메시지
목소리	• 음성사서함 • 상담전화	• 전화 통화

IEP: 개별화 교육프로그램, IFSP: 개별화 가족 서비스 계획

교사 회의를 위한 사려 깊은 계획과 체계적인 접근을 통해 교사는 참여자 모두에게 생산적이고 편안한 시간이 되게 할 수 있다.

회의 준비 준비는 부모-교사 회의를 효율적으로 이끌기 위한 핵심요소이다. 회의 목적을 설정하는 것, 컴퓨터 자료를 수집하고 검토하는 것, 아동의 성적이나 행동사례를 선정하는 것, 아동의 수행 자료를 그래프나 차트로 만드는 것 등이 준비과정에서 해야 할 일들이다(Dardig, 2008; Washburn & Billingsley, 2019).

그림 3.5는 부모-교사 회의 기록의 예이다.

그림 3.5 부모-교사 회의 기록 예

날짜	2021년 10월 12일	시간	4:30~5:30

아동명 제레미 라이트

부모명 바바라 라이트, 톰 라이트

교사명 팀 G.

기타 참여자 없음

회의 목적
- 제레미의 읽기 진전에 대한 그래프 보여드리기
- 철자법에 대한 프로그램 알아보기
- 야외놀이 시 중재에 대한 부모님 의견 듣기
- 동화책 목록 나누기

아동 강점
- 학습에 관심, 배우려고 함
- 읽기를 성공했을 때 진전에 대해 고무됨

개선해야 할 영역
- 가정에서 철자법을 지속적으로 학습시키기
- 다른 또래를 설득하고 겨루어보기

부모에게 질문할 점
- 이웃 친구들과 놀 때 상호작용이 어떤지?
- 놀이러에서 반 친구들이 하는 것에 대해 어떻게 느끼는지?
- 결과는?

부모 대답
- 읽는 것에 대해 매우 기쁘게 생각함 – 계속 잘할 수 있기를 바람
- 집에서 철자공부를 어느 정도나 시켜야 할지 궁금해함
- 집에서 상을 주기로 함 : 놀이

아동 활동 예
- 1분당 정답, 오답 그래프를 그림 : 읽기
- 매주 전후 시험성적을 냄 : 철자법

현 실행 프로그램 및 전략
- 읽기 : 1분씩 두 번 조용히 읽기
- 철자 : 테이프레코더 이용해서 연습하기, 자기기록하기

부모를 위한 제안
- 철자게임 계속하기(친구 초대하기)
- 따라지 게임에 흥미를 보여주고 제레미와 함께하기

부모로부터의 제안
- 대단한 흥미를 보이는 낱말의 철자 이용하기(예 : 다트 게임)
- 매트와 아민이 야외놀이 프로그램에 도움을 줄 수 있을 것

추후 활동 (회의에서 동의한 사항)
- 부모
  - 주당 2회 철자게임을 계속하기
  - 제레미와 도서관에 가서 탐험책 빌려 보기
- 교사
  - 제레미가 흥미를 보이는 단어를 물어보고, 주 목록에 3~4개 사용하기
  - 매트와 아민이 제레미와 함께할 수 있는 또래 중재전략 개발하기

다음 회의날짜 10월 26일 (화요일) _____ (전화한 후 체크하기)

회의 진행 학령기 아동을 위한 부모-교사 회의는 대부분 아동의 교실에서 열리는데, 그 이유는 교사가 아동의 서류와 학습자료를 쉽게 찾아 준비할 수 있고, 교사와 부모 모두에게 회의의 취지가 아동의 교육을 개선하기 위함이라는 점을 상기시켜주기 때문이다. 어떤 경우에는 회의가 아동의 가정이나 지역사회(예 : 공공 도서관), 혹은 비디오 회의 소프트웨어(예 : 줌, 스카이프, 페이스타임)로 이루어질 수도 있다. 회의를 하는 곳이 어디든 간에 상호작용이 잘 되도록 정돈되어 있어야 한다. 부모를 학생 책상에 앉게 하고 교사는 자신의 의자에 앉는다면 위화감이 조성되어 바람직하지 않다.

30여 년 전에 Stephens와 Wolf(1989)가 제안한 부모-교사 회의 4단계가 오늘날에도 좋은 지침이 되고 있다.

1. **라포 형성.** 교사가 학생에 대해 진정으로 관심을 갖고 있다는 믿음과 서로 간의 신뢰를 구축하는 것은 바람직한 부모-교사 회의에 있어서 중요한 일이다. 회의를 시작하면서 처음 약 1~2분 동안 사소한 이야기를 나누는 것이 좋은데, 날씨나 교통 같은 피상적인 주제보다 아동과 가족이 관심을 보일 만한 지역사회나 나라의 최근 이슈에 관한 이야기로 시작하는 것이 좋다.

2. **정보 획득.** 부모는 수업개선을 위한 중요한 정보를 교사에게 제공할 수 있다. 앞에서 언급한 것처럼 교사는 단순히 '예/아니요'로는 답변할 수 없는 개방형 질문을 사용해야 한다. 예를 들어 "펠릭스가 최근 학교생활 중에서 어떤 것을 말하던가요?"가 "펠릭스가 최근 학교에서 하고 있는 것들을 어머니께 말하던가요?"보다 더 낫다. 첫 번째 질문이 부모로 하여금 더 많은 정보를 제공하게 하는데, 교사는 질문하고 답하는 형식으로 회의를 주도하는 역할이 아닌, 대화를 이끌어 가는 역할을 하도록 노력해야 한다. 회의시간 동안에 교사는 부모의 이야기를 경청함으로써 관심을 보여주어야 하고, 지배적인 대화를 피하며, 회의의 목적에 초점을 맞추어야 한다. 특히 교사는 훈계적이거나("… 알고 계세요?"), 비난하고 심판하는("…는 잘못된 거예요."), 혹은 위협적인("말씀드린 대로 안 하시면….") 발언을 삼가야 하는데, 이러한 것들은 모두 의사소통을 방해한다(Fiedler et al., 2007; Hanhan, 2008).

3. **정보 제공.** 교사는 아동에 대한 구체적인 정보를 부모에게 제공해야 한다. 교사는 학생이 무엇을 이미 배웠고, 다음 학습에 필요한 것이 무엇인지 등 학교생활의 예와 수행자료를 나눠주어야 한다. 아동이 진전을 보이지 않았다면 수행을 향상시킬 수 있는 방법에 대해 부모와 교사가 함께 의논해야 한다.

4. **요약과 조치.** 회의는 의견을 요약하는 것으로 끝나야 한다. 교사는 회의에서 동의된 사항을 재검토하고, 그러한 사항들을 성공시키기 위해 각자 어떤 추후 활동을 해야 하는지에 대해 다시 한 번 언급해야 한다. 가능하다면 회의 동안에 회의 내용을 컴퓨터로 작성하고, 결과물을 부모에게 주어 회의에서 어떤 의견이 오갔으며 어떤 결론에 동의하였다는 회의 전체 내용을 알 수 있도록 한다.

부모-교사 회의의 계획과 진행에 관한 더 상세한 내용은 Dardig(2008), Hanhan(2008), Kroth와 Edge(2007), 그리고 Washburn과 Billingsley(2019)에서 확인할 수 있다. 이러한 전략들은 모든 종류의 부모-교사 회의와 관련이 있다. 그러나 제2장, 제14장, 제15장에서 다루어질 IEP와 IFSP, 전환계획 회의에는 추가로 필요한 것이 있다.

비디오 공유 가족과의 대면은 거의 쌍방 의사소통이다. 그런데 때로 교사는 비디오를 통해 정보를 공유하고자 할 때가 있다. 예를 들면 숙제하는 방법을 유튜브나 학급 웹사이트에 올려놓는 것이다. 혹은 학생이 결석했을 경우 수업을 녹화하여 학생에게 직접 보내는 방법도 있다.

서면 의사소통

대면 회의가 가정-학교 간 의사소통을 위한 유일한 수단은 아니다. 서면 메시지 방법이 쌍방의 의견을 교환하는 체계적인 양식을 갖춘다면 가정-학교 간 의사소통을 위한 최고의 방법이 될 수 있다. 교사는 부모의 선호를 고려하지 않고 의사소통 방법으로 서면 메시지에만 의존해서는 안 된다. 교사는 부모의 문화, 언어적 배경과 교육 수준에 민감해야 한다(Al-Hassan & Gardner, 2002). 교육부에서 출간한 부모의 권리에 관한 연구에서는 자료의 4~8% 정도만이 부모가 읽을 수 있는 수준으로 쓰여 있다고 밝혔다(Fitzgerald & Watkins, 2006). 또한 자료의 50% 정도가 대학 수준 이상의 읽기수준이었고, "첨부된 자료의 거의 모두가 그들이 읽기에 부적합했다."(p. 507). Lo(2014)도 대부분의 IEP가 고등학교 또는 대학의 읽기수준으로 작성되었다고 밝혔다. 부모가 학교에서 전달하는 서면 메시지를 읽는 데 많은 시간을 들여야 한다면 부모는 이러한 메시지를 귀찮아할 것이고 아동 교육에 활발하게 참여하지 않을 것이다.

가정-학교 쌍방 보고양식　부모-교사 쌍방 보고양식은 아동이 가정과 학교 양쪽에 전달할 수 있는 알림장과 같은 형태이다. 교사는 숙제와 학급에서의 행동을 부모에게 알리기 위해 그림 3.6과 같은 양식이나 점검표를 개발하여 사용할 수 있다(Mires & Lee, 2017; Vannest et al., 2010; Vannest et al., 2011). 부모는 알림장을 확인했다는 표시로 서명을 하고, 교사에게 무엇을 알리거나 지원을 요청하기 위해 알림장을 이용할 수 있다. 알림장이 효과적으로 운영되기 위해서는 간단한 체크로 답할 수 있도록 하고 기타 사항은 짧게 기재하도록 해야 한다.

대화노트　가정-학교 대화노트는 부모와 교사 간의 또 다른 문자 의사소통 형태이다(Davern, 2004; Hagiwara & Shogren, 2019). 부모와 교사는 아동에 관한 하루 동안의 행동이나 사건을 관찰하여 기록하고 서로에게 질문이나 참고사항을 적는다. 대화노트는 시간이 가장 많이 소모되는 방법이지만 일부 가족에게는 매우 효과적이다. 한 교사는 정서행동장애아동의 부모와 정기적으로 의사소통하기 위해 대화노트를 사용하였다. Williams와 Cartledge(1997)는 부모 참여를 위해서는 조직적이고 지속적이며 융통성이 있어야 함을 강조하였다.

가정-학교 간 계약서　가정-학교 간 계약서는 아동이 학급에서 나타낸 행동이나 학업 수행에 대해 부모가 아동에게 줄 보상을 명시한 것이다. 예를 들어 Kerr와 Nelson(2010)은 파괴적 행동을 보이는 아동의 부모와 교사에게 수업을 시작하려 할 때 신호나 주의를 집중시키는 활동에 관한 가정-학교 간 계약서를 개발해주었다. 부모는 매일 밤 자녀가 교과서 읽는 것을 도와서 수업준비 행동을 돕도록 했고, 이를 잘하면 매주 고등학교 축구경기 티켓을 사주었다. 가정-학교 간 계약서는 부모 주도의 보상을 사용하고, 부모가 아동에 대해 잘 알도록 도우며, 아동의 성취를 칭찬하게 하고, 부모와 교사가 함께 아동의 학습을 지원하게 해준다.

전자 메시지　교사와 가족이 이메일이나 문자 메시지 그리고 '인터넷 기반'의 방법으로 하는 의사소통이 증가하고 있다(Blau & Hameiri, 2017; Bouffard, 2008). 버즈맙, 클래스도조, 홈워크나우, 리마인드와 같은 학급 의사소통 앱이 또 다른 통로가 되고 있고 교사-부모 간 의사소통을 주도하고 있다. 이러한 형태의 의사소통은 반응이 빠르기 때문에 시간을 다투는 문제에 있어서는 매우 효율적이다. 우수 교사 사례의 주인공 Joshua Hoppe는 문자 형태로 주고받은 자료가 중요한 문서가 될 수도 있다고 밝혔다. "집에서 아이와 지내는 데 어려움이 있었던 우리 반 학생의 한 부모는 집에서 일어난 일을 이메일로 상

그림 3.6   일일 행동보고 카드

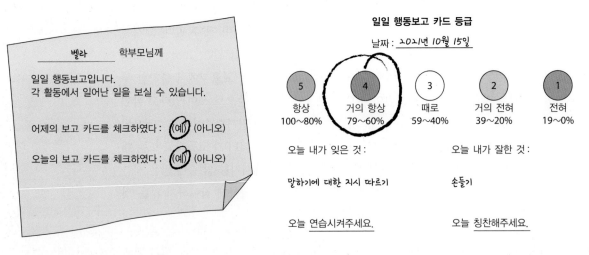

출처 : Electronic Daily Behavior Report Card (E Dbrc): A Web Based System for Progress Monitoring by Tufan Adiguzel, Denise Soares, and Kimberly Vannest. Copyright ⓒ 2011 by Adiguzel, Soares, and Vannest의 허락하에 사용함.

세히 적어 내게 보냈고 나는 토요일 아침마다 그것을 읽고 답장을 보냈죠. 이 이메일이 우리가 노력한 것에 대한 기록이고 그 결과물이라고 볼 수 있죠. 우리는 이 정보를 팀 회의에서 검토하고 이후에 어떻게 협력해 나갈 것인지를 결정하는 데 활용했어요."

해피그램과 성과 편지   가정-학교 간 서면 메시지의 가장 쉽고 빠른 형태는 아동이 학교에서 행한 긍정적인 일에 대해 짧게 메모하여 부모에게 알리는 것이다. 많은 교사들은 가정에 정기적으로 '해피그램' 같은 메모를 보내 부모들이 학교에서의 일에 대해 아동을 칭찬할 기회를 주고, 학교에서의 좋은 행동이 지속되도록 하고 있다. 아동이 이룬 특별한 성취나 중요한 발달과업에 대한 자세한 내용을 적은 편지는 협력관계를 구축하는 데 아주 좋은 방법이다(교수와 학습 '부모 감사 편지' 참조).

학급 소식지와 웹사이트   학급 소식지와 웹사이트는 가정-학교 간 의사소통을 촉진하는 부가적인 방법이다. 학급 소식지를 함께 만들거나 웹사이트를 설계하는 것은 많은 일을 필요로 하지만 노력할 만한 가치가 있다. 최근에 교사들은 대부분 컴퓨터를 사용한다. 매달 1~3쪽 분량의 학급 소식지를 통하여 회의에 출석하지 않은 부모에게 전화상으로 전달하기 힘든 상세한 정보를 전달할 수 있다. 또한 학급 소식지는 여러 가지 활동에 참여하는 부모를 인정할 수 있는 최상의 방법이다. 학급 소식지나 웹사이트를 이용하여 교사는 학생들의 글짓기나 소식, 사진 등을 알릴 수 있고, 수업을 즐거운 학습활동으로 만들 수도 있다. Englund(2009)는 부모가 자녀의 진전에 대한 e-포트폴리오를 볼 수 있는 웹사이트를 구축하는 절차에 대해 상세히 소개하였다.

교수와 학습

부모 감사 편지
By Jill C. Dardig

부모 감사 편지란 가끔 나는 학생으로부터 고맙다는 메모를 받는다. 과거에는 손편지였는데 최근에는 거의 이메일 형식으로 받는다. 형식이 무엇이든 상관없이 이러한 편지를 받는 것은 나를 매우 고무적으로 만들어 긍정적인 기운이 감돌게 한다!

양육하기는 가르치기 만큼이나 도전적이고 소모적인 일이며 특히 장애아동을 양육하는 것은 더 많은 에너지와 집중적인 지원을 필요로 한다. 더욱이 많은 장애아동 부모들이 학교로부터 자녀와 관련된 부정적인 편지와 전화를 받은 경험이 있을 것이다. 이럴 때마다 부모들은 자녀가 처한 어려움이 제대로 반영되지 않았다고 느끼면서 양육에 대해 더 스트레스를 받게 된다.

장애아동 부모의 노력과 인내 그리고 성공에 대해 감사함을 표현하기 위해 교사는 무엇을 할 수 있을까? 부모 감사 편지를 통해 크든 작든 간에 자녀의 성취를 알리고 자녀가 조금씩 앞으로 나아가는 기쁨을 나누면서 이렇게 되기까지의 부모의 공을 치하하고 축하하는 것은 매우 좋은 방법이 될 수 있다(그림 3.7 참조).

감사 편지를 어떻게 쓰는가 '특별 성과 차트'를 만들라(그림 3.8 참조). 학급의 모든 학생에 대해 특별한 성취를 진행형으로 기록하는 '특별 성과 차트'를 클립보드나 노트에 만들어 교실에 비치한다.

그림 3.7 부모 감사 편지

Wingate Middle School
123 Lone Pine Road Anytown, OH 512-555-1908

디아즈 부처께

저는 지난 몇 주 동안 리가 매우 자랑스러웠습니다! 그는 자신의 갈등 상황에 대처하는 방법이나 문제를 해결하는 방법에 있어 지속적인 발전을 보였습니다.

어떨 때는 리가 어려운 과제에 도전하여 좀 더 쉽게 완성하기 위해 옆의 영역으로 조용히 이동하기도 하였습니다. 그런 후에 다시 스스로 건너뛴 영역으로 돌아가 문제를 해결하기도 하였습니다.

또 어떨 때는 리가 공손히 저에게 도와줄 것을 요청하였고 저는 기쁜 마음으로 그를 도와주었습니다.

최고의 순간은 리가 어려운 사회적 상황에서 학우에게 조용히 하고 진정하라고 격려한 일입니다.

리가 가정과 학교 모두에서 행동을 잘 할 수 있도록 지원해주신 부모님께 감사드립니다. 리의 이러한 진전을 볼 때 내년에 가게 될 고등학교에서의 적응도 문제가 없을 것으로 보입니다.

진심을 다하여.

요코 맥쿠이

특수교육 교사
ymccoy@wingate.K12.org

출처 : Jill C. Dardig의 허락하에 사용함.

그림 3.8　특별 성과 차트

학생	성과와 의미	날짜	부모 발송 여부
로라-유치원	쉬는 시간 전에 휠체어에서 도움 없이 빠르게 외투를 입음. 이것은 작은 일 같아 보이나 독립성을 기르기 위한 일보 전진이며 나이에 어울리는 행동임	10/6	예, 10/6
마사-2학년	알려주지 않아도 매일 보청기를 스스로 착용하고 볼륨을 적절히 맞추어 유지할 수 있음. 이로써 지시와 수업내용을 이해할 수 있음. 이번 주에 모든 것이 완벽했음	10/6	예, 10/6
아키라 -4학년	받아쓰기 향상 : 지금까지 어려워했던 심화 학년수준 검사에서 3주 연속 100% 나타냄. 매일 학교와 집에서 학업에 전념하는 태도를 보였고, 정규반 담임교사도 이러한 변화를 언급함	10/6	아니요
카를로 -7학년	방향정위와 이동성 : 카를로는 지팡이를 이용하여 혼자서 학교 건물의 다른 층에 있는 특수학급에서 통합학급으로 잘 이동했음. 집과 지역사회에서 독립적 이동 연습을 하고 있는 것으로 알고 있음. 그는 자신의 성취를 자랑했고 화장실이나 식당 등 어디나 누군가의 도움이 더 이상 필요하지 않을 것 같다고 말했음	10/9	아니요
리-8학년	사회적 행동 : 주어진 과제가 어려울 때 적절한 선택을 하고(조용히 다음 내용을 먼저 하고 어려운 문제로 돌아옴), 다시 시도하여 성공함. 어떤 때는 교사에게 공손히 도움을 구하기도 함. 또한 학급 친구가 적절한 선택을 하도록 도움. 이러한 행동은 고등학교의 다음 학년에서도 잘 작동할 것으로 보임	10/15	예, 10/15
브랜든- 고등학교 2학년	직업 : 양로원에서 상주자들에게 점심을 제공하는 속도와 정확도가 증가함. 30분 내에 전체 층에 점심을 제공하고 일부 상주자들과 친절한 대화를 할 시간도 가짐(상주자들이 브랜든과 그의 유머를 좋아하고 고마워함). 담당 감독관으로부터 극찬을 받았음	10/16	예, 10/19
조던- 고등학교 3학년	은행계좌에 대한 수학 조에서 탁월함. 이러한 기술은 가까운 장래에 매우 유용한 기술이 될 것임. 조던은 실제 은행계좌를 가지고 예산을 다루는 것에 대해 더 많이 배우고 싶다고 했음	10/16	아니요

출처 : Jill C. Dardig의 허락하에 사용함.

매주 혹은 2주마다 이 차트를 이용하여 부모에게 편지를 보낼 1명 이상의 학생을 선정하라. 편지에는 목적을 써야 한다. 학생의 성취를 명시하고 작은 것에도 관심을 보이며 이러한 성취의 중요성을 설명한 후 자녀가 학교에서 성공적인 수행을 할 수 있도록 부모가 도와준 것에 대해 감사함을 전한다. 또한 현재의 성취와 미래의 성공 간 연관성에 대해서도 언급한다. 만일 우편이나 학생을 통해 (이메일이 아닌) 감사편지를 보냈다면 학생이 우리집 냉장고 문에 모두가 볼 수 있도록 편지를 붙여놓았다고 말할지도 모른다.

전화 의사소통

전화 통화　정기적인 전화 통화는 가정-학교 간 의사소통을 유지하며, 부모 참여를 위한 효과적이고 능률적인 방법이라 할 수 있다. 아동의 긍정적인 성취에 대한 간략한 대화는 부모와 교사가 아동의 성공에 대한 공감대를 형성하게 하고, 서로의 수고를 인정하게 해준다. 교사가 걸어오는 짧고 긍정적인 전화 통화는 학교에서 걸려오는 전화에 대한 부모의 공포감을 줄여줄 수 있다. 교사는 최소한 2~3주에 한 번씩 부모에게 전화하는 시간을 마련해두어야 한다. 언제가 가장 통화하기 좋은 시간인지를 부모에게 물어놓으면, 스케줄이 정기적으로 계획되어 잊어버리지 않고 전화 통화를 할 수 있다.

음성메일과 상담전화　음성메일과 상담전화는 저렴한 가격으로 가정-학교 간 의사소통을 편리하게 해

그림 3.9 부모나 가족과의 의사소통을 위한 10가지 지침

1. **아동의 요구와 그것이 충족되어야 한다는 사실에 대해 부모보다 더 많이 안다고 생각하지 마라.** 그러한 태도를 가지면 유용한 정보를 얻을 기회를 놓치게 될 것이다.

2. **전문용어를 사용하지 마라.** 전문용어로 장식된 언어를 구사하는 교육자는 부모(다른 누구와도)와 효율적으로 의사소통하기 어렵다. 일상의 언어로 명확하게 말하고 특수교육의 알파벳 용어(예 : FAPE, IFSP, MFE)를 사용하지 마라.

3. **부모나 가족에 대해 쉽게 가정하거나 일반화하지 마라.** 부모가 당연히 적응의 마지막 단계에 있고 따라서 초기 형태의 지원이나 프로그램이 필요할 것이라고 생각하지 마라. 진심으로 아버지나 어머니의 감정과 소망이 무엇인지에 관심이 있다면 물어보아야 한다.

4. **부모와 가족의 문화적·언어적 배경에 민감하고 반응적이어야 한다.** 다양한 문화와 민족의 가족이 원하는 정보와 지원 서비스가 변화하고 있고, 교육자는 이러한 차이에 민감하게 대처해야 한다.

5. **방어적이거나 위협적이지 말아야 한다.** 그렇지 못하다면 장애아동의 부모 되기가 어떤 것인지 결코 알 수 없을 것이다. 이것은 당신이 매일매일 하는 당신의 직업이다. 가족에게 당신이 알고 있는 지식과 기술을 제공하고 그들의 정보를 수용하라.

6. **필요하다면 가족을 다른 전문가에게 의뢰하라.** 당신은 교사로서 아동의 교육적 진전을 위해 부모나 가족과 상호작용하는 것이다. 당신은 커플매니저나 치료사 혹은 재정상담사가 아니다. 부모나 가족 구성원이 특수교육적 서비스가 아닌 것을 필요로 한다면 그것을 도와줄 다른 전문가나 기관에 의뢰하라.

7. **부모가 현실적인 낙관주의자가 되도록 도와라.** 장애아동과 가족은 비관적이거나 장애의 의미를 경시하는 전문가로부터 아무것도 얻지 못한다. 부모가 자녀의 미래를 위해 분석하고 계획하고 준비하도록 도와라.

8. **부모가 성공할 수 있는 무언가로 시작하라.** 부모가 집에서 자녀를 위해 무언가를 하려고 할 때 어려운 교재를 주거나 복잡한 방법을 알려줌으로써 실패하지 않도록 하라. 부모와 아동에게 보상이 될 수 있는 간단한 것부터 시작하라.

9. **부모가 싫다고 말할 수 있는 권리를 존중하라.** 대부분의 교육자들은 자신이 알고 있는 것을 공유하고자 하고 가족의 계획을 돕고자 하며 공유된 교육목표를 실행하고자 한다. 그런데 전문가들은 때로 "가족의 보다 기본적인 욕구를 인지하지 못한다. 그중 한 가지는 전문적 지원자를 필요로 하지 않는다는 것이다! … 부모와 가족 구성원은 혼자 있고 싶을 때가 있다."(J. S. Howard et al., 2005, p. 124)

10. **'모르겠다'고 말하는 것을 두려워하지 마라.** 때로 부모는 당신이 답할 수 없는 것을 물어보거나 당신이 제공할 수 없는 것을 요구한다. 진정한 전문가란 전문성의 한계를 알고 도움이 필요한 때를 아는 것이다. "모르겠다."고 말하는 것은 괜찮다. 부모는 당신을 더욱 괜찮은 사람으로 생각할 것이다.

줄 수 있는 방법이다. 상담전화에 매일 메시지를 녹음시켜놓음으로써 비용에 비해 상대적으로 많은 정보를 부모에게 줄 수 있다. 부모는 하루 24시간 언제든지 편리할 때 메시지를 확인할 수 있다. 녹음된 메시지로 학교 소식, 각 학급 간의 소식, 숙제와 관련된 유용한 소식(예 : 이달의 인물)(Dardig, 2008), 집에서 아동에게 해줄 일에 대한 제안 등을 제공할 수 있다(Heward et al., 1991). 부모도 메시지를 남겨 질문을 하거나 교사를 위한 의견이나 제안 등을 제공할 수 있다.

부모-교사 간 의사소통이나 문화적 경험과 언어의 차이와 상관없이 교육자는 부모나 가족과의 상호작용에서 그림 3.9에 제시된 것과 같은 권고사항을 따라야 한다. 이러한 10가지 지침과 앞서 언급된 의사소통의 전문가 장벽을 대조해보라.

다른 형태의 부모 참여

학습목표 3.5 장애아동의 부모 참여를 위한 다양한 전략에 관하여 토론할 수 있다.

Lim(2008)은 부모 참여를 "학교에서 제공하고 권하는 모든 활동 그리고 아동의 학습과 발달을 위한 작업에서 부모에게 권고되는 모든 활동"(p. 128)으로 정의하였는데, 이 정의는 부모 참여가 활성화되고 아동에게 득이 되는 일에 초점을 맞춘다는 점에서 의미가 있다. 아동의 교육적 이득이라는 일반적인 목적을 가진 부모 참여는 세 가지 다른 형태, 즉 교사로서의 부모, 부모 교육과 훈련 프로그램, 지원단체로 요약된다.

교사로서의 부모

장애아동은 가정과 지역사회의 일상생활에서 중요한 기술을 배울 수 있는 충분한 연습과 피드백의 기

회를 얻지 못한다. 이 때문에 장애아동의 부모는 가정에서 자녀를 체계적으로 가르치는 일을 해왔다. 특별히 전 세계적으로 전염병이 유행하는 시점에서 부모는 자녀가 장애가 있든 없든 자녀 양육에 더 많은 역할을 해야만 한다(교수와 학습 '교사로서의 부모' 참조).

자녀의 교사나 학교에서 제공되는 체계적인 가정 개별지도 프로그램에 참여한 대다수의 부모는 프로그램에 참여했던 것이 자신과 자녀에게 긍정적인 경험이었다고 밝혔다. 한 아동의 부모는 다음과 같이 보고하였다. "우리는 이야기 시간에 M을 가르치는 것이 정말 즐거웠고, M도 우리와 함께하는 것을 즐거워했어요. M은 아주 빨리 익혀 나갔고, 우리는 M의 진전을 보면서 행복했고 자랑스러웠습니다. 우리는 M 이외에 2명의 자녀가 더 있는데, 이 프로그램에 참여하는 동안 오직 M과 함께 시간을 보낼 수 있었습니다."(Donley & Williams, 1997, p. 50).

가정에서 자녀를 지도하기 원하는 부모는 도움을 받아야 한다. 그러나 교사는 모든 부모가 가정에서 자녀를 지도하기 원한다고 생각해서는 안 된다. 일부 부모는 가정에서의 개별지도가 가족의 삶의 질에 부정적인 영향을 미친다고 생각한다(Parette & Petch-Hogan, 2000). 또 어떤 부모는 지도에 필요한 기술을 배우고 사용할 시간이 없을 수도 있다. 전문가는 이러한 상황을 부모가 자녀를 충분히 돌보지 않는 것으로 해석해서는 안 된다.

부모 교육과 훈련 프로그램

부모 교육은 새로운 것이 아니다. 이와 관련된 프로그램은 이미 1800년대 초에 찾아볼 수 있다. 그러나 장애아동 교육에 있어 부모 참여의 결과로서 보다 많은 프로그램들이 부모를 위해 그리고 부모에 의해 제공되었다. 부모 단체들은 다양한 목적을 가지고 있다. 즉, 새 학교 정책의 보급, 부모가 가정에서 이용할 수 있는 교수자료들을(예 : 수학 연습 게임) 만들기 위한 워크숍 개최, IEP/IFSP 계획에 참여하거나 아동행동 관리에 관한 프로그램을 위한 것 등이 있다. 체계적인 부모 교육, 특히 아동과의 상호작용 방법을 가르친 프로그램의 장점이 연구를 통해 밝혀졌다(Bearss et al., 2015; Schultz et al., 2011). 교사는 부모가 가정에서 자녀의 행동문제로 힘들어할 때 올바른 안내를 해줄 수 있는 위치에 있는 사람이다. The Kazdin Method(Kazdin, 2009), Incredible Years(http://www.incredibleyears.com), RAPID Skills Training(Simmons, 2019) 등은 훌륭한 부모 훈련 프로그램이다. 부모 훈련 프로그램은 교사나 다른 전문가(예 : 지역사회 소셜워커)가 운영하지만 부모 스스로도 할 수 있다(예 : 부모가 무료 온라인 코스에 가입하거나 양육기술에 관한 매뉴얼을 구매할 수 있음).

교사는 가족에게 학생의 학습을 강화하는 자원과 지원을 제공할 수 있다.

부모 지원 단체

장애가 있는 자녀를 둔 많은 부모들이 양육을 서로 지원하기 위해 연결될 기회를 원한다(Hsiao, 2018). 교사는 부모와 함께 이러한 비형식적인 단체를 만드는 일을 하거나 부모와 부모(P2P USA, 2018) 같은 기존의 프로그램에 부모가 연결되도록 도울 수 있다. 부모와 부모는 장애아동 부모가 비슷한 환경이나 문제를 경험했던 부모로부터 지원받을 수 있는 기회를 제공함으로써 서로 믿을 만한 동맹이 되도록 돕는다. 경험이 풍부한 훈련된 '지원 부모'는 신입 부모와 일대일로 짝지어진다.

부모지원 단체를 만들고자 하는 교사는 부모를 계획과 실행에 가능한 한 많이 참여시켜야 한다(Kroth & Edge, 2007; Turnbull

교수와 학습

교사로서의 부모

가정 중심으로 부모가 튜터링을 잘 수행하면 이것은 아동의 교육적 진전을 이루어낼 수 있고 아동과 부모 모두에게 기쁨을 줄 수 있다.

교사로서의 부모 프로그램은 무엇인가   부모가 체계적으로 자조와 일상생활 기술을 가르치고(예 : Cavkaytar & Pollard, 2009), 숙제를 보조해주며(Patton et al., 2001), 학교에서의 교육을 보충하기 위한 가정 중심의 학업교수를 제공하거나(McConnell & Kubina, 2016; Resetar et al., 2006), 언어와 의사소통 기술을 가르칠 수 있다면(Cooke et al., 2009; Park, Alber-Morgan, & Cannella-Malone, 2011) 부모는 자녀의 가정교사가 될 수 있다. 교사는 부모에게 튜터링 기술을 훈련시키고 가정에서 사용할 수 있는 교재교구를 제공하여 부모가 가정에서 튜터링을 시도하도록 지원함으로써 가정교사로서의 부모 프로그램을 개발할 수 있다.

교사로서의 부모 프로그램은 어떻게 계획하는가   학생의 부모가 가정에서 자녀를 튜터링하도록 도우려는 교사는 부모에게 다음의 지침을 제공해야 한다.

- **회기를 짧게 하라.**   주당 3~4일, 회기당 10~20분을 목표로 하라.
- **긍정적인 경험을 만들라.**   부모는 자녀의 시도를 칭찬해야 한다.
- **자녀가 반응할 기회를 자주 제공하라.**   교재교구와 활동은 부모의 설명과 시범에 아동이 수동적으로 참여하도록 요구하는 것이 아닌, 아동으로부터 수많은 반응을 불러일으키는 것이어야 한다.
- **자녀에게 보이는 반응을 일관성 있게 유지하라.**   부모는 자녀의 올바른 반응을 칭찬하고(자녀의 교육 수준에 맞는 교재교구가 사용되어야 함), 잘못된 반응에 대해 일관적이고 무감정적인 반응(예 : "그 단어를 다시 한 번 같이 읽어보자.")을 보임으로써 가정에서의 교육활동이 잘못될 때 발생할 수 있는 부정적인 결과와 좌절을 예방할 수 있다.
- **학교에서 배운 기술을 연습하고 확장하는 기회로 삼아라.**   예를 들어, 보드게임을 할 때 학교에서 배운 단어나 철자를 포함하여 질문하거나(Wesson et al., 1988), 플래시 카드로 숫자를 연습한다.
- **기록하라.**   교사도 그렇지만 부모도 자료 없이는 튜터링의 효과를 정확하게 알 수 없다. 주관적 의견만으로 평가한다면 매일의 기록을 통하여 부모와 아동 모두 진전을 한눈에 알 수 있다. 대부분의 아동은 안내 교수와 진전에 대한 기록물로써 진전을 이루고, 아마도 이것은 부모가 자녀에 대한 새롭고 긍정적인 면을 볼 수 있는 기회가 될 것이다.

부모 튜터링 기록

날짜 : 2021년 10월 15일   과목/활동 : 수학/덧셈 카드
우리의 목표 : 1분에 30점
지금까지의 1분 최고점 : 1분에 17점
지난 회기 점수 : 1분에 15점

오늘의 목표와 결과

- 수행 목표 : 10분 동안 과제수행 실시   충족했는가? (예) 아니요
- 점수 : 20점   결과 : 2!(야호!!)   도표화했는가? (예) 아니요

카르멘의 보상

- 수행 : 보너스 토큰 5개
- 점수 : 보너스 토큰 5개
- 두 가지 목표 충족 : 보너스 토큰 10개 + 영화시간 15분

et al., 2015). 교사는 부모가 단체에 요구하는 것을 결정하기 위해 개방적, 폐쇄적 사정 절차를 모두 활용할 수 있다. 개방형 요구 사정은 다음과 같은 질문으로 구성된다.

자녀를 위해 가족들이 가장 좋다고 정한 시간은 우리가 _____ 할 때이다.

나는 아이와 함께한 _____ 시간을 결코 잊지 못할 것이다.

아이를 데리고 가게에 갔을 때, 나는 아이가 _____ 할 것이라는 것에 신경이 쓰인다.

장애가 있는 자녀를 둔 것에 대해 가장 어려웠던 점은 _____ 이다.

나는 _____ 에 대해 더 많이 알았으면 좋겠다.

폐쇄형 요구 사정은 다양한 목록을 제시해놓고 부모들이 더 배우고 싶어 하는 주제를 선택하게 하는 것이다. 예를 들면 주제 목록(예 : 취침시간 행동, 형제자매와의 상호작용, 숙제, 친구 사귀기, 장래 계획하기)을 주고, 부모에게 문제가 되는 것에 표시하고, 어떤 주제가 주된 관심사이며 흥미가 있는지 표시하도록 한다. 부모와 가족의 요구와 선호도 역시 개방형 및 폐쇄형 문항을 조합한 도구로 평가할 수 있다(Matuszny et al., 2007).

부모 참여 정도

어떤 좋은 개념에 도취되면 사안의 한쪽 측면만을 보기 쉬운데 부모 참여나 가족 참여와 같이 긍정적인 측면이 많이 부각된 경우에 더욱 그러하다. 그러나 장애아동의 교육이나 서비스에 관여하는 사람이라면 누구나 부모 참여의 한쪽 측면만을 보아서는 안 될 것이다. 부모 참여를 위해서는 부모가 부가적인 노력으로 극복해야 하는 문제들이 있다. 즉, 부모가 가정 중심 개별지도 프로그램이나 부모 교육 단체에 참여하기 위해서는 많은 시간과 에너지가 요구되는데, 이것은 때로 가족 구성원 사이에 스트레스를 유발하기도 하고, 성과가 좋지 않을 경우에 부모는 죄책감을 갖게 될 수도 있다(Callahan et al., 1998; Turnbull et al., 2015).

Kroth와 Edge(2007)는 부모 참여를 위한 '거울 모델'을 제시했다(그림 3.10 참조). 이 모델은 장애아동 부모가 특수교육 전문가들로부터 받을 서비스뿐만 아니라 그들에게 제공할 많은 정보를 가지고 있다는 것을 전제하고 있다. 즉, 부모에게 자신들이 필요한 서비스가 무엇인가를 결정하는 일과 자신들이 어떤 서비스를 전문가들에게 제공해야 하는가를 결정하는 일 등 두 가지 모두에 대한 직분을 부여하는 것이다. 이 모델의 상위 절반 부분은 전문가들이 부모와 자녀를 도울 수 있는 정보, 지식, 기술을 가지고 있다고 가정한다. 하위 절반 부분은 부모가 전문가와 자녀를 도울 수 있는 정보, 지식, 기술을 가지고 있다고 가정한다. 이 모델은 모든 부모가 전문가들이 제공하는 모든 것을 필요로 하는 것은 아니며, 부모가 모든 것을 제공해야만 하는 것은 아니라는 것을 전제하고 있다. 정보를 얻거나 제공하는 일에는 모든 부모가 의무적으로 참여할 것이고, IEP 계획에는 대부분의 부모가 적극적으로 참여하게 될 것이며, 워크숍이나 부모 교육 단체에는 보다 적은 수의 부모가 참여하게 될 것이다.

부모와 가족은 아동의 인생에서 가장 중요한 사람들이다. 기술을 갖춘 포용력 있는 교사는 그다음으로 중요하다. 교사와 부모 그리고 가족이 함께 일하는 것은 장애아동의 삶에 의미 있는 차이를 만들어 낸다.

그림 3.10 부모 참여를 위한 거울 모델

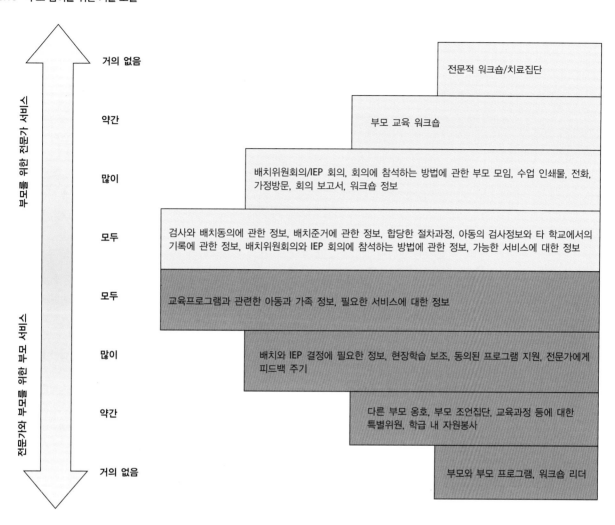

출처 : "The Mirror Model of Parental Involvement" by R. L. Kroth (1980) *Pointer*, *25*(1), 18-22) and *Communicating with parents and families*, 4th Edition, by R. L. Kroth and D. Edge. Copyright ⓒ 2007 by Kroth and Edge.

우수교사로부터의 조언   by Joshua Hoppe

부모 및 가족과 협력하라

가장 유능한 특수교육 교사는 학생의 가족과 강하면서도 편안한 파트너십을 만들고 조성하는 사람이다. 그들은 라포를 형성하고, 진정으로 들어주고 의사소통하며, 가족이 자녀에게 바라는 점을 존중해줌으로써 이러한 파트너십을 조성한다.

의미 있는 의사소통을 촉진하라

- **주도권을 가지라.** 열린 의사소통을 유지하는 것이 여러분의 직업임을 생각하라. 학교에서 무슨 일이 일어났는지를 부모에게 알리고 가정에서 어떻게 지내는지를 알아

Joshua Hoppe

보기 위해 전화를 이용하라. 만일 부모가 여러분이 자신과 자신의 자녀에게 신경을 쓰고 있다고 느낀다면 여러분은 파트너십을 잘 조성하고 있는 것이다.

- **매일 솔직한 언어를 사용하라.** 내가 처음으로 교사를 시작했을 때 나는 내 역할이 부담스러웠다. 부모와 이야기할 때 유식하고 권위적으로 보이기 위해 전문용어를 많이 사용했다. 이것은 의사소통의 장애물이 되었다. 여러분이 말하고자 하는 것을 알리기 위해 학교에서 배웠던 핵심적인 개념과 틀을 빌리되 현실적 대화체로 부모에게 말하라.

- **부모가 말하는 것을 모두 들어라.** 부모는 어느 누구보다 자녀에 대해 잘 안다. 그들의 말을 잘 들으면 여러분은 많은 정보를 얻게 될 것이다. 여러분이 정말로 자신들의 말을 잘 들어준다고 느낄 때 그들은 자녀의 미래에 대한 자신의 꿈과 관심을 편안하게 이야기할 수 있을 것이다.

- **필요하다면 통역사를 부르라.** 여러분이 부모의 모국어로 의사소통할 수 없다면 그것이 가능한 누군가를 찾아라. 나는 필리핀에서 온 부모와 의사소통하는 데 도움을 준 필리핀 사람을 만날 수 있어서 행운이었다. 만일 여러분이 쉽게 이러한 자원을 구하지 못한다면 확장해야 할 것이다. 직접적인 자원을 조사하고 통역사를 찾아라.

가족의 문화적 신념과 실제를 존중하라

- **문화적 차이가 가족의 학교 활동 참여에 얼마나 영향을 미치는지를 배우고 적용하라.** 내 학생 중 한 명은 종교적 신념으로 생일이나 경축일을 축하하지 않았다. 나는 경축일의 주제를 다루는 활동을 배제하거나 다른 학생들이 그 활동을 즐길 때 해당 학생을 제외시키기보다는 학생의 어머니에게 이야기하여 함께 참여하도록 권했다. 우리는 가족의 종교적 신념과 관련되는 활동을 계획할 때마다 가족이 불편해하는 어떤 것이 있다면 그것을 수정하여 적용하도록 타협점을 찾기로 했다. 예를 들면 다른 아동들이 부활절 바구니를 만들 때 해당 아동은 봄 바구니를 만들도록 하는 것이다.

- **문화적 차이가 부모의 지각에 어떻게 영향을 끼칠 수 있는지를 이해하라.** 내게는 충동성과 부주의가 과제수행을 심각하게 방해하는 학생이 있었다. 의사는 약물을 권했지만 그의 어머니는 약물을 복용하게 하는 것은 아들을 악마에게 넘기는 것이라는 문화적 신념 때문에 거절하였다. 비록 나는 그녀의 신념에 동의하지 않았으나 그녀의 신념을 존중하여 환경적 지원을 제공했고 적절한 행동 형성을 위한 다른 방법을 모색했다. 지금은 그 후로 몇 년이 지난 시점인데, 그녀의 아들은 약물 없이도 훌륭한 진전을 이루었다.

- **문화적 실제를 존중하는 선을 긋고 타협점을 찾아라.** 한 학생의 가족은 물건으로 아동을 때리는 훈육에 관한 문화적 신념이 있었다. 그 소년의 극심한 도전행동은 가족을 좌절시키고 어마어마한 스트레스를 주었는데, 그들은 집에서 그의 행동을 통제하기 위해 이 방법을 썼다. 학생이 타박상을 입고 학교에 왔을 때 나는 중재를 해야만 했었다. 나는 아동보호 서비스에 전화를 걸었고 학교 측에서도 개입하였다. 우리는 훈육에 관한 그녀의 문화적 관점이 그녀의 권리이긴 하지만 학생이 타박상을 입은 채로 학교에 나타난 것은 선을 넘은 것임을 설명할 수 있었다. 나는 해결책을 찾기 위해 가족과 고심하였다. 우리는 학생이 자신의 행동에 대해 스스로 평가할 수 있는 자기점검 양식을 개발하였다. 나는 학생에게 학교에서 양식을 사용하는 법을 가르쳤고 학생은 매일 그것을 집으로 가지고 가서 어머니의 사인을 받았다. 학생이 하루 종일 행동을 잘하면 집에서 보상을 받았다. 만일 어떤 도전행동을 하면 그날 저녁에는 집에서 좋아하는 활동을 할 수 없었다. 이러한 중재를 그녀의 양육 스타일에 접목하여 이 어머니는 행동의 바람직한 변화를 성취하기 위한 좀 더 긍정적인 강화를 신뢰할 수 있었다.

핵심용어와 개념

문화적 상호교류   양육안식 프로그램   지식 펀드

요약

가족 참여를 위한 지원

- 특수교육에서 부모 및 가족 참여를 강조하는 세 가지 요인은 부모 옹호, 효율성을 증대시키기 위한 교육자들의 열망, 입법 요구이다.
- 성공적인 부모-교사 간 협력관계는 전문가와 부모에게 득이 되지만 가장 중요한 것은 아동에게 득이 된다는 점이다.

장애아동 가족의 이해

- 가족은 여러 세대 간 역학적 체계이며 아동과 체계 내 다른 사람들은 서로 영향을 미치는 관계에 있다. 교사는 아동의 장애가 가족 체계와 부모 역할에 어떤 영향을 미치는지 알아야 한다.
- 많은 부모가 장애를 가진 자녀의 출생이나 자녀의 장애 진단에 적응하면서 비슷한 감정과 도전을 경험한다(예 : 쇼크, 거부, 슬픔, 후회, 옹호, 감사).
- 불확실성의 시기를 지낸 후에는 대부분의 장애아동 가족들이 힘과 탄력성, 건강한 가족 기능을 회복하고 자녀의 요구를 충족시킬 수 있는 무엇이든지 하고자 한다.
- 장애아동의 부모는 최소한 아홉 가지 역할과 책임을 수행하는 데 양육자, 부양자, 교사, 상담가, 행동지원 전문가, 비장애 형제자매의 부모, 배우자, 정보 전문가 및 훈련자, 학교 및 지역사회 서비스를 위한 대변자가 그것이다.
- 전문가와 가족이 가지는 문화적 신념과 언어적 관습의 차이는 흔히 부모 참여의 장벽으로 작용한다.
- 아동의 장애는 가족 각각의 생애주기에서 서로 다른 방법으로 부모와 형제에게 영향을 미친다.
- 양육안식 프로그램(가족이 아닌 사람이 장애아동을 임시로 돌보는 것)은 중도장애아동의 가족을 위한 중요한 지원이다.

가족-전문가 간 협력관계 형성과 유지

- 자신과 다른 인종이나 문화를 가진 사람들과의 견해 간 차이를 이해하는 것은 우리 자신의 문화적 배경과 신념 체계에 대한 신중한 검토를 필요로 한다.

- 교사와 부모 간 효과적인 의사소통을 위한 다섯 가지 원칙은 부모의 진술 수용하기, 적극적으로 듣기, 효과적으로 질문하기, 격려하기, 초점 맞추기이다.
- 부모 및 가족과의 의사소통에 있어 장애물로 작용하는 전문가의 태도나 행동은 부모가 요구하는 서비스와 정보에 관한 가정을 하는 것, 부모를 파트너가 아닌 환자나 적으로 보고 위협하는 것, 전문가적 거리를 유지하는 것, 부모는 상담이 필요한 사람이라고 여기는 것, 자녀의 장애나 수행에 대해 부모를 나무라는 것, 부모의 제안을 무시하는 것, 부모는 이러해야 한다고 전문가가 믿고 있는 대로 부모가 행동하지 않는다고 낙인찍는 것이다.
- 대화는 양자가 서로의 관점을 알 수 있는 갈등해결 접근방법이다.
- 가정-학교 간 의사소통의 가장 일반적인 방법은 부모-교사 회의, 서면 메시지, 전화 통화, 음성메일, 상담전화 등이다. 교사는 가족과 의사소통하기 위해 학급 소식지, 웹사이트, 이메일 등을 효과적으로 사용한다.
- 장애아동 부모와의 의사소통을 위한 10가지 지침은 다음과 같다.
  - 여러분이 부모보다 아동에 대해 더 많이 알고 있다고 예단하지 마라.
  - 전문용어가 아닌 평범한 일상의 말로 대화하라.
  - 가정이나 일반화를 삼가라.
  - 문화적·언어적 차이에 민감하고 반응적으로 되어라.
  - 부모에게 방어적이거나 위협당하지 마라.
  - 필요하다면 가족을 다른 전문가에게 의뢰하라.
  - 부모가 현실적 낙관주의가 되도록 도와라.
  - 부모가 성공할 수 있는 무엇인가로 시작하라.
  - 부모에게 '아니요'라고 말할 권리를 허락하고 존중하라.
  - '잘 모르겠어요'라고 말하는 것을 두려워 마라.
- 많은 부모가 장애 자녀를 가르치는 일을 도울 수 있다.
- 부모 지원 및 교육프로그램을 계획하고 운영하는 일은 부모와 전문가가 함께 참여해야 한다.

- 부모와 부모 단체는 장애 자녀를 위한 부모 역할을 처음 시작하는 부모에게 비슷한 상황과 도전을 경험했던 부모를 연결해 주어 지원을 돕는다.

- 부모 참여에 대한 거울 모델은 전문가가 제공하는 모든 것을 모든 부모가 필요로 하는 것은 아니며 부모는 모든 형태의 학교 행사에 참석해야 하는 것은 아니라고 전제한다.

특수아동의 교육적 요구

CHAPTER 4

지적장애

SolStock/E+/Getty Images

 주요 학습목표

4.1 지적장애를 진단하고 판별하는 데 사용되는 세 가지 중요한 기준을 제시하고, 지적기능과 적응행동을 평가하기 위하여 널리 사용되고 있는 검사 도구들의 이름을 말하고 설명하라.

4.2 지적장애의 일반적 특성을 기술하고, 이러한 특성들이 교육프로그램을 구성하고 실시하는 데 어떠한 관련이 있는지 설명하라.

4.3 지적장애 출현율이 학령기 때 교육구나 지역에 따라서 차이가 많이 나는 이유와 요인을 설명하고, 지적장애를 일으키는 원인에 대하여 몇 가지 제시하고 설명하라.

4.4 지적장애학생에게 교과기술, 기능적 기술, 자기결정기술 등을 가르치는 교수활동에서 핵심적인 요인들을 설명하라.

4.5 지적장애학생의 교육계획과 배치에 관련하여 고려되어야 하는 요소들은 무엇인지 설명하라.

학력, 자격증, 경력

- 메다일컬리지 응용범죄학 학사(2000)
- 드유빌대학 특수교육학 석사(2010)
- 뉴욕주 교사 자격(중등 특수교육, 중등 사회과)
- 교직 경력 12년

우수교사 사례

Keyonna D. Wilson

Madonna Wilburn

**Riverside Institute of Technology, Buffalo
Public Schools, Buffalo, NY**

특수교사가 되는 것은 가장 보람 있는 직업이다. 나는 학생들이 학교를 졸업하고 인생의 다음 단계로 나아가는 것을 보면 정말 뿌듯하다. 나에게 가장 특별한 순간은 내가 가르친 학생들이 졸업하는 것을 보는 것인데, 특별히 학생 자신이나 또는 주변 사람들이 거의 기대를 하지 않았던 학생이 모든 과정을 잘 마치고 졸업하는 것을 지켜보는 것이다. 나는 학생들이 글을 읽고, 에세이를 쓰고, 다른 학생들과 잘 어울리고, 남을 칭찬하고, 자기 의사를 표현하고, 취업을 하는 이 모든 과정을 잘 마치고 졸업할 수 있도록 교육하는 일에 보람과 성취감을 느낀다. 나는 학생들과 그들의 성취를 같이 축하하며 기뻐한다. 내가 학생들의 인생에서 중요한 성취를 하도록 도울 수 있다는 것에 큰 보람을 느낀다.

특수교육을 가르치는 일은 또한 매우 힘든 일이다. 특수교사는 많은 역할을 해야 한다. 교사로서뿐만 아니라 때때로 엄마나 누나, 아주머니, 교관, 상담가, 심리사, 성직자, 위로자, 영양사, 개그맨 등 다양한 역할을 해야 하는 것이다. 학생들이 무언가를 성취하기 위하여 도움을 필요로 할 때는 언제든지 특수교사는 최선을 다해야 한다.

작년에 나는 특수학급이나 일반학급의 협력교사로서 약 70명의 학생들을 가르치게 되었다. 올해는 지적장애, 학습장애, 주의력결핍 과잉행동장애(ADHD)를 가진 약 20명의 학생들을 특수학급에서 가르치고 있다. 내가 가르치는 학생들은 9학년부터 12학년 학생들인데, 나이는 14살부터 21살에 이른다. 그러나 학생들의 나이나 학년, 장애 정도에도 불구하고 내가 발견한 가장 효과적인 교수전략은 학생들로 하여금 교육활동에 적극적으로 참여하도록 하는 것임을 알게 되었다. 학생 참여는 모든 학생들의 성취에서 가장 근본적인 전략이다. 이러한 학생 참여를 높이기 위해 내가 가장 좋아하는 방법은 협동학습이다. 학생들이 협동학습에 참여하게 되면 수업내용을 배울 뿐만 아니라 다른 학생들과 협력하는 것을 배우고 재미도 더 느끼게 된다. 이러한 활동은 학생들에게 학습하려는 동기를 북돋우게 된다.

특수교육의 역사는 지적장애 교육 및 중재와 깊이 연관되어 있다. 미국에 세워진 최초의 공립학교 특수학급들은 지적장애학생들을 위한 것이었다. 그리고 특수교육을 지원하기 위하여 제정된 최초의 연방법도 지적장애아동을 가르치는 교사와 전문가를 교육하는 데 필요한 재정을 마련하기 위한 것이었다. 이 장에서는 지적장애의 복잡한 개념을 이해하는 데 필요한 여러 가지 중요한 요인들을 알아보고, 이어서 지적장애 교육을 발전시켜 온 최근의 교육적 실제에 대해서 살펴볼 것이다.

정의

학습목표 4.1 지적장애를 진단하고 판별하는 데 사용되는 세 가지 중요한 기준을 제시하고, 지적기능과 적응행동을 평가하기 위하여 널리 사용되고 있는 검사 도구들의 이름을 말하고 설명하라.

지금까지 지적장애 용어와 정의는 다양하게 제시되고 수정되고 논의되어 왔다. 옛날에는 인지기능에 심한 결함이 있는 사람을 백치(*idiots*, '공적인 일을 하지 못하는 사람'이라는 의미의 그리스어에서 유래)라고 불렀으며, 19세기에는 매우 심하지 않은 지적장애를 치우(*imbecile*, 박약하거나 약하다는 의미의 라틴어에서 유래)라고 하였다. 경도 지적장애 사람들에 대해서는 정신박약이나 얼간이라는 용어가 사용되었다(Clausen, 1967). 오늘날에도 지적장애에 대하여 낙인을 찍는 매우 부적절한 용어들이 의료 분야나 심리 또는 교육 분야에서 사용되는 경우가 있다. 얼마 전까지만 해도 정신결손(mental deficiency; Doll, 1941)과 그 후에는 정신지체(mental retardation; Heber, 1961)라는 용어가 적절하다는 생각으로 사용되었다. 최근 2007년에는 정신지체에 대한 연구와 교육, 예방 등에서 선구적 역할을 하는 '미국 정신지체협회(AAMR)'가 '미국 지적 및 발달장애협회(AAIDD)'로 이름을 바꾸었다. 따라서 이 책에서도 최근 특수교육에서 일관되게 사용하는 지적장애라는 용어를 사용하였으며, 특별히 다른 용어가 반드시 사용되어야 하는 경우는 제외하였다.

먼저 지적장애를 정의하고 분류할 때 가장 널리 사용되어 왔으며 지금도 많이 사용되고 있는 전통적인 관점, 즉 개인의 타고난 특질을 강조하는 관점에 대해서 살펴볼 것이다. 이어서 지적장애를 보는 가장 최근의 개념으로서 지적장애를 개인의 능력과 환경 간의 상호작용으로 보는 기능적 관점에 대해서 살펴보고자 한다.

미국 장애인교육법의 정의

미국의 장애인교육법에서 **지적장애**(intellectual disability)는 "현저하게 낮은 평균 이하의 지적기능과 함께 적응행동의 제한성을 보이는 것으로서 발달기 동안에 분명하게 나타나며, 아동의 교육수행에 부정적인 영향을 미친다."는 것으로 정의되어 있다(34 CFR, §300.8[c][6]).

이 정의는 지적장애에 대한 세 가지의 진단기준을 제시하고 있다. 첫째, '현저하게 낮은 평균 이하의 지적기능'이 반드시 증명되어야 한다. 그리고 현저하게라는 말은 표준화된 지능검사에서 지능이 평균으로부터 2 편차 이하의 점수를 의미한다(지능검사에서 70점 이하의 점수를 의미, 지능검사는 이 장의 뒷부분에서 설명함). 둘째, 일상생활기술에서 현저한 어려움이 있어야 한다(적응행동). 셋째, 지적기능과 적응행동의 제한성은 발달기 동안에 반드시 나타나야 한다는 것인데, 이는 지적장애와 다른 장애(예 : 외상성 뇌손상으로 인한 지적기능의 제한)를 구별하게 한다. 아동이 지적기능과 적응행동에서 실제적인 제한성을 보인다면, 미국 장애인교육법이 지적장애 정의에서 제시한 '아동의 교육기능에 부정적인 영향을 미치는 것'에 대한 기준에 자동적으로 부합한다.

미국 지적 및 발달장애협회의 정의

미국 지적 및 발달장애협회(AAIDD, 2019)의 지적장애 정의는 지적기능과 적응행동에서 유의미한 제한성을 보이며, 이러한 장애는 18세 이전에 나타나는 것으로 규정하고 있다. 이 정의가 이전의 전통적인 정의와 다른 점은 지적장애를 선천적인 특성이나 영구적인 상태로 보는 관점에서 벗어나 현재 환경에서의 아동의 기능성과 그 기능을 향상시키는 데 필요한 지원의 관점으로 보는 것이다. 다음의 다섯 가지 가정은 진단과 판별을 위하여 지적장애 정의를 적용할 때 필수적으로 고려되어야 한다.

비록 케이틀린은 생활기능의 몇 가지 영역에서는 집중적인 지원이 필요하지만 어떤 영역에서는 단지 제한적인 지원만을 필요로 한다.

1. 현재의 기능에서 제한성은 같은 나이의 학생들이 생활하는 일상적인 지역사회 환경이나 문화의 맥락 안에서 고려되어야 한다.
2. 타당한 평가는 의사소통, 감각, 운동 및 행동 요인에서뿐만 아니라 문화 및 언어적인 다양성도 고려해야 한다.
3. 한 개인의 제한성은 흔히 장점과 함께 존재한다.
4. 제한성을 서술하는 목적은 필요한 지원 프로파일을 만들기 위한 것이다.
5. 개별화된 적절한 지원이 일정 기간 주어진다면 지적장애인의 생활기능은 일반적으로 향상될 것이다(AAIDD Ad Hoc Committee on Terminology and Classification, 2010, p. 1).

지원은 '한 개인의 발달, 교육, 이익 및 개인의 웰빙을 촉진하고 개인의 기능성을 향상시키는 자원과 전략들'이라고 정의된다(AAIDD Ad Hoc Committee, 2010, p. 18). 지적장애학생에게 필요한 지원은 개별화 교육프로그램(IEP)의 한 부분으로 구성되어야 한다. 지적장애 성인을 위해서는 간학문적 팀이 필요한 지원의 형태나 정도에 대한 지원 프로파일을 구성하기 위하여 미국 지적 및 발달장애협회가 만든 지원정도척도(AAIDD's Supports Intensity Scale, SIS)를 사용할 수 있다(Thompson et al., 2017).

지적장애의 분류

지적장애는 일반적으로 지능검사로 측정되는 지적능력의 정도나 수준에 따라서 분류되어 왔는데, 표 4.1에서 보는 바와 같이 지능검사점수 범위에 따라 네 가지 수준으로 분류하였다(경도, 중등도, 중도, 최중도).

오랫동안 지적장애아동은 **교육가능 정신지체(EMR)**나 **훈련가능 정신지체(TMR)** 등으로 분류되었는데, 각각 경도 지적장애와 중등도 지적장애를 지칭하는 말로 사용되었다. 이렇게 두 가지 수준으로 지적장애를 분류하는 체계에서는 중도나 최중도 지적장애는 포함되지 못하였는데, 그 이유는 예전에는 중도나 최중도 지적장애아동들은 대부분 공교육에서 제외되거나 시설에 수용되어 있었기 때문이었다. 지금은 이러한 용어들이 매우 부적절하고 부정적인 명칭이며, 또한 아동의 학업성취 정도를 미리 제한하는 나쁜 의미를 가지고 있기 때문에 사용하지 않고 있다.

표 4.1 IQ점수에 의한 지적장애의 분류

분류	IQ점수
경도 지적장애	50~55에서 70
중등도 지적장애	35~40에서 50~55
중도 지적장애	20~25에서 35~40
최중도 지적장애	20~25 이하

일반적으로 지적장애를 경도, 중등도, 중도, 최중도 수준으로 분류하고는 있지만, 오늘날에는 이전과는 달리 지능검사점수에 따라 분류하기보다는 적응행동 수준에 따라 분류하고 있다. 이러한 변화는 개인이 필요한 지원의 유형과 정도를 결정하는 데 있어서 적응행동의 중요성, 지능검사의 부적절성, 지적장애 진단과 판별에서 임상적 판단의 중요성 등이 그 이유가 된다(American Psychiatric Association, 2013; Luckasson & Schalock, 2015).

판별과 사정

지적기능의 사정

지적기능성을 사정하기 위하여 학교 심리사나 훈련된 전문가들에 의해서 지능(IQ)검사가 실시되어야 한다. 지능검사는 검사문항을 풀거나 답을 하는 데 어느 정도의 지적능력이 요구되는 일련의 문제(예 : 어휘문제, 유사성), 문제해결(예 : 미로, 블록구성), 기억, 그리고 여러 다른 과제들로 구성되어 있다. 이러한 검사항목에 대한 아동의 수행능력은 그의 지능을 나타내는 IQ점수로 변환된다.

지능검사는 표준화 검사이다. 즉, 같은 검사문제와 과제가 항상 동일한 구체적인 방법과 검사절차로 실행되도록 만들어진 검사이다. 그리고 지능검사는 또한 **규준참조검사**(norm-referenced test)이기도 하다. 규준참조검사를 개발하기 위해서는 그 검사를 궁극적으로 실시하려는 모집단으로부터 무선표집으로 뽑은 많은 대상자에게 먼저 검사를 실시한다. 그리고 무선표집된 대상자들의 검사점수는 규준으로 만들어지는데, 이 규준은 모집단에 있는 한 개인의 점수가 전체 모집단에서 어느 정도에 해당되는지를 나타내는 데 사용된다.

IQ점수는 그림 4.1에서 볼 수 있는 바와 같이 전체 인구에서 종 모양의 **정상분포곡선**(normal curve) 모양으로 분포되어 있다고 할 수 있다. 한 개인의 지능검사 점수가 전체 모집단의 평균(평균점수)으로부터 얼마나 차이가 있는가를 기술하기 위해서 수학적인 개념인 **표준편차**(standard deviation)라는 용어를 사용한다. 일반 사람을 대상으로 지능검사를 실시하여 나온 지능검사 점수에 수학공식을 적용함으로써 그 지능검사의 한 표준편차 안에 어떤 점수들이 포함되는지를 결정할 수 있다. 한 개인의 지능검사 점수는 전체 평균으로부터 위나 아래로 몇 편차에 속해 있는가 하는 용어로 기술될 수 있다. 이론적으로 평균점수를 중심으로 위나 아래에 있는 각 편차에 정해진 비율만큼의 사람이 그 편차에 속하게 된다.

그림 4.1 정상분포곡선에서 IQ점수의 이론적 분포

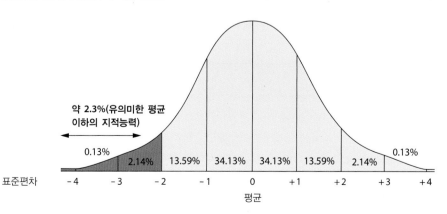

그러므로 전체 인구의 약 2.3%가 평균점수로부터 하위 2 편차 이하에 속하게 된다.

미국 지적 및 발달장애협회가 지적장애를 진단하기 위한 기준으로 제시한 '지적기능의 유의미한 제한성'이란 IQ검사 점수가 평균으로부터 2 표준편차 아래에 속하는 것을 말하는데, 이것을 IQ점수로 말하자면 가장 많이 사용되는 두 가지 지능검사에서 대체로 70이나 그 이하의 점수를 말한다. 이 두 지능검사는 웩슬러 아동용 지능검사(Wechsler Intelligence Scale for Children, WISC-V)(Wechsler, 2014)와 스탠퍼드–비네 지능검사(Stanford-Binet Intelligence Scales)(Roid, 2003)를 말한다. 미국 지적 및 발달장애협회는 지적장애의 구분 점수인 IQ 70은 단지 가이드라인으로 사용되어야 하며, 그 점수가 절대적인 점수로 사용되는 것은 경계하였다. 지능검사 점수가 75점보다 높다 하더라도 임상적인 판단에 의하여 아동의 적응행동상의 장애가 지적기능의 제한성에 의해서 나타난다고 판단된다면 그 아동을 지적장애로 판별할 수도 있다.

비록 IQ검사가 비판도 많이 받고는 있지만 유용한 정보를 제공해준다. 지능검사는 전반적인 수행능력의 결함을 객관적으로 측정하는 데 특히 유용하며 아동의 학업성취를 가장 잘 예견해주는 것으로 알려져 있다. 왜냐하면 IQ검사의 많은 부분이 언어와 교과 과제(즉, 아동이 학교에서 성공하기 위해서 습득해야 하는 학습내용과 같은 것)로 구성되어 있기 때문에 지능지수는 학업성취와 높은 상관관계를 보이고 있다.

그러나 가장 널리 사용되고 있는 지능검사들은 대부분 체계적으로 연구되어 개발된 검사도구들이지만 아직도 완전하지는 않으며, 장점과 단점을 다 같이 가지고 있다. 따라서 이와 관련하여 몇 가지 중요하게 고려할 점들을 살펴보면 다음과 같다(Kritikos et al., 2018; Overton, 2016; Salvia et al., 2017).

- 지능의 개념은 가설의 구조로 되어 있다. 아무도 지능지수를 본 적은 없다. 이것은 단지 수행능력을 관찰한 것으로부터 추론한 것이다. 우리는 어떤 과제를 수행하는 것이 다른 과제를 수행하는 것보다 훨씬 더 많은 지적능력을 요구한다는 것을 가정하고 있다.
- IQ검사는 검사를 실시하는 그 시간에 아동이 어떻게 지능검사로 구성된 검사문항이나 과제를 수행하는가를 측정하는 것이다. 지능검사는 단지 개인의 기능이나 능력의 일부분만을 측정한다. 우리는 그 수행능력을 보고 아동이 다른 상황에서는 어떻게 수행할 것인가를 추론하는 것이다.
- IQ점수는 유의미하게 변할 수 있다. IQ점수는 흔히 시간이 지남에 따라 증가하는 경향이 있는데, 특히 지적장애 진단에서 중요하게 고려되는 IQ점수 70에서 80 사이의 경계선급에서 많이 볼 수 있다(Whitaker, 2008; Whitaker & Gordon, 2012). 이로 인하여 만약 집중적이고 체계적인 교육프로그램을 받게 된다면 IQ점수가 향상될 수도 있는 학생들에게 지적장애라는 명칭을 붙이는 것을 주저하게 만든다.
- 지능검사는 완전한 과학은 아니다. 개인의 IQ점수에 영향을 미칠 수 있는 많은 요인 중에는 검사를 받는 개인의 동기, 검사시간이나 장소, 검사문항을 제시하고 답안을 채점하는 검사자들의 편견이나 차이점, 사용하는 검사도구의 종류, 같은 검사도구에서도 옛날 판과 최신판의 차이 등이 있다.
- 지능검사에는 문화적인 편견이 있을 수 있다. 지능검사는 일반적으로 주류 사회의 아동, 즉 중산층의 백인 아동들에게 유리한 경향이 있다. 지능검사의 일부 검사문항들은 중산층의 아동들이 더 많이 경험할 수 있는 내용으로 만들어진 것일 수도 있다. 이 두 지능검사는 언어 중심으로 구성되어 있기 때문에, 특히 영어가 모국어가 아닌 학생들에게는 아주 부적절할 수 있다.
- IQ검사 결과는 아동에게 지적장애 진단을 내리거나 또는 특수교육 서비스 실시 여부를 결정하는 한 가지의 유일한 근거로 사용되어서는 안 된다. IQ점수는 아동의 다양한 요소를 측정하는 종합적인 사정에 사

용되는 단지 한 가지 검사라는 것을 늘 생각해야 한다.

- IQ점수는 개별화 교육프로그램(IEP)의 목표를 결정하는 데 사용되어서는 안 된다. 실제로는 교육과정이나 기능적 기술에 대한 아동의 수행능력을 측정하는 준거참조검사가 개별화 교육프로그램의 목표와 내용을 설정하는 데 더 유용한 자료이다.

적응행동의 사정

적응행동(adaptive behavior)이란 "사람이 일상생활을 하는 데 필요한 개념적·사회적·실제적 기술을 포함하는 모든 기술들의 집합"을 의미한다(AAIDD, 2020). 적응행동의 예를 들면 다음과 같다.

- 개념적 적응행동 : 말하기·읽기·쓰기와 같은 언어 사용, 셈하기나 시계 보기와 같은 수 개념 사용
- 사회적 적응행동 : 대인관계 맺기, 책임 있는 사회적 구성원 되기, 사회적 문제 해결하기, 규칙과 법률 따르기, 자기 보호하기
- 실제적 적응행동 : 옷 입기, 화장실 사용하기, 음식 준비하기와 같은 일상생활 활동이나 건강관리, 지역사회 이동, 스케줄 따르기, 안전 관리, 물건 구입, 또는 전화기 사용(AAIDD, 2020에서 수정 보완)

이러한 적응행동을 체계적으로 측정하는 것은 지적장애를 진단하는 것 외에도 여러 가지 중요한 이유가 있다. 지적장애인이 보이는 적응행동 기술은 부적응행동의 특성 및 정도와 함께 그들이 학교, 직장, 지역사회, 주거환경에서 성공적으로 생활하는 데 필요한 지원을 결정하는 데 중요한 요소가 된다(Tassé et al., 2012). 적응행동을 측정하는 많은 검사도구들이 개발되어 왔다. 대부분의 적응행동검사는 지적장애아동을 잘 아는 사람들(예 : 교사, 부모, 양육자 등)에게 질문하는 일련의 문제로 구성되어 있다. 학령기 아동들의 적응행동을 측정하는 데 가장 많이 사용되는 적응행동검사 세 가지는 다음과 같다.

바인랜드 적응행동검사 학령기 학생들의 적응행동을 측정할 때 많이 사용되는 검사도구는 바인랜드 적응행동검사(Vineland Adaptive Behavior Scales, VABS)이다(Sparrow et al., 2016). 이 검사도구는 출생한 아기부터 성인기의 사람에게까지 사용될 수 있으며, 검사도구는 대상을 잘 알고 있는 교사나 부모 또는 양육인이 응답하는 질문지로 구성되어 있다.

적응행동 진단검사 이 적응행동 진단검사(Adaptive Behavior Diagnostic Scale, ABDS)는 세 가지 영역(개념적, 사회적, 실제적 적응행동)으로 구성되어 있으며, 2세부터 21세까지를 대상으로 실시할 수 있다(Pearson et al., 2016).

미국 지적 및 발달장애협회(AAIDD)의 적응행동검사 이 적응행동검사(Diagnostic Adaptive Behavior Scale, DABS)는 검사대상 아동이 적응행동에서 유의미한 제한성을 보인다고 결정할 수 있는 기준점수를 제시하는 검사도구로서 4세부터 21세까지를 대상으로 실시할 수 있다(Tassé et al., 2017). 이 검사도구는 지적장애 진단에 결정적인 정보를 제공한다.

적응행동을 측정하는 것은 매우 어려운 일인데, 그 이유는 사회적응이나 사회적 능력의 특성을 분명하게 정의하거나 규정하기가 쉽지 않기 때문이다. 또한 어떤 한 집단이나 상황에서는 적절한 행동으로 고려되는 것이 다른 집단이나 상황에서는 적절하지 않을 수도 있기 때문이다. 모든 상황에서 모든 사람이 완전히 동의할 수 있는 보편적인 적응행동 목록을 만들 수는 없다. 그리고 IQ검사에서와 같이 적응행동검사에서도 문화적인 편견이 영향을 미칠 수 있다. 예를 들면 적응행동검사에서 검사 문항이 아동

에게 레이스가 달린 신발의 끈을 묶게 하는 것인데, 어떤 아동은 레이스가 달린 신발을 전혀 신어본 적이 없는 경우가 있을 수 있기 때문이다.

특성

학습목표 4.2   지적장애의 일반적 특성을 기술하고, 이러한 특성들이 교육프로그램을 구성하고 실시하는 데 어떠한 관련이 있는지 설명하라.

지적장애는 제한된 시간 동안에만 나타나는 장애는 아니다. 비록 지적장애아동이 적응행동 기술에 있어서 많은 진보를 보일 수는 있지만(어떤 지적장애인은 자립적으로 생활하게 되어 더 이상 장애를 가진 사람으로 고려되지 않기도 하지만), 대부분의 경우에는 일생에 걸쳐서 영향을 받는다.

많은 경도 지적장애아동들은 그들이 학교에 입학하거나 또는 어려운 교과학습이 요구되는 초등학교 2학년이나 3학년이 될 때까지도 판별되지 않는 경우가 많이 있다. 이러한 경도 지적장애아동들은 6학년 교과과정 수준까지 배울 수도 있으며, 직업이나 일상생활 기술에서 독립적이거나 반독립적으로 살아갈 수도 있다.

중등도 지적장애아동은 학령기 이전부터 발달상의 실제적인 지체를 보인다. 지적장애아동이 성장할수록 같은 나이의 일반 아동과 비교하여 지적발달 및 적응행동 발달에서 보이는 차이는 일반적으로 더욱 커지게 된다. 중등도 지적장애인은 경도 지적장애인보다 신체장애나 행동문제를 훨씬 더 많이 보이는 경향이 있다.

중도와 최중도 지적장애아동들은 거의 대부분이 출생했을 때나 출생한 직후에 판별이 된다. 이러한 중도 및 최중도 지적장애 유아들은 대부분 중추신경체계에 결함을 가지고 있으며, 많은 경우에 다른 장애나 건강상의 문제를 함께 가지고 있다(Heikua et al., 2005). 이 책의 제12장에서 심한 중복장애아동의 특성과 교육에 대해서 자세히 살펴볼 것이다.

긍정적 태도

지적장애인의 학습특성과 적응행동에 대한 서술이 너무 그들의 제한성과 결함에 초점을 맞추고 있어서, 지적장애인을 나타내는 특징적 모습은 적절하고 긍정적 특성이 거의 없는 매우 획일적인 집단으로 보이게 한다. 그러나 지적장애인은 높은 인성의 사람들로 구성된 거대하면서도 이질적인 집단이다(Haywood, 2006; J. D. Smith & Mitchell, 2001a, 2001b). 많은 지적장애아동이나 성인들은 학습에 대한 의지와 호기심이 강하며, 다른 사람들과 잘 어울리고, 주변 사람들에게 긍정적인 영향을 미친다(Bauer, 2008; Niemiec et al., 2017; Reiss & Reiss, 2004).

인지기능과 학습

지적장애아동의 인지기능과 학습특성은 주로 빈약한 기억, 느린 학습속도, 주의집중 문제, 학습의 유지와 일반화 문제, 동기 부족 등이다.

학습속도   지적장애아동이 새로운 지식이나 기술을 습득하는 학습속도(또는 학습 비율)는 일반 아동들보다 매우 낮다. 학습속도를 측정하는 데 빈번하게 사용되는 것은 학습기준에 도달하는 데 걸리는 **학습시행 횟수**인데, 이것은 정신지체 아동이 조력이나 도움을 받지 않고

지적장애학생은 다른 모든 학생과 마찬가지로 문제점과 아울러 긍정적 태도도 가지고 있다.

Katelyn Metzger/Merrill Education

학습과제에 정확하게 반응하게 되기까지 걸린 연습의 수나 학습시행의 수를 의미하는 것이다. 예를 들면 두 가지 형태의 도형을 구별하는 과제에 대하여 일반 아동은 피드백을 받으면서 두세 번 정도의 시행을 하여 습득할 수 있다면, 지적장애아동은 그러한 과제를 습득하는 데 20번 또는 30번의 학습시행이 필요할 수도 있다.

지적장애아동은 배우는 속도가 느리기 때문에 교육자들은 이들의 학습속도에 맞추어 교수도 느리게 진행되어야 한다고 가정할 수 있다. 그러나 지적장애아동이 다른 모든 학습자들과 동일하게 빈번한 반응기회와 함께 일반적인 교수에서 효과를 볼 수 있다고 관련연구들은 주장한다(예 : Browder et al., 2018).

기억 지적장애아동은 정보를 기억하는 데 어려움을 가지고 있다. 일반적으로 인지결함이 심할수록 기억결함도 심하다. 지적장애아동은 작동기억뿐만 아니라 단기기억에서도 제한성을 보인다. 작동기억(working memory)은 다른 과제를 수행하는 동안에도 한 가지 정보를 기억하는 능력을 의미하며(Lanfranchi et al., 2012), 단기기억(short-term memory)은 몇 초 전의 정보에서부터 한두 시간 전의 정보를 회상하고 사용하는 능력을 말한다(Henry, 2008). 예를 들면 직장에서 몇 분 전에 들은 일련의 구체적인 직업과제의 순서를 기억하는 것이 해당될 수 있다.

지적장애아동은 정보를 자동적으로 회상하는 데 또래의 일반 아동들보다 더 많은 시간이 걸리며, 이로 인하여 한 번에 많은 양의 인지적 정보를 다루는 데 어려움을 겪게 된다(Bergeron & Floyd, 2006). 초기의 연구들은 지적장애아동이 일단 구체적인 정보를 장기기억(long-term memory, 즉 며칠이나 몇 주 후에도 회상될 수 있는 정보)으로 저장하게 되면, 다른 일반 아동들과 같이 그 정보를 유지할 수 있다고 주장하였다(Belmont, 1966; Ellis, 1963).

지적장애아동의 기억능력에 대한 주요 연구들은 일반 아동들이 자연적으로 습득하게 되는 초인지 전략이나 집행통제 전략(예 : 시연이나 또는 새로운 정보를 이전의 관련 정보와 조직화하는 것 등)을 지적장애아동들에게 가르치는 데 많은 관심을 기울이고 있다(Carlin et al., 2005). 지적장애아동은 그러한 전략들을 자발적으로 사용하지 못하는 경향이 있지만 전략 교수를 통하여 기억과 관련된 과세나 문제해결 과제의 수행능력을 향상시킴으로써 그렇게 할 수 있도록 가르칠 수는 있다(Merrill, 2005).

주의집중 과제의 중요 부분에 주의집중을 하는 능력(예 : 도형의 색깔이나 페이지에서의 위치를 보는 것보다 도형의 형태를 개관하는 것)은 효율적인 학습자의 특성이다. 지적장애아동은 흔히 학습과제의 중요한 특성에 주의를 기울이는 것이 일반 아동들보다 느린 경향이 있으며(Merrill, 2005), 그 반대로 부적절한 자극에 주의를 기울이는 경우가 많다(Carlin et al., 2007; Dickson et al., 2006). 게다가 지적장애아동은 일반적으로 학습과제에 주의집중을 유지하는 것에도 어려움이 많다(Sun et al., 2019). 이러한 주의집중의 어려움은 새로운 지식과 기술을 습득하고, 기억하고, 일반화하는 데 많은 영향을 미친다.

주의집중과 관련하여 지적장애아동을 위한 효과적인 교수법은 중요한 학습자극을 분명하게 제시하는 것과 더불어 주의를 산만하게 하는 부적절한 자극도 함께 체계적으로 조정하는 것이다. 먼저 과제를 단순화하여 그 과제의 주요한 특징에 아동이 주의집중을 할 수 있도록 가르치면서 바른 반응에 대해서는 강화를 제공하고, 이어서 점차적으로 복잡하고 어려운 과제로 심화시켜 가는 것이 필요하다. 지적장애아동이 적절한 자극을 선택하고 지속적으로 주의를 집중하는 능력은 이러한 과제에 성공적으로 반응하는 경험을 하게 함으로써 향상시킬 수 있다(Huguenin, 2000).

일반화와 유지 일반 아동들은 특별한 교육 없이도 교실에서 습득한 지식이나 기술을 다른 장소나 환경에 적용하며 또한 시간이 지나도 계속해서 사용한다. 이와는 달리 많은 장애아동 중에서 특히 지적장애 아동은 학습의 일반화나 전환에서 제한점을 보이는데, 새로 습득한 지식이나 기술을 교육받은 장소나 상황이 아닌 다른 장소나 환경에서 그러한 지식과 기술을 사용하는 데 많은 어려움을 보이는 경향이 있다. 이러한 지적장애아동을 위한 학습의 일반화와 유지를 향상시키는 전략과 방법을 찾는 것은 특수교육 분야에서 가장 중요한 연구 분야 중의 하나로 간주된다.

동기 지적장애아동 중에는 학습과 문제해결 과제에 흥미나 관심을 보이지 않는 아동들이 꽤 있다 (Glidden & Switzky, 2006). 많은 지적장애아동들은 학습된 무기력(learned helplessness)을 보이는데, 이것은 학습에서 실패를 계속 경험한 아동이 자신의 노력에 관계없이 다른 과제에서도 실패할 것이라고 생각하는 상태를 말한다. 이러한 아동들은 실패를 또다시 경험하지 않거나 최소화하기 위해서 자기 자신에 대해서도 매우 낮은 기대를 보이고, 과제도 열심히 하지 않는 경향이 있다. 따라서 어려운 문제나 과제를 만났을 때 이러한 지적장애아동은 과제를 빨리 포기하거나 다른 것으로 관심을 돌리거나 또는 도움을 줄 수 있는 사람에게 의존하려고 한다(Fidler, Hepburn et al., 2005). 이러한 아동은 외부 의존성 [또는 외적 지향성(outer-directedness)]이라는 자신만의 문제해결 방법을 보이는데, 이는 당면한 문제나 과제에 대해 자신의 반응은 신뢰하지 않고 다른 사람이 도와주거나 해결해주는 것에 의존하는 것을 말한다(Fidler, Philofsky et al., 2005).

이러한 낮은 동기는 지적장애의 선천적인 특성이라기보다는 계속적인 실패의 결과 또는 다른 사람이 자신을 위해 과제를 늘 대신 해주어서 생기는 조력의 의존성에 기인한 것일 수 있다. 그러나 성공을 경험하게 되면 지적장애아동은 일반 아동들이 일반적으로 보이는 외부 의존성 정도와 거의 비슷하게 된다(Bybee & Zigler, 1998). 근래에 들어와 지적장애아동의 자기결정기술을 강조하는 것은 지적장애아동으로 하여금 수동적이고 의존적으로 행동하기보다는 자신을 신뢰하며 능동적으로 행동하는 문제해결자로 만드는 데 중요한 요소가 된다(Fowler et al., 2007; Shogren, Toste et al., 2017; Wehmeyer et al., 2012)(그림 4.2 참조).

학생에게 학습에 대한 책임감을 갖게 하는 것은 자기결정의 중요한 요소가 된다. 교사로부터 도움이나 지원을 받을 수 있도록 장애학생을 가르치는 것은 일반통합학급에서 장애학생이 교육을 잘 받을 수 있게 하며 또한 교육활동에서 적극적인 역할을 할 수 있게 하는 중요한 기법이 된다. Craft 외(1998)는 4명의 4학년 지적장애학생이 일반학급에서 쓰기숙제를 할 때 교사의 도움과 관심을 받을 수 있는 방법을 가르쳤다. 지적장애학생들은 수업시간 중에 두세 차례 교사에게 자신이 하고 있는 것을 보여주면서 "제가 잘하고 있나요?" 또는 "보세요. 다했습니다."라고 하도록 배웠다. 학급 도움실에서 이러한 기술을 배운 학생들은 일반학급에서도 적용하는 것으로 나타났으며, 결과적으로 교사에게 칭찬받는 빈도, 수행한 과제 수, 정확하게 과제를 수행한 정도 등이 모두 증가한 것으로 나타났다. 그리고 일반교사들도 말하기를 지적장애학생들이 학급 구성원으로 더 잘 행동하고 어울리게 되었으며 과제 수행 시에 나타나던 문제행동도 훨씬 줄었다고 하였다. 학습에서 학생들이 더욱 적극적인 역할을 하도록 가르치기 위한 방법으로 제6장에서 제시된 교수와 학습 '교사의 관심받기 : 보세요, 다했어요.'를 참조하라.

적응행동

지적장애 정의에 의하면 지적장애아동은 실제적인 적응행동상의 제한성을 가지고 있다. 이러한 제한성은 여러 가지 기능영역에 걸쳐서 다양한 형태로 나타날 수 있다. 신변처리기술이나 사회적 관계, 행동에서의 이러한 제한성은 지적장애아동의 일반적인 특성이다.

그림 4.2   자기결정이란 무엇인가

지적장애학생이 학교를 졸업하고 성인 사회에 성공적으로 적응하기 위해 가장 중요한 것이 무엇인지 목록을 만든다면 당신은 어떤 것이 중요하다고 보는가?

- 직업기술과 직장에서의 지원
- 자립생활과 지역사회 생활기술
- 중등 이후 교육과 훈련
- 이동
- 건강관리
- 친구, 가족, 그리고 지원

위에 제시된 것은 지적장애학생이 자립하고 의미 있는 성인생활을 만들어 가는 데 매우 필요한 것들이다. 분명하게 보이지 않을 수는 있지만 이 목록에 포함되어야 하는 또 다른 것이 있다. 선행연구들에 의하면 지적장애를 포함한 모든 장애학생이 학교를 졸업할 때 자기결정기술을 가지고 있다면 그렇지 않은 장애학생들보다 훨씬 더 자립생활과 성공적인 직업생활을 할 수 있으며 삶의 질도 더 높다고 한다.

'자기결정(self-determined)'이란 무엇인가? 자기결정 능력을 가진 사람은 목표를 설정하여 성취하고, 선택을 하고, 문제를 해결하고, 자신의 생각을 주장하며, 전반적으로 자신의 삶의 질을 더 높일 수 있게 된다. 자기결정기술을 가진 사람은 또한 자신이 선호하는 것이나 자신의 생각에 따라서 행동하며, 다른 사람의 흥미나 선호 또는 다른 사람의 강압에 따라서 행동하지 않는다. 자기결정을 하며 산다는 것은 단순히 다른 사람이 원하는 것을 하지 않고 자신이 원하는 것을 한다는 것 이상의 의미가 있다. 자기결정 행동이란 자신의 순간적인 필요를 충족시키거나 순간의 쾌락을 위해서 무모하게 행동한다는 것은 아니다. 자기결정은 자신의 선호나 흥미를 신중하고 의도적으로 선택하고, 결정하는 것이며, 주장하는 것이고, 일반적으로 자신의 목적을 성취하기 위하여 자신의 행동을 스스로 조절하고 통제한다는 것이다.

자기결정은 흔히 자신의 삶을 통제받지 않고 사는 것과 동일시된다. 지적장애인은 생활하면서 어려운 결정을 하거나 힘든 문제를 해결하는 데 있어서 능력상의

자기결정은 지적장애학생이 성인이 되어 삶의 질이 높은 생활을 하는 데 있어서 가장 중요한 요소가 된다.

제한을 보인다. 그러나 중요하게 이해해야 할 점은 자기결정이 어떤 일을 꼭 자립적으로 한다는 것을 의미하는 것이 아니라, 일상생활에서 자신의 의지에 따라 행동하거나 상황에 맞추어 생활한다는 것을 의미한다. 예를 들면 어떤 학생이 결정하기를 자립적으로 하지 못한다 하더라도 결정과정에 있어서 적극적인 지원을 받으며 할 수 있다는 것이다. 또한 어떤 결정을 할 때 다른 사람의 지원을 늘 필요로 한다 하더라도, 결정해야 할 때 그 학생의 선호, 흥미, 신념, 가치, 기술, 능력, 장기적 목표 등이 최대한으로 고려된다면 그 학생은 자기결정적이라고 말할 수 있다.

출처 : M. L. Wehmeyer (2013), Self-determination: The most natural support. In W. L. Heward, *Exceptional Children: An Introduction to Special Education* (10th ed., pp. 132–133), Pearson Education, Upper Saddle River, NJ.

신변처리기술과 일상생활기술   많은 지원이 요구되는 대부분의 지적장애아동은 일반적으로 의복이나 음식, 개인위생과 같은 기본적인 신변처리기술(또는 자조기술)을 배워야 한다. 코로나바이러스 팬데믹과 같은 상황에서는 손 씻기와 마스크 쓰기는 매우 중요한 일상생활기술이 된다. 이러한 기술에서의 결함이 아동의 삶의 질에 심각한 영향을 미치지 않도록 하기 위해서 직접 교수나 교육적인 지원(즉, 조력을 제공하거나 과제를 단순화하는 것 등)을 실시하는 것이 필요하다.

대부분의 경도 지적장애아동들은 자신들의 기본적인 욕구를 처리하는 기술을 배우지만, 자립생활이나 성공적인 직업생활을 하는 데 필요한 정도로 기술을 습득하기 위해서는 자기관리기술을 가르치는 훈련이 많은 도움이 된다(예 : Grossi & Heward, 1998).

사회적 관계   대부분의 지적장애인들에게 친구관계나 대인관계를 만들고 유지하는 것은 매우 어려운 일이다. 사람들과 상호작용할 때 보이는 빈약한 의사소통기술, 다른 사람들의 감정을 인식하지 못하는 것, 부적절한 행동을 하는 것은 지적장애인으로 하여금 사회적 고립에 빠지게 한다(Callus, 2017; Matheson et al., 2007). 특수교육과 관련된 교육자나 직원이 아닌 일반 사람들 중에서 눈을 마주치지 않거나, 자주 일을 방해하거나, 엉뚱한 말을 하거나, 때로는 몸에 닿을 듯이 가깝게 다가서는 지적장애인과 인간적인 관계를 맺기 위하여 많은 시간을 내려고 하는 사람은 거의 없을 것이다. 몸에 닿을 만큼 가까이 다가서는 것은 이전에는 상대방으로 하여금 불편함을 느끼게 하는 정도였지만, 코로나바이러스

전환교육 : 현재가 미래를 만든다

미래를 준비하기 위하여 학생에게 소프트 기술 가르치기

소프트 기술(soft skill)은 무엇이며 왜 중요한가

직장에서 과제를 수행하는 데 필요한 직무적인 기술('하드 기술')과 대조적으로 소프트 기술은 동료들과 잘 어울리며 프로젝트를 함께 수행하는 것과 관련된 기술이다. 소프트 기술을 가진 사람은 일반적으로 신뢰성과 책임감이 있으며 친절하고 성실하게 일을 하며 또한 유연한 관점을 가진 사람이며, 이러한 사람은 고용주나 동료들에게 좋은 평가를 받는다(Robles, 2012). 사실 이러한 기술은 직장을 구하고 유지하는 데 직무적인 기술이나 교과기술보다도 더욱 중요하게 여겨지고 있다(Casner-Lotto & Barrington, 2006; Cunningham & Villaseñor, 2014). 장애로 인하여 이러한 소프트 기술에 제한이 있는 사람은 직장을 구하는 데 큰 장애물을 가지게 되는 것이다(Riesen et al., 2014).

학생의 수행능력 높이기(업그레이드 프로그램)

Clark 외(2020)는 지적장애나 자폐성 장애와 같은 발달장애를 포함한 다양한 유형의 장애 청소년들에게 직업과 관련된 소프트 기술을 가르치는 체계적인 교육방법 업그레이드(UPGRADE) 프로그램을 개발하였다. 이 프로그램으로 교육을 받은 학생들은 교육을 받은 영역의 소프트 기술(예 : 태도, 협력 등)이 향상되었으며 또한 배운 기술들이 새로운 영역의 기술(예 : 협동 작업)로 일반화되는 것으로 나타났다(Clark et al., 2018; Clark & Test, 2020; Clark et al., 2019). 대상 학생들은 또한 자신의 수행을 평가하는 능력이 향상되었으며, 새로 습득한 소프트 기술들을 이용해 전반적인 직업 능력이 향상된 것을 보여주었다.

어떻게 업그레이드 프로그램(UPGRADE)을 가르치는가

교사들은 다음과 같은 7단계를 통하여 학생들에게 소프트 기술과 자기점검기술을 가르칠 수 있다.

1. 여러 가지 소프트 기술에서 학생의 수행능력을 평가하고 그 결과를 학생과 같이 나눈다. 업그레이드 프로그램은 의사소통기술, 신뢰성, 태도와 협력, 팀워크, 생산성, 일의 질에서 평가 가이드와 지시문을 포함하고 있다.
2. 학생으로 하여금 기술 영역을 설정하고, 그 영역의 기술을 구체적인 목표로 설정하도록 돕는다(이때 1단계의 평가 결과를 활용함).
3. 업그레이드의 각각의 글자의 의미와 그 절차를 학생에게 소개한다(5단계 참조).
4. 학생에게 학교나 지역사회 환경에서 어떤 과제(교과, 사회, 일상생활 또는 직업과 관련된 과제 등)를 수행하도록 한다.
5. 업그레이드 단계를 학생에게 소개한다.
   - U(you) = 학생이 평가 가이드와 지시문(1단계에서 사용한 것)을 사용하여 자신의 수행능력을 평가한다.
   - P(professional) = 교사나 고용주가 학생의 수행능력을 평가하고(평가 가이드와 지시문 활용), 그 결과를 학생과 같이 나눈다.
   - G(graph) = 학생과 교사(또는 고용주)가 평가한 결과를 각각의 그래프로 그려 비교하고, 어떤 차이점이 있는지를 찾아본다.
   - R(restate) = 목표를 재진술하고 그 목표가 성취되었는지 결정한다.
   - A(acknowledge) = 학생이 잘 수행한 것을 인정한다.
   - D(decide) = 목표를 성취하기 위하여 다음번에 더 잘할 수 있는 것을 결정한다.
   - E(execute) = 목표를 성취하도록 다음번에 더 잘 수행한다.
6. 모든 영역의 소프트 기술에서 학생의 수행능력을 모니터링하면서 학생이 목표로 한 기술을 습득하면 새로운 기술로 나아가도록 한다.
7. 학생에게 새로 습득한 기술을 새로운 사람이나 과제 또는 새로운 환경에서 수행할 수 있도록 기회를 제공한다. 다시 말해 일반화하도록 돕는다.

(COVID-19) 팬데믹 시기에는 다른 사람들과 적절한 거리를 유지하는 것은 안전과 관련된 중요한 일상생활기술이 된다. 그래서 지적장애아동에게 적절한 사회성 기술과 대인관계기술을 가르치는 것은 특수교육에서 가장 중요한 영역 중의 하나이다(Agran et al., 2016; Hart et al., 2014)(전환교육 : 현재가 미래를 만든다 '미래를 준비하기 위하여 학생에게 소프트 기술 가르치기' 참조).

과잉행동과 문제행동

지적장애아동은 일반 아동들보다 문제행동을 더 많이 보이는 경향이 있다. 경도 지적장애 청소년이나 경계선급에 있는 청소년은 일반 청소년보다 더 많은 반사회적 행동을 보이는 경향이 있지만(Douma et al., 2007; Schuiringa et al., 2017), 일반적으로 지적장애가 심할수록 문제행동은 더 심하고 빈번하게 발생하는 경향이 있다. 비판을 수용하거나 자기통제를 하는 데 어려움을 보이고 공격행동이나 자해행동과 같은 부적절한 문제행동을 하는 것은 일반 아동들보다 지적장애아동에게서 더 많이 나타난다. 지적장애와 관련된 어떤 유전적인 증후군들은 이상행동을 포함하는 경향이 있다. 예를 들면 프래더-윌리 증후군(표 4.2 참조)은 자해행동, 강박·신경증 행동, **이식증**(pica, 머리카락, 실, 흙 등을 먹는 것)을 많이 보인다(Ali, 2001; O'Brien, 2019).

표 4.2 지적장애와 관련된 출생 전 원인

증후군 이름	정의/원인	주요 특징
다운증후군	염색체 이상으로 생김. 다운증후군의 세 가지 형태 중에서 가장 일반적인 것은 삼염색체성(trisomy 21)인데, 이것은 21번 염색체가 2개가 아니라 3개로 인하여 발생함. 대부분은 중등도 지적장애에 속하는데, 어떤 경우에는 경도와 심한 지적장애가 발생하기도 함. 691명 중에 1명 비율로 발생. 그러나 산모의 나이가 45세 이상이 되면 다운증후군이 생길 가능성이 30명 중에 1명 비율로 높아짐	지적장애와 관련되어 가장 잘 알려져 있고 많이 연구된 생물학적 원인임. 모든 정신지체 사례의 5~6%로 추정됨. 신체적인 특징으로는 작은 키, 넓은 얼굴과 작은 귀와 코, 위로 찢어진 작은 입과 낮은 입천장을 보이며 불쑥 나온 큰 혀는 조음문제를 발생시킬 수 있음. 낮은 근긴장도, 일반적인 심장 결함, 귀와 호흡기 계통의 높은 감염 가능성
태아알코올 스펙트럼장애 (FASD)	태아알코올스펙트럼장애(FASD)는 태아알코올증후군(FAS), 알코올 관련 신경발달장애(ARND), 알코올 관련 선천성 결함을 모두 포함하는 용어. 산모가 임신 동안에 섭취한 과도한 알코올이 태아에게 신체적 결함과 발달지체를 일으키는 독소가 됨. 태아알코올증후군(FAS) 아동은 안면에 기형이 있고, 성장에 문제가 있으며, 학습과 주의집중에 어려움을 보임. 알코올 관련 신경발달장애 아동은 지적장애를 보일 수 있음	지적장애의 주요 원인들 중의 하나인 태아알코올증후군(FAS)은 다운증후군이나 뇌성마비보다 높은 출현율을 보임. 인지결함에 더하여 어떤 아동들은 수면장애, 과잉자극 감수성, 운동기능 이상, 공격행동, 행동문제를 보이기도 함. 비록 태아알코올스펙트럼장애(FASD)가 될 위험은 임신 초기 3개월 동안에 가장 높지만, 산모는 어떤 시기에도 알코올을 섭취를 피해야 함
취약성 X 증후군	X 염색체에서 되풀이되는 돌연변이는 정상적인 뇌기능에 필수적인 FMR-1 단백질의 생성을 막게 됨. 남성의 대부분은 아동기 때에는 경도에서 중등도의 지적장애를 보이다가 성인이 되면 중등도와 중도 정신지체 결함을 보임. 여성은 이러한 돌연변이 인자를 보유만 하거나 자신의 아이에게 전달하는 역할만 하며, 남성과 비교하면 장애를 많이 겪지 않음	약 4,000명의 남성 중에 1명의 비율. 지적장애를 발생시키는 가장 일반적인 유전적 원인이며, 다운증후군 다음으로 일반적인 임상적인 형태임. 사회성 불안과 회피행동(눈 회피, 접촉을 꺼림, 얼굴을 마주하여 말할 때 몸을 돌려 회피하는 행동, 의식적이고 어눌한 인사 등)의 특징이 있음. 단어나 구를 되풀이하는 등의 언어적인 문제를 보임

표 4.2   지적장애와 관련된 출생 전 원인(계속)

증후군 이름	정의/원인	주요 특징
페닐케톤뇨증(PKU)	유전되는 것으로 유아가 많은 음식물에 들어 있는 아미노산 중의 하나인 페닐알라닌을 분해하는 효소 없이 태어남으로써 발생. 이 아미노산을 분해하지 못함으로써 뇌가 손상을 입게 되고 결과적으로 공격행동, 과잉행동, 심한 지적장애가 발생함	PKU로 발생하는 지적장애는 출생한 아기에게 행하는 선별검사로 인하여 거의 없어지고 있는 상황임. 출생한 아기의 혈액에 있는 페닐알라닌을 분석함으로써 의사는 PKU를 진단하고 문제가 되면 특별한 식이요법으로 치료할 수 있음. 유아 초기부터 페닐알라닌을 제한한 식이요법을 받은 대부분의 PKU 아동들은 정상적인 지능발달을 보임
프래더-윌리 증후군	15번 염색체의 부분적인 부족으로 인하여 발생함. 초기에 유아들은 낮은 근육긴장도를 보이며, 튜브로 음식을 먹는 경우가 많음. 과도한 식욕을 보이므로 음식을 조절해주지 않으면 생명을 위협하는 비만이 발생할 수 있음. 출생한 아기 1만~2만 5,000명 중에서 1명 비율로 발생함	지적장애 및 학습장애와 관련이 있음. 일반적으로 문제행동을 보임(충동성, 공격행동, 울화, 강박적인 행동 등). 살을 파는 것과 같은 여러 가지 자해행동 보임. 운동기술의 지체, 작은 키, 작은 손과 발, 생식기 미발달 등도 보임
윌리엄스증후군	7번 염색체의 부분적 이상으로 발생함. 인지기능은 경도에서 중등도 정도의 지적장애에 해당함	넓은 이마, 짧은 코, 통통한 볼, 넓은 입과 같은 얼굴 특징을 보임. 친근하고 사교적임. 낯선 사람에 대한 거리낌이 없음. 주의력결핍과잉행동장애(ADHD)나 불안장애 등을 흔히 보이기도 함

출처 : AAIDD Ad Hoc Committee on Terminology and Classification (2010); Beirne-Smith et al. (2015); Centers for Disease Control and Prevention (2019a, 2019b); Dimitropoulos et al. (2001); Fidler et al. (2007); National Down Syndrome Society (2020); National Institutes of Health (2020).

지적장애아동이나 성인들 중에서 정신병과 이상행동을 보이는 사례가 일반 사람들보다 2~3배 정도 더 높다(Munir, 2016). 미국에서 발달장애인 기관에서 서비스를 받고 있는 약 3분의 1 정도의 지적장애인들은 정신병을 보이고 있으며, 약 39%가 자해행동이나 공격행동 또는 파괴행동을 위한 중재와 지원이 필요한 것으로 나타난다(National Association of State Directors of Developmental Disabilities Services, 2019). 비록 지적장애인이 보이는 정신병과 행동문제를 치료하기 위한 종합적 가이드라인은 어느 정도 마련되어 있지만(Rush & Francis, 2000), 이러한 사람들을 더욱 효과적으로 치료하고 지원하기 위한 연구들은 아직도 많이 필요하다(Koslowski et al., 2016; Tasse et al., 2019).

출현율

학습목표 4.3   지적장애 출현율이 학령기 때 교육구나 지역에 따라서 차이가 많이 나는 이유와 요인을 설명하고, 지적장애를 일으키는 원인에 대하여 몇 가지 제시하고 설명하라.

지적장애인의 수를 추정하는 데 많은 요소들이 영향을 미친다. 예를 들면 지적장애의 정의가 변하는 것, 학교에서 경도 지적장애아동을 잘 판별하지 않으려고 하는 것, 경도 지적장애를 가진 아동들의 장애 상태가 변화될 수 있는 것(경도 지적장애학생은 학교를 졸업하면 지적장애로 간주되지 않는 경우가 많음) 등이 지적장애인의 수를 추정하는 데 어려움을 갖게 한다. 역사적으로 보면 일반 인구의 약 3%를 지적장애의 출현율로 보았지만, 최근에 전문가들은 그 수치에 대해 찬성하지 않는 경향이 많다. 만약 IQ점수 하나만으로 출현율을 추정한다면, 이론적으로는 전체 인구의 약 2.3% 정도가 지적장애 범위(평균지능에서 약 2 편차 이하)에 해당하게 된다(그림 4.1 참조).

그러나 IQ점수 하나만으로 출현율을 계산한다면 지적장애를 판별하는 다른 중요한 기준이 되는 적응행동에서의 제한성과 지원의 필요성을 무시하게 되는 것이다. 어떤 전문가들은 만약 지적능력과 적응행동을 함께 적용하여 지적장애의 출현율을 추정한다면, 그 수치는 약 1% 정도로 내려간다고 말한다(Cervantes et al., 2019). 사실 최근에 행해진 2개의 전국적인 조사연구는 미국 전체 인구 중에서 약 0.78%(Larson et al., 2001)와 1.27%(Fujiura, 2003)를 지적장애 출현율로 제시하였다.

미국에서 2018~2019학년도 동안에 6세에서 21세에 속하는 약 42만 3,215명의 학생들이 지적장애 유형으로 특수교육을 받았다고 보고하였다(U.S. Department of Education, 2020a). 이 숫자는 특수교육을 받는 총학령기 학생의 약 6.7%에 해당하는 것이다. 지적장애는 학생 수에 있어서 학습장애, 의사소통장애, 건강장애, 자폐성 장애 다음으로 다섯 번째로 많은 장애 유형이다.

출현율은 주에 따라서도 매우 다르게 나타난다. 예를 들면 2018~2019학년도에 등록된 총학령기 학생들 중에서 지적장애학생의 출현율은 가장 낮게는 0.22%(콜로라도주)에서 가장 높게는 1.95%(웨스트버지니아주)인 것으로 나타났다(U.S. Department of Education, 2020a). 주에 따라서 출현율이 이렇게 차이가 나는 것은 지적장애를 판별하는 기준을 서로 다르게 사용하기 때문이다(McNicholas, 2018; Scullin, 2006). 또한 지적장애 출현율은 같은 주 안에서도 지역 교육구에 따라서 다르게 나타나기도 한다(Hetzner, 2007).

원인과 예방

지적장애의 원인은 약 350가지 이상인 것으로 알려져 있다(Dykens et al., 2000). 지적장애 원인의 약 35%는 유전적 원인에 의한 것이며, 약 3분의 1은 외상과 독소에 의한 것이며, 나머지 3분의 1은 그 원인을 알 수 없는 경우이다(Heikua et al., 2005; Szymanski & King, 1999). 지적장애의 원인을 규명하고 아는 것은 지적장애 발생을 예방하기 위해서 매우 중요한 일이며, 또한 교육프로그램을 구성하고 적용할 때도 영향을 미친다(Hodapp & Dykens, 2007; Vissers et al., 2016).

그림 4.3은 미국 지적 및 발달장애협회(AAIDD)가 분류한 지적장애와 관련된 여러 가지 원인을 제시하고 있는데, 크게 **출생 전**(prenatal), **출생 시**(perinatal), **출생 후**(postnatal)의 시기별로 구분하여 제시하고 있다. 지적장애와 관련된 모든 원인은 생의학적 원인과 환경적인 원인(사회적, 행동적, 교육적)으로 분류될 수 있다. 그러나 지적장애 발생에는 생물학적인 요소와 환경적인 요소가 함께 영향을 미치고 있으며, 구체적인 원인을 밝히기는 매우 어려운 일이다(Heikua et al., 2005; van Karnebeek et al., 2005).

생의학적 원인 심한 지적장애와 관련된 생물학적 원인들 중에서 약 3분의 2 정도는 구체적으로 밝혀져 있다(Batshaw et al., 2019). 표 4.2는 지적장애 발생과 관련된 출생 전 원인의 일반적인 예를 제시하고 있다. 증후군(syndrome)이라는 용어는 장애와 관련된 질병이나 상태를 정의할 수 있는 여러 가지 많은 증상이나 특징을 지칭하는 것이다. **다운증후군**(down syndrome)과 **취약성 X 증후군**(fragile X syndrome)은 지적장애를 일으키는 염색체와 관련된 가장 일반적인 원인이다(Cregenzán-Royo et al., 2018; Roberts et al., 2005). 인간 게놈 프로젝트와 유전학 분야의 연구들은 약 750가지 이상의 다양한 유전자 이상으로 지적장애가 발생한다고 추정하고 있다(Hodapp & DesJardin, 2002).

그러나 그림 4.3과 표 4.2에 제시되어 있는 지적장애 원인 그 자체가 지적장애를 의미하는 것은 아니다. 즉, 제시되어 있는 여러 질병이나 증후군, 조건 등은 일반적으로 지적장애와 연관성이 있지만, 항상 그것이 지적장애인들이 보이는 지적능력과 적응행동상의 결함을 발생시키는 것은 아니다. "지

그림 4.3 지적장애를 발생시킬 수 있는 원인론적 위험요인

시기	생의학적	사회적	행동적	교육적
출생 전	1. 염색체장애 2. 단일유전자장애 3. 증후군 4. 대사장애 5. 대뇌이상 6. 산모의 질병 7. 부모의 연령	1. 빈곤 2. 산모의 영양결핍 3. 가정 폭력 4. 빈약한 산전 관리체계	1. 산전 약물복용 2. 산전 알코올 섭취 3. 산전 흡연 4. 부모의 미성숙	1. 부모의 인지적 장애(외부의 지원이 없는 경우) 2. 부모 역할 준비 부족
출생 시	1. 조산 2. 출생 시 상해 3. 신생아 이상	1. 빈약한 출생 관리체계	1. 부모의 양육 거부 2. 부모의 아동 유기	1. 중재 서비스를 위한 의학적 조회체계의 부족
출생 후	1. 외상성 뇌손상 2. 영양실조 3. 뇌수막염 4. 발작장애 5. 퇴행성 장애	1. 잘못된 아동 양육 2. 적절한 자극 결핍 3. 가정 빈곤 4. 가족의 만성질환 5. 시설화	1. 아동 학대와 방치 2. 가정 폭력 3. 부적절한 안전 4. 사회적 박탈 5. 부적절한 아동 행동	1. 잘못된 부모의 양육 2. 지연된 진단 3. 부적절한 조기중재 서비스 4. 부적절한 조기 특수교육 서비스 5. 부적절한 부모 지원

출처 : *Intellectual Disability: Definition, Classification, and Systems of Supports*(11th ed.) by AAIDD Ad Hoc Committee on Terminology and Classification (p. 60). Copyright 2010 by American Association on Intellectual and Developmental Disabilities. AAIDD의 허락하에 사용함.

적장애는 기능의 제한성으로 나타나기 때문에 이러한 기능에서의 제한성을 발생시킬 때만 원인이 된다."(AAIDD Ad Hoc Committee, 2010, p. 61). 예를 들면 출생 시의 저체중이나 다운증후군과 같은 원인이 되는 위험요소는 지적장애인이 보이는 지적기능과 적응행동상의 결함을 발생시킬 때만 지적장애의 원인이 되는 것이다.

표 4.2에서 볼 수 있는 건강상의 문제나 이상은 그 자체로서 특수교육이나 관련 서비스를 요구할 수 있으며, 또한 지적장애를 수반하거나 또는 수반하지 않을 수도 있는 다른 장애의 원인이 되기도 한다. 이러한 내용에 대해서는 이 책의 제9장(선천성 거대세포 바이러스, 뇌막염, 풍진)과 제11장(당뇨병, 뇌전증, 머리손상, 뇌수종, 근이영양증, 이분척추)에서도 제시되어 있다.

환경적 원인 지원을 많이 받지 않아도 되는 경도 지적장애는 모든 지적장애의 약 85~90%를 차지한다. 경도 지적장애의 대부분은 생물학적 원인을 알 수가 없는데, 그 이유는 그들의 신체병리학적인 원인(예 : 뇌손상이나 생물적 문제 등)을 분명하게 제시하기가 어렵기 때문이다. 지적장애의 원인으로서 생물적 요인이 분명하게 보이지 않는 경우에는 **심리사회적**으로 불리한 요인(psychosocial disadvantage), 환경적 요인(예 : 빈곤, 초기 언어발달 기회의 부족, 아동 학대와 유기), 또는 만성적인 사회적·감각적 결핍 등이 상호작용하여 발생한다고 가정한다. 전문가들은 때로는 영·유아 시기의 빈약한 사회적 환경으로 인하여 나타나는 지적장애에 대하여 **문화-가족성 지적장애**(intellectual disability of cultural-familial origin)라는 용어를 사용하기도 한다(AAIDD Ad Hoc Committee, 2010).

비록 사회적·환경적 결핍이 지적장애의 원인이 된다는 직접적인 증거는 없지만 많은 경우에 경도 지적장애를 발생시키는 데 상당한 영향을 미친다는 사실에는 일반적으로 동의하고 있다. 빈곤과 지적장애 발생에 대한 여러 연구들은 일반적으로 빈곤계층의 아동들이 지적장애로 판별되는 가능성이 더 크

다는 것을 보여주고 있다(Le Menestrel, Duncan, & National Academies of Sciences, Engineering, and Medicine, 2019).

예방

의학의 발전으로 인하여 생물학적 요인에 의하여 발생하는 지적장애의 발생률은 매우 감소되었다. 지적장애를 예방하는 일(시각장애나 청각장애를 포함하는 많은 다른 장애 유형에도 해당됨)에 있어서 단일 사건으로 가장 중요하고 큰 영향을 미친 것은 아마도 1962년에 효과적인 **풍진**(rubella) 백신을 개발한 일일 것이다. 산모가 임신 3개월 전에 풍진(독일 홍역)에 감염되면, 약 10~40% 정도 태아에게 심각한 장애를 일으킨다. 그러나 다행스럽게도 임신하기 전에 풍진 백신을 맞으면 예방할 수 있다.

의학 발달로 인하여 지적장애와 관련이 있는 유전요인들을 발견할 수 있게 되었다. 선별검사와 진단검사는 임신기 동안에 유전적인 장애를 판별해낼 수 있다. 초음파검사나 혈액검사와 같은 비침입성 선별검사는 태아가 선천적 장애가 생길 위험이 있는 모든 산모에게 일상적으로 실시하고 있다. 산모 알파페토프로테인(AFP)검사는 산모의 혈액에 있는 알파페토프로테인(AFP)이나 다른 생화학적 성분을 측정하여, 태아가 다운증후군이나 이분척추와 같은 장애 위험이 있는지 판별할 수 있다.

양수검사나 융모막 검사와 같은 진단검사를 통해서 지적장애를 일으키는 이상요인이 있는지를 정확하게 검사할 수 있다. **양수검사**(amniocentesis)는 산모가 임신한 지 약 15주에서 20주 사이에 태아를 둘러싸고 있는 양수막 안에 있는 양수를 채취하여 검사하는 것이다. 양수에서 분리한 태아세포를 세포 배양기에 넣고 약 2주간 더 성장시킨다. 그리고 그것을 사용하여 염색체 분석과 효소 분석을 하여 출생 전에 약 80가지 유전질환의 유무를 밝히는 것이다. 다운증후군과 같은 이러한 대부분의 유전장애는 지적장애와 밀접한 관련이 있다.

융모막 검사(chorionic villi sampling, CVS)는 태반을 형성하는 융모막을 조금 떼어내어 검사하는 방법이다. 이 방법의 가장 큰 장점은 임신 8주에서 10주 동안에 실시할 수 있어 양수검사보다 더 초기에 진단이 가능하다는 것이다. 왜냐하면 융모막에는 비교적 더 많은 수의 태아세포가 있기 때문에 태아세포가 2~3주 더 자라도록 기다리지 않고 즉시 분석할 수 있다.

양수검사나 융모막 검사는 침입성 검사이므로 태아를 유산시킬 수 있는 위험성이 있는데, 그 위험성은 약 1,000번의 시행 중에서 5~10 정도이다(Mujezinovic & Alfirevic, 2007). 최근에 개발된 간단한 혈액검사는 임신 3개월 정도에 산모의 혈류에 있는 태아의 DNA와 RNA를 검사함으로써 태아의 성별과 여러 가지 유전자 이상이나 염색체 이상을 찾아낼 수 있다(Papageorgiou et al., 2011; Wright & Burton, 2009). 이 검사는 빠르면 임신 5주경에도 검사할 수 있으며 정확도는 약 100%라고 보고된다.

부모의 가계 유전에 근거하여 장애아동을 낳을 수 있는 위험성이 큰 여성들에게는 일반적으로 **유전상담**(genetic counseling)을 받도록 하고 있다(Blesson & Cohen, 2019; Roberts et al., 2002). 유전상담은 의학적으로 특별히 훈련받은 상담가와 예비 부모가 장애아동을 낳을 가능성이 큰 데 대하여 상담하는 것이다. 장애와 관련하여 유전자 검사를 실시하는 데 대한 윤리적 문제는 다음과 같은 연구자료들에 잘 설명되어 있다[Bauer(2008), Beirne-Smith와 동료들(2015), Jamal 외(2019), Kuna(2001) 참조].

새로 태어난 아기에게 유전적인 조건이나 생의학적 위험요인이 있는지 알아내기 위하여 신생아 선별검사를 실시하는 것은 모든 주에서 법으로 규정되어 있다. 미국의 보건복지부는 약 35가지의 핵심 이상과 26가지의 이차적인 이상을 판별하는 검사를 실시하도록 규정하고 있다(U.S. Department of Health and Human Services, 2020). 미국에서 태어나는 모든 아기에게 행해지는 간단한 혈액검사는 **페닐케톤뇨증**(phenylketonuria, PKU)으로 발생하는 지적장애의 수를 극적으로 줄이게 하였다. 새로 태어난 아기의 혈액 속에 있는 페닐알라닌의 농도를 분석함으로써 의사들은 페닐케톤뇨증을 진단하고 페닐알라닌이 제한된 식이요법으로 치료를 한다. 이러한 치료를 받은 대부분의 페닐케톤뇨증 아동들은 정상적인 지능발달을 한다.

산모가 알코올과 같은 중독물질에 빠지거나 독성이 있는 환경오염물질(예 : 납중독 등)에 노출되는 것은 지적장애 발생과 관련하여 교육과 훈련을 통하여 지적장애를 예방할 수 있는 중요한 두 가지 원인이 된다.

교육접근

학습목표 4.4   지적장애학생에게 교과기술, 기능적 기술, 자기결정기술 등을 가르치는 교수활동에서 핵심적인 요인들을 설명하라.

지적장애아동 교육에 대한 효과적인 교육방법을 찾은 것은 장 마크 가스파르 이타르가 숲속에서 발견한 야생 소년을 가르친 그의 노력을 노트에 자세하게 기록한 때인 약 200년 전부터 시작되었다. 특수교육의 아버지라고 불리는 이타르는 학습할 수 없다고 여겨지는 아동에게도 체계적이고 집중적인 교육중재를 실시하면 실제적인 향상을 얻을 수 있음을 보여주었다(Itard, 1806/1962).

이타르의 시대부터 지금까지 지적장애를 위해 노력해 온 연구자와 현장 전문가들은 많은 교수방법을 개발하였는데, 그중에는 전체 교육 분야에 영향을 미친 것도 있다. 그리고 지적장애아동과 성인을 위한 초기 권리 옹호자들의 노력은 다른 장애 영역의 권리 옹호와 발달에도 선도적인 역할을 하였다. 그림 4.4는 지적장애학생과 성인들을 위한 교육과 중재에 있어서 역사적으로 중요한 사건과 그 의미를 제시하고 있다.

교육과정의 목적

지적장애아동은 무엇을 배워야 하는가? 과거에는 일반적으로 경도 지적장애아동들을 위한 교육내용은 전통적인 교과 중심으로 구성되어 있는 일반교육과정의 내용을 쉽게 하거나 공부하는 양을 적게 제공하는 것이었다. 예를 들면 경도 지적장애아동에게는 미국의 50개 주와 각 주의 수도에 대해 공부하는 지리과목의 한 단원을 여러 주에 걸쳐서 학습하게 한다. 좀 더 심한 지적장애아동들은 많은 시간을 나무못을 나무판에 끼우거나 또는 플라스틱 막대를 색깔로 분류하는 일들을 하였는데, 그것은 이러한 단절된 기술들이 앞으로 의미 있는 활동을 배우는 데 필요한 선행기술이라고 생각하였기 때문이었다. 그러나 불행하게도 아이다호주의 주도가 보이시라는 사실을 배운다거나, 어떤 물건들을 색깔별로 분류할 수 있다는 것은 지적장애아동이 더 자립적이고 기능적으로 되게 하는 데 도움을 주지는 못하였다.

교육과정을 더욱 현명하게 결정하고 효과적인 교수방법과 지원을 강화하는 것은 많은 지적장애학생들로 하여금 일반교육과정에 더 의미 있게 참여할 수 있도록 하고 있다(Soukup et al., 2007; Wehmeyer, 2006).

교과교육과정   모든 지적장애학생들은 읽기, 쓰기, 수학과 같은 기본적인 교과기술을 배워야 한다(예 : Cannella-Malone et al., 2015; Copeland & McDonnell, 2020; Everhart et al., 2011; Rivera & Baker, 2013). 기능적 교과란 읽기, 쓰기, 셈하기, 과학에서 '가장 유용한 부분'이다(Browder & Spooner, 2006). 기능적인 교과의 교육목표를 선택하는 것은 보이는 것과 같이 그렇게 쉬운 일이 아니다. 한 아

그림 4.4 지적장애 교육 발달에 있어서 중요한 역사적 사건

연도	역사적 사건	교육적 의미
1806	장 마크 가스파르 이타르는 야생아인 빅토르를 교육한 내용을 '아베롱의 야생소년(The Wild Boy of Aveyron)'이라는 제목으로 출판하였다.	이타르는 장애아동에 대한 집중적인 중재는 실제적인 학습결과를 낳을 수 있다는 것을 보여주었다. 많은 사람들은 이타르를 특수교육의 아버지라고 부른다.
1848	에두아르 세강은 이타르 아래에서 일하고 배웠는데, 펜실베이니아 훈련학교를 세우는 데 도움을 주었다.	미국에서 최초로 만들어진 지적장애를 위한 교육시설이었다.
1850	새뮤얼 그리들리 하우는 정신지체아를 위한 학교를 세웠다.	미국에서 최초로 만들어진 공립 기숙학교였다.
1896	지적장애학생을 위한 최초의 공립학교가 로드아일랜드주의 프로비던스에서 시작되었다.	특수학급 운동의 시작이었는데, 처음으로 장애인교육법(IDEA)이 재정되기 1년 전인 1947년에 약 130만 명의 아동들이 특수학교 교육을 받는 것으로 증가하였다.
1905	알프레드 비네와 테어도르 시몬은 프랑스에서 일반교육과정으로 교육받기가 어려운 아동들을 선별하는 검사를 개발하였다.	이 검사는 지적장애아동을 객관적으로 판별할 수 있도록 하였으며, 특수학급이 확대되는 데 긍정적인 영향을 미쳤다.
1916	스탠퍼드대학교의 루이스 터만은 미국에서 스탠퍼드-비네 지능검사(Stand-ford-Binet Intelligence Scale)를 개발하였다.	많은 학교에서 지능검사를 지능이 낮은 아동을 판별하는 도구로 사용하기 시작하였다.
1935	에드가 돌은 바인랜드 사회성숙도검사(Vineland Social Maturity Scale)를 개발하였다.	장애아동의 적응행동을 표준화된 검사로 측정할 수 있게 하였으며, 나중에는 적응행동이 지적장애 정의의 중요한 요소가 되게 하였다.
1950	지적장애아동의 부모들은 전국정신지체아동협회를 결성하였다(현재는 The Arc로 불리고 있음).	The Arc는 모든 연령의 지적장애인을 위한 강력하고 대표적인 옹호기관으로 활동하고 있다.
1958	국가방위교육법(National Defense Education Act, PL 85-926) 제정	지적장애아동을 가르치는 교사를 훈련하는 전문가를 위한 교육재정을 제공하였다.
1959	미국 정신지체협회(AAMR)는 처음으로 정신지체 정의와 분류를 위한 매뉴얼을 발간하였는데, 이것은 정신지체 진단기준으로서 평균에서 1 표준편차 아래의 IQ점수(약 85점)를 사용하였다.	많은 학생들이 경계선급 지적장애로 판별되었으며, 이들은 특수학교에서 '학습지진(slow learners)'이나 '교육 가능 지적장애(EMR)'로 지칭되었다.
1961	미국의 존 F. 케네디 대통령은 처음으로 대통령 직속 정신지체위원회(President's Panel on Mental Retardation)를 설치하였다[오늘날에는 지적장애인을 위한 대통령위원회(President's Committee for People with Intellectual Disabilties)].	이 위원회의 첫 보고서(Mayo, 1962)는 지적장애를 위한 국가 정책(예 : 시민권, 교육, 예방)을 안내하는 여러 가지 제안을 담고 있다.
1969	벵트 니리에는 정상화(normalization)에 대한 중요한 논문을 발표하였고, 울프 울펜스버거는 미국에서도 정상화를 주창하였다.	정상화는 지적장애를 위한 교육, 지역사회, 직업, 거주 서비스를 개발하고 실행하는 데 중요한 철학이 되었다.
1973	미국 정신지체협회(AAMR)는 개정된 정신지체 정의를 출판하였는데, 평균에서 2 표준편차 아래의 지능(약 70점 이하)과 적응행동에서 현재 기능상의 제한성을 중요한 요소로 제시하였다.	이 정의는 경계선급 아동들이 지적장애로 판별되는 것을 감소시켰다.
1992	미국 정신지체협회(AAMR)는 정신지체를 지원의 강도에 따라서 분류하는 매우 급진적인 정신지체 정의인 'System 1992'를 출판하였다.	이 새로운 정의와 분류는 여러 사람들로부터 주의나 비판을 받기도 하였다.
2007	미국 정신지체협회(AAMR)는 미국 지적 및 발달장애협회(AAIDD)로 이름을 바꾸었고, 또한 '정신지체(mental retardation)'란 용어를 '지적장애(intellectual disabilities)'로 바꾸었다.	AAIDD에 의하면 지적장애라는 용어를 새로 사용하게 된 이유는 (1) 기능적 행동과 상황적인 요소를 강조하는 현시대를 반영하고, (2) 사회생태학적 관점에서 개별화된 지원을 제공하는 데 대한 논리적인 근거를 제시하고, (3) 장애인에 대해 더욱 우호적인 용어를 사용하고, (4) 국제적으로 사용되는 용어로서 더욱 적합하기 때문이다.
2010	'로사법(Rosa's Law)'(PL 111-256)이 2010년 10월에 미국 대통령 버락 오바마에 의해 서명되었다.	연방법률에서 '정신지체'와 '정신지체인'이라는 용어 대신에 '지적장애'와 '지적장애인'으로 개정하였다. 로사법의 이름은 다운증후군이었던 9세 여자아이의 이름을 딴 것이다. 로사와 부모는 자신들이 사는 메릴랜드주에서 유사한 법률을 만들기 위한 운동을 전개하였다.

Paula Solloway/Alamy stock Photo

지적장애학생은 기능적 교육과정에서 많은 유익을 얻는다.

동에게는 가장 유용한 쓰기활동(예 : 구매할 식품 목록 쓰기)이 다른 아동에게는 기능적인 쓰기기술이 아닐 수도 있다(예 : 일터에서 포장한 품목의 수를 쓰는 것). 교사는 반드시 각 아동이 생활하는 상황을 주의 깊게 평가하여 중요한 기술이나 많이 사용해야 하는 기술들을 찾아내야 한다. 교사는 또한 앞으로 장애아동이 살아갈 환경에서 필요한 기술도 반드시 고려해야 한다.

교사는 전통적인 교과기술이 지적장애아동의 일상생활과 관련이 있는 기능적인 교육이 될 수 없다는 잘못된 가정을 하지 않도록 항상 조심해야 한다. 예를 들면 크리스털이나 석회암이 기능적인 단어로 보이지 않을 수 있지만 암석 수집을 배우는 학생에게는 중요한 기능적인 단어가 될 수 있다(Browder, 2000).

그러나 교과교육만을 전적으로 가르치는 것은 지적장애학생에게는 제한적이고 효과적이지 못한 교육일 수 있다. 그러므로 일반 교과교육을 가르칠 때 지적장애학생이 현재와 미래에 성공적으로 생활하는 데 필요한 기술들을 배울 수 있는 기회를 제한하지 않도록 매우 주의해야 한다.

기능적 교육과정 기능적 교육과정을 배우게 되면 지적장애학생은 살아가는 환경인 학교나 가정, 지역사회와 일터에서 더욱 자립적인 생활과 자기관리, 건강하고 행복한 생활을 하게 된다. 특수교사는 지적장애학생에게 대중교통 이용하기(Price et al., 2018), 쇼핑하기(Bouck et al., 2017), 현금지급기 사용하기(Barczak, 2019), 식당에서 메뉴 주문하기(Mechling et al., 2005), 요리와 안전(Kellems et al., 2016; Madaus et al., 2010), 여가와 스포츠 기술(Cannella-Malone et al., 2016; Lo, Burk, & Anderson, 2014) 등과 같은 광범위한 범위의 실제적인 기술을 가르쳐야 한다. Bouck(2011)는 경도와 중등도 장애 중·고등학교 지적장애학생들을 위하여 개발되어 판매되고 있는 10개의 기능적 교육과정의 내용을 분석하여 제시하였다.

교사들은 어떤 구체적인 지식이나 기술이 기능적인지를 결정할 때 다음과 같은 질문에 답을 해보면 된다.

- 이 지식이나 기술을 배우는 것이 학생이 가정이나 학교 또는 지역사회에서 자립적이고 성공적인 생활을 하는 데 도움이 되는가?
- 이 지식이나 기술을 배우지 못하게 되면 학생은 부정적인 결과를 받게 되는가?

어떤 주어진 기술이 기능적인 교육내용인지를 결정하는 가장 궁극적인 방법은 지적장애학생의 관점에서 이 질문을 생각해보는 것이다. 즉 "내가 21세가 되면 이것이 필요한가?"(Beck et al., 1994)이다. 이 질문에 답하는 것은 매우 중요하다. 왜냐하면 교사가 지적장애학생을 위한 교육과정을 앞으로 지적장애학생의 자립이나 삶의 질과 같은 궁극적인 결과와 연결시키는 데 실패한다면 "수년 동안 의미 있는 학습을 위한 귀중한 기회를 허비하는 것이기 때문이다."(Knowlton, 1998, p. 96).

교사나 학생이 무엇을 가르치거나 배워야 하는지를 결정할 때 교과교육과정과 기능적 교육과정 중에서 어느 한 가지만을 선택하는 것은 옳지 않다. 지적장애학생을 가르치는 특수교사나 일반교사는 교과교육과정과 기능적 교육과정 간의 균형을 잘 맞추어서 지적장애학생이 일상생활 전반에 걸친 기능적 기술에 대한 개별화된 교육을 받으면서도 일반교육과정에 최대한도로 참여하게 하여 많은 교육적 혜택을 받을 수 있도록 해야 한다(Browder et al., 2006). 기능적 기술과 교과학습을 통합하여 실시하는 효과적인 교수의 예는 Collins 외(2010)에 제시되어 있다(제12장 교수와 학습 '교과핵심내용을 기능적 기술교수에 삽입하기' 참조).

지적장애아동이 중학생과 고등학생이 될 때 그들이 지역사회에서 성인생활로 삶을 전환하는 데 도움을 주는 기능적 기술을 가르치는 것은 특히 중요하다. 성인생활 기능에 대한 여러 가지 모델과 분류 목록은 기능적인 교과활동을 구성하는 데 기본체계로 사용될 수 있다(Bambara et al., 2020). 예를 들면 일상생활기술 교수는 여섯 가지 성인생활기술 영역에서 147가지의 다양한 구체적인 생활기술을 포함하고 있다(Cronin et al., 2007).

자기결정기술   자기결정기술을 가지고 있는 학습자는 개인적인 목적을 설정하고, 목적에 따른 활동계획을 세워 실행하고, 자신의 수행결과를 평가하고, 성취하려는 목표에 맞추어 그것을 수정하는 일련의 과정을 스스로 할 수 있다. 이러한 자기결정기술을 배우는 것은 그 자체가 교육과정의 목표가 되는 동시에 학생들로 하여금 다른 학습목표를 성취하게 만드는 도구로 사용될 수 있다(그림 4.2 참조).

자기결정은 복잡한 기술이 요구되지만 모든 아동에게 필요한 원대한 목표가 된다. 지적장애아동도 자기결정기술을 배울 수 있다. 자기결정기술을 배우게 되면 개별화 교육계획(IEP)의 목표를 훨씬 더 잘 성취할 수 있게 되며, 학교에서 성인생활로 나아가는 전환을 성공적으로 더 잘할 수 있게 된다(Shogren, Garnier Villarreal et al., 2017; Shogren et al., 2015). 많은 연구를 통해서 제시된 자기결정과 관련된 연구기반 실제와 방법들은 학생들로 하여금 더욱 자기결정적인 학습자가 될 수 있게 한다(Cobb et al., 2009). 예를 들면 교수를 위한 자기결정 학습모델(Wehmeyer et al., 2012)은 학생에게 목표설정, 목표를 위한 계획 구성, 자기실행 점검 등을 포함하는 자기조절 문제해결 과정을 가르친다.

최근의 연구결과들은 지적장애학생이 자기지시, 자기점검, 선행단서 활용, 자기평가 등과 같은 기술을 배우게 되면 자기조절 행동이나 자기주도 학습을 할 수 있다는 것을 보여주고 있다(예 : Clark et al., 2019; Cullen & Alber-Morgan, 2015; Miller & Taber-Doughty, 2014; Rouse et al., 2014). 예를 들면 Agran 외(2002)는 4명의 지적장애 중학생에게 일반학급에 성공적으로 참여하는 것과 관련하여 자기가 설정한 목표를 성취할 수 있게 하는 네 가지 문제해결 단계를 가르쳤는데, 그 학생들이 배운 네 가지 단계는 다음과 같다. (1) "문제가 무엇이지?"라고 말하고, 이어서 그것이 무엇인지 큰 소리로 말한다(예 : "나는 수업 중에 적어도 한 문장은 말해야 한다."). (2) "내가 무엇을 할 수 있지?"라고 자신에게 말하고, 가능한 해결방안들을 소리 내어 말한다. (3) 자신이 제시한 해결방안을 실행한다. (4) "문제가 해결되었나?"라고 묻는다.

교수방법

지적장애학생들은 다음과 같이 많은 연구로부터 증명된 교수방법으로 가르칠 때 가장 잘 배울 수 있다.

- 가장 중요한 교수목표를 설정하기 위하여 각 학생의 현재 수행능력 수준을 평가한다.
- 학습되어야 하는 새로운 지식이나 기술을 정의하고 과제분석을 실시한다.
- 학생이 적극적인 반응을 할 수 있는 기회를 가질 수 있도록 교수자료나 활동을 만든다.
- 학생이 일상적인 단서나 자극에 자연적으로 반응할 수 있도록 처음에는 조력이나 단서를 제공하다가 점점 감소시킨다.
- 강화, 교수적 피드백, 오류 수정과 같은 형태로 학생의 수행결과에 대한 후속 결과물을 제공한다.
- 배우는 기술을 유창할 정도로 할 수 있게 하는 활동을 학습과정에 포함한다.
- 새로 학습한 기술을 일반화하고 유지시키는 전략을 사용한다.

• 아동 수행에 대한 직접적이고 빈번한 측정을 실시하고, 그 자료를 교수계획에 활용한다.

이러한 효과적인 교수기법의 어느 정도는 이 장에서 설명을 하고, 나머지는 다른 장에서 설명을 하였다.

과제분석   과제분석(task analysis)이란 복잡하거나 여러 단계로 이루어진 목표행동을 쉽게 가르칠 수 있는 하위과제로 나누는 것이다. 그리고 나누어진 하위기술이나 하위과제는 일상적으로 행해지는 순서로 계열화하거나 또는 쉬운 하위과제에서 어려운 하위과제로 계열화한다. 과제분석으로 계열화된 하위기술에 대하여 학생의 수행능력을 측정하는 것은 교수활동이 어떤 과제로부터 시작되어야 하는지를 정확하게 알게 해준다. 그림 4.5는 지적장애학생인 카라에게 학교 사물함을 이용하는 기술을 가르치기 위하여 구성한 과제분석과 자료수집 양식의 예이다(교수와 학습 '과제분석' 참조).

학생의 적극적 반응   일반교육과 특수교육의 연구들은 학생이 학습과제에 적극적으로 반응하는 시간의 양과 학업성취 간에 긍정적인 관계가 있음을 분명하게 제시하고 있다(Hattie, 2012; States et al., 2019 참조). 학생의 적극적인 참여를 높이는 것은 모든 학습자에게 중요하지만, 특히 장애학생들에게는 더욱 중요하다. "교수 활동은 시간적으로 계속해서 진행되어 나가야 하기 때문에 장애학생들이 모르는 것을 배울 수 있는 기회는 시간이 지날수록 점점 적어진다."(Kame'enui, 1993, p. 379).

여러 연구들은 다음과 같은 교과학습 시간(Fisher et al., 1980), 반응 기회(Greenwood et al., 1984), 학생의 적극적 반응(Heward, 1994) 등 같은 의미를 나타내는 중요한 용어로 사용하고 있다. **학생의 적극적 반응**(active student response, ASR)은 수업과 관련되어 관찰할 수 있는 구체적인 반응을 학생이 하는 것을 의미한다. 학생의 적극적 반응은 수업에 따라서 단어 읽기, 문장 쓰기, 수학문제 계산하기, 음악 연주하기, 역사적 인물 말하기 또는 화학물질 분석하기 등이 될 수 있다. 학생의 적극적 반응을 측정하는 가장 중요한 방법은 주어진 수업 시간 동안에 학생이 행하는 반응의 빈도를 계산하는 것이다.

모든 변인이 일정하다면(예 : 교육자료의 질, 학생의 선수학습, 동기변인 등) 학생의 적극적 반응이 풍부한 수업은 그렇지 못한 수업보다 훨씬 더 많은 학습이 이루어진다. 연구들에 의하면 지적장애나 다른 장애학생들을 포함한 모든 학생의 적극적 반응을 높이는 효과적인 방법은 다 같이 대답하게 하는 것(Menzies et al., 2017), 반응카드(Schnorr et al., 2016), 학급차원의 동료 교수(Maheady et al., 2006) 등이 된다(더 자세한 방법에 대해서는 제2장과 제6장의 교수와 학습 참조).

체계적인 피드백   학생의 수행에 대한 정보를 제공하는 교수적 피드백은 크게 두 가지 유형으로 나눌 수 있다. 첫째 유형은 **정적 강화**(positive reinforcement)나 칭찬인데, 아동의 바른 반응에 대하여 보상이나 칭찬을 하는 것이며, 또 다른 하나는 틀린 반응에 대한 오류 수정이다. 피드백은 그것이 구체적이고 즉각적이며, 긍정적이고 빈번하며, 비교해줄 때 더욱 효과적이다(학생의 현재 수행을 과거의 수행과 비교해주는 것이다. "저런, 오늘 110개의 단어를 읽었구나. 어제보다 5개나 더 읽었네.").

피드백의 한 가지 특별한 형태인 교수적 피드백을 사용하면 지적장애아동이나 다른 장애아동을 위한 교수활동의 효율성을 높일 수 있다(Werts et al., 1996). 학생의 수행에 대하여 피드백을 주는 것은 교사가 의도적으로 '여분의 정보'를 학생에게 제공하는 것이다. 예를 들면 학생이 옥수수라는 단어를 바르게 읽었을 때 학생의 정확한 반응에 대하여 교수적 피드백을 제시함으로써 교사는 "맞아. 그 단어는 옥수수야. 그것은 식물이란다."라고 말할 수 있다. 여기에서 교수적 피드백은 "그것은 식물이란다." 하고 더 첨가된 부분을 말한다. 이러한 교수적 피드백을 제시하는 것은 학생이 목표과제를 습득하는 과정을 방해하는 것이 아니며, 학생이 여분의 지식이나 정보를 더 얻을 수 있게 된다고 여러 선행연구들은 밝히

그림 4.5 학교 사물함 이용 기술에 대한 과제분석과 자료수집

학생 : 카라 **과제** : 복도 사물함 이용하기 **교사** : 샌디 트래스크-타일러

목표 : 카라는 학교에 등교하면 복도에 있는 사물함에 책가방, 재킷, 소지품 등을 안전하게 넣고 보관하는 것을 5번 중에서 4번은 100% 정확하게 수행할 수 있다.

날짜 →	9/8	9/10	9/11	9/12	9/13	9/16				
1. 교실에서 사물함 열쇠가 걸려 있는 열쇠 보관함으로 가기	−	−	V	✓	✓	✓				
2. 사물함 열쇠를 고리에서 빼기	−	−	G	✓	✓	✓				
3. 열쇠와 소지품을 가지고 교실에서 복도로 나가기	✓	✓	✓	✓	✓	✓				
4. 자신의 사물함 앞으로 가기	✓	✓	✓	✓	✓	✓				
5. 사물함 자물쇠에 열쇠를 찔러 넣기	−	−	P	✓	✓	✓				
6. 열쇠를 오른쪽으로 90도 돌리기	−	−	P	G	✓	✓				
7. 사물함 손잡이 잡기	−	−	P	P	V	✓				
8. 사물함 문 열기	✓	✓	✓	✓	✓	✓				
9. 사물함에 책가방 넣기	✓	✓	✓	✓	✓	✓				
10. 사물함에 재킷 넣기	−	−	V	✓	✓	✓				
11. 사물함에 다른 소지품 넣기	−	−	NA	V	✓	✓				
12. 사물함에 모든 물건을 잘 넣었는지 확인하기	−	−	P	V	✓	✓				
13. 사물함 문 닫기	✓	✓	✓	✓	✓	✓				
14. 사물함 열쇠를 왼쪽으로 90도 돌려 잠그기	−	−	P	G	V	✓				
15. 사물함 열쇠 빼기	−	−	P	G	✓	✓				
16. 사물함 열쇠를 가지고 교실로 오기	−	✓	✓	✓	✓	✓				
17. 사물함 열쇠 보관함에 열쇠 걸어놓기	−	−	V	✓	✓	✓				
독립적으로 실시한 총횟수	5	6	6	11	15	17				
기초선/교수	B	B	T	T	T	T				

> 기초선/점검 회기 : ✓ 정확, − 부정확
> 중재 회기 : ✓ 정확한 독립수행, B = 기초선, G = 동작/시각 조력 받으며 수행,
>   P = 신체 조력 받으며 수행, T = 교수, V = 언어 조력 받으며 수행

출처 : Sandie Trask-Tyler의 허락하에 사용함.

고 있다(예 : Carroll & Kodak, 2015; Loughery et al., 2014; Werts et al., 2011).

　피드백을 효과적으로 사용하는 것은 교사들의 가장 중요한 기술 중의 하나이다. 유능한 교사는 학생에게 피드백을 제공하는 시간과 초점을 새로 가르치는 기술에 대한 초기 학습단계에서부터 습득한 기술을 연습하는 단계로 점차 이동시킨다. 학생이 새로운 기술이나 지식을 처음 학습할 때 피드백은 각각의 반응에 매번 제시하는 것이 효과적이다(그림 4.7 참조). **학습의 습득단계**(acquisition stage of learning)에서는 학생이 수행하는 반응의 정확성과 형태에 따라서 피드백이 제시되어야 한다(예 : "캐시가 아주

교수와 학습

과제분석

과제분석의 적용단계는 무엇인가 과제분석을 실시할 때 교사는 과제분석의 하위단계로 아래에 제시된 것 중에서 한 가지나 또는 여러 가지를 모두 결합하여 사용할 수 있다.

목표과제를 잘 수행하는 학생을 관찰하라. 과제분석을 통하여 가르치려는 목표기술이나 과제를 잘 수행하는 학생을 관찰하여 그 수행하는 모습을 잘 적어라. 그림 4.5에서 제시된 과제분석 단계는 학교 사물함 이용 기술을 자립적으로 잘 수행하는 2명의 학생을 관찰하여 구성하였다. 만약 목표기술이나 활동이 복잡한 것이라면 비디오 녹화를 실시하는 것이 과제분석 단계를 파악하는 데 효과적일 수 있다.

목표과제를 자신이 직접 수행해보라. 만약 목표과제가 비교적 분명하고 흔히 사용되는 것이라면 자신이 직접 그 과제를 실시하면서 각각의 단계를 적거나 또는 녹음을 하면 된다. 이러한 방법은 카라의 교사가 그림 4.6에서 제시

그림 4.6 전자레인지로 팝콘 만들기의 과제분석과 자료수집

학생 : 카라　　　　**과제** : 전자레인지로 팝콘 만들기　　　　**교사** : 샌디 트래스크-타일러
목표 : 카라는 전자레인지를 사용하여 팝콘 만드는 과제를 독립적이고 안전하게 세 번 연속하여 수행할 수 있다.

날짜 ⟶								
1. 학급 사물함 문을 연다.								
2. 팝콘 박스를 찾는다.								
3. 팝콘 박스를 집어서 테이블 위에 놓는다.								
4. 팝콘 박스에서 한 봉지를 꺼낸다.								
5. 팝콘 박스를 사물함에 다시 넣는다.								
6. 사물함 문을 닫는다.								
7. 팝콘 봉지를 싼 비닐을 벗긴다.								
8. 포장 비닐로부터 팝콘 봉지를 꺼낸다.								
9. 쓰레기통으로 간다.								
10. 벗긴 비닐을 쓰레기통에 버린다.								
11. 전자레인지 앞으로 간다.								
12. 전자레인지 문을 연다.								
13. 전자레인지 안에 팝콘 봉지를 정확하게 넣는다.								
14. 전자레인지 문을 닫는다.								
15. 전자레인지 버튼을 누른다.								
16. 전자레인지가 멈출 때까지 기다린다.								
17. 전자레인지 문을 연다.								
18. 오븐 장갑을 낀다.								
19. 전자레인지에서 팝콘 봉지를 꺼낸다.								
20. 튀겨진 팝콘 봉지를 테이블에 놓는다.								
21. 오븐 장갑을 벗는다.								
22. 전자레인지 문을 닫는다.								
독립적으로 실시한 총횟수								
기초선/중재/유지								

기초선/유지 회기 : ✓ 정확, － 부정확
중재 회기 : ✓ 정확한 독립수행, V = 언어 조력 받으며 수행,
　　　　　　G = 동작/시각 조력 받으며 수행, P = 신체 조력 받으며 수행

한 것과 같이 전자레인지를 사용하여 팝콘을 만드는 과제를 가르치려고 할 때 사용하였다. 비록 이 방법이 간단하게 보이지만 실제로 보이는 것보다 그리 간단한 것이 아님을 알 수 있다. 과제를 수행하는 데 필요한 단계를 빼먹을 수 있으니 주의하라.

전문가에게 물어보라. 과제분석으로 가르치려는 기술이나 과제가 경쟁적이고 복잡한 환경(예 : 직업 환경)에서 수행되는 것이라면 전문가의 도움을 받아라. 호텔에서 침대보를 씌우는 일이나 식당에서 식탁을 치우는 일에 관한 과제분석은 여러 가지가 될 수 있다. 어떤 방법은 환경에 따라서 더 효과적이고 적절한 것이 될 수 있다. 만약 호텔이나 식당에서 침대를 정리하는 일이나 식탁을 치우고 세팅하는 과제는 가르치기 위하여 과제분석을 실시하려고 할 때는 그러한 과제를 능숙하게 수행하는 사람을 관찰하고 자문을 받는 것이 좋다.

과제분석을 어떻게 타당하게 만드는가 동료로 하여금 도움이나 지시를 하지 않고 과제분석의 단계를 구성된 대로 정확하게 수행하게 해보라. 그 동료가 과제분석의 각 단계를 수행하는 것을 잘 관찰해보면 어떤 단계가 빠지거나 논리적으로 구성되지 않았다는 것을 즉각적으로 알 수 있을 것이다. 이를 통하여 과제분석의 단계를 수정할 수 있게 되면 결과적으로 과제분석이 더욱 정확해진다.

과제분석은 왜 개별화되어야 하는가 과제분석은 학생의 나이, 지적능력, 신체운동 기능 등에 맞게 개별화된 것으로 구성되어야 한다. 어떤 학생에게는 매우 효과적인 과제분석 단계가 다른 학생들에게는 다를 수 있다. 어떤 학생에게는 과제분석 단계가 더 세밀하게 구성되어야 하거나 또는 과제분석을 수행하는 데 추가적인 조력이나 도구가 필요할 수 있다.

잘했구나. 500원 동전 2개와 1,000원은 같은 금액이란다."). 습득단계에서 학생이 수행하는 것마다 피드백을 해줌으로써 교사는 학생이 잘못된 수행을 계속할 수 있는 가능성을 감소시킬 수 있게 된다.

학생이 새로 배우는 기술을 어느 정도 일관성 있게 수행할 수 있게 되면(최소한의 기준은 정확한 수행의 수가 틀린 수보다 넘어서게 되는 것임), 이제 학생은 일련의 수행을 하고 난 뒤에 피드백을 받는 것

그림 4.7 학습의 습득단계와 연습단계에서 학습활동에 대해 제시하는 피드백

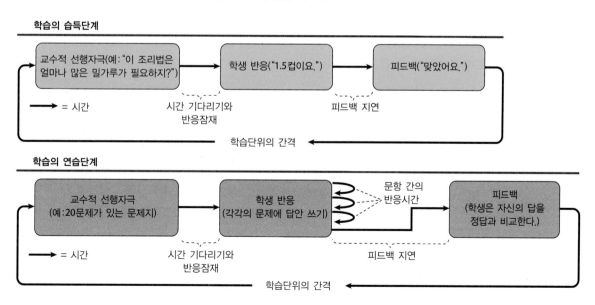

주 : 시간 기다리기는 과제를 제시한 뒤에 학생에게 과제를 수행하도록 교사가 신호를 주는 그 사이의 시간을 의미함. 반응잠재는 과제를 수행하라고 주는 교사의 신호를 보고 학생이 수행을 시작하는 시간 사이에 걸린 시간을 의미함. 문항 간의 반응시간은 2개의 계속되는 과제에서 한 문항 수행과 두 번째 문항 수행 사이에 걸리는 시간을 의미함.

이 필요하다. 이러한 **학습의 연습단계**(practice stage of learning)에서의 피드백은 학생이 목표기술을 수행하는 비율이나 속도에 따라서 제공한다(예 : "도미니크, 너는 1분 동안에 28문제를 정확하게 했구나. 참 잘했다!"). 학습의 연습단계에서 학생이 수행할 때마다 피드백을 주게 되면 오히려 방해가 될 수 있는데, 그것은 학생이 학습을 빠르게 수행하는 유창성을 기르는 기회를 방해할 수 있기 때문이다.

자극통제의 전환   시행착오 학습은 비효율적이며 어떤 학생에게도 어려운 일이고 효율적이지 않은 방법이다. 특히 지적장애학생에게 시행착오 학습은 시간을 완전히 낭비하게 하는 것이 될 수 있다. 유능한 교사는 학생이 반응을 정확하게 하는지 보기 위해서 기다리기보다는 학생들이 가능한 한 바르게 반응할 수 있도록 조력(예 : 신체적인 도움, 언어 지시, 그림단서, 미리 녹음한 청각적 조력 등)을 제공한다(Dogoe & Banda, 2009). 유능한 교사는 학생의 바른 반응에 대하여 강화를 하고, 조력을 계속 제공하고, 정확하게 수행한 다른 반응에도 강화를 제공한다. 그 후에는 조력을 점차적으로 체계적으로 줄여나가서 학생으로 하여금 목표행동을 일상생활 상황에서 이용할 수 있는 자연적인 조력이나 단서를 활용하여 수행할 수 있도록 한다.

일반화와 유지   만약 학생이 학습한 기술을 학교나 가정, 또는 지역사회나 일터 등에서 성공적으로 사용하지 못한다면 그러한 교수는 궁극적으로는 의미가 없다. **일반화**(generalization)와 **유지**(maintenance)는 아동이 새로 학습한 기술을 다른 환경에서나 시간이 지난 뒤에도 수행하는 것을 말한다. 이러한 일반화와 유지를 증가시키기 위한 방법과 전략들에 대하여 여러 연구들이 진행되어 왔고 앞으로도 계속될 것이다(Cooper et al., 2020). 일반화와 유지를 향상시키기 위한 전략들 중에서 세 가지를 제시하면 다음과 같다.

모든 자극 조건과 반응 요구를 고려하여 가르친다.   새로운 기술을 가르칠 때 그 기술이 사용될 수 있는 모든 환경과 상황을 전부 고려하여 가르치는 것은 사실상 불가능하다. 각각의 환경과 상황은 서로 차이가 있으며, 그에 따라 같은 기술이라 하더라도 다르게 수행되어야 한다. 이러한 관점에서 교사는 가르치는 기술과 관련하여 교실과 다른 여러 환경에서 발생할 수 있는 가능한 상황을 모두 고려한 기술의 예들을 잘 선택하여 가르치는 것이 필요하다. 예를 들면 학생이 후에 지역사회 식당에서 일할 때 필요한 기술을 배우기 위하여 먼저 학교 식당에서 식탁 치우는 기술을 배운다고 한다면, 학생은 다양한 상황에 있는 식탁을 구별할 수 있어야 한다. 즉 비어 있는 식탁, 사람이 식사 중인 식탁, 사람은 없지만 음식이 접시에 있고 소지품이 남아 있는 식탁 등을 구별할 수 있어야 한다(Horner et al., 1986).

교수 환경을 일반화 환경과 유사하게 만든다.   만약 일반화 환경이 교육이 실시되는 교육환경과 너무 많이 다르다면 학생은 새로 학습한 기술이나 행동을 일반화 환경에서 수행하지 못할 수가 있다. 이러한 문제에 대한 한 가지 교수전략은 일반화 환경의 특징을 교수 환경에 가능한 한 많이 포함시켜서 교육하는 것이다. 예를 들면 학생이 구매기술을 연습해볼 수 있도록 교실을 지역사회의 상점과 같이 꾸며서 교수하는 것도 교수 환경 및 일반화 환경과 관련된 일반자극을 프로그램으로 구성하여 가르치는 방법이 된다.

두 번째 전략은 교수환경에서 학생이 배울 수 있으면서도 일반화 환경에 용이하게 전환될 수 있는 새로운 일반자극을 만들어 사용하는 것인데, 이러한 새로운 일반자극은 학생이 배우려는 목표기술을 수행할 수 있도록 돕거나 촉구할 수 있는 것이어야 한다. 예를 들면 패스트푸드 식당에서 음식을 주문하는 기술을 배울 수 있도록 교실에서 모의상황을 만들고 작은 카드에 있는 음식사진을 손가락으로 보여주면서 주문하는 법을 배우게 된 학생은 실제 지역사회 식당에서 혼자서 음식을 주문할 때 음식사진이 있는 그 작은 카드를 사용하여 할 수 있을 것이다(van den Pol et al., 1981). Rowe와 Test(2013)는 교실에서 모의로 만든 직불카드 기계와 그림단서 카드를 사용하여 학생들에게 직불카드를 이용한 구매기술을 가르쳤다. 연구에서 대상 학생들은 습득한 기술을 지역사회 환경으로 일반화할 수 있었지만 일반화에서 어려움을 보인 학생들은 그림단서 카드를 이용하여 지역사회에서 직불카드를 이용한 구매기술을 일반화할 수 있었다.

지역사회 중심 교수(community-based instruction)는 장애학생에게 새로운 기술을 가르칠 때 실제로 그 기술을 사용할 생활환경에서 가르치는 것은 일반화와 유지 가능성을 높인다. 그러나 지역사회 중심 교수와 관련된 23개의 선행연구를 분석한 연구를 보면 단지 지역사회에서 기술을 가르친다고 해서 일반화와 유지가 높아지는 것은 아니라는 사실을 제시하고 있다(Walker et al., 2010). 계획이 엉성한 교수는 어디에서 실시되든지 효과가 없다. 실제로 지역사회 중심 교수는 비용과 노력이 더 많이 들 수 있으며 매일 일상적으로 하기에는 어려움이 많다. Morse와 Schuster(2000)는 지적장애학생에게 식료품 구매기술을 가르치기 위하여 매주 두 번씩 지역사회 중심 교수를 실시하고 동시에 교실에서 모의훈련을 같이 병행하는 것이 매우 효과적일 수 있음을 보여주었다. 유사한 연구로서 Cihak 외(2004)는 모의교수와 지역사회 중심 교수의 효과성과 효율성을 비교한 연구를 실시하였다. 그 결과는 모의교수와 지역사회 중심 교수를 연합하여 실시하는 것이 각각의 교수법을 따로 적용하는 것보다 훨씬 더 효과적이라는 것으로 나타났다.

자연적으로 발생하는 후속결과(contingency)인 강화를 많이 경험하게 한다. 일반화와 유지를 증가시키는 모든 전략에서 가장 기본적이고 중요한 전략은 학생이 새로 습득한 기술을 사용하여 일상생활 환경(예 : 일반교실, 운동장, 지역사회, 여가 장소, 직업 환경 등)에서 자연적으로 강화를 받을 수 있는 가능성을 높이는 것이다(Baer, 1999). 이것은 다음과 같은 두 가지 방안으로 할 수 있다. (1) 일상생활 환경에서 필요하고 중요하게 여겨지는 기능적인 기술을 가르치는 것이고, (2) 학생이 자연적인 일상생활 환경에서 강화를 받을 수 있을 만큼 새로 학습한 기술을 정확하고 유창하게 수행할 수 있도록 가르치는 것이다.

직접적이고 빈번한 측정 교사는 학생의 수행능력을 직접적이고 빈번하게 측정함으로써 자신의 교수활동의 효과를 검증해야 한다. 측정이 **직접적**(direct)이라는 의미는 일상생활 환경에서 목표기술에 대한 학습자의 수행능력을 객관적으로 기록하는 것을 말한다. **빈번하게**(frequent) 측정한다는 것은 규칙적으로 자주 측정하는 것을 의미하는데, 가장 이상적으로 말하자면 교육활동이 일어날 때마다 측정이 이루어져야 한다는 것이다.

교수의 효과를 알아보기 위하여 학생의 수행능력을 직접적이고 빈번하게 측정하지 않는 교사가 일반적으로 보일 수 있는 두 가지 오류는 다음과 같다. (1) 실제로 학습이 일어나지 않는 비효과적인 교육프로그램을 계속 실시하는 것(예 : 교사는 어떤 형태의 교수는 늘 효과적이라고 믿을 수 있음), (2) 교사가 주관적인 판단으로 교육활동에 효과가 없다고 생각하고 실제로는 효과가 있는 교육프로그램을 중단하는 것이다(Heward, 2005). 측정을 하지 않고서는 학생의 읽기 수행속도가 1분에 70단어에서 80단어로 향상된 것을 어떻게 알 수 있겠는가?

대안적 교육 배치

학습목표 4.5   지적장애학생의 교육계획과 배치에 관련하여 고려되어야 하는 요소들은 무엇인지 설명하라.

전통적으로 경도 지적장애아동들은 일반학교의 분리된 특수학급에서 교육을 받아 왔으며, 중등도나 심한 지적장애아동들은 주로 분리된 특수학교에서 교육을 받아 왔다. 오늘날에는 많은 지적장애아동들이 일반학급에서 교육을 받고 있다. 그러나 지적장애학생들을 최소제한환경에서 교육하려는 흐름에 있어서는 전반적으로 발전이 되어 왔지만, 최근의 통합교육 상황을 보면 계속적인 진전에 대한 증거를 보기가 어렵다고 Brock(2018)은 말하고 있다. 사실 2018~2019학년기에 지적장애학생들의 교육환경은 2012~2013학년도의 상황과 거의 유사한 것을 알 수 있다. 이 두 학년기에 17%의 지적장애학생들이 일반학급에서 교육을 받았으며, 27%가 학습 도움실에서, 49%가 특수학급에서 교육을 받는 것으로 나타났다(U.S. Department of Education, 2014, 2020a). 그리고 약 7%의 지적장애학생들은 아직도 분리된 특수학교나 시설 또는 집이나 병원에서 교육받고 있는 것을 알 수 있었다.

때때로 인접한 여러 개의 작은 교육구들이 그들의 자원을 함께 모아서 중도나 최중도와 같은 심한 지적장애학생들을 위한 특수교육프로그램을 공동으로 실시하기도 한다. 그러나 오늘날 여러 특수교육자들은 "분리된 특수학교는 장애학생들이 최소제한환경에서 교육받는 것을 막을 수 있으며, 모든 학생들은 장애 유형이나 정도에 관계없이 집 근처에 있는 일반학교에서 교육받아야 한다."고 주장하고 있다(예 : Stainback & Stainback, 1996; Taylor, 2005).

이 책의 제2장에서 보았듯이 장애아동을 단순히 일반학급에 배치하는 것이 장애아동으로 하여금 사회적으로 수용되거나 또는 가장 적절한 교육을 받게 한다고 말할 수는 없다. 그러나 많은 특수교육자와 일반교육자들은 지적장애학생과 일반 학생들을 함께 가르치기 위한 교육프로그램과 방법을 개발하고 있다. 팀 게임이나 협동학습 또는 그룹 프로젝트 등을 통하여 장애아동을 일반학급에 통합시키려고 체계적으로 계획을 세우거나, 또는 모든 학생들이 서로 상호작용할 수 있는 구체적인 관련 기술들을 직접 가르치는 방법은 장애아동들이 일반학급에 성공적으로 통합할 수 있는 가능성을 높이는 좋은 예가 될 수 있다(Doyle & Giangreco, 2013; King-Sears et al., 2015; Salend, 2016).

또래 지도법, 협동학습(교수와 학습 '협동학습' 참조), 친구관계 훈련, 또래친구 프로그램도 지적장애학생들을 교수적으로나 사회적으로 일반학급에 통합시키는 데 효과적인 방법으로 사용될 수 있다(Brock et al., 2020; Carter et al., 2016; Gillies, 2016; Miller, Cooke et al., 2003; Hart Barnett & Whalon, 2014)(제12장 교수와 학습 '또래 도우미 : 중도장애학생과 함께하기' 참조).

지적장애학생들도 일반 학생들의 교육프로그램으로부터 효과를 볼 수 있다. 초등학교 저학년의 지적장애학생들은 생활연령이 같은 일반아동과 같이 기초 교과학습에 대한 교육이 필요하다. 예컨대 읽기, 셈하기, 쓰기 등은 매우 중요한 교육내용으로 다루어져야 한다. 이 기간에 대부분의 지적장애학생들은

장애학생과 비장애학생을 포함하는 모든 학생을 위한 효과적인 교수는 학생의 적극적인 반응과 체계적인 피드백을 빈번하게 제공하는 특성이 있다.

David Mager/Pearson Education

교수와 학습

협동학습

왜 교사는 협동학습 전략을 가르쳐야 하는가   협동학습은 학생들이 함께 협력하여 학습목표를 성취하거나 학습 과제를 수행하도록 가르치는 교육방법이다. 협동학습이 잘 계획되어 실행된다면 학생들은 학습내용을 함께 공부하며 자신들의 학습에 대한 피드백도 받을 수 있고, 또한 사회성 기술도 배울 수 있다. 협동학습 활동은 교육내용, 장소, 연령 등에 따라 다양하게 적용될 수 있으며, 어떠한 교사에게도 실행 가능한 교육방법이 될 수 있다. 그러나 교사들이 경계해야 하는 점은 학생들을 단지 함께 공부하게 하는 것만으로 수업내용을 익히고, 학급 친구들과 함께 수행함으로써 사회적 상호작용 효과가 있다고 장담할 수는 없다는 것이다.

교실에서 협동학습을 어떻게 하는가   협동학습을 위한 많은 방법들(예 : 또래학습, 상보적 교수, 케이건 방법 등)은 효과적이라고 알려져 있다(Hattie, 2012 ; Kagan & Kagan, 2009). 이러한 효과적인 방법들은 공통의 특성을 가지고 있다.

* **개인의 책임** : 협동학습 집단의 모든 구성원은 각자의 학습에 대한 책임을 진다. 수정된 교육과정을 받은 지적장애학생은 학습을 다르게 하거나 조정할 수는 있지만, 지적장애학생의 학습이 분명히 일어날 수 있도록 협동학습 활동이 구성되어야 한다.
* **집단의 책임** : 비록 각 학생이 학습에 대한 책임이 있지만, 집단은 또한 집단의 모든 학생이 학습할 수 있도록 도와야 하는 책임이 있다. 이러한 상호의존성은 학생들로 하여금 학습목표를 성취하기 위하여 함께하도록 만든다(Gillies, 2006).
* **분명한 구성과 지시** : 효과적인 협동학습 활동은 구조화된 절차, 분명한 지시(언어적 지시와 문자적 지시)(Kagan & Kagan, 2009), 그리고 그러한 절차를 어떻게 하는지에 대한 명시적 교수를 포함한다. 모델링, 연습, 피드백도 포함된다.
* **교사 모니터링** : 학생들이 함께 학습을 수행하는 동안 교사는 적극적으로 모니터링을 해야 하는데 가령 다음과 같다. (1) 모든 학생이 참여하여 학습하는 것, (2) 학생이 지시를 따르고 새로운 기술을 학습할 때 강화로 칭찬을 하는 것, (3) 학생들이 서로의 성취를 축하하도록 이끄는 것이 된다.

Kagan과 Kagan(2009)은 협동학습을 위한 많은 방법을 개발하고 그 효과를 검증하였다. 'Numbered Heads Together'라는 방법에서는 학생들이 어떤 질문이나 문제에 대하여 일치하는 답을 찾는 학습을 함께 수행한다. 비록 모든 학생이 그 문제를 풀기 위하여 함께 협동하지만 단지 한 집단에서 1명의 학생(자신의 번호가 호명된 학생)만이 일어나서 모든 학급 학생들에게 답안을 보고하도록 한다. 학생들은 어떤 번호가 호명될지 모르므로 모든 학생이 답안을 보고하는 준비를 해야 한다. 이에 대한 여러 연구들은 이 방법이 다양한 환경과 다양한 학생들에게 효과적이라는 결과를 제시하고 있다(Hunter et al., 2015).

'Find the Fiction'이라는 방법에서는 학생들이 공부하는 주제에 대하여 3개의 진술문을 쓰고 그 진술문을 자신이 속한 집단의 학생들에게 읽어주면, 집단의 학생들은 어떤 진술문이 사실이 아닌지(허구)를 추측한다. 'Quiz-Quiz-Trade' 방법에서는 학생들이 플래시 카드(글자나 그림이 적힌 학습용 카드)를 이용하여 파트너에게 퀴즈를 내고 그에 대한 피드백을 준다. 그리고 역할을 바꾸어 파트너가 자신의 플래시 카드를 이용하여 퀴즈를 낸다. 그 이후에는 플래시 카드를 바꾸고 나서 다른 파트너에게로 이동한다. 이 방법은 학생 각자가 여러 개의 플래시 카드를 이용하여 학생의 역할과 교사를 역할을 모두 할 수 있게 한다. 이 장의 우수교사로 제시된 Madonna Wilburn은 'Quiz-Quiz-Trade' 방법을 사용하여 사회시간에 어휘와 개념을 학습하게 하였다. 그녀는 케이건 방법을 아주 좋아하는데, 왜냐하면 "학생들이 자리에서 일어나 학급의 모든 학생과 상호작용할 수 있게 하며" 또한 "학생들로 하여금 공부할 주제에 대하여 생각하게 하고 자신의 지식과 생각을 다른 학생들과 나눌 수 있게 하기 때문"이다.

일반학급 환경에서 교육을 받는 완전통합이나 부분통합으로부터 혜택을 받는다.

일반학급에 하루 종일 통합시키는 것이 적절한가에 대한 문제는 지적장애학생이 초등학교에서부터 직업기술이나 생활기술을 지역사회 안에서 교육받는 것이 중요하게 다루어져야 하는 중등학교로 진학할 시점에서는 변화될 수 있다(Bouck, 2011; Hartman, 2009). 다른 유형의 장애아동과 마찬가지로 지적장애학생이 일반학급에서 교육받는 정도나 범위는 장애아동의 개별적인 요구에 따라 결정되어야 한다. "학교에서의 통합은 그 자체가 목적이라기보다는 지역사회 통합이나 직업 적응과 같은 궁극적인 목적을 달성하기 위한 수단으로 보아야 한다."(Polloway et al., 1996, p. 11).

지역사회 수용과 멤버십

1970년대 초반부터 대두된 **정상화**(normalization) 원리는 지적장애인의 생활을 향상시키기 위한 개념적인 근거와 접근방안을 제시하고 있다. 미국의 대통령 직속 정신지체위원회가 발간한 책에서 Nirje(1969)는 스칸디나비아에서 시작된 정상화 개념을 처음으로 미국에 소개하였다. Nirje의 정상화에 대한 생각은 다음과 같은 '정상화 8개 조항'에 제시되어 있다. 매일의 정상적 생활리듬, 생활의 정상적인 반복(예 : 한 장소에서 생활하며, 다른 장소인 직장에서 일을 하는 것), 1년의 정상적 생활리듬(예 : 휴일, 개인적인 종교행사일, 휴가), 인생주기에서 정상적인 발달경험(예 : 같은 나이의 사람들이 좋아하는 장소나 분위기를 경험하는 것), 개인의 선택에 대한 가치(예 : 실패에 대한 존엄과 자유를 허용하는 것), 일상적인 성생활, 정상적인 재정생활, 다른 사람들이 참여하는 지역사회 시설에서 배우고 여가를 즐기는 것(Perske, 2004)이다.

정상화를 처음으로 제시한 사람 중의 한 사람인 Wolfensberger(1972)는 정상화 원리를 '가능한 한 사회·문화적으로 정상적인 행동을 더 많이 습득하고 유지하도록' 일상적인 생활환경과 절차를 점점 더 많이 사용하는 것으로 설명하였다(p. 28). 정상화는 하나의 전략이나 일련의 절차를 묶어놓은 것이 아니라 최우선해야 하는 철학이다. 이것은 지적장애인이 그들의 장애 유형이나 정도에 관계없이 최대한도로 신체적으로나 사회적으로 일반 주류 사회에 통합되어야 하는 것을 의미한다.

정상화 원리가 오늘날 학교와 지역사회 그리고 일터에서 지적장애인들이 신체적으로 통합되는 데 많은 영향을 미쳐 왔지만, 그들이 지역사회에 바르게 수용되고 실제 구성원으로서의 역할을 하고 있다는 것은 아니다(Lemay, 2006). Wolfensberger(1983)는 정상화 원리가 자연적으로 확장된 개념으로서 사회적 역할가치(social role valorization, SRV)라는 개념을 제시하였다.

> 사회적 역할가치(SRV)에서 중요한 개념은 사람들의 복지는 사회적 역할에 의해서 크게 결정된다는 것이다. 즉, 사람들이 높고 긍정적인 가치로 평가하는 역할을 하는 사람들은 일반적으로 삶에 있어서 좋은 것들을 경험하게 되지만, 반대로 사람들이 낮게 평가하는 역할을 하는 사람들은 대체로 낮고 나쁘게 여겨진다는 것이다. 생활상황이 아주 나쁘고 또한 그러한 나쁜 상황이 낮은 사회적 역할가치와 관련되어 있는 사람의 경우에도 다른 사람들의 눈에 그들의 사회적 역할이 조금 더 나아진 것으로 보이게 되면 그들의 생활 조건은 일반적으로 향상되거나 극적으로 향상될 수도 있다(Wolfensberger, 2000, p. 105).

최근 특수교육 분야에서 정상화 및 사회적 역할가치 개념이 가장 잘 표현되거나 확장되어 나타나는 것은 아마도 지적장애인들에게 자기결정기술을 가르치려는 움직임일 것이다. 자기결정이란 자신의 삶에서 자기 자신이 가장 중요한 사람으로 행동하고, 또한 부당한 영향이나 간섭으로부터 벗어나 자신의 일은 자기 자신이 선택하고 결정한다는 것을 말한다.

특수교육가들이 할 수 있는 가장 중요한 일 중의 하나는 지적장애학생들이 자신의 꿈을 발견할 수 있도록 도와주고, 꿈을 성취할 수 있도록 필요한 교수와 지원을 제공하는 것이다. 교육자들과 일반 시민들이 정상화와 사회적 역할가치를 위한 지원을 많이 하면 할수록 모든 지적장애인들이 통합된 환경(학교, 지역사회, 직장)에서 가치 있는 사회의 구성원으로서 살아갈 수 있는 날은 더욱 가까워질 것이다.

우수교사로부터의 조언
by Madonna Wilburn

Keyonna D. Wilson

- 특수교육 분야에서 좋은 멘토를 찾으라. 그들과 좋은 관계를 만들고 그들이 어떤 자료들을 사용하는지 잘 살펴보고, 필요하다면 하루 종일 그림자같이 지켜보라. 학교 행정가들은 이러한 관계를 당신이 가질 수 있도록 필요한 도움을 줄 수 있으니 그들에게 도움을 요청하라.
- 질문하는 것을 결코 두려워하지 마라. 협력교수를 하는 상대방 교사에게 수업을 계획하고, 실행하고, 성적을 매기고, 교수적 수정을 하는 데 있어서 어떤 구체적인 역할을 할 것인지 구체적으로 물어보라.
- 최대한 많이 읽어라. 교육 분야 특히 특수교육에서 가장 최신의 효과적인 교육방법을 배우라.
- 일상을 조직화하라. 그러면 당신의 일상이 훨씬 쉬워질 것이다. 컬러 노트를 사용하여 회의시간, 학생들의 수업 일정, 개별화 교육계획, 행동중재계획, 진전도 리포트의 시간과 일정 등을 잘 기록하고 관리하라.
- 다른 교사들과 협력할 수 있는 체계를 만들라. 학생들의 교육 진전과 관련된 양식을 만들어 다른 교사들에게 보낼 수 있도록 준비하라. 각 학생의 개별화 교육계획을 한눈에 볼 수 있는 간략한 양식에 자료를 적어서 다른 교사들이 그 학생의 개별화 교육계획이 요구하는 것이 무엇인지 쉽게 이해할 수 있도록 하라. 다른 교사들이 학생의 교육목적을 분명하게 알고 그러한 목적을 학생이 성취하였는지에 대한 분명한 증거를 보여줄 수 있도록 도와주라.
- 자료를 수집하고 분석하는 것은 교육활동에 가장 중요한 요소 중의 하나이다. 자료를 수집하는 계획을 세우고, 교육 목적, 진전도, 출석, 부모와의 의사소통, 다른 교사들과의 의사소통과 관련된 기록을 수집하고 잘 유지하라. 학생의 수행에 대한 자료를 수집하여 학생의 교육 진전의 증거로서 보관하라.
- 당신이 교사로서 하는 모든 교육활동과 그리고 학생들이 하기를 원하는 모든 학습활동과 관련된 규칙 및 기대, 절차를 개발하라.
- 교실에서 긍정적 행동지원체계를 만들라. 내 학급에서 학생들은 출석, 예의 바른 행동, 학습 참여, 숙제하기, 시험 잘 치기 등을 잘하면 강화로서 티켓을 받을 수 있다. 나는 늘 학생들을 잘 관찰하려고 하는데, 예를 들면 복도에서 한 행동으로 다른 교사들이 학생을 칭찬하면 나는 그 학생에게 티켓을 준다.
- 창의적이 되고 교육자료를 풍부하게 준비하라. 나는 항상 교육에 사용할 수 있는 자료를 찾는데, 가령 문구점, 교육용품점, 달러샵(다이소 같은 곳), 야드 세일 같은 곳에서도 늘 찾는다. 이러한 것들로는 실, 상자, 옷걸이, 페인트, 스크랩북, 풀, 포스트, 단추 등도 되는데, 가격이 싸면 그것들을 사서 수업활동에 창의적으로 사용하려고 한다.
- 모든 부모는 자녀들의 성취를 원한다는 것을 늘 기억하라. 부모들과의 의사소통은 쉽지 않을 수 있다. 특히 부모들의 관점이나 기대가 교사와 많이 다를 때는 더욱 그렇다. 그렇지만 학생의 부모나 가족들과 잘 협력할 수 있는 방법을 찾는 시도를 멈추지 마라. 특수교육 용어는 그 자체가 모호할 수 있다. 부모들이 사용하는 언어를 잘 살펴서 그들의 언어에 맞는 의사소통을 하도록 노력하라. 그리고 각 학생의 문화적 배경을 파악하여 효과적인 관계를 만드는 데 도움이 되도록 하라.
- 학생의 가족들이 선호하는 의사소통 방법을 찾아 사용하라. 전화통화, 이메일, 팩스, 학생 노트, 알림장 같은 것이 예가 될 수 있다. 또한 부모들과 의사소통하기에 가장 좋은 시간이나 요일을 파악하라.

- 너무 큰 목적을 세워서 힘들어하지 마라. 대신에 매일의 성취와 주 단위의 성취를 축하하고, 이러한 것들이 모여 큰 목적을 이룬다는 것을 믿어라. 대부분의 학습과 행동의 긍정적인 변화는 구체적인 교수활동과 강화를 지속적으로 적용할 때 이루어진다. 그리고 하루의 일상은 긴 교육과정에서 보면 작은 것일 수 있기 때문에 만약 어떤 날이 당신이나 학생이 기분이 좋지 않는 날이라고 해서 너무 의기소침하지는 마라. 중요한 것은 당신이 매일매일 지속하는 것이기에 어떤 하루 때문에 너무 힘들어하지 마라. 계속해서 앞으로 해나가면 된다.

핵심용어와 개념

과제분석	일반화	출생 후
규준참조검사	적응행동	취약성 X 증후군
다운증후군	정상분포곡선	페닐케톤뇨증(PKU)
양수검사	정상화	표준편차
유전상담	정적 강화	풍진
유지	지적장애	학생의 적극적 반응(ASR)
융모막 검사(CVS)	출생 시	학습의 습득단계
이식증	출생 전	학습의 연습단계

요약

정의

- 미국 장애인교육법(IDEA)은 지적장애(intellectual disability)를 현저하게 낮은 평균 이하의 지적기능과 함께 적응행동의 제한성을 보이는 것으로서 발달기 동안에 분명하게 나타나며, 아동의 교육수행에 부정적인 영향을 미치는 것으로 정의하고 있다.
- 미국 지적 및 발달장애협회(AAIDD)는 지적장애를 지적기능과 함께 개념적·사회적·실제적 적응기술로 표현되는 적응행동에서 유의미한 제한성을 보이며 18세 이전에 나타나는 것으로 정의하고 있다.
- 전통적으로 지적장애 분류는 지능검사로 측정되는 지적능력의 정도나 수준에 따라서 경도, 중등도, 중도, 최중도의 네 가지 수준으로 분류하고 있는데, 이러한 분류는 지금도 때로 사용되고 있다.
- 오늘날에도 임상가나 연구자들은 지적장애를 지적능력에 따라 네 가지 수준으로 분류하고는 있지만, 이전과는 달리 지능검사 점수에 따라 분류하기보다는 적응행동 수준에 따라 분류하는 것을 더욱 강조하고 있다.

판별과 사정

- 지능검사는 검사문항을 풀거나 답을 하는 데 어느 정도의 지적능력이 요구되는 일련의 문제(예 : 어휘문제, 유사성), 문제해결(예 : 미로, 블록 구성), 기억, 그리고 여러 다른 과제들로 구성되어 있다.
- IQ점수는 전체 인구에서 종 모양과 같은 **정상분포곡선**으로 분포되어 있다. 이론적으로 보면 전체 인구의 약 2.3%가 평균점수로부터 하위 2 표준편차 이하에 속하게 되는데, 미국 지적 및 발달장애협회는 이를 '지적기능의 유의미한 제한성'으로 표현한다.
- 지적장애의 구분 점수인 IQ 70은 단지 가이드라인으로 사용되어야 하며, 그 점수가 절대적인 점수로 사용되어서는 안 된다. 지능검사 점수가 75점보다 높다 하더라도 임상적인 판단에 의하여 아동의 적응행동상의 장애가 지적기능의 제한성에 의해서 나타난다고 판단된다면 그 아동은 지적장애로 판별할 수도 있다.
- IQ검사의 많은 부분이 언어와 교과 과제(즉, 아동이 학교에서

성공하기 위해서 습득해야 하는 학습내용과 같은 것)로 구성되어 있기 때문에 지능지수는 학업성취와 높은 상관관계를 보인다.

- 적응행동은 사람이 일상생활을 하는 데 필요한 개념적·사회적·실제적 기술로 구성된다.
- 적응행동을 체계적으로 측정하는 것은 매우 중요하다. 왜냐하면 지적장애인이 보이는 적응행동 기술은 부적응행동의 특성 및 정도와 함께 그들이 학교, 직장, 지역사회, 주거환경에서 성공적으로 생활하는 데 필요한 지원을 결정하는 데 중요한 요소가 되기 때문이다.
- 대부분의 적응행동검사는 지적장애아동을 잘 아는 사람들(예 : 교사, 부모, 양육자 등)에게 질문하는 일련의 문제로 구성되어 있다.
- 적응행동을 측정하는 것은 매우 어려운 일인데, 그 이유는 크게 사회적응이나 사회적 능력의 특성이나 맥락에 따른 문제가 있기 때문이다. 어떤 한 집단이나 상황에서는 적절한 행동으로 고려되는 것이 다른 어떤 집단이나 상황에서는 적절하지 않을 수도 있다.

특성

- 모든 지적장애아동이나 성인들은 학습에 대한 의지와 호기심을 가지고 있으며, 다른 사람들과 잘 어울리고, 주변 사람들에게 긍정적인 영향을 미친다.
- 경도 지적장애아동들은 주로 학교에서만 수행능력의 제한성을 보일 수 있다. 그들의 의사소통이나 사회성은 거의 정상으로 보일 수 있으며, 성인이 되어 자립적이거나 반자립적인 생활을 할 수 있다.
- 대부분의 중등도 지적장애아동들은 학령기 이전부터 발달상의 실제적인 지체를 보인다.
- 중도와 최중도 지적장애아동들은 거의 대부분이 출생했을 때나 출생한 직후에 판별이 되며, 많은 경우에 다른 장애나 건강상의 문제를 함께 가지고 있다.
- 지적장애학생의 인지기능은 다음과 같은 특징을 보인다.
  - 기억의 결함을 보이는데, 작동기억과 단기기억에서 제한성을 보인다.
  - 초인지 전략과 시연이나 정보의 조직화와 같은 집행통제 전략 사용에 제한을 보인다.
  - 일반 아동과 비교하여 느린 학습 속도를 보인다.

- 학습과제의 중요한 특성에 주의집중하는 것에 어려움이 있으며, 그 반대로 부적절한 자극에 주의를 기울이는 경우가 많다. 또한 주의집중을 유지하는 데도 어려움이 많다.
- 새로 습득한 지식이나 기술을 일반화하거나 유지하는 데 어려움을 보인다.
- 자신의 노력에 관계없이 다른 과제에서도 실패할 것이라는 학습된 무기력을 보이는 경우가 많다.
- 당면한 과제나 문제에 대해 자신의 반응은 신뢰하지 않고 다른 사람이 도와주거나 해결해주는 것에 의존하는 경향(외부 의존성 또는 외부 지향성)이 있다.
- 지적장애아동은 여러 가지 기능영역에 걸쳐서 실제적인 적응행동상의 제한성을 보이는데, 신변처리기술이나 사회적 관계, 행동 등에서 일반적으로 나타난다.

출현율

- 이론적으로는 전체 인구의 약 2.3% 정도가 지적장애 범위(평균 지능에서 약 2 편차 이하)에 해당된다. 그러나 이것은 지적장애를 판별하는 또 다른 중요한 기준이 되는 적응행동을 고려하지 않은 것이다. 일반적으로 전문가들은 지적능력과 적응행동을 함께 적용하여 지적장애의 출현율을 약 1% 정도로 본다.
- 미국에서 2018~2019학년도 동안에 지적장애학생의 수는 특수교육을 받는 총학령기 학생의 약 6.7%에 해당하는 것으로 나타났다.

원인과 예방

- 지적장애와 관련된 수백 가지의 원인과 위험요인이 파악되고 있다.
- 지적장애 출현과 관련된 위험요인들을 크게 두 가지로 나누어 볼 수 있는데, 지적장애 발생 시기(출생 전, 출생 시, 출생 후)와 생의학적 원인이나 환경적인 원인(사회적, 행동적, 교육적)으로 분류할 수 있다.
- 심한 지적장애와 관련된 생물학적 원인들 중에서 약 3분의 2 정도는 밝혀져 있다.
- 대부분의 경도 지적장애의 원인은 밝혀져 있지 않지만 어린 시절의 심리사회적으로 불리한 요인을 중요한 요인으로 보고 있다.
- 바이러스 백신, 양수검사, 융모막 검사, 유전상담, 신생아 선별검사 등은 유선이나 생물학적 요인에 의하여 발생하는 지적장애의 수를 감소시켰다.

교육접근

- 지적장애학생에게 일반 교과교육을 가르칠 때는 현재와 미래환경에 성공적으로 생활하는 데 필요한 관점으로 가르쳐야 한다.
- 지적장애학생을 위한 교육에서는 자조기술, 직업생활, 가정생활, 지역사회 생활, 여가생활 등을 모두 포함하는 기능적 교육과정이 강조되어야 한다.
- 효과적이고 체계적인 교수방법의 중요한 요소는 과제분석, 학생의 적극적 반응, 체계적인 피드백, 교사가 제시하는 단서나 조력으로부터 자연적인 자극을 사용하는 것으로 나아가는 자극통제의 전환, 일반화와 유지, 직접적이고 빈번한 학생 수행평가 등이다.

대안적 교육 배치

- 미국의 2018~2019학년도에는 17%의 지적장애학생들이 일반학급에서 교육을 받았으며, 27%가 학습 도움실에서, 49%가 특수학급에서, 약 7%의 지적장애학생들은 아직도 분리된 특수학교나 시설 또는 집이나 병원에서 교육을 받는 것으로 나타났다.

- 초등학교 저학년의 대부분의 지적장애학생들은 일반학급 환경에서 교육을 받는 완전통합이나 부분통합으로부터 혜택을 받는다.
- 지적장애학생들이 일반학급에 성공적으로 통합할 수 있는 가능성을 높이는 좋은 방법은 팀 게임이나 협동학습 또는 그룹 프로젝트 등이 있으며, 또한 모든 학생들이 서로 상호작용할 수 있도록 구체적인 상호작용 관련 기술들을 직접 가르치는 것이다.
- 일반학급에 지적장애학생을 통합시키는 것은 지적장애학생이 초등학교에서부터 직업기술이나 생활기술을 지역사회 안에서 교육받는 것이 중요하게 실시되어야 하는 중등학교로 진학할 시점에서는 변화될 수 있다.
- 지적장애학생이 일반학급에서 교육받는 시간이 어느 정도가 가장 적절한가를 결정하는 것은 그 학생의 개별적인 교육적 요구에 따라 결정되어야 한다.
- 정상화 원리, 사회적 역할가치, 자기결정은 지적장애인이 지역사회에 바르게 수용되고 실제 구성원으로서 의미 있게 살아가도록 돕는 데 중요한 요인이다.

CHAPTER 5

학습장애

Anthony Magnacca/Merrill Education

주요 학습목표

5.1 학습장애를 정의하고 대다수의 주에서 학습장애를 확인하는 세 가지 준거를 열거할 수 있다.

5.2 학습장애의 특성과 원인을 말할 수 있다.

5.3 학습장애의 출현율을 확인하고, 학습장애 진단과 그 발달과정을 모니터링하기 위해 사용되는 사정방법을 기술할 수 있다.

5.4 학습장애학생들의 읽기, 쓰기, 수학, 그리고 내용 지식에 대한 학습을 위한 증거기반 전략을 서술할 수 있다.

5.5 학습장애학생을 위한 전형적 배치와 지원을 비교 또는 대조할 수 있다.

학력, 자격증, 경력

- 낫소커뮤니티컬리지 교양
  학술 준문학사(2008)
- 퀸스컬리지 심리학 문학사
  (2012)
- 퀸스컬리지 뉴욕시립대학
  교육학 석사(2017)
- 뉴욕 유아교육(1~6학년),
  뉴욕 장애학생(1~6학년),
  위원회 인증 행동분석가
- 교직 경력 2년

우수교사 사례

Amaris Johnson

The Jackie Robinson School,
New York City District 29, St. Albans, New York

나는 24명의 5학년 학생을 일반교사와 함께 전일제 통합학급에서 가르치며 학생들에게 최고의 교육을 제공한다는 공통된 목표를 공유하고 있다. 우리는 하나로 똘똘 뭉쳐 있다. 통합된 협력교수 교실에서 특수교사로서 역할을 수행한다는 것은 학급 학생 중 IEP가 필요한 학생들과 단지 수업만을 한다는 것에 국한되지 않는다. 내가 담당하는 학생들을 지원할 뿐만 아니라 중재가 필요한 다른 학생들을 확인하고 지원한다. 또한 학교 상담교사, 물리치료사, 작업치료사, 언어치료사, 학교 심리전문가, 학교 사회복지사 등과 협력한다.

  성공적인 협력교수를 위해서는 의사소통, 협동, 학생 진보에 대한 문서작업에 대한 잘 계획된 일과에 대한 책무를 수행해야 한다. 예를 들어 나는 학생 개개인에 대한 수행 바인더를 사용하는데, 이를 통해 주별로 그들이 얼마만큼 목표를 달성하는지 추적할 수 있도록 해주며, 다른 전문가나 부모에게 그들의 진보에 대해 이야기할 수 있다. 또한 학생들의 진보를 모니터링할 때 항상 학생과 함께 실시한다. 학생들에게 과제를 되돌려주면, 그들은 5분가량 그래프에 자신의 진보상황을 추적한 뒤 다음 목표를 설정한다. 이후 학생들은 5분 정도 다른 아이들의 성공담과 목표에 대해 공유한다. 테이블 모니터는 바인더를 모으고, 반장이 각 그룹의 목표에 대한 진전에 대해 대화를 주도한다.

  '출구 티켓'을 완성하도록 하는 것 또한 내가 아이들의 진보를 모니터링하는 또 다른 방법이다. 수업이 끝나갈 무렵 학생들이 학습한 것에 대해 몇 가지 질문에 대한 답을 적는다. 이러한 일과는 우리 아이들이 학습목표에 지속적으로 집중할 수 있도록 해주며, 향후 이어지는 수업을 계획할 때 필요한 자료를 제공해준다.

  나는 우리 아이들에게 학습전략을 가르쳐줌으로써 그들이 목표를 성취할 수 있도록 도와준다. 예를 들어 수학시간, 평행수업을 하는 동안 스키마 기반 수업을 한다. 이러한 접근방법은 학생들에게 다음의 전략단계를 사용하도록 가르쳐준다. 문제의 유형을 확인하고(문제 바꾸기/문제 비교하기), 다이어그램을 이용하여 정보를 조직하는 방법을 보여준 뒤 마지막으로 문제를 해결하는 단계이다. 수업의 마지막에 '출구 티켓'을 통해 학생들은 스키마 그림, 숫자문장, 글로 쓴 설명을 사용하여 문제에 대한 그들의 이해도를 공개한다.

  특수교사로서 가장 즐거운 일은 학생과 학부형과 긴밀한 관계를 형성하는 일이다. 내 직업에서 가장 중요한 점은 우리 지역 내 가족들을 옹호해주며, 동시에 그들이 당연히 제공받아야 되는 서비스와 다양한 자원들에 대한 정보를 제공해주고, 그들의 목소리가 항상 청취되고 가치 있음을 확신시켜 주는 일이다.

  특수교사로서 행했던 가장 의미 있는 공헌 중의 하나는 우리 학교에서 긍정적 행동중재지원(PBIS)을 설정하도록 도와준 것이다. 자격을 갖춘 특수교사이자 행동분석 전문가로서(BCBA) 나는 모든 학생에게 친사회적 행동을 가르치기 위한 긍정적 행동중재 및 지원(PBIS)이 실시될 수 있도록 도움을 준다. 나의 행동분석 전문가로서의 훈련이 PBIS 팀으로 하여금 학교차원의 행동 기대치에 대한 명확한 정의를 내리고, 학생들이 이러한 기대치를 충족시키는 데 긍정적인 강화가 얼마나 중요한지 확신시킬 수 있었다.

특수교사가 된다는 것은 쉬운 일이 아니며 어떤 날에는 학생들의 낮은 점수가 좋은 점들을 무색하게 만들지만, 일단 상황이 좋아지면 당신의 노력이 엄청난 변화를 이끌어냈음을 알 수 있을 것이다. 특수교사가 된다는 것은 정말 보람된 일이다.

1950년대 말경 대부분의 공립학교는 지적장애아동, 지체장애아동, 감각손상 아동, 정서행동장애 아동들을 위한 특수교육프로그램(특정 형태의 특수 서비스를 제공하는)을 제공하였다. 그러나 기존 특수교육 범주에 포함되지 않는 심각한 학습상의 문제를 지닌 아동들도 여전히 있었다. 이들은 신체적으로는 아무런 이상이 없는 것처럼 보이지만 학교에서 특정 기초기술 및 과목을 배우기 어려웠다. 그 당시 학교는 이런 학생들을 위한 프로그램이 없었기 때문에 이들을 돕기 위하여 부모들은 의사와 심리학자를 찾아야 했다. 1960년대까지 의학계에서는 아동의 학습문제는 신경학적 이상 때문에 야기된다고 결론지었으며 뇌손상, 미세뇌기능장애, 신경학적 손상, 지각손상, 난독증, 실어증과 같은 용어를 사용하였다.

학습장애(learning disabilitiy)라는 용어는 1963년 사무엘 커크가 읽기, 쓰기, 철자, 수학 등 심각한 학습문제 아동들의 학부모에게 처음 사용하였다. 부모들은 이 용어를 선호하였고 그날 저녁 학습장애아동연합회를 창설하기로 결의하였다. 오늘날 이 기구의 명칭은 학습장애연합회(LDA)로 학습장애인들을 위한 강력한 옹호집단이 되었다. 1968년 특수아동위원회(CEC)는 학습장애 분과를 창설하였다. 그림 5.1에는 몇 가지 중요한 역사적 사건들과 학습장애아동들의 교육에 대한 시사점이 제시되어 있다.

그림 5.1 학습장애 분야의 주요한 역사적 사건

연도	역사적 사건	교육적 의미
1920~1940년대	미시간주의 웨인 훈련학교와 뇌손상 아동에 대한 Alfred Strauss 외(Cruickshank, Doll, Kephart, Kirk, Lehtinen, Werner)의 연구에서 지적장애, 지각장애, 개념사고장애, 과잉행동과 충동성의 행동장애 등과 같이 학습을 방해하는 장애와 뇌손상 간의 관계성을 발견하였다.	'뇌손상 아동의 정신병리와 교육'이라는 책에서 Strauss와 Lara Lehtinen(1947)은 뇌손상 아동의 지각 및 개념장애를 감소시켜 학습문제를 제거하는 전략들을 추천하였다.
1950~1960년대	1950년대 초 대부분의 공립학교는 지적장애, 감각손상, 신체장애 및 행동장애아를 위한 특수교육프로그램을 개설하였다. 그러나 심한 학습문제를 지닌 아동들은 특수성 범주에 포함되지 않았다. 이들은 신체적으로 건강한 것으로 보았으나, 학교에서 특정 기본기술과 과목을 배우지 못하였다.	자녀 문제를 해결하기 위해 부모들은 의사, 심리학자, 언어치료사 등의 전문가를 찾게 되었다. 전문가들은 자기 학문의 관점에서 아동들을 이해하려고 하였다. 그 결과 '뇌손상, 미소뇌기능장애, 신경학적 손상, 지각장애, 난독증, 실어증'과 같은 용어들이 아동들의 학습 및 행동문제를 설명하기 위해 자주 사용되었다.
1963년	사무엘 커크가 읽기학습에서 심한 어려움을 겪는 아이들이 과잉행동적이거나 수학문제를 풀지 못하는 것을 부모에게 설명하기 위하여 '학습장애'라는 용어를 처음으로 사용하였다.	부모들은 이 용어를 선호하였고, 그날 저녁 학습장애아동연합회(LDA)를 발족할 것을 제안하였다.
1966년	국가 과제의 하나로 문헌에 보고된 '미소뇌기능장애'(그 당시 사용된 용어)를 지닌 아동들이 99가지 특성을 확인하는 연구가 수행되었다(Clements, 1966).	이런 목록은 이 범주에 속한다고 생각되는 모든 아동이 각각의 그런 특성들을 보인다고 가정할 위험이 있다. 특히 이런 위험은 학습장애의 경우에 피하기 힘들다. 그 이유는 이 범주에 속하는 아동들이 아주 이질적인 집단이기 때문이다.

그림 5.1   학습장애 분야의 주요한 역사적 사건(계속)

연도	역사적 사건	교육적 의미
1960년대 중반~ 1970년대	과정 혹은 능력검사는 학습장애가 비장애아동들과 동일한 방식으로 환경 자극을 처리하거나 사용하지 못하기 때문에 발생한다는 신념을 굳게 하였다. 이 시기에 학습장애를 진단하고 사정하는 과정검사들이 개발되었는데, 가장 널리 사용된 검사는 일리노이 심리언어능력검사(ITPA; Kirk, McCarthy, &Kirk, 1968)와 시지각발달검사(DTVP; Frostig, Lefever, & Whittlesey, 1964)이다.	능력훈련 접근이 1970년대까지 학습장애아를 위한 특수교육에 접목되었다. 가장 잘 알려진 능력훈련 접근은 ITPA에 기초한 심리언어훈련, 시지각훈련(Frostig & Horne, 1973), 지각-운동훈련(Kephart, 1971) 등이 있다.
1968년	국립장애아동자문위원회가 발족되고 학습장애에 대한 정의를 의회에 제출하였다.	이 정의는 나중에 IDEA에 통합되었고, 학습장애아 지원 서비스를 위한 연방기금을 조성하는 데 사용되었다.
1968년	학습장애아동분과(DCLD)가 특수아동위원회(CEC) 내에 설립되었다.	DCLD는 CEC의 가장 큰 분과가 되었다.
1969년	학습장애아동법(PL 91-230)이 의회를 통과하였다.	이 법은 학습장애아동들을 위한 교사훈련 및 시범 모델 프로그램을 위해 5년간 연방기금을 마련하게 하였다.
1970년대 후반~ 1980년대	심리언어훈련(Hammill & Larsen, 1978), 시지각 접근(Myers & Hammill, 1976), 지각운동 접근(Kavale & Mattison, 1983)의 비효과성에 대한 연구가 발표되었다.	과정검사와 능력훈련이 점점 쇠퇴하고 기술훈련 혹은 과제분석 접근이 발전하게 되었다. 학생이 복잡한 기술(예 : 문장 읽기)을 배우지 못했기 때문에 충분한 기회를 제공하고 성공하기를 원할 경우 기술훈련자는 그 학생은 선행기술(예 : 글자 읽기)을 배우지 못했다고 결정하고 그러한 선행기술에 대한 직접적인 교수와 실제를 제공한다.
1975년	장애인교육법(PL 94-142)이 의회를 통과하였다.	학습장애가 IDEA의 장애 범주로 포함되었다.
1980~1990년대	수업설계, 내용 강화법 및 학습전략에 대한 연구로 학습장애학생들의 효과적인 교육방법에 대한 지식이 증가되었다.	학습장애학생들을 돕기 위한 기술훈련 접근이 일반교과과정과 연계되었다.
2001년	학습장애로 판명된 아동의 숫자가 많아지자 미국 특수교육국은 워싱턴의 학습장애본부를 후원하였다.	진단적 의사결정, 불일치 모델, 분류모델, 조기판별, 장애로서의 학습장애의 본질과 법 등의 주제를 다루는 백서가 발간되었다. 이러한 백서에 포함된 권고사항은 학습장애를 2004년 IDEA에서 어떻게 다루어야 하는지에 대한 중대한 영향을 주었다.
2004년	장애인 교육진흥법은 아동이 특정 학습장애를 지니고 있는지 여부를 결정하는 조항을 변화시켰다. 학교는 더 이상 학업성취와 지적능력 간에 심한 불일치가 있는지 여부를 고려할 필요가 없게 되었고, 대신에 연구기반 수업에 아동의 반응성을 토대로 판별과정을 이용하게 되었다.	중재반응 모델을 이용하는 학교는 저학년에 읽기기술 문제가 있는 학생들에게 체계적인 도움을 주고 있다. 연구기반 수업 프로그램을 이용하여 한 번 혹은 두 번 10~12주간의 집중적인 소집단 중재 후 만족스러운 진보가 없는 학생은 특수교육 평가와 학습장애의 진단을 위해 의뢰한다.

어떤 면에서 학습장애 분야는 특수교육이 제공해야 될 최악과 최선을 모두 제공해 왔다. 학습장애는 유행과 기적의 치료(새로운 식이요법을 통한 학습장애 치료)의 온상 역할을 했다. 또한 특수교육 분야의 가장 혁신적인 일부 교사와 학자는 평생 학습장애 연구에 매진하였다. 학습장애학생들을 위해 개발된 수많은 교수전략들은 교육 전반에 걸쳐 유용하게 사용되고 있다.

정의

학습목표 5.1   학습장애를 정의하고 대다수의 주에서 학습장애를 확인하는 세 가지 준거를 열거할 수 있다.

오랫동안 수많은 학습장애에 대한 정의가 제기되어 왔다. 장애인교육법(IDEA)에서의 연방 정의와 국립학습장애연합회(NJCLD)의 정의가 가장 영향력이 있다. 또한 미국 정신의학회(APA)가 정의한 특정 학습장애라는 용어는 의사들이 주로 사용하였다.

연방 정의

IDEA에서는 **특정 학습장애**(specific learning disability)를 다음과 같이 정의하고 있다.

(1) 일반 정의 : '특정 학습장애'라는 용어는 구어나 문어를 이해하고 사용하는 것과 관련된 한 가지 이상의 기본 심리과정상의 장애로 이 장애는 듣기, 생각하기, 말하기, 읽기, 쓰기, 철자 혹은 수학 계산 등에서 결함을 보일 수 있다. 또한 이 용어는 지각장애, 뇌손상, 미세뇌기능장애, 난독증, 발 달성 실어증 등과 같은 장애를 포함한다.

(2) 배제 장애 : 이 용어는 일차적으로 시각 · 청각 · 운동장애, 지적장애, 정서장애, 환경 · 문화 · 경제 적 결핍의 결과로 나타나는 학습문제는 포함하지 않는다(34 CFR 300.8(c)(10)).

연방 정의의 운용   학습장애를 판별하기 위해 연방 정의를 적용할 때 대부분의 주에서는 다음과 같은 세 가지 기준을 요구한다.

1. 학생의 지적능력과 학업성취 간의 심한 불일치
2. 학생의 어려움이 학습문제를 일으킬 수 있는 또 다른 장애의 직접적인 결과가 아니어야 한다는 제 외 기준
3. 특수교육 서비스 요구

능력-학업성취 간의 불일치   학습장애아동은 일반 능력과 학업성취 간의 예측할 수 없는 차이가 나타난 다. IDEA에 의거한 연방지침에 따르면 '학업성취와 지적능력 간의 심한 불일치'가 있는 아동만 학습장 애로 판별해야 한다(U.S. Office of Education, 1977). 학습에 경미하거나 일시적인 문제가 있는 아동들 은 학습장애로 판별하지 않는다.

IDEA 2004 이전에는 학습장애아동을 판별하기 위해서는 기대수준과 실질적 학업성취 간의 심한 불 일치가 존재하는지의 여부를 결정하였다. 즉, IQ검사 점수와 표준화 학업성취도 검사 점수를 비교하는 것을 포함하였다. 만일 어떤 학생이 IQ검사 점수는 평균 수준이거나 그 이상인 반면 학업성취도 검사 점수는 평균이라고 한다면, 이 학생은 학습장애 영역에 포함되어 특수교육 서비스를 받게 된다. 이런 비교가 표면상으로는 단순하게 보이지만 실제에서는 여러 문제점을 지니고 있다(Alphonso & Flanagan, 2018).

우선 불일치 준거에서 저학년 아동은 특수교육 서비스를 제공받을 자격을 부여받을 만큼 아직 IQ와 학업성취도 간의 충분한 불일치를 보이지 않기 때문에 조기판별이 안 될 수 있다. 불일치 준거를 충족 시키기 위해서 학교에서는 서비스를 제공하기 전에 학생이 실패하기를 기다려야만 한다.

IQ와 학업성취도 간의 불일치를 정확하고 일관적으로 측정함으로써 학습장애로 진단할 수 있다는 데 대한 경험 증거의 부족 역시 또 다른 문제점이다(Fletcher et al., 2019). IQ검사가 지니는 한계점(제4장 참조)과 이용할 수 있는 학업성취도 검사의 다양함을 고려한다면 이러한 불일치 준거를 적용함에 있어 일관성이 부족하다는 사실은 놀랍지 않다. 연방정부는 심한 불일치를 결정하는 몇 가지 수학공식을 제 안하였다. 그러나 이런 모든 공식은 인정받지 못하였고 IDEA의 최종 규정과 조항에서 심한 불일치를 결정하는 정의와 공식을 배제시키고 있다. 심한 불일치를 결정할 때 정확한 기준에 대한 혼동과 논란 이 야기되면서 학습장애학생을 분류하고 판별하기 위한 상이한 절차들이 등장하게 되었다(Alphonso & Flanagan, 2018). 특수교육의 적격성을 결정하는 데 불일치 방식의 문제가 대두되자 의회는 IDEA 2004 를 재개정하였으며, 각 주는 특정 학습장애 범주에 있는 특수교육 대상 아동을 결정하는 방식을 다음과

같이 변경하게 되었다.

> 지역교육기관은 어떤 아동이 특정 학습장애인지를 결정할 때 학업성취와 지적능력 간의 심한 불일치가 있
> 는지를 고려해서는 안 된다. … (그리고) 지역교육기관은 평가절차의 일부로서 아동이 과학적인 연구 중심
> 중재에 반응하는지 여부를 결정하는 절차를 따라야 한다(PL 108-466, Sec. 614[b][6][A-B]).

학습장애학생을 판별하기 위한 이러한 접근을 **중재반응**(response to intervention, RTI) 모델이라고 부르는데, 이는 '유예-실패' 모델에서 조기판별 및 예방으로의 변화를 가져왔다(Young & Johnson, 2019). 중재반응 모델에서는 학습장애학생을 확인하기 위하여 지원의 다층지원체계(MTSS)를 사용한다. MTSS는 지원의 강도가 점점 증가하는 여러 단계로 구성되는데 "학생의 요구가 많을수록 교육과 중재에 소요되는 지도와 시간이 더 많아진다."(Blackburn & Witzel, 2018, p. 4). 이 체계에서는 집중적인 증거기반의 학업적 중재에 학생이 얼마나 잘 반응하는지를 살핌으로써 학습장애 여부를 판단하게 된다.

제외 기준   학습장애에 대한 IDEA의 정의에서는 심한 학습문제를 지닌 학습장애를 판별할 때 문화적 요인이나 환경적·경제적으로 불리한 조건에 기인한 학습기회 부족 혹은 또 다른 장애로 판정되는 것과 같이 학습을 방해하는 다른 장애의 '일차적 결과'가 아니어야 한다. 이 정의에 나오는 **일차적**이라는 단어는 학습장애가 다른 장애와 공존할 수 있는데, 이러한 경우 그 학생은 다른 장애 범주에 따른 전형적인 서비스를 받는 것을 의미한다.

특수교육의 요구   학습장애학생들은 정상적인 교육에도 불구하고 특정의 그리고 심한 학습문제를 보이기 때문에 그들의 독특한 요구를 충족시키기 위해서는 특별히 고안된 수업이 필요하다. 이 기준은 학습기회가 없었던 아동들까지 과잉판별하는 것을 피하기 위함이다. 그런 아동들은 자신의 현 능력에 맞는 교과수준에서 효과적인 수업을 받게 되면 곧 정상적인 진보를 보이게 된다.

특정 학습장애를 확인하기 위한 IDEA 2004 규정에 대해 더 알고 싶다면 특수교육 및 재탈국(2006)을 참고할 수 있다.

NJCLD의 정의

국립학습장애연합회(NJCLD)는 학습장애아동 및 성인들을 위한 교육과 복지를 위한 11개 전문단체로 구성되어 있다. NJCLD(1991)는 학습장애에 대한 연방 정의가 다음과 같은 몇 가지 본질적인 약점이 있다고 주장한다.

- 성인을 배제시킨 점. 연방정부의 정의에서는 오직 '아동'이라고 언급하고 있는데, 학습장애는 모든 연령에서 발생할 수 있다.
- '기본 심리과정'이라는 용어를 사용한 점. 이 용어는 학습장애학생들을 어떤 교육과정으로 어떻게 가르칠 것인지에 대한 논쟁을 일으킬 수 있다.
- 학습장애에 철자를 포함한 점. 철자는 '쓰기' 영역에 포함된다.
- 진부한 용어를 사용한 점. '미세뇌기능장애, 지각장애 및 발달성 실어증'과 같은 용어들은 정의하기가 어렵고 혼란만 야기할 뿐이다.
- 배제조항의 언어 선정 문제. IDEA 정의는 학습장애가 다른 장애와 동반될 수 없다는 것을 시사한다. 그러나 어떤 장애에 기인하지 않고 다른 장애를 동반한 학습장애를 나타내는 사람도 있다.

NJCLD(1991)는 연방 정의의 이런 문제를 제기하면서 2016년 다음과 같이 정의를 갱신하였다.

> 학습장애는 듣기, 말하기, 읽기, 쓰기, 추리 및 수학능력을 획득하고 사용함에 있어 상당한 어려움을 나타내는 이질적인 장애를 지칭하는 용어이다. 이 장애는 원인이 그 개인 내에 있고 중추신경계의 기능장애에 기인하는 것으로 보이며, 전 생애에 걸쳐 나타날 수 있다. 자기조절행동, 사회적 지각 및 사회적 상호작용의 문제가 학습장애와 함께 나타날 수 있지만 그 자체만으로 학습장애로 간주하지 않는다. 비록 학습장애가 다른 장애(감각손상, 정신지체, 정서장애)나 외부의 영향(문화적 또는 언어적 차이, 불충분한 혹은 부적절한 교육)과 함께 발생할 수 있지만 이러한 장애나 영향 때문에 발생하는 것은 아니다(p. 1).

학습장애학생은 다른 장애나 학습의 기회 부족으로는 설명되지 않는 학습상의 심각한 문제를 보인다.

APA의 정의

미국정신의학회(APA)에서는 학습장애 대신 **특정 학습장애**(specific learning disorders)라는 용어를 사용한다. 2013년 APA는 DSM-5에서 학습장애에 대한 정의를 개정하였다. DSM-5에서는 특정 학습장애를 학문적 기술 습득을 방해하는 신경발달장애로 간주한다. 특정 학습장애로 진단받은 학생들은 읽기, 쓰기, 수학에서 평균 이하의 수행수준을 보인다. 이전의 APA에서와는 대조적으로 DSM-5는 더 이상 진단 시 불일치 준거를 사용하지 않는다.

특성

학습목표 5.2 학습장애의 특성과 원인을 말할 수 있다.

학습장애는 듣기, 추론하기, 기억, 주의, 관련 자극의 선택과 집중, 시청각 정보의 지각 및 처리의 문제와 관련이 있다. 이러한 지각 및 인지처리의 문제로 인해 학습장애학생들은 읽기문제, 쓰기결함, 수학성적 부진, 사회기술 결함, 주의력결핍과 과잉행동, 행동문제, 자존감/자기효능감 저하 등의 특성들 중 한 가지 이상 경험하게 된다고 추정하고 있다.

읽기문제

학습장애학생이 보일 수 있는 가장 흔한 특성은 읽기곤란이다. 학습장애로 확인된 아동 중에서 적어도 80~90%는 읽기문제로 특수교육에 의뢰된다(Fletcher et al., 2019). 저학년 때 읽기를 배우지 못한 아동들은 읽기뿐 아니라 일반 학과목도 점점 또래보다 뒤처지게 된다(Young et al., 2018). 특정 읽기장애, 즉 난독증은 "개인의 읽기학습 능력에 영향을 미치는 신경생물학적 · 발달적 · 언어기반 학습장애"의 영속적인 결함이다(Roitch & Watson, 2019, p. 81). 국제난독증학회(2002)에서는 **난독증**(dyslexia)을 다음과 같이 정의한다.

철자-음소 관계에 대한 명시적인 교수를 제공받은 아동들은 단지 단어를 암기하거나 문맥과 사진을 통해 추측하도록 교육받은 아동들보다 읽기를 더 잘할 수 있다.

난독증이란 원래 신경생물학적인 특정 학습장애로서 특징은 단어인지의 정확성 혹은 유창성 문제, 철자 및 해독능력 등이 부족하다. 전형적으로 이런 문제들은 다른 인지능력과 효과적인 교수법에 비해 예기치 못한 음운론적 언어요소의 결함을 일으킨다.

많은 학습장애아동들은 음운인식과 음소인식에서 상당한 어려움을 경험한다. **음운 인식**(phonological awareness)이란 언어가 소리 구조(음절, 음소)로 이루어져 있다는 것을 이해하는 것이다(Kilpatrick, 2015, p. 4). **음소 인식**(phonemic awareness)은 읽기학습을 위한 음운 인식에서 가장 중요한 부분으로 단어가 개별적 소리, 음소로 구성되어 있다는 것을 아는 것과 이러한 개별적 소리 단위를 조작할 수 있는 능력을 의미한다. 최근의 문헌연구에서 Lam과 McMaster(2014)는 음소 인식, 단어구별 기술, 유창성을 조기읽기 중재반응과 관련된 예측인자로 간주하였다. 음소 인식을 잘하는 아동은 다음과 같은 것을 할 수 있다.

- 단어를 만들기 위해 말로 소리를 합성할 수 있다(예 : 'ㅊ + ㅐ + ㄱ'=책).
- 단어의 초정, 중성, 종성의 소리를 구분할 수 있다(예 : '공'에서 초성=ㄱ).
- 한 단어를 여러 소리로 분절할 수 있다(예 : '강아지'=강+아+지).
- 한 단어 내에서 소리를 대치할 수 있다(예 : '사과' → '사자')(Simmons et al., 2011, p. 54).

소리를 듣고 조작할 수 있는 것 외에도 노련한 독자들은 개별 단어를 빨리 인식한다. 개별 단어를 빠르게 읽는 능력은 적어도 다음의 두 가지 방식으로 이해를 촉진한다. 첫째, 글을 빨리 읽는 독자는 더 많은 단어와 사고 단위를 접하게 되고 이를 통해 더 많이 이해할 수 있는 기회를 얻게 된다. 둘째, 단어를 해독하는 데 어려움이 없으면 "고차원의 인지처리를 위한 더 많은 인지 자원에 몰두할 수 있다."(Spencer & Wagner, 2018, p. 3).

42만 5,000명 이상의 연구대상이 참여한 Spencer 외(2014)의 연구에 따르면 읽기이해력이 부족한 1~3학년 학생들은 해독기술이 부족하며 어휘력 역시 제한적이었다. 이들의 읽기이해 문제는 단어 인식 부족에서 기인된 것으로 결론지었다. 또한 Spencer와 Wagner(2018)는 단어읽기기술보다 구어기술이 읽기이해를 더 잘 예측한다는 것을 알아냈다. 어떤 경우든 학습장애학생 대부분은 읽기이해 문제를 경험하게 된다(Berkeley & Larson, 2018; Fletcher et al., 2019).

이해력 부족은 특히 중학교나 고등학교에서 독립적 읽기가 증가함에 따라 더욱 문제가 된다(Vaughn et al., 2011)(제15장의 교수와 학습 '중등학생이 읽기를 하지 못할 때' 참조).

쓰기결함

미국 교육통계센터(2012)에서는 전국의 8학년과 12학년의 27%만이 쓰기가 능숙한 것으로 보고하였다. 많은 학생들이 쓰기에서 어려움을 겪는다는 점을 고려한다면 학습장애학생 역시 쓰기에서 많이 뒤처진다는 점은 놀랍지 않다. 학습장애학생들은 쓰기와 철자문제가 있다. 학습장애학생들은 또래의 비장애

그림 5.2 10세 읽기장애학생의 쓰기 예시

손이 쓴 이야기	손의 이야기에 대한 구두읽기
A loge tine ago they atene a cosnen they head to geatthere on fesee o One day tere were sane evesedbeats all gaseraned tesene in cladesn they hard a fest for 2 meanes.	A long time ago there were ancient cave men. They had to get their own food. One day there were some wildebeests. They all gathered them and killed them. They had a feast for two months.

출처 : Timothy E. Heron, The Ohio State University.

학생들과 비교해볼 때 쓰기, 철자, 구두점, 어휘, 문법, 설명문을 포함한 쓰기표현 과제를 유의미하게 수행하지 못한다(Fletcher et al., 2019; Graham et al., 2017). 어떤 학습장애학생들은 읽기는 잘하나 쓰기는 잘 못한다.

그들은 목표를 설정하거나 생각을 조직화하는 등의 자기조절 전략을 거의 사용하지 않는다. 결과적으로 충분하게 발달하지 못한 사고를 담고 있는 비조직적인 작문을 하게 된다. 그림 5.2는 선사시대의 동굴에 사는 사람의 예를 보여줬을 때 10세 학생이 쓴 이야기이다. 숀의 자기 이야기에 대한 구두읽기는 문어와 구어능력 간의 심한 불균형을 나타낸다. 다행히도 교사는 특정 철자기술에 대한 명시적 교수법과 쓰기전략, 충분한 연습 기회, 체계적 피드백 제공 등을 통해 학습장애학생들의 쓰기를 향상시킬 수 있다(예 : Alber-Morgan et al., 2007; Harris et al., 2016).

수학 성적의 저조

학습장애학생들의 수학능력은 "2년마다 약 1학년씩 진보하고, 그 기술은 10세 혹은 12세경 정점에 도달하여 그 수준에 머무른다."(Jitendra et al., 2018, p. 189). 학습장애학생들에게는 수리적 추리와 계산이 주요 문젯거리이다. 그들은 동일한 학년 수준의 수학문제를 다른 학생들보다 잘 풀지 못하며, 숫자를 기억하거나 서술식 문제를 푸는 데 결함이 두드러지게 나타난다(Fletcher et al., 2019).

이러한 결핍은 작업기억, 즉 우리가 과제에 대해 생각하고 추론하는 동안 정보를 일시적으로 조작하고 저장하는 방식과 연관이 있다(Baddeley, 2000, p. 1). 연구자들은 이러한 작업기억을 수학에서의 결함을 예측하는 주된 요인으로 간주한다(예 : Fanari et al., 2019). 읽기와 쓰기에서처럼 안내된 연습, 유창성 훈련, 그리고 피드백을 제공하는 명시적인 교수법이 학습장애학생들의 수학 성적을 향상시킬 수 있다(예 : Fletcher et al., 2019).

사회기술의 결함

학습장애학생들은 대인관계 문제를 드러낼 수 있다. 흔히 사회기술 부족으로 인해 거부, 낮은 사회성, 교사와의 불편한 상호작용, 친구 사귀기 곤란, 외로움 등의 문제가 생기는데, 이 모두는 학교 배치와 상관없이 많은 학습장애학생이 경험한다(Pullen et al., 2017).

학습장애학생들이 사회기술이 부족한 이유는 자신의 경험에 따른 사회적 상황을 해석하는 방식과 타인의 정서, 특히 비언어적 정서표현을 지각하는 능력이 부족하기 때문이다(Meadan & Halle, 2004). 학습상애인 웹사이트에서 아동들의 의사전달을 연구한 연구자들은 긍정석 사회관계(예 : "나는 친구들이 많다.")를 나타내는 소수 사례도 있지만 심한 사회문제를 일으킨다는 것을 발견하였다(Raskind et al., 2006). 또한 다른 연구에서도 비록 대부분의 학습장애학생들이 학교에서 사회적 일원으로 받아들여지고 있음에도 불구하고 그들의 사회적 지위는 전형적인 또래보다 여전히 낮았다(Estell et al., 2008). 학습장애학생의 사회기술의 결함문제를 해결하기 위해서 지금까지 많은 연구자들이 읽기, 적절한 신체언어, 듣기, 그리고 대화기술의 사용, 놀림에 대한 대처, 분노 조절하기 등과 같은 자기인식과 우정 형성 기술에 대한 사회적 기술훈련을 개발해 오고 있다(예 : Guiler, 2011; Halloran, 2019).

주의력 문제와 과잉행동

어떤 학습장애학생들은 한 과제에 집중하지 못하고 심한 과잉행동을 보인다. 이런 행동문제를 지속적으로 보이는 아동들을 주의력결핍 과잉행동장애(ADHD)라고 진단한다. 학습장애와 ADHD의 **공존장애**(comorbidity, 한 개인에게 2개 장애가 동시에 나타남)는 45.1%로 나타난다(DuPaul et al., 2013). 학습장애와 ADHD의 공존장애학생은 문자, 단어인식 과제, 교사의 읽기수준 평가, 부모의 사회적 기술평가에서 학습장애만 지닌 학생들보다 낮은 점수를 획득한다(Wei et al., 2014). ADHD는 제11장에서 상세히 살펴보기로 하자.

행동문제

연구자들은 학습장애학생들이 행동문제의 발생 비율이 훨씬 높은 것으로 보고한다(Grigorenko et al., 2019; Mather et al., 2015). 학습장애와 비학습장애 600명 이상의 청소년을 비교한 연구에서 학습장애 청소년들이 흡연, 마리화나 이용, 비행, 공격행동 및 도박과 같은 위험행동 빈도가 훨씬 높은 것으로 나타났다(McNamara & Willoughby, 2010). 학습장애학생들이 행동문제 발생률이 높다는 연구가 있지만 학생의 행동문제와 학업 곤란과의 관계는 잘 알려지지 않고 있다. 즉, 학습결함이나 행동문제가 기타 다른 문제를 유발하는지 또는 이 두 요인이 기타 원인 제공자인지는 알려지지 않고 있다. 또한 많은 학습장애학생이 아무런 행동문제를 보이지 않는다는 점도 숙지해야 한다.

이런 특성들의 상호 관련성과 관계없이 학습장애학생들의 교육프로그램을 계획하는 교사에게는 학습결함뿐 아니라 사회 및 행동문제를 다루는 기술이 필요하다(중요한 교수법은 제6장 참조).

낮은 자아존중감과 자기효능감

학습장애학생들은 비장애 또래보다 자기효능감, 기분, 노력 및 희망 수준이 더 낮은 것으로 보고한다(Cavioni et al., 2017; Musetti et al., 2019). 부정적인 자기인식의 경향이 학습장애의 본질적인 특성인지 혹은 학업 및 사회상황에 대한 욕구좌절과 실망의 경험에 기인한 것인지는 알려지지 않았다.

특성 정의

학습장애학생들이 아주 이질적인 집단이기는 하지만 학습장애를 정의하는 근본 특성은 일반적으로 효과적인 지도와 충분한 지적능력을 가지고 있는데도 특정의 유의미한 학업성취상의 결함이 존재한다는 사실을 기억해야 한다(L.S. Fuchs et al., 2015, p. 135). 학습장애학생들이 도달해야 할 기대수준과 이들의 실제 수준 간의 불일치는 시간이 흐를수록 커진다(Deshler et

Steve Smith/Getty Images

학습장애학생을 담당하는 교사는 각 학생의 장점을 간과해서는 안 되며 향상시켜야 한다.

그림 5.3 긍정적 측면 유지하기의 중요성

톰 로빗은 학습장애아동교육의 선구자요, 이 분야의 탁월한 교사이자 학자이다. 그의 세심한 연구와 저술활동은 50년 동안 지속되었고, 실제적인 특수교육을 다루고 있다. 학습문제 아동교육에 관한 고전적 저서인 '갈등 속에서… 아동으로부터 배운다'에서, 로빗(1977)은 "모든 것은 평등해야 한다. 많은 아동에게 많은 기술을 가르치는 교사는 훌륭하지만, 그렇지 못한 교사는 훌륭하지 못하다. 결국 교육이란 아동이 새로운 것을 배우도록 돕는 일이다."라고 기술하였다.

로빗은 아동의 학업 및 사회기술이 교사와 학생이 함께 노력해야 할 일차적 목표라고 일관성 있게 주장하는 한편, 우리가 믿는 모든 것에 너무 집착하여 그 학생을 잘못되게 해서는 안 되며, 긍정적 측면을 발견하여 발전시키는 것을 망각해서는 안 된다고 경고하고 있다.

모든 사람이 믿고 있듯이 교사는 가능한 한 학습장애 청소년들이 정상이 되도록 많은 '단점'을 교정교육 한다. 우리는 학습장애에 대한 이러한 전체적 교정접근을 제고해야 한다. 어떤 대안을 찾아야 할 이유는 학습장애학생의 읽기를 교정하기 시작하고, 그다음 수학, 언어, 사회기술 그리고 축구놀이로 이어진다. 하루 일과가 끝날 무렵에 초인지적 결함을 교정한다. 이 어린 학생은 온종일 교정수업만 받게 된다. 이런 학생의 일부는 자기개념, 자기심상, 자존감 등이 어찌 손상되지 않겠는가?

우리는 이런 아동들의 긍정적 측면에 집중해야 한다. 여학생이 기계에 소질이 있거나 남학생이 요리에 소질이 있다면 우리는 그러한 기술을 교육해야 한다. 한 아동이 양보 행동을 하지 않는다면, 한 상황을 설정하고 그것을 가르쳐야 한다. 나는 모든 아동에게 적어도 한 가지 유능한 기술이 있다면, 그 아동이 많은 시간을 교정교육만 받는 것보다는 그 아동이 훨씬 더 잘 적응할 수 있도록 도울 수 있다고 생각한다. 긍정적 측면을 강조하는 것이 교정교육에서 실제로 도울 수 있는 좋은 방법이다.

(T. C. Lovitt, 2011년 8월 7일, 개인적 대화). 저자 허락하에 사용함.

---

al., 2001, p. 97). 특히 이러한 수행상의 차이는 중학교 2학년 때 두드러지게 나타나는데, 이 시기에 학습장애학생의 학업능력이 정점에 도달하기 때문이다.

효과적인 중재를 위해 학습장애아동들이 직면하게 되는 학습 및 행동문제들에 대한 객관적인 인식이 중요하지만 교사는 학생들의 결함에만 관심을 가져서는 안 된다. 각 학습장애아동이 가지고 있는 강점(예 : 유용한 기술, 긍정적인 개별적 특성)과 흥미를 인식하여 소중히 여기고 그 아동이 긍정적 측면을 유지시키도록 도와야 한다(그림 5.3 참조).

출현율

학습목표 5.3 학습장애의 출현율을 확인하고, 학습장애 진단과 그 발달과정을 모니터링하기 위해 사용되는 사정방법을 기술할 수 있다.

학습장애는 특수교육의 가장 큰 범주에 속한다. 2018~2019학년도에 6~21세의 238만 명이 특정 학습장애 범주하에서 특수교육을 받았다(U.S. Department of Education, 2020a). 이 수치는 모든 학령기 장애아동의 38%, 학령기 아동 전체의 3.6%에 해당한다. 학년별로 보면 학습장애 남학생이 여학생보다 3배 정도 더 많다. 아프리카계 미국인과 라틴계 학생 또한 불균형적인 높은 비율로 학습장애를 판별받았다(Cortiella & Horowitz, 2014).

학습장애로 확인된 학생 수는 처음으로 연방정부가 보고한 1976학년도 이래로 급증하고 있는데, 2002~2003학년도까지 학습장애학생은 특수교육을 받은 모든 학령기 아동의 약 2분의 1에 해당한다. 학습장애아동의 출현율이 높아지자 학습장애 범주의 본질과 타당성에 대한 논쟁을 불러일으켰고, 일부 학자들은 학습장애를 어떤 유행병으로 간주해야 된다고 주장한다(Swanson, 2000). 최근에 학습장애의 출현율은 다소 감소하고 있다. 2002~2011년 학습장애에 포함되어 서비스를 제공받은 학생 수는 18%로 감소되었다. 이러한 감소추세의 이유에는 2004년 IDEA가 어려움을 겪는 학생들을 위한 조기중재를 재인증한 이래로 조기 아동 중재의 확산, 일반교육에서의 일기 지도의 향상, 학습장애 판별 방식의 변화(예 : RTI) 등이 포함된다(Cortiella & Horowitz, 2014).

일부는 증가된 학습장애아동의 수가 장애의 실제 수를 의미한다고 믿고 있지만 어떤 사람은 너무 많은 학습부진아, 즉 효과적인 수업을 받지 못하여 학교에서 잘 수행하지 못하는 비장애아동이 학습장애로 잘못 진단되고, 이는 실제 학습장애학생에게 제공할 재원을 감소시킨다고 주장한다.

원인

대부분 학습장애의 원인은 밝혀지지 않고 있다. 학습장애학생의 다양한 특성을 반영하는 많은 원인이 제기되고 있다. 학습장애 유형이 다양하듯이(예 : 언어장애, 수학장애, 읽기장애) 원인도 다양하다. 세 가지 주요 원인으로는 뇌손상, 유전, 환경요인을 들 수 있다.

뇌손상 혹은 기능장애

일부 전문가들은 모든 학습장애아동들이 중추신경계의 뇌손상 혹은 기능장애를 겪는다고 믿고 있다. 이는 "학습장애는 중추신경계의 기능장애에 기인하는 것으로 추정된다."(p. 19)는 NJCLD(1991)의 학습장애의 정의에서 비롯된 것이다. 자기공명영상(MRI)과 기능적 자기공명영상(fMRI) 등의 신경영상기술이 발달함으로써 연구자들은 음운론적 처리과정 동안에 읽기와 언어장애인의 뇌의 특정 부위가 정상인의 뇌와는 다른 패턴을 보인다는 것을 발견하게 되었다(예 : Miller, Sanchez, & Hynd, 2003; Richards, 2001). 다른 연구에서도 읽기장애아동의 뇌 구조가 비장애아동의 구조와는 다소 상이하다는 것을 발견하였다(Langer et al., 2019). 종합적으로 신경영상연구를 통해 난독증인의 좌측관자엽(측두엽)에 기능적이거나 구조적인(또는 두 가지 모두에 있어) 차이가 있다는 것이 입증되었다(예 : Peters et al., 2018). 뇌손상이 없는 독자와 비교했을 때 난독증 학생은 하나의 과활성된 전방 체계와 2개의 저활성화된 후방체계 등 일반적으로 연구자들이 난독증의 신경학적 특성이라고 부르는 활성화 패턴을 보여주었다(Shaywitz, 2003).

이런 연구는 난독증과 기타 특정 학습장애의 생물학적 기초를 이해하는 데 중요한 역할을 하고 있다. 그러나 뇌의 신경망이 아동의 경험(예 : 학습)에 어떻게 그리고 어느 정도 영향을 주고받는지는 아직 알 수 없다(McGowan et al., 2019). 더구나 신경생물학적 요인들이 학습장애와 관련되어 학습문제를 일으키는지 아니면 환경 결핍의 산물인지 또 이들의 조합인지는 알 수가 없다. 그러나 집중적인 교정 읽기학습은 읽기장애아동의 뇌와 읽기문제가 없는 아동의 뇌활성화 방식에서 차이를 감소시킨다는 것이 입증되고 있다(Berringer, 2019). Shaywitz 외(2004)는 **알파벳 원리**(alphabetic principle)와 구어읽기를 가르치는 데 초점을 맞춘 평균 105시간 동안의 개별 수업이 아동의 읽기 유창성을 증진시켰을 뿐 아니라 "읽기기술과 관계된 신경계 발달을 촉진시켰다."(p. 933)고 밝혔다.

특수교사는 다음과 같은 세 가지 주요 이유 때문에 학습장애와 뇌손상 혹은 뇌기능장애 간의 관계를 지나치게 강조하는 이론들을 경계해야 한다. 첫째, 모든 학습장애아동들이 뇌손상의 임상적(의학적) 증거가 없으며, 모든 뇌손상 아동들이 학습장애를 지니고 있는 것은 아니다. 둘째, 학습문제가 뇌기능장애로 유발되었다고 가정하는 것은 비효과적인 수업에 대한 변명의 구실을 할 수 있다. 뇌손상을 입은 것으로 의심되는 아동이 학습하지 못할 경우 교사는 뇌손상이 학습을 방해한다고 속단하면서 수업 변인들의 분석과 변경은 소홀히 하기 쉽다. 셋째, 아동의 학습장애가 뇌손상이나 기타 중추신경계 기능장애에 기인하는지의 여부에 따라 수업중재의 형태나 강도가 근본적으로 달라질 것이다.

유전

학습장애인의 형제자매는 비장애인보다 읽기문제를 지닐 약간의 가능성이 있다. 읽기장애를 지닌 일부 가계에서 유전의 증거가 나타나고 있다(Landi & Purdue, 2019; Olson et al., 2019). 음운론적 결함의 유전적 전달물질의 염색체가 나중에 읽기문제를 야기하는 소인이 될 수 있다(Landi & Purdue, 2019).

환경요인

학습장애의 일차적 원인을 알아낸다는 것은 실제적으로 불가능한 일이지만 환경요인, 특히 아동의 어린 시기의 궁핍한 생활조건과 학교에서 효과적인 수업을 받지 못한 것이 특수교육을 받고 있는 많은 아동들이 경험하는 학습문제를 일으키는지도 모른다. 가족에게서 나타나는 학습장애의 경향성은 초기 아동발달의 환경 영향과 차후 학교에서의 학업성취 간에 상관이 있다는 것을 시사해준다. Hart와 Risley(1995)가 수행한 종단연구 결과를 보면 부모와 의사소통을 자주 하지 못한 영아와 걸음마기 유아들은 학교에 들어가기 전에 어휘와 언어 사용, 지적 발달에서의 결함이 더 많이 발견되었다.

아동의 학습문제에 대한 또 다른 환경요인은 아동이 받는 수업의 질이다. 많은 학교에서 중재반응(RTI) 모델을 채택하고 있음에도 불구하고 학생들은 효과적인 1단계 수업도 받지 못할 수 있다. 많은 특수교사들은 "'학습장애'라고 명명된 대부분의 아동이 자신의 지각, 시냅스 혹은 기억에서 무언가 잘못이 있기 때문이 아니라 잘못 배웠기 때문에 어떤 장애를 보일 수 있다."는 약 35년 전의 Engelmann(1977)의 주장이 옳다고 생각한다(pp. 46-47).

열악한 수업과 학습장애 간의 관계성은 분명치 않지만 많은 학생의 학습문제가 직접적이고 체계적인 수업을 통해 교정교육이 이루어질 수 있다는 증거가 상당히 많다. 그러나 모든 학습장애아동의 학업성취 문제가 전적으로 부적절한 수업 때문이라고 생각하는 것은 고지식한 일이다. 그럼에도 불구하고 교육적인 면에서 볼 때 집중적이고 체계적인 교수가 모든 학습장애학생들에게 최우선적인 중재가 될 수 있다.

판별과 사정

학습장애학생들에 대한 사정을 위해 표준화 지능검사와 성취도 검사, 준거참조검사, 교육과정 중심 측정(CBM), 매일 직접 측정 등이 일반적으로 사용된다.

지능검사와 성취도 검사

학습장애로 특수교육 서비스를 받기 위해 적격성 여부를 결정하는 의뢰과정에서 표준화 지능검사와 개별 성취도 검사가 전형적으로 시행된다. 학습장애학생들의 지적능력과 성취도의 불일치가 특수교육 서비스의 적격성을 결정하는 가장 중요한 요인이기 때문에 표준화 지능검사와 성취도 검사가 가장 널리 사용되고 있다(Alphonso & Flanagan, 2018). 이런 규준참조검사가 한 학생의 점수를 같은 검사를 받은 동일 연령의 다른 학생의 점수와 비교하기 위해서 제작되고 있다(제4장의 지능검사에 대한 논의 참조). 학생의 전반적인 학업성취를 사정하기 위해 널리 사용되는 표준화 검사는 아이오와 기초기술 검사(Hoover et al., 2007), 우드콕-존스 성취도 검사 IV(Shrank et al., 2014), 웩슬러 개별 성취도 검사 III(Wechsler, 2009) 등이 있다. 이런 검사들의 점수는 학년 수준에 따라 보고된다. 예를 들면 점수 3.5는 그 학생의 점수가 3학년 중간에 있는 정상집단 학생들의 평균점수에 해당한다는 것을 의미한다.

일부 규준참조검사는 특정 학습영역의 성취도를 측정하기 위해 제작된다. 자주 실시하는 읽기성취도 검사로는 읽기이해도 검사 4판(Brown et al., 2008), 우드콕 읽기숙달 검사(Woodcock, 2011) 등이 있다. 수학성취도를 사정하기 위해 사용되는 규준참조검사로는 핵심 수학진단검사(KeyMath-3)(Connolly, 2007), 수학능력검사 3판(Brown et al., 2012) 등이 있다.

준거참조검사

준거참조검사(criterion-referenced test)는 다른 아동들의 규준 점수와 비교하는 규준참조검사와는 달리 아동 점수를 이미 결정된 준거 혹은 숙련도와 비교하는 것이다. 준거참조검사의 장점은 아동이 학습한 특정 기술 및 교수 시 필요한 기술을 확인하는 데 있다. 특수교사가 많이 사용하는 준거참조검사는 브리건스 기초기술 종합진단검사(Brigance, 2010)로 학습준비도, 읽기, 언어 및 수학 등 약 400개 준거참조 사정자료들을 포함하고 있다. 현재 상업적으로 이용 가능한 몇 개 검사도구에도 사전 및 사후검사용으로 사용 가능한 준거참조검사 문항들이 포함되어 있다. 사전검사는 아동의 전체 수준을 사정하여 아동이 배우려고 하는 프로그램을 결정하기 위함이고, 사후검사는 그 프로그램의 효과를 평가하는 것을 말한다. 교사는 필요시 준거참조검사들을 비공식적으로 개발할 수 있다.

교육과정 중심 측정

측정은 신뢰할 수 있고 타당해야만 한다. 컵 속에 줄자를 반복하여 넣으면 신뢰성 있게 3인치라고 측정할 수 있지만, 물의 온도를 타당하게 잴 수는 없다. 이런 예시가 우습게 보일 수도 있지만 흔히 교육에서 사용되는 측정도구는 교육과정에서 학생들이 필요로 하는 기술보다는 뭔가 다른 것을 사정한다. **교육과정 중심 측정**(curriculum-based measurement, CBM)(혹은 진보 모니터링이라 부름)은 학교에서 성공하도록 하는 중요 기술의 숙련도 신장을 측정한다(Hosp et al., 2016). 교육과정 중심 측정은 수업이 진행될 때 학습상의 정보를 제공한다는 점에서 **형성평가**(formative assessment)라 할 수 있다. 대조적으로 **총괄평가**(summative assessment)의 결과는 수업 정보를 제공하기 위해 사용할 수 없는데, 그 이유는 교수가 마친 후(예 : 학기 말 혹은 학년 말)에 수행되기 때문이다. 교육과정 중심 측정은 읽기, 철자, 수학처럼 기본적인 기술의 능숙도를 나타내주는 간단하면서도 신뢰도 높은 방법이다. 예를 들어 구두읽기 유창성에 대한 교육과정 중심 측정에서는 1분 동안 학생이 정확하게 읽은 단어의 수를 센다. 구두읽기 유창성이 일반적인 읽기 유창성에 대한 타당한 예측 인자가 되기 때문에 자신의 학년 수준에 기대되는 읽기속도를 보이는 학생은 읽기에서 능숙하다고 여겨진다.

교육과정 중심 측정은 교육적 결정을 내리기 위한 기준으로서 시간 경과에 따른 아동 수행의 반복 측정과 그러한 자료 그래프의 시각적 검토가 이루어진다(그림 5.4 참조). 교육 결정을 위해서 교사는 그래프를 만들고 학생의 기초선[예 : 20wpm(분당 글자 수)]에서부터 도달해야 되는 최종 목표(예 : 100wpm)에 이르는 선을 그린다. 만일 학생이 적절하게 목표를 향해 진보하면 주마다 행해지는 평가점수는 목표선에 있거나 그 이상의 수준에 있게 된다. 하지만 학생의 진보보다 너무 느리다면 교수방법을 변경할 수 있다.

교육과정 중심 측정은 실시와 점수산출이 용이하고 비용과 시간 면에서 효율적이며, 시간에 따른 학생 수행의 점진적 변화를 민감하게 파악할 수 있다(Hessler & Konrad, 2008). 이런 속성을 지닌 교육과정 중심 측정의 한 가지 도구는 기초 읽기 · 쓰기기술 지표(Dynamic Indicators of Basic Early Literacy Skill, DIBELS)이다(University of Oregon, 2018-2019). DIBELS는 읽기문제의 위험성이 있는 아동을 조기판별하기 위한 중요 읽기기술의 지표가 될 수 있도록 개발되었고, 또한 읽기실패를 예방하기 위

그림 5.4 교육과정 중심 측정 그래프의 예

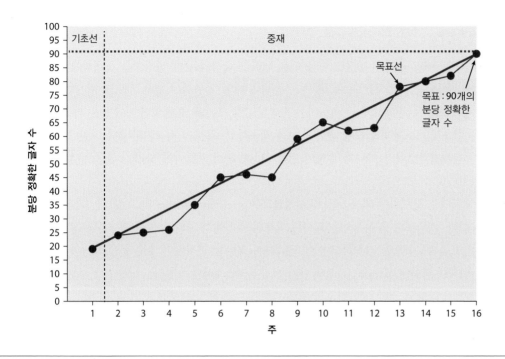

해 고안된 다른 중재효과를 측정할 목적으로 개발되었다. DIBELS는 초기 읽기기술들과 읽기 전 기술의 발달을 정규적으로 알아보기 위한 1분 유창성 검사로 이루어져 있다. 연구에 따르면 각 검사에서 기준목표를 달성한 아동들은 능숙하게 읽을 수 있다는 것이 입증되고 있다(80~90% 이상)(Good et al., 2011).

교육과정 중심 측정을 실시하기 위한 자세한 가이드라인과 도구는 다층지원체계센터(Center on Multi-Tiered System of Supports)와 진보모니터링연구소(Research Institute on Progress Monitoring) 웹사이트에서 이용할 수 있다. 최근 개정된 DIBELS Next는 다음과 같이 몇 개의 개별 측정치와 1개의 종합점수로 이루어져 있다(University of Oregon, 2018-2019).

- 첫소리 유창성 : 평가자는 단어들을 말하고 학생은 각 단어의 첫소리를 대답한다.
- 글자 이름 대기 유창성 : 학생에게 한 장의 글자를 제시하고 글자의 이름을 말하도록 한다.
- 음소 분절 유창성 : 평가자는 단어들을 말하고 학생은 단어 각각의 소리를 말한다.
- 무의미 단어 유창성 : 글자-소리 대응과 조합을 평가하기 위하여 학생은 모음-자음 그리고 자음-모음-자음으로 구성된 무의미 단어(예 : ov, sig, rav) 목록을 읽는다.
- DIBELS 구두읽기 유창성 : 학생에게 읽기구문을 제시하고 1분 동안 소리 내어 읽도록 한다. 분당 학생이 정확하게 읽은 단어와 정확하게 읽지 못한 단어의 수를 기록한다.
- Daze(DIBELS Maze) : 학생에게 최초 단어와 2개의 다른 단어를 포함한 선택 상자에 몇몇 단어들을 재배치하는 읽기구문을 제시한다. 학생은 조용히 구문을 읽고 문장의 의미에 가장 적합한 단어를 각 상자에서 선택한다.
- 종합점수 : 종합점수는 다중 DIBELS 점수의 조합으로 학생의 읽기 유창성의 가장 전반적인 측정치를 제공한다. 종합점수를 계산하기 위하여 사용되는 점수들은 학년과 시기에 따라 다양하다.

많은 유사 연구를 개관한 결과 읽기문제가 있을 수 있는 아동들을 선별하고, 읽기실패의 위험성이 있거나 읽기문제가 있는 장애아동의 읽기진보를 파악하는 데 DIBELS의 예언 타당도가 입증되고 있다(예 : Morris et al., 2017; Peterson et al., 2018).

직접 매일 측정   매일 측정은 특정 기술을 배울 때마다 학생의 수행 측정치를 상세하게 기록하는 것이다. 이를테면 곱셈을 가르치는 프로그램에서 곱셈에 대한 학생의 수행을 가르칠 때마다 평가할 수 있다. 흔히 정확도(분당 정확하게 곱셈을 하여 기록한 수), 오류율 및 정확한 백분율을 기록한다. 직접 매일 측정은 지속적으로 학생 학습에 관한 정보를 제공하고, 교사가 직관이나 추측 혹은 그 밖의 어떤 것을 측정한 검사결과로서가 아니라 수행이 변하거나 변하지 않느냐에 따라 수업을 변경하도록 해준다(Heward, 2003).

학습장애학생을 가르치는 몇몇 교사들은 **정밀교수**(precision teaching)라고 불리는 직접 매일 측정 방법을 사용한다. 정밀교수를 실시하는 교사는 학생의 수행에서 나타난 변화(예 : 분당 정확하게 읽은 단어의 수)를 표준속진차트를 작성하고 이에 근거하여 교수를 결정한다. 8주 동안 학생의 읽기진보를 모니터하기 위하여 사용된 표준속진차트의 예가 그림 5.5에 제시되어 있다.

그림 5.5에서 학생의 정반응은 위쪽으로, 오반응은 아래쪽으로 향하고 있다. 얼마나 많이 학습을 했는가의 정보뿐만 아니라 선의 기울기를 통해 얼마나 빨리 학습했는지의 여부도 알 수 있다. 정밀교수에 관한 더 상세한 정보는 Kubina와 Yurich(2012)에 기술되어 있으며, 표준속진협회의 웹사이트를 활용할 수 있다.

중재반응 사정을 통한 학습장애 판별

중재반응(RTI)의 기본 전제는 집중적이고 과학적으로 타당한 수업에 대한 학생 반응의 성취가 낮으면 아동의 학습문제가 불충분한 수업 혹은 특수교육이 필요한 어떤 장애에 기인하고 있는지를 결정할 수 있다는 것이다. 중재반응은 판별과 예방의 두 가지 기능을 한다. 과학적으로 타당한 수업에 대한 아동의 긍정 반응은 저조한 성적의 이유가 수업의 질이 아닌 장애의 증거라고 시사한다(Fuchs et al., 2012).

William L. Heward

자신의 학업수행에 대한 자기기록과 직접 매일 측정이 학습에 대한 책임감 및 참여도를 높인다.

그림 5.5 **표준속진차트**

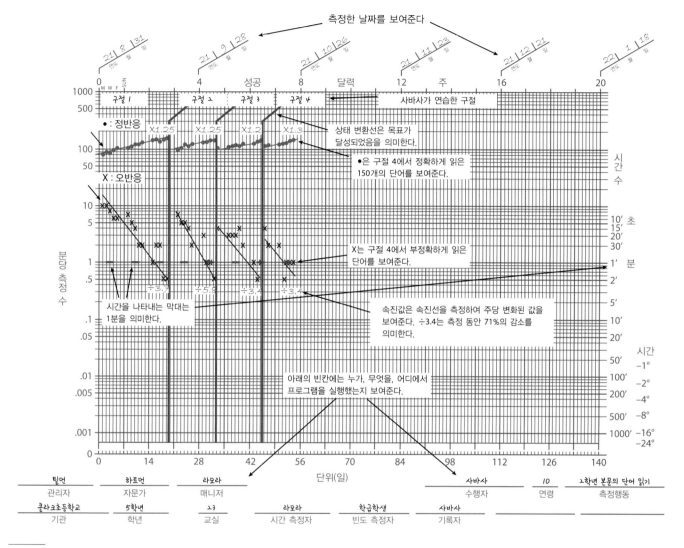

출처 : Rick Kubina, Penn State University.

중재반응의 집중 수업에 잘 반응하는 아동은 예방적 측면에서 도움이 된다.

O'Connor 외(2013)는 학습장애학생의 3분의 1은 4학년이 될 때까지 판별이 되지 않았다는 사실을 발견하였다. 중재반응은 좀 더 일찍 학습장애학생을 판별할 수 있도록 해주며, 또한 잘못 판별되는 아동의 수를 감소시킨다. Torgesen(2009)은 중재반응을 실행하는 학교에서 3년 동안 학습장애로 판별되는 비율이 상당히 떨어졌음을 언급한 바 있다.

중재반응에는 수많은 접근방식이 있지만 3단계 모델이 가장 잘 알려져 있다. 각 단계는 집중적인 지원을 필요로 하는 학생에게 점차 많은 지원을 제공할 수 있도록 설계된다. 모델의 각 단계를 거치는 학생은 제1장에서 소개된 예방적 중재의 세 가지 수준 모두를 경험하게 된다. 다음의 예시는 읽기문제를 예방하고 읽기장애로 인해 특수교육이 필요한 아동으로 판별하기 위해 어떻게 중재반응이 사용될 수 있는지를 보여준다.

1단계 : 일반학급에서의 핵심 프로그램 실시   일반학급의 증거기반 교육과정 및 수업의 형태에서 모든 학생에게 1차 예방이 이루어진다. 빈번한 진보 탐색을 통해 선별검사(예 : DIBELS)의 점수가 중요한 읽기기술의 기준점 이하로 떨어지는 학생의 성적을 사정한다. 교육과정 중심 측정에서 수행수준과 진보율 모두 자신의 학급 친구보다 떨어진다면 그 학생은 위험군에 속한다고 판단한다. 1단계에서 사용할 수 있는 교수전략으로 명시적 교수, 동시에 응답하기(제2장), 학급 전체 또래교수(제2장), 반응카드(제6장), 그리고 안내노트(교수와 학습 '안내노트 : 일반교육과정에서 모든 학습자가 성공하도록 돕기' 참조)가 있다. 1단계 수업 시에 계속해서 문제가 있는 위험 학생은 2단계로 이동한다.

2단계 : 보충적 중재   일반교육프로그램에 문제가 있는 학생들은 집중적인 일정 기간(예 : 10~12주) 연구기반 프로그램을 이용하여 소집단 보충 개별 수업을 받는다. 집중적인 중재기간에 만족할 만한 진보가 있는 학생은 장애가 없는 것으로 간주된다.

　　Fuchs와 Fuchs(2007a, 2007b)는 **이중 불일치 기준**(dual discrepancy criterion)을 사용하여 (1) 수업을 받았는데도 적절한 진보가 없는 학생, (2) 2단계 중재가 기준점 이하로 끝난 학생 등의 경우에만 비반응적이라고 명명할 것을 권고한다. 2단계 중재에 반응하지 않는 학생은 재차 2단계 중재(첫 시행 동안에 학생 관찰을 토대로 중재 수정을 한)를 받을 수 있고, 장애 존재 여부와 특수교육 적격성을 결정하기 위해 다요인적 평가로 넘어갈 수 있다.

3단계 : 집중적 중재   대부분 중재반응 모델에서 3단계는 특수교육이다. 일부 특수교사는 2단계의 소집단 중재에 진보가 없는 학생들이 특수교육 적격성을 결정하기 전에 집중적인 개별화 중재를 받아야 된다고 권고한다(예 : Reschly, 2005).

　　그림 5.6은 교사들이 얼마나 일반적으로 3단계의 중재반응 모델에서 진보 모니터링 자료를 사용하는지를 보여준다. 그래프의 수치를 보면 3명의 2학년 학생은 각각 다른 교수적 요구를 지니고 있음을 알 수 있다. 교육과정 중심 측정 방법을 사용하여 진보 정도를 모니터링했을 때 3개의 데이터 점수가 연속적으로 목표선 아래로 떨어진다면 이는 수업에 변화가 있어야 됨을 규칙으로 정하였다. 돈타이의 기초선(예 : 수업 시작 전)에서 구두읽기 유창성은 분당 62개 단어이다(A 그래프 참조). 선생님은 16주 이내에 분당 94개 단어라는 목표에 도달하기 위해 필요한 전반적 진보의 비율을 계획한다. 돈타이의 구두읽기 유창성은 평균 범위 또는 그 이상으로 나타났기 때문에 선생님은 격주로 교육과정 중심 측정을 실시하였다. 돈타이의 목표선을 따라 이러한 교육과정 중심 측정 데이터가 나타나고 있으며, 이는 1단계의 수업이 효과적이므로 수업 변경은 필요 없다는 것을 나타낸다.

　　테오의 구두읽기 유창성 점수는 분당 35개의 단어로(B 그래프 참조) 이는 평균 이하에 해당되며, 이를 기초선으로 하여 담당교사는 주간별 교육과정 중심 측정 실시와 16주에 분당 50개의 정확한 단어 수라는 구두읽기 유창성 목표를 설정하였다. 1단계 수업 동안 테오의 수행을 측정한 결과 목표선 아래로 연속 3개의 점이 만들어졌으며, 따라서 수업을 변경해야만 했다. 1단계의 수업에 더하여 테오의 담당교사는 일주일에 3번 또는 4번의 소집단 활동의 형태로 2단계의 수업을 보충해서 실시하였다. 이를 통한 테오의 진보를 측정한 결과 목표선을 따라 성취가 이루어지고 있으므로 2단계의 수업이 효과적임을 알 수 있다.

　　셸리의 구두읽기 유창성 점수는 분당 17개의 단어로(C 그래프 참조), 이를 기초선으로 하여 담당교사는 16주간 분당 28개의 정확한 단어수를 목표로 설정하고 일주일에 두 번 교육과정 중심 측정을 통해 진보 상황을 면밀히 확인하였다. 1단계의 수업 동안 셸리의 목표선 아래로 연속 3개의 점이 만들어져,

그림 5.6 RTI를 이용한 진보 모니터링

A : 돈타이는 1단계 중재에 매우 잘 반응하고 있다.

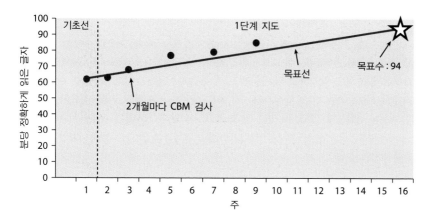

B : 테오는 2단계 지도가 필요하며 그에 잘 반응하고 있다.

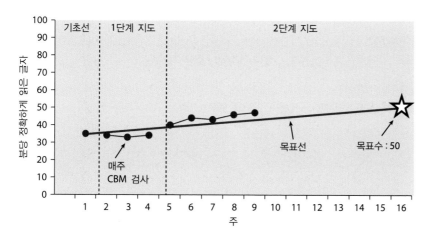

C : 셀리는 3단계 지도가 필요하며 그에 잘 반응하고 있다.

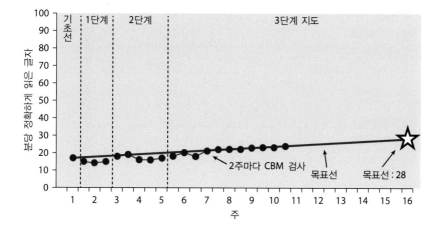

교수와 학습

안내노트 : 일반교육과정에서 모든 학습자가 성공하도록 돕기

안내노트란   안내노트는 기본적인 단서와 주요 핵심 사실, 개념 또는 관계를 기입할 수 있는 특정한 공간을 포함함으로써 수업 중 학생들을 안내해주도록 교사가 미리 준비한 인쇄물이다. 안내노트를 작성하기 위하여 학생들은 학습내용에 대하여 듣고, 보고, 생각하고, 필기를 함으로써 수업에 반응해야 한다. 학생들이 수업에 적극적으로 반응하도록 하며 교육내용에 대한 기억을 향상시키는 것 외에도 안내노트를 통해 무엇이 중요한 정보인지를 쉽게 확인하고 학습한 내용을 정확하게 기록할 수 있다. 안내노트를 사용할 때 교사들은 수업을 신중하게 준비해야 하며, 수업 내용과 순서에 맞추어 과제를 하도록 해야 한다. 교사들은 교육과정 전반의 내용과 다양한 기술을 지도하기 위하여 안내노트를 활용할 수 있다.

학습장애 초등학생이 작성한 '구름' 수업에 관한 안내노트

구름

지시사항 : 수업을 듣고 안내노트를 작성하세요.

구름은 무엇인가?

★ 구름은 ___수증기___ 또는 ___빙정___ 이라고 여겨지는 작은 물방울이다.

구름의 종류는 어떤한가?

★ 많은 종류의 구름이 있지만 ___세 가지___ 주요한 종류가 있다.

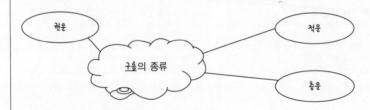

하늘에 있는 구름이 어떤 종류인지 어떻게 아는가?

* 권운
    - 가장 흔함
    - 빙정으로 만들어짐
    - 깃털처럼 보임
    - 작고 몇 가닥으로 이루어짐

권운을 그려보세요.

* 적운
    - 하얀색의 뭉게구름
    - 솜뭉치처럼 보임
    - 화창한 날씨에 나타나지만 비, 번개, 강한 바람, 해일을 동반하는 적란운으로 발전할 수도 있음

적운을 그려보세요.

안내노트 만드는 방법 안내노트는 실제로 학문적인 내용 또는 기술 영역을 지원한다. 다음은 안내노트를 만드는 일반적인 지침이다.

- 학생들이 배워야 하는 중요학습 내용을 확인하기 위하여 현재 수업을 점검하라. 안내노트에서 학생들이 학습해야 하는 사실, 개념, 관계 모두를 포함시켜라.
- 안내노트에 배경정보를 제공함으로써 중요 사실과 개념, 관계에 초점을 맞추어 필기가 이루어지도록 하라. 학생들이 너무 많이 작성하지 않도록 하라.
- 노트필기에 필요한 구조를 제공해주는 정보를 제외하고 주요 사실, 개념, 관계 등은 삭제하라. 학생들에게 어디, 언제, 어떻게 사실이나 개념을 써야 하는지를 보여주는 별표, 중요 항목 표식, 빈칸 등과 같은 단서를 포함시켜라.
- 안내노트에 질문사항과 수업 중 학생이 적극적인 반응을 할 수 있는 다른 형식을 배치하라. 가끔씩 수업을 멈추고 학생들이 함께 대답하거나 반응카드를 이용해서 대답할 수 있는 일련의 질문을 제공하라(제2장과 제6장 참조).
- 추가적인 조정이 필요한 학생에게는 수정된 안내노트를 제공하라. 예를 들어 심각한 쓰기결함을 보이는 학생에게는 쓰기가 적은 안내노트를 사용할 수 있다.

2단계의 보충 중재를 받았다. 2단계의 수업 동안 셸리는 향상되기 시작했지만, 이 기간에 목표선 아래로 연속 3개의 점이 확인되었다. 3단계의 수업은 매일의 개별학습이 포함되었으며, 그는 이를 통해 목표선을 잘 따라갈 수 있었다.

중재반응의 목표와 장점은 다음과 같다(AlbeMorgan, 2010; Blackburn & Witzel, 2018).

- 어려움을 겪는 학습자를 위한 조기중재
- 특수교육에 의뢰되는 학생, 특히 문화적으로 다양한 학생의 수 감소
- 전통적인 평가 및 판별방식이 아닌 수업에 도움이 되는 자료 준비
- 학교가 증거기반 수업을 하고 모든 학생의 진보를 정규적으로 파악하도록 규정함으로써 일반학급에서 양질의 수업을 받을 수 있는 기회 증가
- 학업성취도에 문제가 있는 모든 학생을 위한 서비스를 제공함으로써 다중 중재에 반응을 하지 못하는 학생들만을 학습장애로 진단받도록 함

중재반응에 대한 가이드라인과 자료는 National Center on Response to Intervention, National Research Center on Learning Disabilities, RTI Action Network에서 얻을 수 있다.

중재반응과 관련된 주요 문제는 다음과 같다.

- 학생이 중재에 반응을 하고 있는지 그렇지 않은지를 결정하는 기준의 비일관성
- 몇몇 학급에서는 비효과적인 1단계 교수로 인해 학습에 문제가 없는 학생이 위험군으로 판별될 수 있음
- 적절한 수업을 받기 전에 몇몇 학생들은 이미 장기적인 실패를 경험함
- 학교에 따라 비일관적인 중재반응의 적용

능력－학업성취 불일치 모델과 비교했을 때 중재반응의 타당성 문제가 제기되고 있지만 중재반응은 판별에 있어 일관성을 더 높이고 있다(Maki & Adams, 2019).

교육접근

학습목표 5.4 학습장애학생들의 읽기, 쓰기, 수학, 그리고 내용 지식에 대한 학습을 위한 증거기반 전략을 서술할 수 있다.

많은 학습장애학생은 학업기술이 부족하여 학업활동을 위한 배경지식이 제한되어 있고, 자신의 정보를 조직하는 데 어려움이 있으며, 효과적이고 효율적인 방식으로 학습과제에 접근하지 못한다. 이러한 학생들은 소집단이나 일대일 학습, 중요한 학업기술에 초점을 둔 명시적 교수, 동기를 강화시키는 학습자료와 활동에의 참여, 많은 연습, 체계적 피드백 등을 포함하는 집중적이며 개별화된 중재를 필요로 한다(Vaughn et al., 2014).

그림 5.7에 제시된 여섯 가지 효과적인 교수설계 원리를 통합하여 일반교사와 특수교사는 장애학생들과 비장애학생들에게 교과목과 수업을 더 효과적으로 제공할 수 있다(Coyne et al., 2011). 학습자의 청각 · 시각 · 운동감각적 학습양식에 적합한 수업, 그리고 인지적으로 집중할 수 있는 수업(예 : '두뇌체조' 연습, 집중력 훈련 등)을 사용하는 것과 같은 중재들은 연구자들이 추천하지 않는다(Kearns & Fuchs, 2013; Landrum & McDuffy-Landrum, 2014).

명시적 교수와 학습전략 교수는 학습장애학생들을 위해 설계되고 적용할 수 있는 효과적이면서 경험상 타당한 접근방법이다(예 : Gajria & Jitendra, 2016; Hughes et al., 2017; Swanson & Hoskyn, 1998). 명시적 교수는 새로운 기술을 학습해야 하는 목적과 이유, 교수목표에 대한 명확한 설명과 예시, 독립적인 숙달이 이루어질 때까지 제공되는 지원적 연습 기회 등에 대해 분명하게 안내해주는 학습과정을 통해 학생을 이끌어주는 체계적인 접근방법이다(Archer & Hughes, 2011, p. 1). 명시적 교수는 지시, 모델링, 안내된 연습, 피드백을 통한 적극적인 학생 반응, 독립적인 연습 등을 포함한다. 수년간의 실증적 연구를 통해 명시적 교수가 학습장애학생에게 매우 효과적임이 입증되었다(예 : Hughes et al., 2017).

학습전략을 가르치는 것 또한 학습장애학생들의 성공적 학습을 이끌어낼 수 있다. 학습전략은 "학습과제에 대한 개인적인 접근방법을 의미한다. 이러한 전략에는 학습과제 및 결과물에 대한 수행을 계획, 실행, 평가할 때 개인이 생각하고 행동하는 방식을 포함한다."(Deshler & Lenz, 1989, p. 205). 학습전략 교수는 초등 및 고등학생의 읽기이해, 쓰기표현, 수학, 학습기술, 노트필기 기술, 듣기기술에서 성공적인 결과를 내고 있다(예 : Ennis & Losinski, 2019; Jozwik et al., 2019; Nordness et al., 2019; Ray et

---

그림 5.7 효과적인 교수설계를 위한 여섯 가지 원리

대개념
가장 효율적이고 폭넓은 지식습득을 촉진시키는 잘 선택된 개념, 원리, 규칙, 전략 혹은 발견적 지도법

명백한 전략
학습단계를 분명히 해주는 수업 및 교사 활동의 순서. 시각적 지도나 모델, 언어 지시, 분명한 설명을 통해 이루어짐

매개 발판
학생이 새로운 과제를 배울 수 있도록 일시적 지원. 시간이 지나면 사라지게 됨

전략적 통합
구지식과 신지식 간의 공통성과 차이점을 보여주는 방식에서 계획적 고려사항 및 수업 순서

기초 배경지식
학생이 신지식을 배우기 위하여 사전에 가지고 있어야 할 관련 지식

사려 깊은 복습
학습자가 신지식을 적용하고 촉진시키는 순서 및 계획. 이 복습은 적절해야 하고, 분할적이고, 누가적이고, 다양해야 함

출처 : Kame'enui, E. J., Carnine, D. W., & Dixon, R. C. (2011). Introduction. In M. D. Coyne, E. J. Kame'enui, & D. W. Carnine (Eds.), *Effective teaching strategies that accommodate diverse learners* (4th ed., p. 13). ⓒ 2011. 출판사 허락하에 사용함

al., 2018). 학습전략을 가르치는 방법에는 과제를 완수하기 위하여(예 : 문단 쓰기) 여러 단계를 외우도록 하는 것(일반적으로 기억증진 전략의 방법), 그리고 학생이 이러한 전략을 혼자서도 적용할 수 있을 때까지 안내된 연습을 실시하는 것이 포함된다.

기억증진 전략을 활용하여 학생들을 가르치는 예시는 **전환교육 : 현재가 미래를 만든다** '대학교로의 전환을 위한 학습전략'을 참조할 수 있다.

전환교육 : 현재가 미래를 만든다

대학교로의 전환을 위한 학습전략

매년 대학으로 진학하는 학습장애학생 20만 명 중 겨우 34%만이 고등학교 졸업 이후 8년 이내에 4년제 학위 프로그램을 졸업한다(NCES, 2019). 대학에서의 성공 가능성을 높이기 위하여 전환계획에 학생들이 독립적으로 학습할 수 있는 학업기술이 반드시 포함되어야 한다. 성공적인 대학생은 정확하게 필기를 하고, 그들이 읽은 내용을 이해하며, 글쓰기를 통해 자신이 배운 것을 보여주고, 효과적으로 학습하며 테스트에서 정확하게 답을 한다.

학습전략 지도는 초등학생 및 고등학생에게도 효과적이지만 장애 대학생들에게도 마찬가지이다(예 : MacArthur et al., 2015; Song & Ferretti, 2013; Torres & Black, 2018). 학습장애학생들에게 고등학교 시절 학습전략을 사용하도록 가르치는 것이 대학생이 되기 위한 준비를 할 수 있도록 해준다. 다음의 학습전략의 예시들은 대학생이 될 학생들에게 매우 유용하다.

기술 영역	학습전략	단계
읽기이해	TRAP (Hagaman & Casey, 2017)	**T**hink : 읽기 전에 생각하기 **R**ead : 문단 읽기 **A**sk : 주요 개념과 세부사항에 대해 스스로 묻기 **P**ut : 주요 개념을 자신의 언어로 바꾸기
필기	CUES (Boyle, 2013)	**C**luster : 정보 묶기 **U**se : 교사로부터 제공되는 단서 이용하기 **E**nter : 어휘 필기하기 **S**ummarize : 주요개념 요약하기
문단 쓰기	NOW! (Konard, 2017)	**N**ame : 주제 말하기 **O**rganize : 세부사항 조직하기 **W**rap : 주제를 간추리고 재진술하기
학습	FLASH (Konard & Alber-Morgan, 2020)	**F**ind : 학습자료 찾기(시험에 나올 내용 이해하기) **L**ook : 노트와 책에서 중요한 단어, 구문, 개념 찾기 **A**dd : 카드 한쪽 면에 질문이나 중요 단어를 적고, 카드의 다른 한 쪽에는 그에 상응하는 대답 적기 **S**tudy : 플래시카드의 내용 학습하기 **H**ave : 다른 사람이 내는 퀴즈 풀기

기술 영역	학습전략	단계
시험 치기	SPLASH (Reid et al., 2013)	**S**kim : 시험 훑어보기 **P**lan : 전략 계획하기 **L**eave : 어려운 문제 제외하기 **A**ttack : 알고 있는 문제 공략하기 **S**ystematically : 체계적으로 추측하기 **H**ousecleaning(모든 질문에 답을 했는지 점검하기)

자기조절 전략개발은 학습전략을 가르치는 체계적인 방법이다. 이에는 전략을 완수하는 데 필요한 배경지식 개발하기, 전략에 대한 시범 보이기, 전략 기억하기, 전략 지원하기, 독립적으로 연습하기 등의 단계가 있다(Harris & Graham, 2018). 예를 들어 TRAP 전략은 다음 단계들을 나타내는 기억증진전략이다. (1) 읽기 전에 생각하기, (2) 문단 읽기, (3) 주요 개념과 세부사항에 대해 스스로 묻기, (4) 주요 개념을 자신의 언어로 바꾸기. TRAP을 통한 자기조절 전략을 사용한다면 교사는 읽기이해 전략을 완수하기 위한 배경지식을 평가하고 이에 대한 교수를 실시하며, 학생들과 전략에 대해 논의하고(그것이 무엇인지, 얼마나 이득이 되는지), 전략에 대한 시범을 보여준다. 그러면 학생들은 어려운 글로 넘어가기 전에 좀 더 쉬운 글을 이용하여 각 단계를 기억하고 연습한다. 교사가 자주 피드백과 함께 안내된 연습을 제공하고 나면, 학생들은 그 전략을 이제는 독립적으로 수행한다. 마지막으로 교사는 연습한 전략을 사용할 수 있는 다양한 상황에 대해 이야기하고, 또한 교실 밖에서도 전략을 사용하도록 학생들을 촉구함으로써 전략의 일반화를 꾀한다. 자기조절 전략개발에 대한 더 많은 정보를 원하면 IRIS 센터 웹사이트(http://iris.peabody.vanderbilt.edu/module/srs)를 참고할 수 있다.

명시적 교수와 학습전략은 각각 사용해도 효과적이지만 두 가지 방법을 함께 사용한 교사들은 더 나은 결과를 얻을 수 있다. 또한 이 두 가지 방법은 효과적인 교수설계를 위한 여섯 가지 원리(그림 5.7 참조)를 잘 따르고 있으며, 모든 학업기술과 내용에 적용할 수 있다. 계속해서 학습장애학생들에게 읽기, 쓰기, 수학, 내용 영역 지식을 가르치기 위한 명시적 교수와 학습전략 중재에 대하여 살펴보도록 하자.

읽기

지난 수십 년 동안 광범위한 연구를 통해 조기 읽기습득과 읽기 어려움에 관한 2,000여 편 이상의 논문이 출간되었다(예 : Bursuck & Damer, 2015; King-Sears & Bwoman-Kruhm, 2010; Vaughn & Wanzek, 2014). 이 연구에서는 읽기장애아동의 특성과 읽기문제를 예방하고 해결하는 데 가장 효과적인 다양한 중재 방안(예 : 음소 인식, 문자-음소 관계, 소리 내어 단어 읽기를 위한 명시적 교수)을 밝히고 있다.

그림 5.8은 이러한 연구를 기반으로 한 효과적인 조기 읽기교수의 원리를 보여준다. SRA/McGraw-Hill의 Reading Mastery(Engelmann & Bruner, 2008)와 Corrective Reading(Engelmann et al., 2008)과 같은 읽기용 직접교수(DI) 프로그램은 명시적 교수와 그림 5.7에서 제시한 주요 원리들을 포함하고 있다. 직접교수(DI) 프로그램은 체계적으로 설계되었기 때문에 이전 학습의 기반 위에 단계별로 진보할 수 있도록 읽기기술이 세분화된다. 교수설계와 진행은 명시적 교수법의 원리와 일치하며, 또한 적극적인 학생 반응과 피드백을 포함한다(교수와 학습 '읽기를 위한 직접교수' 참조).

학생들이 단어를 해독할 수 있으면 교사는 학생들이 짧은 시간 동안 반복적으로 본문을 읽도록 함으로써 읽기 유창성을 좀 더 강조할 수 있다(제1장 교수와 학습 '빨리 가야 좋은 거야! 유창성 향상은 학업

그림 5.8 조기 읽기교수의 연구기반 원리

1. **유치원에서부터 직접적으로 음소 인식을 가르쳐라.** 글을 읽지 못하는 많은 아동과 성인은 음소를 알지 못한다. 5~6세경에 음소 인식이 발달되지 않으면 차후에도 교육 없이 발달이 어렵다. 다음과 같은 활동들이 아동의 음소 인식 발달에 도움이 된다.

   • 음소 삭제 : 어떤 소리가 사라지면 어떤 단어가 될까?

   • 단어 대 단어 짝짓기 : 단어들 속에서 같은 소리가 나는 것은 무엇이지?

   • 음소 세기 : 네가 들은 단어들 속에서 가장 많은 소리는 무엇이지?

   • 다른 소리 식별하기 : 단어들 속에서 다른 소리로 시작하는 단어는 무엇이지?

   교사는 글자-음소 관계 수업을 시작하기 전에 음소 인식부터 가르치고 난 뒤 음소 인식 활동을 지속해야 한다.

2. **각각의 글자-음소 관계를 명확히 가르쳐라.** 약 40~50개의 글자-소리 관계는 읽기에 필수적이다. 어떤 소리가 특정 글자나 글자 조합인지를 명확하게 말하도록 하는 것이 단서를 제시하여 글자들의 소리를 이해하도록 하는 것보다 읽기문제를 더 잘 예방할 수 있다. 많은 아동들은 단어들을 단어 일부의 맥락에서만 듣게 되면 개개의 글자-음소 상응관계를 이해하지 못한다. 따라서 교사는 음소를 단어와 분리하여 가르쳐야 한다. 예를 들어 'm'이라는 글자를 보여주고 "이 음소는 /mmm/라고 소리가 나."라고 말해주어야 한다.

   학생이 배워야 하는 새로운 음소와 다른 음소들은 매일 5분 정도 연습을 해야 한다. 나머지 시간에는 아동이 학습한 문자-음소 대응관계에 대해서만 이야기와 결합하여 단어 속에서 해당 음소들을 사용해야 한다.

3. **문자-소리 관계를 자주 그리고 규칙적으로 가르쳐라.** 체계적으로 가르치라는 말은 아동이 읽도록 요구받은 자료를 통해 문자-음소의 상응관계를 처음부터 알려주라는 의미이다. 단어와 이야기는 오직 아동이 학습한 문자-음소의 상응관계로 이루어진 것이어야 한다. 문자-음소 관계를 알려주는 순서는 가능한 한 중요한 단어나 이야기가 포함된 읽기자료를 통해 결정할 수 있다. 아동이 문자-음소 관계에서 학습한 첫 3개가 /a/, /b/, /c/라면, 아동이 실제로 읽을 수 있는 단어는 'cab'뿐이다. 하지만 /m/, /a/, /s/라면, 아동은 am, Sam, mass, ma'am으로 읽을 수 있다.

4. **단어들을 어떻게 발음하는지 정확하게 알려주어라.** 아동이 2~3개의 문자-음소 상응관계를 학습한 이후에는 그 소리들이 모여 어떻게 단어가 되는지 가르쳐라. 각각의 단어를 발음할 때 철자를 따라 왼쪽에서 오른쪽으로 순차적으로 이동하여 읽는 법을 알려주어야 한다. 매일 아동이 학습한 문자-음소의 상응관계를 포함하는 단어들을 혼합하여 연습시켜라.

5. **문자-음소 관계를 연습하기 위하여 연관되고 이해 가능한 교재를 제공하라.** 아동이 문자-음소의 관계를 응용하려면 집중적인 연습이 필요하다. 발음과 읽기를 가장 효과적으로 통합시키는 방법은 해독 가능한 본문을 제공할 때이다. 즉, 지금까지 아동이 학습한 문자-음소 대응을 사용하고 있는 단어들로 구성되고, 체계적으로 학습된 몇 개의 사이트워드가 포함된 본문을 제공하는 것이다. 아동이 문자-음소의 대응을 더 많이 학습할수록 본문은 좀 더 복잡해진다.

   해독이 잘 되지 않는 본문은 실제 읽기에서 음운론적 지식과 통합되지 못한다. 예를 들어 "The dog is up"이라는 문장은 아동이 처음으로 의미기반 프로그램에서 읽은 첫 문장이며, 발음적인 요소는 통합되지 않았다. 그때까지 아동이 학습한 소리-문자 관계는 /d/, /m/, /s/, /r/, /t/였다. 아동은 자신이 가지고 있는 발음에 대한 지식을 적용하면서 아마도 "_____ d _____."라고 읽을 것이다. 하지만 만약 이 아동이 /a/, /s/, /m/, /b/, /t/, /h/, /f/, /g/, /i/를 배웠다면 "Sam has a big fist."라는 문장은 읽을 수 있을 것이다. 음성적 요소들이 아동의 실제 읽기에 적절하게 통합되어 있기 때문에 아동은 이 문장을 100% 해독할 수 있다.

   해독이 잘 되지 않는 본문을 보았을 때 아동은 단어를 이해하기 위하여 예측을 하거나 문맥을 활용한다. 예측하기는 다음에 이어질 사건이나 결과를 예상하는 등 이해를 위해 중요하지만, 단어 인식에서는 그리 유용하지 않다. 해독 가능한 본문보다 예측 가능한 본문의 사용은 아동이 본문을 이해하기 위하여 예측하기 방법을 사용하도록 한다. 그러나 그러한 전략이 실제 읽기로 전환되지는 않는다. 예측 가능한 본문의 제공은 아동이 읽기에서 겉으로만 성공인 것으로 보이는 경험일 수도 있다. 그러한 성공이 물론 많은 아동들에게 동기를 부여할 수 있지만, 이러한 방법에 너무 의존한다면 궁극적으로 성공적인 독자라고 할 수는 없다.

6. **언어이해를 돕기 위하여 흥미로운 이야기를 이용하라.** 연구들에서는 언어이해를 발달시키기 위하여 흥미롭고 사실적인 이야기를 사용하는 것을 배제하지 않는다. 하지만 글을 읽지 못하는 사람을 위한 읽기자료로 이러한 이야기를 사용하지 마라. 교사가 읽어주는 이야기는 아동의 구어이해를 향상시키는 데 중요하며, 이는 결국 읽기이해에도 영향을 미친다. 이야기 기반 활동들은 해독기술이 아닌 이해기술을 증진시키기 위하여 구조화되어야 한다.

   읽기습득의 초기 단계에서는 아동의 구어이해 수준은 읽기이해 수준보다 훨씬 더 높다. 아동들의 이해도를 높이기 위하여 교사가 읽어주는 이야기는 그들의 구어이해 수준에 적합해야 한다. 또한 아동의 해독능력을 증진시키기 위해 사용되는 자료는 의미에 초점을 맞추면서 동시에 그들의 해독기술 수준에 적합해야 한다. 교사는 처음에 아동이 읽은 본문보다는 좀 더 정교한 이야기와 본문을 구어로 제시하면서 이해전략과 새로운 어휘들을 가르쳐야 한다. 또한 교사는 아동들에게 이야기를 들려주면서 그 의미에 대해서도 논의해야 한다. 아동이 유창하게 본문을 해독할 수 있게 되면 그들 스스로 자신의 읽기에 이해전략을 적용할 수 있다.

출처 : Grossen, B. (2006). Six principles for early reading instruction. In W. L. Heward, *Exceptional children: An introduction to special education* (8th ed., pp. 186-188). Upper Saddle River, NJ: Pearson.

성취를 촉진한다' 참조). 반복적 읽기중재는 학습장애학생들에게 효과적임이 증명되고 있다(Stevens et al., 2017).

기초적인 해독과 유창성 기술 외에도 학습장애학생들은 읽기이해에 대한 지도가 필요하다. 읽기이해를 가르치기 위한 증거기반 연습에는 질문에 답하기, 이해도를 점검하기 위하여 스스로 질문하기, 그래픽 조직자 완성하기, 문단 구조 살펴보기, 요약하기 등이 포함된다(예 : Alber-Morgan & Joseph, 2013; Gajria & Jitendra, 2016; Rouse-Billman & Alber-Morgan, 2019). 이러한 연습에서 사용되는 기억증진 학습전략의 예에는 TWA[글을 읽기 전 생각하기(Think before reading), 글을 읽으며 생각하기(Think while reading), 글을 읽은 후 생각하기(Think after reading)](Johnson et al., 2011), ART[질문하기(Ask), 신중하게 읽기(Read with alertness), 말하기(Tell)](McCallum et al., 2011), KWL[아는 것(What I know), 배우고 싶은 것(What I want to know), 학습한 것(What I learned)](Cantrell et al., 2000) 등

교수와 학습

읽기를 위한 직접교수

직접교수란 무엇인가 인터넷에서 직접교수(DI)를 입력하면 수백 개의 정의를 찾을 수 있다. 대부분은 학생에게 학업내용을 전달하기 위하여 교사가 교실 앞에 서서 강의를 하거나 시범을 보여주는 것으로 교사중심 교육방법이라는 정의로 검색된다. 대문자 D와 I로 표현되는 직접교수는 이와는 대조적이다. 직접교수는 1960년대 일리노이대학교의 Siegfried Engelmann과 Wesley Becker가 만들고, Engelmann, Doug Carnine, Ed Kame'enui, Jerry Silbert와 오리건대학교의 다른 연구자들에 의해 발전되었다.

"학생이 배우지 않았다면 교사가 가르치지 않은 것이다."라는 변함없는 믿음으로 Engelmann과 동료들은 아동들에게 읽기, 수학, 쓰기, 철자, 사고기술을 가르치기 위한 프로그램을 고안하고 현장에서 테스트하였다. DI 프로그램은 저성취 아동이 적어도 90%의 기술을 숙달할 때까지 출판되지 않았다.

DI 학습을 처음 본 사람은 높은 에너지를 발산하는 모습에 다소 충격을 받는다. 빠른 진도, 교사의 언어적 · 시각적 신호, 그리고 일제히 반응하는 학생들은 일반적인 교수법과는 다른 것이었다. 그러나 평범한 사람은 DI의 핵심인 정교한 교육설계를 거의 인지하지 못한다.

DI의 구성요소는 무엇인가 DI의 기반이 되는 두 가지 주요한 규칙은 '더 적은 시간에 더 많은 것 가르치기'와 '교육과정의 세부사항 통제하기'이다. 목표는 성공적인 수업을 위하여 필수적이고 충분한 모든 구성요소는 포함하되 불필요한 것은 포함하지 않는 것이다. 이러한 구성요소에 대한 간략한 소개는 연구 자료(Barbash, 2012; Carnine et al; Engelmann & Carnine, 1982; Watkins & Slocum, 2003)를 참고하라.

논리적인 내용 분석 DI 프로그램은 만일 아동이 신중하게 조작된 몇 개의 작은 과제를 완벽하게 할 수 있다면 학습하지 않은 새로운 예시나 상황에 일반화할 수 있을 것이라는 점에 기반을 둔다. 예를 들어 '형태소'라고 불리는 단어의 부분을 600개 쓸 수 있고, 형태소를 연결하는 3개의 규칙을 알고 있는 아동은 12,000개의 단어를 쓸 수 있다. 600개의 형태소와 세 가지 규칙을 자동적인 수준으로 연습을 한 아동은 12,000개의 어떤 단어도 쉽게 쓸 수 있다.

분명한 의사소통 개념이 소개되는 방식 때문에 학생들이 잘못된 것을 배우지 않도록 하기 위해서(예 : 삼각형은 파란색, 분자는 분모보다 항상 크다) 교수 예시는 모호함을 피할 수 있도록 선택되고 배열되어야 하며, 학습하지 않은 예시로 일반화될 수 있도록 해야 한다. 개념의 경계를 학습하기 위하여 학생들은 차이를 유발하는 주요한 특징을 제외한 나머지 부분은 유사한 예에 응답한다. 개념의 범위를 학습하기 위하여 핵심 개념은 포함하지만 서로 다른 예들을 가능한 많이 식별한다.

대본에 따른 수업 대본을 활용해 교사는 계획된 대로 수업을 진행할 수 있으며 학생의 수행에 집중할 수 있다. 단지 '대본을 읽는 것'은 학생들에게 아무것도 가르쳐주지 못한다. 비록 DI 프로그램이 신중하게 테스트 과정을 거치고 대본을 만들었다 하더라도 성공적으로 프로그램을 운영한다는 것은 단순한 문제가 아니다. 유능한 DI 활용 교사는 특별한 설명 기법을 배워야 하며, 학생의 수행에 따라 시의 적절하게 결정을 내려야 한다.

학생 참여시키기 유능한 DI 교사는 자신이 제시하는 항목들에 학생들이 일제히 반응하도록 하고, 그룹 반응 속에 개별적인 반응 차례도 배치함으로써 능동적인 학생 반응을 유도한다(제2장 교수와 학습 '동시에 응답하기 : 교실에서 나오는 긍정적 소음' 참조).

즉각적인 피드백 유능한 DI 교사는 정확한 반응에 칭찬을 제공하며, DI 수업은 70% 학생의 첫 반응이 정확하도록 설계된다. 또한 학생이 보이는 오류에 대해서는 'model-lead-test' 절차를 활용하여 즉각적으로 수정해줌으로써 학생들이 정확하고 독립적으로 자신의 오류에 반응하도록 한다. "대부분의 아동을 가르치는 보통의 읽기지도 교사와 모든 학생을 가르치는 능력 있는 교사의 주요한 차이점은 바로 학생들의 오류를 수정해주는 능력이다."(Engelmann & Bruner, 1995, p. 11). 훌륭한 DI 교사는 모든 학생이 현재 수행하고 있는 과제를 숙달했음을 보여주기 전까지는 다음 단계 과제로 넘어가지 않는다.

DI에 대한 증거는 무엇인가 "DI가 효과적이라는 사실을 당신은 어떻게 아십니까?"라는 질문을 받으면, 유치원 교사 Kim Calloway는 "그들이 읽기를 하잖아요. 매년 그들은 글을 읽어요."라고 대답한다. 이러한 대답은 매우 강력하면서도 직접적으로 DI의 효과성을 보여준다. 또한 다른 교수방법보다 DI가 더 효과적이라는 것을 증명해주는 연구들도 찾아볼 수 있다.

1967~1977년 연방정부는 178개의 다소 빈곤한 도시에 거주하는 20만 명 이상의 아동이 참여하여 22개의 교수 모델을 비교한 교육 관련 가장 큰 규모의 실험인 Project Follow Through를 지원하였다(Watkins, 1997). DI는 모든 교육 모델 중에서 가장 뛰어났다. DI 수업에 참여한 아동들은 학업적 성취에서 매우 우수하였으며, 연산, 읽기, 언어기술에서 국가수준의 기준을 초과하였다. 그뿐만 아니라 DI 프로그램에 참여한 아동들은 자기개념을 증진시키기 위하여 설계된 프로그램에 참여한 아동들보다 훨씬 더 자기개념에서 더 높은 점수를 획득하였다.

Project Follow Through가 실시된 지 50년 후 많은 연구들이 DI의 강점을 발견하고 있다. Hattie(2009)는 42,000명 이상의 아동이 포함된 304개의 DI 연구의 결과들을 분석하였으며, 그 결과 다른 교수 프로그램이나 교육과정보다 더 큰 0.82의 효과크기를 확인하였다. Stockard와 동료들(2018)이 수행한 328개 연구에 대한 메타분석에서도 학생들에게 이 프로그램을 적용했을 때 통계적으로 유의미하게 긍정적 학업성취가 컸으며, 시간이 경과함에 따라 효과가 거의 감소하지 않음을 확인하였다.

DI에 대하여 더 배우고 자신의 수업에 DI 원리를 적용함으로써 효과성을 높이고 싶다면, Heward와 Twyman(2021)과 National Institute for Direct Instruction(2017)을 참고하라.

이 포함된다. 스스로 질문하기 방법 역시 학생이 하나의 문단을 읽을 때마다 내용에 대해 질문하고 대답함으로써 읽기이해도를 점검할 수 있는 효과적인 방법이다(예 : Rouse et al., 2014; Rouse-Billman & Alber-Morgan, 2019).

쓰기

쓰기는 필기(또는 키보드 작업)나 기초기술(예 : 철자, 문법, 구두점)을 통합하는 능력이 필요한 복잡한 기술이다. 학생들이 진급함에 따라 자신의 학습을 보여주기 위해 더 많은 글쓰기가 요구된다. 특정한 지시, 모델링, 안내된 연습, 독립적인 연습을 포함하는 명시적 교수가 학습장애학생들의 쓰기학습에 효과적이다(예 : Datchuk, 2017; Walker et al., 2005). 그리고 성공적인 명시적 교수를 위해서는 빈번하면서도 특정한 피드백 제공이 매우 중요하다.

표현적 글쓰기(Engelmann, 2004), 추론과 글쓰기(Engelmann & Silbert, 2001), *REWARDS* 글쓰기(Archer et al., 2008)와 같은 쓰기를 위한 직접교수 프로그램은 쓰기기술의 구성요소와 이러한 구성요소의 통합에 대한 명시적 교수를 제공한다. 예를 들어 **표현적 글쓰기 1**에서 학생들은 사진을 보며 간단한 문장을 만들고, 사진의 내용이 무엇인지를 글로 쓴다. 모든 수업을 마치고 능력이 진보함에 따라 학생들은 문단으로 작성하고, 정확하게 구두점을 사용하며, 주제에 집중하게 된다. **표현적 글쓰기 2**는 문단을 작성할 수는 있지만 명확하게 표현을 하거나 다양한 형태의 문장, 정확한 구두점 사용이 어려운 학생들을 대상으로 한다.

명시적 교수 외에도 학습전략을 통해 학생들은 성공적으로 쓰기표현을 수행할 수 있다. Gillespie와 Graham(2014)은 학습장애학생들을 위한 쓰기중재 메타분석을 실시함으로써 학습장애학생들이 계획하기, 조직하기, 초안 작성하기와 같은 복잡한 쓰기기술을 가르치는 전략적 수업이 효과적임을 확인하였다. 교사들은 학습장애학생들이 기억증진 쓰기전략을 가르치기 위하여 자기조절 전략법을 사용할 수 있다(전환교육 : 현재가 미래를 만든다 '대학교로의 전환을 위한 학습전략' 참조). 기억증진 학습전략은 다양한 형태로 개발되고 연구되고 있다. 예를 들어 POW-TREE는 아이디어를 찾아내고(**P**ick), 생각이나 필기 내용을 조직하며(**O**rganize), 많은 주제문을 쓰거나(**W**rite) 자신이 믿고 있는 내용을 진술하고(Tell), 이유를 3개 이상 제시하고(Reasons), 쓰기를 맺으며(End), 모든 부분이 다 포함되었는가를 점검(Examine)하는 논설문의 글쓰기 전략이다(Sandmel et al., 2009). C-SPACE는 인물(Character), 배경(Setting), 사건(Problem), 행동(Action), 결론(Conclusion), 감정(Emotion)을 의미하는 서사적 글쓰기 전략이다(Graham & Harris, 1992).

수학

수십 년 동안의 연구를 기반으로 Jayanthi 외(2008)는 학습장애학생들에게 수학을 가르칠 때 다음의 사항을 따르도록 조언하였다. 즉, 명시적 교수를 사용하고, 문제해결을 위한 학습전략을 가르치고, 많은 예시를 제공해주며, 문제를 풀며 입으로 단계들을 말해보도록 하고, 시각적 표상(예 : 그림 그리기)을 만들고, 수업에 대한 결정을 내리기 위하여 지속적으로 평가를 실시하며, 또래중재 수업방식을 활용(예 : 학급 수준의 또래교수, 협동학습 그룹 등)해야 한다.

수학 개념에 대한 명시적 교수에는 각 단계를 설명하기 위하여 자신의 생각을 큰 소리를 말하는 방법을 활용한 문제해결 방법 모델링, 다양한 예시 제공, 즉각적인 피드백이 포함된다(Jayanthi et al., 2008). 수학 영역과 관련해 명시적 교수방법을 사용하는 상업용 직접교수 프로그램으로는 Direct Instruction Mathmatics(Stein et al., 2018), Corrective Mathematics(McGraw-Hill, 2004), Connecting Math Concepts(McGraw-Hill, 2013)이 있다.

많은 연구들에서는 새로운 개념을 소개할 때 **구체적-표상적-추상적 순서**(concrete-representational-abstract sequence)를 사용할 때의 장점을 보고한다. 명시적 교수를 사용할 때 초등과 중등의 학습장애학생들은 구체적-표상적-추상적 순서로 전개되는 수학 수업에서 이점을 얻게 된다(Bouck et al., 2018; Milton et al., 2019). 구체적 단계에서 학생은 place value blocks, Unifix cubes®, counter와 같은 조작물을 사용한다. place value cubes를 조작하는 것은 학생들이 재그룹화해야 하는 문제를 해결할 때 어떻게 해야 하는지 이해하는 데 도움이 된다. 구체적 단계를 수행할 수 있는 능력이 보이면 다음 단계인 표상적 단계로 넘어가게 되며, 이 단계에서 학생들은 수학문제를 나타내는 사물을 그리거나 확인하게 된다. 추상적 단계에서는 문제를 풀 때 숫자만을 사용한다.

읽기와 쓰기지도에서처럼 학습전략은 학습장애학생들의 수학을 향상시키는 데도 효과적이다. 다양한 범주의 계산과 활용기술에서 기억증진 학습전략이 사용되고 있다(Boon et al, 2019). 예를 들어 재그룹화를 통한 덧셈 문제를 해결하기 위한 전략으로 RENAME(Miller & Kaffar, 2011)이 있는데, 문제 읽기(Read), 일의 자릿수 열 검토하기(Examine), 일의 열에서 일의 자릿수 적기(Note), 십의 자릿수 열 풀기(Adress), 십의 열에서 십의 자릿수 표시하기(Mark), 백의 자릿수 검토하고 적기(Examine)의 과정을 거친다. 문장제 문제를 해결하기 위한 전략인 RIDE(Mercer et al., 2011)는 정확하게 문제 읽기(Read), 관련 정보 확인하기(Identify), 답을 적기 위해 연산과 단위 결정하기(Determine), 정확한 수와 계산방법 대입하기(Enter)를 의미한다. 제5장에 소개된 교사인 Amaris Johnson은 문장제 문제를 해결하기 위한 학습전략으로 스키마 기반 교수(Cook et al., 2019)를 사용한다. "스키마 기반 교수는 학생들이 자신의 생각을 구어적으로 나타내도록 하기 때문에 그들이 정말로 숫자의 의미를 이해하고 있는지 여부를 알 수 있어서 매우 효과적인 방법이다."

내용 영역의 지도

강의나 할당된 교재 읽기가 중등학교의 학업내용을 파악하는 주된 수단이 됨에 따라 교실은 학습장애학생에게 있어 좌절과 어려움을 야기하는 장소가 되고 있다. 교사는 고급 어휘, 많은 내용 위주의 교재에 대해 이야기하고 과제로 내주며, 학생은 이에 따라 내용을 이해하고, 기억하며, 이후 정보를 다시 사용(예 : 퀴즈나 시험)해야 한다. 제한된 배경지식에서 야기된 낮은 수준의 읽기, 듣기, 노트 작성, 학습기술로 인해 학습장애학생은 읽기, 수업, 과제를 통해 그들이 필요한 정보를 획득하는 일이 벅차게 느껴지게 된다.

교사들은 이러한 문제가 있는 학생들을 돕고, 과학과 사회 같은 내용 영역에서의 성공적 학습을 위하여 내용 강화법을 사용할 수 있다. 내용 강화법(content enhancement)이란 학생들이 정보를 더 잘 조직화하고 이해하고 기억할 수 있도록 교사가 중요한 교과내용을 잘 구성하고 전달할 수 있게 하는 기법들에 대한 보편적인 명칭이다(Bulgren et al., 2007). 내용 강화법은 어떻게 내용의 개념과 아이디어들이 연관되는지를 명시적으로 보여준다. 그래픽 조직자와 시각적 연출, 주요 개념이 강조된 읽기자료를 제공함으로써 내용을 강화시킬 수 있다.

학생들이 HOMES(**H**uron, **O**ntario, **M**ichigan, **E**rie, **S**uperior, 5대호를 외우기 위한 전략)와 같은 기억증진 전략을 사용하도록 가르치는 것도 효과적인 내용 강화법이 될 수 있다(Lubin & Polloway, 2016). 내용 강화법은 학습장애학생들이 그래픽 조직가, 안내노트, 필기전략을 사용하도록 돕는다.

그래픽 구성   그래픽 구성은 그래픽을 이용해 연결된 내용이나 정보가 포함된 단어들을 시공간적으로 배열하는 것으로서 의미 있고 위계적이며, 비교가 쉽고, 순차적 관계를 이해하도록 도와준다(Ciullo et al., 2015; Ellis & Howard, 2007; Ives, 2007). 그래픽 구성은 어휘지도, 내용 영역의 개념학습, 읽기이해에 효과적으로 사용될 수 있는 교수자료이다. 예를 들어 이야기 지도 그리기(예 : 이야기 요소를 그래픽 구성으로 시각적 표현하기)는 학습장애학생들의 이해를 증진시키는 데 도움을 줄 수 있다(Alves et al., 2015; Boon et al., 2015).

컴퓨터 기반 그래픽 구성 역시 학습장애학생을 위한 좋은 전략이 될 수 있다. Ciullo와 Reutebuch(2013)에 의하면 컴퓨터 기반 그래픽 구성은 학습장애학생이 사회과목이나 쓰기표현 학습에 효과적이지만 그래픽 구성이 명시적 교수와 안내된 연습이 없다면 그렇게 효과적이지 않을 수도 있다. 그래픽 구성에 대한 적절한 예시는 온라인상에서 검색 가능하다. Teacher Vision, Learning Point Associates, North Central Regional Education Laboratory(NCREL), Education Oasis, Enchanted Learning 등은 모든 수준의 학습자와 분야별로 활용할 수 있는 그래픽 구성을 제공한다. 시각적 연출도 학습장애학생들에게 추상적 개념을 가르칠 때 유용하다. 예를 들어 그림 5.9에서의 시각적 지도는 대류라는 대개념이 많은 절차에 따라 유사한 방식으로 어떻게 이루어지는지를 이해시키는 데 도움이 된다.

안내노트   안내노트(guided note)는 수업 시 중요 사실, 개념 및 관계성을 학생이 작성하도록 안내하는 교사 제작 인쇄물이다(Konrad et al., 2011). 강의 안내노트의 변형인 **구조화된 읽기활동지**는 교사가 준비한 보충지로 학생으로 하여금 교재를 공부하고 이해하도록 도움으로써 요점을 찾아 쓸 수 있는 능력을 촉진시켜준다(Alber et al., 2002). 많은 연구에서는 초등학교에서부터 중등학교 이후에 이르기까지 강의 내용에 대한 기억 테스트에서 안내노트를 사용했을 때 더 좋은 결과를 보이는 것을 확인하였다(예 : Jimenez et al., 2014; Konrad et al., 2009; Kourea et al., 2019)(교수와 학습 '안내노트 : 일반교육과정에서 모든 학습자가 성공하도록 돕기' 참조).

노트작성 전략   중등학교 교사는 고등학교 이상에서도 성공하기 위한 중요 요소로 노트를 작성하는 능력을 고려해야 한다. 학생들에게 교과내용을 전달하기 위해 중학교와 고등학교에서는 전통적으로 강의를 사용하기 때문에 모든 학생이 내용학습을 하도록 지원하기 위한 노트작성을 강조한다(Morocco et

그림 5.9   대류라는 대개념을 어떻게 적응할 수 있는지 보여주는 시각적 지도

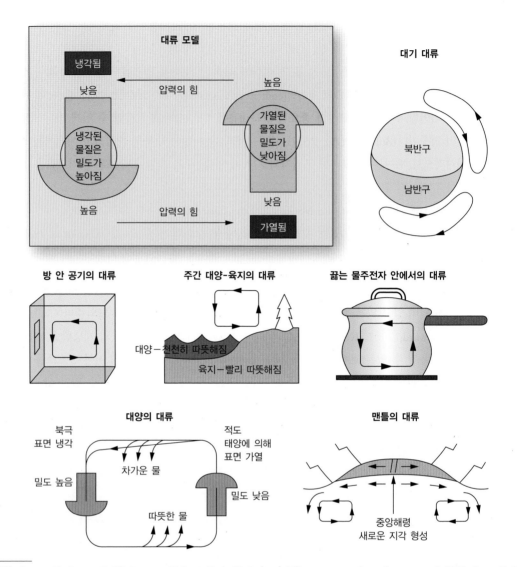

출처 : Grossen, B., Carnine, D. W., Romance, N. R., & Vitale, M. R. (2011). Effective strategies for teaching science. In M. D. Coyne, E. J. Kame'enui, & D. W. Carnine (Eds.), *Effective teaching strategies that accommodate diverse learners* (4th ed., p. 189). ⓒ 2011. 출판사의 허락하에 사용함.

al., 2006). 학생들은 정보를 구성하고 중요 내용에 초점을 맞추며 시험 준비를 할 때 공부해야 할 것을 자료 정리한다.

학습장애학생들의 듣기 · 언어 · 운동기술 결함 때문에 강의 중에 무엇이 중요하며, 정확하고, 빨리 기록하고 있는지를 확인하기가 어렵다. 노트에 한 개념을 선택하고 쓰는 동안에 노트작성 전략과 형식을 갖추지 못할 수 있다. 학습장애 중학생들은 과학과목 내용의 13%만 정확하게 기록하는 것으로 나타났다(Boyle, 2010).

전략적 노트작성법은 "이 주제에 관해 무엇을 알고 있나요?" 혹은 "새로운 단어나 용어를 적으세요." 와 같은 단서가 있는 노트를 만들어 학생들로 하여금 정보를 구성하여 새로운 지식을 이전의 지식과 조합시키도록 돕는 것을 말한다. 한 연구에서 전략적 노트작성법을 사용하도록 훈련받은 중학생들은 전통적 노트작성법을 사용한 학생들보다 완성도와 정확성, 즉각적인 회상, 강의내용 이해의 측정 점수가

높게 나타났다(Boyle, 2013).

비학문적 요구 다루기

학습장애학생을 정의하는 특성은 평균 또는 평균 이상의 지능에도 불구하고 낮은 학업성취 수준을 보이는 것이며, 따라서 이 장에서의 교육접근은 학문적 기술을 가르치는 데 주로 초점을 맞추고 있다. 그러나 많은 학습장애학생들은 사회적 기술의 결핍, 행동문제, 집중의 어려움 문제 또한 지니고 있다. IEP를 개발할 때 교육 팀은 이러한 비학문적 요구를 반드시 다루어야 한다. 사회적 기술과 행동문제를 다루기 위한 교육적 접근에 대하여 살펴보려면 제6장을, 집중력 문제 및 과잉행동과 관련된 교육접근에 대해서는 제11장을 참조하라.

대안적 교육 배치

학습목표 5.5 학습장애학생을 위한 전형적 배치와 지원을 비교 또는 대조할 수 있다.

일반학급

IDEA는 장애학생들이 비장애 또래들과 함께 교육을 받을 것, 핵심 교과과정을 최대한 제공할 것, 장애 정도가 아주 심할 경우에만 일반학급에서 배제하도록 규정하고 있다. 2018~2019학년도 사이 학습장애학생들의 72%가 적어도 학교 일과의 80%를 일반학급에서 교육받았다(U.S. Department of Education, 2020a).

통합학급에서의 학습장애학생의 학업성취에 대한 연구결과는 일치하지 않고 있다. 일부 연구들은 배제 프로그램보다 통합교실에서 학습장애아동의 성적이 더 나은 것으로 보고하고 있다(예 : Rea et al., 2002; Rojewski et al., 2015; Tremblay, 2013). Tremblay(2013)는 협력교수가 이루어지는 통합학급에 다니거나 교사가 1명인 특수학급에 다니는 학습장애학생 총 158명의 성취물을 비교하였다. 그 결과 통합학급에 다니는 학습장애학생이 읽기, 쓰기, 출석률에 있어 교사 1명만 있는 특수학급의 학습장애학생보다 더 우수했다. Rojewski 등(2015)의 연구에서도 학교 일과의 80% 이상을 일반학급에서 보낸 학습장애학생들이 그보다 적은 시간 동안 통합학급에서 보낸 학습장애학생들보다 중등 이후의 과정으로 더 많이 진학한 것으로 나타났다.

일반학급의 학습장애학생에 대한 또 다른 연구는 실망스러운 성취결과(예 : Schumm et al., 2000), 부적절한 교육에 대한 걱정(예 : Chard & Kame'enui, 2000), 학습장애학생의 학습요구에 대한 교사의 이해 부족(DeSimone & Parmar, 2006), 교사, 또래 또는 양쪽 모두의 낮은 수용도(예 : Cook, 2001) 등을 보고하고 있다. 학습장애학생들의 완전통합교육을 옹호하는 입장에서는 학습 도움실과 특수학급과 같은 배제 서비스는 학생들을 낙인찍히게 만들고, 또래와 관계를 형성할 기회를 제한시키며 자기개념에도 나쁜 영향을 준다고 주장한다(예 : Hornby, 2015).

교사들은 빈번하고 특정한 피드백(예 : 반응카드, 동시에 응답하

학습장애학생들이 일반학급에서 성공하기 위해서는 증거기반 교육과정과 교수가 필요하다.

기, 협동학습 그룹)을 활용하여 적극적인 학습자 반응을 할 수 있는 기회를 증가시키는 증거기반 전체 수업을 이용하여 통합학급에 있는 학습장애학생들이 학습에 성공할 수 있도록 도와줄 수 있다. 개별적 인 학습 요구사항을 토대로 학습자료와 교육과정을 수정함으로써 반 전체 활동을 보완할 수 있다. 학습 자료와 과제의 수정법에는 과제 지시 단순화하기, 할당된 과제의 양 조정하기, 과제의 수준 조정하기, 관련 정보 주지시키기 등이 있다(Alber-Morgan et al., 2019).

몇몇 지역에서는 자문교사가 학습장애학생을 담당하는 일반교사 및 학교 직원을 대상으로 지원을 제 공하기도 한다. 자문교사는 일반교사가 평가도구, 수업자료와 활동을 선택하는 것을 돕기도 하며, 때로 는 교수방법이나 행동관리 전략을 알려주기도 한다. 이러한 방법은 자문교사가 몇몇의 교사들과 함께 작업할 수 있고, 또한 간접적으로 많은 아동들에게 서비스를 제공해줄 수 있는 이점이 있는 반면 대부 분의 자문교사가 학생들과 직접적인 교류는 없다는 것이 단점이 될 수 있다.

학습 도움실

학습 도움실은 학습장애학생들이 학교에 있는 동안에 개별 수업을 받기 위해 일정 시간 찾아오는 전문 교사와 장비가 갖춰진 교실이다. 학습 도움실 교사는 한 번에 담당해야 하는 학생의 수가 일반적으로 10~12명을 넘지 않지만, 평균 20명의 학습장애학생을 담당하고 있다. 2018~2019학년도 학습장애학생 의 21%는 하루 일과 중 20~60%를 학습 도움실에서 도움을 받고 있다(U.S. Department of Education, 2020a). 학습 도움실 교사는 자격증이 있는 특수교사로 주요 역할은 의뢰된 학생들에게 필요한 학업기 술, 사회기술 및 학습전략을 가르치는 일이다.

전형적으로 학생들은 일반학급에서 대부분의 수업을 받으며, 도움이 가장 필요한 학습 및 사회기술 을 일정 기간 전문수업을 받을 때만 학습 도움실에 가게 된다. 또한 학습장애학생을 가르치는 것과 더 불어 학습 도움실 교사는 일반학급에서 각 학생의 프로그램 계획을 돕기 위하여 각 학생의 담임교사와 함께 밀접하게 보조를 맞춰야 한다.

학습 도움실 모델의 주요 장점으로는 (1) 학생들이 일반학급 또래집단과의 자기정체성을 잃지 않고, (2) 일반교사가 제공할 수 없는 집중적이고 개별화된 수업을 매일 받을 수 있으며, (3) 융통성 있는 수 업계획을 통해 꽤 많은 학생들이 학습 도움실을 이용할 수 있다는 점이다. 학습 도움실의 단점으로는 (1) 학생들이 교실을 이동하는 데 시간이 걸리며, (2) 장소에 따라 교수접근이 일관성이 없을 수 있으며, (3) 학생들이 일반학급에 없는 동안 놓쳐버린 부분에 대해서 어떻게 책임을 져야 하는지에 대한 결정을 내리기가 쉽지 않다는 점이다.

분리학급

2018~2019학년도 동안 학습장애학생의 4.7%가 하루 일과의 60% 이상을 분리학급에서 수업을 받았다 (U.S. Department of Education, 2020a). 분리학급의 학습장애학생 담당교사는 8~12명의 모든 교육프 로그램을 책임진다. 일부 학습장애아동은 학업성적이 너무 부진하기 때문에 특별하게 훈련받은 교사를 학습장면에 배치할 필요가 있다. 또한 일부 학습장애학생들은 나쁜 공부습관과 부적절한 사회행동 때 문에 분리학급 대상이 될 수 있는데, 분리학급에서는 주의분산이 최소화될 수 있고 개별적 관심을 집중 시킬 수 있다. 제2장에서 언급한 바 있지만 IEP 팀은 이 학생을 분리학급(또는 다른 교육환경)에 영구적 으로 배치해야 한다고 생각해서는 안 된다. 어떤 학생에게 덜 제한적인 환경에서 적법한 지원을 제공하 였는데도 성공을 거두지 못할 경우에만 분리학급에 배치해야 한다.

우수교사로부터의 조언

by Amaris Johnson

학생의 성공을 최우선으로 하라

Amaris Johnson

- **학생을 최우선사항으로 하라.** 가르친다는 것은 단순히 수학, 읽기, 과학 수업을 진행하는 것만은 아니다. 교사는 상담자, 멘토, 옹호자가 되어야 한다. 시간에 쫓기고 당신의 기대에 못 미친다 할지라도 담당 학생의 성공이 당신이 하고 있는 모든 일 중에서 가장 최우선되어야 한다.
- **분명한 일과를 만들어주라.** 학생들은 과제의 구조, 하루 일과, 수행의 결과를 명확히 알려주는 교사가 필요하다. 학생이 교실에 들어왔을 때 그들이 보고, 듣고, 하게 되는 첫 번째 일이 무엇인가? 어떻게 책가방을 걸고, 책을 어디에 두고, 어떻게 주의집중을 하는가? 분명한 일과는 학생들이 무엇을 해야 하는지를 알 수 있도록 해주며, 독립적으로 과제를 수행할 수 있도록 해준다.
- **학생이 주도적으로 목표를 세우게 하라.** 학생의 진보는 교사의 책임이지만 그들에게 좀 더 많은 주도권을 부여함으로써 좀 더 효율적으로 성공을 경험할 수 있다. 학생과 함께 진보 모니터링 자료를 공유하라. 이를 통해 자신의 강점과 요구사항에 대한 자기인식을 높이고, 야심찬 목표도 설정하며, 목표에 도달하기 위해 필요한 진보를 스스로 모니터링할 수 있다. 나는 학생들이 자신의 학습에 대한 주도권을 가질 때 목표를 더 잘 성취하고 자부심을 느끼는 것을 발견한다.

가족과 효과적으로 의사소통하라

- **가족의 이야기를 들어라.** 문화적 · 언어적으로 다양한 가족들과 함께 협력할 때 그들의 관심에 귀를 기울이는 것은 매우 중요하다. 가끔씩 나는 아동에게 가장 최선인 것은 무엇인지를 나 스스로가 잘 알고 있다고 믿는다. 하지만 가족의 경험과 가치를 알게 되고 나면 가족의 입장과 나의 전문성을 더 잘 융합할 수 있다.
- **개방형 질문을 하라.** 당신이 자신의 자녀의 흥미에 따라 진심으로 일하고 있으며, 가족의 관심사에 대한 정보를 모으는 작업이 중요하다는 것을 부모는 알 필요가 있다. 개방형 질문을 하고 가족에게 부닥친 문제를 충분히 이해할 때만 조언을 제공하라.
- **현실적인 예시를 통한 학습목표를 제시하라.** 학생의 목표를 이야기할 때 현실 상황에 적절하게 대화해야 한다. 예를 들어 자릿값의 중요성에 대하여 설명할 때 나는 쇼핑할 때 돈을 사용하는 것과 연관짓는다. 10진수로 달러(1, 10, 100단위)와 센트(100분의 1)를 구분하는 방법을 부모들에게 상기시키는 것은 자릿값이라는 목표가 그들의 아이에게 얼마나 사회적으로 관련이 있는지 이해시키는 데 도움이 된다.
- **부모와 대화하기 위하여 다양한 형태를 활용하라.** 부모와 대화할 때 스마트폰, 페이스타임, 문자, 이메일, 또는 가정방문 등의 방법을 사용한다. 또한 부모에게 자녀의 행동과 수행에 대한 정보를 제공하기 위하여 ClassDojo(www.classdojo.com)를 사용하며, 또한 학급 활동에 대한 사진이나 비디오를 활용한다.

팀 플레이어가 되어라

- **선호하는 것과 양보할 수 없는 것에 대하여 의논하라.** 학기가 시작되기 전 의견을 일치시키기 위하여 동료교사를 만나라. 당신이 선호하는 것과 절대 양보할 수 없는 것들에 대하여 솔직하게 이야기하라. 상호 이득인 방법으로 생각들을 주고받음으로써 궁극적으로 학생에게 이익이 될 수 있도록 하라.
- **각자의 이야기를 들어주라.** 2명의 동료교사는 학급에 대한 결정권을 동등하게 가지고 있다고 느껴야 한다. 따라서 상호 이야기를 들어주고 존중하는 자세로 자신을 표현하는 것은 매우 중요하다. 동료교사와 함께 선호하는 것과 관심 있는 사항에 대하여 효과적으로 대화하는 것이 전형적인 팀워크라 할 수 있다.
- **성공적으로 팀 협력을 수행한 교사들을 관찰하라.** 동료교사와의 활발한 협의를 이끄는 한 가지 활동은 개인적 또는 온라인 자료를 통하여 현재 성공적으로 협력 활동을 하고 있는 교사들을 살펴보는 것이다. 이를 통해 당신과 당신의 파트너는 미처 고려하지 못했던 사항이나 학급 내에서의 실행 가능성 여부를 의논하는 기회를 얻을 수 있다.

핵심용어와 개념

공존장애	알파벳 원리	준거참조검사
교육과정 중심 측정(CBM)	음소 인식	중재반응(RTI)
구체적-표상적-추상적 순서	음운 인식	총괄평가
난독증	이중 불일치 기준	특정 학습장애
안내노트	정밀교수	형성평가

요약

정의

- IDEA에서 정의하는 **특정 학습장애**는 구어나 문어를 이해하고 사용하는 것과 관련된 한 가지 이상의 기본 심리과정상의 장애로 이 장애는 듣기, 생각하기, 말하기, 읽기, 쓰기, 철자 혹은 수학계산 등에서 결함을 보일 수 있다. 또한 감각, 운동 또는 지적장애 및 정서장애, 환경과 경제적 결핍의 결과로는 나타나지 않는다.
- 이 정의를 적용할 때 대부분의 주에서는 다음의 세 가지 기준을 요구한다. (1) 학생의 지적능력과 학업성취도 간의 심각한 불일치, (2) 학생의 어려움이 학습문제를 야기할 수 있는 또 다른 조건의 결과가 아니어야 하며, (3) 성공적인 학교생활을 위해 특수교육 서비스를 필요로 해야 한다.

특성

- 읽기에서의 어려움은 학습장애학생이 보이는 가장 흔한 특성이다. 학습장애로 판별된 학생의 90%가 읽기에서의 문제로 인하여 특수교육 서비스를 의뢰한다.
- 많은 학습장애학생들은 다음의 특성을 하나 이상 보인다. 문어의 결핍, 수학 저성취, 낮은 사회적 기술, 주의력결핍과 과잉행동, 행동문제, 낮은 자존감 또는 자기효능감이다.
- 학습장애학생이 보이는 근본적이며 가장 분명한 특성은 적절한 지능을 가지고 있음에도 성취도에 있어서 심각한 결핍을 보이는 것이다.
- 학문과 사회적 기술의 결핍뿐만 아니라 학습장애학생들은 교사들이 반드시 확인하고 강화해주어야만 하는 긍정적 귀인과 흥미를 가지고 있다.

출현율

- 학습장애는 특수교육에서 가장 큰 장애범주이다. 특수교육을 제공받는 학령기 학생의 34% 이상이 학습장애이다.
- 여학생에 비하여 남학생이 3배 정도 더 많이 학습장애로 판별된다.
- 학습장애의 출현율이 높은 이유에 대하여 몇몇의 교육자들은 저성취 아동이 과잉 판별되고 잘못 진단되기 때문으로 여긴다.

원인

- 학습장애의 원인이 실제로 잘 알려져 있지 않지만 뇌손상, 유전, 그리고 환경적 요인이 가능성으로 제안된다.
- 읽기와 언어장애를 지닌 몇몇 개인들의 뇌의 특정 부위는 음운론적 처리를 필요로 하는 과제수행 시 특이한 활성화 패턴을 보이기도 한다.
- 한 가족의 가계도에서의 난독증은 유전학을 통해 설명될 수 있다. 많은 연구들은 아동의 읽기문제를 야기하는 음운결함의 유전적 전달을 살펴보기 위하여 염색체를 추적하고 있다.
- 환경적 요인, 특히 초기 아동기의 빈곤한 생활환경과 교육을 제대로 받지 못한 요인들은 많은 학습장애학생들의 성취도 결핍의 원인이 될 수 있다.

판별과 사정

- 학습장애학생에게는 다음의 네 가지 주요 사정 형태가 활용된다.
  - 규준참조검사는 동일한 시험에서 개인의 점수와 동료의 점수를 비교하는 것이다.
  - 준거참조검사는 미리 정해진 개인의 성취수준과 비교하는 것으로 아동이 학습한 특정 기술과 수업에서 요구되는 기술을 확인하는 데 유용하다.

- 교육과정 중심 측정(CBM)은 학생이 참여하는 실제 교육과 정에서 학생의 진보를 측정하는 형성평가의 한 방법이다.
- 직접 매일 측정은 특정 기술을 학습할 때마다 학생의 수행을 평가한다.
- 중재반응(RTI)에서는 학습의 어려움이 충분하지 못한 교수의 문제인지 특수교육이 요구되는 장애 때문인지를 결정하기 위하여 집중적이면서도 과학적으로 타당한 수업에 대한 저성취 학생의 반응을 평가한다. 과학적으로 타당한 수업에 대한 아동의 반응 실패는 그들의 낮은 학문적 성장의 원인이 교수의 질이 아닌 장애임을 보여준다. 중재반응의 집중적 교육에 적절하게 반응하는 아동들은 예방적 측면에서 많은 이득을 얻는다.

교육접근

- 학습장애학생들은 소집단 또는 일대일 수업, 매우 중요한 학업적 도구기술에 초점이 맞추어진 명시적 교수, 학습 동기를 유발하는 자료와 활동에 참여하는 정도, 빈번한 연습, 체계적 피드백 등의 집중적이면서 빈번한 개별화된 중재가 필요하다.
- 연구들에서는 학생의 학습양식과 수업을 일치시키도록 권장하지 않으며, 또한 인지적 집중을 요구하는 수업의 사용을 지지하지 않는다(예 : '두뇌체조' 연습, 집중력 훈련).
- 전략적 수업에서는 학생들에게 학습전략을 가르쳐줌으로써 스스로 특정 과제나 일반적 문제를 성공적으로 해결할 수 있도록 안내할 수 있다.

- 읽기이해를 위한 증거기반 연습에는 질문에 답하기, 이해도 점검을 위해 스스로 질문하기, 그래픽 구성 완성하기, 글의 구조 조사하기, 요약하기 등이 포함된다.
- 자기조절 전략의 개발은 학습장애학생들이 글을 쓸 때 계획하기, 조직하기, 초안 완성하기와 같은 쓰기기술을 가르치기 위한 효과적인 중재이다.
- 학습장애 초등학생과 중학생은 구체적–표상적–추상적 순서로 진행되는 수학 수업에서 이점을 얻을 수 있다.
- 그래픽 구성과 시각적 제시, 노트작성 전략, 기억증진법과 같은 내용 강화법은 교육과정 내용의 조직과 전달을 수정함으로써 학생들이 좀 더 잘 접근하고, 상호작용하며, 이해하고 정보를 오래 기억하도록 한다.

대안적 교육 배치

- 학습장애학생의 약 3분의 2는 일반교육 학급에서 수업을 받는다.
- 어떤 학교에서는 자문교사가 학습장애학생이 있는 일반학급 교사에게 도움을 제공한다.
- 학습 도움실에서 특수교사는 학습자가 도움이 가장 많이 필요한 학업 또는 사회기술 영역에서 한 번 이상의 집중적이며 개별화된 교수를 제공한다.
- 학습장애를 연구하고 옹호하는 많은 사람들은 완전통합이 연속적인 서비스 전달이 되지 않기 때문에 이를 지지하지 않는다.
- 학생이 수업을 받는 장소는 그들이 제공받는 수업의 질보다 중요하지는 않다.

CHAPTER 6

정서행동장애

ChameleonsEye/Shutterstock

주요 학습목표

6.1 정서행동장애의 정의를 비교하여 설명할 수 있다.

6.2 정서행동장애의 특징과 원인을 설명할 수 있다.

6.3 정서행동장애의 출현율과 진단평가 방법을 설명할 수 있다.

6.4 정서행동장애학생들을 교육하기 위한 과학적 증거에 기반한 전략을 설명할 수 있다.

6.5 정서행동장애학생을 위한 다양한 교육 배치와 지원을 비교하여 설명할 수 있다.

학력, 자격증, 경력

- 웨버주립대학교 초등교육
  과 특수교육학 학사(2009)
- 일반교육 1~8학년과 특수
  교육 유치원~12학년(경도
  와 중등도장애학생) 전문
  2급 교사
- 정서행동장애학생 교육경
  력 9년
- 3~6학년 특수교육 학습
  센터 지역사회 코치 5년
- 학교차원의 사회성 기술
  강사
- 신입 특수교사를 위한 멘
  토교사

우수교사 사례

Michelle Nielson-Pugmire

Vae View Elementary, Davis County School District, Farmington, UT

매일 좋아하는 일을 할 수 있어서 나는 행복하다. 나는 학업성취가 낮은 학생들이 주정부의 학습주요기준을 성취하도록 Title 1 초등학교의 2개 특수학급 중 한 학급을 가르친다. 학습의 모든 주요기준을 가르칠 뿐만 아니라 학업기술과 사회성 기술의 격차를 해소하기 위해 노력한다. 학생들은 정서행동장애, 학습장애, 자폐성 장애 및 기타 건강장애 중 하나 이상의 장애에 대한 서비스를 받고 있다. 학급에서는 적대적 반항, 분노조절 문제, 관심추구 행동, 회피행동 등 다양한 문제행동이 일어난다. 학생들의 학업기술은 유치원 수준에서 7학년 수준까지 다양하다. 어떤 학생들은 하루 종일 학급에 남아 있고, 어떤 학생들은 비장애 또래들과 일반학급의 수업에 참여한다. 나의 최우선 목표는 모든 학생이 일반교육에서 성공하는 것이다.

우리 학급의 교훈은 "선택은 자유지만 선택의 결과는 책임져야 한다."이다. 학생들의 긍정적인 행동과 부정적인 행동 모두를 하루 종일 기록하고, 그 기록에 따라 학생들은 특권을 얻기도 하고 빼앗기기도 한다. 나는 학생들에게 행동 및 학업에 대한 기대가 높다.

나는 학급에서 토큰경제를 사용하는데, 학생들은 적절한 행동을 하거나, 이전에 배운 기술을 일반화하거나, 행동목표와 학업목표를 달성하면 토큰을 얻을 수 있다. 학생들은 획득한 토큰으로 숙제면제, 과제 면제, 교사 의자에 앉아 있기, 아이패드 사용하기, 10분 동안 교사가 되어 가르치기, 교사가 허락하는 범위 내에서 장난치기, 보물상자에서 선물 뽑기, 추가 시간 동안 휴식하기 등과 같은 항목들을 구매한다. 나는 학생들의 관심을 고려하여 토큰으로 교환해 갈 수 있는 강화물의 메뉴를 자주 바꾼다. 가끔은 학생들이 예상하지 못하는 시간에 경매를 하거나 회전판을 돌리거나 주사위를 굴려서 학생들에게 동기를 부여한다.

나는 학급관리와 학부모와의 의사소통을 위해서 일일 계획표를 포함한 알림장을 사용한다. 하루 일과를 마칠 때 학생들은 참여한 교과목, 과제 및 자신의 행동에 대한 자기평정 점수를 일일 계획표에 기록한다. 각 학생의 자기평정의 정확도에 대해 이야기를 나누며 확인을 하고, 알림장에 나의 의견을 쓰고 서명을 한 후에 부모에게 보낸다. 학생들은 자신의 알림장을 집에 가져가서 부모의 서명을 받고 다음날에 가져온다. 부모는 의문 사항, 관심 사항 및 부탁 사항을 기록할 수 있다.

나는 내 학생들이 독창적이라는 것을 사랑하며, 그들이 생각하는 방식을 이해하는 것은 매일 나에게 주어진 도전이다. 우리 학급은 매우 다양하지만 우리는 서로의 다름을 수용한다. 학생들은 자신이 어떤 이유로 이 학급에 있는지와 우리 모두가 장점과 약점을 가지고 있다는 것을 이해하고 있다. 우리 학급은 실수가 용납되고(우리는 실수로부터 배우기 때문에), 구성원 각자가 솔직하게 자기 자신이 될 수 있으며, 자신의 장점을 가지고 다른 사람들을 돕고, 자신의 단점을 향상시킬 수 있는 안전한 장소이다. 나는 학생들에 대해 높은 기대를 하고 있으며, 학생들은 자주 내 기대 수준을 뛰어넘는다. 내 학생들은 정말 놀라운 존재이며, 학생들이 나한테 배우는 것만큼 나도 학생들에게 배운다.

아동기는 가장 행복한 시기여야 한다. 이 시기에 대부분의 아동들은 놀고, 친구를 사귀며 공부를 한다. 그러나 어떤 아동들의 삶은 계속 혼란스럽다. 어떤 아동들은 남을 때려서 처참한 결과를 초래하기도 하며, 또 어떤 아동들은 너무 부끄러워하고 위축되어 자신의 세계에 빠져 있는 것처럼 보이기도 한다. 어느 경우든 이런 아동들은 다른 아동과 놀고 친구를 사귀거나 배워야 할 것을 배우기가 어렵다. 이들이 바로 정서행동장애아동들이다.

학급 또래들과 교사는 정서행동장애아동을 좋아하지 않는다. 심지어 형제자매와 부모도 이들을 거부한다. 행동장애아동은 함께 있기가 어렵고, 다른 아동이 자기와 친구가 되려고 시도할 때(대부분 소년의 경우)도 거부하거나 욕설을 퍼붓거나 심지어 신체 공격을 가하기도 한다. 대부분의 정서행동장애아동들은 겉으로는 심신이 건강해 보이지만, 그들의 부적절한 행동이나 위축행동은 지적장애, 학습장애, 감각장애 및 지체장애만큼 학습에 심각한 지장을 준다.

정의

학습목표 6.1 정서행동장애의 정의를 비교하여 설명할 수 있다.

정서행동장애에 대한 명확하고 널리 수용되는 정의가 부족한 이유는 다음과 같다. 첫째, 행동장애란 일종의 사회적으로 구성된 개념이며, 건전한 정신건강의 구성요소에 대한 명확한 합의점이 없다. 모든 아동은 때때로 부적절하게 행동한다. 그렇다면 얼마나 자주, 얼마나 심하게, 얼마나 오랫동안 특별한 행동을 해야 행동장애가 있다고 간주할 수 있는가? 둘째, 정서장애에 대한 다양한 이론은 제각기 다른 개념과 용어를 사용하고 있으므로 정의 간 일관성이 없다. 셋째, 인종 및 문화 집단에 따라 적절한 행동에 대한 기대수준과 규준이 상당히 다르다. 마지막으로 정서행동장애는 다른 장애와 동반되어 나타나기도 하는데, 어떤 장애가 다른 장애의 원인인지 혹은 결과인지를 알기 어렵다.

지금까지 정서행동장애에 대한 정의가 많이 제안되어 왔는데, 그중에 미국 장애인교육법(IDEA)의 연방 정의와 행동장애아동협의회(CCBD)에서 제안한 정의가 특수교육에 가장 큰 영향을 미치고 있다.

연방 정의

정서장애(emotional disturbance)는 특수교육 서비스를 받을 수 있는 IDEA의 장애 범주 중의 하나이다. IDEA는 정서장애를 다음과 같이 정의하고 있다.

1. 교육수행에 불리한 영향을 미칠 정도로 오랫동안 심하게 다음 특성 중 한 가지 이상을 보인다.
   ① 지적·감각적 및 건강요인으로 설명할 수 없는 학습의 어려움
   ② 또래 및 교사와 만족스러운 대인관계 형성 혹은 유지의 어려움
   ③ 정상적인 상황에서 부적절한 행동이나 감정
   ④ 일반적으로 만연된 불행감 혹은 우울
   ⑤ 개인 또는 학교문제와 관련된 신체 증상이나 공포를 나타내는 경향

2. 정서장애는 조현병을 포함한다. 그러나 이 용어는 1항에 제시한 정서장애가 있다고 판정되지 않는 한 사회 부적응 아동에게는 적용되지 않는다(PL 108-446, 20 CFR §300.8[c][4]).

언뜻 보기에는 이 정의가 복잡하지 않은 것처럼 보인다. 그러나 이 정의의 기준을 만족시키기 위해서

는 만성('오랫동안'), 심도('심하게'), 학교생활의 어려움('교육수행에 불리한 영향을 미침') 등 세 가지 조건을 충족해야 하고, 정서장애에 해당하는 다섯 가지 유형을 제시하고 있다. 그러나 사실상 이 정의는 매우 애매모호하다. 즉, 만족스러운과 부적절한 등과 같은 용어들은 실제로 무엇을 의미하고 있는가? 학생행동에 대한 교사 간 인내심의 차이(An et al., 2019; Maag, 2016), 학생행동에 대한 교사와 부모 간의 기대 차이(Olson et al., 2018), 인종과 문화 집단에 따른 기대되는 학생행동의 차이(Walker & Gresham, 2014) 때문에 정서행동장애학생들을 의뢰하고 판별하는 일은 어렵고도 주관적인 과정일 수 있다.

어떤 행동문제가 '사회부적응'이고, 또 어떤 행동문제가 '정서장애'인지를 어떻게 판정할 수 있는가? 이런 행동 때문에 학교에서 큰 어려움을 겪고 있는 많은 아동들은 IDEA의 특수교육 대상에 포함되지 않고 있다. 왜냐하면 이러한 문제가 단순한 품행문제 또는 훈육문제라고 간주되기 때문이다(Sadeh & Sullivan, 2017). 연방 정의는 약 60여 년 전 LA 카운티 학교에서 수행한 Eli Bower(1960)의 한 연구에 기초하고 있다. Bower 자신은 결코 정서장애와 사회부적응을 구분하려고 하지 않았다. 그는 이 정의에 나오는 다섯 가지 특성(①~⑤ 항목 참조)이 사실상 사회부적응의 지표라고 주장하였다(Bower, 1982).

심한 사회부적응 아동 중에 연방 정의에 포함되어 있는 다섯 가지 특성 중 한 가지도 나타내지 않는 아동은 아마 없을 것이다. 그러나 연방 정의는 사회부적응 아동들을 포함 기준에서 배제시키고 있다. 연방 정의는 이러한 부적격성에 대한 비논리적인 기준, 최근 연구에서 지지를 받지 못하고 있는 추상적인 다섯 가지 특성, 학교로 하여금 행동문제가 있는 아동들을 교육할 수 없도록 만든 조항 등 때문에 비판을 받고 있다(Forness & Kavale, 2000; O'Neill, 2006).

행동장애아동협의회의 정의

연방 정의가 지니고 있는 많은 문제점을 해결하기 위해 행동장애아동협의회(CCBD)는 정서행동장애라는 용어를 사용하여 새로운 정의를 내놓았다. 나중에 30개의 교육, 정신건강 및 아동보호기관으로 구성된 국립정신건강 및 특수교육연합회(NMHSEC)가 CCBD의 정의를 채택하였고, 그 후 IDEA의 정의를 대치할 목적으로 미 의회에 제출되었다. **정서행동장애**(emotional or behavioral disorder)에 대한 CCBD의 정의는 다음과 같다.

1. '정서행동장애'는 학교에서의 행동 및 정서적 반응이 연령, 문화, 인종적 규준과 매우 다르고 적절하지 않아서 학업적 · 사회적 · 직업적 · 개인적 기술을 포함하는 교육적 수행에 불리한 영향을 주는 장애이다. 이 장애는 환경에서의 스트레스 사건에 대한 반응이 일시적이고 예측 가능한 정도가 아닌 이상반응을 보이고, 이러한 특성이 학교 관련 환경을 포함한 2개의 다른 상황에서 지속적으로 나타나며, 일반교육에서의 직접중재에 반응을 보이지 않거나 아동의 상태를 고려할 때 일반교육중재만으로는 충분하지 않다.
2. 정서행동장애는 다른 장애와 함께 공존할 수 있다.
3. 조현병, 정동장애, 불안장애, 기타 품행장애나 적응장애가 1번 항목에서 기술된 것처럼 교육적 수행에 불리한 영향을 미친다면 이러한 장애를 가지고 있는 아동과 청소년도 정서행동장애 범주에 포함된다(p. 6).

CCBD(2000)에 따르면 이 정의의 장점은 정서행동장애에 대한 교육 차원들을 명료화시켰으며, 학교에서의 아동행동에 초점을 맞추었고, 연령, 인종 및 문화적으로 적절한 규준이라는 맥락에서 행동을 설명하고 있으며, 조기 판별 및 중재가 이루어질 수 있는 가능성을 증가시킨 것이다. 이 정의에서 가장 중요한 것은 "사회 부적응과 정서적 부적응을 구분하려는 의미 없는 시도를 하지 않는다. 왜냐하면 심각한 문제가 이미 존재하고 있다는 것이 분명한데, 사회적 부적응인지 정서적 부적응인지를 구분하기 위해 진단 자원을 낭비할 필요가 없기 때문이다."(p. 7).

특성

학습목표 6.2 정서행동장애의 특징과 원인을 설명할 수 있다.

정서행동장애아동들은 일반적으로 외현화와 내면화의 두 차원에서 자신의 문화규준이나 또래집단의 규준에서 유의미하게 벗어나는 행동 특징을 나타낸다. 이런 두 유형의 이상행동들은 학업성취와 사회적 관계에 부정적인 영향을 미친다.

외현화 행동

정서행동장애의 가장 일반적인 행동 유형은 **외현화 행동**(externalizing behavior)이다. 외현화 행동문제가 있는 아동들은 교실에서 자주 자리이탈을 하고, 고함을 지르며 큰 소리로 얘기하고, 욕설을 하며 또래를 괴롭히고 때리며 싸우고, 교사를 무시하고, 과도하게 불평을 하며 논쟁을 하고, 절도와 거짓말과 기물파괴를 하고, 성질을 부리며 불순응한다(Walker, 1997; Walker & Gresham, 2014).

Rhode 외(2020)는 불순응 중심으로 다른 과잉행동들이 파생된다고 주장하며 "불순응이란 적절한 시간 내에 지시를 따르지 않는 것으로 정의한다. 자신에게 부여된 요구나 과제를 회피하기 위해 논쟁, 울화, 싸움 또는 규칙 위반 등을 한다."(p. 10). 이러한 행동이 지속될 경우 교사들은 골머리를 앓게 된다. "이런 아동들은 교사생활을 불행하게 만들고 외현화 행동을 나타내는 아동 혼자서 수업을 망치기도 한다."(Rhode et al., 2020, p. 9).

비장애아동들도 가끔 큰 소리로 고함치고, 남을 때리며, 부모와 교사의 요구를 거부하기도 하지만 정서행동장애아동들은 그런 행동을 매우 자주 나타낸다. 또한 정서행동장애아동이 보이는 반사회적 행동은 화를 낼 이유가 없는 상황에서도 발생한다. 정서행동장애아동의 공격행동은 성인이나 다른 아동들에 대한 언어 폭력, 기물파괴, 신체 공격 등 여러 형태로 나타난다. 이런 아동들은 주변 사람들과 지속적으로 갈등을 겪게 되고, 공격행위로 인해 다른 사람들을 힘들게 만드는 경우가 자주 발생한다. 이런 아동들은 다른 사람의 호감을 얻기가 힘들기 때문에 좋은 대인관계를 형성하기도 어렵다.

많은 사람들은 일탈행동을 보이는 아동들 대부분이 성장하면 정상적인 성인과 같은 기능을 할 것으로 믿는다. 이러한 긍정적인 기대는 위축, 두려움, 언어장애와 같은 문제들을 보이는 많은 아동들에게는 해당되지만(Rutter, 1976), 공격적이고 강압적이며 반사회적이고 비행과 같은 행동을 일관되게 보이는 아동들의 경우에는 해당되지 않는다(예 : Espelage et al., 2018; McCoy et al., 2018). 어린 나이에 발생하는 반사회적 행동은 청소년기 비행을 예측할 수 있는 가

불순응은 가장 흔한 외현화 행동문제이다.

장 확실한 예견자이다. 공격행동을 보이는 아동이 성장하여 청소년이 되면 퇴학, 구속, 약물 및 알코올 남용의 가능성이 크며 성인으로서의 삶이 황폐해진다(Mitchell et al., 2019).

내면화 행동

어떤 정서행동장애아동들은 공격성을 보이는 것이 아니라 다른 사람들과 사회적 상호작용이 거의 없는 **내면화 행동**(internalizing behavior)을 보인다. 이렇게 지속적으로 미숙하거나 위축되게 행동하는 아동은 반사회적 아동처럼 다른 사람에게 위협적이지는 않지만 자신의 발달에 심각한 장애를 초래한다. 이러한 아동들은 좀처럼 또래와 어울리지 못하고, 친구를 사귀어 노는 사회성 기술이 부족하며, 백일몽과 환상에 자주 빠진다. 일부 아동은 이유 없이 사물을 두려워하고 자주 아프다고 호소하거나 우울에 빠지기도 한다(Dart et al., 2019). 이러한 행동특성 때문에 학습활동에 참여하기가 힘들고 전형적인 학교수업이나 여가활동을 즐기지 못한다. 학령기에 가장 흔하게 나타나는 내면화장애의 유형을 표 6.1에 제시하였다.

내면화 행동을 보이는 아동들은 외현화 행동을 보이는 아동들보다 학급 교사들을 덜 방해하므로 판별되지 않을 위험이 있다(Splett et al., 2019). 그러나 경도나 중등도 정도의 위축 및 미숙을 나타내는 아동을 가르칠 유능한 교사나 아동의 발달에 책임이 있는 전문가가 있다면 다행스러운 일이다. 아동이 배워야 할 사회성 기술과 자기결정기술들에 대해 신중하게 목표를 설정하고, 체계적으로 그 행동을 지도하고 강화하면 성공을 거둘 수 있다(예 : Zirkus & Morgan, 2020).

그러나 내면화 행동이 특징인 정서장애아동들의 문제가 가볍고 일시적이라고 믿는 것은 큰 잘못이다. 이러한 아동들이 경험하는 심한 불안장애와 기분장애는 교육수행 전반에 문제를 야기할 뿐만 아니라 이들의 생존을 위협하기도 한다. 실제로 심한 정서장애아동들을 판별하여 효과적인 치료를 하지 않으면 자해, 물질남용, 식사 거부, 자살시도 등으로 죽음에 이를 수도 있다(Adrian et al., 2019; Spirito & Overholser, 2003).

학업성취

대부분 정서행동장애학생들의 학업수준은 자기 학년보다 1년 이상 저하되어 있다. 정서행동장애학생들의 학업성취에 대한 연구들은 다음과 같은 결과를 보고한다(Mitchell et al., 2019; Popham et al., 2019; Siperstein et al., 2011).

- 3분의 2는 자기 학년 수준의 정규 시험을 통과하지 못한다.
- 다른 장애학생 집단보다 D나 F학점이 더 많다.
- 학년이 오를수록 성적은 더 떨어진다.
- 결석률이 가장 높은 집단이다.
- 전체 장애학생의 50%, 전체 일반 학생의 76%가 고등학교를 졸업하거나 동등 자격을 취득하는 반면에, 정서행동장애학생은 3분의 1만이 고등학교를 졸업하거나 동등 자격을 취득한다.

행동문제와 성적 부진은 높은 상관관계가 있다(Kremer et al., 2016; Savage et al., 2017). 아동이 보이는 파괴행동과 반항행동은 수업을 방해하고, 학습활동에 참여하지 못하며 과제를 완수하지 못하게 한다. 이렇게 교육과정에 참여하지 못하는 정서행동장애학생들은 학습에 실패할 수밖에 없다. 또한 정서행동장애학생의 학습기술 결함을 알아채지 못하거나 그 결함을 적절히 다룰 수 없는 교사로부터 비효과적인 수업을 받는다면 문제는 더욱 악화된다. 그 학생은 좌절하게 되며, 성적을 점점 더 떨어뜨리게

표 6.1 아동의 불안, 기분 및 기타 정서장애의 유형

장애유형	특성 및 증상	임상소견 및 중재
불안장애	과도하고 비합리적인 두려움과 걱정으로 인한 부적응적 감정상태 및 행동	
범불안장애	지나치고 비현실적인 걱정, 두려움 및 긴장이 6개월 이상 지속, 만성 불안과 함께 좌불안석, 피로, 주의집중 곤란, 근육통증, 불면증, 메스꺼움, 높은 심박률, 현기증, 성급함 등이 나타남	과도한 염려는 정상 활동을 방해함. 자기 스스로 견디기 어려워하고, 완전을 갈망하며, 때로는 반복해서 과제를 수행함. 타인으로부터 항상 칭찬받기 원함. 아동 중에는 보통 6~11세에 나타남
공포증	특정 대상이나 상황(예 : 뱀, 개, 높은 곳)에 심한 두려움 반응, 두려움 수준이 그 상황에 부적절하고 타인이 비합리적인 것으로 인식. 보통 매일 일상적 회피반응	대부분의 공포증은 체계적 둔감법(이완하면서 두려움 대상이나 상황에 점진적이고 반복적으로 노출시킴) 및 자기감시와 같은 행동치료 기법으로 치료 가능
강박장애 (OCD)	과장된 불안이나 두려움을 보이는 지속적이고 재발되는 강박사고. 전형적인 강박사고는 오염되는 것 혹은 잘못 처신하는 것에 대한 걱정을 포함. 강박사고는 불안을 경감시키기 위하여 손 씻기, 단어 반복 등과 같은 의식을 하듯 강박행동을 일으킴	흔히 강박장애는 청소년기 혹은 성인 초기에 발생함. 이들은 자신의 강박사고가 비합리적이고, 강박행동도 비이성적이라는 것을 인식함. 대부분의 강박장애는 행동치료가 가장 효과적임. 또 약물치료도 효과적임
신경성 거식증	연령과 키에 맞도록 체중을 유지하거나 최소로 하기 위하여 음식 거절, 체중과 몸매에 대한 강박적 관심, 체중 증가나 비만에 대한 지나친 불안, 정상 체중 이하가 되도록 굶는 음식섭취 제한형과 식욕이상 항진형 등 두 종류가 있음	신경성 거식증과 폭식증(아래)은 주로 여성들에게 생기는데, 특히 청소년기에 흔함. 이 장애의 초기에는 자신의 장애를 부정함. 우울, 불안, 강박적 운동, 사회적 위축, 강박사고/행동 증상 및 물질남용 등이 섭식장애와 관련이 있음
신경성 폭식증	(1) 먹기를 중단할 수 없다고 느끼는 상황에서 보통 사람보다 훨씬 많은 양의 음식을 먹는 대식증. (2) 자가 유발 구토, 하제나 기타 약물남용, 단식, 과도한 운동 등 체중 증가를 막기 위해 부적절한 행동이 재발	체중과 몸매에 대한 몰입 및 지나친 자기평가가 거식증과 폭식증의 일차 증상임. 많은 환자들은 거식 및 폭식행동의 혼합 양상을 띰
외상후 스트레스장애 (PTSD)	충격적 사건 후(예 : 성/신체 폭력, 사랑하는 사람의 예기치 않은 죽음, 자연재해, 전쟁 혹은 테러로 인해 희생되는 장면 목격 등) 장기간 재발되는 정서반응, 충격적 사건에 대한 회상 및 악몽, 외상과 관련된 장소나 대상 회피, 타인과 정서적 분리, 수면 곤란, 성급함, 주의집중 곤란	2001년 9·11 사건 이후 미국에서 PTSD 아동이 증가하고 있음. 개인 및 집단 상담과 지원 활동이 필요함. 교사는 PTSD 아동이 안전하다고 느끼도록 하고 정상 활동에 참여하도록 사회적 관심을 제공
선택적 함구증	다른 상황에서는 정상적으로 말하지만 특정 상황에서는 지속적으로 말하지 않음. 지식의 부족이나 언어기술 부족도 아니며 의사소통장애(예 : 말더듬)로 설명되지 않음	치료는 긍정적인 방법을 사용할 것. 말하지 않는 것에 대한 벌이나 관심 제공은 금물. 말하기(예 : 수업활동에 참여하기, 비언어적 소리내기 등)에 대한 점진적 강화
기분장애	비정상적인 우울감이나 감정상태가 높아진 에피소드로 인한 기능장애	
우울증	전반적인 슬픈 기분 및 무력감이 특징임. 증상은 사회적 위축, 성급함, 죄책감이나 무력감, 주의집중 곤란, 정상 활동의 흥미 상실, 체중, 식욕, 수면의 심한 변화, 반복적인 자살사고 등이 있음. 몇 가지 증상이 일정 기간 나타나야 하며 생활환경에 대한 일시적 반응이 아니어야 함(예 : 가족의 죽음에 대한 슬픔)	청소년 중 15~20%는 우울증을 경험하며, 여자가 2배 더 발병. 간혹 아동의 우울은 외현화 행동장애가 있을 때 간과되기 쉬움. 교사는 이러한 우울 징후에 주의를 기울여야 하며 평가를 위해 의뢰해야 함

표 6.1 아동의 불안, 기분 및 기타 정서장애의 유형 (계속)		
장애유형	특성 및 증상	임상소견 및 중재
양극성 장애 (과거 조울증이라 부름)	우울과 조증 상태가 번갈아 나타남. 조증상태에서는 고양된 행복감이 나타남. 지나친 자기중심주의, 잠을 자지 않음, 끊임없는 수다, 통제되지 않는 빠른 사고 변화, 빠른 주의분산, 흥분된 활동, 위험한 활동 참여 증상 중 세 가지 이상 나타남. 첫 증상의 최고 발병 연령은 15~19세임. 첫 번째 및 두 번째 에피소드(삽화) 사이에는 5년 이상 경과하지만, 그 후 에피소드(삽화) 간의 기간은 짧음	어떤 환자들은 조증 경험이 매우 유쾌한 것으로 알기 때문에 치료하기를 꺼림. 환자들은 이런 경험을 자주 회상하며, 조증 혹은 우울 특징들을 최소화하거나 거부함. 수면, 먹기, 신체활동 및 사회정서적 자극 등 정규적인 일상활동을 도와야 함. 급성 에피소드를 치료할 때, 미래 에피소드를 예방할 때, 에피소드 간 기분을 안정시킬 때 약물이 효과적임
기타장애		
조현병	망상, 환각(환청, 환시), 피해 공포, 언어 혼란, 긴장행동(무감각), 단조로운 정서 표현, 사고 및 언어 표현 감소, 목표행동 감소 등의 특성이 있는 심한 정신장애. 전형적으로 청소년기나 성인 초기에 발병. 대부분 급성 정신병 에피소드와 증상 없는 안정 단계가 교차됨	현재 적절한 치료법이 없지만 조현병 아동들은 향정신성 약물, 행동치료, 사회적 기술훈련과 같은 교육을 포함한 다양한 처치를 통해 호전됨. 일반적인 치료목표는 정신병적 에피소드의 빈도, 심도 및 심리사회적 결과를 감소시키고 에피소드 기간에 기능을 최대화시키는 것임
투렛증후군	눈 깜박이기, 얼굴 찡그리기, 콩콩거리기, 팔 흔들기, 차기, 뛰기 등과 같은 반복적이고 불수의적인 운동 및 음성 틱으로 특징지어지는 신경학적 장애. 약 15%는 외설증(반복된 악담, 음란어) 포함. 증상은 전형적으로 18세 이전에 시작. 남자가 여자보다 3~4배 많음. 또한 주의문제, 충동성, 의식행동 및 학습장애 수반	틱은 참지 못함. 어떤 아동은 틱을 지연시킨 후 표출하기 위해 은밀한 장소를 찾음. 틱은 긴장이나 스트레스를 받을 때 더 흔하고, 편하게 있지 못하게 하고 과제를 집중하지 못하게 함. 무엇보다도 투렛장애아동을 이해하고 인내하는 것이 중요함. 시간제한 없이 시험을 치르도록 하고(음성 틱이 문제라면 개별실에서), 틱이 심하게 나타날 때 교실을 나가도록 허용해야 함

출처 : American Psychiatric Association (2013); American Speech-Language-Hearing Association (2020a); Anxiety Disorders Association of America (2020); Kauffman and Landrum (2018); Morris and March (2004); Rutherford, Quinn, and Sathur (2007); Tourette Syndrome Association (2020).

만드는 회피행동이나 도피행동 등의 문제행동을 하게 된다(Feldman et al., 2017; Payne et al., 2007). 자퇴 위기에 있는 학생들을 돕기 위한 제안으로서 다음에 제시된 전환교육 : 현재가 미래를 만든다 '자퇴하지 않는 것이 최선이다'를 참조하라.

많은 정서행동장애학생들은 초과행동과 결핍행동으로 인한 학습문제뿐만 아니라 학습장애나 언어지연을 동반장애로 가지고 있어서 학업기술과 학업내용을 숙달하는 데 어려움이 가중된다(Bichay-Awadalla et al., 2019; Chow & Wehby, 2018). 정서행동장애학생이 학습을 하는 동안 적극적인 반응 기회를 제공하는 것이 정서행동장애학생들의 학업성취를 증진시키고 문제행동을 감소시키는 데 도움이 된다.

동시에 응답하기(choral responding, CR)는 학생으로 하여금 수업에 참여하도록 하는 가장 효과적이고 비용도 들지 않는 방법이다(이 책의 제2장에 제시된 교수와 학습 '동시에 응답하기 : 교실에서 나오는 긍정적 소음' 참조).

지능

많은 정서행동장애아동들은 IQ검사에서 평균 이하의 점수를 받으며 비장애아동의 점수보다 낮다. 그렇다고 해서 정서행동장애아동이 비장애아동보다 실제 지능이 떨어진다고 말하기는 어렵다. IQ검사는

전환교육 : 현재가 미래를 만든다

자퇴하지 않는 것이 최선이다

특수교육 대상자 중 정서행동장애학생들이 자퇴할 위험이 가장 높다. 2016~2017학년도에 정서행동장애학생의 35%가 자퇴를 하였다(U.S. Department of Education, 2020c). 정서행동장애학생들의 성공과 관련된 예측인자를 밝혀내고, 교사가 효과적인 교육적 중재를 설계하고 실시하여 이들이 성공을 경험하여 자퇴하지 않도록 동기를 부여할 수 있다.

Davis와 Cumming(2019b)은 정서행동장애학생의 성공을 예측할 수 있는 예측인자를 개인적 기술 관련 예측인자(예 : 자기결정기술, 자기옹호기술, 독립적 생활기술), 가족 관련 예측인자(예 : 부모 참여, 부모의 기대), 학교 관련 예측인자(예 : 일반학급의 통합교육), 지역사회 관련 예측인자(예 : 기관 간 협력, 업무 경험) 4개의 범주로 제시하였다. 교사와 교직원은 정서행동장애학생의 성공과 관련된 각 예측인자를 활용하여 이들이 긍정적인 성과를 경험하고 졸업을 할 수 있도록 도울 수 있다.

개인적 기술 관련 예측인자

교사는 정서행동장애학생에게 자기결정기술과 자기옹호기술을 직접교수하고(제4장과 제15장 참조), 자기결정의 요소를 일반교육과정에 삽입하고, 학생 스스로 자신의 수행을 자기점검하도록 가르치고(제11장 참조), 학생이 다양한 학급과 직업 상황에서의 성공적인 대인관계에 필요한 사회성 기술을 가르친다.

가족 관련 예측인자

교사와 교직원은 정서행동장애학생의 가족이 자녀를 위해 개인적 · 직업적 · 지역사회 목표를 정하게 하고, 자녀에게 높은 기대를 하는 것이 중요하다는 것을 가르칠 수 있다. 또한 교사는 정서행동장애 자녀가 성공할 수 있도록 지원하는 데 있어서 가족이 필요로 하는 자원을 찾아주고 활용하도록 격려할 수 있다. 이 책의 제3장에 가족과의 협력에 대한 제안을 제시하고 있다.

학교 관련 예측인자

교사는 학생들에 대해 기대가 높다는 점을 의사소통하고 고용주들이 원하는 다른 사람들과 소통을 잘할 수 있는 자질에 대해 교수해야 한다. 즉, 학생들이 팀의 구성원으로 협력하고, 리더십 기술과 융통성을 보이고, 효과적으로 의사소통하고 적극적으로 상대방의 이야기를 청취하고, 유능한 문제 해결자가 되도록 가르쳐야 한다(제4장 전환교육 : 현재가 미래를 만든다 '미래를 준비하기 위하여 학생에게 소프트 기술 가르치기' 참조). 또한 자퇴할 위험에 처한 학생들에게 직업체험, 인턴십, 멘토링 등의 직업 관련 기회를 제공해야 한다(예 : Check & Connect, http://checkandconnect.umn.edu). 가장 중요한 것은 교사와 교직원은 학생이 학교 공동체와 연결되어 있다고 느낄 수 있도록 도와야 하며 학생과 돌봄관계를 형성해야 한다.

지역사회 관련 예측인자

교사는 학생에게 보수를 받는 직장을 구할 수 있도록 기회를 제공해야 하며, 스포츠 클럽이나 사회적 모임 등을 통해 지역사회 활동을 할 기회도 제공해야 한다.

자퇴를 하지 않고 학교에 남아서 졸업하는 학생들이 졸업 후에도 성공할 기회가 많다. 교사는 각각의 학생이 학교로 가져오는 개인 관련 자산, 가족 관련 자산, 학교 관련 자산 및 지역사회 관련 자산을 끊임없이 살펴보고, 그러한 자산들을 학생을 지원하는 데 이용해야 한다.

한 아동이 검사받는 특정 시간과 장소에서 특정 과제를 얼마나 잘 수행하는지를 측정하는 것이다. 정서행동장애아동은 파괴행동으로 검사문항에 포함된 수많은 과제를 학습할 수 있는 기회를 이전에 가지지 못했을 가능성이 크다. Rhode와 동료들(2020)은 비장애학생들이 교사에게 적극적으로 주의를 기울이고 과제를 수행하는 비율이 약 85%인 반면에, 정서행동장애학생들은 과제를 수행하는 비율이 60% 이하라고 추정한다. 이와 같은 과제수행의 차이는 학업성취에 커다란 영향을 미칠 수 있다. 과제이탈 행동이나 파괴행동은 종종 교사의 관심을 끌며, 이는 바람직하지 못한 행동을 강화시키는 결과를 초래한다. 바람직한 행동을 했을 때 교사의 관심을 얻을 수 있다고 가르치는 것이 이런 문제를 해결하는 하나의 전략이기도 하다(교수와 학습 '교사의 관심받기 : 보세요, 다했어요.' 참조).

교수와 학습

교사의 관심받기 : "보세요, 다했어요."

학생들은 왜 교사에게 관심받는 것에 대하여 배워야 하는가 장애학생이 일반학급에 통합되도록 준비하기 위해서는 과제 수행하기, 교사의 지시 따르기, 개별과제 하기 등과 같이 학급에서 핵심적으로 필요한 기술들을 가르치는 명시적 교수를 받아야 한다.

장애학생이 이러한 기술을 배우게 되면 통합학급에서 더욱 수용되고 성공적으로 생활할 수 있게 된다. 교사들은 학생들의 바른 행동을 좋아하기 때문에 바른 행동을 하는 학생들은 교사의 칭찬과 관심을 더 받을 수 있다(Lane et al., 2019; Lane et al., 2006).

장애학생들은 교사의 많은 관심을 받는다. 그러나 불행하게도 좋은 행동보다는 문제행동으로 관심을 받는 경우가 더 많다. 문제행동은 교과학습기술 결함과 주로 연계되어 나타나기 때문에 일반학교에서 교사와 부정적인 상호작용을 할 가능성이 크다. 장애학생에게 교사의 긍정적인 관심을 받을 수 있도록 학습 관련 기술을 가르치는 것은 이러한 부정적인 관계를 감소시킬 수 있다.

교실은 분주한 곳이어서 교사들은 지원과 관심이 필요한 학생들을 쉽게 간과할 수 있는데, 특히 낮은 성취를 보이는 조용하고 유순한 성격의 학생들이 주로 이에 해당된다. 문제행동을 보이는 학생은 조용하게 있는 학생들보다 더 많은 교사의 주의를 받게 된다. 그러므로 교사의 주의와 도움을 바르게 받을 수 있도록 하는 것은 장애학생으로 하여금 훨씬 독립적으로 기능할 수 있게 하며 교사로부터 받는 교수의 질에 긍정적인 영향을 미칠 수 있다.

지적장애학생(Craft et al., 1998; Rouse et al., 2014), 학습장애학생(Wolford et al., 2001), 정서행동장애학생(Lo & Cartledge, 2006)은 교과학습과 직업 관련 기술에서 교사와 동료 학생들의 긍정적인 주의와 관심을 받을 수 있도록 배울 수 있다.

어떤 학생들이 교사의 긍정적인 관심을 받을 수 있는 교수를 받아야 하는가 공손하게 교사의 지원을 받는 것은 모든 학생에게 매우 중요한 기술이지만, 특히 다음과 같은 학생들에게는 더욱더 필요하다.

조용하게 가만히 있는 내성적 학생인 윌러메나는 교사에게 요구하는 것이 거의 없다. 윌러메나는 아주 조용하고 특별한 문제행동을 보이지 않기 때문에 교사는 이 학생이 교실에 있는지조차 모를 때가 많다. 하지만 이러한 학생들이 교사의 관심을 받기 위한 교육을 받아야 하는 첫 번째 유형의 아동들이다.

충동적이고 조급한 학생인 해리는 교사의 설명이 끝나기도 전에 이미 과제의 절반 정도는 하고 있다. 매사를 빨리 하려고 하기 때문에 과제도 항상 첫 번째로 제출하는 경우가 많은데, 제출한 과제를 보면 오류도 많고 다하지 않은 경우도 많다. 그래서 해리는 교사로부터 칭찬을 받는 경우가 드물다. 이와 같은 학생들은 자기점검이나 자기교정과 같은 기법을 포함하는 교사의 관심 끌기와 관련된 교육을 받는 것이 필요하다.

소리치는 학생인 셸리는 과제를 마치자마자 곧바로 교사가 자신의 과제를 봐주기 원한다. 지금 당장! 셸리는 손을 드는 행동은 하지 않고, 교사의 주의를 끌기 위하여 교실에서 크게 소리친다. 그의 행동은 학급에 있는 다른 학생들에게도 피해를 준다. 그러므로 셸리는 공손하게 교사의 관심과 주의를 받는 적절한 방법에 대하여 배우는 것이 필요하다.

성가시게 조르는 학생인 피트는 손을 들고 교사가 와서 자신의 과제를 봐주기를 조용히 기다리다가 교사가 오면 "제가 바르게 했나요?" 하고 공손하게 묻는다. 하지만 피트는 이러한 행동을 계속해서 되풀이하기 때문에 교사로

하여금 지치게 만들고, 처음에는 긍정적이었던 교사의 반응을 나중에는 부정적인 반응으로 만들어버린다. 피트에게는 교사의 관심을 요청하는 행동의 수를 제한하도록 가르치는 것이 필요하다.

학생들에게 강화받는 방법 가르치기   다음은 학생들에게 강화, 긍정적인 교사의 관심 및 피드백을 받을 수 있도록 가르치는 데 제안되는 단계들이다.

1. **목표행동을 선택하라.**   시간에 맞춰 등교하기, 숙제 제출하기, 예의 있게 말하기, 과제 완성하기, 수업에 집중하기, 또래 돕기 등 교사로부터 강화받을 수 있는 목표행동을 파악하라.
2. **자기평가 방법을 가르치라.**   학생들이 교사의 관심을 끌기 전에 자신의 과제를 먼저 스스로 평가하도록 가르치라. 학생들의 과제 완성도가 높고 정확하면 교사의 긍정적인 관심을 받을 가능성이 높다.
3. **교사의 관심을 끌기 위한 적절한 방법을 가르치라.**   학생들에게 손을 들거나 조용히 기다리거나 또는 특정 상황에서의 전형적인 절차를 따르는 등 관심을 끌기 위한 적절한 방법을 가르치라. 학생들이 적절한 때 교사의 관심을 끌고, 예의 있는 태도로 피드백을 요청하고, 피드백을 준 것에 대해 교사에게 감사표현을 하는 것을 가르치라. 또한 학생들이 교사의 관심을 끄는 횟수를 스스로 제한할 수 있도록 가르치라(예 : 20분의 독립적인 과제수행 시간 동안 2~3회).
4. **시범을 보여주고 역할놀이를 하라.**   교사의 관심을 끌기 위한 적절한 일련의 절차를 설명하고 시범을 보여주고 역할극을 하고 피드백을 제공하며 연습 기회를 제공하라.
5. **일반화와 유지를 촉진하라.**   일반화된 교육성과를 촉진하기 위한 전략은 예상치 않은 강화와 지연된 강화를 사용하기, 학생에게 교사의 관심을 끄는 것을 상기시키기, 당신의 관심을 끌기 위해 노력한 학생에게 다른 교사가 강화하기, 학생에게 자신의 관심 끄는 행동을 기록하도록 가르치기 등이다[학생에게 교사의 관심을 끄는 방법을 가르치는 것에 대한 추가적인 정보가 필요하면 Alber & Heward(2000)를 참고하라].

사회성 기술과 대인관계

아동기와 청소년기에 대인관계를 발달시키고 유지하는 능력은 미래에 얼마나 잘 적응할 것인지에 대한 매우 중요한 예측인자이다. 흔히 정서행동장애학생들은 또래로부터 자주 거부당하게 되어 친구를 사귀거나 관계를 유지하기가 매우 어렵다(MaDonald & Gibson, 2018; Pereira & Lavoie, 2018). 행동장애가 있는 중등학생들의 사회적 관계를 비장애 또래들과 비교한 Schonert-Reichl(1993)의 연구결과에 따르면 정서행동장애아동들은 비장애 또래보다 타인에 대한 공감수준이 더 낮고 교육활동에 덜 참여하며 친구들과의 접촉빈도가 더 낮고 질 높은 사회적 관계의 수준이 더 낮은 것으로 나타났다(Crum et al., 2016; Martin-Key et al., 2017).

청소년 비행

정서행동장애학생은 비장애학생에 비해 3배 더 많이 구속되고 있다(Lipscomb et al., 2017). 정서행동장애학생의 3분의 1 이상이 재학 중에 구속된다(Wagner & Newman, 2012). 2018년에 미국법률기관에 체포된 18세 이하의 아동들은 72만 8,280명이었고, 여학생이 30%였다(Office of Juvenile Justice and Delinquency Prevention, 2020).

청소년의 구속 비율은 중학교 시기에 급격하게 증가한다. 이는 비행 청소년들이 부적절한 행동을 통해 사회에 더 큰 해를 끼치고, 똑같은 행동을 한 청소년은 구속되지만 나이 어린 아동은 구속되지 않아서 기록으로 남지 않기 때문이다. 그러나 이제 나이 어린 아동들도 구속되고 있고, 이들은 과거에 비해 더 심각하고 격렬한 폭력 범죄를 저지르고 있다. 예를 들면 2018년을 기준으로 15세 이하의 아동들이 모든 폭력 범죄 체포자 중에 29%를 차지하고 있다(OJJDP, 2020).

전체 청소년 비행의 절반 정도는 범죄를 반복하는 **상습범**이다. 오리건주 레인 카운티의 만성 범법자에 대한 보고에 따르면 청소년 범법자의 15%가 청소년에 의한 모든 신규 범죄 중 64%를 저지른다(Wagner, 2009). 청소년 범법자가 청년이 되면 상습적 범죄 재발률은 75~80%가 된다(Brame et al., 2018). 다행히도 1,354명의 청소년 범법자에 대한 종단연구 결과에 따르면 중대한 범죄를 지은 대부분의 청소년들이 시간이 지남에 따라 범죄율이 크게 감소되었다(Mulvey, 2011). 또한 이 연구는 청소년을 소년원에 오래 구금하고 있다고 해서 상습범죄가 감소되는 것이 아니라 출소 후 지역중심의 지도감독이 범죄 재발을 감소시키는 데 효과적이라고 보고하였다.

출현율

학습목표 6.3   정서행동장애의 출현율과 진단평가 방법을 설명할 수 있다.

정서행동장애아동의 출현율에 대한 추정치는 상당히 다양하다. 1990년대 중반까지 거의 40년 동안 수행한 종단연구(Roberts et al., 1998)에서 취학 전 아동부터 고등학생까지 정신건강문제의 출현율이 22%로 나타났다. 정신건강의 진단기준과 1개 이상의 삶의 영역에서 유의미한 손상이 있는 것을 기준으로 한 Costello 외(2006)의 연구에서는 출현율이 약 12%로 나타났다. Forness와 동료들(2012)이 1995~2010년 9개의 출현율 연구를 분석한 결과 중등도에서 중도의 정서행동장애의 평균 출현율이 12%였다. 질병관리예방센터(2013)는 미국에서 한 해에 정신장애를 경험하는 아동들이 13~20%라고 보고하였다.

대부분의 출현율 연구는 연구를 실시하는 시점에서 사용되는 진단기준을 충족시키는 개인의 수를 센다. 이러한 **시점 유병률** 연구는 교사로 하여금 자신의 학급에서 그 시점에 정서행동문제를 보이는 학생들을 보고하도록 한다. 많은 아동들은 단기간 부적절한 행동을 보일 수 있는데, 이런 일회성 설문지나 선별 절차를 통해 이들이 장애학생으로 판별될 수도 있다. Kauffman과 Landrum(2018)은 학령기 아동의 3~6%가 심하고 지속적인 정서행동문제가 있어서 중재를 필요로 한다고 주장한다. 그러나 연방정부의 연차보고서에 따르면, 출현율 추정치보다 특수교육과 관련 서비스를 받는 아동들이 훨씬 적다. 2018~2019학년도 IDEA하에서 정서장애의 범주로 특수교육을 받은 6~21세까지의 학생 수는 학령기 아동의 약 0.5%로 나타났다(U.S. Department of Education, 2020a).

성별

정서행동장애로 특수교육을 받는 학생들의 4분의 3 이상은 남자이다(Wagner, Kutash et al., 2005). 정서행동장애 남학생들은 반사회적, 공격행동 등의 외현화 장애를 나타낼 가능성이 크다(Furlong, et al., 2004). 정서행동장애 여학생들은 불안과 사회적 위축 같은 내면화 장애를 나타낼 가능성이 크지만 연구에 따르면 여학생도 공격과 반사회적 행동을 보이기도 한다(Talbott & Thiede, 1999).

원인

일부 정서행동장애아동들의 행동은 자기 파괴적이고 비합리적이어서 이들이 어떻게 그런 식으로 행동할 수 있는지를 이해하기 어렵다. 우리는 의아해하면서 "그런 행동이 어디에서 기인하는 것일까?"라고 질문해보기도 한다. 이상행동을 설명하기 위해 많은 이론과 개념적 모델들이 제안되어 왔다(Kauffman

& Landrum, 2018; Webber & Plotts, 2008). 정서행동장애를 바라보는 개념적 모델과 관계없이 정서행동장애의 원인은 생물학적 요인과 환경적 요인으로 나눌 수 있다.

생물학적 요인

뇌장애 뇌장애가 있는 사람들은 행동문제를 경험한다. 뇌장애는 뇌의 이상발달 혹은 뇌손상(정상적으로 발달하는 뇌 구조나 기능을 바꾸는 질병 또는 외상)에 기인한다(외상성 뇌손상은 제12장 참조). 그러나 대부분의 정서행동장애아동들의 경우 뇌장애나 뇌손상의 증거는 없다.

유전 어떤 정서행동장애는 유전과 관련이 있다는 증거가 있다(Holz et al., 2018). 유전적 연계성에 대한 가장 확실한 과학적 증거를 가지고 있는 장애가 조현병인데, 이는 환청, 환시, 망상, 학대에 대한 근거 없는 두려움, 언어 혼란 등의 특성을 나타내고, 심신을 쇠약하게 만드는 심한 정신질환이다. 35개국 300명 이상의 정신질환을 연구하는 과학자들이 수행한 대규모 협동 연구에서 조현병 환자는 3만 7,000명과 이 질병이 없는 11만 3,000명의 유전적 구조를 비교하였는데, 조현병과 연관된 유전자가 있는 108개의 뚜렷한 위치를 발견하였다(O'Donovan et al., 2014). 미국에서 조현병 및 관련 정신질환으로 추정되는 출현율은 0.25~0.64%이다(National Institute of Mental Health, 2020). 조현병 환자가 있는 가족의 경우 조현병, 기분장애 및 망상장애발생 위험이 높다(Chou et al., 2017).

기질 기질(temperament)이란 개인의 행동양식이나 상황에 반응하는 전형적인 방식을 의미한다. 생리학적인 차이나 특징이 영아 기질의 차이와 관계가 있으므로 기질을 타고난 생물학적 영향이라 간주한다(Kagan, 2018). 다른 사람에게 안길 때 잘 울지 않고 웃는 영아는 순한 기질인 반면에, 산만하고 시끄럽고 새로운 상황을 꺼리는 영아는 까다로운 기질일 수 있다.

순한 기질 혹은 긍정적 기질은 스트레스에 잘 견디는 것과 상관관계가 있지만(Smith & Prior, 1995), 어린 시기의 까다로운 기질은 청소년기에 행동문제를 일으킬 가능성이 크다(Maltby et al., 2019). 한 연구에서 생후 2세경에 새로운 상황에서의 위축, 혼자 놀기, 사회적 활동 시 주변에서만 맴돌기 등의 특성을 지닌 억제 기질 아동은 13세경에 사회공포증이나 불안 증상을 나타낼 가능성이 큰 것으로 밝혀졌다(Schwartz et al., 1999).

아동의 기질 자체가 정서행동문제를 일으키는 요인은 아니지만 기질이 부모와의 상호작용을 어렵게 만들고 환경요인과 상호작용하여 문제를 일으킬 수 있다(Nelson et al., 2007; Sirois et al., 2019). 따라서 순한 기질의 아동에게는 도전적 행동을 일으키지 않는 특정 사건이 까다로운 기질의 아동에게는 문제행동을 촉발시킬 수 있다(Holden, 2019; Sanson et al., 2018).

환경 요인

품행장애와 반사회적 행동을 유발하는 세 가지 중요한 요인은 (1) 부정적인 초기 양육환경, (2) 학교에 입학할 때 나타나는 공격행동, (3) 또래들에 의한 사회적 거부 등이다. 많은 연구에 의한 증거가 이러한 인과적 요인들이 순차적으로 발생하는 것을 뒷받침한다(Thornton & Frick, 2018). 이러한 사건들이 일어나는 환경은 가정, 학교, 지역사회이다.

가정 특히 어린 시기에 아동과 부모와의 관계는 아동이 바람직하게 행동하는 법을 배우는 데 아주 중요하다. 부모가 자녀를 사랑으로 대하고 자녀의 욕구에 민감하며 바람직한 행동에 칭찬과 관심을 제공할 경우에 자녀는 긍정적인 행동 특성을 보인다(예 : Reuben et al., 2016). 반면에 정서행동장애아동의 부모는 일관성 없이 엄격한 훈육을 하며 심한 벌을 사용하고, 자녀와 함께 친사회적인 활동시간을

교사가 적절하지 않은 시간에 학생에게 주의를 기울일 경우 교사의 의도와는 달리 학생의 도전적 행동을 강화할 수 있다.

거의 보내지 않고, 자녀의 활동을 감독하지도 않으며, 바람직한 행동에 사랑과 애정을 보이지도 않는다(Fairchild et al., 2019; Fishbein et al., 2019).

부모의 자녀양육 방식과 아동의 행동문제 간의 상관 연구결과에 기초하여 일부 정신건강 전문가들은 아동의 행동문제에 대한 책임을 모두 부모에게 돌리고 있다. 그러나 부모와 아동 간의 관계는 역동적이고 상호적이다. 즉, 부모의 행동이 아동의 행동에 영향을 주는 것만큼 아동의 행동이 부모의 행동에도 영향을 준다. 따라서 어린 아동의 정서행동문제를 모두 부모의 책임으로 돌리는 것은 옳지 않다. 오히려 전문가들은 이러한 문제들을 예방하고 수정하기 위해서 부모로 하여금 부모-아동 관계의 특정 측면을 체계적으로 변화시키도록 지원해야 한다(Helton & Alber-Morgan, 2018; Park, Alber-Morgan & Fleming, 2011).

학교 학교는 아동들이 가정 외에 시간을 가장 많이 보내는 곳이다. 따라서 문제행동을 야기할 수 있는 요인들을 확인하기 위해 학교에서 어떤 일이 일어나는지를 신중하게 관찰해야 한다. 또한 대부분의 정서행동장애아동들은 학교에 들어가서야 판별되므로 학교가 실제로 정서행동장애의 발생과 관련 있는지를 알아보는 것이 중요하다. 아동들의 정서행동문제에 기여하는 학교교육의 실제로는 학업 실패를 초래하는 비효과적인 교수, 적절한 행동에 대한 불명확한 규칙과 기대, 일관성 없는 처벌적인 훈육실제, 미흡한 교사의 칭찬과 학업 및 사회적 행동에 대한 인정, 그리고 다양한 학습자들의 요구에 대한 개별화 교육과 문화적으로 반응적인 교육실제의 실패 등을 들 수 있다(Crocket et al., 2018; Gage, Scott et al., 2018; Mitchell et al., 2019).

교사 행동이 의도하지 않게 아동의 문제행동을 유지시키고 실제로 강화할 수 있다. 그림 6.1에 제시된 교사와 학생 간 흔히 발생하는 상호작용을 고려해보자. 교사가 학생에게 과제를 수행하도록 요구하면 학생이 무시하고, 학생이 교사의 요구를 무시하면 교사는 설득을 하다가 위협을 하게 되며, 그에 대해 학생은 변명을 하다가 논쟁을 하고 결국 울화를 폭발한다. 이렇게 악화되는 상황이 교사에게는 혐오적이므로 교사는 과제수행의 요구를 철회하는데, 이는 학생이 문제행동으로 자기가 원하지 않는 과제수행을 회피할 수 있게 만드는 결과를 초래하므로 학생의 문제행동을 강화하는 셈이 된다. 교사가 과제수행의 요구를 철회하면 학생은 울화폭발을 멈추는데, 이는 교사가 과제수행 요구를 철회함으로써 울화폭발의 혐오적인 상황으로부터 회피할 수 있게 하며 교사의 과제수행 요구 철회행동을 강화하게 된다. 이러한 일련의 과정은 아동에게 자기가 원하는 것을 얻기 위해서 논쟁, 변명, 울화폭발, 재산 파괴, 신체 공격 등을 사용하라고 가르치는 셈이다.

지역사회 학생들이 반사회적 행동을 보이는 또래들과 어울릴 때 지역사회와 학교에서 문제를 경험할 가능성이 높다. 범죄조직의 가담, 약물과 알코올 중독, 그리고 일탈된 성행동은 반사회적 생활습관을 만들고 유지시키는 지역사회 요인들이다(Connolly & Jackson, 2019; Walker & Gresham, 2014).

그림 6.1 강압적인 행동통제

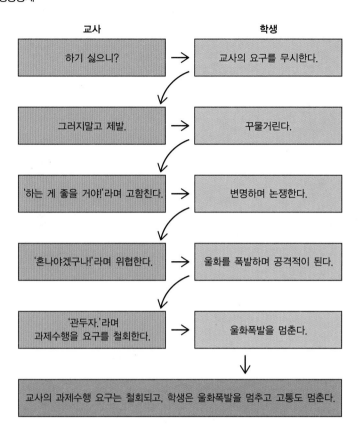

출처 : Rhode, G., Jensen, W. R., & Williams, H. K. (2020) *The tough kid book : Practical classroom management strategies* (3rd ed., p. 11). Eugene, OR : Ancora Publishing의 허락하에 사용함.

위험요인의 복합적인 경로

아동의 정서행동장애의 한 가지 요인이나 사건을 찾는다는 것은 불가능하다. 대부분의 만성적인 행동 문제는 가정, 이웃, 학교, 사회적 위험요인 등 다양한 요인에 노출되면서 누적된 결과라고 할 수 있다. 위험요인이 많을수록, 위험에 오래 노출될수록 아동이 부정적인 결과를 경험할 가능성이 크다(Merrick et al., 2017). 그림 6.2는 Patterson과 동료들이 주장하는 반사회적 행동의 발달 양상을 보여주고 있다 (Patterson, 1982; Patterson et al., 1992). 이러한 위험요인들의 상호작용은 복합적이고, 특정 위험요인이 어느 정도 부정적인 결과에 기여하였는지는 알 수 없지만 그 결과는 예측 가능하다.

이러한 위험요인들에 대한 지식이 예방 프로그램을 계획하고 실행하는 데 필요한 정보를 제공해주지만(Conroy, 2016; Fagan et al., 2020), 아동의 행동문제에 대한 효과적인 중재를 위해서 정확한 원인론에 대한 지식이 꼭 필요한 것은 아니다. "아동의 과거에 영향을 미친 다양한 위험요인들이 현재의 행동문제에 어느 정도 영향을 미쳤는지를 밝히는 것은 불가능할 뿐 아니라 불필요한 일이다. 아동이 파괴적인 행동을 어떻게 습득하고 나타내게 되었는지에 대한 정확한 원인을 알지 못한다고 해도 아동의 행동을 효과적으로 변화시킬 수 있다."(Walker, 1997, p. 20).

그림 6.2   학교 실패, 비행 및 폭력의 위험이 있는 아동 및 청소년의 부정적인 결과를 초래하는 장기적인 경로

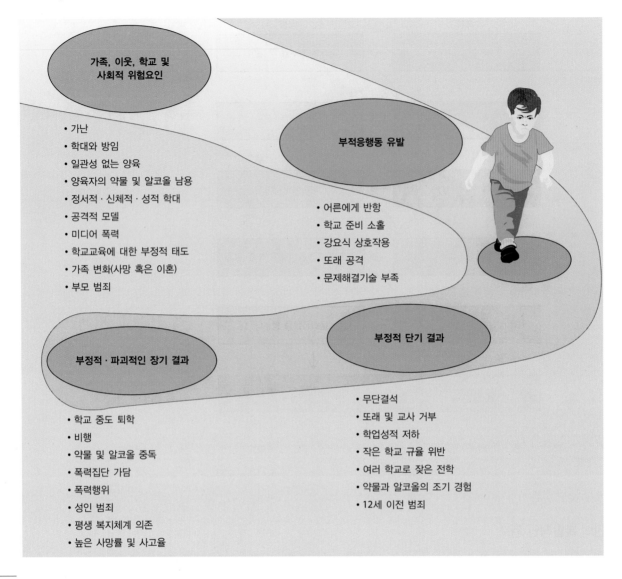

출처 : Walker, H., & Sprague, F. R. (1999). The Path to School Failure, Delinquency, and Violence : Causal Factors and Some Potential Solutions. Intervention in School and Clinic. 35(2), pp 67-73. Copyright ⓒ 1999 by Hammill Institute on Disabilities. 출판사 허락하에 사용함.

판별과 사정

모든 장애와 마찬가지로 정서행동장애의 사정은 특수교육 서비스와 관련된 다음과 같은 네 가지 기본적인 질문에 답해야 한다.

1. 지원이 필요한 학생은 누구인가?
2. 특수교육을 받기에 적격한 대상은 누구인가?
3. 어떤 유형의 지원이 필요한가?
4. 그 지원이 그 학생에게 유익한가?

그러나 실제로 많은 학교에서는 정서행동장애아동들을 판별하기 위해 체계적인 방법을 사용하지 않

는다. 그 이유는 대부분의 정서행동장애아동들이 자기 자신을 드러내기 때문이다. 반사회적 아동들은 쉽게 눈에 띈다. 즉, "학급에 이런 아동이 한 명이 있다면 누구인지 쉽게 알 수 있을 것이다."(Rhode et al., 2020, p. 9). 그렇다고 해서 정서행동장애의 판별이 쉽다는 의미는 아니다. 모든 어린 아동들의 행동이 빠르게, 그리고 자주 변화하기 때문에 정서행동장애를 판별하는 일은 매우 어렵다. 또한 내면화장애아동들은 그들의 문제가 부모나 교사의 주의를 끌지 않으므로 드러나지 않을 위험이 있다(Lane et al., 2014; Splett et al., 2019).

학교에 입학할 때 이미 반사회적 행동을 보이는 아동들은 학교생활을 해나가면서 더 심하고 장기간의 행동문제를 보일 위험이 있다. 불행하게도 많은 정서행동장애학생들은 장애 발생 후 시간이 지나서야 특수교육 서비스를 받기 시작하며(Wagner, Kutash et al., 2005), 어린 시기의 도전적 행동은 청소년기와 성인기에 비극적인 결과를 초래하게 되는데, 그 궤도를 수정하기가 매우 어렵다. Conroy와 Brown(2006)은 "아동이 만성적으로 위험요인에 노출되어 있건 또는 어릴 때부터 문제행동을 나타내건, 아동을 조기 판별할 때 현재의 교육정책과 실제는 문제에 반응하는 방식에서 사전 대책을 강구하는 예방적 방식으로 바뀌어야 한다."고 주장한다(p. 225).

선별검사

선별(screening)은 행동장애 증후가 있는 아동 또는 행동문제를 나타낼 위험이 있다고 간주되는 아동과 장애가 없는 아동을 구별하는 과정이다. 선별과정을 통해 판별된 아동들은 정확한 진단평가를 하여 특수교육 대상인지와 그들의 교육적 요구가 무엇인지를 결정해야 한다.

대부분의 선별도구들은 교사, 부모, 또래 또는 아동 스스로가 완성하는 행동평정척도나 체크리스트로 이루어져 있다. 아동에 대한 교사의 평정은 시간이 지나도 일관성이 있으므로 어린 아동에 대한 교사의 평정은 후에 아동이 나타낼 행동의 좋은 예측 지표이다(Montague et al., 2011). 정서행동장애를 선별하는 데 가장 많이 사용되고 있는 선별검사 세 가지를 소개한다.

아동행동 체크리스트(CBCL) 아동행동 체크리스트(Child Behavior Checklist, CBCL)는 아헨바흐 경험중심 평가 시스템(ASEBA)에 포함된 여러 평가척도 중의 하나로 폭넓게 사용되는 체크리스트 방식의 사정도구이다(Achenbach, 2020; Konold et al., 2004). 학령기에 적용할 수 있는 선별검사는 교사용 체크리스트, 부모용 체크리스트, 아동용 자기보고 체크리스트로 구성되어 있으며, 6~18세의 아동들에게 사용할 수 있다. 교사용 체크리스트는 112개 문항으로 구성되어 있으며(예 : 기분이나 감정이 갑자기 변한다, 다른 학생들이 싫어한다), '전혀 아님', '때때로 그러함', '매우 그러함'의 3점 척도로 평가한다. 또한 CBCL은 '다른 사람들과 잘 어울린다', '즐겁게 행동한다' 등과 같은 사회적 능력과 적응능력을 나타내는 문항들도 포함하고 있다.

행동 및 정서평정척도(BERS) 행동 및 정서평정척도(Behavioral and Emotional Rating Scale, BERS)는 다섯 가지 기능영역의 장점을 파악할 수 있는 52개 문항으로 구성되어 있다. 대인관계 장점(예 : 실망하였을 때 조용하게 반응한다), 가족 참여(예 : 가족 활동에 참여한다), 개인 내 장점(예 : 유머감각이 있다), 학교에서의 기능(예 : 수업에 집중한다), 정서적 장점(예 : 다른 사람의 아픔을 인식한다) 등이다(Epstein, 2004). BERS와 같은 강점 중심 평가에서 나온 자료는 IEP 회의에서 학생의 장점을 부각시키는 데 사용될 수 있고, IEP 장기목표와 단기목표를 설정하는 데 활용될 수 있으며, 강점 관련 IEP 장기목표와 단기목표에서의 학생의 향상도를 측정하는 데 사용될 수 있다(Epstein et al., 2001).

행동장애의 체계적 선별검사(SSBD)   행동장애의 체계적 선별검사(Systematic Screening for Behavioral Disorders, SSBD)는 심각한 행동문제가 있다고 의심되는 아동들의 수를 점진적으로 좁혀나가는 3단계의 다관문 선별과정을 따른다(Walker et al., 2014). 첫 번째 관문에서 담임교사는 외현화 문제와 내면화 문제의 프로파일에 따라 학급 내 모든 학생을 평가하고, 각각 가장 심각한 학생 3명씩을 대상으로 두 번째 관문인 주요 사건지표를 적용한다.

주요 사건이란 빈도가 낮을지라도 매우 현저하게 두드러지거나 염려되는 표적행동이다. 이러한 표적행동이 발생할 경우에 학교에서의 중요한 사회적응행동 과정은 붕괴될 수 있다. 주요 사건지표는 33개 문항으로 구성되어 있는데, 외현화 문제(예 : '다른 학생에게 신체공격을 한다', '선정적이거나 외설적인 자세를 취한다')와 내면화 문제(예 : '식사 후에 토한다', '환청이나 환시가 있다')를 포함한다. 주요 사건지표에서 규준을 초과하는 학생들은 세 번째 관문을 적용하여, 교실에서 수업시간 동안의 독립적인 과제수행과 운동장에서 쉬는 시간의 행동을 직접적이고 반복적으로 관찰한다. 외현화 문제와 내면화 문제의 관찰 측정치가 기준을 초과하는 아동들은 아동연구 팀에게 의뢰하고, 특수교육 적격성을 결정하기 위해 심층평가를 하게 된다.

행동의 직접관찰 및 측정

직접관찰과 측정을 통해 평가할 때 일반적으로 행동이 발생하는 장면(예 : 교실, 운동장)에서의 아동 행동을 명료하게 규정하고 관찰해야 한다(Lewis et al., 2014). 행동의 측정 가능한 차원은 빈도, 지속시간, 지연시간, 형태, 강도 등을 포함한다(그림 6.3 참조).

이러한 행동 차원으로 정서행동장애를 측정하고 기술하는 것의 장점은 판별, 중재전략의 계획, 중재효과의 평가를 모두 직접적이고 객관적으로 측정할 수 있다는 것이다. 이 접근법은 아동의 삶에 부정적

그림 6.3   행동 측정의 다섯 가지 차원

측정 유형	정의 및 설명
비율(빈도)	• 어떤 행동이 얼마나 자주 발생하는가를 측정하는 단위로 흔히 표준시간당 발생 수로 나타냄(예 : 분당 6번의 고함치기)
	• 모든 아동은 울고, 다른 아동과 싸우고, 때때로 잘 삐진다. 그렇지만 이들이 정서적으로 문제가 있다고 생각하지 않는다. 행동장애아동과 비장애아동 간의 기본적인 차이는 이런 행동의 발생 빈도이다.
지속시간	• 아동이 일정 활동을 얼마나 오랫동안 참여하는가를 측정하는 단위(예 : 12분 동안 수학문제 풀기)
	• 행동장애아동이 특정 활동에 참여하는 시간은 다른 아동과 아주 다르다(흔히 너무 길거나 짧음). 예를 들면 대부분의 어린 아동들은 울화를 가지고 있지만, 그 울화는 몇 분 동안만 지속된다. 정서행동장애아동은 한 번에 한 시간 이상 울화를 터뜨릴 수 있다. 한편 지속기간이 매우 짧을 수 있다. 예를 들면 어떤 정서행동장애아동은 한 번에 몇 초밖에 한 과제에 집중할 수 없다.
지연시간	• 반응할 기회를 제공하고 그 행동이 시작할 때까지 경과하는 시간
	• 어떤 아동의 반응시간은 너무 길거나(예 : 교사의 지시에 순응할 때까지 수 분이 경과함), 너무 짧을 수 있다(예 : 아주 사소한 일에 화를 내거나 울화를 즉각적으로 터뜨리기 때문에 적절한 대안행동을 고려할 시간이 없음).
형태	• 행동에 대한 신체적 모양이나 형태를 측정하는 단위
	• 예컨대 같은 크기와 굵기로 이름을 쓰는 것은 어려운 형태이다. 어떤 정서행동장애아동들은 일반 아동들에게서 볼 수 없는 행동(예 : 방화, 자기학대)을 한다. 이러한 행동들은 자기는 물론 타인에게 비적응적이고 비정상적이며 위험할 수 있다.
강도	• 행동의 강도 혹은 세기
	• 어떤 아동의 반응의 크기는 너무 작거나(예 : 말소리가 너무 작아서 들을 수 없음), 너무 클 수 있다(예 : 문을 쾅 닫음).

인 영향을 주는 행동과 바람직한 대체행동을 강화하는 방법 등 문제해결에 초점을 맞추고 있는 반면에 아동 내면에 있다고 추정되는 가상의 문제에 초점을 맞추지 않는다. Cooper 외(2020)에 행동을 관찰하고 측정하는 다양한 기법에 대한 절차를 상세하게 기술되어 있다.

행동의 기능평가

행동의 기능평가(functional behavioral assessment, FBA)는 어떤 학생이 왜 도전적 행동을 나타내는지를 이해하기 위해 정보를 체계적으로 수집하는 과정이다. 행동의 기능평가의 결과에 기초하여 행동의 기능 또는 목적이 무엇인지에 대해 가설을 세우게 된다. 두 가지 주요 행동의 기능은 (1) 학생이 원하는 것을 얻기 위한 정적 강화 기능(예 : 교사로부터 관심을 끌기 위해 다른 학생들을 때리기)과, (2) 학생이 원치 않는 것을 회피하거나 도피하기 위한 부적 강화 기능(예 : 교사가 학습과제를 내주자 학생이 문제행동을 나타내고, 결과적으로 학생은 과제로부터 회피할 수 있게 됨)이 있다.

행동의 기능에 대한 정보는 문제행동이 학교에서의 수행에 부정적인 영향을 미치는 모든 장애학생의 IEP에 있어서 필수 구성요소인 **행동중재계획**(behavioral intervention plan, BIP)을 적절하고 효과적으로 구성할 수 있게 해준다. 예를 들어 어떤 학생의 분노폭발이 교사의 관심을 끌기 위한 경우의 중재방법과 학습과제를 회피하기 위한 경우의 중재방법은 달라야 한다. 최근 연구들이 행동의 기능평가를 사용하여 심한 도전행동과 파괴행동을 성공적으로 중재한 많은 사례들을 제시하고 있다(예 : Gage et al., 2012; Miltenberger et al., 2019; Ruiz & Kubina, 2017). 행동의 기능평가는 간접평가, 직접관찰, 기능분석 등 세 가지 평가방법 중 하나 이상을 포함한다(Peterson & Neef 2020).

행동의 간접평가 행동의 기능평가의 가장 쉽고 빠른 방법은 교사, 부모 또는 아동에 대해 잘 알고 있는 사람에게 문제행동의 발생 여부와 그에 대한 사람들의 반응과 관련하여 질문을 하는 것이다. 구조화된 면접, 질문지 혹은 체크리스트를 통한 간접 FBA를 수행하는 수많은 도구들이 개발되고 있다[예 : Motivation Assessment Scale(Durand & Crimmins, 1992); Questions About Behavioral Function(Paclawsky et al., 2000)]. 가장 폭넓게 사용되고 있는 간접평가 도구는 기능평가면접법(Functional Assessment Interview, FAI)이며, 학생 스스로가 자신의 정보제공자가 될 수 있도록 학생 지원 양식을 포함하고 있다(O'Neill et al., 2015). 면접을 통해 학교에서 학생의 문제가 되는 행동을 확인하고, 학생의 시간표와 도전적 행동과의 관련성을 기술하고, 교과별로 문제행동의 강도가 어떻게 변화하는지 평정하고, 문제행동이 자주 발생하는 상황(예 : 어렵거나, 지루하거나, 교수자료가 불명확하거나, 또래가 괴롭히거나, 교사가 꾸중을 하는 상황)을 기술하며, 그 문제행동에 뒤따라오는 후속결과와 그 후속결과가 문제행동을 유지하는 기능을 하는지 기술한다.

행동의 직접관찰 기술식 행동의 기능평가는 자연스럽게 발생하는 문제행동을 직접 관찰하는 것을 의미한다. **ABC 기록법**(ABC recording)을 사용하여 관찰자가 학생의 도전적 행동을 유발한 선행사건과 행동에 뒤따라오는 후속결과를 순차적으로 기록하는 것이다. 이 평가방법의 이름이 ABC 기록법인 이유는 도전적 행동을 촉발시킨 선행사건(**A**ntecedent event)(예 : 한 활동에서 다음 활동으로 전환되는 상황, 어려운 과제), 행동(**B**ehavior)의 특징(예 : 빈도, 지속기간, 형태), 행동을 유지시키는 기능을 하는 후속결과(**C**onsequence)(예 : 교사의 관심, 과제요구의 철회)를 통해 정보를 얻기 때문에 붙여진 이름이다.

행동의 기능을 알기 위해서 간접평가의 결과와 직접관찰의 결과를 통합한다. 그림 6.4는 적대적 반항장애 및 ADHD로 진단된 13세 브라이언의 공격, 물건파괴, 울화의 가설적 기능을 기능평가 면접법과 ABC 기록법으로 결정하는 것을 보여준다. 간접평가와 직접관찰의 결과를 토대로 효과적인 중재계획을

그림 6.4 적대적 반항장애 및 ADHD로 진단된 13세 브라이언의 공격, 물건파괴 및 울화의 가설적 기능

선행사건	행동	후속결과	기능
어른의 관심이 브라이언으로부터 멀어질 때	다양한 문제행동을 일으킴	어른이나 또래가 관심을 줌	어른이나 또래의 관심 끌기
브라이언이 선호하는 장난감이나 활동을 제지당할 때	다양한 문제행동을 일으킴	선호하는 장난감이나 활동을 허락해줌	선호하는 장난감이나 활동에 대한 접근성 획득하기
브라이언에게 어렵거나 원치 않는 과제를 하도록 요구할 때	다양한 문제행동을 일으킴	과제를 면제해줌	어렵거나 원치 않는 과제로부터 회피하기

출처 : Neef, N.A., & Peterson, S. M. (2007). Functional behavior assessment. In J. O. Cooper, T. E. Heron, & W. L. Heward, *Applied behavior analsis* (2nd ed., p. 515). 출판사의 허락하에 사용함.

세우게 된다. 그러나 만성적 문제행동의 통제변인을 찾기 위해서는 기능분석을 해야 한다.

기능분석 행동의 기능평가는 **기능분석**(functional analysis)을 포함한다. 이것은 아동의 행동기능에 대한 가설을 검증하기 위해 표적행동에 앞서 일어난 선행사건들과 표적행동에 뒤따라오는 후속결과를 체계적으로 실험 조작하는 방법이다(Bell & Fahme, 2018; Slayton & Hanley, 2018). 행동의 기능에 대한 간접평가와 직접관찰을 통해 확인된 선행사건과 후속결과가 기능분석에서 사용되는데, 기능분석은 자연적인 환경에서 실시하는 것이 아니라 통제된 환경에서 변인들을 조작하고 그에 따른 행동의 변화를 분석한다. 기능분석을 실시할 때는 변인들이 잘 통제되고, 아동과 기능분석에 참여하는 사람들이 안전할 수 있어야 한다. 기능분석은 부모나 보호자의 동의를 얻은 후에 실시할 수 있으며, 아동과 참여하는 사람들에게 해를 주지 않도록 적절한 안전장치가 있어야 하고, 국제행동분석자격위원회에서 인증을 받은 전문가만이 실시해야 한다(Hanley, 2012; Steege et al., 2019).

기능분석을 통해 학생의 도전적 행동의 기능에 대한 가설을 확인하고 명료화한 후에 성공적인 다요인 중재를 설계한 사례를 그림 6.5에 제시하였다.

교육접근

학습목표 6.4 정서행동장애 학생들을 교육하기 위한 과학적 증거에 기반한 전략을 설명할 수 있다.

교육과정의 목표

정서행동장애학생들에게 무엇을 가르쳐야 하는가? 만약 이 질문에 외현화 문제를 가지고 있는 학생에게 반사회적 행동을 통제하는 방법을 가르치고, 내면화 문제를 가지고 있는 학생에게 친구를 사귀고 즐겁게 어울리는 방법을 가르쳐야 한다고 답한다면, 이는 부분적인 답변이 될 뿐이다. 정서행동장애학생들을 위한 프로그램이 학교 수업을 배제하고 부적응 행동을 감소시키는 데만 초점을 맞춘다면 이미 학업기술이 부족한 정서행동장애학생들은 또래들보다 학업적으로 훨씬 더 뒤처지게 된다. 정서행동장애학생들을 위한 효과적인 특수교육은 학교, 지역사회, 직장에서 성공하기 위해 필수적인 학업기술과 사회성 기술의 교수를 포함해야 한다.

그림 6.5 **적대적 반항장애 및 ADHD로 진단된 13세 브라이언의 공격, 물건파괴 및 울화의 관심끌기와 회피 기능에 대한 중재**

관심 끌기 기능			
중재	선행사건	행동	후속결과
새로운 행동 가르치기	어른이나 또래의 관심이 브라이언으로부터 멀어질 때	브라이언은 손을 들어 "여기요!"라고 말함	어른이나 또래가 브라이언에게 관심을 줌
새로운 행동 가르치기	어른이나 또래의 관심이 브라이언으로부터 멀어질 때	브라이언이 자신의 적절한 독립 과제를 자기점검하고, 교사는 기록함	교사는 기준을 충족시킬 경우 일대일 시간을 줌
선행사건 변경하기	브라이언이 독립과제를 할 때, 어른이 5분 동안 관심을 줌	브라이언이 적절하게 독립적으로 과제를 수행함	어른이 칭찬할 기회를 마련하고 적절한 행동에 관심을 줌
선행사건 변경하기	쉬는 시간에 놀도록 허용함	브라이언이 적절하게 놂	어른이 적절한 행동에 칭찬할 기회를 마련하고 또래에게 긍정적으로 반응함

회피 기능			
중재	선행사건	행동	후속결과
새로운 행동 가르치기	브라이언에게 어렵거나 원치 않는 과제를 하도록 요구할 때	브라이어언이 "잠깐 쉬어도 돼요?"라고 말함	교사는 브라이언이 잠깐 쉬도록 허용함
강화 유관 변경하기	브라이언에게 어렵거나 원치 않는 과제를 하도록 요구할 때	다양한 문제행동을 일으킴	과제를 계속하도록 하고 타임아웃 중재를 중단함

출처 : Neef, N.A., & Peterson, S. M. (2007). Functional behavior assessment. In J. O. Cooper, T. E. Heron, & W. L. Heward, *Applied behavior analsis* (2nd ed., p. 517). 출판사의 허락하에 사용함.

학업기술   학교와 사회에서 성공적인 역할을 하길 바라는 다른 학생들과 마찬가지로 정서행동장애학생들에게도 읽기, 쓰기, 수학 등에 있어서 체계적인 교수가 중요하다. 거의 모든 중등 정서행동장애학생들의 학업 수업시간표는 비장애학생들과 유사하다. 거의 모든 중등 정서행동장애학생들은 언어, 수학, 사회 및 과학 과목을 수강하고 있다.

최근까지도 정서행동장애학생을 위한 학업적 중재에 관한 연구는 동료심사 학술지에 많이 실리지 않았다(Maggin, Wehby & Gilmour, 2016; McKenna, Shin et al., 2019). 그러나 효과적인 교수가 정서행동장애학생들의 교육적 중재에 중요한 역할을 한다는 인식이 확장되면서 정서행동장애학생을 위한 교육과정과 교수방법에 대한 연구가 더 많이 이루어지고 있다(Campbell et al., 2018). 다행히 정서행동장애학생들에게 명료하고 체계적인 교수를 제공하면 학업적으로 상당히 향상될 수 있다는 것이 연구에 의해 밝혀지고 있다(예 : Garwood et al., 2020; Wehby & Lane, 2019).

좋은 수업은 교실에서 효과적인 행동관리를 위해서도 중요하다. 교사는 정서행동장애학생과 높은 기대에 대해 의사소통을 해야 하고, 적절한 난이도의 도전적 수준의 과제와 자주 반응할 기회를 제공하고, 학생의 문제행동이 발생하지 않게 하려고 무조건 쉬운 과제를 제공해서는 안 된다.

사회성 기술   정서행동장애학생들은 대화를 유지하고, 자신의 감정을 표현하고, 집단활동에 참여하고, 실패나 비판에 대해 사회적으로 수용될 수 있는 방식으로 반응하는 것에 어려움을 나타낸다. 이 학생들은 사회성 기술이 부족하기 때문에 싸움과 다툼에 휘말린다. 대부분의 학생들은 웃어넘기거나 무시하고 넘어가는 사소한 비웃음, 부딪힘 혹은 요구 때문에 다른 아동들을 공격한다.

정서행동장애학생들이 교사가 기대하는 사회성 기술과 비학업기술을 배우는 것은 매우 중요하다. 다양한 학년을 가르치는 717명의 교사를 대상으로 조사한 결과 일반학급에서 성공하기 위해서는 다음의 다섯 가지 기술이 필요하다(Lane et al., 2006).

- 또래와의 갈등 상황에서 분노 통제하기
- 어른과의 갈등 상황에서 분노 통제하기
- 지시 따르기
- 수업에 참여하기
- 한 수업활동에서 다른 수업활동으로 원활하게 전환하기

정서행동장애학생들을 위한 사회성 기술의 교수에 관한 많은 연구가 이루어지고 있다. Hutchins 외 (2019)가 검토한 결과에 따르면 사회성 기술 훈련이 보편적으로 효과가 있었으며 정서행동장애학생을 위한 프로그램의 필수요소라고 결론지었다. 이 장의 마지막 부분에 우수교사 사례로 제시된 Michelle Nielson-Pugmire는 "자기 차례를 기다리고 공손하게 도움을 요청하는 등의 기본적인 사회성 기술은 학교에서만 필요한 기술이 아니고, 인생의 성공을 위해서 반드시 필요한 기술이다. 나는 학생들에게 사회성 기술을 가르치기 위하여 매일 명시적 교수와 역할놀이를 사용한다."고 강조하였다.

사회성 기술을 가르치기 위한 많은 교육과정과 훈련 프로그램이 개발되고 있으며, 그중 몇 가지를 소개하면 다음과 같다.

- 참여 : 아동에게 사회성 기술 소개(Cartledge & Kleefeld, 2009). 취학 전 아동부터 3학년 학생까지 6개 단원, 즉 대화하기, 감정 소통하기, 자기 표현하기, 또래와 협력하기, 또래와 놀기, 공격과 갈등에 반응하기로 구성되어 있으며, 사회성 기술을 가르치는 데 도움을 준다.
- 준비된 교육과정 : 친사회적 능력 교수(Goldstein, 2000). 공격적이거나 위축되고 사회적 능력이 부족한 학생들을 위해 제작되었다. 중고등학생을 위한 활동과 교수자료가 문제해결, 분노 통제, 스트레스 관리, 협력 등의 10개 영역과 관련하여 제공된다.
- 워커 사회성 기술 교육과정. 유치원생부터 초등학교 6학년 학생을 대상으로 개발된 아동의 효과적인 또래 및 교사기술 교과과정(Walker, McConnell et al., 1988)과 중고등학생을 대상으로 개발된 청소년용 의사소통 및 효과적인 사회성 기술 교과과정(Walker, Toidis et al., 1988)을 포함한다.
- 거친 아동용 사회성 기술 프로그램. 교사, 학교 심리상담교사, 상담가, 행동분석가 등이 학생들에게 감정 인식, 감정 표현, 활동 참여, 논쟁 해결, 괴롭힘에 대처, 거절 수용 등을 가르치는 데 필요한 도구와 전략을 포함하고 있다(Sheridan, 2010).

어떠한 사회성 기술을 가르치든지 상관없이 모든 사회성 기술 교수는 긍정적인 예의 모델링, 긍정적인 예와 부정적인 예의 변별, 역할놀이의 기회, 안내된 연습과 피드백, 자연환경에서의 일반화 촉진 전략을 포함해야 한다(D.H. Anderson et al., 2018; Gresham & Elliot, 2014; Hutchins et al., 2019).

과학적 증거기반의 교수실제

정서행동장애학생을 위한 교수방법 중 과학적인 증거의 뒷받침을 받고 있는 4개의 교수방법은 다음과 같다(Lewis et al., 2004).

- 교사의 칭찬(강화)
- 높은 비율의 적극적인 학생의 반응

- 직접 교수를 포함한 명시적 교수법
- 학교차원의 긍정적 행동지원, 기능평가 중심의 개별화 계획 및 자기관리

명시적 교수법은 이 책의 제2장과 제5장에 소개한 바 있다. 행동의 기능평가는 이 장의 앞부분에 기술하였다. 교사 칭찬, 적극적인 학생 반응, 학교차원의 긍정적 행동지원 및 지원, 자기관리, 예방적인 긍정적 학급관리, 또래중재 및 지원도 이 절에서 소개한다.

교사의 칭찬 사회적 인정은 흔히 언어적 칭찬으로 전달되며 대부분의 사람들에게 강력한 강화인이다. 몬트로스 울프는 1960년대 초 워싱턴대학교의 아동발달연구소에서 유치원 교사를 대상으로 성인의 사회적 관심이 아동의 행동에 강화로서 어떠한 영향을 미치는지에 대한 일련의 실험연구를 실시하였다 (예 : Allen et al., 1964; Johnston et al., 1966). 이러한 초기 연구를 Risley(2005)는 다음과 같이 기술하고 있다.

> 우리는 이런 놀라운 효과를 본 적이 없다. 흔히 볼 수 있는 성인의 관심이 실생활에서 아동의 행동에 미치는 긍정적인 효과의 크기와 속도는 어마어마했다. 40여 년 후 사회적 강화(긍정적인 관심, 칭찬 – "아동이 바람직한 행동을 할 때 아동에게 관심을 표현하라")는 부모교육과 교사교육에서 핵심의 권고사항이 되었고, 이는 현대 심리학의 가장 영향력이 있는 발견이라 할 수 있다(p. 280).

행동과 유관성이 있는 칭찬이 유치원생(예 : Hester et al., 2009)과 장애학생과 비장애학생(예 : Downs et al., 2019; Kranak et al., 2017; Markelz & Taylor, 2016; O'Handley et al., 2020)의 행동에 긍정적인 효과가 있다는 것이 연구로 입증되었다. 그러나 아직도 많은 교사들이 교사의 칭찬과 교사의 관심이 가장 강력한 학습동기와 학급관리의 도구라는 사실을 인식하지 못하고 있다(Flora, 2004). 특히 교사의 칭찬과 교사의 관심은 학습문제와 행동문제를 보이는 학생들에게는 더욱 중요하다.

교사의 칭찬과 교사의 관심이 학생들의 학업수행과 바람직한 행동을 향상시키는 데 효과가 크다는 것이 입증되었지만 과거 30년 동안 연구들은 일반학급과 특수학급에서 교사 칭찬의 비율이 일관되게 매우 낮다고 보고하고 있다(예 : Flores et al., 2018; Jenskins et al., 2015). 더 실망스럽게도 연구들은 정서행동장애학생들에 대해서 교사는 칭찬보다 꾸중을 더 많이 한다고 보고하고 있다(Caldarella et al., 2020a; Royer et al., 2019). Scott 외(2011)의 연구결과에 따르면 교사들이 행동문제가 있는 학생들에게 시간당 6회 부정적인 피드백과 비난을 하는 반면에 칭찬은 동일 학생들에게 시간당 1.2회를 한다. 꾸중이 일시적으로 문제행동을 감소시키기는 하지만(Alber & Heward, 2000), 정서행동장애 위험군에 속하는 311명의 학생과 149명의 교사가 참여한 종단연구의 결과에 따르면 꾸중은 시간이 지나면서 문제행동을 감소시키거나 학업참여를 증가시키는 데 비효과적이었다(Caldarella et al., 2020b). 교사의 칭찬을 증가시키기 위한 몇 가지 조언을 그림 6.6에 제시하였다.

적극적인 학생의 반응 학생이 수업에 소극적으로 참여할 때보다 적극적으로 참여할 때 학습의 효과가 더 커지고 문제행동은 감소한다.

칭찬과 관심의 체계적 사용 및 바람직한 행동을 위한 다양한 형태의 정적 강화가 수업관리와 훈육 도구로 효과가 크다는 연구가 계속 이루어지고 있다.

그림 6.6 교사의 칭찬을 증가시키기 위한 몇 가지 조언

칭찬할 가치가 있는 행동을 찾아라. 아무리 기술이 부족하고 무례한 학생이라도 때때로 올바르게 행동하고 지시를 따른다. 이러한 중요한 교육기회를 놓치지 마라.

학생들에게 뭔가 잘할 수 있는 기회를 제공한 후 곧바로 칭찬하라. 성적이 저조한 학생에게 학급 친구들 앞에서 그가 정답을 알고 있다고 확신할 수 있는 질문을 하라.

처음부터 쓸데없는 걱정을 하지 마라. 교사들은 흔히 학생들이 교사 자신들을 진솔하지 않다고 생각할까 봐 염려한다. 네 번이고 다섯 번이고 다양하게 칭찬을 해보라. 특별한 칭찬과 격려는 다른 어떤 기술보다도 효과가 있다.

칭찬하도록 당신 스스로를 촉구하라. 수업계획에 신호를 해두거나 무작위로 발신음이 나는 오디오를 틀어놓아라. 어떤 촉구를 보거나 들을 때마다 어떤 학생 혹은 학생집단이 잘하는 행동을 찾고 그 행동을 칭찬하라.

칭찬하는 자신의 모습을 모니터링하라. 어떤 수업시간에 몇 번 칭찬하겠다는 숫자를 정하고 표기를 하거나 동전을 한 지갑에서 다른 지갑으로 옮기면서 수를 센다. 칭찬하는 기술이 향상될 때마다 조금씩 점진적으로 하루 목표치를 증가시켜라.

지나치게 칭찬하는 것을 걱정하지 마라. 학생의 좋은 학습행동과 사회적 행동을 자주 칭찬하는 것은 교사의 실수가 될 수 없다.

출처 : Additional ideas for increasing the frequency and effectiveness of teacher praise can be found in Allday et al. (2012); Fullerton et al. (2009); Keller and Duffy (2005); Musti-Rao and Haydon (2011); and Stormount and Reinke (2009).

Scott 외(2011)는 초중고등학교의 수업에서 1,200명 이상의 행동문제가 있는 학생들과 없는 학생들을 관찰한 결과, 교사들은 수업시간의 63%를 집단수업에 사용하였고, 학생들은 수업시간의 61% 동안 수업에 적극적으로 참여하지 않았다. 집단수업은 학년에 상관없이 일반학급에서 가장 많이 사용하는 수업의 형태이다(Hollo & Hirn, 2015).

전체 학급 대상 집단수업이나 소그룹 대상 집단수업은 모두 다섯 가지 주요 과제를 교사들에게 부여한다. (1) 학생의 주의집중 유지시키기, (2) 각 학생에게 반응할 기회를 충분히 제공하기, (3) 학생의 반응에 피드백 제공하기, (4) 학생의 학습을 모니터링하기, (5) 문제행동을 예방하고 대처하기이다. 학급 전체 또는 집단의 모든 학생이 동시에 반응하도록 하는 교수실제는 이런 문제들에 대한 한 가지 해결책을 제공해준다. 연구와 교사의 경험에 근거하여 효과적이라고 간주되는 교수실제는 학급차원의 또래교수법(제2장), 안내노트(제5장), 동시에 응답하기(제2장), 반응카드(Owiny et al., 2018) 등이 있다. 교수와 학습 '반응카드 : 모든 학생을 참가시키라'를 참조하라.

교수와 학습

반응카드 : 모든 학생을 참가시키라

반응카드란 무엇인가 앞에서 설명한 동시에 응답하기와 유사하게 반응카드는 한 번에 한 학생씩 교수하는 대안으로 나온 연구기반 기법이다. **반응카드**(response card, RC)란 학생들이 교사의 질문에 대답하기 위해 사용하는 카드, 표시 또는 물품이다. 많은 연구들이 초등학교와 중등학교에서 비장애학생과 장애학생들에게 적용한 반응카드의 효과를 평가하였다. 그 결과 학생의 수업참여와 학습성과가 향상되었고(예 : Cakiroglu, 2014; Didion et al., 2020; Duchaine et al., 2018; Hott & Brigham, 2020), 과제 참여

인쇄용 반응카드

William L. Heward

행동을 개선시키고 파괴행동이나 부적절한 행동의 빈도를 감소시키는 것으로 나타났다(예 : Goodnight, Whitley, & Brophy-Dick, 2019; Horn, 2010; Lambert et al., 2006; Schnoor, Freeman-Green & Test, 2016).

학생들은 사전에 인쇄용 반응카드 중에서 자신의 답을 선택할 수 있다. 예를 들면 예/진실 및 아니요/거짓 카드, 색 카드, 교통신호 카드, 분자구조 카드, 단어카드 등을 반응카드로 만들 수 있다. 학생들은 하나의 반응카드를 가지고 복수의 정답을 제시할 수도 있다(예 : 건강한 식사습관 수업에서 단백질, 지방, 탄수화물, 비타민, 미네랄 등의 반응카드를 제시). 학생들은 반응카드를 손으로 들 수도 있고, 빨래집게를 이용하여 반응카드를 들 수도 있다.

또 다른 방법으로 학생들이 반응카드에 직접 답을 쓰고, 하나의 학습 시도가 끝나면 지우고 그다음 학습 시도에 대한 답을 반응카드에 쓰는 것이다. 특정 교과목을 위하여 반응카드를 주문제작할 수도 있다. 예를 들면 학생은 음악수업에서 높은음자리표와 낮은음자리표가 그려져 있는 반응카드 위에 답을 쓸 수 있고, 운전교육 수업에서는 차도와 교차로가 그려져 있는 반응카드 위에 자신의 차가 주행하는 것을 그릴 수 있다.

교사는 건축자재 용품점에서 살 수 있는 욕실용 합판 한 장으로 40개의 반응카드를 만들 수 있으며, 사무용품점에서 화이트보드용 지우개를 사거나 휴지로 반응카드를 쉽게 닦을 수 있다.

반응카드를 어떻게 사용하는가

모든 유형의 반응카드의 사용에 대한 제안

- 반응카드의 사용을 여러 번 시범을 보이고 학생들로 하여금 연습하도록 하라.
- 학생들이 카드를 들거나 내려야 할 때 분명한 단서를 제공하라.
- 수업시간 내내 적당한 속도를 유지하라. 시행 간 간격은 짧게 하라.
- 학생들이 힌트가 필요할 때는 다른 학생들의 반응카드를 보라고 말하라.

사전에 인쇄용 반응카드의 사용에 대한 제안

- 보기 쉽게 디자인하라(예 : 크기, 프린트 형식, 색깔 등).
- 학생들이 사용하기 쉽게 카드를 제작하라(예 : 카드 양면에 답을 기록할 수 있게 하거나 관련된 반응카드를 링으로 묶을 수 있다).
- 처음 수업을 시작할 때는 새로운 개념에 대한 2개의 반응카드를 사용하고, 학생들의 기술이 향상되면 점차적으로 반응카드를 추가하라.

직접 답을 쓰는 반응카드의 사용에 대한 제안

- 언어기반 반응은 1~3개 정도의 단어로 제한하라.
- 여분의 펜을 준비하라.
- 학생들이 맞춤법이 틀릴까 봐 걱정해서 반응하는 것을 망설이지 않도록 확실히 하라. (1) 수업 시작 전에 새로운 용어를 여러 번 연습하라. (2) 칠판에 새로운 용어를 써주고 수업 중에 학생들이 참고할 수 있도록 하라. (3) "걱정 마!" 기법을 사용하라. 학생들에게 최선을 다하라고 격려하고 맞춤법이 틀려도 괜찮다고 말하라.
- 수업 종료 후에 수업행동과 수업참여에 대한 강화로서 학생들이 반응카드 위에 그림을 그릴 수 있도록 허용하라.

반응카드와 유사한 디지털 도구와 앱 등을 포함하여 반응카드의 사용에 대한 정보를 원하면 Twyman과 Heward(2018) 논문을 참고하라.

학교차원의 긍정적 행동중재 및 지원   전통적으로 학교에서의 훈육은 특정 학생들의 문제행동을 통제하는 수단으로 벌을 사용하였다. 그러나 일반적으로 이러한 전략은 문제행동을 감소시키는 데 비효과적일 뿐만 아니라 학교 안전문제를 증가시키고(Curwin et al., 2018), 학생들에게 바람직한 친사회적 행동을 가르칠 수도 없다. 학교차원의 긍정적 행동중재 및 지원은 학생 훈육과 긍정적인 학교 분위기 조성에 놀라운 발전을 가져왔다. 학교차원의 긍정적 행동중재 및 지원은 조직체계의 다층지원체계를 사용하여 모든 학생이 학업적 및 사회적으로 성공할 수 있도록 바람직한 행동을 가르치고 지원하는 긍정적인 학교 문화를 조성하기 위해 과학적 연구에 기초한 증거기반의 중재를 사용한다(Chityo & May,

그림 6.7   학교차원의 긍정적 행동지원의 교육과정

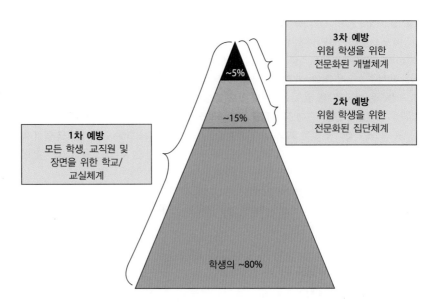

2018; Gage, Whitford, & Katsiyannis, 2018; Horner & Sugai, 2015). 현재 미국에서는 7,000개 이상의 학교에서 긍정적 행동중재 및 지원을 적용하고 있다. 학교가 긍정적 행동중재 및 지원을 적용하는 데 사용할 수 있는 다양한 교수자료와 훈련자료는 긍정적 행동중재 및 지원 센터의 웹사이트에서 이용이 가능하다.

학교차원의 긍정적 행동중재 및 지원은 예방적인 관점에서 연속적인 교수중재와 행동지원을 학생의 요구에 따라 점차 강도가 높게 제공한다(Sugai & Horner, 2020). 다층지원체계를 그림 6.7에 제시하였다.

1단계-1차 예방 : 모든 학생을 위한 보편적 지원   모든 교사와 교직원이 학교 내 모든 환경에서 모든 학생에게 적절한 행동을 가르치기 위한 팀에 참여한다.

- 기대행동을 명확하게 정의하라. 교직원은 긍정적으로 기술된 소수의 규칙(예 : '다른 사람을 존중해야 한다', '책임감이 있어야 한다', '안전하게 생활해야 한다')을 정하고, 각 규칙에 대해 기대되는 행동의 예를 제공한다(예 : 다른 사람을 존중한다는 것은 '교실에서 말하고 싶거나 도움을 구할 때 공손하게 손을 든다', '점심을 먹거나 복도에서 다른 사람에게 말할 때는 그 사람의 이름을 사용한다' 등이다).
- 기대행동을 가르치라. 교직원은 모든 학생에게 기대행동을 명시적이고 체계적으로 가르친다. 즉, 규칙을 제시하고, 규칙의 근거에 대해 토론하도록 하고, 규칙의 긍정적인 예를 설명하고 시범을 보여준 후에 학생들이 숙달할 수 있도록 연습시킨다.
- 바람직한 행동을 인정해주고 강화를 제공하라. 교직원은 학생의 바람직한 행동을 인정하고 정기적으로 강화해준다. 어떤 학교는 공식적인 상벌 체계(예 : 티켓, 상)를 사용하기도 하고, 다른 학교는 강화로서 사회적 이벤트를 열기도 한다. 많은 학교가 학생과 교사 간의 긍정적인 상호작용과 부정적 상

호작용의 비율을 4 : 1로 높이기 위해 노력한다.

- 바람직하지 않은 행동을 교정하라. 학생이 기대행동을 위반하면 그 행동이 수용될 수 없다는 것을 분명하게 알려주기 위한 절차가 필요하고, 학생이 바람직하지 않은 행동에 대해 부주의하게 강화를 받는 일이 없도록 해야 한다.

모든 교사와 교직원은 학생들에게 바람직한 행동을 가르치고 바람직한 행동에 대해 강화하고, 규칙 위반에 대한 후속결과를 명료하게 적용해야 하며, 이러한 시스템을 개선하기 위해 지속적인 자료수집에 참여해야 한다. 보편적 지원이 적절하게 제공되면 일반적으로 약 80~85%의 학생들에게 효과가 있다.

2단계-2차 예방 : 위험군 학생을 위한 표적 중재　대부분의 학교에서 학생의 약 15~20%는 만성적 문제행동과 사소한 규칙 위반으로 인해 집중적인 행동지원이 필요하다. 일반적으로 2단계의 지원은 소집단으로 제공된다. 체크인/체크아웃은 2단계 중재의 한 예이다. 체크인/체크아웃의 기본적인 구성요소는 다음과 같다. (1) 행동목표를 정하기 위해 하루의 첫 시간에 짧은 미팅을 한다. (2) 교사는 학생이 미팅에서 정한 행동기준을 성취하면 점수판에 기록을 하고 하루 일과 중 여러 번 피드백을 준다(그림 6.8 참조). (3) 하루의 일과가 끝날 때 미팅을 하며 학생의 행동 수행을 검토한다. (4) 학생이 미리 정해진 점수를 얻었으면 강화를 제공한다(Crone et al., 2020). 체크인/체크아웃 중재방법이 학생의 사회적 행동과 학업수행에 긍정적인 영향을 미쳤다고 보고되고 있다(Toms et al., 2018).

3단계-3차 예방 : 고위험군 학생을 위한 강도 높은 개별 중재　대부분의 학교에서 학생의 약 5% 정도는 2단계의 중재에 반응을 하지 않거나 자신과 다른 사람들을 위험에 빠뜨릴 수 있는 중요한 규칙 위반 등의 심각한 도전적 행동을 보이므로 강도 높은 개별중재와 지속적인 행동지원을 필요로 한다.

3단계 지원은 학생의 삶의 질을 위해서 학교 밖에서의 종합 서비스도 제공해야 한다. 행동중재 팀은 기능평가를 수행하고 개별화 행동중재계획을 세운다. Dunlap과 동료들(2010)은 학교차원의 긍정적 행동지원(SWPBIS) 체계 안에서 개별화 행동중재계획을 세우고 실시하는 데 필요한 많은 정보와 연구 중심의 전략들을 제공하고 있다.

자기관리　많은 정서행동장애아동들은 스스로 자신의 삶을 통제할 수 없다고 믿는다. 사건이 우연히 발생하고, 일관성이 없고 혼란스러운 세상에 대한 반응 수단으로서 자신들은 문제행동을 선택할 뿐이라고 생각한다. 이 학생들은 자신이 변화시키고자 하는 표적행동의 빈도를 증가시키거나 감소시키는 **자기관리**(self-management)를 통해 책임감과 자기결정능력을 향상시킬 수 있다. 또한 자기관리는 교육성과를 일반화하고 유지시키는 중요한 수단이다.

자기관리의 유형 중 자기점검과 자기평가가 가장 폭넓게 사용되고 있고 연구되고 있다. **자기점검**(self-monitoring)은 학생이 자신의 특정 표적 행동이 발생했는지 여부를 관찰하고 기록하는 비교적 간단한 절차이다. **자기평가**(self-evaluation)를 적용하는 학생은 자신의 수행을 미리 설정된 기준이나 목표와 비교한다. 이 두 전략 모두 학생이 수행기준을 성취할 때 학생이 유관적으로 스스로 강화를 제공하거나 교사가 강화를 제공할 수 있다.

40개 이상의 동료심사 연구가 도전적 행동을 나타내는 학생들이 자기점검과 자기평가를 적용하여 사회행동과 학습행동을 조절할 수 있다는 것을 입증하였다(Bruhn et al., 2015 참조). 학생들에게 자기점검과 다른 자기관리기술을 가르치는 데 필요한 교수절차와 교수자료들은 Bruhn 외(2015), Clark 외

그림 6.8 체크인/체크아웃 기록 양식의 예

학생 : _____   날짜 : _____   교사명 : _____

시간	행동	평정*		논평	보너스 점수**
8 : 45 ∼ 9 : 00 아침식사 성공으로 가는 길 오전 과제	지시 따르기	5 3 0			
	과제수행	5 3 0			
	과제완수	5 3 0			
	신체공격	예 아니요			
	언어공격	예 아니요			
전환					
9 : 15 ∼ 9 : 30 언어/수학 수업	지시 따르기	5 3 0			
	과제수행	5 3 0			
	과제완수	5 3 0			
	신체공격	예 아니요			
	언어공격	예 아니요			
전환					
9 : 30 ∼ 10 : 30 언어/수학 평가	지시 따르기	5 3 0			
	과제수행	5 3 0			
	과제완수	5 3 0			
	신체공격	예 아니요			
	언어공격	예 아니요			
전환					
10 : 30 ∼ 11 : 00 체육	지시 따르기	5 3 0			
	과제수행	5 3 0			
	과제완수	5 3 0			
	신체공격	예 아니요			
	언어공격	예 아니요			
11 : 20 ∼ 12 : 05 점심	지시 따르기	5 3 0			
	신체공격	예 아니요			
	언어공격	예 아니요			
전환					
1 : 00 ∼ 1 : 20 청소하기 소리 내어 읽기 버스 타기	지시 따르기	5 3 0			
	과제수행	5 3 0			
	과제완수	5 3 0			
	신체공격	예 아니요			
	언어공격	예 아니요			

* **평정** : 5점(1번 혹은 0번 경고), 3점(2번 경고), 0점(3번 이상 경고)
　　신체공격 : 때리기, 주먹 날리기, 물건 던지기, 욕하는 몸짓 등
　　언어공격 : 소리 지르기, 욕하기, 투덜대기, 고함치기, 비방하기 등
　　교실 이탈 : 허락 없이 교실을 떠났는가?
** **보너스 점수** : 적극적인 참여 및 과제수행

출처 : Michelle Nielson-Pugmire의 허락하에 사용함.

(2019), Joseph과 Konrad(2009)의 연구에 제시되어 있다. 아동이 자기관리도구를 만들고 사용할 수 있도록 돕는 무료 프로그램인 KidTools와 KidSkills는 KidTools 웹사이트(http://kidtools.cepel.org)에서 다운로드할 수 있다. 또한 이 책의 제11장의 교수와 학습 '단지 과제에 집중하는 것 이상으로 학생들에게 도움이 되는 자기점검'에도 자기관리 사례를 제시하였다.

예방적인 긍정적 학급관리　정서행동장애학생을 가르치는 교사는 긍정적인 행동과 학업적 성공을 이끌기 위한 토대로서 반사회적 행동은 감소시키고 학생-교사 간 긍정적인 상호작용의 빈도는 증가시키기 위하여 학급 환경을 구성하고 관리해야만 한다.

이렇게 학급 환경을 구성하고 관리하는 일은 매우 어려운 일이지만 다행히도 교사들은 효과적인 학급관리의 지침에 대한 명확하게 규정된 증거기반의 실제를 적용할 수 있다(예 : Kerr & Nelson, 2010; Rhode et al., 2020; Scarlett, 2015; Sprick, 2009).

예방적 행동전략은 문제가 발생하기 전에 예측하고 예방하는 중재이다. "문제를 예방하는 것보다 문제가 일단 발생한 후에 교정하는 것이 훨씬 어렵다. 교사가 학급에서 관리시기를 놓쳐서 통제할 수 없게 되면 다시 통제력을 회복하기가 매우 어려워진다."(Rhode et al., 2020, p. 41).

예방적 행동전략은 다음과 같은 전략들을 포함한다. (1) 교실의 물리적 환경의 구조화(예 : 가장 문제행동이 심한 학생을 교사 가까이 앉히기)(Bicard, Ervin, Bicard, & Baylot-Casey, 2012), (2) 바람직한 행동에 대한 명확한 규칙과 기대 설정하기(Nagro et al., 2019), (3) 수업을 계획하고 활동 간 전환을 관리하여 낭비되는 시간 줄이기, (4) 학생들에게 선택할 기회 제공하기(Green et al., 2011; Wehby & Lane, 2019), (5) 학생이 순응할 가능성이 높은 방식으로 수업하기(Lee et al., 2008), (6) 학생이 적극적으로 참여할 수 있도록 수업하기(Heward, 2019), (7) 바람직한 행동을 칭찬하고 적극적으로 강화하기(Marchant & Anderson, 2012), (8) 도전적 행동이 발생하기 전에 미리 예상하고 대처하기(Ennis et al., 2013)이다.

정서행동장애학생을 가르치는 교사는 행동형성, 유관 계약, 소거, 대체행동 또는 상반행동 차별강화, 벌금처럼 부적절한 행동의 후속결과로서 강화를 잃게 하는 반응대가, 부적절한 행동에 대한 후속결과로서 짧은 시간 동안 학생이 강화에 접근하는 것을 제한하는 타임아웃, 아동이 더럽힌 자기 책상뿐만 아니라 교실의 모든 책상을 청소하게 하는 것처럼 아동이 반사회적 행동으로 손해 입힌 것을 그 이상으로 복원시키도록 요구하는 등의 과잉교정 등의 행동전략을 사용하는 것에 능숙해야 한다(Cooper et al., 2020). 교사는 이러한 행동전략을 개별적으로 적용하기보다는 전반적인 수업과 학급관리에 통합시켜서 적용해야 한다. 또한 교사는 예방전략, **토큰경제**(token economy), **단계체계**(level system) 등도 행동중재 전략들과 함께 적용해야 하며 학생의 행동통제 능력이 향상될수록 더 많은 독립성과 특권을 허용해야 한다(Ivy et al., 2017; Pritchard et al., 2018).

이 장에서 소개하고 있는 우수교사 Michelle Nielson-Pugmire의 학생들은 단계체계에 따라 개별화된 일일 기록지에 자신의 긍정적인 행동과 부정적인 행동을 기록한다. 단계체계의 입문 단계에 속하는 학생들은 매일 특권을 얻고 하루를 시작하는 반면에 그보다 높은 단계에 속한 학생들은 그들의 행동에 따라 특권을 얻기도 하고 잃기도 한다.

또래중재 및 지원　또래집단은 정서행동장애학생들의 행동을 긍정적으로 변화시킬 수 있는 효과적인 수단이 될 수 있다. 학생들이 부적절한 행동을 감소시키고 긍정적인 대안행동을 하도록 또래들이 서로 도울 수 있도록 지원하는 데 사용할 수 있는 전략들은 다음과 같다.

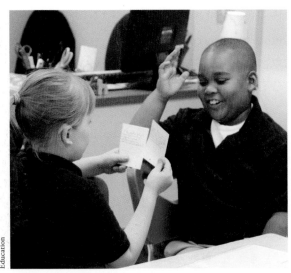

Katelyn Metzger/Great Western Academy/Pearson Allyn and Bacon/Merrill Education

또래교수법은 아동들이 중요한 사회기술을 배울 수 있는 탁월한 방법이 될 수 있다.

- **또래점검법** : 또래의 행동을 관찰하고 그 또래에게 피드백을 제공하도록 가르치는 방법이다(Hatzenbuhler et al., 2019).
- **긍정적인 또래보고법** : 또래의 긍정적인 행동에 대해 보고하는 법을 가르치고 격려하고 강화하는 방법이다(Dillon et al., 2019; Murphy & Ziomke, 2014).
- **또래교수법** : 정서행동장애학생들과 또래들이 서로에게 또래교사 역할을 하는 것으로서 모든 학생에게 사회성 기술을 학습할 기회를 제공한다(Wang et al., 2013).
- **또래 지원 및 대립** : 또래의 바람직한 행동을 인정해주고 또래가 부적절한 행동을 할 때는 적절한 대안행동을 제안하거나 모델링하도록 또래를 훈련시킨다(Braun & Bierman, 2020).

또래지원, 또래집단 과정, 또래모델링 등을 제공하는 것은 학생들을 집단으로 모아놓고 서로 긍정적인 영향을 미치도록 기대하는 것 이상으로 매우 복잡하다. 심각한 정서행동장애학생들은 바람직한 행동을 모델링할 수 있는 또래집단에서 성공적으로 기능할 수도 없을뿐더러 이 학생들은 대부분 자신의 행동에 대해 책임을 수용하는 것을 학습한 경험이 없다. 교사의 가장 중요한 역할은 집단의 응집력이 생기도록 촉진하는 것이다.

집단회의는 하루 일과 중에 실시할 수 있다. 매일 아침 집단 계획회의에서 학생들은 당일의 시간표를 검토하고, 학생 각자 자신의 당일 행동목표를 말하며, 학생들은 서로 행동목표를 성취하도록 지원을 제공하고, 집단의 공동목표를 정한다. 하루 일과가 종료된 후에 학생들은 개인목표와 집단목표를 어느 정도 성취했는지에 대해 이야기하고, 또래들은 서로에게 긍정적인 피드백을 제공한다. 문제해결 회의는 교사를 포함하여 집단의 구성원 중 해결하고 싶은 문제가 있는 경우에 소집할 수 있다.

집단 유관강화(group contingencies)는 집단 구성원들의 행동이 특정 기준에 부합될 경우 그 집단이 특정 강화와 특권을 누리도록 하는 것이다(Helton & Alber-Morgan, 2020; McKenna & Flower, 2014). Popkin과 Skinner(2003)는 정서행동장애학생들의 집단 유관강화를 적용한 흥미로운 연구를 수행하였다. 연구자들은 30장의 색인카드 위에 각각 학습목표인 철자와 성취기준을 기록하였다(예 : 성취기준을 5장의 카드 위에 75%, 8장의 카드 위에 80%, 5장의 카드 위에 95%라고 썼다). 수업을 마치고 교사는 30장의 카드 중에서 무작위로 하나의 카드를 뽑는다. 만일 한 학급 전체 학생의 평균 수행수준이 카드에 있는 성취기준을 초과하면 학급 전체 학생은 강화를 받는다. 이 연구 결과 철자학습에서 그동안 B를 받아왔던 학생들은 A를 받게 되었고, 그동안 철자학습에서 낙제를 했던 학생들은 A 또는 B를 받게 되었다. 몇 주 후에 연구자들은 철자학습에 사용하였던 색인카드를 수학과 문법에도 적용하였고 학생들과 함께 강화물과 강화물을 얻을 수 있는 성취기준을 정하였다.

친밀한 교사-학생 관계 형성

정서행동장애학생들을 가르치는 교사는 학업과 행동관리뿐만 아니라 건강하고 긍정적인 교사-학생 관계를 확립해야 한다. 정서행동장애학생 교육의 선구자인 Morse(1985)는 교사가 정서행동문제 학생들과 효율적이고 긍정적인 관계를 형성하기 위해서는 두 가지 중요한 특성, 즉 변별적 수용과 공감적 관계가 필요하다고 주장하였다.

변별적 수용이란 교사가 아동들의 분노, 증오, 공격과 같은 극단적인 행동을 똑같은 방식으로 반응하지 않고 받아들이는 것을 의미한다. 물론 이것은 말처럼 쉬운 일은 아니다. 그러나 정서행동장애학생들의 교사는 학생이 과거에 경험한 좌절과 자신 및 주위 사람에 대한 갈등을 반영하는 파괴행동을 있는 그대로 바라보아야 하고, 그 학생이 더 나은 방식으로 행동하는 것을 배우도록 도와주어야 한다. 그러나 학생의 문제행동을 수용하라는 것이 반사회적 행동을 인정하고 용납하라는 것은 아니다. 학생은 자신이 부적절하게 행동했음을 깨달아야 한다. 변별적 수용의 개념은 비난하지 않고 이해하는 것이다.

학생과 공감적 관계를 형성하는 것은 정서행동장애학생의 개인적 요구를 이해하는 데 매우 중요한 비언어적 단서들을 인식할 수 있는 교사의 능력에 달려 있다. 교사는 정서행동장애학생과 직접적으로 정직하게 의사소통을 해야 한다. 많은 정서행동장애학생들은 자기에게 도움을 주려고 시도했던 어른들이 정직하지 못하다는 것을 이미 경험해보았다. 그래서 정서행동장애학생은 자기에게 진심으로 관심을 가지고 있지 않은 사람을 빨리 알아챈다.

정서행동장애학생들의 교사는 자신의 행동이 학생들에게 강력한 모델을 제공한다는 사실을 알아야 한다. 따라서 교사의 행동과 태도는 성숙해야 하고 자기통제의 모습을 보여주어야 한다. 한편 교사는 감정이 고조된 상황에서 학생에게 과잉 반응할 위험을 안고 있고 정서적으로 소진될 위험도 있다(Abrams, 2005). 교사는 적절한 유머 감각을 사용하여 학생들과 관계를 형성해야 하고 갈등을 완화시키며, 학습자를 학습활동에 참여시키고, 학생들이 스스로 스트레스를 관리할 수 있도록 도와야 한다(Gilliam, 2019). Kennedy와 Haydon(2020)은 질이 높은 교사-학생 관계를 형성하기 위한 다양한 전략을 제시하였다.

변경 가능한 변인에 초점 맞추기

정서행동장애학생을 가르치는 교사에게 주어진 두 가지 과제는 (1) 학생이 반사회적이고 부적응적 행동을 사회적으로 적절한 행동으로 대체하고, (2) 학업 관련 지식과 기술을 습득하도록 돕는 일이다. 많은 정서행동장애학생들이 반사회적 행동을 자주 나타내고, 적절한 사회성 기술이 부재하며, 학습에 결함을 나타내기 때문에 이들을 가르치는 일은 교사에게 상당한 도전이 된다. 또한 교사가 학생의 행동에 영향을 미치는 모든 요인들을 통제할 수 없으므로 이러한 도전은 더욱 힘들어진다. 일반적으로 정서행동장애학생들의 행동에 영향을 미치는 많은 변인들에 교사는 거의 또는 전혀 영향을 미칠 수 없다(예 : 정서장애학생들이 방과 후에 어울리는 비행 친구들이 있다). 그러나 교사는 아무도 바꿀 수 없는 학생의 과거를 불쌍히 여기거나 현재 학생의 삶에 영향을 미치는 모든 부정적인 요인들을 바꿀 수 없기 때문에 그 학생을 도울 수 없다고 변명해서는 안 된다.

특수교사들은 학생의 삶의 다양한 요인 가운데 교사가 효과적으로 통제할 수 있는 요인에 관심과 노력을 기울여야 한다. Bloom(1980)은 변경 가능한 변인을 학생의 학습을 향상시키는 변인이고, 교수실제에 의해 영향을 받는 변인으로 정의하였다. 변경 가능한 변인은 교육과정과 교수의 중요한 차원으로서 (1) 교수에 할당된 시간, (2) 수업의 활동 순서, (3) 수업의 속도, (4) 수업 시 학생의 적극적인 반응 빈도, (5) 학생이 언제 어떻게 칭찬받는지와 학생의 노력에 대한 강화 유형, (6) 수업 시 학생의 오류를 교정하는 방식과 같은 변인들을 포함한다. 변경 가능한 변인을 확인하고 체계적으로 관리하는 교사는 정서행동장애학생들의 삶에 긍정적인 영향을 줄 수 있다.

대안적 교육 배치

학습목표 6.5 정서행동장애학생을 위한 다양한 교육 배치와 지원을 비교하여 설명할 수 있다.

정서행동장애학생들은 다양한 연속적 교육 배치에서 교육을 받고 있다. 2018~2019학년도 학령기 정서행동장애학생들 가운데 약 49%는 일반학급, 17%는 학습 도움실, 17%는 특수학급, 12%는 특수학교, 1%는 교정시설, 1%는 기숙학교, 2%는 가정이나 병원에 배치되어 교육 서비스를 받았다(U.S. Department of Education, 2020a). 최근 정서행동장애학생들이 일반학급에 더 많이 배치되고 있는 추세이지만 아직도 약 40%의 정서행동장애학생들은 특수학급, 특수학교 및 기숙학교에서 교육을 받고 있다.

상대적으로 더 많은 정서행동장애학생들이 다른 장애 범주의 학생들보다 더 제한적인 환경에서 교육을 받고 있다는 사실은 심한 행동문제를 나타내는 학생을 판별하여 교육하고 있다는 것을 의미한다. 그 결과 정서행동장애 때문에 특수교육을 받고 있는 대부분의 학생들은 심하고 장기적인 행동문제를 보이므로 고도로 구조화된 교육환경에서 집중적인 중재가 필요하다(Maggin al., 2016). 정서행동장애학생들이 요구하는 특수화된 지원과 프로그램을 일반학급에서 일관성 있게 실행하는 것은 매우 어려운 일이다(McKenna, Solis et al., 2019).

정서행동장애학생들을 가르치는 교사들에게 주어진 주요 과제는 정서장애학생들이 학업기술과 사회기술을 적절하게 학습할 수 있는 환경을 조성하면서 동시에 모든 학생들의 안전을 도모하는 일이다. 완전통합교육의 지지자들은 일반학급을 모든 장애학생을 위한 환경으로 만들 수 있다고 믿는다. 일반학급에 배치된 정서행동장애학생들의 긍정적인 교육성과를 보고한 일부 연구들이 있다. 예를 들어 하루 종일 특수학급에서 교육을 받는 정서행동장애학생들에 비해 하루 1시간 이상 일반학급에서 다양한 교과목을 배우는 학생들이 학업 성적도 높고 더 바람직한 학습 습관을 보여주었다(Meadows et al., 1994). 이러한 결과는 모든 정서행동장애학생들을 일반학급에 배치해야 한다는 주장을 지지하는 것처럼 보이지만 이 연구자들은 일반학급에 통합된 정서행동장애 학생들이 특수학급에 배치된 정서행동장애학생들보다 극도의 공격성, 자기통제의 부족 또는 사회적 위축 등을 덜 나타냈을 뿐이라고 강조했다. 정서행동장애학생을 위한 특수하고 차별적인 프로그램을 제공하지 않으면서 "물리적으로만 일반학급에 통합시키는 것은 정서장애학생들에게 교육적 손실을 초래한다."(p. 178). 이 연구에서 일반교사들은 정서행동문제를 지닌 학생들의 요구를 충족시키기 위해 교수방법이나 학급관리 방법을 수정하지 않았다. 따라서 특수화된 교수와 교수적 수정이 없는 일반학급에서 심한 정서행동장애학생들은 적절한 교육을 받을 수 없다.

행동장애아동협의회(CCBD)는 정서행동장애학생의 개별적인 교육적 요구가 충족되는 경우에는 일반학급에 통합하는 것을 지지하지만 일반학급이 모든 정서행동장애학생을 위한 최상의 교육 배치라는 것에는 동의하지 않는다.

> CCBD는 정서행동장애학생들을 위한 정신건강 및 특수교육 서비스의 완전한 연속체를 지지한다. 우리는 모든 교육에 관련된 결정은 개별 학생의 요구에 따라 이루어져야 한다고 믿는다. 결론적으로 … CCBD는 모든 정서행동장애학생들이 일반학급에서 항상 최상의 교육을 받을 수 있다는 주장은 지지하지 않는다 (CCBD, 1993, p. 1).

효과적인 통합교육을 위한 신중한 계획, 협력 및 필요한 지원이 제공되지 않는 경우가 많다. 개별화교육프로그램(IEP) 팀이 정서행동장애학생을 일반학급에 배치하거나 더 제한적인 교육환경에서 일반학급으로 전환하는 결정을 할 경우 교육 배치를 하기 전에 반드시 학생과 일반교사가 준비되어 있는지 확인해야 하고 배치 후에도 필요한 지원을 제공해야 한다. 정서행동장애학생을 일반학급에 교육 배치 전에 확인하고 준비해야 하는 것은 다음과 같다. (1) 일반학급의 행동 기대와 학업 기대의 수준을 확인한다. (2) 일반학급의 기대수준에 비교하여 학생의 현재 학업과 행동수준을 평가한다. (3) 일반학급의 행동기대와 학업기대를 충족하기 위해 정서행동장애학생에게 필요한 기술을 가르친다. (4) 일반교사에게 행동관리의 특수기법을 교사연수를 통해 제공한다(State et al., 2019). 일반학급에 배치한 후에도 정서행동장애학생을 교육하기 위해 전문적으로 훈련된 특수교사가 위기 중재지원 계획, 지속적인 자문, 학급 내 모델링, 중재 등을 제공해야 한다(Simpson, 2004a).

도전, 성취 및 옹호

정서행동장애학생들을 위한 특수교육은 여러 가지 중요하고 지속적인 쟁점들에 직면하고 있다. 정서행동장애학생을 옹호하는 많은 사람들은 연방법을 개정하여 교육수행에 부정적인 영향을 주는 정서행동문제를 가지고 있는 모든 학생들을 특수교육 및 관련 서비스 대상에 포함시켜야 한다고 주장하고 있다. 미국 장애인교육법(IDEA)은 모든 장애아동들이 개별화된 특수교육프로그램과 관련 서비스를 제공받아야 한다고 명시하고 있지만 실제로 정서행동장애아동이 특수교육과 관련 서비스를 제공받느냐의 여부는 아동의 실제적인 교육적 요구에 의해서가 아니라 이용 가능한 교육구의 자원에 따라 결정되곤 한다.

학교 안전과 청소년 폭력에 대한 대중의 우려가 크고 반사회적 행동이 엄청난 사회적 재정적 비용이 드는 만성장애라는 인식이 확산되고 있음에도 불구하고 우리는 예방을 위한 노력을 기울이지 않고 있다. 아동의 정서행동문제가 심각하지 않고 중재효과가 나타나기 쉬운 어린 시기에 조기중재를 하는 것이 바람직한데, 아동이 나이가 들면서 반사회적 행동이 더 심해지면 문제행동을 중재하기가 훨씬 어렵다(Bierman et al., 2020). 현재 정서행동장애의 조기 발견과 예방을 위한 지식과 방법들이 사용 가능하다(예 : Hartman et al., 2017; Walker et al., 2009). 무엇보다도 중요한 것은 대규모의 조기 발견과 예방 프로그램을 실시하기 위한 국가의 정책적 결단과 충분한 예산을 배정하는 일이다.

여기에서 제시한 쟁점들은 새로운 것이 아니라 대부분은 수십 년 전부터 인식되고 논의되고 토론되어 왔다. 이러한 쟁점들은 미래에도 해결되지 않은 채 문제로 남아 있을 것이다. 정서행동장애학생들을 가르치고 옹호하는 사람들이 직면하고 있는 도전적 과제들이 쉽지 않고 끝이 없을 것처럼 보이지만, 정서행동장애 분야는 미래에 지침을 제공할 만큼의 상당한 진보와 성공을 경험해 왔다.

정서행동장애 분야는 특수한 프로그램의 구성요소와 교수실제를 발전시켜 왔는데, 이러한 것을 조합하여 사용할 때 정서행동장애학생들에게 성공적인 교육성과를 가져올 것으로 기대된다(Farmer et al., 2020; Maggin et al., 2016). 이 장에 최상의 프로그램과 실제의 일부를 제시하였다. 이제 우리는 정서행동장애학생들을 위한 효과적인 특수교육에 대한 이론적인 지식과 실제로 정서행동장애학생이 매일 학급에서 경험하고 있는 사건 간 간격을 좁혀 나가는 데 더 많은 노력을 경주해야 한다.

우수교사로부터의 조언 by Michelle Nielson-Pugmire and Kimberly Rich

정서행동장애학생 담당교사

Kimberly는 Michelle이 초임교사 때 멘토였고, 지금도 서로 협력하고 있다. 정서
행동장애학생을 가르칠 때 유용한 조언은 다음과 같다.

학급 전체 및 개별학생과 라포를 형성하라

- **진실하고 솔직하라.** "진실하지 않고 신뢰할 수 없는 사람한테 배우고 싶습니
  까?"라는 질문을 스스로에게 해보라. 라포를 형성하는 첫 번째 단계는 신뢰이
  다. 교사들은 솔직하고 진실되고 신뢰할 수 있는 사람이어야 한다.
- **학생들과 개별적으로 친해지라.** 나는 매일 오전에 학생들과 개별적으로 짧
  은 시간 동안 미팅을 하여 학생이 원하는 주제에 대해 대화를 나눈다. 미팅이 끝날 때 각 학생은 자신의 기분을
  1~10점(1 : 매우 나쁨, 10 : 매우 좋음) 척도로 평가해서 나에게 알려준다. 오전 미팅을 통해 얻은 정보를 이용
  하여 나는 어떤 학생이 도움이 더 필요한지, 어떠한 문제에 대해 대화를 나누어야 하는지, 어떤 학생이 곤경에서
  빠져나와야 하는지, 시간이 있을 때 어떤 학생과 일대일 대화를 해야 하는지 등에 대해 결정한다.
- **학생들과의 놀이를 즐기라.** 교사는 학생들이 선택한 게임을 함께할 시간이 필요하다. 나는 때로는 학생들이 공놀
  이 하는 것을 보기도 하고, 학생들과 어울리기도 하고, 학생들이 창의적으로 생각해낸 가상경기를 함께하기도 한
  다. 때로는 내가 학생들에게 활동에 참여해도 되냐고 묻기도 하고, 때로는 나와 학생들이 함께 새로운 게임을 만
  들어 즐기기도 한다.

일관성 있게 행동하라

- **수업절차를 가르치라.** 처음부터 수업절차와 기대행동을 명확하게 직접적으로 가르쳐야 한다. 매일 아침 첫 시간
  에 학생들로 하여금 기대행동을 반복해서 말하게 하고, 학생들에게 자주 상기시켜줘야 한다. 학생들이 학급절차
  와 정해진 일과와 규칙을 지키면 정기적으로 칭찬해주라.
- **행동과 유관적인 후속결과는 일관성 있게 제공하라.** 학생들은 교사가 일관성 있게 자신들을 대할 때 교사를 신뢰
  하게 된다. 학생이 특권을 얻었으면 확실하게 특권을 제공하고, 학생이 특권을 상실했으면 확실하게 특권을 얻지
  못하도록 하라. 이것은 행동관리의 효과성을 높이게 될 것이다.

통제할 수 있는 상태를 유지하라

- **학생들의 말이나 행동을 사적으로 받아들이지 마라.** 정서행동장애학생은 아무 이유 없이 교사를 비난하기도 한
  다. 정서행동장애학생의 도전행동이 점차 악화되지 않게 하려면 교사는 중립적인 태도로 반응하는 것이 최상이
  다. 정서행동장애학생의 말이나 행동을 사적으로 받아들여서는 안 된다.
- **교사가 실패와 좌절에 어떻게 반응하는지 학생들에게 보여주라.** 정서행동장애학생들은 때로로 교사에게 스트레
  스를 준다. 교사가 스트레스 상황에서도 스스로 통제하는 것을 보여주면 학생들에게 좋은 역할 모델을 제공하게
  된다. 교사는 학생들에게 틀려도 괜찮다는 것도 모델링으로 보여주고, 일부러 실수를 한 후에 학생들에게 실수에
  적절하게 대처하는 방법도 보여주라.
- **실수를 했을 때는 학생에게 사과하라.** 교사가 실수를 했을 경우에는 솔직하게 사과하라. 학생들에게 실수로부터
  배우라고 가르치는 교사 역시 실수로부터 배워야 한다.

유머를 사용하라.

- **웃어라.** 많은 학업적 및 행동적 요구를 가지고 있는 정서행동장애학생을 가르치는 것은 매우 어려운 일이다. 그
  러나 당신이 교사의 업무를 얼마나 즐기고 있는지 학생들에게 보여줄 필요가 있다.
- **삶을 즐겁게 만들어주는 폴더를 만들어라.** 학생들이 말했던 것이나 행동했던 것 중에서 재미있었던 일화나 당신
  의 얼굴에 미소를 짓게 한 사건을 수집하고 기록하라. 정말 힘든 날에는 그 폴더를 꺼내서 보라.

핵심용어와 개념

기능분석	자기관리	집단 유관강화
내면화 행동	자기점검	토큰경제
단계체계	자기평가	행동의 기능평가
반응카드	정서장애	행동중재계획(BIP)
외현화 행동	정서행동장애	ABC 기록법

요약

정의

- 모두가 동의하여 폭넓게 사용되는 정서행동장애의 정의는 없다. 대부분의 정서행동장애의 정의는 아동의 행동이 현재 사회적 및 문화적 규준과 현저하게 차이가 나며 그러한 특성이 만성적으로 나타나는 것을 포함하고 있다.
- 정서행동장애 분야의 많은 학자들은 미국 장애인교육법의 정서장애 정의를 싫어하는데, '사회적으로 부적응하는' 학생들을 특수교육과 관련 서비스에 부적격하다고 명시하고 있기 때문이다.
- CCBD는 정서행동장애를 "학교 프로그램에 대한 아동의 행동적 또는 정서적 반응이 아동의 연령, 문화, 인종 규준과 많이 달라서 교육수행에 불리한 영향을 미치는 장애"라고 정의하고 있다.

특성

- 외현화 행동문제를 가지고 있는 아동은 반사회적 행동과 공격행동을 보인다.
- 내면화 행동문제를 가지고 있는 아동은 위축되어 있고, 타인과 효과적으로 상호작용하는 데 필요한 사회성 기술이 부족하다.
- 정서행동장애학생의 집단은 학업수준이 한 학년 이상 낮다.
- 많은 정서행동장애학생들이 학습장애나 언어지연을 드러낸다.
- 정서행동장애학생들의 지능지수는 일반적으로 평균보다 약간 낮다.
- 많은 정서행동장애학생들은 대인관계를 형성하고 유지하는 데 어려움을 겪는다.
- 정서행동장애학생들의 약 3분의 1이 재학 중에 구속된다.

출현율

- 행동장애의 출현율에 대한 추정치는 매우 다양하다. 신뢰할 만한 연구에 따르면 학생 중 3~6%는 특수교육이 필요할 만큼의 정서행동 문제를 지니고 있다.
- 특수교육을 받고 있는 정서행동장애아동들은 출현율의 추정치보다 훨씬 적다.

원인

- 정서행동장애와 관련된 생물학적 요인은 두뇌 장애, 유전 및 기질이다.
- 환경의 원인적 요인은 가정, 학교 및 지역사회이다.
- 장애의 원인에 대해 아는 것이 예방 프로그램을 개발하고 실행하는 데 필수적이지만 아동이 현재 나타내고 있는 행동문제에 대한 효과적인 중재나 치료에 있어서는 정확한 원인에 대한 정보가 꼭 필요하지는 않다.

판별과 사정

- 체계적인 선별검사를 통해 심각한 유형의 반사회적 행동을 보일 위험성이 있는 아동을 가능한 한 조기에 판별해야 한다.
- 대부분의 선별검사 도구는 교사, 부모, 또래 혹은 아동 자신이 평정하는 행동평정 척도나 점검목표로 이루어져 있다.
- 학급에서의 특정 문제행동에 대한 직접관찰과 측정을 통해 행동중재가 필요한지 여부와 어떤 행동에 대한 중재가 필요한지를 파악할 수 있다. 측정할 수 있는 다섯 가지 행동차원은 비율, 지속시간, 반응시간, 형태, 강도이다.
- 행동의 기능평가(FBA)는 학생 행동의 기능 또는 목적을 알기 위해 정보를 체계적으로 수집하는 과정이다. 도전적 행동의 두

가지 주요 행동기능은 (1) 학생이 원하는 것을 얻는 것(정적 강화)과, (2) 학생이 원하지 않는 것을 회피 혹은 도피하는 것(부적 강화)이다.

- 행동의 기능평가 결과는 적절하고 효과적인 행동중재계획(BIP)을 세우는 데 활용할 수 있다.

교육접근

- 정서행동장애학생들은 사회성 기술과 학업에서 체계적인 교수가 필요하다.
- 학교차원의 긍정적 행동지원(SWPBIS)은 다층지원체계(MTSS)를 사용하여 긍정적인 학교 문화를 조성하고 모든 학생의 학업 및 사회적 성공을 촉진하는 예방 중심 접근방법이다. SWPBIS의 다층지원체계의 1단계에서는 모든 학생을 보편적으로 지원한다. 2단계에서는 위험군 학생들을 대상으로 표적중재를 하고, 3단계에서는 고위험 행동을 보이는 학생들을 위해서는 집중적이고 개별적인 중재를 제공한다.
- 바람직한 학급경영 시스템은 친사회적 행동과 학업성취를 촉진시키는 긍정적이고 지원적이며 비강압적인 환경을 조성하기 위해 예방적 전략들을 사용한다.
- 자기관리기술은 학생들로 하여금 자신의 환경을 통제하고, 자신의 행동에 대해 책임을 지며, 자기주도적으로 결정을 하도록 도울 수 있다.
- 집단과정 접근방법은 정서행동장애학생들이 적절하게 행동할 수 있도록 또래집단을 이용한다.

- 정서행동장애학생들을 가르치는 교사에게 중요한 두 가지 정서적 속성은 변별적 수용과 공감적 관계이다.
- 교사는 변경 가능한 변인에 자원과 에너지를 집중해야 하는데, 이는 교사가 학생의 학습과 행동에 변화를 가져올 수 있는 학생 환경의 변인이다.

대안적 교육 배치

- 최근 정서행동장애학생들을 일반학급에 배치하는 것이 추세이지만 아직도 정서장애학생의 약 40%는 특수학급, 특수학교 및 주거시설에서 교육을 받고 있다.
- 다양한 교육환경에 배치된 정서행동장애학생들의 행동과 학업의 진보를 비교하는 것은 어렵다. 왜냐하면 경도장애학생들이 일차적으로 통합되는 반면에 중도행동장애학생들은 더 제한된 환경에 배치하기 때문이다.
- 정서행동장애학생을 일반학급에 배치하려면 학생과 일반교사는 반드시 배치 전에 준비해야 하고 배치 후에도 지원을 제공해야 한다.

도전, 성취 및 옹호

- 정서행동장애 분야의 두 가지 도전적 과제는 (1) 교육적 수행에 부정적인 영향을 미치는 정서행동장애를 가지고 있는 모든 학생들이 특수교육 서비스를 받을 수 있도록 보장하는 것과, (2) 대규모의 조기 발견과 예방 프로그램을 개발하는 것이다.

CHAPTER 7

자폐성 장애

Pearson/Alberto Viglietta

주요 학습목표

7.1 자폐성 장애의 고유한 특징을 설명할 수 있다.

7.2 최근 자폐성 장애의 출현율이 증가하는 데 영향을 미친 요인들과 처음 보고된 이후 최근까지 자폐성 장애의 원인에 대한 관점의 변화를 설명할 수 있다.

7.3 신뢰할 만하고 타당하고 자폐성 장애 조기선별 및 진단도구의 개발이 중요한 이유를 설명할 수 있다.

7.4 자폐성 장애학생을 위한 증거기반 전략들에 대해 설명할 수 있고 일시적으로 유행하는 과학적으로 입증되지 않은 접근들과 어떻게 구별되는지를 설명할 수 있다.

7.5 일반학급에서 제공하는 자폐성 장애학생을 위한 교육 서비스의 제공하는 장점과 단점을 설명할 수 있다.

학력, 자격증, 경력

- 유타대학교 인간발달과 가족연구학 학사(2014)
- 유타대학교 유아특수교육학 석사(2017)
- 유타주 교육부 유아특수교사 자격증
- 자폐성 장애 유아학급 보조교사 경력 3년
- 자폐성 장애 유아학급 특수교사 경력 6년

우수교사 사례

Katelyn Johnson

**Woodrow Wilson Elementary School,
Granite School District, Salt Lake City, Utah**

남동생이 3세에 자폐성 장애로 진단받았을 때 자동적으로 보호자와 교사로서의 나의 역할은 시작되었다. 나는 자폐성 장애가 무엇인지 알지 못했으나, 특별한 내 동생의 예술적 재능을 자랑했다. 남동생은 남들과 다르고 어려운 점들도 있었지만 주변 사람들의 높은 기대와 질 높은 교수를 지원받아서 자신의 야망적인 목표를 성취할 수 있음을 보여줬다.

나는 자폐성 장애 유아를 위한 학급의 보조교사로서 특수교육 분야의 일을 시작했다. 학급 담임이었던 특수교사는 유아들을 가르치는 기술과 환경을 관리하는 능력이 뛰어났고, 아직도 나의 멘토로 남아 있다. 이 특수교사가 다른 학교로 전근을 가게 되어 내가 그 자리를 대신하게 되었고, 우리 학급에서 유타주립대학교의 Thomas Higbee 박사가 개발한 자폐성 장애 지원서비스 : 교육, 연구, 훈련(ASSERT)을 실시하였다. 이 지원 서비스는 응용행동분석 기술과 전략을 사용하여 구조화된 일대일 교수상황에서 각 학생이 기술을 습득하도록 지원하고, 습득한 기술들을 자연스러운 집단활동 상황에서 일반화할 수 있도록 촉진한다.

성공을 위해서는 독립성이 요구되므로 나는 활동 스케줄, 작업 가방 등의 일과를 이용하여 유아들이 점차 독립성을 향상시키도록 돕는다. 유아들에게 독립적으로 활동을 수행하라고 요구하기 전에 유아들에게 어떻게 활동을 수행하는지를 가르치고 성공적으로 수행하였을 경우에는 강화를 제공한다. 오류 없는 학습을 적용하여 아동이 스케줄을 따라 과제를 완성하도록 가르친다. 아동이 스케줄을 따라 과제를 완성할 수 있게 되면 지원을 점차 감소시켜 가면서 아동이 독립적으로 과제를 수행할 기회를 늘려간다. 우리 학급에는 아동이 스스로 과제를 100% 독립적으로 수행해야 하는 지정된 영역들이 있다. 아동의 독립성이 증가하면 학교에서뿐만 아니라 가정에서의 과제수행에도 도움이 된다.

학생들에 대한 최종적인 목적은 일반학급에 성공적으로 전환되는 것이므로 나와 보조교사는 자폐성 장애아동들에게 비장애 또래들과의 적절한 상호작용을 위해 필요한 사회성 기술을 가르치는 데 초점을 맞추고 있다. 사회성 기술이 결여되어 있는 자폐성 장애아동은 통합학급에서 성공을 경험할 가능성이 없다. 가령 모든 학생은 또래와 놀이를 할 때 차례를 지켜야 한다. 차례 지키기를 가르치기 위하여 적절한 눈 맞춤하기, 언어 사용하기(예 : "네 순서야."), 차례 요구하기, 또래의 순서인 경우에 인내심 가지고 기다리기 등의 작은 단위의 기술로 과제분석을 할 필요가 있다. 게임 참여를 학습할 때는 작은 기술부터 시작하여 모든 단계의 기술을 연쇄적으로 수행할 수 있기까지 연습해야 한다. 일반화를 촉진하기 위해서 나는 자폐성 장애아동이 학습한 사회성 기술을 다양한 또래들로 구성된 소집단에서 연습하도록 기회를 제공한다. 자폐성 장애아동의 독특한 요구를 충족하기 위한 개별화 교육으로서 사회성 기술을 가르치고 있지만 이러한 사회성 기술을 촉진하기 위한 소집단활동이 모든 유아에게 적용되길 바라고 있다.

특수교사로서의 나의 직업을 사랑하는 이유 중 하나는 매우 다양한 학생을 가르친다는 것이다. 독특한 특성을 가지고 있는 각 아동을 가르치는 것은 새로우면서 신나는 도전이다.

최근까지도 90% 이상의 자폐성 장애아동의 일상생활 문제가 성인기까지 계속 지속되고 집중적인 감독과 지원을 필요로 하므로 예후가 아주 좋지 않았다(Bristol et al., 1996). 그러나 연구를 통해 자폐성 장애에 대한 이해의 폭이 넓어지고, 효과적인 교육과 중재가 자폐성 장애아동과 자폐성 장애 성인의 삶의 질을 향상시키고 있다는 것은 좋은 소식이다.

몇십 년 전까지만 해도 자폐성 장애는 심지어 특수교육에서도 잘 인식하지 못하는 장애였지만, 이제는 교육과 사회 분야까지 폭넓게 주목을 받고 있다. 그러나 여전히 이 장애에 대해 알려진 바는 거의 없는 상태이다. Richard Simpson(2004a)은 그가 30년 전 이 분야의 일을 시작하면서 자폐성 장애아동을 만나 "가슴 뛰고 매료당했다."(p. 137)고 전하면서 다음과 같이 기록하고 있다.

> 최근 자폐성 장애에 대한 미디어의 비상한 관심에도 불구하고 내가 이 분야에 첫발을 디뎠을 때처럼 신비로운 매력은 아직도 여전히 남아 있다. 즉, 자폐성 장애를 이해하고 치료하는 데 의미 있는 진보가 있었지만 아직도 이 장애는 신비롭다. 장애의 렌즈를 통해 자폐성 장애를 들여다봐도 특히 자폐성 장애인은 상당히 도전이 되며 불가사의한 집단이다(p. 138).

자폐성 장애인이 언제나 우리 사회의 일부였던 것은 의심의 여지가 없다. 볼티모어의 존스홉킨스병원의 정신과 의사인 레오 캐너가 1943년 11명의 아동 사례를 발표하면서 이 장애의 상태를 처음 기술하고 명명하였다. 그 전까지는 보고되지 않았던 아주 특이한 행동을 보이는 아동들의 개별 사례를 특성별로 상세히 고찰하였다(Kanner, 1943, p. 217). 캐너가 기술한 8명의 소년과 3명의 소녀는 다음과 같은 공통 특성을 지니고 있었다.

- 일반적인 방식으로 다른 사람과의 관계 형성 곤란
- 바깥세상으로부터 동떨어져 있는 것처럼 보이는 아주 심한 고립
- 부모가 안아주는 것에 대한 저항
- 함묵증 및 반향어를 포함한 심한 구어 결함
- 일부의 경우 아주 뛰어난 기계적 기억력
- 어릴 때부터 특별한 음식 선호
- 반복 및 동일성에 대한 강박적 욕구
- 몸을 앞뒤로 흔들기와 사물을 돌리는 등의 독특한 반복행동
- 폭발적인 성질 부리기
- 놀이에서의 상상력 결핍 및 자발적 행동의 결여
- 정상적인 신체 외모

캐너(1943)는 이런 비정상적인 특성, 특히 "자기 자신을 사람 및 상황과 전형적인 방법으로 관련시키지 못하는 무능력"을 병리적 증상으로 보고(p. 242), 이를 초기 유아 자폐증(early infantile autism)이라 불렀다.

한편 캐너의 연구가 진행되는 것을 몰랐던 오스트리아 비엔나의 소아과 의사였던 한스 아스퍼거는 1944년 이 용어를 **자폐적 정신병리**(autistic psychopathology)라고 불렀고, 아동과 청소년 집단에서 발견한 행동 증후군이라고 기술하였다(Wing, 1998). 아스퍼거가 명명한 '꼬마 교수'는 우수한 언어적 기술을 보이고 평균 이상의 우수한 지능을 가지고 있었지만 사회적으로 미숙하고 부적절한 행동을 보이고 자신만의 특별한 관심사에 대해 혼잣말을 하고 억양과 몸짓 언어가 특이하였다.

정의

캐너와 아스퍼거가 처음 보고한 많은 결핍행동과 과잉행동은 최근 **자폐성 장애**(autism spectrum disorder, ASD)의 정의에서 핵심 진단기준이 되었고, 사회적 의사소통과 상호작용의 지속적인 결함 및 제한적이고 반복적인 형태의 행동과 흥미를 특징으로 하는 신경발달장애이다.

IDEA의 자폐성 장애에 대한 정의

1990년에 미국 의회가 미국 장애인교육법(IDEA)을 제정할 때(PL 101-476) 장애 범주에 자폐성 장애가 추가되었고, 자폐성 장애아동들은 특수교육을 받도록 하였다. IDEA는 이 장애를 다음과 같이 정의하였다.

1. 자폐성 장애는 언어 및 비언어적 의사소통과 사회적 상호작용에 영향을 미치는 발달장애로서 일반적으로 3세 이전에 발생하며 교육수행에 부정적인 영향을 준다. 자폐성 장애와 관련된 기타 특성은 반복행동과 상동행동, 환경의 변화나 일상생활의 변화에 대한 거부, 감각에 대한 비정상적 반응 등이다.
2. IDEA의 (c)(4) 조항에 정의되어 있는 심한 정서장애 때문에 교육수행에 부정적인 영향을 받을 경우에는 자폐성 장애라는 장애범주는 적용되지 않는다.
3. 3세 이후에 자폐성 장애의 특성을 보이는 아동은 IDEA (c)(1)(i) 조항의 기준을 충족할 경우 자폐성 장애로 간주할 수 있다(34 CFR Part 300 §300.8[c][1][i-iii] [August 14, 2006]).

자폐성 장애에 대한 DSM 정의

미국 정신의학회의 **정신질환의 진단 및 통계편람**(제5판)은 미국에서 정신장애, 행동장애 및 발달장애를 진단하기 위하여 의사, 심리학자, 자격증이 있는 치료사가 사용하는 핸드북이다. 미국 장애인교육법(IDEA)의 자폐성 장애 범주에 해당되어 특수교육을 받은 많은 중등학생들은 DSM-IV(American Psychiatric Association, 2000)의 자폐성 장애, 아스퍼거장애, 아동기 붕괴성 장애, 비분류 전반적 발달장애 등 4개의 전반적 발달장애 중의 하나로 진단을 받는다. 이 장애들은 발생 연령과 다양한 증상의 심각성에 따라 구분되는데, 가장 심한 유형이 자폐성 장애이며 가장 경도의 유형이 아스퍼거증후군으로 구분된다.

DSM-5(American Psychiatric Association, 2013)는 이러한 4개의 관련 장애를 **자폐성 장애**에 포함시키며 다음과 같은 진단기준을 제시하고 있다.

- 다양한 상황에서 **사회적 의사소통 및 사회적 상호작용의 지속적인 결함**이 아래와 같이 나타난다.
  - 사회적-정서적 상호성, 관심 공유, 사회적 상호작용을 정상적으로 시작하거나 반응하는 데 있어서의 문제
  - 비언어적 의사소통 행동(예 : 몸짓언어, 눈 맞춤, 자세, 얼굴 표정)의 사용 및 이해의 결함
  - 관계를 맺고 유지하기, 사회적 상황의 변화에 따라 적응하여 행동하기, 친구 사귀기 등에 있어서의 어려움과 또래에 대한 관심 부족
- **제한적이고 반복적인 행동, 관심 또는 활동**이 다음 중 적어도 2개 이상 나타난다.
  - 상동적이거나 반복적인 근육운동, 사물 사용 및 구어

- 동일성 고집, 규칙적으로 하는 일의 통상적인 순
  서와 방법에 대한 비융통성 혹은 의례적인 행동
  양상
- 심도나 초점에 있어서 비정상적인 매우 제한적이
  고 고착화된 관심
- 감각에 대한 민감반응 또는 둔감반응, 환경의 감
  각 측면에 대한 비정상적인 관심

자폐성 장애아동은 몇 시간 동안 한 가지 물건과 활동에 집착하는 경향이 있다.

이런 증상들이 아동기 초기에 나타나야 하며 사회적 · 직업적 또는 기타 중요한 기능에 임상적으로 심각한 손상을 초래해야 한다. 이런 증상들은 지적장애나 발달지연으로 설명되지 않는다(APA, 2013, pp. 50-51).

　DSM-5는 이 장애로 인한 일상 기능의 제한이나 손상을 회복하기 위해 요구되는 지원의 양에 따라 자폐성 장애의 심각성을 세 단계로 분류한다.

특성

자폐성 장애의 특성을 살펴본 것처럼 어떤 자폐성 장애아동들은 일상생활 기능의 대부분 또는 모든 영역에서 심한 손상을 나타내고 어떤 아동들은 단지 가벼운 손상만 있다. 많은 자폐성 장애아동들이 유사한 방식으로 행동하지만 자폐성 장애의 스펙트럼상에 있는 어떤 두 아동도 유사성보다는 상이성이 훨씬 더 뚜렷하다. "자폐성 장애를 정의할 수 있는 전형적인 단일 행동은 없으며 어떤 행동도 자폐성 장애의 진단에서 배제할 수 없다."(National Research Council, 2001, p. 11). 자폐성 장애의 옹호자인 스티븐 쇼어는 "만일 당신이 자폐성 장애인 한 명을 만났다면 당신은 자폐성 장애인 한 명을 만났을 뿐이다."(Margo, 2020)라고 표현했다.

사회적 상호작용의 손상

많은 자폐성 장애아동들은 극도의 무관심을 보인다. 부모가 관심을 보이거나 안아주어도 거의 관심을 보이지 않으며, 자신이 타인과 함께 있는지 또는 혼자 있는지에 대해서도 별로 관심이 없으며 알려고도 하지 않는 것처럼 보인다. 타인에게 물건을 보여주거나 손가락으로 가리키기, 타인에게 손을 흔들거나 자신의 머리 끄덕이기 등과 같은 사회적 동작을 거의 사용하지 않는다.

　많은 자폐성 장애아동들은 타인의 정서상태를 인식하고 자신의 감정을 표현하며 타인과 애착이나 관계를 형성을 하는 데 어려움을 나타낸다. 일부 이론가와 연구자들은 자폐성 아동들이 보이는 사회적 상황에서 어려움의 원인을 **생각의 원리** 또는 **마음 이론**(theory of mind)의 결핍이라고 주장한다. 즉, 자신과 타인의 생각, 동기 및 신념을 구분하고 해석하는 통찰력의 결함이라는 것이다(Happé, 2003; Korkmaz, 2011). "간단히 말해서 마음 이론은 자신과 타인 생각의 내용을 반영할 수 있도록 해준다(BaronCohen, 2001, p. 3).

　타인의 관점을 효과적으로 알려면 겉으로 나타나는 현상과 실제를 구분하고 자신의 경험과 사회적 맥락에 기초하여 다른 사람들이 '틀린 믿음'을 가지고 있는지를 이해하는 능력이 필요하다. 샐리-앤 과제는 고전적 틀린 믿음을 측정하기 위한 검사이다(Baron-Cohen et al., 1985). 학생들로 하여금 상자 안에 놓여 있는 인형을 보고 있는 샐리와 앤이라는 2명의 인물을 보게 한다. 그다음 샐리가 방에서 나가고, 앤이 상자 안에 있던 인형을 캐비닛에 옮겨놓는다. 그 후 방에 다시 돌아온 샐리가 그 인형을 어디에서 찾을 것인지를 학생들에게 질문한다. 만 4세 정도의 비장애아동들은 샐리가 인형을 원래 있던 상자에서 찾을 것이라고 답하는 반면에 많은 자폐성 장애아동은 샐리가 캐비닛에서 인형을 찾을 것이라고 답한다.

타인의 생각과 감정을 추론하지 못하기 때문에 일부 자폐성 장애아동들은 상대방이 전혀 관심이 없는 불분명한 주제에 대해 끊임없이 말한다(Southall & Campbell, 2015). 연구자들은 자폐성 장애아동들에게 타인의 행동이나 관점을 이해할 수 있도록 조망 수용과 다양한 마음 이론 기술을 가르치기 위한 중재방법을 개발하고 있다(예 : Lovett & Rehfeldt, 2014; Peterson & Thompson, 2018).

어린 자폐성 장애아동은 일반적으로 영아기에 전형적으로 발달하는 사회적 의사소통인 **공유된 관심**(joint attention)에 결함을 보인다. 공유된 관심은 몸짓이나 시선을 사용하여 흥미 있는 대상이나 사건에 다른 사람의 관심을 끌거나 몸짓이나 시선을 사용하여 자신의 관심을 끌려는 다른 사람에게 반응하는 것이다. 비장애아동은 누군가 바라보고 있는 곳을 자신도 바라본다. 즉, 아동은 엄마가 머리를 돌려 어떤 것을 바라보는 것을 목격할 때 자신도 따라서 바라보고, 누군가 가리키는 방향으로 자신의 머리나 눈을 돌린다. 공유된 관심은 아동이 타인과 동일한 준거의 틀을 가지고, 서로 공유하는 환경 내에서 상호작용을 할 수 있도록 도울 뿐만 아니라 언어와 사회성 기술의 발달에 있어 중요한 요소이다.

공유된 관심의 결함은 자폐성 장애아동이 타인을 관찰하여 학습하는 것이 어려운 이유 중의 하나이다. 자폐성 장애학생의 공유된 관심 능력과 관찰을 통해 학습하는 능력을 향상시키기 위한 방법은 DeQuinzio 외(2018), Kourassanis-Velasquez와 Jones(2019), Meindl과 Cannella-Malone(2011), 그리고 Tekin-Iftar와 Birkan(2010)을 참조하라.

의사소통과 언어결함

어떤 자폐성 장애아동은 말을 하지 않고 종종 단순한 말소리를 낸다. 말을 하는 자폐성 장애아동들은 대체로 **반향어**(echolalia), 즉 사람들이 한 말을 똑같이 되풀이하거나 분명한 의사소통의 목적이 없이 맥락에 맞지 않는 말을 한다. 반향어는 즉각적이거나 지연되어 나타난다. 7세 자폐성 장애아동은 스포츠 중계를 하는 아나운서의 말이나 TV쇼, 만화, 영화에서 나오는 말, 수학시간에 교사가 한 말을 하루 종일 되풀이한다.

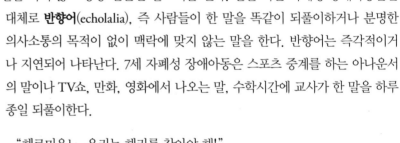

"헤르미온느, 우리는 해리를 찾아야 해!"
"징징아, 안녕!"
"안젤리카, 나 좀 도와줘!"
"오늘의 어린이 프로그램 노긴 쇼는 당신의 좋은 친구인 맥도날드에서 제공하였습니다."
"제프 고든이 외곽 쪽에서 회전을 합니다."
"5를 더해 받아올려."(Murphy, 2003, p. 22).

일부 자폐성 장애아동들은 놀라운 어휘를 습득하지만 유용하고 적절한 방식으로 사용하지 못한다. 자폐성 장애아동의 일반적인 특성은 언어정보를 구체적이고 문자적으로 받아들인다. 이들은 추상적 개념, 관용어, 은어, 풍자,

일상생활에서 말과 사회성 기술을 발달시키는 것이 무스타파의 핵심 목표이다.

유머보다는 분명한 인과관계가 있거나 분명한 답이 있는 질문들을 더 쉽게 이해한다.

반복, 의식 및 비정상적 행동 양상

일부 자폐성 장애아동들은 의식적이고 반복적인 행동을 한다. 이들은 앉아 있을 때 몸을 흔들고, 주변을 빙빙 돌며, 손으로 날갯짓을 하거나, 반복해서 3~4개의 어조로 콧소리를 내는 등 뚜렷한 기능이 없는 반복적인 **상동행동**(stereotypic behavior)을 보인다. 어떤 아동들에게는 반복적인 행동이 자기 자극 (예 : 소리, 빛, 진동 및 기타 감각)을 유발하여 그 행동을 유지하게 하는 자동강화 기능을 하기도 한다 (Lanovaz, et., 2011).

많은 비장애인들도 상동행동을 보이지만 주로 다른 사람들에게는 안 보이게 하고 자폐성 장애인들보다는 훨씬 적게 나타낸다. 자폐성 장애아동은 자신의 손을 오므려서 응시하거나 불빛을 바라보고, 물건을 돌리거나 볼펜을 똑딱거리며 소리 내는 행동을 한번 시작하면 몇 시간씩 지속한다. 이러한 상동행동은 아동이 수업에 참여하여 학습하는 것을 어렵게 만들며 정상적인 방식으로 타인과 상호작용하는 것을 방해하는 사회적 낙인이 된다.

동일성에 대한 고집

많은 자폐성 장애아동들은 정해진 일과가 변화하는 데 대해 거부감을 나타낸다. 어떤 자폐성 장애아동은 자신의 책과 연필을 정확하게 똑같은 방식으로 배열하려고 고집하며, 만일 어느 하나라도 옮겨져 있으면 속상해한다. 그들은 자기 책상이나 교실의 특정 공간에 특정 경로를 통해서만 걸어가거나, 특정 컵만 사용하거나, 지루하고 독특한 방식으로 사탕 껍질을 벗기는 등과 같이 비기능적인 일과나 습관을 융통성 없이 고수하려고 한다. 어떤 아동들은 집이나 교실에서 자신의 정해진 일과에 사소한 변화만 있어도 자제력을 잃고 화를 내기도 한다.

언어를 사용하는 자폐성 장애아동들은 동일성을 고집하고 특정 주제나 관심 영역에만 몰두한다. 이 아동들은 자신의 이야기를 듣는 사람이 지루해하는 것에는 관심을 기울이지 않고 자신이 관심 있는 한 가지 주제에 대해서만 끊임없이 이야기하며, 그 밖의 다른 것들에는 어떠한 관심도 보이지 않는다. 또한 상대방이 대답을 한 질문을 되풀이하여 반복하여 질문한다.

일부 교사들은 자폐성 장애학생이 자신이 선호하는 것에 대해 강하게 집착하는 것은 기껏해야 기이한 약점일 뿐만 아니라 사회적 관계를 맺거나 수업에 참여하는 장애물이라고 간주한다. 그러나 자폐성 장애학생이 독거미나 온도계 등 독특한 영역에 관심을 보이는 것은 다른 영역의 기능에서 긍정적인 성과와 장점이 될 수도 있다(Winter-Messiers et al., 2007)(교수와 학습 '행동 유인 : 집착을 학습 동기로 활용하기' 참조).

감각자극에 대한 비정상 반응

자폐성 장애인 중의 약 70~80%는 감각자극에 비전형적인 방식으로 반응한다(Simpson et al., 2019). 비전형적인 반응은 감각자극에 대한 과잉반응(민감반응)과 과소반응(둔감반응)의 형태로 나타난다. 민감반응을 나타내는 아동은 특정 소리를 견디지 못하거나 타인이 자신의 몸을 스치는 것이나 특정 옷감의 촉감을 싫어할 수 있으며 특정 냄새나 맛이 나는 음식 섭취를 거부할 수도 있다.

둔감반응을 나타내는 자폐성 장애아동은 대부분의 사람들이 반응하는 감각자극에 대해 의식하지 못하는 것처럼 보이고 정상적인 방식으로 고통을 느끼지 못하는 것처럼 보인다. 이들은 빙글빙글 돌거나 앞뒤로 몸을 흔들거나 단단한 물체로 자신의 피부를 문지르는 등의 행동을 통해 더 강한 자극을 얻기도

교수와 학습

행동 유인 : 집착을 학습 동기로 활용하기

행동 유인이란 무엇인가 지루하지 않고 많은 시간을 보낼 수 있는 재미있고 환상적인 활동, 취미 또는 흥미가 있는가? 이러한 활동을 기회가 있을 때마다 계속해서 되풀이하려는 집착을 가지고 있는가? 그렇다면 당신은 행동 유인(behavior trap, 관심이나 흥미로 인해 덫에 걸리게 됨)에 빠져들었을 것이다. 거부하기 어려운 강화인이 미끼 역할을 하므로 행동 유인은 실질적이고 오랫동안 지속되는 행동 변화를 가져올 수 있다. 예를 들면 춤을 좋아한다면 매일 다른 음악으로 다른 장소에서 다른 사람들과 춤출 것이다. 이러한 춤 연습은 새로운 춤과 더 복잡한 춤동작을 배울 수 있게 해준다. 춤에 능숙해질수록 춤을 더 좋아하게 되기 때문에 이전보다 훨씬 춤을 더 추게 된다.

많은 자폐성 장애학생들은 폭넓은 영역의 학업적·사회적·기능적 기술을 가르치기 위한 동기로서 사용될 수 있는 특별한 관심 영역이 있다. 예컨대 어떤 학생이 읽기를 정말 싫어하지만 '캡틴 아메리카'를 좋아한다면 교사는 '캡틴 아메리카' 만화책을 읽기수업 도구로 사용할 수 있다. 다음은 교사가 야구카드에 집착하는 5학년 학생에게 행동 유인을 사용한 사례이다.

> 학교를 지루하고 재미가 없는 곳으로 생각하는 카를로스는 수업시간에 야구카드를 가지고 놀면서 위안을 받는다. 그를 가르치는 교사인 그린은 오랫동안 카를로스로부터 야구카드를 압수하려고 수업을 중단하곤 했다. 그러던 어느 날 알파벳순으로 정리하는 것을 가르치는 수업을 진행하던 교사 그린이 수업에 집중하지 않는 카를로스의 야구카드를 빼앗으려고 카를로스의 책상으로 다가가서 보니 카를로스가 내셔널 리그의 왼손잡이 투수들의 이름을 알파벳순으로 정리해놓은 것을 보게 되었다. 교사 그린은 카를로스의 학업발달을 위해 야구카드를 사용하면 된다는 비밀을 깨닫게 되었다.
>
> 교사 그린이 카를로스에게 수업 중에 야구카드를 가지고 놀아도 된다는 얘기를 하자 카를로스는 깜짝 놀랐다. 교사 그린은 야구카드를 다양한 교육과정의 학습활동에 사용하였다. 수학시간에 카를로스는 야구 선수의 평균 타율을 계산했고, 지리시간에 유명한 야구 선수가 태어난 고향의 위치를 학습하였다. 언어시간에는 자기가 좋아하는 야구 선수에게 사인을 한 사진을 보내달라고 요청하는 편지를 썼다. 카를로스는 학업적으로 눈에 띄게 향상되었으며 학습태도도 좋아졌다.

출처 : Alber, S. R. & Heward, W. L. (1996). "GOTCHA!" Twenty-Five Behavior Traps Guaranteed to Extend Your Students' Academic and Social Skills. Intervention in School and Clinic, Vol. 31(5), pp. 285–289. Copyright ⓒ 1996 by Hammill Institute on Disabilities

행동 유인을 어떻게 사용할 수 있는가

1. **특별한 관심 영역을 찾아라.** 이는 교사에게 가장 쉬운 평가이다. 사물, 사건, 사람 혹은 활동이 특별한 관심 영역에 해당할 수 있으며 학생과 시간을 보낸 사람들은 알 수 있다. 예를 들어 이 책의 제1장에 제시된 자폐성 장애인 타일러 루이스의 경우에 어린 시절에 지도를 좋아해서 끊임없이 지도에 대해 말하고 지도를 보고 지도를 그렸다.
2. **특별한 관심 영역을 다양한 교육과정에 통합하라.** 타일러의 지도에 관한 집착은 수학, 읽기, 쓰기, 과학, 사회과목에 쉽게 통합할 수 있다.
3. **행동 유인책에 쉽게 접근할 수 있도록 하라.** 학생이 행동 유인책에 접근하는 것이 어려우면 안 되고, 특별한 관심 영역에도 자유롭게 접근할 수 있게 해야 한다. 학생이 자신의 특별한 관심 영역에 몰두할 수 있도록 필요한 자료를 제공하고, 특별한 관심 영역을 목표기술과 통합하여 사용할 수 있도록 촉진한다(예 : "타일러, 재미있는 지도를 만들었구나. 그 지도에 얼마나 다양한 유형의 구조가 있는지 보여주겠니?").
4. **작은 것부터 시작해서 신중하게 유인하라.** 특별한 관심 영역을 사용하여 학생이 성공을 경험할 수 있도록 한 후에 점점 새로운 기술을 추가해나가는 것이 좋다. 타일러가 아무리 지도에 집착한다 할지라도 글쓰기에 어려움이 있는 타일러에게 지도에 대해 10페이지 보고서를 작성하라고 요구한다면 지도를 행동 유인책으로 사용하는 것은 실패할 수밖에 없다. 처음에는 타일러에게 자기가 좋아하는 지도의 구성요소의 이름을 말하고 분류하도록 요구하고, 그다음 단계에서 그에 대해 간단하게 쓰도록 한 후에 구성요소의 기능을 유사점과 차이점을 찾아보게 한다. 종국적으로 타일러는 경험이 많은 지도 제작자처럼 자세한 내용들에 대해 보고서를 쓸 수 있게 될 것이다. 그

림 7.1에 아동의 특수 관심 영역인 말을 다양한 교육과정에 통합한 행동 유인 활동의 예를 제시하였다.

5. **특별 관심 영역을 제거하려고 너무 서두르지 마라.** 학생의 특별 관심 영역을 제거하려는 것이 아니라 학생의 특별 관심 영역을 사용하여 학생을 다른 관심 영역으로 유도할 새로운 기술을 배우도록 동기를 부여하는 것이 목표라는 것을 명심하라.

6. **대상 학생의 비장애 또래들을 참여시켜라.** 대상 학생의 특별 관심 영역과 관련된 교과활동에 또래들을 참여시키면 대상 학생은 사회성 기술과 언어기술을 연습할 기회를 얻게 되며, 비장애 또래들은 대상 학생의 특별 관심 영역에 대한 흥미와 유용한 지식을 얻을 수 있다.

7. **특별 관심 영역과 관련된 교육과정 영역과 활동을 주기적으로 바꾸어라.** 대상 학생이 변함없이 특별 관심 영역에 집착한다고 할지라도 행동 유인책이 교육과정의 한 영역이나 한 가지 활동에만 사용된다면 특별 관심 영역은 미끼로서의 효과가 없어질 수도 있다.

8. **평가하라.** 행동 유인을 통해 향상시키려고 목표한 기술과 지식이 향상되었는지 평가하라. 학생이 특별 관심 영역과 관련된 교과에 적극적으로 참여한 시간, 학습 성과의 성취와 정확성, 학생의 의견 등에 관한 자료를 수집하라. 학생의 행동을 통해 비효과적인 행동 유인 활동을 수정하게 될 것이다. 시간이 흐르면 특별 관심 영역을 미끼로 유인했던 교육과정에 대한 학생의 관심이 커져서 더 이상 행동 유인이 필요하지 않을 정도로 발전할 수도 있다. 행동 유인에 대해 더 학습하고 싶으면 Alber와 Heward(1996)를 참조하라.

그림 7.1 행동 유인 계획표

학생 이름 : __모니크__   특별 관심 영역(미끼) : __말__

교육 영역	유인 활동 준비	목표
읽기 : 이해	책꽂이에 말에 관한 다채로운 책들을 꽂아 놓는다.	모니크는 말에 관한 책을 선택해서 읽고, 자기가 좋아하는 세 가지를 말할 것이다.
수학 : 공식 적용	경마 경기에 대한 비디오를 보여준다.	모니크는 경마 경기의 세 가지 변인인 거리, 속도, 시간 중 두 가지 변인이 주어지면 거리＝속도×시간이라는 공식을 적용할 것이다.
과학 : 분류	다양한 혈통의 말과 유사한 종인 조랑말과 노새 등의 사진을 보여준다.	모니크는 생물의 분류체계인 계, 문, 강, 목, 과, 속, 종에 따라 말을 생물학적으로 분류하여 도표를 만들 것이다.
사회 : 역사 연대기	대회에서 3관왕을 차지한 말에 관한 비디오를 보여준다.	모니크는 인터넷을 이용하여 1900~1948년에 있었던 중요한 승마대회를 찾아서 연대기를 작성할 것이다.
사회적 상호작용 및 의사소통기술 : 질문하기	말을 보기 위해 마구간이나 농장으로 현장학습을 간다.	모니크는 말을 돌보는 전문가들에게 물어볼 질문지를 작성할 것이다.

한다(Gabriels et al., 2008).

일반적으로 자폐성 장애아동들은 민감반응과 둔감반응 모두 보인다. 예를 들어 촉각자극에는 민감반응을 보이지만 소리에는 둔감해서 반응하지 않을 수도 있다. 감각자극에 대한 아동의 반응은 다양한 상황과 장소에 따라 날마다 매 순간 다르게 나타나기도 한다. 다행히 자극의 강도를 점점 증가시켜서 익숙하게 만드는 방법(Keogel et al., 2004) 등의 간난한 중재가 자폐성 장애인들의 감각자극에 대한 공포 및 회피반응을 감소시키는 데 효과가 있다(Stiegler & Davis, 2010).

인지기능

자폐성 장애는 폭넓은 범위의 지적능력을 보인다. 8세 자폐성 장애아동에 대한 미국의 국가차원의 조사에서 42%는 평균 혹은 평균 이상의 IQ점수를 보였고, 33%는 지적장애의 진단기준을 충족시켰다(CDC, 2020a). 일부 전문가들은 지적장애의 유무에 따라 저기능 자폐장애와 고기능 자폐장애라는 용어를 사용한다.

많은 자폐성 장애아동이 인지 과제나 기술에 결함을 보이는데, 이는 계획 및 목표설정, 인지 및 행동의 융통성, 억제능력, 작동기억 및 선택적 주의집중 등과 같은 자신의 행동을 조절하는 **실행기능**(executive functioning)에 결함이 있기 때문이다(Montgomery et al., 2012).

자폐성 장애의 특성 중 하나는 불균형적인 기술 발달인데, 자폐성 장애아동의 약 10%가 "다른 영역의 기능에 비해 상대적으로 우수한 탁월한 기술"을 가지고 있다(Heaton et al., 2008). 일례로 어떤 자폐성 장애아동은 그림을 잘 그리고 일주일 전에 들었던 것을 기억하는 반면에 기능적 언어를 사용하지 못하고 타인과 눈도 마주치지 않는다.

일부 자폐성 장애인은 **서번트증후군**(savant syndrome)을 보인다. 이 증후군은 다른 모든 영역에서 지적장애를 보이는 반면에 기억, 수학계산, 음악, 미술 같은 특정 영역에서는 놀라운 능력을 나타낸다. 이를 설명하기 위해서 **자폐적 천재성**이라는 용어가 사용된다. 그러나 서번트증후군 사람들의 약 50%만 자폐성 장애이며, 나머지 50%는 지적장애, 발달장애, 중추신경계 손상 등의 다른 유형의 장애를 가지고 있다(Treffert, 2014). 영화 '레인맨'에 출연한 레이먼드의 놀라운 베팅 계산능력이 서번트증후군의 예로 묘사되고 있지만, 영화가 묘사하고 있는 주인공의 실제 인물인 킴 피크는 자폐성 장애가 아니었다(Brogaard, 2012).

자폐성 장애인이 일반인들이 보이는 기술을 능가하는 수준의 기술을 나타낼 때 서번트증후군이라고 간주한다(Hughes et al., 2018). 잘 알려진 사례로는 기억에만 의존하여 도시경관을 세밀화로 그리는 스티븐 윌트셔가 있다.

많은 자폐성 장애아동들은 사람이나 사물의 전체보다는 사소한 특징에 초점을 맞추려는 경향인 **과잉선택성**을 보인다. 예를 들어 처음 기타를 본 아동은 소리가 나는 사운드홀에 초점을 맞추고, 기타의 크기나 모양 혹은 심지어 소리가 어떻게 나는지에 대해서는 관심이 없다. 이러한 과잉선택성은 아이들이 기타가 무엇인지를 이해하는 데 방해가 되며, 새로운 개념의 학습을 방해하고 환경과 관련된 의미를 파악하고 해석하는 데 필요한 능력을 저하시킨다. 정보를 통합하여 전체적인 의미를 도출하거나 전체적인 상황을 파악하기보다는 개별적인 세부사항에 주의집중하는 경향성이 자폐성 장애에 대한 신경심리학적 이론의 핵심요소이며, **취약한 중앙응집력**이라 부른다(Noens & van Berckelaer-Onnes, 2005).

특정 사물이나 활동에 대한 강박적 관심도 자폐성 장애아동에게 흔히 나타나는 특징이며, 이러한 강박적인 관심은 오랫동안 지속되며 중간에 그만두게 하기가 매우 어렵다. 자폐성 장애아동이 기차에 대해 강박적인 관심을 가지고 있는 경우 다른 장난감에는 전혀 관심을 기울이지 않고 기차만 지속적으로 가지고 놀려고 할 수도 있다. 또한 특정 사물이나 활동에 강박적으로 관심을 기울이고 있는 동안에 자폐성 장애아동은 또래가 함께 놀이를 하려고 시도하거나 부모가 방에 들어오는 것에도 관심을 기울이지 않는다.

일부 자폐성 장애아동은 특정 영역에 있어서 기계적 암기에 탁월한 재능을 보이기도 한다. 예컨대 조금 전 쉬는 시간에 했던 활동이나 k라는 글자가 어떻게 소리 나는지를 기억하지 못하는 자폐성 장애아동이 1956년부터 매년 상을 받은 야구 선수들의 이름을 말할 수 있거나, 한 영화의 전체 대본에 나오는 모든 대사를 똑같이 말할 수 있다.

도전적 행동

일부 자폐성 장애학생들은 물건파괴, 타인에 대한 공격행동, 자해행동 등의 행동문제를 보인다. 흔히 부모는 자녀의 공격을 멈추게 할 수 없어서 누적된 피로감이 극도에 달한다고 말하곤 한다(Hodgetts et al., 2013, p. 169).

많은 자폐성 장애인은 잠들기 어렵거나 짧은 수면이나 수면 중 보행 등 다양한 수면문제를 보인다. 어떤 부모는 "우리는 잘 수도 없다. 아이가 무엇을 하는지에 계속 주의를 기울여야 한다. 돌아다니며 문제를 일으키는가 하면 불을 피우고 문을 열어놓고 집을 나가기도 한다."고 말한다(Hodgetts et al., 2013, p. 169). 또한 음식이나 섭식문제도 자폐성 장애아동에게 자주 나타난다. 어떤 아동은 주로 음식이 주는 감각 때문에 심한 편식을 하며(예 : 특정 질감의 음식 거부), 함께 식사하는 것을 거부하고, 질식하거나 토하거나 내뱉기도 한다(Bandini et al., 2017). 어떤 자폐성 장애아동은 강박적으로 먹을 수 없는 것(예 : 종이, 진흙, 돌멩이, 배설물, 머리카락)을 반복적으로 먹는 **이식증**(pica)을 보이기도 한다. Stiegler(2005)는 자녀의 이식증에 대한 부모의 이야기를 다음과 같이 기록하고 있다.

> 지난 2년 이상 우리는 아들의 입에서 열쇠, 커다란 클립, 막대기, 돌멩이, 종이 뭉치, 안전핀, 전선 등을 꺼냈다. 때로는 냉장고에 붙이는 자석이나 인형의 일부 종이, 클립 등을 우리가 입에서 꺼내기도 전에 삼키기도 한다(Menard, 1999, n.p.).

자폐성 장애아동들이 자주 나타내는 고강도의 위험한 행동문제들은 부모에게 엄청난 스트레스를 주며 통제되지 않을 경우에는 가족 기능에 심각한 문제를 초래할 수 있다(Osborne & Reed, 2009). Thompson(2009)은 가정, 학교 및 지역사회에서 자폐성 장애아동의 심한 정서문제나 기타 행동문제를 예방하기 위한 실제적인 연구기반 중재를 상세하게 다루고 있다.

아스퍼거증후군

아스퍼거증후군(Asperger syndrome)은 자폐성 장애의 가벼운 유형에 속한다. 아스퍼거증후군은 더 이상 DSM의 독립적인 진단기준이 아니지만 특수교육을 받고 있는 많은 학생들이 아직도 아스퍼거증후군이라는 진단명을 받고 있고, 수많은 기관과 연구자들은 아스퍼거증후군을 위해 노력하고 있다. 아스퍼거증후군의 가장 두드러진 특징은 사회적 영역에서의 손상인데, 특히 사회적으로 상호작용하는 방법을 이해하지 못하며, 이와 관련하여 눈 응시, 얼굴 표정, 몸짓, 자세 등과 같은 비언어적인 행동에서의 결함이 나타나기도 한다. 아스퍼거증후군 아동은 일반적인 언어지연이 나타나지 않으며, 대부분은 평균이나 평균 이상의 지능을 가지고 있다.

일부 전문가들은 아스퍼거증후군 아동을 '고기능 자폐장애'라는 용어로 묘사하기도 한다. 아스퍼거증후군의 기타 특성은 다음과 같다(Attwood, 2008; Autism Society, 2019; Smith Myles et al., 2014).

- 특별한 주제, 비전형적인 사물 또는 사물의 일부에 대한 높은 관심(예 : 깊고 두툼한 프라이팬, 우편번호, 세탁기 모터 등)과 그 밖의 다른 것에 대한 무관심
- 대소근육 운동의 서투름 또는 어려움
- 일과에 대한 융통성 없는 집착
- 지도, 지구본, 버스나 지하철 등의 노선에 대한 매료
- 탁월한 기계적인 암기력, 많은 관련 자료들을 모으는 경향
- 말과 언어의 의미론, 화용론, 음운론(크기, 억양, 어조, 리듬 등) 영역에서의 손상, 학자 같은 말투,

이상한 말투, 문어적인 표현
- 타인의 감정에 대한 이해의 어려움
- 광범위한 어휘력, 어린 나이에 시작하는 읽기
- 완벽주의자, 자신의 기준에 못 미치는 과제를 제출하라고 요구하면 좌절

다른 사람의 감정을 이해하는 것이 어렵기 때문에 청소년기와 청년기에 연인관계를 맺기 어렵다. 아스퍼거증후군 아동들의 이상한 버릇과 사회적 기술의 결함은 친구를 사귀거나 관계를 유지하기 어렵게 만든다. 아스퍼거증후군 학생들이 언어기술이 아주 좋고 지능도 높기 때문에 강박충동장애 또는 ADHD로 잘못 진단되기도 한다.

자폐성 장애학생의 긍정적 특성과 장점

자폐성 장애인들이 나타내는 사회적 및 의사소통 손상이나 기술결함 또는 과잉행동 때문에 이들의 긍정적 특성과 장점에 대해서는 간과하기 쉽다. 모든 자폐성 장애인이 주변 사람들과 애착관계를 형성하지 못하는 것도 아니고, 지속적으로 부자연스럽거나 부적절한 방법으로 행동하는 것도 아니다. 많은 자폐성 장애아동들은 사랑스럽고 타인을 잘 돌보며 사려 깊고 창의적이다. 이 책의 제1장에서 소개한 자폐성 장애 청년 타일러 루이스는 많은 긍정적인 특징을 가지고 있고, 자신의 관심과 성취에 대해 적극적으로 이야기한다. 타일러 가족은 세 마리의 개를 기르는데, 그중 타일러는 장애가 있는 개를 가장 좋아한다.

자폐성 장애가 있는 사람과 없는 사람 간에는 아주 현저한 차이가 있다(Grandin, 1995; Kluth, 2004; Willey, 2003). 비장애인은 전형적인 기능과 비교하며 사회적·의사소통적 및 인지적 차이에 초점을 맞추는 경향이 있지만 많은 자폐성 장애인들은 자신의 장애와 관련된 긍정적 특성에 대해 이야기한다.

Temple Grandin(2006)은 자신이 경험한 자폐성 장애의 긍정적인 측면을 다음과 같이 기술하고 있다.

나는 이미지와 소리로 생각합니다. 당신처럼 추상적인 사고를 할 수 있는 능력이 없습니다. 나의 뇌는 검색엔진으로 구글 이미지를 찾는 것과 같이 작동합니다. 예를 들어 당신이 '사랑'이라는 단어를 말하면 내 머릿속에는 망아지와 함께 있는 어미 말, 영화 러브스토리의 장면, 비틀즈의 'all you need is love'라는 노래 등이 일련의 이미지로 떠오릅니다.

자폐성 장애의 특성을 가지고 있는 나는 많은 양의 정보를 통합하여 체계적인 시스템을 만들어 내는 걸 잘합니다.

어떤 사람들은 내가 '정상'이 되길 원한다고 생각하지만 나는 자폐성 장애인으로서 아름답고 섬세하게 그림을 볼 수 있는 능력을 포기하길 원하지 않습니다.(n.p.)

Laura Bolesta/Merrill Education

교사는 자폐성 장애아동이 가지고 있는 여러 긍정적 특성과 장점을 간과해서는 안 된다.

탄소배출을 감소시키기 위한 전 세계적인 환경운동의 시발점이 되었던 지구 동맹 휴교를 시작한 스웨덴의 십대 그레타 툰베리는 9세에 이미 환경

변화에 대한 자신의 특별한 관심을 발견하였고, 왜 모든 사람이 자신처럼 환경변화에 대해 동일하게 집착하지 않는지 이해할 수 없었다(Silberman, 2019). 노벨평화상 후보자인 그녀는 아스퍼거증후군이 자신의 인생을 돕고 있다고 다음과 같이 말하였다.

> 아스퍼거증후군은 나를 다른 사람들과 다르게 만드는데, 다른 사람들과 다르다는 것은 내게는 선물입니다. 아스퍼거증후군은 내가 틀에서 벗어나 사물을 볼 수 있게 해줍니다. 나는 거짓말에 쉽게 속아 넘어가지 않고 사물을 꿰뚫어 볼 수 있습니다. 만약 내가 다른 사람들과 똑같다면 환경보호를 위한 지구 동맹 휴교는 시작하지 못했을 겁니다(BBC News, 2019).

출현율

> **학습목표 7.2** 최근 자폐성 장애의 출현율이 증가하는 데 영향을 미친 요인들과 처음 보고된 이후 최근까지 자폐성 장애의 원인에 대한 관점의 변화를 설명할 수 있다.

예전에는 자폐성 장애가 아주 드문 장애로 여겨졌지만 최근에는 아동기 암, 다운증후군, 당뇨보다도 훨씬 흔하며 출현율은 크게 증가되고 있다. 미국 질병통제예방센터(CDC)에 따르면 2000년에 미국에서 자폐성 장애아동이 150명당 1명이었으나, 2020년에는 7배가 증가하여 아동 54명당 1명이 자폐성 장애아동이다(CDC, 2020a).

미국 질병통제예방센터에서 2016년에 4세와 8세 아동에 대한 자료를 수집하여 분석한 결과에 따르면 자폐성 장애가 어린 아동들에게서 더 많이 진단되고 있다. "자폐성 장애의 출현율이 증가한 이유 중의 하나는 아동이 지역사회에서 발견되어 진단받고 서비스를 받고 있기 때문이다. 또한 인종 간 차이도 줄어들어서 자폐성 장애로 진단되는 8세 백인 아동과 흑인 아동의 출현율은 같다고 보고되었다."(CDC, 2020b).

자폐성 장애의 출현율 증가는 국제적 현상으로 아시아, 유럽, 북아메리카에서는 약 1~2% 정도로 보고되고 있고, 최근 한국에서는 자폐성 장애의 출현율이 2.6%라는 연구도 있었다(Chiarotti & Venerosi, 2020). 자폐성 장애는 여아에 비해 남아가 약 4배 많고 모든 인종, 민족 및 사회경제적 지위에서 나타난다.

자폐성 장애는 미국의 특수교육 분야에서 네 번째 많은 장애 범주이고 가장 빠르게 증가하고 있다. 2018~2019학년도 6~21세에 해당하는 66만 3,844명의 학생들과 학령전 아동 9만 2,990명이 IDEA의 자폐성 장애의 범주하에서 특수교육 서비스를 받았다(U.S. Department of Education, 2020a). 이 수치는 2000~2001학년도에 특수교육을 받은 자폐성 장애학생 수보다 8.4배나 더 많다. 특수교육에서 자폐증은 학습장애만큼 빠르게 증가하는 장애 범주가 되었다. 1980년대 초부터 2000년대에 접어들 때까지 학습장애로 진단된 아동의 수가 증가한 것처럼 최근 자폐성 장애 범주하에서 특수교육을 받는 아동의 수가 극적으로 증가되는 이유는 아직 불분명하다. 자폐성 장애의 증가 요인은 자폐성 장애에 대한 인식의 확대, 자폐성 장애와 관련된 연방정부 및 주정부의 정책과 법의 변화, 향상된 선별 및 평가 절차, 자폐성 장애학생을 위한 서비스의 접근성, 부모와 교사의 장애 명칭에 대한 수용, 자폐성 장애의 진단 기준을 스펙트럼상에서 경도까지 포함하도록 변화했기 때문일 것이다(Mazumdar et al., 2013; Taylor, 2006). 또 다른 요인은 진단되는 장애명칭이 변경되었기 때문이다. 즉, 최근 자폐성 장애로 진단받는 학생 수가 증가하는 만큼 학습장애, 정서행동장애 및 지적장애로 진단받는 학생 수는 감소되었다.

그러나 일부 전문가들은 이러한 모든 요인이 자폐성 장애의 급격한 출현율의 증가를 설명하지 못한다고 주장한다(Blaxhill, 2004; Hertz-Picciotto & Delwiche, 2009). 자폐성 장애의 출현율 증가의 원인과 상관없이 자폐성 장애로 진단되는 학생 수가 증가함에 따라 이들에게 교육 서비스를 제공하기 위하여 학교와 사회는 기반시설과 전문성을 향상시켜야 하는 도전에 맞닥뜨리고 있다. 또한 자폐성 장애의 원인과 효과적인 중재에 대한 연구의 필요성이 부각되고 있다.

원인

자폐성 장애는 의학적 또는 생리학적 표지가 없는 신경발달장애이다. 약 85%는 원인이 알려지지 않은 원인 특발성이다(National Human Genome Research Institute, 2019). Schreibman(2005)은 "장애의 명백한 원인을 알 수 없는 경우 원인에 대한 이론들이 급증한다. 이런 현상이 자폐성 장애 분야보다 더 뚜렷한 분야는 없을 것이다."(p. 75)라고 언급하였다. 자폐성 장애에 대한 새로운 원인이 밝혀지지 않은 채 수십 년 동안 수많은 원인이 제기되어 왔다(Rutter, 2002).

1950년대부터 1970년대 중반까지 많은 전문가들은 자녀의 정서적 요구에 대한 부모의 무관심이 자폐성 장애의 원인이라고 믿었다. 이러한 개념은 캐너(1943)가 초기 연구대상이었던 자폐성 장애아동들의 부모들을 관찰한 결과 "마음이 따뜻한 부모가 거의 없었다."(p. 50)는 보고에서 비롯되었다.

1950~1960년대 걸쳐 브루노 베텔하임은 자폐성 장애가 부모의 부적절한 양육방식 때문이라고 주장하였다. 베텔하임(1967)의 심인 이론에 따르면 무관심하고 냉담한 부모가 자녀와의 정서적 유대를 발달시키지 못해 자녀에게 자폐성 장애가 발생한다고 주장하였다. 자폐성 장애아동의 어머니는 '냉장고 엄마'라고 불리며 자녀의 자폐성 장애 원인으로 취급받았다. 이러한 비난은 자녀가 자폐성 장애의 행동적 특징을 보일 때 부모가 경험해야 하는 슬픔 위에 설상가상으로 심한 죄책감을 유발하게 만든다. 부모의 양육방식과 자폐성 장애 간 인과관계가 밝혀지지 않았음에도 불구하고 아직도 이러한 오해가 때때로 미디어의 관심을 받기 때문에 많은 부모들은 여전히 초기 비난과 관련된 불필요한 죄책감과 싸워야 한다(Association for Science in Autism Treatment, 2020).

자녀의 양육방식이 자폐성 장애의 요인이 아니라면 무엇이 자폐성 장애의 원인인가? 과학자들은 아직 확신하지는 못하지만 최근 연구는 신경병리, 유전, 환경요인 등 세 가지 원인론에 초점을 맞추고 있다.

신경병리

최근 연구는 태아기와 출생 후의 비정상적인 두뇌 발달, 뇌의 구조 및 신경화학 측면에서 자폐성 장애의 정확한 생물학적 원인을 시사하고 있다(DiCicco-Bloom et al., 2006; Potvin & Ratto, 2019; Schultz et al., 2006). 비록 자폐성 장애의 원인이 되는 정확한 신경생물학적 기제가 아직 발견되지는 않았지만 "자폐성 장애는 두뇌 발달 요인들과 관련이 있는 것이 분명하다."(National Research Council, 2001, p. 11). 뇌의 기능에 관한 연구는 자폐성 장애의 경우 뇌의 여러 부위의 처리과정에 차이가 있을 뿐만 아니라 뇌의 부위 간 연결에 있어서도 차이가 있을 것으로 지적하고 있다.

유전

자폐성 장애는 분명히 유전적 요인과 연관이 있다. 자폐성 장애 자녀를 1명 낳으면 다시 자폐성 장애 자녀를 낳을 가능성이 크게 증가한다. 2명의 자폐성 장애 자녀를 기르고 있는 150만 가족을 연구한 결과 누나가 자폐성 장애인 경우에 남동생이 자폐성 장애인 경우는 16.7%인 데 반하여 형이 자폐성 장애인 경우에 남동생이 자폐성 장애인 경우는 12.9%였다(Palmer et al., 2017). 또한 언니가 자폐성 장애인 경우에 여동생이 자폐성 장애인 경우는 7.6%인 데 반하여 오빠가 자폐성 장애인 경우에 여동생이 자폐성 장애인 경우는 4.2%였다. "누나나 언니가 자폐성 장애인 경우가 형이나 오빠가 자폐성 장애인 경우보다 동생이 자폐성 장애일 위험이 더 컸으며 동생이 자폐성 장애일 가능성은 여아보다 남아에게서 더 높게 나타났다."(p. 1107).

1982~2007년에 출생한 자폐성 장애아동들을 대상으로 한 스웨덴의 연구에 따르면 자폐성 장애의 형제자매가 있는 경우에 동생이 자폐성 장애일 확률은 10배 증가하며, 사촌동생이 자폐성 장애일 확률은 2배 증가한다(Sandin et al., 2014). 일란성 쌍생아 연구에 따르면 1명이 자폐성 장애일 경우에 다른 1명도 자폐성 장애일 경우가 36~95%이다(NINDS, 2020). 또한 자폐성 장애는 부모의 나이가 많아질수록 발생할 위험이 커진다.

자폐성 장애와 유전의 관련성은 확인되고 있지만 과학자들은 아직도 자폐성 장애와 유전의 인과관계를 완전히 파악하지 못하고 있다. 현재까지 가장 광범위한 유전자 배열에 관련된 연구에 따르면 102개의 유전자가 자폐성 장애의 위험과 연관이 되어 있고 이러한 유전자들이 초기 발달에 영향을 미치며, 그중 자폐성 장애와 밀접하게 관계가 있는 유전자들이 있는 것으로 나타난다(Satterstrom et al., 2020).

자폐성 장애아동의 약 10%는 다운증후군, 취약성 X 증후군, 결절성 경화증과 같은 유전 및 염색체 장애를 지니고 있다(DiGuiseppi et al., 2010; Zafeiriou et al., 2013). 한 자녀만 자폐성 장애인 가족에 대한 연구가 유전자 변형이 부모로부터 자녀에게 전달되었는지 혹은 유전자 변형이 자녀에게만 존재하는지를 확인하는 데 도움이 된다. 유전자 돌연변이가 자폐성 장애 자녀에게서만 발견되고 부모나 형제자매에게서는 발견되지 않는 것을 신종 돌연변이(변종 : de novo mutation)라 부르는데, 이 돌연변이가 자폐성 장애와 연관되어 있을 가능성이 있다(Anderson, 2014).

대부분의 자폐성 장애인들은 자폐성 장애의 유전력을 가지고 있지 않다. 이는 무작위적이고 희귀한 복합 유전자 돌연변이가 자폐성 장애의 발생 위험에 영향을 미칠 수 있다는 것을 시사한다. 그러나 일란성 쌍생아중 1명은 자폐성 장애이고 다른 1명은 자폐성 장애가 아닌 경우도 있기 때문에 유전요인에 의해서만 자폐성 장애가 발생한다고 단정할 수는 없다. 일란성 쌍생아는 동일한 유전자를 가지고 있기 때문에 둘 중 1명만 자폐성 장애로 판명된다는 것은 다른 요인들도 작용을 한다는 걸 의미한다. 현재 자폐성 장애의 유전자에 대해 연구하는 연구자들의 복합 유전의 개념을 지지한다. 즉, 복합적인 유전요인들이 조합을 이루어 자폐성 장애 성향을 초래한다는 것이다. 그러나 자발적인 돌연변이를 일으키는 환경요인들의 역할과 이것이 어떻게 자폐성 장애의 위험인자가 되는지를 설명하기 위해서는 많은 연구가 필요하다(NINDS, 2020).

환경요인

자폐성 장애 관련 유전자의 조합과 자폐성 장애를 유발하는 특정 환경요인에 대해서는 아직도 알려져 있지 않다(Modabbernia et al., 2017). Raz와 동료들(2015)의 연구에 따르면 산모가 특히 임신 후기에 자동차, 발전소, 화재 등에서 비롯되는 심한 공기오염에 노출되면 깨끗한 지역에 살고 있는 산모보다 자폐성 장애 아이를 낳을 가능성이 크다. 발달기에 공기오염에 노출되는 것도 자폐성 장애의 원인이 될 수 있다. 캘리포니아의 자폐성 장애아동 279명과 비장애아동 245명에 대한 연구결과에 따르면 자폐성 장애아동은 1세까지 비장애아동에 비해 공기오염이 심한 지역에 살았거나 고속도로 근처에 살면서 디젤 배기 미립자에 3배 더 노출되었다(Volk et al., 2013).

독소 화학물질도 뇌 발달에 해로울 수 있다. Grandjean과 Landrigan(2014)은 자폐성 장애 및 기타 신

그림 7.2   백신은 자폐성 장애를 초래하지 않는다

1998년에 앤드류 웨이크필드라는 영국 의사가 홍역, 유행성 이하선염, 풍진(MMR) 백신이 아동의 위장체계를 손상시켜서 아동의 발달을 저해하고 자폐성 장애를 유발한다고 주장하였다. 이 의사의 가설이 세계적으로 대중매체의 관심을 받으면서 일부 부모들이 자녀가 MMR 백신을 맞지 못하게 한 결과 아동에게서 홍역, 유행성 이하선염, 풍진 발생률이 치솟았고 사망에 이른 아동도 있었다.

어떤 연구도 MMR 백신(또는 디프테리아, 파상풍, 페르투시스, B형 간염을 예방하기 위해 사용하는 티메로살을 함유하고 있는 백신)과 자폐성 장애 간의 연관성을 밝혀내지 못했다(American Academy of Pediatrics, 2013). 자폐성 장애 형제자매가 있는 아동들과 없는 아동들 9만 5,000명을 대상으로 조사한 결과 "MMR 백신과 자폐성 장애와는 아무 관련이 없었고, 이는 자폐성 장애의 위험군에서도 동일한 결과가 나왔다."(Jain et al., 2015, p. 1534).

웨이크필드가 주장한 자폐성 장애의 위장 이론의 정당성에 대한 많은 의문이 제기되어서 영국의 종합의료협의회가 조사한 결과 자폐성 장애를 일으키는 백신을 제조한 회사를 대상으로 소송을 준비 중이던 변호사와 경제적인 이해 충돌이 있다는 것을 밝혀냈다(Deer, 2010). 영국의 의학 저널인 *The Lancet*은 웨이크필드의 논문을 취소하였다(Editors of the Lancet, 2010). 웨이크필드의 MMR 백신 공포의 근거가 없다는 것이 밝혀지면서 Ahearn(2010)과 Deer(2010)는 공공의 정책 및 건강과 교육에 관한 개인적인 결정은 신뢰할 만한 과학에 기초해야 한다고 강조하였다.

경발달장애와 관련된 신경독소인 산업 화학물질(예 : 납, 살충제, 환경오염물질, 비소, 톨루엔, 망간) 11개를 발견하였다. 이 연구자들은 "더 많은 신경독소가 발견될 가능성이 있으며 현재 사용하고 있는 화학제품과 새로 개발되는 모든 화학제품은 발달에 영향을 미치는 신경독소가 있는지를 반드시 검증해야 한다."(p. 330)고 주장한다.

환경적 위험요인에 노출된 대부분의 사람이 자폐성 장애가 되는 것은 아니다. 유전자와 환경요인들이 결합하여 자폐성 장애의 위험요인을 증가시키는 것으로 보인다. 유전자와 환경요인들이 상호 연관되어 **후성유전**을 일으킬 수 있다. 환경요인이 특정 유전자의 정상 활동을 변화시키는 것이다(Lyall et al., 2017; NINDS, 2020).

지금까지 지속적인 연구를 통해 자폐성 장애의 원인을 밝히는 것에 다가가고 있으며, 원인에 대해 밝혀지면 예방과 효과적인 치료법도 개발될 것이다. 그동안 자폐성 장애의 원인으로 의심을 받아 왔던 부모의 양육방식과 백신 등은 연구를 통해 원인이 아니라는 것이 규명되었다(그림 7.2 참조).

1998년에 앤드류 웨이크필드라는 영국 의사가 홍역, 유행성 이하선염, 풍진백신이 아동의 위장체계를 손상시켜서 아동의 발달을 저해하고 자폐성 장애를 유발한다고 주장하였다. 이 의사의 가설이 세계적으로 대중매체의 관심을 받으면서 일부 부모들이 자녀가 MMR 백신을 맞지 못하게 한 결과 아동에게서 홍역, 유행성 이하선염, 풍진의 발생률이 치솟았고 사망에 이른 아동도 있었다.

어떤 연구도 MMR 백신(또는 박테리아의 증식을 억제하기 위한 수은을 함유하고 있는 방부제인 티메로살)과 자폐성 장애 간의 연관성을 밝혀내지 못했다(American Academy of Pediatrics, 2018). 125만 6,407명의 아동을 대상으로 한 5개의 코호트 연구와 9,920명의 아동을 대상으로 한 5개의 사례대조군 연구를 메타분석한 결과 백신과 자폐성 장애 간 관계가 없는 것으로 밝혀졌다(Taylor et al., 2014). 자폐성 장애 형제자매가 있는 아동들과 없는 아동들 9만 5,000명을 대상으로 조사한 결과 "MMR 백신과 자폐성 장애와는 아무 관련이 없었고, 이는 자폐성 장애의 위험군에서도 동일한 결과가 나왔다."(Jain et al., 2015, p. 1534). 또한 백일해로 인해 태아가 사망 위험이 높은 임산부에게 Tdap 백신을 투여한 것과 자폐성 장애와의 관계를 증명할 과학적 증거가 없다(Becerra-Culqui et al., 2018).

웨이크필드가 주장한 자폐성 장애의 위장 이론의 정당성에 대한 많은 의문이 제기되어서 영국의 종합의료협의회가 조사한 결과 자폐성 장애를 일으키는 백신을 제조한 회사를 대상으로 소송을 준비 중이던 변호사와 경제적인 이해의 충돌이 있다는 것을 밝혀냈다(Deer, 2010). 영국의 의학 저널인 *The Lancet*은 웨이크필드의 논문을 취소하였다(Editors of the Lancet, 2010). 웨이크필드의 MMR 백신 공포의 근거가 없다는 것이 밝혀지면서 Ahearn(2010)과 Deer(2010)는 공공의 정책 및 건강과 교육에 관한 개인적인 결정은 신뢰할 만한 과학에 기초해야 한다고 강조하였다.

판별과 사정

학습목표 7.3 신뢰할 만하고 타당한 자폐성 장애 조기선별 및 진단도구의 개발이 중요한 이유를 설명할 수 있다.

자폐성 장애에 대한 특정 신경생물학적 원인이 잘 알려져 있지 않기 때문에 자폐성 장애를 진단하는 데 이용할 수 있는 의료적 검사는 없다. 따라서 어떤 아동의 자폐성 장애여부를 결정하는 주요 방법은 전문가가 DSM의 행동 특성을 측정하여 평가하는 것이다.

자폐성 장애로 진단된 아동 21명의 부모로부터 수집된 자료에 따르면 자녀에게 뭔가 문제가 있다는 것을 처음 인식하였을 때 자녀의 평균 연령은 15개월이었다(Hutton & Caron, 2005). 자폐성 장애와 관련된 행동의 변화는 점진적일 수도 있고 또는 다음에 제시된 사례처럼 변화가 갑자기 나타날 수도 있다(Fleischmann, 2004).

> 우리 아이의 변화는 점진적인 것이 아니라 갑작스러운 인체 침입과 같은 경험이었습니다. 어느 날 갑자기 아이가 더 이상 눈맞춤을 하지도 않고, 말과 노래도 안 하고, 상호작용도 안 하게 되었습니다. 비명을 지르며 울고 밤새 자지 않고, 발을 구르고 침대 밑으로 들어가고 먼지를 먹었습니다(p. 39).

자폐성 장애는 18개월경에 진단될 수 있고, 연구자들은 6개월경 아동들이 보이는 경고신호를 발견할 수 있는 신뢰할 만한 방법을 찾고 있다(Jones & Klin, 2013; Landa et al., 2007). 위험군에 속하는 생후 6개월인 영아를 신경촬영법을 이용하여 진단한 결과가 24개월이 되었을 때의 진단결과를 예측한 정확성은 96%였다(Emerson et al., 2017). 조기진단은 조기중재를 가능하게 하고 중재를 늦게 시작했을 때보다 놀라울 정도로 좋은 성과를 가져온다.

불행하게도 2개의 미국 설문조사를 분석한 결과 자폐성 아동의 3분의 1에서 2분의 1은 6세 이후에 공식적으로 진단되었다(Sheldrick et al., 2017). 자녀가 심한 자폐성 장애라고 보고한 경우 자폐성 장애로 판별되는 평균 연령은 3.7~4.5세였으며, 자녀가 경도의 자폐성 장애라고 보고한 경우 자폐성 장애로 판별되는 평균 연령은 5.6~8.6세였다. 자폐성 장애아동을 양육하는 1,420 가족으로부터 수집한 자료에 따르면 부모가 자녀의 이상행동을 인식했을 때부터 공시적으로 자폐성 장애로 진단받기까지 평균 3년이 걸렸다(Oswald et al., 2017).

선별검사

많은 자폐성 장애아동의 부모는 아이가 생후 1년경까지 의미 있는 의사소통기술도 습득하였고, 부모에게 안기는 것도 즐기는 등 정상적으로 발달하였다고 보고한다. 그러나 12~15개월 사이에 아동은 특정 촉감이나 소리에 과민반응을 보이기 시작하고, 심지어 단순한 단어들과 몸짓도 이해하지 못하는 것처럼 보이며, 점차 위축되고, 방향을 잃은 것처럼 보이고, 고집스러워진다(Wetherby, et al., 2004). 때로 자폐성 장애의 초기 경고 징후가 아이의 첫돌 전에 나타난다. 생후 첫돌까지 주요 운동발달상의 지연을 보이지 않는다(Landa et al., 2007). 자폐성 장애로 진단받은 아이들은 발달 시기에 맞게 앉고 기어다니고 걷기 시작한다. 그러나 사회성 영역과 의사소통 영

자폐성 장애 선별도구는 함께 주목하기 부족, 즉 부모가 바라보거나 가리키는 것을 쳐다보지 않는 것과 같은 자폐성 장애의 조기 경고 증상을 발견하는 데 도움을 준다.

AISPIX/Shutterstock

역에서 이상발달이나 발달지연을 보인다.

생후 1년 반경까지 자폐성 장애가 의심되는 징후들은 손가락으로 가리키기와 몸짓의 사용이 결여되며 양육자의 얼굴 표정을 거의 모방하지 않거나 모방을 하더라도 미숙하고, 16개월경에도 한 단어도 사용하지 못하거나 미소를 짓지 않고, 이름을 불러도 반응이 없고 관심을 공유하는 능력이 결여되어 있고(예 : 부모가 가리키는 것을 쳐다보지 않는 것), 이전에 습득한 언어 혹은 사회성 기술을 상실한다(Hyman et al., 2020; Kalb, et al., 2010). 이러한 초기 징후 외에도 어린 자폐성 장애아동은 반복적이고 상동적인 특정 행동을 한다. 예를 들어 특정 행동을 계속해서 되풀이하며, 친숙한 TV쇼나 비디오에 나오는 대사를 반복해서 말하거나 특정 사물이나 활동 또는 사물의 특정 부분에 강박적인 관심을 보인다.

미국 소아과학회는 예방차원에서 모든 아동을 18개월에 표준화된 자폐장애 선별도구를 이용하여 검사하고, 24개월에 다시 검사하여 정상적으로 발달이 이루어지고 있는지를 확인할 것을 권고하고 있다(Hyman et al., 2020). 폭넓게 사용되고 있는 자폐성 장애의 선별도구 3개를 다음에 제시하였다. 자폐장애와 다른 발달장애의 초기 징후에 관한 정보는 미국 질병관리센터의 'Learn the Signs, Act Early' 웹사이트와 유아의 초기 증상들에 관한 비디오를 모아놓은 Autism Navigator(2020)에서 얻을 수 있다.

영유아 자폐 선별검사 개정판(M-CHAT-R/F)   M-CHAT-R/F(Robins et al., 2009)는 영국에서 개발된 원판 CHAT(Baron-Cohen et al., 1992)의 확장된 미국판이다. M-CHAT-R/F는 온라인에서 사용할 수 있는 무료 선별도구로 다음과 같은 20개의 질문에 부모나 양육자가 답변하도록 구성되어 있다.

- 방에 있는 어떤 물건을 가리키면 아동은 그것을 바라봅니까? (예 : 장난감이나 동물을 가리키면 아동은 장난감이나 동물을 바라봅니까?)
- 아동은 가장놀이를 합니까? (예 : 빈 컵으로 마시는 척하거나, 전화기를 귀에 대고 말하는 척하거나, 인형이나 동물인형에게 음식을 먹이는 척합니까?)
- 아동이 자신의 눈앞에서 손가락을 특이하게 움직입니까? (예 : 자신의 눈 가까이에서 자신의 손가락을 흔듭니까?)
- 당신이 아동에게 미소 지을 때 아동도 따라 미소 짓습니까?
- 아동은 당신의 행동을 모방하려고 합니까? (예 : 손을 흔들며 인사하거나, 손뼉을 치거나, 재미있는 소리를 흉내 냅니까?)

M-CHAT 선별검사 결과가 아동이 동일 연령의 다른 아동들처럼 발달하지 못한 것으로 나온다면 부모는 의사와 전문가로부터 발달평가를 받아보아야 한다. M-CHAT-R/F의 검사결과에 기초하여 위험군으로 분류된 아동들의 약 50%는 추후 자폐성 장애로 진단된다(Robins et al., 2015).

사회적 의사소통 질문지(SCQ)   SCQ는 부모나 양육자가 답변하는 40개 문항으로 구성된 선별도구로서 약 10분 정도 소요된다(Rutter et al., 2003). SCQ는 4세 이상의 아동용 선별도구로 개발되었으므로 그보다 어린 아동들에게서는 정확도가 낮아진다(Chestnut et al., 2017). Barnard-Brak 외(2016)는 어린 유아들을 위한 선별도구로서는 M-CHAT가 적절하며, SCQ는 초등학생을 위한 선별도구로서 적절하다고 제안하였다.

자폐성 장애 선별검사 질문지(ASSQ)   ASSQ는 아스퍼거증후군과 고기능 자폐성 장애를 선별하기 위한 선별검사 질문지로서 27개 문항으로 구성되어 있고 부모나 교사가 사용할 수 있다(Ehlers, et al., 1999).

진단

선별검사를 통과하지 못했거나 부모나 양육자가 볼 때 자폐성 장애가 의심되는 경우에는 더 종합적인 진단평가를 받아보아야 한다. 자폐성 장애의 진단은 발달 전문 소아과 의사, 심리학자, 정신과 의사 또는 신경과 전문의 등 자폐성 장애에 대한 전문성을 갖춘 전문가가 진단해야 한다. 자폐성 장애로 의심되는 아동을 평가하는 데 도움이 되는 평정척도, 관찰 체크리스트, 진단면접 등을 다음에 제시하였다. 그러나 전문가와 부모는 한 가지 진단검사나 평가도구를 적용한 결과만을 다양하게 나타날 수 있는 자폐성 장애의 증거로 삼아서는 안 된다는 것을 명심해야 한다.

아동기 자폐성 장애 평정척도(CARS-2) CARS는 2세 이상 아동의 자폐성 장애 진단을 위해 가장 널리 사용된 도구 중 하나이다. 이 평정척도는 15개 항목으로 구성되어 있고, 임상 전문가가 아동을 직접 관찰하고, 아동 관련 기록을 참고하고, 부모가 제공하는 정보를 종합하여 평가한다(Schopler et al., 2010).

자폐증 진단면접 개정판(ADI-R) 및 자폐증 진단관찰척도-2(ADOS-2) ADI-R은 자폐성 장애가 의심되는 아동이나 성인의 주양육자와의 반구조화된 면접도구이다(Rutter et al., 2003). 이 면접도구는 훈련받은 검사자가 아동의 주양육자와 면접을 하여 작성하는 데 약 2시간이 소요된다. 질문 내용은 의사소통과 사회적 발달, 놀이, 반복되고 제한된 행동, 행동문제 및 가족 특성 등이다. ADI-R의 면접결과를 보충하기 위하여 사용되는 ADOS-2는 훈련된 검사자가 아동이 자폐성 장애의 행동 특성을 나타내도록 고안된 일련의 상호작용을 한 후 기록한다(Lord et al., 2000). 많은 연구자들은 ADOS-2를 자폐성 장애를 진단하기 위한 '최적의 도구'로 간주한다(Camodeca et al., 2020).

아스퍼거증후군 진단척도(ASDS) ASDS는 5~18세의 아스퍼거증후군 아동을 판별하기 위해 제작되었다(Smith Myles et al., 2000). 이 진단척도는 부모, 가족 구성원, 교사, 언어병리학자, 심리학자, 그 밖의 아동과 친숙한 전문가들이 답할 수 있는 50개의 '예/아니요' 문항으로 이루어져 있다. ASDS의 진단 결과는 아스퍼거증후군의 가능성을 예측할 수 있는 지수로 제시한다. Camodeca 외(2020)가 DSM-5의 진단기준에 따른 자폐성 장애를 판별할 때 ASDS의 유용성을 분석하였는데 결과는 일관성이 없게 나왔다. 이 연구자들은 ASDS를 자폐성 장애의 진단이 필요한 사례들의 우선순위를 정하는 선별도구로서만 사용해야 한다고 결론지었다.

교육접근

> **학습목표 7.4** 자폐성 장애학생을 위한 증거기반 전략들에 대해 설명할 수 있고 일시적으로 유행하는 과학적으로 입증되지 않은 접근들과 어떻게 구별되는지를 설명할 수 있다.

자폐성 장애아동은 가장 가르치기 힘든 학생들이다. 이들은 교수 자극에는 아무런 관심이 없고 수업과 관련이 없는 자극에 집중하며, 교사나 또래에 거의 혹은 전혀 관심이 없어 보이고, 아무런 경고도 없이 갑자기 통제력을 잃고 공격행동, 기물파괴, 자해행동 등을 나타낸다. 자폐성 장애아동은 특수교육을 제공하지 않고 향상을 기대하기는 어렵다. 이들을 위해서는 교수를 세심하게 계획하고 능숙하게 제공하며, 지속적으로 평가하고 교수효과를 분석해야 할 필요가 있다. 연구자들과 임상가들이 협력하여 자폐성 장애아동의 교육성과를 의미 있게 향상시킬 수 있는 교수실제를 개발했다는 것은 반가운 소식이다.

이 단락에서 우리는 조기중재의 중요성을 살펴보고 과학에 기초한 교수실제인 응용행동분석을 소개하고, 자폐성 장애아동을 가르치기 위한 몇 가지 교수전략을 알아보고자 한다. 그림 7.3에 자폐성 장애의 이해와 교육에 영향을 미친 중요한 역사적 사건들을 제시하였다.

집중적인 조기 행동중재의 중요성

자폐성 장애아동의 삶을 향상시킨 체계적인 조기중재 중 증거를 제시한 첫 번째 예는 UCLA의 이바르 로바스와 동료들의 연구이다(Lovaas, 1987; Smith et al., 1997; Smith & Lovaas, 1998). 1987년에 로바스는 4세가 될 때까지 2년 동안 매주 40시간 이상 일대일 조기집중 행동중재 프로그램에 참여한 19명의 자폐성 장애아동에 대한 연구결과를 발표하였다. 이 중재에는 부모교육과 일반 유치원 통합교육도 포함되었다. 조기집중 행동중재 프로그램에 참여한 19명의 자폐성 장애아동들이 7세가 되었을 때 동일 연령군의 아동들과 비교한 결과에 따르면 조기중재 집단이 IQ점수가 20점 더 높았으며 이들의 교육성취도 향상되었다. 이들 중 9명은 일반학급 1학년에서 2학년으로 진급하였고, 교사들은 이들이 일반학급에서 잘 적응했다고 보고하였다.

집중적인 조기중재 프로그램에 참여하였던 19명이 평균 11.5세가 되었을 때 후속평가를 한 결과 이들은 중재효과를 그대로 유지하고 있었다(McEachin et al., 1993). 특히 최상의 결과를 얻은 9명 중 8명은 지능이나 적응행동 면에서 비장애아동들과 차이가 없는 것으로 나타났다(p. 359). 비록 이 연구의 타당성과 일반화에 몇 가지 의문이 제기되었지만(예 : Gresham & MacMillan, 1997a, 1997b), 아동을 조기집중 행동중재 집단과 대안적 중재집단에 무선할당하여 실시한 UCLA 모델의 반복 연구에서도 유사한 결과가 나왔다(Cohen et al., 2006; Smith et al., 2000).

로바스와 동료들의 연구는 자폐성 장애아동의 교육에 놀랄 만한 업적을 남겼다(Baer, 2005). 첫째, 이들은 자폐성 장애아동으로 하여금 일반학급에서 정상적인 기능을 하도록 도움을 주기 위해 통제할 수 있는 몇 가지 요인들을 밝혀냈다. 둘째, 이들의 연구로 자폐성 장애아동의 사회적 기능, 의사소통 기능 및 인지기능이 놀라울 정도로 향상될 수 있음을 보여줌으로써 과거에는 단지 관리대상이었던 자폐성 장애아동을 위한 폭넓은 관심과 연구 기금을 조성하는 데 박차를 가하게 되었다. 셋째, 이러한 성공적인 결과는 자폐성 장애아동을 도울 수 있는 방법을 배우기를 열망하는 교사와 부모가 용기와 희망을 가질 수 있도록 실질적인 근거를 제공하였다.

응용행동분석

로바스의 조기중재 프로젝트에서 사용된 교수법은 **응용행동분석**(applied behavior analysis, ABA)에서 유래되었다. ABA는 환경과 행동 변화 간의 기능적 관계를 경험적으로 증명된 원리에 입각하여 수업을 설계하고 실행하고 평가하는 과학적 접근을 제공한다(Cooper et al., 2020). 아동에게 기술을 가르치기 위하여 정적 강화, 행동형성, 행동연쇄 등의 행동원리를 체계적인 방식으로 계획하여 적용한다. 아동은 습득한 기술을 여러 날에 걸쳐 다양한 장소, 다양한 사람 및 다양한 상황에서 연습하고 사용하는 기회를 제공받는다.

다른 모델에 기초한 중재도 자폐성 장애아동들에게 유익한 성과를 가져올 수 있다. 예를 들어 발달심리학에 기초한 중재나 공유된 관심과 상징놀이 능력을 향상시키기 위한 중재도 아동과 엄마의 상호작용과 표준화된 IQ와 언어검사의 점수를 상승시켰다(Kasari et al., 2006). 그러나 자폐성 장애아동을 위한 어떤 형태의 중재도 ABA에 기초한 중재효과만큼 과학적 증거를 제시하지 못하고 있다(Eldevik et al., 2010; Larsson, 2013). 또한 다양한 중재 모델에 기초한 다양한 중재요소를 종합한 중재 프로그램도 현재까지는 ABA에 기초한 프로그램만큼 효과적이지 못하다(예 : Eikeseth et al., 2002; J. S. Howard et

그림 7.3 자폐성 장애아동의 교육과 관련된 주요 역사적 사건

연도	역사적 사건	교육적 의미
1911	스위스 정신의학자인 오이겐 블로일러는 *autos(self)*라는 그리스어를 '자폐증'이라는 용어로 변경하여 사회적 접촉을 피하는 조현병 환자를 설명	블로일러의 환자들과 유사한 행동을 보이는 아동의 상태를 명명할 때 '자폐증'이라는 용어가 의도적으로 주위 사람들을 피하는 아동을 함축하게 됨
1943	존스홉킨스대학교의 아동정신의학자인 레오 캐너는 '초기 유아 자폐증'이라고 부르는 아동기 장애의 특징을 설명	"마음이 진정으로 따뜻한 부모가 거의 없었다."는 캐너의 관찰을 통해 무관심하고 무반응적 부모들이 장애에 책임이 있다고 추측
1944	'심리적으로 비정상적인' 아동에게 특별한 관심을 가진 오스트리아 소아과 의사인 한스 아스퍼거는 '자폐적 정신병'을 지닌 400명 이상의 아동을 대상으로 한 그의 연구를 토대로 행동 유형을 기술	그 이후 그가 기술한 여러 가지 행동과 능력이 아스퍼거증후군으로 알려지게 됨
1965	미국자폐협회(ASA) 설립(원래는 국립자폐협회)	ASA의 임무는 자폐성 장애인과 그들의 가족이 전적으로 참여하는 전 생애 접근을 촉진하고 모든 개인을 위한 기회를 장려. 이것은 이들의 지역사회 구성원까지 포함
1967	'An Empty Fortress'라는 브루노 베틀하임의 저서에서 냉담하고 보살피지 않는 부모로 인해 자폐성 장애 자녀가 자신의 세계 속에 머물며 사회적으로 위축된다고 주장	자폐성 장애는 '냉장고 어머니'가 원인이 되어 발생한다는 베틀하임의 이론은 많은 비난을 받게 되고 부모의 학대와 유린 행위에 대해 죄책감이 생기도록 함
1981	로나 윙은 '아스퍼거증후군'이라는 용어를 처음 사용한 그레이트 브리튼에 논문 게재	윙의 독창적인 논문이 특히 유럽에서 아스퍼거증후군에 대한 관심을 불러일으킴
1987	이바르 로바스가 4세 전까지 2년 이상 매주 40시간 이상 일대일 행동치료를 위한 조기중재 프로그램에 자폐성 장애아동을 참여시킨 유아자폐증 프로젝트 결과를 발간	이는 자폐성 장애아동이 정상적인 기능을 하기 위해서는 조기에 집중적인 행동중재가 필요하다는 첫 번째 연구임
1990	1990년 장애인교육법(IDEA) 제정(PL 101-476)	자폐성 장애학생이 특수교육을 받을 수 있는 장애 범주에 포함됨
1993	캐서린 모리스의 '네 목소리를 들려주렴, 어떤 가족의 자폐성 장애 극복기'라는 책이 발간됨	두 자녀를 돕기 위한 어머니의 노력은 자폐성 장애의 과학 중심 치료의 중요성에 대한 관심을 불러일으킴
1994	아스퍼거증후군은 DSM-Ⅳ의 자폐성 장애 내 전반적 발달장애로 공식 인정	이것은 치료자, 연구자, 교육자 간의 아스퍼거증후군에 대한 인식을 증가시킴
1994	자폐성 장애의 원인과 생의학적 치료를 위한 연구를 위해 The National Alliance for Autism Research(NAAR) 설립	NAAR 기금연구는 국립건강협회와 기타 기금으로 자폐성 장애 연구에 4,800만 달러 이상 배정되었으며 신경과학과 다른 과학 분야에도 진보를 촉진
1998	자폐증치료과학회(ASAT) 설립	ASAT는 가족, 전문가, 정책입안자들에게 자폐증에 관한 유용한 과학 정보와 치료 정보 제공
2000	행동분석자격위원회(BACB)가 행동분석자격증(BCBA)을 교부하기 시작	BACB는 부모, 학교 및 기관에게 BCBA가 응용행동분석에 입각한 효과적이고 윤리적인 실제에 관한 특정 지식과 기술을 습득하였다고 인정함
2002	CEC의 발달장애분과(DDD)에 ASD를 포함시킴. 나중에 자폐성 장애 및 발달장애 분과(DADD)로 변경됨	ASD에 관심이 있는 특수교사들은 CEC 내에서 의견을 제시하고, 중앙 정보의 출처를 얻게 됨
2005	한 자폐성 장애아동의 조부가 2,500만 달러를 기부하여 'Autism Speaks' 설립	'Autism Speaks'는 가장 큰 자폐성장애옹호기관으로 자폐성 장애의 원인, 예방 및 치료를 위한 기금을 조성
2006	케네디 기관에 상호 자폐성 장애 네트워크(IAN) 설립	IAN 커뮤니티는 온라인 도서관으로 자폐에 관심이 있는 사람은 누구나 자폐성 장애에 관해 배울 수 있음
2006	2006 자폐장애방지법 제정	이 법은 5년 동안 1억 달러를 확보하여 연구, 선별, 조기판별, 조기중재를 하도록 하였고 적어도 50%는 자폐성 장애를 위해 사용하도록 함
2009	국립자폐장애센터(NAC)가 국가 표준 프로젝트의 결과 발간	NAC는 교사와 부모를 위해 증거기반 프로그램 요소, 절차 및 실행 전략에 대한 핸드북 발간
2013	미국 정신의학회는 DSM-5에 자폐성 장애의 정의를 개정	자폐성 장애와 아스퍼거장애가 자폐성 장애에 포함됨. 일상 기능에 필요한 지원 강도에 따라 세 단계로 구분
2017	앤드류 F. 대 더글러스 카운티 교육구	자폐성 장애 남학생의 부모가 제기한 소송에 대해 대법원은 학생 각자가 처한 독특한 상황하에서 장애학생의 향상도를 산출할 수 있도록 IEP를 합리적으로 작성해야 한다고 만장일치로 판결
2019	협력책무성연구교육지원, 2019(PL 116-160)	자폐장애방지법을 재승인한 것으로 2024년까지 연간 예산을 3억 6,900만 달러 이상으로 증액시키기로 함

비연속 시행훈련을 이용한 수업은 아야의 학교 일과에서 중요한 부분이다.

al., 2014; McMahon & Cullinan, 2016).

국립자폐성장애전문개발센터가 실시한 광범위한 분석 연구에서 150명 이상의 전문가가 1990~2011년 동료심사를 하는 학술지에 발표된 자폐성 장애아동을 위한 교육과 중재에 관한 1,090편의 논문을 검토하였다(Wong et al., 2014; Wong et al., 2015). 분석 결과 27개의 중재 방법이 증거기반 실제로서 충분한 과학적 증거가 있는 것으로 나타났다. 증거기반 실제는 기본적인 응용행동분석 기법(예 : 강화, 소거, 촉진), 중재의 기초인 평가와 분석기법(예 : 행동기능평가, 과제분석) 및 행동기법을 체계적인 방식으로 사용하여 반복이 가능한 절차(예 : 기능적 의사소통 훈련, 중심축반응 훈련) 등의 중재로 이루어져 있다(Wong et al., 2014, p. 19).

자폐성 장애 자녀를 양육하는 부모에게 시각적 일정표, 정적 강화, 계획된 무시, 순응촉진 전략, 일상생활 기술 등 행동중재 전략들을 가르치면 부모의 스트레스가 감소할 수 있다(Bearss et al., 2015; Iadarola et al., 2018). Helton과 Alber-Morgan(2018)은 자폐성 장애아동의 부모가 ABA를 이해하도록 지원해야 한다고 주장하였다.

많은 부모와 전문의들이 자폐성 장애아동을 위한 ABA 프로그램과 서비스를 옹호해 왔지만 ABA가 무엇인지에 관한 오해가 확산되어 있다(Boutot & Hume, 2012; Heward, 2005; Keenan & Dillenberger, 2020). 가장 일반적인 오해 중 하나는 ABA가 일대일 수업인 **비연속 시행훈련**(discrete trial training, DTT)으로만 구성되어 있다는 것이다. 즉, 교사가 아동에게 정규화된 순서에 따라 고안된 학습시행을 실시하는 것만 ABA라고 오해하고 있다는 것이다. 학습시행이란 교사가 아동에게 지시하고(예 : "숟가락을 만져봐요."), 아동이 반응하고, 아동이 정반응을 보이면 강화를 제공하는 것으로서 그림 4.7의 윗부분에 제시된 것처럼 선행자극의 제시, 아동의 반응 및 후속결과(또는 피드백)라는 일련의 절차가 학습시행이다.

ABA의 창립자 중 한 사람인 Donald Baer(2005)는 다음과 같이 주장하였다.

비연속 시행교수법은 교육보다 훨씬 더 오래된 교수법으로 다음과 같이 설명할 수 있다.

1. 교사는 한 번에 한 명의 학생에게 제시할 일련의 문제를 준비한다.
2. 이러한 절차는 일반적으로 교사의 능력이 미치는 최고의 교수 및 학습 순서이다.
3. 학생은 각 문제에 반응하거나 반응에 실패한다.
4. 교사는 아동의 반응 또는 무반응 각각에 반응한다. 아동의 정반응에 대해서는 보상하며 칭찬하고, 오반응은 무시하거나 교정하거나 꾸짖으며, 무반응은 무시하거나 반응을 촉진한다.
5. 이 교수법의 누적된 효과는 아동으로 하여금 일련의 새로운 사실, 개념, 기술을 통합하여 습득할 수 있도록 돕는다.

비연속 시행훈련은 교실에서 다양한 교과목을 가르치는 데 사용된다. DTT는 소크라테스식 대화법을 이용하는 것으로 법을 공부하는 학생에게 가장 유용한 기술을 가르치는 방법이기도 하며 수련의에게 임상 및 진단기술을 가르치기 위한 방법이기도 하다(p. 10).

DTT는 무수한 변형이 있다. DTT의 중재효과는 구성방식에 달려 있지 않고, 교사가 얼마나 능숙하게 아동을 위해 유용한 교수자료를 준비하고, 아동의 다양한 반응에 적절하게 반응해 주느냐에 달려 있다(p. 24).

DTT와 ABA는 동의어가 아니고 ABA는 DTT 없이 수행할 수 있다. 그러나 DTT는 자폐성 장애아동을 위한 ABA에 기초한 프로그램에서 중요한 역할을 한다. 또한 특수교사가 능숙하게 사용할 줄 알아야 하는 교수법이다. 그리고 비연속 개별시행은 교수계획의 한 형태이고, ABA에 기초한 프로그램은 자폐성 장애아동으로 하여금 새로운 기술을 습득하고 일반화하도록 돕기 위하여 다양한 절차를 사용한다는 사실을 알아야 한다. ABA에 기초하여 자폐성 장애학생들을 가르치기 위한 체계적 전략들은 다음과 같다.

- 새로운 행동을 형성하고(Fonger & Malott, 2019), 적응행동의 유지를 촉진하고(Brosh et al., 2018; Kranak et al., 2017), 아동행동의 다양성을 증가시키기 위하여(Silbaugh & Facomata, 2019) 사용되는 강화전략
- 교수 시 인위적으로 고안된 자극에 반응했던 학생이 자신의 주변환경에서 자연적으로 발생하는 자극에 반응하도록 전환시키는 전략(Garacia-Albea et al., 2014)
- 그림교환 의사소통 시스템(PECS)과 같은 대안적 의사소통(Doherty et al., 2018)(제8장 참조)
- 언어행동의 기능분석에 기초하여 구어와 문어 가르치기(Sundberg, 2020)
- 매트릭스에 단어를 배열하여 훈련한 결과 훈련받지 않은 단어조합이 나타나는 생성교수(Axe & Sainato, 2010)와 택트훈련으로 범주화와 청자행동을 향상시키는 등가기반의 교수(Miguel & Kobari-Wright, 2013)
- 학습기술과 사회성 기술을 향상시키기 위한 또래중재(Sperry et al., 2010; Watkins et al., 2015)
- 집단수업 시 적극적인 학생 반응을 증가시키기 위한 전략(Bondy & Tincani, 2018)
- 사회기술, 개인기술, 취업기술 등 다양한 범위의 행동과 관련된 기술훈련(전환교육 : 현재가 미래를 만든다 '직업 및 취업기술의 향상을 위한 행동기술 훈련' 참조)
- 자기관리 전략(Beaver et al., 2017; Rosenbloom et al., 2019)
- 오류가 없는 변별학습 방법(Jerome et al., 2007)
- 도전적 행동의 기능평가(Hanley et al., 2014)
- 기능적 의사소통훈련(Tiger et al., 2008)

시각적 지원 : 교실에서 자폐성 장애학생의 사회적 상황에 대처하는 방법과 독립성 증가시키기

시각적 지원은 학생 기술의 독립성과 정확성을 증가시키도록 돕기 위하여 시각적 단서와 촉진과 관련된 다양한 중재를 포함하고 있다(Cohen & Gerhardt, 2015). 시각적 활동일정표와 사회적 상황 이야기는 시각적 지원을 필요로 하는 자폐성 장애학생들을 위한 대표적인 전략이다.

시각적 활동일정표 시각적 활동일정표는 하루 일과(예 : 수학, 학습센터, 읽기, 간식) 혹은 한 과제에 대한 일련의 단계(예 : 점심 먹을 준비를 한다, 장난감을 치운다, 손을 씻는다, 식탁에 앉는다, 점심을 먹는다 등) 내에서 활동 순서를 보여주는 시각적 촉구이다. 자폐성 장애학생들이 교실에서 그림 활동일정표를 이용하여 활동순서를 정하고 이행하는 법을 배울 수 있다고 많은 연구들은 보고하고 있다(예 : Gauvreau & Schwartz, 2013; Pierce et al., 2013). 또한 활동일정표는 청소년들이 사회성 기술과 전환 관련 기술을 학습하는 데도 유용하다(Banda & Grimmett, 2008). 활동일정표는 집단활동 및 게임에 비장애 또래를 포함시키도록 연계할 수도 있다(Broadhead et al., 2014). 교수와 학습 '시각적 활동일정표 :

전환교육 : 현재가 미래를 만든다

직업 및 취업기술의 향상을 위한 행동기술 훈련

"성인이 되어 무엇을 하고 싶은가?" 우리 대부분은 아주 어린 시절부터 직업과 관련하여 보편적인 목표를 생각해 보았을 것이다. 시간이 지나면서는 독립적인 삶과 개인적인 성취와 삶의 질을 위해 보수를 받는 직장이 중요하다 는 것을 깨닫게 된다. 장애인이건 비장애인이건 직장이 주는 유익은 동일하다.

　직장을 구하고 취업을 한 후에 직장을 유지하는 것은 많은 기술을 필요로 하는 복잡한 과정이다. 직장을 구하는 사람은 자신의 흥미와 자신이 가지고 있는 기술을 고려하여 직업을 찾아야 하고, 지원서를 작성하여 제출해야 하 며, 면접기술도 습득해야 한다. 취업을 한 후에는 직업 자체에서 요구하는 직업기술 외에도 사회기술(예 : 직장동 료와 예의 있게 상호작용하기), 자기옹호기술(예 : 관리자에게 도움 요청하기), 자기관리기술(예 : 정시에 출근하 기) 등의 기술이 필요하다. 여기에서는 장애학생에게 취업기술을 가르치는 교수전략을 소개한다.

행동기술 훈련

행동기술 훈련(behavior skills training, BST)은 교수, 모델링, 역할놀이, 시연, 피드백을 포함하는 증거기반의 실제 이다. BST는 장애 학습자뿐만 아니라 비장애 학습자에게 사회성 기술과 직업기술 등 광범위한 기술을 가르치는 데 사용되어 왔다(예 : Morgan & Wine, 2018; Ryan et al., 2019; Stocco et al., 2017). Parsons 외(2013)는 인사 과 직원에게 BST를 적용하여 가르쳤다.

　Roberts 외(2020)는 BST를 적용하여 자폐성 장애인에게 취업을 위한 면접기술(예 : 면접질문에 답변하기, 면접 시 질문하기, 적절한 몸짓언어 사용하기)을 교수하였다.

1. **학습할 기술과 그 기술이 필요한 근거를 제시하라.** "오늘은 … 기술에 대해 배울 거예요. 이 기술은 … 이유 때문에 필요합니다. 기억해야 하는 중요한 것은 … (명료하고 간단하게 가르칠 기술을 설명하라)."
2. **모델링을 통해 기술을 보여주라.** "선생님이 어떻게 … 기술을 사용하는지 잘 관찰해보세요." 기술을 수행하 거나 복잡한 기술의 첫 단계를 학생에게 보여주되 사회성 기술의 경우 모델링에 상호작용의 두 역할 모두 를 포함시켜야 한다.
3. **교수한 기술에 대해 학생과 역할놀이를 하라.** "선생님과 이 기술을 연습해봅시다." 학생에게 역할을 부여하 고 역할놀이의 상황을 설정하라(예 : "여러분은 취업을 위해 식품점의 관리자와 면접을 할 것이고, 나는 면 접관 역할을 할 겁니다."). 그리고 나서 학생이 반응해야만 하는 면접질문을 제시하라.
4. **피드백을 제공하라.** 역할놀이를 하는 동안에 실제와 같은 피드백을 제공해야 한다. 피드백은 정교해야 하며 교정적 피드백뿐만 아니라 충분한 칭찬도 해야 한다.

습득한 기술기반의 훈련

역할놀이에서 교사의 지원은 점차 줄여나가야 하고 학생이 독립적으로 기술을 숙달하도록 해야 한다. 연습할 기 회를 충분히 제공하고 지원적 피드백과 교정적 피드백을 지속적으로 제공해야 한다. 습득한 기술의 유지와 일반 화를 위한 전략은 다음과 같다.

- 다양한 사례를 들어 가르쳐라(예: 동일한 면접질문을 다양한 방법으로 질문하라).
- 면접 도중에 부정적인 피드백을 들었을 때 어떻게 반응해야 하는지에 대해서 학생에게 가르쳐라(예 : "대답 을 잘못하네요. 우리 직장에 별로 관심이 없어 보이네요.")
- 실제와 유사한 상황에서 연습할 기회를 제공하라(예 : 지역사회 중심 교수, 제12장과 제15장 참조).
- 학생이 다양한 상황에서 자신의 수행을 점검할 수 있도록 자기점검표를 제공하라(제11장 교수와 학습 '단지 과제에 집중하는 것 이상으로 학생들에게 도움이 되는 자기점검' 참조).

교수와 학습

시각적 활동일정표 : 자폐성 장애학생들의 독립성 촉진시키기

시각적 활동일정표가 자폐성 장애학생들에게 왜 중요한가 시각적 활동일정표는 학생이 과제에 집중하고 기능적 기술 및 학업기술과 함께 독립성을 더 잘 성취할 수 있도록 돕는다. 시각적 활동일정표는 구조와 일과를 제공하고 자기만족을 촉진시켜주고, 한 활동에서 다음 활동으로 자연스럽게 전환하도록 해주며, 어떤 활동이 어느 물리적 공간과 관련되는지를 이해하는 데 도움이 되며, 사회적 상호작용 및 의사소통기술을 촉진시켜주기 때문에 자폐성 장애학생에게 중요하다. 시각적 활동일정표를 이용하는 법을 배운 아동에게는 어떤 활동을 시작할 때, 그리고 다음 단계로 넘어갈 때 교사나 부모가 더 이상 말하지 않아도 된다. 단순한 촉진도구 이상으로 시각적 활동일정표는 독립성과 자기결정을 하도록 하는 중요한 수단이 될 수 있다. 시각적 활동일정표는 모든 연령의 학생들에게 사용될 수 있다.

시각적 활동일정표를 어떻게 사용하는가

1. 포함시킬 활동들을 선정하라.

- 과제를 완성하는 단계를 보여주는 계획표를 위해 그 학생이 따라야 할 과제분석을 하라. 예를 들면 직업 전 과제(예 : 편지 분류)를 완성한 후 교사 피드백을 요청하는 법을 가르칠 때 그림 활동일정표의 단계는 과제 수행하기, 그림 활동일정표 보기, 과제 점검하고 수정하기, 손들기, 조용히 교사 기다리기 등(Rouse et al., 2014, p. 316)을 포함할 수 있다.

- 하루 일과를 보여주는 시각적 활동일정표를 이용하여 중요한 과제와 순서를 확인하라. 예를 들면 아래에 제시된 활동일정표는 수행해야 하는 행동의 순서를 보여준다. 자리를 찾는다. 바닥에 앉는다. 얌전히 손을 잡는다. 선생님의 눈을 본다. 들을 준비를 한다.

- 하루 일과의 활동일정표를 준비할 때 힘든 활동과 재미있는 활동을 적절히 배치하라. 다음 순서의 재미있는 활동을 보는 것은 학생이 동기화될 수 있고 과제에 집중하는 데 도움이 된다.

- 아동의 활동일정표에 학생의 선택사항을 넣어라. 학생들이 일정표에 포함시켜야 활동, 활동을 하고 싶은 시기, 과제를 완성했을 때 받고 싶은 강화 등을 스스로 결정하도록 도울 수 있다.

2. 활동일정표의 양식과 매체를 결정하라.

- 사진, 아이콘, 사물, 단어 등을 이용하여 활동을 묘사하라. 활동일정표는 아동에게 적절해야 한다. 예를 들어 화가 났을 때 아동이 가장 잘 이해하기 쉬운 양식은 무엇인가?

- 각 단계나 활동을 수행하는 학생 자신 또는 또래의 동영상이 도움이 된다.

- 활동일정표를 수평판, 수직판, 한 장씩 넘기는 플립 차트, 고리에 끼우는 유형 등 다양하게 만들어라. 활동일정표를 고정된 자리에 배치할 것인가, 아니면 휴대용으로 만들 것인가? 또는 모바일 장치를 사용하는가?

3. 활동일정표를 제작하라.

- 하루 일과와 관련된 과제의 각 단계 또는 일련의 활동을 나타내는 카드를 만들어라. 각 과제나 활동의 단계는 단어(예 : 단계명)와 그림(예 : 사진,

Ananda Aspen and Liza Stack, California Autism Professional Training and Information Network.

시각적 활동일정표는 학생이 특별활동 시간을 준비하는 데 도움을 준다.

클립아트, 아이콘, 도안)으로 제시되어야 한다.
- 각 카드의 뒷면에 벨크로 테이프를 붙이고 학생의 책상 위에 있는 클립보드, 바인더 또는 라미네이트 카드에 벨크로로 띠를 붙여라. 이는 학생이 과제를 완성할 때마다 카드를 떼도록 하기 위함이다.
- 학생이 받는 강화의 시각적 상기물이나 토큰을 붙이기 위해 부가적인 벨크로 띠를 활동일정표에 추가하라.
- 학생들이 컴퓨터, 모바일 혹은 특수 보조공학장치를 사용할 수 있으면 비디오 클립이나 소프트웨어(예 : Reinert et al., 2020; Stromer et al., 2006)를 사용하여 디지털 활동일정표를 만들어라.

4. 학생에게 활동일정표를 이용하는 법을 가르치라.
- 교사는 학생들에게 (1) 활동일정표 점검하기, (2) 활동일정표의 다음 활동이나 과제 완성하기, (3) 완성한 활동이나 과제 기록하기, (4) 활동일정표의 다음 활동이나 단계를 실행하는 것을 시범 보여라.
- 교사는 칭찬과 교정 피드백을 제공하면서 학생이 각 단계를 성취하도록 촉진하라.
- 학생이 독립적으로 활동일정표를 이용할 수 있도록 교사는 서서히 촉진과 피드백을 줄여나가라.
- 활동일정표의 수정이 필요한지 결정하기 위하여 활동일정표를 가지고 학생의 수행을 평가하라.
- 활동일정표를 만들고 학생에게 활동일정표를 이용하는 방법을 가르치는 데 필요한 상세한 정보가 필요하면 Cohen과 Gerhardt(2015) 및 McClannahan과 Krantz(2010)의 연구를 참조하라.

자폐성 장애학생들의 독립성 촉진시키기'를 참조하라.

사회적 상황 이야기   변화를 인내하고 사회적 상황의 전형적인 규칙 내에서 사회적 상호작용이나 의사소통을 언제, 어떻게 해야 하는지를 학습하는 것은 많은 자폐성 장애아동들에게 도전적인 일이다. **사회적 상황 이야기**(social stories)는 자폐성 장애아동이 이해할 수 있는 형식으로 사회적 상황과 개념과 관련된 사람들의 기대행동을 설명해준다. 교사와 부모는 사회적 상황 이야기를 사용하여 특정 상황과 기대행동을 설명할 수 있고, 특정 목표나 성과를 성취하기 위한 단계들을 설명할 수 있으며, 새로운 일과에 예상되는 행동들을 가르칠 수 있다(Gray & Attwood, 2010). 어떤 사건이 일어나기 전이나 활동을 하기 전에 사회적 상황 이야기를 이용하면 아동의 불안이 감소되고 행동이 개선되며 아동으로 하여금 다른 사람의 관점으로 상황을 이해하도록 지원할 수 있다.

사회적 상황 이야기는 학생의 이해수준에 맞게 작성되며 학생의 관점에서 쓰는 네 가지 기본 유형의 문장을 포함한다.

- 설명문은 목표 상황의 맥락과 관련된 변인에 대한 내용을 제시한다(예 : 다른 사람이 대화하거나 바쁠 때 나는 방해하지 않는다).
- 조망문은 상황에 대한 다른 사람의 반응과 감정에 대한 정보를 제시한다(예 : 사람들이 대화할 때 방해하면 사람들은 대화를 방해받고 말하려고 했던 것을 잊어버리기 때문에 화를 낸다).
- 지시문은 특정 사회적 단서나 상황에 관한 바람직한 행동을 설명한다(예 : 정말 중요한 일이면 나는 사람의 어깨를 두드리며 "실례합니다."라고 말할 수 있다. 그렇지 않으면 나는 그들이 대화를 끝마칠 때까지 참고 기다린다).
- 긍정문은 상황과 관련된 사회적 규범이나 규칙 또는 공유된 신념을 강조하기 위한 문장이다(예 : 모든 사람은 방해받지 않고 말할 자격이 있다). [이 예는 Morris(2020)에서 발췌]

사회적 상황 이야기는 일반적으로 한쪽에 한 문장으로 구성한다. 사건의 핵심 정보와 중요한 요점을 설명하는 사진이나 선화를 각 문장과 함께 제시한다(그림 7.4 참조). 짧은 만화대화는 사회적 상황이야기를 수정한 것으로서 그림, 간단한 인물 및 말풍선과 같은 만화의 구성요소를 사용한다(Glaeser et al.,

그림 7.4   학교 식당에서 기다리기에 관한 사회적 상황 이야기의 예

우리 학교의 학생들이 식당에서 점심을 먹는다.

p. 1

식당은 점심시간에 매우 붐빌 수 있다.

p. 2

나는 식당에 가면 쟁반을 들고 줄의 가장 마지막에 서야 한다. 나는 점심을 먹기 위해서 다른 사람들처럼 줄을 서서 기다려야 한다.

p. 3

기다리고 있을 때 다른 것을 생각할 수 있다. 나는 어떤 노래나 재미있는 책을 생각할 수 있다.

p. 4

내 차례가 오게 되면 나는 점심을 선택할 수 있다.

p. 5

기다리는 일은 힘들지만 나는 최선을 다해 조용히 기다린다. 사람들이 자기 차례를 지키면 모든 사람은 기분이 좋다.

p. 6

출처 : Crozier, S., & Sileo, N. M. (2005). Encouraging positive behavior with social stories: An intervention for children with autism spectrum disorders. *Teaching Exceptional Children*, 37(6), p. 30. 허락하에 사용함.

2003). 자기 비디오 모델링 또는 또래 비디오 모델링을 포함하는 사회적 상황 이야기는 컴퓨터나 스마트 보드를 이용하여 제시할 수 있다(Sansosti & Powell-Smith, 2008; Xin & Sutman, 2011).

몇몇 연구는 사회적 상황 이야기를 체계적으로 사용한 후 아동의 행동이 개선되었다고 보고하고 있다. 예를 들면 Ivey와 동료들(2004)은 5~7세의 자폐성 장애 소년 3명에게 부모가 5일 동안 하루에 한 번

씩 사회적 상황 이야기를 읽어주었더니 아동들이 새로운 활동에 더 독립적이고 적절하게 참여하게 되었다고 보고하였다. 그러나 사회적 상황 이야기에 대한 연구 토대가 제한적이고, 사회적 상황 이야기가 어떻게 아동의 행동에 영향을 주는지에 대한 기제도 완전히 파악되지 않고 있다. Test 외(2011)는 사회적 상황 이야기에 관련된 28개의 연구를 검토한 결과 사회적 상황 이야기는 아직 증거기반 실제가 될 수 없다고 결론지었다. Leaf와 동료들(2015)은 자폐성 장애인을 대상으로 한 사회적 상황 이야기의 효과에 관한 41개 연구를 분석한 결과 대부분의 연구에서 사회적 상황 이야기는 자폐성 장애인들의 행동 변화에 부분적으로 영향을 미쳤거나 전혀 영향을 미치지 않았다고 보고하였다. Kassardjian 외(2014)는 자폐성 장애아동 3명으로 하여금 사회적 상황 이야기에 주의를 기울이고 사회적 상황을 이해했는지 확인하기 위한 질문에 대답하도록 한 사회성 기술 중재의 효과는 중재를 전혀 적용하지 않는 것과 같은 정도였다고 주장했다.

그럼에도 불구하고 사회적 상황 이야기 중재가 긍정적인 중재효과가 있는 유망한 실제라고 주장하는 문헌들도 있다(Kokina & Kern, 2010). 사회적 상황 이야기는 바람직한 행동의 비디오 모델링, 반응촉진, 스크립트 용암, 피드백, 강화, 자기기록 등과 함께 다중요소 중재에 포함되어 사용될 때 가장 효과적이다(Gül, 2016; Halle et al., 2016; Kurt & Kutlu, 2019; Sansosti & Powell-Smith, 2008). Crozier와 Tincani(2005)의 연구결과에 따르면 사회적 상황 이야기를 단독 중재로 사용하는 것보다 언어적 촉진과 함께 사용하는 것(예 : "선생님과 말하고 싶을 때는 손을 들어야 한다는 것을 잊지 마세요." p. 153)이 더 효과적이다. 특수교사는 특정 교수실제가 학생 개인에게 효과적인지 알기 위해서 자료 수집을 해야 한다.

공학 초고속 인터넷 접속이 가능한 스마트보드, 컴퓨터, 태블릿뿐만 아니라 3차원 프린터와 다양한 주변장치가 교실에서 점점 더 흔하게 사용되고 있다. 자폐성 장애학생을 포함한 오늘날 학생들은 개인의 삶에서 모바일 장치의 능숙한 사용자들이고 학교에서도 연결되기를 원한다(Twyman, 2014). 그러나 이러한 기계공학은 잘 설계된 **교수공학**(예 : 프로그램, 소프트웨어)을 통해 지혜롭게 사용되어야만 모든 학생의 학습을 촉진시키고 향상시킬 수 있다(Layng & Twyman, 2014).

스마트폰이나 태블릿을 사용하는 교육용 응용프로그램을 선택할 때 교사는 다음과 같은 사항을 고려해야 한다.

- **명료하게 규명된 교육성과** : 교육용 응용 프로그램은 아동의 개별화 교육프로그램 목표나 일반교육과정에서의 진보와 직접적으로 연관되고 지원할 수 있는 것이어야 한다. 교육용 응용 프로그램이나 소프트웨어 프로그램이 아무리 멋지고 재미있든지 간에 가장 중요한 것은 프로그램의 내용이다.
- **학생의 적극적인 반응률** : 교육용 응용 프로그램은 학습자에게 학습목표와 관련된 기술을 연습하는 데 충분한 기회를 제공해야 한다.
- **차별적인 피드백** : 교육용 응용 프로그램은 정반응과 오반응에 대해 즉각적인 피드백을 제공해야 하며 정답에 대한 피드백과 오답에 대한 피드백은 확실하게 달라야 한다.
- **난이도 조절** : 학습자의 수행에 따라 자동적으로 교수자료의 난이도가 조절되어야 한다.
- **숙달기준 성취** : 학습자가 현재 학습하고 있는 학습목표의 숙달수준을 성취해야만 다음 단계로 넘어갈 수 있다.
- **수행 보고서** : 교사나 부모가 학습의 문제 영역을 특정할 수 있도록 학습자의 수행에 대한 자료는 구체적이어야 한다.
- **유용성** : 교육용 응용 프로그램은 사용하기 쉬워야 하고 인터페이스와 상호작용하는 법에 대한 지

시가 문자든 그래픽이든 단순해야 한다. 이미지와 소리는 학습자를 산만하게 하지 않아야 하며 학습활동에 관련된 것이어야 한다. 교육용 응용 프로그램의 읽기수준은 프로그램의 사용 가능 연령의 가장 어린 학습자에게도 적절해야 한다[교육용 응용 프로그램의 선택기준은 Mahon(2014)과 Twyman(2014)에서 발췌].

학교나 가정에서 응용 프로그램을 선택하는 기준은 가격, 개발자의 설명, 사용자의 리뷰, 인기 순위 등이다. 예컨대 베일파이어 연구소가 아이튠즈에서 교육용 응용 프로그램을 10개 사서 사용 후 분석한 결과를 다음과 같이 기술하였다.

> 우리는 다음과 같은 것을 알게 되었습니다. 응용 프로그램을 구입하는 사람이 인기 순위가 높으면 교육적으로도 질이 높을 거라고 예측한다면 실망하게 될 것입니다. 만약 아이들이 식당이나 차에서 재미있게 사용하는 것이 응용 프로그램의 구입 목적이라면 이러한 프로그램도 괜찮을 겁니다. 그러나 이러한 프로그램은 기껏해야 오락을 위한 것이므로 교육용 응용 프로그램을 구입하려고 할 경우에는 인기 순위만 고려해서는 안 된다는 것을 명심해야 합니다! (Balefire Labs, 2013, n.p.).

입증되지 않은 치료와 증거기반 실제 구분하기

입증되지 않은 중재의 유행은 언제나 특수교육 분야에서 문제였다. 자폐성 장애아동이 광범위한 범위의 결핍행동, 과잉행동, 이상행동 등을 나타내기 때문에 치료를 약속하는 처치법들이 쏟아져 나오고 있는 것이다. Interactive Autism Network(2011)에 따르면 자폐성 장애아동의 가족이 이용하고 있는 처치법은 381개이며, 자폐성 장애아동은 평균 5개의 처치를 동시에 받고 있고 한 아동이 56개의 처치를 동시에 받은 사례도 있다고 보고하였다. 또 다른 연구에서도 자폐성 장애 자녀가 7개의 치료를 동시에 받고 있다고 부모가 보고하였다(Green et al., 2006).

자폐성 장애아동들에게 도움이 된다고 주장하는 많은 치료법들이 거의 또는 전혀 과학적 증거의 뒷받침이 없다. 비타민 대량 복용과 보조식품, 무거운 조끼 입기, 피부 문지르기, 플랫폼 그네타기, 오색찬란한 불빛과 조용한 음악이 흐르는 방 안에서 시간 보내기, 돼지 세크레틴을 정맥 내 주입하기 등이 자폐성 장애를 치료하기 위해 폭넓게 사용되어 왔으나 아직 과학적 증거를 도출한 신뢰할 만한 연구는 없다(Metz et al., 2015; Murdock, et al., 2014; Sniezyk & Zane, 2015; Williams et al., 2009; Zimmerman et al., 2019). 촉진된 의사소통이 입증되지 않은 치료법이 흔하게 사용되는 일반적인 치료법이 될 수 있는 매우 염려스러운 사례이다.

촉진된 의사소통   촉진자(대부분의 경우 교사나 치료사이며, 일부의 경우에 친구와 부모)인 의사소통 파트너가 말을 하지 못하거나 키보드에 타이핑을 하지 못하거나 의사소통판에 있는 그림, 단어, 상징을 지적하지 못하는 사람을 돕기 위해 신체적인 지원을 제공하는 것을 **촉진된 의사소통**(facilitated communication, FC)이라 한다. 촉진된 의사소통은 뇌성마비인을 위해 오스트레일리아에서 처음으로 개발되었다(Crossley, 1988). 촉진된 의사소통을 미국에 소개한 Douglas Biklen(1990)이 지적장애인과 자폐성 장애인에게 촉진된 의사소통을 사용하여 정교한 언어를 산출하였으며, 이는 정상적인 지적 기능과 일치하는 '밝혀지지 않은 문해능력'이라고 주장하였다.

이러한 주장을 지지할 만한 과학적 증거가 없음에도 불구하고 특수교육과와 장애 성인을 위한 프로그램에 촉진된 의사소통이 폭넓게 사용되었다. 1990년대에 많은 주의 교육기관, 발달장애기관과 교육구가 촉진된 의사소통 전문가를 고용하였고, 교사들을 촉진된 의사소통 전문가에게 보내어 새로운 기법을 훈련받도록 하였다. 많은 장애아동과 장애 성인이 일상생활에서 촉진된 의사소통을 제공받았다.

촉진된 의사소통이 처음에 도입될 때부터 일부 교육자와 많은 부모가 촉진된 의사소통의 효율성과 적합성에 대한 의문을 제기하며 근거자료를 요청하였으나 훨씬 많은 사람이 이 새롭고 놀라운 치료에 대해 궁금해하고 상당한 흥미를 가지고 희망을 품게 되었다. 그러나 촉진된 의사소통에 대한 주의 깊게 통제된 실험연구의 결과는 모두 부정적이어서 이에 대한 의문이 제기되었다(예 : Oswald, 1994; Simpson & Myles, 1995; Wheeler et al., 1993). 촉진된 의사소통의 타당성을 검증한 결과 촉진된 의사소통의 중재효과는 촉진자가 의사소통에 영향을 미쳤을 가능성이 있을 뿐만 아니라(예 : 촉진자가 의사소통의 의도를 알 때만 장애 참가자가 정확하고 의미 있는 언어 산출), 장애 참가자의 IQ나 표준화 검사에 의한 언어능력의 평가결과에 근거해볼 때 장애 참가자에게 결코 기대할 수 없는 언어능력이라는 것이 입증되었다(Jacobson et al., 2016).

촉진된 의사소통을 하는 동안 중도장애인이 나타냈다는 의사소통 능력에 대한 과학적 증거들이 촉진자의 개입과 유망한 전문기관의 결의안이나 입장문에 의해 영향을 받았다는 것이 밝혀졌다. 즉, 촉진적 의사소통은 과학적으로 입증된 증거기반의 실제가 아니므로 권위 있는 학회(예 : American Association on Mental Retardation, 1994; American Psychological Association, 1994)가 입증해주지 않는 한 촉진된 의사소통이 장애인의 삶에 영향을 미치는 중요한 결정에 대한 근거로 사용되어서는 안 된다. 그 이후에 촉진된 의사소통에 대한 수많은 연구가 수행되었으나 촉진된 의사소통의 효과를 뒷받침할 만한 과학적 증거를 찾는 데 실패했으며, 오히려 촉진된 의사소통의 효과가 없다는 것을 입증하는 과학적 증거들이 쏟아져 나오고 있다(Holehan & Zane, 2020; Mostert, 2010; Schlosser et al., 2019).

왜 수십 년 전에 동료심사를 받은 믿을 만한 연구들에 의해 신뢰할 수 없다고 입증된 촉진된 의사소통 방법에 대해 지금 다시 이야기를 해야만 하는가? 그 이유는 촉진된 의사소통의 옹호자들에 의해 촉진된 의사소통이 새로운 이름(예 : 타이핑을 지원하는 방법, 타이핑으로 어려움을 벗어나는 방법, 신속한 촉진방법)을 사용하여 아직도 자폐성 장애와 발달장애아동들을 교육하는 여러 학교와 프로그램에서 사용되고 있기 때문이다(Institute on Communication and Inclusion at Syracuse University, 2020).

왜 입증되지 않은 자폐성 장애 치료법이 널리 사용되고 있는가 자폐성 장애아동의 부모나 교사들은 치료를 약속해주는 중재방법에 현혹되기 쉽다. 그러나 많은 저자와 가족이 언급한 바와 같이 부모든 교사든 우리 중 누가 자폐성 장애아동을 도와줄 중재방법을 찾고 싶지 않겠는가(Maurice & Taylor, 2005; Zane, 2011)? 자폐성 장애 부모들은 과학적 증거가 없는 중재방법과 과학적으로 입증된 중재방법을 변별하기 위해 애를 쓰고 있다.

교사들도 전문가나 전문기관의 추천의 글, 치료를 약속하는 광고, 과학적 '증거'라고 주장하는 거짓에 속아 넘어가기 쉽다(Kauffman, 2011; Stephenson & Carter, 2011). 몇몇 프로그램은 교육과정이나 교수방법의 효과를 공식적인 측정방법에 의해 학생의 학습을 평가하지 않고, 교사나 학생이 재미있다고 하면 성공한 프로그램이라고 주장한다(Downs & Downs, 2010). 과학적으로 입증되지 않은 자폐성 장애 중재방법을 선택하여 사용하는 학교와 프로그램은 재정 자원을 낭비하고 부모로 하여금 비현실적인 기대를 하게 만들 뿐만 아니라 자폐성 장애아동의 학습을 방해한다(Zane et al., 2008).

그렇다면 전문가들은 중재효과가 있는 혁신적인 자폐성 장애의 중재기법과 과장된 주장, 유행, 이념, 비과학에 근거한 중재기법을 어떻게 분별할 수 있는가? 전문가들은 자폐성 장애와 관련하여 동료심사를 하는 학술연구의 신뢰할 만한 과학적 증거에 기초한 결론과 제안을 받아들이는 것이 바람직하다. 이러한 제안은 이념적으로 왜곡된 것이 아니어야 하며 특정 치료방법이나 접근방법으로 인해 경제적 이득을 취하는 사람들의 주장이어서도 안 된다.

　유행되는 거짓중재가 아닌 증거기반의 실제를 현명하게 선택하는 것은 필수적이지만 자폐성 장애아동을 위해 가장 효과적인 교육을 제공하는 데는 충분하지 않다. 많은 과학적 연구가 지지하는 중재방법을 선택했다 하더라도 제대로 실행하지 않으면 중재효과가 없다. 교사는 새로운 교수실제에 대해 가능한 한 많이 배워야 하고, 전문적으로 그리고 충실하게 중재를 실행해야 한다. 마지막으로 가장 중요한 것은 특정 중재방법에 대한 과학적 연구의 증거가 많다고 하더라도, 교사는 중재방법의 효과를 평가하기 위해 학생의 학습을 직접적으로 자주 측정하여 자료를 수집해야 한다.

대안적 교육 배치

> **학습목표 7.5**　일반학급에서 제공하는 자폐성 장애학생을 위한 교육 서비스의 장점과 단점을 설명할 수 있다.

2018~2019학년도 자폐성 장애학생들은 일반학급에서 40%, 학습 도움실 프로그램에서 18%, 특수학급에서 33%가 교육을 받았다(U.S. Department of Education, 2020a). 자폐성 장애학생의 약 9%는 특수학교나 기숙학교를 이용하였다.

일반학급

점점 더 많은 자폐성 장애학생들이 사회적 통합을 향상시킬 목적으로 일반학급에 배치되고 있다. 올바른 조건하에서는 자폐성 장애학생들이 또래집단에 '수용되고, 분명한 구성원'이 될 수 있다(Boutot & Bryant, 2005). 자폐성 장애아동을 통합환경에서 교육하자는 강력한 주장의 근거는 사회적으로 유능한 아동들이 자폐성 장애아동을 위한 또래 매개중재의 필수 요소이며, 자폐성 장애아동을 위한 증거기반 실제이기 때문이다(Wong et al., 2015).

　조기집중 행동중재를 받은 일부 아동들은 공립학교로 순조롭게 전환될 수 있지만 많은 아동들은 새롭고 복잡한 환경의 요구에 힘겨워서 버둥거린다. 자폐성 장애아동이 조기집중 행동중재 프로그램에서 공립학교로 전환될 때 가장 적응하기 어려운 점은 조기집중 행동중재 프로그램에서는 다수의 성인이 매 순간 주인공인 자신의 요구를 충족시켜주는 반면에 새로 진학한 공립학교의 학급에서는 자신이 20명이 넘는 학생 중 1명이라는 것이다. 유치원에서 초등학교로 진학하는 경우에 사회적 상호작용과 함께 의미 있는 학업성취도 요구된다.

　자폐성 장애아동을 오랫동안 교육한 경험이 있는 41명의 자폐성 장애 교사, 임상가 및 연구자에게 일반학급에서 자폐성 장애학생에게 가장 필요한 서너 가지 기술에 대해 질문하였다(Heward, 2011). 비공식적 조사에 대한 그들의 응답 내용은 광범위한 도전과 쟁점을 포함하고 있으며, 소동 없이 한 활동에서 다른 활동으로 전환하기, 많은 양의 청각 정보 유지하기, 성인의 관심과 강화가 약화된 스케줄도 감당하기, 용변과 식사와 같은 자조기술 등이 중요하다고 강조하였다. 이 전문가들이 언급한 것을 종합하면 자폐성 장애아동이 일반학급에서 성공적으로 적응할지 여부는 다음 기술에 달려 있다.

Lori Whitley/Winterset Elementary/Pearson Allyn and Bacon/Merrill Education

자반의 집단활동에 참여하는 능력이 향상된 이유는 일반학급에서 보낸 시간이 증가하였기 때문이다.

- 문제행동 나타내지 않기
- 집단수업에 참여하여 학습하기
- 혼자서(혹은 교사의 약간의 도움만 받고서) 부여된 과제 완수하기
- 또래와 적절하게 상호작용하기
- 학급 규칙 지키기와 교사의 지시 따르기
- 교사의 관심과 도움을 적절하게 요청하기

자폐성 장애학생이 교실에서 적응하기 위해 필요한 기술은 다른 학생에게 요구되는 기술과 근본적으로 다르지 않다. 그러나 위에 나열된 모든 기술을 적용하는 것은 자폐성 장애학생에게는 무리한 요구이며, 특히 장애 정도가 심한 경우에는 매우 어렵다. 그러나 희망을 가질 만한 이유도 있다. 교사가 도전적 행동을 예방하고 대체행동을 가르치는 데 효과적인 증거기반 실제를 적용한다면 많은 자폐성 장애아동은 점점 더 통합학급에서 교육을 받을 수 있을 것이다(예 : C. M. Anderson et al., 2018; Dunlap et al., 2019). 또한 자폐성 장애아동이 초등학교에 진학하기 전에 조기중재 프로그램에서 집단학습에 효과적으로 참여하도록 가르치는 것도 도움이 된다(예 : Charania et al., 2010).

연구자들은 일반교사와 특수교사가 자폐성 장애아동에게 이러한 기술을 효과적으로 가르칠 수 있도록 돕는 증거기반 실제를 지속적으로 개발하고 있다(Wong et al., 2015). 이러한 증거기반 실제의 장점은 자폐성 장애학생뿐 아니라 학급의 다른 학생들을 위해서도 적용할 수 있다는 것이다. 비장애학생들과는 다른 교육적 중재를 장애학생에게 적용하는 것보다 학급의 전체 학생에게 교육적 중재를 적용하는 것이 교사들에게는 더 쉬울 것이다. 교사가 학급의 모든 학생에게 유익하다고 생각하는 경우에 특정 교육적 중재에 의해 학생의 행동과 학업수행이 향상되면 교사는 계속해서 그 중재를 사용할 가능성이 커진다.

전체 학급에 적용할 수 있고 자폐성 장애학생이 일반학급에서 성공할 수 있도록 돕는 교수방법은 집단수업에 참여하기 위한 다 함께 반응하기와 반응카드(Heward, 2019), 부여된 과제를 수행하고 규칙과 지시 따르기를 위한 자기관리(Southall & Gast, 2011), 또래와 적절하게 상호작용하기 위한 또래학습과 같은 협력학습 활동(Kamps et al., 1994), 교사의 관심과 도움을 요청하는 방법(예 : Alber & Heward, 2000) 등이 있다.

다른 장에서 제시된 교수와 학습 글상자에서 다 함께 반응하기, 반응카드, 학급차원의 또래교수, 자기관리, 교사의 관심끌기 등에 대해 설명하고 있다. 더 많은 연구를 통해 이런 전략들의 효과성을 입증할 필요가 있기는 하지만 교사들은 자폐성 장애학생들을 돕기 위하여 이런 전략들을 사용해야 한다.

학습 도움실 및 특수학급

일반학급이 모든 자폐성 장애학생을 위한 최소제한환경은 아니다. 대부분의 중도 자폐성 장애아동들은 집중적이고 전문화된 개별수업 프로그램을 받을 수 있는 교육 배치에서 가장 잘 학습할 수 있다. 왜냐하면 일반학급의 배치로 최대의 효과를 내기 위해서 자폐성 장애아동에게 필요한 사회적 의사소통기술, 자기통제기술, 독립기술 등을 집중적으로 학습시킬 것이기 때문이다. 이러한 기술을 소유하지 않은 자폐성 장애아동을 공립학교의 일반학급에 배치하는 것은 이들을 퇴행시키는 결과를 초래한다(Baer, 2005, p. 9).

수업시간은 장애학생들에게 소중하기 때문에 지혜롭게 활용되어야 한다. 조기집중 행동중재를 받은 자폐성 장애아동의 기능이 향상될 가능성이 크기 때문에, '매 순간을 의미 있게 활용하라'는 구호의 의

미를 되새길 필요가 있다. 자폐성 장애아동이 받고 있는 교육중재를 강도 높고, 전문적이고, 집중적이라고 표현하는데, '긴급하다'라는 용어를 덧붙여도 과장이 아닐 것이다. 많은 자폐성 장애학생들은 하루 일과 중 일부 수업시간을 또래와 함께 일반학급에서 보내고, 개별화 교육프로그램 목표에 초점을 둔 집중적이고 전문화된 수업을 위해 학습 도움실이나 특수학급에서 일부 시간을 보낸다.

학습 도움실이나 특수학급에서의 수업은 일반적으로 분당 교수적 시도의 빈도가 높고, 교사가 고안한 선행사건과 후속결과에 따라 나타나던 학생의 반응이 자연적 상황에서 발생할 수 있도록 계획한다. 또한 아동이 새롭게 습득한 기술을 일반학급, 지역사회, 가정에 일반화시키도록 중재전략을 적용하고, 아동의 목표기술의 수행에 대해 지속적으로 자료를 수집하며, 교육과정과 교수적 의사결정의 근거가 되는 이러한 자료들을 매일 검토한다.

일반학급에서 적용하는 동일한 교육과정의 교수자료를 사용하여 학습 도움실에서 보충수업을 제공하면 학생들은 일반학급에서 성공할 가능성이 커진다. 학습 도움실은 일반학급의 비장애 또래들과 함께 소집단 학습활동을 수행할 수 있는 효과적인 장소이다. 자폐성 장애학생이 학습 도움실에서 비장애 또래와 함께 사회기술과 언어기술을 연습하면 일반학급에서 자연스럽게 일반화될 수 있다.

모든 장애아동에게 해당되겠지만 자폐성 장애아동이 어디에서 특수교육을 받느냐의 문제는 아동 개인의 교육적 요구를 충족시키는 데 어떠한 증거기반의 실제와 관련 서비스가 필요한지를 확인한 후에 결정되어야 한다. 어떤 자폐성 장애아동의 부모가 "아이를 위한 부모로서의 나의 목표는 최소제한환경에서만 교육받게 하는 것이 아니라 최소제한환경에서 생활하도록 하는 것이다."(Letso, 2013, p. 4)라고 주장한 의미를 되새길 필요가 있다.

우수교사로부터의 조언
by Katelyn Johnson

특수교육을 특수하게 유지하라

- **개별화하라.** 학급의 학생들이 동일한 명칭으로 진단받았다 하더라도 그 학생들이 모두 똑같다는 것을 의미하지는 않는다. 모든 학생은 각기 다르므로 다르게 대해야 한다. 한 학생에게 효과가 있는 교육중재가 다른 학생에게 효과적일 거라고 생각해서는 안 된다. 학생들이 유사한 특성을 보인다고 해도 교사는 각 학생의 개인적 특성과 자질을 고려해야 한다.

- **학생을 최우선순위에 두라.** 당신이 왜 특수교사가 되었는지, 누가 가장 중요한지 항상 기억하라. 학생이 언제나 최우선순위가 되어야 한다. 여러 가지 도전이 있고 다양한 의견이 있을 수 있지만 학생이 중심이라는 것을 명심해야 한다. 우리가 원하는 것은 학생에게 가장 적절하고 최상의 실제가 무엇이냐는 것이다.

- **증거기반의 실제를 사용하라.** 다른 교사들이 사용하고 있는 교수방법 중 당신의 학급이나 특정 학생에게 효과적인 교수방법이 있을 수 있다. 교사연수를 받는 것이 지루하고 시간낭비인 것처럼 보이지만 새로운 교수방법을 배우면 당신의 학급에 적용할 수 있다. 교사로서 우리는 다양한 유형의 자원을 지원받을 수 있다. 계속 공부하고, 교사연수도 받고, 새로운 교수전략도 배우고, 지원도 요청하고, 다양한 아이디어를 얻어라. 우리가 모든 것을 다 알지 못하므로 다른 사람들의 도움을 구해야 한다.

- **증거기반의 실제를 확보하라.** 교사인 당신 스스로 자료를 수집해야 한다. 증거기반의 실제가 과학적으로 입증되었다 할지라도 모든 학생이 그 방법에 긍정적으로 반응하지는 않는다. 각 학생에게 특정 증거기반의 실제를 적용

하여 당신 스스로 실제기반의 증거를 수집하여 그 실제가 효과적인지를 판단해야 한다.

팀으로 협력하라

- **장애학생의 부모와 협력하라.** 장애아동의 부모가 얼마나 힘든지 교사가 완전히 이해하기는 어렵다. 교사인 우리는 학교에서의 하루 일과가 끝나면 아동을 가정으로 돌려보내지만 부모는 언제나 장애자녀의 도전을 감당해야 한다. 부모에게 친절하게 대하고, 부모를 존중하라. 부모의 입장에서 생각해보면 부모가 최선을 다하고 있다는 것을 깨닫게 될 것이다. 다른 교사들로부터 부모에 관련하여 부정적인 이야기를 들었더라도 마음을 열고, 한 명 한 명의 부모와 새로운 시작을 하라. 당신이 부모와 좋은 관계를 형성하면 당신과 학생에게 긍정적인 환경이 된다.
- **보조인력과 협력하라.** 팀워크가 얼마나 중요한지는 아무리 강조해도 지나치지 않다. 팀에 보조인력의 도움과 지원이 없으면 당신은 교사로서의 일을 할 수 없다. 장애아동을 위한 교육이 문제없이 정확하게 실행되는 데 있어서 보조인력은 팀의 중요한 구성원이다. 보조인력을 훈련하는 데 당신의 시간과 에너지를 쏟고 그들이 성공할 수 있도록 자원을 지원하면, 그들은 팀의 능력 있는 구성원이 될 것이다. 보조인력을 존중하면 그들도 자신의 직업과 장애학생과 교사인 당신을 존중할 것이다.

긍정적으로 일하라

- **당신 자신을 신뢰하라.** 때때로 어렵겠지만 포기하지는 마라. 다양한 도전에 맞닥뜨리다 보면 감당하기 벅차서 포기하고 싶을 것이다. 그러나 당신이 특수교사를 직업으로 선택한 이유를 다시 한 번 기억해보라. 도전적인 상황에 대응하면서 당신 자신이 얼마나 강한 사람인지 알게 될 것이다. 나의 경우에는 모든 좌절에 대해 맘껏 울면서 회복하고 그다음 날을 감당할 준비를 한다.
- **당신의 실수로부터 배워라.** 매년 새로운 도전에 직면하게 되지만 교사로서의 첫해만큼 힘들지는 않을 것이다. 매년 당신은 성공과 실수와 다른 사람들로부터 배우며 성장하고 있다. 모든 사람이 실수를 하므로 실수로부터 무엇인가를 배웠다면 실수도 유용하다. 그러나 실수에 머물며 그러한 실수로 자신을 정의하는 것은 지혜롭지 못하다. 교사가 된 이후의 몇 년 동안의 경험으로 당신이 어떠한 교사인지를 정의하고 포기하지 마라. 교사 업무는 매년 점점 더 쉬워질 것이다. 왜냐하면 그 이전에는 없었던 자신감을 가지고 도전을 감당하기 때문이다.
- **건강한 지원체계를 만들라.** 상황의 부정적인 측면에 빠지기 쉽다. 교사들끼리 모여서 부정적인 측면에 대한 이야기만 나누다 보면 문제에서 헤어나오지 못할 수도 있다. 상황의 긍정적인 측면에 초점을 맞추는 건강한 지원체계를 만들어라. 도전적인 문제가 발생하면 당신의 지원체계의 도움을 받아서 해결책을 찾으라. 나의 할머니가 언제나 나에게 조언하셨던 말씀이 있다. "네가 부정적인 것을 찾고자 하면 부정적인 것만 찾을 것이고, 긍정적인 것을 찾고자 하면 긍정적인 것을 찾을 것이다." 특수교사로서 일하면서 많은 도전을 받게 되지만 그러한 도전을 어떻게 보고 해결하는지가 당신의 교육자로서의 태도를 결정하게 될 것이다.
- **즐겁게 살아라.** 특수교사로서의 삶에는 재미있는 일도 많다. 즐겁게 살며 많이 웃어라. 불쾌한 날을 보낸 후 최고의 처방은 웃는 것이다. 당신의 학생들과 팀 구성원들과 즐거운 시간을 보내라.

핵심용어와 개념

공유된 관심	상동행동	이식증
마음 이론	서번트증후군	자폐성 장애(ASD)
반향어	실행기능	촉진된 의사소통(FC)
비연속 시행훈련(DTT)	아스퍼거증후군	행동 유인
사회적 상황 이야기	응용행동분석(ABA)	

요약

정의

- 자폐성 장애는 사회적 의사소통 및 상호작용의 지속적인 결함과 제한적이고 반복적인 행동과 관심 등의 특성이 뚜렷하게 나타나는 아동기 신경발달장애군 중의 하나이다.
- 아스퍼거증후군은 모든 사회적 영역에서 손상이 뚜렷하며, 특히 사회적으로 상호작용하는 법을 이해하지 못한다. 아스퍼거증후군 아동들은 보통 언어지연은 없고 대부분은 평균 이상의 지능을 가지고 있다.

특성

- 어떤 자폐성 장애아동들은 대부분 또는 모든 영역의 기능에서 심하게 손상되지만 어떤 아동들은 가벼운 손상만 있다.
- 사회적 상호작용의 손상은 타인의 감정상태를 인식하거나 정서를 표현하고 애착관계를 형성하는 데 어려움을 초래한다. 또한 공유된 관심의 결함도 포함된다(예 : 부모가 바라보는 것을 바라보지 않는 것).
- 자폐성 장애아동 중 일부는 구어를 통해 의사소통을 하지 않는다. 구어가 습득된 아동들은 반향어를 나타내기도 한다.
- 자폐성 장애아동들은 언어 정보를 구체적이고 문자적으로 처리하는 경향이 있고, 언어의 사회적 의미를 이해하는 데 어려움을 나타낸다.
- 자폐성 장애로 진단을 받은 아동 중에는 중도 또는 최중도의 지적장애를 보이기도 하고, 지적으로 뛰어난 아동도 있다.
- 많은 자폐성 장애아동들은 다음과 같은 인지 및 학습 특성을 보인다.
  - 과잉선택성 : 전체보다는 사람이나 사물의 사소한 특징에 초점을 맞추려는 경향
  - 오랫동안 특정 대상이나 활동에 대한 강박적으로 주의 기울이기
  - 특정 사물에 대한 기계적인 기억에는 뛰어난 능력을 보이지만 최근 사건을 회상하지 못함
  - 불균형한 기술발달 : 다른 영역의 기능수준에 근거하여 예상할 수 없는 뛰어난 수행을 보이는 영역
  - 감각자극에 대한 비정상적 반응 : 특정 소리, 만지는 것, 특정 옷의 촉감에 대한 강한 혐오 등 과잉반응성(민감반응), 대부분의 사람들이 느끼는 고통 자극에 무반응과 같은 과소반응성(둔감반응)

- 자신 주변 환경의 모든 것에 대해 동일성을 고집하고, 환경 내 물건의 위치를 바꾸거나 예상했던 일과가 바뀌면 안절부절못하는 강박성
- 상동행동 및 자기자극 행동 : 앉아 있을 때 몸 흔들기, 빙글빙글 돌기, 손 날개짓하기, 손가락 튕기기, 물건 돌리기 등과 같은 행동
- 공격행동 및 자해행동
- 자폐성 장애 서번트증후군은 다른 모든 영역에서는 지적장애 수준으로 기능하면서 특정 영역이나 기술에서 뛰어난 능력을 보이는 증후군으로서 아주 드물게 나타난다.
- 일부 자폐성 장애인들은 세부사항에 대한 민감성과 특별한 주제(예 : 환경문제를 어떻게 해결할 것인가)에 대한 열정적인 관심 등을 자폐성 장애의 긍정적 측면으로 강조한다.

출현율

- 드문 장애로 알려져 왔지만 최근 연구는 모든 아동의 약 1%가 자폐성 장애를 가지고 있다고 보고하고 있다.
- 남아가 여아보다 4배 혹은 5배 더 많이 발생한다.
- 자폐성 장애의 출현율이 크게 증가하는 이유가 분명해지는 않지만, 장애에 대한 인식의 확대, 폭넓은 선별, 향상된 평가절차, 장애 진단 시 제공되는 서비스의 유용성, 부모들의 자폐성 장애라는 명칭의 수용 확대, 다른 장애 범주에서의 유입, 자폐성 장애의 실제적인 출현율의 증가 등이 포함될 수 있다.

원인

- 자녀의 정서적 요구에 대한 부모의 무관심이 자폐성 장애의 원인이라고 간주해 왔으나 부모의 성격과 자폐성 장애는 아무런 인과관계가 없는 것으로 밝혀졌다.
- 최근 연구에 따르면 자폐성 장애는 비정상적인 뇌의 발달, 뇌의 구조, 신경화학물질 등 생물학적 원인에서 비롯된다.
- 일부 전문가들은 특정 유전자가 아동을 자폐성 장애에 취약하게 만들어서 특정 환경요인에 노출될 경우에 자폐성 장애를 일으킨다고 믿고 있다.

판별과 사정

- 자폐성 장애에 대한 의료적 검사는 없다. 일반적으로 DSM의 진단기준에 따라 진단이 이루어진다.

- 자폐성 장애는 6개월경에 아동의 장애위험 증후를 탐지하는 방법이 개발되어 18개월경에 신뢰할 만한 수준으로 진단된다.
- 자폐성 장애의 조기위험 증후의 선별이 중요하다. 왜냐하면 조기진단 및 조기중재와 중재성과가 상관이 있기 때문이다.
- 18개월경에 나타날 수 있는 조기위험 징후는 가리키기나 몸짓 사용의 부족, 모방능력의 부족, 16개월까지 한 단어의 미사용, 미소의 부족, 이름을 불러도 무반응, 공유된 관심의 부족, 이전에 습득한 언어나 사회성 기술의 상실 등이 포함된다.

교육접근

- 자폐성 장애아동들은 가장 가르치기 어려운 학생이므로 수업은 주의 깊게 계획되고, 세심하게 제공되어야 하며, 지속적으로 평가하고 분석해야 한다.
- 자폐성 장애아동들의 예후가 좋지 않다고 간주되어 왔지만 조기 집중행동 중심의 교육중재와 치료는 많은 아동들이 의사소통능력, 언어능력, 사회적 기술을 획득하여 일반학급에서 성공할 수 있도록 도움을 준다.
- 자폐성 장애아동을 도울 수 있는 많은 중재와 치료방법 중에서 응용행동분석(ABA)에 기반을 둔 중재방법의 효과를 과학적으로 입증하는 연구가 일관성 있게 이루어지고 있다.
- 비연속 시행훈련(DTT)이 자폐성 장애아동을 위한 ABA 기반 프로그램의 중요한 부분이다. 그러나 DTT만 ABA의 구성요소가 아니며 ABA는 DTT 없이도 실행될 수 있다.
- ABA 프로그램은 자폐성 장애아동들이 새로운 기술을 습득하고 일반화할 수 있도록 자극통제 전략, 그림교환 의사소통 시스템, 또래중재, 행동의 기능평가, 자연적 교수전략 등 다양한 중재절차들을 사용한다.
- 일련의 이미지, 사진, 아이콘, 비디오 클립 등을 이용하여 자폐성 장애아동이 활동을 순차적으로 수행할 수 있도록 지원하는 시각적 활동일정표는 자폐성 장애아동들이 교실, 가정, 지역사회에서 활동을 혼자서 선택하고 수행하는 데 도움이 될 수 있다.
- 사회적 상황 이야기를 모델링, 반응촉진, 피드백 등과 연합하여 사용하면 자폐성 장애아동의 불안을 감소시키고 행동을 향상시키며, 타인의 관점에서 상황을 이해하도록 도울 수 있다.

- 자폐성 장애를 치료하거나 완화시킨다고 주장하는 대부분의 치료방법에 대한 과학적 증거는 거의 없거나 전혀 없다.
- 자폐성 장애에 대한 중재는 중재효과에 대한 과학적 증거에 기반을 두어 선택해야 하고, 중재를 충실하게 적용하며, 학생의 학습을 직접적으로 빈번하게 측정하여 평가해야 한다.

대안적 교육 배치

- 자폐성 장애학생들의 40%는 일반학급에서, 18%는 학습 도움실에서, 33%는 특수학급에서, 9%는 특수학교나 주거시설에서 교육을 받고 있다.
- 자폐성 장애 전문가들은 일반학급에서 자폐성 장애학생의 성공 여부는 다음과 같은 아동의 능력에 달려 있다고 주장한다.
  - 문제행동 나타내지 않기
  - 집단수업에 참여하여 학습하기
  - 혼자서(혹은 교사의 약간의 도움만 받고서) 부여된 과제 완수하기
  - 또래와 적절하게 상호작용하기
  - 학급 규칙 지키기와 교사의 지시 따르기
  - 교사의 관심과 도움을 적절하게 요청하기
- 학습 도움실이나 특수학급에서의 수업 특징은 일반적으로 분당 교수적 시도의 빈도가 높고, 교사가 고안한 선행사건과 후속결과에 따라 나타나던 학생의 반응이 자연적 상황에서 발생할 수 있도록 계획하며, 아동이 새롭게 습득한 기술을 일반학급, 지역사회, 가정에 일반화시키도록 중재전략을 적용하고, 아동의 목표기술의 수행에 대해 지속적으로 자료를 수집하며, 교육과정과 교수적 의사결정의 근거가 되는 이러한 자료들을 매일 검토하는 것 등이다.
- 자폐성 장애아동의 교육 배치에 어디든지 상관없이 사회적으로 유능한 또래가 있다면 도움이 많이 된다. 왜냐하면 또래중재가 자폐성 장애아동들에게 의사소통기술과 사회성 기술을 가르치는 데 가장 효과적인 중재이기 때문이다.
- 자폐성 장애아동이 어느 교육적 환경에 배치되든지 부모참여와 가정과 학교 간의 일관성이 최적의 학습을 위한 중요한 요소이다.

CHAPTER **8**

의사소통장애

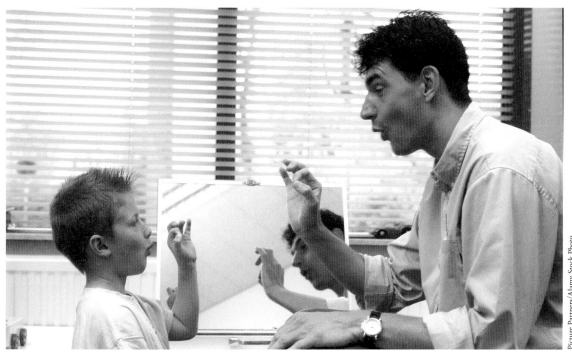

Picture Partners/Alamy Stock Photo

 주요 학습목표

8.1 의사소통, 언어, 구어를 정의하고 언어와 구어의 전형적 및 비전형적인 발달을 설명할 수 있다.

8.2 수용 및 표현 의사소통장애의 다양한 특성을 설명하고, 구어 혹은 언어장애로 서비스를 받는 아동의 출현율을 밝힐 수 있다.

8.3 구어 및 언어장애의 원인을 설명하고 의사소통장애 유무와 정도를 밝히는 데 사용되는 포괄적인 평가의 주된 구성요소를 제시할 수 있다.

8.4 구어 음소오류와 언어장애에 효과적인 중재의 기본적인 목표와 요소를 알 수 있다.

8.5 의사소통장애아동에게 서비스를 제공하는 환경에 따라 언어치료사의 역할이 무엇인지 설명할 수 있다.

학력, 자격증, 경력

- 호프스트라 대학교 영어과 학사(2007)
- 호프스트라 대학교 언어병리학 석사(2012)
- 델라웨어주 언어병리사, 미국언어청각학회(ASHA) 언어병리학 임상 자격
- 교육 경력 7년

우수교사 사례

Emily Pickard

Sussex Consortium, Cape Henlopen School District, Lewes, Delaware

내가 현재 구어 및 언어치료 서비스를 제공하고 있는 25명의 아동은 9~12학년에 속하며 연령은 14~21세에 해당한다. 대부분 학생들은 자폐증이며, 정서장애와 다른 건강장애 그리고 청각/시각장애로 분류된 학생도 가르치고 있다. 학생들의 교수적 요구 범위는 다양하다. 예를 들면 중증의 수용 및 표현 결함을 보이는 학생들은 보완대체 의사소통(AAC)이 요구되며, 경도의 사회적 의사소통 결함을 보이는 학생들은 사회적 기술집단에 주 1회 정도 참여하는 것이 요구되기도 한다. 이들에게는 전형적으로 소그룹 교실 환경에서 직접적인 서비스를 제공한다. 그러나 우연학습의 기회가 매우 중요하기 때문에 학생들이 일하는 장소와 현장학습의 자연적 환경에서 의사소통을 지도하기도 한다. 담당하고 있는 대부분의 학생들은 취업 및 일상생활기술 프로그램에 참여하고 있다. 학생들의 취업 프로그램은 매우 훌륭하다. 학생들은 일하는 현장에서 시간을 많이 보내며, 지역사회의 많은 사업장에서는 학생들의 참여를 환영하고 있다. 또한 학생들의 독립적인 과업수행을 위해 전환과 장기고용을 지원하고 있다.

우리 팀의 팀 작업 능력은 뛰어나며 프로그램에 대한 협조를 잘하고 있다. 매주 팀 모임을 하며, 여기에는 언어치료사, 학교 심리상담사, 작업치료사, 특수교사가 포함된다. 개별화 교육프로그램(IEP) 문서 작성을 상당히 도와주는 것 중 하나가 IEP에 명시되어 있는 전체 팀과 반나절 동안 계획수립에 대한 모임을 하는 것이다. 또한 모임이 이루어지기 전에 부모가 IEP 문서를 검토해볼 수 있도록 며칠 전에 미리 문서를 보낸다. 부모의 입장을 생각한다면 아이에 대한 논의를 위해 10~15명이 모여 있는 교실로 들어간다는 것은 매우 부담스러운 일임을 충분히 알 수 있다. 그렇지만 아동의 강점을 심도 있게 찾아내는 데 시간을 쓸 뿐 아니라 "우리 학급에 존이 있는 것이 너무 좋아요.", "존은 매일 우리를 웃게 해줘요.", 혹은 "존은 성격이 참 좋아요."와 같이 아동에 대해 개인적으로 코멘트(언급)를 할 수 있다는 점에서 매우 중요하다고 생각한다. 이런 코멘트들은 부모와 라포를 형성하고 승인을 받아내는 데 큰 도움이 된다. 부모와 대화할 때는 은어를 가능한 한 빼고 직접적으로 친절하게 전문가의 용어로 말한다면 대부분의 부모는 더 잘 신뢰할 것이라 믿는다.

나는 수업시간에 다양한 교수방법과 시각적 지원을 많이 사용한다. 내가 맡은 학생 중 몇몇에게는 표현언어의 주요수단으로 그림교환 의사소통체계(PECS)를 사용한다. 다른 학생의 경우에는 다른 활동으로 독립적으로 옮겨갈 수 있는 시각적 일과표가 요구되기도 한다. 직업수행과제를 완수하거나 레시피에 따라 요리하는 활동 등을 위해 시각적으로 과제분석을 실시하기도 한다.

학생이 무슨 말을 해야 하는지 어려운 상황에 도움을 주기 위해 스크립트를 사용하기도 한다. 일례로 한 학생이 직업코치와의 의사소통에 어려움을 보여서 학생의 직업수업 바인더에 "다 했어요.", "내가 한 것을 점검해주세요.", "다음에는 무엇을 하죠?"와 같은 구문을 포함한 기본 스크립트를 만들어주었다. 그리고 사회적 기술을 지도하기 위해 역할놀이와 비디오 모델링을 활용한다. 최근 사회적 기술을 지도하는 수업에서 각자 장점과 단점에 대해 이해하기를 다루었다. 나는 학생들이 모든 부분에서 잘하지 않아도 괜찮다는 점을 깨닫고 자신에 대한 자부심이 생기기를 원한다. 한 학생이 손을 들고 "선생님, '이것을 아직은 아니' 란에 넣어도 될까요? 수학을 잘 못하지만 포기하지 않았고 아직

은 잘하지 않거든요."라고 말하였다. 이것은 학생이 내가 무엇을 가르치고자 했는지를 깊게 생각하고 또한 자신이 잘하지 못하는 것을(적어도 아직은 아니야) 확인하고 설명하였기 때문에 나에게는 매우 자랑스러운 순간이었다.

나는 특수교사라는 직업이 결코 지겹지 않다고 솔직하게 말한다. '이전에는 한 번도 본 적도 들은 적도 없는 순간'이 항상 있다. 한 아동의 삶뿐 아니라 가족 전체의 삶에 결정적으로 중요한 부분이 되는 기회를 우리는 가지고 있다. 나는 사람들과 상호작용하는 것을 좋아하고 많은 아동뿐 아니라 다른 전문가와 다른 가족들을 일상적으로 만나서 상호작용하는 것을 좋아한다.

의사소통은 인간 경험의 기본이기 때문에 소통을 하지 않을 수 없다. 심지어 아무 말도 안 하려고 결심했을 때조차도 말을 안 하는 것은 어려운 일이다. 하루 종일 말을 하지 않고 생활한다고 상상해보라. 어떻게 다른 사람에게 생각을 전달할 수 있겠는가? 당신의 요구와 감정을 다른 사람이 이해하지 못한다면 좌절할 것이다. 하루 종일 다른 사람과 의사소통하려고 애를 쓰는 데도 지칠 것이고, 당신이 세상에서 적절한 기능을 할 수 있는 능력이 있는가에 대해 의문을 갖기 시작할 것이다.

의사소통장애로 인해 자신을 전혀 표현하지 못하는 사람은 거의 없지만, 효과적으로 의사소통을 하지 못하는 아동과 어른들은 매일 좌절을 직면하고 문제를 느끼게 된다. 듣기와 읽기를 통해 정보를 받아들이지 못하거나 혹은 자신의 생각을 구어로 표현하지 못하는 아동들은 학교와 지역사회에서 어려움을 겪을 수밖에 없다. 의사소통장애가 지속될 때 아동은 학습하고 자신의 능력을 계발하고 다른 사람과 만족스러운 관계를 형성하는 데 어려움을 갖는다.

정의

학습목표 8.1 의사소통, 언어, 구어를 정의하고 언어와 구어의 전형적 및 비전형적인 발달을 설명할 수 있다.

의사소통장애를 정의하기에 앞서 기본적인 용어를 논의할 필요가 있다.

의사소통

의사소통(communication)은 정보 · 아이디어 · 감정 · 욕구를 상호 교환하는 것이며, 메시지를 부호화하고 전달하고 해독하는 것을 포함한다. 또한 정보를 보내고 받는 이중적 역할이 요구되는 상호작용 과정이다. 각각의 상호작용은 (1) 메시지, (2) 메시지를 표현하여 보내는 사람, (3) 메시지에 응답하여 받는 사람의 세 가지 요소를 포함한다. 동일한 사람이 같은 메시지를 주고받는 개인 내적인 의사소통(예 : 독백을 하거나 혼자서 뭔가를 결심하는 경우)이 이루어지는 경우도 있지만 의사소통은 대부분 화자와 청자의 역할을 하는 두 사람의 참여가 포함된다. 의사소통은 사회적 환경에 어느 정도 적응하는지뿐만 아니라 교사와 아동 간의 상호작용에도 중요한 기능을 제공한다.

서술하기 아동은 이야기할 수(혹은 말해주는 것을 따라 하듯지) 있어야 한다. 즉, 관계가 있는 일련의 사건을 순서에 맞고 분명하며 흥미롭게 연결하는 것이다. 5세 신디는 "나는 생일파티를 했어요. 우스운 모자를 썼어요. 엄마는 케이크를 만들었고, 아빠는 사진을 찍었어요."라고 교사에게 말한다. 14세 이안은 셀마에서 몽고메리까지 행진을 이끌게 된 사건에 대해 학급 친구들에게 이야기한다.

의사소통을 잘하는 아동들은 몸짓과 같은 비언어적 단서와 상대방 바라보기와 같은 실용적인 대화기술을 사용한다.

설명하기와 정보 알리기   다른 사람이 구어와 쓰기로 설명한 것을 아동이 말(구어)과 문자로 이해하고, 자신이 이해한 것을 단어로 옮길 수 있으며, 다른 사람은 그것을 듣거나 읽으면서 이해할 수 있어야 한다. 전형적인 교실에서 아동들은 "어느 수가 더 크지?", "이야기의 끝은 어떻게 될 것 같니?", "조지 워싱턴이 왜 훌륭한 대통령이라고 생각하니?"라는 교사의 질문에 대답하게 된다.

요구하기   아동들은 자신이 바라는 것을 표현하고, 다른 사람에게 적절한 방법으로 요구할 수 있어야 한다. 자신의 요구를 분명하고 정중하게 말하는 아동은 자신이 원하는 것을 더 쉽게 얻을 수 있다.

표현하기   아동들이 자신의 개인적인 감정과 의견을 표현하며 다른 사람이 느끼는 것에 대해 적절하게 반응하는 것은 매우 중요하다. 구어와 언어는 기쁨, 공포, 좌절, 유머, 동정과 분노를 전달할 수 있다. 어떤 아동은 "나는 이제 갓 이사를 왔어요. 부끄럼이 많아서 친구를 사귀기가 어려워요."라고 표현하며, 또 다른 아동은 친구에게 "무슨 일인지 맞혀봐. 나 남동생이 생겼어!"와 같이 말하면서 다른 사람의 반응을 의식한다.

인간이 가장 흔히 사용하는 의사소통체계는 구어와 언어 형식이지만 단어를 말로 하거나 글로 나타내는 것이 의사소통에 필수적인 것은 아니다. 준언어적 행동과 비언어적 단서들이 의사소통에서는 중요한 역할을 하게 된다. 준언어적 행동에는 비언어적 음(소리)(예 : '우―', 폭소)과 메시지의 의미와 형식을 바꾸는 구어 수식 용법(예 : 세기의 변화, 억양, 속도, 쉼)이 있으며, 비언어적 단서(nonlinguistic cue)는 신체 자세·얼굴 표정·눈 마주치기·머리와 몸의 움직임 등을 포함한다. 얼굴을 보면서 의사소통할 때 3분의 2 이상의 정보를 구어가 아닌 방법으로 얻게 된다고 연구에서 밝혔다(Burgoon et al., 2010).

언어

언어(language)는 특정 집단 구성원이 사용하는 형식화된 코드이다. 모든 언어는 추상적인 상징음소, 문자, 숫자, 수화의 요소와 상징의 결합체계로 구성된다. 언어는 동적이며 문화와 공동체가 변화함에 따라 의사소통 도구로서 성장하고 발전한다. 세계에는 7,000개 이상의 언어가 사용되고 있다(Lewis, 2015).

모든 언어의 상징과 규칙은 자의적이고 영어의 경우도 마찬가지이다. 일련의 음과 사물, 개념 혹은 음이 나타내는 행동 간의 관계가 논리적이지 않고 자연스럽지 않다는 것이 언어의 자의성을 의미한다. 예를 들면 '고래'라는 단어는 바다에 사는 큰 포유동물을 떠올리게 하지만, 그 단어의 음은 그 생물과 뚜렷한 관계가 없다. '고래'는 우리가 특정 포유동물에 사용하는 상징에 불과하다. 'tinkle', 'buzz'와 'hiss' 같은 의성어는 의미하는 것과 비슷한 소리를 내기도 하지만 대부분의 단어들은 그런 관계에 있지 않다. 마찬가지로 수화에 있어서 어떤 사물이나 사건을 나타내는 손의 위치나 운동은 표상기호와 유사하다(예 : 입술에 컵의 모양을 손으로 만들어 두드리는 것은 '마시다'에 대한 수화이다).

언어의 다섯 가지 영역 언어는 음운론, 형태론, 구문론, 의미론, 화용론의 다섯 영역으로 설명된다. 형식은 음운론, 형태론, 구문론을 의미하며, 내용은 의미론, 사용은 화용론을 의미한다. **음운론**(phonology)은 언어의 음 체계를 지배하는 언어학적 규칙을 연구하는 것이다. **음소**(phoneme)는 의미를 구별할 수 있는 구어음이다. 예를 들면 'pear'와 'bear'라는 단어는 첫 음소가 서로 다르기 때문에 전자는 과일을 떠올리게 하고, 후자는 큰 동물을 생각하게 한다. 영어는 42~46개 정도 음소를 사용한다(Small, 2016).

형태론(morphology)은 의미의 기본 단위가 어떻게 단어로 결합하는지를 다룬다. 음소는 의미를 전달하지 않지만, **형태소**(morpheme)는 의미를 전달하는 언어의 제일 작은 단위이며 음소, 음절 혹은 전체 단어가 될 수 있다. 자유 형태소는 독립적으로 존재한다(예 : 'fit', 'slow'). 종속 형태소는 독립적인 의미는 없지만 자유 형태소와 결합하여 문법적 형태소가 되며(예 : 'unfit', 'slowly') 의미를 변하게 한다. 야구(baseball)라는 단어는 두 가지 자유 형태소, 즉 'base'와 'ball'로 구성된다. 그리고 'baseballs'에 붙여진 '−s'는 종속 형태소가 된다.

구문론(syntax)은 단어를 의미에 맞도록 문장으로 배열하는 규칙 체계이다. 형태소의 순서가 뒤죽박죽으로 배열되어 있다면 그 문장은 알아볼 수 없는 단어 덩이가 될 것이다. 구문 규칙은 언어 특수성(예 : 일본어와 영어는 규칙이 다름)이 있으며, 주어 · 동사 · 목적어의 관계를 나타낸다. 한 문장의 의미는 여러 단어를 합성하여 의미가 되는 것이 아니며, 각 단어가 문법 및 어순적으로 상호작용하여 의미를 이끌어내는 것이다. 예를 들면 "병아리에게 먹을 것을 좀 주렴(Help my chicken eat)."과 "치킨을 좀 먹으렴(Help eat my chicken)."은 다른 의미를 전달하게 된다.

의미론(semantics)은 단어의 의미와 결합에 관한 것이다. 어휘와 개념 발달, 문맥에 따른 함축적 의미('hot'은 기후에서는 날씨가 더운 것을 말하지만, 운동선수들의 최근 성취수준을 말할 때는 다른 의미가 된다), 분류(양 지키는 콜리, 사냥하는 비글 등은 개에 속한다), 그리고 동의어와 반의어와 같은 단어들의 관계를 설명하는 것이 의미론적 지식인데, 언어능력이 뛰어난 사람은 이런 지식이 풍부하다.

화용론(pragmatics)은 언어를 어떻게 활용하는가에 관한 규칙이다. 화용적 기술에는 세 가지 범주가 있는데 다음과 같다. (1) 다양한 목적을 위해 **사용하는 언어**(예 : 인사하는 것, 정보를 주는 것, 요구하는 것, 약속하는 것, 질문하는 것), (2) 듣는 사람이나 대화의 상황에 따라 **언어를 바꾸는 것**(예 : 어른과 아기에게 다르게 말하는 것, 익숙하지 않은 화자에게는 배경정보를 제공해주는 것), (3) 대화나 스토리텔링의 **규칙 준수**(예 : 대화를 시작하고 끝내는 것, 순서를 지키는 것, 주제를 유지하는 것, 잘못 이해한 것을 풀어서 설명하는 것, 적절한 거리를 유지하는 것, 얼굴 표정과 몸짓)이다(ASHA, 1993/2020). 화용론은 문화와 언어에 따라 달라지며 상대편의 대화를 존중하고 이해하는 사람이 의사소통을 잘하는 사람이다.

방언 대부분의 아동들은 학교에 들어가기 전에 가족과 지역사회에 적절한 구어 및 언어 패턴을 익힌다. 각자가 말하는 방법은 인종, 사회경제적 지위, 직업, 지리적 여건 그리고 또래 그룹 등에 의해 복합적으로 영향을 받은 결과이다. 모든 언어는 역사적·언어적·지리적 그리고 사회경제적으로 발생하는 다양한 형태의 **방언**(dialect)을 포함한다. 각각의 방언은 표준어와 공통된 규칙을 공유하게 된다. 미국 표준영어(책과 뉴스에 있는, 대부분의 교사들이 사용하는)는 일상대화에서 거의 사용하지 않는 이상적인 형태이다. 북아메리카에서 사용되는 것처럼 영어는 적어도 10가지의 지역 방언(예 : 애팔레치아 영어, 남부 영어, 뉴욕 방언, 중심 내륙부)과 사회경제적 방언(예 : 흑인 영어, 라틴 영어)을 포함한다(Wolfram & Schilling, 2015).

> 어떤 집단의 방언도 더 우월하거나 열등하지 않다. … 많은 사람들이 사용하는 방언이 있고, 소수의 사람들이 사용하는 방언은 있지만 수가 많다는 것이 우월하거나 옳다는 것은 아니다. 영어의 모든 방언은 규칙이 지배되는 범위에서 언어적으로 옳은 것이며 영어로서 타당한 것이 된다(Fahey et al., 2019, p. 344).

구어

구어(speech)는 언어의 구강산출을 의미한다. 언어를 표현하는 유일한 수단이 구어는 아니지만(몸짓, 손짓언어, 그림, 문어적 상징 등이 사용될 수 있다), 가장 신속하면서도 효율적인 의사소통임은 분명하다. 구어음은 분리된 일련의 네 단계로 이루어진다(Fahey et al., 2019). 즉, **호흡**(숨을 쉬는 것은 구어 생성의 원동력이 된다), **발성**(성대가 수축될 때 공기가 진동하면서 소리가 만들어진다), **공명**(공기가 목, 입, 비강을 통과하면서 소리의 성질을 만들게 된다), **조음**(혀, 입술, 치아, 입에 의해 구어음이 특정음으로 만들어진다)이다. 그림 8.1은 음성을 산출하는 데 사용되는 구어기관을 보여준다.

　인간이 노력하는 것 중에서 가장 복잡하면서도 어려운 것 중 하나가 구어산출이다. Fahey 외(2019)는 'statistics(통계학)'라는 한 단어를 말할 때 생기는 과정을 다음과 같이 설명한다.

그림 8.1   구어기관

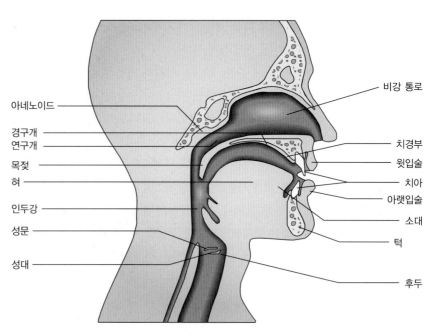

's' 소리를 만들기 위해 치조돌기라는 윗니 뒷부분 구개에 혀의 끝부분을 올린다. 혀가 수축되면서 공기가 막히지 않을 정도로 경구개 부분에 압력을 강하게 가해야 한다. 화자가 정확하게 조절하면서 호기근을 긴장함에 따라 혀와 치조돌기 사이에서 공기가 생기게 된다. 혀를 그 위치에 그대로 두고 공기가 막히도록 좀 더 강하게 압력을 주었다가 't'라는 소리를 만들기 위해 신속하게 혀를 뗀다. 혀를 중간 위치에 두고 'a' 모음을 만들기 위해 후두의 성대를 진동시킨다. 화자는 후두를 폐쇄하고 다음의 't' 소리를 위해 혀를 치조돌기 부분으로 이동시킨다. 그리고 나서 혀를 앞으로 조금 낮게 위치시키면서 'i' 모음을 위해 성대를 진동시킨다. 화자는 다시 후두를 폐쇄하고 혀를 치조돌기로 다시 이동하여 's' 소리를 만들기 위해 수축한 뒤 't' 소리를 위해 공기의 압력을 폐쇄하였다가 방출한다. 혀가 구강의 중간 위치에서 'i' 소리를 진동한 뒤 후두를 폐쇄하면서 혀는 'k' 소리를 만들기 위해 연구개에 닿도록 후설 부분에서 아치 모양을 만든다. 마지막으로 혀의 끝부분은 마지막 's' 소리를 위해 치조돌기 부분에 놓인다.

이와 같은 모든 과정이 한 단어를 발성하는 데 이루어진다(p. 7).

대부분의 언어는 구어 형태로 출발한다. 쓰기는 시각적인 상징을 사용하는 이차적인 언어 형식이다. 그러나 **문자소**(grapheme, 인쇄된 상징 혹은 문자)와 음소가 일대일 상응관계를 이루지는 않는다. 예를 들면 영어에서 문자소 'e'는 'pet'과 'peat'에서 다른 음소가 되며, 'pike'와 같은 단어에서는 묵음이지만 또 다른 음소로 변형된다.

정상적인 구어 및 언어발달

언어습득은 충분히 설명할 수 없는 위대한 과정이다. 구어 및 언어가 복잡함에도 불구하고 대부분의 아동들은 형식적인 교수를 받지 않고 생애의 초기 몇 년 동안에 언어를 이해하고 말하는 것을 배우게 되며, 예견할 수 있는 구어 및 언어기술 규칙을 따르게 된다.

아동의 정상적인 언어발달 과정에 대한 지식을 통해 언어발달이 지체되거나 언어장애가 있는 아동을 담당하는 교사와 전문가들은 언어발달 속도가 정상보다 조금 늦은 것인지 혹은 비정상적인지를 결정하는 데 도움을 받게 된다. 그림 8.2는 전형적인 발달을 하는 아동의 구어와 언어발달의 대표적 양상을 나타낸다. 정상적 언어발달에서 고려해야 할 점은 정상적인 아동이 특정 구어 및 언어적 기술을 습득하는 연령이 정해져 있지 않다는 것이다. 아동들의 능력과 초기의 환경은 매우 다양하며 이런 모든 변인이 언어발달에 영향을 준다.

그림 8.2에서 설명하는 것처럼 아동들이 언어를 배우는 동안에 사용하는 단어와 문장은 어른이 사용하는 것과 다른 형태를 나타낸다. 아동들은 "All gone sticky"와 "Where he is going?"과 같은 구조, 'cwackers'와 'twuck'의 같은 발음, 'comed', 'goed' 혹은 'sheeps'와 같은 단어 형태를 사용하다가 점차적으로 어른이 사용하는 형태를 배운다. 아동들은 성장함에 따라 특별한 훈련이나 직접적인 교수를 받지 않아도 발달 초기에 사용하던 형태를 쓰지 않는다(Fahey et al., 2019; Owens & Farinella, 2019). 또한 아동들은 항상 일관되게 발음하지는 않는다. 구어음을 정확하게 발음하는 것은 단어에서의 위치와 아동이 단어음에 익숙한 정도에 따라 달라진다.

주요한 종단연구를 통해 일반 아동들이 말을 배우는 사회적 및 언어적 환경에 대한 정보를 많이 제공받고 있다. Hart와 Risley(1995, 1999)는 다양한 환경의 42개 가정에서 2년 6개월에 걸쳐서 매달 한 시간씩 아동을 관찰하였다. 연구자들은 아동의 주변 혹은 곁에서 가정의 일상적인 생활의 비구조적인 활동을 하면서 아동이 말하는 것을 기록하였다. 이런 획기적인 연구에서 가장 주목할 만한 것은 두 가지이다. 첫째, 11~36개월 사이의 아동들은 임청난 양의 구어에 노출된다는 것이다. "연구결과 중에서 가

그림 8.2   정상 언어발달 개관

출생에서 6개월

- 유아들은 처음에 울음으로 의사소통을 한다. 부모의 관심에 따른 결과로 생겨난다.
- 다양한 형태의 울음을 발달시킨다. 기저귀가 젖었는지, 짜증이 나는지, 배가 고픈지를 울음을 통해 부모는 구별해낸다.
- 목젖 울림소리, 낄낄거리는 소리, 한숨 소리와 같이 편안하고 손쉬운 음에 몇몇의 자음과 모음이 포함된다.
- 편안한 음들이 기분이 좋은 상태에서 만들어지고, 아동도 듣는 것을 즐기게 되는 옹알이로 발전한다.
- /i/('ee'로 발음되는 음)와 /e/('uh'로 발음되는 음)와 같은 음들이 /m/, /b/, /p/와 같은 자음보다 먼저 발달한다.
- 유아들은 다른 사람이 말하는 단어를 듣고 의미를 붙이지는 못하지만 목소리를 크게 하거나 작게 함으로써 반응을 나타낼 수 있다.
- 유아들은 소리가 나는 방향으로 눈이나 고개를 돌린다.

7~12개월

- 1세 말경이 되면 옹알이는 달라지게 되며, 2세 아동의 의미 있는 구어에서 나오는 음운들이 몇몇 포함된다.
- 억양을 발달시킨다. 유아가 자신의 목소리를 높이고 내린다.
- '안 돼'와 '안녕' 혹은 자신의 이름에 적절하게 반응할 수 있으며, 짝짜꿍과 같은 동작을 할 수도 있다.
- '엄마'와 같은 단순한 음과 단어를 반복하게 된다.

12~18개월

- 18개월이 되면 대부분의 유아들은 몇 개의 단어를 적절한 의미로 말한다.
- 발음은 완벽하지 않다. 유아는 'cup'을 가리키며 'tup'이라고 말하고, dog를 보면 'goggie'라고 말할 수 있다.
- 유아는 한 단어 혹은 두 단어를 말하고 지적함으로써 의사소통한다.
- "컵 주세요."와 "입 벌리세요."와 같은 단순한 지시에 반응을 한다.

18~24개월

- 대부분의 아동들은 들은 구어를 반복하고 반향어의 단계를 거친다. 반향어는 언어발달의 정상적 단계이며, 대부분의 아동들은 2세 6개월 정도 되면 반향어를 하지 않게 된다.
- 구어의 사용과 습득에 큰 발전이 있다. 유아들이 "아빠, 안녕"과 "과자 줘"와 같은 문장으로 단어를 결합하기 시작한다.
- 수용 어휘가 급격하게 늘어난다. 2세가 되면 1,000개 이상의 단어를 이해하게 된다.
- '곧'과 '후에'라는 개념을 이해하며 고양이, 개, 칼, 포크, 숟가락과 같은 사물 간의 미묘한 차이를 구별하게 된다.

2~3세

- 2세 아동은 "나 말 안 할 거야."와 같은 문장과 "아빠 어디 갔어?"와 같은 질문을 하게 된다.
- 일상 대화에 참여한다.
- 색을 변별할 수 있고, 복수형을 사용하며, 자신의 경험에 대해 간단히 얘기할 수 있다.
- "인형을 집어서 가지고 오세요."와 같은 복합적인 지시를 따를 수 있다.
- 대부분의 자음과 모음을 올바르게 사용한다.

3~4세

- 정상적인 3세 아동들은 말을 많이 하고, 빠르게 말하며, 질문을 많이 한다.
- 900~1,000개 정도 어휘를 획득하며, 세 단어 혹은 네 단어로 문장을 만들어 표현한다.
- 문장은 점점 길어지고 다양해진다. "신디는 물에서 놀고 있다.", "엄마는 일하러 갔다."와 "고양이는 배가 고프다." 등이 있다.
- 구어를 사용하고, 요구하고, 항의하고, 동의하기 위해 농담도 한다.
- 동화를 이해할 수 있다. 또한 우스꽝스럽고, 크고, 비밀스러운 개념들을 파악할 수 있고, '낮에는 밝고, 밤에는…'과 같은 추론을 완성할 수 있다.
- 'bath'를 'baf' 혹은 'like'를 'yike'와 같이 말함으로써 특정 음을 대치한다.
- 3세의 유아들은 음이나 단어를 반복한다('b-b-ball', 'l-l-little'). 이런 반복과 머뭇거림은 정상적이며 말을 더듬는 습관은 아니다.

4~5세

- 1,500~2,000개 이상의 어휘를 익히며, 5단어 정도의 길이로 문장을 사용한다.
- 듣는 사람에 맞추어 자신의 구어를 수정한다. 아기나 인형에게 말을 할 때보다 엄마에게 말을 할 때 좀 더 길고 복잡한 문장을 사용한다.
- '모자', '스토브', '경찰'과 같은 단어를 정의할 수 있고, "어떻게 그것을 했지?" 혹은 "누가 이것을 만들었지?"와 같은 질문을 할 수 있다.
- '만약 …라면', '…할 때'와 '왜냐하면…'과 같은 접속사를 사용한다.
- 시를 암송할 수 있고 노래를 외워서 부를 수 있다.
- /r/, /s/, /z/, /j/ 같은 자음이나 'tr', 'gl', 'sk', 'str'과 같은 복합 자음에 여전히 어려움을 보인다.

그림 8.2 정상 언어발달 개관(계속)

5세 이후

- 5세 이후부터는 발전 속도가 느리지만 언어발달이 꾸준히 이루어진다.
- 전형적인 6세 아동은 성인이 사용하는 복잡한 영어 형태의 대부분을 사용한다.
- 몇몇 자음과 복합 자음들은 7, 8세가 되어서야 숙달된다.
- 1학년 아동의 문법과 구어양상은 주로 가족, 이웃, 지역의 수준과 일치한다.

출처 : ASHA (2015b); Hart and Risley (1999); Hulit et al.,(2015); Owens (2016); Reed (2012).

장 두드러진 것은 … 아동과 상호작용하거나 말을 거는 사람에게 아동이 노출되는 구어 양(量)이었다. 아동이 듣는 범위 내에서 시간당 평균 700~800개의 발화가 기록되었다."(Hart & Risley, 1999, p. 34).

둘째, 말을 배우는 아동들은 매일 수천 번의 학습에 능동적으로 참여하면서 새로운 기술을 연습한다는 점이다. 아동들은 단어를 몇 번이고 다시 말하고, 들은 것을 반복하고, 사물을 설명하고, 놀이를 하면서 자신에게 말을 하고, 원하는 것을 말하고, 궁금한 것을 물어보고, 누군가의 질문에 대해 대답을 하였다. Hart와 Risley의 연구에서 아동들은 평균 11개월에 첫 단어를 표현하였으며, 시간당 발화의 수는 꾸준히 증가하였다. 그리고 평균적으로 19개월이 되면 말을 할 줄 알게 되었다. 즉, 의미를 담고 있는 발화의 빈도가 의미 없는 단어의 발화 빈도를 능가하였다. 28개월이 되면 발화의 빈도가 부모의 수준과 비슷해지므로 말을 잘하는 수준이 된다. 3세경의 아동은 시간당 평균 1,400개의 단어를 사용하며, 시간당 평균 232개의 다른 단어를 사용하고, 깨어 있는 14시간 동안 거의 2만 개의 단어를 말하게 되었다.

단어격차 교량을 위한 전국 연구자 네트워크(The Bridging the Word Gap National Research Network)는 100명 이상의 연구자, 현장 전문가 그리고 정책결정자의 협력단체인데, 이들은 4세까지 좀 더 풍부한 경험을 하는 아동들과 빈약한 환경에 있는 아동들의 단어의 최대 차이에 해당하는 '3,000만 단어 격차'의 교량이 되는 미션을 공유한다.

의사소통장애의 정의

미국언어청각협회(ASHA)에서는 "개념이나 구어 및 비구어, 그래픽 상징체계를 지각하고 전달하며 이해하는 데 손상이 있는 경우"를 **의사소통장애**(communication disorder)로 정의하고 있으며 "의사소통장애는 청각 혹은 구어/언어의 과정에서 두드러진다."고 하였다(1993/2020).

아동이 특수교육 서비스를 받으려면 의사소통 문제가 학습에 부정적인 영향을 주어야만 한다. 미국 장애인교육법(IDEA)에서는 **구어장애, 언어장애**를 "말더듬, 조음장애, 언어장애, 음성장애와 같은 의사소통의 장애가 학업의 수행에 부정적인 영향을 주는 경우"라고 정의하고 있다(34 CFR, Part 300 §300.8 [c][11]).

의사소통장애도 다른 모든 장애처럼 역시 정도가 다양하다. 어떤 아동들의 구어와 언어는 학습과 인간관계에 심각한 어려움을 줄 정도로 정상에서 벗어나 있다. 자신이 하는 말을 이해할 수 없거나 다른 사람이 하는 말을 이해할 수 없는 아동들은 교육과 적응에 있어서 실제로 많은 제한점이 있다. 중증의 의사소통장애아동에 대해 교사, 학급 친구들, 지역사회 사람들은 아동이 주변 세상에 대해 관심이 없다거나 말할 게 아무것도 없다고 생각하게 된다(Downing et al., 2015).

대부분의 의사소통장애 전문가들은 구어장애와 언어장애를 구별하고 있다. 어떤 아동은 구어에 혹은 언어에 장애가 있을 수도 있고 둘 다에 문제가 있을 수도 있다.

구어장애 널리 사용되는 정의는 구어가 다른 사람의 구어와 달라서 (1) 그 자체로 주의를 끌 때, (2) 의사소통을 방해할 때, (3) 화자나 청자에게 곤혹스러움을 줄 때 결함이 있다고 본다(Van Riper & Erickson, 1996, p. 110). **구어장애**(speech impairment)의 세 가지 기본 유형은 조음장애(말소리 산출에 문제가 있는 것), 유창성 장애(말의 흐름이나 리듬에 문제가 있는 것), 음성장애(목소리의 질이나 사용의 문제)이다.

구어장애를 결정할 때는 화자의 연령, 교육, 문화적 배경을 고려하는 것이 필수이다. 4세 여자아이가 "Pwease weave the woom(Please leave the room)."이라고 말하더라도 구어장애로 간주하지 않는다. 그러나 40세 여자가 그렇게 발음을 한다면 다른 사람들에 비해 발음이 두드러지게 다르므로 주의를 끌게 된다. /l/ 발음을 잘하지 못하는 여행자는 루이지애나의 레이크찰스로 가는 버스표를 사는 데 어려움이 있을 것이다. 고음의 목소리를 가진 남자 고등학생은 급우들이 놀리고 따라하는 것이 두려워 학급에서 거의 말을 하지 않으려고 할 것이다.

구어장애아동들은 경도 혹은 중등도의 구어장애를 겪게 되며, 일반적으로 사람들이 알아듣고 무슨 말인지 이해할 수는 있지만 더 어린 아동들처럼 특정 소리를 잘못 발음하거나 미성숙하게 구어를 표현한다. 이러한 문제들은 보통 아동이 성장하면서 사라진다. 만약 경도나 중등도의 조음문제가 시간이 지나도 개선되지 않는다면, 또는 그 문제가 다른 아동들과 상호작용하는 데 해로운 영향을 끼친다면 언어치료사(SLP)에게 의뢰할 것을 권한다(Owens, 2016).

언어장애 ASHA(1993, 2020)는 **언어장애**(language disorder)를 "상징체계를 이해하거나 말하고 쓰는 데 손상이 생겨, (1) 언어의 형식(음운론, 형태론, 구문론), (2) 언어의 내용(의미론), (3) 의사소통을 할 때 언어의 기능(화용론)에서 장애를 보인다."고 정의하고 있다.

어떤 아동들은 언어를 이해하거나 자신의 생각과 감정을 언어로 표현하는 데 심각한 어려움을 겪는다. **수용언어장애**(receptive language disorder) 아동은 요일을 순서대로 학습하는 것이 불가능하거나 "미술용 붓을 들어, 물에 씻어서, 물기를 타월로 닦아라."와 같은 연결된 지시어를 따르는 데 어려움을 나타낼 수 있다. **표현언어장애**(expressive language disorder) 아동은 또래에 비해 어휘 수가 제한적이며, 음이나 단어의 순서(예 : 'hostipal', 'aminal', 'wipe shield winders')를 혼동하며, 시제나 복수형(예 : 'Them throwed a balls')을 부적절하게 사용한다. 표현언어에 문제가 있는 아동들은 수용언어에서 문제가 있을 수도 있고 없을 수도 있다. 예를 들면 6을 보여주며 물었을 때 잔돈 6개는 셀 수 있지만, 숫자 '6'이라고는 말을 못 할 수도 있다. 그런 경우에 그 아동은 표현언어에는 어려움이 있지만 수용언어에서는 문제가 없다.

특성

학습목표 8.2 수용 및 표현 의사소통장애의 다양한 특성을 설명하고, 구어 혹은 언어장애로 서비스를 받는 아동의 출현율을 밝힐 수 있다.

오조음

오조음의 유형에는 네 가지가 있다.

- **왜곡** : 정확하게 발음하려고 시도하는 과정에서 어떤 구어음을 왜곡하기도 한다. /s/ 음은 비교적 발음하기 어렵다. 그래서 아동들은 'sleep'을 'schleep', 'zleep' 혹은 'thleep'으로 발음하기도 한다.

어떤 사람은 혀 짧은 소리를 내기도 한다. /s/를 쉿소리로 내기도 하므로 부모나 교사들이 왜곡된 음에 익숙해지기는 하지만 이해를 못하는 경우도 있다.

- 대치 : 'crane'을 'train'으로 혹은 'those'를 'doze'로 발음하는 것처럼 하나의 음을 다른 음으로 대치하는 경우가 종종 있다. 이런 유형의 문제가 있는 아동은 올바르게 발음한 것으로 확신하며, 교정을 거부하기도 한다. 음을 대치하게 되면 듣는 사람은 의미를 상당히 혼동할 수도 있다.
- 생략 : 아동들은 'school'을 'cool'로 발음하면서 특정 음을 생략하기도 한다. 'post'를 'pos'로 단어의 끝소리를 빼기도 한다. 대부분의 사람들도 가끔씩 음을 생략하기도 하지만 생략을 많이 하게 되면 말을 알아듣기가 어려워진다.
- 첨가 : 이해하기 어렵게 음을 첨가하는 아동도 있다. 예를 들면, 'brown'을 'buhrown'으로 혹은 'hammer'를 'hanber'로 말하기도 한다.

전통적으로 아동들이 보여주는 구어음의 오류를 조음문제로 판별하며 비교적 간단하여 치료가 쉽다고 생각하였다. 조음은 다양한 말소리를 내는 데 필요한 근육과 기관들의 움직임을 말한다. 그러나 지난 20년 동안의 연구들은 많은 오조음이 단순히 조음기관의 잘못된 기계적 작동에 의한 것이 아니라 말소리의 구성요소들을 인식하고 처리하는 것(음운론)과 직접적인 관련이 있음을 밝혀냈다(Schwartz & Marton, 2011).

조음장애 조음장애(articulation disorder)는 아동이 현재 물리적으로 주어진 소리를 산출할 수 없는 것이며, 이때 소리는 아동이 이미 알고 있는 소리에 포함되지 않은 것이다. 여러 음의 오류로 알아듣기가 힘든 경우와 아동의 부모, 교사, 또래가 잘 이해하지 못하는 경우에는 고도의 조음장애로 판별된다. 고도 조음장애아동은 "let me look out the window."를 "Yeh me yuh a da wido."로, "That soup is good."을 "Do foop is dood."로 발음할 수도 있다. 조음장애의 출현율이 높다고 해서 교사, 부모, 치료사들이 조음장애아동의 문제를 간단하거나 하찮게 여겨서는 안 된다. 오히려 반대로 명료도가 떨어지는 심한 조음장애는 의사소통에서 심각한 문제를 야기하게 될 뿐 아니라 조음장애를 진단하고 효과적으로 치료하는 것이 쉽지 않음을 알아야 한다(예 : Bauman-Waengler, 2020; Pindzola et al., 2016).

음운장애 제시한 소리를 낼 수 있는 능력이 있으면서 어떤 경우에는 그 소리를 정확하게 산출하지 못할 때 **음운장애**(phonological disorder)가 있다고 말한다. 표현음운장애가 있는 아동들은 학업적인 영역에서 어려움을 나타내며, 특히 읽기(Hayiou-Thomas et at., 2017)와 쓰기(Puranik & Lonagan, 2017)를 배우는 데 어려움을 겪는다.

조음에 오류를 보이는 것이 조음장애인지 음운장애인지를 결정하는 것이 근본적으로 중요하다. 왜냐하면 치료 목적과 절차가 달라지기 때문이다. 조음장애와 음운장애를 구별하기 위해 치료사들이 일반적으로 사용하는 지표들은 그림 8.3에 제시하였다.

구어장애를 나타내는 학생의 특수교육에는 언어치료사의 집중적인 언어중재가 포함된다.

Christina Kennedy/PhotoEdit

유창성 장애

정상적인 구어는 리듬과 타이밍을 활용한다. 속도, 강세 그리고 적절한 쉼의 변이로서 단어와 구는 유창하게 진행된다. **유창성 장애**(fluency disorder) 아동의 구어는 연속성, 매끄러움, 속

그림 8.3   조음장애와 음운장애 구별하기

조음장애
- 몇 개의 소리에서만 어려움을 보임
- 특정 소리에 대해 일관적인 조음오류를 보임
- 소리를 내는 데 실수하는 것은 운동근육적인 문제 때문임
- 의사소통장애가 공존할 수도 있지만 음운장애와는 같이 나타나지 않음

음운장애
- 복합적인 조음오류를 보임
- 소리를 비일관적으로 오조음함
- 운동근육적으로는 소리를 낼 수 있지만 적절한 위치에서 소리를 내지 못함
- 음운과정에서 일관적인 오류를 나타냄(예 : 마지막 자음 생략, 단어의 다른 위치에서는 음소를 정확하게 발음할 수 있으면서 특정 위치에서는 같은 소리를 내는 데 실수를 하는 것. 'post'의 't'는 빼고 말하지만 'time'에서의 't'는 소리를 낼 수 있음)
- 언어의 다른 부분도 지체되어 있음(음운은 언어의 구성요소이기 때문)

출처 : Haynes and Pindzola, (2012); Sunderland (2004); Schwartz and Marton (2011).

도, 노력에서 비정상적인 특성을 보인다. "이러한 특성은 음, 음절, 단어, 구의 비정상적인 리듬과 반복으로 구어의 흐름에 방해를 받으며 과도한 긴장, 투쟁적 행동, 부수적 매너리즘 등이 동반될 수도 있다."(ASHA, 2020b).

말더듬   가장 잘 알려져 있는(아마 가장 이해를 못하는 부분) 유창성 장애는 **말더듬**(stuttering)이다. 특히 단어의 처음에서 모음이나 자음을 반복하거나 연장, 머뭇거림, 간투사, 삽입, 전체적인 막힘 현상이 두드러지는 경우를 말한다(Owens & Farinella, 2019). 발달적 말더듬은 아동기에 나타나는 장애로 여겨지며 아동기 이후에 신경학적 질병이나 혹은 트라우마에 의해 야기되는 말더듬과는 다르다(Owens & Farinella, 2019). 주로 2~5세 사이에 시작되며, 이 중 75%는 3.5세 이전에 해당한다(Owens & Farinella, 2019). 8세 정도가 되면 자연적으로 회복된다는 종단연구가 지지되고 있다(Yairi & Ambrose, 2013).

말더듬은 여성보다 남성에게서 많이 발생하며 쌍둥이에게서 흔히 생긴다. 미국에서 말을 더듬는 사람은 약 300만 명이다(Stuttering Foundation, 2019a). 말더듬의 출현율은 사용하는 언어에 상관없이 서양의 모든 나라에서 동일한데 전체 인구의 약 1%에 해당된다. 말더듬의 조건에 관해서는 광범위한 연구를 통해 흥미로운 결과가 나오고 있지만 원인에 대해서는 여전히 밝혀지지 않았다. 말더듬은 말을 더듬지 않는 가계에서보다 말을 더듬는 가계에서 3~4배 많이 나타난다고 밝혀졌다. 말더듬의 발달이 유전적인지 환경적인지 혹은 결합된 요인에 의한 것인지는 밝혀지지 않았다(Yairi & Seery, 2014).

말더듬은 상황적인 것이다. 즉, 구어의 상황과 환경에 관련이 있다. 부모나 교사와 같이 아동에게 영향을 미치는 사람들과 얘기할 때 학급에서 앞에 나와서 얘기를 해야 되는 경우에 말을 더듬을 수 있다. 말을 더듬는 대부분의 사람들도 90% 정도는 유창하게 말한다(Stuttering Foundation, 2019a). 유창성 장애아동들도 노래를 하거나 애완견에게 말을 걸 때, 다른 사람들과 같이 시를 외울 때는 전혀 더듬지 않을 수 있다. 아동의 인성과 의사소통 발달에 부모, 교사, 또래의 반응과 기대가 중요한 영향을 미친다는 것은 분명하다.

속화   유창성 장애의 다른 유형으로 **속화**(cluttering)가 있는데, 이는 말의 속도가 지나치게 빠르고 음을 덧붙이거나 반복과 잘못된 발음을 보이면서 거의 쉬지 않고 말을 하는 경우에 해당되며, 화자의 뜻이 잘못 전달될 정도로 구어가 불명료하다. "Let's go!"는 "Sko!"로 "Did you eat?"은 "Jeet?"로 발화되기도 한다(Yairi & Seery, 2014). 말을 더듬는 사람은 자신의 유창성 문제를 분명하게 의식을 하는 반면,

교수와 학습

말더듬 학생을 돕는 것

거의 모든 말더듬 학생들은 언어치료사들의 집중적인 언어치료를 받는 동안 상당한 개선을 보인다. 그러나 교실 및 가정에서 지원이 없다면 이러한 개선에는 한계가 있다. 말더듬 학생에게 어떻게 해야 할지 자신이 없는 교사가 많다. 일반적인 안내사항은 다음과 같다.

말하기에 좋은 환경을 만들라

- **차분하고 서두르지 않고 말하라.** 학생에게 '천천히' 혹은 '긴장하지 말고'라고 말하는 것보다 차분하게 대화를 하는 것이 더욱 긍정적인 효과가 있을 것이다.
- **간투사를 이용하여 말할 때 휴지(쉼)를 만들라.** 대화 중 적절한 쉼이 있으면 의사소통 상황이 완화되고, 리듬이 자연스러워지며 속도가 조금 느려지는 데 도움이 된다.
- **전형적인 비유창함을 시범 보이라.** 가끔 단어 전체 반복 혹은 구문 반복을 하면서, 간투사('음-' 혹은 '어-')와 같은 전형적인 비유창성을 나타내라. 유창한 화자도 비유창성을 보인다는 것을 학생들이 알게 됨으로써 말하는 데 대한 공포심이 줄어들 것이다.
- **대화의 규칙을 만들라.** 대화 중 끼어들게 되면 학생의 말은 더욱 비유창해질 것이다. 학급의 모든 학생이 차례를 지키고 다른 사람들의 말을 잘 듣도록 지도하라.

학생이 말하는 내용에 가치를 두라

- **적극적으로 들어주라.** 학생이 말하는 것을 적극적으로 경청하면서 다시 언급하는 것은 학생의 메시지가 중요하다는 것을 의미한다. 별 생각 없이 '어-어'와 일반적으로 하는 말(예 : "잘 말했어!")보다는 구체적인 내용이 있는 말(예 : "그래, 조니, 그것은 파란 큰 트럭이야.")을 해주는 것이 좋다.
- **아동이 말하는 방법보다 말하는 내용을 이해하고 보여주라.** 비유창하게 말한 부분보다 잘 이해하지 못한 발화의 일부분을 다시 말해달라고 요청하라. 이렇게 요청하는 것은 학생의 메시지가 중요하다는 것을 나타낸다.
- **아동이 이끄는 대화에 따르면서 참여하라.** 학생이 관심 있는 영역에 대해 얘기할 때 더욱 유창하게 말할 것이다.

학생을 재촉하지 마라

- **학생이 하고 싶은 말을 예단하지 마라.** 학생이 자신의 말더듬는 순간을 끝까지 마치도록 기다려라. 학생의 말을 대신 끝내지 마라.
- **"천천히", "긴장을 풀어", "숨을 쉬고"와 같은 말을 하지 마라.** 비록 좋은 의도로 하는 말이지만 학생이 유창하게 말하는 것을 더 어렵게 할 수 있다.
- **눈맞춤을 유지하라.** 의사소통하면서 학생에게 재촉하려는 의도는 없더라도, 신체적 동작과 몸짓(예 : 눈길을 돌리거나, 고개를 빨리 끄덕이거나, 손을 움직이거나 하는 동작) 등이 서두르고 있음을 나타낼 수도 있다.

긍정적 지원과 피드백을 제공하라

- **학생이 좀 더 유창하게 말하는 데 사용하는 전략이 무엇인지 그리고 도와줄 수 있는 방법을 물어보라.** 학생이 말더듬는 것에 대해 개인적으로 마음을 열고 말하는 것은 괜찮다. 그림 8.4에서 제시한 것처럼 아동이 스스로 생각해볼 수 있도록 도와줄 수 있다.
- **구체적이며 격려가 되는 피드백을 제공하라.** 유창성을 자주 칭찬하고(예 : "말이 매끄러웠어!"), 학생과 라포가 형성되고 난 뒤 일대일 상호작용을 하면서 교정적 피드백을 사이사이에 활용하라(예 : "그건 좀 덜 매끄러웠어. 다시 한번 해볼래?").

출처 : American Speech-Language-Hearing Association (2019b); Everling (2013); and The Stuttering Foundation (2019a).

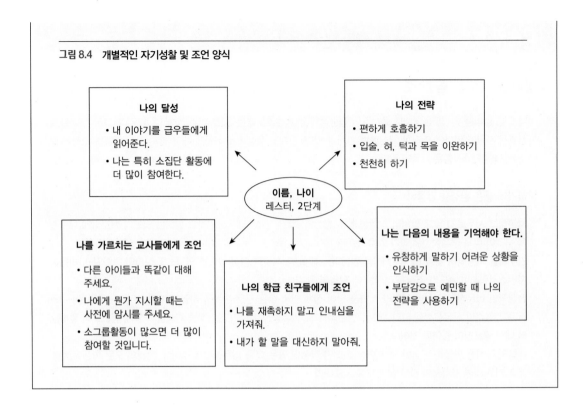

그림 8.4   개별적인 자기성찰 및 조언 양식

나의 달성
• 내 이야기를 급우들에게 읽어준다.
• 나는 특히 소집단 활동에 더 많이 참여한다.

나의 전략
• 편하게 호흡하기
• 입술, 혀, 턱과 목을 이완하기
• 천천히 하기

이름, 나이
레스터, 2단계

나를 가르치는 교사들에게 조언
• 다른 아이들과 똑같이 대해 주세요.
• 나에게 뭔가 지시할 때는 사전에 암시를 주세요.
• 소그룹활동이 많으면 더 많이 참여할 것입니다.

나의 학급 친구들에게 조언
• 나를 재촉하지 말고 인내심을 가져줘.
• 내가 할 말을 대신하지 말아줘.

나는 다음의 내용을 기억해야 한다.
• 유창하게 말하기 어려운 상황을 인식하기
• 부담감으로 예민할 때 나의 전략을 사용하기

속화자들은 자신의 문제를 잘 의식하지 못할 수 있다.

음성장애

음성이란 후두에서 산출되는 소리이다. 음성은 고저, 강도, 음질이 의사소통에 적절하며 특정 사람에게 어울릴 때 정상으로 간주된다. **음성장애**(voice disorder)는 "음성이 화자의 나이나 성별에 비해 부적절하며, 음성의 질·고저·강도·공명·지속시간이 비정상적으로 산출되는 것"이 특징이다(ASHA, 1993/2020).

음성장애는 아동보다 성인이 더 많다. 아동들이 고함치고 소리를 지르고도 두드러진 문제를 겪지 않는 것을 보면 성대남용 후 회복이 더 잘되는 것이 분명하다. 그러나 어떤 경우에는 아동의 목소리를 알아듣기 힘들고, 듣는 데 불쾌할 수도 있다(Sapienza et al., 2011). 부전실성증은 음질이 듣는 데 불쾌하거나 혹은 좋지 못한 경우이다.

음성장애의 기본적인 두 가지 유형은 발성장애와 공명장애이다. 발성장애는 대부분의 음성이 숨이 차고, 거칠며, 목이 쉰 것 같거나 긴장된 경우이다. 심한 경우에는 목소리가 하나도 나오지 않는다. 발성장애는 성대에 종양이나 염증과 같이 기질적 원인 때문이기도 하지만, 목이 쉰 듯한 소리는 습관적으로 긴장하여 말을 하거나 고함을 치거나 큰 소리를 모방하는 경우와 같은 만성적 음성과용이 주 원인이다. 음성남용은 성대를 팽창시키게 되고, 이는 **성대결절**이나 **폴립**의 원인이 될 수 있다. 숨찬 소리는 성대를 적절하게 사용하지 못하여 소리의 크기가 너무 작기 때문에 듣는 데 불쾌하다.

공명장애는 비강으로 소리가 너무 많이 나오거나(과대비성) 혹은 비강의 공명이 충분하지 못한 경우(과소비성)에 생긴다. 과대비성으로 말을 하는 사람은 코를 통해 말을 하는 것처럼 지각되기도 하고 불쾌한 소리를 내게 된다. 과대비성 아동은 소리가 분명하지 않고 비음화되면서 소리가 안으로 몰리는 것처럼 말을 한다. 과소비성 아동(무비성이라고도 함)은 코가 막힌 것이 아닌데도 불구하고 코가 막힌 듯이 또는 감기가 든 것처럼 말을 하게 된다.

언어장애

언어장애(language disorder)는 언어의 다섯 가지 영역, 즉 음운론, 형태론, 구문론, 의미론, 화용론 중에서 하나 혹은 그 이상의 영역에서 문제가 있는 경우를 포함한다. 언어장애는 주로 수용언어장애와 표현언어장애로 분류된다. 앞에서 언급한 것처럼 수용언어장애는 언어를 이해하는 데 문제가 있는 것이다. 예컨대 아동이 구어를 이해하지 못하거나 일련의 지시를 따르지 못할 수 있다. 표현언어장애는 언어를 생성하는 데 문제가 있는 것이다. 어휘가 제한되어 있을 수 있고, 단어나 구문을 잘못 사용하기도 하며, 말을 전혀 못하고 몸짓으로만 의사소통을 하는 경우이다. 언어학습장애(language learning disability, LLD)라는 용어는 종종 수용언어 또는 표현언어장애가 있는 아동을 가리키는 데 사용된다.

언어지체는 언어기술이 늦게 발달하지만 발달순서는 정상 아동과 동일하며, 언어장애가 있다고 해서 반드시 언어지체를 동반하지는 않는다고 Reed(2017)는 설명하였다. 그러나 언어장애는 언어기술이 나타나는 순서나 속도가 일반 아동과 같지 않다고 제안한다. 또래 아동과 상호작용할 때 적절한 언어기술을 나타내지만 누가, 무엇을, 어디서와 같은 질문에 답할 때 지속적으로 어려움을 겪는 경우는 언어장애로 간주될 것이다.

심각한 언어장애가 있는 아동들이 학교생활과 사회적 발달에서 문제가 있는 것은 자명한 일이다. 이러한 아동들은 의사소통에서 수동적인 역할을 하는 경우가 많고 대화를 시작하는 경우도 또래들보다 더 적다. 언어장애아동들은 질문에 대한 대답을 할 때도 주제와 관련하여 새로운 정보를 제시하는 경우가 거의 없다. 언어장애가 있는 아동들을 판별하는 것이 어려운 경우가 자주 있는데, 그것은 이런 아동들의 언어수행에 대한 기술이 정확하지 않거나 적절하지 않을 경우 정신지체, 청각장애, 정서장애 등으로 잘못 분류되기 때문이다.

구어에 문제가 있는 아동들은 읽기와 쓰기 모두에서도 어려움을 겪을 수 있다(DeThorne et al., 2010; Fahey et al., 2019; Kim et al., 2015; Owens & Farinella, 2019). 구어 및 언어장애아동들은 읽기 조기중재 서비스를 받게 되어도 일반 아동들에 비해 효과를 보기 어렵다는 점이 더욱 복잡한 문제가 된다(Al Otaiba, 2001).

출현율

의사소통장애아동의 출현율은 다양하게 보고된다. 구어와 언어장애의 정의가 다르게 적용되고 표본집단이 다르기 때문에 신뢰할 만한 자료를 얻기가 어렵다. 2018~2019학년도 동안 IDEA가 규정한 '구어 혹은 언어장애'로 6~21세의 103만 6,790명의 아동이 특수교육 서비스를 받았다(U.S. Department of Education, 2020a). 이는 학령기 아동의 약 1.6%에 해당되고 전체 특수교육 대상 아동의 16.4%로 학습장애 다음으로 많은 범주에 해당된다.

그러나 구어와 언어장애가 있는 아동들의 실제 수는 이보다 훨씬 더 많다. 다른 주 장애(예 : 정신지체, 학습장애, 청각장애) 때문에 특수교육 서비스를 받고 있는 아동의 약 50%는 의사소통장애도 동반되는 것으로 판단된다(Hall et al., 2001).

구어 및 언어장애는 미국 전역에서 공통적으로 여성보다 남성에서 출현율이 더 높다. 언어치료사에게 치료를 받는 학령기 아동의 약 3분의 2는 남자아이다(Hall et al., 2001). 구어 및 언어장애아동의 출현율은 저학년에서 학년이 올라갈수록 뚜렷하게 감소한다.

원인

의사소통장애의 많은 유형과 그에 따른 수많은 원인이 알려지고 있다. 신체의 특정 기관이나 부분의 손상, 기능부전, 이상형성에 의해서 나타나는 구어장애는 기질적(organic)인 것이다. 그러나 대부분의 의사소통장애는 기질적이기보다는 기능적 장애로 분류된다. 기능적 의사소통장애는 신체적인 조건으로 생기는 것이 아니며 그 원인은 분명하게 알려지지 않고 있다.

구어장애의 원인

구어장애가 발생되는 신체적 요인으로는 **구개파열**(cleft palate), 구어근육의 마비, 치아손실, 비정상적인 두개 및 안면, 아데노이드 비대, 외상성 뇌손상이 있다. **마비말장애**(dysarthria)는 호흡, 발성, 공명, 조음에 필요한 신경근육 손상에 의한 구어장애를 말한다(Duffy, 2013). 음을 연속해서 산출하는 데 필요한 정확한 운동조절능력이 부족하면 음이 왜곡된다. 기질적 구어장애가 주된 장애가 될 수도 있고, 정신지체 · 청력손실 · 뇌성마비와 같은 장애에 수반되어 구어장애가 될 수도 있다.

언어장애의 원인

언어장애아동에 관련된 요인은 인지적 결함과 정신지체, 청력손실, 행동장애, 구어기관의 구조적 비정상, 결핍된 환경 등이 포함된다(Rosenbaum & Simon, 2015).

수용언어와 표현언어에 심한 장애를 겪는 경우에는 뇌손상이 원인이 될 수 있다. **실어증**(aphasia)은 언어를 처리하고 사용하는 능력을 상실한 것이다. 실어증은 성인 언어장애 중 출현율이 가장 높으며, 대부분 심혈관장애(예 : 뇌졸중)로 인해 갑자기 발생한다. 반면에 아동 실어증의 주된 원인은 뇌손상으로 인한 것이다. 실어증은 주로 표현언어에 장애가 나타지만 가끔 수용언어에 장애를 보이기도 한다. 경도의 실어증 아동은 거의 정상에 가까운 언어능력을 보이지만 특정 단어를 회상하는 데 어려움을 나타내며, 의사소통하는 데 시간이 좀 더 요구된다. 그러나 실어증이 심한 경우에는 언어 형식에 대한 지식과 저장된 단어가 현저하게 결핍된 상태를 보인다.

의사소통장애의 원인이 유전적이라는 연구결과도 있다(Tomblin, 2017). 영국 과학자들은 구어에 영향을 주는 유전인자 영역을 발견했으며(Porterfield, 1998), 다른 연구자들은 음운장애(Uffen, 1997)와 말더듬(Yairi, 1998)에 대한 유전적 관계를 보고하였다.

언어지체, 언어장애, 언어부재의 경우에는 환경이 중요한 역할을 한다. 어떤 아동은 의사소통을 시도하면 강화를 받고, 또 어떤 아동은 말을 하면서 몸짓으로 의사소통을 시도하여 벌을 받게 된다. 가정에서 자극을 거의 받지 못하고 다른 사람과 상호작용하는 기회가 거의 없었던 아동은 의사소통에 대한 동기가 거의 생기지 않을 것이고 언어발달이 지체될 것이다.

판별과 사정

"걱정하지 마십시오. 괜찮아질 겁니다."
"언어치료사는 말을 하지 못하는 아이를 도와줄 수 없습니다."
"학교에 가기만 하면 괜찮아질 겁니다."

이와 같은 관점과 태도는 의사소통장애아동과 부모를 잘못 안내하는 것이며 적절하지 않은 예들이다. 일시적으로 경도의 구어손상이나 언어지체가 있는 아동 중에는 점점 나아지는 경우도 있지만, 많은 아동들은 중재를 하지 않으면 언어능력이 향상되지 않고 문제가 더 심각해진다. 구어 및 언어장애의 정도를 예측하고 아동을 교육하기 위해 전문적인 사정과 평가가 중요하다.

선별과 교사의 관찰

어떤 지역에서는 언어치료사들이 모든 유치원 아동들의 구어능력을 선별한다. 이러한 선별은 규준참조검사, 언어치료사들이 개발한 정보 사정, 부모와 교사들을 대상으로 한 질문지와 체크리스트 등이 포함된다(Justice & Redle, 2014; Owens & Farinella, 2019). 학급 교사들 역시 구어 및 언어장애아동을 판별하는 데 중요한 역할을 한다. 그림 8.5는 아동을 판별하는 데 사용할 수 있는 체크리스트이며, 언어치료사들은 의사소통장애 가능성이 있는 아동들을 개별적으로 선별할 수 있다. 구어 및 언어 선별검사에서 문제가 있는 아동들은 체계적인 평가를 받게 된다.

평가 요소

예상되는 언어장애의 유형에 따라 검사절차는 달라진다. 전문가들은 광범위한 선별검사를 통해 언어장애와 관련된 영역을 알아내고, 그 영역에 대해 상세하고 구체적인 검사를 실시한다. 아동의 구어와 언어를 사정할 때 완벽한 검사나 방법은 없다. 대부분의 검사자들은 다양한 사정장치와 접근법을 사용하여 가능한 한 많은 정보를 얻어 치료계획에 필요한 정보를 주기 위해 노력한다. 의사소통장애의 포괄적인 평가는 다음과 같은 요소를 포함한다.

그림 8.5 교실에서 언어문제를 판별할 수 있는 체크리스트

지시 : 다음은 언어중재를 필요로 하는 언어손상 아동들이 보이는 특성들이다. 해당 항목에 체크하라.

_____ 아동이 소리와 단어를 잘못 발음한다.

_____ 아동이 단어와 복수를 나타내는 -s, 과거시제를 나타내는 -ed 등 단어 마지막을 생략한다.

_____ 아동이 조동사나 전치사처럼 강조되지 않는 단어들을 생략한다.

_____ 아동이 어휘를 적당하게 사용하지 못하고 'one'과 'thing'처럼 비구체적인 단어를 남용하거나, 올바른 단어를 회상하거나 찾는 데 어려움을 느끼는 것처럼 보인다.

_____ 아동은 새로운 단어와 관련 사항들을 이해하는 것을 어려워한다.

_____ 아동의 문장 구조가 정확하지 못하거나 형식(예 : 기본적인 문장 방식을 주어-동사-목적어로)에 과잉의존하는 것 같다.

_____ 아동이 다음 사항에 어려움을 겪는다.

_____ 동사의 시제	_____ 관사	_____ 조동사
_____ 대명사	_____ 불규칙 동사	_____ 전치사
_____ 단어의 순서	_____ 불규칙 복수	_____ 접속사

_____ 아동이 사건을 시간적 순서에 따라 연결하는 것을 어려워한다.

_____ 아동이 지시 따르는 것을 어려워한다.

_____ 아동이 질문을 할 때 의문사만을 사용하거나 부적절하다.

_____ 아동이 질문에 대답하는 것을 어려워한다.

_____ 아동의 의견이 종종 주제를 벗어나거나 대화가 적절하지 않다.

_____ 아동이 자신의 의견을 말할 때 휴지가 매우 길다.

_____ 아동이 의사소통에 참여하는 듯 보이시만 말한 것을 거의 기억하지 못한다.

출처 : Robert E. Owens, Jr. *Language Disorders: A Functional Approach to Assessment and Intervention*, 6e. Published by Pearson. Copyright ⓒ 2014 by Person Education. 출판사의 허락하에 사용함.

- **사례사 및 신체검진** : 대부분의 전문적인 구어 및 언어 사정과정은 아동에 대한 사례사로 시작된다. 아동의 출생과 발달사, 건강기록, 지능과 성취검사 점수, 학교에서의 적응 등 다양한 정보를 포함하는 형식이 전형적인 사례사이다. 아동이 언제 처음 기었고 걸었는지, 말을 언제 하였는지를 부모에게 묻는다. 다른 사람과 어울리려고 하는 사회성 기술도 고려된다. 전문가들은 구강, 혀와 입술, 구개 혹은 구어 발성에 영향을 줄 수 있는 구강 구조를 신중하게 검사한다. 아동이 기질적인 문제를 가지고 있다면 의료중재를 의뢰한다.

- **조음검사** : 전문가들은 아동의 구어오류를 사정하고 오류음과 오류 유형 및 빈도 등을 기록한다. 검사도구로는 Photo Articulation Test(Lippke et al., 1997)와 Goldman-Fristoe Test of Articulation 2(Goldman & Fristoe, 2000) 등이 있다.

- **청력검사** : 의사소통장애의 원인이 청력문제인지를 알아보기 위해 청력을 검사한다. 청력을 검사하는 절차와 검사에 대해서는 제9장에서 다룬다.

- **음운인식 및 산출** : 말을 잘하는 유능한 화자는 어떤 구어음이 있는지 없는지 구별할 수 있고, 소리들의 차이를 알고, 개별 소리가 언제 시작되고 끝나는지를 알 수 있다. 이런 능력을 갖고 있는 아동들은 언어의 소리를 기억하고, 나중에 그것을 다시 산출할 수 있다. 음운인식과 음운처리 기술이 없는 아동들은 구어의 수용과 표현에 문제가 있을 뿐 아니라 읽기를 배우는 데도 상당한 어려움이 있다. 음운처리 측정도구로는 음운인식검사(Torgeson & Bryant, 2004)와 음운처리종합검사(CTOPP, Wagner et al., 1999)가 있다.

- **전반적 언어발달과 어휘량** : 아동이 습득한 어휘량은 언어능력을 나타내는 좋은 지표가 된다. 그림어휘력검사-4(PPVT-4, Dunn & Dunn, 2006)와 표현어휘력검사(REVT, Wallace & Hammill, 2002)가 가장 흔히 사용되는 검사이다. 언어발달검사(TOLD, Hammill & Newcomer, 2008)와 언어기초임상평가(CELF, Semel et al., 2003)와 같은 전반적인 언어검사는 언어구조에 대한 아동의 이해와 표현을 사정한다(예 : 문장 요소 사이의 관계를 보여주는 접속사와 같은 중요한 통사적 요소).

- **언어기능 사정** : B. F. 스키너(1957; Sundberg, 2020)는 언어의 구조와 형식보다는 상황에 따른 의사소통의 다양한 기능(예 : 요구하기, 명명하기)을 강조하였다. 스키너의 구어행동에 대한 분석은 언어 및 의사소통장애의 진단과 치료의 발전에 기여하였다. 언어행동 이정표 평가 및 배치 프로그램(VB-MAPP)은 스키너의 분석에 근거한 사정도구이다(Sundberg, 2008). 이 검사도구는 언어적 기능에 따른 강점과 약점을 판별하고 일반적인 발달을 하는 아동들과 비교하는 것이다. VB-MAPP는 발달을 저해할 수 있는 24가지의 저해요소와 교육적 요구로 발전할 수 있는 발전요소를 평가한다.

- **언어표본** : 평가절차 중 중요한 점은 아동의 표현언어와 구어표본을 구하는 것이다. 명료도와 유창성, 음질, 어휘와 문법의 사용과 같은 요소들을 검사자는 살펴본다. 어떤 구어-언어치료사는 구어표본을 얻기 위해 구조화된 과제를 사용하기도 한다. 예를 들면 아동에게 그림을 설명하거나, 이야기를 하거나, 여러 항목의 질문에 답을 하게 하는 것이다. 그러나 대부분의 전문가들은 비형식적인 대화를 통해 구어표본을 얻게 된다(Hadley, 1998). 구조화된 과제보다는 자연스러운 대화를 이용한 구어표본이 아동의 구어를 더 많이 대표한다고 믿는다. '예/아니요' 질문이나 "너의 차는 무슨 색이지?"와 같은 단답식 질문보다는 "너의 가족에 대해 이야기를 해보렴."과 같이 개방된 질문을 하도록 제안한다. 대화를 정확하게 기록하는 것이 중요한데, 노트기록 때문에 아동이 산만해지지 않도록 검사자는 아동의 언어표본을 녹음하는 것이 좋다.

- 자연적 상황에서 관찰 : 사회적 상황에서 아동의 언어
수행을 객관적으로 관찰하고 측정하는 것은 의사소
통장애 사정의 중요한 부분이 된다. 그러므로 관찰
자의 풍부한 경험과 아동의 의사소통 표본을 다양한
환경에서 얻는 것이 아주 중요하다. 어린 아동의 경
우에는 부모에게 아동을 관찰하게 하거나 장난감과
놀이활동을 제공하면서 부모에게 아동과 정상적으
로 상호작용하도록 요구한다.

여러 가지 평가방법을 통해 얻은 모든 데이터를 종합
하고 나서 이를 분석하기 위해 컴퓨터 프로그램을 사용
한다. 그에 따라 실질적인 의사소통 목표를 설정하고,
활용할 방법을 결정하기 위해 부모와 교사가 합의하여
치료계획을 개발한다.

의사소통장애의 포괄적인 평가는 자연스러운 활동과 일상적인 대화표본을 포함한다.

영어가 모국어가 아니거나 표준영어를 사용하지 못하는 의사소통장애아동의 사정

장애로 인해 학습과 의사소통에 어려움을 겪는 학생과 1차 언어가 영어가 아니어서 영어의 문해기술과
의사소통에 지체가 있는 학생을 구별하는 것은 어려운 일이다. 전문가들은 의사소통의 차이와 구어 및
언어장애를 혼동하지 않도록 주의를 기울이지만 영어를 사용하는 교사들이 문화적 · 언어적 · 사회경제
적 배경이 다양한 학생들의 언어기술을 적절하게 평가하는 것은 어려운 과제이다(Hoff, 2013). 교수와
학습 '차이와 장애는 언제 알 수 있는가'를 참조하라.

1차 언어가 영어가 아니어서 영어를 학습하는 학생들과 영어를 방언으로 사용하는 학생들이 공식적
인 영어 구어 및 언어기술 검사에서 낮은 수행결과를 나타내는 것은 놀랄 일이 아니다. 하지만 이런 결
과만으로 구어 및 언어장애로 진단해서는 안 된다. 다른 문화 및 언어적 배경의 아동의 의사소통 능력
을 평가하기 위해서는 1차 및 2차 언어(L1과 L2) 둘 다의 수행능력과 실제 대화하는 행동을 포함하여 세
심하게 평가할 필요가 있다(Cheng, 2012). 이중언어 · 이중문화 배경의 아동과 방언을 사용하는 아동이
영어에만 문제를 나타내는 경우 언어에 '문제'가 있는 것으로 진단해서는 안 된다. 아동이 언어장애를
가지고 있다면 1차 언어와 방언에서도 어려움이 관찰될 것이다(Roseberry-McKibbin, 2007).

1차 언어를 표준영어로 사용하지 않는 아동의 구어 및 언어수행 능력을 평가할 때 기본 대인 간 의사
소통기술(BICS)과 인지학습언어능력(CALP)을 포함하는 것이 가장 좋은 방법이다(Roseberry-McKib-
bin, 2018). BICS는 일상적인 의사소통 상황과 관련된 언어기술 체계이며(예 : 날씨에 대해 얘기하는
것), CALP는 학습적인 상황에서 구체적으로 언어를 구사하는 능력이다(예 : 화강암과 모래의 속성을
비교하는 것). 영어를 학습하는 아동들은 영어가 모국어인 학생들에 비해 BICS에서 일반적으로 2세 정
도 낮은 수준이며, CALP는 5~7세 정도 되어야 유사한 성취를 나타낼 수 있다(Cummins, 2002).

IDEA는 이중언어 사용자 가운데 모국어 장애가 있는 아동을 판별하기 위한 사정을 요구하고 있다.
영어가 아닌 언어로 사용할 수 있는 표준화된 언어능력 검사가 몇 가지 있기는 하지만(McLaughlin &
Lewis, 2008), 다른 언어로 검사를 번역 또는 수정하는 것은 몇 가지 문제점이 있다(예 : Rhodes et al.,
2005). 예를 들면 가족들의 모국에 영향을 받는 스페인어 사용 아동들은 '연(kite)'이라는 단어를 5개의
다른 단어('cometa', 'huila', 'volantin', 'papalote', 'chiringa') 중에서 하나를 사용한다(DeAvila, 1976).

교수와 학습

차이와 장애는 언제 알 수 있는가

교육자는 의사소통의 차이와 구어 및 언어의 지체 혹은 장애를 혼동하지 않도록 주의해야 한다. 영어를 모국어로 사용하지만 방언(사투리)으로 말을 하는 학생들이 영어를 교과로 배워 공식적 검사로 평가받을 때는 수행결과가 저조한 경우가 종종 있다. 공식적 언어검사의 결과만으로 구어 및 언어장애의 진단 근거로 사용해서는 안 된다.

학교에서 주로 사용하는 언어적 문화와 다르게 방언을 사용하는 학생을 의사소통장애로 간주해서는 안 된다. 교사가 아동들 사이의 자연스러운 의사소통 차이를 받아들이지 못하고 의사소통장애가 있는 것으로 잘못 추정을 한다면 교실 및 교사-부모의 의사소통에서 문제가 생길 것이다(Reed, 2017). 반대로 의사소통의 차이가 있는 방언을 사용하는 학생들 중에도 의사소통장애가 있을 수 있다는 점을 간과해서는 안 된다(Cheng, 2012; Payne, 2011).

그림 8.6은 교사가 장애와 차이를 구별하기 위해 의문을 가져야 하는 목록을 제시하고 있다.

그림 8.6   교사가 의사소통의 차이와 장애를 구별하는 데 도움이 되는 질문

학생 특징	교사의 질문	답이 '아니요'라면…
알레한드로는 지시를 따르지 않는다.	알레한드로가 지시를 모국어로 할 때는 따르는가?	알레한드로는 장애와 연관되어 주의집중, 기억력, 그리고/혹은 행동문제를 가질 수도 있다.
마도카는 /th/ 소리 산출에 오류가 있다.	마도카의 모국어에 /th/ 음이 포함되는가?	마도카는 구어장애가 아닐 수 있다. 익숙하지 않은 음을 배우고 연습할 필요가 있다. 모국어와 다른 알파벳을 사용한다면 영어 음소와 문자소를 연결하는 훈련을 해야 한다.
에브라임은 일견단어를 읽는 데 어려움이 있다.	에브라임은 단어를 들을 때 의미를 아는가?	에브라임은 모르는 어휘를 읽는 데 어려움이 더 클 수도 있다. 단어의 뜻을 익히는 데 어려움이 지속된다면 장애와 관련되어 주의집중 및/혹은 기억력에 문제가 있을 수 있다.
레프키의 손글씨는 읽을 수 없을 정도이다.	레프키의 모국어 쓰기는 읽을 수 있는 정도인가?	레프키는 장애와 관련하여 소근육 및/혹은 주의집중 결함이 있을 수도 있다.
아스키는 교사와 눈맞춤을 하지 않고 학급 토의시간에 참여하지 않는다.	눈맞춤과 어른-아동 간 대화가 아스키 가정 문화에 적절한가?	아스키의 행동이 자신의 공동체 기준에 일치한다면 장애와 관련하여 부적절하거나 무례한 행동으로 해석해서는 안 된다.
줄리엣은 종종 수업을 방해한다.	줄리엣은 모국어로 수업을 받을 때도 산만한가?	줄리엣은 지루함과 혹은 제2언어로 의사소통하는 데 좌절감에서 벗어나고자 산만함을 보일 수 있다.

언어장애학생은 모국어(L1)와 표준영어 둘 다에서 어려움을 보일 것이다. 교사들은 언어치료사(SLP)들이 언어장애를 진단하는 데 도움을 줄 수 있는데, 내용은 다음과 같다.

- 학생들이 언어를 선택하여 사용하는 자연스러운 상황에서 학생들의 의사소통 행동을 직접적으로 관찰하여 표준화 검사를 보충한다.
- 다영역 전문가 팀이 없는 경우에는 ELL 학생의 교사에게 연락을 취해준다.
- 가족이 사용하는 언어에 집중할 것을 추천한다. 언어의 차이가 실제로는 언어장애인지를 결정하는 데 단서를 제공한다.
- 학생의 모국어에는 사용하지 않기 때문에 특정음에서 어려움이 있는지 알아야 한다(예 : 스페인어의 /j/, 중국어에서의 /b/; Klinger & Eppolito, 2014).

그러므로 검사나 혹은 관련된 재료들을 아동의 모국어로 번역하는 것이 유용하기도 하지만 잘못된 번역은 문화적으로나 언어적으로 다른 아동에게 실제로 부정적인 영향을 줄 수 있으므로 주의해야 한다.

교육접근

학습목표 8.4 구어 음소오류와 언어장애에 효과적인 중재의 기본적인 목표와 요소를 알 수 있다.

언어치료사(SLP)는 의사소통장애아동들을 판별·평가하고 치료 서비스를 제공하는 학교를 기반으로 한 전문가를 가리키는 용어이다. 아동의 개별화 교육프로그램(IEP) 팀의 주요 멤버로서 언어치료사의 목표는 아동의 구어 또는 언어문제를 수정하고 아동이 최대한 의사소통의 잠재력을 성취할 수 있도록 돕는 것이다. 여기에는 보상기제 또는 의사소통 보완대체 수단이 포함된다. 언어병리학은 기질적 원인과 기능적 원인을 다루고 있으며, 다양한 관점과 폭넓은 중재기법에 대한 임상적 내용을 포함한다.

언어치료사 중에는 구어음을 교정하기 위해 구조화된 연습과 훈련을 강조하는 경우도 있고, 자연적인 구어상황에서 구어 발성을 하도록 강조하는 경우도 있다. 또 개별교육을 선호하는 언어치료사도 있고, 모델과 또래의 지원이 가능한 집단교육이 유리하다고 믿는 언어치료사도 있다. 어떤 전문가는 아동에게 치료사의 구어를 모방하도록 격려하고, 어떤 전문가는 자신의 구어를 테이프로 듣는 것을 선호하기도 한다. 어떤 전문가는 구조화된 교사 중심의 접근을 따르며 표적구어 및 언어행동을 정밀하게 단서를 주고 기록하고 강화를 한다. 또 다른 전문가들은 덜 구조화된 것을 선호한다. 예컨대 어떤 언어치료사는 아동의 표현 및 수용 의사소통에 초점을 두고, 어떤 치료사들은 자신감과 부모 및 학우들과의 상호작용과 같이 아동의 행동과 환경에 관심을 둔다.

오조음 치료

의사소통장애 전문가들의 일반적인 목표는 아동이 가능한 한 즐겁고 명확하게 말하도록 돕는 것이다. 그렇게 되면 아동과 대화하는 사람은 아동이 전달하려는 메시지에 주목할 수 있다.

조음오류 조음오류의 치료목표는 정확한 말소리 획득, 모든 상황과 맥락(특히 교실)으로 소리 일반화하기, 치료가 종결된 후에도 정확한 소리를 유지하는 것이다.

전통적인 조음치료는 변별과 산출활동을 포함한다. 아동이 유사한 음들(예 : 'tape'의 /t/와 'cape'의 /k/)을 주의 깊게 듣고 차이를 알아내는 능력을 증진하기 위해 **변별활동**이 이루어진다. 아동은 청각적·시각적·촉각적 피드백을 이용하여 표준 모델에서의 발음과 자신의 발음을 변별하는 것을 배운다. 일반적으로 아동이 소리를 알아내는 능력과 그것을 정확하게 조음하는 능력 사이에는 일관된 관계가 있다.

산출은 주어진 말소리를 독립음으로 다양한 맥락에서 낼 수 있는 능력이다. 치료과정에서는 조음에

제시되는 표준 모델에 아동이 자신의 구어를 잘 맞출 수 있도록 언어치료사는 청각, 시각 및 촉각적 피드백을 활용한다.

포함된 운동기술에 집중하면서 다양한 맥락에서 소리를 반복하여 내는 것이 강조된다. 그리고 또한 패턴을 변화시키면서 소리를 산출하는 것을 연습한다. 언어치료사들은 아동에게 어떻게 소리가 산출되는지 아동에게 주의 깊게 보게 한다. 그리고 나서 아동 자신의 구어를 산출하는 것을 거울을 사용하여 모니터링하게 한 후 아동에게 오류가 있는 음을 음절, 단어, 문장, 이야기에서 정확하게 발음하도록 한다. 아동은 자신의 음을 녹음해서 오류음을 들어볼 수도 있다. 치료는 아동이 소리 하나하나를 따로따로 조음하게 하는 것에서 시작하여 음절, 단어, 구, 문장, 구조화된 대화, 비구조화된 대화 속에서 조음하는 것으로 진행한다. 모든 의사소통 훈련에서처럼 교사와 부모 혹은 전문가들이 좋은 언어모델을 제공하고, 아동의 수행에 대해 강화해주고, 아동이 말하는 것을 격려해주는 것이 중요하다.

음운오류 아동의 구어에서 하나 또는 그 이상의 음운에서 오류가 나타날 때 치료의 목적은 오류패턴을 확인하고, 언어적으로 적절한 소리패턴을 낼 수 있도록 돕는 것이 된다(Barlow, 2001). 예를 들어 마지막 자음을 자주 빼고 말하는 아동에게는 'sea', 'seed', 'seal', 'seam', 'seat'처럼 끝만 다른 단어카드를 사용하여 그 차이를 식별하도록 가르친다. 치료에 사용되는 과제는 아동이 지시를 따르고(예 : 'seal'이라고 써 있는 카드를 집어라), 아동이 분명하게 요구하면 치료사는 아동의 지시에 따를 수 있도록(예 : 아동은 치료사에게 자신에게 'seat'라고 적혀 있는 카드를 달라고 한다) 치료 상황을 구성한다. 치료사가 정확하게 반응하기 위해서는 주의를 기울여야 하며 마지막 자음 소리에서 정보를 얻어야만 한다.

음운문제가 있는 아동들은 보통 특정 소리를 조음할 수 있지만 적절한 언어맥락에서 그 소리를 사용하지 못하는 것이다. 조음오류와 음운오류 사이의 구별이 중요하기는 하지만 의사소통장애가 있는 많은 아동들이 두 가지 오류를 다 보인다. 조음과 음운장애를 위한 치료접근은 양립할 수 없는 것이 아니며, 어떤 아동들의 경우는 함께 사용될 수 있다.

유창성 장애의 치료

여러 치료를 받으면서 오랫동안 말을 더듬었던 사람들은 말을 거의 하지 않으려고 한다. 입안에 조약돌을 넣어서 말을 하는 것, 손가락을 전구 소켓에 고정하는 것, 입 한쪽으로만 말하는 것, 생굴을 먹게 하는 것, 이를 꽉 깨물고 말을 하는 것, 냉온수욕을 하는 것, 호기보다는 흡기로 말하는 것이 과거의 치료방법이었다(Ham, 1986). 혀가 구강 내에서 적절한 기능을 하지 못하기 때문에 말더듬이 야기된다고 오랫동안 생각해 왔다. 그래서 초기의 내과 의사들은 혀가 굳어 있는 것과 상처를 치료하는 연고를 처방하거나 혹은 수술로 혀의 일부분을 제거하기도 하였다.

최근 유창성 장애 치료에 많은 영향을 준 것은 행동주의 원리의 적용이다. 이 방법에 의하면 말더듬을 학습된 반응으로 간주하고 유창한 구어를 확립하고 격려함으로써 말더듬을 없애려고 한다. 예를 들면 행동주의에 근거한 말더듬 치료 프로그램인 리드컴은 부모에게 훈련시켜 자녀가 초기에 말을 더듬는 것은 무시하고 유창하게 말하는 것만 강화하게 하는 것이다(예 : "말을 매끄럽게 잘하네!")(Packman et al., 2014). 리드컴 프로그램은 전 세계 750명 이상의 아동이 95% 치료효과를 나타낸다고 Onslow 외(2003)는 보고하였다.

말더듬 아동은 특정 음을 의도적으로 연장하거나 '막힘'에서 벗어나기 위해 천천히 말하는 것을 배울 수 있다. 또한 말더듬에 대한 부담이 최소화되고 성공적인 구어에 대해 정적으로 강화를 받은 집단에서는 자신감과 유창성이 증가할 수도 있다. 더 나아가 자신의 말을 점검하는 것과 유창하게 말하는 것으로 자기 자신에게 스스로 보상할 수도 있다(Manning & Dilollo, 2018). 자신의 구어를 지연하여 듣거나 차폐장치의 도움이나 리듬에 맞춰 말하는 것을 배울 수도 있다. 연습, 모의 대화, 진보를 기록하기 위해서 녹음을 자주 이용하기도 한다.

아동은 성장하면서 말더듬을 조절하도록 배우며 유창한 구어를 증가시킨다(Ramig & Pollard, 2011). 가장 효과적인 단 하나의 치료방법이 있는 것은 아니다. 치료방법이 어떤 것이라 하더라도 아동이 청년기가 되면 말더듬은 줄어들게 된다. 전혀 치료를 하지 않았는데도 말을 더듬는 문제가 사라지기도 한다. 말더듬의 자연적 회복 현상에 관한 연구는 말더듬으로 진단된 아동의 65~80%가 형식적인 중재 없이도 비유창성에서 현저하게 벗어났다고 보고하고 있다(Yairi & Ambrose, 2013). 그럼에도 불구하고 아동이 말더듬의 징후를 보이거나 부모가 구어 유창성에 관심을 갖게 되면 일단 언어치료사에게 의뢰해야 한다. 어떤 말더듬 아동들은 도움 없이 좋아지기도 하지만 그렇지 않은 아동들도 많다. 조기중재를 통해 아동의 말더듬이 중도로 악화되는 것을 예방할 수 있다. 초기 단계에서 교사, 부모, 언어치료사가 협조한다면 말더듬은 거의 성공적으로 치료될 수 있다(교수와 학습 '말더듬 학생을 돕는 것' 참조).

음성장애의 치료

음성장애아동을 치료하는 경우에 의료적 검사를 상세하게 할 필요가 있다. 기질적 원인들은 수술이나 다른 의료중재로 치료될 수 있다. 그리고 환경 수정을 부가적으로 권고하는 경우가 가끔 있다. 예를 들면 소음이 많은 장소에서 말을 해야 하는 사람은 성대의 긴장과 고함을 줄이기 위해 소형 마이크를 사용하면 도움이 될 수 있다. 그러나 대부분의 중재기법은 직접적 음성재활을 실시하는데, 음성장애아동이 효율적인 구어 발성을 점진적으로 할 수 있도록 도와준다. 보통 음성치료는 아동이 자신의 목소리를 듣고, 어떤 측면을 변화시켜야 할지를 배우는 것으로 시작한다. 음성장애의 유형과 아동의 전반적인 환경을 바탕으로 하여 음성재활은 호흡량을 늘리고 긴장을 감소시키는 이완기법, 구어의 세기를 증가하거나 감소시키는 활동 등을 포함한다(Sapienza et al., 2011).

음성적 문제의 많은 부분은 음성과용과 직접적으로 관련되어 있기 때문에 행동주의 원리에서는 아동과 성인이 음성남용 습관을 고치도록 훈련하는 방법이 활용된다. 예를 들어 아동은 교실이나 가정에서 자신이 음성을 남용한 횟수를 스스로 체크하고, 시간이 지날수록 남용하는 횟수를 점차 줄이게 되면 강화를 받는다.

언어장애의 치료

언어장애의 치료는 상당히 다양하다. 어떤 프로그램은 의사소통 이전 활동에 초점을 두는데, 이는 아동이 환경에 대해 탐색하는 것을 격려하고, 그런 경험을 언어의 수용 및 이해발달에 연결하는 것이다. 언어발달을 위해 아동에게는 의사소통하고 싶은 무언가가 분명히 있어야만 한다. 아동들은 모방을 통해 배우기 때문에 교사나 전문가들이 분명하게 말하고, 굴절을 정확하게 사용하고, 풍부한 단어와 다양한 문장을 제공하는 것이 중요하다.

구어를 매우 제한적으로 사용하는 아동의 경우에는 구어로 그림을 '읽는' 방법을 언어활동으로 가르친다(Alberto & Fredrick, 2000). 교사들은 언어 내용을 그림으로 묘사한 스토리보드와 노래판을 활용할 수 있다. 즉, 교사는 이야기를 하면서 그림을 스토리보드에 붙였다가 떼기도 하고, 한 소절씩 노래하면서 적절한 그림을 가리킬 수도 있다(Skau & Cascella, 2006). 언어손상이 있는 아동들은 펜팔 친구들과 이메일을 교환하면서 문어기술을 발달시킬 수 있다(Harmston et al., 2001).

어휘발달 어휘는 언어의 기본 구성요소로 일컬어진다(Dockrell & Messer, 2004). 언어장애아동들은 떠올릴 수 있는 단어를 제한적인 수준으로 저장하고 있다. 언어치료사와 학급 교사들은 학생들의 어휘를 발달시키기 위해 제5장에서 설명한 그래픽 구성, 기억증진법, 학습전략 등을 다양하게 활용하고 있다. Foil과 Alber(2003)는 학생이 새로운 단어를 배울 때 교사가 도와주는 단계를 다음과 같이 권장하고 있다.

1. 각각의 새로운 단어를 보여주고, 발음하고, 의미를 알려주고, 학생이 따라 하게 하라.
2. 맥락에 따라 단어가 다양하게 사용되는 예시를 제공하고 따라 하게 하라.
3. 단어와 의미를 학생의 현재 수준에 맞추어 연결해주고 학생이 단어와 관련된 경험을 설명할 수 있도록 촉구하라.
4. 학생이 다양한 맥락에서 사용하도록 안내하면서 기회를 제공하고, 아동의 반응에 대해 피드백을 제공하라.
5. 학생이 비슷한 의미의 단어 간의 미묘한 차이를 구별할 수 있도록 도와주라(예 : '분리'와 '격리').
6. 단어를 혼자서 실제 사용하는 활동을 제시하여 학생이 새로운 단어를 혼자서 사용하여 익힐 수 있도록 도전하게 하라.
7. 글쓰기(작문)에 새로운 단어를 사용하면 칭찬과 강화를 제공하고, 새로운 단어를 얼마나 자주 사용했는지 스스로 기록하게 하면서, 학생이 새로운 단어를 다양한 환경과 상황에서 활용하도록 촉구하라.

자연적 중재전략   언어치료사들이 아동의 언어기술을 발달시키고 활용하도록 하기 위해 자연적인 중재를 적용하는 경우가 증가하고 있다. 아동들은 구조화된 교수환경에서부터 모든 상황으로 새로운 기술을 일반화시키는 데 어려움을 겪는 경우가 많기 때문에 지시적 언어중재의 대안으로 자연적 접근법이 나온 것이다. 지시적 접근법이 인위적인 재료와 활동(예 : 사진과 작은 인형들)을 사용하고, 특정 기술을 가르치기 위해 여러 번 집중적으로 반복하도록 하는 것과 반대로, 자연적인 중재는 환경(milieu) 혹은 우발적(incidental) 교수로 불리게 된다. 자연주의적 접근은 아동의 관심과 주의집중이 따르는 일상적인 대화의 맥락에서 이루어진다.

그러나 아동의 언어가 의미 있고 흥미로운 주제가 만들어지기를 기다리는 것만이 자연적 교수는 아니다(Christen-Stanfort & Whinnery, 2013). 자연적 중재는 아동이 바람직하게 반응할 기회를 많이 만들기 위해 환경을 구조화(예 : 장난감을 들고 "뭐 하고 싶니?"라고 묻는다)하고, 아동의 의사소통을 위해 성인의 반응을 구조화(예 : 아동이 밖을 가리키면서 "나도 갈래."라고 말하고, 교사는 "물론, 같이 가자."라고 말한다)하는 것이 포함된다. 훌륭한 환경교수는 "가르치는 장면을 되풀이하는 것보다 좀 더 일상대화에 가깝도록" 해야 한다(Kaiser & Grim, 2006). 언어지도가 이루어지는 환경은 일반적인 의사소통 상황과 유사하며, 아동의 흥미를 끌 수 있도록 고안해야 한다. 그림 8.7에는 자연적인 언어교육 기회를 증가시키는 여섯 가지 환경 전략이 제시되어 있다.

치료접근이 어떤 것이라 하더라도 언어장애아동 주변에 또래 아동이 있어야 하고, 관심을 가지고 말할 뭔가가 분명히 있어야 한다. 교육자들은 개별적인 일대일 환경이 가장 효과적인 언어중재 유형이라고 오랫동안 받아들였다. 방해되는 산만한 자극은 제거하고 아동에게 요구되는 의사소통 과제에만 집중하게 하는 것을 강조하였다. 그러나 최근에 언어발달은 상호작용 과정을 통해 이루어진다는 점을 일반적으로 인식하게 되면서 교사는 언어장애아동들이 일대일 치료에서 반복되는 사람을 만나게 해서는 안 되며, 다양한 사람과 다양한 자극 및 경험과 상황에 노출할 수 있는 자연적인 중재 형식을 사용해야 한다.

그림 8.7 자연스러운 언어교육 기회를 증가시키기 위한 여섯 가지 전략

1. **흥미 있는 상황** 아동들은 활동이나 사물에 흥미가 있을 때 의사소통을 할 가능성이 있다(예 : 제임스는 팔을 베고 러그에 조용히 누워 있다. 데이비드 씨는 러그 끝에 앉아서 제임스 앞을 지나가도록 노란 공을 굴렸다. 제임스는 머리를 들고 공 주위를 쳐다보았다).

2. **손에 닿지 않는 상황** 아동들은 원하는 물건이 손에 닿지 않을 때 의사소통하려고 한다(예 : 노리스 씨는 북을 꺼내 휠체어에 타고 있는 주디와 아네트 사이 바닥에 놓았다. 그리고 노리스 씨는 북을 세 번 치고 기다리면서 두 아동을 쳐다보았다. 주디는 지켜보다가 손뼉을 쳤다. 그러고 나서 두 팔을 북까지 뻗었다).

3. **부적절한 상황** 아동들이 수업을 받으려고 할 때 필요한 자료가 없으면 의사소통을 하려고 한다(예 : 로빈슨 씨는 고등학교 연극 표를 메리만 빼고 모든 아동에게 주고, 학생들에게 입구에서 안내원에게 표를 주라고 얘기했다. 그리고 로빈슨 씨는 입구에서 메리 곁을 지나갔다. 메리가 안내원 앞에 섰을 때, 로빈슨 씨는 잠시 서서 메리를 쳐다보았다. 메리는 표를 가리키면서 "주세요."라고 사인을 보냈다. 로빈슨 씨는 메리에게 표를 주었고, 메리가 표를 주자 안내원은 "고마워, 연극 재미있게 보거라." 하고 말하였다).

4. **선택해야 할 상황** 아동들은 선택을 해야 할 때 의사소통하려고 한다[예 : 페기는 여가시간에 노래 테이프 듣는 것을 제일 좋아한다. 토요일 아침, 페기의 아빠는 "테이프를 들을 수도 있고(페기의 의사소통판에 있는 카세트테이프의 그림을 가리키면서), 차를 타러 가도 된다(차 그림을 가리키면서)."고 말했다. "뭐 하고 싶니?"라고 묻자 페기는 카세트테이프를 가리켰다. 아빠는 테이프를 넣으며 "그래, 좋아. 네가 좋아하는 새 테이프를 들어보자."라고 말했다].

5. **도움이 필요한 상황** 아동들은 자료를 조작하거나 작동하려고 할 때 도움이 필요하고 의사소통하려고 한다[예 : 태미의 엄마는 학교에서 아이가 오기 전에 항상 부엌 탁자에 간식(쿠키, 크래커, 팝콘)이 담긴 그릇을 놓아둔다. 태미는 집에 오면 탁자로 가서 자기가 좋아하는 간식을 선택한다. 간식이 담긴 그릇은 항상 뚜껑을 열기가 어려워서 엄마에게 선택한 과자통을 들고 가야만 한다. 태미가 비구어로 요청하면 엄마는 반응을 해준다].

6. **예기치 못한 상황** 아동들은 예기치 못한 일이 일어났을 때 의사소통할 가능성이 있다(예 : 에서 씨는 케이시가 휴식시간 후에 양말과 신발 신는 것을 도와주었다. 에서 씨는 양말 신는 것을 도와주고 나서 신발 한쪽을 자신의 발에 끼웠다. 케이시는 잠시 신발을 보고 교사를 쳐다보면서 "아니에요, 내 것이에요."라며 웃었다).

출처 : Kaiser, A. P., & Grim, J. C. (2006). Teaching functional communication skills. in M. E. Snell & F. Brown (Eds), *Instruction of students with severe disabilities* (6th ed., p. 464). 출판사의 허락하에 사용함.

보완대체 의사소통

보완대체 의사소통(augmentative and alternative communication, AAC)은 구어와 쓰기를 통해 의사소통 욕구를 충족할 수 없는 아동을 보조하기 위해 활용되는 다양한 전략과 방법에 관한 것이다. AAC는 세 가지 구성요소로 이루어진다(ASHA, 2019b).

- 표상적 상징세트 혹은 어휘
- 상징의 선택을 위한 수단
- 상징을 전송하는 수단

AAC의 세 가지 요소는 보조적일 수도 있고, 보조적이지 않을 수도 있다. 비보조적 AAC 기법은 신체적 보조나 장치를 요구하지 않는 것으로 구어 · 몸짓 · 얼굴 표정 · 몸의 자세 · 수화 등이 포함된다. 물론 장애가 없는 사람은 비보조적 보완 의사소통 기법을 폭넓게 사용한다. **보조적 AAC 기법**은 외부장치를 포함한다. 보완대체 의사소통 기제는 노테크(예 : 종이와 연필)에서 로테크(예 : 아동이 스위치를 눌러 한 단어나 구문을 전송하는 형태)와 하이테크 전자공학장치(예 : 컴퓨터화된 음성 출력장치)까지 포함된다.

다른 사람이 이해하기 힘들게 말을 하는 사람의 경우에는 할 수 있는 말에 최대한 가까운 뜻의 어휘로 접근해야만 한다. Da Fonte와 Boesche(2019)는 아동의 대체 어휘 목록에 포함할 항목을 결정할 때 다음의 내용을 고려하라고 제시한다.

- 유사한 상황과 환경에서 또래들이 사용하는 어휘
- 의사소통 파트너(예 : 교사, 파트너)가 무엇을 생각하는가를 요구함
- 학생들이 모든 문형에서 이미 사용하고 있는 어휘

• 구체적 상황에 대한 문맥적 요구

상징체계   AAC를 위한 어휘를 먼저 선정하고 나서 교육자들은 어휘를 나타내기 위한 상징들을 선택하고 개발해야 한다. 상징세트는 사물이나 개념을 가능한 한 비슷하게 표현할 수 있는 그림이다. 상업적으로 판매되거나 공짜인 상징세트들이 많이 있다. 이것들은 하나 이상의 구체적인 의미가 있는 사진이나 그림을 모아둔 것들인데 한 개인의 AAC 어휘 목록에서 구성될 수도 있다. Mayer-Johnson's Board-maker와 같은 소프트 프로그램을 활용하여 교사가 개별화된 의사소통 상징세트를 만들 수도 있다. 상징세트는 사진, 그림, 단어와 알파벳으로 구성되어 가정에서 만들 수도 있다.

그림교환 의사소통체계(PECS)는 비구어 아동이 활동 혹은 항목에 해당하는 그림을 의사소통 상대자에게 주게 함으로써 원하는 항목과 활동을 적극적으로 요구하도록 가르치는 전략이다. PECS 사용자는 좀 더 복잡한 언어(예 : "나는 차를 봐요.")를 구성할 수 있도록 어휘와 문장띠 PECS 의사소통 책으로 나아가게 된다. PECS 훈련이 충실하게 실시될 때 대부분 아동들은 기능적 의사소통을 신속하게 습득하게 되고, 일부는 구어를 시도하기도 한다(예 : Cagliani et al., 2017; Chua & Poon, 2018; Gilroy et al., 2018; Lamb et al., 2018; Park, Alber-Morgan, & Cannella-Melone, 2011).

상징세트와 대조적으로 상징체계는 새로운 상징을 기존 체계에 어떻게 첨가할 수 있는지를 내재적 규칙으로 구조화하는 것이다. 잘 알려진 상징체계 중 하나는 Blissymbolic인데 처음에 신체장애인들을 위해 개발되었으며, 4,000개 이상의 상징으로 이루어진 국제적 도식언어이다(Blissymbolics Communication International, 2019). 이것은 기하학적 형태를 결합하여 개념을 나타낸다. Blissymbolic을 사용하는 사람들은 새로운 의미를 만들어내기 위해 상징을 복합적으로 결합한다(예 : '학교'는 '집–준다–지식'의 상징을 선택하여 의사소통한다). 그러나 Blissymbolic은 추상적인 것이 많고, 표상하는 것과 개념이 유사하지 않기 때문에 체계를 배우기가 어렵다.

상징의 선택   대체 의사소통에서는 직접적 선택, 스캐닝, 부호화된 반응을 통해 상징을 선택한다(Da Fonte & Boesche, 2019). 직접적 선택은 자신이 원하는 상징을 손가락이나 주먹 혹은 머리나 턱에 부착된 막대기로 지적하는 것을 말한다. 각각의 상징이 넓게 퍼져 있을 때는 '눈으로 지적하는 방법'으로 상징을 선택할 수 있다. 스캐닝 기법은 화자에게 한 번에 하나를 선택하게 하고, 의사소통하고 싶은 항목들을 가리키도록 적절한 시간에 반응하게 하는 것이다. 스캐닝은 기계 보조 혹은 청자 보조가 될 수 있다(예 : 눈을 깜박이는 것을 지켜보는 동안 한 번에 하나의 상징을 지적할 수 있다). 부호화에는 상징의 위치나 선택할 항목을 나타내기 위해 복합적인 신호를 고려하는 것이 포함된다. 주로 참고 목록에 특정 인쇄 메시지에 청자가 관심을 기울일 수 있도록 반응과 짝을 지어 사용한다. 예를 들면 색깔과 숫자로 구성된 상징표시에서 아동은 처음에 하나의 카드(빨간색 메시지 그룹을 선택하여)를 만지고 나서, 그 그룹에서 의도한 숫자 메시지를 지적하는 것이다.

상징의 전달   어휘와 상징세트가 선택되고 나면 상징을 전달하는 방법이 정해져야만 한다. AAC의 복잡한 장치들이 의사소통 상징 전달의 대안으로 다양하게 제공되고 있다. 소프트웨어 프로그램 개발자들은 아이폰과 안드로이드와 같은 스마트폰 사용자와 아이패드와 같은 휴대용 태블릿을 사용하는 사람들을 위해 수많은 AAC 어플을 만든다. Dynavok Maestro와 Prentke Romich Intro Talker와 같이 복잡하고 섬세한 의사소통 장비는 컴퓨터 사용자 개인에 따라 개별화하여 많은 어휘와 음성 선택 및 전달기능을 제공한다.

컴퓨터 기반의 AAC 체계 제공자와 개발자 간의 하이테크 '확장 경쟁'에도 불구하고, AAC의 도구

중 가장 효과적이며 보편적인 것이 **의사소통판**인데, 평평한 판(휠체어에 부착된 테이블이나 접시) 위에 사용자가 선택할 상징들을 배열해놓은 것이다. 학생들은 흔히 쓰는 단어, 구문, 숫자, 그리고 다른 여러 상황에서 사용할 수 있는 것 등이 있는 의사소통판을 가질 수 있다. 또한 특별한 상황에서의 어휘들(예 : 식당이나 과학시간)이 있는 다양한 상황판이나 소형 칠판을 가질 수도 있다. 상징들은 사진 앨범 혹은 지갑에 넣어서 전할 수도 있다. 아동이 AAC 공학을 사용하는 것은 복잡한 디지털 배열판을 스캐닝하거나 혹은 또래에게 그림카드를 건네는 경우에도 종종 중심이 되기도 하지만 "성공적인 의사소통에 초점을 맞출 때 그것이 최종 목표 자체가 아니라 적절한 장소에 맞게 형식이 줄어들게 하는 것이다."(DeThorne et al., 2014, p. 45).

대안적 교육 배치

> **학습목표 8.5** 의사소통장애아동에게 서비스를 제공하는 환경에 따라 언어치료사의 역할이 무엇인지 설명할 수 있다.

2018~2019학년도 동안 언어장애아동의 약 88%가 학교 시간의 80%를 일반학급에서 교육을 받았다 (U.S. Department of Education, 2020a). 의사소통장애학생들을 위한 다양한 서비스 유형이 세 가지 교육적 배치의 선택으로 제공된다. 이러한 모든 모델이 다양하게 변형되어 사용되며, 많은 학교와 언어치료사들은 2개나 그 이상의 모델을 결합하여 사용한다.

모니터링

언어치료사들이 일반학급에서 학생의 구어와 언어수행을 모니터링하고 체크한다. 이것은 학생이 치료를 끝내기 직전에 종종 사용한다.

풀아웃

전통적이면서 지금도 가장 많이 사용하는 서비스 전달 형식은 간헐적인 **직접 서비스**라고도 불리는 풀아웃 접근법이다. 언어치료사는 업무시간의 3분의 2를 1명씩 개인 혹은 3명 이내의 소집단으로 일한다 (ASHA, 2014). 개별 아동의 요구에 따라 풀아웃은 1주일에 5일간 1시간씩 회기를 갖게 된다. 학교기반 언어치료사들로부터 서비스를 받는 대부분의 아동들은 적어도 1주일에 2번, 보통 21~30분 동안 언어치료사를 만났다. 학급 교사와 언어치료사는 학급에서 사용되는 교육과정 교재들이 아동의 구어와 언어치료 회기에 통합될 수 있도록 협력한다.

 대부분의 언어치료사들은 언어장애아동들을 개별적으로 풀아웃 접근(언어치료사가 한 주에 30분씩 2~3회기 치료)으로 적절한 서비스를 제공하는 것이 불가능하다고 믿고 있다(Harn et al., 1999). 의사소통은 자연스러운 환경에서 가장 적절하게 생기는 것이기 때문에 중재절차는 특수 언어치료실보다는 일상생활이 진행되는 일반학급에서 점차적으로 실행되고 있다. **전환교육 : 현재가 미래를 만든다** '의사소통장애학생에게 자기옹호기술 가르치기'를 참조하라.

협동적 자문

의사소통장애 전문가들은 개별 아동들에게 직접 서비스를 제공하는 데 시간을 보내기보다는 일반교사와 특수교사들(그리고 부모들)의 자문가로서의 역할을 하는 경향이 더 많아지고 있다. 팀 구성원으로서 학교 환경에 근무하는 언어치료사는 아동의 전반적인 교육과 발달에 관심을 가진다.

언어치료사는 의사소통장애아동을 직접적으로 많이 겪어보지 못한 일반교사들에게 상담과 훈련을 제공하게 된다. 전문가들은 의사소통장애를 사정하고, 진보 정도를 평가하고, 교재와 기술을 제공하는 데 전념한다.

학급 혹은 교육과정 기반

언어치료사들은 학급에서 교육적 파트너로서 앞으로 더 많은 일을 하게 될 것이며, 학생의 의사소통 요구와 학업 교육과정에 대한 의사소통 요구를 조정하게 된다. 교사가 일상 교육과정에 언어 및 구어 목표를 통합하는 일을 언어치료사가 돕기 위해 업무 중 4분의 1의 시간을 사용한다고 보고한다. 서비스를 통한 혜택은 교사와 학생에게 주어지며, 교육과정에 대한 의사소통이 보다 직접적으로 이루어진다는 것이다. 전환교육 : 현재가 미래를 만든다 '의사소통장애학생에게 자기옹호기술 가르치기'를 참조하라.

전환교육 : 현재가 미래를 만든다

의사소통장애학생에게 자기옹호기술 가르치기

장애학생들이 자기옹호기술을 습득하게 되면 학교와 성인기 동안 다른 다양한 환경에서 지원을 요청할 수 있게 된다(Test et al., 2005). 그러나 수동적이고 의존적인 것에 강화를 받은 이전 학교의 경험으로부터 전환하는 자기옹호는 특히 장애학생들에게 어려울 수 있다(Roberts et al., 2016). 자기옹호는 학교생활 유지와 성인기의 성공적인 성과 증진을 기대하게 해주기 때문에(Roberts et al., 2016), 장애학생들이 자기옹호기술을 배우고 실제 기회를 많이 가지는 것은 필수적이다(Paradiz et al., 2018).

우수교사 Emily Pickard는 "자기옹호는 학생들이 배워야 할 핵심영역이며 매우 중요한 것이다! 자기옹호기술은 학생들이 자기옹호를 적절하게 하지 못할 때 생기는 갈등과 어려움을 종종 예방할 수 있다."고 말한다. Emily는 학생들이 실제 직면하게 되는 상황에 근거하여 구체적인 자기옹호 지도사항을 설계한다. 예를 들면 한 학생이 사회성 기술 수업시간에 직업코치로부터 받은 점수를 이해할 수 없고 평가에 대해 화가 났다고 보고했다. 그 학생은 직업코치가 자신에게 너무 비판적이며 자신의 작업 현장에 너무 가까이 붙어 있었다고 말했다. 학생이 적대적이지 않은 태도로 작업코치에게 자신의 불만을 꺼내도록 에밀리는 제안하였다. 그리고 에밀리는 학생의 문제를 의논하고 해결하기 위해 직업코치 그리고 학생과의 미팅을 실시하였다. 미팅을 하기 전에 Emily는 학생이 자기옹호를 위해 준비할 학습과제를 직업코치와 만들었다.

우수교사 Emily Pickard의 자기옹호 역할놀이 학습

목표 학생은 관심이 있는 의사소통을 하기 위해 " 나는 … 느낍니다."라고 역할놀이를 한다. 내가 가르치는 학생들의 많은 학습과제는 자연스럽게 대화 중에서 이런 기술을 가르치게 된다. 학생들이 나에게 말하는 내용에 근거하여 칠판에 주요항목을 적는다. 문제와 가능한 해결책 그리고 자신의 관심사에 대해 의사소통하는 방법을 종종 직접적으로 질문한다.

학습과제/원리의 시작 다음과 같은 질문에 대해 학생들의 반응을 수집하면서 학습을 시작한다. 무엇이 문제이지? 네가 언제 그렇게 느꼈는지 구체적인 예를 들어줄 수 있니? 네가 직업코치에게 가까이 다가갈 때 직업코치는 어떻게 느낀다고 생각하니? 네가 말을 걸었을 때 무슨 일이 일어났니?

모델링 나는 협력 팀을 활용하여 행동을 시범 보이는 경우가 종종 있다. "나는 라미네즈가 자기 마음대로 일을 한다고 생각하기 때문에 함께 일을 할 때 어려워. 우리는 그 점에 대해 대화를 하고 각자가 느끼는 것을 소통해보자."고 말하기도 한다. 라미레즈와 나는 "나는 ~라고 느낀다."는 표현을 적절하게 사용하는 시범을 보인다.

역할놀이하기 다음은 역할놀이 대본의 예이다.

학생 : 직업코치님, 나에게 너무 호되게 말을 할 때 불쾌감을 느낍니다(“나는 … 느낍니다.” 진술을 통해 문제점을 말하게 된다).

협력 팀 : 네가 그렇게 느꼈던 것을 몰랐어. 다르게 어떻게 할 수 있을까?(학생이 기대하는 것을 구체적으로 물어본다).

학생 : 좀 더 긍정적으로 말해주면 좋겠어요.

피드백 나는 이와 같은 학습을 일상적인 대화로 다루고 싶다. 예를 들면 학생이 “작업코치님, 이게 잘되지 않아요.”라고 말을 시작할 때, 학생이 말하는 것을 잠시 중단시키고 웃으면서 학생이 직업코치와 관계를 끝내고 싶어 하는 것 같지는 않다고 말했다. 학생도 웃으면서 다시 대화를 시작하였다. 학생이 무슨 말을 해야 할지 어려워하면 빈칸이 있는 대본판을 시각적 단서로 사용한다. “당신이 _____ 할 때 나는 _____ 느낍니다.”

평가 역할놀이 동안과 직업코치와 상호작용하는 것을 관찰하라. 다음은 Emily가 전환하는 학생에게 자기옹호기술을 가르치는 다른 예이다.

- 학교나 작업장에서 어려운 상황이 생겼을 때 적절한 해결 방안을 사용하라(즉, 마음을 털어놓고 신뢰가 가는 성인에게 도움을 요청하라, 차분해지기 위한 대처전략을 사용하라, 감정을 표현하기 위해 자기옹호를 활용하라).
- 자신의 IEP 계획을 수립할 때 참여를 증가하라.
- 학교를 졸업한 후에도 활용할 수 있는 평생교육의 기회를 의논하기 위해 전환 전문가와 미팅을 실시하라.
- 학교를 나오자마자 취업을 유지할 수 있는지 물어보기 위해 현재의 작업장에 대해 조사하라.

삶 전반에 걸쳐 자기옹호기술이 필요하기 때문에 학생이 다양한 상황에서 준비할 수 있도록 일반화 계획도 중요하다. Emily는 자기옹호기술 일반화를 위해 다음과 같은 사항을 제안한다.

- 우연학습의 기회를 이용하라. 자기옹호기술이 요구되는 일상의 하루 상황에서 자연스럽게 이루어지도록 찾아보라(예 : 점심식사 메뉴를 잘못 받게 되는 것).
- 익숙하거나 그렇지 않은 협력 팀원 둘 다를 통해 어려움을 제시하라. 학생이 신뢰하는 사람 중 하나여서 아니라는 대답을 거의 해본 적이 없는 팀원에게 “존, 남자 화장실이 꽉 찼어, 여자화장실을 사용하지 않을래?”라고 규칙에 어긋나는 요구를 해보게 한다. 또한 지역사회에서 친밀하지 않은 팀원이 학생에게 어디론가 오라고 요구하게 한다.
- 학생이 별로 선호하지 않는 작업장으로 배치하거나 혹은 어떠한 과제도 할당하지 않는다. 이런 도전들은 학생이 적절한 방식으로 자신의 선택을 표현하게 한다. 우리는 학생들이 지시를 잘 따르도록 가르치는데, 가끔은 지나치게 잘 따르게 한다. 학생들은 성인으로서 만족스럽지 않고 더 좋아하는 것이 무엇인지를 거리낌 없이 밝혀야 하기 때문에 이를 배워야만 한다.
- 자기옹호기술을 전하기 위한 활동과 목표를 적어라. 학생들이 미래의 직업 선택을 논의할 수 있도록 직업 코디네이터를 만나서 이동수단과 독립적으로 여행할 수 있는 계획을 세우기 위해 알아보는 방법을 배우고, 하고 싶은 일을 논의하기 위해 IEP 미팅에 참여하게 하라.

학생들이 하루 중에 평범하게 직면할 수 있는 상황에서 많은 예를 직접적으로 가르치고 난 후에 자기옹호기술을 활용해야 하는 새로운 상황에서 일반화하는지를 평가한다.

언어치료사의 책임감으로 더욱 중요해지고 있는 것이 학급 교사와 부모를 훈련하여 아동의 의사소통 능력을 증진시키는 것이다. 언어치료사 전문가 집단에서 일반학급 교사가 언어장애학생을 위한 서비스에서 ‘치료 중심’과 ‘교육 중심’을 어느 정도까지 감당해야 하는지에 대한 논쟁이 증가하고 있다(Prelock, 2000a, 2000b). 학교에서 근무하는 언어치료사는 통합 모델 내에서 서비스를 제공하도록 하지만 언어치료사들은 학급 교사처럼 되어버리는 업무와 아동에게 제공해야 하는 치료의 시수는 결과적으로 효과를 약화시킨다고 표현하기도 한다. Ehren(2000)은 이러한 문제에 대한 관심과 학급 내에서 언어치료 서비스를 제공하는 언어치료사의 불만과 역할 혼동 등에 대한 해결책을 제공하기 위해 논의하고 있다. Ehren은 언어치료사가 치료 중심을 유지하고 아동의 성공에 대해서는 학급 교사와 책임감으로 공유함으로써 서비스의 통합과 역할의 정체성을 지킬 수 있다고 제안한다. "나의 직업은 학생들과 의사소통하는 것이고, 교사와 팀원들에게 의사소통에 관련되어 내가 할 수 있는 방법으로 지원하는 것이다."라는 의견에 우수교사 Emily Pickard도 동의하였다.

분리된 교실

가장 중증의 의사소통장애학생들은 구어 및 언어손상 아동들을 위한 독립적인 특수학급에 들어갈 수 있다. 2018~2019학년도에 구어나 언어장애가 있는 아동 중 약 4% 정도가 특수학급에서 교육을 받았다 (U.S. Department of Education, 2020a).

지역사회 중심

지역사회 기반 모델에서 구어와 언어치료는 학교 바깥, 특히 가정에서 제공된다. 이 모델은 학령 전 아동들에게 자주 사용되는 것이며, 때때로 중도장애학생들에게도 제공되는 것으로 지역사회 내에서 기능적 의사소통기술을 가르치는 것을 강조한다. 우수교사 Emily Pickard의 학생들은 지역사회 중심 상황에서 중요한 기술을 습득하는 데 시간을 보낸다. "우리 직업프로그램은 아주 훌륭하다. 학생들은 직업 현장에 지속적으로 실습을 가고, 지역사회는 학생들의 요구에 적합한 장소를 찾는 데 도움을 준다."

우수교사로부터의 조언
by Emily Pickard

Coleen Brittingham

- **강화제가 없으면 학습도 어렵다.** 모든 사람은 다른 뭔가를 통해 강화를 받는다. 학생의 강화인자를 모른다면 찾을 때까지 계속 노력해야 한다. 알게 될 때까지 며칠 동안 할머니와 같은 신뢰감(비유관적인 강화, 무한한 사랑, 아무런 요구 없음) 형성을 위한 시간을 가져야 한다. 교사가 제공하는 강화를 학생이 경험한다면 교사는 완수해야 할 과제라고 제시하는 것을 학생들은 기분 좋게 수행할 것이다. 교사가 선물을 가지고 있음을 안다.
- **성공할 때까지 할 수 있는 척하라.** 교사에게 위협적인 부모와 미팅을 하는가? 슈퍼바이저가 당신을 관찰하러 오는가? 그런 날은 단지 수업을 성공적으로 하기 위해 애를 쓰는가? 확신에 찬 얼굴을 하라. 성공했다는 의미를 갖고 그런 척하라. 당신은 직업을 수행하기 위해 잘 교육받아 왔고 매우 잘할 수 있다.
- **내일은 또 새로운 날이다.** 완벽한 수업을 위한 모든 계획을 당신은 가지고 있다. 무엇을 가르치려고 하는지, 시각적인 것도 잘 준비했는지 당신은 잘 알고 있고, 개별 학생마다 어떻게 다르게 지도해야 하는지도 알고 있다. 그러나 뭔가 잘못되기도 한다. 수업이 원활하지 않을 수 있고 이유가 뭔지 알 수 없을 수도 있다. 그래도 괜찮다. 집에 가서 다시 한 번 생각해볼 수 있고 내일 다시 시도할 수 있다. 당신은 더 잘할 것이고 학생들도 그럴 것이다. 모든 수업을 홈런 칠 수는 없다.
- **"자신감을 가지고 뿜뿜"을 덧붙여라.** 나의 첫 슈퍼바이저는 자신이 만난 모든 아이들에게 즐거운 장난을 하였다. 수업마다 처음, 중간, 끝에 아동들이 무엇을 하고 있는지 분명히 알 수 있게 하였다. 아동이 그 선생님 방에 들어왔을 때 반갑게 인사로 시작하고 수업 끝에 탁자를 두드리며 "뿜뿜"을 덧붙였다. 모든 아이들은 항상 웃었다. 수업을 그렇게 구성함으로써 성공적으로 맞추어지기도 하지만, 또한 그곳에 있는 아동들을 기쁘게 하고 즐거움이 어떤 것인지 알게 해준다. 윈-윈!

- **학생들과 즐거움을 가져라.** 나에게 "뿜뿜"을 알려준 슈퍼바이저는 아동들이 즐거워하는 것을 가르쳐주었다. 사람들은 즐거워한다. 학생들과 웃고 즐기는 것을 두려워하지 마라. 사회적 상호작용의 즐거움을 이해하는 데 어려움을 겪고 있는 아동들에게 즐거움이 어떤 것인지 알려주라. 당신도 웃고, 아이들도 웃고, 그리고 그들이 "재미있어요!"라는 것을 알게 할 수 있다.
- **협력 팀으로부터 신뢰감을 얻어라.** 나의 직업은 학생과 의사소통하는 것에 관한 일이며 교사들과 협력 팀을 지원하는 것이다. 나를 믿고, 의지하며, 그들이 어떤 생각을 하고 있는지 말해주는 교사들과 수년간 일해 오고 있다. 이번 해에는 언제 도움을 요청해야 하는지를 모르는 교사와 일하기 시작하였다. 팀으로서 우리는 그 교사에게 농담을 하고 관계를 형성하려고 노력하였다. 그 교사는 천천히 좀 더 많이 마음을 열기 시작했고, 최근에는 도움을 요청하고 자료도 잘 활용하고 있다. 우리는 마치 학생과 마찬가지로 교사의 신뢰를 얻어야 하고 라포를 형성해야 했다.
- **모든 학생의 배경에 주의하라.** 통역자가 요구되는 가족과 미팅을 할 때는 한 사람이 출석한다는 것을 확실하게 하라. 가정-학교 통신문을 활용할 때는 부모들이 글로 된 메시지를 이해할 수 있는지 확인해야 한다. 최근에는 장기간 대체교사를 팀으로 참여하게 하였다. 그 교사는 어떤 스페인계 부모가 가정-학교 통신문의 메시지를 이해하지 못하는 것을 알게 되었다. 그 교사는 이런 점에 대해 신경을 쓰고, "나는 그 엄마에게 딸이 학급에서 얼마나 즐겁게 지내는지 알게 해주고 싶어요."라고 협력 팀에 말했다. 구글 번역기를 활용하여 아동의 어머니는 자녀의 하루 생활에 대해 정보를 얻을 수 있었다. 이것은 그 가족에게 큰 의미가 되는 것이 분명하다.
- **정직하고 친절하고 온화하게 하라.** 나는 항상 반대편 입장에 있는 부모라면 어떻게 느낄지 생각하려고 한다. 우리 팀은 유치원 때부터 서비스를 받고 있는 9학년 자폐 학생을 위한 IEP 미팅을 가졌다. 그해는 특수교육대상 적격성 판정 시기였기 때문에 새로운 사정평가를 받았다. 그 학생의 결과는 표현 및 수용언어 능력이 낮은 수준이며 사회성 의사소통 능력 결여가 나타났다. 이 보고서를 제시했을 때 학생의 어머니가 울먹이는 것을 보았다. 나는 그만두고 심심한 사과를 하였다. 심지어 몇 년이 지나고 난 뒤에도 그 어머니가 여전히 힘들어하는 것을 나는 깨닫지 못했다. 그때 이후 실제적으로 가족 중심 접근을 하고 있다. 어려운 정보를 전달할 때 온화해지려고 노력한다. 우리가 아동의 어려움에 대해 사탕발림을 할 수는 없지만 아동의 가족과 의사소통할 때는 친절하고 온화해야 한다.

핵심용어와 개념

구개파열	속화	음운장애
구문론	수용언어장애	의미론
구어	실어증	의사소통
구어장애	언어	의사소통장애
마비말장애	언어장애	조음장애
말더듬	유창성 장애	표현언어장애
문자소	음성장애	형태론
방언(사투리)	음소	형태소
보완대체 의사소통(AAC)	음운론	화용론

요약

정의

- 의사소통은 정보를 전달하는 어떠한 상호작용이다. 서술하기, 설명하기, 요구하기, 표현하기는 중요한 의사소통 기능이다.

- 언어는 특정 집단 구성원들의 의사소통을 가능하게 하는 임의적인 상징체계이다. 각각의 언어는 음운론, 형태론, 구문론, 의미론, 화용론의 규칙을 가지고 사용자가 의미를 전달하기 위해 구어와 생각을 함께 사용하는 방법을 나타낸다.

- 구어는 언어의 구강 발성을 의미한다. 이것은 가장 빠르고 효율적인 의사소통 언어이다.

- 정상적인 언어발달은 비교적 예측 가능한 순서를 따른다. 대부분의 아동은 형식적인 교수를 받지 않고, 구어와 언어를 사용하는 것을 배운다. 아동이 학교에 입학할 즈음에는 문법과 구어 형식이 주변의 어른과 일치한다.

- 의사소통장애는 "개념이나 구어 및 비구어, 그래픽 상징체계를 지각하고 전달하며 이해하는 데 손상을 입은 경우"로 정의한다 (ASHA, 1993/2020).

- 아동이 구어장애가 있으면 구어 그 자체로 바람직하지 않은 주의를 끌거나 의사소통 능력을 방해하거나 대인관계 문제가 발생한다.

- 조음장애의 세 가지 기본 유형은 조음장애(말소리 산출의 문제), 유창성 장애(말의 흐름이나 리듬의 문제), 음성장애(목소리의 질이나 사용의 문제)이다.

- 어떤 아동은 언어를 이해하는 데 어려움을 겪는다(수용언어장애). 어떤 아동은 의사소통을 위해 언어를 사용하는 데 어려움을 겪는다(표현언어장애). 어떤 아동은 언어지연을 보인다.

- 문화나 지역 방언을 기반으로 하는 구어 또는 언어의 차이는 의사소통장애가 아니다. 그러나 다른 방언을 사용하는 아동 가운데 구어 또는 언어장애가 있을 수 있다.

특성

- 오조음의 유형에는 왜곡, 대치, 생략, 첨가의 네 가지가 있다.

- 조음장애아동은 제시한 음을 신체적인 이유로 산출하지 못한다.

- 음운장애아동은 제시한 소리를 낼 수 있는 능력은 있지만 어떤 경우에는 그 소리를 정확하게 산출하지 못한다.

- 가장 잘 알려져 있는 유창성 장애인 말더듬은 단어의 처음에서 모음이나 자음을 반복하거나 연장, 머뭇거림, 간투사, 삽입, 전체적인 막힘 현상이 두드러진다.

- 음성장애는 음성이 화자의 나이나 성별에 비해 음성의 질·고저·강도·공명·지속시간이 비정상적으로 산출되는 것이다.

- 언어장애는 음운론, 형태론, 구문론, 의미론, 화용론 문제를 포함한다. 주로 수용언어장애와 표현언어장애로 분류된다.

출현율

- 학령기 아동의 약 1.6%가 구어 및 언어장애로 특수교육을 받고 있으며, 이는 IDEA에서 두 번째로 많은 장애 범주에 해당한다.

- 여학생보다 남학생의 언어장애 출현율이 2배 정도 더 높다.

- 발음 및 구어문제가 있는 아동은 언어장애의 가장 큰 범주를 차지한다.

원인

- 일부 구어 및 언어장애는 신체적(유전적) 원인을 가지고 있지만 대부분 신체적 상태에 직접적으로 기인하지 않는 기능적 장애이다.

판별과 사정

- 의심되는 의사소통장애에 대한 평가에는 다음 구성요소의 일부 또는 전부가 포함될 수 있다. (1) 사례사와 신체검사, (2) 조음검사, (3) 청력검사, (4) 청각변별검사, (5) 음운인식 및 처리, (6) 어휘 및 전반적인 언어발달검사, (7) 언어기능 평가, (8) 언어표본, (9) 자연스러운 상황에서의 관찰이다.

교육접근

- 언어치료사는 폭넓은 중재기법으로 의사소통장애아동들을 판별·평가하고, 치료 서비스를 제공한다. 중재기법에는 구조화된 연습과 훈련뿐만 아니라 개별 및 집단교육을 포함한다.

- 조음오류 치료의 일반적인 목표는 아동이 가능한 한 명료하게 말하도록 돕는 것이다. 전통적인 치료에는 변별과 산출활동을 포함한다. 유창성 장애는 행동주의 원리의 적용과 자기모니터링으로 치료할 수도 있지만 많은 아동들은 자연적으로 회복된다.

- 음성장애는 원인이 유전이라면 수술 또는 의료중재로 치료할 수 있다. 대부분의 중재기법은 직접적인 음성 재활을 실시한다. 행동주의 원리는 음성남용 습관을 고치도록 훈련을 도울 수 있다.

- 언어장애 치료는 매우 광범위하다. 의사소통 이전의 활동은 표현언어의 탐색을 격려한다. 언어치료사는 구어를 글을 읽고 쓸 줄 아는 교육과정의 요소와 결합한다. 자연적인 중재전략은 자연스러운 환경에서 일상적인 대화를 통해 언어 지도가 이루어지도록 한다.

- 보완대체 의사소통은 보조적일 수도 있고 보조적이지 않을 수도 있으며 표상적 상징세트 혹은 어휘, 상징의 선택을 위한 수단, 상징을 전송하는 수단의 세 가지 요소로 이루어진다.

대안적 교육 배치

- 대부분의 언어장애아동(88%)은 일반학급에서 교육을 받고 있다.

- ASHA는 모니터링, 풀아웃, 협력적 자문, 학급 혹은 교육과정 중심, 분리된 교실, 지역사회 중심, 복합 모델의 일곱 가지 서비스 제공 모델을 제시한다.

CHAPTER 9

청각장애

Will & Deni McIntyre/Photo Researchers, Inc.

∨ 주요 학습목표

9.1 농과 난청을 구분하고 정의할 수 있다.

9.2 농과 난청의 추정 출현율을 알고 청력손실의 유형과 원인을 설명할 수 있다.

9.3 농과 난청을 판별하기 위한 사정을 설명할 수 있다.

9.4 청각장애학생들이 사용하는 소리를 증폭하고 보충 혹은 음을 대체하는 공학기술과 지원을 알 수 있다.

9.5 농과 난청 학생을 교육하는 대조적인 접근방법들을 비교할 수 있고 교육 배치가 그들의 기회에 어떠한 영향을 미치는지 설명할 수 있다.

학력, 자격증, 경력

- 갤러뎃대학교 초등교육전공 학사(1993)
- 라마대학교 농교육/농연구 교육학 석사(2017)
- 노스플로리다대학교 교육 리더십 교육학 석사(2019)
- 플로리다주 K-6 초등교육, 청각장애교육-ESOL 자격
- 청각장애와 특수교육 국가 자격위원회(2005~현재)
- 특수교육 교사 경력 25년
- 플로리다 주립 농맹학교에서 근무(2002~2003, 2018~2019)

우수교사 사례

Jessica Stultz

Principal of Kendall Demonstration Elementary School, Washington, DC(teacher at Florida State School for the Deaf and Blind during production of this edition)

나는 5학년 중도 및 최중도 청각장애학생에게 읽기, 철자, 국어, 과학, 사회, 수학 교과를 가르친다. 대부분의 학생들은 부모님이 농인이며 미국 수어(ASL)를 가정에서 주로 사용하는 선천성 장애학생이다. 교육목표는 중등과정 이상의 진급에 요구되는 학업 및 사회적 기술지도, 지원적이며 신나는 교실환경 제공, 학생들이 새로운 친구를 사귀고 새로운 관심을 탐색하게 하는 것이다. 우리 학급의 급훈은 책임감, 협력, 존중이다.

영어와 ASL을 동시에 사용할 때 하나의 언어가 다른 언어를 앞서가게 된다는 것을 (선행)연구에서 보여준다. ASL은 영어가 주된 언어가 되는 것을 종종 약화시킨다. 농 학생들은 제한된 영어가 아니라 전체적인 ASL을 완전한 형태로 수용하는 것이 반드시 필요하다. 물론 영어도 존중받아야 한다. 나는 영어를 읽기와 쓰기를 통해 시각적으로 지도한다.

농인으로서 교사인 나는 학생들에게 롤모델이 되기도 한다. 부모들은 자녀들이 나와 1년을 보내고 나면 강한 농인으로 성장할 것이라 기대된다고 말한다. 나는 부모에게 SimCom을 사용하지 않고 의사소통 양식으로 ASL을 사용한다고 확실하게 '강조'를 한다. 학생은 ASL만으로 전반적인 교육을 받고, 구어 수업에서는 영어로 듣기와 말하기를 연습할 수 있었다. 결과적으로 학생이 '전인적' 사람이 되어야 농인 또래들과 상호작용을 더 잘할 수 있다는 것을 믿는다고 부모가 알려주었다. 또 다른 부모로부터 유사한 반응을 받은 적이 있는데, 자신의 아들이 ASL이 진정한 언어라고 알게 되고 나서 농 정체성에 대해서도 편안해졌다는 것이다. 그 학생은 구어를 사용하기도 하지만 구어 영어와 ASL을 절충하는 것을 피하게 되고 동시에 사용하지 않게 되었다.

이야기하기를 좋아하는 교사로서 좋은 내용을 ASL로 전달하는 강력한 힘을 나는 믿고 있다. 농인 교사가 기술을 갖춘 연설자, 이야기를 해주는 사람, 그리고 ASL 사용자가 된다는 것은 매우 중요하다. 이것은 학생들이 책 읽기와 다른 교과(예: 역사의 짧은 이야기를 가르치는 사회 교과와 문제해결 이야기를 설명하는 수학 교과)에 흥미를 갖게 하는 영향력 있는 전략이 된다. 이 학생이 몇 년 뒤 고등학생이 되어 나를 방문했을 때(내가 초등학교에서 그들을 가르쳤기 때문에), 매직 트리 하우스 시리즈에 푹 빠져 있다고 이야기하였다. 몇몇 학생들은 그 시리즈를 여전히 좋아하고, 다른 학생들은 영어로 책을 읽으면서 이야기를 시각화할 수 있기 때문에 스스로 읽을 수 있다(3학년 수준의 성과)고 알려주었다. 한 학생은 "저는 매직 트리 하우스 책을 읽을 때 수화로 생각할 수 있어서 영화를 보는 것처럼 즐겁다."고 말하였다. 이런 학생들은 학년보다 낮은 수준의 책을 읽지만 ASL로 줄거리를 말하고 책을 정말 즐길 수 있다. 학생들의 경험이 학교 전체에 영향을 미치고, 다른 학생들도 따라 하게 된다.

2010년 가을, 초등학생을 위한 공연단을 만들었다. 방과 후 프로그램으로서 아이즈 얼라이브!는 학생들에게 공연 기회를 제공하고 ASL로 이야기하기와 단막극으로 된 농 문화와 유대할 수 있도록 소개하는 것이다. 1~5학년 약 30명의 농 및 난청 학생들이 ASL 단막극, ASL 시 낭송과 마임을 공연했다. 2012년 아이즈 얼라이브!는 첫 번째 영화 '오즈의 마법사'를 상영하였고, 이는 유튜브에서 거의 백만 회가 조회되었다. 최근에는 '백설공주와 일곱 난쟁이'와 이솝우화 세 가지를 제작하였다. 나는 아이즈 얼라이브! 프로그램이 학생들과 수어 공동체에게 주는 가치에 대해 자부심을 느낀다.

앞을 볼 수 있는 사람이 눈을 감거나 눈가리개를 하면 시각장애를 체험할 수 있다. 하지만 건청인이 귀를 막아서 청각장애를 완전히 체험하기는 쉽지 않다. 동물들은 하루 24시간 모든 방향에서 들리는 세상의 소리를 감지한다. 등 뒤에서 가지가 부러지는 소리가 들리면 무언가 우리 뒤에 있다는 것을 뒤돌아보지 않고도 알 수 있다.

이러한 소리를 통한 위험감지 능력은 청각을 통해서 많이 이루어지는데, 청각능력은 말하기나 언어능력처럼 큰 노력 없이도 쉽게 얻는다. 생후 1개월 된 건청 유아는 말소리를 변별할 수 있다(Hulit et al., 2015). 그리고 1년 정도 되면 건청 유아는 많은 말소리를 만들어낼 수 있고 첫 단어를 발화할 수 있다. 반대로 말소리를 듣지 못하는 아이에게 말을 배우는 것은 결코 자연스럽거나 쉬운 일이 아니다.

정의

학습목표 9.1 농과 난청을 구분하고 정의할 수 있다.

난청 아동이나 농 아동은 연방법으로 정해진 청각장애 분류에 따라서 특수교육과 관련 서비스를 받는다. 미국 장애인교육법(IDEA)은 다음과 같이 **농**(deafness)과 **난청**(hearing loss)에 대해서 정의하고 있다.

> 농은 보청기 착용 여부를 떠나서 청력을 통해 언어 정보를 처리하는 것에 결함을 보이며, 동시에 학업성취에 부정적인 영향을 미치는 심한 청력손실을 의미한다(PL 108-446, 20 U.S.C. §1401 [2004], 20 CFR §300.8[c][3]).

> 난청은 학업성취에 부정적인 영향을 미치는 영구적 혹은 비영구적 청력손실을 의미한다. 이 경우 농의 정의에 포함된 경우는 제외한다(PL 108-446, 20 U.S.C. §1401 [2004], 20 CFR §300.8[c][5]).

대부분의 특수교사들은 농과 난청을 구분한다. 농 아동은 청력을 활용하여 말소리를 이해하지 못한다. 심지어 보청기를 착용하여도 청력손실이 너무 커서 청력만으로는 구어를 이해할 수 없다. 대부분의 청각장애인은 **잔존청력**(residual hearing)을 통하여 어느 정도 소리를 느낄 수 있지만 학습과 의사소통에서는 시각을 주요 감각수단으로 사용하고 있다.

난청(hard of hearing) 아동은 말소리를 이해하기 위해서 보청기의 도움을 받아 잔존청력을 사용할 수 있다. 난청 아동의 말과 언어기술이 비록 지체 혹은 부족하기는 하지만 주로 청각통로를 통해서 발달한다.

대부분의 청각장애인들은 그들 스스로를 장애가 있다고 보지 않으며 **청력손실**이라는 용어도 결함을 나타내거나 병리학적 용어이므로 부적절하다고 생각한다. 다른 문화집단처럼 농 사회 구성원들도 공통의 언어와 고유한 사회적 관행을 공유하고 있다(Goldblatt & Most, 2018; Kemmery & Compton, 2014). 청력손실을 문화적으로 정의할 때 French(프랑스인), Japanese(일본인), Jewish(유대인) 등을 대문

청각은 아동이 말과 언어를 자연스럽게 노력 없이 습득하는 데 중요한 역할을 한다.

자로 시작하는 이유와 같이 *Deaf*도 대문자 *D*를 사용하여 표기한다. 사람을 중시하는 언어에서는 장애인(individual with disabilities)과 같이 사용하나 **농 문화**(Deaf culture)의 관점에서는 농인(Deaf person), 농아학교(school for the Deaf), 농아교사(teacher of the Deaf)처럼 사람보다는 'Deaf' 용어를 선호한다.

우리는 어떻게 듣나

청취(audition), 즉 듣기감각은 복잡한 과정이고 그만큼 완전히 이해하기 어렵다. 귀의 기능은 외부환경으로부터 소리(음향 에너지)를 모아서 그 에너지를 우리 뇌가 해석할 수 있는 형태(신경 에너지)로 변환시키는 것이다. 그림 9.1은 사람의 귀 중요 부분들을 보여준다. 외이는 외부 귀와 외이도로 구성되어 있다. 우리가 눈으로 보는 귀의 부분인 **이개**(auricle)는 **외이도**(auditory canal)에 음파들을 모으고 소리의 방향을 구분 짓게 하는 기능을 한다.

외이에 들어온 음파는 **고막**(tympanic membrane)을 향하여 이동하면서 약간 증폭된다. 음압의 변동이 고막을 안과 밖으로 움직이게 만들고, 이러한 고막의 움직임이 음향 에너지를 기계 에너지로 변환시켜 중이의 작은 3개의 뼈(추골, 침골, 등골)로 전달되게 한다. 세 번째 뼈의 기저(등골)는 음 에너지가 내이로 들어가는 통로 역할을 하는 난원창에 놓여 있다. 세 가지 뼈[**이소골**(ossicles)이라고 불림]의 진동이 에너지 손실 없이 중이에서 내이로 전달한다.

전체 청력기관의 가장 중요하고 복잡한 부분은 내이이다. 이 내이는 신체 전체에서 가장 단단한 뼈인 **측두골**(관자놀이뼈)로 덮여 있다. 내이는 청각의 주 수용기관인 **달팽이관**(cochlea)과 평형감각을 통제하는 반고리관을 포함한다. 달팽이집을 닮은 달팽이관은 4개의 열로 가지런히 정렬된 3만 개의 얇은 유모세포가 들어 있는 2개의 액체로 가득찬 강으로 구성되어 있다. 에너지가 이소골에 의해 전달되면 달팽이관 내의 액체가 움직인다. 유모세포들은 위쪽에 섬모라고 불리는 100여 개의 작은 가시털을 가지고 있다. 달팽이관 내의 작은 유모들이 액체의 움직임을 통해 전기신호를 발생시키고, 발생된 전기신호는 청신경을 통해 뇌로 전달된다. 고음은 달팽이관의 가장 낮은 지점인 기저의 유모세포에 의해 감지되고 저음은 달팽이관의 가장 위쪽에 있는 유모세포를 자극한다.

그림 9.1 귀의 기본적 해부학적 구조

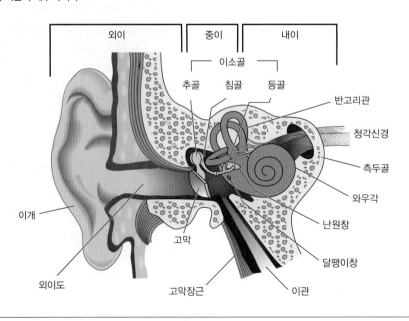

소리의 본질

소리는 강도와 주파수로 측정할 수 있다. 소리의 강도와 주파수는 청력손실이 있는 아동의 요구를 고려할 때 중요하다. 소리의 크기나 강도는 **데시벨**(decibels, dB)로 측정한다. 0dB은 정상적인 청력을 지닌 사람이 들을 수 있는 가장 작은 소리를 의미하며, 0HTL(청취역치수준) 혹은 **청력검사 영점**(audiometric zero)이라고 한다. dB이 높아진다는 것은 소리가 점점 커진다는 의미이다. 청력도상 각 10dB을 증가시키는 것은 각 10배씩 강도를 높이는 것과 같다(10dB은 20dB과는 10배 차이이며, 30dB과는 100배 차이이다). 약 5피트 떨어져서 낮게 속삭이는 소리가 10dB, 10~20피트 떨어져서 나누는 일상 대화 소리는 20~50dB 정도이다. 약 125dB보다 큰 소리는 일반적으로 대부분 사람에게 고통을 준다.

소리의 주파수는 초당 사이클 수로 측정하며, **헤르츠**(hertz, Hz)로 나타낸다. 1Hz는 초당 사이클이 한 번 있다는 의미이다. 말소리와 대부분의 환경음은 각 다른 주파수를 가진 복잡한 소리로 이루어져 있다. 피아노의 가장 낮은 키는 약 30Hz의 주파수, 중간 C는 250Hz, 가장 높은 키는 약 4,000Hz이다. 인간의 가청 주파수 대역은 20~20,000Hz 정도이다. 매우 낮은 소리(예 : 무적 소리)나 매우 높은 소리(예 : 피콜로 소리)를 잘 듣지 못하는 사람은 약간 불편함을 느낄 수 있겠지만 일상생활이나 학교생활에서 큰 어려움을 느끼지 못할 것이다. 하지만 어음범위 내 심한 청력손실이 있는 사람은 교실이나 일상생활에서 구어로 의사소통하거나 구어를 배우는 데 커다란 어려움을 느낄 것이다. 그러나 말소리 범위에서 중도 청력손실이 있는 사람은 구어를 습득하고 사용하는 데 상당히 불리할 수 있다.

구어를 듣는 데 가장 중요한 주파수 대역은 500~2,000Hz이지만 일부 소리는 이 범위를 벗어나 있다. 예를 들면 /s/ 소리는 일반적으로 4,000~8,000Hz 사이에 있는 높은 대역의 소리이다(Northern & Downs, 2014). 고주파수 대역에 심각한 청력손실이 있는 학생은 특별히 /s/ 소리의 변별이 어렵다. 반면에 /dj/와 /m/ 소리는 낮은 주파수 대역에서 발생하기 때문에 저주파수 대역의 소리를 듣지 못하는 학생은 이러한 소리를 듣기 어렵게 된다. 이러한 이유 때문에 고주파수 대역의 청각장애학생은 여자 목소리보다 남자 목소리를 더 잘 듣게 된다.

특성

농 또는 난청 학생의 특성을 논의하기 위해서 다음의 세 가지 조건을 고려해야 한다. 첫째, 청력손실로 인해 특수교육을 받는 학생은 매우 이질적인 집단이라는 것이다(Karchmer & Mitchell, 2011). 그러므로 일반적으로 볼 수 있는 청각장애학생의 행동 특성이나 학업성취의 수준을 모든 청각장애학생을 대표하는 것으로 보면 안 된다.

둘째, 청력손실이 아동의 의사소통과 언어기술, 학업성취와 사회정서적 기능에 미치는 영향은 청력손실의 유형과 정도, 청력손실 시기, 아동의 부모나 형제의 태도, 제1언어 습득 여부(구어 혹은 수어), 중복장애 여부와 같은 많은 요인에 의해 영향을 받는다.

셋째, 농인의 행동과 감정이 어떨 것이라고 일반화할 때는 매우 주의해야 한다. 전문가들이 농인과 건청인의 문화적 차이를 이해하지 못하면 "농인을 다른 문화에 속하며 다른 언어를 사용하는 사람으로 간주하기보다는 표준의 틀과 범주에 끼워 맞추려고 하며 장애 혹은 고통을 받는 사람으로 가정하게 된다."(Singleton & Tittle, 2000, p. 221). 우수교사 Jessica Stultz는 다음과 같이 주장한다. "청각장애인에 대한 차별은 건청인들의 방식으로 행동하는 것 혹은 들을 수 있는 것에 대해 우월감을 가지는 태도이다. 듣지 못하는 삶은 비참하며 허망한 것이라는 신념을 고쳐시키며 결과적으로 들을 수 없는 사람에게 부정적으로 오명을 씌우게 된다. 내가 특수교육에서 한 가지를 바꿀 수 있다면 청각장애인에 대한 차별을 근절하는 것이다."

읽기능력

청각장애아동, 특히 90dB 이상의 언어습득이전 청각장애아동은 언어기술을 습득하는 데 아주 불리하다. 건청 아동들은 전형적으로 유아기 때부터 많은 어휘, 문법 지식, 어순, 관용 표현, 의미의 뉘앙스, 그리고 여러 가지 구어 표현을 타인들에게 말하거나 혹은 자신에게 말하는 것을 듣고 습득한다. 출생 시나 출생 직후 다른 사람들의 말을 듣지 못하는 아동은 건청 아동과 달리 말과 언어를 자발적으로 학습하지 않을 것이다. 읽기와 쓰기가 음운론적 언어의 문자 표현과 관련되기 때문에 농 학생은 부분적 혹은 전혀 이해하지 못하는 언어로 된 글을 해독하고 이해하고 산출하기 힘들어한다. 그러면 어떻게 잘 듣지 못하는 아동에게 읽기의 핵심적인 요소인 자소-음소 대응 지식을 가르칠 수 있는가? 소리를 나타내는 문자 상징과 손 단서의 다감각적 체계인 시각적 음소는 매우 유망한 접근방법이다. 어린 아동들은 음소, 음절 분할 그리고 문자-음소 대응에 대해 시각적 음소를 사용하여 배울 수 있었다(Tucci & Easterbrooks, 2015).

청각장애학생들은 또래의 건청 아동에 비교하면 어휘량이 적고(Haliday et al., 2017), 이 차이는 나이가 들수록 커진다(ASHA, 2018). 청각장애학생들은 '정직', '나중에', '압축된' 등과 같은 추상적인 단어보다는 '나무', '책', '달리다' 같은 구체적인 단어를 더 쉽게 배운다. 또한 '-가', '-와', '-들' 등과 같은 기능어에도 어려움을 보인다.

청각장애학생은 '-s', '-ed', 혹은 '-ing'와 어미를 빠뜨리기도 하는데, 영어는 논리적인 규칙에 따라 문법과 구조가 이루어진 언어가 아니기 때문이다. 그래서 언어습득이전 청력손실이 발생한 학생은 영어의 문법과 의미에 맞게 글을 쓰고 읽기 위해서는 많은 노력을 해야 한다. 예를 들어 talk의 과거가 talked라면 왜 'go'의 과거형이 'goed'가 되지 않는가? 만약 'man'의 복수형이 'men'이라면 'pan'의 복수형은 'pen'이 되어야 할 것이다. 여러 가지 의미를 가진 다의어를 배우는 것도 청력장애학생에게 어려운 일이다. 예를 들어 "He's beat(그는 지쳤다)."와 "He was beaten(그는 얻어맞았다)." 표현의 차이점을 설명하기가 쉽지 않을 것이다.

많은 농 학생들은 수동태 문장("The assignment was given yesterday.")이나 관계절 문장("The gloves I left at home are made of leather.")을 읽고 이해하며 쓰는 것에 많은 어려움을 느낀다. 그들은 전형적으로 짧고, 불완전하며, 배열이 잘못된 문장을 쓴다. 초등학교 농 학생이 쓴 아래의 문장은 쓰기에 바탕이 되는 구어를 듣지 못해서 나타나는 문제점을 잘 보여주고 있다.

Bobby is walked.
The boy sees a brown football on the hold hand.
The tree is falling a leaves.
The happy children is friendings.

말하기

일반적으로 농이나 난청 아동이 사용하는 구어는 전형적인 구어와 다르다. 청각장애아동이 직면하는 가장 큰 어려움이 어휘·문법·

청력손실은 문해능력 습득에 어려움을 주기 때문에 명시적·체계적 그리고 집중적인 읽기지도가 특히 중요하다.

구문의 학습에 있지만, 자신의 소리를 들을 수 없기 때문에 자기의 소리를 평가하고 조절하기도 어렵게 된다. 또한 청각장애아동이 잘 듣지 못하는 /s/, /sh/, /f/, /t/, /k/ 같은 조용한 구어 소리를 생략하여 말함으로써 말을 잘 알아듣기 어려울 수 있다. 청각장애아동 중 어떤 아동은 너무 크게 말하든지 혹은 너무 작게 말하기도 하며, 비정상적으로 높은 주파수 소리를 내거나 부적절한 강세나 굴절 때문에 중얼 거리는 소리로 들릴 수 있다.

학업성취

농이나 난청 학생의 학업성취는 일반학교 또래학생의 성취력과 비교해 계속 뒤처지고 있다(Hrastinski & Wilbur, 2016; Qi & Mitchell, 2012; Shaver et al., 2011). 대부분의 청각장애아동은 모든 학업영역에 서 어려움을 보이나 특히 읽기와 수학에서 큰 어려움을 보인다(Bull et al., 2018; Werfel, 2017). 청각장 애학생의 학업성취도에 대한 연구들은 청각장애학생들이 또래 건청 학생들보다 훨씬 많이 뒤처져 있으 며, 이 차이는 나이가 들수록 심해진다는 것을 보고하였다(ASHA, 2018).

그러나 학업수행력과 지능을 동등하게 생각해서는 안 된다. 농(deafness) 그 자체는 개인의 인지능 력에 큰 영향을 미치지 않으며, 실제로 몇몇 농 아동은 유창하게 읽고 학문적으로 뛰어나기도 하다 (Karchmer & Mitchell, 2011; Williams & Finnegan, 2003). 농 학생들이 학교와 사회적응에서 종종 부 딪히는 문제들은 덜 발달된 제1언어와 학교나 사회에서 요구하는 말하고 쓰는 언어능력과 청각장애학 생의 언어능력의 차이에서 비롯된다.

사회적 기능

심한 고도의 청각장애아동들이 친구가 없어 고립감을 느끼거나 특히 비슷한 청각장애학생들과 어울리 는 것에 한계를 느낄 때는 학교생활이 행복하지 않다고 한다. 이러한 고립감 등과 같은 문제점은 고도 의 심한 농 학생들보다는 중도의 난청 학생들에게 더 자주 나타난다(ASHA, 2018). 청각장애학생들이 왕따를 당하는 비율은 건청 아동에 비해 현저하게 높다고 Weiner 외(2013)는 보고하였다.

청각장애학생들은 건청 아동보다 학교나 사회생활에서 행동적인 어려움을 보이는 경우가 많다. Stevenson 외(2015)는 메타분석연구를 통해 청각장애학생들이 건청 학생에 비해 정서행동 영역, 특히 또 래관계에서 어려움이 더 높게 나타난다는 것을 발견하였다.

농 아동이나 농인들, 특히 후천적 청각장애인들(Connolly et al., 2006)은 자주 우울감이나 위축감, 고 립감을 느낀다(Batten et al., 2014; Wolters et al., 2014). 청력손실이 행동에 미치는 영향에 대한 연구조 사는 분명한 결론을 제시해주지 않고 있다. 그러나 청각장애아동이 가족 구성원 및 친구들과 지역사회 에서 성공적으로 상호작용할 수 있는 정도는 주로 다른 사람들의 태도와 상호 간에 수용할 수 있는 방 법으로 의사소통할 수 있는 아동의 능력에 달려 있다는 것이 밝혀지고 있다(Ita & Friedman, 1999).

출현율

학습목표 9.2 농과 난청의 추정 출현율을 알고 청력손실의 유형과 원인을 설명할 수 있다.

미국 성인의 약 15%(3,750만 명)가 청력에 문제가 있다고 보고되었다(NIDCD, 2016). 남성이 여성보다 청력손실이 더 많으며, 그중 대부분이 65세 이상의 노인들이었다. 그리고 1,000명 중 약 2~3명꼴로 선 천적인 난청이나 농으로 태어난다(NIDCD, 2016).

2018~2019학년도 동안 6~21세의 6만 4,359명이 청각장애로 분류되어 특수교육 관련 서비스를 받았다(U.S. Department of Education, 2020a). 이것은 특수교육을 받는 학생 비율 중 1%에 해당하며, 거주하는 학생 인구의 0.1%에 해당한다. 그러나 특수교육을 받는 청각장애학생의 비율은 이보다 약간 높을 것이다. 왜냐하면 다른 주 장애와 동반되는 청각장애학생들(예 : 지적장애, 중복장애, 농-맹 등)이 있기 때문이다. 이렇게 부수되는 청각장애학생들의 비율에 대해서는 정확히 알려지지 않고 있다. 전국적인 농과 난청 학생에 대한 조사결과 청각장애학생 중 40%가 심한 고도의 청각장애이고, 39%는 다른 장애가 있는 것으로 나타났다(Gallaudet Research Institute, 2013).

청각장애의 유형과 원인

유형과 발생 시기

청각장애의 유형은 청각 시스템상 듣는 과정 중 어떤 영역에 문제가 있는가로 결정된다. **전음성 청력장애**(conductive hearing impairment)는 그 이름이 말해주듯이 소리를 내이에 전달하는 과정에 문제가 있는 경우이다. 이러한 청력손실은 외이나 중이의 문제나 합병증으로 나타난다. 외이도 내의 과도한 귀지의 축적은 전음성 청각장애를 야기한다. 어떤 아동들은 불완전한 외이도나 기형적인 외이도를 가지고 태어난다. 고막이나 이소골이 알맞게 진동하지 않으면 청력손실을 야기할 수 있다. 전음성 청력손실은 외과적 수술이나 약물치료를 통해 교정될 수 있으며, 보청기가 도움이 된다.

　감음성 청각장애(sensory hearing impairment)가 와우각의 손상까지를 말한다면, **신경성 청각장애**(neural hearing impairment)는 비정상적인 청신경이나 청신경의 손상 등에 기인한다. 이 두 가지 유형의 청각장애는 종종 **감음신경성 청각장애**(sensorineural hearing impairment)라고 한다. 대부분의 감음신경성 청각장애 사람들에게는 보청기가 크게 도움이 되지 않는데, 이는 증폭되어 들어온 전기기계 에너지가 내이나 청신경의 문제로 전혀 전달이 되지 않거나 왜곡된 형태로 전달되기 때문이다. 대부분의 감음신경성 청각장애는 외과 수술이나 약물을 통해 교정될 수 없다. 전음성, 감음성, 신경성 청각장애 중 두 가지 이상 혼합되는 경우는 **혼합성 청각장애**(mixed hearing impairment)라고 한다.

　청력손실을 편측성(한쪽 귀에만 청력손실이 있는 경우) 혹은 양측성(양쪽 귀에 청력손실이 있는 경우)으로 나누어볼 수도 있다. 청각장애로 인해 특수교육을 받고 있는 대부분의 학생들은 비록 두 귀의 청력손실 정도가 약간은 다르지만 양측성 청력손실이다. 편측성 청각장애아동은 시끄럽거나 산만한 환경에서는 소리를 듣거나 소리가 나는 방향을 알아내는 데 곤란을 겪기도 하지만 일반적으로 큰 어려움 없이 말과 언어를 배운다.

　청력손실이 **선천성**(congenital)인가 아니면 **후천성**(acquired)인가의 문제, 즉 발생 시기를 고려하는 것은 매우 중요하다. 선천성이라고 하면 태어날 때부터 청력손실이 있는 경우를 말하고, 후천성이라고 하면 태어난 후 청력손실을 입게 된 경우를 말한다. 반면에 **언어습득이전 청력손실**(prelingual hearing loss)이나 **언어습득이후 청력손실**(postlingual hearing loss)이라는 용어는 청력손실이 구어가 발달하기 전 혹은 후 언제 발생했는지로 구분한다. 태어날 때부터 다른 사람들의 말을 들을 수 없는 아동은 말과 언어를 스스로 배우기 힘들 것이다. 태어날 때부터 청각장애인 아동들의 경험을 이해하려면 TV 소리를 끄고 외국어로 방송되는 프로그램을 보라. 그러면 입술을 읽을 수 없다는 것과 그 외국어를 이해할 수 없다는 두 가지 문제에 부딪히게 된다.

　보통 2세 후 말과 언어가 확립된 뒤에 청력손실을 입은 아동은 언어 전 농이 된 아동과는 매우 다른 교육적 서비스를 필요로 한다. 언어 전 농아를 위한 교육프로그램은 일반적으로 언어와 의사소통 방법을 습득하는 데 초점을 맞추는 반면에 언어 후 농아를 위한 프로그램에서는 보통 적절한 언어패턴들과 명료한 말을 유지하는 것을 강조하고 있다.

선천성 청각장애의 원인

400가지가 넘는 청력손실 원인이 확인되긴 했지만 2만 3,000명 이상의 농과 난청 아동을 대상으로 한 전국 단위 조사에서 대상 아동의 57%는 정확한 청력손실 원인을 알 수 없다고 보고하고 있다(Gallaudet Research Institute, 2013).

유전적 요인　선천성 청각장애의 약 50% 정도는 유전적 이상이 원인이다(Debonis & Donohue, 2008). 약 200가지 이상의 유전적인 원인이 청각장애를 일으키는 것으로 확인되었다. 유전적 청각장애는 상염색체 우성이거나 상염색체 열성 혹은 X염색체(성염색체)와 관련이 있을 수도 있다. **상염색체 우성**을 원인으로 하는 청각장애는 부모 중 1명이 청각장애 우성 유전자를 보유하고 있고, 약 50% 확률로 자녀가 청각장애가 될 수 있다. 부모가 모두 우성 유전자를 보유하거나 부모의 한쪽 조부모 모두가 유전적 청각장애가 있다면 청각장애가 될 확률이 더 높아진 유전성 청각장애의 약 20%는 우성 유전이다.

반면에 **상염색체 열성** 유전은 양친이 정상 청력이고 열성 유전자를 보유할 때 발생하는데, 유전적 청각장애의 약 80%가 상염색체의 열성 유전에 해당한다. 이런 경우 아동이 청각장애가 될 가능성은 25% 정도이다. 그 이유는 부모가 모두 정상 청력이고 다른 가족 구성원도 청각장애가 아니라면, 이 아동이 청각장애일 확률은 높지 않기 때문이다. 대부분의 유전적 농은 열성 유전이기 때문이다. 하지만 부모가 모두 청각장애인 경우라도 아동의 유전적 청각장애가 나타날 가능성은 약간 증가할 뿐이다. 왜냐하면 그 부모 모두 정확히 같은 유전적 증후군을 가지고 있을 가능성이 낮기 때문이다(Northern & Downs, 2014).

X 관련 청각장애는 모친이 성염색체에 청력손실 열성 특성을 보유하고 있는 경우에 아들에게는 청력손실 열성 특성이 유전되지만 딸에게는 유전되지 않는다. 이러한 청력손실은 드물며 유전적 청각장애의 약 2~3% 정도이다. 청력손실은 다운증후군, 어셔증후군, 태아알코올증후군과 같은 400가지 이상의 유전 증후군 중 하나이다(Todd, 2015).

모체 풍진　풍진(독일 홍역)은 증상이 비교적 가볍지만 임산부가 임신 초기 3개월 동안에 감염이 되면 자라는 아이에게 농, 시각장애, 심장병, 그리고 기타 여러 가지 심각한 장애를 야기하는 것으로 보인다. 1970~1980년대의 특수교육 대상 청각장애학생들의 50% 이상이 1963~1965년 사이에 미국과 캐나다에서 있었던 풍진 때문에 청력손실을 입은 것으로 밝혀졌다. 다행히 1969년에 백신이 개발된 후로는 풍진 때문에 야기된 청각장애 출현은 많이 감소하였다.

선천성 거대세포 바이러스　선천성 거대세포 바이러스(congenital cytomegalovirus, CMV)는 바이러스성으로 감염된 대부분의 사람들이 이내 나타났다 사라지는 호흡기성 감염과 같은 증상을 보인다. 선천성 거대세포 바이러스를 가지고 태어나는 신생아는 150명 중 1명꼴이며, 이들 중에서 10~20% 정도가 나중에 발달장애, 시각장애, 청각장애 같은 문제를 보일 수 있다(Korver et al., 2017). 현재로서는 CMV를 예방하거나 치료할 수 있는 방법은 밝혀진 것이 없다. 그러나 혈액검사를 통해 임신 중 CMV 감염 여부를 알아볼 수 있다.

조산　조산이 청력손실에 미치는 영향에 대해 정확히 평가하기는 어렵다. 그러나 일반 아동들에 비해서 농 아동의 경우에 조산과 저체중 출산이 좀 더 자주 일어난다.

후천성 청각장애의 원인

중이염 중이의 감염이나 염증인 **중이염**(otitis media)은 아동들이 병원을 찾는 가장 흔한 이유이다. 아동의 약 90%가 적어도 한 번씩은 중이염을 경험하게 되고, 5세 이하 아동은 약 3분의 1 정도가 경험하게 된다(Bluestone & Klein, 2007). 만약 중이염이 완치되지 않으면 염증의 축적과 고막 파열로 인해 영구적인 전음성 청각장애를 야기할 수도 있다.

뇌막염 언어발달 후 청력손실을 야기하는 가장 큰 원인은 뇌막염이다. 이는 중추신경계의 박테리아 감염 혹은 바이러스 감염에 의한 것으로서 다른 부위에도 피해를 주지만 특히 내이의 민감한 청각신경기관을 파괴할 수 있다. 뇌막염으로 농이 된 아동들은 일반적으로 심도 청력손실이 된다. 또한 균형 잡기에 곤란을 겪으며 다른 장애를 수반할 수도 있다.

메니에르병 메니에르병은 내이에 매우 드물게 발생하는 장애로 갑작스럽고 예상치 못한 어지러움증(메스꺼움)과 청각의 갑작스러운 변화, 귀울림(이명, 외부의 자극 없이 귀가 울리는 것)이 나타난다. 현재 메니에르병에 대해 알려진 원인이나 믿을 수 있는 치료법은 없다. 메니에르병은 대부분 40~60세 사이의 사람들에게 발병한다. 하지만 10세 미만의 아동들에게 영향을 줄 수도 있다(Minor et al., 2004).

소음성 청력손실 큰 소리에 반복적으로 노출되는 것은 청력손실의 주된 원인이 된다. 20~69세 미국인의 15%가 소음과 관련하여 영구적인 청력손실을 입는 것으로 추정되고 있다. 소음 관련 청력손실(NIHL)은 지나친 소음 및 만성적인 노출로 인해 나타나며, 청력손실이 점진적으로 이루어져 심해질 때까지 사람들은 자신의 청력이 손상되고 있다는 것을 알지 못할 수도 있다. 소음성 청력손실을 유발하는 소음은 모터사이클, 비행기 소리, 총소리, 낙엽청소기, 매우 큰 음악소리 같은 거의 120~150dB 크기의 소음이다. 85dB 이상의 소리에 지속적이거나 반복적인 노출은 점진적인 청력손실을 가져올 수 있다. 소음이 클수록 기간이 짧을수록 소음성 난청이 발생한다(NIDCD, 2017a).

판별과 사정

학습목표 9.3 농과 난청을 판별하기 위한 사정을 설명할 수 있다.

유아 사정

신생아는 소리에 놀라거나 눈을 깜빡이는 반응을 보인다. 태어나서 몇 주가 지나면 건청 유아는 조용한 소리를 들을 수 있고, 부모의 목소리를 인식할 수 있으며, 자신이 내는 까르륵 소리나 초기 옹알이에 주의 집중할 수 있다. 농 아동과 건청 아동은 비슷하게 옹알이를 한다. 건청 유아는 7~12개월 사이에 최소한의 자음과 모음이 포함된 이른바 **반복적 옹알이**를 한다(BassRingdahl, 2010). 하지만 농 유아는 자기 목소리와 부모의 목소리를 들을 수 없으므로 점차 옹알이하는 것을 멈추어 간다. 이러한 농 유아의 침묵을 부모는 얼마 동안 알아채지 못할 것이며, 또한 알았다 하더라도 아기가 침묵하는 원인이 '청력손실'에 있다고 생각하지는 않을 것이다.

신생아청력검사위원회(JCIH, 2013)는 모든 유아가 태어난 후 1개월 내 신생아 청력검사를 받도록 권고하고 있다. 현재는 거의 모든 주에서 1-3-6 조기 청력탐지 및 중재 프로그램을 통해서 모든 유아가

그림 9.2 생후 1년 동안 예상되는 청각적 행동

출생에서 3개월
- 큰 소리에 대한 반응으로 깜짝 놀란다.
- 까르륵 목을 울리는 소리를 내기 시작한다.
- 사람 목소리에 반응한다.
- 말을 걸면 웃거나 조용해진다.
- 비교적 가까운 곳에서 나는 큰 소리에 몸을 움직이거나 잠을 깬다.

4~6개월
- 혼자 있을 때 성대음을 낸다.
- 말소리 같은 소리로 옹알이한다.
- 소리의 음원 방향으로 시선을 돌린다.
- 소리 나는 장난감을 안다.
- 소리 내어 웃거나 킬킬거린다.

7개월에서 생후 1년
- 다정한 목소리와 화난 목소리에 다르게 반응한다.
- 음악이나 노랫소리에 반응한다.
- 정서를 목소리로 표현한다.
- 옹알이에 억양이 있고 옹알이가 길어진다.
- 다른 사람의 말소리를 모방하려고 한다.
- 음원 방향으로 머리를 돌린다.
- 부모의 목소리가 들리면 행동을 멈춘다.
- 자신의 이름에 반응하고 "더 원해.", "이리 와."라는 요구에 반응한다.
- 돌 무렵 몇 개의 단어를 사용한다(예 : 엄마, 아빠, 멍멍이).

1개월 내 선별검사를, 3개월 내 청력진단을, 늦어도 6개월 내 조기중재 프로그램에 등록을 실시하고 있다. 청각장애 유아를 선별하는 검사는 크게 두 가지로 나뉜다. 첫째는 **청력 뇌간 유발법**으로 소리 자극에 반응하는 뇌의 전기활동량 측정 기구를 두피에 씌우고 측정한다. 두 번째 방법은 **이음향 방사 선별법**인데, 이것은 작은 마이크로폰을 유아의 귓속에 넣어서 소리에 진동하는 와우각 내 유모세포의 울림을 탐지하는 방법으로 측정한다(Ross & Levitt, 2000).

유아가 병원에서 청력 선별검사를 받았다고 하더라도 청력손실이 나타날 수 있다. 그림 9.2에 제시한 목록은 건청 유아가 보여주는 청력과 관련된 일반적인 행동이다. 만약 유아가 이런 행동 반응을 하지 않을 경우 청력손실이 있다는 것을 보여주므로 청력검사를 받을 것을 권고한다.

순음청력검사

성인이나 나이가 든 아동의 청력은 **순음청력검사**(pure-tone audiometry)라는 검사절차로 사정한다. 순음청력검사는 **청력검사기**(audiometer)를 사용하는데, 이 기기는 여러 가지 강도와 주파수별로 순음을 만들어낸다. 검사는 이 순음을 이용하여 주파수별로 얼마나 큰 소리를 듣는지 알아보는 것이다. 대부분의 청력검사기는 일반적으로 125~8,000Hz까지의 주파수별로 0~120dB의 소리를 5dB씩 증가시키며 제시한다. 검사받는 아동은 이어폰(기도검사)을 통해서 혹은 골도 진동자(골도검사)를 통해서 소리를 들으면 버튼을 누르고, 소리를 듣지 못하면 버튼을 누르지 않도록 한다. 청력도상에 청력수준을 정하기 위해서 아동은 적어도 그 수준에서 음을 50%는 탐지할 수 있어야 한다. 예를 들면 60dB의 청력손실을 입은 아동은 적어도 음의 크기가 60dB이 될 때까지 소리를 탐지할 수 없을 것이다. 검사결과는 **청력도**

그림 9.3   중도의 청각장애학생의 청력도

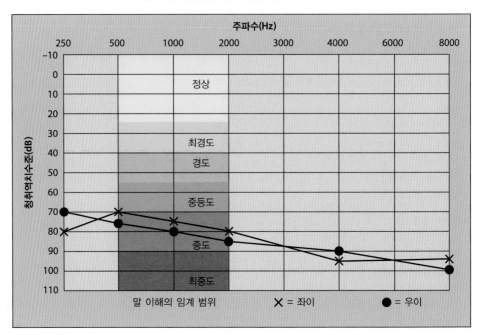

중도의 청각장애(71~90dB)

브란테는

- 귀에서 1피트도 떨어지지 않은 상태에서 큰 소리로 말해야 목소리를 들을 수 있다.
- 보청기를 하고 있지만 얼마나 효과적인지는 분명하지 않다.
- 대부분의 모음은 구별할 수 있으나 자음은 몇 개만 들을 수 있다.
- 문을 세게 닫는 소리, 진공청소기 소리, 머리 위로 날아가는 비행기 소리는 들을 수 있다.
- 수화와 말로 의사소통을 한다.
- 다른 사람과 대화할 때는 항상 많은 시각적 주의력을 유지해야 한다.
- 수업은 통역사와 함께 특수학급과 일반학급 모두 참여한다.

(audiogram)라는 차트에 기록된다(그림 9.3 참조).

어음수용검사

어음수용검사(speech reception test)는 개인의 어음에 대한 탐지와 이해능력을 검사한다. 일상생활에서 사용하는 어음의 사용 비율에 따라 음성학적으로 조정된 1음절 및 2음절 단어의 목록을 다른 음압수준에서 제시한다. 그리고 각각의 귀에 **어음수용역치**(speech reception threshold, SRT)를 측정하고 기록한다. 어음수용역치는 개인이 어음의 50%를 이해할 수 있는 가장 낮은 음압수준을 말한다.

대안적인 청력검사 기법

대안적인 기법들은 전통적인 청력검사 절차를 이해할 수 없거나 절차를 따를 수 없는 장애가 심한 사람들과 매우 어린 아동의 청력을 검사하기 위해 개발되었다. **놀이 청력검사**(play audiometry)는 아동이 순음이든 어음이든 간에 신호음을 듣게 될 때마다 공을 컵에 집어넣거나 장난감을 집는 것과 같은 단순명확한 행동을 하게 하여 검사를 한다. 이와 비슷한 절차로 **조작적 조건화 청력검사**(operant conditioning audiometry)가 이루어진다. 이 검사에서는 먼저 소리와 짝지어진 빛이 제시될 때 아동이 레버를 누르면 작은 사탕이나 토큰으로 아동을 강화하고, 소리와 빛이 꺼졌을 때 레버를 누르면 강화물이 주어지지 않는다. 이런 과정을 거친 후 다음에는 빛은 제시되지 않고 소리만 제시한다. 이때 아동이 레버를 누른다면 아동이 소리를 들을 수 있다는 것을 알 수 있다. **행동관찰 청력검사**(behavior observation audiometry)는 아동이 소리에 반응하는 것을 관찰하는 수동적인 사정 절차이다. 아동에게 큰 소리에 대한 반응으로 머리 돌리기, 눈 깜빡이기, 놀이 중단하기와 같은 행동이 나타날 때까지 점차 소리의 강도를 높이면서 소리를 제시하여 검사한다.

그림 9.4 **청력손실의 분류와 말과 언어에 미치는 영향 및 예상되는 교육적 욕구**

청력손실 정도	분류	말과 언어에 미치는 영향
27~40dB	최경도	• 조용한 환경에서 말을 이해하는 것에 어려움은 없지만 시끄러운 상황에서는 듣기에 문제가 생길 수도 있다. • 음장 증폭과 듣기에 유리한 자리 배치로부터 많은 혜택을 본다.
41~55dB	경도	• 약간 어려움은 있지만 얼굴을 마주보고 대화가 가능하다. • 학급토론 시 참여하기 어렵다. 특히 화자가 분명하게 말하지 않거나 여러 명이 동시에 말하는 경우에는 말을 놓치기 쉽다. • 학생이 청각장애라는 사실을 모르는 급우가 있을 수 있다. • 보청기를 착용하는 것이 도움이 된다. • 언어치료사가 제공하는 말과 언어 지원 서비스가 도움이 된다.
56~70dB	중등도	• 보청기 없이는 가까이에서 크고 명료하게 말해야 들을 수 있다. • 그룹 토론을 따라가는 것이 극도로 어렵다. • 하루 종일 소리 증폭이 요구된다. • 언어는 뚜렷하게 손상을 보이지만 지능은 아니다. • 집중적인 언어와 의사소통 수업이 실시되는 특수학급에서 많은 혜택을 본다.
71~90dB	중도	• 귀에서 1피트도 떨어지지 않은 상태에서 큰 소리로 말해야 목소리를 들을 수 있다. • 보청기를 하고 있지만 얼마나 효과적인지는 분명하지 않다. • 대부분의 모음은 구별할 수 있으나 자음은 몇 개만 들을 수 있다. • 문을 세게 닫는 소리, 진공청소기 소리, 머리 위로 날아가는 비행기 소리는 들을 수 있다. • 수화와 말로 의사소통을 한다. • 수업은 통역사와 함께 특수학급과 일반학급 모두 참여한다.
91dB 이상	최중도	• 대화를 들을 수 없다. • 보청기는 화재경보음이나 드럼 소리 같은 매우 큰 소리만 알 수 있다. • 시각은 주요 학습수단이다. • 수화가 제1언어일 수 있으며 수화로 의사소통한다. • 알아들을 수 있는 말이 없다. • 농 학생을 위한 종일 특수교육프로그램이 대부분 요구된다.

청력손실의 분류

청력손실은 일반적으로 **최경도, 경도, 중등도, 중도, 최중도**로 구분할 수 있는데, 이 구분은 말을 이해하는 데 가장 중요한 주파수대(500~2,000Hz)의 평균 청력수준에 달려 있다. 그림 9.4는 말과 언어에 대한 청력손실의 영향력과 필요한 교실지원 서비스를 제시하고 있다. 두 아동이 청력검사상 유사한 청력수준을 보여도 이들이 똑같은 청력 패턴을 갖지는 않는다는 것을 인식하는 것이 중요하다. 단일 지능검사가 아동의 교육프로그램을 계획하기 위해 필요한 정보를 충분히 제공하지 않는 것과 마찬가지로 청각장애아동의 교육적 요구도 청력검사만으로는 결정될 수 없다. 일반적으로 아동들은 소리를 제각기 다른 명료도로 들으며 한 아동에 있어서도 듣는 능력은 매일매일 변화한다. 어떤 아동들은 청력수준이 아주 낮지만 보청기를 이용하여 말을 배울 수 있다. 이와는 반대로 외관상 청력손실이 덜한 아동들 중에는 의사소통의 주요 수단으로서 청각기능이 떨어져 시각에 의존해야 하는 경우도 있다.

공학기술과 지원

학습목표 9.4   청각장애학생들이 사용하는 소리를 증폭하고 보충 혹은 음을 대체하는 공학기술과 지원을 알 수 있다.

소리를 증폭하고 대체하는 공학기술

과거에 농인들은 전혀 들을 수 없다고 생각한 때가 있었다. 그러나 거의 모든 농 아동은 어느 정도 잔존 청력이 남아 있다. 소리를 증폭시키거나 명료하게 하는 공학기술은 이러한 잔존청력을 이용하여 중도나 최중도의 농 아동도 듣게 할 수 있다.

보청기   보청기는 소리를 더 크게 만든다. 보청기는 마이크, 증폭기, 수신기, 소리와 톤을 조정하는 스위치 등으로 이루어져 있다. 보청기는 여러 가지 종류가 있다. 귀 뒤나 귀 안에 착용할 수도 있고, 몸에 착용할 수도 있으며 안경테에 부착해서 사용할 수도 있다. 아동들은 한쪽 귀나 양쪽 귀에 보청기를 착용할 수 있다. 모양, 출력, 크기가 어떻든지 간에 보청기는 음을 수집하고 그 에너지를 증폭하여 사용자의 중이에 큰 소리를 전달한다.

초기의 보청기는 모든 소리를 전부 크게 증폭해서 대부분의 감음신경성 청각장애아동에게는 비효과적이었다. 오늘날 디지털 보청기는 배경환경의 소음과 말소리를 별도로 구분해주는 컴퓨터 마이크를 사용하고 있고, 개별적인 청력손실의 형태에 따라 주파수별로 증폭시킨 명료하고 왜곡 없는 소리를 전달한다. 또 보청기 사용자는 교실이나 교외처럼 각 환경에 맞추어 적절한 듣기 프로그램을 세팅할 수 있다.

적절한 보청기를 일찍 착용할수록 청력을 사용하여 의사소통과 인지를 더 많이 할 수 있다(Tomblin et al., 2015). 오늘날은 아동의 말과 언어발달에 듣기환경을 중요시하므로 보청기를 착용한 유아나 유치원생을 보는 것은 드문 일이 아니다. 만약 보청기로부터 큰 효과를 본다면 하루 종일 착용하도록 해야 한다.

집단 보조청취 장치   교실에서 화자와 청자 간의 거리와 배경 소음, 반향이 발생되는 문제들을 집단 보조청취 장치를 통해 해결할 수 있다. 대부분의 시스템에서는 교사와 청각장애학생들 간에 무선 연결이 되어 있다. 교사는 입술 근처에 작은 마이크 송신기를 착용하며, 각각의 아동은 개인 보청기보다 2배나 강한 수신기를 착용한다. 보통 FM 무선 주파수가 사용되며 연결선은 필요하지 않다. 그리고 교사와 학생들은 자유롭게 교실 주변을 움직일 수 있다.

인공와우   귀에 증폭된 소리를 전달하는 보청기와는 다르게 **인공와우**(cochlear implant)는 손상된 유모세포를 건너뛰어 직접 청신경을 자극한다. 인공와우는 외과적으로 귀 뒤 피부 안에 이식된다. 인공와우는 4개의 기본적인 장치로 구성된다. 4개의 장치는 환경으로부터 소리를 모으는 외부 **마이크로폰**, 마이크로폰에 모은 소리를 선택하고 배열하는 외부 어음처리기, 어음처리기에서 음성신호를 받아서 전기신호로 변환하는 송신기, 수신기와 자극기의 전기신호를 모아 이 신호를 청신경을 통해 뇌로 전달하는 전극으로 이루어진다(그림 9.5 참조).

1990년에 FDA는 2~17세 아동에게 인공와우시술을 승인했는데, 2000년에는 12개월 유아에게 허용하였다(NIDCD, 2017b). 인공와우 이식수술은 2~3시간 정도 소요되고, 아동은 수술 후 하루 동안 입원을 해야 한다. 그리고 약 4주 후에 다시 병원에 와서 인공와우를 처음으로 작동시켜보고, 2~3일 동안 조정이 이루어진다. 2012년 말 무렵까지 전 세계적으로 약 32만 4,200명이 인공와우 수술을 받았으며,

그림 9.5 인공와우의 내외부 구성요소

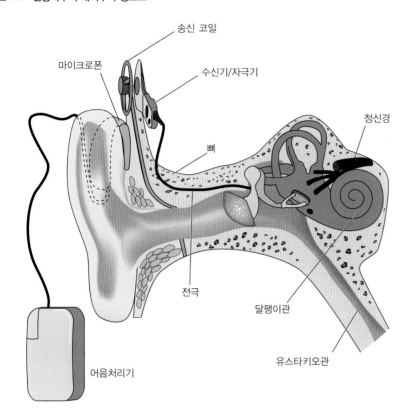
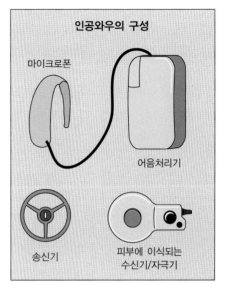

미국에서는 3만 8,000명의 아동과 5만 8,000명의 성인이 수술을 받았다(NIDCD, 2017b). 전국적인 조사에 의하면 농과 청각장애학생의 15%가 인공와우 수술을 받았다(Gallaudet Research Institute, 2013). 더군다나 최중도 농으로 태어난 아동의 40% 정도는 인공와우 수술을 받고 있다(NIDCD, 2017b).

인공와우는 정상 청력으로 회복시키거나 정상 청력을 다시 만들어내는 것이 아니다. 인공와우는 농인에게 주변 환경음을 듣게 만들고, 말을 이해하도록 한다. 수술 이후에 언어치료가 강도 높게 진행된다면 인공와우는 유아가 말, 언어, 발달적 기술, 사회적 기술을 획득하도록 도울 수 있다. 아직 인공와우에 대해 많은 의문이 존재하지만 인공와우 수술을 받지 않은 또래보다 인공와우 수술을 받은 아동이 말 지각, 말 산출, 언어기술 영역에서 중요한 향상이 있다고 보고하는 연구들이 있다(예 : Marschark et al., 2018; Schorr et al., 2008, 2009). 더욱이 최적의 구어지각, 언어습득, 구어산출은 12개월 이전에 인공와우 수술을 받은 아동에게서 입증되었다(Deltman et al., 2016). 인공와우 수술을 한 학생들의 학업 성취 결과는 상당히 다양하다. 인공와우 수술을 한 대학생과 수술을 하지 않은 농 대학생의 단어 및 지식에 대한 최근의 연구는 두 집단 간 차이가 없다고 밝혀졌고, 건청 학생들은 농 학생의 성취를 여전히 능가하였다(Conventino et al., 2014). 교수와 학습 '통합학급에서 인공와우 학생의 지원'을 참조하라.

인공와우와 관련하여 엄청나게 많은 논쟁이 존재한다(National Association for the Deaf, 2000). 농 사회의 일부 구성원들은 인공와우를 맹렬하게 반대하며 농 문화를 대량 학살하는 과정이라고 간주한다(예 : Hyde & Power, 2006; Komesaroff, 2007). 우수교사 Jessica Stultz는 "대부분의 농 지역사회에서도 인공와우 수술을 받아들이는 경우가 증가하고 있다. 그러나 농 지역사회의 구성원들은 농 아동에게 ASL과 반대로 인공와우 수술을 권고하면서 설득하는 의사들을 반대한다."고 주장한다.

교수와 학습

통합학급에서 인공와우 학생의 지원

지난 몇십 년 동안 농인이 소리의 세계로 접근하게 하는 데 인공와우는 혁신적이었다. 이렇게 보조공학이 선진화되고 있지만 농인이 인공와우를 통해 정상청력을 가질 수는 없다. 이런 이유 때문에 교사는 통합학급에서 성공적인 의사소통과 학습을 용이하게 이루어지도록 조정해야만 한다. 적절한 조정을 선택하고 실시할 때 교사는 청취와 시각적 환경을 단계적으로 개선하고, 사회적 상호작용을 편리하게 하고, 자기옹호를 지지해야 한다. 교사는 다음의 내용을 실시함으로써 인공와우를 착용한 학생을 지원할 수 있다(Davenport & Alber-Morgan, 2016; Stith & Drasgow, 2005).

청취 환경을 증진하라 소음이 있는 교실은 중요한 정보를 잘 듣는 데 도전적인 환경이 된다. 교사는 다음과 같은 방법으로 청취 환경을 개선할 수 있다.

- 인공와우가 켜져 있고 정확하게 작동하는지 확인하라. 학생이 FM 시스템을 사용한다면 교사의 목소리에 직접적으로 접근할 수 있도록 송신기를 착용하라.
- 교수활동에 접근할 수 있는 최적의 청취에 도달하도록 좌석을 배치하라(예 : 교사 혹은 말하고 있는 사람 근처).
- 교실 문을 닫아서 방해가 되는 소음을 줄여라. 예컨대 소리의 반향을 줄이기 위한 러그, 방음벽, 커텐을 사용하기, 의자 다리의 바닥에 테니스공이나 부직포 붙이기 등이 있다.

시각적 환경을 개선하라 인공와우를 착용한 농 아동들은 더 많은 정보를 얻기 위해 시각적 환경에 의존한다.

- 학생들이 교재물을 피로감 없이 편하게 주시할 수 있도록 교실의 조명이 양호한지 확인하라.
- 말하기 전에 학생들이 주의집중하게 하라. 교사가 지시를 할 때 학생들이 쳐다보고 있는지 확인하라. 부가적으로 학생이 자료와 교사에게 동시에 집중하지 않도록 지시를 하고 활동에 필요한 자료를 전달하라.
- 손이나 물체가 얼굴을 가리지 않게 하고 말할 때 학생을 확실하게 마주 보라.

또래와 상호작용을 용이하게 하라 통합학급에서 또래와의 상호작용의 질에 의사소통의 어려움이 확실히 영향을 줄 수 있다. 교사는 다음과 같은 방법으로 또래와의 상호작용을 개선할 수 있다.

- 학생들은 의사소통이 단절될 때 또래에게 말을 걸어 명료화를 요구할 수 있다는 점을 인식하도록 가르쳐라(예 : "이해를 못했어. 다시 한 번 더 말해줄래?").
- 학급의 다양한 과제와 하루 일과 활동에서 또래와 상호작용할 기회를 자주 만들어라(예 : 중심활동, 짝 교수 활동). 또래를 잘 조정하여 긍정적인 또래 상호작용을 격려해주면 즐거운 시간이 될 수 있다.
- 또래와의 사회적 상호작용을 직접적으로 가르치기 위하여 대화에서 차례 지키기, 질문하고 도움을 요청하기 혹은 게임을 같이할 또래 초대하기와 같이 역할놀이와 모델링을 사용하라.

자기옹호를 격려하라 인공와우를 착용하는 학생에게 자기옹호를 가르쳐라. 예를 들면 듣지 못한 메시지를 반복해달라고 요청하는 것, 청각 보조장비들이 작동되지 않을 때 보고하는 것, 말하는 사람을 더 잘 볼 수 있고 들을 수 있기 위해 지시를 듣는 동안 이동하는 것이다(제8장 전환교육 : 미래가 현재를 만든다 '의사소통장애학생에게 자기옹호기술 가르치기' 참조).

소리를 대체하는 지원과 공학기술

수화통역사 농인을 위해서 교사나 다른 사람의 말을 수화로 표현하는 수화통역은 1964년 수화통역사 등기소(Registry of Interpreters for the Deaf, RID) 설립과 함께 하나의 직업으로 시작되었다. 많은 주에서는 RID 인증기준에 맞춘 수화통역사 훈련 프로그램을 운영하고 있다. 이 조직은 초기에는 주로 비전속으로 활동하는 수화통역사로 구성되었고, 주로 법률적 혹은 의료적 상황에서 성인 농인들을 위해 수화통역을 했다.

수화통역사는 많은 청각장애학생들이 대학 등 중등학교 이후 교육기관에서 성공적으로 교육받을 수 있도록 도울 수 있다. 초등학교와 중학교 교실에서도 학교 수화통역사들이 점점 더 많이 활용되고 있다(Monikowski & Winston, 2011). 대부분의 숙련된 통역사에게도 무척 힘든 일이지만 통역사는 반드시 교실 내 일어나는 모든 말과 음성적인 정보를 통역해야 한다.

수화통역사는 농이나 난청 아동에게 정확한 의사소통을 보장하지는 않는다. Garay(2003)는 농 아동에게 수화통역사를 효과적으로 활용하는 방법을 가르쳐야 한다고 권고한다. 예를 들어 잘 이해가 안 되는 경우나 교사에게 질문하거나 학급토론 시 참여하고 싶을 경우 어떻게 통역사에게 알리는지를 농 아동에게 가르칠 필요가 있다.

말 - 문자 변환　컴퓨터 보조 말-문자 변환장치는 교실 내 수업이나 강의 같은 것을 실시간으로 농 아동에게 문자로 보여주는 장치이다.

로체스터대학교의 국립농기술원(NTID)에서 개발한 C-Print 말-문자 변환 서비스를 변환기술의 예로 들 수 있다(Stinson et al., 2014). 숙련된 자막 타자수가 교사의 수업과 학생의 말을 속기부호를 사용하여 입력하고 학생의 개인 모니터나 전체 화면에 자막 내용을 제시한다(예 : 자막 입력자가 'kfe'라는 글자를 입력하면 자동으로 'coffee'라는 단어가 자막에 나타난다). 이러한 자막은 대략 1분 동안 스크린에 남아 있어 수화통역을 받을 때보다 상대적으로 생각할 수 있는 시간을 더 많이 줄 수 있다. 변환은 말 그대로 한 자, 한 자 이루어지지 않고 의미를 중심으로 이루어지며 1분당 150단어를 넘지 못한다. 변환은 말 군더더기는 제외하며 주요한 키포인트는 강조한다. 그리고 가능한 한 원래의 정보에서 벗어나지 않도록 하며 정보를 요약하기도 한다. 문자로 변환된 파일은 저장·수정·출력이 가능하다.

수화번역기는 구어로 된 영어를 고유의 구문과 어휘를 갖춘 ASL(American Sign Language)로 번역하는 것을 의미한다. 음역(transliteration)은 구어 영어와 동일한 어순으로 사인을 사용한다.

텔레비전, 비디오, 영화 자막 서비스　오늘날 대부분의 공영방송이나 상업방송 프로그램에는 자막 서비스가 제공된다(화면 아래 글자로 나타나는데 마치 자막 있는 영화를 보는 것과 비슷하다). 1993년부터 미국에서 파는 모든 텔레비전에 자막 서비스 기능을 갖추도록 연방법으로 정하고 있다. 많은 비디오와 영화가 자막 서비스를 제공하고 있으며, 영화관도 점차 Rear Window라는 자막 시스템을 갖춘 곳이 늘어나고 있다. 이 자막 시스템은 영화관 뒤쪽에서 프로젝터로 각 좌석 앞에 달린 작은 투명한 패널 위에 자막을 비추어 청각장애인이 영화 화면과 동시에 자막을 보게 만든다.

문자 전화　청각장애인에게 전화는 고용과 사회적 상호작용에 커다란 장벽이었다. 그러나 오늘날에는 음향 결합기(acoustic coupler) 덕택에 문자나 디지털 형태로 메시지를 전화기를 통해 즉각 보내는 것이 가능해졌다. 처음에 TTY나 TDD 시스템으로 불렸던 문자 전화(text telephone, TT)는 전화받는 사람이 문자 전화기를 가지고 있다면 누구든지 전화선을 통해 문자 형태의 메시지를 보낼 수 있다. 미국 장애인법에 따라서 문자 전화가 공항 및 도서관과 같은 공공장소에 설치되어 이

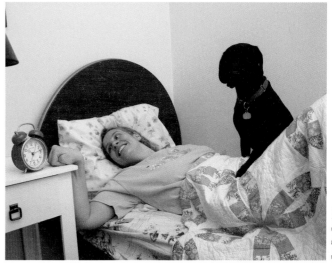

청각장애인 안내견은 청각장애인에게 알람과 같은 중요한 경고음을 알려준다.

용 가능하며 모든 주에서는 일반 전화기가 TT 사용이 가능하도록 교환원을 경유하는 방법으로 중계 서비스를 제공한다.

컴퓨터 기술   늘 개선되는 개인용 컴퓨터와 이동 디지털 과학기술은 새로운 의사소통의 방법을 더욱 넓히고 청각장애인들과 연결성을 강화하고 있다. 청각장애인은 스마트폰이나 다른 모바일 장치를 활용하여 문자 메시지나 이메일, 웹서핑이 가능하며 사회적 매체에 참여할 수 있다.

고안된 장치   일부 농이나 난청인들은 특정 소리나 일들을 알려주는 특별히 고안된 장치를 사용한다. 예를 들면 현관벨 소리, 화재경보, 시계 알람, 소리-진동 전환이 가능한 시계등에 반짝이는 불빛이나 진동을 연결하여 사용한다. 보청견이 주변 환경에서 나는 중요한 소리를 알려주기도 한다(Guest et al., 2006).

교육접근

학습목표 9.5   농과 난청 학생을 교육하는 대조적인 접근방법들을 비교할 수 있고 교육 배치가 그들의 기회에 어떠한 영향을 미치는지 설명할 수 있다.

수년 동안 많은 특별한 방법과 자료가 농아와 난청 아동들의 교육을 위해 개발되었다. 대부분 이러한 교육방법들은 열렬한 지지자들에 의해서 장려되기도 했으나 반대자들에 의해서 극렬하게 비판되기도 했다. 사실 사람들은 들을 수 없는 아동들을 어떻게 가장 잘 가르칠 수 있는가에 대해 깊이 있는 토론을 100년 이상 펼쳐 왔다. 그림 9.6은 청각장애아동교육의 역사적 사건을 강조하고 있다. 청각장애아동교육의 역사적 사건 중 흥미로운 점에 대해 Scheetz(2012), Van Cleve(2007)와 Winzer(2009)의 연구를 찾아보라. 난청 아동과 농 아동을 위한 대부분의 프로그램은 구어/청각 접근법, 종합적 의사소통법, 이중언어-이중문화 접근법 세 가지 교육적 접근법 중 하나를 따른다(Estabrooks et al., 2016).

구어/청각 접근법

구어와 청각을 강조하는 교육프로그램에서는 농 학생이 가청 세계에서 살아가길 원한다면 구어는 필수적인 것으로 본다. 말과 언어를 산출하고 이해하는 훈련은 일반 아동교육의 사실상 모든 영역에 포함되어 있다. 1970년대 전 미국에서 널리 사용된 순수 구어 접근법은 현재 청각장애학교에서 4분의 1이 사용되고 있다. 그러나 최근 일반학급에서 교육받는 농 아동과 난청 아동이 증가함에 따라 실제 사용되는 구어로 교육받는 경우가 늘어나고 있다. 농과 난청 학생의 52%가 다니는 교실에서 사용되는 주된 의사소통 방법은 구어이다(Gallaudet Research Institute, 2013).

구어를 강조하는 프로그램에 참여하는 아동에게는 가능한 한 알아들을 수 있는 말을 하는 능력과 잔존청력을 발달시키는 여러 가지 방법을 강조하는데 주로 청각, 시각, 촉각적인 자극을 사용한다. 이 프로그램에서는 청능학습, 독화, 보청기 및 증폭기의 사용, 말하기 등에 많은 관심을 가진다. 심지어 구어 프로그램을 사용하는 일부 학교와 학급에서는 구어만의 언어환경을 조성하기 위하여 의사소통의 수단으로 단어를 쓰거나 제스처나 손가락으로 가리키는 것을 금지하기도 한다. 학생들에게 오직 구어만으로 표현하고 다른 사람의 말을 이해하도록 강조한다. 기타 구어 프로그램들도 말하기와 듣기를 강조할 뿐만 아니라 구어를 이해하고 올바르게 말하도록 돕는 여러 가지 접근법을 사용하고 있다.

구어 접근법으로 농 아동들에게 말을 가르친다는 것이 얼마나 어렵고 힘들며 많은 시간을 요구하는

그림 9.6 청각장애학생 교육의 역사

연도	역사적 사건
16세기 후반	수도사이자 학자였던 페드로 폰스 데 레온(1520~1584)이 귀족 농 아동을 위한 농학교를 스페인에 설립했다.
18세기	영국, 프랑스, 독일, 네덜란드, 스코틀랜드에 농학교가 설립되었다. 구화 및 수화법이 사용되었다.
19세기 초반	농인에게 구화교육은 효과적이지 않다는 철학으로 분리교육 혹은 특수교육시설 교육이 이루어졌다.
1817년	Thomas Gallaudet과 Laurent Clerc는 미국의 농아를 위한 교육시설을 코네티켓주 하트퍼드에 개소하였다(이후에 미국농학교로 교명을 변경함). 일부사람들은 Clerc를 미국 농교육의 아버지라고 생각한다.
1864년	갤러뎃대학교(농아인을 위한 국립대학교로 불림)가 설립되었다.
19세기 중반~후반	1880년 국제회의에서 수화 사용이 공식적으로 금지되었기 때문에 구화적 접근이 어느 정도는 지배적이었다. 이 시대는 농 학생을 위한 최선의 의사소통 방법을 놓고 '백년 전쟁'이라고 부르는 것의 시작이었다.
20세기 중반~후반	청각장애학생을 위한 기숙학교의 등록이 급격하게 줄어들었다. 왜냐하면 1960년대 풍진으로 농이 되었던 대부분의 학생들이 고등학교를 졸업했고 공립학교 프로그램이 더 많이 확산되었기 때문이다.
1960년대	갤러뎃대학교의 언어학자인 William Stroke를 연구를 통해 농사회에서 사용하는 수화가 자신들의 권리를 나타내는 합법적인 언어라고 밝혔다. '수화'라고 부르던 것을 미국수어(ASL)라고 새로운 명칭을 지었다.
1968년	미국의회는 로체스터 공과대학의 국립 농 기술연구소(NTID)에 기금을 모금하였다.
1970년대	농교육의 의사소통과 교육방법으로 대부분은 종합적 의사소통법(TC) 프로그램을 채택하였다. 오늘날까지 TC가 사용되기는 하지만, 농 학생의 학업성취수준을 향상하지 못하고 있다.
1986년	1986년 농 학생의 학업과 고용향상에 대한 관심으로 미국의회는 농교육법으로 농교육위원회(CED)를 설립하였다.
1988년	갤러뎃대학교 학생들은 건청인 대학총장 취임 반대시위를 하였다. 현재 농인 총장 운동이 농인 사회에 활력을 주고 있다. 즉 농 문화의 관심과 이슈에 대한 건청인의 인식이 개선되고, 갤러뎃대학교의 초대 총장에 I. King Jordan이 취임하게 되었다.
1989년	미국의 FDA는 감각신경성 청각장애인에게 내이를 통과하고 청신경에 직접적으로 소리를 전달해주는 인공와우 이식수술을 승인하였다. 농사회의 많은 사람들은 인공와우를 농 문화와 수화에 대한 위협이라고 간주하였다.
1990년대	농사회에서는 ASL을 농인의 모국어로 간주하는 행동파와 자기 옹호심이 특히 증가하였다.
2010년	국제 농교육위원회(ICED)의 참석자들은 농교육프로그램에서 수어를 금지했던 1880년 포고령을 공식적으로 폐기하는 것에 만장일치로 찬성하였다.

일인지 교사·학부모·학생들은 대부분 알고 있다. 사실 농 아동이 말을 배우는 것은 참 힘든 일이다. 성공적인 구어 의사소통으로 인한 보상을 감안할 때 구어 교육은 충분히 노력할 만한 가치가 있는 것으로 생각된다. 사실 청력손실이 있는 대부분의 학생들은 건청인들과 효과적으로 의사소통할 수 있을 만큼 충분히 말을 잘 배울 수 있다. 종합적인 구어 프로그램을 통해 배우거나 일반교육프로그램에 통합되어 배운 대부분의 청각장애학생들이 가장 좋은 교육성과를 보인다(Paul & Whitlow, 2011).

청각학습 성인의 일상생활 의사소통 중 45%가 듣기활동이며, 학생의 학교생활 중 60%가 듣기활동으로 이루어진다 (Crandell & Smaldino, 2001). 대부분의 청각장애아동들은 그

보청기와 청능훈련의 결합은 아동 대부분의 잔존청력을 계발시킬 수 있다.

들이 실제로 듣는 것보다 훨씬 많은 듣기능력을 가지고 있다. 다양한 듣기경험과 의사소통 상황에 따라서 잔존청력은 더 계발될 수 있다. 청각장애아동은 선호하는 의사소통 방식이 구어든 수화든 간에 관계없이 듣기기술을 향상시키는 수업활동에 참여해야 한다.

어린 청각장애아동을 위한 전통적인 **청능훈련**(auditory training) 프로그램은 소리가 있는지 없는지를 가르치는 것부터 시작한다. 부모들은 아동에게 초인종 소리나 물 흐르는 소리를 주의하여 듣도록 시킬 것이다. 그런 다음에 소리의 방향과 위치에 초점을 맞출 것이다. 예를 들면 방의 한구석에 라디오를 숨기고 아동에게 그것을 찾게 함으로써 소리의 방향과 위치를 감지하는 훈련을 할 수 있을 것이다. 또한 음의 변별(discrimination)은 청능훈련의 중요 부분이다. 아동은 남자 목소리와 여자 목소리의 차이, 빠른 노래와 느린 노래의 차이를 구별하는 것과 어휘 '담'과 '닭'의 차이를 알도록 배워야 할 것이다. 음의 확인(identification)은 아동이 듣는 것을 통해 소리, 단어 혹은 문장을 인식할 수 있을 때 시작한다.

아동이 단순히 듣는 것을 배우는 것보다는 어떻게 듣는지 그리고 듣기를 통해 여러 가지를 배우도록 가르치는 것에 청능훈련은 집중해야 한다(Erber, 2011; Ling, 2002). 청각학습을 옹호하는 사람들은 용어를 일관되게 사용하도록 감지하고 변별하며 확인하는 청능훈련의 첫 3단계가 중요하지만 학생의 잔존청력을 계발하기에는 불충분하다고 주장하였으며, 청취기술의 네 번째 수준인 여러 가지 의미를 지닌 음의 이해를 가장 상위 단계로 강조한다.

임상 훈련가들은 말하는 사람의 입 모양을 보지 않고 소리나 단어를 듣게 하는 훈련을 가끔 실시하는데, 이를 청각-구어 접근(auditory-verbal therapy)이라고 부른다(Estabrooks et al., 2016). 언어청각훈련이 성공하기 위해서는 부모의 협력이 매우 중요하다. 왜냐하면 그 훈련이 학교와 가정, 사회생활 속에서 통합적으로 이루어지기 때문이다(Dornan et al., 2010). 그러나 아동은 실제 생활에서 부족한 청각을 보완하기 위하여 시각이나 다른 감각을 통해 정보를 얻는다. 결과적으로 구어를 획득하기 위해서는 청각뿐만 아니라 모든 감각이 효과적으로 발달되어야 하고 꾸준히 사용되어야 한다.

독화(speechreading)는 말하는 사람의 입 모양, 얼굴, 눈 움직임, 제스처 등을 관찰함으로써 구어 내용을 이해하는 과정이다. 어떤 음들은 화자의 입술을 지켜봄으로써 쉽게 구별할 수 있다. 예를 들면 '바보'와 같은 단어들은 입술이 닫힌 상태에서 시작된다. 이와는 반대로 단어 '하늘'은 입술을 연 상태에서 시작한다. 화자의 입술을 주의해서 지켜봄으로써 청각장애인은 중요한 단서들을 얻게 된다. 특히 아동이 잔존청력, 수화 혹은 제스처, 얼굴 표정, 친숙한 상황 등을 통해 부가적인 정보를 얻을 수 있다면 더욱 도움이 된다.

그러나 독화는 극도로 어렵고 또한 많은 한계가 있다. 즉, 많은 단어가 다르게 소리 나고 발음되지만 입술 모양은 비슷한 경우가 많다. '파도', '마도'와 같은 단어들은 입술 모양이 거의 같고 화자의 입술을 쳐다보는 것으로는 간단히 구별해낼 수 없다. 더 복잡하게 만드는 것은 시각적 단서들이 손이나 연필, 콧수염, 껌 씹기로 인해 가려지는 경우이다. 일부 사람들은 독화를 통해서는 알아들을 수 없을 만큼 입술을 거의 움직이지 않으며 말한다. 더욱이 오랜 시간 동안 입술을 바라보는 것은 아주 피곤한 일이며, 강의와 같이 말하는 사람과 떨어진 거리에서 입술을 바라보고 독화하는 것은 거의 불가능하다. Walker(1986)도 가장 독화를 잘하는 사람들조차 시각적 단서만 가지고는 화자가 말한 것의 약 25% 정도만 탐지한다고 추정한다. "나머지는 상황 해석과 나름의 생각으로 추측한다."고 하였다(p. 19).

독화가 본래부터 가지고 있는 문제점들에도 불구하고 농인이나 난청인의 의사소통에 중요한 보조수단이 될 수 있다(Paul & Whitlow, 2011). 여러 연구들은 독화기술이 컴퓨터 보조 비디오 교수법을 통해 사용되면 구어이해 기술을 향상시킬 수 있다는 것을 보여주었다(Sims & Gottermeier, 1995).

발음 암시법 발음 암시법(cued speech)은 영어의 40개 음소를 나타내는 수신호를 사용하여 구어 의사소통을 보조하고자 하는 방법이다. 수신호는 말과 함께 사용되어야 하는데, 이 수신호는 수화도 아니고 지문자도 아니며 혼자서는 사용할 수가 없다. 8개의 수신호가 자음을, 볼 주변의 4곳 위치가 모음을 나타낸다. 손 모양과 위치를 동시에 나타내어 음절을 시각적으로 나타낸다. 발음 암시법은 농 아동이 독화를 통해서는 알 수가 없는 구어의 음성과 음절 특성을 알게 해준다. 1964년에 발음 암시법을 개발한 Orin Cornett에 따르면 발음 암시법은 말의 자연스러운 리듬을 방해하지 않는다(Cornett & Daisey, 2001). 일부 학자들은 발음 암시법으로 배운 학생은 건청 학생에 견줄 정도로 읽기와 쓰기를 발달시킨다고 한다(Hage & Leybaert, 2006).

종합적 의사소통법 Scheetz(2012)에 따르면 **종합적 의사소통법**(total communication)은 의사소통 방법 중 하나일 뿐만 아니라 교육철학과도 관련이 있다. TC 옹호자들은 청각장애학생들에게 영어를 가르치기 위해 의사소통의 다양한 형식을 사용한다. TC를 실천하는 사람들('SimCom'으로 불림)은 영어를 구어와 수어로 동시에 제시하는 것(지문자와 수화로)이 아동들이 의사소통을 하나 혹은 두 가지 형태로 사용하는 것을 가능하게 한다고 주장한다(Hawkins & Brawner, 1997). 1960년대에 종합적 의사소통법이 교육철학으로 소개된 이래 종합적 의사소통법은 농 아동을 위해 학교에서 널리 사용되는 교육방법이 되었다. 오늘날 농 및 난청 학생의 29% 정도는 구어와 수화가 주된 의사소통 양식으로 활용되는 학교에 다니고 있다(Gallaudet Research Institute, 2013).

손짓으로 코드화된 영어 종합적 의사소통법을 사용하는 교사들은 일반적으로 수화를 하면서 말을 할 때 말하는 영어의 형태와 구조에 수화를 최대한 가깝게 하려고 노력한다. 청각장애인들의 읽기·쓰기와 기타 언어기술들의 발달을 교육목적으로 몇 가지 수화체계(sign language system)가 개발되었다. 손짓으로 코드화된 영어(manually coded English)는 Signing Essential English(SEE I)(Anthony, 1971)와 Signing Exact English(SEE II)(Gustafson et al., 1980)와 Signed English(Bornstein, 1974)같이 교육적 목적으로 만들어진 수화 시스템이다. 교육용 수화 시스템은 미국 수어(ASL)에서 수화 단어를 빌려오고 일부 수화의 특징 있으나 영어의 용법과 어순을 사용한다. 불행히도 청각장애학생들은 그들이 의사소통하려는 상대방에 맞추어 종종 둘 이상의 수화언어 체계들을 배우고 사용해야 한다.

지문자 지문자(fingerspelling)는 의미를 분명하게 하기 위해 사인이 없는 고유한 이름을 철자로 나타내는 것이다. 지문자는 ASL의 구성요소이며 영어와 ASL를 이중언어로 사용하는 경우에는 중요한 부분이 된다(Sehyr et al., 2017). 영어 각 글자에 하나씩 26개의 구별되는 수위가 있다. 미국과 캐나다에서는 한 손 수형 철자를 사용한다(그림 9.7 참조). C, L, W와 같은 수형문자는 영어 글자 인쇄체와 모양이 비슷한 반면, B, F, S와 같은 것은 뚜렷한 유사성이 없다. 타이핑할 때처럼 각각의 단어는 한 글자씩 손으로 표현된다.

농 유아의 경우 첫 지화의 시도는 출생 후 1년 정도에 나타나며 지문자화된 단어는 2세 정도에 나타난다(Erting et al., 2000). 농이나 난청 아동이 읽을 때 지화를 사용해서 구어적 및 문어적 영어를 연계하면 도움이 될 수 있다(Alawad & Musyoka, 2018).

이중언어-이중문화 접근법

미국 수어(American Sign Language, ASL)는 미국과 캐나다의 농 문화에 속하는 언어이다. 한때 선천적인 농인이 사용하는 수화는 언어가 아닌 것으로 생각되기도 했지만 언어학자 Walliam Stokoe(Stokoe,

그림 9.7 미국과 캐나다의 영어 지문자

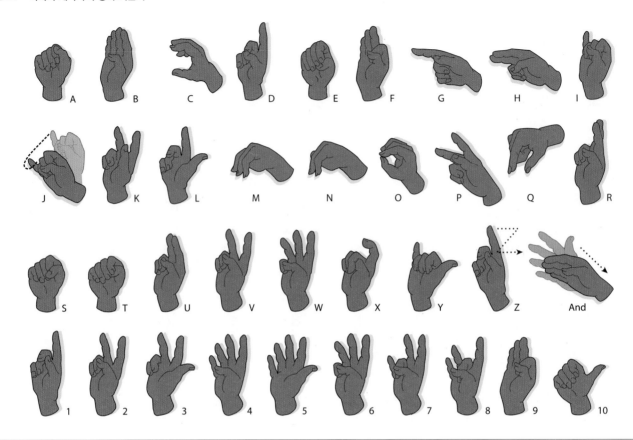

1960; Stokoe et al., 1995)의 연구에 의해서 구어의 불완전한 변이라기보다는 정당한 언어라는 것을 보여주었다. ASL은 시각–공간적 언어로서 손의 모양, 위치, 움직임 패턴, 움직임의 강도, 얼굴 표정 등으로 의미와 내용을 전달한다. ASL은 음운론, 형태론, 구문론, 의미론, 화용론 규칙들을 지니고 있기 때문에 영어와 일치하지 않는다(Valli et al., 2011). 관사, 전치사, 시제, 복수형, 어순이 영어와 다르다. ASL은 영어와 단어 대 단어 대응관계로 해석하기 어려운데 마치 다른 여러 나라의 언어를 단어 대 단어 수준에서 영어로 바꾸는 것과 같다.

어떤 ASL은 모양을 모방한 **상징적(iconic)** 특징이 있다. 즉, 수화 손 모양이나 손동작이 전달하고자 하는 메시지와 유사하다. 예를 들어 '소'에 대한 수화를 하기 위해 소의 뿔을 형상화하여 머리 위에서 모양을 표현하는 수화를 한다. 또한 '마시다'라는 동사를 표현하기 위해 컵을 잡고 물을 마시는 동작을 해보인다. 그러나 많은 수화가 이러한 상징을 가지고 있지는 않으며 수화로 표현하는 사물 모양이나 동작이 실제와 비슷하지 않다. 수화가 단순히 무언극의 형태라면 수화를 사용하지 않는 사람들이 쉽게 이를 이해할 수 있을지도 모른다. 그러나 수화에 익숙하지 않은 사람들은 이 수화를 거의 이해할

미국 수어(ASL)는 자체의 어휘, 구문, 문법 규칙을 갖춘 완전한 언어이다.

수 없다.

우수교사 Jessica Stultz는 "ASL은 영어와 완전하게 분리되는 뚜렷한 언어이다. 모든 언어는 평서문과 달리 의문문에는 다른 신호를 가지게 되며, 언어마다 다르다. 어떻게 다른지 다음과 같다. 예를 들면 영어로 말하는 경우 목소리의 어조를 올림으로써 질문을 한다. ASL 사용자는 눈썹을 올리고, 눈을 크게 하며, 자신의 몸을 앞으로 기울이면서 질문한다."

1900년대 동안 농 사회는 난청 또는 농을 가진 특수교사 수가 괄목할 만하게 늘어나자 교육용 언어의 하나로 ASL을 요구하기 시작했다(Baker & Baker, 1997; Drasgow, 1998). 그들은 **이중언어-이중문화 접근법**(bilingual-bicultural approach)이 ASL을 통해서 자연스럽게 언어능력을 키울 수 있으며 영어도 잘 배울 수 있다고 믿는다(Baker, 2011). 이 접근법에서는 농을 장애로 보지 않고 문화적·언어적 차이로 보며, 농 아동의 언어는 ASL이라고 생각한다. 국립농인협회(2018)는 "농 및 난청 유아에게 ASL 습득의 기회를 가능한 한 제공해야 하며 보조공학장치와 전략을 활용하여 이들이 가족들의 구어에 접근하고 습득할 수 있는 기회도 제공해야 한다."(n.p.)고 제시하고 있다.

이중언어 교육의 목표는 이중언어에 익숙한 성인을, 즉 제1언어(L1)로서 수화에 능숙하고 제2언어(L2)로서 영어로 읽고 쓸 수 있는 성인을 만드는 것이다. 농 및 난청 학생의 15%는 ASL이 주된 의사소통 양식으로 활용되는 학교에 다닌다(Gallaudet Research Institute, 2013).

이중언어 교육에 대한 이론적 기본 가정은 L1의 튼튼한 바탕이 주류 사회에서 사용하는 L2의 문해력을 키우는 데 디딤돌이 될 수 있다는 것이다(Marschark et al., 2014). ASL이 L1인 가정에서 온 농 유아나 아동들은 건청 아동과 거의 비슷한 속도로 어휘발달이 이루어진다(Emmorey, 2002; Goldin-Meadow, 2003). 농인 가정의 농 유아들은 학교에 배울 준비가 되어 입학을 한다. 왜냐하면 그들은 가족들과 의사소통하면서 L1을 배웠기 때문이다(Marschark et al., 2006). 조기 노출과 ASL의 유창성 발달, 영어 문해능력 간의 상관성을 연구한 학자들(Yoshinaga-Itano, 2006)은 실증적인 증거를 내세워 이중언어 교육을 일부 지지하고 있다.

그러나 Mayer와 Akamatsu(1999)는 제1언어와 제2언어의 상호의존성의 정도를 의문시했다. 그들은 이 두 언어가 논리적으로 불일치하며 농 아동에게 영어의 원리와 음소를 지도하기 위해 하향식 문맥기술의 정확한 교수와 연수를 제공하지 못하는 위험성을 제시했다. 지금까지 이중언어-이중문화의 확고한 철학적 배경과 이론적 근거로 많은 이중언어 프로그램[Scheetz(2012)는 19개의 주립 농학교가 이중언어 프로그램을 실시하고 있음을 보고함]이 시행되었지만 그 효과성에 대한 좀 더 객관적인 자료와 프로그램의 장기간 적용 결과가 요구되고 있다(DeLana et al., 2007). 최소 4년 동안 이중언어 프로그램에 등록되었던 150명 이상의 농 학생의 읽기와 수학 성취에 대한 연구 중 하나에서는 농 학생이 또래학년 수준인 건청 학생으로 구성된 국가 기준을 능가하였다(Lange et al., 2013).

누구에게 어떤 교육접근법을 적용할 것인가

교육자, 과학자, 철학자, 그리고 건청 부모와 농 부모들은 여러 해에 걸쳐서 농 아동을 위한 가장 적합한 교수방법이 무엇인가를 논의해 왔다. 오늘날도 그 논쟁은 계속되고 있다. 과거에는 말 읽기와 잔존 청력을 이용하여 타인의 말을 알아듣고 말로 하는 의사표현이 어느 정도까지 이루어져야 하는지에 대한 근본적인 일치가 어려웠다. 오늘날에는 영어 혹은 수화 중 어느 것을 농 아동의 제1언어(L1)로 할 것인가 하는 논쟁으로 바뀌게 되었다.

각각 다른 아동이 각각 다른 방법으로 의사소통한다. 일부 아동은 불행히도 고집스러운 구어 중심 프로그램 때문에 좌절감과 실패를 경험했다. 어려움과 좌절감을 맛본 아동들은 의사소통 방법을 제대

전환교육 : 현재가 미래를 만든다

중학교에서 친구 사귀기

초등학교에서 중학교로 가는 것은 누구에게나 전환에 해당된다. 사려 깊게 준비하면 성인기로의 전환을 성공적으로 하기 위한 초석을 다질 수 있다. 우수교사 Jessica Stultz는 5학년 학생들에게 중학교 입학을 준비할 때 긍정적인 사회관계 형성의 중요성을 강조한다. 이 교사의 조언은 초등학교에서 중학교로 올라가는 모든 학생에게 관련되는 것이다.

- **친근하게 대하라.** 중학교는 친구를 사귀기에 좋은 기회를 제공한다. 많이 웃어라. 다른 사람들에게 친절하고 예의 바르게 하라. 성가시게 하거나 거짓 없이 사람들을 칭찬하라. 불친절하거나 심술궂어 보일 수 있으므로 팔장을 끼거나 노려보지 말고 머리를 항상 높게 들어라.
- **클럽 혹은 활동에 참여하라.** 클럽이나 동아리에 참여하는 것이 친구들과 우정을 증진시킬 수 있다. 네가 의식하지 못하는 어떤 재능을 누군가가 알고 새로운 기술을 개발해줄 수도 있다.
- **그냥 안녕!이라고 말하라.** 친하게 지내고 싶은 누군가에 다가가서 "안녕"이라고 말하고 칭찬해주며 몇 가지 질문을 해보라. 확실히 미소를 짓되 과장되게 친절하거나 행복하게 할 필요는 없다.
- **자신을 잘 돌보라.** 건강하게 먹고, 샤워/목욕을 규칙적으로 하고, 얼굴도 잘 씻어라. 위생관리를 조금만 잘하면 모든 것이 달라질 수 있다.
- **극적인 사건을 만들지 마라.** 사건은 중학교의 어디에서라도 생긴다. IM, 문자 혹은 페이스북에서 말한 작은 일 하나가 평판을 망치고 우정을 파괴할 수도 있다. 우정을 맺고 있는 친구들이 두 팀으로 나누어져 싸우려고 하면 중립을 지켜라. 극적인 사건을 시작하는 사람들로부터 멀리 떨어져라. 또한 소문을 만들지 마라. 소문을 퍼트리지도 말고 듣지도 마라.
- **부정적인 또래의 압박을 피하라.** 학생들이 중학교에서 선택을 하는 데 또래들이 많은 영향을 미치며, 또래의 사회적 압박에 저항하는 것도 어렵다. 또래의 압박에 굴복하지 않으려면 관심이 비슷한 친구를 발견하고 단호해져라(예 : 좋아하는 것과 그렇지 않은 것을 친구에게 말하라). 알코올이나 다른 약물 복용을 하지 마라. 문제에 휘말릴수 있는 상황을 피하라(예 : 학교 수업을 빼 먹는 것). 잘 이해하지 못하거나 괴롭힘과 같이 불편감을 느끼는 상황에 대해서는 신뢰하는 어른에게 말하라.

초등학생이 중학교를 방문해보는 것은 전환에 대한 불안감을 줄이는 데 도움이 된다. 초등학교와 중학교 교사 간의 협업은 학생들에게 도움을 많이 준다. 교사들이 현장학습도 같이 계획할 수 있고 학생들이 중학교에 대해 배우고 편하게 느낄 수 있는 기회를 제공할 수도 있다.

방문하기 전에 초등학생과 중학생을 짝지어 펜팔을 할 수도 있다. 편지로 서로 자신을 소개하고 질문하고 자신의 흥미, 관심 그리고 경험을 적을 수 있다. 펜팔로 만난 학생들은 학교 방문하는 날에 직접 만나면 매우 기대될 것이다. 중학교 학생들은 초등학교 학생들에게 환영과 충고의 편지를 보낼 수도 있다.

학교를 방문하는 동안 중학교 학생들은 자신의 펜팔을 만나 환영해주고 학교를 보여준다. 학교의 일과를 설명하고, 새 친구를 교사와 학교 직원 그리고 다른 친구들에게 소개하고, 중학교 재학생으로서 질문에 답을 할 수도 있다. 초등학생의 전환을 환영하는 또 다른 방법은 중학생에게 중학교의 학업, 학교클럽, 동아리 활동 그리고 학교 행사에 대해 프레젠테이션을 준비하게 하는 것이다. 이런 활동들은 학생들이 중학교 진학에 대한 걱정을 줄여주고 기대를 갖게 할 것이다.

로 발달시키지도 못하고 구어 프로그램을 포기해야만 했다. 마찬가지로 좋은 구어 교수방법이 제공되지 않는 교육프로그램에 배치된 농 아동들은 불행히도 청각기술과 구어기술을 발달시킬 기회가 주어지지 않는다. 이 두 가지 경우 모두 농 아동에게 불리하다. 그러므로 모든 농 아동은 각자의 독특한 능력과 요구에 맞춘 의사소통 방법을 사용하는 교육프로그램에 배치되어야 할 것이다(Marschark, 2007). Mahshie(1995)는 아동에게 스스로 그들의 L1을 선택하도록 해야 한다고 권고하고 있다.

농 아동이 실제로 타인과 상호작용하면서 부딪히는 언어환경이 구어든 수화이든, 아동의 언어적 경향에 따라서 좀 더 구어적인가 혹은 수화적인가로 나아가는 것이 분명하다. 그러므로 언어선택은 여전히 아동의 몫이다(p. 73).

점점 수가 많아지는 농과 난청인들이 사회가 제공하는 교육적·사회적·직업적·여가적 기회를 향유하기 위해서는 조기에 꾸준한 언어노출과 아동의 요구와 선호에 가장 맞는 의사소통 양식, 아동에게 의미 있는 교육과정, 자기결정기술이 가장 중요한 핵심이다.

대안적 교육 배치

미국 내 대부분의 지역에서 부모와 학생들은 지역 공립학교 프로그램들과 기숙학교 중 하나를 선택해야 한다. 농과 난청 학생 대부분은 지역공립학교에 재학 중이다. 63%는 건청 아동과 함께 일반학급에서 교육을 받고 있고, 15%는 학습 도움실에, 11%는 특수학급에서 공부를 한다. 약 8%의 농 학생이 특수학교에 재학 중이며, 2%는 분리된 기숙제 농학교에, 그리고 1.5%는 사립학교에 다니고 있다(U.S. Department of Education, 2020). 일반학교의 농 및 난청 학생들과 비교해서 특수학교에 다니는 청각장애학생들의 청력손실이 더 심한 경우가 많으며 ASL을 더 많이 사용한다(Shaver et al., 2014).

농 학생들이 어디서 교육을 받아야 하는가에 대한 많은 논쟁이 있다. 기숙학교와 통합교육 배치 모두를 지지하는 연구들이 있다(Cerney, 2007; Shick et al., 2014). Bat-Chava(2000)가 말한 것처럼 배치는 학생의 문화적 정체성에 영향을 줄 가능성이 있다. 수업을 주로 구어로 하고 지화와 구어에 바탕을 둔 수화를 보조적으로 사용하는 학교 학생은 청력손실을 장애로 간주해버리기 쉽다. 그렇지만 ASL을 사용하여 가르치는 학교는 농 문화의 관점으로 청각장애학생을 교육한다.

일반교육환경에 재학 중인 농 아동에게 적절한 교수지원 서비스가 아직도 많이 요구된다. Cawthon(2001)은 통합제 학교의 일반교사들이 건청 학생에게 하는 것보다 절반 정도의 말을 하고, 학급토론이나 학습활동을 이해하고 적극 참여하기 위해서는 수화통역사의 역할이 중요하다고 보고했다. 최근의 전국적인 조사결과는 학령기 농과 난청 아동의 약 14%만이 수업 통역 서비스를 받고 있고(Gallaudet Research Institute, 2013), 일반학급에 배치 중인 중도와 최중도의 청각장애 중등학교 학생의 45%가 통역 서비스를 받고 있다고 밝혔다(Shaver et al., 2011).

수화통역사의 수화수준에 따라서 일반학교에 배치된 농 학생의 성공과 적절성이 달려 있다. 미국 전역 2,100명의 수화통역사 중 약 60%가 수어기술이 부족하며 "많은 농과 난청 학생이 학급 교육과정 활동과 사회적 상호작용에 의미 있는 참여가 이루어지지 않을 정도의 수어통역 서비스였다."(Schick et al., 2006, p. 3).

많은 농 학생들이 완전통합으로부터 혜택을 받고 있지만 학부모와 전문가 단체는 농 아동의 교육과 관련하여 아동의 특성과 요구에 맞는 교육 배치를 선택할 수 있는 여러 가지 대안을 마련할 것을 주장하고 있다(예 : Commission on Education of the Deaf, 1988; National Association of the Deaf, 2002). 농 교육 분야의 저명한 지도자가 말한 것처럼 건청 아동과 교실에 함께 있는 농 아동은 서로 다른 교육과정을 적용함으로써 실제로는 학업적으로나 사회적으로 배제되는 효과를 불러온다고 볼 수 있다(Moores, 1993).

모든 학습자들과 마찬가지로 우리는 학생들이 일반학급에서 얼마나 성공적으로 통합될 수 있느냐를 결정하는 가장 주요한 요인이 교수의 질이라는 것을 간과해서는 안 된다. 215명의 청각장애 중학생의

교수와 학습

학급에서의 성공을 지원하는 방법 : 농 학생이 전하는 팁

학교생활에 대해 농학생의 이야기를 듣는 것이 왜 중요한가 대부분 농 학생은 또래학생 대부분이 건청 학생인 환경에서 건청 교사로부터 교육을 받게 된다. 이런 교사와 학생들은 청각장애학생을 이해하려는 의도는 있지만 건청인의 관점만 있기 때문에 공감하는 부분은 부족할 수 있다. 우수교사 Jessica Stultz는 자신이 근무하는 학교의 농학생에게 일반학급 학생들을 대상으로 자신의 경험을 설명하고 교사는 어떻게 도움을 줄 수 있는지 설명을 해달라고 요청했다. 5학년 학생 페이즐리는 "의사소통하려고 애를 쓸 때마다 친구들은 내가 이해를 못했다고 반응을 보였기 때문에, 나는 외로움을 느꼈고 배제되었다."라고 지적했다. 7학년 학생 빅토리아는 "저에게는 부담감이 될 수 있고, 배우고 있는 것을 항상 다 이해하지는 못해요."라고 말하였다. 시간을 가지고 농 학생이 말하는 것을 들으려고 노력하는 것은 여러분을 더 나은 교사로 만들어줄 것이다. 7학년 학생인 타이는 "내가 가장 좋아하는 선생님은 항상 웃으면서 가르쳐요. 가르치는 것에 매우 열정적이며 우리가 잘 이해했는지 확인해요."라고 말했다.

농학생의 이야기를 듣고 배울 수 있는 것은 무엇인가 Jessica의 학생들 이야기를 들으면 교사는 다음과 같은 일반적인 팁을 얻을 수 있다.

- 학생들이 선호하는 의사소통 양식을 알고 일관되게 사용한다.
- 긍정적이고, 우호적이며, 인내심을 가지고 격려한다.
- 개별적으로 집중해준다.
- 학생들이 배우고 있는 것을 이해하는지 확인하고, 이해했을 때는 긍정적인 피드백을, 도움이 필요할 때는 교정적 피드백을 제공해준다.
- 또래 친구들과 어려움이 있을 때는 중재하여 문제해결을 도와준다.

나이가 든 학생들이 제공해주는 부가적인 팁은 다음과 같다(DeafTEC, n.d.).

- 시각자료로 강의를 보완한다(예 : 파워포인트 슬라이드).
- 학생들이 수업하기 전에 배경지식을 형성하고 검토할 수 있도록 교수자료를 미리 제공해준다.
- 학생들에게 말을 할 때는 확실하게 얼굴을 쳐다보면서 말한다.
- 수업 후 검토하고 정리할 수 있는 추가 시간과 보조자료를 제공하고 활용한다. 학생들에게 추가 시간과 보조자료를 제공할 의향이 있다는 것을 학생들에게 확실하게 알려준다.
- 학생들에 대해 알아보고 학생들의 말 경청하면 필요한 것이 무엇인지 말해줄 것이다.

수학성취도를 연구한 결과에서 Kluwin과 Moores(1989)는 "아동의 배치에 상관없이 교수의 질이 아동의 성취에 결정적인 요인"이라고 결론 내렸다(p. 327). 교수와 학습 '학급에서의 성공을 지원하는 방법 : 농 학생이 전하는 팁'을 참조하라.

고등학교 이후 교육

1980년대부터 고등학교 이후 교육을 받는 난청 학생의 비율이 급격히 증가하고 있다. 농과 난청 학생 중 약 50%가 대학공부를 마치고 있다(Garberoglio et al., 2019). 문학, 과학, 교육, 경영, 그리고 다른 영역들에 관한 학부 및 대학원 과정의 다양한 프로그램을 제공하는 워싱턴 DC의 갤러뎃대학교가 가장 오래되고 가장 잘 알려진 청각장애 교육기관이다. 로체스터 공과대학에 위치한 농인을 위한 국립공과대학(NTID)은 공학, 직업, 컴퓨터과학, 호텔 경영, 사진학, 의료공학과 같은 경영 관련 영역의 다양한 프로그램을 제공한다. 갤러뎃대학교와 NTID는 연방정부의 지원을 받고 있으며, 대략 1,500명의 농 혹은 난청 학생들이 각각 이들 대학에 등록되어 있다.

우수교사로부터의 조언 by Jessica Stultz

세상을 구하려고 애쓰지 마라 : 가르쳐라

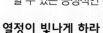

- '세상을 구한다' 혹은 아동의 구세주가 되려고 애쓰지 마라. 여러분의 동정심 혹은 영웅주의를 학생들은 응원하지 않는다. 학생들은 여러분의 전문지식을 인정하고, 학생들의 성공에 대해 연민과 헌신을 필요로 한다.
- **신나게 학년을 출발하라.** 새학년의 첫날이 한 학년의 남은 시간 분위기를 결정한다. 출발부터 규칙과 기대감을 분명히 하라. 행동전략을 자주 변경함으로써 학생을 혼동하게 하지 말고 일관적으로 가르쳐라. 그러면 한 학년의 나머지 시간은 순조로울 것이다.
- **스트레스가 있는 상황에서는 평정심을 유지하라.** 좌절을 피하지 마라. 그러나 만약 좌절하게 된다면 그것을 학생들이 보지 않도록 하라. 학년이 지나고 나면 학생들은 여러분을 성격이 이상한 사람으로 기억할 것이다.
- **예상에서 벗어나라.** 판에 박힌 생활에 너무 빠지지 마라. 절충적인 학급관리와 증거기반 교수접근이 아니어도 학생들에게 다양한 시각적 과제, 프로젝트, 손으로 직접 해보는 활동을 제공하여 놀라게 하라. 가정에서도 뭔가 말할 수 있는 긍정적인 것을 제공하라.

열정이 빛나게 하라

- **연기자가 되라.** 여러분이 가르치는 교과를 사랑하는 것은 학생들에게 열정을 불어넣는 데 중요하다. 수업 단위가 너무 길어서 여러분이 지루함을 느낀다 해도 학생이 그것을 알게 해서는 안 된다! 연기자가 되라!
- **웃는 것을 격려하라.** 우수한 교사는 학생들에게 두려움을 주지 않으면서 주의집중을 시킨다. 학급에서 많이 웃는 것을 격려하라.
- **배려심을 가져라(깊은 관심을 가져라).** 민감하게 이해하면서 학생과 강한 라포를 형성하여라. 교사가 진심을 다해 보살핀다는 것을 보여주어라.
- **긴장감을 유지하라.** 학생이 위기와 멘붕을 예방하기 위해 불안감을 예견하거나 내용을 이해하는 데 어려움이 있다는 것을 교사는 미리 예견해야 한다. 한걸음 먼저 나아가라.

지속적으로 질문하고 지속적으로 배우라

- **멘토를 활용하라.** 멘토는 신임교사가 겪는 스트레스를 줄일 수 있는 훌륭한 자원이 될 수 있다. 피드백, 아이디어, 명심할 사항, 그리고 교수계획 사례를 제공해줄 수 있는지 물어볼 수도 있다.
- **영원히 학생이 되라.** 건설적인 피드백을 받아들이고 항상 개선할 수 있는 방법을 찾아보라. 전문가 훈련은 진행 중이다. 이슈, 주제, 수업자료, 공학을 최신의 내용으로 유지하라.

핵심용어와 개념

감음성 청각장애	데시벨(dB)	어음수용역치(SRT)
고막	독화	언어습득이전 청력손실
난청	미국 수어(ASL)	언어습득이후 청력손실
놀이 청력검사	발음 암시법	외이도
농	선천성	이개
농 문화	선천성 거대세포 바이러스(CMV)	이소골
달팽이관	신경성 청각장애	이중언어-이중문화 접근법

인공와우   종합적 의사소통법   청력도
잔존청력   지문자   청취
전음성 청각장애   청능훈련   행동관찰 청력검사
조작적 조건화 청력검사   청력검사기   헤르츠(Hz)
중이염   청력검사 영점   후천성

요약

정의

- 청력손실은 경증부터 중증까지 연속하여 존재하며 대부분의 특수교사들은 이러한 아동을 농과 난청으로 구분한다. 농 아동은 청력을 통하여 말소리를 이해할 수 없다. 난청 아동은 일반적으로 보청기를 사용하여 말소리를 이해할 수 있다.
- 많은 청각장애인은 청력손실을 장애로 간주하지 않는다. 다른 문화집단처럼 농 공동체의 구성원은 공통의 언어(ASL)와 사회적 관행을 공유한다.
- 소리는 강도[데시벨(dB)]와 주파수[헤르츠(Hz)]로 측정한다. 두 가지 관점은 청각장애아동의 특수교육적 요구를 고려할 때 모두 중요하다. 말소리를 이해하는 데 가장 중요한 주파수 대역은 500~2,000Hz이다.

특성

- 청각장애아동, 특히 청력손실이 90dB 이상의 언어습득이전 청각장애아동은 영어 문해능력, 특히 읽기 및 쓰기를 습득하는 데 아주 불리하다.
- 많은 청각장애아동의 말은 그들이 잘 듣지 못하는 구어음을 생략하거나 너무 크게 또는 작게 말하기도 하며, 비정상적으로 높은 주파수 소리, 부적절한 억양 및 속도로 말하기 때문에 이해하기 어려울 수 있다.
- 농과 난청 학생의 학업성취도 수준은 그들 또래보다 훨씬 뒤처져 있으며 일반적으로 나이가 들수록 집단 간 격차는 더 커진다.
- 심한 중도의 청각장애아동은 특히 비슷한 청각장애아동과의 사회화가 제한될 때 학교생활에서 고립감과 우울감을 느낀다고 보고한다.
- 많은 청각장애인들은 농 사회 및 문화의 구성원을 선택한다.

출현율

- 청각장애학생은 학령기 특수교육 대상자의 약 1%에 해당한다.

청각장애의 유형과 원인

- 청력손실은 전음성(외이 또는 중이) 또는 감음성(내이)과 편측성(한쪽 귀) 또는 양측성(양쪽 귀)으로 설명된다.
- 언어습득이전 청력손실은 구어 및 언어가 발달되기 전에 장애가 생기는 것이고, 언어습득이후 청력손실은 그 이후에 장애가 생기는 것이다.
- 선천성 청각장애의 원인은 유전적 요인, 모체 풍진, X 관련 청력손실, 선천성 거대세포 바이러스(CMV), 조산 등이 있다.
- 후천성 청각장애의 원인은 중이염, 뇌막염, 메니에르병, 소음 노출 등이 있다.

판별과 사정

- 청력 뇌간 유발법과 이음향 방사는 청각장애 유아를 선별하는 두 가지 방법이다.
- 공식적인 청력검사는 청력을 측정하여 다양한 주파수에서 아동이 50% 정도 들을 수 있는 가장 희미한 소리의 강도를 그래픽으로 보여준다.
- 청력손실은 손실의 정도에 따라 최경도, 경도, 중등도, 중도, 최중도로 구분한다.

공학기술과 지원

- 소리를 증폭하거나 제공하는 기술에는 보청기, 집단 보조청취 장치 및 인공와우가 있다.
- 소리를 보충하거나 대체하는 기술과 지원에는 수화통역사, 말-문자 변환장치, 텔레비전 자막, 문자 전화 및 알림장치가 있다.

교육접근

- 구어/청각 접근법은 농 학생이 가청 세계에서 살아가기 위해서는 구어는 필수적인 것으로 본다. 증폭기, 청각학습, 독화, 보

청기 사용, 무엇보다도 말하기에 관심을 갖는다.

- 종합적 의사소통법은 수화나 지문자와 같이 손으로 하는 의사소통 방법과 구어적 의사소통 방법을 동시에 사용한다.
- 이중언어–이중문화 접근법은 농을 장애가 아닌 문화와 언어의 차이로 간주하며 미국 수어(ASL)는 교육의 언어로써 사용된다.

대안적 교육 배치

- 농 또는 난청 학생의 대략 63%가 일반학급에서 교육받고 있다. 약 15%는 학습 도움실, 11%는 특수학급, 8%는 특수학교, 2%는 기숙학교에서 교육받고 있다.
- 모든 전문가와 부모 단체는 청각장애 교육에서 배치 선택 연속성을 찬성하는 강력한 성명서를 발표했다.
- 아동에게 개별적 요구와 선호에 적합한 언어 및 의사소통 접근과 의미 있는 교육과정, 자기결정기술은 농 또는 난청 아동의 미래를 향상시키는 열쇠이다.

CHAPTER 10

시각장애

Katelyn Metzger/Merrill Education

 ## 주요 학습목표

10.1 맹과 저시력이 학습, 운동발달, 사회적 상호작용에 미치는 영향을 기술할 수 있다.

10.2 시각장애의 원인과 유형을 판별하고 교사가 학급에 속한 시각장애학생의 유형을 잘 알아야 하는 이유를 설명할 수 있다.

10.3 맹 학생과 저시력 학생의 교육적 목표와 교수방법을 비교할 수 있다.

10.4 시각장애학생을 위한 확장된 핵심교육과정을 정의하고 중요성을 설명할 수 있다.

10.5 시각장애학생의 성공적인 삶에 필수적인 비교과 기술의 확장된 핵심교육과정을 배우는 기회에 교육 배치가 미치는 영향을 설명할 수 있다.

학력, 자격증, 경력

- 오하이오주립대학교 초등 교육학 학사(1977)
- 오하이오주립대학교 시각 장애 K-12 교육학 석사 (1978)
- 오하이오 1-8 초등 전문 가, 시각장애 K-12 교육 특수교육전문가, 국가 인 증 시각장애 특수교육 전 문가(2004, 2014)
- 시각장애학생 교육 경력 41년
- 2020년 오하이오 지역 6 올해의 교사

우수교사 사례

Cecelia Peirano

Ohio State School for the Blind, Columbus, OH

나는 10~13세의 5학년과 6학년 시각장애학생 8명을 가르치고 있다. 학생들의 학업능력은 매우 다양하다. 2명은 농-맹이며, 1명은 영어 학 습자이고, 1명은 영재아로 판별되었다. 2명은 매일 일과 중 절반은 일 반학교에 갔다가 절반은 나에게 와서 학업시간을 보낸다.

시각장애학생들이 성공한다는 것은 엄청난 에너지와 시간이 요구된다. 일반교육과정을 따르며 체 육, 음악, 미술 수업에 참여하는 것뿐 아니라 시각장애학생의 독특한 요구에 맞는 확장된 핵심교육과 정, 즉 점자, 청취기술, 방향성 및 보행, 사회적 기술, 시효율성 그리고 공학으로 특수교육을 받는 것 이다.

오늘날 공학은 시각장애학생과 교사들에게 경이로운 것이다. 공학은 학생들에게 많은 기회를 제공 하는데, 일반 또래학생들과 일반 활동에 참여하고 10대 혹은 성인처럼 취업 전선 참여에 요구되는 기 술에 포함되기도 한다. 시각장애학생이 인쇄매체에 접근하는 것은 어려운 일이긴 하지만 공학은 확 실하게 수준을 높여주었다.

저시력 학생은 자막 있는 TV 사용을 배울 수 있다. 확대 교재, 포켓 뷰어, 아이패드, 그리고 확대 · 저장 · 조작적 인쇄, 컴퓨터의 접근과 같은 부가적인 장치들 혹은 읽을 수 있는 많은 자료들이 있다. 점자를 사용하는 학생들은 점자 디스플레이, JAWS 혹은 다른 스크린 리더, 스마트폰의 특수 키보드, 그리고 진행 중인 것들과 같은 노트장치를 통해 교육적 매체에 접근할 수 있고 반응할 수도 있다. 학 생들은 새로운 공학을 통해 정보에 흠뻑 젖어 있는데 시각장애학생들도 이렇게 될 필요가 있다!

인쇄된 것을 Duxbury와 같은 점자기를 통해 번역하고, 화이트보드로 직접 전송하여 학생의 컴퓨 터로 바로 전달되어 확대되거나, 교사가 칠판에 쓰는 것을 들을 수 있게 하거나, 책을 다운로드하거 나, 발표 내용이 점자 디스플레이와 같은 기기로 작성되는 프로그램을 통해 교사는 학생들이 더욱 쉽 게 접근할 수 있는 교육과정을 만들 수 있다.

교육과정과 교수를 가장 효과적으로 적용하는 것 중 일부는 로테크이다. 예를 들면 수학에서 학생 들은 개념을 탐색하기 위해서 조작자와 손으로 직접 해보는 시간이 많이 필요하다. 자료를 확대하거 나 촉각적으로 접근할 수 있어야 한다. 게다가 수학에 대한 점자 코드인 Nemeth는 수학교수 수정으 로 3차원 물체, 촉각적 도표, 말하는 계산기, 보조 소프트웨어가 있는 컴퓨터 그리고 시간 연장이 포 함된다.

아동이 점자를 읽을 수 있도록 가르치고 촉각적 지도를 탐험하는 방법을 알게 하는 것은 결과적으 로 오하이오에서 플로리다로 여행하는 것을 보여주는 것, 그리고 과학수업에 기체 분자를 가열하면 확장되는 것을 이해하여 미소 짓는 것을 볼 수 있는 큰 기쁨을 주었다. 나의 학생 중 케이시는 항상 나에게 고개를 향하고 웃으면서 "오, 이제 알겠어요!"라고 말한다. 그것은 모든 것을 말해준다!!!

16세의 마리아는 선천성 전맹이지만 영리한 학생이다. 최근에 심리 및 지능검사를 받았는데, 기대되는 연령과 학년 수준의 점수를 받았다. 그러나 검사의 한 항목에서 특이한 점이 발견되었다. 검사자는 마리아에게 바나나 껍질을 벗기지 않은 채로 건네주면서 "이것이 무엇이지?"라고 물었다. 마리아는 그것을 받아들고 추측을 했으나 답을 정확하게 말하지 못하였다. 마리아의 교사나 부모와 마찬가지로 검사자도 깜짝 놀랐다. 이 항목은 유아 수준임에도 불구하고 16세의 영리한 학생이 대답을 못했기 때문이다. 마리아는 바나나를 수없이 먹었지만 경험으로부터 중요한 것을 놓쳤던 것이다. 즉, 혼자서 바나나를 들고서 벗겨본 적이 한 번도 없었던 것이다.

이것은 외부세계로부터 정보를 받아들이는 데 시각이 얼마나 중요한지를 보여주는 극적인 사례이다. 시각장애아동들은 다른 감각(청각, 촉각, 후각, 미각)을 활용하여 다양한 자극을 수용하는 방법을 배울 수 있지만 시각을 전적으로 보상하지는 못하기 때문에 위의 사례와 같은 현상이 생기게 된다. 사물이 어느 정도 떨어져 있는지 혹은 물체의 길이가 자신의 팔 길이를 넘는지를 촉각과 미각으로는 알 수가 없다. 청각을 통해 사물이 어느 정도 가까이 있는지 그리고 떨어져 있는 환경에 대해 어느 정도의 정보를 얻을 수는 있지만 주변 환경을 보고 얻게 되는 정보만큼 구체적이고 연속적이며 정확한 정보를 얻을 수는 없다.

시각이 학습에 결정적으로 중요한 역할을 하는 환경 중 하나가 교실이다. 예를 들면 학교 환경에서 요구되는 학생의 중요한 기술 중 하나가 시각적인 것인데, 이는 다른 사물에 초점을 맞추어야 하고 가까운 데서 먼 곳까지 요구에 따라 시각을 이동할 수 있어야 한다. 또한 눈-손 협응, 시각적 집중 유지, 색깔과 문자의 변별, 많은 사물을 보고 동시에 해독하고 본 것을 기억할 수 있어야 한다. 그러나 시각장애아동은 이런 능력 중 하나 혹은 그 이상에 결함이 있다. 그러므로 특수한 장비나 수정된 교수절차, 학교에서 효과적으로 기능을 할 수 있는 자료가 필요하다.

정의

미국 장애인교육법(IDEA)에서 다루는 다른 장애와 달리 시각장애는 법률적 및 교육적 정의가 있다.

맹의 법률적 정의

맹의 법률적 정의는 시력과 시야에 근거를 둔다. **시력**(visual acuity, 형태를 분명하게 구별하거나 특정 거리에서 작은 사물을 변별하는 능력)은 스넬렌 시력표의 문자, 수, 다른 상징을 읽는 선(거리)에 의해 측정된다. 사람들이 생각하는 것처럼 '20/20'이라는 표시는 정확한 시력을 의미하는 것은 아니고, 단지 20피트의 거리에서 정상적인 눈이 볼 수 있는 것을 그 거리에서 볼 수 있다는 것을 나타낸다. 아래의 수가 커질수록 시력은 저하된다.

콘택트렌즈나 안경을 쓰고 교정한 뒤에 잘 보이는 시력이 20/200 혹은 그 이하인 사람은 **법률적 맹**(legal blindness)으로 간주한다(Social Security Administration, 2019). 만약 제인이 안경을 끼고 20/200의 시력으로 나왔다면, 대부분의 사람이 200피트 떨어져서 볼 수 있는 것을 제인은 20피트의 거리에서 볼 수 있다는 것이다. 즉, 분명하게 보기 위해 정상 시력인보다 더 가까이 가야만 한다. 법률적 맹은 일상의 상황에서 시력을 활용하기 어렵다는 것을 의미한다. 그러나 20/200 혹은 심지어 20/400 시력의 아동들도 특수한 도움으로 일반학급에서 성공하기도 하지만 안경 혹은 콘택트렌즈를 끼고도 시력이 너무 나빠 작은 사물을 지각하지 못하는 아동도 있다. 교정 후에도 20/70 시력인 아동들은 법률적 및 행정적 목적을 위해 **부분 시력**(partially sighted)을 지닌 것으로 고려된다.

정면을 똑바로 응시할 때 정상적 눈은 약 160~170도 범주 내의 사물을 볼 수 있다. **시야**(field of vision) 범위가 20도 이하로 제한적인 사람은 법률적 맹이 된다. **터널 시야**(tunnel vision)를 가진 사람들은 좁은 관이나 터널을 통해 세상을 보는 것으로 자신의 지각을 묘사한다. 그런 사람들은 중앙 부분은 시력이 좋지만 시야 외부 영역의 주변 시야는 나쁘다. 반대로 주변 시야는 비교적 좋지만 중심 부분의 사물을 정확하게 보는 것은 불가능한 경우도 있다. 일반적으로 시야는 주의 깊게 살피지 않으면 점점 손상되는 경우가 있기 때문에 총괄적인 시력검사에는 시력검사뿐 아니라 시야검사도 반드시 포함되어야 한다. 그림 10.1은 정상인과 시력이 나쁘거나 제한적인 시야의 사람이 어떻게 사물을 보는지를 나타낸다.

법률적 맹은 정부로부터 다양한 교육 서비스, 자료, 혜택을 받을 자격이 있다. 예를 들면 국회도서관으로부터 토킹북과 플레이백 장치를 받을 수 있다. 연방정부가 주와 지역학교 관할의 재정을 법률적 맹을 위해 할당하기 때문에 해당 학교는 미국 맹인인쇄소에서 책과 교육자료를 살 수 있다. 법률적 맹은 직업훈련과 무료 우편 서비스, 부가적인 세금 면제 혜택의 자격을 얻는다. 시각장애인에게 활용 가능한 서비스에 대해 더 많이 알고자 하면 미국 맹인인쇄소의 웹사이트를 방문하라.

법률적 맹에 대한 서비스와 혜택을 아는 것도 중요하지만 교육적으로는 법률적 맹에 대한 정의가 교사에게 아무런 정보를 제공해주지 못한다. 법률적 맹의 기준에 해당되지는 않지만 시각손상이 심하여

그림 10.1 **시야에 따라 보는 거리 모습.** (a) 20/20 시력의 시야, (b) 20/200 시력의 시야, (c)와 (d) 제한된 시야

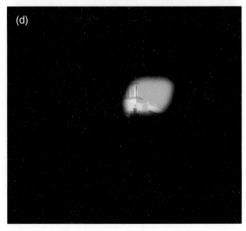

특수교육이 요구되는 아동도 있고, 법률적 맹에 해당되지만 특수교육 서비스가 필요 없는 아동도 있다.

시각장애의 교육적 정의

맹을 포함한 **시각장애**(visual impairment)에 대한 IDEA의 정의는 시각과 학습의 관계를 다음과 같이 강조한다.

> 맹을 포함하는 시각장애는 교정을 해도 시력이 아동의 교육적 수행에 불리한 영향을 주는 것이다. 이 용어
> 는 부분 시야와 맹을 모두 포함한다(20 USC §1401 [2004], 20 CFR §300.8[c][13]).

시각장애아동의 시각적 능력은 전맹에서부터 잔존시력이 조금 있는 경우까지 광범위한 범주를 나타낸다. 법률적 맹을 결정하기 위해 사용되는 시력과 시야에 대한 정밀한 의학적 측정은 교육자들에게는 그다지 준거가 되지 않는다. 대신에 교육자들은 학습을 위해 시각 및 촉각적 수단을 사용하는 정도에 근거하여 시각장애를 분류한다.

- **전맹**인 아동은 시각으로는 유용한 정보를 얻을 수 없고 학습을 위해 촉각과 청각을 활용해야만 한다.
- 시력이 거의 없는 **기능적 맹**은 다른 감각으로 주로 학습을 하게 된다. 그러나 특수한 과제를 위해서는 제한된 시각을 보조적으로 활용할 수도 있다(예 : 교실을 옮겨다니는 것).
- **저시력**(low vision) 아동들은 학습의 주된 수단으로 시각을 사용하지만 촉각이나 청각으로 시각정보를 보충하기도 한다.

발생 시기

시각장애도 다른 장애처럼 선천성(출생 시 나타나는 것)이거나 후천성(획득되는 것)일 수 있다. 학령기 아동들의 시각장애는 대부분 선천적이다. 교사는 아동의 시각손상 시기를 아는 것이 유용하다. 세상을 지각할 때 선천적인 맹 아동과 12세에 시력을 잃은 아동은 지각 양상에서 다른 면이 있다. 선천적 맹 아동은 비시각적 감각·청각·촉각을 통해 학습한 배경적 경험을 가지고 있으나, 후천적 맹 아동은 시각

Scott Cunningham

선천적인 시각장애아동은 청각, 촉각, 그리고 다른 비시각적 감각으로 학습에 대한 배경지식을 갖게 된다.

적 경험에 의존하여 끌어낼 수 있는 배경지식이 많다. 후천적 맹 아동은 이전에 본 것에 대한 시각적 기억을 보유하고 있다. 이 기억은 교육에 도움이 된다. 예를 들면 후천적 맹 아동은 색, 지도, 인쇄 문자의 모양을 기억할 수 있다. 그러나 시력을 잃고 갑자기 적응해야만 하는 후천적 아동은 선천적 아동에 비해 정서적 지원과 수용에 대한 요구가 더 클 수 있다(Wahl et al., 2006).

특성

학습목표 10.1   맹과 저시력이 학습, 운동발달, 사회적 상호작용에 미치는 영향을 기술할 수 있다.

인지와 언어

이 장은 전맹인 마리아라는 10대 소녀에 대한 이야기로 시작했다. 마리아는 바나나처럼 손에 쥐고 있는 물건도 구별할 수 없었다. 마리아는 바나나를 아주 여러 번 먹어보았고, 바나나라는 단어를 쓰고 읽을 수 있었으며, 바나나가 자라는 데 필요한 최적의 기후를 설명할 수도 있었다. 그러나 마리아는 껍질을 벗기지 않은 바나나를 잡아본 적이 없으며 그것을 확인할 수 없었다.

시각은 아동에게 다양한 경험을 조직하고 연결할 수 있는 능력을 제공해준다. 이해를 해야 하거나 정보의 다양한 아이템들을 연결시켜야 하는 인지적 과제에서 맹 아동은 정안 아동보다 수행력이 떨어진다. 시각손상이나 맹은 경험들을 연결하는 것을 어렵게 한다. "맹 아동의 경우에는 모든 교육적 경험이 분리된 장소에 저장되는 것과 같다."(Kingsley, 1997, p. 27).

다른 장애가 없는 정안 아동들은 자신의 경험과 환경과의 상호작용을 통해 끊임없이 학습한다. 아동들의 움직임에 따라 시각은 환경과 환경 내의 사물들과의 관계에 대해 자세한 정보를 계속해서 전해준다. 어떤 특별한 노력 없이 정안 아동들은 일상 경험으로부터 유용한 정보를 풍부하게 제공받는다. 그러나 시각장애아동들의 경우는 이러한 우연학습이 불가능하다.

Ferrell(2006)은 정안 아동과 시각장애아동이 애완동물을 기르는 집에서 일상생활을 통해 무엇을 배우는가를 설명하였다. 정상 시력의 아동들은 고양이가 울거나 하악거릴 때 입을 벌리는 것을 본다. 그래서 그 아이들은 소리와 고양이를 연결시킬 수 있다. 고양이를 기를 때 부드러운 털을 느끼는 동시에 고양이의 몸 전체를 본다. 시각장애아동들은 고양이의 울음소리를 들을 수는 있지만 소리를 내는 모습을 볼 수 없으며, 부드러운 털을 느낄 수는 있지만 동시에 고양이 몸의 일부분만 느낄 수 있다. 또한 고양이가 아동을 할퀴었을 때도 발톱이 어디에서 나오는지는 모른다. 그러므로 "고양이는 꼬리가 있다."와 "바나나는 물렁물렁하다."와 같은 단순한 언어개념을 학습하는 것이 어려워진다.

시각장애학생의 교사인 Jeanna Mora Dowse(2009)는 작업치료사가 치료실로 천천히 걸어가고 있는 맹인 유아에게 "shake a leg!"라고 말하는 것을 설명하였다. 학생은 걷는 것을 멈추고, 오른쪽 다리를 흔들고 나서 다시 계속 걸어갔다. 그리고 나서 작업치료사는 "shake a leg"의 의미가 "move faster"라는 것을 설명했다. 이런 학습과정 때문에 시각장애학생의 잠재력에 제한이 있다는 증거는 전혀 없지만, 개념형성을 위해 비시각적인 감각을 통해 반복적이고 직접적인 접촉을 확대해야 함은 분명하다(Ferrell & Spungin, 2011).

운동발달과 이동

맹과 중도 시각장애는 운동발달의 지체를 동반하는 경우가 종종 있으며 넘어질 위험이 증가된다(Sadowska et al., 2017). 시력은 운동기술 습득에 네 가지 중요한 기능을 한다. (1) 동기, (2) 공간지각, (3) 보호 및 방어, (4) 피드백이다(Houwen et al., 2009). 정상 시력 유아들이 목표를 향해 움직이는 것은 유아들이 보고 있는 물체에 다가가는 행동을 포함한다. 특히 손에 조금 못 미치는 거리에 있는 물건을 집으려는 아이의 노력은 근육을 강화시키고 협응능력을 향상시킨다. 또한 강화된 근육과 향상된 협응능력이 효율적인 이동을 가능하게 한다. 그러나 시력을 전혀 활용할 수 없는 유아의 경우에는 움직이고자 하는 동기가 감소하게 된다. 맹 아동은 누워 있는 아기일 때보다 앉아서 고개를 돌릴 수 있는 정도의 신체발달이 이루어져도 세상에 대한 흥미를 느끼지는 못한다.

시력은 사물의 거리와 방향에 대해 결정적인 정보를 제공한다. 시야가 정상적이지 못한 아동은 주어진 환경에서 움직이는 것이 고통스러웠던 경험 때문에 덜 움직이게 된다. 아동의 움직임에 대해 지속적으로 피

비시각적인 감각을 활용하여 직접적이고 반복적인 접촉을 하는 것이 시각장애아동의 학습에는 결정적으로 중요하다. 모건은 선풍기를 켜고 끄면서 원인과 결과 개념을 익히고 있다.

드백을 해주면 시각장애아동은 실수를 고칠 수 있고 운동의 정확성도 증진될 수 있다. 공간에 대한 지각과 시력에 대한 피드백을 통해 정안 아동을 관찰하고 다른 사람의 운동을 모방할 수 있다(Brambring, 2007; Haibach et al., 2014). 심지어 저시력 아동인 경우에도 정안 아동보다 운동기술이 떨어진다(Haegele et al., 2015). 이들은 대근육 운동기술, 특히 균형감각이 부족하다. 이 아동들은 모방을 통해 운동을 할 수가 없으며 공간에 대해 주의를 더 많이 기울여야만 한다(Bouchard & Tétreault, 2000). 아동의 안전에 대한 부모의 관심이 신체활동의 기회를 감소시킬 수 있다(M. E. Stuart et al., 2006).

사회적 적응과 상호작용

시각장애아동은 정안 아동과 비교하여 자유시간에도 상호작용을 더 적게 하므로 사회적 기술발달이 지체되는 경우가 많다(Celeste, 2006; Zebehazy & Smith, 2011). 시각장애를 가진 많은 청소년들이 좋은 친구들을 갖고 있기는 하지만 사회적 고립 위기를 극복해야 하며, 우정을 쌓고 유지하기 위해 정상 시력의 또래보다 더 많은 노력을 기울여야 한다(Augestad 2017; Jessup et al., 2018; Lifshitz et al., 2007). 일반 아동들이 공놀이나 영화 보러 가는 것과 같은 단체활동에 시각장애학생을 초대하지 않는 경우가 종종 있는데, 이는 시각장애학생들이 그런 활동을 좋아하지 않을 거라고 단순하게 추측하기 때문이다. 그리하여 시각장애학생들은 또래 친구들과 대화나 사회적 상호작용, 우정의 토대가 되는 공통의 관심사와 경험을 공유하는 것이 줄어든다.

Rosenblum(2000)은 시각장애 발생률이 낮아서 같은 장애로 어려움을 경험하고 있는 또래나 성인의 역할 모델을 활용할 수 없다는 점이 시각장애 청소년들의 제한적 사회참여에 영향을 줄 수 있다고 밝혔다. 특히 시각장애 10대들의 사회적 고립은 또래의 청소년들이 운전면허증을 취득할 때 두드러진다.

다른 사람들로부터 사회적 신호를 받고 그에 답할 수 없기 때문에 상호작용의 기회가 점점 줄어들게 되며, 사회적으로 어려움을 겪게 된다(Campbell, 2007). 예를 들면 맹 학생들은 대화를 하는 동안 상대방의 몸짓, 얼굴 표정, 신체 자세의 변화를 볼 수가 없다. 이렇게 의사소통의 중요한 구성요소를 볼 수 없다는 점이 상대의 메시지를 이해하는 데 방해가 된다. 그리고 사회적으로 적절한 눈 마주치기, 얼굴 표정, 몸짓을 사용하여 대답하지 못하는 것이 상대방의 의사소통 의도에 관심도 없고 친구를 찾을 것

같지도 않다고 느끼게 한다.

시각장애아동들은 몸을 흔들거나, 눈을 비비거나, 손을 흔들거나, 머리를 젓는 것과 같은 반복적인 신체 동작을 한다. 시각장애의 문헌에서는 이런 행동을 전통적으로 '맹인벽' 혹은 '맹 매너리즘'으로 언급하고 있다(Kingsley, 1997). 상동행동(stereotypic behavior, stereotypy)은 맹과 맹 매너리즘을 포함하는 명확한 용어이다. 이것은 다른 아동들도 나타내는 행동이며 모든 맹 아동에게서 보이는 행동이 아니라는 점에서 적절한 용어이다(Gense & Gense, 1994).

반드시 해로운 행동은 아니지만 상동행동이 두드러지면 다른 사람에게 부정적인 인상을 주게 되어 사회적으로 불리하게 작용할 수도 있다. 많은 시각장애아동들이 상동행동을 하는 이유는 밝혀지지 않았다(Bak, 1999). 그러나 머리를 반복적으로 흔드는 행동, 대화 중 머리를 숙이는 행동과 같은 시각장애 아동의 상동행동을 줄이기 위해 다양한 행동중재들이 활용되고 있다(McAdam et al., 1993).

시력을 잃은 사람들이 겪는 가장 큰 어려움은 주변 사람의 태도와 행동에 대처하는 것이다. 많은 사람들은 맹에 대한 미신, 잘못된 개념과 과잉일반화를 가지고 있다(Garber & Huebner, 2017). 이런 신화적 믿음은 맹인들이 특별하다거나 마술적인 능력 혹은 뛰어난 지각능력을 갖고 있어서 특별히 주목받아야 한다는 것이다.

출현율

미국 시각장애후원기관(2017)에서는 만 18세 이상 시각에 문제가 있는 시각장애인이 2,700만 명이라고 추정하지만 특수교육 대상자 중 시각장애는 발병률이 낮다. 학령기 아동 중 시각장애아동은 1,000명 중 2명 이하에 해당된다. 특수교육 서비스를 받는 학령기 학생의 비율로 살펴볼 때도 시각장애로 분류되어 개별화 교육프로그램(IEP)에 따른 특수교육 서비스를 받는 학생의 출현율은 250명 중 1명꼴로 적은 편이다. 2018~2019년 동안 6~21세의 2만 4,169명 아동이 IDEA의 시각장애 범주로 특수교육 서비스를 받았다(U.S. Department of Education, 2020a).

시각장애아동 중 많은 경우가 하나 혹은 그 이상의 부가적 장애가 동반되며 농-맹이나 중복장애로 분류되어 서비스를 받는다. 그래서 IDEA에서 보고한 자료보다 전체 시각장애아동의 수는 더 많다. 미국 맹인인쇄소(2018)는 0세부터 12학년까지의 시각장애 범주의 특수교육 서비스 적격자는 2019 회계연도 기준 6만 4,634명이라고 보고하였다.

시각장애의 유형과 원인

학습목표 10.2 시각장애의 원인과 유형을 판별하고 교사가 학급에 속한 시각장애학생의 유형을 잘 알아야 하는 이유를 설명할 수 있다.

눈의 구조와 기능

효율적으로 보기 위해서는 눈의 세 가지 해부학적 체계, 즉 눈알, 근육, 신경체계가 적절히 기능해야 한다. 그림 10.2는 눈의 기본적인 구조이다. 시각체계는 시야에 있는 대상으로부터 반사된 빛 에너지를 모으고 초점을 맞춘다. 빛이 눈을 통과함에 따라 몇몇 구조들은 분명한 이미지를 만들기 위해 빛을 구부리거나 반사한다. 이 빛은 처음에 눈을 보호하는 굴절된 투명한 막인 각막에 맞추게 된다. 그러고 나서

그림 10.2 눈의 기본 해부구조

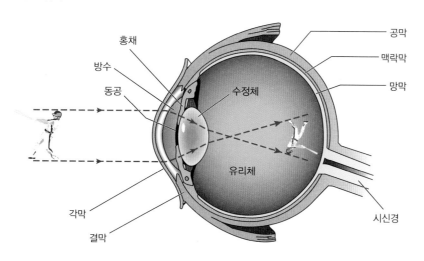

눈의 앞부분에 있는 액체인 **방수**를 통과하게 된다. 다음에 **홍채**의 중앙 구멍인 **동공**을 지나간다. 동공은 눈으로 들어가는 빛의 양을 조절하기 위해 수축과 확장을 한다. 그리고 빛은 투명하고 탄력 있는 구조인 **수정체**를 통과한다. 마지막으로 빛은 눈 내부의 대부분을 채우고 있는 젤리 같은 물질인 **유리체**를 통과한 후 눈의 가장 안쪽에 있는 **망막**에 도달한다. 눈의 후부에 있는 신경조직의 여러 층은 카메라의 필름과 유사하다. 즉, 분명한 이미지를 뇌에 전달하기 위해 광선은 망막에 정확하게 초점을 맞추어야 한다.

눈의 근육체계는 **안구운동**(ocular motility), 즉 눈의 움직이는 능력과 관련되어 있다. 양쪽의 눈 바깥쪽에 붙어 있는 6개의 근육은 이미지를 찾고, 따라가고, 모으고, 고정하게 해준다. 이러한 근육들은 또한 깊이지각[**양안시**(binocular vision)]과 양쪽 눈의 이미지를 1차원 혹은 3차원으로 융합하는 데 중요한 역할을 한다. 눈의 안쪽에 있는 미세 근육이 수정체가 두꺼워지거나 얇게 조절하는데, 이것은 다양한 거리에 있는 대상을 정확한 초점 거리에 가져올 수 있게 한다(원근조절).

눈의 신경체계는 빛 에너지를 전기자극으로 전환하고, 그 정보를 시각 이미지로 처리하여 뇌에 전달한다. 망막은 원추체와 간상체라고 하는 수백만 개의 빛 수용기로 구성되어 있다. 망막의 중앙부에 위치하는 원추체는 색깔과 읽기 같은 과제에 필요한 세밀함을 감지하며, 적절한 빛에서 제일 잘 기능한다. 주변 시야, 움직임 감지, 흐릿한 빛에서 볼 수 있게 해주는 간상체는 망막의 주변에 흩어져 분포되어 있다. 시신경은 뇌의 기저에 있는 시각피질에 원추체와 간상체로부터 오는 전기적 메시지를 직접 전달한다.

시각장애의 원인

눈의 시각, 근육, 신경체계의 어떤 부분이라도 손상을 입는다면 시각장애를 일으킬 수 있다. 시각장애의 원인은 크게 세 가지 범주로 나눌 수 있는데 굴절 이상, 구조적 손상, 시각피질 손상이 해당된다.

굴절 이상 광선이 하나의 투명 조직에서 다른 조직으로 통과할 때 구부러지는 과정이 **굴절**(refraction)이다. 언급한 것처럼 정상적인 눈은 정확한 이미지가 망막에 지각되도록 광선을 굴절시킨다. 그러나 많은 사람(대략 절반 정도의 사람)의 경우에는 눈의 크기와 형태에 따라 굴절이 불완전해진다. **근시**(myopia)는 눈의 앞에서 뒤로의 거리가 정상보다 더 멀다. 그래서 망막에 정확하게 이미지가 생기는 것이 아니라 좀 더 앞에 이미지가 형성된다. 근시 아동은 가까이 있는 물체는 잘 볼 수 있지만 칠판이나 극장 스크린과 같이 멀리 떨어져 있는 물체는 흐릿하거나 전혀 보이지 않는다(그림 10.1 참조). 근시의 반대는 **원시**(hyperopia)이고, 원시는 정상보다 거리가 더 짧아서 광선이 망막에 모이는 것을 방해한다. 원시 아동은 멀리 있는 물체를 볼 때는 초점을 잘 맞출 수 있지만, 가까이 있는 물체를 정확하게 보는 데는 어려움이 있다. 안경이나 렌즈를 이용하여 광선의 경로를 변경시키면 가능한 한 초점을 명확하게 맞출 수 있으므로 굴절 오류를 보완해줄 수 있다.

구조적 손상 시각장애는 시각 또는 근육체계의 한 부분 혹은 여러 부분의 발달이 제대로 이루어지지 않거나 손상, 기능부전으로 일어날 수 있다. 눈 자체의 손상 또는 구조적 기능의 분열로 생기는 시각손상의 원인 중 많은 비중을 차지하는 두 가지가 백내장과 녹내장이다. **백내장**(cataract)은 선명하게 보는 데 필수적인 빛을 막음으로써 수정체가 혼탁해지는 경우이며, **녹내장**(glaucoma)은 정상적으로 순환하는 액의 막힘이나 장애로 눈 내부의 안압이 비정상적으로 높은 경우에 잘 생긴다. 증가된 안압이 시신경을 손상시킬 경우 중심과 주변부 시력이 손상되거나 완전히 시력을 잃을 수도 있다(그림 10.1 참조).

눈을 조절하고 움직이는 근육의 기능장애는 아동이 효과적으로 보는 것을 어렵게 하거나 불가능하게 만들 수 있다. 눈이 빠르게 불수의적으로 앞뒤로 움직이는 **안구진탕증**(nystagmus)(방향은 수직, 수평, 또는 회전할 수도 있음)은 초점을 맞추고 문자를 읽는 데 문제를 발생시킬 수 있다. **사시**(strabismus)는 양쪽의 눈이 같은 물체에 초점을 맺을 수 없는데, 한쪽 눈 또는 양안의 편향성 때문이다. 만약 치료하지 않으면 안구운동의 다른 장애처럼 영구적으로 시력을 상실할 수 있다.

시각피질 손상 시각장애아동 중에는 시각에는 아무런 문제가 없는 경우도 있다. **시각피질 손상**(cortical visual impairment, CVI)은 시각 정보를 해석하는 뇌의 일부분이 상해나 기능부전으로 생긴 시력손상이나 맹을 말한다. CVI의 원인은 출산 시의 산소부족(무산소증), 뇌손상, 뇌수종, 중추신경계의 감염 등이 있다. 시기능은 환경, 빛의 조건, 활동에 따라 변한다. CVI 아동 중에는 주변 시야를 사용하는 아동들도 있고, 수명현상이 나타나는 아동도 있다. 또 어떤 경우는 밝은 빛을 좋아하여 태양을 응시하기도 한다.

표 10.1은 시각장애에서 흔히 볼 수 있는 종류와 원인을 요약한 것이다. 교사는 아동의 시력장애 병인론에 대해서는 잘 모를 수 있지만 아동의 특수한 시력문제가 교실에서 과제를 수행하는 데 어떻게 영향을 미치는지에 대해서는 이해해야 한다. 예를 들면 트레이시는 백내장 때문에 강한 불빛 아래서 책을 읽는 것이 어렵고, 데릭은 오른쪽 눈의 중심 시력이 조금만 남아 있으며, 나오코는 녹내장 때문에 야외학습을 나가기 전에 안압을 낮추기 위해 안약을 넣어주어야 한다.

교육접근

학습목표 10.3 맹 학생과 저시력 학생의 교육적 목표와 교수방법을 비교할 수 있다.

교육자들은 맹과 약시 아동들이 장애를 극복하도록 특수한 교육방법과 교수재료를 많이 개발하고 있다. 특히 교육공학의 발달로 시각장애학생들이 일반교육과정에 접근하여 학업에서 성공하는 경우가 매우 증가하고 있다. 한 맹인 고등학생은 "내 주변에 있는 보조공학을 이용함으로써 나는 정안 친구들과 같은 교육을 받을 수 있게 되었다."고 말한 바 있다(Leigh & Barclay, 2000, p. 129). 시각장애학생들의

표 10.1 시각장애의 유형과 원인

상태	정의와 원인	주목할 점/교육적 의미
색소결핍증	눈, 피부, 머리카락의 색소 부족. 시력 감소와 안구진탕증으로 중증 혹은 고도 시각장애가 되며 유전된다.	색소결핍증 아동들은 거의 수명(눈부심)현상이 있는데, 빛에 대해 눈이 지나치게 민감하거나 민감하게 반응하는 상태를 의미한다. 정밀한 일을 하면 눈이 금방 피로해진다.
약시	사용을 하지 않아서 약해진 눈의 시력이 약화되거나 상실되는 것을 말하며 사시, 불균등한 굴절 오류, 수정체나 각막의 불투명이 원인이다.	정밀한 작업을 하면 눈이 피로하고, 위치감각을 상실하며, 집중도도 떨어진다. 시력의 효율적 기능을 위해 자리 배치가 고려되어야만 한다.
난시	각막이나 눈의 표면이 고르지 못해 왜곡되거나 흐리게 보이는 상태로 망막 위의 상들이 초점을 같이 맺지 못한다(굴절오류).	물건을 얼굴 가까이 가져오면 조절력이 떨어진다. 오랜 시간 읽거나 세밀한 작업을 하는 것을 피한다. 아동이 두통이나 시야 변동을 호소하기도 한다.
백내장	수정체가 혼탁하여 시력이 왜곡되고 흐려지며 잘 보이지 않는다. 외상, 영양결핍, 임신 중의 풍진, 녹내장, 망막색소변성, 유전, 노화 때문에 생긴다.	눈부신 빛은 피한다. 빛이 아동의 뒤에서 오도록 하고 활자와 종이가 잘 대조되게 해준다. 가까운 것을 보는 과제와 먼 곳을 보는 과제를 반복하면 피로를 막을 수 있다.
색맹	어떤 색깔을 구별하기 어려운 것으로 적-녹 색맹이 가장 흔하다. 원추체의 형성 부전이나 없는 것, 황반변성, 유전이 원인이다.	대개 교육적으로 중요한 시각장애는 아니다. 보통 색깔에 의해 확인하는 대상을 구별할 수 있도록 대안적인 방법을 가르친다(예 : 옷 색깔은 꼬리표로, 교통신호는 빨간색 신호와 초록색 신호 위치를 가르쳐줌).
시각피질 손상 (CVI)	시각피질과 (또는) 시신경의 기능장애나 손상으로 인해 시력이 손상되는 것을 말한다. 무산소증, 뇌상해, 중추신경계의 감염이 원인이다. CVI가 있는 많은 아동들은 뇌성마비, 발작장애, 정신지체와 같은 다른 장애를 중복으로 갖고 있다.	시기능은 빛의 상태와 주의력에 따라 변화한다. 보통 시야는 나빠지지 않지만 오랜 시간을 거쳐 향상되기도 한다. 어떤 아동들은 자신의 주변 시야를 사용하고 수명현상이 있기도 하며 밝은 빛을 좋아해서 태양을 응시하기도 한다. 시각적 이미지는 단순하게 하나만 제시하도록 한다.
당뇨망막증	당뇨병 환자는 망막 영역에서의 신생혈관의 성장과 출혈의 결과로 종종 시력손상을 입게 된다. 성인이 맹이 되는 주원인이다.	밝은 빛을 주고 대조를 확실하게 하거나 확대를 한다. 잘하라고 압력을 주면 혈당에 영향을 줄 수 있다.
녹내장	눈 내부를 정상적으로 순환하는 액의 막힘이나 방해로 인해 안구 내압이 비정상적으로 높은 상태, 즉 높아진 압력이 망막과 시신경을 손상시키면 시력이 손상되거나 상실된다.	변동하는 시각 수행능력이 아동을 혼란스럽게 한다. 통증의 징후가 있는지 주의하고 정기적으로 안약을 넣는다. 튀어나온 눈 때문에 아동이 놀림을 당하기도 한다.
원시	가까이 있는 물체를 선명하게 보지는 못하지만 보다 멀리 있는 물체에는 초점을 잘 맞출 수 있다. 광선이 망막에 모이는 것을 예방하는 것이 정상적 눈보다 짧은 눈이 원인이다(굴절 오류).	물건을 얼굴 가까이 가져갈 때 (원근) 조절력이 떨어진다. 오랜 시간 동안 읽거나 세밀한 과제를 하는 것을 피한다.
황반변성	망막의 중심부가 점차 약해져서 시야 중심부의 시력상실이 생긴다. 나이가 많은 성인에게는 흔하지만 아동들에게는 매우 드물게 나타난다.	읽기와 쓰기 같은 과제는 어렵다. 저시력 보조기구나 폐쇄회로 텔레비전을 권한다. 밝은 조명은 좋지만 눈부신 빛은 피한다.
근시	멀리 있는 물체는 흐릿하게 보이거나 전혀 볼 수 없지만 가까이에 있는 것은 선명하게 볼 수 있다. 상을 망막의 앞에 맺는 가늘고 긴 눈이 원인이다(굴절 오류).	아동에게 처방된 안경이나 콘택트렌즈를 끼게 한다. 가까운 거리에 있는 것을 다룰 때는 안경 없이 물건을 얼굴 가까이 갖고 오는 것이 더 편하게 느낀다.

표 10.1	시각장애의 유형과 원인(계속)	
상태	정의와 원인	주목할 점/교육적 의미
안구진탕증	눈의 운동이 무의식적으로 빠르게 앞뒤로 움직이며 물체에 초점 맞추는 것이 어렵다. 두 눈이 동시에 초점을 맞출 수 없을 때 뇌는 한쪽 눈에서 오는 시각적 투입을 억제하여 이중 상이 생기는 것을 피한다. 더 약한 눈(보통은 안쪽이나 바깥쪽으로 돌아간 눈)이 보는 능력을 상실할 수 있다. 단독으로 발생하기도 하지만 보통은 다른 시각장애와 함께 나타난다.	오랜 시간 가까이 봐야 하는 작업은 눈을 피로하게 할 수 있다. 어떤 아동들은 초점을 더 잘 맞추기 위해 머리를 돌리거나 기울이기도 하는데, 이러한 행동을 비난해서는 안 된다.
망막색소변성 (RP)	가장 흔한 유전적 질병으로 망막의 점진적인 변성을 야기한다. 첫 번째 증상은 주로 야간에 보는 것이 어렵다는 것이며, 주변 시력의 상실이 따르게 된다.	눈부시지 않은 고도 조명이 필요하다. 좁아진 시야가 읽기에 필요한 스캔하고 추적하는 기술에 있어 어려움을 유발한다. 시각 대상을 체계적으로 찾을 수 있는 틀에 넣어둘 것을 가르친다. 진행성이므로 교육과정에 이동훈련, 특히 밤에 이동하는 훈련을 포함시키고, 예후가 시력상실이면 점자 훈련도 포함시켜야 한다.
미숙아 망막증 (ROP)	미숙아에게 고농도의 산소를 제공함으로써 발생된다. 유아가 고산소 인큐베이터에서 나왔을 때 산소 농도의 변화가 비정상적인 혈관의 성장과 눈의 조직에 상흔을 생성하여 시력장애를 유발하는 경우가 종종 있다. 전맹이 되기도 한다.	고도의 조명, 근접하여 작업하는 경우를 위한 확대기, 먼 거리를 볼 수 있는 망원경이 필요하다. 아동은 뇌손상을 입을 수도 있고, 부가적인 서비스를 요구하는 지적장애 혹은 자폐성 장애가 되기도 한다.
사시	한쪽 혹은 양쪽 눈이 중심 혹은 바깥으로 왜곡되기 때문에 양쪽 눈이 동일한 사물에 초점을 맞출 수 없다. 이는 근육의 불균형 혹은 다른 시각장애로 인해 나타나는 부수적 현상일 수 있다.	학생이 선호하는 시력 쪽으로 교실의 자리를 배치해야 한다. 어떤 학생은 한쪽 눈은 먼거리 과제, 다른 한쪽은 근거리 과제에 활용이 높을 수도 있다. 근거리 활동을 하는 동안에는 휴식을 자주 취해야 할 수도 있다. 익숙하지 않은 시각적 과제에 적응하기 위해서는 시간이 많이 걸릴 수도 있다.

출처 : American Foundation for the Blind (2020a, b); American Optometric Association (2020); Lighthouse International (2020); Miller and Menacker (2013).

교육은 역사가 150년 이상이나 된 분야이며 많은 교사와 연구자들의 기여로 오늘날의 발전이 가능해졌다(Geruschat & Corn, 2006; Moore, 2006). 그림 10.3은 시각장애학생교육의 역사적인 사건과 함축적인 의미를 보여주고 있다.

시각장애아동용 특수 보조기구

대부분의 아동이 시각을 통해 획득하는 기술과 개념을 맹 아동은 활동과 실제 경험, 비시각적 감각을 통해 많은 정보를 얻어야 한다. 그러므로 시각장애아동을 교육하는 교사는 가능한 한 다양한 활동을 계획하고 실시해야 한다(Chen & Downing, 2006a, 2006b; Salisbury, 2008). 예를 들면 시각장애아동은 새가 우는 소리를 들을 수 있지만 이 소리만으로는 새 자체에 대한 구체적인 생각을 하지 못한다. 교사가 새에 대해 가르치려면 다양한 종류의 새를 만지게 하고 알, 둥지, 깃털과 같이 관련된 사물을 다루어 보게 하는 활동을 계획할 수 있다. 가정이나 학교에서 애완용 새를 기르게 할 수도 있을 것이다. 그런 경험을 통해 시각장애아동들은 새에 관한 책을 읽고, 어휘를 암기하고, 훨씬 구체적이며 정확한 지식을 얻게 된다.

그림 10.3 **시각장애인 교육 및 치료의 주요 역사적 사건 및 의의**

연도	역사적 사건/교육적 의의
1784년	빅터 아우이는 파리의 거리에서 시각장애자들이 구걸하는 것을 보고 충격을 받고, 좀 더 나은 생계수단을 위해 교육을 하겠다고 결심하였다. 처음으로 맹인을 위한 학교를 시작하였다. 아우이의 성공은 19세기 초 유럽과 러시아의 기숙학교의 설립에 영향을 주었다.
1821년	제일 오래되었고 잘 알려진 맹 아동 기숙학교인 퍼킨스 맹학교가 사무엘 그리들리 하우에 의해 설립되었다. 시각장애아동을 위한 많은 교수방법과 매체가 처음으로 퍼킨스에서 개발되었다. 앤 설리번과 유명한 제자 헬렌 켈러도 퍼킨스에서 수년을 보냈다.
1829년	시각장애 젊은 프랑스인 루이 브라유가 양각된 6점 체계를 사용하여 촉각적인 읽기방법을 개발하였다. 점자 체계는 가장 효과적인 촉각적 읽기방법으로 입증되고 있으며 지금까지도 사용된다.
1862년	네덜란드 안과 의사가 스넬렌 시력표를 개발하였다. 이것을 통해 시력을 신속하게 측정할 수 있는 표준화 검사가 가능해졌다. 학령기 아동의 시력 선별을 위해서 지금까지 사용되고 있다.
1900년	맹 아동을 위한 공립학교가 시카고에 처음으로 생겼다.
1909/1913년	약시 아동을 위한 학급이 클리블랜드와 보스턴에서 처음으로 시작되었다. 공립학교에서 시각장애아동을 교육하였으며, 약시 아동은 모든 교수를 구어로 실시하는 특수 '시력보호 학급'에서 교육을 받았다.
1932년	법적 맹인 아동이 활용할 수 있는 토킹 북스를 국회도서관에서 만들었다.
1938년	캘리포니아주의 오클랜드에서 일반학급에 있는 시각장애아동을 위한 순회교수 프로그램을 처음으로 실시하였다. 일반학급에 시각장애아동을 성공적으로 통합하는 긴 역사가 시작되는 것을 나타낸다.
1940~1950년대	조산아에게 산소를 과다하게 사용하여 생기는 미숙아 망막증(ROP)으로 수천 명의 맹 혹은 중도 시각장애아동이 생겼다. 기숙학교가 많은 수의 시각장애아동을 수용할 수 없어서 1950~1960년대에는 시각장애아동의 특수교육프로그램과 서비스를 공립학교에서 광범위하게 활용하게 되었다.
1944년	리처드 후버는 흰 지팡이를 활용하는 방향정위와 이동(O&M) 기술에 대한 교육체계를 개발하였다. 이 체계와 '후버 지팡이'는 시각장애 교육과정의 기본 영역이 되었다.
1951년	퍼킨스 점자 타자기가 개발되었다.
1960년대 중반	나탈리 바라가는 저시력 아동이 시력을 활용하고 시기능을 개선함으로써 잔존시력을 유지할 수 있다는 연구를 하고 이를 출판하였다. 바라가 (1964, 1970)의 연구로 50년 이상 저시력 아동을 '시력보호 학급'에서 교육하던 것이 종결되었다.
1970년대	활자-구어 변환 광학스캔기계인 커즈와일 독서기계가 세계 최초로 개발되어 점자, 확대인쇄 혹은 녹음형식으로 활용되지 않은 인쇄물에 접근하게 되었다. 이는 많은 시각장애인의 삶에 유익한 공학의 발전이 폭발적으로 이루어지고 지속되기 위한 준비에 해당하였다.
1997년	IDEA(1997)는 장애아동 중 필요한 경우에는 방향정위와 이동(O&M) 서비스를 제공하라고 명시하였다.
1996/2004년	미국 시각장애인재단(AFB)은 시각장애학생의 전반적인 삶의 성공에 요구되는 비학업적인 기술인 '확대핵심교육과정'을 발표하고 개정했다 (Hatlen, 2011).

점자 체계   시각장애자들의 읽고 쓰는 주된 수단인 **점자**(braille)는 문자, 단어, 숫자, 그 외 튀어나온 점으로 배열되어 있는 읽고 쓰는 촉각적 체계이다(그림 10.4 참조). Nemeth 코드는 수학과 과학 표기용 점자 상징으로 구성된다.

어떤 면에서 점자는 비서들이 쓰는 속기와 같다. 축약으로 불리는 189개의 약자는 빨리 읽고 쓰게 해주며, 공간을 절약하는 데 도움을 준다. 예를 들어 알파벳 '*r*'은 '*rather*'를 뜻하며, 점자에서 '*myself*'는 '*myf*'로 쓴다. '*the*', '*and*', '*with*'와 '*for*' 같이 자주 쓰는 단어는 약자가 별도로 있다. 예를 들면 '*and*' 의 상징은 같은 모양이며, 다음 문장에서 네 번째에 해당된다.

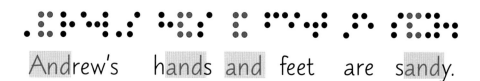

그림 10.4 숫자와 문자를 표현하는 점자 체계

점자기에 6개의 점은 다음과 같이

배열되고 숫자가 된다.

문자 앞에 점 6은 대문자가 되고,

문자 앞에 점 3, 4, 5, 6은

문자가 아닌 형태가 된다.

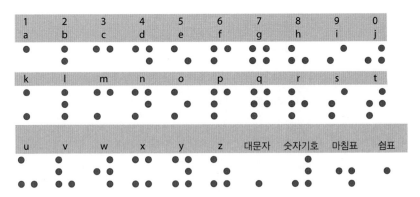

출처 : National Library Service for the Blind and Physically Handicapped, Library of Congress, Washington, DC.

맹 학생들은 양각 문자로 표시된 표준 점자(약자에 대응하는)를 읽는 것보다 점자 체계를 더 빨리 읽을 수 있다. 읽는 속도는 학생마다 상당히 다른데(점자를 잘 읽는 사람은 분당 100단어 정도), 정안 학생이 인쇄물을 읽는 것보다는 거의 항상 늦다(Stanfa & Johnsin, 2015). 1학년 정도가 되면 시각장애아동은 점자를 배우게 된다. 대부분의 교사는 모든 단어를 철자대로 쓰도록 가르치는 것이 아니라 처음에는 축약을 가르치고 나중에 이런 접근을 고쳐나간다(Wormsley, 2004). 물론 모든 글자가 점자에서 나타나지 않더라도 시각장애아동이 정확한 단어 철자를 아는 것이 중요하다.

일반적으로 타이프와 비슷한 6개 키의 기계장치인 **점자기**(brailler)로 점자 읽는 법을 배운다. 점자에 완전히 익숙해지는 데 수년이 걸리지만 정안 아동들이 문자 읽기를 배우는 어려움과 같은 정도이다. Koenig(2006)는 점자 읽는 것이 어렵다고 말하는 아동이 있다면, 그것은 아마도 어른들이 그렇게 말하는 것을 들었기 때문이라고 제안하였다.

점자의 공학적 보조도구   대부분의 점자책은 크고 비싸며 들고 다니기에 불편하다. 또한 점자책이나 노트 여러 장을 촉각적으로 훑어가면서 정보를 재빨리 회상하기는 어렵다. 최근 공학의 발달은 더욱 효율적인 점자를 만들고 있으므로 시각장애아동들이 일반학급 및 대학과 직장에서 더 독립적으로 역할을 하게 될 것이다.

표준 퍼킨스 스타일 휴대용 키보드인 BrailleNote는 점자를 전자합성으로 구어나 인쇄로 번역할 수 있고, 다운로드받은 책이나 텍스트 파일을 점자로 나타낼 수도 있다. 또한 웹페이지에 접근하고 계산기 기능이 있으며 일정 관리를 할 수도 있다. Mountbatten Pro Brailler는 수동식 · 기계식 점자판보다 사용하기가 더 쉬운 전동식 점자판이다(Cooper & Nichols, 2007). 브라유 양각기는 디지털 교재를 점자로 인쇄하며 어떤 프린터는 같은 면에 점자와 일반 인쇄 둘 다 출력하여 시각장애인과 일반인이 같이 읽을 수 있게 한다.

촉각적 보조장치와 조작도구   초등학교 학생들에게 수학의 기초를 가르칠 때 효과적으로 인식되는 것이 조작도구이다. 퀴즈네르 막대와 같은 도구를 사용할 때 정안 아동은 길이와 색을 사용하여 막대의 다양한 수량적 가치를 구별한다. Belcastro(1993)는 수와 연관하여 다양한 가치를 판별하도록 한 세트의 막대를 개발하였는데, 이것은 시각장애아동이 길이와 촉각적인 단서를 느끼게 하여 개념을 익히게 한다. 다른 수학 조작도구로는 브라유 점자 수학 블록, Digi-Blocks, 수 체계의 개념 향상을 위한 APH 도구와

Tack-Tiles® Braille Systems 등이 흔히 사용된다.

시각장애아동을 위한 또 다른 보조도구는 크랜머 수판이다. 수판은 일본에서 시각장애아동의 수 개념과 수 계산을 위해 오래전부터 사용되고 있다. 수판알을 조작하는 것은 수 세기, 더하기, 빼기에 유용하다.

좀 더 어려운 수학기능을 위해 아동들은 표준 계산기의 기능을 수행하는 Speech-Plus 말하는 계산기를 이용할 수 있다. 이것은 입력과 결과를 크게 말해주면서 또한 시각적으로도 십진법을 제시해준다. 이것은 음성합성공학이 최근에 발달하여 맹 아동에게 도움을 줄 수 있는 몇 가지 예 중 하나이다. 그리고 말하는 시계와 철자 보조도구 등도 활용할 만하다. Osterhaus(2011)는 시각장애학생들에게 수학을 가르치기 위한 실제적 전략과 자료의 상세한 설명을 제공하였다.

과학과 사회과목에서는 시각장애아동이 촉각과 청각을 이용하여 직접적으로 조작하고 탐색하도록 적용하고 있다(Chen & Downing, 2006a; Ross & Johnson, 2017; Wild & Koehler, 2017). 구체적인 예로는 양각 지도와 도표, 3D 모형, 빛의 반응을 청각적인 신호로 바꾸는 전자장치 등이 해당된다. UCLA에서 개발한 SAVI/ SELPH(Science Activities for the Visually Impaired/Science Enrichment for Learners with Physical Handicaps)와 같은 교육과정 수정 프로젝트는 시각장애아동들이 정안 아동들과 학습활동에 어떻게 참여할 수 있는지를 강조하고 있다.

아동들이 실생활에서 경험한 물건에서부터 단순한 책의 페이지까지 첨부하여 붙이고, 풀과 스테이플을 활용해 붙여서 만든 촉각 경험 도서는 맹 혹은 저시력 아동들이 개념을 형성하고 문해기술을 습득하는 데 도움을 줄 수 있다(Holbrook et al., 2017). 촉각 경험 도서의 각 페이지는 점자를 포함하거나 페이지의 인위적 구조물에 관련된 내용을 인쇄할 수도 있다.

3D 프린터의 정밀함은 증가하고 비용은 낮아짐에 따라 교사가 촉각적 도서와 모델을 갖추는 데 흥미를 가지게 된다(Jo et al., 2016). 콜로라도대학교의 촉각적 그림도서 프로젝트는 3D 프린터를 통해 촉각적 도서를 재생산할 수 있는 도서관을 만들고 있다(Kim et al., 2014).

인쇄물을 읽는 공학적 보조도구 많은 시각장애학생은 청각적 독자이다. 시각장애인을 위한 문자인식 소프트웨어는 인쇄물이나 전자문서를 음성언어로 전환해준다. 예를 들면 커즈와일 1000은 광학적 문자인식(OCR) 체계로 인쇄된 교재를 스캔하여 음성합성으로 읽어주는 복잡한 컴퓨터기반 읽기도구이다. 사용자는 음성의 속도를 조절할 수 있고, 요구한 단어의 철자를 기계가 말해주며, 개인적인 선호에 따라 목소리도 자연스럽게 선택할 수 있다.

컴퓨터와 휴대장치의 접근 개인 컴퓨터와 휴대장치로 접근할 수 있는 보조공학은 시각장애인에게 교육, 취업, 의사소통, 여가활동에 대한 많은 기회를 제공한다. 이런 장치로는 화면 이미지를 확대하는 하드웨어와 소프트웨어 그리고 사용자가 컴퓨터에 무엇을 해야 할지 말하도록 하는 음성인식 소프트웨어와 텍스트 파일을 합성된 음성으로 변환하는 소프트웨어가 있다.

시각장애학생에게 자판을 활용한 기술은 학급 친구 및 교사와 의사소통할 수 있을 뿐 아니라 교육과 취업을 할 때도 유용한 기술이 된다. 그러므로 자판에 대해 가르치는 것은 학교 프로그램에서 가능한 한 조기에 시작해야 한다. 오늘날 전맹 아동에게 필기는 거의 가르치지 않는데, 은행 계좌를 유지하고 투표 등록이나 취업 신청과 같이 책임감을 보장받기 위해서는 자신의 이름을 수기로 서명할 필요가 있다.

우수교사 Cecelia Peirano는 학습용 키보드 작업의 중요성을 강조한다. "키보드 작업은 공학에 접근하기 위해 필수적이다. 1학년에게 키보드 작업을 가르치기 시작한다. 우리 학생들은 미국 맹인인쇄소로부터 활용할 수 있는 Talking Typer 프로그램을 사용한다. 청각적이며 큰 활자인쇄 둘 다 터치 타이핑법을 사용한다. 학생이 신체장애가 없다면 큰활자 인쇄, 점자 혹은 보조적 키보드를 사용하지 마라. 학생들은 모든 표준 키보드에서 *f*와 *j* 자판이 도드라진 표지를 느낄 필요가 있다. 키보드를 쳐다보려고 하지 않기 때문에 우리 학생 중 전맹인 학생이 최상의 타이피스트이다. "

저시력 아동용 특수 보조기구

저시력 아동은 실제적으로 무엇을 볼까? 심지어 시각장애의 원인이 같은 경우에도 사물을 같은 방법으로 보지 않는다. 각각의 아동은 여러 경우에서 사물을 다르게 볼 수 있다(Guerette et al., 2011). 시각장애학생들을 위한 교육프로그램에 등록한 학령기 아동의 75~80%는 활용 가능한 시력을 잠재적으로 가지고 있다. 저시력 아동들은 비시각적 감각에 의해서만 학습하는 것이 아니라 일반적인 인쇄물을 읽음으로써 학습할 수도 있다.

저시력 아동은 실제로 무엇을 보게 되는가? 우리가 알기는 어렵다. 시력손상의 원인이 동일한 저시력 학생을 위한 교육과정 개발과 교수계획은 저시력에 대한 기본적인 전제 사항과 영향에 따라 이루어져야 한다(Corn & Erin, 2010; Corn et al., 2004).

- 선천적 저시력 장애인은 자기 자신을 전체적으로 본다. 선천적 저시력 장애인은 잔존시력을 활용하여 참조물을 언급할 수도 있지만 정상적인 시각 참조 경험은 없다. 자신이 경험한 시각적 경험으로 세계를 보기 때문이다.
- 저시력 장애인은 일반적으로 환경을 비유동적이며 확실한 것으로 본다. 예외가 있음에도 불구하고 저시력 장애인은 이미지가 확실한 인상적인 세계에서 살고 있다는 잘못된 믿음을 가지고 있다.
- 저시력으로 인한 심미적 경험이 다르다. 저시력으로 인해 심미적 경험이 다를 수 있는데 반드시 더 부족하다는 것은 아니다.
- 시력이 가장 효율적이거나 기능적인 측면에서 가장 우선적인 것이 아닐 수도 있다. 어떤 과제에서는 시력만을 사용하여 수행하는 것이 부족할 수도 있다. 가령 음식에 뿌린 소금이 얼마나 짠지 시각만 이용하여 판단하는 것이 가장 효율적인 것은 아니다.
- 저시력 장애인은 시각적 아름다움에 대한 감각을 개발하고, 시각적 능력을 즐기며, 시각을 활용하는 법을 배울 수 있다.

시효율성   시기능과 **시효율성**(visual efficiency)은 자신의 시력을 얼마나 잘 활용하는지에 관련된 용어이다(Corn & Lusk, 2010). 시력과 시야측정을 통해 기능적 시력을 결정하거나 예견할 수는 없다. 어떤 중도 시각장애아동은 제한적이기는 하지만 자신의 시력을 최대한 활용하는 데 반하여 비교적 경도의 시각손상 아동이 마치 맹인인 것처럼 행동하면서 학습에 시각을 전혀 활용하지 못하는 경우도 있다.

시효율성은 다음과 같은 기술을 포함한다. 즉, 시지각(물체의 존재와 운동을 시각적으로 깨닫는 것), 응시 혹은 고정(움직이지 않는 물체를 한쪽 혹은 두 눈으로 조정하여 맞추는 것), 스캐닝(여러 가지 시각적인 자극 중에서 하나의 물체나 사람을 찾는 것), 추적(움직이는 물체를 시각적으로 따라가는 것), 초점 이동(한 물체에서 다른 곳으로 고정된 시야를 옮기는 것), 식별(두 가지 혹은 여러 가지 자극들에서 차이를 시각적으로 구별하는 것), 시각적 연결(사물이 나타나고 없어지고 시야에서 움직이는 것에서 연결되는 순서를 탐지하는 것), 눈-손 협응 등이 있다(Erin & Toper, 2010; Shaw & Trief, 2009). 이런 기술을 습득하고 있는 시각장애아동들은 학교, 가정, 직업 및 지역사회 환경에서 독립적으로 활동을 선택하고 자율성이 증대되는 것을 즐기게 된다. 시효율성을 개발하기 위한 전제 조건은 시기능이 학습되고, 이를 학생들이 적극적으로 활용하는 것이다(Corn & Erin, 2010).

학생들이 볼 수 있는 매력적인 것을 교실에 비치하는 것만으로는 충분하지 않다. 저시력(저시각) 아동도 훈련을 하지 않으면 시력으로 유용한 정보를 얻을 수 없으므로 형태들이 모호한 덩어리와 모양들로만 인식될 수도 있다. 시각적 인상을 명료하고 효과적으로 활용하는 것과 자신이 본 것으로부터 어떻게 느끼는가에 대한 체계적인 훈련이 저시력(저시각) 아동들에게도 필요하다(Li, 2004; Lueck, 2004).

시각적 기술을 사용하도록 가르치는 것을 '시각자극 회기'에만 제한하여 가르칠 것이 아니라 시각장애아동의 교육프로그램 전체에 통합하여 의미 있는 활동 맥락에서 가르쳐야 한다(Ferrell & Spungin, 2011)(그림 10.5 참조).

광학기구 저시력의 사정과 치료를 전문적으로 하는 사람들이 안과 전문의, 검안사, 임상가들이다. 그러므로 전문적인 검사를 통해 어떤 유형의 광학 보조기구가 저시력 아동에게 유리한가 결정할 수 있다. 이런 장치에는 안경, 콘택트렌즈, 휴대용 망원경, 인쇄물 위에서 보는 확대경과 같은 보조기구들이 포함된다.

광학 보조기구는 특수한 목적을 위해 사용되는데, 시력이 매우 제한된 아동들은 멀리 있는 것을 볼 때 한쪽 눈을 보조하여 사용하게 된다. 예를 들면 큰 글자를 읽을 때는 안경을, 좀 작은 글자는 확대

광학 보조장비는 거의 특수한 목적으로 만들어진다. 브레넌은 독립적으로 이동할 때 원거리 목표에 초점을 맞추기 위해 망원경을 한쪽만 사용한다.

그림 10.5 일과 중에서 기능적 시각기술을 개발하고 활용하는 기회를 삽입하는 것

3세에 교통사고로 피질시각장애가 생긴 8세 케빈의 기능적 시각기술을 개발 및 활용하는 기회를 일과 계획표에 삽입한 예이다. 사고를 겪고 난 직후에는 마치 전맹인 것처럼 모든 것들과 부딪쳤다. 케빈은 이제 사물에 집중하고 응시하며 장애물 주위를 걷지만 원하는 물건의 위치를 파악하는 데 어려움을 겪는다. 케빈은 웃기를 좋아하며 친숙한 얼굴 모습이지만 주위 상황이 자신에게 관심을 가지지 않을 때는 눈을 감는 경향이 있다.

장소와 시간	활동 및 요구되는 시각적 기술
가정 : 아침식사	케빈에게 오렌지주스 컵을 찾아보라고 요구한다. 주스는 10시 방향에 있다. 숙달된 뒤에는 2시 방향과 같이 다른 위치에 컵을 둔다. 컵의 위치를 변경함으로써 케빈이 정해진 위치에서만 물건을 찾기보다는 '스캔'하도록 요구하는 것이다. 포함된 시각적 기술 : 위치파악, 시각적 집중, 스캐닝, 눈-손 협응
학교 : 2학기 수학시간	케빈은 동전과 같이 만질 수 있는 물체의 수를 10까지 세면서 일대일 대응을 하고 있다. 정확하게 동전을 세었을 때 다른 동전을 보상으로 제공한다. 물체들의 대조가 클수록 케빈이 찾기는 쉽다. 25센트 동전은 어두운 작업 용지 위에 두고, 1센트 동전은 밝은 데스크톱 위에 둔다. 포함된 시각적 기술 : 위치파악, 시각적 집중, 시각전이 집중, 스캐닝, 눈-손 협응(동전을 셀 때 동전을 하나하나 옆에 놓도록 한다)
지역사회 : 식료품 가게	식료품 가게에서 장을 볼 때 케빈을 시리얼이 있는 곳으로 데리고 가서 자신이 좋아하는 종류를 찾게 한다. 포함된 시각적 기술 : 위치파악, 시각적 집중, 스캐닝
지역사회 : 기숙학교에서 방향정위와 이동 연습	차를 탈 때 케빈에게 자신이 본 것을 기술하게 한다(예 : 달리던 다른 차들, 보행자들). 보도를 지날 때는 자신이 본 것에 대해 말해보게 한다(예 : 신호등, 울타리, 화단). 포함된 시각적 기술 : 위치파악, 시각적 집중, 스캐닝, 추적하기

출처 : Alicia Li, Department of Special Education, Eastern Michigan University.

경을, 칠판을 볼 때는 한쪽 눈만 망원경을 사용한다. 교정 렌즈와 확대경은 성능이 좋을수록 주변 시야를 더 많이 왜곡하거나 제한한다는 단점이 있다. 요즘은 제한된 시야를 가진 학생들이 사용할 수 있는 시야 확대 렌즈와 장치들도 있는데, 이러한 종류로는 대상을 더 작게 보이게 해서 학생의 손상되지 않은 시야 부분으로 더 넓은 영역을 지각하게 해주는 프리즘과 어안렌즈 같은 것들이 있다.

교실에서는 저시력 학생들이 보통 크기로 인쇄된 자료를 읽게 해주는 폐쇄회로 텔레비전이 사용되기도 한다. 보통 이러한 시스템들은 책을 놓는 슬라이딩 탁자, 책 위에 설치되는 줌이 되는 텔레비전 카메라와 텔레비전 모니터로 구성된다. 학생들은 자료의 크기·밝기·대비를 조절할 수 있다. 일반적으로 흰색 바탕에 검은색 글씨와 검은색 바탕에 흰색 글씨를 선택할 수 있는데, 많은 학생들이 검은색 바탕에 흰색 글씨를 선호한다. 또한 교사들은 텔레비전 모니터를 사용함으로써 계속해서 학생 책상으로 가 보지 않고도 학생들이 작업하는 것을 볼 수 있다. 폐쇄회로 텔레비전 시스템의 단점은 휴대할 수 없다는 것이다. 그래서 텔레비전을 주 읽기매체로 사용하는 학생들은 특별한 시설이 갖추어진 교실이나 도서관으로 작업공간이 제한된다. 저시력 학생들은 줌텍스트를 많이 활용하는데, 이는 이미지와 텍스트를 확대하여 학생들의 컴퓨터 스크린에 제공하는 컴퓨터 프로그램이다.

최근 컴퓨터와 광학기구의 발전은 이라는 많은 저시력 장치들을 발달시켰다(Lahav et al., 2015). 이와 같이 가볍고 머리에 부착하는 증강현실과 가상현실 장치들은 사용자의 머리 위치를 추적하고 광선분할광학기 위에 목표로 하는 영상을 투영함으로써 사용자가 환경 위에서 오버레이나 이중으로 인화된 영상을 볼 수 있게 해준다(Feiner, 2002). 또 다른 장치로 노메드라는 것이 있는데, 이것은 사용자의 망막에 직접 영상을 투영하기 위해 고해상도 레이저를 사용한다. 노메드는 대용 컴퓨터 모니터로서 기능을 하므로(Kleweno et al.,2001), 인쇄된 것을 읽을 수도 있다는 연구결과(Goodrich et al., 2004)가 있다. 전자 스마트 안경(예 : eSight)은 상품으로 만들어지기 시작했다.

인쇄물 읽기   저시력 아동은 인쇄물을 읽기 위해서 세 가지 기본적인 전략을 사용한다. (1) 확대 접근법 (눈과 인쇄물의 거리를 40cm에서 5cm로 줄여줌으로써 8배의 확대가 된다), (2) 렌즈(시각적 보조장치), (3) 큰 활자인쇄이다. 많은 책과 다른 매체들도 저시력 아동을 위해 큰 활자인쇄를 활용하고 있다. 미국 맹인인쇄소에서는 18포인트로 책을 출판한다. 몇몇 주와 단체에서는 큰 활자로 출판을 하지만 인쇄 활자의 크기와 스타일, 간격, 출판의 질 등은 다양하다. 지금 읽고 있는 문장은 10포인트이다. 다음이 다른 인쇄형의 네 가지 예이다.

이것은 14 포인트입니다.

이것은 18 포인트입니다.

이것은 20 포인트입니다.

이것은 24 포인트입니다.

인쇄 활자의 크기가 중요한 변인이기는 하지만 인쇄물의 질, 인쇄 활자와 배경과의 대비, 줄 간격, 읽을 때의 조명과 같은 다른 질적인 요인들도 고려해야 한다(Griffin et al., 2002; Russel-Minda et al., 2007). 시각손상 아동들이 편하게 읽을 수 있는 최소 크기로 인쇄해야 한다는 것이 일반적이다. 아동의 읽기 효율성이 증가할수록 큰 활자를 정상 시력으로도 볼 수 있는 정도의 작은 활자로 변형할 수 있다. 그림 10.6은 인쇄 매체와 광학장치들의 장단점을 비교한 것이다.

많은 저시력 아동들은 광학 보조기구를 이용하거나 혹은 하지 않은 채 일반적인 크기의 인쇄를 읽을 수 있다. 이로 인해 더욱 다양한 매체를 허용하게 되며, 큰 활자로 인쇄한 책에 대한 부가적인 비용이나 특수 복제장치로 교과서를 확대할 필요를 없애준다. 그리고 일반적인 크기로 인쇄된 책들이 큰 활자로 인쇄한 책보다 보관하거나 운반하기에 더 쉽다. 시각장애학생 중 어떤 경우에는 이중매체 학습자로서 인쇄와 동시에 점자를 활용하기도 한다(Lusk & Corn, 2006a, 2006b).

교사들은 (1) 정안 아동에게 제공하는 시간보다 1.5~2배의 읽기시간을 제공하고, (2) 공부를 할 수 있는 충분한 시간을 보장하고, 시간을 사용할 수 없다면 말하는 책이나 인쇄된 것을 구어로 변환해주는 컴퓨터와 같은 청각적 읽기 보조도구를 사용하며, (3) 시험에서는 여분의 시간을 허락함으로써 저시력 아동의 느린 읽기속도에 맞춰줄 수 있다(Gompel et al., 2004).

많은 시각장애학생들은 활자와 그림을 확대해주는 소프트웨어 프로그램의 도움을 받고 있다.

교실에서 적용하기 소규모 학급에서는 약시 아동들에게 보조장치를 사용하는 것이 매우 중요할 수도 있다. 대부분 일반학급에는 적당한 조명이 있지만 어떤 아동에게는 특수등이 필요하다. Willings(2020)는 저시력 학생에게 도움이 되는 조명의 조정에 대해 상세하게 설명하고 있다. 구부리지 않고 읽고 쓸 수 있도록 끝부분이 경사지게 조절된 책상은 많은 아동들에게 도움을 준다. 아동이 조명을 이리저리 움

그림 10.6 저시력 독자를 위한 큰 활자인쇄와 광학기구의 장점과 단점

큰 활자인쇄	시각적 장치
장점	**장점**
• 큰 활자로 인쇄된 책이나 다른 매체를 사용하는 것을 가르칠 필요가 거의 없다.	• 일반 교과서, 신문, 메뉴, 지도 등과 같이 다양한 크기의 매체를 사용할 수 있다.
• 저시력에 대한 임상적 평가가 필요 없다.	• 큰 활자인쇄물보다 장치는 더 가볍고 이동하기 더 좋다.
• 다른 학생과 같이 자신의 책을 가지고 다닌다.	• 아동당 경비가 큰 활자인쇄물의 경우보다 적다.
• 전자교과서는 독자 개개인에게 적합한 글자 크기로 확대할 수 있다.	• 출판이나 활용을 위해 주문하고 기다릴 필요가 없다.
• 큰 인쇄책을 만들기 위한 기금이 지역학교에서 나온다.	• 칠판, 표지판, 사람과 같이 거리가 있는 인쇄와 물체에 접근할 수 있다.
	• 대부분의 읽기 자료가 일반적인 크기로 인쇄되어 있는 성인기의 생활로 전환하는 데 도움이 된다.
단점	**단점**
• 한 번에 단어를 몇 개밖에 볼 수 없다.	• 시각적 장치를 위해 임상적 평가가 필요하다.
• 복사로 확대한 인쇄는 글자가 부정확하다.	• 임상적 평가와 시각적 장치에 대한 기금이 필요하다.
• 그림이 흑백이나 음영으로 나타난다.	• 시각적 장치를 사용하는 것을 가르쳐야 한다.
• 지도나 도형에서 명칭 등은 18포인트보다 작은 크기로 확대된다.	• 시각적 장치에 대해 스스로 의식을 많이 할 수도 있다.
• 큰 활자로 인쇄된 교재의 크기와 무게는 다루기에 어려움이 많다.	• 시각적 장치 사용에 따른 불편함에 따라 문제점이 생길 수 있다.
• 학교를 졸업한 후에는 큰 활자인쇄물을 활용하는 것이 쉽지 않다.	
• 일반 활자인쇄물을 읽는 기능을 습득하기 어렵다.	

출처 : Corn and Ryser(1989); Swenson(2013); and Willings(2015).

교수와 학습

시각장애학생을 위한 교실환경 조성

밀턴 선생님은 자신의 학급에 시각장애학생이 들어오게 될 것이라는 사실을 지금 알게 되었다. 에반스는 맹이고, 에밀리는 저시력 아동이다. IEP에는 교실의 앞자리에 배치해야 한다고 되어 있다. 에밀리는 전자장치를 놓을 수 있고 작동할 수 있어야 하므로 좀 더 큰 책상이 필요하다. 올해는 에밀리가 모둠에서 많은 활동을 하고 싶어 해서 밀턴 선생은 학생의 책상을 모둠 안에 배치하였다.

아침 일찍 배달하는 사람이 특수교육 담당 부서에서 장비 박스를 가지고 왔다. 낯선 장비들을 보면서 밀턴 선생님은 대부분의 장비 이름조차도 잘 모르는 것이었기 때문에 어떻게 사용할지를 몰라서 내버려두었다. 밀턴 선생님은 무엇을 배워야 하는 것인지, 에반스와 에밀리의 교육적 요구를 효과적이며 안전하게 충족시키기 위해 어떻게 교실을 조성해야 하는지 궁금해한다. 밀턴 선생님이 무엇을 배웠는지 알고 싶다면 플레이 버튼을 클릭하고 교육용 자료를 완성하라.

http://iris.peabody.vanderbilt.edu/module/v01-clearview/#content

출처 : The IRIS Center, Peabody College at Vanderbilt University and Claremont Graduate University

---

직이게 격려해주어 자신에게 가장 작업하기 좋은 곳을 찾아서 조정하게 한다(Sticken & Kapperman, 2010). 광택 없이 가공된 필기 용지를 사용해야 하며, 하얀색보다는 상아색이나 황백색이 더 좋다. 저시력 아동이 컬러로 된 내용을 복사한 학습지를 사용하기는 어렵다. 보조자나 급우가 사인펜 등으로 학습지를 먼저 훑어 표시해주는 것이 필요하다. 저시력 아동이 휠체어를 이용하여 교사가 설명을 주로 하는 칠판 근처나 교실의 다른 곳으로 이동을 자유롭게 하는 것이 학급 적응에 도움이 된다는 것을 발견했다. 교수와 학습 '시각장애학생을 위한 교실환경 조성'을 참조하라.

확장된 핵심교육과정

학습목표 10.4   시각장애학생을 위한 확장된 핵심교육과정을 정의하고 중요성을 설명할 수 있다.

시각장애학생을 위한 확장된 핵심교육과정은 기능적 시각기술, 점자 읽기/쓰기와 같은 의사소통 및 감각기술과 보조공학뿐 아니라 방향정위와 이동, 청취기술, 사회적 상호작용기술, 독립적 생활기술, 여가활동기술과 직업교육 등을 포함한다(Allman et al., 2014).

방향정위와 이동   방향정위는 자신이 어디에 있는지, 어디로 갈 것인지 주어진 상황에서 정보를 해석하여 목적지에 도달하는 방법을 아는 것이다. 이동은 한 곳에서 다른 곳으로 안전하며 효율적으로 움직이는 것을 포함한다. 이 두 가지는 상호보완적이지만 같은 의미는 아니다. 자신이 어디에 있는지는 알지만 안전하게 움직일 수 없는 사람도 있으며, 움직일 수는 있어도 방향감이 없어서 길을 잃어버리는 사람도 있다.

IDEA에서는 **방향정위와 이동**(orientation and mobility, O&M)에 관한 교수를 관련 서비스로 간주하며 모든 중도 시각장애아동의 IEP에 포함하고 있다. O&M 전문가들은 자신의 환경을 이해하고 효과적으로 이용할 수 있도록 특정 기술(예 : 발을 끌며 천천히 나아가기, 구획을 정하여 구조화하기, 팔을 완충기로 이용하기)과 이동장치(예 : 쇼핑 카트, 바퀴 달린 여행가방)를 고안하였다(Griffin-Shirley & Trusty, 2017; Jacobson, 2013).

대부분의 시각장애학생들은 특수한 이동기법을 배우는 데 시간을 보내기보다는 방향정위 훈련에 더 많은 시간과 노력을 들인다. 시각장애아동들은 어릴 때부터 자신의 신체와 환경에 대해 친숙해지도록 기본 개념을 배우는 것이 매우 중요하다. 예를 들면 다리를 구부리는 곳을 '무릎'이라 부르고 벽, 문, 창문, 구석, 천장이 있는 곳은 방이라는 것을 배워야만 한다. Perla와 O'Donnell(2004)은 학생들이 새로운 상황에서 장애물을 만날 때마다 타인에게 의존하지 않도록 방향정위와 이동 장애물에 반응하는 법을 체계적으로 가르치는 것이 중요하다고 강조한다.

지팡이 사용기술 독립적으로 이동하는 중도 시각장애인이 널리 사용하는 장비가 긴 지팡이다. 지팡이를 사용하는 시각장애인은 길에 대한 정보를 얻기 위해 걸으면서 가볍게 지팡이를 활 모양으로 내젓는다(Kim & Emerson, 2014). 지팡이를 적절하게 잘 사용하면 보호와 탐색의 역할을 하게 된다. 장애물로부터 자신의 신체를 보호해주고, 턱이 있다든지 혹은 표면의 변화(예 : 잔디에서 콘크리트 바닥으로 혹은 바닥에 러그가 깔렸는지 나무인지)와 같은 것을 미리 탐지해주기도 한다.

지팡이를 능숙하게 이용하면 독립심과 자아존중감이 증가하기는 하지만 지팡이를 사용하는 것 자체는 신체적으로 힘이 들고 부정적인 영향도 받게 된다(Gitlin et al., 1997). 지팡이는 나뭇가지와 같이 위에 달려 있는 장애물은 탐지할 수 없고 환경에 대한 단편적인 정보만 제공해준다. 매우 어린 아동이 이동장비를 초기에 사용하는 것이 적합한지에 관해서는 이견이 있지만 이동기술을 조기에 발달시켜야 한다는 것과 그와 관련된 개념의 중요성이 일반적으로 인식되면서 취학 전 아동에게 서비스를 제공하고 있다. 이동하는 동안 지팡이 사용의 이로운 점(보호와 자신감의 증가)에 대해서는 전문가들이 인식하지만, 취학 전 아동들이 긴 지팡이를 사용하는 데 요구되는 운동과 개념 조정에 대해서는 의문을 가진다. 이러한 우려로 코네티컷 프리케인이나 어린이용 지팡이, T자 핸들이 있는 지팡이와 같이 더 작아지고 개조된 대안적 장치들이 다양하게 개발되고 있다(American Printing House for the Blind, 2020).

안내견 안내견의 도움으로 이동을 하는 시각장애인의 비율은 2% 이하이다(Guiding Eyes for the Blind, 2019). 지팡이를 사용하는 사람들처럼 안내견을 사용하는 경우도 길을 선택하고 환경을 이해하기 위해 O&M 기술을 충분히 익혀야 한다. 특수한 끈을 맨 안내견은 몇 가지 기본적인 언어적 지시를 따르고, 장애물로부터 보호하고, 장애인의 안전을 보장하기 위해 훈련받는다. 안내견은 대도시와 같이 복잡하거나 예측하기 어려운 길로 이동할 때 특히 도움이 된다. 그러나 사람이 안내견을 활용하기 전에는 특수견 관리소에서 몇 주간의 집중 훈련을 받아야 한다(Guerette & Zabihaylo, 2010). 16세 미만의 어린이나 중복장애인은 안내견을 이용할 수 없다. 그렇지만 향후 선택에 대한 정보를 제공하기 위해 어린 아동에게도 기회를 노출하여 안내견을 편안하게 느끼고 긍정적인 경험을 하게 한다.

안내견을 소유하는 것은 책임이 따르는 일이고 때때로 불편하기도 하지만 안내견을 이용하는 많은 사람들은 보행을 할 때 점점 더 자신감이 생기고 독립적이 된다고 한다. 또 자신들의 안내견이 일반 사람들과 상호작용함으로써 종종 서먹함을 풀어주는 역할을 하게 된다(Lane et al., 2016). 그러나 시각장애인들에게 안내견은 애완동물이 아니라 동료이다. 따라서 정안인들은 안내견 소유자의 허락을 먼저 구하고 쓰다듬는 행동을 해야 하며, 안내견과 시각장애인에게 혼동을 줄 수 있으므로 안내견의 안전장치를 잡아서는 안 된다.

정안인의 안내 대부분의 시각장애인은 다른 사람의 도움에 의존하는 것이 필수적이다. 시각장애인들을 돕기 위한 간단한 방법이 **정안인의 안내기법**(sighted guide technique)인데, 다음과 같다.

- 시각장애인들에게 도움을 주려고 할 때 일반적인 목소리로 "도와드릴까요?"라고 하면서 직접적으

로 묻는다.

- 시각장애인의 팔이나 신체를 잡지 말고 그들이 당신의 팔을 잡게 한다.
- 시각장애인은 정안인의 팔을 가볍게 잡고 반보 정도 뒤에서 걸어가야 한다.
- 정안인은 도로 턱이나 다른 장애를 설명하면서 올라가거나 내려갈 때는 여유를 두고 정상적인 속도로 걸어야 한다. 정안인이 안내를 하는 경우에 시각장애인을 밀거나 당겨서는 안 된다.
- 시각장애아동을 의자에 앉히려고 애쓰지 말고 손을 의자 뒤편에 갖다 대주어 스스로 앉게 한다.

시각장애아동이 일반학급에 있을 때는 O&M 전문가나 혹은 학생 중 1명이 다른 급우들에게 정안인의 안내기법을 설명해주는 것이 좋다. 그러나 학생이 교실과 학교 주위에 대해 학습이 되고 나면 독립적인 이동이 증진되도록 정안인의 안내에 대한 지나친 의존을 줄여가야 할 것이다.

이동보조 전자장비   최근에 개발된 이동보조 전자장비는 시각장애인들이 방향정위를 하고 독립적으로 이동하는 데 편리함을 주고 있다. 레이저 지팡이는 보행자가 가는 길에 물체가 있으면 적외선 빛이 이를 감지하여 신호음으로 변환하게 된다. 지팡이 내에는 다양한 수준의 진동장치가 있어 물체가 어느 정도 가까이에 있는지를 알려준다. 일반적인 지팡이 혹은 안내견과 함께 연결하여 사용하도록 고안된 다른 장치도 있다. 플래시 크기의 Mowat 센서는 초음파가 물체에서 반사되어 시각장애인과 장애물과의 거리와 위치에 대한 정보를 진동으로 전달해준다. 머리에 쓰도록 되어 있는 SonicGuide는 초음파가 반사한 것을 다양한 주파수, 진폭, 높낮이로 변환시켜 물체의 거리, 방향, 특성을 알 수 있게 해준다.

위치정보체계(GPS) 공학과 길 찾기 제품들이 최근 연구를 통해 개발되었고, 이는 시각장애인들에게 현재 위치와 도로명을 말해주고, 교통신호를 설명하며, 떨어진 정도와 길 찾는 것에 대한 정보를 제공해준다(Marston et al., 2007; Ponchillia et al., 2007).

어떠한 장비를 사용하더라도 자신의 학교, 가정과 같이 익숙한 장소에서 적용하는 방법을 배울 수 있다. 많은 시각장애아동들이 이동방법을 체계적으로 학습함으로써 교통정보를 얻고 횡단보도를 건널 때 도움을 받을 수 있다. 시각장애아동이 방향정위와 이동에 능숙하면 여러 가지 긍정적 효과를 볼 수 있다. 다른 사람에게 의존을 해야만 하는 시각장애아동들보다 독립적으로 여행을 할 수 있으며 신체적 및 사회적 기술과 자신감을 더 잘 계발할 수 있다(Cmar et al., 2018; Wolffe & Kelly, 2011). 전환교육 : 현재가 미래를 만든다 '독립을 위한 하이테크 도구'를 참조하라.

청취기술   시각장애(맹과 저시력) 아동은 귀 기울여 들음으로써 많은 정보를 얻게 된다. 시각은 감각을 조화시키는 것이며 정안인들은 보통 정보의 80%를 시각을 통해 얻는다(Arter, 1997). 맹 아동들은 자신의 환경과 접촉하고 그것을 이해하기 위해 다른 감각을 사용해야 하며 주로 촉각과 청각을 사용한다. 일반적으로 맹인들이 부족한 시력을 극복하기 위해 청력이 더 발달한다고 생각하는 것은 많은 사람들이 갖고 있는 편견 중 하나이다. 시각장애아동들이 청력이 더 뛰어난 것은 아니며 일반적인 정안 아동들보다 반드시 청취를 더 잘하는 것도 아니다. 시각장애아동들은 적절한 교수와 경험을 통해 청력을 더 효율적으로 사용하는 방법을 배운다는 것이 더 정확할 것이다(Koenig, 2006).

청취기술의 체계적인 발달은 모든 시각장애아동들의 교육프로그램에서 중요한 구성요소가 된다. 청취는 듣기와 같은 것이 아니다. 다시 말해서 이해하지 않고도 소리를 듣는 것은 가능하다. 청취에는 음에 주의를 집중하고, 음을 인식하고, 변별하고, 의미를 이해하는 것이 포함된다(Ferrell & Spungin, 2011).

청취학습 활동은 상당히 다양한 형태로 이루어진다. 예를 들면 어린 아동들은 가까운 음과 멀리 있는 음, 크고 부드러운 음, 세기의 높고 낮은 음을 변별하는 것을 배울 수 있다. 교사는 새로운 단어를 문장

전환교육 : 현재가 미래를 만든다

독립을 위한 하이테크 도구

다행스럽게도 선진적 공학의 발달로 시각장애인들이 전보다 더 독립적으로 살아갈 수 있는 시대에 살고 있다. 시각장애학생을 가르치는 교사들은 학생들에게 성인으로 전환할 때 이런 도구들을 어떻게 사용해야 하는지 쉽고 명쾌하게 소개해야 한다.

지역사회를 돌아다니기 위한 도구

집 밖으로 나가서 지역사회로 들어가는 것을 도와주는 효과적인 도구를 가진 시각장애인들은 직장과 지역사회 참여 기회를 더 많이 가지게 된다. 사실 이동에 대해 자기효능감이 높은 사람들은 취업이 더 잘되는 경향이 있다(Cmar et al., 2018). 사우스스케이프, 블라인드스퀘어와 아리아드네는 시각장애인이 이동하는 데 내비게이터로 도움을 주는 GPS 앱의 예이다. 이런 앱들은 회전마다 방향을 알려주고 랜드마크와 도로명에 대한 설명, 어디에 있는지와 어디로 가는지를 도와주는 다른 청각적 단서를 제공한다. 시각장애인들은 리프트 혹은 우버와 같이 요구에 따른 교통수단 네트워크에 접근할 수 있는 앱뿐 아니라 공공 교통수단 앱을 찾을 수도 있다. 익숙하지 않은 실내 환경에서 방향을 찾는 것 또한 어려울 수 있다. Clew(http://www.clewapp.org)는 자신의 경로를 추적하여 음성과 촉각적 피드백으로 처음 위치로 돌아가는 데 도움을 주는 앱이다.

일상생활을 위한 도구

시각장애인에게는 쇼핑하기, 요리하기, 자기관리와 같은 평범한 일상생활 기술도 어려운 도전이 된다. Be My Eyes(Kristensen & Wilberg, 2015)와 BeSpecular(BeSpecular, 2016) 같은 스마트폰 앱은 앱을 다운로드받은 자원봉사자 네트워크에 맹인이 일상생활의 도움을 요청할 수 있게 해준다. 맹인은 도움이 필요한 것을 비디오나 사진을 이용하여 자원봉사자에게 보여준다. 예를 들면 우유의 유통기한을 확인해달라거나 외출옷의 색깔 코디에 대한 도움을 요청할 수도 있다. 자원봉사자가 시간이 가능하고 두 사람 간에 연결이 되면 앱이 실행된다. 정안의 헬퍼는 맹인이 시각화하는 것이 무엇인지 설명하고 문제를 해결한다(예 : "지금 우유곽을 봐요. 유통기한이 6월 14일로 되어 있어요.") Seeing AI는 문자를 읽어주고(손글씨를 포함하여), 색깔을 설명하며, 사람을 인식하고, 바코드를 읽는 것과 현금을 확인하는 '인공 카메라 앱'(http://www.microsoft.com/en-us/seeing-ai)이다. 다른 유형의 앱은 시각장애인의 일상생활을 도와주는 것으로 식료품 가게 앱, 모바일 뱅킹 앱, 전자비서(예 : Alexa), 음식 배달 주문 앱(예 : DoorDash), 물건의 위치를 도와주는 앱(예 : TrackR, Tile)이 있다.

우수교사 Cecelia Peirano는 시각장애학생에게 새로운 하이테크 도구를 소개하는 단계를 다음과 같이 추천한다.

1. 학생의 문제와 어려움에 참여하라(어떻게 독립적으로 가게를 다녀올 수 있을까? 건물 앞에 내려서 특정한 방을 찾기 위해 도움이 필요하다면 무엇을 해야 할까?).
2. 구체적으로 필요한 것 혹은 목적을 설명하고 그에 맞는 앱을 소개하라.
3. 학생의 손가락으로 앱을 탐색해보고 독립적으로 점검해보게 하라.
4. 학생이 앱을 통해 한 단계씩 하게 하라.
5. 앱으로 실습해볼 과제를 제시하라.
6. 유사하면서 더 넓은 환경(학급, 학교, 이웃, 지역사회, 시내)에서 앱을 실습하게 하라.
7. 다른 앱과 성능을 비교해보라.
8. 최선의 앱을 선택할 수 있도록 시나리오를 제공하라.
9. 우수교사 Cecelia의 동료교사, Dan Kelley는 학생에게 앱을 통해 정보를 공유하는 것에 대해 조심스럽게 가르치는 것이 중요하다고 덧붙였다. 예를 들면 메일을 읽는 데 도움을 받기 위해 Be My Eyes를 사용하고자 한다면 신용카드 번호를 부주의하게 공유하지 않도록 꼭 신경을 써야 한다.

에서 소개해주고 그것을 판별하도록 하거나 핵심단어가 반복될 때마다 박수를 치게 한다. '쇼핑 게임' 에서 맨 처음 아동은 "나는 가게에 가서 _____을 샀다."라고 말하면서 시작한다. 다음 사람은 앞의 사람이 산 물건 목록에 자신이 산 물건을 더해서 문장을 반복한다(Arter, 1997). 목록을 잊어버리더라도 순서에서 빠지지 않게 하여 반복 연습할 기회를 공평하게 제공하는 것이 중요하다. 그렇지 않을 경우 청취기술과 청각기억이 취약한 아동들에게는 연습 기회가 적게 돌아가게 된다. 나이가 많은 학생이라면 더 높은 수준의 청취기술, 예컨대 잡음이 있는 곳에서 중요한 세부사항 확인하기, 사실과 의견 구분하기, 유추에 대답하기 등을 연습해야 한다(Barclay, 2012).

특히 고등학교 시각장애학생들은 녹음 매체를 흔히 사용한다. 시각장애학생과 교사들은 교재ㆍ강연ㆍ토의 등이 녹음된 자료를 이용할 뿐만 아니라 미국 국회도서관, 미국 맹인인쇄소(APH), 캐나다 국립시각장애기관, 시각장애인을 위한 녹음기관 등 다양한 조직을 통해 녹음된 책과 녹음재생장치들을 무료로 빌릴 수 있다. 평균 구어 읽기(분당 120단어 정도)의 2배 이상의 속도로 청취자는 청각정보를 처리할 수 있다(Aldrich & Parkin, 1989). 연습을 하게 되면 분당 275단어의 속도로 빠르게 듣거나 압축하여 들어도 충분히 이해할 수 있다(Arter, 1997). 미국 맹인인쇄소(2016)를 통해 북포트 플러스(휴대용 플레이어)를 활용할 수 있는데, 이는 선택한 단어 길이를 단축할 수도 있는 어음 압축 피처기능이 있어서 사용자가 녹음 책자의 음질과 재생 속도를 조정할 수 있다.

기능적 생활기술   다른 장애 범주보다 시각장애로 분류되어 교육을 받은 학생들이 고등교육을 졸업하는 비율은 좀 더 높다(U.S. Department of Education, 2020c). 그러나 특수교육자들은 시각장애학생들이 또래들과 같은 수준으로 학업성취에 도달할 수 있도록 도와주기 때문에 일상생활기술과 직업기술을 학습할 기회를 충분히 갖지 못한다는 점에 대해 우려를 표한다(Lohmeier, 2005; Sacks et al., 1998). 그러나 특정 교수와 계속적인 지원을 시각장애학생들에게 제공하여 그들이 요리, 개인위생, 쇼핑, 재정관리, 교통, 여가활동 등의 기술을 배울 수 있어야 독립적이고 행복한 성인기를 맞을 수 있다(Corn & Erin, 2000; Kaufman, 2000; Rosenblum, 2000). 특정한 생활기술을 가르치는 것은 세계적인 팬데믹에 특히 더 중요하다. 시각장애인들은 학습하고 방향을 찾기 위해 표면을 더 많이 접촉해야 하고, 사회적 거리로 다른 사람에게 의존하기가 어려우며, 대중교통을 이용하기 때문에 위험이 증가하고 있다. 그리고 증상이 발생할 확률을 높이는 동반된 건강장애가 있을 수도 있다(United States Association of Blind Athletes, 2020).

독립생활과 삶의 질을 극대화하기 위한 장애인들의 보조공학 활용이 점차적으로 증가하고 있다. 다양한 자기조작 공학장비는 가정, 지역사회 및 직장에서 독립생활을 즐기도록 도움을 제공한다(Cullen & Alber-Morgan, 2015). 맹과 지적장애를 가진 3명의 고등학생이 자기조작 청각적 단서 시스템을 활용하여 자신이 좋아하는 간식을 만드는 과정을 교수와 학습 '내가 스스로 만든 거야, 잘했지 : 자기조작 청각촉구단서로 독립심 증진'에서 볼 수 있다. 그러나 "교사는 각각 아동에게 어떤 장비가 유익할지 최근 동향을 유지하고, 사용을 위한 훈련을 하고 나서 학생에게 사용법을 가르쳐야 한다. 옷장에 몇 년 동안 두고 있던 장비를 학교로 가져오는 학생이 얼마나 많은지 모른다."고 우수교사 Cecelia Peirano가 권고한 바와 같이 공학은 사용할 때만 작용이 된다는 것을 명심해야 한다.

교수와 학습

"내가 스스로 만든 거야, 잘했지!" : 자기조작 청각촉구단서로 독립심 증진

자기조작 청각촉구단서를 왜 사용하는가 스티브, 리사, 칼은 요리를 하고 싶었으나 지적장애 때문에 조리법과 같이 연쇄적인 긴 내용을 외우기가 어려웠다. 지적장애 학습자를 위한 그림으로 된 요리책이나 색깔로 코딩이 된 요리법(예 : Book et al., 1990)도 이들은 적용할 수가 없었다. 스티브, 리사, 칼은 기능적 시각 혹은 점자기술을 익히지 못했기 때문이다. 스티브, 리사, 칼의 교사는 그들이 성인으로서 가능하면 독립적으로 기능하기를 원했다. 그래서 요리법에 대해 직접 훈련하는 것뿐 아니라 미래의 생활에서 맞닥뜨릴 수 있는 새로운 요리법에 대해서도 적용할 수 있는 방법을 찾아내는 것이 교사의 도전적 과제가 되었다. 그래서 그녀는 선행연구들에 근거하여 휴대용 청각촉구단서 장비를 만들어 효율성을 평가하기로 결정했다.

교사는 자기조작 청각촉구단서(SOAPS)를 어떻게 사용할 수 있는가 SOAPS 설정하는 방법을 결정하기 위해 샌디는 스티브, 리사, 칼이 좋아하는 음식 세 가지의 요리법을 분석하기 시작했다. 그다음에 각 단계를 스마트폰이나 태블릿에 녹음하였고(예 : "손잡이 끈을 찢어서 케이크 믹스 가루 봉지를 열어라"), 각 단계의 끝에 '삐'소리를 넣었다.

다음으로 교사는 모든 학생에게 장비를 어떻게 작동하는지와 '삐'소리를 들을 때마다 시작과 중단하는 것을 연습하게 가르친다(시각장애학생에게 새로운 공학기술 사용법을 가르치는 팁은 전환교육 : 현재가 미래를 만든다 '독립을 위한 하이테크 도구' 참조). 각 조리법 단계에 대한 지시사항은 올바른 반응에 대한 구어적 칭찬과 실수에 대해서는 최소–최대 촉구(예 : 구어적·신체적 그리고 손–손 안내)를 포함해야 한다.

학생들이 독립적으로 모든 단계를 수행할 때까지 학교 일과에서는 몇 번의 연습을 제공해야 한다. 과제의 난이도와 개별 학생에 따라 조리법을 숙달할 때까지 10~40번의 연습이 필요하다. 학생들이 반복적으로 똑같은 실수를 한다면(예 : 물을 쏟는 것) 보충 지시(예 : 붓고 있는 물이 어느 정도인지 손가락으로 느끼도록 가르치는 것)를 제공해야 한다.

어떤 요리라도 궁극적인 평가는 요리의 맛에 달려 있다. 맛이 있는가? 전자레인지로 케이크를 굽는 27단계 과제 분석에서 몇 가지의 중요한 단계 중 하나를 실수하여(예 : 케이크 반죽에 계란을 저어서 넣지 않는 것) 만든 케이크는 아무도 먹고 싶지 않을 것이다. 훈련 전에 스티브가 시도한 레시피는 먹을 수 없었지만 훈련 후에는 먹을 만했다. 세 가지 조리법을 훈련하고 나서 스티브는 SOAPS를 활용하여 다섯 가지의 훈련하지 않은 요리를 14번 중 12번 성공적으로 준비하게 되었다. 리사와 칼의 결과도 유사하였다. 자기조작 시스템은 학생들이 조절할 수 있으므로 독립적인 기능을 할 가능성과 자기결정의 수준은 높아질 것이다. 칼이 자신이 만든 케이크 한 조각을 여자 친구에게 건네면서 "내가 스스로 만든 거야, 잘했지!"라고 말했다.

SOAPS 제작에 대한 부가적 제안은 Savage(2014)에서 찾을 수 있다.

출처 : Lisa, Carl, and Steve's story based on "Teaching young adults with developmental disabilities and visual impairments to use taperecorded recipes: Acquisition, generalization, and maintenance of cooking skills" by S. A. Trask-Tyler, T. A., Grossi, & W. L. Heward. *Journal of Behavioral Education*, 1994, Vol. 4, pp. 283-311.

대안적 교육 배치

학습목표 10.5 시각장애학생의 성공적인 삶에 필수적인 비교과 기술의 확장된 핵심교육과정을 배우는 기회에 교육 배치가 미치는 영향을 설명할 수 있다.

과거에는 대부분의 중도 시각장애아동들이 기숙학교에서 교육을 받았으나 최근에는 대부분의 시각장애학생들이 공립학교에서 교육을 받고 있다. 즉, 학령기 아동의 68%가 일반학급에 속해 있고, 12%는 하루 중 일부를 학습 도움실에서, 9%는 일반학교의 특수학급에서 교육을 받는다(U.S. Department of

Education, 2020a). 나머지 11%는 기숙학교를 포함하여 다른 환경에서 교육을 받고 있다.

통합학급 및 순회교사

일반학교의 학급에 가장 먼저 통합된 장애가 시각장애였다. Cruickshank(1986)는 "공립학교의 정규 학년으로 가장 쉽게 통합될 수 있는 특수 학생이 아마 시각장애일 것이다."(p. 104)라고 제안하였지만, 성공적으로 통합하기 위해서는 개별화된 특수교육프로그램과 관련 서비스가 충분히 갖춰져야 한다.

일반학급에 통합된 대부분의 시각장애아동들에게 시각 전문가인 순회교사의 지원 프로그램을 제공한다. 비록 프로그램에 따라 교사들의 역할과 아동에 대한 부담이 상당히 다양하지만 대부분의 순회교사는 다음과 같은 책임을 전적으로 혹은 부분적으로 맡고 있다(Olmstead, 2005).

- 학생의 현재 성취수준을 파악하고 학습목표를 설정하며 IEP 팀으로서 관련 서비스 요구 도와주기
- 아동의 개인적 요구에 따라 일반교사와 함께 교육과정과 교수를 세밀하게 개발하기(교수와 학습 '시각장애학생을 위한 교실환경 조성' 참조)
- 시각장애학생에게 보상기술에 대한 직접적인 교수 제공하기(예 : 점자, 청취하기, 타이핑하기)
- 시각장애인의 특수화된 학습 매체 준비하기(예 : 수학 조작물)
- 읽기 과제나 다른 과제를 점자, 큰 활자 혹은 녹음 형식 등으로 수정하기
- 저시력 보조기구의 사용과 관리에 대해 훈련과 서비스 의뢰하기
- 아동의 시각손상과 시기능에 대한 정보를 다른 교육자와 부모에게 전달하기
- 부모와 학교의 다른 인적 자원들에 정보를 제공하고 상담하기

순회교사–상담가는 O&M(방향정위와 이동) 교수를 할 수도 있고 제공하지 않을 수도 있다. 특히 시골지역의 학교에서는 방향정위와 이동(O&M) 전문가인 복수 전공교사를 채용하여 순회교사가 방향정위와 이동에 대한 교수를 제공하기도 하고, 다른 학교에서는 교육지원 교사와 O&M 훈련을 위한 전문가를 따로 채용하기도 한다. 몇몇 공립학교 프로그램에서는 시각장애아동을 위한 자료실을 운영하기도 한다. 순회교사의 업무 부담은 학생이 저시력과 맹인 경우와 유아와 성인인가에 따라 달라진다.

순회교사 혹은 학습 도움실 교사는 시각장애아동들과 보내는 시간이 상당히 다르다. 어떤 학생들은 특수화된 도움을 많이 요구하기 때문에 매일 시간을 보내는 경우도 있다. 어떤 아동들은 적은 도움으로 일반학급에서 잘 지낼 수 있기 때문에 주 1회 혹은 월 1회 서비스를 받을 수도 있다.

시각 전문가와 학교 교사의 협업으로 시각장애학생은 일반학급에서 성공적으로 생활하고 있다.

시각장애아동이 통합에 성공하기 위해서 일반학급 교사가 숙련되고 지원적일 필요가 있다. 그러나 시각장애 성인의 삶에 영향을 준 것을 평가하는 연구에서 보면 이에 대한 점수가 낮다(Rosenblum, 2000). 연구에 참여한 10명의 학생 중 학교생활에서 최소 50%는 일반학급에서 교육을 받았다. 그런데 일반교사들이 점자나 컴퓨터를 이용한 음성출력기와 같은 장비 사용에 지원적이지 않다고 보고하였다["교사가 처음에는 시험지나 학습지를 점자기에 넣는 데 15분 정도 걸렸다."(p. 439)]. 다른 참여자들은 무신경한 교사들이 시각장애에 대해 수치심과 절망감을 느끼게 만들었다고 하였다["과학 선생님은 나에게 암석을 시각적인 방법으로 구

그림 10.7 일반학급의 시각장애학생 지원

시각장애학생들은 각각 독특한 특성이 있으므로 개인의 학업 및 사회적 목표를 달성하기 위해서는 특수화된 조정이 요구되기는 하지만, 교사는 의사소통과 학습을 비시각적 감각에 의존하는 학생들을 가르치는 경우에 다음과 같은 기본적인 가이드라인을 따라야 한다. 다음의 팁과 기법을 활용하게 되면 시각장애학생과의 의사소통이 효율적이게 될 것이고 학생들은 자신감과 독립심이 증진될 것이다.

존중과 배려의 태도로 의사소통하기

• 학급에서 다른 학생이 말을 할 때 학생의 이름을 항상 알려준다. 시각장애학생은 시각으로 알아채지 못할 것이다.

• '이것', '저것', '거기'와 같은 부정대명사는 시각장애학생들을 매우 혼란시킨다. 특정 물품, 사건 혹은 사람의 이름을 사용하는 것이 더 바람직하다.

• 교사와 또래 친구들이 시각장애학생에게 시각과 관련된 관용적 표현을 사용하는 것은 무방하다. 예를 들면 "무슨 말을 하는지 보고 있니?" 혹은 "다음 문장을 살펴보자."와 같다.

• 시각장애학생에게 뭔가를 전달해줄 때는 항상 말로 알려준다. 왜냐하면 학생들이 놀랄 수도 있고, 또한 효율적으로 반응할 수 있기 때문이다.

• 시각장애학생에게 방향을 제시할 때는 구체적인 위치 정보를 제공한다. 예를 들면 "저기 있다." 혹은 "책상 가까이 있다."라고 말하는 것보다 "책은 네 왼쪽에 있다." 혹은 "책상은 네 앞으로 10보 정도 거리에 있다."고 하는 것이 훨씬 바람직하다.

• 칠판에 글을 쓰거나 그림을 그릴 때, 교사의 행동을 말로 설명해주는 것은 학급의 모든 학생에게 도움이 된다. 시각장애학생의 수준에 맞게 낮추어 말하지 않도록 유의해야 한다.

• 학급의 학생들이 교실 밖에서 시각장애학생을 만나면 자신의 이름을 소개하도록 해야 한다. 목소리를 듣고 알 것이라고 추정하거나 "내가 누군지 맞혀봐." 하면서 묻지 않게 한다.

• 시각장애학생의 주변에서 떠날 때는 이동한다는 것을 말한다.

• 어떻게 하는지를 신체적으로 가르쳐야 할 때 손-아래-손 방법을 활용한다. 학생의 손을 교사의 손등에 얹게 하고 움직임을 느끼도록 한다. 교사가 학생의 손을 잡고 하는 것보다 이 방법이 더욱 효과적이다.

가능한 독립성 기대하기

• 시각장애학생이 학급에서 어떤 과업을 수행하거나 책임감을 갖게 하려면 그런 역할이나 과업을 맡겨야 한다.

• 시각장애학생이 학용품을 가져가고 치울 수 있도록 시간을 제공한다. 어떤 활동에서 가위와 풀을 사용했다면 제자리에 갖다 두게 한다. 시각장애학생에게 학용품 등을 제공하고 치워주는 것이 더욱 쉬울 수도 있지만 자기충족감과 자기 물품 정리정돈하는 방법을 가르치는 것은 결정적으로 중요한 일이다.

• 사회성 기술을 기르기 위해서는 또래 친구들이 가장 효과적인 교사가 된다. 시각장애학생은 협동 모둠을 통해 사회성 기술을 배운다.

• 안전이 항상 우선적으로 중요하지만 시각장애학생을 과잉보호하지 않아야 한다. 학생들이 새로운 개념을 익힐 때는 직접 해보는 것이 가장 좋은 방법이다.

• 가능하면 실제 생활 경험을 제공하라. 학교에서 현장체험활동을 할 때 시각장애학생이 자신 주변의 환경을 탐색하도록 시간을 충분히 제공한다.

출처 : Jeanna Mora Dowse (2009), who worked for many years as an itinerant teacher of students with visual impairments in two school districts in Apache County, Arizona.

별하도록 요구하였다. 그래서 할 수 없다고 했더니 '글쎄, 네가 좋은 점수를 받고 싶으면 해야만 해.'라고 하였다."(p. 439)]. 또 다른 학생들은 일반교사들이 자신들을 어린아이 다루듯이 했다고 보고하였다 ["선생님은 내가 13세가 아니라 6세 아동인 것처럼 다르게 말하였다."(p. 43)]. 그림 10.7은 시각장애학생을 지원하는 일반학급 교사를 위한 팁을 제공하고 있다.

특수교육프로그램에서 시각장애학생을 비범주화하는 것에 대해 일부 시각 전문가들은 반대한다. 일반교사나 혹은 다른 장애 영역 전공 특수교사가 점자, 보행 및 이동, 시효율성 등과 같은 전문성을 갖추었다고 기대하는 것은 현실적이지 않다는 것이다(American Foundation for the Blind, 2004). CEC의 시각장애 분과(DVI)는 확장된 핵심교육과정이 요구되는 학생들에게 학령기 동안 시기에 따른 대안적인 교육적 배치가 요구될 수 있다는 점을 인식하고 있다(Huebner et al., 2006).

다음은 비전 팀 미네소타주 헤너핀 카운티에 있는 13개 교육구의 시각 전문가와 일반교사의 협력 팀이 저시력 학생을 지도하는 교사에게 제안한 사항들이다.

• 시각을 사용하는 것이 저시력 학생에게 해로운 것이 아니다. 시각을 많이 사용하면 할수록 시효율성이 좋아진다.

• 저시력 학생에게 인쇄물을 제공할 때 가까이 제시하는 것이 가장 좋은 방법이다. 그것이 시각에 해로운 것이 아니다.

• 저시력 학생들이 시각을 많이 사용하지 못한다고 해도 피로감은 매우 빨리 올 수 있다. 초점이나 활동에서 변화를 주는 것이 도움이 된다.

• 저시력 학생은 베껴 쓰기에 어려움을 느낄 수 있다. 과제를 조금 줄여주거나 시간을 더 많이 제공할

필요가 있다.

- 칠판에 필기를 하거나 프로젝트를 사용하는 경우 가능한 한 말로 설명하는 것이 도움이 된다.
- 저시력 학생이 학교에서 익혀야 할 중요한 사항 중 하나는 도움을 기다리기보다는 도움을 요청할 수 있는 책임감을 지니는 것이다.
- 과제를 평가하고 규율을 적용할 때 교사는 다른 학생들과 동일한 기준을 저시력 학생에게 활용하는 것이 가장 좋은 도움이 된다.

기숙학교

학령기 시각장애아동의 약 3%가 기숙학교에 다닌다(U.S. Department of Education, 2020a). 지적장애, 청각장애, 행동장애, 뇌성마비와 같은 장애를 동반한 시각장애아동들이 주로 기숙학교에 다니고 있다 (중복장애에 대한 정보는 제12장 참조). 어떤 부모들은 가정에서 아동을 적절하게 돌볼 수가 없고, 또 다른 사람들은 주로 기숙학교에서 제공하게 되는 특수화된 전문 요원, 시설, 서비스 등에 더 큰 관심을 가지는 경우도 있다.

기숙학교를 지지하는 교사와 부모는 '재정력과 넓은 영역의 전문성'이 제공되는 지도력을 장점으로 꼽으면서 중복장애아동과 소수의 시각장애아동에게는 기숙학교가 최소제한환경이 될 수도 있다고 주장한다. 맹 주립학교의 시각장애아동에 대한 추수연구에서는 기숙학교의 장점을 특수화된 교육과정과 장비, 교과 외 활동 참여, 개별화 교수, 소그룹 학급, 자아존중감 증진 등으로 제시하며 부모ㆍ지역교육기관ㆍ학생 자신들은 기숙학교의 배치가 가장 적절하다고 믿고 있다.

다른 교육환경에 배치되는 것과 마찬가지로 기숙학교 프로그램에 배치되는 것이 지속적인 것은 아니고, 아동들의 요구가 변함에 따라 기숙학교에서 일반학교로 배치되고 있다. 기숙학교의 어떤 아동들은 근처의 일반학교에 부분적으로 통합되기도 한다. 대부분의 기숙학교는 부모 참여를 격려하고, 정안 아동들과 함께하는 레크리에이션 프로그램을 제공한다. 모든 기숙학교의 프로그램에서 가장 중요한 부분은 독립적 생활기술과 직업훈련이다.

기숙학교는 시각장애학생을 교육하는 교사 연수를 포함하여 교사 훈련 지원 등에서 중요한 역할을 하고 있다(McMahon, 2014). 기숙학교는 교수매체 자료를 잘 갖춘 곳이며, 시각장애아동들이 특수한 평가 서비스를 받을 수 있는 곳이다. 최근에는 기숙학교들이 여름 학기 연수에서 점자, 이동성, 직업훈련 등을 강조하는 단기 프로그램을 통합된 아동에게 제공하고 있다.

우수교사 사례의 Cecelia Peirano 역시 기숙학교에서 가르치고 있으며 "우리 학생들은 주위에 살면서 통학하는 학생과 다른 주에서 온 기숙제 학생이 있다. 시각장애학생을 위한 특별 프로그램과 공학뿐만 아니라 학업과 주에서 실시하는 검사에도 엄격하게 참여하고 있다. 교육 배치를 결정할 때 부모와 학교는 어디가 개별 아동의 요구를 충족할 수 있는 최선인가를 고려해야 한다."고 설명한다.

기회의 균등과 다를 수 있는 권리

다른 장애인처럼 시각장애인들은 시민과 소비자로서 자신의 권리를 점점 의식한다. 장애로 인한 차별에 항의를 하고 자기결정의 장점을 경험하게 된다(Agran et al., 2007; Koestler, 2004). 많은 사람들(심지어 시각장애아동과 함께 일하는 사람들조차도)은 그들의 잠재능력을 평가절하하고 다양한 범주의 직업 및 개인적 선택을 인정하지 않는다. 앞으로는 시각장애인들이 전통적으로 일하던 상황(예 : 피아노 조율, 재활상담가)과 직업의 종류가 점진적으로 변할 것이다.

확대된 핵심교육과정의 중요성을 설명하면서 Hatlen(2000)은 유명한 맹인 여성에게 "맹인들이 사회에 원하는 것이 무엇입니까?"라고 질문했을 때 "똑같을 수 있는 기회와 다를 수 있는 권리"라고 답한 것을 언급하고 있다.

정반대의 뜻을 가진 이 두 단어가 의미하는 것은 무엇일까? 아마도 묵자와 점자는 같지만 매우 다르다는 의미일 것이다. 또한 독립적으로 보행하기 위해 필요한 것은 정안인이나 맹인 모두에게 비슷하지만 배워야 할 것은 다르다는 것을 의미하기도 한다. 그리고 정안인들에게는 자연스럽고 자발적인 방식으로 이루어지는 개념과 학습이 맹인들에게는 전혀 다른 학습경험을 통해 이루어진다는 뜻도 될 것이다. 아마도 이 맹인 여성은 맹인들은 정안인들과 같은 지식과 기술을 학습할 기회를 가져야 하지만 그 학습방법은 달라야 한다는 것을 강조했던 것 같다(p. 779).

우수교사로부터의 조언   by Cecelia Peirano

시각장애학생을 지원하는 것

의사소통을 하라

Cecelia Peirano

- 학생, 부모, 전문가들과 의사소통할 때는 구체적으로 대화하라.
- 학생들에게 대화를 시작할 때 이름을 부르고 구체적인 위치를 제시할 때는 지시어를 사용하고, 혼동을 줄이기 위해서는 언어를 설명적으로 사용하라. "너의 과제를 저기에 갖다 두어라."보다는 "세스, 연필깎이 왼쪽에 있는 바구니에 너의 과학 과제물을 갖다 두어라."라고 말하면 학생이 더 잘 수행할 것이다.
- 도우미와 교사들 혹은 다른 전문가들과 미팅할 때 아동에게 요구되는 것을 가능하면 문서로 구체적으로 제시하라. 미팅이 방해받거나 짧게 끝나게 되더라도 교사가 없는 경우 아동에게 요구되는 사항을 분명하게 전달하게 된다.

준비를 철저히 하라

- 학생이 교실에서 능동적으로 참여할 수 있도록 교재를 미리 준비하라.
- 모든 자료를 점자, 확대 복사 혹은 청각 파일과 같이 적절한 형태로 미리 변환할 수 있도록 다른 수업 스태프를 격려하라. 또한 부가적인 설명을 위해 필요한 자료를 검토하고, 촉각적 자료를 만들고, 조작물 등을 모아야 할 것이다. 학생들에게 동남아시아 혹은 주기율표를 소개해야 하는 경우에 해당하는 것이다.
- 수업 스태프가 참여하여 활동하는 미팅 시간표를 작성하라. 교사가 수업할 때 학생들에게 요구되는 자료를 준비하는 데 도움이 되는 수업계획 혹은 정보를 전달하기 위해 회의가 신속하게 진행될 가능성이 크다.
- 학생들 활동에 참여하는 스태프 전원들과 공동 수업을 할 때 구체적인 일정과 책임감에 동의하려고 노력하라. 이것은 학생이 방향정위와 이동(O&M) 혹은 다른 특수한 서비스 때문에 수업을 빠지는지, 보충해야 할 과제가 있는지 등의 혼동을 피하게 될 것이다. 훌륭한 참고자료는 '공동 수업의 협조'(Hudson, 1997)인데, 시각장애학생들에 대해 구체적으로 기술한 책이다.

학생들이 조금은 부딪혀서 해결하도록 하라

- 학생들이 독립적일 수 있는 자신감과 기술을 제공하라.
- 시각장애학생들이 다른 학생들과 똑같은 책임감을 지도록 기대하고, 도구를 제공하여 성공하게 하라. 학생들이 점심값을 계산할 필요가 있다면 요구되는 정보를 준비하여 노트테이커에 설정하도록 도와준다.
- 학생들이 어려운 과제를 시도해봄으로써 새로운 기술을 배우게 하라. 요구되는 것이 있다면 팔짱을 끼고 앉아 있어라. 학생들을 위해서 손을 뻗지 마라. 학생들이 새로운 방법을 발견함에 따라 그들이 다음 과정을 진행할 수 있도록 도움을 제공하면 된다.
- 또래들과 사회적 상호작용을 증가할 수 있는 방법을 찾아보라. 또래와의 상호작용과 그룹 프로젝트는 사회성 기술과 자신감 향상에 도움이 될 것이다.

핵심용어와 개념

굴절	시각장애	원시
근시	시각피질 손상(CVI)	저시력
녹내장	시력	점자
방향정위와 이동(O&M)	시야	점자기
백내장	시효율성	정안인의 안내기법
법률적 맹	안구운동	터널 시야
부분 시력	안구진탕증	
사시	양안시	

요약

정의

- 법률적 맹(시각장애)은 안경이나 콘택트렌즈로 교정한 후 더 나은 눈에서 20/200 이하의 시력 또는 20도 이하의 제한된 시야로 정의된다.
- 교육적 정의는 시각장애학생이 학습수단으로 시각 또는 청각/촉각 도구를 사용하는 정도에 따라 분류한다.
- 전맹 학생은 시력 감각을 통해 유용한 정보를 얻지 못하며 모든 학습에 촉각, 청각 및 다른 비시각적 감각을 사용해야 한다.
- 기능적 시각장애아동은 시력이 거의 없기 때문에 주로 청각 및 촉각 감각을 통해 학습한다. 그러나 아동은 제한된 시력을 사용하여 다른 감각으로부터 받은 정보를 보완할 수 있다.
- 저시력 아동은 주요 학습수단으로 시력을 사용한다.
- 시각장애의 발병 연령은 아동의 교육 및 정서적 요구에 영향을 미친다.

특성

- 중도 시각장애아동은 정상적인 시력으로 일상 경험에서 환경과 상호작용하며 얻는 우연학습의 혜택을 받지 못한다.
- 시각장애는 종종 운동발달의 결함 또는 지연으로 이어진다.
- 어떤 시각장애학생들은 정안 친구와의 공통된 경험이 제한적이기 때문에 사회적 고립과 사회적 상호작용에 어려움을 경험한다. 대화 중 제스처 및 얼굴 표정, 눈 마주치기 불가능, 그리고/또는 상동행동 등이 나타난다.
- 정안인의 행동과 태도는 시각장애인의 사회적 참여에 불필요한 장벽이 될 수 있다.

출현율

- 시각장애는 학령기 아동의 1,000명당 2명 미만으로 발생률이 낮다. 시각장애가 있는 모든 학생의 약 절반이 부가적 장애를 동반한다.

시각장애의 유형과 원인

- 눈은 대상에서 반사된 빛을 모으고 망막에 대상의 이미지를 초점을 맞춘다. 시신경은 이미지를 뇌의 시각피질로 전송한다. 이 과정의 어떤 부분에서 어려움이 있으면 시력문제가 발생할 수 있다.
- 굴절 이상은 눈의 크기와 형태가 광선이 망막에 정확하게 초점을 맞출 수 없게 굴절이 불완전한 것을 의미한다.
- 구조적 손상은 시각 또는 근육체계의 한 부분 이상의 발달이 제대로 이루어지지 않거나 손상 또는 기능부전으로 인해 일어날 수 있다.
- 시각피질 손상(CVI)은 시각 정보를 해석하는 뇌의 일부분 손상 또는 기능부전으로 인한 시력손상 또는 맹과 관련이 있다.

교육접근

- 점자는 시각장애학생들을 위해 문자, 단어, 숫자 및 그 외 튀어나온 점으로 배열되어 있는 읽고 쓰는 촉각적 체계이다.
- 시각장애학생은 터치, 읽어주는 기계, 사전 녹음자료를 통해 인쇄물을 활용하는 특수 장비를 사용할 수도 있다.
- 저시력 아동은 시력을 가능한 한 효율적으로 사용할 수 있도록 가르쳐야 한다.

- 저시력 학생들은 인쇄물을 읽을 때 확대, 광학기구, 큰 인쇄의 세 가지 방법을 사용한다.
- 맹 또는 중도 시각장애학생들은 방향정위(자신이 어디에 있는지, 어디로 갈 것인지 목적지에 도달하는 방법)와 이동(한곳에서 다른 곳으로 안전하며 효율적으로 움직이는 것)에 대한 교육이 필요하다.
- 청취기술의 체계적인 개발은 모든 시각장애아동들의 교육프로그램의 중요한 구성요소이다.
- 시각장애학생들의 교육과정에는 요리, 개인위생, 정리, 쇼핑, 재정관리, 교통, 여가활동 등 기능적인 생활기술에 대한 체계적인 교육이 포함되어야 한다.

대안적 교육 배치

- 시각장애학생 4명 중 3명은 정안 친구와 일반학교의 교실에서 최소한의 시간을 보낸다.
- 많은 지역에서 특별히 훈련된 시각 전문가 순회교사가 일반학교 학급 교사와 시각장애학생에게 지원을 제공한다.
- 일부 규모가 큰 학교에는 시각장애학생들을 위한 학습 도움실 프로그램이 있다.
- 시각장애, 특히 다른 장애를 동반한 아동의 약 3%는 기숙학교에 다닌다.

주의력결핍 과잉행동장애, 건강장애 및 지체장애

Katelyn Metzger/Merrill Education

 주요 학습목표

11.1 주의력결핍 과잉행동장애(ADHD)를 정의하고 ADHD 치료를 위하여 가장 일반적으로 사용되는 방법을 기술할 수 있다.

11.2 지체장애와 건강장애를 정의할 수 있다. 미국 장애인교육법(IDEA)의 기타 건강장애 또는 정형외과적 손상 범주에 포함되어 서비스를 제공받는 아동의 수가 실제 지체장애와 건강장애아동의 수보다 적은 두 가지 이유를 설명할 수 있다.

11.3 학령기 아동에서 빈번히 나타나는 건강상태와 신체손상의 유형과 원인을 기술할 수 있다.

11.4 건강장애 또는 지체장애학생을 위한 '평행교육과정'의 중요성에 대하여 논의할 수 있다.

11.5 연속적인 교육 서비스와 배치 조건이 건강장애 또는 지체장애학생에게 특히 중요한 이유를 설명할 수 있다.

학력, 자격증, 경력

- 사우스플로리다대학교 체육교육/특수체육 이학사 (1994), 문학석사(1998), 밸도스타주립대학교 코칭교육학/체육교육 전문가 (2019)
- 조지아 보건 및 체육교육 PK-12, 특수체육 : 장애스포츠 전문가, 통합스포츠 트레이너
- 교육 경력 26년

우수교사 사례

Dave Martinez
Cherokee County School District, Canton, GA

나는 초등학교에서부터 고등학교에 이르는 장애학생을 대상으로 체육을 가르치고 있다. 장애학생이 일반학급에 잘 통합될 수 있도록 일반교사를 도와주며, 체육교사로서 주나 정부의 기준에 잘 부합되는 개별화 체육교육프로그램을 설계하는 책임을 지고 있다. 나는 학생들이 지역사회에서 레크리에이션과 여가활동에 참여하고, 성인으로서 적극적인 건강한 생활을 영위할 수 있는 프로그램을 만들고자 노력한다. 정형외과적 손상을 입을 학생들을 위해 동료와 내가 만든 방과 후 통합 프로그램이 바로 그 한 예이다.

이전 내 담당 학생이었던 이사야는 독립학급에서 특수교육 서비스를 제공받았다. 그는 신체적으로 활동하는 것을 즐겼으며, 또한 통합 체육수업과 내가 참여하고 있던 스페셜 올림픽 게임을 좋아했다. 이사야는 스페셜 올림픽에서 요구하는 8주간의 훈련을 받았다. 그가 가장 좋아하는 스포츠는 볼링, 수영과 농구였다. 이사야가 수업에서 동메달을 땄을 때 그의 부모님이 매우 좋아하시던 모습이 아직도 기억에 생생하다. 하루는 그의 어머니가 이사야는 지금 다른 고등학교 풋볼 선수들처럼 레터재킷을 원한다고 말했다. 이 말에 나는 우리 지역구 체육부에게 스페셜 올림픽 선수들에게 대표 팀으로 인정받을 수 있는 기회를 줘야겠다는 생각을 했다.

나는 다양한 장애와 어려움을 지닌 학생들과 함께해 왔다. 항상 훈련 프로그램을 통해 체득한 중요한 교훈을 떠올린다. 내 학생은 무엇이든 할 수 있으며, 단지 약간 다르게 할 필요가 있을 뿐이라는 점이다. 다학문 팀과 함께 성공을 위한 환경이 주어졌을 때 우리 학생들이 할 수 있는 것들을 볼 때마다 나는 끊임없이 감탄한다.

주의력결핍 과잉행동장애(ADHD), 지체장애 및 건강장애아동들은 매우 다양하다. 그들의 장애 정도는 경도, 중등도, 중도에 이르며, 어떤 아동들은 전형적인 비장애아동과 차이가 없어 보이는 반면 다른 아동들은 눈에 띌 정도의 장애를 보이거나 또는 건강상태가 좋지 않다. 특별한 건강관리가 요구되는 몇몇 아동들의 활동 및 지적기능은 크게 제한되어 있는 반면 어떤 아동들은 그들이 할 수 있는 것이나 학습할 수 있는 것에 큰 제약을 받지 않는다. 또한 단일장애나 중복장애아동들도 있으며 태어났을 때부터 장애를 지니고 있을 수도 최근에 생겼을 수도 있다. 어떤 아동들은 장애에 따라 특수 보조도구를 사용하기도 하는데, 이로 인해 사람들의 시선을 받을 수도 있으며, 어떤 아동들은 자기의 행동을 조절하는 데 어려움을 나타내기도 한다. 장애는 항상 나타날 수도 있고 가끔씩 나타날 수도 있다. 장애는 영구적일 수도 있고 일시적일 수도 있으며, 또한 장애가 장기간에 걸쳐 악화되는 경우도 있거나 점차 경감될 수도 있으며, 항시 같은 수준을 유지하는 경우도 있다.

나탈리는 오랜 기간 병원에 있었기 때문에 학습이 제대로 이루어지기 힘들다. 게리는 발작증상 때문에 약을 복용하고 있으며, 이로 인해 수업시간에 조는 경우가 많다. 자넬라는 쉽게 피곤해지기 때문에 하루에 3시간만 학교에서 수업을 듣는다. 켄은 교실에서 학습하기에 편하도록 특별히 설계된 의자에서 공부를 한다.

이와 같이 이 장에서 우리가 생각해봐야 할 특수교육을 필요로 하는 학생들 간에는 개인차가 존재한다. 지체장애 및 건강상의 조건들에 대한 일반적인 진술은 가능할지라도 많은 변수가 장애아동과 그들의 교육적 요구에 상당한 영향을 미친다. 이러한 변수에는 장애의 정도와 심각성, 발병 시기, 환경적 요인들이 포함될 수 있다. 따라서 이 장에서는 이러한 아동들이 겪는 다양한 문제에 대처하는 데 도움을 줄 수 있는 일반적인 정보와 지침들을 제시하였다.

주의력결핍 과잉행동장애

> **학습목표 11.1**   주의력결핍 과잉행동장애(ADHD)를 정의하고 ADHD 치료를 위하여 가장 일반적으로 사용되는 방법을 기술할 수 있다.

모든 사람은 집중하는 데 조금씩 어려움이 있으며(주의력결핍), 우리 또한 때때로 목적 없고 부적절한 행동(과잉행동)을 하기도 한다. 행동 특성에서 이러한 행동들이 지속적으로 존재하는 아동은 **주의력결핍 과잉행동장애**(attention-deficit/hyperactivity disorder, ADHD)로 진단될 수 있다. ADHD 아동의 과제 집중에 대한 어려움, 충동적 행동, 안절부절못하는 행동은 다른 이들과의 상호작용을 만족스럽지 못하게 만드는 요인들이다.

20세기 후반부의 10년 동안 ADHD에 대한 관심이 급격히 증가했지만 ADHD의 진단과 관련된 특징들을 다룬 역사적 논의를 통해 수 세기 동안 ADHD 아동은 우리 주위에 있었음을 알 수 있다(Barkley, 2015; Conners, 2000). 의학적 · 과학적 분야에서 이 장애에 관해 출판된 첫 번째 보고서는 영국 의사 조지 스틸이 스틸의 질병을 묘사했을 때인 1902년이다. 스틸은 안절부절못하는 행동과 주의집중에 어려움을 겪는 아동이 '내적 통제의 결함'으로 인해 고통받고 있다고 보았는데, 이것은 뇌손상이나 뇌기능장애의 결과로 추정된다고 하였다. 몇 해 후 이러한 행동 증후들을 나타내는 다양한 용어가 사용되었는데, 1920년대에는 뇌염후 장애, 1940년대에는 뇌손상 증후군, 1960년대에는 미세뇌기능장애, 1970년대에는 운동과잉 충동성 장애로 사용되었다(Mather & Goldstein, 2001). 의학 분야에서 뇌손상의 명백한 증거를 발견할 수 없었기 때문에 이러한 상태를 진단하고 정의할 때 행동 증후들에 대한 기술과 확인에 초점을 두고 있다.

정의와 진단

"ADHD의 두드러진 특징은 개인의 기능과 발달을 방해하는 지속적인 주의력결핍과 과잉행동-충동성이다."(American Psychiatric Association, 2013, p. 61). ADHD에는 다음의 증상이 포함된다.

- 주의력결핍 : 세부적인 사항에 집중하지 못하며, 과제나 활동에 지속적으로 집중하지 못하고, 상대방의 이야기를 듣고 있지 않은 것처럼 보이며, 지시를 따르지 않으며(예 : 과제를 시작하지만 곧 다른 곳으로 주의가 흐트러짐), 과제와 활동을 조직화하지 못하며(예 : 혼잡스럽거나 비조직화된 과제수행), 지속적인 정신적 노력을 요구하는 과제를 싫어하고, 자주 무언가를 잃어버리며, 쉽게 산만해지며, 무언가를 잊어버리는 일도 잦다.
- 과잉행동과 충동성 : 안절부절못하고, 쉬지 않고 달리거나 가구 위를 올라가며, 매우 큰소리를 내고, 끊임없이 움직이며, 지나치게 이야기를 많이 하며, 대답을 불쑥해버리고, 자기 차례를 기다리지 못하며, 다른 사람을 방해하고 생각 없이 행동하고(예 : 지시사항을 읽거나 듣지 않고 과제 시작하기), 참을성이 없으며, 활동이나 과제를 바로 시작하거나 유혹을 참지 못한다(American Psychiatric

Association, 2013).

ADHD로 진단되려면 6개 이상의 부주의 증상과 혹은 6개 이상의 과잉행동-충동성 증상이 둘 이상의 환경에서 적어도 6개월 이상 지속되어야 하며, 이 중 몇 가지 눈에 띄는 증상이 12세 이전에 나타나야 한다. 또한 이러한 증상들이 사회적·학업적·직업적 과제에서의 개인의 기능을 방해하지만 또 다른 정신적 장애(예 : 기분장애, 불안장애)로 인한 것은 아니어야 한다.

아동이 나타내는 증상의 수에 따라 세 가지 ADHD의 하위유형 중 한 가지가 부여되는데, 주의력결핍 및 과잉행동장애 복합형, 현저한 주의력결핍 형태, 현저한 과잉행동-충동성 형태이다. ADHD의 약 55%가 복합형으로 진단되며, 27%가 현저한 주의력결핍 형태, 18%가 현저한 과잉행동-충동성 형태로 나타난다(Wilens et al., 2002).

실행기능의 결핍이 ADHD 아동의 가장 주된 특성이라고 추측되고 있다(Barkley, 2015; Brocki et al., 2010). 실행기능은 "목표를 획득하기 위하여 자기규제가 필요한 것만큼 목표를 선택하고, 선택한 목표를 향해 나아가며, 재연하며, 유지하는 데 필요한 자기 지시적 행위들"로 구성된다(Barkley, 2012, p. 60). 실행기능을 구성하는 주요한 요소로는 작업기억(예 : 활동을 하는 동안 정보를 저장하고 사용하는 능력), 정신적 융통성(예 : 변화하는 환경에 적응하는 능력), 자기통제(예 : 충동을 억제하는 것)가 있다(Center on the Developing Child, 2020).

ADHD 진단준거는 매우 다양하고 주관적이다. 예를 들어 '끊임없이 움직인다'는 기준은 무엇인가? 또한 '과제를 회피하거나 싫어한다'는 판단이 다른 이유들을 배제한 상태에서 단지 주의력결핍 때문이라고 단정 지을 수 있는가? 어떤 의사에 의해 ADHD를 진단받지 못한 아동이 다른 의사에 의해서는 진단을 받을 수도 있다. ADHD에 대한 타당하고 독립된 테스트가 없기 때문에 이에 대한 진단은 부모나 교사가 주는 정보에 의존할 수밖에 없다.

특수교육의 적격성

만일 장애로 인한 영향이 아동의 학업수행에 부정적인 영향을 미치는 교육환경에 대한 민감성을 제한시키는 환경 자극을 개선하고자 하는 것이라면 ADHD 아동은 기타 건강장애 범주 아래 서비스를 받을 수 있다(20 USC §1401 [2004], 20 CFR §300.8[c][9]). 그러나 많은 ADHD 아동은 다른 장애 범주에 해당되어 서비스를 제공받고 있다. 연구자들에 의하면 학습장애아동의 16~31%, 정서장애아동의 25~56%가 ADHD를 지니고 있는 것으로 추산된다(Xin et al., 2014).

장애인교육법(IDEA) 아래 서비스를 제공받지 못하는 많은 ADHD 아동들은 재활법 제504조 서비스를 받아야 한다. 제1장에서 논의한 바와 같이 제504조는 장애인에게 보호 서비스를 제공하는 시민권리법이며, 이 조항을 근간으로 학교는 일반학급에서 ADHD 학생을 돕기 위한 교육과정 수정계획을 개발해야 한다. 이 수정계획(일명 '504 계획')은 시험시간 연장, 자리 우선 배정, 교사의 특별 감독, 숙제 줄여주기, 적은 단위로 과제 나누기, 학교에서의 약물효과에 대한 아동의 행동감독과 같은 적응과 조절을 포함한다.

출현율

비록 미국 정신의학회(APA, 2013)에서는 학령기 아동의 5%가 ADHD일 것이라고 추정하지만 최근의 질병관리예방센터(CDC, 2020c)의 연구에 의하면 아동의 9.4%가 연구를 실시할 당시 ADHD로 진단받았으며, 학령기 아동 중 최대 15%가 ADHD로 진단받았으며(Rowland et al., 2015), 남아가 여아보다 약 2배 많다(CDC, 2020a). 일반학급에서 ADHD로 진단되거나 ADHD에 수반되는 문제들을 나타내는 아동들이 1~2명 정도 있는 실정이다.

1990년대 미국 교육부에 의한 일련의 결정을 통해 ADHD 아동을 IDEA의 기타 건강장애(OHI) 범주 아래에서 특수교육 서비스를 받도록 하였으며, 결과적으로 몇몇 주에서는 기타 건강장애 범주 아래에서 서비스를 받은 아동 수가 증가되었다고 보고하였다. 기타 건강장애 범주 아래에서 특수교육 서비스를 받은 많은 아동이 ADHD로 진단받았다.

학업성취와 다른 장애의 수반

ADHD 아동의 대부분은 교실에서 힘겨워한다. 또래와 비교했을 때 읽기, 수학, 철자, 쓰기에서의 성취 점수가 낮으며, 학교에서 낮은 등급을 받거나, 조직화하기 또는 계획하기 등과 같은 학문적 성취에 필수적인 기술들을 익히는 데 어려움을 겪는다(DuPaul & Langberg, 2015). 많은 ADHD 아동들은 다른 장애 역시 가지고 있다. 예를 들어 ADHD 아동 10명 중 6명이 적어도 정신적·심리적·행동적 장애 중 하나를 가지고 있다(CDC, 2020a). 학습장애, 지적장애, 자폐성 장애, 틱장애, 강박장애 역시 ADHD를 보이는 것으로 나타나고 있다(APA, 2013; Rowland et al., 2015; Schnoes et al., 2006).

원인

ADHD의 원인은 아직 잘 드러나지 않고 있다. 2명의 다른 아동이 ADHD로 진단받을 때 나타나는 이들의 유사한 행동 패턴은 완전히 다른 요소에 의해 야기될 수도 있다(Gresham, 2002; Maag & Reid, 1994). 많은 사람들이 ADHD를 신경학에 기초한 장애로 생각하지만 ADHD의 행동 징후에 대한 뇌손상과 기능장애 간의 명백하고 일관된 증거는 없다. 신경영상기술을 사용하는 연구에서는 ADHD 아동의 뇌에 구조적 또는 생화학적 차이점이 존재한다는 사실을 보여주었다(예 : Cherkasova & Hechtman, 2009; Sowell et al., 2003). 그러나 ADHD로 진단된 아동의 뇌 구조는 일반 아동의 뇌 구조와 그다지 다르지 않으며 역으로 일반 아동도 ADHD를 진단받은 아동의 뇌 구조와 유사할 수 있다.

유전적 요인이 일반적인 위험요인보다 더 ADHD 진단과 연관이 있다(Willcut et al., 2000). ADHD는 가족에게 유전되는 경향이 있으며(Barkley, 2017), 유전적 장애와 질병의 영역과 폭넓게 관련되어 있다(Levy et al., 2006). 예를 들면 취약성 X 증후군, 터너증후군, 윌리엄증후군(제4장 참조)이 있는 개인은 종종 주의력과 충동성에 문제를 보인다. ADHD 징후는 또한 치명적인 알코올증후군, 납에 의한 중독, 태어나기 전 코카인에 노출된 것 등과 관련되어 있기도 하다.

처치

약물치료와 행동중재는 ADHD 아동을 위해 가장 빈번하게 사용되는 처치방법이다.

행동중재   응용행동분석의 원리와 방법은 ADHD 교사와 부모에게 아동과 함께 생활하고 가르치기 위해 필요한 실제적 전략을 제공해준다(DuPaul et al., 2016). 이러한 방법에는 과제행동에 대한 정적 강화, 성공 가능성을 높이기 위한 과제와 교육활동의 수정, 체계적이고 점진적인 자기통제 기술지도 등이 포함된다. ADHD 아동을 위한 교사 감독하의 중재는 교수가 계속되는 동안 활동적으로 대답할 수 있는 빈번한 기회 제공과 아동행동에 대한 다른 결과(예 : 적절한 행동에 대한 칭찬이나 토큰 같은 긍정적 강화, 부적절한 행동의 무시, 부적절한 행동에 대한 타임아웃 또는 반응 대가)를 제공하면서 환경을 수정하는 것을 포함한다(예 : 교사 가까이에 아동을 앉힘, 과제분석, 처리하기 쉬운 양)(CDC, 2020d; Harlacher et al., 2006; Nolan & Filter, 2012). ADHD 학생의 과제 외 행동, 파괴적, 산만한 행동에 대한 기능평가에 기초를 둔 중재(예 : Whitford et al., 2013)와 부모 교육프로그램(CDC, 2020d; Daley et

브랜든은 자신의 행동에 대한 자기점검법을 학습한 이후 충동성이 감소했다.

al., 2018) 역시 효과적인 것으로 드러났다.

충동성이 ADHD 아동의 학습에 부정적 영향을 미친다는 점을 감안해볼 때 연구의 초점은 어떻게 자기조절기술을 가르칠 것인지를 탐색하는 것에 중요성이 더해진다. 최근의 연구에서는 ADHD 아동이 자신의 행동에 대한 자기조절을 학습할 수 있으며, 따라서 충동성을 감소시킬 수 있음을 증명하고 있다(Alsalamah, 2017; Reid et al., 2005). Neef 외(2001)는 치료법이 사정과 직접적으로 관련이 있다면 ADHD 아동이 자기통제를 배울 수 있다고 주장했다. 또 다른 효과적인 연습인 협응훈련에서는 아동이 이전에 무엇을 했는지에 관한 'do-say'라는 진술과 그들이 하기로 계획한 것을 묘사하는 'say-do' 진술을 하도록 가르친다(예 : Shapiro et al., 1998). 예를 들어 교사는 학생에게 그들이 무엇을 할 것인지에 대한 계획을 말해보도록 요청한 뒤 만일 학생이 자신이 말한 그 행동을 했을 경우 보상을 제공할 수 있다.

자신의 행동을 감시하는 것을 가르치는 것 또한 자기조절을 증진시킬 수 있는 또 다른 방법이다. 자기점검은 비교적 간단한 절차를 밟게 되는데, 개인은 자신의 행동을 체계적으로 관찰하고 특정 행동의 발생 유무를 기록한다. 자기점검은 장애학생이나 비장애학생이 교실에서 과제행동을 좀 더 많이 하는 데 도움이 되며(Alsalamah, 2017; Wills & Mason, 2014), 방해행동을 감소시키고(Bruhn & Watt, 2012), 다양한 학문 영역에서의 수행을 증진시키며(Alsalamah, 2017; Wolfe et al., 2000), 과제를 완수하도록 돕는다(Falkenberg & Barbetta, 2013). 표적행동을 증가시키는 것 외에도 자기점검은 학습자가 그들의 학습을 스스로 책임지도록 함으로써 자기결정력을 형성시킬 수 있다.

ADHD 아동에게 스스로 과제와 학습결과에 대해 자기점검을 하도록 요청하는 것은 마치 여우에게 닭장을 감시하라고 하는 것과도 같다. 어떻게 ADHD 아동이 자신이 집중하고 있는지에 스스로 관심을 기울일 수가 있을까? 그가 해야 할 일을 잊어버리지는 않을까? 만일 기억한다 하더라도 무엇 때문에 과제수행을 기록하지 못하게 될까? 비록 이런 모든 사항이 충분히 고민거리이지만 자기점검은 ADHD로 진단받은 학생들을 위한 효과적인 중재가 됨을 많은 연구들은 보여준다(예 : Alsalamah, 2017; Lo & Cartledge, 2006; Wills & Mason, 2014)(교수와 학습 '단지 과제에 집중하는 것 이상으로 학생들에게 도움이 되는 자기점검' 참조).

교수와 학습

단지 과제에 집중하는 것 이상으로 학생들에게 도움이 되는 자기점검

자기점검법을 왜 가르쳐야 하는가 학생들에게 자기점검법을 가르치는 것은 과제에 대한 집중도를 향상시킬 뿐만 아니라 학업의 능률과 질을 높일 수 있는 효과적인 방법이다. 다음에 자기점검에 대한 30년 이상의 연구를 기반으로 몇 가지 제안점을 기술하였다. 자기점검의 원리와 전략에 대한 리뷰를 원한다면 Cooper 외(2020)를 참고할 수 있다. 자기점검과 다른 자기관리기술을 학생에게 가르치기 위한 자세한 절차와 자료는 Joseph과 Konrad(2009), Rafferty(2010)를 참고할 수 있다.

시작하기

1. **목표행동과 수행목표를 명확히 하라.** 일반적으로 학생들은 '집중하기'와 같은 과제행동 대신에 특정한 학문 또는 사회적 과제(예 : 수업 시작을 위해 자료 준비하기, 학급 토론에 참여하기, 수학문제에 대답하기 등)를 자기점검해야 한다. 과제행동을 한다는 것이 반드시 능률을 향상시키는 것을 의미하지는 않는다. 이와는 대조적으로 능률이 증가되면 과제행동에서의 향상은 항상 발생한다. 그러나 학급에서 끊임없이 과제 외 행동이나 파괴적인 행동으로 문제를 일으키는 학생은 적어도 초기에는 이러한 과제행동에 대한 자기감시가 이득이 될 수 있다. 학생과 함께 목표행동을 선택하고 수행목표를 설정해보도록 하라.

2. **자기점검을 쉽게 할 수 있는 자료를 선택하거나 제작하라.** 단순한 필기도구 형태, 손목에 차는 카운터, 누적 카운터, 카운트다운 타이머는 자기점검을 쉽고 효율적으로 할 수 있도록 해준다. 일련의 상자로 이루어진 자기기록 형태도 종종 효과적이다. 다양한 간격으로 학생들은 +/−, 예/아니요, 웃는 얼굴/슬픈 얼굴에 X 표시, 또는 정확한 간격 동안 목표 반응의 횟수를 누적적으로 기록할 수 있다. '하이테크' 자기점검법 역시 활용할 수 있다 (예 : 'SCORE IT'; Vogelgesang et al., 2016).

3. **보충적인 단서를 제공하라.** 자기점검 장치 또는 자기점검 그 자체로 자기점검을 할 수 있는 시각적 단서를 제공할 수 있지만 추가적인 촉진이나 단서를 제공하는 것 또한 도움이 된다. 촉진은 자기점검 중재 시작 시점에 빈번히 제공되어야 하며, 학생이 자기점검에 익숙해짐에 따라 점진적으로 줄여나가야 한다. 미리 녹음된 경적이나 소리 형태의 청각적 촉진이 자기점검을 위한 한 단서가 될 수 있다. 예를 들어 Todd 외(1999)는 학생에게 무작위적 간격으로 들리는 미리 녹음된 소리를 들을 때마다 "내가 집중하고 있나?"라는 글 아래에 '예' 또는 '아니요'에 표시를 하도록 시켰다. 촉각적 촉진 역시 자기기록 순간에 신호를 보낼 수 있다.

   텍타일 프롬프트 역시 자기기록의 순간에 대한 신호를 제공할 수 있다. 모티베이더는 사용자가 고정간격 또는 간격을 다양화하며 진동을 울리도록 프로그래밍할 수 있는 작은 배터리형 장치이다. Flaute 외(2005)는 교실에서 행동과 능률을 신장시킬 수 있도록 모티베이더의 20가지 사용방법을 보여준다.

4. **명시적으로 지도하라.** 자기점검은 쉬운 방법이지만 단순히 학생들에게 자기점검 방법을 말로만 설명하는 것은 효과가 없다. 목표행동과 어떻게 언제 기록되어야 하는지에 대한 예시와 그렇지 않은 예시에 대한 모델을 제공하고, 연습할 수 있는 반복 기회와 칭찬 및 정확한 피드백을 제공하라.

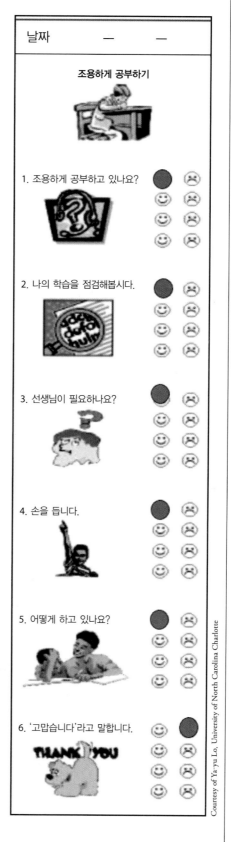

Courtesy of Ya-yu Lo, University of North Carolina Charlotte

5. **정확한 자기점검을 강화하라.** 자기점검은 부정확할 때조차도 행동에 긍정적 영향을 미치지만, 특히 자기기록 데이터들이 자기평가나 자기관리 결과를 위해 사용될 때는 더욱 그렇다. 따라서 자기점검의 정확성을 증가시킬 수 있는 한 가지 효과적인 방법은 학생의 자기기록 데이터와 교사의 데이터가 일치할 때 보상을 하는 것이다. 자기점검 프로그램의 시작 초기에 자주 학생의 데이터를 점검하고 이후 점진적으로 가끔씩 점검을 하는 방식으로 점검 횟수를 줄여나가라.

6. **목표행동이 향상되면 보상하라.** 자기점검은 스스로 또는 교사가 선택한 수행목표를 충족시키는 강화물이 포함된 중재 꾸러미의 한 일부이다.

7. **자기평가를 권장하라.** 자기평가에는 학생의 수행과 미리 정해진 목표 또는 기준을 비교하는 것이 포함된다. 학생에게 자기평가를 하는 방법을 보여주고 자신의 행동에 대하여 자기평가적 진술을 하도록 격려하라(예 : "지금까지 내가 받았던 점수 중에서 최고야. 잘했어!", "두 가지 문제 때문에 목표에 도달하지 못했어. 내일은 더 잘해야 되겠어.").

8. **프로그램을 평가하라.** 학생이 자기점검을 시작하기 며칠 전부터 행동에 대한 데이터를 수집하라. 이 자료는 첫 몇 번의 자기점검이 이루어지는 동안 획득되는 점수와 비교할 수 있는 기초선이 될 것이다.

약물치료 약물 처방은 ADHD 아동을 위한 가장 일반적으로 사용되는 중재방법이다. 리탈린이라는 상표명으로 팔리고 있는 메틸페니데이트는 ADHD 아동을 위해 가장 흔히 처방되는 약물이다. 덱스트로암페타민(상표명 : 덱세드린), 덱스트로암페타민 설페이트(상표명 : 에더럴), 메스암페타민 하이드로클로라이드(상표명 : 데소신), 페몰린(상표명 : 사일러트)과 같은 다른 자극물도 흔하게 처방되고 있다.

처방된 약물을 복용하는 아동은 1980년대 후반 이래로 매우 증가했다. 1980년대 후반에 ADHD에 관한 약물 처방을 받은 아동은 대략 70만 명으로 추산된다. 1995년에는 160만 명으로 그 수가 늘어났다(Safer et al., 1996). CDC(2014)에 의하면 ADHD로 약물치료를 받고 있는 4~17세 아동은 2007년 4.8%에서 2011년 6.1%로 증가하였다. Piper 외(2018)는 미국에서 ADHD로 인해 자극적 약물을 복용하는 아동의 수가 다른 나라보다 더 많다고 보고하였다.

공인된 의사가 처방하고 모니터링된다면 리탈린은 안전하면서도 효과적인 중재가 된다(Multimodal Treatment Study Group, 1999). 어떤 연구는 ADHD로 진단된 아동의 65~75%가 적어도 짧은 기간 리탈린에 긍정적으로 반응하며, 적어도 짧은 기간에는 25~30%는 아무런 반응이나 부작용을 보이지 않았다고 보고했다(Connor, 2015). 긍정적 반응은 과잉행동의 감소, 증가된 주의력 과제 집착력, 학업적 성과물과 일반 행동에서의 증진을 포함한다. 비록 교사와 부모가 자극적인 약물을 복용한 아동에 대한 좋은 결과를 보고할지라도 약물 복용 후 일반적인 증상은 불면증, 식욕 감소, 두통, 체중 감소, 짜증을 나타내기도 한다. 이러한 부작용은 일반적으로 단기간 나타나며 약물 투여량을 줄임으로써 통제될 수 있다(Goldstein & Goldstein, 1998).

Mather와 Goldstein(2001)은 "자극적인 약물의 즉각적인 단기간의 혜택이 법적 책임을 훨씬 능가하기 때문에 ADHD 치료를 위한 이러한 약물 사용을 정당화하는 것처럼 보인다."(p. 63)고 믿는다. 약물 연구의 두 가지 메타분석에 관한 그들의 평가에 기초해서 Forness 외(2000)는 이러한 것이 ADHD 아동을 위한 처치 프로그램의 한 부분으로 약물치료를 포함하지 않으면 잘못된 조치로 이해될 수 있다고 제안하기도 한다.

자극적 약물이 더 높은 학업성취(예 : 성취검사에서의 더 좋은 등급과 점수)를 가져온다는 명백한 증거는 없다(Flora, 2007; Rajeh et al., 2017). 4년 동안 리탈린을 복용한 ADHD 아동에 대한 종단연구는 아동이 1학년에서 5학년을 통과하는 단계에서 학업성취의 특정 또는 일반 영역에서 이점을 획득할 수

그림 11.1 **자극적인 약물에 의한 ADHD 처치와 ADHD에 대해 정확히 평가하는 학급 교사들의 비율**

항목	정확한 반응 비율
ADHD는 가장 흔히 진단되는 아동기의 정신과적 장애이다. (참)	58
ADHD가 뇌기능 장애 때문에 야기된다는 것을 나타내는 데이터가 있다. (거짓)	10
ADHD 징후(예 : 안절부절못함, 교수 상황에서 집중하지 않음, 쉽게 산만해짐)가 학업적 결핍에 의해 초래될 수 있다. (참)	63
아동이 집에서 겪는 스트레스와 갈등은 ADHD 징후를 야기할 수 있다. (참)	71
만약 자극적인 약물이 아동의 주의력을 증가시킨다면 ADHD의 진단은 확고해지게 된다. (거짓)	33
자극적 약물의 사용은 학생의 육체적 성장 속도(예 : 키)를 감소시킬 수 있다. (참)	38
자극적 약물의 사용은 학생에게 틱이 생기도록 할 수 있다. (참)	45
에더럴, 리탈린, 덱세드린은 데메롤, 코카인, 모르핀과 같이 남용될 가능성이 있다. (참)	46
자극적 약물의 장기간에 걸친 효과는 잘 이해되고 있다. (거짓)	67
시간이 지나면 자극적 약물은 그 효과를 잃게 된다. (참)	46
자극적 약물을 복용하는 동안 ADHD 아동은 정상적으로 발달하는 또래와 비교할 때 비슷한 양의 문제행동을 나타낸다. (거짓)	27
단기간의 연구에 의하면 자극적 약물이 ADHD와 관련된 행동을 증진시킨다. (참)	86
연구에 의하면 자극적인 약물은 결국에는 학업성취에서 긍정적 효과를 가져온다. (거짓)	6

주 : 위의 진술문은 리커트 5점 척도를 사용하여 점수화되었다(1점=매우 그렇지 않다, 5점=매우 그렇다). 항목 중 참인 진술문에 대하여 응답자들은 4 또는 5점으로 반응한 반면 거짓인 진술문에 대해서는 1 또는 2점으로 반응했다는 것을 정확한 반응 비율을 통해 알 수 있다.

출처 : "Teacher Knowledge of Stimulant Medication and ADHD" by Linda Arrowood, Tracey Busch and Vickie E. Snider, from REMEDIAL AND SPECIAL EDUCATION, January 2003, Volume 24(1). Copyright ⓒ 2003 by Arrowood et al. Reprinted with permission by SAGE publications.

없었다고 보고한다(Frankenberger & Cannon, 1999). 몇몇 전문가들은 교육자와 부모가 약물중재에 너무 많이 의존한다는 우려를 표명하기도 한다(Flora, 2007; Northup et al., 2001). 또한 약물치료는 행동에서의 단기간 증진을 이룰 수 있는 쉬운 방법이지만 장기간에 걸친 불이익을 초래할 수 있는 부적절한 방법으로 여긴다. 미국 소아과학회의 임상진료지침(2011)에서는 학령전기 아동에게는 행동중재가 우선적으로 고려되어야 하며, 좀 더 연령이 높은 아동들, 특히 청소년들에게 있어 약물치료는 행동중재와 함께 처방되어야 한다고 언급하고 있다.

ADHD 진단이 종종 자극적 약물 처방으로 연결되기 때문에 교사가 ADHD의 처치와 상태에 관한 합당한 지식을 알고 있는 것은 중요하다. 불행하게도 교육자들은 ADHD와 자극적 약물처치에 관한 많은 오해를 하고 있다. Snider 외(2003)는 145명의 교사에게 ADHD에 관한 13문항과 약물 처방에 대해 얼마나 동의하는지 질문하였다. 13문항 모두를 과학적 조사의 기초 위에서 참인지 거짓인지를 가려야 하는데, 교사의 반 이상이 단 13문항 중 5문항에 대해 정확히 대답할 수 있었다(그림 11.1 참조). 교사와 부모가 이용할 수 있는 안전하고 효과적인 약물치료에 대한 정보는 DuPaul과 Stoner(2014), *ADHD Parents Medication Guide*(2014)를 참고할 수 있다.

건강장애와 지체장애의 정의

학습목표 11.2   지체장애와 건강장애를 정의할 수 있다. 미국 장애인교육법(IDEA)의 기타 건강장애 또는 정형외과적 손상 범주에 포함되어 서비스를 제공받는 아동의 수가 실제 지체장애와 건강장애아동의 수보다 적은 두 가지 이유를 설명할 수 있다.

특수교육을 필요로 하는 지체장애와 건강장애아동들은 미국 장애인교육법의 장애 범주에서 두 가지를 차지하는 기타 건강장애(OHI)와 정형외과적 장애로 분류되어 서비스를 제공받는다.

기타 건강장애(other health impairment)는 제한된 체력, 활기, 민첩함, 특히 자신의 주변 환경 자극에 대한 민첩함이 과도하게 증가되어버려 상대적으로 교육환경에 대한 민첩함이 제한된 경우를 의미한다.

(1) 천식, 주의력결핍 과잉행동장애, 당뇨, 뇌전증, 심장질환, 혈우병, 납중독, 백혈병, 신장염, 류머티스성 열, 겸상적혈구성 빈혈, 투렛증후군 등의 만성적 또는 급성 건강상의 상태로 인해
(2) 교육수행에 부정적인 영향을 미치게 된다(20 USC §1401 [2004], 20 CFR §300.8[c][9]).

심각한 **정형외과적 장애**(orthopedic impairment)는 아동의 교육수행에 불리하게 작용한다. 아동의 교육수행에 불리하게 영향을 끼친다고 할 때 손상을 포함하는 용어는 선천적 이상(예 : 내반족, 사지기형 등), 질병에 의한 손상(예 : 소아마비, 골 결핵 등), 기타 다른 원인에 의한 손상(예 : 뇌성마비, 절단, 수축을 야기하는 골절 또는 화상 등)을 포함한다(20 USC §1401 [2004], 20 CFR §300.8[c][8]).

비록 IDEA에서는 정형외과적 장애라는 용어를 사용하지만, 신체장애를 지닌 아동의 대부분은 정형외과적 장애나 신경학적 장애를 지니고 있을 수 있다. 정형외과적 장애는 뼈, 관절, 수족 등의 골격구조와 관련된다. **신경학적 장애**(neuromotor impairment)는 신체의 어떤 부분을 움직이고 사용하고 느끼거나 제어하는 능력에 영향을 미치는 중추신경계의 시스템을 포함한다. 정형외과적 장애나 신경학적 장애는 뚜렷하게 분리된 2개의 형태이지만, 움직임에서의 유사한 한계를 야기한다. 교육적 · 치료적 · 재생적인 활동들이 정형외과적 장애와 신경외과적 장애아동들에게 적절히 사용될 수 있다(Best et al., 2010). 두 형태 사이의 관계는 밀접한데, 예를 들어 중추신경계의 손상(신경학적 손상)으로 인하여 다리를 사용할 수 없는 아동의 경우 적절한 치료와 처지를 제공받지 못하면 다리의 뼈와 근육의 기능장애(정형외과적 장애)를 초래할 수 있게 된다.

IDEA의 각 정의에서 공통적으로 강조되는 부분은 아동의 교육적 수행에 불리한 영향을 미친다는 내용이다. 만일 한 학생의 교육수행이 지체장애나 건강과 관련된 조건에 의해 심각하게 영향을 받는다면 그 아동은 특수교육 서비스 대상이 된다. 특수교육을 필요로 하는 대부분의 건강장애와 지체장애학생은 **만성적 상태**(chronic condition)에 있다. 즉, 오래 지속되거나 항구적 상태이다(예 : 뇌성마비는 삶 전체에 영향을 미치는 항구적인 장애이다). 대조적으로 심각한 증상을 유발하는 중증의 상태지만 항구적이지 않은 **급성적 상태**(acute condition)도 있다(예 : 폐렴을 앓는 아동이 겪는 증상은 항구적인 것은 아니다). 몇몇 만성적인 지체 및 건강장애아동들은 증상의 호전이나 심각한 증세를 나타낼 수 있다(예 : 낭포성 섬유증 아동은 극심한 호흡기 장애를 경험하게 된다).

출현율

많은 지체장애와 건강장애아동들에 대한 연구들이 다양한 결과를 발표해 왔다. 국가 통계에 의하면 미

국 인구의 13% 정도가 만성적인 건강상태들로 인하여 일상생활에서 제한을 경험하는 것으로 나타났다 (Lucas & Benson, 2019; van der Lee et al., 2007). Sexson과 Dingle(2001)에 의하면 미국 학령기 아동의 20% 이상은 고질적인 의료 상황에 있는 것으로 추정된다. 실제의 수치에 상관없이 연구자들은 만성적인 건강상태인 경우가 최근 몇십 년 동안 상당히 증가하고 있다고 인정한다. 1960년대 미국의 아동과 청소년의 활동을 제한하던 만성적인 건강상태가 1.8% 정도였던 수치가 2004년 7%로 증가했다(Perrin et al., 2007).

많은 아동의 삶이 지체장애와 건강장애의 영향을 받고 있다. 그러나 기타 건강장애 102만 5,953명의 아동들과 비교해서 볼 때 2018~2019학년도 동안 6~21세 사이의 3만 3,516명 정도의 학생들만이 정형외과적 장애로 특수교육을 받았다(U.S. Department of Education, 2020a). 이러한 두 가지 장애 범주는 각각 특수교육 서비스를 받는 모든 학령기 아동의 0.5%와 16.2%에 해당한다.

이러한 IDEA의 두 범주로 분류되어 특수교육 서비스를 제공받는 아동들의 수보다 실제 지체장애 및 건강장애아동의 수가 훨씬 더 많은 두 가지 이유는 다음과 같다. 첫째, 많은 아동이 지닌 신체적 결함과 만성적 건강상태가 특수교육을 제공받기에 충분할 만큼의 교육적 수행에 부정적으로 영향을 주지는 않기 때문이다. 둘째, 지체와 건강장애는 종종 중복장애를 초래하기 때문에 아동들은 중복장애, 언어장애 또는 지적장애와 같은 다른 장애 범주 안에 포함될 수도 있다. 예를 들면 특수교육 적격성의 목적을 위해 지적장애에 관한 진단은 보통 지체장애의 진단에 앞서 시행된다.

유형과 원인

학습목표 11.3 학령기 아동에서 빈번히 나타나는 건강상태와 신체손상의 유형과 원인을 기술할 수 있다.

수백 종류의 지체장애와 건강장애는 아동의 교육적 수행에 부정적인 영향을 미친다. 이 장에서는 학령기 아동에게서 가장 잘 나타나는 장애를 살펴볼 것이다. 특수교육이 필요한 건강장애와 지체장애에 대한 집중적인 논의는 Batshaw 외(2019), Best 외(2010)의 연구를 참고할 수 있다.

뇌전증

우리가 깨어 있든 잠들었든 뇌에서는 전기활동이 항상 일어나고 있다. **발작**은 뇌에서 비정상적인 전기적 배출을 함으로써 오는 운동, 감각, 행동 또는 의식의 혼란이라고 할 수 있다. 어떤 사람들은 발작으로 알려진 이 현상을 엔진이 점화되지 않는 현상이나 컴퓨터 전원의 불규칙하고도 급속한 변화로 비유하기도 한다(Hill, 1999, p. 231). 누구나 발작을 할 수 있으며 고열, 과도한 음주, 머리에 충격을 받을 때 발작이 일어날 수 있다.

발작 증상이 만성적으로 되풀이될 때 그 상태를 발작장애라고 하거나 더 일반적으로는 **뇌전증** (epilepsy)이라고 한다. 뇌전증은 질병이 아니며 발작이 실질적으로 진행 중인 동안에만 장애라 한다. 일반적으로 미국 인구의 1.2%가 뇌전증을 겪고 있는 것으로 알려져 있다(CDC, 2020e).

뇌전증의 원인 중 대략 30%는 발작 활동을 야기한다고 알려진 50여 가지의 다른 조건, 즉 뇌성마비, 뇌염 또는 중추신경체계의 감염, 저혈당증, 유전, 알코올중독, 납중독과 같은 대사장애, 머리손상으로 인한 모호한 병변, 고열, 뇌 혈액공급의 중단, 아동을 거칠게 다루는 것(shaken-baby syndrome, 흔들린 아기 증후군) 등에서 찾을 수 있다(Lowenthal, 2001; Zelleke et al., 2019). 뇌전증은 삶의 어떤 단계에서나 발생할 수 있지만 대부분 아동기에 시작된다. 다양한 심리적 · 신체적 · 감각적 요인이 발작의 원인으로 고려되기도 한다. 예컨대 피곤, 흥분, 분노, 놀람, 호흡 항진, 호르몬 변화(월경 기간 또는 임신 기간처럼), 약물 또는 알코올 중지, 그리고 특정한 빛, 소리, 촉각 등의 노출 등이 그것이다.

뇌전증에 대한 부정적인 오해는 과거에도 있었고 오늘날도 여전히 팽배하다(예 : 감염이 된다, 정신적 질병의 한 형태이다, 발작이 일어나는 동안 혀를 삼킬 수도 있다 등)(Epilepsy Foundation of America, 2020a; Kanner & Schafer, 2006). 뇌전증 그 자체보다 부정적인 대중의 태도가 뇌전증 환자에게 더 해로울 수 있다. 발작을 하는 동안 뇌에서 일어나는 전기화학 활동의 장애로 인해 일시적으로 근육이 통제능력을 상실한다. 발작이 일어나는 사이에 대부분의 경우 뇌의 기능은 정상이다. 발작장애 유형은 다음과 같이 몇 가지가 있다.

전신 긴장성-간대성 발작(generalized tonic-clonic seizure)(이전에는 대발작으로 불림)은 가장 눈에 띄고 심각한 발작 유형이다. 이 발작을 하는 아동은 징후도 없이 근육이 경직되며 의식을 잃고 바닥에 쓰러진다. 그 후 근육이 수축과 이완을 반복하며 몸 전체가 심하게 흔들린다. 입에서 침이 나오고 팔과 다리는 비틀리고 방광과 내장이 비워진다. 대부분 수축은 2~3분 안에 끝나고 아동은 혼란스럽거나 맥 빠진 상태에서 잠이 들거나 의식을 회복한다. 전신 긴장성-간대성 발작은 하루에 여러 번씩 자주 일어나거나 1년에 한 번 정도로 드물게 나타나기도 하며 밤보다 낮에 더 잘 발생한다. 이러한 발작은 그런 모습을 목격한 적이 없는 사람들을 매우 놀라게 하지만, 오랜 시간 지속되지 않거나 발작이 일어나는 사이에 의식이 돌아오지 않는 발작이 자주 발생하지 않는다면 의학적인 응급상황은 아니다.

부재 발작(absence seizure)(이전에는 소발작이라 불림)은 전신 긴장성-간대성 발작보다는 훨씬 덜 심각하지만 어떤 아동은 하루에 100번 정도 나타날 만큼 전신 긴장성-간대성 발작보다 더 자주 발생할 수도 있다. 일반적으로 순간적으로 의식을 잃고, 몇 초에서 30초 정도 발작이 지속된다. 멍하게 바라보고 눈꺼풀을 떨거나 깜빡거리고, 창백해지거나 잡고 있는 것을 떨어뜨리기도 한다. 백일몽을 꾼 것처럼 잘못 보기도 하고 귀 기울여 잘 들을 수도 없다. 아동은 자신이 발작했던 것을 인식할 수도 있고 하지 못할 수도 있는데 특별한 응급처치는 필요 없다.

복합부분 발작(complex partial seizure)(이전에 심리운동성 발작이라 불림)은 짧은 기간 부적절하거나 목적 없이 활동하는 형태로 나타난다. 아동이 입맛을 다시고 목적 없이 주위를 돌아다니거나 소리칠 수도 있다. 의식이 있는 것처럼 보일 수도 있지만 실제로 자신의 특이한 행동들을 인식하지 못한다. 복합부분 발작은 보통 2~5분간 지속되며, 발작 후 아동은 발작 중의 일들에 대해 대부분 기억하지 못한다.

단순부분 발작(simple partial seizure)은 의식이 있는 상태에서 일어나는 돌발적인 행동이 그 특징이다. 부분 발작은 매주 또는 매달 나타나거나 1년에 1~2번 나타날 수도 있다. 이러한 상태에서 교사는 위험한 물건을 학생 주위에서 치우고, 아주 긴급한 경우가 아니면 힘으로 대상 학생을 제어하려 해서는 안 된다.

많은 아동은 발작 전에 전조라는 사전 경고 증상을 경험한다. 전조는 각 개인에 따라 다른 형태로 나타나는데, 이는 특징적인 감정, 영상, 음향, 맛이나 냄새들이 있다. 전조를 아는 것은 유용한 안전장치가 될 수 있는데, 전조를 느끼는 아동은 발작이 일어나기 전에 교실이나 사람들 곁을 피할 수 있다. 일부 아동들은 전조 현상에 의한 사전 경고 덕분에 스스로 더 안정되고 편안한 상태를 유지할 수 있었다고 말한다.

일부 아동들에서 부재 발작이나 부분 발작은 장기간 인지되지 못할 수도 있다. 관리교사는 아동들의 발작증을 발견하고, 해당 아동에게 적절한 의학적 처치를 제공하는 데 중요한 역할을 담당할 수 있다. 또한 아동이 특정한 의학적 처치를 받으면서 겪을 수 있는 가시적 영향과 그에 수반되는 부작용에 대해 알림으로써 관련 교사와 의사를 지원할 수 있다. 부모, 교사, 또래의 도움과 적절한 의학적 처치로 발작 증세를 일으키는 아동들도 거의 정상적인 생활을 할 수 있다. 뇌전증 증세가 있는 아동의 70% 이상이 항간질성 약품에 의해 발작 증세의 통제가 가능하다(Epilepsy Foundation of America, 2020b). 일부 아동들은 과도한 양의 약물을 복용해야 하며, 이에 따라 약물이 아동의 행동이나 학습에 부정적 영향을 주기도 한다. 약물 부작용으로는 피로, 메스꺼움, 불분명한 발화, 식욕 감퇴, 잇몸의 경화 등이 나타날 수 있다. 모든 뇌전증 증세 아동들은 자신의 신체상태를 현실적으로 이해하고, 주위 교사나 또래들이 이를 자연스럽게 수용하는 태도를 견지할 때 증상이 호전될 수 있다(Schafer & DiLorio, 2006). 비록 뇌전증 증세 아동들이 건강상태에 대해 알려지는 것을 원치 않더라도 학급의 친구들은 발작 증세가 나타났을 때 어떻게 대처해야 하고 무엇을 해서는 안 되는지를 잘 파악하고 있어야 한다(Mittan, 2009).

당뇨병

당뇨병(diabetes)은 신진대사의 만성적 장애로 미국 전체 인구의 3,420만 명 정도, 또는 10.5%에 흔히 나타나는 질병이다(CDC, 2020f). 적절한 의학적인 조치가 없으면 당뇨병을 겪는 아동은 음식물을 통해 적절한 에너지를 얻거나 유지할 수 없게 된다. 당뇨에 대한 치료가 없다면 아동은 에너지가 결핍될 뿐만 아니라 중요한 신체부위(눈이나 신장)가 손상될 수도 있다. 당뇨의 초기 증상으로는 갈증, 두통, 체중 감소(식욕이 있음에도 불구하고), 빈번한 배뇨, 그리고 쉽게 낫지 않는 상처 등이 있다.

아동에게 발병하는 **제1형 당뇨병**(type 1 diabetes)(청소년 당뇨 혹은 초기발생 당뇨라고 불림)은 인슐린 부족에 원인이 있다. 인슐린이란 췌장에서 정상적으로 분비되는 호르몬으로 적절한 신진대사와 음식물 소화에 필수적인 효소이다. 당뇨병 아동의 경우 정상의 신체상태를 유지하기 위해서 의사가 처방해준 특별한 식단을 따르고, 매일 피하주사로 인슐린을 투여해야 한다. 대부분의 당뇨병 아동은 스스로 인슐린을 주사할 줄 알며 하루에 많게는 4번 정도 투여한다.

가장 흔한 당뇨병인 **제2형 당뇨병**(type 2 diabetes)은 인슐린 결핍과 함께 인슐린에 대한 저항(신체가 인슐린을 적절하게 사용하지 못함)으로 인해 발생한다. 제2형 당뇨병은 과체중의 성인에게서 발생하지만 최근에는 아동에게서도 자주 발생하고 있다(Mayer-Davis et al., 2017).

자신의 학생 중 당뇨병 학생이 있다면 교사는 저혈당과 고혈당에 관한 증세뿐 아니라 각각의 증세에 맞는 치료법 또한 알고 있어야 한다(Getch et al., 2007). 인슐린 반응 또는 **당뇨 쇼크**라고도 잘 알려진 저혈당증은 과도한 인슐린 투여, 격렬한 운동 또는 불규칙한 식사로 인해 흔히 발생할 수 있다(혈당 수치가 인슐린과 운동에 의해 낮아지거나 음식에 의해 높아질 수 있다). 저혈당증의 증세는 창백함, 현기증, 졸음, 흐린 시야와 구토 등이 있다. 저혈당 증세 아동은 짜증을 잘 부리고 눈에 띄게 성격의 변화를 보인다. 대다수의 경우 당뇨병 아동에게 농축된 설탕류(예 : 설탕 조각, 과일주스, 막대사탕) 등을 줬을 때 몇 분 이내에 체내 인슐린 반응이 사라진다. 당뇨병 아동의 주치의나 부모는 교사나 보건담당자에게 아동에게 인슐린 반응이 일어날 경우 주어야 할 적절한 음식을 알려주어야 한다.

과혈당증은 더욱 심각하다. 과혈당증은 너무 적은 인슐린이 분비되어 당뇨를 조절할 수가 없는 경우이다. 과혈당의 발병은 점진적으로 이루어진다. 과혈당증의 증상은 때때로 **당뇨 혼수**라고 불리며, 피로와 갈증, 건조하고 열이 나는 피부, 호흡곤란, 과도한 양의 소변, 과일 향이 나는 호흡 등이 나타난다. 아동이 이러한 증상을 보일 때는 의사나 간호사에게 즉시 알려야 한다.

천식

천식(asthma)은 일시적인 발작 증세로 숨을 가쁘게 쉬거나 기침, 호흡곤란을 보이는 만성적 폐질환이다. 천식의 발생은 알레르기 물질(예 : 꽃가루, 특정 음식, 애완동물)과 자극물질(예 : 담배연기, 스모 그), 운동이나 정서적 스트레스로 인해 폐로 연결되는 호흡 기도가 좁아지면서 나타난다. 이러한 증상(반응)이 폐로 들어가고 나오는 공기 흐름을 방해하여 환자가 호흡곤란을 일으킨다. 천식이 있는 아동은 단기간에 약한 기침을 하는 것에서부터 응급치료가 필요한 극심한 호흡곤란을 겪는 것까지 그 정도가 매우 다양하다. 많은 천식 아동 환자는 천식 증상이 나타나지 않을 때는 정상적인 폐기능을 수행한다. 천식은 아동에게 나타나는 가장 흔한 폐질환으로 학령기 아동의 8% 정도가 천식 증세가 있는 것으로 추정된다(Asthma and Allergy Foundation of America, 2020). 천식의 원인은 명확히 알려지지 않았으나 유전과 환경의 상호작용 결과로 생각된다.

천식 치료의 핵심은 천식 증상을 일으키는 자극이나 환경을 찾아내려는 체계적인 노력에 달려 있다. 대부분 아동의 경우는 여러 가지 약물을 복합적으로 처방하고 이미 알려진 알레르기 물질과의 접촉을 제한함으로써 천식 증상을 효과적으로 통제하고 관리할 수 있다. 신체 운동으로 야기되는 천식 증상이 있는 아동의 경우에는 운동의 종류를 신중하게 선택하고(예 : 일반적으로 달리기보다는 수영이 운동으로 인한 천식을 덜 야기한다), 격렬한 운동 전에 특정 약물을 복용하면 좋아하는 운동이나 경기를 즐길 수 있다. 비록 천식이 원래 생화학적이지만 정서적 스트레스 역시 천식의 원인이 될 수 있다. 심리적인 스트레스와 강한 감정적 반응이 나타나는 시기에는 천식 발생의 확률이 높아지며, 천식은 또 다른 스트레스를 낳게 된다. 천식 아동이나 가족이 정서적인 스트레스를 줄이고 이에 대처할 수 있는 방법을 배울 수 있도록 상담이나 천식 교육프로그램에 참여하게 하여 치료한다.

천식은 다른 아동기 질병들보다 병원치료가 중요하며 이는 학교 장기 결석의 주요한 원인이 된다. 만성적인 장기 결석으로 인해 천식 아동이 학년 수준에 적합한 수행을 하는 것이 어려워지므로 이들에게는 가정방문 교육 서비스가 꼭 필요하다. 의료적·심리적 지원을 받는 대부분의 천식 아동들은 학교생활을 성공적으로 수행하고 있으며 정상적인 삶을 살아가고 있다. 담임교사는 아동이 천식 유발 요인들과 접촉하는 것을 최소화하기 위하여 부모와 의료요원들과 협력할 뿐만 아니라 아동을 도울 수 있는 계획을 수립함으로써 천식의 영향을 줄일 수 있다.

보통염색체열성질환

2개의 비정상적인 유전자가 출현함으로써 보통염색체열성질환(autosomal recessive disorder)이 아동에게 유전된다(U.S. National Library of Medicine, 2020a). 이 장애는 드물게 나타나지만 낭포성 섬유증, 겸상적혈구병, 테이삭스병이 가장 흔하다.

낭포성 섬유증   낭포성 섬유증(cystic fibrosis)은 신체의 외분비선이 폐와 소화기관의 일부를 방해할 수 있는 끈끈한 점액을 분비하는 것으로 아동기와 청소년기에 나타나는 유전적인 장애이다. 백인에게 주로 발견되는 유전 질병이지만 모든 인종에게도 영향을 줄 수 있다. 낭포성 섬유증의 아동들은 대개 호흡곤란을 보이고 폐질환(폐 전염병)에 감염되기 쉽다. 낭포성 섬유증을 앓는 아동의 공통된 특징은 체액이 부족하여 소화를 적절하게 시키지 못하고, 특히 지방과 같은 영양소를 제대로 흡수하지 못하기 때문에 영양실조와 발육장애가 나타난다. 또한 대개 음식물의 일부분만 소화되고 나머지는 소화기관을 그냥 통과하기 때문에 빈번한 배변현상을 보일 수 있다. 따라서 낭포성 섬유증 아동이 건강과 발육에 필수적인 충분한 칼로리를 섭취할 수 있도록 해야 한다.

낭포성 섬유증 아동에게는 소화를 촉진하는 효소와 폐 속의 끈끈한 점액을 가늘고 유동성 있게 하는 약물을 처방한다. 물리치료법으로는 분비물을 배출시기 위해 이완 자세 취하기, 점액 제거를 위한 진동, 가슴을 강하게 치는 것 등이 있다. 격렬한 신체 활동 동안 몇몇 아동은 폐와 공기통로를 막고 있는 것을 제거하기 위해 교사, 도우미, 학급 친구로부터의 도움을 필요로 할 것이다.

낭포성 섬유증을 지닌 아동의 평균 기대수명이 1950년대에는 초등학교에 입학하는 아동이 거의 없을 정도로 매우 짧았지만, 지금은 예후가 지속적으로 향상되고 있다. 따라서 오늘날 낭포성 섬유증 아동 중 50% 이상이 18세 이상이며, 생존자의 평균 연령은 40대 중반이 되었다(Cystic Fibrosis Foundation, 2020).

겸상적혈구병　겸상적혈구병(sickle cell disease)은 산소를 운반하는 적혈구의 능력에 영향을 미친다. 낫 모양의 세포가 혈액으로 쉽게 이동하지 못하여 몇 가지 합병증을 유발하는 장애물을 만들게 된다. 겸상적혈구병은 아프리카계 혈통에게 가장 흔하게 나타나지만 다른 인종들에게도 영향을 미칠 수 있다. 이 질환의 아동들은 심각한 고통, 감염, 장기 손상, 극심한 가슴 증후군(폐렴 증상과 유사함), 그리고 뇌졸중의 위험이 있다.

겸상적혈구병을 지닌 아동의 치료는 증상에 따라 다양하다(CDC, 2020g). 일반적인 치료법에는 수혈, 약물, 충분한 수분 섭취가 포함된다. 겸상적혈구병을 지닌 아동들의 다양한 증상의 예방이 강조된다. 예를 들어 고도 또는 극도(너무 덥거나 너무 추운)의 온도를 피함으로써 고통을 예방하거나 줄일 수 있다. 아동이 감염되는 것을 막기 위한 예방책은 특히 중요한데, 음식 안전 지키기, 철저한 손 씻기, 스케줄에 따라 예방 접종하기 등이 있다.

테이삭스병　테이삭스병(Tay-Sachs disease)은 점진적으로 뇌와 척수의 신경세포를 파괴한다(U.S National Library of Medicine, 2020b). 테이삭스병은 아슈케나지 유대인의 혈통에게 일반적으로 나타나지만 어떠한 인종의 아동들에게도 영향을 미칠 수 있다. 일반적으로 테이삭스병의 증상은 유아기에 시작되며 운동기술의 상실, 발작, 시력과 청력손실, 지적장애가 나타난다. 이 질병은 치명적이며, 대부분의 아동이 5세 이상 생존하지 못한다.

인간면역결핍 바이러스(HIV)와 후천성 면역결핍증후군(AIDS)

인간면역결핍 바이러스(human immunodeficiency virus, HIV)는 **후천성 면역결핍증후군**(acquired immune deficiency syndrome, AIDS)을 야기한다. AIDS에 걸린 사람들은 면역체계의 붕괴로 인해 감염균을 퇴치하거나 싸울 수 없게 된다. 결핵이나 폐렴, 피부암 손상에 의해 면역기능이 떨어진 사람의 신체에 감염균이 침입해서 심각한 상태에 이르게 하며, 결국 죽음에 이르게 한다. AIDS에 대한 백신이나 치료약은 없지만 항레트로바이러스 약물치료 분야의 급격한 진보로 인해 치사율이 감소되고 있다.

감염된 사람의 신체 내 유동물질(혈액, 정액, 질 분비물, 모유)에서 발견되는 HIV는 성 접촉이나 수혈을 통하여 한 사람에게서 다른 사람으로 옮겨진다(예 : 재사용된 주사기에 의한 정맥 내의 약물 사용, 검사되지 않은 오염된 피의 수혈). 임신 중인 여성은 태아에게 임신 중, 출산 시, 수유 중에 HIV를 옮길 수 있다(CDC, 2020h).

병의 확산에 대한 오해로 인한 두려움 때문에 몇몇 학교는 완전 취학이라는 IDEA 원칙에 저항하면서 HIV/AIDS에 걸린 아동의 출석을 차단하고자 했다. 하지만 HIV/AIDS는 혈액이 섞이지 않는 한 침, 콧속 분비물, 습기, 눈물, 소변, 구토물에 의해서는 옮겨지지 않는다(CDC, 2020h). 학급 내에서 HIV/AIDS에 걸린 아동의 출석이 다른 아동의 건강을 위협할 정도로 심각한 문제를 유발하는 것은 아니다. HIV/AIDS에 걸린 아동이 다른 아동에게 직접적인 건강의 위험으로 간주되지 않는 한 법적으로 학교 출석에서 배제되지 않아야 한다(예 : 무는 행동이나 아물지 않은 상처).

부모는 아이가 HIV 상태(또는 다른 의학 · 건강 상태)라는 것을 학교에 알리지 않을 수 있다. 그러나

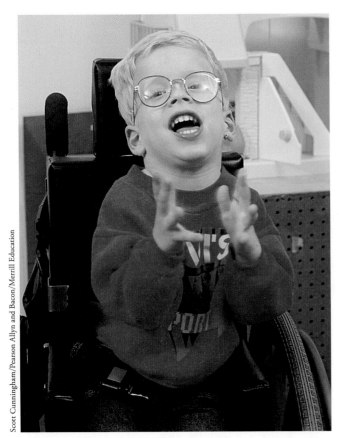

Scott Cunningham/Pearson Allyn and Bacon/Merrill Education

뇌성마비가 조이의 이동에 영향을 미치지만 학습에 대한 그의 열정과 결심을 꺾지는 못한다.

이러한 경우 모든 교사와 학교 직원들은 혈액이나 신체 유동물질과 같은 잠재적인 생물학적 위험의 전염 확산을 막기 위해서 표준화된 안전기법인 **보편적 예방**(universal precaution) 훈련을 받아야 한다. 보편적 예방 훈련에는 상처 가 났을 때, 코피가 났을 때, 구토할 때 안전하게 응급처치하는 방법이 포함된다.

장애학생을 위한 HIV/AIDS 예방과 교육과정의 개발 및 실행에 대한 조언을 살펴보고 싶다면 Sileo(2005)를 참고할 수 있으며, 의료용 보호장갑을 끼거나 처리하기, 교실 내 오염된 구역 청소하기, 적절한 손 씻기 등 보편적 예방에 대한 중요한 내용은 Edens 외(2003)를 참고할 수 있다.

뇌성마비

뇌성마비(cerebral palsy, 운동과 자세의 장애)는 학령기 아동에서 보이는 가장 일반적인 지체장애로 1,000명 중 3명 정도의 아동에게 영향을 미친다(CDC, 2020i). 뇌성마비는 뇌의 병변이나 뇌 성장의 비정상으로 인해 초래되는 영구적인 손상상태이다. 많은 질병들은 뇌의 발달에 영향을 미치고, 뇌성마비를 초래한다. 뇌성마비 아동은 마비, 극도의 허약, 조정장애, 불수의적인 경련, 그리고 다른 운동장애를 포함하는 수의운동 기능에서 어려움을 나타낸다. 뇌성마비 아동은 그들의 장애 유형과 정도에 따라 팔, 다리, 언어를 거의 또는 전혀 통제할 수 없다. 심각한 형태의 뇌성마비는 출생 후 몇 달 안에 진단을 받게 되지만, 많은 경우 아동이 균형을 잡거나 일어서는 데 어려움이 있다는 것을 부모가 알게 되는 2~3세 이전에는 발견하지 못할 수도 있다. 운동장애는 일반적으로 아동이 성장함에 따라 점진적으로 악화되지는 않는다. 뇌성마비는 치료는 가능하지만 완치되지는 않으며, 또한 질병도 아니며 치명적이거나 전염성이 있거나 대부분의 경우 유전되는 것도 아니다.

뇌성마비 아동의 23~44% 정도가 인지손상을 가지고 있으며 이는 경도에서 중도 지적장애에 이르기까지 다양하다(Odding et al., 2006). 감각장애 또한 뇌성마비 아동에게서 흔히 볼 수 있는데 5~15%는 청력이 손실되었으며(Nechring, 2010), 60~70%는 시각장애, 특히 사시증을 가지고 있다(Odding et al., 2006). 뇌성마비 아동에게 있어서 운동장애와 지적장애의 정도 사이에 명확한 연관성은 없다. 경도의 운동장애학생이 심한 발달지연을 경험할 수도 있고, 심한 운동장애학생이 지적인 능력은 제한이 없을 수도 있다(Willard-Holt, 1998).

뇌성마비의 원인은 다양한데, 이에 대해서는 명확하게 알려진 바가 없다. 뇌성마비는 저체중 신생아에게 산소부족을 초래하는 출생 전, 출생 시, 출생 후의 손상, 사고, 질병에 의해 초래된다. 뇌성마비와 관련된 가장 흔한 요인들은 산모의 지적장애, 미숙아(32주 이전 출생), 저체중아와 아기의 첫 울음이 5분 이상 지연되는 경우이다.

뇌성마비는 개인에 따라 뇌손상의 위치와 정도가 너무나 다양하기 때문에 뇌손상 상태에 대한 진단만으로는 영향력이 얼마큼인지 정확히 설명할 수 없다. 뇌성마비는 신체부위와 운동기능에 따라 분류된다(Best & Bigge, 2010). 사지장애의 위치를 나타내는 마비(*plegia*)라는 용어가 일반적으로 다음과 같이 함께 사용된다.

- 단마비 : 사지 중 어느 한쪽의 마비
- 편마비 : 몸 한쪽 부분의 마비
- 삼지마비 : 팔다리 세 부위가 마비
- 사지마비 : 양팔과 양다리(사지) 마비를 말하며, 몸통 및 얼굴의 마비를 수반할 수 있는 경우
- 대마비 : 양다리(하지)만 마비
- 양마비 : 주된 마비는 하지에 나타나고 상지는 경도 마비
- 중복마비 : 주된 마비는 상지에 나타나고 하지는 경도 마비

뇌성마비는 근긴장도에 따른 효과(과긴장 또는 저긴장)와 운동기능의 질(불수의 운동형 또는 운동 실조형)에 따라 정의된다(Johnson et al., 2019). 뇌성마비 사람들의 약 50~60% 정도는 긴장, 근육 수축 [**과긴장**(hypertonia)]으로 특징지어지는 경직형 뇌성마비이다. 운동기능은 경련이 일어나고 과장되며 조정 작용이 현저히 떨어지는 특징이 있다. 손가락으로 물건 집는 것을 힘들어하며 움직임을 통제하려고 할 때 더욱 심한 경련을 일으킨다. 걸음을 보면 무릎을 구부리고 안쪽으로 향한 채 발끝으로 걷는 가위 걸음이 많다. 척추의 기형, 고관절 탈구, 손, 팔꿈치, 발, 무릎의 수축은 공통적인 현상이다.

무정위 운동형(athetosis)은 전체 뇌성마비의 약 20% 정도를 차지한다. 무정위 운동형 뇌성마비 아동들은 크고 불규칙적이며 통제할 수 없는 뒤틀린 동작을 나타낸다. 쉬거나 잠들었을 때는 비정상적인 운동이 거의 나타나지 않는다. 그러나 연필을 잡으려고 할 때는 팔을 크게 흔들고 얼굴을 찡그리며 혀를 내미는 모습을 보인다. 이러한 아동들은 입술, 혀, 식도 등의 근육을 조절하지 못해 침을 흘리기도 한다. 비틀거리거나 어색하게 걷는 것처럼 보이기도 하며, 근육이 긴장되거나 **뻣뻣해지다가** 때로는 느슨해지거나 축 늘어지는 이완된 모습을 보이기도 한다. 뇌성마비의 이러한 형태는 언어 표현, 이동, 일상생활 활동에 큰 어려움을 준다.

운동 실조형(ataxia)은 전체 뇌성마비의 1~10%에 해당된다. 운동 실조형 뇌성마비 아동들은 균형감각과 손의 사용감각이 특히 떨어진다. 걸을 때 현기증을 느끼고 보조를 받지 못하면 넘어지는 매우 불안한 걸음이다. 의도하는 물건을 집을 때는 과잉동작이 수반된다. 동작은 흔들리고 불규칙적이며 자주 과장된 행동 패턴을 보인다. 운동 실조형 뇌성마비 아동들은 끊임없이 중력을 극복하여 신체를 안정감 있게 유지하려고 노력하는 것처럼 보인다.

강직형과 진전형은 뇌성마비의 흔치 않은 형태이다. 대부분의 강직형 뇌성마비 아동들은 사지가 극도로 딱딱하고 오랜 기간 고정되어 있어 움직이지 못할 수도 있다. 진전형 뇌성마비의 특징은 주기적으로 나타나는 억제할 수 없는 떨림이다. 진전형은 아이들이 행동을 통제하려고 시도할 때 실제적으로 더욱 증가한다. 대부분의 뇌성마비 아동들은 뇌손상에서 비롯된 것이기 때문에 순수한 형태의 뇌성마비는 드물다. 특별히 아동들의 장애가 심각한 수준이고 이 형태들을 하나 이상 갖는다면 **혼합형 뇌성마비**로 표현될 수 있다.

대부분의 선천성 뇌성마비는 **저긴장**(hypotonia) 또는 허약함, 느슨한 근육, 목에 대정맥이 두드러지는 현상이 나타난다. 경직형이나 불수의 운동형이 아니더라도 아동에게 초기부터 지속적으로 저긴장이 남아 있을 때, 그러한 상태를 일반적인 저긴장이라고 부른다. 저긴장 아동들은 전형적으로 늦게 반응하고, 운동 활동에 있어 낮은 수준을 나타내며, 연령보다 30개월 정도 지체되어 있다. 심각한 저긴장 아동은 바른 자세를 유지할 수 있도록 반드시 별도의 지원을 해주어야 한다.

뇌성마비는 의사, 교사, 물리치료사, 작업치료사, 의사소통 전문가, 상담가 그리고 아동과 가족들이 협력체계를 통해 효율적으로 관리되어야 하는 다소 복잡한 건강상태이다. 뇌성마비 아동들을 돕기 위

해 학교는 정기적인 운동과 알맞은 장소를 갖추고 아동들이 안전하게 움직일 수 있도록 해야 하며, 2차적으로 발생할 수 있는 근육과 사지손상을 막거나 최소화할 수 있도록 해야 한다. 대부분의 뇌성마비 아동들이 실외에서 이동하기 위해서 휠체어, 목발 등의 특별한 다른 보조도구를 많이 사용해야 하지만 그들 역시 걷기를 배울 수 있다. 정형외과 수술은 아동의 운동 범위를 증가시키고, 관골탈구와 영구적인 근위축 등의 합병증을 예방한다.

이분척추

뇌, 척수, 척추의 선천성 기형은 신경계 결손으로 알려져 있다. 가장 일반적인 신경계 결손(매년 미국에서 태어나는 1만 명의 아동 중 약 3명)(CDC, 2020j)은 **이분척추**(spina bifida)로서 척수가 척추로 완전히 덮이지 않은 것이다. 그 결과 하반신의 근육과 감각을 조절하는 척수와 신경이 정상적으로 발달하지 못한다. 이분척추의 세 종류(잠재 이분척추, 수막염, 척수수막류) 중 가장 약한 장애를 나타내는 유형인 **잠재 이분척추**(spina bifida occulta)는 몇 개의 척추, 보통 하부척추가 변형되는 질환이다. 이 질환은 대개 외관상 보이지 않으며 미국인의 약 15% 정도가 이 질환을 겪는 것으로 추정되지만 증상이 거의 없기 때문에 자신이 이러한 질환을 가지고 있는지 알고 있는 사람은 거의 없다(Spina Bifida Association, 2020a). 만일 출생 시 후추골궁의 결손된 부위로 수막이 탈출했다면 이러한 상태를 **수막염**(meningocele)이라고 부른다. 이러한 두 가지 형태는 일반적으로 아동의 기능을 손상시키지는 않는다.

척수수막류(myelomeningocele)는 가장 심각한 이분척추의 일종으로 척수 및 신경근이 탈출한 경우이다. 탈출한 척수와 신경은 척추를 뒤로 굽게 한다. 이러한 상태는 아주 위험한 마비나 감염을 유발시키며, 일반적으로 척추의 손상부위가 높으면 높을수록 신체기능에 미치는 영향은 크다.

척수수막류로 태어난 아동의 약 70~90%는 뇌실 내에 뇌척수액이 축적되는 **뇌수종**(hydrocephalus)을 나타낸다. 이러한 상태가 치료되지 않으면 두뇌 확장과 심각한 뇌손상이 일어날 수 있다. 뇌수종은 뇌실 속에 고인 뇌척수액을 혈류 속으로 전환하는 **션트**(shunt)를 수술로 삽입하여 치료할 수 있다. 이 션트는 아동이 성장하면서 대체되어야 한다. 션트 수술을 받은 아동의 지도교사는 션트의 막힘, 분리, 감염 등이 두개골 내의 압력을 증가시킬 수 있음을 알고 있어야 한다. 또한 아동의 졸음, 구토, 두통, 짜증, 발작, 성격의 변화 등과 같은 징조가 있을 경우 막힌 션트가 생명을 위협할 수 있기 때문에 이러한 징조에 주의를 기울여야 한다(Paff et al., 2018; Spina Bifida Association, 2020b). 뇌척수액의 생산과 흡수가 균형을 이룰 때 많은 학령기 아동에게 삽입된 션트를 제거할 수 있다.

이분척추 아동들은 대개 어느 정도의 하반신 마비가 발생한다. 그러나 대부분의 경우 팔과 상체를 사용할 수 있다(일부의 경우에는 소근육 운동에 문제가 있다). 이분척추 아동들은 대개 브레이스, 크러치 혹은 보행보조기를 착용하고 걸어야 하며 장거리를 이동할 때는 휠체어를 사용하기도 한다. 몇몇 아동은 옷을 입고 용변을 보는 데 특별한 도움을 필요로 하지만, 대다수의 아동들은 스스로 이러한 과제를 수행할 수 있다.

대개 척추장애는 척수에 있는 방광을 조절하는 신경의 상부에서 일어나기 때문에 대부분의 이분척추 아동들은 요실금이 있으며, 소변을 모아둘 요도관이나 카테터(튜브)를 사용한다. 의료진은 소변에 문제가 있는 아동들이 적절한 시간에 소변을 볼 수 있도록 **간헐적 자가도뇨법**(clean intermittent catheterization, CIC)을 가르쳐야 한다(Lehr & Harayama, 2016; Singh et al., 2018). 이 기술은 남아와 여아 모두에게 효과적이고, 2~4시간마다 실시하는 것이 좋으며, 사용이 무익한 환경에서는 필요하지 않다(McLone & Ito, 1998).

근이영양증

근이영양증(muscular dystrophy)은 약 40개의 유전질환들의 한 그룹으로서 점진적인 근육 위축이 특징이다. 40개 형태 중에 **듀센 근이영양증**(Duchenne muscular dystrophy, DMD)이 가장 많이 나타나며, 가장 심각한 질환이기도 하다. DMD는 남아 (3,500명당 1명 정도)에게만 나타나는데, 3분의 1의 경우는 가족력이 없는 경우이다(Best, 2010a). 2∼6세 사이에 달리기나 계단 오르기에 어려움을 보이면서 근육이 무력해진다. 배를 쑥 내밀고 등이 움푹 들어간 이상한 자세로 걷기도 한다. 퇴화한 근육이 지방질로 바뀌기 때문에 아동의 종아리 근육이 비정상적으로 커진다.

크리스틴이 스스로 도뇨관을 삽입할 수 있음에 따라 독립성도 증가한다

근이영양증 아동들은 바닥에 눕거나 놀이 자세에서 일어서는데 곤란을 나타내며 쉽게 넘어진다. 근이영양증 아동들은 10∼14세에 이르면 걸을 수 없게 된다. 대개 마지막에 손과 손가락 소근육의 기능이 상실된다. 근이영양증에 대한 대처방법은 손상되지 않은 근육의 기능을 촉진시켜 가능한 한 오래 유지할 수 있도록 하고, 아동과 가족이 질병으로 인한 제한성에 대처할 수 있게 도와주며, 정서적인 지원과 상담을 해주는 것에 초점을 맞춘다(Hill, 1999). 또한 규칙적인 물리치료, 운동, 적절한 보조기구를 사용하여 아동의 독립성을 유지할 수 있다. 아동이 가능한 한 활동할 수 있도록 격려해주어야 한다. 한편 교사는 가벼운 자극에도 사지가 탈구될 수도 있다는 점에 유의하여 이동을 보조할 경우 아동의 팔을 잡고 들어 올리지 않도록 한다.

현재 근이영양증에 대한 치료법은 없다. 질병의 정도가 경도이거나 진행이 느려 성인기까지 중등도 장애로 생활하는 경우도 있지만 이 진행성 질병은 대부분의 청소년기나 청년기에 치명적이다(Muscular Dystrophy Coordinating Committee, 2020). 보통 가슴 근육의 위축으로 인한 심장박동 정지나 호흡 기관 정지로 사망한다. 학생의 죽음에 대하여 교사, 또래 친구, 부모가 어떻게 대처해야 하는지에 대해서는 Munson과 Hunt(2005), Lehr와 Harayama(2016)을 참고할 수 있다. 그리고 Coalition to Help Grieving Students(https://grievingstudents.org)에서 비디오와 모듈을 포함한 관련 팁과 자료들을 구할 수 있다.

척수손상

척수손상(spinal cord injuries)은 보통 관통상(예 : 총기 부상), 척추의 확장(자동차 사고로 인한 목뼈 골절), 척추손상이나 척수의 압박(예 : 다이빙 사고) 등으로 인한 척수부위의 질환을 의미한다. 교통사고(39%), 낙상(32%), 폭행(14%), 운동사고(8%) 등이 척수손상의 주요 원인이다(National Spinal Cord Injury Statistical Center, 2020). 척수손상은 대개 손상 부위를 숫자와 문자로 설명한다. 예를 들면 C5에서 C6 손상은 5, 6번째 경추, 즉 목뼈손상이나 다이빙 또는 트램펄린 사고로 부상을 입기 쉬운 목의 유연한 부분의 손상을 말한다. T12 손상은 12번째 흉추손상이고, L3 손상은 3번째 요추손상이다. 일반적으로 손상 부위 아래쪽은 마비와 감각손실이 일어나게 된다. 척수손상 부위가 높고 클수록 마비 정도가 심해진다.

척수손상을 입은 학생들은 휠체어를 사용하여 이동한다. 전동 휠체어는 비싸긴 하지만 **사지마비**

(quadriplegia) 아동에게 적절하다. **하지마비**(paraplegia) 아동은 수동 휠체어를 사용하는 것이 좋다. 사지마비 아동은 일반적으로 호흡을 주관하는 흉부 근육의 영향으로 심각한 호흡곤란을 보일 수도 있다. 대부분 척수손상 아동은 방광과 내장 조절이 어려우므로 개인위생을 유지하고 감염과 피부염증을 막을 수 있는 주의 깊은 관리 프로그램이 필요하다.

척수손상 아동과 청소년을 위한 재활 프로그램으로는 보통 물리치료, 이동과 독립적인 삶을 위한 보조기구 사용, 그리고 갑작스러운 장애에 대처하도록 하는 심리적인 지원이 있다. PCA(personal care attendant)는 척수손상을 입은 사람들의 일상생활 활동을 지원한다. 척수손상자인 청소년들과 성인들은 종종 성(性)적 기능에 대해 걱정을 한다. 대부분의 척수손상은 성생활에 영향을 미치게 되지만, 파트너를 이해하고 서로에 대한 긍정적인 태도를 통해 많은 척수손상자도 만족스러운 성관계를 할 수 있다 (Byzek, 2001).

건강장애와 지체장애아동의 특성

지체장애와 건강장애아동의 특징은 매우 다양해서 모두 기술하고자 하는 것은 거의 불가능하다. 건강장애에 관해서 살펴볼 때 몇몇 아동은 만성적인 상태일 수 있으나, 상대적으로 가벼운 건강장애 상태인 아동도 있다. 어떤 아동들은 급박한 생존문제를 유지하기 위해 주변의 도움과 복잡한 의료기술을 필요로 하며, 활동적인 삶이나 참을성에 지극히 제한을 받기도 한다. 뇌성마비 아동의 교육과정과 수업, 환경은 특별한 수정이 거의 필요하지 않을 수 있다. 반면에 운동과 지적 기능에 심각한 제한을 가지고 있는 뇌성마비 아동은 광범위한 일련의 교육과정과 교수의 수정, 적절한 장비와 관련 서비스를 필요로 한다. 같은 아동에게 주어진 신체상·건강상 조건일지라도 현저하게 다른 증상을 나타낼 수도 있다. 예를 들면 암치료는 아동의 삶에는 긍정적인 효과가 거의 없고, 단지 아동의 생명을 연장할 수 있고 신체를 강화함으로써 질병에 대한 통증을 완화할 수 있다.

이러한 다양성은 지체장애와 건강장애아동들의 학습과 행동 특성에 대한 목록만을 제공해줄 뿐이다. 그럼에도 불구하고 지체장애와 건강장애아동의 학업적이고 사회·정서적인 특징과 관련해 다음의 두 가지 점에 대해 신중히 고려될 필요가 있다. 첫째, 비록 지체장애와 건강장애를 지닌 많은 학생들이 더 높은 수준을 성취할 수 있다 할지라도 대부분은 학업적으로 더 낮게 기능을 하고 있다. 그들의 학업적 수행을 방해하는 신경이나 운동기능 손상, 그 밖의 다른 손상에 더하여 의료 처치와 매일의 일상적인 건강관리가 학생들의 학업성취에 부정적인 결과를 가져오게 한다. 예를 들어 Kiriakopoulos(2018)는 15세 뇌전증 아동의 어머니가 자녀의 발작과 약물 복용이 학업수행에 어떤 영향을 미치는지에 대하여 교사들을 어떻게 이해를 시키는지 보여준다.

나는 그들에게 이렇게 얘기합니다. "여러분이 감기에 걸렸다고 생각해보세요. 또 저녁에 먹는 약을 복용했다고 생각해보세요. 그리고 학교에서 하루 종일 기분이 좋지 않은 상태에서 공부를 해야 해요. 거

건강장애 및 지체장애의 심각성, 발병 연령, 가시성이 발달과 행동에 영향을 미친다.

기에 더해 선생님이 당신의 등을 두드리며 계속 정신을 차리고 공부를 하라고 말씀을 하시죠. 이제 당신이
평소에는 잘 쓰지 않는 손으로 알파벳을 거꾸로 쓰면서 반대쪽 다리는 원을 그려보세요." 뇌전증 아이들
은 매일 약을 복용하면서 지금 당신이 느끼는 것을 느끼고 있습니다.

병의 악화와 재발로 입원과 치료를 위한 잦은 그리고 장기간의 결석으로 인해 그들의 학업적 향상이
잘 이루어지지 않는다.

둘째, 하나의 그룹으로 지체장애와 건강장애학생들은 사회행동기술에서 평균 이하의 수행을 보여준
다. Coster와 Haltiwanger(2004)는 담임교사와 물리치료사, 작업치료사와 같은 다른 전문가들이 지체장
애 초등학생 62명 중 40%가 학교에서 필수적인 기능과 학습으로 여겨지는 일곱 가지 사회행동적 과제
중 여섯 가지에서 평균 이하라고 보고했다(예 : 사회적 관습 따르기, 성인의 지시에 복종하기, 또래나
성인과 긍정적으로 상호작용하기, 피드백에 반응하기, 개별적인 보살핌 인식하기).

지체장애나 만성적인 건강장애아동에게 정서적인 대처는 중요한 문제이다(Antle, 2004; Kanner &
Schafer, 2006). 매일의 건강관리와 치료에 참석해야 하는 아동에게 급우들과 친밀한 관계를 유지하
는 것은 어려운 일이 될 수 있다. 학교에서의 어울림에 대한 걱정은 장기간 학교 결석으로 생길 수 있다
(Olsen & Sutton, 1998). 지체장애와 건강장애학생들은 우울증이나 정서적인 문제를 많이 겪게 되며,
자신의 신체적 모습에 대한 걱정을 자주 나타낸다(Sexson & Dingle, 2001).

아동의 교육수행에 영향을 미치는 지체장애와 건강장애의 요인

아동의 발달과 행동에 대한 지체장애와 건강장애의 영향력을 평가함에 있어 많은 요인이 고려되어야
한다. 정상적 기능에서 심각한 손상까지의 연속선상에서 지체 및 건강장애의 상태가 연령에 적합한 활
동, 기동성, 인지기능, 사회정서적 발달, 감각기능, 의사소통기능 등과 관련된 아동의 능력을 제한할 수
있다. 경미하고 일시적인 지체 혹은 건강 손상은 지속적인 영향을 미치지는 않지만, 중도의 만성적인
손상은 아동의 경험 범위를 크게 제한할 수 있다. 발병 연령과 가시성은 특히 다른 기능 영역에 영향을
줄 수 있다.

발병 연령 지체 및 건강장애는 선천적인 경우도 있지만 질병이나 사고 또는 알 수 없는 원인 등으로 인
해 아동 발달기 동안 후천적으로 발생하기도 한다. 사실 다른 장애의 경우와 마찬가지로 교사는 아동이
지체 및 건강장애가 발생했을 때의 연령을 아는 것이 중요하다. 태어날 때부터 다리를 사용하지 않았던
아동이 특정한 조기중재 서비스를 받지 않았다면 중요한 발달적 경험을 놓쳤을 수도 있다. 그러나 사고
로 갑작스럽게 다리를 잃은 10대 아이들은 어린 시절 동안 정상적인 발달단계의 경험을 지니고 있다. 그
렇지만 후천적으로 장애가 생겼어도 잘 적응하기 위해서는 부모, 교사, 전문가 그리고 또래로부터의 많
은 도움이 필요하다.

가시성 지체손상과 건강상태는 눈으로 쉽게 확인할 수 있는 것에서부터 확인이 잘되지 않는 정도까지
다양하다. 아동들이 다른 사람들에게 수용되는 정도와 그들 자신에 관해 어떻게 생각하는지는 상태의
가시성에 의해 영향을 많이 받게 된다. 일부 아동은 휠체어, 브레이스, 크러치, 보조탁자와 같은 다양하
고 특수한 외과적 보조기구를 사용한다. 그들은 학교까지 특수장비가 설치된 버스나 밴을 탈 수 있다.
또한 학교에서 화장실 이용 시 도움을 받기도 하며, 헬멧을 쓸 수도 있다. 비록 이와 같은 특수장비와
적응장비들이 장애아동에게 도움을 주고는 있지만 이러한 장비의 사용은 지체손상을 더욱 가시화하며,
이로 인하여 비장애아동들과 더욱더 다르게 보일 수 있다.

몇 가지 신체적 장애의 가시화는 다른 아동과 성인들이 아동의 능력을 과소평가하게 하며 참가 기회를 제한한다. 이와는 반대로 천식이나 뇌전증과 같은 건강상태는 겉으로 드러나지 않으므로 아동이 필요로 하는 것을 인식하지 못할 수도 있는데, 이는 천식이나 뇌전증 아동이 다른 아동과 마찬가지로 정상적인 생활을 한다는 잘못된 인식에서 비롯된다(Best, 2010b).

교육접근

> **학습목표 11.4** 건강장애 또는 지체장애학생을 위한 '평행교육과정'의 중요성에 대하여 논의할 수 있다.

미국에서 지체 및 건강장애아동에 대한 특별한 교육은 100년의 역사를 넘어섰다(그림 11.2 참조). 신체

그림 11.2 지체 및 건강장애아동교육의 주요한 역사적 사건

연도	주요 사건	교육적 의의
1893년	신체장애자나 불구 아동을 위한 산업학교가 보스턴에 세워졌다.	미국에서 이루어진 신체장애아동에 대한 첫 번째 특별협회이다(Eberle, 1922).
1900년경	신체장애아동에 대한 첫 번째 특수학급이 시카고에서 시작되었다.	신체장애아동이 공립학교에서 교육된 첫 번째 시도이다(La Vor, 1976).
1900년대 초	미국에서 소아마비와 폐결핵이 심각한 정도로 발생했다.	지방학교 특수학급에서 교육되는 신체장애아와 세심한 주의가 필요한 아동 수의 증가를 이끌었다(Walker & Jacobs, 1985).
20세기 초	윈드롭 펠프스는 버팀대의 효과적인 사용과 신체적인 치료요법을 통하여 아동들을 도울 수 있다고 주장했다. 얼 칼슨(그 자신이 뇌성마비였음)은 알맞은 교육을 통하여 신체장애아동의 지적 잠재능력을 개발해야 한다고 주장하였다.	2명의 미국인 의사의 노력은 신체손상이 교육성취와 자아충족감을 배제하지 않도록 하게 하는 인식과 신체장애아동의 수용과 이해를 증가시키는 데 공헌했다.
20세기 초~ 1970년대까지	장애아동을 무시하고, 소외하며, 시설화하기로 한 결정은 신체장애, 특히 의사소통 및 상지 사용 장애로 인해 추정되는 정신적 무능에 근거한다(Conner, Scandary, & Tullock, 1988, p. 6).	가벼운 신체손상과 건강문제를 지닌 아동 수의 증가가 공립학교에서 이루어졌다. 심각한 신체장애를 가진 대부분의 아동은 특수학교나 사회기관에서 교육되었다(예 : 미국 뇌손상협회).
1975년	PL 94-142가 자유를 위임하였다. 모든 장애우에 대한 알맞은 공교육은 적어도 구속력 있는 환경으로서 학생이 필요한 관련 서비스(예 : 교통수단 서비스, 신체치료 서비스, 학교건강 서비스)를 제공하는 학교를 필요로 한다.	출입문 의자의 높이 때문에 아동이 지방 공립학교에 출석하는 권리를 더 이상 부정해서는 안 된다. 욕실은 접근하기 힘들었고, 학교버스는 휠체어를 이동할 준비가 되어 있지 못했다. 그러나 IDEA의 관련 서비스 제공은 '단지 교육기관에서 치료기관'으로 학교를 변형시켰다(Palfrey, 1995, p. 265).
1984년	독립 교육구 대 타트로 판결에서 대법원은 장애학생이 공교육을 받을 수 있도록 학교가 도와주거나 관련 서비스로 간헐적 도뇨관을 제공해야 한다고 판결했다.	타트로 판결은 학교가 제공해야 하는 관련 서비스의 범위를 확장하고 비의사가 수행할 수 있는 학교 보건 서비스와 진단 또는 자격 목적으로 의사가 제공하는 의료 서비스 간의 차이점을 명확히 했다.
1984년	세계 장애인협회가 장애우들의 적극 지지로 영감을 지닌 지도자 에드워드 로버츠에 의해 설립되었다.	이러한 활동은 장애인들의 자기옹호 운동과 시민의 권리에 대한 중요한 이정표가 되었다.
1990년	장애인보호법(ADA)이 통과되었다(PL 101-336).	ADA는 모든 공공 서비스에 대한 접근과 편의, 수송, 전기통신과 사적 부문의 고용에서 모든 장애우에게 시민권리 보호를 제공해야 한다고 제안했다.
1999년	시더래피즈 대 개릿 F. 판결에서 미국 대법원은 지역 교육구가 인공호흡기 및 기타 건강관리 일과를 지속적으로 모니터링해야 하는 의학적으로 취약한 학생에 대한 일대일 간호비용을 지불해야 한다고 판결했다.	이 결정은 1984년 타트로 판결에 대한 법원의 입장을 재확인하고 확장했다. 학교는 장애학생이 학교에 다니는 데 필요한 모든 의료 서비스를 제공해야 하지만 이를 수행하는 데 면허가 있는 의사가 필요한 것은 아니다.
2004년	2004년 보조공학법에의 접근이 용이해졌다(PL 108-364). 3차로 국회는 1988년의 장애인 기술지원법의 조항을 개정하고 확대했다.	국회는 장애우들이 전생애에 걸쳐 AT 서비스를 받을 수 있도록 하기 위해 각 주의 ATAP(Assistive Technology Act Project)에 자금을 제공했다. ATAP 활동에는 제품 시연, AT 장치 대여 프로그램, 재정적 지원, AT의 유용성 및 이점, 비용과 관련된 대중의 인식이 포함된다. 더 많은 정보를 원한다면 www.resna.org/taproject를 참조하라.

및 건강장애를 지닌 어떤 학생들은 최소한의 시설이나 중재 또는 교육에 의해 많은 도움을 얻을 수 있다. 또 다른 학생들의 집중적인 건강과 학습의 요구는 특별한 지도, 치료 요법, 관련된 서비스의 다양하고 조화된 조치를 필요로 한다. 가능성을 최대화할 수 있는 일반교육과정에서의 교육과 더불어 많은 지체장애 및 건강장애학생들은 최대한 '장애를 극복하는' 방법에 대한 평행 교육과정에서 집중적인 지도를 필요로 한다(Bowe, 2000, p. 75). 시각장애학생을 위한 확대 핵심교육과정과 유사하게 지체 및 건강장애학생에 대한 평행 교육과정은 적응방법의 사용과 움직임, 의사소통, 일상생활 과제를 위한 보조기술의 사용을 포함하며 특별건강관리에 대한 자기관리를 통한 독립성의 증가와 자기결정 및 자기옹호기술의 학습을 포함한다(전환교육 : 현재가 미래를 만든다 '성인기 성공을 위한 자기관리' 참조).

전환교육 : 현재가 미래를 만든다

성인기 성공을 위한 자기관리

건강장애와 지체장애아동들은 성인이 되어서도 학교에서 경험한 것과 동일한 어려움을 겪게 된다. 예를 들어 어릴 때 ADHD로 진단받은 성인은 집행기능의 결핍을 경험하며 대학교육을 지속하거나 구직과정에 어려움을 겪는다(Uchida et al., 2018). 많은 경우에 고등학교 이후 독립을 하게 되고 자신의 스케줄, 약속, 약물 복용, 그리고 치료를 독립적으로 관리하는 방법을 배우게 된다. 다행히도 하이테크 자기관리 도구들이 건강 및 지체장애학생들이 독립된 생활을 할 수 있도록 도움을 줄 수 있다.

중고등학교에서의 교육을 통해 학생들은 이러한 도구들을 사용할 수 있으며, 시간관리와 유능성을 연습하기 위한 기회를 제공받으며, 이를 통해 자신의 치료, 약물 복용, 건강관리 등이 가능해진다.

시간관리와 유능성 연습

시간관리와 유능성을 연습할 수 있는 앱을 통해 집행기능기술이 부족한 학생들에게 도움을 줄 수 있다. 예로 'Todoist'와 'Wunderlist'는 사용자들에게 해야 할 일의 목록을 만들고 조직화할 수 있도록 해준다. 'Timeglass'나 스마트폰에 있는 간단한 스톱워치 등과 같은 타이머 앱은 학생들에게 시간이 어떻게 지나가는지를 모니터링하고 과제를 할 수 있도록(또는 과제의 단계를 넘어갈 수 있도록) 촉구한다.

약속, 치료, 약물 복용에 대한 관리

단지 한 가지 약물 복용을 관리하는 일도 어렵다. 하물며 많은 지체장애인과 건강장애인은 다양한 약물과 치료를 관리해야만 한다. 예를 들어 뇌성마비인들은 물리치료, 작업치료, 그리고 이러한 관리를 위한 약속을 잡고, 복용해야 할 약물을 관리하고 집에서 치료를 실행하기도 해야 한다. 'Medisafe'와 'MyTherapy: Medication Reminder'와 같은 앱들은 복용해야 할 약물을 상기시켜줄 뿐만 아니라 자동적으로 처방된 약의 리필, 다른 사람들(예 : 의료제공자, 가족)과의 정보 공유 등에 대한 도움을 제공한다(Salgado et al., 2018). 또한 앱을 이용하여 처치와 다양한 건강상태를 좌우하는 요인들을 쉽게 자기점검할 수 있다(예 : 'Seizure Tracker', 'DiabetesConnect', 'Asthma Buddy').

건강관리

건강한 식습관, 운동, 그리고 기타 건강에 좋은 습관들은 모든 사람에게 중요하지만, 특히 지체장애 또는 건강장애인에게는 매우 결정적인 요소이다. 이동식 기술을 이용해 이러한 습관을 관리할 수 있다. 몇몇 건강상태에서는 특별한 식이요법이 필요하다. 이를테면 뇌전증을 보이는 사람은 케톤체생성식사를 해야 할 수도 있으며, 섭취한 음식을 점검할 수 있는 'My Fitness Pal' 또는 'Carb Manager'와 같은 음식 또는 다량영양소 점검 앱을 이용할 수 있다. 척수손상을 입은 사람, 지체장애인, ADHD 개인들도 신체적 활동을 통해 혜택을 얻을 수 있으므로 'Fitbit' 또는

'JEFIT'와 같은 앱을 활용하면 운동에 대한 자기점검이 가능하다. 학생들은 위생, 수면, 스마트폰을 이용하는 시간, 탈수증 등과 같은 다양한 건강 관련 습관을 자기관리 할 수 있다. 겸상적혈구병을 앓는 사람들은 증상을 예방하고 관리하기 위하여 앰플워터를 마셔야 하므로 'Daily Water' 또는 'Aqualert'와 같은 앱을 이용하여 수분 섭취를 촉구하고 강화할 수 있다.

학생들과 어떤 앱을 공유할 것인지를 결정할 때는 효과적인 지도의 구성에 대하여 명심하라. 예를 들어 Tomaseone 외(2018)는 척수손상을 입은 성인들의 신체 활동을 향상시키기 위하여 고안된 행동변화 기법을 살펴보았다. 효과적인 행동변화 자기관리 중재기법에 공통적인 구성요인에 어떻게 행동해야 되는지에 대한 명시적 교수, 목표설정, 문제해결, 행동계획, 그리고 사회적 지원 등이 포함되었다. 따라서 이러한 구성요인의 몇 가지 또는 모두를 포함하고 있는 앱을 선택하라. 또한 자기관리 도구에 대한 선호도가 개인마다 다르다는 점을 반드시 인식해야 한다. 따라서 학생들이 자신에게 효과적인 다양한 도구를 사용하도록 격려해야 한다(Tomaseone et al., 2018).

협력 팀과 관련 서비스

건강장애와 지체장애아동들에게 초학문적 팀 접근법은 특별한 의미를 지닌다. 교사, 의사, 치료사나 다른 전문가들은 학교 내외에서 서로에게 영향을 줄 수 있다. 학생들의 의료적 · 교육적 · 치료적 · 직업적 · 사회적인 요구가 복잡하기 때문에 교육과 건강관리를 책임지고 있는 팀은 개방적으로 서로 도와주고 의사소통해야 한다. 지체장애, 건강장애아동을 위한 팀 구성원 중 특별한 훈련 프로그램을 마친 물리치료사와 직업치료사는 특별히 중요하다.

물리치료사 물리치료사(physical therapist, PT)는 운동기술, 움직임, 그리고 자세의 발달, 유지와 관련되는 전문가이다. 이들은 아동의 근육 조절이 강화되도록 돕기 위하여 특정한 운동을 처방할 수 있고 브레이스와 같은 특수화된 장비를 효과적으로 사용할 수 있다. 아마도 전문가들은 물리치료 활동으로서 마사지나 처방된 운동들을 가장 흔히 사용하겠지만 그 외에 수영, 찜질, 음식을 먹고 배변을 위한 특별한 자세 선정, 그리고 다른 기술들도 사용한다. 물리치료사는 아동에게 가능한 한 운동근육을 독립적으로 사용하도록 격려하며, 근육기능을 발달시키도록 돕고, 고통, 불편함 혹은 장기간의 신체손상을 경감시킬 수 있도록 할 것이다. 이들은 또한 교실에서 앉은 자세를 취하기 위해 해야 하는 것과 하지 않아야 되는 것을 가르쳐주며, 장애아동과 비장애아동들이 함께 즐길 수 있는 운동이나 놀이 프로그램을 고안하여 적용할 수도 있다.

작업치료사 작업치료사(occupational therapist, OT)는 자조활동, 고용, 여가, 의사소통 그리고 일상생활에 필요한 활동(예 : 옷 입기, 음식 섭취, 개인위생)을 돕는다. 이들은 아동들에게 컴퓨터 키보드 앞에서 타이핑하는 것, 요리하는 것, 물 붓는 것, 신발끈 묶는 것, 옷의 단추를 채우는 것이나 개조된 컵으로 물 마시는 것과 같은 다양한 동작을 배울 수 있도록 한다. 이러한 활동은 아동이 신체적 발달, 독립심, 직업적인 잠재능력, 자아개념을 가질 수 있도록 한다. 작업치료사는 집에서나 학교에서의 활동과 적응도구의 효과적인 사용에 관하여 부모와 교사들에게 권고하기 위하여 전문적인 사정을 수행하기도 한다. 또한 많은 작업치료사는 교육적인 프로그램의 완수 후에 독립적인 삶과 일을 하는 기회를 찾는 학생들을 도울 수 있는 직업적 재활 전문가들과 함께 일할 수 있다. 물리치료사와 작업치료사가 다섯 가지 학업성과를 지원하기 위하여 3학년의 경직형 뇌성마비 아동과 그 IEP 팀 구성원들과 함께 어떻게 활동하는지를 살펴보기 위해서는 Szabo(2000)를 참고할 수 있다.

기타 전문가들　지체 및 건강장애를 지닌 아동들에게 관련된 서비스를 제공하는 다른 전문가들은 다음과 같다.

- 언어병리 전문가(SLP) : 언어치료, 언어중재, 구강운동 조정(예 : 씹기와 삼키기), 보완대체의사소통 서비스(AAC)의 수행
- 특수체육교사 : 장애학생의 필요에 적합하게 고안된 체육수업 제공
- 레크리에이션 치료사 : 치료적 레크리에이션과 여가활동의 교수를 수행
- 학교 간호사 : 학생의 건강을 모니터링하고 건강보호 서비스를 제공하며 학생 교육프로그램에서의 치료 조건에 대한 효과를 IEP 팀에게 제공
- 의수족 제작 전문가 : 인공 팔다리를 만들고 맞추는 일을 수행
- 정형사(정형 도구 제작자) : 버팀목이나 다른 보조장치를 설계
- 오리엔테이션과 기동성에 관한 전문가 : 학생들이 그들의 환경을 조종할 수 있도록 하는 교수를 수행
- 생의학 공학자 : 아동의 특별한 요구를 충족시키기 위한 공학을 개발하거나 조정하여 제공
- 건강 보조원 : 교실에서의 의료적인 절차와 건강 보호 서비스를 수행
- 상담가와 의료사회복지사 : 장애에 적응하도록 학생과 가족을 보조하는 일을 수행

환경의 개조

환경을 개조하는 일은 종종 특수 아동들이 학교에서 더욱더 완전하고 독립적으로 참여할 수 있도록 하기 위하여 필요하다.

　환경 개조에는 수업이 잘 전달될 수 있도록 하는 방법을 제공하는 것과 과제의 수행방법을 변화시킴으로써 학업이나 활동에 더 쉽게 접근하도록 하는 사항 등을 포함한다(Best et al., 2010; Heller et al., 1995). 장벽이 없는 건물은 지역사회의 건물과 서비스를 보다 접근 가능하게 만드는 환경 개조의 가장 대표적이고 보편적인 유형이지만, 몇 가지 기능의 개조는 비용이 거의 들지 않고도 가능하다. 예를 들면 다음과 같다.

- 휠체어를 탄 학생들이 사용할 수 있도록 정수기 근처에 종이컵 자동디스펜서 설치하기
- 지체장애아동을 위하여 학교 건물 내에 쉽게 접근할 수 있는 공간으로 교실 옮기기
- 적은 힘으로 쓰기 가능한 부드러운 펜 제공하기
- 미세한 운동 조절이 제한된 학생이 한 번에 하나의 컴퓨터 키를 누르는 것이 가능하도록 머리에 장착 가능한 포인터 스틱과 키보드가드 제공하기
- 휠체어를 사용하거나 키가 작은 학생들을 위하여 높이 조정이 가능한 책상과 탁자 제공하기
- 손이 닿지 않는 높이에 설치된 버튼이나 엘리베이터 조작판을 사용할 수 있도록 나무재질의 막대기 제공하기
- 말로 반응하는 것 대신 문자로 반응하는 것이 가능하도록 또는 그 반대의 반응이 가능하도록 반응 형태 수정하기

보조공학

일반적으로 공학이라고 하면 복잡한 컴퓨터와 하드웨어를 떠올리게 되지만 공학은 과학적인 원리에 근거하여 실제적인 과업이나 목적을 완수하는 체계적인 방법을 나타내는 것이다. IDEA에서는 **보조공학**(assistive technology)을 보조공학 장치와 그 장치를 아동이 효과적으로 획득하고 사용하도록 도움을 제

교수와 학습

모두를 위한 체육시간

체육이 모든 아동의 경험의 한 부분이 되어야 하는가   모든 아동은 체육활동, 사회적 경험, 그리고 체육시간이 제공해주는 재미를 통해 이점을 얻을 수 있다. 그러나 몇몇 대근육 운동 또는 발달장애아동들은 일반 체육수업에 편의시설이나 수정을 필요로 한다. 특수 체육은 장애학생들을 위한 변형된 체육교육이다.

장애학생들을 위하여 체육수업을 어떻게 변형하는가   적절하고 효과적인 특수 체육교육은 이 책 전반에 걸쳐 언급되고 있는 특수교육 서비스와 공통점이 많다.

- **교육적 결정은 개별화하라.** 목표, 목적, 교수방법, 편의시설, 수정사항은 각 학생의 개인적 요구에 부합하기 위하여 선택된다. 예를 들어 어떤 학생들은 시설이나 기구의 수정을 필요로 한다. 앞서 소개된 교사 Dave Martinez의 학생인 후안은 경사로와 변형된 공을 이용해서 볼링을 학습하도록 개별화 교육프로그램이 작성되어 있다. 후안은 Dave의 스페셜 올림픽 프로그램에 참여하기를 원하며 이제 거의 참여할 수 있는 나이가 되었다. 이러한 도구들을 이용하는 학습을 통해 후안은 학교 체육수업에 참여할 뿐만 아니라 지역사회의 다양한 레크리에이션 활동을 위한 준비를 할 수 있다.
- **서비스는 배치의 연속상에서 제공하라.** 특수 체육교육은 학생의 요구에 따라 일반 체육 수업시간이나 분리된 환경에서 시행될 수 있다. 후안은 비장애 학급 친구들과 함께 체육관에서 특수 볼링 장비를 사용한다.
- **서비스는 협력적으로 제공하라.** 특수 체육교육 교사들은 다학문적 팀의 구성원이다. 특수 체육교육 수업을 받는 아동들은 종종 관련 서비스, 즉 물리치료, 작업치료 또는 말/언어치료와 같은 서비스를 필요로 하기 때문에 특수 체육교사들이 서로 협력하고 조언하며 물리치료사, 작업치료사, 언어치료사와 협력교수를 해야 한다. Dave와 일반 체육교사는 때때로 후안의 체육 수업시간에 협력교수를 실시하고 있으며, 물리치료사 역시 함께하기도 한다.
- **수업운영을 위하여 지속적으로 자료를 수집하고 신중히 분석하라.** 특수 체육교사들은 목표에 대한 학생의 진전을 평가하기 위하여 교수기술을 분석하고 자주 데이터를 수집해야 한다. Dave Martinez는 자료를 수집하기 위하여 다양한 모바일 앱을 활용한다. 예를 들어 버스트 초고속 카메라 앱은 후안의 볼링 치는 모습과 같은 행동을 캡처하여, 학생의 수행을 프레임별로 분석할 수 있다. Dave는 후안의 향상된 수준을 나타내는 사진들을 IEP 회의 때 그의 부모와 함께 볼 수 있다.

공하는 서비스라고 정의한다.

보조공학 장치는 상업적으로 구입하든, 변경하든, 아니면 최적화시키는 것이든지 간에 장애가 있는 개인의 기능적인 능력을 고양시키거나 유지하는 데 사용되는 모든 아이템, 장비 혹은 생산 체제이다. 이 용어에는 수술을 통해 이식되는 의학장치나 대체장치는 포함되지 않는다(20 USC §1401 [2004], 20 CFR §300.5).

보조공학 서비스는 장애아동이 보조공학 장치를 선택하고 습득하여 이용하는 데 직접적인 도움을 제공하는 서비스를 의미한다(20 USC §1401 [2004], 20 CFR §300.6).

지체장애인들은 운동능력, 일상생활 기술수행, 향상된 환경 조작 능력과 조절, 더 나은 의사소통, 컴퓨터에의 접근, 여가와 레저, 그리고 강화된 학습 등을 포함한 다양한 목적으로 로우테크 보조장치(예 : 개조된 음식 섭취 기구, 휠체어에 앉은 사람이 선반에 있는 물건을 집을 수 있도록 해주는 집게)와 하이테크 보조장치(예 : 컴퓨터화된 합성언어 장치, 눈의 움직임을 감지하는 고기능 스위치)를 사용한다(Best et al., 2010; Dell et al., 2016). IEP 팀 구성원들은 단지 아동의 지식습득을 위해서가 아니라 아동의 독립성을 증진시키고 다양한 활동과 기회를 주는 수단으로써 보조공학을 사용해야 한다.

어떤 아동들은 이동장치 없이는 자유롭게 이동할 수 없다. 3~5세의 아동들은 에너지의 효율적인 사용과 지체기능의 제약이 없도록 운동성을 제공하는 바퀴가 달린 스쿠터 보드와 줄 달린 마차 등을 그들의 환경에서 자유롭고 독립적으로 활용할 수 있도록 배운다(Evans & Smith, 1993, p. 1418). 개조된 자전거는 장애아동들이 자전거를 타는 즐거움을 제공해줄 수 있으며 건강상의 이점도 가져다준다(Klein et al., 2005).

휠체어 장치의 진보는 수동 휠체어를 더 가볍고 강하게 만들었으며, 전동 휠체어는 야외에서도 사용할 수 있도록 만들어졌다. 또한 환경 개선으로 휠체어 사용자는 멀리 떨어져 있는 곳에도 갈 수 있게 되었다. 이러한 학생에게 '휠체어로 활동이 제한된다'는 표현은 적합하지 않다. 이러한 표현은 그 학생이 활동이 자유롭지 못하거나 이동이 곤란하다는 이미지를 줄 수 있다. 그러나 휠체어를 사용하는 대부분의 학생들은 때때로 운동할 수 있고, 자동차로 여행할 수 있으며, 누워 지낼 수도 있다. 따라서 '휠체어를 탄 아동' 또는 '이동하기 위하여 휠체어를 사용하는 아동'이라는 표현이 더 적합할 것이다.

신체손상으로 인해 명확하게 말을 할 수 없는 아동들은 의사소통을 위한 새로운 공학적 보조기구들을 더 많이 사용하고 있다. 말을 할 수는 있지만 운동기능이 제한된 학생들의 경우 목소리를 입력하고 출력하는 컴퓨터 제품을 사용할 수 있다. 이러한 기술의 발달은 지체손상 학생들이 다른 사람들과 의사소통을 할 수 있게 하고 폭넓은 교수 프로그램에 참여하도록 한다. 원격 의사소통 공학은 많은 지체장애인들의 세계를 넓히며, 그들이 정보와 서비스를 얻고, 새로운 사람들을 만나는 데 사용된다. 전자메일, 페이스북과 다른 사회적 매체를 통해 장애아동과 성인들은 다른 사람들과 의사소통하고 새로운 친구를 만나며 인간관계를 형성하고 유지한다.

공학기구는 언제든지 살 수 있는 규격품이 아니며 장애학생들을 최대의 효과로 도와줄 수 있는 것도 아니다. IEP 팀은 보조장치를 구입하여 그 사용방법을 아동에게 훈련시키기 전에 아동의 가족에게 이러한 공학기술의 효과뿐만 아니라 아동의 특징과 이로 인해 선택할 수 있는 잠재적 공학기술에 대해서도 주의 깊게 고려할 수 있도록 해야 한다(Alper & Raharinirina, 2006; Parette & Brotherson, 1996). 아동의 학업적·사회적 기술과 신체능력의 평가는 공학의 목표와 목적을 확인할 수 있을 뿐만 아니라 효과적으로 다양한 장비를 선택할 수 있게 한다.

팀은 또한 특정 유형의 공학에 대한 아동의 선호도를 결정해야 한다. IEP 팀은 유용성, 조작의 간편성, 구입가격과 유지비, 아동의 변화하는 요구를 충족시킬 만한 적응성, 기계장비의 수리 기록과 신뢰성 등을 고려해야 한다. Bausch와 Ault(2008)에서는 장치를 사용하고 의도한 결과를 얻을 수 있도록 IEP 팀이 보조공학 실행 계획을 어떻게 설계해야 하는지를 자세히 설명하고 있다.

동물의 도움

동물은 많은 방면에서 신체장애가 있는 아이들과 어른을 도울 수 있다. 거의 모든 사람이 시각장애인이 혼자서 다닐 수 있도록 돕는 안내견을 잘 알고 있다. 장애인이 이용하는 동물에 대한 또 다른 최근의 유망한 접근은 일을 돕는 개나 서비스를 제

서비스를 제공하는 개는 일상생활 과제를 돕고 동반자 관계를 형성한다.

Companions for Independence®

공하는 개에 관한 것이다. 보조견들은 사람의 요구에 따라 책이나 다른 물건(가방 안에서)을 옮기는 것, 전화기를 드는 것, 전등을 켜거나 끄는 것, 문을 여는 것을 훈련받을 수 있다. 보조견들은 균형을 유지하게 하는 역할도 할 수 있다. 예를 들면 휠체어를 가파른 지역에서 위로 올라가도록 도와준다거나 앉은 자세에서 설 수 있도록 도와준다. 또한 위급한 상황에서 가족들이나 이웃들에게 연락할 수 있도록 훈련될 수 있다. 원숭이 역시 장애인을 위한 개별적인 도움을 제공하도록 훈련되고 있다.

동물은 실질적인 도움을 제공하고 장애인의 독립성을 향상시키는 것 외에도 동료로서의 사회적 가치를 지닌다. 학교와 사회에서 비장애인들과 대화를 하거나 만날 때 서먹서먹한 분위기를 풀어주기도 한다.

일상에서의 특별한 건강관리

건강이나 신체에 손상이 있는 많은 학생들은 특별한 영양식단, 기관 절개나 호흡기의 보호, 간헐적 자가도뇨(CIC), 자기보호를 위한 인슐린 주사나 처방되는 의과적 치료와 같은 특별한 절차에 따른 건강관리가 요구된다. 이와 같이 특별한 건강과 관련된 요구는 **개별화 건강관리 계획서**(individualized health care plan, IHCP)에 규정되어야 하며, 이것은 학생의 IEP의 일부분으로서 포함된다. 장애와 관련된 병력, 진단, 평가자료를 포함해 IHCP에는 "일상적인 건강관리 절차 방법, 신체관리 기법, 아동이 학교에 있는 동안 발생할 수도 있는 의학적 긴급상황에 대한 상세한 정보도 포함된다."(Getch et al., 2007, p. 48). 교사와 학교 관계자들은 그들이 수행해야 할 건강관리 절차를 안전하게 관리하기 위해 훈련을 받아야 한다(Heller et al., 2000). IHCP의 목표, 과제 분석, 교수기법을 포함해 좀 더 심층적인 정보는 Heller 외(2008)에서 얻을 수 있다.

좋은 의도를 가지고 있는 교사, 또래, 부모들은 종종 지체 또는 건강장애아동을 위하여 너무 많은 것을 하려고 하는 경향이 있다. 그것은 아동이 자신의 필요를 관리하도록 배우는 데 있어서 아동을 힘들게 하고 좌절감을 주거나 시간을 낭비하게 할 수도 있다. 그러나 자신감과 독립적인 기능의 습득은 장기간 노력할 만한 가치가 있다(Lehr & Harayama, 2016). 일상적인 건강관리의 전체나 일부분을 수행할 수 있는 아동의 경우 일반적인 환경에서 독립적으로 기능하는 능력이 증가하여 주 양육자에 대한 의존정도도 줄어들 것이다(Betz & Nehring, 2007; Collins, 2007).

자세유지, 앉기, 운동의 중요성 적절한 자세유지, 앉기, 그리고 규칙적인 운동은 지체장애아동에게 매우 중요하다. 적절한 자세유지와 운동은 근육과 뼈의 발달을 촉진하고 건강한 피부를 유지시켜준다. 이러한 이점 외에도 자세유지는 지체장애아동이 다른 사람들에게 얼마나 잘 수용될 수 있는가에 큰 영향을 줄 수 있다. 간단한 적응 동작만으로도 지체장애아동의 외모를 개선시키고 더 나은 안락함과 건강상의 증진에 도움을 줄 수 있다(Best et al., 2010; Cantu, 2004).

- 자세를 바르게 함으로써 신체를 정렬하고 최적의 지지를 할 수 있다.
- 안정적인 자세는 상체의 사용을 원활하게 한다.
- 안정적인 자세는 신체의 안전과 안정감을 향상시킨다.
- 좋은 자세는 압력을 분산시킬 뿐만 아니라 오래 일할 수 있고 앉는 자세에 안락함을 제공한다.
- 좋은 자세는 신체 변형을 감소시킬 수 있다.
- 자세는 자주 바꿔주어야 한다.

바람직한 착석은 혈액순환이 잘 되도록 돕고 근육의 긴장을 줄일 수 있게 해준다. 또한 소화기능의 향상, 호흡, 신체발달에도 중요한 기능을 하므로 다음 사항을 평소 주의할 필요가 있다(Heller et al., 2008).

- 얼굴은 정면을 보게 하고 정중선에 있도록 한다.
- 어깨는 정중선에 있도록 하고 구부리지 않도록 한다.
- 몸통은 정상적인 척추의 휨을 유지하기 위해 정중선에 위치하도록 한다.
- 좌석 벨트, 휠체어의 앞부분 또는 다리 분리대, 어깨와 가슴띠는 어깨/상부 몸통의 지지와 똑바른 자세를 위해 필수적이다.
- 골반의 위치 : 엉덩이를 가능한 한 의자의 뒷부분에 붙이고, 양쪽 엉덩이 부분에 균등하게 무게를 분배한다.
- 발의 위치 : 두 발은 바닥이나 휠체어 페달에 둔다.

피부관리는 많은 지체장애아동에게 주요한 관심사이다. 피부는 버팀대나 부목과 늘 맞닿아 홍반이 자주 생길 수 있는 부분이므로 매일 점검해야 한다. 피부 상태의 점검은 적어도 하루에 두 번은 이루어져야 한다. 자신의 피부를 스스로 점검할 수 있는 학생이라면 그렇게 할 수 있도록 가르쳐야 한다. 긴 손거울을 사용하는 것은 학생이 스스로 피부를 관리하는 데 도움을 줄 수 있다(Ricci-Balich & Behm, 1996). 건강관리 전문가는 버팀대나 부목 등으로부터의 압박을 제거한 후 20분 이내에 발진이 희미해졌는가의 여부를 파악하기 위해서 아동을 살펴야 한다(Rapport et al., 2016). 자신의 팔을 사용할 수 있는 학생에게는 5~10초 동안 엉덩이를 들었다 떼었다 하는 '체어 푸시업'을 하도록 가르쳐야 한다. 체어 푸시업을 30~60분마다 하는 것은 압박으로 인한 통증을 예방할 수 있다. 이것을 할 수 없는 아동의 경우에는 앞과 옆으로 구부리는 자세를 통해 자신의 체중이 한쪽으로 쏠리지 않게 할 수 있도록 해야 한다.

학생을 들어 올리고 이동시키기 욕창의 진전을 막고 적절한 앉기와 자세유지를 하도록 돕기 위하여 교사들은 지체장애학생들을 움직이고 이동시키는 방법을 알아야 한다. 들어 올리기와 이동하기, 그리고 다시 위치시키기와 같은 일련의 과정은 각 아동의 상태에 맞게 개발되어야 하며, 다음과 같은 기준과 절차가 필요하다. (1) 아동과 접촉하기, (2) 어떻게 할 것인가에 대하여 아동이 이해할 수 있는 방법으로 의사소통하기, (3) 아동이 이동할 수 있도록 준비하기, (4) 아동이 가능한 한 일상생활에 참여할 수 있도록 요구하기이다(Stremel et al., 1990). 그림 11.3은 뇌성마비와 경직성 사지마비를 가지고 있는 학령 전 아동의 들어 올리기와 이동하기에 관한 개별화된 과정의 한 예를 보여준다. 개별 학생을 위한 바른 자세 차트와 사진은 교사와 다른 직원들이 이동하기와 자세 잡기 기술을 적절하게 사용하는 데 도움을 줄 수 있다.

독립심과 자존감

지체장애나 만성적인 건강문제로 어려움을 겪고 있거나 그렇지 않은 모든 아동도 자신에 대한 자존감을 개발하고 가족, 학교, 지역사회에서 가치가 있음을 느끼도록 할 필요가 있다. 유능한 교사는 아동들이 자기 자신과 장애를 긍정적이고 현실적인 관점에서 바라볼 수 있도록 격려해준다. 또한 아동들에게 성공, 성취, 때때로 실패를 경험할 수 있도록 해주고, 아동들의 수행과 행동이 합리적인 기준에 부합될 것이라 기대한다. 그리고 아동들로 하여금 장애에 대처할 수 있도록 도울 뿐만 아니라 자신이 장애 자체를 넘어서서 소중하고 고유한 인격체로서 다양한 자질을 가지고 있음을 깨닫게 해준다.

지체장애아동들은 가능한 한 독립심이 증진되는 방향으로 교육되어야 한다(Angell et al., 2010;

그림 11.3   지체장애아동의 이동하기를 위한 일상적인 들어 올리기와 이동하기에 관한 예

이름 : 수잔   **날짜** : 2010년 5월 12일

들어 올리기와 이동하기

수잔을 바닥에서 들어 올리거나 다른 장비에서 이동할 경우, 교실에서 다른 장소로 이동할 경우 다음의 단계를 따라야 한다.

단계	활동	원하는 반응
접촉	수잔의 팔이나 어깨에 부드럽게 손을 얹고, 어디에서 어디로 이동할 것인가에 관하여 이야기한다.	수잔이 긴장을 풀고 편안해질 때까지 기다린다.
의사소통	수잔에게 어디로 갈 것인가를 이야기하고 그곳에 관련된 사진이나 사물을 제시한다. 예를 들면 코트를 보여주며 "우리는 지금 놀이를 하러 밖으로 나갈 거야."라고 한다.	얼굴 표정과 소리로 반응하기까지 기다린다(너무 자극하여 지나치게 경직되지 않도록 한다).
준비	이동하기 전에 수잔의 근육이 긴장되지 않았는지 확인한다. 수잔이 이완하는 것을 돕기 위해 가슴 부분에 손을 평평하게 하여 강하게 힘을 준다.	몸의 긴장이 풀리고 바르게 되었는지 확인될 때까지 기다린다(가능한 한 오래).
들어 올리기	수잔이 서 있지 못할 경우 앉은 자세로 두고 앉은 채로 옮긴다. 어디로 이동할 것인가를 이야기하고 수잔의 등과 무릎 아래를 팔로 감싸고 편안한 자세를 유지할 수 있도록 가슴 쪽으로 무릎을 구부린다.	수잔이 팔을 당신을 향해 내밀 수 있을 때까지 기다리고, 만약 10초 이내에 할 수 없다면 그녀의 어깨를 사용하게 한다.
이동하기	당신이 어디로 움직이는지 볼 수 있도록 수잔과 거리를 둔다. 몸을 지지할 수 있도록 그녀의 등을 당신에게 기댈 수 있도록 한다. 그녀의 다리가 앞으로 향할 수 있게 하면서 그녀의 골반 아래를 잡는다. 만약 그녀의 다리가 경직되면 다른 팔을 사용해서 다리 사이를 잡고 떼어놓은 후, 부드럽게 지탱할 수 있도록 한다.	수잔은 자신이 이동하는 방향을 보고 그 위치를 나타내기 위해 자신의 팔을 사용할 수 있다.
다시 자세 잡기	다음 활동에 참여할 수 있도록 자세를 잡는다. 무엇을 할 것인지 수잔에게 이야기해준다. "다음 시간은 음악이고 너는 질리와 토미가 함께 악기를 연주하기 위해 바닥에 앉을 거야."	수잔은 다음 활동에 참여할 준비를 한다.

출처 : Campbell, P. H. (2010). Addressing motor disabilities. In M. E. Snell & F. Brown (Eds.), *Instruction of students with severe disabilities* (7th ed., p. 362). ⓒ 2010 by Merrill/Prentice Hall. 출판사의 허락하에 사용함.

Enright, 2000). 그러나 많은 지체장애인들이 특정한 경우에는 다른 사람의 도움을 받는 것 또한 반드시 필요하다. 유능한 교사는 학생들이 장애에 잘 대처하도록 할 뿐만 아니라 타인의 도움이 필요한 경우 현실적인 기대를 가지고 타인의 도움을 수용하도록 도울 수 있다.

장애를 가진 많은 사람들은 그들이 사용하는 보조기구(휠체어, 인공수족, 의사소통장치, 기타 보조기기 등)에 대해 생소해하는 사람들로부터 자주 반복적인 질문을 받게 되며 많은 호기심을 불러일으킨다고 한다. 그들이 지체장애나 건강상태와 관련된 질문에 대한 설명을 어떻게 할 것인가에 대해 배우는 것은 교육프로그램의 중요한 구성요소가 될 수 있다. 또한 그들은 다른 사람들에게 도움을 요청하거나 도움을 정중히 거절할 때 사용할 방법을 배울 수 있다.

장애인들은 많은 자조그룹을 이용할 수 있다. 이러한 그룹들은 유사한 장애로 영향을 받는 아동들을 위해 정보와 지원을 제공해줄 수 있다. 장애아동과 그 부모가 비록 장애를 가지고 있지만 유능하고 독립적인 생활을 영위하는 사람들을 만나 관찰하는 것은 매우 고무적인 일이 될 수 있다. 또한 이는 가치 있는 관계를 맺는 것에도 도움이 된다. 교사들 또한 지체장애학생들에게 이러한 성인이나 자조그룹을 소개해줌으로써 학생 스스로 자신에 대한 지식과 자신감을 증진시킬 수 있도록 할 수 있다. 몇몇 자기 옹호 그룹은 적응을 돕는 장치, 재정적 혜택, 직업의 획득, 개인 도우미의 준비 등 독립적인 생활을 위한 중심이 될 수도 있다.

대안적 교육 배치

신체손상이나 특별한 건강상의 요구를 가지고 있는 학생들은 다른 장애 영역보다 교육적 서비스와 배치에 대한 선택권을 필요로 한다. 지체장애 또는 건강장애아동들 대부분은 일반학급에서 학교생활의 대부분을 보낸다. 2018~2019학년도 사이 특수교육을 받고 있는 학령기 아동 가운데 기타 건강장애아동의 67%, 정형외과적 장애아동의 54%가 정규학급에서 교육을 받고 있었다(U.S. Department of Education, 2020a). 학습 도움실의 경우 각 장애 범주에 해당되는 학생의 비율은 각각 20%, 16%였다.

많은 지체장애학생들은 또한 일반학교의 특수학급에서 교육을 받고 있다. 2016년에 특수교육을 받고 있는 학령기 아동 가운데 기타 건강장애아동의 8%와 정형외과적 장애아동의 약 22%에 해당되는 학생들이 분리된 학급에서 교육받고 있었다(U.S. Department of Education, 2020a). 특수학급은 일반적으로 더 적은 학급 규모, 의사, 작업 및 물리치료사, 의사소통장애 전문가, 치료 레크리에이션 전문가 등의 서비스에 있어 보다 용이한 접근성을 제공한다. 일부 지역에는 지체장애학생들을 위해서 특별히 계획된 학교가 있는 경우도 있다.

대부분의 심각한 신체 및 건강장애아동들은 재택순회 교육 또는 병원순회 교육프로그램을 받게 된다. 만약 아동의 의료적 상황이 장기간(일반적으로 30일 또는 그 이상) 입원이나 가정에서의 요양을 필요로 한다면, 지역 교육구는 IEP를 개발할 수 있고 자격을 갖춘 교사를 통하여 아이에게 적절한 교육적 서비스를 제공해야 할 의무가 있다. 일부 아동들은 생명유지장치를 휴대할 수 없기 때문에 가정 또는 병원에서의 수업을 필요로 한다.

기계 의존적 학생(technology-dependent student)이란 "죽음이나 더 심한 장애를 피하기 위해 지속적인 간호뿐만 아니라 신체의 필수적인 기능을 보상해주는 의료장비를 필요로 하는 학생"을 의미한다(Office of Technology Assessment, 1987, p. 3). 교육자들은 또한 "생명을 위협하는 상황을 피할 수 있도록 의료적 감독이 요구되는 학생들"을 언급할 때 의료적으로 취약한이라는 용어를 자주 사용한다(Katsiyannis & Yell, 2000, p. 317). 그러나 Lehr와 McDaid(1993)는 이러한 아동의 다수가 심히 극한 상황에서의 생존자들이며, 사실 그것은 전혀 취약한 것이 아니라 오히려 병에서 회복할 수 있는 강인함이라 할 수 있다고 하였다(p. 7).

가정 또는 병원의 상황은 비장애학생들과의 상호작용이 거의 없다는 이유로 특수교육 서비스에서 가장 제한적인 배치환경으로 여겨진다. 대부분의 큰 병원이나 의료센터는 입원한 학생의 교육을 계획하고 시행하기 위해 학교와 협력하는 교육 전문가를 고용하고 있다. 순회교사나 학교에서 고용한 교사들은 가정에 있는 아동들을 위해서 정기적으로 방문한다. 일부 학교 프로그램은 아동이 침대에서도 수업을 보고 듣고 참여할 수 있도록 CCTV를 이용한다.

생명유지를 위해서 기계에 의존하는 아동들이 교육받을 수 없다고 가정해서는 안 된다. 인공호흡기에 의존하고 있는 아동들의 77개 가족의 경험을 조사한 바에 의하면, 이러한 아동들의 교육 배치는 이들 아동이 학교 프로그램과 상호작용하는 문제가 기술적인 문제라기보다는 태도에 달려 있다고 결론짓고 있다(Jones et al., 1996, p. 47).

교실에서의 관련 서비스

우리는 지체 및 건강장애아동을 가능한 한 일반학급에서 교육받게 하고자 하는 경향이 현재에도 지속되는 것을 볼 수 있다. 심리치료사와 다른 보조자가 교실에 와서 교사, 학생, 반 또래들을 도울 것이다.

그러나 최근에 지체 및 건강장애아동의 완전통합교육에 대한 논쟁이 야기되고 있다. 이는 아동에게 지체 및 건강장애에 관한 요구를 제공할 때 학교와 교사가 얼마만큼의 책임을 져야 하는지를 의미하는 문제에 관한 것이다. 일부 교육자와 학교 관리자들은 도뇨관과 기도 삽입 부위의 관리와 관을 통한 식사는 교육적이기보다는 의료적인 것이라고 본다. 이런 서비스의 비용, 관리요원의 훈련과 감독, 보험의 이용 가능성이 학교인사 요원들에게 부담을 주고 있다. 이와 유사한 문제들이 지체 및 건강장애아동들이 일반학교에서 필요로 할 수 있는 장비와 특별지원 서비스에서도 발생할 수 있다. 예를 들면 뇌성마비 아동을 위하여 비용이 많이 드는 컴퓨터화된 의사소통 시스템을 누가 제공할 것인가? 부모, 학교, 둘 다 혹은 정부가 부담할 것인가?

미 대법원에서의 두 가지 기념비적인 예가 정부의 입장을 확정했다. 어빙 지역교육구 대 타트로 판결(1984)에서 미 대법원은 이분척추 장애를 가진 타트로에게 학교가 간헐적 자가도뇨를 제공할 의무가 있다고 결정하였다. 법정은 도뇨관 삽입은 아동이 최소한으로 제한된 교육환경에 남겨지는 데 필요한 관련 서비스로 간주하였다.

시더래피즈 지역교육구 대 개릿 F. 판결(1999)에서 개릿은 4세 때 오토바이 사고로 마비가 있고, 전기호흡기나 기관 절개술 부위에 부착된 공기 주머니로 펌프질을 해주어야 호흡을 할 수 있으며, 더욱이 호흡기의 세팅을 체크하고 모니터링하는 것이 필요한 중학생이다. 개릿은 기관 절개 부위에 대한 보조, 휠체어에서 자세를 잡는 것, 호흡에 장애가 있는지, 도뇨관, 혈압의 평가, 음식 먹는 것과 마시는 것을 계속 도와주어야 한다. 개릿의 어머니는 보험과 오토바이 회사에서 지불한 돈으로 간호사를 고용해서 의료관리를 하였다. 개릿이 중학교에 입학했을 때 어머니는 학교에서 수업을 받는 동안의 신체관리 비용을 교육부가 부담하도록 요구하였으나 교육부에서 이를 거부하였다. 그들은 IDEA하에서 지속적인 간호를 제공할 책임이 없다고 보았기 때문이다. 대법원은 개릿이 간호 서비스 없이는 학교에 다닐 수 없기 때문에 교육과 관련된 서비스와 계속되는 일대일 간호에 대해 반드시 비용을 지불해야 된다는 하급법원의 판결에 동의하였다. 이 두 가지 판결('명백한 기준법칙'으로 알려진)은 관련 서비스를 결정할 때 적용된다(Katsiyannis & Yell, 2000). 명백한 기준법칙은 명확히 기술되어 있어 시행하기가 용이하며, 타트로의 사례를 통해 확립되었으며, 나아가 개릿의 사례를 통해 지지받게 되었다. 이것은 의사를 필요로 하는 서비스라면 교육부가 비용을 지불할 책임이 없는 반면, 간호사나 건강 보조자가 할 수 있는 서비스라면 그 본질이 의료적이라 하더라도 교육과 관련된 서비스로 간주하여 교육구가 반드시 IDEA하에서 제공하고 아동이 공교육에 무료로 적절하게 접근할 수 있도록 해야 한다는 것이다. 보조공학과 특별건강관리 서비스에 대한 학교의 책임문제와 관련한 특수교육법과 법적 판례는 Wright와 Wright(2006), Yell(2019a)을 참조할 수 있다.

통합적인 태도

수용(acceptance)은 모든 아동의 가장 기본적인 요구이다. 건강장애 또는 지체장애아동들에게 부모, 교사, 학급 또래 그리고 주변 사람들이 지체장애아동들에게 어떻게 반응하는가는 장애 그 자체만큼이나 중요하다. Turner-Henson 외(1994)는 만성적인 질병을 가진 아동 부모를 대상으로 인터뷰를 실시한 결과 약 3분의 1(34.5%)에 해당하는 부모가 자녀에 대한 특정한 차별을 경험하였다고 보고하였다. 비록 이 연구는 학교 상황에 초점을 맞춘 것은 아니었지만 응답자의 부모는 문제의 절반 이상(55%)이 학교에서 발생하고 있음을 지적하고 있다(예 : 음식에 대한 제한 때문에 파티에 초대받지 못하거나, 학생이 저혈당인 척한다고 교사가 여기는 경우). 그리고 학급 또래에 의한 차별이 두 번째로 높게 나타나고 있다(36%). 사실 장애아동들은 괴롭힘의 대상이 될 위험성이 높으며, 한 연구에서는 ADHD 아동이 다른 장애아동군에 비하여 특히 높음을 언급한다(Blake et al., 2016). 많은 지체장애아동들은 지나친 동정과 과보호로부터 고통받고 있다. 그들은 다른 사람들로부터 냉혹하게 거부당하거나 경멸의 대상이 되거나 또는 비장애아동들과 같이하는 활동에서 배제되기도 한다(Pinquart, 2017; Pivik et al., 2002). 앞서 소개된 교사 Dave Martinez는 특수 체육시간에 또래를 촉진자로 활용함으로써 또래로부터 수용될 수 있도록 촉구한다. 그는 "이러한 방법은 비장애학생들 사이에서 차이를 인정하도록 하며 동시에 장애학생을 위한 개별화된 교육을 더 많이 할 수 있도록 해준다."고 설명한다.

교실은 장애에 관해 토론할 수 있고 지체장애, 건강장애아동을 이해하고 수용하도록 격려하는 유용한 장소가 될 수 있다. 일부 교사들은 시뮬레이션이나 역할놀이 활동 등이 도움이 된다고 한다. 예를 들어 지체장애아동이 겪을 수 있는 다양한 장애물들에 대한 또래들의 인식을 확장시키기 위하여 휠체어, 브레이스 또는 목발을 사용할 기회를 제공할 수 있다. 또한 사실적인 정보를 제공하는 것이 지체손상에 대한 일반적인 이해를 구축하는 데 도움을 줄 수 있다. 학급 또래들은 정확한 용어 사용과 함께 장애 친구를 바르게 도와줄 수 있는 방법을 배워야 한다.

우수교사로부터의 조언   by Dave Martinez

특별한 건강관리와 요구를 지닌 학생과 지체장애학생의 성공 증진시키기

다학문적 팀과 협력하라

Amy Aenchbacher

- 긍정적이고 열린 의사소통을 유지하라. 팀 구성원 간의 자연스러운 의사소통 과정을 유지하기 위하여 나는 빈번히(1주일에 한 번, 2주일에 한 번, 또는 한 달에 한 번) 회의를 소집한다.
- 다른 사람이 당신의 수업 공간에 방문하는 것을 환영하라. 나는 다른 학문의 전문가(예 : 작업치료사, 물리치료사)가 체육수업에 방문해서 수업시간 중에 서비스를 제공할 수 있도록 한다. 이러한 다학문적 접근은 서로를 관찰하고 배울 수 있도록 해주며, 학생 개인의 요구를 지원하기 위하여 함께 협력하여 작업하도록 해준다.
- 학교 또는 지역차원의 회의에 참여하라. 교직원 회의의 참여를 넘어 지역수준의 다양한 행사에 참여하라. 이는 동료와 관계를 유지하고 학교에 기여할 수 있는 방법이다.

개별화하라

- 장애 명칭에 너무 국한되지 마라. 건강장애나 지체장애학생들은 매우 다양한 집단이다. 표준화된 접근방법은 모든 사람에게 효과적이지 않다. 학생의 장애에 초점을 두는 것이 가장 쉬운 방법이지만 그 명칭 사용이 모든 것을 말해주지는 않는다. 각각의 학생이 성공을 위하여 무엇이 필요한지를 알아야 한다.
- 학생 개개인의 강점을 파악하고 길러주라. 학생이 가진 기술의 결핍이나 가시적인 장애에 초점을 맞추는 것은 쉬운 일이다. 하지만 모든 아동은 그들만의 강점과 흥미를 가지고 있다. 학생의 강점과 독특한 능력에 초점을 맞추어라. 그렇게 함으로써 모든 학생을 수용할 수 있는 학습 환경을 조성할 수 있을 것이다.
- 담당 학생과 가정에 알려주라. 가정과 지역사회가 연계되고 가치 있는 오락 및 여가활동이 무엇인지를 판단하기 위하여 학생, 부모, 그리고 다른 가족 구성원과 대화하라. 이를 통해 가정에서 가족과 함께 또는 지역사회에서 또래와 같이 즐거운 시간을 보내기 위하여 필요한 특정 기술에 초점을 둔 프로그램을 고안할 수 있다.

학교 안에서의 생활 그 이상을 생각하라

- 담당 학생을 위한 옹호자가 되라. 내가 속해 있는 교육구는 IEP 및 다학문적 팀 회의에 나를 초대하곤 하지만 모

든 교육구가 그런 것은 아니다. 따라서 체육교육(특수 체육을 포함하여)이 IEP에 문서화되지 않을 수도 있다. 특수 체육교사는 질 높은 체육수업 프로그램을 만들 의무가 있다. 그러므로 학교 행정가 또는 특수교육 협력자와의 회의는 필수적으로 이루어져야 한다. 회의 동안 특수 체육교사는 체육수업과 관련해 IDEA에서 요구하는 사항을 강조할 수 있다. 또한 자신의 이러한 노력을 지원할 수 있는 문서를 가지고 오는 것 또한 도움이 될 것이다.

• **과외활동에 참여시키고 지역사회와 관계를 맺도록 하라.** 나는 우리 지역에서 스페셜 올림픽 프로그램을 편성하여 내가 맡고 있는 특수 체육수업에 등록한 학생들에게 참여하도록 권장한다. 이를 통해 학생들은 그들의 스포츠 기술과 개인적 건강수준을 향상시킬 수 있다. 또한 이 프로그램을 우리 학군에서 먼저 실시했는데, 스페셜 올림픽에 출전한 선수들은 대표 팀 레터를 받았으며, 각 시즌 말에 열리는 학교 스포츠 파티에 참석할 수 있었다. 현재 나는 지체장애 고등학생을 위한 휠체어 육상경기 팀을 만들고 있다. 이러한 비학업적 프로그램들은 장애학생들이 사회적으로 수용되는 동안 동등한 자격을 갖고 맺을 수 있는 긍정적 관계 형성이 가능하다.

• **주 또는 국가차원의 전문가 협회에서 적극적으로 활동하라.** 나는 현재 국가특수체육기준위원회의 조지아주 조정관의 역할을 수행하고 있으며, 건강한 어린이 학교보건정책 컨소시엄을 위한 목소리에서 전문가로서 역할을 수행하고 있다. 이러한 연합을 통해 이 분야의 다른 사람들과 연계할 수 있으며 우리 학생들에게 도움이 될 최신 연구를 접할 수 있다.

핵심용어와 개념

간헐적 자가도뇨법(CIC)	듀센 근이영양증(DMD)	인간면역결핍 바이러스(HIV)
개별화 건강관리 계획서(IHCP)	만성적 상태	작업치료사(OT)
겸상적혈구병	무정위 운동형	잠재 이분척추
과긴장	물리치료사(PT)	저긴장
근이영양증	보조공학	전신 긴장성–간대성 발작
급성적 상태	보편적 예방	정형외과적 장애
기계 의존적 학생	복합부분 발작	제1형 당뇨병
기타 건강장애	부재 발작	제2형 당뇨병
낭포성 섬유증	사지마비	주의력결핍 과잉행동장애(ADHD)
뇌성마비	션트	척수수막류
뇌수종	수막염	천식
뇌전증	신경학적 장애	테이삭스병
단순부분 발작	운동 실조형	하지마비
당뇨병	이분척추	후천성 면역결핍증후군(AIDS)

요약

주의력결핍 과잉행동장애

- ADHD를 진단하기 위해서 아동은 적어도 6개월 이상 동안 지속적으로 주의력결핍 또는 과잉행동-충동성의 징후를 보여야 한다.
- ADHD 학생은 만일 그들의 학업수행에 부정적인 영향을 미치는 교육환경에 대한 민감성을 다소 제한하는 환경 자극에 예민해진다면 기타 건강장애(OHI)의 범주에 포함되어 특수교육을 받을 수 있다. 특수교육을 받을 조건에 해당되는 많은 ADHD 아동들은 다른 장애 범주, 대부분의 경우 정서장애 또는 학습장애에 포함되어 서비스를 제공받는다. 어떤 ADHD 아동들은 재활법 제504조항에 의거하여 서비스를 제공받을 수 있다.
- ADHD의 출현율은 전 학령기 아동의 5~15%로 추산된다.
- 남학생이 여학생에 비하여 ADHD 진단을 많이 받는다.
- 일반적인 위험요인보다 유전적 요인이 ADHD 진단에 작용한다. ADHD는 광범위한 유전장애와 연관된다.
- ADHD를 지닌 개인은 행동결핍과 과잉의 원인적 역할을 하는 뇌의 구조적 또는 생화학적 차이를 보인다.
- ADHD 학생을 위한 행동중재는 과제행동 강화, 성공을 촉진하기 위한 과제와 교육활동의 수정, 그리고 자기통제 전략 가르치기 등을 포함한다.
- 흥분제가 일반적으로 ADHD의 치료제로 처방된다. ADHD아동의 약 65~75%가 적어도 단기간에 흥분제에 긍정적 반응을 보인다. 흥분제의 공통적이지만 일반적으로 처리하기 용이한 부작용에는 불면증, 식욕감퇴, 두통, 체중감량, 과민성이 포함된다.
- 아동에게 흥분제의 사용은 의견이 분분하다. 몇몇 전문가들은 약물 사용에서 오는 이득이 자신들의 의무보다 더 중요하다고 여기며, 약물치료는 ADHD 아동을 위한 광범위한 치료 프로그램의 일부가 되어야 한다고 믿는다. 다른 전문가들은 흥분제의 사용은 장기적인 이득이 거의 없으며, 교육자와 부모가 너무나 지나치게 약물중재에 의존하고 있다고 염려한다.

건강장애와 지체장애의 정의

- 건강장애와 지체장애아동들은 IDEA의 장애 범주 중 기타 건강장애(OHI)와 정형외과적 장애의 범주에 포함되어 특수교육을 제공받을 수 있다.
- 정형외과적 장애는 골격 구조와 관련이 있으며, 신경학적 장애는 신경체계와 연관된다. 두 가지 모두 신체 일부분에 영향을 미치는 것과 관련 있다.
- 지체장애와 건강장애는 선천적 또는 후천적일 수도 있으며, 또한 만성적이거나 급성적일 수 있다.

출현율

- 2018~2019년에 특수교육 서비스를 받은 모든 아동의 약 17%가 기타 건강장애와 정형외과적 장애 범주에 포함되었다. 이러한 수치는 다른 장애 영역에서 서비스를 제공받거나 특수교육 서비스를 필요로 하지 않는 신체적 또는 건강장애아동은 포함되지 않았다.

유형과 원인

- 뇌전증은 움직임, 감각, 행동 또는 의식을 방해한다.
- 당뇨는 인슐린 투입으로 조절될 수 있는 신진대사장애이다.
- 낭포성 섬유증, 겸상적혈구병, 천식, HIV/AIDS, 그리고 기타 만성적인 건강상태를 지닌 아동들은 특수교육과 건강관리 서비스 및 상담과 같은 다른 관련 서비스를 필요로 한다.
- 뇌성마비는 뇌의 손상으로 야기되는 영구적인 상태이며 자발적 운동기능을 방해한다.
- 이분척추는 선천적인 것으로 감각의 상실과 하지의 심각한 근육 약화를 초래한다. 이분척추 아동들은 일반적으로 교실 활동 대부분에 참여할 수 있지만 화장실 사용 시 도움이 필요하다.
- 근이영양증은 신체근육의 점진적 위축(쇠약해짐)을 특징으로 하는 치명적 질병이다.
- 척수손상은 관통상, 척추의 늘어짐, 또는 척수 압박에 의해 야기되며 일반적으로 손상부위 아래에 마비가 발생한다.

건강장애와 지체장애아동의 특성

- 발병 시기와 손상의 가시화가 건강상태 또는 지체장애가 아동의 발달과 행동에 미치는 영향을 평가할 때 고려되어야 하는 중요한 두 가지 요소이다.

교육접근

- 건강장애와 지체장애아동 대부분은 다학문적 전문가 팀의 서비스를 요구한다.
- 물리치료사(PT)는 정확하고 유용한 움직임을 형성하기 위한

아동 프로그램을 계획하고 감독한다. 작업치료사(OT)는 아동의 자조기술, 고용, 오락, 의사소통, 그리고 일상생활의 다른 여러 가지 측면에서 유용할 수 있는 활동들에 아동을 참여시킨다.

- 물리적 환경과 교실의 수정을 통해 건강장애와 지체장애학생들은 좀 더 온전히 학교 프로그램에 참여할 수 있다.
- 보조공학은 장애아동의 기능적 능력을 증가시키고, 유지하며, 또는 향상시키기 위하여 사용되는 장비이다.
- 동물, 특히 개와 원숭이는 지체장애인을 위해 다양한 방법으로 도움을 준다.
- 학생들은 간헐적 자가도뇨법(CIC)과 약물의 자기관리 같은 개인 건강관리 방법을 학습해야 한다.
- 적절한 자세 잡기와 앉기는 지체장애아동들에게 중요하다. 모든 교사나 다른 학교 직원은 지체장애아동을 들어 올리거나 이동하기 위하여 표준화된 방법을 따라야 한다.
- 부모, 교사, 또래 및 다른 이들이 지체장애아동에게 대한 반응방식은 장애 그 자체만큼 중요하다.
- 신체상의 제한을 가진 학생들이 가능한 한 높은 독립심을 기르도록 격려해야 한다. 유능한 교사는 학생이 그들의 장애에 대처하고, 현실적인 기대수준을 설정하며, 도움이 필요할 때 감사히 도움을 수용할 수 있도록 해야 한다.

- 건강장애와 지체장애아동들은 유능한 장애 성인과 만나거나 자기옹호 그룹에 참여함으로써 자기이해와 자신감을 성취할 수 있다.

대안적 교육 배치

- 지체장애와 만성적인 건강상태를 보이는 학생의 50% 이상이 일반학급에서 교육을 받는다.
- 특수학급은 일반적으로 규모가 작으며, 특수 기구가 더 많고 의사, 물리치료사, 작업치료사, 의사소통장애 및 치료 레크리에이션 전문가와 같은 전문가의 서비스를 받기 용이하다.
- 기계에 의존해야 하는 몇몇 아동은 생명유지장치를 휴대할 수 없기 때문에 가정 또는 병원에서 수업이 이루어져야 한다.
- 일반학급에 있는 건강장애와 지체장애학생의 교육과 관련해 몇 가지 논쟁적 사항이 제기되고 있는데, 특히 교실에서 의료적인 관련 절차에 대한 조항은 한 예이다.
- 질병으로 장기간 학교를 출석하지 못했던 아동의 성공적인 학교 복귀를 위하여 아동, 부모, 반 친구, 학교 직원들의 준비가 필요하다.

CHAPTER 12

저출현 장애 : 중복장애, 농-맹, 외상성 뇌손상

Many Hats Media

주요 학습목표

12.1 중복장애, 농-맹, 외상성 뇌손상(TBI)을 정의하고 이러한 장애인들의 특성을 설명할 수 있다.

12.2 중도장애학생의 수를 정확히 알기 어려운 이유를 말할 수 있고 중도장애의 생물학적 원인을 몇 가지 열거할 수 있다.

12.3 전형적 발달단계와 발달 이정표에 기반한 교육과정이 중도중복장애학생에게 적절하지 않은 이유를 설명하고 적절한 대안적 관점을 제시할 수 있다.

12.4 중도중복장애학생 교육을 위한 효과적인 교수전략을 설명할 수 있다.

12.5 중도중복장애학생의 일반학급 배치에 대한 장점과 단점을 열거할 수 있다.

학력, 자격증, 경력

- 켄터키대학교 특수교육과 중도장애전공 학사(2004), 석사(2011)
- 켄터키주 K-12 중도장애 학생 지도 특수교사
- 켄터키주 K-12 특수교사 컨설턴트 프로그램
- 특수교육 경력 16년

우수교사 사례

Belle Galloway

Carey Creech-Galloway

Conkwright Elementary School, Clark County Public Schools, Winchester, Kentucky

나는 특수교육에서 학생 중심 접근법과 개별화 프로그램을 좋아한다. 기능적 기술과 학문적 교육과정에서 가장 유익한 균형을 달성하려 계속 노력할 것이다. 이러한 노력과 함께 믿을 수 없을 정도로 다양한 학생들의 능력수준은 나를 항상 어떠한 상황에도 준비할 수 있게 한다. 중도장애학생을 잘 가르치는 교사가 되려면 체계적 교수전략 조직능력, 유연성, 그리고 지식을 갖추어야 한다.

나는 응용행동분석 원칙에 기초한 증거기반 교수법의 헌신적인 사용자이다. 예전에 브라이언이라는 학생을 가르쳤는데, 매우 공격적인 행동을 자주 보였다. 여러 차례 관찰을 한 후 DRO를 적용하기 전 중재계획을 만들었다. 브라이언은 미리 정한 시간마다 공격행동을 하지 않고 손과 발을 가지런히 모으고 있으면 과자, 팝콘, 아이팟 사용, 잡지 중에서 하나를 선택할 수 있었다. 이런 중재를 하고 나서 얼마 지나지 않아 브라이언이 강화를 받을 수 있는 순간에만 바른 행동을 한다는 것을 알게 되었다. 그래서 강화 간격을 예측할 수 없도록 중재를 수정했다. 브라이언의 공격행동은 처음엔 심해졌지만 곧 다음 2주 동안 급격히 줄었다. 강화 간격은 점차 길어져서 시간당 한 번의 강화를 받았다.

증거기반 교수를 사용하는 교사가 되는 중요한 특징은 자료를 수집하고 그래프로 표현하는 것이다. 내가 지도하는 학생들은 모두 매일 6~8개 교수목표에 대해 집중교육을 받기 때문에 50개에 이르는 IEP 목표에 대한 자료를 수집하게 된다. 학생의 진전을 모니터링하는 것은 컴퓨터 소프트웨어 프로그램을 이용한다고 해도 쉬운 일이 아니다. 그래서 가능할 때마다 나는 비슷한 목표를 세운 학생들로 그룹을 만들어 자료수집이 용이하게 한다. 시간이 지남에 따라 종이에 기록하는 양식뿐만 아니라 실시간으로 데이터를 기록할 수 있는 구글 양식까지 데이터 수집방법을 정교화했다. 이러한 양식을 사용하면 스프레드시트에서 데이터를 빠르게 보고 몇 분 안에 그래프를 쉽게 만들 수 있다.

중도장애학생을 가르칠 때 직접적이고 지속적인 측정의 중요성은 아무리 강조해도 지나치지 않다. 학생 개개인의 독립 수행수준에 대한 정보를 제공하여 교사가 데이터에 근거한 의사결정을 할 수 있게 해주기 때문이다. 예를 들어 의사소통판을 이용해 원하는 물건을 요청하는 것을 배우는 학생이 있다고 해보자. 학년 초에는 신체적 또는 모델 촉진이 필요하겠지만 학년 말에는 구어 촉진이면 충분할 수 있다. 이런 커다란 진전은 데이터 수집 없이는 증명하기 어렵다.

행동중재계획과 데이터 수집에 대해서 중도장애학생을 위해 고려할 것은 많다. 수업지도안, IEP 목표, 관련 서비스 스케줄, 보조원 교육, 가족과의 의사소통, 대안평가, 응급의료상황 대처계획과 같은 것이다. 나는 동료 교사와 함께 중도중복장애 교실 체크리스트를 개발했는데, 중도중복장애학생을 위한 교육프로그램을 구성하는 모든 요소를 관리하는 데 도움이 될 것이라 생각한다.

초등학교 1학년인 에밀리는 숟가락으로 음식 먹는 것을 배우고 있다. 13세 테렌스에게 교사는 어떤 사람을 처음 만났을 경우에는 포옹보다 악수가 더 적절하다는 것을 가르치고 있다. 수영장 사고로 머리를 다쳐 오랫동안 병원에 입원해 있다가 복학한 앤소니는 수업시간 사이마다 교실을 찾아가기 위해 교내 지도를 이용한다. 20세가 된 마누엘라는 오후에 일하는 식당에 가는 시내버스 이용방법을 배우는 중이다. 에밀리, 테렌스, 앤소니, 마누엘라 모두 우리는 대부분 쉽게 하는 일상적인 활동들을 배우기 위해 특수교육이 필요하다.

정의

학습목표 12.1 중복장애, 농-맹, 외상성 뇌손상(TBI)을 정의하고 이러한 장애인들의 특성을 설명할 수 있다.

저출현 장애라는 용어는 흔히 발생하지 않는 장애를 일컫는다. 이 장에서 논의할 IDEA 장애 유형 세 가지 중복장애, 농-맹, 외상성 뇌손상은 다 합해도 학령기 특수교육 대상 학생 중 3%가 채 되지 않는다.

중도 및 최중도장애

장애 및 학습문제에서 어려움에 부딪히는 저출현 장애아동은 종종 중도 또는 최중도장애로 분류된다.

중도장애 대부분의 특수교사들이 사용하는 용어로서 **중도장애**(severe disabilities)는 지적, 운동, 그리고/또는 사회적 기능에서의 상당한 손상을 지칭한다. 폭넓게 받아들여지는 중도장애의 정의는 존재하지 않는다. 대부분의 정의는 인지기능검사, 연령에 기초한 발달수준 또는 교육과 기타 지원 요구의 정도에 근거를 둔다. 한때 사용되었던 지적장애 분류체계를 따른다면 지능지수가 35~40 사이의 사람을 중도 지적장애로 간주할 수 있다. 하지만 실제로는 중등도 지능 범위(지능지수 40~55 사이)에 있는 많은 사람들이 중도장애로 간주된다.

중도장애를 흔히 발달적 접근방식으로 정의하던 때가 있었다. 예를 들어 Justen(1976)은 중도장애학생을 "생활연령에 비추어 기대할 수 있는 전형적 발달수준보다 절반 이하의 기능을 보이는 21세 이하"(p. 5)의 사람으로 정의하였다. 오늘날 특수교사들은 발달적 수준은 중도장애에 대하여 적절성이 거의 없다고 보고 대신에 중도장애학생은 연령에 상관없이 대부분의 일반 아동들이 5세가 되면 습득하게 되는 기본적인 기술을 배울 필요가 있는 학생이라는 점을 강조한다.

중도장애인을 옹호하는 조직인 TASH(과거 Association for Persons with Severe Handicaps)는 다음과 같이 설명한다.

중도장애인은 심한 장애와 지원 요구가 있는 사람들로서 사회에서 배제될 위험이 매우 높고, 전통적인 서비스 제공 체계에서 가장 어려운 사람들로 간주되며, 주거·일·여가·학습이 분리된 환경에서 이루어질 위험이 가장 높은 반면에 자신들을 옹호하는 데 필요한 수단과 기회는 가장 취약하여 통합된 사회에 참여하고 다른 사람들과 같은 유사한 삶의 질을 누리기 위해서는 지속적이고 개별화된 지원이 매우 필요한 사람들이다(TASH, 2020).

중도장애학생들에게 기초적인 기술을 가르치기 위하여 체계적 교수가 필요하다.

최중도장애 **최중도장애**(profound disabilities) 학생은 "상당한

또는 완전한 감각장애, 중도의 인지장애, 중도의 지체장애, 만성적 건강문제, 그리고 종종 불치병을 포함하여 심각하고 중한 장애가 있다."(Ferguson et al., 1996, p. 100). 지능지수 20~25 수준 이하를 보통 최중도 지적장애로 분류하지만 전통적인 지능검사는 최중도장애아동에게 사실상 의미가 없다. 스스로 자기 머리를 가누지 못하고 가리키지도 말하는 것도 힘든 학생에게 지능검사를 한다는 게 얼마나 어렵고 부적절한지 생각해보라. 검사를 실시하게 되더라도 최중도장애학생들은 최하위 점수대에 머무를 것이다. 학생의 지능지수가 25라는 것을 아는 것이 적절한 교육프로그램을 고안하는 데는 전혀 도움이 되지 않는다.

가장 심한 장애아동을 가르치는 특수교사는 지적장애, 학습장애, 정서행동장애 분야의 학자들에 비하면 최중도장애를 어떻게 정의할 것인지에 관한 논쟁을 거의 하지 않았다고 할 수 있을 것이다. 이는 중도 또는 최중도장애가 갖는 두 가지 고유한 특징 때문이라고 할 수 있다. 첫째, 누가 최중도장애인이고 아닌지를 어떠한 용어로 정확히 설명하는 하나의 정의가 사실 필요하지 않다. 매우 심한 장애학생들의 특성이 다른 장애 범주에 비하여 애매함이 덜하기 때문이다. 둘째, 중도 또는 최중도장애학생들이 겪는 학습과 신체적 어려움이 너무나 다양하여 어떤 하나의 설명으로는 적절하지 않기 때문이다.

중복장애

미국 장애인교육법(IDEA)은 **중복장애**(multiple disabilities)를 다음과 같이 정의한다.

> 동시에 수반하는 손상들(지적장애와 맹, 지적장애와 정형외과적 손상이 함께 있는 것처럼)이 있어 이러한 조합은 어느 하나의 손상만을 위한 특수교육프로그램으로는 적합하지 않은 높은 교육 지원 요구를 갖는다. 농-맹은 중복장애에 포함하지 않는다(20 §1401 [2004], 20 CFR §300.8[c][7]).

농-맹

IDEA는 **농-맹**(deaf-blindness)을 다음과 같이 정의한다.

> 청각과 시각 모두에 장애가 있는 것으로 농 학생이나 맹 학생에게 적용하는 특수교육프로그램만으로는 맞추어질 수 없는 의사소통 및 기타 발달적·교육적 요구를 갖는다(20 U.S.C. §1401 [2004], 20 CFR §300.8[c][2]).

농-맹이라는 용어가 청각과 시각의 부재를 함축하지만 상당히 많은 농-맹 아동들이 청각이나 시각, 또는 청각과 시각 모두에서 어느 정도 기능적 능력수준을 보인다. 그렇지만 두 가지 장애가 함께 있어서 학습, 의사소통, 운동과 이동기술, 그리고 사회성 행동에 커다란 어려움을 겪게 된다.

외상성 뇌손상

IDEA가 처음 제정되었을 때는 머리의 외상이나 혼수상태를 겪는 아동들의 교육적 요구를 명시하지 않았다. 1990년에 의회가 이 법을 개정하면서(PL 101-476), 특수교육 서비스를 받을 수 있는 장애 범주에 **외상성 뇌손상**(traumatic brain injury, TBI)을 추가하였다. IDEA는 TBI를 다음과 같이 정의한다.

> 외부의 물리적 힘에 의해 생긴 후천적 뇌손상으로 아동의 교육수행에 불리한 영향을 미치는 전체 또는 부분적 기능장애나 심리사회적 손상을 야기한다. 외상성 뇌손상은 외부형 또는 내부형 머리손상에 적용하며 인지, 언어, 기억, 주의, 추론, 추상적 사고, 판단, 문제해결, 감각·지각·운동능력, 심리사회적 행동, 신체적 기능, 정보처리, 그리고 구어 사용과 같은 영역에서 하나 또는 그 이상의 결함을 보인다. 외상성 뇌

그림 12.1 뇌의 영역과 기능

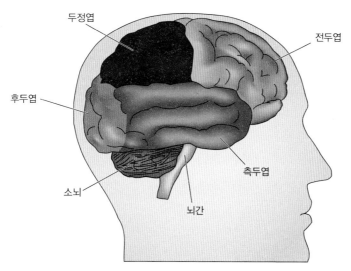

전두엽
- 감정
- 언어표현 능력
- 단어연상 능력
- 습관이나 운동활동에 대한 기억
- 문제해결 능력
- 추론능력

두정엽
- 다른 감각의 통합
- 시각적 주의력에 대한 위치
- 촉각 지각에 대한 위치
- 사물조작 능력

후두엽
- 시각

소뇌
- 균형 및 평형 감각
- 반사운동 행동에 대한 기억

뇌간
- 신체 조절 중추(예 : 호흡, 심박동 수, 연하)
- 시각과 청각의 반사기능(예 : 깜짝 놀라는 반응)
- 자율신경계 통제(예 : 땀 흘림, 혈압, 소화, 체온)
- 동작의 민첩성

측두엽
- 듣기
- 말하기
- 기억력
- 사물의 범주화

손상에 선천적이거나 퇴행성, 또는 출생 시 외상에 의한 뇌손상은 포함하지 않는다(20 §1401 [2004], 20 CFR §300.8[c][12]).

머리손상은 손상의 유형(외부형 또는 내부형), 뇌의 손상 종류, 그리고 손상 부위에 따라 분류된다. **외부형 머리손상**(open head injury)은 총탄이나 강하고 날카로운 물체에 의한 강력한 충격이 머리에 가해지는 것과 같은 두개골 관통의 결과로 생긴다. 외부형 머리손상이 치명적인 정도가 아닌 경우에도 손상이 발생한 부위에 의해 통제되는 행동 및 감각기능의 손실이 종종 일어난다(그림 12.1).

가장 흔한 유형의 머리손상은 두개골 관통과는 거리가 멀다. **내부형 머리손상**(closed head injury)은 머리가 물체에 부딪치거나 물체가 머리에 충격을 가하여 뇌가 두개골 내부에 강하게 부딪쳐 생긴다. 이와 같은 격렬한 움직임과 충격은 뇌 섬유조직, 즉 축색돌기를 찢고 뇌의 다른 영역과의 연결을 깨뜨린다.

학습과 행동에 미치는 TBI의 효과는 손상의 정도와 뇌손상 부위에 의해 결정된다. 경미한 뇌손상은 어떤 합병증이나 손상으로 이어지지 않고 뇌진탕, 즉 단기의식상실(몇 초에서 몇 분까지)이 생긴다. 그렇지만 경미한 뇌진탕이라도 일시적인 두통, 어지럼증, 피로를 포함하는 뇌진탕 후 증후군이 생기는 경우가 흔히 있다. 경미한 TBI가 수개월 또는 몇 년에 걸쳐 반복적으로 신경학적·인지적 결손이 축적될 수 있다. 짧은 시간 동안(몇 시간, 며칠, 또는 몇 주)에 걸쳐 반복되는 경미한 TBI는 치명적일 수 있다(CDC, 2020k).

타박상(멍, 부종, 출혈)은 대개 중등도의 뇌손상을 동반한다. 뇌혈관이 파열되어 뇌의 핵심구조에 압력을 가할 수 있는 **혈종**(피덩어리)을 일으킬 수 있다. 중등도 뇌손상은 대개 30분에서 24시간 지속되는 의식상실을 일으키는데, 이후 며칠 또는 몇 주 동안의 혼란을 겪게 된다. 중등도 뇌손상은 수개월 동안 심각한 수준의 인지 및 행동에 결함을 경험하게 된다. 하지만 대부분 완치되거나 완치에 가깝게 회복된다(Vu et al., 2011).

중증 뇌손상은 대부분 혼수상태에 이르게 되는데 의식불명이 며칠에서 몇 주, 심지어 그 이상 계속될 수 있다. 혼수상태에 있는 사람은 깨어나지 못하고 외부 자극에 의미 있는 반응을 하지 못한다. 뇌타박상, 혈종, 신경섬유 손상과 함께 중증 뇌손상을 입게 되면 **무산소증**(anoxia)(뇌의 산소 공급 부족)을 경험할 수도 있다. 중증 뇌손상을 입은 많은 사람이 처음 2년 동안 뚜렷한 회복을 보이고 이후 수년 동안 꾸준한 회복세를 보이긴 하지만 대부분 영구적인 신체, 행동, 인지손상을 겪게 된다(Vu et al., 2011).

저출현 장애학생의 특성

중도중복장애

장애 범주에 해당하는 아동들을 설명하기 위해 사용되는 정의와 특성들은 실제 개별 학생 수준에서는 그 의미가 제한적이다. 그리고 당연한 말이지만 적절한 교수적 결정은 개별 학생 수준에서 이루어진다. 중도중복장애학생들의 신체·행동·학습 특성이 매우 다양하기 때문에 모든 장애학생을 통틀어 중도중복장애학생들이 가장 이질적인 집단이라는 사실을 명심해야 한다. Westling 외(2021)가 언급했듯이 중도장애학생들 간의 차이점은 유사성보다 더 크다.

중도장애학생 대부분은 지적기능에 상당한 결함을 보인다. 대다수의 학생들이 하나 이상의 장애를 동시에 갖고 있기도 하다. 그리고 많은 학생들이 특별한 서비스와 지원이 필요한데 운동장애, 의사소통·시각·청각장애, 뇌전증이 복합적으로 나타나기 때문이다.

일부 최중도장애인들은 몇몇 일상생활 과제를 어느 정도 독립적으로 수행할 수도 있긴 하지만 대부분 독립 보행이 어렵고 일부는 감각자극에도 반응하지 못한다. 24시간 지원과 보호가 요구된다. 최중도장애학생은 간혹 '행동상태' 또는 각성수준 차원에서 설명되기도 하는데 수면상태(비활동 수면, 활동 수면), 무정형 상태(졸음, 멍한 상태), 각성상태(비활동 각성, 각성, 활동 각성, 울음 또는 불안) 등이다(Arthur, 2004).

최상의 진단 및 사정 방법을 활용하더라도 아동이 겪고 있는 장애 특성과 강도를 확인하기가 쉽지 않다. 예를 들어 어떤 아동들은 밝은 빛이나 움직이는 사물과 같은 시각자극에 분명하게 반응하지 않는다. 이런 상황은 아동이 눈손상으로 인한 맹이기 때문인가, 아니면 뇌손상에 의해 생긴 무반응성으로 최중도 지적장애의 한 가지 특징인가? 이런 질문들은 가장 심한 장애를 가진 학생들을 위한 교육프로그램을 계획할 때 자주 제기되곤 한다.

학생마다 독특한 신체적·지적·사회적 특성의 조합을 보이긴 하지만 다음과 같은 모습이 흔히 관찰된다.

- 새로운 기술을 느리게 학습 : 다른 장애학생들에 비하여 중도장애학생들은 더 늦은 속도로 학습하고 배우는 기술이 더 적으며 추상적 개념 학습에 커다란 어려움이 있다.

- 새로운 기술 일반화 및 유지의 어려움 : 일반화는 어떤 기술을 처음 배웠던 장면이나 조건과는 다른 상황에서 그 기술을 수행하는 것이다. 유지는 기술을 가르친 교수를 종료한 이후에도 그 기술을 계속 사용하는 것이다. 일반화와 유지를 촉진하기 위하여 교수를 세심하게 계획하고 실행하지 않으면 중도장애학생들은 일반화와 유지 성과를 거의 보이지 않는다.

- 제한적인 의사소통기술 : 거의 모든 중도장애학생들이 자신의 의사를 표현하고 타인을 이해하는 데 어려움이 있다. 일부는 의미 있게 말을 하거나 몸짓을 하지 못하며 의사소통 시도에 대하여 반응하지 않을 수 있다.

- 운동발달 손상 : 많은 중도장애학생들이 신체적 이동 능력에 제한이 있다. 걷지 못하는 경우가 많고, 일부는 지지해주지 않으면 서거나 앉아 있지 못한다. 몸을 구르거나 물건을 잡고 머리를 가누는 기본적인 과제수행이 느리다. 신체적 손상과 건강상 문제도 흔하다(van Timmeren et al., 2017). 의료처치와 건강문제 때문에 학교 결석이 잦고 오래 지속되기도 한다(Zijlstra & Vlaskamp, 2005).

- 자조기술의 결손 : 일부 중도장애아동들은 옷 입기, 음식 먹기, 화장실 가기, 개인위생 유지하기와 같은 가장 기본적 요구를 혼자서 해낼 수 없다. 이러한 기본적 기술들을 배우기 위해 보조기기 또는 조정된 기술에 관한 특별한 훈련이 필요하다.

- 사회적 상호작용과 적극적인 행동이 빈번하게 나타나지 않음 : 장애가 없는 아동들이나 장애가 비교적 심하지 않은 아동들은 다른 아동들과 서로 놀기도 하고 성인들과도 상호작용하며 주위 환경에 관한 정보를 찾는다. 가장 심한 장애를 가진 아동들의 일부는 신체적·지적·의사소통 제한 때문에 손 흔들기, 미소 짓기, 가리키기와 같이 다른 사람들로부터 상호작용을 시작하게 하는 전형적인 행동을 좀처럼 하지 않는다(Nijs & Maes, 2014). 이들은 주위 환경을 의식하지 못하는 것처럼 보이며 감정을 드러내 보이지도 않는다. 최중도장애아동의 주의를 끌거나 어떤 관찰 가능한 반응을 이끌어내는 게 쉽지 않다.

- 상동행동 : 어떤 중도장애아동들은 반복적이고 (예 : 몸 흔들기, 얼굴 앞에서 손가락 흔들기, 입에 손가락 넣기), 자기자극적이며(예 : 이 갈기), 음성 상동행동(예 : 흥얼거리기, 무의미 소리 단어 반복하기)을 한다. 일부는 근긴장 이상 자세를 보이기도 한다(예 : 머리 기울이기, 팔과 다리의 경직성 신전).

- 도전적 행동[1] : 어떤 중도장애아동들은 자해행동이나 공격적인 폭발행동(예 : 물건을 던지고 부수기, 사람을 때리거나 깨물기)을 하기도 한다. 안전 문제와 함께 일부 아동들에게서 보이는 이러한 문제행동의 높은 발생 빈도는 적응행동을 가르치는 것을 어렵게 하고 통합된 상황에서의

심한 장애에도 불구하고 중도상애학생은 끈기 있고 명랑하며 주변세계에 관심을 가질 수 있다.

AMELIE-BENOIST/BSIP/Alamy Stock Photo

---

1 'challenging behavior'를 옮긴 표현인데 '도전'이라는 말이 적절한지에 대한 논의가 있다. 미국에서도 '공격적인 행동'만을 의미하는 뉘앙스 때문에 교사가 '(특별한) 관심을 가져야 할 행동'이라는 뜻으로 'behaviors of concern'이라는 표현이 제안되기도 하였다_역주

그림 12.2 모든 아동은 교육 가능한가

일부에서 독립적 기능수행이 절대 가능할 것 같지 않은 최중도장애아동들을 교육하기 위하여 많은 예산, 시간, 인력을 사용하는 것에 대해 의문을 던진다. 대신 더 높은 잠재력을 가진 아동들을 지원하는 것을 선호하는데, 특히 경제 여건이 공립학교의 모든 학생에게 질 높은 교육을 제공하기 어려운 시기라는 것이다. "의미 있는 발전을 보이지 못하는 아동들을 왜 걱정하는가?"라고 묻는 것이다.

중도 및 최중도장애인의 학습과 발달과정에 관한 우리의 지식은 여전히 초보적이고 불안전하다. 그렇지만 중도장애아동들이 집중적이고 '맞춤화'된 특수교육에서 혜택을 얻을 수 있다는 것을 알고 있다(Smith et al., 2001). 학생이 발전을 조금 또는 전혀 보이지 않더라도 그 학생이 배울 수 없다고 결론짓는 것은 잘못된 생각이다. 대신 우리가 가르치는 방법이 완전하지 않을 수 있고, 미래에는 학생들이 유용한 기술을 배울 수 있게 하는 방법과 자료가 더 나아질 것이다. 장애가 아무리 심하더라도 모든 아동은 사회가 제공할 수 있는 최선의 교육을 받을 권리가 있다.

장애가 복잡하고 영구적인 아동들의 진짜 학습 잠재력은 그 누구도 확실히 알 수 없다. 최중도장애학생들은 우리가 가도록 하는 것보다 더 멀리 가지는 못할 것이지만, 이 학생들에게 또 다른 장애물을 만들어주기보다는 가능성의 문을 열고 기대치를 높이는 것은 우리에게 달려 있다.

장애를 위한 효과적인 교수법 개발의 선구자인 고(故) 돈 베어는 교육이 가능한 사람과 가능하지 않은 사람은 누구인가라는 논쟁에 관해 아래와 같은 관점을 제안하였다.

우리 중 일부는 모든 사람은 교육 가능하다는 명제와 어떤 사람들은 가르칠 수 없다는 명제 모두를 무시하고, 대신 과거 가르칠 수 없었던 사람들을 가르칠 방법을 실험하여 왔다. 몇 세기에 걸쳐 그러한 실험으로 분명히 교육 가능한 집단에 비해 교육 불가능했던 집단의 크기를 꾸준히 줄여 왔다. 확실히 말하면 우리의 모험은 아직 끝나지 않았다. 우리가 그냥 할 수 있는데 왜 결과를 예상하려 하는가? 교육 불가능한 집단에 나이 많은 한 사람만 남아 있는 그날이 올 때까지 모험을 계속하면 어떤가? 그날은 분명 아주 좋은 날일 것이다. 다음날은 더 나은 날이 될 것이므로.

출처 : D. M. Baer, 2002년 2월 15일, W. L. Heward와의 개인적 대화.

수용과 기능을 방해한다(Poppes et al., 2010).

최중도장애학생들에게서 보이는 한 가지 분명한 특성은 여러 생활기술 또는 발달 영역에서 상당한 결함을 보인다는 것이다. 학생들은 "임시적이거나 일시적인 성격이 아닌 집중적이고 반복적인 개별화 교수와 지원"이 필요하고, 다양한 상황에 걸쳐 기술을 획득, 유지, 일반화, 실연, 전환하기 위해 대안적인 방법으로 "정보 접근을 위한 실질적으로 조정된 자료와 개별화된 방법"을 사용한다(Kansas Department of Education, 2018, p. 1).

IDEA는 모든 아동은 그들의 학습, 행동, 의학적 문제가 아무리 복잡하고 어려움이 있더라도 최소제한환경에서 무료의 적절한 공교육을 받을 자격이 있다고 규정한다. 그렇지만 일부 사람들은 최중도장애아동이 교육에서 이점을 얻을 수 있는지에 의문을 갖는다(그림 12.2 참조).

장애 특성상 어려움이 많기는 하지만 많은 중도장애학생들은 열정, 인내, 결단력, 유쾌, 유머감각, 사교성, 그리고 여러 가지 좋은 특성을 보여준다. 우수교사 사례의 Carey Creech-Galloway처럼 많은 특수교사들이 중도장애학생들을 가르치는 데 만족하며 학교, 가정, 지역사회에서 학생들의 진전을 확인하고 있다.

농-맹

많은 농-맹 학생들은 앞서 설명한 중도중복장애학생들의 특성과 유사한 면이 많다. 농-맹 장애인의 지적 능력 범위는 영재수준(예 : 헬렌 켈러)부터 최중도 지적장애에 이른다. 농-맹 아동의 90% 이상은 하나 이상의 부가적인 장애를 동반하는데 64%가 지적장애, 58%는 지체장애, 51%가 복합적인 건강관리를 요구하는 것으로 나타났다(National Center on Deaf-Blindness, 2020).

학업적으로 우수하고 놀랄 정도로 독립적인 소수의 농-맹 학생이 있기는 하지만(Phillips et al., 2013;

Watt, 2020), 전반적인 상황은 냉정하다. 전국 단위 장애학생 대상 읽기와 수학 표준 성취도 검사에서 농-맹 학생은 오직 중복장애학생과 지적장애학생들에게만 앞서는 것으로 나타났다(Wagner et al., 2006). 같은 연구에서 농-맹 학생의 95%가 '매우 낮은' 기능적 기술(예 : 일상생활 활동, 운동기술, 사회적 상호작용과 의사소통, 지역사회 주거) 수준을 보였고, 69%의 농-맹 학생들은 연령에 적합한 대부분의 기능적 기술들에서 "극도로 어려움을 보이거나 수행이 불가능"하였다(p. 39).

많은 농-맹 아동들이 매우 다양한 형태의 자기자극 행동(예 : 몸 앞뒤로 흔들기, 손 흔들기)을 보인다. 이러한 행동들은 자극 박탈이나 무료함의 결과일 수도 있고, 신체의 공간적 위치에 대해 유용한 고유수용성감각 입력을 제공하고, 각성수준을 스스로 조절하는 것일 수 있다(Belote & Maier, 2014).

이중감각장애학생들은 타인과 상호작용을 먼저 시작하지도 않고 그들의 주의를 끌기 위한 타인의 노력에 반응하지 않을 수 있기 때문에 수동적이거나 심지어 지시에도 따르지 않는 것처럼 보인다. 농-맹 아동의 무반응성은 부모와 보호자가 아동이 할 일을 대신해서 해주게 되어 의도치 않게 아동의 수동적 태도와 의사소통장애를 더 키우기도 한다. 자신의 주변 환경을 통제할 기회도 거의 갖지 못하고 그렇게 할 필요도 없게 되면서 '학습된 무기력'이 생기게 되고 아동은 누군가의 보호를 수동적으로 받기만 하게 되는 것이다(Pease, 2000).

외상성 뇌손상

항상 눈에 띄는 것도 아니고 별스럽지 않거나 비논리적으로 보일지라도 TBI는 복잡하다. TBI 증후는 매우 다양한데 손상의 정도, 손상 범위와 부위, 손상을 입었을 때의 연령, 손상을 입은 후 지나온 시간에 따라 달라진다.

뇌손상에 의한 결함은 (1) 신체 및 감각 변화(예 : 협응능력 결여, 근육 경직), (2) 인지기능 손상(예 : 단기 및 장기기억 결함, 주의 유지 어려움, 언어문제), (3) 사회 · 행동 · 정서문제(예 : 기분 동요, 자아중심성, 동기 결여)의 범주로 나눌 수 있다(그림 12.3 참조). TBI는 뇌전증을 유발할 수 있고(제11장 참조) 알츠하이머와 파킨슨병처럼 연령에 따라 더 널리 퍼지는 뇌질환 위험을 높인다.

저출현 장애의 출현율

학습목표 12.2 중도장애학생의 수를 정확히 알기 어려운 이유를 말할 수 있고 중도장애의 생물학적 원인을 몇 가지 열거할 수 있다.

중복장애

널리 받아들여지는 중도장애의 정의가 없어서 정확하고 단일한 출현율에 대한 수치는 없다. 학령기 아동의 0.1~1% 정도가 중도장애의 출현율로 추정한다(Kleinert et al., 2015).

'중도장애'가 IDEA의 장애 범주가 아니기 때문에 미국 교육부에서 제공하는 자료를 가지고는 중도장애학생 수를 알 수는 없다. 중도장애학생은 몇 가지의 장애 범주 안에 포함되어 보고되는데 지적장애, 중복장애, 기타 건강장애, 자폐, 농-맹, 그리고 TBI이다. 2018~2019학년도를 기준으로 약 12만 6,697명의 학생이 IDEA의 중복장애로 진단받아 특수교육 서비스를 받은 것으로 확인되었다(U.S. Department of Education, 2020a).

그림 12.3   외상성 뇌손상으로 인해 발생 가능한 징후와 결과

신체적 · 감각적 변화
- 만성적 두통, 어지럼증, 현기증, 구토
- 시력손상(예 : 복시, 시야의 결함, 흐림, 빛에 민감함)
- 청력손상(예 : 소리에 대한 민감성의 증가)
- 미각, 촉각, 후각의 변질
- 수면문제(예 : 불면증, 낮/밤의 혼동)
- 스트레스와 관련된 장애(예 : 우울증)
- 체온 조절 기능의 어려움
- 발작 재발
- 협응능력과 균형감각 저하
- 운동수행 능력과 움직임의 정확성 결여

인지적 변화와 학업문제
- 토의, 수업발표, 노트필기와 같은 수행의 어려움
- 즉시 과제에 집중하거나 참여하는 데 문제점(예 : 산만함, 혼잡함)
- 전환의 문제점(예 : 가정에서 학교로, 교실에서 다른 교실로, 분수에서 십진법의 변환)
- 작업과 환경을 조직하는 능력 부재(예 : 교재, 숙제, 식사 유지의 문제점)
- 계획하기, 조직하기, 과업과 활동 조정의 문제점

- 과도한 잡념(예 : 다른 학생과 한 교실에서 시험을 치를 수 없음)
- 집착하는 경향, 생각에서 유연성 결여
- 구어를 사용하는 능력의 손상(예 : 지시에 따르지 못하는 어려움, 말에 대한 오해)
- 말의 억양이나 비언어적인 단서 인식의 어려움
- 독해능력의 손상
- 구어 또는 문어 표현의 손상(예 : 실어증, 단어조합 어려움, 불분명한 발음, 느린 발화, 철자나 구두점 찍기 어려움)

사회, 감정, 행동의 문제점
- 만성적인 혼란, 짜증, 심리상태 불안정 또는 불안
- 공격성 증가
- 자아통제력 손상, 충동통제력 결여와 분노통제력 결여
- 변화적응 어려움, 문제해결 전략 미숙함
- 자신의 능력에 대한 과대평가
- 자신과 타인에 대한 통찰력 저하, 판단력의 저하
- 좌절 극복 능력 저하(결여), 빈번한 성격의 분출과 사건에 대한 과민반응
- 자극적이고 과격한 말과 행동
- 외부환경으로부터 해결방안 모색 능력 부재(종종 사회적으로 부적절한 행동을 유발)

출처 : Hill, J. L. (1999). *Meeting the needs of children with special physical and health care needs* (pp. 259-260). Upper Saddle River, NJ : Merrill/Prentice Hall. ⓒ 1999 by Merrill/Prentice Hall의 허락하에 사용함.

농-맹

농-맹의 출현율은 매우 낮다. 1975년 IDEA가 제정되기 이전에는 100명이 안 되는 이중감각장애아동들이 시각장애아동을 위한 기숙학교에서 특별한 교육 서비스를 받았다. 2018~2019학년도 기준 1,425명의 학생만이 농-맹 장애로 나타났지만(U.S. Department of Education, 2020a), 국가인구통계에 의하면 신생아부터 18세 사이에 1만 638명의 아동이 농-맹 장애가 있는 것으로 확인되었다(National Center on Deaf-Blindness, 2019). 이러한 차이는 농-맹 학생의 많은 수가 다른 장애 범주로 서비스를 받고 있어서인데 중복장애, 청각장애, 시각장애가 가장 흔하다.

외상성 뇌손상

미국에서는 매해 약 300만 명이 TBI를 입는다(CDC, 2020k). 그중 28만 8,000명이 입원하여 치료를 받고 5만 6,800명은 사망한다. TBI는 아동 사망 원인 중 가장 크고 아동기에 가장 흔한 후천적 장애이기도 하다. 530만 명의 미국인이 TBI로 일상생활 활동수행을 위해 장기적인 도움이 필요한 것으로 추정한다(Brain Injury Association of America, 2020).

뇌손상에 관한 높은 통계치에도 불구하고 TBI로 특수교육을 받는 아동의 수는 매우 적다. TBI가 IDEA에서 독립적인 장애 범주가 된 첫해인 1991~1992년에 전국적으로 330명의 학생만이 특수교육을 받았다. 2018~2019학년도에는 그 수가 2만 5,344명으로 증가되었다(U.S. Department of Education, 2020a).

TBI 출현율과 특수교육 대상자로 진단된 학생 수가 커다란 차이를 보이는 이유는 무엇일까? 첫째, TBI를 입은 아동들의 대다수는 경미한 뇌손상이어서 특수교육이 필요할 수준까지 교육수행에 부정적

인 영향을 주지 않는다. 둘째, 인간의 두뇌는 뇌손상 후 자연스러운 보상과 회복에 놀랄 만한 능력을 보여준다(Vu et al., 2011). 셋째, 뇌손상을 입은 많은 학생들이 경미한 수준이고 학습장애나 정서행동장애와 같은 장애 범주로 분류되어 있다. 그럼에도 불구하고 특수교육자와 신경학자들은 특수교육과 관련 서비스가 필요한 많은 수의 경미한 TBI 아동들을 학교가 제대로 확인하지 못하고 있다고 염려한다(Deidrick & Farmer, 2005).

저출현 장애의 원인

중도중복장애

중도지적장애의 원인은 매우 다양한데 주로 생물학적 요인으로 출산 전, 출산 중, 출산 후에 발생한다. 뇌질환은 뇌발생장애(비정상적 뇌 발달)이거나 뇌손상(손상을 입기까지는 정상적인 발달을 해오다가 뇌의 구조나 기능이 바뀌어 생김)의 결과이다.

중도장애아동의 상당히 많은 비율이 신체발달이나 지적발달에 심각한 문제를 야기하는 다운증후군과 같은 염색체 이상 또는 유전이나 신진대사 질환을 안고 태어난다. 조산, Rh 불일치, 산모 감염 같은 임신 합병증이 중도장애를 발생시킨다. 산모의 약물 복용, 과도한 알코올 섭취, 영양실조 등은 중도장애아를 출산할 위험이 가장 큰 요인들이다. 다운증후군, 취약성 X 증후군, 태아알코올증후군은 중등도, 중도, 최중도 지적장애의 3분의 1 정도를 차지한다(제4장 참조)(Shapiro & Batshaw, 2019).

중도장애는 후천적으로도 생길 수 있는데 자동차나 자전거 사고, 낙상, 폭행, 학대에 의한 뇌손상이 원인이 될 수 있다. 영양실조, 방치, 독극물, 뇌에 영향을 주는 특정 질병(예 : 뇌염, 뇌막염)도 중도장애의 원인이 된다. 중도장애를 유발하는 수백 개의 의학적 원인을 밝혀냈지만 아직도 대부분의 원인은 명확하게 알 수 없다.

외상성 뇌손상

내부형 머리손상은 흔히 자동차나 자전거 사고, 낙상, 운동 중 사고가 원인이다. 총상, 가정폭력, 아동학대 같은 폭력 행위도 약 20%를 차지한다. 흔들린 아기 증후군은 아기를 격렬하게 흔들어 생긴 TBI의 한 유형이다. 전투 중 폭발이나 테러리스트 공격으로 군인과 민간인 희생자에게 TBI를 안기기도 한다.

농-맹

현재 보이거나 또는 출생 시기 즈음에 발생하는 농-맹의 원인으로는 미숙아, 거대세포 바이러스와 톡소플라스마, 출산중 합병증, 그리고 수많은 선천성 증후군이 있다. 농-맹은 뇌염이나 뇌손상에 의해 아동기 또는 성인기에도 생길 수 있다.

CHARGE 증후군은 전 세계적으로 8,000~10,000명당 1명꼴로 나타나는 출생 시 유전자 결함으로 청력손실, 시력손실, 균형문제를 갖게 하는 극도로 복잡한 장애이다(CHARGE Syndrome Foundation, 2020). CHARGE 증후군은 농-맹을 야기하는 가장 흔한 유전적 원인이다(National Center on Deaf-Blindness, 2020).

이셔증후군은 청력손실과 망막색소변성이 같이 나타나는 진행적이고 퇴행성 시각 병변과 관련한 유전질환으로(제10장 참조) 흔히 꼽는 농-맹의 또 다른 원인이다. 유형 I은 가장 흔한 유형으로 망막색소변성과 중증의 균형문제를 보이는 최중도 선천성 농이다. 유형 II는 중등도에서 중도의 청력손실과 망막색소변성을 보이지만 균형문제는 없다. 어셔증후군 유형 III는 출생 시 정상 청력, 아동기 또는 10대 초에 진행성 청력손실, 그리고 청소년기에는 야간 시력문제가 종종 나타난다(National Center on Deaf-Blindness, 2020).

교육접근

가장 심한 장애를 가진 학생들을 어떻게 가르쳐야 하는가? 이 질문에 답하기 위해서 두 가지 핵심적이고 서로 관련 있는 물음을 생각해보아야 할 것이다. 어떤 기술을 배워야 하는가? 어떤 교수방법을 사용할 것인가?

이 두 가지 질문에 대한 답은 모든 특수교육 요구 아동들에게 해당하겠지만 전문적으로 고안되고 실행되는 교수 없이는 학습이 극히 어려울 수 있는 학생들에게 특히 더 중요하다.

교육과정 : 무엇을 가르쳐야 하는가

학습목표 12.3 전형적 발달단계와 발달 이정표에 기반한 교육과정이 중도중복장애학생에게 적절하지 않은 이유를 설명하고 적절한 대안적 관점을 제시할 수 있다.

가장 심한 장애를 가진 학생들은 다른 학생들에 비해 새로운 기술을 더 천천히 더 적은 양을 배우기 때문에 무엇을 가르칠 것인가를 결정하는 것은 매우 중요하다. 오랫동안 규준참조검사에 의해 결정된 '정신연령'은 교육과정 내용과 교수활동을 선택하는 주요한 요인이었다. 그래서 더 높은 수준의 기술을 위하여 필수적인 선행기술로 여겨지는 활동을 강조하게 되었는데 보통 해당 연령 아동들이 그러한 기술을 보여주기 때문이다. 결국 중도장애학생들은 블록을 색깔별로 분류하고, 신체부위를 찾으며, 펙보드에 나무 펙을 꽂는 활동을 하면서 시간을 보내야 했다. 이러한 인위적인 활동들은 학생의 일상적 기능에 가치가 없다(그림 12.4 참조).

발달연령이 중도장애학생의 교육과정 내용을 결정하는 토대로서 충분치 않다면 어떤 요인들로 그러한 결정을 해야 하는가? 많은 요인이 고려될 수 있겠지만 가장 크게 고려되어야 하는 두 가지가 바로 기능성과 연령 적합성이다.

기능성 기능적 기술은 학생에게 즉각적으로 유용하다. 학생의 일상생활에서 빈번히 요구되는 기술이며 또한 사람들에 의해서 일상생활에서 꼭 필요한 것으로 여겨진다. 스스로 옷 입기, 식사 준비하기, 대중교통 이용하기, 자동판매기에서 물건 사기, 지역사회에서 흔히 볼 수 있는 글자들을 직관적으로 알고 적절히 반응하기 등이 많은 중도장애아동들에게 기능적인 기술이다. 기능적 기술은 다른 사람들에 대한 의존심을 줄이고 현재와 미래의 교육, 가정, 직장, 지역사회 환경에 의미 있게 참여할 수 있도록 해준다. Brown과 동료들(1982)은 특정한 기술의 기능성을 결정하기 위해 다음 두 가지 질문을 해볼 것을 제안한다. 만일 학생이 과제를 수행하지 못한다면 (1) 누군가가 그 학생을 위해 대신 해줄 것인가? (2) 그 기술을 배우지 않고도 성인으로서 기능을 수행할 수 있는가?

연령 적합성 중도장애학생은 같은 연령의 일반 학생들이 하는 적절한 활동에 참여해야 한다. 연령에 적합한 활동은 대부분의 상황에서 기대되는 행동이고 같은 또래 학생들이 하는 행동이며 가치 있게 여겨지는 행동이다. 결과적으로 연령에 적합한 기술은 실제로 실행되고 강화받을 가능성이 더 크기 때문에 더 어린 아동들이 흔히 보이는 행동보다 학생의 행동 목록에 잘 유지된다. 10대 장애 청소년들에게

그림 12.4 나의 형 대릴 : 기능적 기술지도의 한 사례

중등도/중도장애를 가진 18세 대릴은 12년 동안 학교에 다니고 있다. 그는 초등학교 외의 다른 환경에서는 교육을 받은 적이 없다. 그는 수년 동안 개별화 교수를 받고 있다. 대릴은 예전에 하지 못했던 많은 것들을 지금은 할 수 있다.

- 그는 10분 안에 95% 정확하게 핀을 보드에 꽂을 수 있지만 자동판매기에 동전을 넣지는 못한다.
- 지시에 따라 코, 어깨, 다리, 머리카락, 귀, 손목, 발목, 엉덩이는 만질 수 있다. 하지만 필요할 때 코를 풀 수 없다.
- 100% 정확하게 12조각 '빅 버드' 퍼즐을 맞출 수 있고 '이스터 버니'를 색칠하고 줄을 맞출 수 있다. 음악을 좋아하지만 한 번도 라디오나 녹음기 사용법을 배우지 않았다.
- 종이를 반이나 4분의 1로 접을 수 있지만 옷을 분류하거나 세탁을 할 수 없다.
- 색깔을 교차시키며 구슬을 꿰고 DLM 모양과 일치시킬 수 있지만 신발끈을 묶을 수는 없다.
- 플레이 도우를 이용하고 진흙 뱀을 훌륭하게 만들 수 있지만 빵 반죽을 만들거나 비스킷을 만들 수는 없다.

- 80% 정확하게 ABC 노래를 부르고 카드 위에 제시된 각 알파벳의 이름을 말할 수 있지만 맥도날드에 갔을 때 남자화장실과 여자화장실을 구별하지 못한다.
- '날씨가 흐리다/비가 온다'는 말을 듣고 구름을 나타내기 위해 검은색을 선택해 (도움을 받아) 커다란 달력에 표시를 할 수 있지만 비가 올 때 여전히 비옷이나 모자 없이 나간다.
- 100% 정확하게 100개의 각기 다른 피바디 그림카드를 가리킬 수 있지만 사진을 가리키거나 몸짓을 이용해 햄버거를 주문하지 못한다.
- 평균대 위를 앞으로, 옆으로, 뒤로 걸을 수 있지만 체육관에서 도움 없이는 관람석의 계단을 오르지 못하거나 농구경기에 참여하지 못한다.
- 기계적 암기로 100까지 셀 수 있지만 맥도날드의 2.59달러 쿠폰에 대해 얼마를 지불해야 되는지 모른다.
- 상자 안, 아래, 옆, 뒤에 큐브를 놓을 수 있지만 맥도날드에서 휴지통을 찾지 못하고 휴지를 넣지 못한다.
- 바람직한 행동을 하며 원으로 앉아 노래를 하고 '수건 돌리기' 놀이를 할 수 있지만 같은 연령대의 다른 사람들은 이것을 좋아하지 않는다.

그는 아직 준비가 되지 않은 것 같다.

출처 : Preston Lewis, a curriculum specialist in the Kentucky Department of Education.

바닥에 둘러앉아 손뼉 치기 게임을 하게 하는 것은 낙인 효과가 있을 수도 있고 통합을 저해하기도 한다. 그러한 활동은 중도장애학생을 영원히 어린 아동으로 보이게 할 수도 있는 것이다. 중고등학교에 다니는 중도장애학생에게 비디오 게임과 아이패드 사용법을 가르치는 게 연령에 더 적합한 여가·레크리에이션 기술이다.

교육과정 영역 중도장애학생의 IEP 팀은 교육과정 영역을 고려할 때 자기관리, 의사소통, 문해, 레크리에이션 및 여가, 선택하기, 일반교육과정을 염두에 두어야 한다.

자기관리 중도장애학생들은 가장 기본적인 자기관리기술에서조차 힘들어하는 경우가 많다. 자기 자신을 관리하는 방법을 배우는 것은 독립성을 촉진하는 것으로 중도장애학생을 교육하는 교사들에게 매우 중요하게 고려되어야 한다. 개인위생, 가정에서의 안전, 음식 준비, 지역사회에서의 안전과 관련한 기술들을 IEP 목표로 세울 수 있다(Bambara et al., 2020). 자기관리기술은 매일의 학교 일과에 자연스럽게 끼워 넣고 가정과 지역사회에서 유지와 일반화를 돕기 위하여 학부모 및 보호자와 협력하는 것이 중요하다(Burns & Thompson, 2014).

의사소통 의사소통은 인간 삶의 필수적인 특성이다. 제8장에서 배웠듯이 의사소통을 통해 우리는 요구와 욕망을 표현하고 정보를 얻거나 제공하며, 가장 중요하게는 다른 사람들과 관계를 형성하고 유지한다. 중도장애아동들에게 의사소통은 자연스럽게 발달하는 것도 쉽게 발달시킬 수 있는 것도 아니다. 중도중복장애가 있는 아동의 의사소통 노력은 모호하거나 이상하게 보일 수 있기 때문에 부모와 보호자들이 이를 알아차리기 쉽지 않고 뜻을 이해하기도 어렵다(Chen, 2014). 동시에 중도중복장애아동 역시 부모와 보호자가 자신에게 몸짓이나 이야기, 또는 수신호를 하고 있다는 사실조차 인식하지 못할 수 있다.

중도장애인의 의사소통과 관련한 초기의 연구와 훈련들은 말소리, 낱말, 서술적 구문 생산과 같은 특정한 의사소통 형태의 교정에 초점을 두었다. 그러나 중도장애학생에게 의사소통기술을 가르치기 위한 중점과 방법은 최근 크게 변화하였다. 의사소통 특성에 관한 세 가지 관점은 현재의 연구와 교수실제를 형성하는 데 도움이 되었다(Downing, 2011; Johnston & Blue, 2020; Stremel, 2008). 이러한 변화에는 의미 공유, 의사소통 양식, 기능이다.

1. **의사소통 당사자들이 의미 공유를 형성했을 때 의사소통이 일어난다.** 성공적인 의사소통을 위한 책임은 의사소통에 참여하는 당사자 모두에게 있지만 의미 공유가 잘 이루어지기 위해서는 상대적으로 노련한 의사소통 상대자가 보다 '반응적 상호작용'의 원칙(예 : 덜 능숙한 상대방의 리드에 따르기, 대화 순서 균형 이루기, 흥미와 정서에 반응해주기)을 지켜야 한다.

2. **의사소통은 사용되는 특정 형태나 양식에 얽매이지 않는다.** 발화는 모든 사람이 바라는 목표이며 특히 중도장애의 많은 학생들은 구어를 이해하고 표현하는 방법을 학습한다. 하지만 일부 중도장애 아동들은 감각, 운동, 인지 또는 행동상의 제한으로 인하여 집중적이고 확장적인 교수를 했음에도 불구하고 이해할 수 있게 말하는 방법을 배우지 못할 수도 있다. 발화기술을 습득하지 못한 많은 학생들은 보안대체 의사소통(AAC), 즉 몸짓, 다양한 수화언어체계, 의사소통판, 그림교환 의사소통체계(PECS), 전자 의사소통도구 등을 효과적으로 이용할 수 있다(AAC에 대한 좀 더 자세한 내용은 제8장 참조).

3. **의사소통은 다른 사람의 행동에 영향을 미침으로써 아동을 위해 '작동'해야 한다.** 의사소통으로 인해 아동이 다음의 것들을 할 수 있게 된다면 기능적인 것이 될 수 있다. 즉, 사람들에게 무엇을 할 것인지 말하기, 도움 얻기, 의례적인 인사말 하기("안녕", "잘 가"), 활동에 대한 관심 표현하기, 저항하기, 정서적 또는 신체적 상태 표현하기, 선택하기, 정보를 요청하거나 전달하기 등이다 (Cascella & McNamara, 2005).

문해 문해는 정보 접근성을 높여주고 더 많은 학습을 가능하게 하므로 모든 학생에게 중요하다. 오랫동안 특수교사들을 포함한 교육자들은 중도장애학생들이 읽기와 수학 교수로부터 이점을 얻지 못할 것이라고 추정하였다. 그렇지만 최근 연구에서 전상징적 수준에서 의사소통을 하는 아동일지라도 초기 문해기술 지도의 효과를 볼 수 있는 것으로 나타났다(예 : Browder et al., 2012; Browder et al., 2011).

중도장애아동을 위한 초기 문해교수 발달의 선구자인 Diane Browder(2013)가 **토이 스토리** 영화를 책으로 배우고 있는 초등학교 교실을 방문했을 때였다. 학급 교사인 브리 히메네즈가 방문자에게 학생이 잘 볼 수 있도록 그림판을 들어달라고 요청하고 나서 학생에게 "버즈가 이 이야기에서 언제 처음 나오지?"라고 물었다. 그러자 학생은 생일파티를 상징하는 케이크 사진에 가까이 다가서더니 입으로 바람을 불어 버즈가 생일파티를 할 때 처음으로 이야기에 등장했음을 나타내었다. "이 여학생은 지금 글을 읽고 있습니다."라고 Browder가 말했다.

Browder(2013)에 의하면 "교과내용을 일반학급이나 특수학급에서 가르칠 때 다른 학생들이 읽을 읽기자료에 접근 가능하게 만들어주는 것은 좋은 출발점이다. 예를 들어 소설의 한 장을 간단히 한 단락으로 요약해줄 수 있다. 교사나 친구가 그 단락을 읽어주는 동안 중도장애학생은 그림을 보면서 글의 내용을 따라가게 한다."(p. 432). 우수 교사 Carey Creech-Galloway는 문해기술을 가르치기 위해 사진을 사용한다. "중도장애학생들은 글과 그림이 함께 짝을 이루고 있을 때 언어를 더 빨리 배우고 일반화한다. 그림과 글을 함께 짝 짓는 것은 어린 학생을 가르칠 때 무척 중요하지만 중등학생들에게도 역시 이 전략이 효과적이다. 단 그림은 연령에 적합해야 한다." 해당되는 사례와 해당하지 않는 사례를 그림으로 보여주거나 만화 캐릭터가 반응 촉진을 제공하는 eText 기반 수업이 중복장애 고등학생에게 과학 내용을 가르치는 데 효과적임을 발견한 연구(Knight et al., 2018)에 Carey는 공동 저자이다.

그림 12.5 중도 중복장애학생을 팀 스포츠에 참여시키기 위한 장비와 규칙 수정의 예

데이빗과 농구

데이빗은 뇌성마비와 중도 지적장애를 지닌 10학년 학생이다. 그는 다른 사람들의 도움으로 휠체어를 이용해 이동한다. 데이빗을 위한 IEP의 목표 중 하나는 공을 집고 던지는 운동이 포함되어 있는 여가활동에 참여하는 것이다.

농구경기에서 두 가지 종류의 바스켓이 나란히 놓이는데 하나는 높은 위치에, 또 다른 하나는 낮은 위치에 달려 있다. 데이빗이 경기에 반드시 참여할 수 있도록 하기 위해 데이빗의 팀이 어떤 바스켓을 사용할 수 있는지의 여부는 전적으로 그의

노력에 달려 있도록 했다. 즉, 농구경기 중 데이빗이 농구 코트 밖에서 공을 집어들고 던져 성공적으로 슛을 넣을 때마다 그의 팀은 낮은 바스켓을 사용할 수 있다.

따라서 데이빗이 공을 던지려는 노력은 결과적으로 바스켓의 높이와 연관된다. 이런 식으로 슛을 성공시킴으로써 슛을 잘 넣지 못하는 비장애 선수들을 도울 수 있다. 그러므로 데이빗은 농구경기의 중요한 부분에 적극적으로 참여하고 있다고 여겨질 수 있다.

출처 : Ohtake, Y. (2004). Meaningful inclusion of all students in team sports. *Teaching Exceptional Children*, *37*(2), 25.의 허락하에 사용함.

레크리에이션 및 여가 대부분의 아동들은 자유놀이 시간 동안 놀이능력을 개발하고 즐거운 자기 시간을 즐길 수 있다. 하지만 중도장애아동들은 특별히 가르치지 않는다면 적절하고 만족할 만한 레크리에이션 기술을 배울 수 없을 것이다. 적절한 여가와 레크리에이션 기술을 가르치는 것은 중도장애아동이 사회적으로 상호작용할 수 있고 신체건강과 운동기술을 유지하는 데 도움을 주며, 지역사회 활동에 보다 적극적으로 참여할 수 있게 해준다. 많은 중도장애인들은 자유시간을 적절하게 보내지 못하는데, 즐거움을 추구하는 활동에 참여하기보다는 오랫동안 혼자 앉아 있거나 의미 없이 돌아다니거나 단순히 텔레비전을 쳐다보며 시간을 보낸다. 레크리에이션과 여가는 이제 중도장애학생들에게 매우 중요한 교육과정의 일부로 인식되고 있고 다양한 교수 프로그램과 조정 기구들이 개발되고 있다.

지적장애 중학생들에게 또래교수와 동시촉진을 사용하여 카드 게임을 가르친 연구가 있다(Fetko et al., 2013). 이 연구에 참여한 학생들은 카드 게임도 배우고 또래들과 어울리는 기회를 가졌으며 과학적 사실에 대해서도 배울 수 있었다. 팀을 이루어 진행하는 게임방법을 변화시키면 중도장애학생들도 참여할 수 있다. 그림 12.5는 뇌성마비와 중도 지적장애의 10학년 학생이 장애가 없는 학생들과 통합되어 농구경기를 할 수 있도록 하기 위해 장비와 규칙을 수정한 방법을 보여준다. 레크리에이션, 여가, 스포츠 활동을 선정하고 가르치는 방법에 대하여 Bambara 외(2020), Block(2016), 그리고 제11장을 참조하라.

선택하기 하루 종일 아무 선택도 할 수 없다고 한번 상상해보라. 매일 교사 또는 부모는 그들이 무엇을 입을 것인지, 다음에 무엇을 할 것인지, 점심으로 무엇을 먹을 것인지, 옆자리에 누가 앉을 것인지 등을 결정해줄 것이다. 과거 중도장애아동들은 좋아하는 것을 표현하고 선택할 기회가 거의 없었으며, 가능한 한 순종하도록 양육되어 왔다. 중도장애인에게 과제수행 방법을 가르치는 것보다 그를 위해 과제를 해주는 것이 더 쉽고 빠른 길이었다. 하지만 이러한 방식은 학습된 무기력 증상을 조장하거나 개인적으로 가치 있는 학습 경험을 박탈하게 된다.

오늘날 특수교사는 학생의 삶의 질을 위하여 선택 기회와 선택 능력의 중요성을 인식하고 있다. 학생의 선호를 이용하여 보다 효과적인 교수를 설계하고 실시한다. 교사들은 중도장애학생이 자신의 선호를 표현하고 결정할 수 있게 노력을 기울이고 있다(Tullis et al., 2011). 예를 들어 한 아동에게 두 가지 활동 그림을 보여주고 하고 싶은 하나를 고르도록 요구할 수 있다. "누구와 함께하고 싶어요?"라고 물을 수도 있고 "우리 이거 다시 할까요?"라고 말할 수도 있다. 물론 학생이 어떤 것을 선택하더라도 교사는 이를 수용하고 선택에 따라 할 수 있는 준비가 되어 있어야 한다.

여러 연구에서 중도장애인들에게 일상적 일과와 활동에 참여하고 싶은지(Lancioni et al., 2006), 어떤 음식을 구입하고 먹고 싶은지(Cooper & Browder, 1998), 여가활동 결정하기(Kreiner & Flexer, 2009), 어디에서 살고 싶은지(Faw et al., 1996), 그리고 하고 싶은 직업은 무엇인지(Agran & Krupp, 2011) 표

현하도록 돕는 방법을 개발하였다.

일반교육과정 IDEA는 모든 장애학생들도 장애가 없는 학생들에게 제공되는 일반교육과정에 접근할 수 있도록 요구한다. 따라서 각 내용 영역에 대해 학년 수준에 따라 기대되는 학습결과가 무엇인지 명확한 기준을 제시해야 한다. 예컨대 영어와 수학에 대한 전미공통교육과정(CCSS)에 따르면 1학년 학생은 '덧셈과 뺄셈'과 관련된 문제를 풀 수 있어야 하며, 5학년 학생은 '복잡한 정수 연산과 십진법'을 할 수 있어야 한다. IDEA와 아동낙오방지법에서는 장애학생들도 모든 주에서 실시하는 일제평가에 참여하도록 요구한다. 중도장애를 지닌 대부분의 학생들은 주가 정한 기준에 따라 그들의 진보에 대한 측정 수단으로 대안적 평가에 참여하게 된다(제2장 참조).

우수교사 Carey Creech-Galloway는 기능적 기술과 교과목표 모두를 혼합한 효과적인 교수를 설계하는 방법을 연구하는 데 적극적으로 공헌하고 있다(Collins, Evans et al., 2010; Collins, Karl et al., 2010). 예를 들어 Carey는 4명의 중등도 및 중도장애학생에게 피타고라스 정리를 이용해서 실생활 문제를 해결하는 방법(예 : 바느질하기, 사다리 이용하기)과 주의 대안적 평가에 나오는 새로운 문제를 풀 수 있도록 가르쳤다(Creech-Galloway et al., 2013).

기능적 기술과 교과내용을 결합시키는 기본적인 두 가지 전략은 (1) 교과핵심내용을 기능적 활동에 삽입하는 방법(Karl et al., 2013), (2) 핵심내용기준을 바탕으로 기능적 적용을 교수목표에 포함하는 것이다(Collins et al., 2011)(교수와 학습 '교과핵심내용을 기능적 기술교수에 삽입하기' 참조).

교수와 학습

교과핵심내용을 기능적 기술교수에 삽입하기

왜 교과핵심을 기능적 기술교수에 삽입하는가 중도 중복장애학생에게 기능적 기술이 중요하다는 것에는 의문의 여지가 없다. 하지만 1997년 IDEA가 개정되면서 모든 학생의 일반교육과정 접근이 한층 더 강조되었다. 중도장애학생을 포함하여 모든 학생은 학업기술을 배울 수 있다는 점이 이제 매우 분명해지고 있다. 우수교사 Carey Creech-Galloway는 다음과 같이 말한다. "학생들을 자연적인 환경에서 가르치는 것이 중요하다는 점을 우리는 모두 알고 있습니다. 체계적인 교수법을 적용하면 우리 학생들이 이야기 요소 확인, 질문에 답하기 위해 자료 사용하기, 측정하기, 개념 간 비교하기와 같은 학업기술을 배울 수 있다는 것도 알고 있어요. 교과핵심내용을 기능적 기술에 삽입하면 학생들이 그러한 기술을 습득하고 유지할 가능성이 커집니다."

어떻게 교과핵심내용을 기능적 기술지도에 삽입하는가 학업교수를 기능적 기술에 삽입하기 전에 교사는 가르칠 기능적 기술(예 : 음식 준비, 세탁하기)을 결정해야 하는데, 그 기술은 학생의 IEP에 근거하여 선정되어야 한다. 다음으로 Collins와 Karl 외(2010)가 제안한 다음과 같은 방법을 Carey는 추천한다.

1. **핵심내용과 교수목표를 결정하라.** 목표로 하는 기능적 기술을 확인한 다음 교수에 삽입할 교과내용 영역과 성취기준을 확인한다. 삽입할 각각의 핵심내용 영역마다 관찰 가능하고 측정 가능한 교수목표를 작성한다. '교과핵심내용 목표를 기능적 기술교수에 삽입하기 위한 계획서'의 처음 두 행이 이 첫 번째 단계의 예를 보여준다(그림 12.6 참조).

2. **교수 맥락을 계획하라.** 어디서 가르칠 것인지와 누가 가르칠 것인지(예 : 일반교사, 특수교사, 특수교육 보조원, 또래) 고려한다. 여러 학습자료, 교사, 또래, 학습 장소에 걸친 교수 기회 일정을 주의 깊게 세운다. 다양한 예를 가르치고 실제 생활에서 학생의 의사소통 양식과 맞고 독립을 촉진하도록 필요한 조정을 한 교수자료를 세심하게 선택할 계획을 세운다.

3. **증거기반 교수방법을 선택하라.** 기술을 가르치는 데 사용할 증거기반 실제를 결정한다. 예를 들어 시간지연

촉진은 기능적이고 핵심적인 내용기술을 중등도 및 중도장애학생에게 가르칠 수 있는 증거기반 실제의 하나이다. 정확하고 매일 지도하기 쉬우며 교수 결정에 필요한 좋은 자료를 제공하는 교수절차를 선택한다.

4. **목표로 하지 않은 기술습득을 위한 기회를 전략적으로 삽입하라.** 가르치는 동안 목표로 삼지 않은 정보를 통합할 기회를 찾는다. 학생에게 먼저 고체, 액체, 기체를 그림으로 확인하도록 가르친다. 가르치는 동안 고체를 액체로 바꿀 수 있고, 물을 높은 온도로 끓여 기체로 만들 수 있다는 사실을 더할 수 있다. 교수를 마치고 학생이 목표로 하지 않은 필수 정보를 습득했는지 평가하는 사전 및 사후검사를 실시할 수 있다.

5. **매일 자료를 수집하고 그래프로 그리라.** 이 방법은 교수촉진을 더 할지 줄일지, 교수 시도를 더 제공할지 더 자세한 칭찬이 필요한지와 같은 교수 결정을 제때에 하는 데 도움이 된다. 자세한 자료수집 양식을 만들어 학생의 기술 숙달(또는 결여)을 평가한다.

6. **일반화와 유지를 평가하라.** 학생이 어떤 기술을 배운 후에는 간단한 평가를 하여 일반화와 유지를 확인한다. 학생이 다른 장소, 다른 자료, 다른 사람들 앞에서도 배운 기술을 사용하는지 평가한다. 이를 통해 여러 상황에 걸쳐 학생이 기술을 유지하고 일반화하는 데 부가적인 교수나 전략이 필요한 학업 영역을 찾을 수 있다.

그림 12.6 교과핵심내용기준을 기능적 기술지도에 삽입하기 위한 계획

학생 : 메이 H   학년 : 7학년

기능적 기술 영역 : 대중교통 이용하기   기능적 기술 : 시내버스 타기

IEP 목표 : 목적지와 버스 시간표를 알려주고 5달러를 주면 메이는 과제분석 단계 100%를 촉진 없이 수행하며 버스를 타고 목적지에 갈 것이다.

교과핵심내용기준	교수목표	수업 지도안 아이디어(맥락과 증거기반 방법)
수학 : 유리수를 활용한 네 가지 연산과 관련된 실생활 및 수학적 문제를 푼다.	버스를 1번 탈 수 있는 비용과 5번 탑승 버스패스 비용을 주었을 때, 어떤 것이 더 비용을 절약하는 것인지 3번의 교수회기에 걸쳐 100% 정확하게 결정할 수 있다.	• 진짜 돈과 진짜 버스패스를 활용해서 교실에서 모의수업, 반응촉진을 사용하고 체계적으로 용암 • 선택하기 활동 : 학생이 선호하는 활동을 선택하게 하고, 그 선택을 연습할 수 있도록 지역사회 현장학습(선택에 따른 결과를 배울 수 있도록 할 것)
영어/언어교육 : 쓰기와 말하기를 할 때 표준영문법 규칙을 따른다.	버스 타기와 관련된 사회적 상황(예 : 버스 운전사에게 인사하기, 요금이나 목적지 묻기)에서 메이는 5번 시도 중에서 4번은 표준 영어회화법을 사용하여 명료하게 말할 것이다.	• 버스 운전사와 승객이 언어적 상호작용하는 역할놀이를 교실에서 모의수업 • 현장학습, 촉진을 점진적으로 용암 • 메이가 그림으로 만들어진 버스 시간표를 사용하도록 가르침
과학 : 물의 순환을 이해한다.	물의 순환을 나타내는 다이어그램과 '응고'와 '증발'같은 용어를 제시하면, 메이는 5번 시도 중에서 4번을 물의 순환에서 해당하는 과정을 가리킬 수 있다.	• 현장학습 가기 전에 날씨 확인, 당일 날씨를 보고 물의 순환에 대해 이야기하기
사회 : 지도를 읽는다.	시내버스 노선 지도를 보여주면 메이는 가고 싶은 곳을 확인하고 노선에 따라 목적지까지 가는 방향을 2번에 걸쳐 100% 정확하게 말할 수 있다.	• 여러 목적지들을 버스 노선에서 확인하기(간단한 곳부터 시작해서 점차 복잡한 곳으로) • 방위 표시판 만들기 : 학생의 집을 중심에 놓고 기본 방향마다 지역 랜드마크 확인하기 • 시간지연 절차를 사용하여 지도와 방위 표시판 가르치기

교수목표를 선택하고 우선순위 정하기   중도장애학생들은 많은 기술적 결함을 가지고 있으며, 이는 종종 도전적 행동으로 악화된다. 이러한 기술적 결함과 도전적 행동이 IEP의 목표(필수적으로 되어야 할 필

브랜든은 매일매일 여러 활동 중에서 선택하여 기능적 기술을 연습한다.

요는 없지만)가 될 수도 있다. 그러나 중도장애학생들이 지니는 모든 학습상의 요구를 동시에 다루기 위해 교수 프로그램을 설계하고 실시한다는 것은 불가능한 일이다. 따라서 교수목표를 선택하고 우선순위를 정하는 것이 IEP 팀의 한 일원으로서 특수교사가 지니는 책임 중의 하나가 된다.

어떤 특정한 기술이 학생의 전반적 삶의 질에 기여하는가의 판단은 매우 어렵다. 우리는 유용하거나 또는 기능적인 행동 변화를 보이게 만드는 방법을 쉽게 알지 못한다. 어떤 교과내용기준을 학생의 프로그램에 통합할 것인지 결정할 때 상식적이고 그리고 무엇보다도 중요한 것은 학생에게 최선의 이익을 주는 것이어야 한다. "어떤 기술들은 일반교육과정에서 배우는 것들보다 더 중요"(Kauffman et al., 2020, p. 29)하고 Ayers와 동료들(2011)의 언급처럼 "제프리 초서의 시와 화산 폭발을 통합하여 식당에서 음식값을 지불하는 지역사회 중심 수업을 할 수 있는 마땅한 방법은 없다."(p. 15).

기능적 접근은 중도장애학생의 교육과정을 개발할 때 반드시 우선사항이 되어야 한다. 어떤 기술을 교수목표로 설정하였든지 그 교수목표는 학생과 그 가족에게 의미 있는 것이어야 한다. IEP 팀이 학생 및 가족과 함께 중요한 기술이나 학습활동을 찾고 우선순위를 정하는 데 도움이 되는 여러 가지 개인중심계획이 있다(예 : Giangreco et al., 2011; Shogren, Wehmeyer et al., 2017).

그림 12.7은 IEP 팀이 통합교육을 받고 있는 중도장애학생을 위한 다양한 사정결과와 추천된 IEP 목표의 요약을 보여준다.

교수방법 : 중도중복장애학생을 어떻게 가르쳐야 하는가

학습목표 12.4 중도중복장애학생 교육을 위한 효과적인 교수전략을 설명할 수 있다.

중도장애학생의 삶의 질에 대하여 관심을 갖고 이 학생들이 의미 있는 교육과정 내용과 특별활동에 참여할 수 있도록 보장하는 것은 중요하다. 그러나 관심과 접근만으로는 충분하지 않다. 따라서 그들을 효과적으로 학습시키기 위해서는 사랑과 관심, 지원적 교실환경이 필요하다. 왜냐하면 그들은 모방과 관찰만으로는 복잡한 기술을 획득하기 어려우며 스스로 발전을 이루기가 힘들기 때문이다.

중도장애아동의 학습 및 행동상의 문제는 매우 중요한 것이기 때문에 이에 대한 교수는 집중적이고 주의 깊게 계획되어 실행되어야 하며, 매우 구조적이고 구체적이어야 할 것이다. 중도장애학생의 교수에 관한 연구자들은 교사들에게 교육프로그램의 구성요소들에 다음과 같은 점들에 주의를 기울여야 한다고 조언한다(예 : Browder et al. 2020; Brown et al., 2020; Collins, 2012; Westling et al., 2021).

• 아동의 현재 수행수준을 사정한다. 현재 수행수준의 정확한 평가는 어떤 기술을 가르치고 어느 수준에서 교수활동이 시작되어야 하는지를 결정하는 데 필수적이다. 중도장애아동을 위한 평가는 표준화된 점수나 발달수준에 따르는 전통적인 절차와는 달리 개별 아동의 특별하고 관찰 가능한 행동에 주의를 기울여야 할 것이다. "키시아는 아무런 도움 없이 스스로 머리를 가눌 수 있는가? 몇 초동안 가능한가? 어떤 조건하에 있는가? 어떤 언어나 신체적인 신호에 반응을 보이는가?" 또한 이들 아동에 대한 평가는 단 한 번에 이루어지는 것보다 각기 다양한 시간과 장소와 사람들에 의해서

그림 12.7 중도장애학생의 사정, 개별화 교육과정 요구, IEP 추천 요약

IEP를 위한 생태학적 사정의 요약

학생 이름 : 로디 스프랜클   **날짜 :** 2011/5/26

계획 팀 : 로디, 스프랜클 씨(로디의 어머니), 머렁 선생님(현재 특수교사), 린퀴스트 선생님(현재 물리치료사), 아지마 선생님(콜비에 근무하는 특수교사), 고메즈 선생님(콜비의 교장 선생님), 타운센드 선생님(콜비의 3학년 교사), 카르포비치 선생님(콜비의 수학과 컴퓨터 교사), 프레스톤 선생님(콜비의 언어치료사)

1. 학생의 배경

로디 스프랜클은 8세 남아로, 5세 때 사고로 인해 외상성 뇌손상 진단을 받았다. 로디는 사고 후 놀라운 회복을 보였고, 지난 3년 동안 지속적으로 중요한 진전을 보였다. 그는 지금 보행보조기를 가지고 걸을 수 있고 짧은 구 단위로 말을 할 수 있다. 작년에 로디는 필기체로 사인을 할 수 있게 되었고, 재킷을 입을 수 있게 되었다. 그는 종종 숙련된 솜씨로 컴퓨터 소프트웨어를 사용하여 단어 훑어보기와 산수학습에서 상당한 진전을 보였다. 로디는 대화에 참여하지 못했는데, 비록 올해 좀 더 많은 이야기를 할 수 있었음에도 불구하고 종종 원하는 단어를 찾지 못해 이해하기 어려운 말을 했다. 그는 구 읽기에서는 약간의 진전을 보였다. 신경과 의사인 호스터 박사는 사전평가에서 로디는 기억전략과 인지자극을 위해 지속적인 훈련이 필요하다고 언급했다.

2. 학생과 가족이 함께하는 인간 중심적 계획

로디의 어머니가 우선적으로 생각하는 것은 (1) 다른 학생들과 잘 어울리는 것(사회적 통합), (2) 지속적으로 생활기술을 학습하여 올해 안에 재킷을 입는 학습이 매우 향상되는 것, (3) 읽기를 배우는 것이다. 또한 로디는 학교 식당에서 나오고 싶다고 말을 해왔고 지금은 특수학급에서 5명의 다른 학생들과 함께 식사를 하고 있다.

3. 학생의 자기결정 촉진

로디는 올해 학습목표 설정과 의사결정하기를 한다. 그의 선호도는 순위를 매겨 포토 앨범과 함께 팀의 계획에 반영된다. 그가 좋아하는 다섯 가지는 음식(타코스, 햄버거, 프렌치프라이), 컴퓨터 작업하기, 컴퓨터 게임하기, YMCA에서 수영하기와 음악이다. 그는 보행보조기 없이 걷는 것과 자신의 컴퓨터를 갖는 것 등 목표를 팀에 반영하였다.

4. 개별화 교육과정의 개발

로디는 일반교육과정에 참여할 수 있는 기능적 학업기술을 가지고 있다. 단어 어휘 훑어보기, 짧은 구를 읽고 쓰기와 더하기의 산수를 학습하여 지식을 확장하도록 돕는 것이 우선적으로 중요시되었다. 이것은 학업주제들에 있는 것들을 가능한 한 많이 가져올 수 있다(수학에 있는 단어 훑어보기 학습). 로디는 일반교실 내에서 학습할 수 있도록 의사소통, 자기교수, 사회적 상호작용기술, 운동발달과 관련된 것들을 우선적으로 필요로 한다.

5. IEP의 추천

팀은 로디의 IEP를 위해 우선순위를 다음과 같이 결정했다. (1) 기능적인 학업(로디는 컴퓨터의 도움을 받고 싶어 한다), (2) 균형감각과 소운동기술의 지속적인 향상(로디의 우선순위는 보행보조기 없이 걷는 것이다), (3) 대화에의 참여, (4) 자기교수(목표설정, 자습과제 스스로 하기), (5) 대인관계기술 훈련이다. 로디는 3학년 담임교사인 타운센드와 보조교사 아지마에 의해 특별히 설계된 특수교육을 받을 것이다. 그는 또한 화장실 가기의 개별 보조와 개별 물리치료 수업을 받을 것이며, 이러한 활동들은 그의 개인적인 선호도에 기초를 둘 것이다.

출처 : Diane M. Browder, University of North Carolina Charlotte. 허락하에 사용함.

이루어지는 것이 바람직하다. 중도장애학생이 특별한 시간이나 장소에서 합당한 기술을 사용할 수는 없지만 그러한 기술을 사용하는 것이 불가능하다는 의미는 아니기 때문이다.

- 가르쳐야 하는 기술을 명료하게 정의한다. "카를로스는 스스로 음식을 먹을 수 있다."와 같은 진술은 중도장애아동에 대해서는 너무 광범위한 목표일 수 있다. 이에 대한 보다 적절한 예로 "카를로스는 오른쪽 집게손가락으로 사과소스를 찍어서 5초 이내에 입에 넣을 수 있다."와 같은 기술방법을 들 수 있다. 목표를 명확하게 기술하는 것은 교사뿐만 아니라 다른 관찰자들에게도 목표달성 여부를 판단할 수 있도록 하기 때문에 중요하며, 기술된 목표가 반복된 훈련에도 불구하고 달성되지 못할 경우에 다른 교수법으로 대체하는 데 도움이 된다.

- 기술을 세부 요소 단계로 나눈다. 유능한 교사는 중도장애아동이 배워야 할 일련의 기술을 설정하고 관찰 가능한 단계들로 세분화시키는 **과제분석**(task analysis)(제4장 참조) 방법에 대해서 알고 있어야 한다. 과제분석에 따른 아동의 수행능력을 평가하는 것은 교사가 어디서부터 지도를 시작해야 하는지를 결정하는 데 도움을 준다. 교사는 학생이 과제를 독립적으로 완전하게 수행할 때까지 요

반응 촉진과 신체적 촉진은 새로운 기술을 가르칠 때 효과적이다.

구되는 각 단계를 점차적으로 가르칠 수 있다. 가르치는 데 있어서 구조적인 분류와 정확성이 없다면 많은 시간을 낭비하게 될 것이다.

• 학습자가 수업에 적극적으로 참여할 수 있는 방법을 결정한다. 모든 학습자를 위한 효과적인 교수의 중요한 요소인 적극적인 참여와 반복된 연습은 중도장애 학습자에게도 중요하다. 몇몇 중도장애학생들은 수업에 반응카드를 사용하는 것처럼 일반 학생들이 참여하는 방식과 똑같이 수업에 참여할 수 있다(Skibo et al., 2011). 그러나 어떤 학생들의 적극적인 참여는 대안적인 방식을 요구한다. 가령 컴퓨터 스크린에서 단어를 선택하도록 해주는 변형된 마우스 또는 함께 읽기 수업에서 '예/아니요' 그림 상징을 표현하기 위한 시선 응시 등이 있다(Fenlon et al., 2010). 최중도장애학생에게는 간단한 하나의 반응(예 : 손이나 머리를 조금 움직이기, 응시하기)이라도 많은 노력이 필요하고 보조기기가 필요한 경우도 있다. 그 때문에 다학문 팀은 학생이 수업에 의미 있게 참여할 수 있도록 협력적 노력을 기울여야 한다(Smith et al., 2001).

• 교사는 반응 촉진을 제공한다. 아동에게 어떤 행동이나 반응이 자기에게 기대되고 있는지를 알게 하는 것은 중요하다. 교사는 "베이브, 사과라고 말해."와 같은 구어적 단서를 통해 아동이 사과를 받기 전에 그렇게 말해야 한다는 것을 지시할 수 있다. 단서는 신체적인 것일 수도 있는데, 교사는 불을 켜야 한다는 것을 지시하기 위해서 스위치를 가리킬 수 있다. 교사는 어떤 활동을 여러 번 반복해서 보여주고 그 활동에서 요구되는 과제의 일부나 전체에 대해서 신체적으로 보조해줄 수도 있다.

• 피드백을 즉시 제공한다. 중도장애아동들은 그들의 수행에 대해서 즉각적이고 확실한 정보를 받아야만 한다. 다시 말해 정확한 반응에 대한 강화(예 : 칭찬이나 5분간 좋아하는 장난감을 가지고 놀 수 있는 것)와 실수와 무반응에 대한 정확한 피드백이다(예 : 차분한 목소리로 "아니야, 그게 아니야." 라고 말하며 반복적으로 반응을 촉진하는 것)(예 : Leaf et al., 2011). 중도장애학생에게 가장 효과적인 강화물이 무엇인지 확인하는 것이 중요하다. 하지만 비의사소통적인 아동을 동기화시키는 사물이나 일이 무엇인지를 결정하는 것은 쉬운 일이 아니다. 교사들은 특정 아동을 강화시키는 사물과 활동을 발견하기 위해서 많은 노력을 했고 무엇이 효과적인지 아닌지를 신중하게 기록했다. 중도 및 최중도장애학생을 위한 강화제로 제공되는 자극들을 평가하기 위한 방법들은 Cannella-Malone과 Sabielney 외(2013)를 참조한다.

• 반응촉진을 점진적으로 철회한다. 계획된 촉진자는 자연적으로 발생하는 자극에 학생이 정확한 반응을 보이도록 하기 위해 철회되어야 한다. 계획된 자극에서 자연적 자극으로의 전환에 대한 증거기반 교수전략이 바로 **시간지연**(time delay) 방법이다(Browder et al., 2009). 중도장애학생에게 교수적 촉진을 제공하고 용암하기 위한 시간지연과 기타 방법에 대해 Collins(2012)와 Brown 외(2020)를 참조한다.

• 일반화와 유지를 장려한다. 유능한 교사는 학생이 획득하고 일반화한 기술에 대한 자신감을 갖기 전에 다양한 단서, 자료들과 다른 환경에서 목표화된 기술도 학생에게 수행하게 해야 한다. 일반화를 촉진하기 위한 몇 가지 전략이 제4장에서 논의되었다. 사실적인 자료들은 실제생활로의 일반화

를 촉진하며, 수업시간에도 가능할 때마다 사용되어야 한다. 예를 들어 물건을 구입하는 방법에 대해 학습하고 있는 학생들은 가상지폐나 동전 대신에 실제 현금을 가지고 연습을 해야 한다. 자연적인 교수전략을 사용하고 지역사회 중심교수를 실행하는 것은 중요한 기술의 일반화와 유지를 촉진하기 위한 최선의 방법 중 하나이다(Steere & DiPipi-Hoy, 2012). 전환교육 : 현재가 미래를 만든다 '지역사회 중심교수, 이건 단순히 현장학습이 아니다'를 참조하라.

학습한 기술을 일반화하고 유지하도록 돕는 전략은 Cooper 외(2020) 그리고 Westling 외(2015)를 참조한다.

- 학생의 학습을 직접적으로 자주 평가한다. 중도장애학생의 발달은 거의 매우 작은 단계에서 발생하기 때문에 직접적인 평가가 이루어지지 않는다면 놓쳐버릴 수 있다. 매 시간 학생의 수행이 수집되었을 때 학습에 대한 정보가 가장 정확하게 제공된다. 또한 과제분석된 기술이나 일과 또는 촉진의 각 수준 단계에서의 학생의 수행에 대한 기록도 필요하다(예 : Collins, Karl et al., 2010; 그림 4.5 참조).

전환교육 : 현재가 미래를 만든다

지역사회 중심교수, 이건 단순히 현장학습이 아니다

지역사회 중심교수는 무엇이며 왜 필요한가

이름에서 알 수 있듯이 지역사회 중심교수(CBI)는 실제 지역사회 상황에서 가르치고 배우는 것이다. 어떤 기술을 목표로 하느냐에 따라 CBI는 다양한 장소(예 : 식료품점, 식당, 놀이공원)에서 이루어질 수 있다. 학교를 떠나 이루어지기 때문에 재미있지만 우수교사 Carey Creech-Galloway에 따르면 CBI는 단순한 현장학습이 아니다.

CBI는 많은 장점이 있지만 그중 가장 중요한 것은 학생이 실제 상황, 즉 목표한 기술을 사용해야 하는 바로 그 장소에서 연습한다는 것이다. 따라서 학교에서 배운 기술을 교실 바깥에서 일반화하는 기회를 늘려주며 교사에게는 새로운 상황에서 벌어질 수 있는 어려움을 구체적으로 평가할 수 있게 하고, 학생에게는 지역사회에서 사회적 관계를 발달시킬 기회를 마련해준다(Barczak, 2019).

CBI는 어떻게 하는 것인가

- **항상 학생의 학습목표로 시작하라.** 우수교사 Carey는 CBI를 계획할 때 현재 학생이 배우고 있는 기술, 대안 평가를 위한 교과핵심기준, 그리고 교실에서 이루어지고 있는 수업들을 전반적으로 살펴본다. 그녀는 다음과 같이 말한다. "CBI를 계획할 때마다 교실에서 하고 있는 수업들과 일치시키려고 노력해요. CBI는 모든 영역의 기술(의사소통, 작업치료와 물리치료 목표, 시각장애와 청각장애학생을 위한 지역사회 환경에서의 교육, 학업 · 사회성 · 행동 · 기능적 기술)을 대상으로 할 수 있습니다. CBI는 다른 모든 효과적인 수업방법처럼 집중적이고 계획적이며 구체적인 학습목표입니다."
- **어떤 유형의 지역사회 장소가 학생이 배워야 할 기술들을 연습하기 적합한 곳인지를 고려하라.** 여러 학생의 IEP 목표 또는 여러 영역에 걸친 학습목표를 다룰 수 있는 방법이 있는지 자신에게 물으며 효율성을 최대화할 수 있도록 노력한다. 우수교사 Carey는 한 초등학생을 발레공연, 시내 체육관, 핼러윈 행사가 열리는 공원, 식료품점에 데려갔다. "이런 장소에서 여러 가지를 배웠어요. 간판들과 안내표지 읽기, 길 건너기, 물건사기, 그림 스케줄 따르기, AAC로 원하거나 필요한 것 표현하기, 체력 · 유연성 · 관절운동범위(ROM) · 소근육 운동 같은 PT/OT 목표, 돈 세기, 시간 읽기, 2단계로 된 지시 따르기, 여러 행동과 사회성 기술 등을 연습했습니다."
- **지원준비를 철저히 하라.** 방문기관과 방문할 날짜와 시간 협의하기, 행정절차 및 학부모 동의 구하기, 이동수단 준비하기, 그리고 모든 지원인력(예 : 관련 서비스 제공자, 특수교육 실무사, 함께 가는 학부모)이 각자

자기 역할 숙지하기를 준비하라.

- **학교에서 미리 가르치라.** CBI를 하기 전부터 목표기술을 결정하고 일반화 계획을 세워서 집중적인 교수를 실시한다. 다양한 사진과 영상자료를 사용하여 목표한 기술이 여러 장소에서 사용되는 예들을 보여준다. 교실과 학교 곳곳에서 연습하고 여러 사람들과 함께 역할놀이를 한다. 가능하다면 교실과 학습자료를 최대한 실제처럼 꾸며 교실에서 모의수업을 한다(Barczak, 2019). CBI를 위한 모의수업은 제4장 참조하라.
- **데이터 기록용지를 가져가라.** 지역사회 장소는 일반화 데이터를 수집하기에 완벽한 곳이다. 지역사회 목표기술 수행 데이터를 기록할 수 있는 기록용지를 준비한다. 일반화 검사마다 학생이 독립적으로 수행했는지 또는 촉진을 받아 수행할 수 있었는지를 기록한다. 어떤 학생이 지역사회 장소에서 많은 촉진이 필요했다면 교실에서 더 많은 일반화 연습이나 CBI가 필요함을 깨닫게 해준다.

더 효과적으로 CBI를 계획하는 방법

관련 서비스 제공자에게 협조를 요청한다. CBI를 도와줄 사람과 함께 가고자 할 것이므로 전략적으로 관련 서비스 제공자와 함께 계획하면 어떤가? Carey는 많은 CBI를 실행하면서 말, 언어, 소근육 운동, 대근육 운동기술을 목표로 한다. 그녀는 언어치료사, 작업치료사, 물리치료사와 함께 여러 기술을 지도하고 데이터를 수집하는 계획을 세운다.

그녀는 또한 CBI를 통해 배운 경험을 교실 수업과 평가를 향상시키는 데 적용할 것을 조언한다. 예를 들어 지역사회에서 가르치는 동안 "교실에서는 완벽하다고 생각했던 과제분석이 실제 상황에서 학생이 수행할 때는 차이가 있다는 것을 알고 문제를 해결"하는 매우 좋은 기회를 얻기도 한다. 그러한 차이를 발견하면 현장에서 바로 조정할 수 있을 뿐 아니라 앞으로 교실 수업을 준비하는 데도 도움이 된다.

Carey는 지금 가르치는 초등학생들에게 다가오는 내년을 준비하는 시기는 바로 지금이라는 것을 알고 있다. 지역사회에서 가르치는 것을 고등학교 때까지 기다리지 않아야 한다!

부분 참여 부분 참여(partial participation)의 원리는 Baumgart 외(1982)가 처음으로 제안하였다. 부분 참여의 원리는 중도장애아동들이 주어진 과제활동의 모든 단계를 혼자 힘으로 참여할 수 없다 하더라도 선택된 요소들 또는 적절히 수정된 과제를 수행하도록 가르칠 수 있다는 원리이다. 부분 참여는 학습자가 과제에 보다 적극적으로 참여할 수 있도록 도와줄 수 있으며, 어떻게 과제를 수행할 것인가와 관련된 선택의 폭을 넓혀주고, 활동에 대한 더 많은 통제권을 부여하며, 교실이나 지역사회에서 가치 있는 역할을 수행하게 한다(Giangreco et al., 2020; Udvari-Solner et al., 2004). 지속적인 평가를 통해 언제 도움을 줄이거나 제거할 것인지 그리고 부분 참여가 모든 학교 및 교실활동에 의미 있게 참여할 수 있도록 해주는지를 결정할 수 있다(McDonnell et al., 2020).

다른 교수전략 또는 기술과 마찬가지로 부분 참여도 잘못 사용될 수 있다. Ferguson과 Baumgart (1991)는 부분 참여의 잘못된 적용 유형 네 가지를 설명하였다. (1) 수동적인 참여 : 학습자가 참여는 하나 적극적으로 활동하지 못하는 경우, (2) 근시안적인 참여 : 아동의 참여가 다른 사람의 편의에 의해서 선택된 활동의 일부분에 제한된 경우, (3) 비정규적 참여 : 아동의 기능적이고 활동 중심적이며 연령에 적합한 교육활동 등 비정규적으로 특정 일부 활동에만 참여하는 경우, (4) 부족한 참여 : 아동의 독립적인 활동에 비중을 크게 둔 나머지 중요한 부분적 참여 활동이 결여된 경우이다.

긍정적 행동지원 얼마 전까지만 해도 머리를 반복적으로 흔드는 것과 같은 상동행동을 보이는 아동에 대해서는 교사가 아동의 머리를 잡고 몇 분 동안 계속해서 위아래로 흔들면서 팔을 고정시키곤 했었다. 울화행동과 소리를 지르는 행동을 보이는 학생은 분무기로 물을 뿌리거나 타임아웃 방법 등으로 다루어지곤 했다. 또한 다른 사람을 때리거나 자주 발로 차는 학생은 제지되고 바닥에 몇 분 동안 움직이지 않게 하였다. 이러한 방법들이 처치 계획의 한 부분으로 여전히 사용되고 있지만 치료 가치에 대한 의구심은 계속되고 있으며, 특히 학생을 제지하는 것에 대해서는 더욱 그렇다. 미국 장애아동협회(CEC)의 공식 입장에 의하면 "신체적 제지와 격리 절차는 학교에서 학생 본인과 다른 사람의 신체적 안전이 즉각적인 위협에 처해 있을 때만 제한적으로 사용되어야 한다."(CEC, 2009, p. 2).

긍정적 행동지원(positive behavioral support) 접근법은 문제행동에 대한 기능평가에서 시작된다(제6장 참조). 기능평가 결과는 긍정적인 행동지원 계획을 개발하는 데 사용된다. Roscoe 외(2010)가 행한 기능적 평가의 예에서 보면 지적장애를 가진 13세 학생의 수업시간 중 공격적인 우발행동은 자신이 좋아하는 대화 주제(예 : 동물원, 개)에 대한 교사의 관심에 의해 유지되고 있었다. 이러한 정보에 근거하여 자신이 선호하는 대화 주제에 접근하기 위해 사회적으로 수용되는 대체행동('이야기를 하고 싶어요'를 나타내는 카드를 가리키는 행동)을 가르침으로써 아동의 공격성을 감소시킬 수 있는 기능에 기초한 중재 프로그램을 개발할 수 있다.

문제행동의 기능을 고려하지 않는 중재와 비교해 기능평가에 의해 정보가 제공된 처치는 행동에서의 향상을 오랫동안 유지할 수 있으며 또한 본질적으로 덜 제한적이며 실무자나 학부모에게 더 수용될 것으로 여겨진다(Hanley, 2012; Slaton et al., 2017). 교육구의 교수지원 직원으로 행동분석전문가(BCBA)를 채용하는 경우가 늘고 있다. 행동분석전문가는 응용행동분석에 관한 훈련과 감독 경험으로 기능사정을 안전하고 전문적으로 수행하고 결과를 해석하며, 이를 바탕으로 연구에 기반을 둔 중재를 고안하고 평가할 수 있다(Behavior Analyst Certification Board, 2020).

불복종, 공격성, 계속 움직이는 행동, 자해행동과 같은 도전행동은 간단한 교육과정이나 학습활동을 행하는 방식의 수정을 통해서 빈도를 감소시키거나 예방할 수 있다. 예를 들면 다음과 같다.

- 아동에게 과제나 과제 순서 선택하게 하기(Zelinsky & Shadish, 2018)
- 쉽게 성공할 수 있는 과제와 어려워서 성공률이 낮은 과제를 적절하게 혼합하여 제시하기(Common et al., 2019; Wood et al., 2018)
- 아동에게 자신의 이름이 호명될 때 그리고 학급 전체를 부를 때 반응하는 방법 가르치기(예 : "여러분")(Beaulieu et al., 2012)
- 빠른 교수 속도 유지하기(Tincani & De Mers, 2016)
- 실수를 줄이기 위한 반응-촉진 절차 사용하기(O'Neill et al., 2018)
- 행동과 별도로 고정시간 또는 변동 스케줄에 따라 강화 제공하기(C. L. Phillips et al., 2017)
- 여가를 위한 사물과 활동, 그리고 관심 허락하기(Cannella-Malone et al., 2008; Wood et al., 2018)

소집단 교수   지난 수년간 중도장애학생들을 위한 효과적인 교수중재는 일대일 교수라는 믿음이 있었다. 그 이론적 근거는 일대일 교수가 교사에게 아동의 주의산만을 최소화할 수 있고, 반응 가능성을 증가시킬 수 있다는 점에 있었다. 일대일 교수의 구성 형태가 중도장애학생들에게 집중적이고 체계적인 교수를 가능하게 하지만 잘 고안되고 실행된 소집단 교수도 여러 장점이 있으며 효과적일 수 있다(Brown et al., 2020; Hunt et al., 2020).

- 소집단 교수에서 학습된 기술은 집단 환경에서 보다 일반화되기 쉽다.
- 소집단 교수법은 학생이 혼자 또는 다른 학생과 분리되어 학습했을 때 놓칠 수도 있는 사회적 상호작용과 또래 강화의 기회를 제공한다.
- 소집단 교수법은 우발적 학습 및 다른 아동으로부터의 관찰학습 기회를 제공할 수 있다.

- 어떤 경우 소집단 교수법은 교사의 시간 효율성을 높일 수 있다.

한편 소집단 교수법의 효과를 높이기 위해 교사는 다음과 같은 사항을 실천할 필요가 있다.

- 교사는 아동이 다음과 같은 기본적인 선수학습 기술을 가지고 있는지 확인한다. (1) 일정 시간 동안 조용히 자리에 앉아 있기, (2) 시선 유지하기, (3) 간단한 지시 따르기 또는 단순한 반응 모방하기
- 교사는 아동들이 그 집단 구성원들의 말을 경청하고 행동을 주의 깊게 바라보도록 격려해야 하며 그러한 행동을 보이면 칭찬해준다.
- 학생마다의 순서를 짧게 하여 모든 학생에게 순서가 돌아가게 하고, 시범과 다양한 자료를 사용하는 방법으로 수업을 흥미롭게 한다.
- 학습집단 내 모든 학생이 교수회기마다 반응할 수 있도록 모두 함께 대답하는 방법이나 반응카드(제6장 참조) 방법을 사용하여 학생의 적극적인 반응을 유도한다.
- 교수 간격을 활기차게 한다(즉, 학습 시도 간격 시간을 아주 짧게 유지).
- 모든 학생의 목표기술과 반응 양식을 개별화한 중다수준 교수를 사용해 모든 학생을 참여시킨다.
- 모든 학생이 반응할 수 있도록 부분 참여와 자료 수정방법을 이용한다.
- 교사는 불필요한 말을 하지 않고 순서마다 학생 반응의 양과 시간을 제한한다.

농-맹 학생을 위한 특별 고려사항

농 학생을 위한 교육프로그램은 시각에도 제한이 함께 있는 학생에게는 대개 적절하지 않는데, 많은 교수법과 의사소통 방법이 상당 부분 시각에 의존하기 때문이다. 반면 시각장애학생 프로그램은 소리에 의존하는 교수법이 많기 때문에 좋은 청력이 필요하다. 이중감각장애학생 대부분이 시각과 청각 양식으로 제시되는 정보를 얻을 수 있지만 교수 상황에서는 이러한 감각자극들은 확장되어 학생의 주의를 직접 이끌 수 있어야 한다.

접촉 감각을 사용하는 촉각교수 기법은 시각과 청각 양식을 통해 얻은 정보를 보충하는 데 사용된다(Chen, 2014). 농-맹 학생은 손을 이용한 다양한 의사소통 양식을 사용한다(Bruce et al., 2016; Hersh, 2013).

- 촉각 수어 : 농-맹 장애학생은 다른 사람의 손이나 손목을 잡고 그 사람이 하는 수어의 움직임을 느낀다.
- 수어 문자(Manual alphabets) : 말하는 사람이 듣는 사람의 손바닥 위에 철자를 하나씩 수어로 표현해준다.[2]
- 블록체 알파벳 대문자(Block alphabet 또는 Spartan) : 말하는 사람이 듣는 사람의 손바닥 위에 단어의 철자를 하나씩 크고 분명하게 대문자로 써준다.
- 손가락 점자 : 말하는 사람이 듣는 사람의 손가락 위에 점자 코드를 찍어준다.

Scott Cunningham/Pearson Allyn and Bacon/Merrill Education

촉각자극은 농-맹장애학생 교육에 매우 중요한 역할을 한다.

---

2 'Deaf-blind Manual Alphabet'이라는 이름으로도 불리우는 것으로, 말하는 사람이 주로 오른손 검지를 펴고 나머지 손가락은 접은 채로(철자에 따라 2개 이상의 손가락을 사용하기도 함) 알파벳 철자를 농-맹인의 왼 손가락의 특정 위치나 손바닥에 대거나 두드리는 등의 방법으로 철자를 표현해주는 방법_역주

농-맹 장애인들은 엄청난 노력을 통해 의사소통 방법을 성취하는데, 의사소통 상대방의 노력도 중요하다. 손에서 손 방법을 통해 정보를 받고 자신의 지식, 희망, 의견, 느낌을 표현하는 학생을 위해 교사는 자신의 손을 학생이 만지게 하고, 손-아래-손 접촉으로 감정에 대한 아동의 탐색과 표현에 반응해주고, 아동의 손 아래 또는 옆으로 움직여 아동의 행동을 모방하며, 상호적 손 게임을 함께해줄 수 있다(Miles, 2003).

Lane(2003)에 의하면 농-맹 학생을 지도하는 교사의 어려움은 시각과 청각에 맞추어진 일상적 상호작용을 촉각 접촉으로 바꾸는 방법을 찾는 것이라고 한다. "브라유는 알파벳 코드를 개발했을 때 그 방법을 찾았고 농-맹인 커뮤니티는 미국 수어(ASL)를 이용한 의사소통 방법을 촉각 양식으로 맞춤화하면서 그 방법을 찾았다. 모든 유형의 인간 상호작용은 바로 이러한 방식으로 재고되어야만 한다."(p. 12).

TBI 학생 교육을 위한 특별 고려사항

중도중복장애학생을 위한 많은 교육과정 및 교수방법을 뇌손상 학생에게도 적용할 수는 있지만 교사와 IEP 팀은 고려해야 할 것이 몇 가지 더 있다. 뇌손상으로부터의 회복은 오랜 시간이 걸리고 예측하기 어려운 과정이다. 학생은 뛰어난 학업수준을 보이다가 퇴행하기도 하고 다시 빠른 속도로 학습하기도 한다. 뇌손상을 입은 학생은 때론 일정 기간 아무런 개선을 보이지 않으면서 회복에 고원효과가 나타나기도 한다. 그 고원효과가 기능적 향상의 끝을 의미하지는 않는다. Ylvisaker(2005)는 학생이 신체적으로 가능하고 수업에 반응할 수 있으며 10~15분 정도 주의집중을 유지할 수 있으면 학교로 복귀하는 것이 좋다고 제언한다.

뇌손상으로 병원에 입원해 있다가 학교에 복귀하는 학생은 장기간 결석으로 인한 여러 가지 문제를 안게 된다. 이 학생들은 학업, 심리, 가족지원을 위한 종합적 프로그램이 필요할 것이다. 회복 초기 단계의 일부 학생들은 행동과 학업에 심한 변화를 보이기 때문에 매달 IEP 목표와 서비스를 다시 검토하여 수정할 필요가 있을 수 있다. TBI 학생을 돕는 다음의 방법을 참조한다(Babikian & Asarnow, 2009; Deidrick & Farmer, 2005; Schilling & Getch, 2012; Vu et al., 2011).

- 동시에 해야 하는 수업의 양이나 숙제를 줄여준다.
- 숙제를 더 작은 단위로 나누어 하게 한다.
- 학생의 컨디션이 가장 좋을 때 수업지도 일정을 잡고 휴식을 자주 주어 적절히 쉴 수 있게 한다. 만성적인 피로를 보이면 수업 양과 학교 일과 시간을 줄여준다.
- 사회적 상황을 미리 연습할 수 있게 하고, 다른 사람과의 적절한 신체적 거리나 목소리 톤의 유지와 같은 사회적 상호작용을 위해 명시적 교수와 촉진을 제공한다.
- 명료하고 복잡하지 않은 교수를 하고 복잡한 단계의 과제는 더 단순화한다.
- 청각단서와 시각단서를 함께 짝지어 제공한다.
- 교사, 상담가 또는 보조원이 학생과 매일 일과 시작과 마지막에 만나 일정을 검토하고 과제를 점검하며 진전 상황을 모니터링한다.
- 또래 한 사람을 지정하여 학생이 교실 간의 이동을 효율적으로 하게 돕고, 다음 시간 교실로의 이동을 위해 조금 일찍 교실에서 나갈 수 있게 허용한다.
- 이동, 균형, 협응에 어려움을 보이는 학생에게 특수 체육시간을 수강하게 한다.
- 뇌손상 학생이 종종 경험하는 빈약한 판단, 충동성, 과잉행동, 파괴성, 제멋대로 하는 행동을 위해 행동관리나 상담 중재를 제공한다.
- 수업을 녹음하고 대필자를 지정해주고 시험시간을 연장해준다.

대안적 교육 배치

학습목표 12.5 중도중복장애학생의 일반학급 배치에 대한 장점과 단점을 열거할 수 있다.

중도장애학생에게 가장 적합한 교육장소는 어디인가? 이 중요한 질문에 대해서 많은 논쟁과 토론이 계속되고 있다(Giangreco, 2020; Giangreco et al., 2020; Kauffman et al., 2020; Kleinert et al., 2015).

저출현 장애학생은 어디에서 교육받아야 하는가

15개주에 걸쳐 4만 명에 가까운 학생들을 대상으로 한 전국 설문조사에서 3% 미만의 최중도장애학생만이 일반학급에 배치되었고 4.3%만이 학습 도움실에 배치되었다(Kleinert et al., 2015). 약 14%의 중복장애학생들이 일반학급에서 수업을 받고, 18%는 학습 도움실에서, 45%는 특수학급에서, 23%는 특수학교나 기타 장소에서 수업을 받는 것으로 나타났다(U.S. Department of Education, 2020a).

농–맹 학생의 경우 약 26%는 일반학급에서, 13%는 학습 도움실에서, 36%는 특수학급에서, 25%는 특수학교나 기타 장소에서 수업을 받았다(U.S. Department of Education, 2020a).

TBI 학생의 경우 약 51%는 일반학급에, 21%는 학습 도움실, 20%는 특수학급, 8%는 특수학교나 기타 장소에서 공부하는 것으로 나타났다(U.S. Department of Education, 2020a).

주거지와 가까운 학교의 이점

루 브라운(통합된 학교, 직업기관, 지역사회 장소에서 중도장애인의 통합교육을 오랫동안 주창)과 동료들은 위스콘신대학교에서 중도장애학생들이 만약 장애가 없다면 들어갔을 학교에 다녀야 하는 이유에 관한 훌륭한 연구사례를 보여주었다.

> 중도 지적장애학생들이 받는 교육 서비스 환경들은 학교를 졸업한 이후 그들의 삶을 어디에서 그리고 어떻게 보내는지에 대해 중대한 영향을 미친다. 분리는 분리를 낳는 법이다. 지적장애아들이 분리된 학교에 들어가게 되면 통합된 환경에서 잘 활동할 수 있다는 것을 나머지 지역사회 구성원들에게 보여줄 기회를 거부당하는 것이라 믿는다. 장애가 없는 또래들은 장애학생을 이해하지 못하고 너무 쉽게 부정적으로만 생각한다. 학부모들은 장애아동이 더 나이가 들어 통합된 환경 속에서 역할하기를 배우는 것에 대한 위험 부담을 두려워한다. 일반 납세자들은 장애아동을 분리된 공동생활 가정, 장애인 고용업체, 복지센터, 보호 작업장, 장애인보호시설, 요양원으로 격리시킬 필요가 있다고 생각한다(Brown et al., 1989a, p. 1).

브라운과 동료들은 중도장애학생들이 인근의 학교에서 교육받아야 하는 네 가지 이유를 제시한다. 첫째, 장애가 없는 학생들이 장애가 있는 학생들과 함께 통합된 학교에 다닐 때 그들은 다원화된 사회에서 성인처럼 책임 있게 역할을 더 잘 수행할 것이다(Downing et al., 2004). 둘째, 통합된 학교가 더 의미 있는 교육환경이다(Fisher & Meyer, 2002). 셋째, 학생이 동네의 학교에 다닐 때 부모와 가족은 학교활동에 더 많이 참여할 수 있다. 넷째, 동네 학교에 다니면 많은 학생들과 폭넓게 사회적 관계를 형성할 수 있는 더 많은 기회를 제공할 수 있다(Zambo, 2010). 이상의 근거들은 많은 문헌을 통해 다양한 형태와 수준의 연구들로부터 지지를 받아 왔으며(Ryndak & Fisher, 2007), 사회기술과 인간관계에 대한 통합의 이점 또한 많은 경험적 지지를 받고 있다.

사회적 관계 사회적 관계망을 수립하고 유지하는 것은 중도장애학생들을 위한 통합교육 활동의 중요한 목표 중 하나이다. 표 12.1은 중도장애학생이 일반 학생과 같은 학교에 다니면서 개발할 수 있는

표 12.1 중도장애학생과 일반 학생이 같은 학교에 함께 다닐 때 만들어질 수 있는 사회적 관계	
사회적 관계	예
또래 튜터	리는 마고와 사회적 장면에서 소개하는 방법에 대해 역할놀이를 하면서 마고에게 피드백과 칭찬을 해준다.
함께 밥 먹는 친구	제니퍼와 릭은 학교 식당에서 함께 점심을 먹으면서 좋아하는 가수들에 관해 이야기한다.
미술, 가정경제, 악기연주, 음악, 체육 수업을 함께 듣는 친구	미술시간에 노을을 그리는 과제를 받고 톰은 댄 옆에 앉아 가장 어울리는 색깔은 어떤 것이고 어떻게 과제를 할 것인지 조언하고 안내해준다.
정규 수업 친구	5학년 사회수업 시간에 '우리 지역 알기'를 배운다. 벤은 카렌을 도와 동네를 둘러보는 계획을 세울 수 있게 한다.
학교 일과시간 친구	학생들은 '함께 놀며' 상호작용한다. 점심을 먹고 수업시간이 시작되기 전에 몰리와 필리스는 매점에 음료수를 사러 간다.
친구	농구 팀의 일원인 데이빗은 중도장애학생 랄프를 집에 초대하여 함께 농구경기 중계를 본다.
특별활동 친구	사라와 위노아는 학교 신문에 실을 기사를 함께 준비하고 편집한다.
방과후 프로젝트 친구	2학년에서 홈커밍 행사 퍼레이드에 쓰일 대형 풍선을 만들기로 해서 존과 마리아는 방과후 시간과 주말에 만나 함께 작업한다.
방과후 어울리는 친구	토요일 오후 마이크와 빌은 함께 쇼핑몰에 간다.
교내 이동 친구	데이빗은 농구 팀에서 학생 매니저를 하고 있는 랄프와 체육관에 함께 간다.
이웃	이웃에 사는 일반 학생의 학부모가 메리와 학교, 동네, 가게, 쇼핑센터에서 만날 때마다 인사를 주고받는다.

출처 : "The Home School: Why Students with Severe Disabilities Must Attend the Schools of Their Brothers, Sisters, Friends, and Neighbors" by L. Brown, from JOURNAL FOR THE ASSOCIATION FOR PERSONS WITH SEVERE HANDICAPS, 1987, Volume 14. Copyright ⓒ 1987 by TASH. 허락하에 사용함.

11가지 사회적 관계를 보여준다.

중도중복장애학생을 일반학급에 통합시키면 긍정적인 사회적 상호작용과 우정을 형성할 기회를 제공한다. 다음은 어느 초등학교 교사의 말이다.

> 제 생각엔 그 아이가 우리 교실에 있는 것만으로도 친구들과 서로 접촉을 많이 하기 때문에 의사소통하는 훌륭한 기회가 된다고 봅니다. 다른 학생들이 그 아이 손을 잡고 싶어 하고, 말을 걸고 싶어 하고, 옆에 앉고 싶어 합니다. 단지 통합학급에 있는 것만으로도 다른 학생들이 말을 걸려고 하고 친구가 되고 싶게 만드는 것이지요(De Bortoli et al., 2012, p. 242).

중도장애학생을 단지 이웃한 학교의 일반학급에 배치한다고 또래들로부터 지원이 자동적으로 만들어지는 것은 아니다.

> 통합된 장애학생과 다른 학생들 사이에 상호작용이 많지 않습니다. 아주 효과적인 의사소통 수단인 '하이 파이브'조차 아무도 하려고 하지 않습니다. 그런 걸 보면 함께 어울리지 못하는 게 보입니다(De Bortoli et al., 2012, p. 242).

교육자들은 사회적 상호작용과 우정 형성을 위하여 다양한 전략을 개발하였다. 그 한 가지는 장애학생에게 상호적용 시도와 유지를 위한 구체적인 기술을 가르치는 것이다. 예를 들어 Hughes와 동료들(2011)은 중도장애 고등학생 5명에게 의사소통 책을 사용하여 장애학생과 상호작용하는 데 관심이 있

Bill Aron/PhotoEdit

장애학생과 일반 학생 사이에서 우정과 방과후 사회적 관계는 모든 학생이 집과 가까운 동네 학교에 다닐 때 발생할 가능성이 가장 크다.

다고 한 일반 학생들에게 대화를 먼저 시도하는 방법을 가르쳤다. 의사소통 책은 그림의사소통상징(Mayer-Johnson, 2008)이 학교 행사, 스포츠, 여가 흥미에 관계된 연령에 적합한 질문과 언급(예 : "어떤 음악을 좋아해?")을 나타내는 글자와 함께 제시되어 있다.

다른 접근들은 협력적 교수 팀과 같은 교수자의 역할과 책임을 변화시키는 전략들이다(Dettmer et al., 2012; Ryndak et al., 2020). 중도장애학생 통합교육을 위한 많은 전략들은 함께 사용되기도 하고, 프로그램들도 장애학생, 또래, 교사를 위한 지원을 확인하고 제공하는 여러 가지 동시적인 방법들을 통합하고 있다.

또 다른 전략은 쉬는 시간, 협동학습 시간, 또래교수 활동, 또래 친구 활동시간 동안 일반 학생에게 사회적 접촉을 먼저 시작하도록 가르치는 데 초점을 둔다(Brock et al., 2020; Copeland et al., 2004; Sartini et al., 2013)(교수와 학습 '또래 도우미 : 중도장애학생과 함께하기' 참조).

일반학급에서 보내는 시간은 어느 정도로 할 것인가

장애학생은 물론 비장애학생에게도 사회성에서 이점이 있다고 연구들은 명확히 밝히고는 있지만 개별화 교육프로그램(IEP) 목표달성에 대한 완전통합의 효과는 아직 알려지지 않고 있다. 중도장애학생들을 위한 기능적 IEP 목표와 목적이 일반학급 교육과정에 삽입될 수는 있지만 이를 의미 있게 하기란 결코 쉬운 일이 아니며, 특히 중등과정에서는 더욱 어려운 일이다. 일반 학생들이 특별히 가르치지 않아도 자연스럽게 배우는 기본적인 기술을 배우기 위하여 직접적이고, 집중적이며, '맞춤화'된 지도가 필요한 학생들에게 지도시간을 효과적으로 사용하는 것이 매우 중요하다. 일반교사와 특수교사 모두가 겪는 큰 어려움의 하나는 중도장애학생에게 가장 필요한 기능적 기술의 획득, 연습, 일반화를 위한 기회 제한이 없는 정규학급 활동에 이들이 통합될 수 있는 활동 모델과 전략을 개발하는 것이다.

중도장애학생들이 얼마나 많은 시간을 일반학급에서 보내야 하는가 하는 질문은 매우 중요하다. 모든 장애학생은 교육적 요구의 속성과 관계없이 일반학급에 완전히 통합되어야 한다는 소수의 완전통합 교육 주창자가 있지만 대부분의 특수교사는 중도장애학생은 장애가 없었으면 다녔을 학교와 학급에 배치되어야 한다는 Brown과 동료들(1991)의 의견에 동의한다.

> 일반교육 학급에 '기반을 두는 것'과 '갇혀 있는 것' 사이에는 상당한 차이가 있다. '기반을 둔다'라는 것은 학교 일과를 시작하게 되는 실제 학급의 한 일원이 된다는 것을 의미하며, 학급에서 모든 시간을 보내지는 않지만 자신이 속한 그룹이 존재하며 모든 학생도 그러한 사실을 알고 있다는 것이다. … 우리는 중도장애학생이 일반학급에서 아예 시간을 보내지 않거나 100%를 보내는 것에는 찬성하지 않는다. … 그렇다면 얼마만큼의 시간을 일반학급에서 보내야 할까? 학생이 학급의 방문자가 아닌 한 사람의 일원으로 받아들여질 수 있다면 충분하다. 만일 학생이 의미 있는 활동에 참여한다면 많은 시간을, 아직 어리다면 제법 많은 시간을, 그러나 21세가 되면서는 일반학급에 있는 시간을 더 적게 한다. 하지만 우리가 알지 못하는 것들이 아직 많이 남아 있다(pp. 40, 46).

교수와 학습

또래 도우미 : 중도장애학생과 함께하기

또래 도우미란 무엇이며 왜 중요한가   또래 도우미는 중도장애학생들의 사회적 참여와 삶의 질을 높여주기 위해 그들과 상호작용하는 일반 학생들이다. 중도장애학생들은 흔히 일반 학생들과 떨어져 있다. 또래 도우미 프로그램에서 장애학생은 친구들과 함께 있음을 더 느끼고, 적절한 사회성기술 모델과 접촉하며, 우정을 형성한다(Hughes & Carter, 2006). 또래 도우미 프로그램에 참여하는 비장애학생은 공감, 책임, 다양성 이해능력을 계발한다(Brock et al., 2020).

또래 도우미 프로그램 만들기   우수교사 Carey Creech-Galloway는 초등학교에서 또래 도우미 프로그램을 시작할 수 있는 방법을 다음과 같이 제안한다.

1. **일반학급 교사와 협력하여 또래 도우미 학생을 선발하라.**   또래 도우미는 좋은 시민성을 지녔고, 장애학생을 도울 의지와 함께 진정한 친구관계를 만들고자 하는 마음을 가진 같은 학년 비장애학생이다.
2. **또래 도우미 학생이 제공할 지원의 유형을 결정하라.**   예를 들어 또래 도우미가 교실에 함께 이동하고, 수업 중에 학습이나 비학업 과제를 도와주며, 학교 식당에서 옆에 앉아 식사를 도와줄 것인가?
3. **또래 도우미 학생을 교육하라.**   구체적으로 도우미 학생은 촉진방법과 장애학생이 스스로 과제를 하려고 한 다음에만 도움을 제공하도록 가르쳐야 한다고 Carey는 강조한다. 도우미 학생은 언제 어떻게 교사에게 요청해야 하는지를 알고 있어야 한다.
4. **장애학생과 도우미 학생을 모니터링하라.**   장애학생과 도우미 학생이 함께 활동을 시작하면 모니터링(관찰이나 다른 교사로부터 받는 피드백)한다. 도우미 학생에게 피드백을 제공하고 이 프로그램을 편안하게 생각하고 자신감을 갖도록 한다.

고등학교 수준에서는 또래 도우미 프로그램이 좀 더 공식적으로 운영될 수 있다. Hughes 외(2013)는 고등학교 또래 친구 프로그램을 시작하는 방법을 다음과 같이 제안하였다.

1. **또래 친구 과목을 개설하라.**   또래 친구들과 만날 수 있는 시간과 공간을 갖게 된다.
2. **또래 친구 프로그램을 홍보하라.**   이 새로운 과목과 프로그램을 교직원 회의, 학교 신문, 오전 조회, 뉴스레터에 소개한다. 학교 상담교사와 일반교사와 함께 이야기하여 적극적으로 또래 친구를 모집한다.
3. **또래 친구를 선정하고 매칭하라.**   또래 친구 지원자들을 특수학급에 방문하게 하고 면담하고 신청서를 작성하게 하여 지원자들의 흥미와 경험을 파악한다. 이 정보를 이용하여 또래 친구를 매칭한다.
4. **또래 친구를 교육하라.**   장애 인식, 민감성, 의사소통기술을 가르치는 오리엔테이션으로 시작한다. 그런 다음 특정 기술을 모델링하고 촉진하며 강화하는 방법을 가르친다. 장애학생에게서 볼 수 있는 여러 가지 도전적 행동들에 준비할 수 있도록 대처하는 방법을 알려준다.
5. **피드백을 제공하라.**   관찰, 또래 친구 성찰일지, 또래 친구들과 정기적 미팅을 통해 정보를 수집한다. 잘하고 있는 점에 대해 긍정적 피드백을 주고 개선이 필요한 부분에 대해 조언한다.
6. **프로그램을 발전시키고 유지할 창의적인 방법을 연구하라.**   이 과목에서 만들어진 사회적 관계를 발전시킬 다양한 활동을 계획한다. 예를 들어 또래 친구 프로그램은 학교 동아리, 체육행사, 지역사회 중심교수로 더 확장될 수 있다.

중도장애학생들을 가르치는 어려움과 보상

중도장애학생을 지도하는 특수교사와 일반교사는 미지의 교육 분야를 개척해 가는 선구자들이다. 1984년 오레러브는 중도장애학생교육에 관계하는 전문가들을 "그동안 이룬 발전을 자랑스럽고 경외감을 갖고 되돌아볼 수 있다. 상대적으로 짧은 기간에 교육자, 심리학자 그리고 여러 전문가들은 입법과 예산, 공립학교와 지역사회 서비스 전달 모델의 확장, 훈련기술의 개발에 활발히 노력해왔다."라고 말했다(Orelove, 1984, p. 271).

오레러브의 긍정적 평가가 있은 지 수십 년 동안 상당한 진보가 이루어졌지만 더 많은 것들이 이루어져야만 한다. 미래의 연구자들은 어떻게 중도장애학생들이 기능적 기술을 습득하고 유지하며 일반화시키는지에 대한 이해도를 높여야 한다. 행동을 변화시키는 효과적인 기술들이 발달될수록 중도장애가 있는 개인의 권리와 존엄성에 대한 관심 또한 높아져야 한다. 중도장애학생을 가르치고 있는 현재의 교사와 가르치게 될 미래의 교사들은 이러한 발전에 앞장서야 한다.

중도장애아동을 가르친다는 것은 매우 어려운 일이며 부담이 큰일이다. 교사들은 일관성 있게 교육을 조직해야 하며 확고한 신념을 가져야 한다. 또한 교사들은 복잡한 교육자원들을 잘 관리할 수 있어야 하는데 특수교육 보조원, 교육실습생, 또래 교사와 자원봉사자들과 같은 자원을 지도 및 감독하는 것이다. 교사는 또한 일대일 개별 지도와 소집단 교수방식에 관한 식견이 있어야 하며, 일반 교사 및 관련 서비스 전문가들과 협력해서 일할 수 있어야 한다. 교사는 정확하게 기록해야 하고, 기록을 토대로 학생의 요구에 적합한 지도를 계획해야 하며, 이를 효율적으로 실천하기 위해 부모 · 가족 · 학교 행정가 · 직업재활 전문가 · 지역사회 기관 등과 지속적으로 의사소통해야 할 것이다.

대부분의 중도장애학생은 자극에 대한 반응이 매우 미미하기 때문에 교사는 학생의 작은 행동 변화에도 민감해야 한다. 유능한 교사는 아동의 학습과 행동을 향상시키기 위하여 일관성 있게 전략을 고안하고 실행하며 어려운 과제를 너무 일찍 철회해서도 안 되며 불복종이나 문제행동을 야기하는 요구를 해서도 안 된다. 그보다는 학생에게 도움을 요청하는 방법을 가르치고 학생이 과제를 수행하기 쉽게 할 수 있는 여건을 만드는 것이 더 이득이 될 것이다.

기적을 기대한다거나 수동적으로 참고 기다리는 것과 매일 체계적인 교수 및 지원방법을 고안하고 실행하여 평가하는 것은 차이가 있다. 기적을 기대하는 것은 오류이다.

> 학습 초기 우리는 아동 마음속에 내재해 있는 인지적 · 정서적 · 사회적 열쇠를 통해 매우 큰 도약을 하며 빠른 진전을 기대한다. … 이러한 진전은 무척 기쁜 일이며 또한 교사의 일을 더욱 쉽게 해준다. 하지만 이런 일은 결코 일어나지 않는다. 대신 매우 천천히, 한 단계씩, 간헐적으로 미미한 성장이 이루어지게 된다. 우리는 이러한 일에 적응하는 방법을 배워야만 한다(Lovaas, 1994, n.p.).

행동과 학습문제의 한계 때문에 일부 교사는 중도중복장애학생을 교육하는 것이 바람직하지 않다고 생각할 수도 있다. 그러나 최선의 교수가 필요한 학생들을 지도하는 것이야말로 교사에게 가장 보람 있는 경험을 가져다줄 것이다. 아동이 독립적으로 먹고 입도록 지도하는 것, 장애학생을 도와주는 비장애 또래가 생기는 것, 지역사회에서 이들이 독립적으로 생활하고 여행하고 일하도록 많은 사람들이 노력하고 지원하는 것 등은 교사에게 더할 나위 없는 만족감을 느끼게 할 수 있다. 중도장애학생을 지도하는 교사의 어려움과 잠재적 보상은 모두 대단한 것이다.

우수교사로부터의 조언

by Carey Creech-Galloway

스케줄을 짜고 반드시 지키라

Belle Galloway

- 점심시간, 일반학급 수업, 쉬는 시간, 특별과목이나 선택과목, 그리고 장애 학생이 일반교육에 참여할 것이기 때문에 변경할 수 없는 모든 시간을 반영한 학교 전체시간표를 가지고 스케줄을 짜기 시작한다. 이건 특별히 고안된 교수를 위해 장애학생을 데리고 나올 수 있는 시간이 언제인지 또는 (다행히도 당신이 지원 인력과 시간이 충분하다면) 일반교실에 당신이 들어가서 지원할 수 있는 시간이 언제인지는 파악할 수 있게 도와준다.
- 학생의 모든 IEP 목표와 관련 서비스, 그리고 시간이 정해진 기타 활동의 리스트를 만든다. 학생, 보조원, 교사의 스케줄을 모두 한번에 볼 수 있도록 하여 특정 시간대에 서로의 책임을 알 수 있게 한다.
- 특정 시간 동안의 학생, 교사, 그리고 학습목표와 활동을 명시한다. 특수교육 보조원이 교사가 기대하는 바에 익숙해질 때까지 학습자료도 함께 적어놓을 수 있다. 언제나 일반화를 위한 활동을 준비해놓고 학생이 배운 개념을 적용해볼 수 있는 기회를 갖게 한다.
- 처음 세웠던 계획대로 잘 운영되도록 대여섯 차례 정도 수정할 것이다. 중요한 점은 계획대로 해나가는 것이다.

교수 데이터를 조직하라

- 학생마다 교수 데이터를 조직할 시스템을 만든다. 바인더에 IEP 목표마다 데이터 기록지와 그래프 기록지를 넣는다. 학생 또는 필요하다면 IEP 목표별로 조직할 수 있다(예 : 모든 학생이 이 닭기를 IEP 목표로 두는 경우 하나의 바인더로 정리).
- 중등교사들은 교수집단을 먼저 IEP 목표별로 나누는 게 나을 것이다. 평가자료 수집, 가르치고 있는 기술에 대한 자료 기록지, 학생마다의 수행기록을 담은 그래프, 모든 교수-학습 자료를 포함한 교수집단 바인더를 만든다.
- 교수 결정을 위한 자료가 필요하기 때문에 IEP 목표에 관계된 교수를 실시할 때마다 자료를 수집하도록 한다. 캔터키대학교의 어느 교수님은 내게 이런 말을 한 적이 있다. "가르치는 기술에 대해 자료를 수집하지 않을 거면 왜 그 기술을 가르치죠?"

학교 일과 전체에 걸쳐 기능적 기술을 삽입하라

- 기능적 기술이나 독립생활기술을 유지하기 위해서 학생은 일과 중 언제든 그러한 기술들이 자연스럽게 일어날 때마다 연습해야 한다.
- 교과핵심내용 지도가 점점 강조되고 있는 상황에서 중도장애학생을 가르치는 교사는 장기목표와 전환목표를 항상 염두에 두어 학생의 독립성을 높일 수 있도록 해야 한다.
- 매일의 생활기술을 나열하고 어떤 학생이 그 기술들을 익혀야 하는지 확인하는 것으로 시작한다. 학생이 미래에 필요할 수 있는 직업기술, 요리기술, 지역사회 주거기술, 여가기술을 모두 나열한다. 학생마다 2~3개의 기술을 목표로 삼고 일과 중 가르칠 시간을 정한다. 목표기술들을 다음과 같은 일상과 활동에 자연스럽게 삽입할 수 있다. 점심식사 후에 이 닭기, 하루 일과를 마치고 책상 닦기, 친구를 위해 아침식사 준비하기, 도서관에서 책 분류하기 등이다.

일반교사와 협력하라

- 가능하면 교사와 개별적으로 만나 어떤 방법으로 의사소통할지 결정한다(예 : 특수교육 보조원, 또래 교사, 이메일 또는 주간회의를 통해서).
- 일반학급에서 특수교육 대상 학생의 목표를 분명하게 설정한다. 일반학급에서 학생들이 참여할 기회에는 어떤 것이 있는지 그리고 필요하다면 수정을 하는 방법은 무엇인지에 대해 일반교사와 논의한다.

- 일반학급 상황이 학생에게 적절하지 않을 때를 대비한 계획을 마련한다(예 : 학급 전체가 표준화 검사를 받거나 어떤 이유로 수업 일정이 변경되는 경우).
- 학생마다의 IEP 목표를 검토하여 언제 그러한 목표가 일반학급에서 이루어질 수 있는지 결정한다.
- 융통성을 발휘한다. 수업은 관찰 및 특정 가능한 성과에 초점을 두고 계획하고 핵심내용 기술을 기능적인 방법으로 가르칠 방법을 검토한다. 당신은 체계적 교수전략으로 핵심내용 목표는 물론 기능적 기술도 가르칠 수 있다는 사실을 명심한다.

핵심용어와 개념

과제분석	부분 참여	중복장애
내부형 머리손상	시간지연	중도장애
농-맹	외부형 머리손상	최중도장애
무산소증	외상성 뇌손상	

요약

정의

- 중복장애학생은 동시에 수반하는 손상들이 있어서 어느 하나의 손상을 위한 특수교육프로그램으로는 적절하지 않다. 중복장애아동이 경험하는 손상과 학습에의 어려움으로 중도 또는 최중도장애로 구분되기도 한다.
- 대부분의 일반 아동이 생후 5세 정도면 저절로 알게 되는 기본적인 기술을 중도장애학생에게는 가르쳐야 한다.
- TASH에 의하면 중도장애인은 "통합된 사회에 참여하고 모든 시민에게 유효한 것과 유사하게 삶의 질을 즐기기 위하여 한 가지 이상의 생애 주요 활동에 지속적인 지원이 필요한 사람"이다.
- 최중도장애학생은 2세를 넘지 않는 발달수준으로 기능성의 모든 영역에 전반적 발달장애를 보인다.
- 청각장애나 시각장애학생을 위해 고안된 특수교육프로그램으로는 농-맹 학생의 교육적 요구에 부응할 수 없다. 농-맹 학생의 거의 대부분이 어느 정도 기능적 청력, 시력 또는 모두를 가지고는 있지만 이중감각장애는 학습을 심각하게 방해한다.
- IDEA는 외상성 뇌손상(TBI)을 외부의 물리적 충격에 의한 후천적 상해로서 완전 또는 부분적 기능장애 그리고 심리사회적 손상을 야기하여 아동의 교육적 수행에 부정적인 영향을 미치는 것으로 정의한다.

저출현 장애학생의 특성

- 중도중복장애학생은 대부분의 아동들이 도와주지 않아도 알게 되는 여러 기본기술의 지도가 필요하다. 이 학생들은 행동 및 기술결함 중 일부 또는 전부를 보일 수 있는데 새로운 기술을 배우는 데 느린 학습 속도, 새롭게 배운 기술의 일반화와 유지의 어려움, 심한 의사소통기술 결함, 신체 및 운동발달 손상, 자조기술 결함, 적극적인 행동과 상호작용이 자주 나타나지 않음, 잦은 부적절한 행동 등을 보인다.
- 심한 장애에도 불구하고 중도장애학생들은 온정, 유머, 사교성, 끈기와 같은 긍정적 특성이 많이 있다.
- 능력에 제한이 있기는 하지만 최중도장애학생들도 배울 수 있고 실제로 배우고 있다.
- 농-맹 학생의 90% 이상은 한 가지 이상의 장애가 동반된다. 64%가 인지장애, 58%는 지체장애, 51%는 복합적인 건강관리 요구가 나타난다. 인지능력은 최중도 지적장애에서 영재 수준까지의 넓은 범위를 보인다.
- 뇌손상으로 인한 장애는 (1) 신체와 감각 변화(예 : 협응 결핍, 근경직성), (2) 인지손상(예 : 장단기기억 결핍, 주의집중의 어려움, 언어문제), (3) 사회·행동·정서문제(예 : 조울증, 자기중심성, 동기 결여)의 범주로 나눌 수 있다.

저출현 장애의 출현율

- 중도장애 출현율은 전체 인구의 0.1~1.0%이다.
- IDEA 장애 유형으로 중복장애, TBI, 농-맹 아동을 모두 합해도 특수교육을 받는 아동 전체의 3% 미만이다.

저출현 장애의 원인

- 거의 대부분의 중도지적장애와 관련되는 뇌장애는 뇌의 발육부전(뇌발달 이상)이나 뇌손상(정상적인 발달을 하다가 생긴 뇌구조와 기능 변화로 생긴)으로 발생한다.
- 중도 및 최중도장애는 대부분 생물학적 원인이 있는데, 염색체 이상, 유전 및 대사이상, 임신 합병증 및 산전 치료, 출생 트라우마, 후천적 뇌손상 등이 그것이다.
- 중도장애의 6분의 1 정도는 그 원인을 분명하게 밝히기 어렵다.
- 농-맹의 원인에는 조산, 임신중 감염, 출산중 합병증, 여러 선천적 증후군(예 : 어셔증후군)이 있다. 농-맹은 아동기 또는 성인기에도 뇌수막염이나 뇌손상 등으로 생길 수 있다.
- 아동기의 TBI는 대개 자동차나 자전거 사고, 낙상, 신체적 접촉이 많은 운동경기 중 사고, 흔들린 아기 증후군으로 인해 발생한다.

교육접근

- 일반적인 발달 계열에 맞춘 교육과정은 대부분의 중도장애학생에게 적절하지 않다.
- 중도장애학생이 배워야 하는 기술은 반드시 기능적이고, 연령에 적절해야 하며, 현재와 미래 환경을 위한 것이어야 한다.
- 중도장애학생은 선택하기 기술을 배워야 한다.
- 중도장애학생의 의사소통을 위한 연구와 교육의 강조점은 특정한 의사소통 양식을 가르치는 것에서 어떤 양식이든 의사소통 상대자와 의미 공유를 형성할 수 있게 하는 기능적 의사소통으로 이동하였다.
- 일부 중도장애학생은 몸짓, 다양한 수화체계, 그림의사소통판, PECS, 그리고 전자 의사소통 기기와 같은 AAC를 사용한다.
- 중도장애학생에게 연령에 적합한 여가기술을 가르쳐야 한다.

- 중도장애학생은 많은 학습 요구를 지니기 때문에 교사는 학생과 가족에게 가장 이로운 IEP 목표와 학습활동의 우선순위를 정하고 선택하는 데 세심한 주의를 기울인다.
- 최중도장애학생을 위한 효과적인 교수는 다음과 같은 특징이 있다.
  - 학생의 현재 수준에 대한 정확한 사정
  - 명료하게 정의된 목표행동
  - 논리적 계열로 정리된 기술
  - 학생 반응을 위한 명확한 촉진 또는 단서
  - 즉각적 피드백과 강화
  - 일반화와 유지를 촉진하는 전략
  - 학생의 진전에 대한 직접적이고 빈번한 측정
- 부분 참여의 원리는 중도장애학생을 위한 활동 선택 철학이자 활동 조정방법으로서 독립적으로 수행할 수 없는 의미 있는 과제에 능동적으로 참여할 수 있도록 돕는다.
- 중도장애학생을 가르치는 교사는 문제행동의 사정과 지도를 위한 긍정적이고 교육적으로 적합한 전략에 능숙해야 한다.

대안적 교육 배치

- 연구에 의하면 통합적 소집단 교수 형태가 중도장애학생에게 효과적이다.
- 중도장애학생이 집에서 가까운 일반학교의 학급에 배치되었을 때 일반 학생과 사회적 관계를 형성할 가능성이 가장 크다.

중도장애학생들을 가르치는 어려움과 보상

- 중도장애학생을 자신의 학급에 배치한 많은 일반교사들이 처음에는 부정적인 태도를 갖지만 중도장애학생이 점차 학급의 정식 구성원이 되어감에 따라 우려와 불안은 긍정적인 경험으로 변한다.
- 교사는 학생행동에서 작은 변화에도 민감해야 한다. 잘 가르치는 교사는 학습과 행동 향상을 위한 평가와 교수 변화에 항상 끈기 있게 노력한다.
- 최선의 노력을 기울여야 하는 학생을 가르치는 것은 교사로서 가장 보람되는 일이 될 수 있다.

CHAPTER 13

영재아 및 우수아

Laurence Gough/Shutterstock

 주요 학습목표

13.1 영재의 다양한 정의를 설명한다.

13.2 영재 및 우수 학생의 특성을 확인한다.

13.3 영재 학생의 판별을 위한 지침을 설명한다.

13.4 교사가 영재 및 우수 학생에게 적절한 교수를 제공하는 방법을 설명한다.

13.5 영재 및 우수 학생을 위한 배치 옵션을 확인하고 설명한다.

학력, 자격증, 경력

- 루이스빌대학교 예술학사 (1993)
- 벨러민대학교 초등교육학 석사(2003)
- 웨스턴켄터키대학교 영재교육 및 우수성 개발 교육 전문가과정(2018)
- 켄터키주 초등교육(K-5), 영재교육증명, 영재교육 코디네이터
- 교직 경력 12년

우수교사 사례

Jennifer Sheffield

Franklin-Simpson Edge Academy, Franklin, Kentucky

나는 영재 학생을 위한 속진 프로그램을 운영하는 프랭클린-심슨 엣지 아카데미에서 학생들을 가르치고 있다. 엣지 아카데미에서는 4~5학년 50명의 영재 학생을 지도하고 있다. 내 교육구에는 3,000여 명의 학생들이 있고, 켄터키 중남부 시골에 있는 작은 마을에 위치하고 있다. 학생들은 대략 백인 78%, 아프리카계 미국인 12%, 히스패닉 5%, 혼혈 인종 5%, 아시아인 1%로 학생들의 66%가 무료 또는 할인된 점심을 받을 수 있는 자격이 있는 학생들이다.

엣지 아카데미의 학생들은 능력과 흥미에 따라 전체 수업, 독립 작업, 유연한 집단수업을 번갈아 받는다. 나는 학생들에게 STEM 분야(과학, 기술, 공학, 수학)에서 사용되는 유사한 과정과 방법론을 사용할 수 있는 기회를 많이 제공하려고 노력하고 있다. 과학실에서 학생들은 연구문제를 제시하고 실험을 설계, 진행하고 데이터를 수집, 분석하고 결과를 보고한다. 학생들은 계속적인 다른 변수들에도 불구하고 한 가지 변수만을 조작한다는 것이 얼마나 어려운지, 결과를 해석할 때 편견이 어떻게 작용하는지, 신뢰할 수 있게 하기 위한 복제가 얼마나 중요한지를 배우게 된다.

나는 개방적인 학습 기회를 제공하고 학생과 교사의 관계에서 생성되는 한계를 규정짓지 않으려 한다. 구체적인 학습목표가 있기는 하지만 학생이 항상 그 이상을 할 수 있도록 여지를 남겨둔다. 종종 학생들에게 학습에서 무엇을 '해야 하는지' 말해주는 학습목표나 목적을 명확하게 알려주지 않는다. 실제 학습 경험이 발견으로 안내되도록 한다. 학생들은 교사가 주도하는 과정 없이 스스로 생각하고 말하고 활동하는 시간을 가질 때 내가 수업에서 의도한 것보다 더 깊은 수준의 성과를 보여준다.

예를 들어 전통적인 수학 도전과제인 세사 체스판(세사 : 곡류 중 하나)을 학생들에게 제시한다. 도전과제는 만약 체스판 네모 한 칸에 1개의 곡류를 올려놓고, 두 번째 네모 칸에는 2개를 올려놓고, 세 번째 칸에는 2배인 4개를 올려놓는 식으로 한다면, 64번째 칸에는 얼마나 많은 세사가 놓일 수 있는지를 묻는 것이었다. 학생들은 혼자 계산을 하거나 그룹을 지어서 하거나 자유롭게 서로 의견을 나누었다. 그들의 계산식에는 결국 과학 기호가 등장하였고 사실 학생들 중 아무도 기호를 어떻게 해석하는지를 알고 있지는 못하였으나 학생들은 차츰 발견의 과정에 다가가게 되었다. 나의 학습목표는 사실 학생들이 정확한 답을 얻는 것이 아닌 과학 기호에 관한 논의를 하고 그것을 왜, 어떻게 사용하는지를 재미있는 방법으로 소개하는 것이었다!

나는 영재교육과 관련하여 열정적이다. 목표는 많은 영재 학생들이 다니는 학교는 즐겁게 배우고 곤충, 우주, 공룡, 컴퓨터 코딩, 시(詩), 미치게 어려운 수학 문제 풀기 등 무엇이든지 열정이 가득한 곳이 되는 것이다! 학생들이 환하게 웃으면서 아이디어를 나누고 활동을 시작할 모습으로 아침에 학교버스에서 내리는 것을 보는 것을 좋아한다. 영재교육을 가치 있게 여기고 차별화된 교육과정과 모든 학생들을 위한 개인화 학습 경험을 갖도록 나를 격려하고 있는 이 교육구에서 가르치는 것에 감사한다.

特 수아동에 관한 연구는 교육을 통해 혜택을 받도록 특별히 계획된 프로그램을 필요로 하는 아동들, 즉 장애학생들에게 초점이 맞추어져 왔다. 그러나 영재 학생들은 이 아동들과는 정반대로 학업, 예술, 사회, 과학적 재능이 뛰어나며 이들에게는 전통적인 교육과정은 맞지 않다. 왜냐하면 전통적인 교육과정은 영재 학생들이 더 효율적으로 배울 수 있는 도전적인 과제들을 제공하지 않기 때문이다. 따라서 영재 학생들의 능력과 재능을 개발하는 것은 영재 학생들을 위해 일하는 특수교사의 임무이다. 우수교사 Jennifer Sheffield는 다음에 제시되는 내용이 당신의 경우라면 영재 학생을 지도하는 것이 당신에게 맞는 일일 것이라고 제시하고 있다.

- 호기심이 있고 학습하는 것을 좋아한다. 영재학급에서 항상 새로운 것을 배울 것이다.
- 학생이 질문하였을 때 그 문제를 해결하기 위해 학습계획을 완전하게 재배열하는 것을 크게 상관하지 않고 새롭고 흥미로운 관점에서 논의를 진행한다.
- 9세 아동이 특정한 과목에 대해 당신보다 더 많이 알고 있는 것에 상관하지 않고 매일 그러한 도전을 받는 사실을 좋아한다.
- 학생들이 미치도록 복잡한 수학문제를 풀고 계산기를 들고 펄쩍펄쩍 뛰는 모습을 보는 것을 좋아한다.
- 아동이 매우 높은 지능수준이지만 다른 학생들처럼 도시락을 가져오는 것을 잊는다는 것을 이해하고 있다.
- 점심시간에 방금 읽었던 공상과학 소설의 전체 내용을 그대로 암송하는 학생 옆에 앉아 있는 것을 꺼리지 않는다.
- 유머가 있고, 말장난, 빈정, 목소리 흉내, 경우에 따라 슬랩스틱 코미디를 하면서 다른 사람의 유머에 관대하게 반응한다.

영재 학생이 당신의 소명이라면 당신은 다른 학생은 가르치고 싶지 않을 것이다!

정의

학습목표 13.1 영재의 다양한 정의를 설명한다.

지난 세기 동안 여러 학자가 제시한 영재에 대한 다양한 정의의 중요 구성요인은 지능과 창의성 및 재능이다. Lewis Terman(1925)은 영재아를 "표준화된 지능검사의 점수가 상위 2% 이내에 든 아동들"로 정의하였다. Guilford(1967)는 "창의성을 지니고 있는 사람"이라고 말했다. Witty(1951)는 기술과 재능을 중요한 요인으로 생각하여 영재 아동들을 "잠재적으로 가치 있는 일에서 항상 놀랄 만한 업적을 남긴 사람"으로 정의하였다(p. 62). 이 세 개념인 지능, 창의성, 재능은 오늘날에도 영재아의 정의에 반영되고 있다.

연방정부의 정의

1972년 시드니 말랜드의 국회 보고서에 **영재**아에 대한 최초의 연방정부의 정의가 제시되어 있다.

'영재아'는 유치원, 초등학교와 중고등학교에서 지적능력, 창의성 영역, 특정 교과학습, 리더십, 연기와 시각예술과 같은 영역에서 높은 수행력을 보이거나 잠재성을 보이는 아동 혹은 청소년으로서 일반학교에서는 제공되지 않는 특별한 활동이나 지원를 요구한다. 영재아는 학령기 아동의 최소 3~5%를 차지한다(p. 5).

말랜드의 정의는 전통적인 지적 영역 외 다양한 영역의 영재성을 포함하여 주정부의 정의에 지대한 영향을 미쳤다.

현 연방정부의 정의는 제이콥 K. 자비츠에 의해서 처음으로 초·중등교육법의 일부로 1988년에 영재 아동교육법(PL 100-297)에서 공표되었고, 2001년 아동낙오방지법(NCLB)에 포함되어 있다. 그 정의는 다음과 같다.

> 지적·창의적·예술적 영역과 리더십이나 특정 학습영역에서 두드러진 수행력을 보이는 아동이며, 이들의 능력을 완전히 발달시키기 위해서는 일반학교가 통상적으로 제공하지 못하는 교육활동과 지원이 필요하다[P.L. 107-110. Title IX, Part A, Definition 22) (2002); 20 USC 7801(22) (2004)].

초·중등교육법[즉, 2015년 모든 학생의 성공을 위한 교육법(ESSA)]의 가장 최근 버전은 주정부가 학교 교직원이 영재 및 우수 학생들에게 그들의 필요를 확인하고 그에 따른 교수를 제공할 수 있는 능력을 향상시키기 위한 계획을 명시해야 하는 새로운 조항을 추가하였다.

전미영재아동협회

전미영재아동협회(NAGC, 2010)는 영재아를 다음과 같이 정의한다.

> 다음 영역 중 하나 이상의 영역에서 탁월한 적성(학습과 추론하는 데 특수한)과 능력(상위 10% 이내 성취력과 수행력을 보이는)을 보이는 아동들로 정의하고 있다. 수학이나 음악, 언어와 같은 상징기호를 다루는 활동이나 그림, 춤, 스포츠와 같은 감각운동기술들을 포함한다(p. 1).

같은 연령, 경험, 환경의 또래 아동들과 비교했을 때 영재아들은 학습속도가 더 빠르며 뛰어난 수행 능력을 보인다. 영재 아동이 청소년기에 이르면 특정 영역에서의 뛰어난 성취나 높은 학습동기가 영재성을 가장 잘 보여주는 특성이 된다. 추가적으로 "영재성은 모든 인구통계학적 그룹과 성격 유형에서 존재한다. 영재 아동이 최선을 다할 때 성인은 아동의 잠재력을 발견하기 위해 잘 지켜보고 지원하는 것이 중요하다."(NAGC, 2020a, n.p.).

기타 현재적 정의

영재 학생에 대한 현재 개념은 이론과 실제를 함께 고려하여 문제해결을 중시하고 문화, 맥락, 영역과 관련된 재능을 강조하며, 재능을 실현하기 위한 지속적이고 신중한 교육방법의 영향도 중요하게 고려한다. 다음의 요제프 렌줄리, 제인 피르토, 준 메이커가 제시한 영재 학생에 대한 정의는 현대적 관점을 반영한 대표적인 정의이다.

렌줄리의 세 가지 특성 정의 영재성에 대한 렌줄리의 정의는 (1) 평균 이상의 일반적인 지적능력,

많은 영재 학생들이 훌륭한 기억, 관찰력, 호기심, 창의성, 그리고 최소한의 연습만으로도 학업성취를 보인다.

그림 13.1 렌줄리의 영재에 대한 삼원 정의

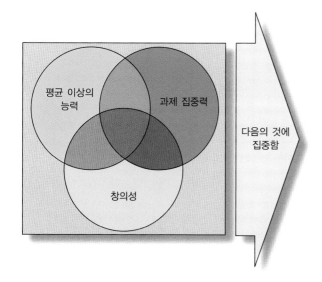

일반적 수행영역

수학 • 시각예술 • 물리학 • 철학 • 사회과학 • 법학 • 종교 • 언어학 • 음악 • 생명공학 • 행위예술

특정 수행영역

만화 • 천문학 • 여론조사 • 보석설계 • 지도제작 • 안무 • 자서전 • 영화제작 • 통계학 • 지역 역사 • 전기학 • 뮤지컬 작곡 • 조경 • 화학 • 인구통계학 • 마이크로사진 • 도시설계 • 오염 통제 • 시 • 패션디자인 • 희곡 • 광고 • 문화설계 • 기상학 • 애견학 • 마케팅 • 게임디자인 • 저널리즘 • 전자음악 • 보육 • 요리 • 가구디자인 • 내비게이션 • 조각 • 농업연구 • 동물연구 • 영화 비평 등

(2) 높은 수준의 과제 집중력, (3) 창의성이라는 세 가지 기본적인 특성 간의 상호작용에 기초하고 있다. 그림 13.1은 능력(실제 능력이거나 잠재능력), 과제 집중력, 창의적 표현의 세 구성요소가 일반 및 특수한 수행 영역에 어떻게 함께 적용되는지 설명하고 있다. 연방정부의 정의와 마찬가지로 렌줄리의 정의도 누가 높은 잠재적인 수행력을 가지고 있는지에 대한 결정에 많은 여지를 두고 폭넓게 정의하고 있다.

피르토의 재능발달의 개념 피르토는 영재를 다음과 같이 정의하였다.

> 뛰어난 기억력, 관찰력, 호기심, 창의성, 최소한의 반복과 훈련으로 신속하고 정확하게 학교에서 제시하는 과목들을 배우는 능력의 학습 특성을 가지고 있어 특성들에 따른 특별한 교육을 요구할 권리가 있는 사람들(Piirto, 2007, p. 37).

피르토는 영재 아동들은 조기에 발견되며 유치원부터 대학까지의 교육기간을 통해 계속 교육받아야 한다고 생각했다. 또한 그는 영재아들이 혁신을 창조하거나 혹은 지식을 끌어내는 사람이 되든 아니든 간에 그들이 지식을 생산하거나 새로운 예술작품들과 사회적 산물들을 창조하는 성인이 될 수 있는 교육적인 바탕을 마련해줘야 한다고 하였다.

메이커의 문제해결 관점 메이커의 관점은 오늘날의 영재 정의에서 가장 자주 나타나는 세 가지 요인인 높은 지능, 높은 창의성, 세련된 문제해결 기술을 포함하고 있다. 메이커는 영재를 다음과 같이 정의하고 있다.

> 문제를 해결하는 사람은 문제가 만족스러운 방식으로 해결될 때까지 끝까지 노력하고, 복잡한 문제에 도전하기를 즐기는 사람이다. 이런 사람은 (1) 현존하는 문제를 새롭게 혹은 좀 더 명확히 규정하고, (2) 더 효율적이고 효과적인 방법을 고안하며, (3) 보통의 방법과는 다르지만 이전의 방법보다는 더 효과적일 수 있는 문제해결력을 갖추고 있다(Maker, 1993, p. 71; Maker, 2005).

Sternberg(2007)의 지능 삼원이론, Gagné(2003)의 영재성–재능 차별 모델과 Gardner(2006)의 다중

지능이론 등과 같은 영재에 대한 현대적 개념은 기회 부여의 중요성과 환경 및 개인적인 특성을 강조함으로써 기본적으로 높은 지능지수에 초점을 둔 초기 정의에서 빠르게 벗어나고 있다.

미국 주정부의 정의

많은 주에서는 2001년에 공표한 연방정부의 정의 일부를 주정부의 정의에 포함시키고 있다. 비록 많은 주의 정의에 일반적 지능요소를 영재의 주요한 요소(46개의 주에서는 뛰어난 능력을 영재성이라고 간주)로 다루긴 하지만 주에 따라서는 특별한 능력과 수행력 측면을 포함하기도 한다. 특정 교과학습능력(32개 주), 창의적 사고(27개 주), 시각예술과 공연예술(23개 주), 비상한 리더십 능력(22개 주), 동기부여(4개 주)를 정의에 포함하고 있다(NAGC, 2020b). 그리고 4개 주에서는 아직 영재에 대한 공식적 정의가 없다.

특성

학습목표 13.2 영재 및 우수 학생의 특성을 확인한다.

영재성이란 여러 가지 능력과 기술, 특성을 아우르는 것이다. 어떤 영재 아동은 일반 사람들이 생각하는 전형적인 영재 유형과는 거리가 먼 경우도 있다. 이러한 학생들은 학업적인 면에서 두각을 나타내지 않을 수도 있지만 음악, 무용, 미술 또는 리더십과 같은 분야에서 특별한 능력을 드러낼 수도 있다. 영재 아동은 성별이나 언어, 문화, 장애 여부와 관계없이 나타난다(NAGC, 2020a). 많은 영재 아동들이 보여주는 뛰어난 학습, 지적특성은 다음과 같다(Bildiren, 2018; Clark, 2013; Rimm et al., 2018).

- 빠른 정보습득 및 보유, 많은 양의 정보를 사용하는 능력
- 하나의 아이디어를 다른 것과 연관시키는 능력
- 분별력 있게 판단하는 능력
- 다양한 관점과 반대의 관점에서 볼 수 있는 능력
- 지식의 넓은 체계 운용을 감지하는 능력
- 추상적인 상징체계들을 습득하고 조작하는 능력
- 문제를 재구조화하고 새로운 해결책을 만들어서 문제를 해결하는 능력

높은 수준의 영재 학생들은 이른 시기에 우수한 신경운동과 신경감각 발달이 나타난다. 또한 높은 수준의 영재 학생들은 "문제해결 과제에서 매우 빠른 정보처리 속도와 문제해결 기술을 새로운 상황에 전환하는 능력이 매우 특별하고 높은 수준의 초인지 능력을 지니고 있다."(Jung & Gross, 2014, p. 307). 평균보다 훨씬 높은 3 표준편차 이상의 IQ점수(IQ > 145)를 가진 아주 우수한 영재 아동들의 특성을 다음과 같이 제시한다(Clark, 2009; Silverman, 1995).

- 강렬한 지적 호기심
- 완벽주의와 정확성 추구
- 직관적인 비약을 통한 학습
- 정신적 자극과 도전에 대한 강렬한 요구
- 개념, 필수 요소 및 기본 구조에 대한 빠르고 철저한 이해

- 광범위한 아이디어를 전달하고 공통점을 종합하는 탁월한 능력
- 복잡성에 대한 감사
- 도덕과 존재에 관해 나이보다 빠른 관심
- 내성적인 성향, 독립심, 고립

많은 영재아들은 높은 수준의 도덕적 판단력, 공명정대한 행동, 다른 사람에 대한 동정심과 공감능력 등을 갖고 있다(Roeper & Silverman, 2009). 이와 같은 영재아들은 교사나 부모들과 함께 왜 성인들이 쓰레기를 함부로 버리는지 혹은 왜 정치인들은 노인과 빈곤층에 대한 지원예산을 삭감하는지와 같은 문제에 대해서 뜨거운 논쟁을 나눌 수도 있다(Rimm et al., 2018).

영재아의 특성을 다룬 많은 논의에서 영재아는 단점은 하나도 없고 강점과 미덕만 갖춘 것으로 표현된다. 그러나 영재아로 판별되는 바로 그 속성들이 여러 가지 도전을 불러오기도 한다(Missett, 2014; Mofield & Parker Peters, 2015). 예를 들어 뛰어난 언어능력으로 영재성을 인정받는 아동이 곤란한 상황을 피하고자 혹은 학급 토론을 혼자서 주도하고자 하는 경우이다. 높은 호기심으로 인해서 영재 아동이 자신의 관심사와 도전을 추구할 때 다소 공격적이거나 여기저기 참견하기 좋아하는 것으로 보일지 모른다. 교사들은 (1) 영재아는 다 잘한다는 비현실적인 고정관념을 극복하고, (2) 학생의 단점으로 인해서 영재교육 사정과 지원을 거부당하는 것을 막는 실질적인 영재아 교육을 준비해야 한다(예 : Anderson & Martin, 2018)고 제안한다.

창의성

많은 학자들과 교사들은 창의력을 영재를 정의하는 핵심요인이라고 믿는다(예 : Luria et al., 2016; Silvia, 2015). 일반적으로 창의성은 다른 사람들이 생각하거나 행동하는 방식을 변화시키는 독창적인 아이디어를 생산하는 것을 말한다(Cross & Coleman, 2014). 그러나 사람들은 어떤 전혀 새로운 것을 보았을 때 창의적이라고 느끼지만 아직 보편적으로 받아들이는 창의성에 대한 정확한 정의는 없다. Plucker 외(2004)는 90편의 창의성 관련 문헌분석을 토대로 창의성을 "개인 혹은 집단의 적성, 과정, 환경 간의 상호작용이 사회적 내용 안에서 정의될 만큼 새롭고 유용한 것으로 지각할 만한 결과물을 산출하는 것"(p. 90)이라 정의하고 있다. 창의성의 가장 초기 모델 중 하나는 J. P. Guilford(1967, 1987)가 개발했는데, 다음과 같은 차원으로 구성된 발산적 사고로 개념화했으며, 이를 The Torrence® Tests of Creative Thinking(Torrence, 2018)을 사용하여 평가할 수 있다.

영재 및 우수 아동은 종종 조숙한 행동으로 눈에 띈다. 16세인 알렉산드라 네치타의 독특하고 추상적인 스타일도 네 살 때부터 두드러졌다.

- 유창성 : 창의적인 사람은 많은 아이디어를 생각해낼 수 있다.
- 유연성 : 창의적인 사람은 다양하고 독특한 생각, 대안적인 해결책을 제안한다.
- 신기함/독창성 : 독특하고 잘 사용하지 않는 단어를 사용하고 반응을 보인다. 창의적인 사람은 독창적인 아이디어를 가지고 있다.
- 정교화 : 세부적인 것을 놓치지 않는다.
- 종합적 사고력 : 서로 어울리지 않는 아이디어들을 하나로 통합하는 능력이 있다.

- 분석력 : 아이디어를 더 크게 혹은 통합적인 형태로 재구성한다. 기존의 상징체계를 부숴버리고 새로운 체계로 재구성한다.
- 현존하는 아이디어를 재조직하거나 재정의하는 능력 : 현존하는 물건을 다른 디자인, 다른 기능으로 변형하는 능력이 있다.
- 복잡성 : 서로 관련이 있는 많은 아이디어를 손쉽게 조작하는 능력이 있다.

창의성은 매우 주관적이라 문화, 상황, 시기에 따라 다르다(Luria et al., 2016). 창의적인 사람들은 경제적으로 불리한 배경 출신인 경우가 많다. 그들은 다르게 생각하기 위해 부족한 자원을 뛰어넘어 자신의 상상력을 이용해서 스스로 자신의 길을 개척하는 재주가 뛰어난 학생들이다(Grantham et al., 2011 참조).

Clark(2013)은 창의성의 목적을 다음과 같이 제시하고 있다. "창의성은 새롭고, 다양하고, 선진적이고, 복잡한 것들을 인식하고 제시하여 인간이 더욱 풍부하고 의미 있는 삶을 경험하도록 하는 것이다."(p. 124). 많은 영재 학생들이 과학자, 발명가, 작가, 훌륭한 예술가와 연기자가 되었지만 그들이 이런 일들을 해야 하는 의무가 있는 것은 아니고 그런 사람이 되는 것이 영재 학생들의 관심이나 목표가 아닐 수 있다.

인간의 창의성에 대해 많은 연구를 수행한 피르토(2011)는 (1) 영재 아동은 아동기에 특정 영역에서 창의성 가능을 보이며, (2) 다양한 영역에서 재능을 보이기 시작하고, (3) 영재 아동의 IQ점수만 중요시하기보다는 특정 영역에서의 과제수행력 등 상황적인 요소도 살펴야 한다고 하였다. 지능지수와 창의력 간의 관계는 아직도 논쟁 중이다. 창의력 잠재성 검사는 타당성과 신뢰성이 부족하다(Lemon, 2011).

조숙함

영재 아동은 흔히 또래보다 월등한 조숙함-창의성, 재능, 지적능력을 보여준다(Lubinski, 2016). 예를 들어 여섯 살 제니는 내일 수업을 위해 태양계에 관한 보고서를 작성했다. 그녀는 창밖을 보며 별 주위를 돌고 있는 수없이 많은 행성에 어떤 일이 일어날지 생각해보았다. 지구 행성에 생명이 존재할 수 있게 하는 환경에 대해서도 생각한다. 비록 대부분의 학생들이 보고서를 작성하고 외계생명에 대해 궁금해하지만 제인은 또래들보다 몇 년은 더 앞서 있다. 완전한 문장으로 쓰고 뛰어난 생각이 드러나며, 여러 가지 다양한 물음에 대한 답을 알고 싶어 하는 의욕이 매우 높다.

영재 아동 간의 개인차

개인차를 아는 것은 영재아를 이해할 때 꼭 필요하다. 일반 아동들과 마찬가지로 영재 아동도 개인 내 및 개인 간 차이를 보인다. 예를 들어서 2명의 학생에게 똑같은 읽기검사를 실시했을 때 각각 다른 점수를 얻는다면, 읽기검사에서의 개인 간 차이를 설명할 수 있을 것이다. 만약 읽기검사에서 높은 점수를 얻은 학생이 수학검사에서 그보다 낮은 점수를 얻었다면, 그 학생은 두 영역 간의 개인 내 차이를 가지고 있다고 말할 수 있다. 또한 개인 내 차이는 지능이나 학업성취 면에서 높으나 정서적 · 사회적으로 덜 성숙된 것을 나타내기도 한다. 개인 내 차이를 그래프로 살펴보면 영역마다 학생의 높은 점수대와 낮은 점수대가 다른 것을 볼 수 있다. 즉, 모든 영역에 걸쳐서 점수가 같지는 않을 것이다. 영재아도 이렇게 지적 · 사회적 · 정서적 · 신체적 모든 영역에서 동일한 속도로 발달하는 것이 아니라는 의미를 설명하기 위해서 **비동시성**(asynchrony)이라는 용어를 사용한다.

그러나 영재 학생의 전반적인 수행력은 그림 13.2에서 보는 것과 같이 그 학년 혹은 연령대에 비해서

그림 13.2 10세 5학년 두 영재 학생의 프로파일

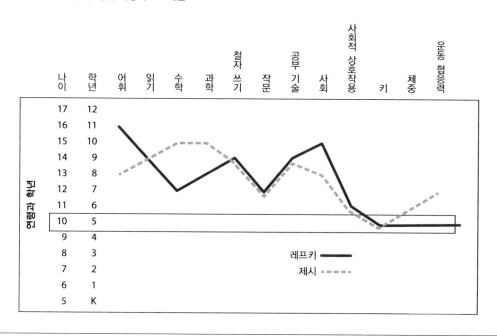

평균 이상일 것이다. 레프키는 제시보다 어휘와 사회과에서 더 높은 점수를 받지만 제시는 레프키보다 과학과 수학에서 더 높은 수행력을 보인다. 각 학생은 개인 간 차이가 있다. 또한 각 학생은 개인 내 차이도 보인다. 예를 들면 레프키는 11학년 수준의 어휘력을 보유하고 있지만 수학에서는 7학년과 같은 수준의 점수를 받는다. 제시는 과학과 수학에서 10학년과 같은 등급을 받지만 작문에서는 7학년의 등급을 받았다. 영재 학생을 포함한 모든 학생은 상대적인 강점과 약점을 지니고 있다.

출현율

만약에 탁월한 인지능력을 표준화된 지능검사의 점수로만 정의한다면 2 표준편차(대략 IQ 130 이상) 이상에 분포하는 이론상 2.3%의 인구가 영재로 판별될 것이다. 또한 지능점수를 기준으로 보면 3 표준편차(IQ 145 이상) 이상에 분포하는 약 1,000명 중 1명만이 뛰어난 영재로 판별될 것이고, 대략 1만 명 중 1명만이 고도의 영재성(IQ 160 혹은 4 표준편차 이상)을 가진 사람으로 판별될 것이다.

지능검사는 이론적으로 문제가 많아 부정확하며, 문화적 혹은 언어적으로 배경이 다른 아동들에 대해서는 불리할 뿐만 아니라 영재성의 개념도 특별한 재능 및 지적·창의적 잠재력과 탁월한 수행력을 포함하는 개념으로 오랫동안 확장되어 왔다. 일부 학자들은 영재아 출현율을 전체 학령기 아동들의 10~15%까지 높게 추정한다(Belanger & Gagné, 2006).

미국에는 약 320만 명의 학령기 영재 학생이 존재한다(U.S. Department of Education, Office for Civil Rights, 2013). K-12 학교에서 확인된 영재 학생 수에 대한 데이터는 공립학교에만 해당되고 정의가 주마다 다르기 때문에 정확하지 않다(Worrell et al., 2019). 사립학교에서 확인된 학생의 비율이 공립학교와 동일하다면(예 : 대략 6.5%), 약 370만 명의 학생들이 존재할 것으로 추정한다(Worrell et al., 2019). 그러나 인구통계에 따르면 백인 및 아시아계 미국인 학생들은 영재 프로그램에서 과대로 나타나는 반면에 흑인 및 라틴계 학생들은 과소로 나타난다.

판별과 사정

학습목표 13.3   영재 학생의 판별을 위한 지침을 설명한다.

영재 학생을 판별하기 위해서 대부분의 주와 지역 교육구는 검사와 사정도구들을 함께 사용한다. 오직한 가지 검사도구만 사용하여 영재 아동으로 공식적으로 판별하는 것은 불충분하며 불리하다. 그 이유는 검사에서 낮은 점수를 받은 학생을 놓치거나 검사도구 편견과 같은 판별 오류의 확률이 높기 때문이다. 다양한 정보제공자(예 : 부모, 교사, 심리학자)로부터 다양한 방법(예 : 검사, 면접, 관찰)으로 정보를 수집하는 다차원적 · 다형식적 사정절차가 영재 학생을 판별하는 데 더 정확하며 공정하다(Rimm et al., 2018). 영재 학생 판별을 위한 종합적이고 공정한 사정절차는 다음과 같다.

- 집단과 개인 지능검사
- 성취도 검사
- 숙달도/주정부 검사
- 학생의 작품 포트폴리오
- 수행평가와 결과물
- 교실에서의 학생들의 행동에 기초한 교사의 추천
- 부모 추천
- 자기 추천
- 또래 추천
- 동아리활동 또는 여가활동

공정한 평가를 강조하는 전문가들은 특별한 교육 서비스를 요구하는 영재 학생들을 판별하기 위해 종합적이고 사전적인 절차를 권고한다(예 : Peters & Engerrand, 2016). Clark(2013)은 캘리포니아 영재 아협회가 처음 개발한 모델에 기초한 영재아 판별절차를 밝혔다. 이 절차는 단계적으로 평가되어 걸러지는 과정이 특징이다. 잠재성이 있는 다수의 학생들을 단계적으로 걸러내어 최종적으로 소수의 영재 집단을 찾는 과정이다. 이 과정은 시간 소모적이다. 먼저 첫 단계는 선별단계로 잠재적 영재성을 가진 다수의 학생들을 선별하며, 두 번째는 검사 · 상담 · 자료분석을 통해 프로파일을 개발하는 단계를 거친 후 세 번째로 영재 아동으로 판별결정을 하고 배치(영재 프로그램 배치를 위한 위원회 회의를 통해서) 한 후 마지막 단계로 영재 아동을 위한 적절한 교육프로그램을 개발하는 과정을 거친다.

창의적 영재 학생을 위한 다차원적 선별의 일환으로 Sternberg(2018)는 교사들에게 학생의 태도를 측정하는 방법과 학생이 비판에 직면했을 때 자신의 생각을 얼마나 옹호하고 이런 종류의 도전에서 평정심을 유지하는지를 포함할 것을 추천한다. Sternberg(2017)는 또한 영재 학생들이 기후 변화, 독재 정부, 세계적인 팬데믹과 같은 문제에 대한 질문에 어떻게 대응하는지를 확인하기 위하여 ACCEL(Active Concerned Citizenship and Ethical Leadership) 모델을 사용할 것을 제안한다.

다차원적 선별은 교사의 보고서, 학생 목록, 작업 표본과 집단 혹은 개인 지능검사나 성취도 검사 등의 자료를 수집하고 검토하는 것이 반영된다. 그림 13.3은 교사가 선별과정에서 아동의 교실행동에 관하여 물을 수 있는 질문 목록이다. 많은 주에서 교육구 수준의 영재교육 서비스 담당자는 선별 결과가 잠재적인 영재성을 가지고 있는지와 더 많은 사정 의뢰가 필요한지를 결정한다. 만약 필요하다면 담당자는 부모나 보호자에게 더 집중적인 검사를 의뢰할 의향이 있는지를 물어보게 되고, 이후 담당자는 선

그림 13.3 교사가 교실에서 영재아를 판별하는 데 도움이 되는 질문

아동이 다음과 같은 행동을 보이면 인지 영재성을 보일 가능성이 크다.

- 많은 질문을 하는가?
- 많은 흥미를 보이는가?
- 다양한 영역에서 많은 정보를 가지고 있는가?
- 어떤 것이 왜 또는 어떻게 그러한가에 대해 알기를 원하는가?
- 불의에 특별한 방법으로 대항하는가?
- 사회적 또는 정치적 문제에 관해 관심을 보이는가?
- 어떤 일에 대한 더 좋은 근거를 가지고 있는가?
- 철자쓰기, 수학, 사실, 플래시카드, 쓰기와 같은 단순 연습을 거부하는가?
- 다른 사람의 좋지 않은 아이디어에 대해 비판하는가?
- 일이 완벽하게 진행되지 않을 때 분개하는가?
- 외롭게 보이는가?
- 지루해하거나 종종 아무것도 하지 않는가?
- 특정한 과제나 프로젝트만 완성하며, 새로운 방향이 섰을 때 기존 계획을 포기할 수 있는가?
- 수업이 끝났는데도 특정 과목에 대해 파고드는가?
- 쉼 없이 움직이고 잘 앉아 있지 못하는가?
- 백일몽이 있는가?
- 쉽게 이해하는가?
- 퍼즐과 문제해결을 좋아하는가?
- 어떤 일이 그렇게 되어야만 한다는 자신의 아이디어가 있는가?
- 말을 많이 하는가?
- 은유와 추상적인 생각을 즐기는가?
- 이슈에 대해 토론하는 것을 즐기는가?

아동이 다음과 같은 행동을 보이면 학업 영재성을 보일 가능성이 크다.

- 읽기와 수학과 같은 일부 영역에서 비범한 능력을 보이는가?
- 하나의 관심영역에 매료되는가? 또한 관심주제를 모든 토의주제와 관련시킬 수 있는가?

- 관심영역에 대해 전문가와 만나고 토론하는 것을 즐기는가?
- 수학문제를 잘 해결하기는 하지만 문제풀이 과정을 다른 사람에게 설명하는 것을 어려워하는가?
- 모든 것을 그래픽화하기를 즐기는가? 가능성에 사로잡힌 것처럼 보이는가?
- 새로운 애매한 체계와 부호를 고안하는가?

아동이 다음과 같은 행동을 보이면 창의적 영재성을 보일 가능성이 크다.

- 비범하고 특별하고 상상력이 풍부한 방법으로 일을 하는가?
- 유머감각이 있는가?
- 새로운 일과와 자발적인 활동을 즐기는가?
- 다양성과 신기성을 즐기는가?
- 확실한 해결책 없이 문제를 만들거나 이 문제를 해결하기 위해 질문하기를 즐기는가?
- 논쟁적이고 비범한 질문을 즐기는가?
- 생생한 상상력이 있는가?
- 순차적으로 일처리를 하지 않는가?

아동이 다음과 같은 행동을 보이면 리더십 영재성을 보일 가능성이 크다.

- 집단활동을 조직하고 인솔하는가?
- 위험을 감수하는 것을 즐기는가?
- 자기확신을 보이는가?
- 의사결정을 즐기는가?
- 많은 다른 원천에서 나온 개념과 정보를 통합하는가?

아동이 다음과 같은 행동을 보이면 예술 영재성을 보일 가능성이 크다.

- 교육 없이도 음악, 무용, 드라마, 그림 등에 특출한 능력이 있는가?
- 새로운 기술과 실험을 고안해내는가?
- 결과물 혹은 성과물의 상세한 세부사항을 아는가?
- 높은 감각 예민성을 지니고 있는가?

출처 : Barbara Clark, *Growing Up Gifted*, 8th ed. (p. 185). ⓒ 2013. 출판사의 허락하에 사용함.

별자료, 부모나 주양육자 면담, 개인 지능검사, 특정 영역의 성취도 검사, 창의성 검사를 포함하는 사례보고서를 작성한다. 이들 자료는 정리된 후 영재 아동의 판별과 배치를 위해 배치위원회에 제시된다. 위원회는 학생이 서비스를 받을 자격이 있는지 결정하고, 어떤 종류의 프로그램이 그들의 영재성에 가장 잘 어울릴 것인지 결정한다. 이 결정에는 부모가 반드시 참여해야 하며 위원회의 배치결정과 그 결과에 동의해야 한다. 그런 다음 학생은 영재 프로그램에 배치되고, 영재 프로그램 담당자나 특수교사들로부터 특수교육 서비스를 받기 시작한다.

다문화적 사정과 판별

가장 지속적이고 힘든 교육문제 중 하나가 아프리카계, 히스패닉계, 미국 원주민 출신 학생들이 영재교육과 조기진급 평가에서 과소평가가 된다는 것이다(Ford et al., 2016; Peters & Engerrand, 2016). 지난 수십 년 동안 보고서나 인구조사를 통해서 문화적으로 상이한 아프리카계, 히스패닉계, 미국 원주민 출신 학생집단들이 영재교육에서 꾸준하게 과소평가되고 있음을 보여주고 있다(예 : Worrel et al., 2019).

낮은 비율의 의뢰 이유는 교사의 낮은 기대와 문화적인 편향된 검사도구들의 사용으로 인한 것으로 나타나고 있다(Castellano & Frazier, 2011; Rimm et al., 2018; Worrell et al., 2019).

민족이나 문화, 언어가 다른 집단에서 온 어린 학생들은 다양한 영재성을 발달시킬 기회를 갖지 못했지만 그들은 영재성의 요소를 갖추고 있다. 인종적·문화적으로 다양한 다요인적·다차원적 사정집단에서 온 영재 학생들을 판별하기 위한 가장 좋은 방법은 다음과 같은 기준들을 충족시키는 다요인적·다차원적 사정과정을 적용하는 것이다(Castellano & Frazier, 2011; Clark, 2013; Ford et al., 2016).

- 판별은 배제가 아닌 통합을 목적으로 시행되어야 한다.
- 객관적 자료와 주관적 자료를 모두를 제공하는 다양한 출처에서 자료를 수집해야 한다(예 : 부모 면담, 개인 지능검사, 집단 문제해결 과제수행, 동기유발 요인과 행동요인, 후보자와의 개별 협의).
- 교사의 의뢰, 지능검사의 결과, 개인 성취도 검사결과를 포함하여 형식적 검사기법과 비형식적 검사기법이 결합되어 사용되어야 한다.
- 가능한 한 조기에 판별이 실시되어야 한다.
- 비언어적인 측정뿐만 아니라 댄스, 음악, 작문 같은 미적 표현과 예술과 관련된 비전통적인 측정도 사용되어야 한다.
- 판별과정 동안에 수집된 정보는 교육과정, 프로그램, 지원 등을 결정하는 데 도움이 되어야 한다.

메이커(1996, 2005)는 여성과 다양한 문화집단 출신 아동의 영재성을 공정하게 판별하는 DISCOVER(Discovery Strength and Capabilities while Observing Varied Ethnic Response)라는 절차를 개발했다. DISCOVER는 하나 이상의 내용이 서로 연결된 5개의 복잡한 문제를 다양한 방식으로 제공하여 아동의 문제해결력을 평가하고자 한다. 메이커(2005)는 이 평가도구가 아동이 이미 알고 있는 지식을 테스트하기보다는 일상생활에 바탕을 둔 문제해결을 강조하므로 그들의 능력을 공정하게 평가할 수 있다고 주장한다.

> 2세 된 동생을 보살피고, 유치원에 오기 전에 동생을 어린이집에 데려다주는 멕시코계 미국 아동 5세 클라우디아는 현실적인 문제해결 경험이 많다. 그러나 클라우디아는 중산층 가정의 아동들이 경험하는 다양한 활동에 대한 경험은 부족하다. 예를 들면 박물관을 방문하여 많은 수준 높은 지식을 배우는 활동은 경험하지 못한다. 클라우디아와 같이 저소득층, 빈민 지역과 비주류 문화 가정 출신의 아동들은 클라우디아와 비슷한 처지에 놓여 있다(p. 12).

메이커(2001, 2005)는 아프리카계, 나바호계, 토호노오담 사막 원주민, 멕시코계 출신 미국 학생들의 문제해결 능력들을 사정하기 위해 DISCOVER 모델을 사용 후 긍정적인 결과들을 보고하였다. (1) 이 모델에 의해 판별된 아동들은 출신 지역사회의 문화적 특성과 밀접하게 유사하다. (2) 다양한 인종, 문화, 언어, 경제적 집단 출신의 아동들이 균등한 비율로 나타났다. (3) 이 모델은 남자아이와 여자아이에게 동등하게 효과적이었다. (4) 이 과정을 통해 판별된 학생들이 심화 프로그램에 배치되었을 때 전통적인 표준화 검사들에 의해 판별된 학생보다 같거나 더 큰 효과를 내는 것으로 나타났다.

영재 학생을 판별하기 위한 또 다른 방법들이 시도되어 왔고 절반 정도의 성공을 거두었다. 레이븐 표준도형지능검사(Raven et al., 1983)와 내글리에리 비언어능력시험 제2판(Naglieri, 2007) 같은 언어상징체계를 사용하지 않는 검사들도 사용이 권장되고 검사가 시행되었다. Naglieri와 Ford(2005)는 전통적인 지능검사와 학업성취력 검사는 그 검사를 성공적으로 수행하기 위한 언어나 폭넓은 어휘력을 배울 기회를 갖지 못하는 낮은 사회경제적 지위의 학생이나 문화적으로 다른 학생들에게 불리하다고 한다.

　　문화적으로 다른 가정과 소수민족 집단의 영재 아동들을 판별하는 것은 시작에 불과하다. 일반 아동과 문화나 민족이 다른 영재 아동들은 영재 프로그램에 들어가더라도 문화의 차이를 잘 반영한 수준 높은 교육과정과 교수방법이 없는 상태에서는 자신들에게 영재라는 명칭을 붙이기를 꺼리고 그 프로그램에 남아 있지 않으려고 할 것이다(Ford, 2010; Henfield et al., 2008). 이러한 문제를 해결하기 위해 교사들은 영재교육과 다문화 교육을 모두 받을 필요가 있다.

여성 영재

영재 소녀와 여성의 판별과 발전을 막는 장애물은 다양한 형태로 나타난다. 검사 편견, 성역할 고정관념, 직업, 결혼, 친구, 가족 간의 갈등이 그것이다(Reis, 2013). 역사적으로 여성 영재 학생들은 영재 프로그램에서 과소판별되었고 과학과 수학에서의 진로 및 흥미를 쌓도록 격려받지 못하였다. 여성에 대한 형평성은 계속해서 개선되고 있지만 우리 문화에 만연한 편견으로 인해 진전이 더디었다. 예를 들면 "대학 에세이, 취업 지원서, 보조금 지원서, 포트폴리오 또는 재직 기간 검토를 평가받을 때 동일한 자료에 여자 이름보다 남자 이름을 붙이면 더 높은 평가를 받는다."(Rimm et al., 2018, p. 292). 영재교육 교사도 이러한 편견을 보인다. 같은 삽화가 제시되었을 때, '남성'으로 분류된 사람들을 '여성'으로 분류된 사람들보다 더 높게 평가했다(Bianco et al., 2011). 또한 교사들은 영재 프로그램에 '남성' 삽화는 77%를, '여성' 삽화는 54%를 추천했다(Bianco et al., 2011). 학교에서 매우 우수한 영재 여학생들 중 많은 경우가 그들의 성취수준을 성인기 진로 분야로 전환시키지 못하는 경우가 많다(Kerr et al., 2012). 역할 정의에 관한 갈등, 자존감의 결여에 관한 스트레스, 중학교와 고등학교에서 결정한 교과에 대한 학업 코스의 부족, 여성의 성취를 위한 부모나 지역사회 지원의 결여라는 영재 여학생에게 중요한 문제점이 지속되고 있다(Clark, 2013; Reis, 2013).

남성 영재

백인 남학생이 대부분의 성취도 검사에서 여학생보다 높은 성적을 받기는 하기만(Boothe, 2004), 영재 남학생 또한 학교에서 많은 어려움을 경험한다. 예를 들어 운동을 하지 않거나 예민한 소년들은 다른 아이들에게 놀림당하거나 이용당할 수 있다(Rimm et al., 2018). 사회적인 기준에 부합하기 위해 영재 남학생들은 또래들로부터 주목받으려 하거나 따돌림당하지 않기 위해 오히려 의도적으로 성적을 낮게 받거나 부적절한 방법으로 행동하는 경향이 있다(Kerr et al., 2012). 불인정과 부정적인 고정관념이 아마도 예술에 재능 있는 남학생을 분야에 입문하지 못하게 하는 경향이 있을 수 있다. 영재 남학생들은 사회적 인정을 받기 위해 스포츠와 같은 남성적인 활동에 관심 있는 척하게 되어 그들이 가지고 있는 예술적인 재능은 발전하지 못하게 될 수 있다.

장애가 있는 영재 학생

장애학생 중 많은 학생들이 영재 학생일 수 있다는 사실은 놀라운 사실로 여겨진다. 학습장애의 경우 시험성적과 학급

장애 영재 아동의 지적능력과 재능은 그 우수한 능력을 연습하고 성취감을 즐길 수 있는 일상적인 기회를 통해서 이루어진다.

에서의 학업성취 때문에 영재성이 가려질 수 있고 반대로 영재성이 장애를 가릴 수 있다(Baldwin et al., 2015). 장애와 영재의 결합은 부모들이나 교사들에게 좀 더 고민스럽고 복잡한 행동과 태도를 하게 만든다(Reis et al., 2014). 장애 영재 학생들의 경우 판별이 되지 않을 가능성이 크며 학교를 중도 포기하거나 저성취할 가능성이 크다(Meyes & Moore, 2016).

장애학생 중 영재 학생들의 수가 얼마만큼인지 정확히 알 수는 없지만 미국 학교에서 대략 36만 명의 학생이 양면특수성(twice exceptional)(National Education Association, 2006)이 있는 것으로 추측하고 있다. 장애를 지니고 있는 영재 학생을 판별하는 데 주요 어려움은 낮은 자아존중감, 낮은 동기, 낮은 수준의 조직화 기술(Kalbfleisch, 2013)이다. Baldwin 외(2015)는 학생의 흥미를 강화하고, 학생의 강점과 학습 요구에 대한 적정화와 조절을 적용하고 사회적 · 정서적으로 학생을 지지하도록 권고하고 있다.

King(2005)은 다음과 같은 활동을 함으로써 장애 영재 학생들의 사회적 · 정서적 욕구를 지지해야 한다고 권하고 있다.

- 자기이해와 자기수용을 촉진시키기 위해 아동 자신의 강점뿐만 아니라 장애와 한계도 정확히 인식할 수 있게 하라.
- 학생이 성공하도록 격려하고 이러한 노력으로 교사와 부모의 지원을 얻어내라.
- 좌절감을 극복할 수 있는 전략을 지도하라.
- 필요하다면 좌절감과 실패감을 수반하는 각각의 학생의 감정을 모니터링하도록 상담을 격려하라.
- 우정을 쌓고 유지할 수 있도록 도와라.
- 아이의 영재성과 장애를 부모와 보호자가 이해하게 하라. 특히 아동의 잠재력을 강조하라.
- 아동의 장래 목표와 직업 계획을 지지하고 학생이 자신의 잠재력에 대해 알게 하고 자신에 대해 낮게 평가하지 않도록 하라.
- 양면 특수성이 있는 성인 멘토를 제공하라.

장애를 가진 영재 아동 교육은 Neu(2003)의 이원으로 차별화된 교육과정 같은 것을 필요로 한다. 이 교육과정은 "아동의 강점을 발전시키는 것과 학습결함을 보상하는 것 사이의 균형을 유지함으로써 모순된 학습 특성을 보이는 학생의 요구를 충족시키고자 한다."(p. 158). 이때 특수교육과 관련 서비스는 학생의 장애가 영재성을 짓누르지 않도록 도와주어야 한다.

교육접근

학습목표 13.4 교사가 영재 및 우수 학생에게 적절한 교수를 제공하는 방법을 설명한다.

영재교육프로그램의 목표는 영재아의 현재 재능이나 잠재력을 최대한 발달시키는 데 있다. 영재교육프로그램은 학업성취 외에도 자기존중, 자기만족, 자신의 정체성에 대한 자부심, 시민으로서의 책임감, 직업적 능력의 발달도 함께 고려해야 한다. 넓은 의미로 볼 때 영재 학생들의 교육목표는 다른 일반 아동들의 교육목표와 다르지 않지만 영재 학생에게는 특정한 교육결과를 중요시한다.

영재 학생들은 교과내용 지식을 배울 뿐만 아니라 그 지식을 효율적으로 적용하고 발달시킬 기회도 제공되어야 한다. 또한 영재 아동이 가지고 있는 배경지식과 학습속도에 따라 현재의 교육과정의 깊이와 속도를 조절할 필요가 있다. 전문가들은 영재 학생을 위한 모든 프로그램은 다음과 같은 특징을 반영하고 있어야 한다는 점에 동의한다(Piirto, 2007; Rimm et al., 2018; Tomlinson et al., 2009; Van Tassel-Baska, 2013).

- 학업적으로 엄격해야 한다. 영재 학생들이 특히 하루 일과의 대부분을 보내는 일반교실에서 적절하고 학업적으로 엄격한 교육과정이 제공되어야 한다.
- 교육과정은 주제 중심적이고 간학문적이다. 영재 학생들은 다양한 학문의 구조와 용어 그리고 연구방법 등을 많이 접해보아야 한다. 영재 학생은 큰 아이디어나 간학문적인 개념 사이의 연결관계를 다루길 좋아하며 하나 이상의 학문 분야에서 비롯된 지식을 배우길 즐긴다. 그러므로 수업이나 교과 내용을 사회학, 인류학, 의학, 과학, 국어, 역사, 예술, 음악 등과 가능한 한 서로 연관시키는 것은 영재 학생이 다양한 영역을 연결할 수 있도록 돕고, 배우고 있는 주제의 복잡성을 알게 만든다.
- 교육과정은 영재 학생의 학습 특성을 반영하고 존중해야 한다. 영재 학생의 특성으로는 "빠른 속도로 배우는 능력과 추상적 사고능력, 생산적이며 비판적·창조적·분석적 사고능력, 그리고 사실에 대한 지식과 절차/과정에 대한 지식 모두를 꾸준하면서 빠른 속도로 습득하는 능력을 들 수 있다."(Piirto, 2007, p. 429).

적절한 교육과정을 개발할 때 학생들의 특별한 능력, 잠재력, 흥미를 질적으로 다른 교육과정들과 매치하는 것이 중요하다.

교육과정의 차별화

차별화(differentiation)는 다른 요구, 흥미, 준비도, 학습 프로파일을 지닌 학생들에게 적절한 학습경험을 제공하기 위하여 교수방법이나 교육과정 또는 교수환경을 학생에게 맞추어주는 것과 관련된 넓은 의미의 용어이다(Kaplan, 2019). 실제적으로 영재 아동이 서로 의미 있게 다르다는 것이 차별화의 기본 전제이다. 이들을 위한 교육과정의 가장 중요한 목적은 차별적인 학습 양식을 통해서 영재 아동이 수업에 참여하도록 만드는 것인데, 이를 위해서 도전적이며 개념적으로 풍부한 교육과정을 통해 다양한 복잡성 정도를 제공하고, 그들의 다양한 흥미를 부추기는 여러 가지 수업을 제공하기도 한다. 연구들은 잘 계획된 차별화된 교수는 모든 학생이 높은 성취를 이루게 할 수 있다는 것을 제시하고 있다(Tomlinson, 2017). 영재 학생을 위한 차별화된 교육과정에서 중요한 것은 교육자가 영재 아동의 개인적인 강점을 파악하는 것과 일반적인 교육과정으로는 그들의 교육 욕구를 만족시키기 어렵다는 것을 아는 것이다(Kaplan, 2019).

속진과 심화

유능한 교사는 영재 학생의 개별화된 학습을 차별화하는 방법으로 교육과정의 속도, 깊이, 폭을 조정한다. **속진**(acceleration)은 학교교육에서 교육과정 압축 학생의 진보 과정 속도를 높이는 다양한 방법과 관련된 일반적인 용어이다. 속진의 한 형태인 **교육과정 압축**(curriculum compacting)은 학생이 이미 습득 심화한 교수 내용을 압축해 학생들이 속진을 위한 더 많은 시간을 보낼 수 있도록 하는 것이다. **심화**(enrichment)는 학생들에게 특정 과목의 문제나 관심 있는 주제 등에 대해서 표준교육과정보다 더욱 깊고 자세하게 공부하거나 탐구할 수 있도록 하는 것이다.

속진 조기입학(유치원, 중학교, 고등학교 혹은 대학), 조기학년 진급, 자기조절 교수, 교육과정 압축, 교육과정 단축, 학점 취득에 따라 짧은 시간 안에 과정 이수, 고등학교와 대학교 연계교육, 대학과목 선이수제도, 시험을 통한 학점이수제 등이 가장 일반적으로 사용되는 학점 속진방법들이다(Rimm et al., 2018). 과목 속진은 4학년 학생이 5학년이나 7학년 학생과 함께 수학을 공부하는 형태를 취할 수 있다. 아동의 발달단계마다 조기 유치원 입학부터 조기대학 등록까지 여러 가지 속진요건을 사용할 수 있다 (Lupkowski-Shoplik et al., 2018).

일반적으로 조기입학과 조기학년 진급은 보다 신체적 · 정서적으로 성숙한 아동과 함께 수업을 받기 때문에 영재 아동에게 사회적 혹은 정서적 문제가 발생하지 않을까 하는 걱정을 한다. 또한 일부 교사나 학부모들은 영재 아동들이 높은 수준의 성취에 대한 압박감으로 인해서 힘들어하거나 학습에 대한 열망을 잃어버릴까 봐 걱정한다. 이러한 걱정은 현실적으로 이해가 되지만 속진이 적절하게 이루어지면 설사 문제가 발생하더라도 소수에 불과하다(Assouline et al., 2014; Rimm et al., 2018). 2004년에 템플턴 재단에서 기만당한 국가(*A Nation Deceived*)(Colangelo et al., 2004)라는 다소 과장 섞인 제목을 한 속진의 혜택에 대한 보고서를 발행했다. 그 보고서에서는 또래보다 똑똑한 아동의 교육과정 문제를 해결하기 위해서 속진을 사용하는 경우 많은 교사들이 걱정하는 속진의 문제는 나타나지 않는다는 사실을 상세히 보고하고 있다. 또한 이 보고서의 결론으로 미국의 많은 주와 학교에서 나이보다는 학생의 지적 · 학업적 수준에 기초하여 속진제도를 운영한다는 사실이 많은 미국 신문의 1면에 실리기도 했다.

교육과정 압축 많은 영재아들은 학년이 시작할 때 이미 일반교육과정의 많은 내용을 숙달하고 있다. 교육과정 압축은 학문적으로 우수한 학생들이 적절하게 도전적인 과제로 공부할 수 있도록 일반교육 내용과 과제를 압축하는 것을 의미한다. 교육과정 압축은 교육과정에서 삭제할 내용을 결정하기 위하여 학생들이 알고 있는 지식과 기술을 평가하고 더욱 향상되거나 심층적인 내용으로 대체하는 것이다 (Reis et al., 2016). 학업적으로 뛰어난 아동에게 이미 알고 있는 지식이 어느 정도인지 알기 위해서 사전 검사할 때 가장 어려운 문제나 내용을 먼저 제시해야 한다. 가장 어려운 문제를 풀 수 있는 학생은 쉬운 문제를 풀 필요가 없기 때문이다.

교육과정 압축하기가 효과적으로 시행되기 위해 교사는 먼저 교육과정의 내용을 광범위하게 이해하고, 그 교육내용의 핵심만 압축해야 할 뿐만 아니라 영재 학생들에게 어울리는 자료 제시 방법과 교수법을 사용하고, 가르친 후에는 그 교수방법이 영재 학생에게 효과적이었는지를 평가해야 한다. 예를 들어 후안의 도밍게스 선생님은 후안이 4학년 과정의 수학 교육과정은 이미 숙달했고, 5학년과 6학년의 수학 개념을 일정 부분 알고 있는 것으로 생각한다. 후안이 교육과정 압축 서비스를 받을 적절한 대상 자인지 알기 위해서 도밍게스 선생님은 먼저 5학년과 6학년 수학문제의 범위를 파악한다. 그리고 후안이 5학년과 6학년 수학문제를 해결하는가를 정확하게 판별할 수 있는 평가를 한다. 후안이 만약 더 높은 수준의 수학문제를 푼다면 도밍게스 선생님은 후안에게 일반교육과정을 대체하는 높은 수준의 수학 활동을 제공해야 한다. 우수교사 Jennifer Sheffield는 "영재 학생들이 이미 알고 있는 것을 반복적으로 하는 것은 수행을 완벽하게 만들어주는 것이 아니다. 그것은 학업적으로 제자리걸음을 하게 만든다." 고 힘주어 말한다.

심화 심화는 학생으로 하여금 특정 과목의 문제나 관심 있는 주제 등에 대해서 표준교육과정보다 더욱 깊고 자세하게 공부하거나 탐구할 수 있도록 하는 것이다. 널리 사용되는 심화방법으로는 독립연구, 멘토제, 따라하기 등이 있다. 심화는 일반교사가 영재 학생을 위해 교육과정을 차별화하고자 할 때 가장 일반적으로 사용하는 전략이다.

가장 성공적인 심화활동은 학습내용 및 학습과정과 관련된 목표를 함께 달성하게 하는 것이다(Rimm et al., 2018). 과정상 목표는 창조적 사고 · 문제해결 능력의 배양을 들 수 있으며, 내용상 목표는 학생이 흥미 있는 주제에 대한 차이가 있게 수준 높은 지식을 갖추는 것이다.

교사는 현재 받고 있는 수업활동이나 혹은 매일 제공되는 일상적인 교수자료를 넘어선 탐구 주제를 제시할 수 있다. 교사가 학생이 관심영역을 정하는 것을 돕고 독립적으로 다양한 정보와 자료를 탐구하도록 허용함으로써 영재 학생의 능력과 기술발달을 촉진시킬 수 있다. 그러나 심화는 구조적인 안내 없이 혼자 방식대로 하는 것이 아니며, 학생이 마음대로 마구잡이로 하는 연구활동을 허용해서는 안 된다. 탐구활동에 있어서 한계를 규정하고 얻고자 하는 결과를 정하는 기본적인 틀이 제공되어야 한다. 즉, 탐구활동은 목적, 연구방향, 얻고자 하는 구체적인 결과가 제시되어야 한다. 교사는 반드시 학생이 효율적으로 활동할 수 있도록 안내를 제공해야 한다.

학교차원의 속진 모형(Schoolwide Enrichment Model, SEM)은 일반교육 교실에 있는 영재 학생들의 요구에 부응하기 위한 시도이다(Renzulli & Reis, 2013). SEM의 첫 번째 단계는 우수한 능력을 지닌 학생들을 성취검사, 교사나 또래들의 추천, 창의적인 평가방법들을 포함한 다차원적인 사정 접근을 활용하여 판별하는 것이다(보통 학교 재학생들의 10~15% 정도). 판별 이후 학생들은 특별한 서비스를 받게 되고, 그 서비스 중 많은 내용은 같은 교실에 있는 다른 학습자들을 위해서도 유용하고 적절한 내용이다. Renzulli와 Reis(2013)는 SEM의 관련 특성을 다음과 같이 제시하고 있다.

- 교사는 개인의 흥미를 알고 다양한 방법으로 그들의 흥미를 더욱 개발하고 탐색하도록 격려하기 위해 우수한 학생집단을 사정한다.
- 교사는 모든 대상 학생을 위해 교육과정 압축을 제공한다. 중복되거나 반복적인 정보와 자료는 일반교육 교육과정에서 삭제한다.
- 교사는 학생에게 세 가지 유형의 속진 활동을 제공한다. I 유형 : 일반적인 탐색 경험, II 유형 : 목적에 따라 디자인된 교수방법과 자료, III 유형 : 보다 심화되고 복잡한 고급 수준의 학습이다.

재능이 있는 학생들은 I과 II 유형의 속진 활동에 참여한다. 구체적인 주제에 큰 흥미를 보이는 학생들만이 III 유형의 학습에 참여한다. 학생들을 절대 III 유형의 프로젝트에 참여하도록 강요해서는 안 된다. III 유형 수준은 학생들이 선택할 수 있도록 해야 한다. SEM은 또한 학생의 강점이 담긴 작품들인 재능 포트폴리오를 포함하고 있고, 이것은 교수 결정 시 사용된다(Rensulli & Reis, 2013).

속진 혹은 심화 속진 혹은 심화 중 어느 것이 가장 적절한 차별화 전략인가 하는 것은 탐구주제나 학생에게 달려 있다. 읽기나 사회 같은 교육과정 자료는 심화과정에 적합하다. 영재 학생이 4학년 정도가 되면 읽기기술을 마스터했을 것이다. 이런 경우 보다 복잡한 읽기문제를 제시하는 심화가 차별화 방법 중 하나이다. 반면에 수학이나 언어와 같은 교과는 순차적인 특성으로 인하여 이상적으로는 가속성이 어울린다. 수학에서는 연산에서부터 함수, 미적분 등으로 나아간다. 아동은 뺄셈 전에 덧셈을 배워야 하고 나눗셈 전에 곱셈을 배워야 한다. 기본적인 연산에 능숙한 1학년 학생은 사칙연산을 배우는 여러 해 동안 별로 혜택을 받지 못할 것이다.

비록 영재 학생을 위한 속진과 심화가 종종 별개의 것으로 간주되지만 이 두 가지 전략은 서로 얽혀 있다. 어떤 학문이든 선행학습은 심화와 연계된 여러 가지 활동을 수반할 것이다. 심화는 교육과정을 넓히는 것이고, 일반교육과정에 포함되지 않는 자료를 포함한다. 그러나 속진은 종종 일반교육과정에 포함되지 않는 고급수준의 자료를 포함한다. 고등학생의 조기 대학강의 수강(advanced placement, AP)이나 잠재적인 학점(예 : AP 제도를 통한 학점)과 관련된 교육과정의 차별화 전략은 속진이며, 고등학생의 조기 대학강의 수강이나 잠재적인 학점을 수반하지 않는 표준적인 학년 교육과정의 범위를 넘어

서거나 보충하는 전략을 심화라고 구분한다.

일반학급에서의 차별화 교수

Reis와 Renzulli(2015)는 교사가 영재학생에게 개별적인 교수를 제공할 때 고려해야 하는 차별화의 다섯 가지 관점을 제안한다.

- **콘텐츠** : 학생들에게 특정한 관심사에 부합하는 적절하게 도전적인 콘텐츠를 제공한다.
- **교수전략** : 집단 작업, 혼자 하는 작업, 토론학습 혹은 다양한 유형의 프로젝트를 통한 학습 등의 교수 전달을 위한 학생의 선호도를 파악한다.
- **교실** : 초청 연사 소개하기, 테크놀로지의 다양한 유형 사용하기, 견학 준비하기, 유연한 집단 변화 구현하기와 같이 영재 학생들에게 관심을 끌 수 있는 학습 환경을 창조하고 관리한다.
- **결과물** : 학생들이 쓰기, 시연, 집단 또는 개별 발표를 통해 원하는 표현 스타일로 학습 결과물을 만들 수 있다.
- **교사** : 관심, 능력, 선호하는 표현 방식을 고려하여 차별화하는 방법을 결정한다. 그리고 "교실에서 이러한 과정을 구현하기 위한 자유, 유연성, 창의성을 수용한다."(Reis & Renzulli, 2015, p. 3).

일반학급의 수업에서 차별화하기 위한 방안은 교수활동 개발과 질문들을 보완하기 위해 계층식 수업, 블룸의 분류체계 사용방법을 들 수 있다. 탐구기반 학습, 문제기반 학습, 프로젝트기반 학습, 리더십 기술지도는 차별화 교수를 위한 추가적인 방법이다.

블룸의 분류체계를 사용하여 질문하고 학생 결과물 평가하기 블룸과 동료들(Bloom et al., 1956; Krathwohl, 2002)은 차별화된 교육과정에 매우 유용한 것으로 밝혀진 교육목적 분류체계를 만들었다. 본래 **블룸의 분류체계**(Bloom's taxonomy)에서는 인지의 유형 혹은 수준을 지식, 이해, 적용, 분석, 종합, 평가의 여섯 가지로 제시했다. 그러다 개정판에서는 명사 형태로 제시한 것을 동사 형태로 바꾸었다. 지식은 기억하다, 이해는 알다, 적용은 적용하다, 분석은 분석하다, 종합은 창조하다, 평가는 평가하다로 바뀌었다(Anderson et al., 2001).

교사는 대부분 지식(기억하는가, 회상할 수 있는가)과 이해(이해하는가)의 질문을 한다. 그림 13.4는 블룸의 분류체계를 이용해서 신데렐라 이야기 중 한 내용에 대한 질문하기와 학생 결과물 평가하기가 어떻게 이루어지는지를 보여준다. 평균 또는 그 이상의 높은 수준의 아동들은 블룸의 분류체계상 모든 수준에서 학습기회를 가져야 하지만 학업적으로 영재인 아동에게는 블룸의 분류체계상 고급 수준에서 학습할 기회를 주는 것이 매우 중요하다. 그렇다고 영재 아동에게 분류체계상 낮은 수준에서 학습활동이 필요하지 않다고 생각하는 것은 잘못된 것이다(Clark, 2008; Ford, 2011). 정보를 분석, 평가하고 새롭게 만들려면 정보에 대한 기본적인 지식을 기억하고 이해하고 있어야만 하기 때문이다.

다층식 학습 **다층식 학습**(tiered lesson)은 다른 능력을 지닌 학생 집단에게 동일한 기초 학습을 다른 수준으로 제공하는 것이다. 예를 들어 교사는 전체 학생들에게는 기초 학습을 제시하고 세 집단의 학생들에게는 사후 활동이나 기초, 보통, 심화 수준의 과제를 하도록 한다. 그림 13.5는 사고와 문제해결 기술을 향상시키기 위해 수수께끼를 활용한 다층식 학습의 예이다.

탐구기반 학습 **탐구기반 학습**(inquiry-based learning)은 증거기반의 실제로서 과학과에서 학생들에게 연구문제 수립, 조사 계획, 자료수집 및 분석, 탐색, 결과 공유의 과정에 참여시키는 교수법이다(Adams

그림 13.4 블룸의 분류체계를 이용하여 신데렐라 이야기 수업 차별화하기

수준	질문에 사용하는 동사	신데렐라 이야기의 예	학생의 반응 결과
기억하다	알다, 수집하다, 인용하다, 회상하다, 정의하다, 열거하다, 명부에 올리다, 이름을 붙이다, 명명하다, 말하다, 다시 세다, 관련시키다, 특정화하다, 구분하다	1. 신데렐라는 이복자매가 몇 명이었나? 2. 신발은 무엇으로 만들어졌었나?	시험, 목록, 정의, 사실, 재구성
알다	바꿔 말하다, 인지하다, 위치하다, 요약하다, 설명하다, 보고하다, 바꾸다, 논의하다, 표현하다, 다시 말하다, 묘사하다, 확인하다, 번역하다, 평가하다	1. 무도회 밤의 사건에 대해 논의하라. 2. 호박에게 일어난 일을 설명하라.	기억 수준과 동일
적용하다	전시하다, 적용하다, 각색하다, 해결하다, 고용하다, 연습하다, 계산하다	1. 신데렐라의 두 자매와 계모가 입었던 무도회 옷에 대해 설명하라. 2. 왕자가 신데렐라 집에 유리구두를 가지고 왔을 때 발생한 일을 각색하라.	묘사, 도해지도, 일기, 모델, 수집, 디오라마, 수수께끼
분석하다	통역하다, 범주화하다, 해부하다, 분석하다, 분류하다, 도해하다, 개요를 서술하다, 비교하다, 정렬하다, 대조하다, 조사하다, 검사하다, 다시 나누다	1. 계모와 왕자에 대한 신데렐라의 행동을 비교하고 대조하라. 2. 왜 계모가 신데렐라에게 그토록 잔인했을까?	설문지, 조사, 보고서, 그래프, 차트, 요강
평가하다	판단하다, 비판하다, 입증하다, 결정하다, 사정하다, 교정하다, 살피다, 추측하다, 꾸짖다, 평가하다, 확정하다, 결론짓다	1. 신데렐라가 무도회에 갈 자격이 있는지 입증해보라. 2. 만약 신데렐라가 도망갈 때 신발을 잃어버리지 않았다면 무슨 일이 일어났을까?	패널 토의, 평가척도, 보고서, 조사, 사설, 추천, 평결
창조하다	구성하다, 제안하다, 산출하다, 고안하다, 상상하다, 형성하다, 창조하다, 설계하다, 예견하다, 구성하다, 향상되다, 발달하다, 재정렬하다	1. 신데렐라가 재를 뒤집어쓰고 일할 때 불렀을 법한 노래를 작곡해보라. 2. 신데렐라의 옷, 마차, 구두를 설계해보라.	공식, 발명, 필름, 새로운 게임, 이야기, 시, 예술작품, 기계, 홍보

출처 : Jane Piirto, ⓒ 2007. 허락하에 사용함.

& Pierce, 2014; Furtak et al., 2012). Herron(1971)은 학생들이 네 단계의 진보 수준에 따라 더욱 독립적으로 활동할 수 있도록 하는 탐구모형을 개발하였다.

1단계 수준인 확인에서 교사는 연구문제, 절차, 결과를 모두 제공한다. Jennifer 교사가 적용한 '과학 레시피'에서 "만약 학생이 실험 절차를 따른다면 예측된 결과를 얻을 수 있다. 학생은 이러한 과정을 통해 새로운 것들을 배울 수 있지만 학생이 단지 원하는, 미리 결정된 결과를 얻기 위해 과학 방법을 따른다면 그것은 진짜 실험이 아니다."의 내용은 1단계 수준이다. 2단계 수준인 구조화된 탐구에서 교사는 연구문제와 절차를 제공하고 학생은 결과를 생성한다. 3단계 수준인 안내된 탐구에서는 학생은 절차와 결과를 산출한다. 가장 독립적인 수준은 자유 탐구인 4단계 수준으로 학생은 연구문제, 절차, 결과를 산출한다. Jennifer Sheffield의 학생들은 구조화된 탐구수준에서 시작하고, 그다음에 자신의 실험을 설계하고 수행하면서 안내된 탐구와 자유 탐구 수준으로 빠르게 이동한다.

문제기반 학습 문제기반 학습(problem-based learning, PBL)은 학생들이 세상의 현실적인 문제에 대한 해결책을 찾기 위해 소집단 협동학습에 참여한다. 이때 제시되는 문제는 영재 학생의 호기심을 유발하여 문제해결책을 찾도록 유도하는 역할을 한다. 윌리엄과 메리 영재교육센터에서 개발된 통합교육과정 모델은 국어, 수학, 과학, 사회 분야에서 문제기반 단원을 특징으로 한다.

현실 세계의 여러 가지 문제는 과학 분야의 기초가 될 수 있고, 그 문제를 체계적인 개념으로 접근하고 이해하는 것이 중요하다. 이러한 문제로 구성된 각 단원 활동을 통해서 영재 학생들은 자료를 수집하고 조직하고 데이터를 분석하고 다른 사람과 결과에 관하여 의사소통하는 것을 배울 수 있다. 문제기반 국어과 단원은 무엇보다 중요한 주제로의 변화를 나타낸다. 사회과 단원은 상호의존에 초점을 두고

그림 13.5   수수께끼를 이용한 다층식 학습

수업자 : 밀러(국립영재아연구센터)	수업자 메일 : HOTLINX@verginia.edu
교육과정 영역 : 수학, 과학, 사회	학년 수준 : 3
시간 : 30분	집단편성 : 혼합편성

개관

유연하고 개방적인 사고력을 위한 수업이며, 이 수업을 일상적인 사고의 전환과 유연성이 필요한 도전적인 수업을 하기 전에 워밍업 용으로 사용하라. 또 이 수업을 학생들이 스스로 사고로부터 가설을 세우기 어려울 때 사용하라(예 : 문장식 수학문제 해결하기, 수학에서 패턴 발견하기, 읽고 결론 찾아내기, 경제의 한 단위 동안 의사결정하기)(고등학교 심화반 미적분학 교사인 프레드 펜스에게 영감을 받은 아이디어로 학생들이 문제를 풀 수 있는 분위기를 만들기 위해 퍼즐로 수업을 시작한다. 이 컨셉이 더 어린 학생들을 위해 조정되었다). 이번 시간에는 학생들이 처음에는 학급 전체 활동으로 수수께끼를 풀고, 그다음에는 작은 집단으로 나누어서 추가로 주어지는 수수께끼를 푼다. 학생의 단어를 읽고 이해하는 능력에 따라서 소집단은 이루어진다. 각 소집단은 독립적으로 활동하며, 교사가 각 집단을 돌아다니며 가르치고 토론을 유도한다.

문제 설명

이 수업은 문제해결 능력과 관련된 교육과정을 달성하기 위해 필요한 학업기술을 개발하는 것에 그 목적이 있다. 예로는 수학과 과학 문제뿐만 아니라 사회적인 문제나 문학작품의 분석도 포함한다.

수업자료

세 가지 수준의 수수께끼로 이루어져 있는데, 수준 1은 3개의 쉬운 수수께끼로, 수준 2는 중간 난이도의 수수께끼 1개, 수준 3은 어려운 수수께끼 1개로 이루어져 있다.

수업의 목표로, 학생은 반드시

알아야 한다

수수께끼는 글로 쓰인 퍼즐이라는 것을

이해해야 한다

수수께끼는 창의적으로 생각하는 것이 필요하다는 것을

수수께끼는 가설이 필요하지 않다는 것을

할 수 있어야 한다

수수께끼 풀기를

사전평가

수수께끼 문제의 난이도 차이는 결국 문제에 포함된 단어의 차이이다. 그러므로 소집단 편성은 학생의 어휘능력에 따라서 이루어져야 한다.

쉬운 난이도의 수수께끼

굴뚝 아래로 올라갈 수 있지만 굴뚝 위로 내려갈 수는 없는 것은? (우산)

수탉이 갈색 알과 흰색 알을 낳는다면, 어떤 알에서 병아리가 태어날까? (수탉은 알을 낳지 못함)

대답이 필요하지만 어떤 질문도 하지 않는 것은? (전화)(전화를 받는다는 'answer'라는 표현_역주)

중간 난이도의 수수께끼	**높은 난이도의 수수께끼**
베이컨 구울 때처럼 지글거리는 소리가 난다.	새, 동물, 나무, 꽃 등 모든 것을 먹어치운다.
알에서 태어난다.	쇠를 녹슬게 하고 철을 끊어지게 한다.
등뼈는 많지만, 튼튼한 발은 없다.	아무리 단단한 바위라도 가루로 만들어버린다.
양파같이 껍질을 벗겨도 몸은 그대로 남아 있다.	왕을 죽일 수 있으며 도시를 파괴할 수도 있다.
깃대처럼 몸이 길지만 구멍에 다 들어갈 수 있다.	아무리 높은 산맥이라도 무너뜨릴 수 있다.
나는 누구인가?	이것은 무엇일까?(J. R. R. Tolkein)
(뱀)	(시간)

있다. 문제기반 학습은 국가 영재아동협회상뿐만 아니라 많은 주요 교육과정과 관련된 상을 수상하였다. 또한 문제기반 학습의 단원들은 미 대사관 내 학교교육에 채택되는 등 세계 20개국의 교사들이 사용하고 있다. 비록 문제기반 학습은 영재 아동을 위해 개발된 것이지만 학생 흥미와 수준에 따라 수정

하여 모든 능력 수준의 학생들에게 사용할 수 있다.

학생들이 공부하고 싶은 문제를 선택하게 하고 어떻게 조사할 것인지는 우수한 학업 능력의 학생들을 위한 교육과정을 차별화하는 하나의 방법이 된다.

프로젝트기반 학습 프로젝트기반 학습(project-based learning)은 학생들이 실제 문제를 조사하여 질문에 대한 답을 제시하거나 결과를 산출하기 위해 긴 시간 동안 함께 활동하는 것이다(Buck Institute, 2020). 프로젝트기반 학습은 학생들이 "노숙자의 문제를 어떻게 해결할 수 있을까?", "모두를 위한 사회정의와 안전을 보장하기 위해 지역사회가 치안유지를 어떻게 재구조화할 수 있을까?", "사람들이 마스크 착용 및 사회적 거리두기와 같은 공중보건지침을 따르도록 동기를 부여할 수 있는 방법은 무엇인가?"와 같은 개방형 질문들을 탐색하면서 비판적·창의적으로 사고하고 의사소통하는 중요한 기회를 제공할 수 있는 반복적인 과정이다. 소집단

학생들이 연구하고자 하는 과제와 해결방법을 스스로 선택하게 하는 것은 우수 학생들을 위한 차별화된 교육과정의 한 방법이다.

학생들의 경우 협력적으로 계획하고 프로젝트를 개발하고 교사는 그 과정에서 참여를 독려하고, 과정을 점검하며 지속적으로 피드백을 제공한다. 학생들이 프로젝트를 제출하고 나서 학생들은 교사와 또래로부터 피드백을 받고 자기평가에 참여한다. 연구자들은 프로젝트기반 수업에 참여한 학생들의 경우 이해력, 내용 습득, 문제해결 기술, 창의적 사고기술에 긍정적인 효과가 있다고 보고하였다(Finkelstein et al., 2010; Holm, 2011)(교수와 학습 '두 가지 PBL: 문제기반 학습과 프로젝트기반 학습' 참조).

리더십 기술지도 영재에 관한 많은 정의들은 유능하게 이끄는 능력을 포함하고 있다. 리더십 기술은 타인을 격려하고, 활동으로 이끌고, 합의를 도출하며 조직의 체계성을 유지하는 것이다(Bean, 2010). Bisland(2004)는 어린 아동들에게 리더십 기술을 가르치기 위한 활동으로 감명받은 리더들에 대한 자서전 읽고 토론하기, 아동 문학에서 나타나는 리더들의 특성 조사하기, 나만의 리더들에 관한 참고도서 만들기 등을 제안하였다. Rimm 외(2018)는 학생들에게 효과적인 리더의 특성을 가르치고, 리더십 역할에 참여할 기회를 제공하고, 리더십 구성에 대해 가르칠 것을 제안한다. 영재 학생은 학교 전체 및 지역사회 프로젝트 조정하기, 과외 활동 조직하기, 학교에서 동료 멘토링하기와 같은 리더십 활동에서 도움을 받을 수 있다. 나이를 초월한 멘토링 기회는 영재 학생들이 지속적인 리더십 기술과 타인을 이끌고 지원하고 영감을 주는 성향을 개발하는 데 도움을 줄 수 있다(Besnoy & McDaniel, 2016).

교실 밖에서의 교육과정 차별화

특출한 재능을 가진 일부 학생들은 교실 내 활동보다 교실 밖에서 일어나는 활동이 더 큰 보람이 있고 중요한 경우가 있다. 교사는 항상 지역사회의 이용 가능한 모든 인적·물적 자원과 멘토 수업내용을 연결해야 한다.

인턴과정과 멘토 프로그램 재능과 창의력을 개발시키는 멘토십의 역할은 중세 때부터 인정되었다. 개념적 기술과 실제적 기술의 발달이 성공의 결정적 요인인 예술과 과학 영역에서는 멘토의 중요성을 결코 과소평가할 수 없다. 또한 저소득층 출신이거나 문화적으로 다른 배경의 영재 아동에게 멘토 프로그램은 매우 중요하다(Olazewski-Kubilius & Clarenbach, 2014). 인턴과정이나 멘토 프로그램은 영재 아동

교수와 학습

두 가지 PBL : 문제기반 학습과 프로젝트기반 학습

Jennifer Sheffield 교사가 사용한 '문제기반 학습'과 '프로젝트기반 학습'에 대한 내용이다. 각각 실생활에서의 문제와 실질적인 목표에 초점을 두고 있다. 문제기반 학습은 문제를 해결하는 과정을 강조하고, 프로젝트기반 학습은 산출물에 기반을 둔다.

문제기반 학습을 어떻게 가르치는가 간단한 해결책이 없는 불분명하고 설득력 있는 문제를 제시한다(예 : 우리가 어떻게 하면 90억 명의 인간에게 지속적으로 음식을 제공할까? 우리는 우리의 행성을 구하기 위해서 전기를 포기해야만 하나?). 학생들은 다른 관점을 지지할 수 있는 다양한 정보를 탐색한다. 학생들은 쉽게 답이 나오거나 맞는 답이 나오지 않는 논란이 되는 이슈들을 탐색할 것이고 그러한 상황은 교실에서 매우 멋진 토론과 성찰로 이끌 것이다.

프로젝트기반 학습을 어떻게 가르치는가 프로젝트기반의 학습활동을 계획할 때 나는 스스로에게 이렇게 묻는다. '나는 학생들이 어떤 내용을 학습하길 원하는가? 나는 모든 학생들을 위해 같은 내용목표를 가지고 있는가? 학생들은 어떤 산출물을 개발하게 되는가? 학생들이 적용하게 될 과정은 무엇인가? 학생들은 개별적으로 활동할 것인가, 짝과 함께 활동할 것인가, 아니면 소집단으로 활동할 것인가? 어느 정도의 자유로움이 허용될 것인가?'

프로젝트기반 학습은 우리의 특별한 관심 연구실(special interest labs, SILS)에서 적용되고 있다. 학생들은 설문을 통해 참여하고 싶은 연구를 제시한다. 예를 들어 기계 해체 실습에서는 학생들이 짝과 함께 랩톱 컴퓨터나 프린트와 같은 기기들을 해부하도록 요구한다. 파트너는 작업과정을 문서화하고 기계의 주요 부분과 기능을 확인하고, 기계의 역사 및 발달을 조사하고, 사회적인 주요 영향을 설명하고 발견한 것을 공유하기 위해 프레젠테이션을 준비한다.

다음은 학생들에게 결과물을 만들도록 요구하는 SILS의 예이다.

- 롤러코스터 물리학 집단은 롤러코스터 기능의 척도 모형을 개발하였고 속도와 흥분 요소를 측정하는 대회에 참여하였다.
- 3차원의 프린팅이나 컴퓨터 보조 디자인 집단은 척도를 위한 컴퓨터 모델을 개발하였고 플라스틱 3D 모델을 프린트하였다.
- 아이무비 집단은 영화의 스크립트를 만들고 감독하고 제작하였다.

피드백과 수정 내용에 관한 동료들의 피드백을 받고 발표를 한 후 학생들은 자신들의 개발물을 다시 수정하여 제출할 수 있다. 또래 친구들의 비판적인 검토 의견은 참여 학생들에게 개발한 작업수준을 향상시킬 수 있는 아이디어를 줄 수 있다.

자기반성 발표 후에 나는 학생들이 자신들이 무엇을 배웠는지, 다음에 향상시키기 위해 무엇을 해야 하는지, 그들이 가지고 있는 오래된 질문이 무엇인지, 자신들에 대해서는 무엇을 배웠는지를 생각해보도록 한다.

에게 모델링, 연습 기회, 행동에 대한 강화와 직접적인 피드백과 같은 현실적으로 가장 강력한 교육전략을 제공한다(Callahan & Dickson, 2014). 리더십 멘토링을 설정하는 방법을 알아보려면 전환교육 : 현재가 미래를 만든다 '영재학생을 위한 멘토'를 참조하라.

특별 과정 대부분의 지역사회 문화예술센터, 박물관, 여가센터는 다양한 강의나 워크숍 과정을 개설하고 있다. 이러한 과정들은 고등학교 또는 대학교 평생교육 학점인정과 연결되어 있을 수도 있다. 또한 이러한 과정에 참여하는 학생들에게는 새로운 멘토와 친구를 만들 기회와 학교 수업에서는 접할 수 없는 다양한 경험을 제공한다.

전환교육 : 현재가 미래를 만든다

영재학생을 위한 멘토

왜 영재 학생들에게 멘토가 필요한가

많은 영재 학생들은 몇몇 다른 학업적이고 창의적인 분야에서 광범위한 재능, 흥미, 야망을 보인다. 광범위한 흥미를 갖는 것이 일반적으로는 유익하지만 영재 학생들이 고등학교 이후 시기를 준비할 때는 도전이 될 수 있다. 멘토들은 직업에 대하여 배울 수 있는 깊이 있는 기회를 제공함으로써 직업 결정을 잘할 수 있게 돕는다. 실제로 좋은 멘토링을 경험한 학생들이 직업 확실성을 더 잘 보고하였다(Lunsford, 2011).

무엇이 효과적인 멘토링 프로그램을 만드는가

효과적인 멘토링 프로그램은 학생과 멘토를 상호 이익에 근거하여 매칭한다. 멘토와 학생이 프로젝트 목표를 함께 세우고, 추구해야 하는 구체적인 경험을 확인하고, 프로젝트의 타임라인을 세우고, 수개월 동안 정기적인 미팅에 참여하고, 과정을 평가한다. 멘토가 이끄는 프로젝트를 완료하면 영재 학생은 학교 혹은 심지어 전문적인 콘퍼런스에서 결과물을 발표할 수 있다. 예를 들어 만약에 영재 학생이 대학 교수와 연결이 되면, 학생은 교수의 연구팀이나 대학생들과의 연구 미팅에 참석할 수 있고, 교수의 지도 아래 연구 프로젝트를 진행할 수 있고 연구결과를 콘퍼런스 발표나 출판물의 형태로 선보일 수 있다.

학생과 멘토 매칭하기

멘토링 관계를 만드는 것은 학생의 관심 파악하기, 멘토링을 위한 학생 준비, 멘토 찾아주기, 멘토십 평가하기를 포함한다.

학생의 관심 파악

교사는 학생이 관심에 대한 설문지를 완성하거나 인터뷰에 참여하게 함으로써 학생의 관심을 파악할 수 있다. 질문사항으로는 아래의 내용을 포함할 수 있다.

- 특별히 관심 있는 주제는 무엇인가?
- 왜 그 주제에 관심을 가지고 있는가?
- 관심 있는 주제와 관련하여 어떤 경험을 하였는가?
- 멘토링 경험을 통해 달성하고 싶은 목표는 무엇인가?
- 목표를 달성하는 데 멘토가 어떤 도움이 될 것인가?

멘토링을 위한 학생 준비

사회적 관계는 멘토링 관계를 성공적으로 만드는 데 유용하다. 교사들은 적절한 상호작용과 영재 학생이 생각을 발표하고 피드백을 수용하는 역할놀이의 모델이 될 수 있다. 또한 교사들은 학생들이 가능한 프로젝트(예 : 연구나 지역사회 프로젝트)를 확인하고 그다음에 프로젝트 목적과 목표, 타임라인을 세우도록 도와주어 학생을 준비시킬 수 있다.

멘토 찾아주기

어떤 학교들은 이미 멘토링 네트워크를 가지고 있다. 이런 경우에는 멘토를 배정하는 교육구의 절차를 이용할 수 있다. 멘토링 네트워크를 가지고 있지 않은 학교들은 교사가 멘토링 프로그램을 시작할 수 있는데, 관리자의 지원, 지역사회의 지원활동, 멘토 훈련이 필요하다. 학교 관계자와 멘토링 프로그램을 개발한 사례에 대해서는 Ball(2018)을 참고하라.

만약 학교 관계자를 통해 멘토링 네트워크를 사용할 수 없다면, 교사들이 부모에게 정보를 제공하여 그들이 적절한 멘토를 찾을 수 있게 도울 수 있다. 지역 대학의 교수진에게 연락하기, 지역 산업체 전문가에게 연락하기 혹은 영재 학생을 위한 멘토링 기관에 연락할 수 있다. 비디오 회의, 이메일, 파일공유(예 : 구글 독스), 인스턴트 메신저와 같은 멘토링 옵션으로 테크놀로지를 활용하면 지역적으로 거리가 있는 멘토와 멘티 사이의 의사소통을 연결해주는 다리 역할을 할 수 있다. 다음은 영재 학생을 멘토와 연결해주는 웹사이트이다.

National Mentoring Partnership	http://www.mentoring.org
iMentor	https://imentor.org
UConn Mentor Connection	https://mentor.education.uconn.edu
National Mentoring Resource Center	https://nationalmentoringresourcecenter.org
U.S. Department of Education Mentoring Resource Center	https://www.edmentoring.org/index.html
Mentored Pathways	https://www.mentoredpathways.org
Institute for Educational Advancement	https://educationaladvancement.org/programs/iea-explore/explore-mentors
Million Women Mentors	https://www.millionwomenmentors.com/about

　잘 드러나지 않는 집단에 속한 학생들은 같은 문화나 사회경제적 배경, 성별의 멘토와 연결될 때 혜택을 받을 수 있다. 예를 들어 여학생들은 특정 직업 분야에서 소수자로서 그들을 이해하고 어려움을 처리하도록 도울 수 있는 여성 멘토의 지도를 받을 때 더 도움이 될 것이다.

학생들이 멘토 평가하기
멘토링 과정 동안 학생들은 그들이 배운 것에 대한 경험과 성찰일지를 작성한다. 멘토링 경험이 끝날 즈음 학생들은 또한 프로젝트를 평가할 수 있다(예 : 나의 목적을 이루었는가? 이 프로젝트의 기여도는 어느 정도인가? 이 프로젝트를 다시 한다면 무엇을 바꾸고 싶은가? 이것이 나에게 맞는 진로 방향인가?). 또한 학생들은 멘토에게 앞으로의 멘토링 관계를 개선하기 위한 피드백을 제공해줄 수 있는 인터뷰와 설문조사를 할 수 있다.

독서 프로그램　학생들이 고전, 철학, 시, 소설 등 영역에서 선택한 책을 읽고 교사와 토론을 하는 꽤 구조화된 교육프로그램이다. 이 프로그램에 참여하는 교사는 학생의 높은 수준의 반응을 유도하기 위해 질문기법 등을 배우는 교육을 받아야 한다.

여름방학 프로그램　항공우주, 환경문제, 음악과 같은 주제의 여름방학 프로그램도 영재 아동이 이용 가능하다. 많은 대학들은 소수의 영재 아동에게 초점을 맞춘 많은 프로그램을 제공한다. 여름방학 프로그램은 비교적 짧지만 지적 · 예술적 · 문화적 분야의 특정 부분을 집중적으로 탐구할 수 있다.

국제 경험　뉴질랜드인은 가방 하나 들고 아주 먼 나라를 여행하는 문화적 통과의례가 있다. 이것은 지구의 오지까지 고생하면서 여행하는 것으로 뉴질랜드라는 작은 태평양 섬에서 벗어나 넓은 세상을 보고 느낄 수 있는 폭넓은 경험을 하도록 하는 것이다. 국제 경험이 있는 경우 국제학사 프로그램 같은 수많은 해외학술 프로그램에 참여하여 학습경험을 쌓을 수도 있을 것이다. 수많은 국제 프로그램은 엄격한 공부를 시킬 뿐 아니라 국제적인 감각을 키울 기회도 제공한다.

대안적 교육 배치

학습목표 13.5　영재 및 우수 학생을 위한 배치 옵션을 확인하고 설명한다.

교사들은 학생들의 능력에 따라 집단화한다. 교사는 자동적으로 학생들을 교과수업을 위해 집단별로 편성하였다. 이 집단편성은 종종 비공식적이며, 서로 학습속도를 유지할 수 있는 2명 이상의 학생으로 구성한다.

수준별 집단편성(ability grouping), 여러 해에 걸쳐 상당한 논란과 강력한 여론을 몰고 온 이 문제는 영재 학생을 어느 정도 그들과 지적·학업적 능력이 비슷한 학생들로 구성된 동질 집단에서 혹은 다양한 능력을 가진 이질적인 학생 집단에서 가르쳐야 하는가이다. 사회적 부정과 대변화는 모든 사회제도의 평등에 대한 요구를 점증시킨다. 그러나 실제적으로 영재교육 분야의 교사나 연구자들은 계열화를 초래하지 않는 이질적 집단화가 학생이 잠재력을 발휘하도록 돕는다고 믿는다.

NAGC(2009)는 "영재 아동의 집단화는 모범적인 영재교육의 기본 사항 중 하나"(p. 1)라고 말하며, 영재 학생의 능력별 집단편성을 둘러싼 논쟁, 다시 말해 영재 아동이 고군분투하는 학생의 자존감을 손상시키고, 영재 아동 스스로가 엘리트 집단이 되는 것이며 때로는 비민주적이고 인종차별적이라는 주장은 뒷받침할 만한 연구도 없다고 밝혔다. NAGC는 영재 아동의 집단화가 그들의 학습이 이루어질 수 있는 '최소제한환경'이며, 학교에서 영재 아동이 필요로 하는 차별화된 수업과 교육과정을 제공하는 가장 효과적이고 효율적인 수단이라고 믿는다. 다양한 종류의 집단화는 영재교육의 종일 수업제와 부분 수업제 두 프로그램 모두에 사용된다.

종일 수업제

영재특수학교　남녀 영재 학생을 위한 고등학교는 20세기 초 뉴욕에서 스타이브선트 고등학교의 설립과 함께 시작되었다. 헌터 컬리지 고등학교는 1941년에 영재고등학교로 개교하였다. 이러한 영재고등학교의 입학생 선발은 경쟁시험의 점수와 개인별 IQ지수를 바탕으로 이루어졌다. 영재로 확인된 학생들을 위한 영재특수학교는 공립 및 사립, 차터스쿨 등 미국 전역에 계속 존재한다.

비록 초등학교 수준이라도 대도시 지역에서는 다양한 과목을 내세운 마그넷 학교가 있다. 예를 들어 많은 지역에 어학 중점 학교, 시각예술 중점 학교, 그리고 수학과 과학 등의 과목을 중점으로 하는 특수한 고등학교가 있다. 이 모든 학교가 특별한 재능이나 흥미를 가진 영재 학생들을 위하여 특별히 설계된 것은 아니지만 이러한 옵션들은 매력적으로 다가온다.

특수학급　특수학급의 가장 큰 이점은 영재아의 필요에 맞춘 교육과정과 수업이 준비되어 있다는 점이다. 또 다른 이점은 영재 학생들이 그들의 능력에 맞춘 속도로 학습을 할 수 있으며, 지적능력이 비슷한 학생들끼리 서로 경쟁하며 학습하게 만든다는 것이다. 이 모델은 담당교사들이 다른 학급으로 이동하거나 다른 학교로 이동하지 않을 경우 더욱 효과를 볼 수 있다.

특수학급의 단점은 일반 학생과 우정을 나눌 기회가 제한된다는 점과 엘리트로 취급당하는 경우가 있다는 점이다. 하지만 작은 지방도시에서는 도시가 너무 작아서 다양한 연령대 복수 학년으로 구성해도 영재아를 위한 특수학급을 개설하기가 어렵다.

능력집단 클러스터　능력집단 클러스터(cluster ability grouping)는 학년 상위 5~8명의 학생을 일반학급 내에서 한 집단으로 묶어 함께 공부하게 한다. 영재교육 교사가 이 클러스터 집단에 특화된 수업을 제공한다. 클러스터 집단화는 일반학급 안에서 차별화 교육과정을 집중적으로 시행할 수 있게 한다.

종일 수업제로 능력별 교육을 받는 영재 학생들은 연도마다 일반 학생에 비해서 1년 3개월 내지는 2년 치의 학업적인 진보가 이루어지며 사회

능력 집단 클러스터 모델에서 이질적으로 구성된 학급의 학생들은 자신의 성취도에 따라 과목마다 집단을 나눠 수업을 받는다.

적 성숙, 자기효능감, 자긍심, 학습동기 측면에서 작지만 긍정적인 결과를 보여주는 연구결과가 있다 (Rogers, 2006). 능력별 모둠집단편성에 참여한 영재 초등학생들의 경우 다른 영재 학생보다 읽기와 수학의 성취가 높게 나타났다(Gentry, 2014). 또한 교사가 문화적으로 다양한 배경을 지니고 있으면서 높은 성취를 보이는 학생들을 판별할 수 있게 한다(Brulles et al., 2012).

부분 수업제

학습 도움실 혹은 별도 이동수업 프로그램   어떤 교사들은 별도 이동수업 모델이나 학습 도움실이 영재 학생에게 가장 좋은 선택안이라고 믿는다. 별도 이동수업 프로그램이 일반학급과 완전한 분리가 없는 학습 도움실의 부분통합 장점을 제공하지만 많은 과제와 단점도 있다. 영재 학생을 위한 학습 도움실의 이동수업 프로그램을 제공하는 학교의 관리자와 교사는 학습 도움실을 떠나 일반학급으로 돌아갈 때도 그들이 영재라는 사실을 잊어버리면 안 된다. 영재 아동을 위한 학습 도움실의 수업이 최고의 질을 보장해도, 영재 학생이 일반학급에 되돌아가 나머지 수업시간을 보낼 때는 그 학생의 차별화된 교육과정에 대한 요구는 만족되지 않는다.

수행집단 클러스터   수행집단 클러스터는 교사가 서로 다른 능력의 학급 학생들을 각 교과 수행능력에 따라서 여러 모둠을 만드는 것이다. 학급 내 모둠화의 가장 일반적인 형태는 과목에 따라 모둠을 나누는 것이다. 학생들을 3개 이상의 수준별 모둠으로 나누고, 각 모둠은 서로 다른 교재를 사용하여 각각 다른 수준의 수업을 받는다.

유사능력 중심 협동학습 집단   교사가 협동학습 모델을 사용할 때 반에서 3~4위까지의 학생들을 한 모둠으로 묶고 차별적인 협동학습 과제와 평가기준을 제공하는 방법이다(교수와 학습 '높은 수준의 협동학습 집단' 참조).

부분 수업제를 위한 집단 선택안으로 교육받는 영재 학생들은 학업성취, 사회성, 자긍심 측면에서 작지만 긍정적인 결과를 보여주는 연구가 있다. 부분 수업제에서 이루어지는 수업활동이 일반교육 활동의 확장이거나 비판적 사고 혹은 창조력에 초점을 맞출 때 1년 치 이상의 학업적인 진보가 이루어질 수 있다(Rogers, 2006).

능력별 집단편성 선택안은 영재 아동에게 차별적인 교육과정과 수업을 제공하도록 촉진시킬 수 있지만 교사는 능력별 혹은 성취별 집단으로 구분하여 학생을 그냥 집어넣는 것만으로는 불충분하다는 사실을 반드시 알아야 한다. 가장 중요한 것은 집단편성 그 자체보다는 그 집단에서 무엇이 벌어지느냐이다. 집단편성에서 가장 중요한 것은 각 집단에 어울리는 도전적인 교육과정, 잘 짜인 수업, 효과적인 교수방법, 그리고 집단편성을 최대한 활용하는 학생을 존중하는 학습 환경이 필요하다.

자문교사 모델

대부분의 영재 학생들은 일반학급에 배치되어 있다. 만약에 지역 교육구의 영재교육프로그램을 통해서 영재아 교육을 받은 교사가 있다면, 일반학급 교사에게 직간접적 지원을 제공해야 한다. 일반학급 교사에게 자문 역할을 수행하면서 이 영재아 담당교사(촉진자, 자문교사, 영재교육 중재 전문가로 불리기도 하지만)는 수학, 과학, 인문학 등 주제에 따라 구성된 영재 아동 집단에 특화된 수업을 제공할 수 있다. 영재 담당교사는 한 반의 다른 학생들에게 일반적인 읽기와 수학 내용을 가르치면서 읽기와 수학능력이 우수한 아동을 함께 지도할 수 있다. 또한 그 교사는 학생이 스스로 수행하고자 하는 프로젝트의 멘토가 될 수 있고, 영재 아동을 위한 학습 센터를 만들 수도 있으며, 현장학습 계획과 학력경진대회 준비를

교수와 학습

높은 수준의 협동학습 집단

많은 영재 학생들이 서로에게 지적 자극이 되고 사회적 상호작용과 리더십을 형성할 수 있는 협동학습 집단에서 공부하기 좋아한다(Diezman & Watters, 2001; Huss, 2006).

높은 수준의 협동학습 집단이란 무엇인가　협동학습 집단은 학생들이 작은 팀을 이루어 서로 협력하며 학업과제를 완수하고 문제를 해결하며 공통의 목표를 달성하는 것이다. 잘 설계된 협동학습 집단은 학업과 사회성 기술의 발달을 돕는다.

협동학습 집단을 어떻게 가르치는가　Jennifer Sheffield는 다음 지침을 따를 것을 권한다.

Jennifer Sheffield

1단계 : 재미있는 미끼를 활용한다.　수업활동에 학생들이 흥미를 갖게 하는 재미있는 미끼를 활용한다. 브레인스토밍 활동, 이미지 분석, 수수께끼, 우스운 이야기, 짧은 비디오 등 무언가 재미있고 흥미를 불러일으키는 것으로 시작한다. 비행과 로켓 수업을 시작하기 위하여 나는 구부러진 빨대와 깔때기로 만들어진 탁구공 '발사대'를 사용한다. 학생 몇 명에게 빨대로 탁구공을 불게 하여 얼마나 멀리 발사시킬 수 있는지 본다. 탁구공은 베르누이의 양력발생원리 때문에 꿈쩍하지 않을 것이지만 학생들은 알지 못한다. 이제 모든 학생이 발사대를 만들고 여기에 숨겨진 과학을 탐구하기 시작한다.

2단계 : 과제를 지시한다.　학습과제 수행을 위한 지시를 하고 질문을 받는다. 학생들에게 서로의 참여와 의견을 인정하고 격려하도록 가르친다. 원래의 과제와는 다른 과정이나 결과물을 제안하더라도 환영한다. 합리적이라면 학생들 스스로 생각의 전환을 하도록 하는 것은 학습을 자신의 것으로 이끄는 좋은 방법이다.

3단계 : 함께할 협동학습 집단을 스스로 정하게 한다.　학생에게 2~3분의 시간을 주어 누구와 함께하고 싶은지 정하게 한다. 각각의 집단은 서로 보완해줄 수 있는 특징을 가진 학생들로 꾸려지게 한다. 창의적인 학생과 정리를 잘하는 학생, 분석적인 학생과 직관적인 학생, 쓰기를 잘하는 학생과 발표를 잘하는 학생 등 집단이 만들어지면 교사가 각 구성원의 역할을 부여하지 않고(예 : 리더, 대변인, 기록원), 학생들 스스로 하도록 허용한다.

4단계 : 시간 제한을 둔다.　활동 제한 시간을 두되 융통성 있게 적용한다. 나는 제시간에 끝내지 못해도 괜찮으며 집단의 생각을 학급 전체와 나누고 아직 진행 중이라고 말해도 된다고 한다. 일찍 마친 집단은 다른 집단을 지켜보고 새로운 생각이 떠오르면 다시 프로젝트를 수정할 수 있다. 프로젝트가 몇 차시에 걸쳐 이루어지면 학생들은 질문을 하고 피드백을 받을 수 있는 교사와의 협의회를 요청할 수 있다.

5단계 : 진전을 모니터링한다.　교실을 돌아다니며 각 집단의 토론내용을 듣고 생각을 정교화하도록 독려하며 질문을 받고 필요하면 피드백을 해준다. 어떤 집단이 리더십에 어려움을 겪고 있으면 나는 "끝마치기 위해서 어떻게 했으면 좋겠어요?"라든가 "구성원이 모두 공헌할 수 있게 하는 아이디어가 있나요?"와 같은 질문을 던진다. 필요하다면 다른 집단이 사용한 전략(예 : 각자 10분씩 생각해보고 다시 모여 전체 토론을 하는 방법)을 알려주기도 한다.

6단계 : 함께 나누는 시간을 갖는다.　함께 나누는 활동은 서로에게 배우고 스스로에 자부심을 갖게 한다. 내가 가르치는 학생들은 구글 독스, 에드모드, 스파이더스크라이브, 프레지, 글로그스터, 아이무비, 팟캐스트를 사용하여 배우고 만들어내고 발견한 것을 발표한다. 이 시간 동안 학생들은 서로에게 건설적인 피드백을 하고 필요하다면 수정할 수 있게 한다.

7단계 : 반성적 성찰을 독려한다. 학급 모두와 함께 나누는 활동을 마친 후 경험한 것을 서로 이야기하고(짝을 이루어 하거나 작은 집단을 이루어) 자신의 공헌을 긍정, 부정, 중립 어느 하나로 규정해보고 그 이유를 설명하도록 한다. 학생들은 스스로 반성적 성찰을 논의하고 이때 교사의 지시는 최소화한다.

도울 수도 있다.

이 모델의 장점은 영재 담당교사가 일반학급에서 무엇을 배우는지 전혀 알지 못한 채 혼자 고립되어 학습 도움실이나 이동 수업실에서 영재아를 교육하는 것이 아니라는 것이다. 대신 영재 담당교사는 일반학급 교사와 파트너십을 발휘하여 중다수준의 수업지도안을 계획하는 교육과정계획 팀으로 협력한다.

이 모델의 또 다른 중요한 장점은 일반학급 내 모든 수준의 학생들이 교사당 학생 비율이 더 낮은 상황에서 중다수준 수업을 받으며, 영재교육전문가와 함께 창의성, 비판적 사고, 학습전략에 대한 학습활동을 할 수 있다는 점이다.

그러나 많은 학교에는 영재교육 담당자가 없고, 일반학급 교사가 심화된 교육적 요구를 가진 뛰어난 학생의 교육을 책임지고 있다. 무엇보다도 가장 중요한 것은 영재 학생들을 효과적으로 이해하고 가르치고 도전시키기 위해 교사와 상담사 및 학교 관계자들은 공식적으로 영재교육을 위한 프로그램 연수를 받아야 한다. 불행히도 대부분의 대학에서는 영재교육 강의나 학위도 제공하지 않는다.

사회 모든 계층의 영재 학생들은 적절한 교육을 받아야 한다. 그들의 잠재력을 최대한 발달시키기 위한 차별화된 교육과정, 교수전략, 학습자료, 경험을 제공해야 한다. 인간이 어떻게 발달하고 배우고 창조하는가에 대한 진지한 고찰이 담긴 교육적 서비스의 전달과 영재 아동의 판별방법에 대한 새로운 관점과 연구접근법이 있다. 이러한 영재교육에 대한 혁신적인 생각은 우리가 살고 있는 세상을 보다 이롭게 할 영재 학생들의 밝은 미래를 약속할 것이다.

우수교사로부터의 조언
by Jennifer Sheffield

유연성 있는 교사가 되어라

훌륭한 영재 및 우수(GT) 아동의 교사가 되기 위해서는 유연하고 열린 마음을 갖고 창의적이며 안정 수준을 넓혀줄 도전 의식이 있어야 한다.

- **많은 선택권을 주라.** 내용, 과정, 결과물을 다양하게 한다. 예를 들어 하나의 비교와 대조 활동을 하는 학생은 복잡성을 더하기 위하여 두 가지 대신 밴다이어그램을 이용하여 세 가지를 비교하고 대조하는 활동을 할 수 있다. 학생이 아는 것을 보여주는 방법을 선택하게 한다(예 : 비디오, 팟캐스트, 발표, 모델, 짧은 이야기, 시, 도표, 차트 등).
- **학생의 제안을 받아들이라.** 수업계획이 어떻든 GT 학생들은 15가지의 다른 수행방법을 생각할 것이다. 이미 만들어진 계획을 고집할 필요가 없다. 더 나은 제안이 나오면 두려워 말고 시도하라! 학생 스스로 최적의 학습 경험을 만들어낼 수 있도록 격려하라.

Allison Grace Thompson

- **시간 제한을 마음대로 설정하지 마라.** 학생이 참여하여 수업의 흐름을 이끌도록 한다. 특히 한 번도 가르쳐본 적이 없는 수업의 경우엔 더욱 그러하다. 어떤 주제에 대한 훌륭한 토론이 얼마나 오래 걸릴지 어떻게 알 수 있는가? GT 학생은 집중하고 있는 일을 그만두거나 중요한 인물 앞에서 토론을 끝내는 것을 싫어한다. 다음 수업 단계로 언제 넘어가야 할지 가늠하는 촉진자로서의 당신 능력을 믿어라. 고차원의 학습이 일어나고 있다면 그대로 둬라.

위험 부담에 안전한 환경을 만들라

학업적 도전을 하도록 학생을 격려한다. 우연한 사고, 실수, 오해에서 비롯되었던 위대한 과학적 발견의 이야기를 들려준다. 모든 실패는 배우고 다시 시도하는 기회라는 것을 이해시킨다. 실패해보지 않으면 어떤 위험도 감수하지 않는 것이며, 위험을 감수하지 않는다면 그저 타성에 젖어 발전을 위한 노력이 없는 것이다.

- **성장 사고방식을 모델링하고 촉진하라.** 어려운 과제를 하면서 학생들이 좌절해도 괜찮다. 어려운 프로젝트는 시간, 에너지, 집중력이 요구되기 때문에 잘 안 될 때는 좌절감을 안겨주기도 한다는 점을 얘기해준다. 어려운 과제를 정복하면 스스로를 멋지게 느낄 수 있고 진정한 성취감을 가져다준다는 것을 알게 하라.
- **극적인 실패를 축하해주라.** 어느 학생의 모형 로켓에 불이 붙고, 실험은 잘못되고, 오랫동안 준비한 당신의 수업은 엉망진창이 되어버릴 수 있다. 누구나 자신의 실수에 대해 웃어넘길 수 있어야 한다. 정말 훌륭하게 나쁜 아이디어였다고 웃으며 한마디하라! 선생님이 훌륭한 유머로 실패에서 회복하는 모습을 학생이 보는 것은 아주 좋은 교육이다.
- **명료한 토론 규칙을 세우라.** GT 학생은 자신의 아이디어에 매우 열정적이고 감정적으로 민감해질 수 있다. 학급을 비난, 상처 난 감정, 울음이 없는 진지하고 의미 있는 토론을 하는 '안전한' 장소로 만든다. 눈을 굴리는 행동과 같은 비구어적 행동을 포함하여 토론을 할 때 어떤 것이 허용되고 허용되지 않는지에 대해 분명한 규칙을 알려준다.

학생을 항상 지지하는 교사가 되어라

GT 학생이 된다는 것은 격리 경험이 될 수도 있다. 당신이 관심을 보여주고 옹호해준다는 것을 보여줌으로써 GT 학생은 엄청난 이점을 얻을 수 있다.

- **학생에게 당신의 관심을 보여주라.** 가능할 때마다 학생의 특별활동 행사에 참석한다. 나는 160명의 학생이 있는데 모든 축구경기, 수영부 행사, 연극에 참석할 수는 없다. 하지만 긍정적 관계를 형성하는 데 어려움을 겪은 학생들과는 특별활동 행사에 반드시 참석하려고 노력을 기울인다. 학생과 부모에게 학업이 우수한 학생으로서가 아니라 학생을 한 사람으로서 관심을 가지고 있다는 메시지를 전달하는 것이다.
- **GT 학생을 옹호하라.** 학교에서 GT 학생을 위해 적극적으로 목소리를 낸다. 학생의 성취가 교육구나 학교 홈페이지에 소개될 수 있게 한다. 당신이 무언가 특별히 흥미로운 것을 할 때마다 지역의 언론매체(신문, 방송국 등)를 교실로 초대한다. 적극적인 홍보전략, 지역사회에서 매우 강력한 후원자가 나타날지 아무도 모르는 일이다.

온라인 자료를 찾아라

영재 학생의 사회, 정서, 학업적 요구와 관련해 온라인에서 사용할 수 있는 고품질의 무료 교육자료가 많이 있다. 이러한 자료들의 이점을 활용하라!

- **새로운 정보를 확인하라.** 트위터에서 좋아하는 영재교육기관, 연구자, 교육자를 팔로우하면 교육과정 아이디어, 온라인 자료 및 앱, 교육 연구, 영재 학생 지원 및 교육 관련 사용 가능한 여러 자료들에 대한 최신 정보를 빠르게 얻을 수 있다.
- **영재교육자를 위한 리스트서브를 이용하라.** 이런 리스트서브는 대개 주립대학들이 호스트로 운영한다. 지역에서 열리는 전문가 교육 및 대회 또는 학생들이 관심을 가질 만한 이벤트 기회를 놓치지 않는 좋은 방법이다. 또한 서로 묻고 자료를 공유할 교사 및 GT 코디네이터들로 이루어져 언제나 쉽게 이용할 수 있는 네트워크를 구축할 것이다.

핵심용어와 개념

교육과정 압축	블룸의 분류체계	심화
능력집단 클러스터	비동시성	차별화
다층식 학습	속진	탐구기반 학습
문제기반 학습	수준별 집단편성	프로젝트기반 학습

요약

정의

- 연방정부는 영재 아동을 인지, 창의성, 예술, 리더십 혹은 특정 학문 분야와 다른 영역에서 뛰어난 성취를 보이고 있으나 잠재력을 개발하기 위해서 학교에서 특별한 활동과 서비스가 필요한 아동으로 정의하고 있다.
- 전미영재아동협회(NAGC)에서는 영재아는 적성에서 뛰어난 수준을 보이고(추론과 학습에서 특수한 자로 정의) 하나 혹은 그 이상의 영역에서 유능함을 보이는 아동(수행력이나 성취력이 상위 10% 이내로 보기 드문)으로 정의하고 있다.
- 렌줄리의 영재성에 대한 정의는 평균 이상의 일반적 능력, 높은 수준의 과제 집중 및 창의성을 반영하고 있다.
- 피르토는 영재인들을 매우 뛰어난 기억력, 관찰능력, 호기심, 창의적 학습을 위한 능력으로 정의하였다.
- 메이커는 영재 학생들을 문제를 새롭고 더 명확하게 정의할 수 있고, 더욱 새롭고 효율적이고 효과적인 방법을 고안할 수 있으며, 일반적인 것과는 다른 해결방식에 도달할 수 있는 문제해결자로 보고 있다.

특성

- 영재 학생들의 학습과 지적인 특성은 다음의 능력을 지니고 있다.
  - 빠른 정보습득 및 보유, 많은 양의 정보를 사용하는 능력
  - 하나의 아이디어를 다른 것과 연관시키는 능력
  - 분별력 있게 판단하는 능력
  - 다양한 관점과 반대의 관점에서 볼 수 있는 능력
  - 지식의 넓은 체계 운용을 감지하는 능력
  - 추상적인 상징체계들을 습득하고 조작하는 능력
  - 문제를 재구조화하고 새로운 해결책을 만들어서 문제를 해결하는 능력

- IQ가 145 이상인 영재 학생들은 다음의 특성을 지니고 있다.
  - 강렬한 지적 호기심
  - 완벽주의와 정확성 추구
  - 직관적인 비약을 통한 학습
  - 정신적 자극과 도전에 대한 강렬한 요구
  - 개념, 필수 요소 및 기본 구조에 대한 빠르고 철저한 이해
  - 광범위한 아이디어를 전달하고 공통점을 종합하는 탁월한 능력
  - 도덕과 존재에 관해 나이보다 빠른 관심
  - 내성적인 성향, 독립심, 고립
- 많은 영재 학생들은 매우 창의적이다. 창의성에 대한 기준이 없기는 하지만 대부분의 연구자들이나 교육자들은 유창성, 융통성, 독창성, 정교함이 중요한 요인임에 동의한다.
- 영재 학생들은 모두 개인 간, 개인 내 차이를 보이고 있다. 비동시성은 몇몇 영재 아동들이 지적·정서적·사회적·신체적 성장이나 발달률이 비균형적일 때 사용하는 용어이다.

출현율

- 미국 내 학령 중 영재 학생은 대략 320만 명으로 추산된다.
- 영재 학생의 추정치는 학령기 학생의 10~15%이다.

판별과 사정

- 종합적인 공평한 영재 학생의 판별은 지능검사, 성취도 측정, 체크리스트, 교사·부모·지역사회, 그리고 또래 지명도, 자기인식, 그리고 여가 흥미도의 종합적 접근을 반영하고 있다.
- 몇몇 주 혹은 교육구는 영재교육 서비스를 위한 학생들을 판별하기 위해 많은 수의 잠재적인 영재 학생들을 점점 적은 수와 형식적인 판별 집단으로 줄여가는 혁신적인 필터링 과정을 사용하고 있다.

- 아프리카계, 히스패닉계, 미국 원주민 출신 학생들은 영재교육 프로그램과 더 높은 수준의 학습배치에서 과소평가된다.
- 판별 도구, 정책, 절차는 반드시 비차별적이고 편견이 없어야 한다. 모든 것이 모든 집단을 대상으로 타당하고 신뢰할 수 있어야 하며 문화적·언어적·경제적 차이를 고려해야 한다.
- 메이커의 DISCOVER 절차는 다른 문화 집단과 낮은 사회경제적 배경을 지닌 영재 학생들을 판별하는 데 공평하게 사용된다.
- 미국 내 36만 명의 학생이 '양면특수성'(장애와 영재를 모두 지닌)이 있는 것으로 추정된다.
- 장애를 지닌 영재 학생의 교사들은 반드시 학생의 강점을 보살피고 장애로 인한 결과에 따른 요구를 지원하고 조정하기 위한 교수 간의 균형을 맞추기 위해 노력해야 한다.

교육접근

- 영재 학생들의 교육과정은 학문적으로 엄격하고 주제 중심이고 간학문적이며 학습자의 학습 특성에 반응적이어야 한다.
- **차별화**는 학습자의 다른 요구와 흥미, 준비도, 학습파일에 적절한 교육과정 및 교수실제를 제공하기 위한 다양한 전략을 의미한다.
- **속진**은 학교나 교육과정에서의 학생의 진보 속도를 높이기 위한 다양한 방법에 관한 일반적인 용어이다.
- **교육과정 압축**은 교수내용을 압축하여 학생이 더 도전적인 자료를 가지고 활동할 수 있는 시간을 마련해준다.
- **심화**는 교과목 학습에서 일반교육과정에서 진행되는 것보다 더 심화된 수준의 학습을 의미한다.
- 학교차원의 심화 모형은 일반교실 환경에 있는 영재 학생들의 요구를 충족하기 위한 시도뿐만 아니라 학급에 있는 다른 학생들에게도 사용될 수 있는 학교 전체 차원의 계획을 의미한다.
- 블룸이 제시한 교육적 목적의 분류체계는 학생들에게 지식을 다양한 형태로 제시할 수 있는 활동과 질문을 적용한 차별화된 교육과정 틀을 제공한다.

- 계층화된 수업들은 다른 능력을 지닌 학생들에게 집단별로 수준별 기초학습을 보다 확대하여 제공한다.
- 탐구기반 학습은 참여하는 학생들에게 연구문제 설정, 조사과정 계획, 자료수집 및 분석, 추론 도출, 결과 공유의 과학적 접근을 지도하기 위한 증거기반의 접근이다.
- 문제기반 학습은 학생들에게 해결해야 하는 실제 문제 상황이 반영된 활동에서 협력적으로 문제해결을 하는 학습을 의미한다.
- 프로젝트기반 학습은 학생들이 실제 문제를 조사하고 문제의 답을 산출물이나 발표와 같은 프로젝트 형태로 산출하기 위해 수업시간보다 더 많은 시간을 할애하여 함께 활동하는 교수활동을 말한다.
- 영재 학생 담당교사들은 교실에서의 리더십, 리더와의 상호작용, 리더가 되기 위한 활동에 관한 학습을 반영하는 다양한 수준의 리더십 활동을 추천하고 있다.
- 학교 밖에서의 학습을 위한 선택사항으로는 인턴과정과 멘토, 지역사회 내에서의 특별과정과 워크숍, 독서 프로그램, 여름방학 프로그램, 경진대회, 국제 경험 등이 있다.

대안적 교육 배치와 능력별 집단편성

- 영재 학생들의 집단화는 보통 학습을 위한 '최소제한환경'과 차별화된 교육과정과 교수를 제공하기 위한 효과적이고 효율적인 방법을 학교에서 제공하도록 한다.
- 능력 집단을 위한 전일제 선택(지적 및 학업 수준이 유사한 또래들로 구성된 동질 집단에서 GT 학생을 지도하는 것)에는 특수학교, 특수학급, 일반학급 내 능력집단 클러스터 등이 있다.
- 능력 집단을 위한 시간제 선택에는 학습 도움실 혹은 이동수업, 수행집단 클러스터, 유사능력 중심 협동학습 집단 등이 있다.
- 대부분의 영재 학생은 일반교육 교실에서 교육받는다. 영재 학생을 지도할 수 있도록 훈련받은 자문교사는 종종 일반교사가 특별한 교수를 계획하고 실행하는 것을 돕는다.

생애주기에 따른 특수교육

CHAPTER 14

유아 특수교육

Susan Chiang/Getty Images

주요 학습목표

14.1 장애 유아 조기중재의 중요성을 설명할 수 있다.

14.2 개별화 가족 서비스 계획(IFSP)과 개별화 교육프로그램(IEP)의 주요 차이점을 기술할 수 있다.

14.3 유아 특수교육에서 사용되는 사정 유형과 목적을 나열하고 설명할 수 있다.

14.4 놀이 활동이나 일과가 장애 유아에게 어떻게 학습의 기회가 될 수 있는지 설명할 수 있다.

14.5 유아를 위한 서비스 전달 형태를 기술하고 각 형태의 장점과 단점을 간단히 설명할 수 있다.

학력, 자격증, 경력

- 미드아메리카내저린대학교 체육교육학 학사(1999)
- 캔자스대학교 유아 특수교육학 석사(2003)
- 워싱턴주 전문교사 자격증, 특수교육, K-3
- 유아 특수교육 교사 16년, 유아 특수교육 병설학급 준전문가 2년

우수교사 사례

Mark Fraley

Skyway Elementary School
Vallivue School District · Caldwell, ID

나는 22명의 유아를 가르치고 있는데, 이 유아들은 특수교육 요구가 발견되어 선별과 평가를 거쳐 특수교육 대상자로 결정되는 절차를 거친 아이들이다. 각 유아는 장애 영역 중 어느 한 가지로 진단을 받았는데 대부분은 발달지체 혹은 언어 결함이다. 자폐스펙트럼장애나 중복장애로 진단받은 유아도 몇 명 포함되어 있다. 나는 2명의 교육 보조사와 언어치료사, 학교 심리학자, 작업치료사, 물리치료사, 그리고 행정가와 함께 일하고 있다. 우리는 팀으로 함께 일함으로써 항상 학생들의 요구가 가장 먼저라는 마음을 유지할 수 있다.

일반적인 등교 일에는 그날의 일과를 검토하여 학생들에게 오늘 하루의 활동을 알리는 것으로 시작한다. 유아들에게는 일과를 구조화해놓는 것이 매우 유익하다. 예측을 가능하게 함으로써 불안을 줄이고 확신 수준을 높여 성공적인 학급 활동을 도울 수 있기 때문이다. 자폐스펙트럼장애학생들을 위해서는 시각적 스케줄을 제공하는데, 이것은 그들이 전환을 잘할 수 있게 도와준다. 하루의 일과를 계획할 때 나는 교사-주도 활동과 아동-주도 활동의 균형, 높은 에너지 활동과 조용한 듣기 활동의 균형, 좋아하는 활동과 별로 좋아하지 않는 활동의 균형 등을 고려한다. 나는 학생들이 충분히 참여하고 적절히 조절해 나가기를 기대한다.

가족과의 협력은 학생의 성공에 매우 중요한 요인이다. 나는 교실을 개방하여 가족이 언제든 방문하여 봉사할 수 있도록 했다. 학교에 도착하면 아동이 오늘 하루를 어떻게 시작했는지에 대해 가족과 이야기한다. 잘 잤는지? 아침식사를 잘 했는지? 기분이 좋은지? 정보를 제공하는 의미 있는 의사소통을 통해 "오늘 어땠어요?"라고 묻는 부모의 질문에 만족감을 줄 수 있다. 나는 이를 위해 알림장에 하루의 일과가 담긴 사진을 넣거나 파워포인트를 삽입하기도 한다.

나는 한 해에 수없이 많은 사진을 찍는다. 이 사진들은 자녀가 학교에서 무엇을 하는지에 대해 부모와 가족이 알 수 있는 효과적이고도 강력한 의사소통 방법이다. 나는 자녀의 진전을 보면서 즐거워하는 가족을 보는 것이 기쁘다. 그것은 장애 진단으로 상처가 되었던 시간에 대한 새로운 가능성의 발견이기 때문이다.

아동은 태어나서 학교에 들어갈 때까지 많은 것들을 학습한다. 대부분의 아동은 자기 주변을 돌아다니고 의사소통하고 놀면서 예견된 순서대로 성장하고 발달한다. 환경을 다루는 능력이 증가함에 따라 독립성 수준도 증가한다. 아동의 발달 형태는 장애아동이 경험하는 것과는 대조적이다. 대부분의 아동은 기본 기술을 자연스럽게 습득하고 숙달하게 되는 반면, 많은 취학 전 장애아동들을 위해서는 특수교육 서비스를 조기에 계획하고 이행할 필요가 있다.

조기중재의 중요성

학습목표 14.1 장애 유아 조기중재의 중요성을 설명할 수 있다.

조기중재는 빠를수록 좋다. 인간의 뇌는 생애 첫 1년 동안에 가장 빠르고 역동적으로 발달한다(Hodal, 2018). 사실 2세까지 뇌 발달의 80%가 이루어지고 이후에는 재조직화되고 미세 조정되며 주 회로와 이전에 자리 잡은 네트워크가 개조된다(Gilmore et al., 2018). 성장하고 있는 신경촬영 연구는 중심축이라고 할 수 있는 조기학습 환경이 인지적·사회적 발달을 지속적으로 이끈다는 것을 증명해주었다(Follari, 2019; Levitt & Eagleson, 2018). 초기의 긍정적인 경험은 학습의 기초를 형성해주는 반면, 초기의 부정적인 경험은 반대 효과를 불러온다(Bredecamp, 2020; Follari, 2019). 생애 첫 1년은 장애아동에게 더욱 중요하며, 한 달 한 달을 그냥 넘기게 되면 정상발달 또래들보다 더욱 뒤처지게 될 수도 있다. 조기의 집중적인 중재는 장애로 나타나는 여러 가지 문제를 크게 개선시킬 수 있다.

조기중재란 무엇인가

유아 및 특수교육 문헌에는 **조기중재**라는 용어가 출생에서 2세까지의 영아들에게 제공되는 서비스라는 의미로 사용되고 있고, **유아 특수교육**에서는 3~5세의 학령 전 아동에게 제공되는 교육 및 관련 서비스를 일컫는 용어로 사용되고 있다. 조기중재는 교육·영양·보육·가족 지원 등의 다양한 요소로 구성되어 있는데, 이들 모두는 장애의 영향을 감소시키고, 장애 위험에 놓여 있는 아동이 장차 학습이나 발달상의 문제를 갖지 않도록 예방하기 위한 것이다.

조기중재는 효과적인가

수많은 연구가 이 질문에 답하기 위해 수행되어 왔다. 여기에서는 그중 몇 가지 연구에 대해 살펴보기로 한다. 먼저 Guralnick(1997)이 제1세대 연구라고 명명한 가장 광범위하게 인용되는 예를 보기로 하자. 이 연구는 "조기중재가 아동과 그 가족을 변화시키는가?"라는 질문에 답하기 위하여 수행된 연구이다. 다음에는 조기중재를 더 혹은 덜 효과적으로 만드는 요인이 무엇인가를 밝히고자 한 제2세대 연구 두 가지를 검토해볼 것이다.

Skeels와 Dye Skeels와 Dye(1939)의 연구는 최초의 연구로 꼽히며 조기교육의 중요성과 잠재적 영향력에 대한 극적인 예를 보여준 연구로 평가된다. 그들은 지적장애로 분류된 1~2세 영아에게 반일제 프로그램으로 집중적인 자극과 일대일 주의집중 훈련을 시키고, 이들을 개별적 주의집중 훈련 없이 의료적 건강 서비스만 받은 영아 집단과 비교하였는데, 집중적인 자극과 주의집중 훈련을 받은 영아들의 지능지수와 독립성이 더 향상되었고, 성인으로서의 역할을 성공적으로 할 수 있다는 결과가 도출되었다고 밝혔다. 이 연구는 방법론적인 측면에서 실험연구적 요소가 불충분하다는 비판을 받을 수 있다. 그러나 지적능력은 고정된 것이고, 중재결과로 기대되는 것은 거의 없다는 일반적인 생각을 변화시키기 시작한 것으로 평가되며, 조기중재와 관련된 많은 후속 연구를 위한 촉매 역할을 했다고 평가된다.

시간이 갈수록 또래들에 비해 발달이 뒤처질 위험이 있는 장애아동에게 생애 첫해는 매우 중요하다.

밀워키 프로젝트　밀워키 프로젝트의 목적은 어머니의 지능수준(IQ 70 이하)과 빈곤으로 말미암아 발달지체의 위험이 예측되는 영아에게 자극을 제공하고, 부모 교육을 함으로써 지적장애의 출현을 감소시키고자 한 것이었다(Garber & Heber, 1973). 어머니들은 보육훈련을 받고 상호작용하는 방법과 아이를 자극하는 방법에 대해서 배웠다. 영아들은 생후 6개월 이전에 프로그램에 참여하기 시작하였고, 훈련된 교사들이 시행하는 영아 자극 프로그램에도 참여하였다. 프로그램에 참여한 영아들은 3세 6개월이 되었을 때 프로그램에 참여하지 않은 통제집단의 영아들보다 IQ가 평균 33점 더 높게 나타났다.

　밀워키 프로젝트는 연구방법 면에서 비판을 받았으나(예 : Page, 1972), 부모 교육과 영아 초기 자극이 심리사회적 불이익으로 인한 지적장애의 출현을 감소시킬 수 있음을 입증했다. 생의 초기에 사회적·환경적 박탈이 복합적으로 존재하는 것을 의미하는 심리사회적 불이익은 일반적으로 경도의 지적장애를 야기하는 주요 원인으로 알려졌다(제4장 참조).

ABC 프로젝트　ABC 프로젝트(The Abecedarian Project)는 미국에서 수행된 조기교육 관련 연구 중에서 최장기적이고 통제가 잘된 연구 중 하나이다. 이것은 심리사회적 불이익으로 인한 지적장애아동이 출생 후부터 학령전기까지 집중적인 조기교육프로그램(약물 및 영양 지원 결합)으로 예방될 수 있는가를 알아보기 위한 실험이었다(Campbell & Ramey, 1994). 57명의 아동이 실험집단에 배치되어 주 5일, 연 50주 동안 집중적이고도 장기적인 중재를 받았다. 54명의 아동은 통제집단에 배치되어 교육적 중재를 제외한 의료 및 영양, 사회적 서비스를 제공받았다. 두 집단 모두를 대상으로 다양한 연령에 걸쳐 결과를 측정하였다. 3세에는 조기중재 집단 아동이 통제집단에 비해 IQ 점수가 향상되었고, 12세에는 유급 비율이 50% 이하였으며, IQ와 읽기 및 수학 성취검사에서 더 높은 점수를 나타내었다. 성인이 되어서도 인지기능, 학업기술, 교육 참여, 고용, 부모 역할, 사회 적응 등에서 좋은 결과를 나타냈다. ABC 접근법에 기반을 두어 임의 통제된 최근의 연구결과를 보면, Ramey(2018)는 질 좋은 조기중재가 인지적 장애를 예방할 수 있다는 것을 재확인하였다. 더욱이 가장 불이익을 받은 아동이 조기중재로부터 가장 큰 득을 얻을 수 있었다(Ramey, 2018).

영아 건강과 발달 프로그램　영아 건강·발달 프로그램(IHDP)은 발달지체의 위험을 지닌 미숙아와 저체중(2,500g 미만) 영아에게 조기중재 서비스를 제공하는 것이다(Ramey et al., 1992). 이 연구는 미국 전역 8개 지역에서 약 1,000명의 영아와 그 가족을 대상으로 한 대단위 연구이다. 가정방문은 출생 직후부터 3세까지 이루어진다. 미숙, 저체중과 관련된 건강문제 때문에 영아들은 12개월까지 센터 중심의 조기교육프로그램을 시작할 수 없었다. 출생체중이 비교적 높은 영아들은 ABC 프로젝트와 동일한 지적기능의 향상이 나타났다.

　아동과 그 가족의 조기중재 참여도와 아동의 지적발달 간에 정적 상관관계가 있음이 IHDP 연구를 통하여 밝혀졌다. 3세 때 시행된 검사에서 IQ가 지적장애 범위에 있는 영아 비율은 통제집단에서 17%였고, 참여도가 낮은 집단은 13%, 중간 정도의 참여를 나타낸 집단은 4%, 높은 참여를 나타낸 집단에서는 2% 미만이었다. 가장 활동적인 참여자들은 통제집단과 비교하여 지적장애 발생률이 거의 9분의 1로 감소하였고, 참여도가 낮은 집단과 비교했을 때는 6분의 1로 감소하였다.

　ABC 프로젝트와 IHDP 같은 연구는 발달이 지체될 위험이 있거나 학교에서의 성과가 좋지 않을 것으로 예상되는 아동에게 조기중재를 체계적으로 실시하면 좋은 효과를 볼 수 있다는 명백한 증거를 제시한 것으로 평가된다. 이러한 프로그램의 효과와 높은 상관관계에 있는 요인은 중재의 집중도와 아동 및 가족의 참여 수준이다. 더 높은 수준의 조기중재 서비스를 받은 발달지체 유아일수록 덜 집중적인 중재를 받은 또래에 비해 의사소통, 사회성, 자조기술에서 더 많은 성장을 보였다(Woodman et al., 2018).

연구기반 요약 아동과 가족에게 실질적인 도움을 주는 조기중재 시스템은 수십 년간의 경험적 연구로 형성되어 온 것이다(Guralnick, 2019). 조기중재 관련 연구를 과학적으로 수행하는 것은 방법론적 문제에 관한 많은 어려움이 있다. 장애로 인한 아동 간의 편차, 조기중재 프로그램 간 강조점이나 교수전략 혹은 강도 등의 다양성, 비교를 위한 통제집단 아동의 윤리적인 문제 등이 대표적인 어려움으로 꼽힌다(Fargus-Malet et al., 2010; Guralnick, 2005).

이러한 문제에도 불구하고 대부분의 연구자들은 "중재가 주어지지 않았을 때 나타날 수 있는 지적발달의 지체를 경감시킬 수 있는 것"이 조기중재라는 Guralnick(2005)의 주장에 동의한다.

또한 국내 정책 입안자들도 조기중재가 장애아동과 발달지체의 위험을 지닌 아동, 그리고 그 가족에게 긍정적인 결과를 가져온다고 믿는다. 가족들로부터 입증된 연구결과를 토대로 의회는 2004년 장애인교육개선법에서 조기중재에 대한 다음의 사항들을 인정하였다.

1. 장애 영유아의 발달을 촉진시키고 발달지체의 가능성을 최소화하며, 생의 첫 3년 동안의 뇌발달에 대한 중요성을 인식한다.
2. 장애 영유아가 학령기가 되었을 때 특수교육과 관련 서비스의 요구를 최소화함으로써 국가의 교육비용을 감소시킨다.
3. 장애인의 시설 수용을 최소화하고 독립적 사회생활의 가능성을 최대화한다.
4. 장애 영유아의 특수교육 요구를 충족시키도록 가족들의 역량을 강화한다.
5. 주와 지역국과 서비스 제공자들이 소수민족, 저소득층, 지방 인구 등의 요구를 알고 평가하여 충족시킬 수 있게 한다(PL 108-446, USC 1431, Sec. 631[a]).

장애인교육법, 조기중재 그리고 유아 특수교육

학습목표 14.2 개별화 가족 서비스 계획(IFSP)과 개별화 교육프로그램(IEP)의 주요 차이점을 기술할 수 있다.

1975년 이후 의회는 IDEA를 개정하고 다섯 가지 법안을 법제화하였다. 이 중 두 번째 법안인 PL 99-457은 발달지체 유아를 위해 규정된 가장 중요한 법률로 꼽힌다(Shonkoff & Meisels, 2000). 이 법이 통과되기 전에 의회는 장애 유아의 약 70%가 서비스를 받으며, 출생에서 2세까지의 장애 영유아를 위한 체계적인 조기중재 서비스가 거의 없다고 파악하였다. PL 99-457은 3~5세 유아의 유치원 의무교육과 영아 및 그 가족을 위한 학령 전 서비스를 규정하였다.

영아를 위한 조기중재

주에서 영아와 그 가족을 위해 포괄적인 조기중재 서비스를 제공하기로 결정하면 IDEA의 조기중재 규정에 의해서 연방정부 기금을 받을 수 있다. 현재 모든 주에서 참여하고 있는데, 각 주는 출생에서 2세까지의 영아 수에 근거하여 연방기금을 받는다. 2017년에 영아 인구의 약 3.1%에 해당하는 38만 8,694명의 영아가 국가 서비스를 받았다(U.S. Department of Education, 2018). IDEA는 다음의 기준에 맞는 3세 미만의 모든 아동이 조기중재 서비스를 받도록 했다.

1. 적절한 진단도구나 절차를 통하여 인지발달, 신체발달, 사회·정서발달, 적응력 발달을 측정했을 때 하나 또는 그 이상의 발달지체가 나타나 조기중재 서비스가 필요한 아동
2. 발달지체가 될 가능성이 큰 신체적 혹은 의학적 조건을 지닌 아동(PL 108-446, 20 USC 1432,

Sec. 632[5]).

따라서 조기중재 서비스를 위한 IDEA 기금을 받는 주는 발달지체나 발달지체 위험이 있는 모든 영아에게 서비스를 제공해야 한다. 또한 각 주는 재량으로 "조기중재 서비스가 제공되지 않으면 발달지체를 겪을 위험이 있는" 영아에게 서비스를 제공해야 한다(PL 108-446, 20 USC 1432, Sec. 632[1]). 서비스가 필요 없다고 할지라도 주에서는 생물학적으로나 환경적으로 위험에 처해 있는 영아들에게 조기중재 서비스를 제공하는 데 IDEA 조기중재 기금을 사용해야 한다. 주에서는 다음과 같은 조건의 유아들에게 조기중재 서비스를 제공할 수 있다.

- 발달지체는 아동에게 나타나는 발달지연의 정도가 조기중재의 적격자로 판정받을 수 있는 심각한 정도이거나 비전형적인 발달 패턴을 의미한다. 발달지체에 대한 각 주의 정의는 IDEA에서 분류하고 있는 모든 장애 범주를 포함할 수 있도록 충분히 광범위한 것이어야 한다. 그러나 조기중재 서비스를 받기 위하여 그 범주 중 하나로 진단되거나 분류될 필요는 없다.
- 위험조건은 궁극적으로 발달지체나 장애로 판명될 신체적 혹은 의학적 조건을 지닌 경우를 의미한다. 예를 들어 다운증후군, 취약성 X 증후군, 지적장애와 관련된 여러 조건, 뇌나 척수의 손상, 감각손상, 태아알코올증후군(FAS), 후천성 면역결핍증후군(AIDS) 등이다.
- 생물학적 위험조건은 소아과적 병력이나 현재의 생물학적 조건(예 : 미숙, 저체중)으로 인하여 발달지체나 장애가 될 가능성이 큰 경우를 의미한다.
- 환경적 위험조건은 극심한 가난이나 부모의 약물남용, 무주택, 학대나 방임, 부모의 지적손상 등의 요인으로 발달지체가 되는 경우를 의미한다.

개별화 가족 서비스 계획   IDEA는 조기중재 서비스가 **개별화 가족 서비스 계획**(individualized family service plan, IFSP)에 따라 가족 중심으로 주어지도록 규정하였다. IFSP는 아동의 부모와 가족을 포함하여 여러 분야의 전문가로 이루어진 팀으로 구성되어야 하며, 다음과 같은 여덟 가지 요인을 포함해야 한다.

1. 객관적 준거에 기초한 신체발달, 인지발달, 의사소통 발달, 사회 · 정서발달, 적응력 발달 등의 현재 수준에 대한 진술
2. 장애 영아의 발달 향상과 관련된 가족 자원, 우선적 요소, 관심 등의 진술
3. 장애 영아와 그 가족이 성취하게 될 주요 결과에 대한 진술과 결과나 서비스의 수정이 필요한지를 결정하는 데 요구되는 준거, 절차, 시한 등에 대한 진술
4. 장애 영아 및 가족의 독특한 요구를 충족시키기 위해 필요한 특정 조기중재 서비스에 대한 진술 (서비스의 빈도, 강도, 방법에 대한 진술 포함)
5. 조기중재 서비스가 적절하게 제공될 자연스러운 환경(확장의 정당성 포함)에 대한 진술
6. 서비스 시작일과 지속기간에 대한 계획
7. 영아나 가족의 요구에 가장 밀접하게 관계하며 다른 기관이나 사람과의 협력과 계획 시행을 책임질 서비스 코디네이터의 명시
8. 유아원이나 다른 적절한 서비스로의 성공적인 전환을 지원하기 위해 필요한 단계(PL 108-446, 20 USC 1436, Sec. 636[d])

IFSP는 영아를 지원하기 위해 개발되었기 때문에 몇 가지 중요한 면에서 IEP와 다르다.

- 아동 삶의 가장 중요한 요인으로서 항구적으로 가족 체계를 주시한다.

- 조기중재 서비스의 수혜자는 아동 개인만이 아 닌 그 가족으로 정의한다.
- 아동과 가족이 살고 있는 자연스러운 환경과 서 비스가 제공될 수 있는 지역사회의 유치원과 같 은 환경에 초점을 맞춘다.
- 교육 외에도 다양한 건강 서비스가 제공되는 중 재 및 서비스를 포함한다.

IFSP는 1년에 한 번 평가되어야 하며, 6개월 간격 으로(가족이 요구하면 더 빨리) 가족들과 재검토해 야 한다. 장애 영아에 대한 시기적 중요성이 인정됨 에 따라 IDEA는 부모가 동의만 한다면 IFSP가 완성 되기 전에 조기중재 서비스의 시작을 허락한다. 그림 14.1은 26개월 된 장애아동의 가족을 위하여 작성된 IFSP의 일부이다.

IDEA는 3~5세의 모든 장애아동에게 주에서 특수교육을 제공하도록 규정하고 있다.

유아를 위한 특수교육

IDEA는 주에서 3~5세의 모든 장애아동에게 특수교육 서비스를 제공할 것을 요구한다. 이러한 규정은 다음 사항을 제외하고는 학령기 아동에 대한 규정과 유사하다.

- 유아들은 서비스를 받기 위해 통용되는 장애진단 명칭(예 : 지적장애, 외과적 손상)을 부여받지 않 아도 된다. 대신에 발달지체 적격성 범주 내에서 서비스를 받을 수 있다.
- 유아의 IEP는 부모를 위한 제안과 정보를 포함해야만 한다.
- 지역 교육구들은 서비스 전달체계를 다양하게 선택적으로 사용할 수 있으며(가정 중심, 센터 중심, 혹은 혼합 프로그램), 수업일수와 재학기간도 다양하게 할 수 있다.
- 학령 전 특수교육프로그램은 주 교육구에서 관리해야 한다. 그러나 서비스에 대한 요구를 충족시 키기 위해 다른 부서와 협약을 맺을 수 있다. 예를 들어 많은 장애 유아들은 지역사회 중심의 헤드 스타트 프로그램 서비스를 받을 수 있다.

선별, 진단, 사정

학습목표 14.3 유아 특수교육에서 사용되는 사정 유형과 목적을 나열하고 설명할 수 있다.

특수교육 서비스에 대한 적격성을 결정하고 적절한 개별화 프로그램을 계획하기 위해서는 사정에 대한 전반적인 이해가 필요한데, 사정은 아동발달의 모든 영역에 대한 다양한 자원으로부터의 자료 수집 절 차이다(McAfee et al., 2016). 유아 특수교육에서의 사정과 평가 목적은 다음과 같다(Division for Early Childhood, 2014; Wortham & Hardin, 2020).

- 선별 : 장애 가능성이 있으며 보다 구체적인 검사를 받을 필요가 있는 아동인지를 판단하기 위한 빠 르고 간편한 검사

그림 14.1 26개월 장애아동의 가족과 함께 작성한 IFSP 일부

출생에서 3세까지 아동을 위한 개별화 가족 서비스 계획(IFSP)

아동 이름 :   캐시 레이 라이트   출생일 :   09-11-15   연령 :   26개월   성별 :   F

부모/보호자 :   마사 라이트, 개리 라이트   주소 :   1414 Coolidge Drive Cupertino   우편번호 :   95014

집전화 :   408-398-2461   직장 :   408-554-2490   가정 내 언어 :   영어   기타 언어 : _____

IFSP 작성일 :   12/1/15   정기검토예정일 :   12/7/15   연간검토예정일 :   13/1/15   IFSP 종료예정일 :   12/11/15
　　　　　　　　　　　　　(6개월 혹은 이전)

서비스 코디네이터 이름	기관	전화번호	약속일	종료일
샌디 드로먼	지역 센터	408-461-2192	08/12/10	/ /

가족의 강점과 선호도(가족과 함께 가족의 강점과 관심 및 우선순위 등을 확인한다)

라이트 씨 부부는 교육수준이 높고 꾸준히 캐시의 상태에 관한 정보를 탐색하고 있다. 그들은 어떻게 하면 캐시를 도울 수 있을지 늘 염려하였다. 캐시의 외가 쪽 가족은 매우 지지적이었다. 그들은 캐시의 오빠를 돌보아주었다.

캐시가 허약했기 때문에 라이트 씨 부부는 가정 중심의 초기중재 프로그램을 선호하였다. 그들은 집에서 캐시에게 어떻게 해주어야 하는지에 관한 내용을 문서화한 자료가 매우 도움이 된다고 하였다. 캐시의 어머니는 프로그램 방문자가 오는 날에는 그로부터 배우기 위해 집에 있곤 하였다.

가족의 관심과 우선적 사안(가족과 함께 장애아동과 가족의 주요 관심영역을 확인한다)

라이트 씨 부부는 캐시가 걷기, 손가락으로 물건 집기, 다른 아동과 말하기 등에 지체를 보이는 것에 매우 신경을 쓰고 있다. 또한 작은 체구도 염려하고 있다. 캐시는 24주 만에 태어난 둘째 아이이다. 라이트 씨 부부는 미숙아 문제에 관한 정보를 많이 알고 싶어 하며 적절한 지원단체를 찾고 있다.

아동의 강점과 현 발달수준

가족과 함께 아동이 할 수 있는 것과 배우고 있는 것을 확인하라. 가족과 전문가가 다음 각 영역에 대해 관찰한다.

신체　　*부모의 보고에 기초함

건강　　부모는 캐시가 건강해지고 있지만 매우 미미하다고 말했다. 부모는 캐시의 몸무게를 늘리기 위해 영양사의 도움을 받고 있다.

시각　　캐시는 사시 교정 수술을 받았다.

청각　　캐시는 귀 염증을 많이 앓아 왔고 현재는 귀에 튜브를 꽂고 있다.

대근육(큰 운동)　　캐시는 발끝으로 서고 뛰는데, 뛸 때는 코너를 급하게 돌며, 한 손을 짚고 층계를 오른다.

소근육(작은 운동)　　캐시는 크레용을 적절하게 잡고, 검지로 가리키며, 가로로 한획긋기를 모방하며, 6개의 블록을 쌓고, 책장을 한 번에 한 장씩 넘기지만, 작은 물건을 집어올리는 데는 어려움이 있다.

인지(환경에의 반응성, 문제해결)　　캐시는 숨겨진 사물을 찾고, 장난감 작동을 시도하거나 작동시킬 수 있고, 연령에 맞게 사물의 사용을 시연한다.

의사소통(언어와 말)

수용(이해)　　캐시는 신체 부분을 짚어보라고 할 때 짚으며, 두 가지 명령에 복종한다.

표현(소리 내기, 말하기)　　캐시는 8개 그림의 이름을 말하고, 또래들과 몸짓으로만 상호작용하며, 단어로 노래 부르기를 시도한다.

사회/정서(다른 사람과 관계 맺기)　　캐시는 애정을 표현하고, 간단한 규칙에 복종하려고 하며 신체적으로 공격적인 경향이 있다.

적응/자조(수면, 섭식, 옷 입기, 배변 등)　　캐시는 양말과 신발을 신을 수 있고, 배변의사를 말하지만 어린이용 변기 훈련은 되지 않았고, 스스로 먹는다.

진단(내려진 경우만) _____

그림 14.1 26개월 장애아동의 가족과 함께 작성한 IFSP 일부(계속)

출생에서 3세까지 아동을 위한 개별화 가족 서비스 계획(IFSP)

아동 이름 : ___캐시 레이 라이트___

> **IFSP 성과**
> 가족과 함께 향후 6개월 안에 이루고 싶은 목적을 확인하라.
> 이것은 앞 장에 진술된 가족의 우선적 사안 및 관심과 직접적으로 연계되어야 한다.

성과 : 캐시는 자신의 요구를 알리고 다른 사람과 긍정적으로 상호작용하기 위해 목소리를 내는 의사소통 시도가 늘어날 것이다.

	서비스 형태 (개인=I, 집단=G)	횟수 각 회기의 길이	시작일	종료일 (예상)	참여기관
성과를 성취하기 위한 전략이나 활동 (누가 무엇을 할 것이며 언제 할 것인가?) 　AIM 영아 교육자가 라이트 씨 부부에게 캐시의 소리 내기를 촉진하는 모델을 보인다. **준거**(진전이 이루어지고 있음을 어떻게 아는가?) 　부모와 영아 교육자가 소리 내기가 증가되었는지를 관찰한다.	**I** – 가정 중심 영아 프로그램	주 1시간	12/1/23	12/11/10	AIM(SARC 재정지원) 가족
성과를 성취하기 위한 전략이나 활동 (누가 무엇을 할 것이며 언제 할 것인가?) 　캐시의 어머니가 이웃 아이들과 캐시가 놀 수 있도록 데리고 가고 집으로 아이들을 초대한다. 또한 놀이와 소리 내기를 격려한다. **준거**(진전이 이루어지고 있음을 어떻게 아는가?) 　캐시의 어머니가 상호작용이 확대되었는지를 관찰하고 기록한다.	**G** – 가정과 이웃	주 1회 최소한 30분	12/2/1	계속	캐시 어머니
성과를 성취하기 위한 전략이나 활동 (누가 무엇을 할 것이며 언제 할 것인가?) 　언어병리사가 12/2/15일에 캐시를 평가하고 필요한 조치를 한다. **준거**(진전이 이루어지고 있음을 어떻게 아는가?) 　추후보고서를 제출한다.	**I** – 지역의 언어 클리닉 센터	놀이 중심 사정 1시간	12/2/15	필요 시	샌디 도로먼이 주선 (SARC가 재정 지원)

성과 : 라이트 씨 부부는 부모 동료의 지원을 받고 캐시의 상태에 대해 많은 것을 배우기 위해 부모를 돕는 부모에 가입하여 활동할 것이다.

	서비스 형태 (개인=I, 집단=G)	횟수 각 회기의 길이	시작일	종료일 (예상)	참여기관
성과를 성취하기 위한 전략이나 활동 (누가 무엇을 할 것이며 언제 할 것인가?) 　AIM 영아 교육자가 라이트 씨 부부에게 모든 의뢰 정보를 제공하고 원하면 첫 회의에 함께 간다. **준거**(진전이 이루어지고 있음을 어떻게 아는가?) 　라이트 씨 부부가 새로 얻은 지원과 지식에 만족한다.	**G** – 부모를 돕는 부모	(부모 재량에 따라)			샌디 도로먼 라이트 씨 부부 부모를 돕는 부모
성과를 성취하기 위한 전략이나 활동 (누가 무엇을 할 것이며 언제 할 것인가?) 　AIM 영아 교육자가 캐시의 상태에 관한 추가 정보를 얻는 일에 라이트 씨 부부를 보조한다. **준거**(진전이 이루어지고 있음을 어떻게 아는가?) 　라이트 씨 부부는 더 많은 정보를 얻도록 도와준 것에 대해 만족을 표시한다.	**I** – 가정	계속	12/2/1	12/11/10	AIM 영아 교육자

출처 : Early Childhood Curricula for Children With Special Needs by Ruth E. Cook, Diane M. Klein, and Deborah Chen, 9th ed. (pp. 73-77). Copyright ⓒ 2016. 출판사의 허락하에 사용함.

- 서비스 적격성 결정 : 다수의 자원으로부터 발달의 모든 영역을 평가하기 위한 심층적이고 포괄적인 사정
- 개별화 계획 : 아동의 현재 기능수준을 파악하여 IFSP/IEP의 목표를 정하고 중재활동을 계획하는 교육과정 중심의 준거지향 사정
- 진전 점검 : IFSP 혹은 IEP상의 진전을 점검하기 위한 교육과정 중심의 준거지향 측정
- 성과 측정 : 아동 성장과 프로그램 효과를 평가하기 위한 교육과정 중심의 준거지향 측정 및 포괄적인 발달 사정

선별

유아와 가족에게 제공해줄 서비스를 결정하기 전에 아동의 문제가 무엇인지 먼저 확인해야 한다. 어떤 유아는 장애가 매우 확연하게 나타나 검사가 필요 없을 수도 있다. 일반적으로 장애가 심각할수록 더 초기에 발견된다. 의료 전문가는 가장 잘 알려진 다운증후군뿐만 아니라 소두증, 구개파열, 다른 신체 기형과 같은 장애를 분만실에서 확인할 수 있다. 생후 몇 주 이내의 마비, 경련, 머리둘레의 과신장과 같은 신체 특징은 장애 가능성 신호일 수 있다. 그러나 대부분의 발달지체 아동들은 아주 어린 나이에 뚜렷한 신체 특징이나 행동 유형을 나타내지 않아서 즉각적인 확인이 불가능하다. 그렇기 때문에 선별 절차가 필요하다.

아프가 척도   신생아 선별검사인 아프가 척도(Apgar Scale)는 영아가 경험하는 출생 전 질식(산소 부족)의 정도를 측정한다. 이 검사는 미국 병원에서 출생하는 모든 아기에게 실질적으로 시행되고 있다. 간호사, 간호 마취 전문가, 소아과 의사 등 검사자는 아기가 태어나면 심장박동, 호흡, 반사기능, 근육운동, 피부색 등의 다섯 가지 생리 측정을 두 차례에 걸쳐 실시한다. 다섯 가지의 각 항목은 평가기준에 따라 0, 1, 2점의 점수가 주어진다(그림 14.2 참조).

출생 후 1분에 행하는 첫 번째 검사는 아기가 출산 과정을 잘 거쳤는지를 측정하는 것이다. 신생아가 첫 번째 검사에서 낮은 점수를 받으면, 분만실 직원들은 즉각적인 소생작업을 취하게 된다. 두 번째 검사는 출생 후 5분에 실시된다. 전체 점수 0~3점(총점 10점)은 심각한 질식 상태를 의미하며, 4~6점은 중간 정도의 질식 상태, 7~10점은 가벼운 질식을 의미한다. 어떤 경우이든지 출산 과정에서 약간의 스트레스는 있을 수 있는데, 출생 후 5분 시의 점수는 소생을 위한 노력이 얼마나 성공적으로 이루어졌는가를 측정하는 것이다. 5분에 검사한 점수가 6점 미만이면 문제의 원인이 무엇이며, 어떤 중재가 필요한가를 결정해야 한다. 이 검사는 장차 문제로 발전될 가능성이 정상적인 경우보다 더 큰, 고위험 영아를 선별하는 것으로 알려져 왔다.

신생아 혈액 선별검사   신생아 혈액 선별검사는 모든 주에서 요구하는 것이지만 선별요소는 주마다 다르다. 페닐케톤뇨증(PKU)은 모든 주에서 선별된다. PKU는 심한 지적장애를 유발하지만 증상이 발달하기 전에 발견되기 때문에 특별 식이요법을 하면 쉽게 예방할 수 있다. 갑상샘기능부전에 대한 검사 역시 이루어지는데, 조기에 발견되지 않으면 지적장애를 일으키기 쉽다. 이미 걸린 경우에는 갑상샘 호르몬을 처방한다.

미 임상유전학회(2004)에서는 보건부 산하 보건자원 및 서비스국에 신생아 선별 프로그램의 국가 표준에 관한 보고서를 제출하였다. 보고서에는 검사결과로 보고되어야 할 핵심적 선별조항으로 29가지를 명시하고 있으며 추가의 2차적 선별조항으로 25가지를 명시하고 있다. 최근에는 35가지의 핵심 조항과 26가지의 2차 조항이 선별 대상이 되고 있다(U.S. Department of Health and Human Services, 2018).

그림 14.2 아프가 평가척도

			1분	5분
심장박동	없음	(0)		
	100회 미만	(1)		
	100~140회	(2)	1	2
호흡	없음	(0)		
	느리고 불규칙	(1)		
	활발한 울음과 호흡	(2)	1	1
반사기능	무반응	(0)		
	찌푸림	(1)		
	기침이나 재채기	(2)	1	2
근육운동	이완되고 처짐	(0)		
	약간의 움직임	(1)		
	능동적 움직임	(2)	1	2
피부색	창백하거나 푸른색	(0)		
	몸은 분홍, 사지는 푸른색	(1)		
	완전 분홍	(2)	0	1
	합계		4	8

주에서는 61가지가 넘는 조항에 대해 선별하게 된다. 오늘날 모든 주와 컬럼비아 특별구는 신생아 선별 프로그램을 구비하고 있지만 각 조항은 주에 따라 다르게 적용된다.

선별검사를 위해서는 신생아의 혈액 몇 방울이 필요한데 일반적으로는 출생 후 24~48시간 내에 병원에서 채혈한다. 신생아의 발뒤꿈치에서 채혈하여 종이로 된 카드에 떨어뜨려서 실험실로 보내 분석하게 되는데 신체 및 건강문제, 감각결함, 발달지체 등의 가능성이 있는 30가지의 선천성 조건이나 질병을 검사하게 된다. 기타 보편적인 검사로는 비오티니다아제 결함, 선천성 부신과형성, 선천성 갑상샘기능저하(부전)증, 낭포성 섬유증, 겸상적혈구병(단풍당뇨증, 갈락토오스 혈증과 이상혈색소증) 등이 포함된다.

발달 선별검사 발달지체 선별을 위해 가장 널리 사용되는 검사도구 중의 하나는 덴버 II이다(Franken-burg & Dodds, 1990). 이것은 2주에서 6세 연령의 아동에게 사용할 수 있으며, 직접 관찰과 부모 보고 형식으로 실시된다. 덴버 II는 전체 운동, 미세운동-적응성, 언어 개인성과 사회성 등 발달의 네 영역에 속하는 125개 항목으로 구성되어 있다. 각 검사항목은 기능을 수행할 수 있는 정상 발달 아동의 25%, 50%, 75%, 90% 연령 수준을 표시해주고 있다. 아동은 항목당 3회씩 검사를 받는다. 각 항목에 대한 아동의 수행은 '통과'나 '실패'로 평가되고, 같은 또래의 표준집단과 비교하여 '우수', '정상', '주의', '지체'로 해석된다. 덴버 II는 소아과 의사들이 가장 널리 사용하는 것으로 미국 소아과협회에서 추천한 '건강한 아기'의 규준에 맞게 고안된 검사이다. 브리건스 유아기 선별(Brigance Early Childhood Screens, 2013)도 언어, 운동, 자조, 사회-정서, 인지기술의 지연을 확인하도록 고안된, 폭넓게 사용되는 선별도구이다.

부모만큼 아동에게 관심을 갖고 자주 관찰하는 사람은 없다. 부모가 자녀의 유아기 발달에 대해 나름대로 평가한 자료는 전문가가 표준화된 검사로 측정한 자료와 상관관계가 높은 경우가 많으며, 선별 시

부모의 참여는 선별 오류를 감소시키는 것으로 조사되었다. 이러한 사실이 인정됨에 따라 유아 전문가들은 부모가 사용할 수 있는 많은 선별도구들을 개발하였다. 이러한 도구 가운데 하나가 연령 및 단계 질문지(ASQ-3)이다(Squires & Bricker, 2009). ASQ-3는 4, 6, 8, 12, 16, 18, 20, 24, 30, 36, 48개월 등 11가지 질문지로 구성되어 있고 각 질문지는 대근육운동, 소근육운동, 의사소통, 개인성-사회성, 적응성 등의 5개 발달영역에 관한 30개 문항으로 구성되어 있다. 또한 각 문항에는 부모가 자녀 평가를 잘할 수 있도록 자세한 설명이 포함되어 있다.

서비스 적격성 결정

선별검사의 결과에서 장애나 발달지체가 의심되면 그 아동은 진단검사를 받도록 의뢰된다. 이때는 의심되는 지체나 장애 영역에 따라 특정 진단검사를 사용한다. 일반적으로 아동이 발달지체가 있는지를 결정하기 위한 검사는 발달의 다섯 영역에 대한 수행능력을 측정한다(McAfee et al., 2016; Wortham & Hardin, 2020).

- 운동발달 : 환경 내에서 신체를 움직이고 물건을 조종하는 능력은 모든 학습의 중요한 기초를 제공한다. 운동발달은 전반적으로 힘, 유연성, 지구력, 눈-손 협응력의 향상을 포함하며 대근육운동과 이동성(예 : 걷기, 달리기, 던지기), 소근육, 미세운동 조절(예 : 장난감 집어 올리기, 쓰기, 신발끈 묶기) 등을 포함한다.

- 인지발달 : 인지기술은 아동이 자극에 주의 집중할 때, 분류하기나 셈하기와 같은 취학 전 기술을 수행할 때, 과거에 일어났던 일을 기억할 때, 미래에 할 것을 결정할 때, 이전에 학습한 지식과 기술을 새로운 정보와 통합할 때, 문제를 해결할 때, 새로운 사고를 생산할 때 사용한다.

- 의사소통 및 언어발달 : 아동은 타인으로부터 정보를 받거나 나눌 때 의사소통 및 언어기술을 사용하며, 환경을 효과적으로 통제하기 위해 언어를 사용한다. 이 영역은 몸짓, 미소와 같은 비구어적 반응 능력과 활동, 구어 습득(소리, 단어, 구, 문장 등)을 포함한 모든 형태의 의사소통 발달을 포괄한다.

- 사회 및 정서발달 : 사회성이 발달한 아동은 장난감을 공유하고 교환하며, 타인과 협동하여 갈등을 해결한다. 아동은 스스로가 행복함을 느끼며, 자신의 정서와 느낌을 표현할 수 있어야 한다.

- 적응발달 : 어린 아동은 옷 입기/옷 벗기, 식사하기, 용변하기, 이 닦기, 손 씻기와 같은 자조기술이 발달함에 따라 부가적인 학습기회인 복합적인 환경에 독립적으로 대처하는 능력이 향상된다.

일반적으로 다섯 영역은 구체적이고 관찰 가능하며, 발달적 서열 순서(대부분의 아동이 알게 되는 순서) 과제로 나누어진다. 각 과제는 특정 연령에서 아동이 정상적으로 수행할 수 있어야 하는 것들이다. 이것을 통하여 검사자는 위험 아동의 발달 패턴이 어느 정도 지체되었는지를 알아낸다. 발달영역은 서로 배타적이지 않다. 어떤 영역에서의 기술은 다른 영역에서의 기술과 중복될 수 있음을 의미한다. 예를 들어 공기놀이는 인지, 운동, 의사소통, 사회성 영역의 기능이 필요하다.

유아 특수교육의 사정과 중재는 모든 발달 영역을 다루어야 한다.

발달지체를 진단하기 위해 널리 사용되는 두 가지 검사는 바텔 발달검사(BDI-2)(Newborg, 2005)와 베일리 영아발달척도-III(Bayley, 2005)이다. 바텔 발달검사는 출생에서 7세 11개월까지의 장애아동과 일반 아동 모두에게 적용할 수 있는데, 여러 장애가 있는 아동들을 위하여 수정된 검사절차를 제시해놓았다. 베일리 영아발달척도-III는 1개월에서 42개월 된 영아의 운동, 적응, 언어, 개인-사회성 발달을 평가하는 것이다.

프로그램 계획과 진전 점검

효과적인 개별화 프로그램 계획은 진전 점검에 대한 정확하고 민감한 측정이 동반되어야 한다. 간편하고도 빈번한 사정 결과로 목표 선정, 숙달 기준, 중재전략에 대한 결정이 이루어져야 한다. 사정과 중재 절차는 진행형이며 순환하는 것이다. 예를 들어 만일 자료가 학생이 기대만큼 진전을 이루지 못하고 있음을 나타낸다면 교사는 즉각 중재 절차를 수정할 수 있다. 진행형 사정을 통하여 교사는 자신의 교수 효과에 대한 판단을 적시에 할 수 있게 되고, 학생의 성과가 더 좋아지는 결과를 얻게 된다. 우수교사인 Mark Fraley도 이에 동의하면서 "교실에서 수집된 아동에 관한 자료를 통해 어떤 기술이 지금 막 발달하기 시작했는지를 알 수 있고, 또한 어떤 활동과 수업을 계획하여 이 기술의 발달을 도와줄 수 있을지를 알 수 있게 된다."고 했다.

개별 성장과 발달 지표

Wolery와 Ledford(2014)는 학생의 진전을 점검하는 데 **개별 성장 및 발달 지표**(Individual Growth and Development Indicators, IGDI)와 체계적인 직접 관찰을 사용할 것을 권장하고 있다. IGDI는 시간에 따른 성장을 알아보고, 중재에 대한 아동의 반응을 보여주는 민감한 진전 지표이다. IGDI의 예로는 초기 의사소통 지표(Walker & Carta, 2010), 초기사회성 지표(Carta & Greenwood, 2010), 그림 명명, 운 맞추기, 두운, 단음과 혼성어(Missall & McConnell, 2010) 등이 있다.

체계적인 직접관찰

체계적인 직접관찰은 아동의 특정 행동이나 기술을 보고 그 수행을 기록하는 것이다. 직접관찰은 행동 이해하기, 발달 평가하기, 진전 점검하기, 교수적 실행을 안내하기 등에 유용하다(Wortham & Hardin, 2020). 직접관찰을 위해 교사는 행동을 명확하게 정의하고 자료를 수집할 상황(예 : 자유놀이, 이야기 나누기 활동)을 규정해야 하며, 행동을 기록하는 방법(예 : 정답률, 빈도, 지속시간)도 결정해야 한다. 예를 들어 교사는 자유놀이 시간에 다른 또래들에게 사회적 시작 행동을 하는 빈도를 기록하거나 주제 활동 시간에 과제수행 행동의 지속시간을 기록할 수도 있다. 손을 씻거나 이를 닦는 것과 같은 여러 단계로 구성된 기술에 대해서는 단계를 과제분석하고 정확하게 수행한 단계의 수를 기록할 수도 있다(제4장 참조).

유아 특수교육 교육과정과 교수

학습목표 14.4 놀이 활동이나 일과가 장애 유아에게 어떻게 학습의 기회가 될 수 있는지 설명할 수 있다.

교육과정과 프로그램 목적

유아 특수교육프로그램은 다음과 같은 결과나 목적으로 설계되고 평가되어야 한다.

- 가족이 목적을 성취하도록 지원하라. 장애아동에게 초점을 맞추는 것이 당연한 일이지만 조기중재의 주요 기능 중 하나는 가족이 그들에게 가장 중요한 목적을 성취하도록 돕는 것이다. 전문가들은 가족이 하나의 체제로서 기능하며, 그러한 체제로부터 아동을 분리해내는 것이 제한적이고 단편적인 결과를 낳는다는 것을 알게 되었다(Baily et al., 2012).

- 아동의 참여, 독립성, 숙달을 증진시켜라. 유아 특수교육은 아동의 타인 의존도와 또래와의 차이를 최소화하는 것이다. 이 목적을 달성하기 위해 유아 특수교육의 중재전략은 정상의 다양한 환경 및 상황 내에서 활발한 참여, 주도성과 자율성(선택하기, 자기지시적 행동), 자기충만감 등을 증진시키는 것이어야 한다. 아동이 독립성을 발휘하기에 안전하지 않거나 불가능한 경우 혹은 실질적이지 않은 상황에서는 아동이 가능한 한 많이 참여할 수 있도록 지원과 보조가 주어져야 한다.

- 모든 주요 영역의 발달을 촉진시켜라. 성공적인 조기중재 프로그램은 아동이 발달의 모든 영역에서 향상을 나타내도록 돕는다. 장애 영유아는 일반 발달을 하는 또래들에게 이미 뒤처져 있으므로 유아 특수교육 전문가들은 빠른 학습을 위한 교수전략을 사용해야 한다. 효율적인 교수는 아동으로 하여금 일반 발달 수준에 더 가깝게 수행하도록 하는 것이며 추가적인 목적과 목표를 수행하도록 시간을 허락하는 것이다. 전환교육 : 현재가 미래를 만든다 '너무 어려서 하지 못할 일은 없다 : 유아를 위한 학급 일'을 참조하라.

- 사회성을 신장시키고 지원하라. 다른 사람과 어울리기, 친구 만들기와 같은 사회적 기술은 가장 중요한 기술 가운데 하나이다. 대부분의 아동은 그러한 기술을 자연적으로 배우지만 많은 장애아동들은 타인과 어울리며 적절히 상호작용하는 것을 쉽게 배우지 못한다.

- 기술을 일반화하여 사용하도록 촉진하라. 일반 발달을 하는 대부분의 아동들은 특별한 노력 없이 한 번 배운 것을 다른 장소나 시간에 일반화하여 적용할 수 있다. 그러나 장애아동들은 이전에 배운 기술을 다른 상황에서 기억해내고 사용하기가 매우 어렵다.

- 아동이 가정, 학교, 지역사회에서 정상 생활을 경험하도록 준비시키고 도와라. 조기중재는 정상화 원리에 의한 것이어야 한다. 즉, 서비스는 가능한 한 장애가 없는 일반 유아들이 놀이하고 학습하는 환경과 동일한 환경에서 제공되어야 한다. 통합환경이 장애아동과 그 가족들에게 매우 유리하다는 것이 많은 연구에서 밝혀졌고, 효과적인 통합전략들이 제안되고 있다(예 : Kemp et al., 2013; Odom et al., 2011; Stanton-Chapman & Brown, 2015).

- 순조로운 전환이 될 수 있도록 아동과 그 가족을 도와라. 전환은 아동과 그 가족이 어떤 조기중재 프로그램이나 서비스에서 다른 중재 혹은 서비스로 바꿀 때 발생한다. 예를 들어 프로그램 전환은 일반적으로 가정 중심의 프로그램에서 조기교육 기관의 교실로 옮겨지는 3세 때나 취학 전 교실에서 일반 유치원 교실로 이동하는 5세 때 발생한다. 순조로운 전환이 되도록 장애아동과 그 가족을 준비시키고 도움으로써 서비스가 연속적으로 제공되도록 하고, 가족 체계의 분열을 최소화하며, 정상적인 환경에 보다 성공적으로 적응할 수 있도록 도울 수 있다. 전환계획과 지원은 수신 프로그램과 발신 프로그램 모두의 전문가들로부터 협동적으로 이루어져야 한다(Rous & Hallum, 2012).

- 미래의 발달문제나 장애를 예방하고 최소화하라. 위험요소를 지닌 영아에게 제공되는 조기중재 프로그램은 전적으로 예방이 최우선 목표가 되어야 한다.

장애아동협의회의 유아지부와 전국유아교육협회에서 합의한 내용인 통합교육의 가치와 통합교육이 초기 유아기 서비스를 개선하는 데 어떻게 사용될 수 있는지에 관해서는 프랭크 포터 그레이엄 아동발달 연구소의 웹사이트에서 알아볼 수 있다.

전환교육 : 현재가 미래를 만든다

너무 어려서 하지 못할 일은 없다 : 유아를 위한 학급 일

달력 도우미가 앞으로 나와, 끝에 별이 달린 막대기를 들고 오늘 날짜까지 숫자를 짚으며 "9, 10, 11, 12"라고 말한다. 나는 "잘했어요, 달력 도우미! 오늘은 큰 숫자도 세었어요! 3까지밖에 셀 수 없었던 때를 기억해보세요!"라고 칭찬한다. 달력 도우미는 자리로 돌아가 앉아 성취감에 찬 미소를 지었다.

유아들에게 왜 학급 일을 부여하는가

학급 일은 학습에서 중요한 역할을 한다. 발달 영역에 걸친 다양한 기술을 연습하는 기회를 제공해줄 뿐만 아니라 학급 일을 통하여 긍정적인 사회적 상호작용을 할 수 있고 일과에 참여하는 동기유발도 된다. 학급 일은 아동이 학급이라는 사회에 기여할 기회를 제공하고 일의 가치를 알게 해주며 미래의 고용에 대한 책임감과 목적의식을 길러준다.

유아들이 하는 학급 일에는 무엇이 있는가

다음은 우수 교사인 Mark Fraley가 자신의 학생들에게 사용했던 학급 일의 예이다.

- 달력 도우미 : 달력 도우미는 월, 요일, 날짜를 확인하여 학급 전체가 숫자를 읽도록 이끌고 다음날은 며칠인 지도 예측해본다.
- 줄반장 : 줄반장은 맨 앞에 첫 번째로 서는데, 문 앞 바닥에 테이프로 붙여진 X 위가 줄반장이 서는 위치이다. 줄반장은 복도에서의 규칙을 지켜야 한다.
- 날씨 도우미 : 날씨 도우미는 날씨가 어떤지를 보기 위해 창밖을 보고, 이 정보를 반 친구들에게 알린다.
- 간식 도우미 : 간식 도우미는 학급을 위해 식탁용 매트와 냅킨을 가져오고 간식을 준비한다.
- 음악 도우미 : 음악 도우미는 교사가 선정해놓은 노래 목록에서 이야기 나누기 시간에 사용할 노래를 고른다.

학급 일을 관리하는 방법에는 무엇이 있는가

Mark Fraley는 학급 일 관리를 위해 다음과 같이 제안하였다.

- 학급 일 관리를 위한 게시판을 만들어 도우미 학생의 이름 및 사진과 함께 해당 일에 대한 그림, 설명 등을 게시한다.
- 모든 학생에게 서로 다른 일을 할당하기 위한 대안으로 '스타 학생' 제도를 고려하라. 이 제도는 여러 가지 일을 수행하는 한 명의 스타 학생을 선정하는 것이다. 오늘의 스타 학생은 주목을 받고 다양한 일과에 걸쳐 도울 기회를 갖는다. 이러한 방법은 유아 성장에 도움이 된다.
- 학급 일은 관련 서비스 전문가와 협력할 때도 사용될 수 있다. 예를 들어 Mark의 학생 중 한 명은 옷 관련 어휘를 배우고 있었는데, Mark와 언어치료사는 이 학생의 요구를 고려하여 패션 도우미를 만들었다. 패션 도우미는 그날 입은 자신의 옷 선택(혹은 친구의 옷 선택)에 대해 설명하는 것이다. 이 학급 일은 Mark의 학급에서 매우 인기가 있어 하루의 중요한 일과가 되었다.
- 학급 일에 대해 중요하게 생각해봐야 할 한 가지 측면은 어린 유아들이 학급 도우미 역할을 수행하면서 세상 주변에 대하여 어떻게 학습하는지에 관한 것이다. 학급 일은 유아들이 어른이 되었을 때 비슷하게 할 수 있는 일을 놀이처럼 구성한 플랫폼을 제공한다. 나는 가끔 교사를 모방하고 싶어서 교사처럼 똑같이 말하거나 행동을 하고 도구를 사용하는 학생을 보기도 한다.

Mark Fraley는 학급 일을 긍정적인 경험으로 만들기 위한 일환으로 다음과 같은 제안을 하였다.

- 학급 일의 수행 방법과 기대되는 것을 일관성 있게 유지하라.
- 시각자료를 활용하라! 지시를 그림으로 제공하면 이러한 요구가 있는 많은 아동을 지원할 수 있다.

- 단순히 학급 일의 부분을 수행한 것에 대해 보상하지 말고 적극적으로 경청하고 또래들이 참여하도록 적극적으로 수행하는 아동을 칭찬하라.
- 실생활 예를 사용하거나 가능하다면 시범을 보이라. 예컨대 지역 방송 채널의 기상 정보 화면을 모델로 보여주라.
- 자녀가 학급 일에 얼마나 책임을 다했는지에 대해 가족과 공유하고 집에서 아동이 할 수 있는 일을 찾아보도록 격려하라. 이것이 가족을 행복하게 만든다!

발달에 적합한 실제

모든 유아교육 전문가들은 일반 아동을 교육하든 장애아동을 교육하든 간에 유아에게 주어지는 학습환경, 교수실제, 프로그램의 기타 요소들이 아동의 연령과 발달단계에 기초하여야 한다는 공통된 철학을 가지고 있다(예 : Gestwicki, 2016; Kostelnik et al., 2019; Morrison, 2018). **발달에 적합한 실제**(developmentally appropriate practice, DAP)는 이러한 신념에 기초한 철학이며 지침이다. 전국유아교육협회(NAEYC, 2009)에 따르면 "DAP는 유아에게 가장 적합한 학습과 발달을 이끌어내기 위한 원칙과 지침이다."(p. 1). 발달에 적합한 실제는 유아교육 전문가가 의사결정에 고려해야 할 주요 원칙으로 다음과 같은 내용을 규정하고 있다(NAEYC, 2009).

- 지식이 의사결정에 반영되어야 한다. 현장교사는 (1) 아동발달과 학습에 대해, (2) 각 아동 개인에 대해, (3) 각 아동의 사회·문화적 정황에 대해 알아야 한다.
- 목적은 도전적이고 성취 가능한 것이어야 한다. 아동이 있는 곳에서 그들을 대면하는 것이 중요한데, 훌륭한 교사는 아동을 그냥 지나치지 않는다. 학습과 발달은 아동이 이미 알고 있는 것, 이미 할 수 있는 것에 새로운 경험이 더해질 때 발생할 가능성이 크며, 새로운 기술과 능력 그리고 지식을 습득하는 것은 바로 그런 경험을 필요로 한다.
- 교수는 효과적이어야 한다. 훌륭한 교사는 교실 꾸미기, 교육과정 계획하기, 교수전략 사용하기, 아동 사정하기, 아동과 상호작용하기, 가족 대하기 등 모든 일에 계획적이다.

비록 대부분의 유아 특수교육 전문가들은 NAEYC의 DAP 지침이 조기중재의 토대나 환경을 제공한다고 보지만 장애 유아에게 적절히 제공되기 위해서는 특별히 설계된 개별화 교수(즉, 특수교육)가 필요하다고 입을 모은다(Cook et al., 2020; Division for Early Childhood, 2014). 유아 특수교육 연구자와 현장교사는 유치원 활동과 놀이 상황에서 아동의 IFSP/IEP 목표와 목적에 맞는 효과적인 교수방법을 개발하여 왔다. 예를 들어 인형이나 동물인형, 손인형 등으로 하는 극놀이는 아동에게 언어와 문해기술 학습의 기회를 제공하는 발달에 적합한 실제이다(Morrison, 2018). 다음의 교수와 학습 '유치원에서의 손인형 사용'은 장애 유아가 손인형을 이용하여 언어기술을 배우는 것을 보여준다.

IFSP/IEP 목적과 목표 선정

유아가 참여하는 활동을 살펴보면 교수 목적과 목표가 거의 무제한적으로 떠오른다. 유아 특수교육 전문가들은 다음과 같은 다섯 가지 질적 기준에 따라 IFSP/IEP 장단기 목표의 유용성을 심사할 수 있다(예 : Boavida et al., 2014; Ridgley et al., 2011).

1. **기능성** : 기능적 기술은 (1) 일상 환경에서 사람이나 사물과의 상호작용 능력을 증진시키고, (2) 아

교수와 학습

유치원에서의 손인형 사용

Mary D. Salmon, Stacie McConnell, Diane M. Sainato, Rebecca Morrison

왜 손인형을 사용하는가 대부분의 유아들은 손인형을 보고 즐거워한다. 생생한 색깔, 흥미로운 질감, 실제보다 더 과장된 표현 등이 발달장애아동을 포함한 모든 아동들의 호기심을 고무시키고 주의를 절정에 달하게 한다. 손인형의 물리적 특성, 과도한 미소나 찡그린 모습, 어필하고 싶게 만드는 매력 등이 유치원에서는 매우 유용한 도구가 되는 이유이다.

언제, 어떻게 손인형을 사용해야 할까 손인형은 서클 시간, 전환 시간, 사회극놀이 등에 사용될 수 있다. 또한 아동으로 하여금 자신의 감정을 말하도록 도울 때도 사용된다.

서클 시간

- 교사나 아동은 날짜 말하기 시간에 수업을 주도하면서 손인형을 조종하는 사람이 될 수 있다.
- 날씨 개념에 대한 수업에서 아동 실제 크기의 큰 인형 옷을 입는다. 다양한 날씨에 맞게 모자, 선글라스, 엄지장갑 등의 장신구를 이용한다.
- 수업 규칙에 대한 교육은 중요하고 지속적으로 이루어져야 한다. 파급력을 크게 하기 위해 손인형을 지정하여 전형적인 절차를 고안해야 한다. "버니가 '친구와 사이좋게 놀아요.' 혹은 '장난감을 깨끗하게 치워요.'라고 말해요."
- 손인형으로 이야기를 읽거나 노래를 부르거나 '사이먼이 말하기'를 같은 것을 시도할 수 있고 다양한 운동기술을 모델링할 수도 있다.

전환 시간

- 손인형으로 정리 시간이나 다음 활동으로의 전환을 알리는 종을 치거나 벨을 누를 수 있다.
- 다음 활동으로 안내하는 일을 손인형으로 하면 정신없이 놀고 있는 유아들의 주의를 단숨에 잡을 수 있다.
- 아동은 특별활동 수업에서 기다려야 할 때 손인형을 사용하면 차례를 지킬 수 있다. 줄의 선두주자가 전체 아이들의 주의를 끌 수 있는 손인형을 사용하여 도서관이나 체육관, 음악실, 미술실 등으로 학급을 안내할 수 있다.
- 손인형은 블록을 바구니에 담거나 미술 교구를 제자리에 치우는 것과 같은 바람직한 정리 행동을 모델링할 수 있다.

사회극놀이

- 간단한 손인형과 몇 개의 액세서리(예 : 모자, 배지)로 판매원, 경찰관, 소방관 등의 다른 역할을 만들 수 있다.
- 좋아하는 책에 나오는 많은 캐릭터들을 손인형으로 만들 수 있다. 아동은 자신이 좋아하는 이야기를 실연할 수 있고 그들이 원하는 어떤 캐릭터도 될 수 있다.
- 바람직한 사회 행동을 가르치기 위해 좋아하는 이야기와 대표적인 손인형을 결합하라. 예를 들어 나누어 쓰기를 가르치기 위해 마르쿠스 피스터의 '무지개 물고기'를 사용하라.

감정 다루기

- 손인형은 '실제보다 더 과장된' 감정을 만들 수 있다. 짧은 극을 보거나 연기를 하면서 손인형을 사용하여 적절한 감정적 반응을 표현하게 한다.
- 아동은 손인형을 통하여 자신의 느낌을 표현하고 싶어 할지도 모른다. 교사는 손인형으로 교실에서의 적절한 행동을 알릴 수도 있다.

동이 그 기능을 갖지 못했을 때 다른 누군가가 실행해주어야만 하는 것이다.

2. **일반성** : 기술은 (1) 특별한 과제와는 달리 일반적 개념을 나타낼 때, (2) 아동의 불능을 충족시키기 위해 수정되어 적용될 때, (3) 서로 다른 장소에서 다양한 자료와 서로 다른 사람들에게 사용될 수 있을 때 일반성을 지닌다.

3. **교수 상황** : 기술은 아동의 일상에 쉽게 통합되어야 하며 일상에서 자연스럽게 사용할 수 있도록 가르쳐야 한다.

4. **측정 가능성** : 기술은 그 성과나 결과를 보거나 들을 수 있을 때 측정할 수 있다. 측정 가능한 기술은 계산되거나 시간으로 잴 수 있으며 학습 진전에 대한 객관적인 판단을 가능하게 해준다.

교사는 위의 질적 지표를 감안하여 학급 전체의 활동을 동기화시키는 맥락 내에서 개인의 IEP 목표를 설정할 수 있다. 교사인 Mark Fraley는 오전 활동에서 아이들과 함께 구웠던 생강빵 아저씨를 찾기 위해 아이들이 건물 주변의 단서들을 쫓는 활동을 계획했다. 이때 다음과 같은 개인 목표를 설정할 수 있다. "R은 의사소통을 할 때마다(촉구 혹은 단서 카드가 필요할 수 있음) 어른과 눈맞춤을 할 것이다.", "G는 최소한의 도움을 받아 교실에 놓인 줄을 잡고 복도를 걸어 내려갈 것이다."

교수 적합화와 수정

학령기 장애학생을 가르치는 동료 교사들처럼 유아 특수교육 교사도 폭넓은 증거기반의 교수전략을 수행할 수 있는 능력을 갖추어야 한다. 물리적 환경, 교재교구, 활동 등의 수정과 적합화를 통하여 장애아동은 성공적으로 참여하고 학습할 수 있게 된다. 이러한 수정은 미묘하고 눈에 보이지 않는 지원(예 : 지속시간이나 활동 순서의 변화, 대화 주제로 아동이 선호하는 것 사용하기)에서부터 보다 분명한 중재와 지원(예 : 아동을 위한 장치 제공하기, 또래중재를 위해 또래를 가르치고 참여에 대해 보상하기)에 이르기까지 다양하다(Cook et al., 2020; Deris & DiCarlo, 2013).

교사는 하루 일정 전체에 걸쳐 활동의 맥락 내에서 적합화와 수정을 해야 한다. 예를 들어 Barton 외 (2011)는 이야기 나누기 시간에 다음과 같은 적합화를 추천하였다.

- 아동에게 주어지는 이야기 나누기 시간의 필수 참여시간을 점진적으로 증가시켜라.
- 아동이 활동 전체의 순서와 이야기 나누기 시간이 언제 종료될지를 알 수 있도록 그림 시간표와 타이머를 사용하라.
- 좋아하는 활동과 선택권을 삽입하라.
- 또래친구를 가르쳐서 아동의 참여를 돕게 하라.
- 모방에 대한 명시적 교수를 제공하라.
- 어른이 먼저 손을 덧잡는 보조를 제공하고, 아동이 조금씩 보조에 덜 의존하게 되면 촉구를 줄이라.

놀이 가르치기 놀이는 장애 유아가 사회적 의사소통기술, 언어기술, 문제해결기술, 인지기술 등을 학습하고 연습할 수 있는 자연스러운 상황을 제공한다(Bredecamp, 2019; Cook et al., 2020; Dennis & Stockall, 2015). 놀이가 학습에 매우 중요하다고는 하지만 많은 장애유아들이 놀이에 참여하지 못하기 때문에 놀이행동을 발달시키기 위해 놀이 확장, 과제의 시각적 구조화, 최소-최대 촉구 등과 같은 체계적인 중재를 필요로 한다.

놀이 확장(play expansion)은 장애 유아들의 말하기와 놀이행동을 더 다양하고 복잡하게 만들어준다 (Barton et al., 2019; Barton et al., 2018; Frey & Kaiser, 2011). 놀이 확장은 교사가 먼저 아동의 놀이를 모방하고 그다음에 추가적인 혹은 보다 발전된 형태의 활동을 모델로 보여주는 것이다. 예를 들면 만일 아동이 1개의 블록을 다른 블록 위에 쌓았으면, 교사는 똑같이 블록을 쌓고 나서 그 옆에 동일한 블록 더미를 더 쌓고 좀 더 큰 블록으로 2개의 블록 더미를 이어주도록 쌓는 것이다. 아동이 모방하여 자신의 놀이 활동을 확장할 때 교사는 아동의 활동과 강화를 설명하는 언어를 제공한다(예 : "블록 더미를 2개 만들었네. 와~ 지붕도 있어!").

과제의 시각적 구조화는 학생에게 놀이 순서에 대한 촉구를 제공하는 것인데, 이것은 놀이기술을 가르치고 지원하는 또 다른 방법이다(Hampshire & Hourcade, 2014). 놀이의 단계를 나타내는 미니 그림 표를 제공하거나 놀이 재료들을 왼쪽에서 오른쪽 순으로 나열해놓는 것이다. 가령 미니 그림표를 이용하여 블록을 쌓는 순서를 보여주거나 동물 장난감을 농장의 서로 다른 영역에 넣도록 보여줄 수 있다.

놀이기술을 직접적으로 가르치는 또 다른 방법은 최소–최대 촉구를 이용하는 것이다(예 : Barton & Pavilanis, 2012; Davis-Temple et al., 2014). 최소–최대 촉구는 아동이 행동을 수행할 수 있을 때까지 지원을 체계적으로 증가시켜 나가는 것이다. 예를 들면 아기인형에게 우유를 먹이는 행동을 가르치고 자 할 때 첫 번째 촉구는 인형이 젖병을 빠는 그림을 아동에게 보여주는 것이고, 다음으로는 언어적 촉 구("네 차례야, 아기에게 먹여봐.")이며, 마지막으로는 신체적으로 아동의 손을 안내하는 것이다. 아동 이 좀 더 독립적인 수행이 가능해졌을 때 촉구를 철회한다. 아동이 독립적으로 자유놀이에 참여할 때 교사는 여러 차례의 사회적 상호작용과 협력적 문제해결 기회를 삽입할 수 있다(Martin et al., 2015; Ramani & Brownell, 2014). 놀이기술의 직접 교수는 또래와의 상호작용 놀이 경험을 통해 이루어져야 한다.

또래중재 또래중재는 장애학생이 학습활동에서 비장애 또래의 지원을 받는 것이다. 학령전기 또래 는 긍정적인 행동이나 특정 기술을 시범 보일 수 있고 상호작용 언어와 놀이기술을 촉구할 수 있으 며 목표기술을 강화할 수 있다. 또래가 놀이나 다른 활동에서 장애아동과 상호작용하도록 직접적으 로 가르치면 장애아동의 사회적 상호작용과 언어가 양적·질적으로 증가하는 결과를 가져온다(Katz & Girolametto, 2013; Stanton-Chapman & Brown, 2015; Watkins et al., 2015). 비장애 또래는 장애아동 과 인접하여 노는 것, 공유를 주도하는 것, 대화를 주도하는 것 등을 배울 수 있다.

교사는 장애 유아의 친사회적 행동을 증가시키기 위하여 사회상황 이야기와 또래중재를 연합하여 사 용할 수 있다(Harjusola-Webb et al., 2012). 사회상황 이야기는 특정 친사회적 행동을 가르칠 목적으로 사용되는 간단한 이야기이다. 예를 들어 교사는 게임의 순서가 된 아동에 대한 이야기를 말해주고 학생 이 순서를 지켜야 하는 게임을 하기 전에 아동의 이해 정도를 점검한다(교수와 학습 '유아 통합교실에서 의 또래중재 교수' 참조).

삽입교수 장애 유아를 위한 특별 교수법을 일반 유치원 활동에 통합시킨 효과적인 방법 중의 하나가 **삽입교수**(embedded learning opportunities)이다. 삽입교수의 개념은 유아 프로그램이 매 시간 학습을 위 한 기회를 제공하지만, 장애 유아는 그러한 기회로부터 학습하기 위해 안내와 지원이 필요하다는 가정 에 기초하고 있다(Davenport & Johnston, 2015; Ledford et al., 2017). 따라서 교사는 아동의 IEP 목표 에 맞는 간단하고 체계적인 교육적 상호작용이 교실 내 활동 중에 자연스럽게 스며들 수 있는 방법을 계획해야 한다. 그림 14.3은 등교, 자유놀이, 간식시간 등의 일과에서 삽입교수의 계획을 나타낸 것이다.

우수교사인 Mark Fraley는 "간식시간은 여러 영역, 즉 요구하기, 묻기, 질문에 대답하기, 누군가의 주 의끌기에 적절히 반응하기 등과 같은 사회–의사소통 기술 그리고 손 씻기 같은 적응기술을 위해 삽입 교수를 실시할 수 있는 좋은 활동이다."라고 했다. Robinson 외(1999)는 식사시간에서의 삽입교수에 관

교수와 학습

유아 통합교실에서의 또래중재 교수

또래중재 교수란 무엇인가   교사가 아동으로 하여금 서로 상호작용하도록 기회를 제공하고자 할 때 또래중재 교수를 사용한다. Mark Fraley는 자신의 학생들이 사회성, 언어, 학업, 운동기술을 발달시키고 IEP를 성취하도록 돕기 위해 학교생활 전반에 걸쳐 또래중재 교수를 사용한다.

또래중재 교수를 어떻게 사용하는가   Mark는 또래중재가 성공적인 학습기회가 되도록 촉진하기 위해 다음과 같은 제안을 하였다.

- **쉽게 습득될 수 있는 기술을 표적으로 삼으라.**
  학생이 처음 시도에서 쉽게 성공할 수 있는 기술을 선정한다. 예를 들어 블록 영역에서 간단한 구조(예 : 아치, 길, 다리)를 만드는 것을 모델 보인 후, 한 학생에게 약간의 블록을 주고 또 다른 학생에게도 약간의 블록을 주면서 함께 구조물을 만들어보라고 말한다.
- **동기화하는 활동을 만들라.**   또래와 상호작용에 어려움을 갖는 학생에게는 작은 스티커와 함께 글자를 급우들에게 나누어주게 한다. 새롭고 좋은 무언가를 나누어주는 역할은 또래와 긍정적인 상호작용을 만들어나갈 수 있게 한다. 활동을 선정할 때는 개인의 선호도를 고려하라. 내 학생 중의 한 명은 책상의 가장자리를 테이프로 붙여놓고 플라스틱 숟가락을 이용해서 무언가를 발사하여 그것이 날아가는 것을 즐겼다. 나는 다른 학생에게 플라스틱 곤충 한 세트를 주고 한 번에 하나씩 '존'에게 주라고 일렀다. 이것은 '존'의 곤충 날리는 놀이에 다른 학생을 참여시켜 또래 상호작용을 이끌어낸 것이다.
- **사회적 상호작용을 위한 기회를 삽입하라.**   협력이 필요한 일을 만들고 일상적 일에 삽입시킨다. 예를 들면 두 명의 간식 도우미를 선정하여 한 명에게는 테이블 매트를, 다른 한 명에게는 냅킨을 놓게 한다. 냅킨이 먼저 놓이면 어떤 일이 일어나겠는가? 이 일은 어느 정도의 의사소통과 협력을 하게 한다.
- **바람직한 또래 모델을 선정하라.**   자유놀이 시간에 아이들을 잘 관찰하여 훌륭한 또래 모델을 확인한다. 본능적으로 사람에게 향하는 기질이 있고 잘 듣는 성향을 가진 아동은 훌륭한 또래 모델이 될 수 있고 도전을 잘 견딘다.
- **또래 모델을 안내하라.**   여러분이 반복적으로 사용하는 언어를 또래 모델에게 가르친다. 예를 들면 여러분이 한 학생에게 요구의 신호로 '더'를 가르친다면, 또래 모델에게 그 신호를 알려주고 모델로 보여준다. 또한 표적 학생이 '더'라고 말하면 그것은 매우 잘한 일이라는 것을 알게 한다(또래교수에 관한 더 많은 정보는 제12장의 교수와 학습 '또래 도우미 : 중도장애학생과 함께하기' 참조).

한 창의적이고 효과적인 예를 보고하였다. 각 유아는 식탁에 앉아 있고 각각의 앞에는 음식이나 만화 캐릭터, 동물, 재미있는 어떤 그림들(예 : 안경 쓰고 책 읽는 고양이)이 그려진 개인용 매트가 놓여 있다(그림 14.4 참조). 12개의 서로 다른 자리가 마련되어 있고 유아는 매일 다른 자리에 앉게 된다. 교사는 유아가 아침식사를 하는 동안에 '말하기 게임'을 시작한다. 유아는 자신의 차례에서 섞인 카드 중 1개를 뽑게 되는데, 카드에는 반 친구들의 사진이 붙여져 있다. 카드를 뽑은 다음에는 카드에 있는 사진의 친구에게 무언가를 말하도록 한다. 만일 유아가 할 말을 생각해내지 못하면 교사는 개인용 매트에 그려진 그림을 보고 말하도록 촉구해준다. 몇 주 후에는 카드와 촉구를 사용하지 않고도 게임을 할 수 있게 되었다. 유아는 식사를 하는 동안 전보다 더 빈번하게 서로 계속해서 말했고 대화를 시작하기 위하여 개인용 매트의 그림을 이용하기도 하였다.

그림 14.3 하루 일과 내 삽입교수 계획

삽입교수 목표별 활동 계획

유아 이름 ____리사____   날짜 : _____

목표	사회	언어	운동	학업 전	자조/독립
	• 또래가 가까이에 있는 것 허용하기 • 또래들의 사회적 의사소통 사용 인지하기	• 기능적 의사소통(요구) 증가시키기 • 말로 하는 어휘 사용 증가시키기	• 놀이와 일상에서 효율성과 독립성 증가를 위해 동선 계획과 정확도 진전시키기	• 책 보는 것 즐기기 • 철자법 진전시키기, 언어와 활자의 관계 이해하기	• 일상을 촉구 없이 지내기 • 보조 없이 기구와 컵 이용하여 먹기
활동					
도착 전환 단서 : 놀이 영역이 자연스러운 단서가 됨	교사는 리사에게 인사하고, 친구에게 "안녕"이라고 인사하도록 모방적 촉구를 제공함	교사는 리사가 메고 있는 가방을 내려달라고 요구하도록 멈추어 기다리기 전략을 사용함	교사는 리사가 웃옷과 가방을 걸도록 물리적 비계를 사용함	교사는 리사의 주의를 사물함의 이름/그림 카드로 돌리면서 "네 사물함을 찾아보세요."라고 말함	교사는 리사가 사물함에 물건을 넣고 놀이 영역으로 걸어가는 자신의 입실 동선을 알도록 역연쇄 절차를 사용함
자유놀이 전환 단서 : 정리를 알리는 불 깜빡임	교사는 또래를 리사의 적당한 거리에 앉게 하여 리사가 또래의 접근을 허용하도록 돕고, "함께 놀 친구가 있어서 참 좋다. 그렇지?"라고 말해줌	교사는 리사가 좋아하는 음악 장난감을 눈에 보이지 않는 곳에 두는 일상 위배 전략을 사용함. 리사가 교사에게 와서 자신의 불만을 소리로 나타내면, 교사는 즉시 "아, 그래. 네 음악 장난감을 찾아보자."라고 말함	만일 리사가 자신이 선택한 장난감을 작동하는 데 어려움이 있으면, 교사는 신체 촉구를 제공함(그런 후에 용암)	교사는 리사의 주의를 레고통과 공룡통으로 향하게 하면서 선택하도록 격려함	교사는 리사가 장난감을 선택하도록 기다림
이야기 나누기 활동 전환 단서 : "이제부터 놀이시간이니까 줄을 서보자." (교사는 문을 가리킴)	교사는 모든 유아가 자리를 잡을 때까지 리사를 집단 밖에 머물게 하고 이후에 집단에 가까이 오게 하여 "어디 앉고 싶은지 말해주세요."라고 촉구함	교사는 "기차 노래"라고 말하며 리사가 좋아하는 '빨간 작은 기차' 노래를 요청하도록 언어적 모방 촉구를 사용함(리사는 블록 영역에서 기차를 가지고 놀 때 기차라는 단어를 사용했었음)	율동과 함께 하는 노래를 할 때 교사는 필요한 신체적 촉구를 제공함. 활발한 춤추기 활동을 하는 동안에는 리사가 원한다면 집단에서 떨어져 원하는 곳으로 갈 수 있게 허락함	교사는 이야기 나누기 시간에 읽었던 이야기 중 리사가 가장 좋아하는 동화책을 선정함. 교사는 이야기 나누기 시간에 리사에게 앞으로 나오라고 말하지 않고 리사 앞에 3장의 카드를 나열한 후 리사 이름의 첫 음절을 과장되게 발음하면서 "네 이름을 찾아봐 리사, 리사는 ㄹ로 시작해."라고 말함	교사는 필요할 때만 리사에게 친구들 무리 쪽으로 가라고 촉구함. 교사는 다른 모든 아동이 착석할 때까지 기다림. 만일 리사가 친구들 무리 쪽으로 움직이지 않으면 교사는 리사의 주의를 무리에 가장 가까운 책상으로 모음. 필요하다면 리사를 그 곳으로 데려감('사회' 목표 참조)

유치원 활동 시간표

유아 특수교육 교사의 주업무는 각 아동의 개별적 학습요구를 충족시키며, 아동이 주위 환경을 탐색하고 타인과 의사소통하는 기회를 갖도록 프로그램을 구성하는 것이다. 시간표는 아동 주도의 활동과 계획된 활동, 대그룹 활동과 소그룹 활동, 활동적인 시간과 조용한 시간, 실내활동과 실외활동 등이 균형을 이루도록 구성되어야 한다(Cook et al., 2020). 요컨대 새로운 기술을 발전시키며 이전에 학습한 것을 실행하는 기회를 최대화시키기 위한 틀을 제공해야 한다(Johnson et al., 2015).

그림 14.4 장애 유아의 의사소통을 촉진하기 위해 식사시간에 사용된 개인용 매트

출처 : Diane M. Sainato, The Ohio State University의 허락하에 사용함.

지원적인 물리적 환경

교실의 물리적 환경은 계획된 활동을 지원하도록 구성되어야 한다. 유치원 교실을 효과적으로 설계하기 위해서는 사려 깊은 계획이 필요하다. 놀이 영역과 필요한 교재교구들은 접근하기 쉽도록 배치되어야 하고, 모든 아동에게 안전해야 하며, 영역 간 경계는 최소화해야 하고, 가장 중요한 것은 아동이 놀고 싶고 탐색하고 싶은 환경이어야 한다. 다음은 유치원 교실환경 정리를 위한 제안점이다(Cook et al., 2020; Morrison, 2018).

- 다양한 활동을 위한 다양한 영역으로 교실을 구성한다(예 : 조용한 영역, 작업 영역, 극놀이 영역, 구성놀이 영역, 활동놀이 영역).
- 조용한 활동은 시끄러운 활동 영역을 피해 조용한 활동끼리 서로 인근지역에 배치한다.
- 각 영역에 아동이 관심을 보이는 자료를 풍부하고 적절하게 갖추어놓는다.
- 어른의 도움 없이도 아동 스스로 쉽게 발견하고 꺼내어 쓸 수 있도록 자료를 배치한다.
- 이야기 나누기 시간이나 동화책 읽기 시간과 같이 큰 그룹으로 모여서 하는 활동을 위해 큰 카펫을 깔아 열린 공간을 마련한다.
- 보조자나 자원봉사자가 필요한 자료를 쉽게 찾을 수 있도록 모든 보관 장소에 라벨을 붙이거나 색깔로 구별해놓는다.
- 아동이 한 활동에서 다른 활동으로 쉽게 옮길 수 있도록 집단 영역과 필요 장비를 잘 정돈한다. 그림이나 색깔로 다양한 작업 영역을 표시해놓을 수 있다.
- 아동이 자신의 소지품을 스스로 찾을 수 있도록 사물함을 구비한다. 또한 자신의 사물함을 식별할 수 있도록 그림이나 사진으로 단서를 제공한다.

조기중재를 위한 서비스 전달

학습목표 14.5 유아를 위한 서비스 전달 형태를 기술하고 각 형태의 장점과 단점을 간단히 설명할 수 있다.

조기중재는 아동의 연령과 아동 및 가족의 요구에 따라 다양한 장소에서 일어난다. 심각한 장애를 가진 영아나 신생아를 위한 조기중재 서비스는 주로 병원 환경에서 제공된다. 그러나 대부분의 유아 특수교육 서비스는 아동의 가정이나 센터 혹은 학교 중심 시설이나 두 환경이 연합된 장소 안에서 제공된다. 발달지체의 정도가 가벼운 유아들은 일반 유치원 현장에서 순회교육 교사들로부터 서비스를 받는 경우가 증가하고 있다.

병원 중심 프로그램

특별한 건강관리를 필요로 하는 저체중 유아와 기타 고위험 신생아들은 신생아 집중치료실(NICU)에 배치된다. NICU에는 현재 다양한 분야의 전문가, 즉 특별한 요구를 지닌 영아를 위한 의료 서비스를 제공하는 신생아 전문의, 지속적으로 의료적 보조를 제공하는 간호사, 정서나 재정에 관련하여 부모와 가족들을 돕는 사회사업가나 심리학자, 그리고 부모와 영아 간의 상호작용을 장려하는 유아교육 전문가들이 참여하고 있다.

가정 중심 프로그램

제목에서 알 수 있듯이 가정 중심 프로그램은 부모의 훈련과 협력이 매우 중요하다. 부모는 장애아동을 위해 양육자나 교사의 주된 책임을 떠맡게 된다. 부모를 안내하기 위해 정기적으로 가정을 방문하여 상담을 하고 중재의 성공 여부를 평가하며, 아동의 진전을 정기적으로 점검하는 교사나 훈련자들이 부모 훈련을 제공하게 된다. 일부 프로그램에서는 특별히 양성된 준전문가들이 가정 방문자(가정교사 혹은 가정 지도교사로 명명)의 역할을 수행한다. 그들은 매월 몇 차례 방문하는 것이 아니라 매주 수회에 걸쳐 자주 방문을 한다. 또한 가정 내 성과를 상관에게 보고하고 프로그램의 수정에 대한 조언을 얻기도 한다.

가정 중심 조기중재 프로그램은 다음의 몇 가지 장점이 있다.

- 가정은 아동을 위한 자연스러운 환경이며 센터나 학교의 교사들이 아무리 잘 훈련받았다 할지라도 부모가 아동에게 더 많은 시간과 관심을 줄 수 있다는 것은 부인할 수 없는 사실이다.
- 형제자매나 조부모 같은 다른 가족 구성원이 아동과 함께 교육적 · 사회적 상호작용을 할 기회가 더 많다. 이들은 아동의 성장과 발달에 중요한 역할을 할 수 있다.
- 가정에서의 활동과 가정 내 자료들은 보다 자연스럽고 적절하다.
- 자녀의 학습과 발달을 돕고자 적극적으로 참여한 부모는 죄책감이나 좌절감 또는 자녀 양육에 대해 자신이 무능하다고 여기는 부모보다 낫다.
- 가정 중심 프로그램은 경제적으로 운영될 수 있다.

그러나 가정 중심 프로그램은 다음과 같은 단점도 있을 수 있다.

- 프로그램이 부모에게 책임을 많이 부여하기 때문에 부모가 다른 가족들에게 충분한 시간을 할애하지 못할 수도 있다. 모든 부모가 자녀를 가르치기 위해 필요한 시간을 항상 낼 수 있거나 기꺼이 그럴 수 있는 것은 아니다.

- 유아 특수교육프로그램은 부모가 모두 있는 전통적인 가정에 살지 않는 유아들, 특히 10대 미혼모, 빈곤, 미취학 등의 환경에 놓인 유아들에게 폭넓은 서비스를 제공해야 한다. 많은 영유아들이 빈곤한 환경 탓에 발달지체의 위험을 안고 있으며, 하루하루 생존을 위해 싸워야 하는 부모는 자녀의 요구를 충족시키기가 어렵다(Turnbull et al., 2015).
- 보통 어머니가 서비스의 주된 제공자이기 때문에 가정 중심 프로그램 내의 아동은 다양한 전문가에 의한 센터 중심 프로그램만큼 광범위한 서비스를 받지 못할 수도 있다(그러나 물리치료사, 작업치료사, 언어치료사와 같은 전문가들의 서비스가 때로 가정에서도 제공된다).
- 아동이 또래와의 사회적 상호작용 기회를 충분히 갖지 못할 수도 있다.

센터 중심 프로그램

센터 중심 프로그램은 가정 밖의 특수교육 환경에서 조기중재 서비스를 제공한다. 이 환경은 병원 부설, 특별 보육기관 또는 유아원의 일부일 수도 있다. 일부 아동은 장애의 형태와 등급에 따라 광범위하게 서비스가 제공되도록 특별히 설립된 발달센터나 훈련센터에 다닐 수도 있다. 어디든 간에 이러한 센터는 다양한 분야에 있는 많은 전문가들과 준전문가들의 통합적 서비스를 제공한다.

대부분의 센터 중심 프로그램은 사회적 상호작용을 장려하고, 보육기관이나 유아원의 일반 아동들과 통합을 시도하기도 한다. 대개의 센터에서는 아동이 일주일에 한 번 정도 오는 것을 바람직하게 보지만 일부 아동들은 더 자주 오고, 어떤 아동의 경우에는 거의 하루 종일, 거의 매일을 센터에서 보낸다. 부모에게는 가끔 보조자로서, 혹은 아동의 주 교사로서의 역할이 주어지기도 한다. 어떤 프로그램은 아동이 교육받는 동안 부모들이 다른 전문가와 함께 시간을 보내도록 하거나 별도의 부모 훈련을 한다. 실제로 장애 유아를 위한 모든 효과적인 프로그램은 부모 참여의 중요성을 인정하고 프로그램의 모든 면에서 부모 참여를 환영한다.

센터 중심 프로그램은 일반적으로 가정 중심 프로그램이 갖기 어려운 네 가지 장점이 있다.

- 교육, 물리 및 작업치료, 언어병리, 약물, 기타 서로 다른 분야의 전문가들이 아동을 관찰하고 협력하여 중재하며, 지속적으로 평가할 수 있는 기회가 많아진다. 많은 특수교육자들은 센터 중심 프로그램에서 제공되는 집중적인 교육과 관련 서비스가 중도장애아동에게 특히 중요하다고 본다.
- 센터 중심 프로그램에서 제공될 수 있는 집중적인 교수와 관련 서비스는 특히 중도장애아동에게 중요하다.
- 일반 아동과의 상호작용 기회는 센터 중심 프로그램을 매우 효과적으로 만든다.
- 많은 부모가 센터 프로그램 내 전문가들이나 다른 부모들로부터 심리적인 지원을 얻는다.

센터 중심 프로그램의 단점은 교통비용과 센터 유지비용이 드는 것, 그리고 가정 중심 프로그램보다 부모 참여의 가능성이 낮다는 것이다.

가정-센터 절충 프로그램

많은 조기중재 프로그램이 센터 중심 활동과 가정 방문을 절충하고 있다. 일주일에 5일 이상 매일 많은 시간을 센터에서 보낼 수 있도록 구성된 센터 프로그램은 아주 드물다. 그러나 장애 유아들은 하루 중 많은 시간 동안의 중재를 필요로 하기 때문에 센터 내 여러 전문가의 집중적인 도움과 가정 내 부모의 지속적인 관심 및 보살핌을 절충하는 프로그램이 많이 생겨났다. 센터에서 가정으로 이어지는 절충적 중재는 두 가지 형태의 중재 프로그램이 가지는 장점을 제공하고 단점을 제거하고자 노력한다.

가족 : 가장 중요한 구성원

장애를 예방하기 위한 노력과 가능한 한 조기에 특별한 요구를 지닌 아동을 확인하고 사정하여 중재하기 위한 노력을 성공시키기 위해서는 훈련과 경험, 다양한 전문가들의 협력이 필요하다. 현재 조기 서비스를 위한 최상의 지침은 초학문적 접근법이다. 초학문적 접근법은 부모와 전문가들이 아동의 요구를 사정하고, IFSP나 IEP를 개발하며, 서비스를 제공하고, 결과를 평가하는 데 함께 참여하는 것이다(Division for Early Childhood, 2014).

조기중재에 관여하는 모든 사람 중에서 부모와 가족이 가장 중요하다. 부모에게 충분한 정보와 지원이 주어진다면 임신 전이나 임신기간, 그리고 출생 후 기간을 통하여 많은 장애의 원인과 위험을 예방할 수 있다. 기회가 주어지면 부모는 자녀의 교육적 요구와 목표를 결정하는 데 적극적인 역할을 할 수 있다. 또한 일정한 수준의 지도와 훈련, 지원 등이 주어진다면 많은 부모들이 가정은 물론 학교에서도 자신의 아동을 가르칠 수 있다.

성공한 장애 유아 프로그램은 모두 부모 참여가 잘 이루어진 프로그램이다. 부모는 자녀의 행동을 가장 자주, 가장 지속적으로 관찰할 수 있는 사람이다. 부모는 아동이 필요로 하는 것을 어느 누구보다 잘 알기 때문에 교사가 목표를 실질적으로 세울 수 있도록 도울 수 있다. 또한 다른 사람들이 결코 접할 수 없는 가정에서의 특성, 예컨대 아동이 다른 가족에게 반응하는 방법 등에 대해서도 보고할 수 있다. 또한 센터나 유치원 같은 통제된 환경이 아닌 가정에서 어떤 진전을 나타내는지 관찰 및 보고할 수 있다. 간단히 말해 부모들은 사정, 계획, 교실활동, 평가 등 아동 프로그램의 모든 단계에 걸쳐 기여할 수 있다. 많은 부모들이 교사, 보조교사, 자원봉사자 혹은 직원으로 교실에서 일하고 있다.

우리가 부모 참여를 위하여 노력할 때 항상 잊지 말아야 할 것이 있다. 전문가들은 가끔씩 아동을 만나지만 부모와 가족은 지속적으로 항상 아동을 상대해야 한다는 점이다.

Hutinger 외(1983)가 우리에게 상기시켜준 것처럼 우리는 유아기가 아동과 가족들에게 즐겁고 행복한 시간이 되어야 함을 잊지 말아야 한다.

> 우리 스스로가 기쁨을 가지고 유아와 그 가족에게 서서히 스며들도록 돕는 것이 유아 특수교육 분야의 전문가가 수행해야 할 사명 중의 하나이다.

> 유아기는 일생에 단 한 번이다….

우수교사로부터의 조언 by Mark Fraley

아동 중심의 교수전략을 사용하라

아동은 놀이를 통해 배운다. 아이가 바닥에서 블록으로 빌딩을 쌓으며 놀고 있으면 나는 아이 옆에 앉아 그 놀이에 합류한다. 이것은 내가 그 아동을 한 사람으로 존중하고 아이가 말하는 것이나 하는 것을 존중한다는 것을 보여준다. 나는 학생의 수준이 되어 그 아이가 이끄는 대로 따른다. 그들 스스로가 이끄는 학습수준을 허락함으로써 그들이 관심 있어 하는 것을 쉽게 발견할 수 있고, 이것을 반영한 활동을 계획할 수 있게 된다. 다음은 아동 중심의 활동에서 학생의 학습과 즐거움을 증폭시키는 비결이다.

- **학생에게 선택권을 주어라.** 나는 선택판을 사용하는데 선택판에는 각 학습 영역의 사진과 뒷면에 벨크로가 붙은

학생들의 사진이 있다. 각 아동은 자신이 선택한 영역 옆에 자신의 사진을 붙인다.

- **놀이를 할 때 지나치게 많은 질문을 하지 마라.** 질문을 하는 것은 놀이를 훼방할 뿐만 아니라 놀이 파트너로서의 나의 역할을 검사자로 바꾸어놓는다. 검사자와 노는 것이 재미있겠는가? 아니다! 대신에 나는 스포츠 중계인처럼 할 것이다. "나는 지금 긴 네모 블록으로 초록색 빌딩을 짓고 있는 것을 보고 있습니다. 정말 높습니다!"
- **학생의 실수를 허락하고 실수로부터 배우게 하라.** 나는 내 학생들이 틀린 답을 하거나 과제를 완성하는 데 너무 오래 걸리면 화가 나곤 한다. 유아들, 특히 발달장애 유아들이 기술을 숙달하는 데는 매우 많은 기회가 필요하다는 것을 기억해야 한다. 실수를 허락하는 것은 그들에게 또 다른 전략이나 방법을 시도해볼 수 있는 기회를 제공하는 것이다. 교사로서 정리시간에 뚜껑을 서로 바꿔 닫는 것 같은 실수를 학생 앞에서 하는 것은 재미있는 일이다. 학생은 이것을 보고 도와주려 하거나 여러분이 가르쳐 온 문제해결 방식대로 안내하려 할 것이다. 실수를 하는 것은 뭔가를 요청하거나 문제를 확인할 필요가 있기 때문에 더 많은 의사소통 기회를 만들 수 있다.

조직화되고 예측 가능한 환경을 만들라

유치원은 하루 종일 여러 가지 활동이 동시에 일어나는 바쁜 장소이다. 계획을 붙여놓으면 스태프나 부모들이 누가 이 일을 해야 하고, 무엇을 누구와 함께 언제 해야 하는지 등에 관한 갈등을 줄일 수 있다. 갈등이 발생하거나 서비스가 전달되는 방식에서 오류가 생기면 게시된 스케줄이 처리의 도구가 될 수 있다.

- **숙달 활동 스케줄을 만들라.** 숙달 스케줄은 학급의 전문가나 아동 누구든지 하루 중 각 시간대에 어떤 활동을 하고 있는지를 보여주는 것이다. 우리 학급 벽에 걸려 있는 한 표에는 가르치는 전문가들(보조원, 언어치료사, 물리치료사, 작업치료사)의 역할(예 : 교사 인도, 아동 수행 자료수집)을 적어놓았다. 또 다른 표에는 부모와 자원봉사자가 학급이 어떻게 운영되고 있으며 자신들이 어떤 일을 해야 하는지를 쉽게 알 수 있도록 제시해놓았다.
- **학생들을 위한 시각적 스케줄 표를 게시하라.** 학생들이 이해할 수 있도록 사진, 아이콘, 글씨 등으로 하루 일과 포스터를 만들라. 전환은 유아들에게 도전적인 시간이 될 수 있는데, 다음에 무엇을 할 것이라는 것을 시각적으로 제시해주면 유아들이 보다 독립적으로 기능하도록 도울 수 있다. 일부 학생들은 개별적으로 소지할 수 있는 시각적 스케줄로 도움을 많이 받는다.

다양한 자원으로부터 자료를 수집하라

모든 교사는 학생의 학습을 사정하고 자신의 교수를 평가하기 위해 자료를 수집해야 한다. 특수교육 교사들에게는 IEP 목적과 목표에 대한 학생의 진전을 직접적으로 자주 측정하는 것이 어려운 일이나 그것은 법으로 요구되는 것이다. 오랜 시간에 걸쳐 나는 다양한 자원으로부터의 자료수집이 중요하며 어떻게 자료수집을 효과적으로 하는지에 대해 깨달아 왔다. 다음은 효과적인 자료수집에 관한 것이다.

- **진전을 점검하는 쉬운 방법을 찾아라.** 나는 사회적 주도나 학업적 반응과 같은 중요한 학생의 반응을 내 다리나 셔츠에 마스킹테이프로 기록하는 방식을 사용하고 있다. 또한 교실의 각 영역 옆에 클립보드를 달아 활동의 빈도, 형태, 학생의 반응 촉구 수준 등을 기록하는 자료 양식을 준비해놓고 있다.
- **일화 관찰 기록을 쓰라.** 일화 관찰은 학생의 학습과 행동 상황에 관한 중요한 정보를 제공할 수 있다. 나는 내 책상 옆 홀더에 메모 카드를 놓고 학생의 성취에 대한 일화 관찰을 기록한다.
- **영속적 산물을 기록하는 기술을 사용하라.** 나는 하루 내내 학생이 어디에서 시간을 보내고 또래들과 어떻게 상호작용하는지에 대해 디지털 사진을 찍는다. 또한 나의 교수와 학생의 수행을 검토하기 위해 서클 시간과 다른 집단 활동은 녹화한다.

다른 전문가와 함께 일하기

여러 전문가가 한꺼번에 유아를 돌볼 때 유치원은 매우 번잡해 보일 수 있다. 학생의 요구에 초점을 맞추고 학생이 중재를 받는 시간을 최상으로 이끌기 위해서는 협력이 필수이다. IEP 팀원들과 어떻게 효과적으로 협력할 수 있을까? 다음은 그에 대한 몇 가지 팁이다.

- **모든 사람의 스케줄을 존중하고 스케줄을 체계적으로 재정리하라.** 팀원 각자가 수많은 회의와 교육활동으로 인

해 시간 압박을 받고 있기 때문에 팀원들의 약속에 민감하게 행동하는 것이 중요하다.

- **팀원의 강점을 활용하라.** 팀원들이 어떤 일에 뛰어나고 무엇을 즐기는지를 잘 파악하면 팀의 일이 긍정적이고 생산적인 방법으로 완성될 것이다.
- **중요한 부분을 다루는 것이 아니라면 느슨한 태도를 유지하라.** 학생이 나타내는 격렬하고 반복적이며 때로는 해치기도 하는 행동은 교실 환경을 긴장감이 감도는 환경으로 만들 수 있다. 직업상의 요구사항이 최고조에 이르게 되는데 가능하다면 놀이로 승화시키거나 유머를 사용하고 최고조의 순간이 지났을 때 한숨을 돌린다.
- **작은 승리도 축하하라.** 어른도 자신이 학급에 기여한 점에 대해 특별한 칭찬을 받으면 좋다는 것을 기억하라.

핵심용어와 개념

개별 성장 및 발달 지표(IGDI) 놀이 확장 삽입교수

개별화 가족 서비스 계획(IFSP) 발달에 적합한 실제(DAP)

요약

조기중재의 중요성

- 조기중재는 장애의 영향을 최소화하고 미래의 발달문제 발생을 예방하도록 고안된 교육, 영양, 보육, 가족지원으로 구성된다.
- 조기중재는 장애 유아와 발달지체 위험이 있는 유아 모두를 위한 중장기적인 이익을 제공해준다고 연구물들은 밝히고 있다. 이익이 되는 점들은 다음과 같다.
  - 신체발달, 인지발달, 언어발달, 사회적 능력, 자조기술의 획득
  - 2차 장애의 예방
  - 가족 스트레스 감소
  - 학령기 동안의 특수교육 서비스나 배치 요구 감소
  - 조기중재를 하지 않았을 때 미래에 발생하게 될 추가적 교육 및 사회 서비스 비용 절약
  - 성인기에 사회적 의존 가능성 감소
  - 가능한 한 생의 초기에 집중적이고 장기적으로 조기중재를 했을 때 나타나는 효과성 증가

장애인교육법, 조기중재 그리고 유아 특수교육

- 조기중재 서비스를 위한 장애인교육법(IDEA) 기금을 받는 주에서는 발달지체나 위험 조건을 갖춘 출생에서 2세까지의 모든 영유아에게 필요한 서비스를 주어야 한다. 생물학적 혹은 환경적 위험 조건 때문에 장애가 될 위험이 있는 영유아에 대해 주의 재량으로 지원하는 것이다.

- 영유아를 위한 조기중재 서비스는 가족 중심이며, 다학문적이고, 개별화 가족 서비스 계획(IFSP)에 기술된다.
- IDEA는 주에서 3~5세의 모든 장애 유아에게 특수교육 서비스(개별화 교육프로그램을 통하여)를 제공할 것을 요구한다.
- 유아들은 서비스를 받기 위해 장애 범주하의 진단을 받거나 보고하지 않아도 된다.

선별, 진단, 사정

- 선별은 장애가 있을지 모를 아동이나 심화된 검사를 받을 필요가 있는 아동을 확인하기 위해 빠르고 다루기 쉬운 검사로 한다.
- 진단은 아동의 조기중재 적격성이나 특수교육 서비스를 결정하기 위한 것으로 이를 위해 발달의 모든 주요 영역을 심층적이고 포괄적으로 사정해야 한다.
- 프로그램 계획은 아동의 현재 기능 수준과 IFSP나 IEP 목표를 결정하고 중재 활동을 계획하기 위해 교육과정 중심의 준거지향 사정을 사용한다.
- 평가는 IFSP나 IEP 목표에 대한 진전을 결정하고 프로그램의 효과를 평가하기 위해 교육과정 중심의 준거지향 측정을 사용한다.
- 많은 조기중재 프로그램이 전적으로 발달 이정표에 근거한 사정에서 벗어나 각 항목이 프로그램의 교육과정에 포함된 기술과 직접 관련되어 있는 교육과정 중심 사정을 연계하고 있다.

이것은 검사와 교수 그리고 프로그램 평가를 직접 연계하는 것이다.

유아 특수교육의 교육과정과 교수

- 장애아동을 위한 조기중재와 교육프로그램은 다음과 같은 결과나 목적에 따라 설계되고 평가되어야 한다.
  - 가족이 자신들의 목적을 성취하는 것을 지원
  - 아동의 과업, 독립성, 숙달을 향상
  - 모든 주요 영역의 발달 향상
  - 사회적 능력의 형성과 지원
  - 기능의 일반화 촉진
  - 아동의 가족, 학교, 지역사회에서 정상 생활 경험에 대한 준비와 보조
  - 아동과 가족의 원활한 전환을 도움
  - 미래의 문제나 장애로의 발전을 예방 혹은 최소화
- 발달에 적합한 실제는 장애아동을 위한 개별적 지원 및 교수 프로그램을 작성하는 기초와 맥락을 제공한다.
- 영유아를 위한 IEP와 IFSP 목표는 그들의 기능, 일반성, 교수적 맥락, 측정 가능성, 장단기 목적 간의 관계에 따라 평가되어야 한다.
- 삽입교수는 자연스럽게 일어나는 교실활동 맥락에서 수행하는 교수전략으로 아동의 IEP 목표에 맞춘 간편하고 체계적인 교수적 상호작용이다. 이것은 일반 유아 활동에 특별한 교수를 통합시키는 효과적인 방법이다.
- 또래중재 교수를 통하여 놀이를 가르치는 것은 아동이 모든 발달 영역에 걸쳐 기술을 형성하도록 도울 수 있다.
- 유치원 활동 스케줄은 아동이 새로운 기술을 발달시키고 완전히 숙달되지 못한 이전에 배운 내용의 연습 기회를 극대화하는 것이어야 한다.
- 활동을 어떻게 계획하고 조직화하는가는 장애아동과 일반 아동 간의 상호작용에 영향을 미친다.

- 다음은 유치원 교실 구성에 대한 제안점이다.
  - 서로 다른 종류의 활동이 잘 어우러지도록 교실을 명확하게 규정된 서로 다른 영역으로 구성하라.
  - 조용한 활동 영역들은 왕래가 많은 길목에서 떨어져 함께 모여 있게 하고, 큰 소리를 내는 활동 영역들도 함께 위치하도록 구성하라.
  - 영역마다 적절하고 매력적인 교재교구를 갖추어놓는다.
  - 교재교구는 아동이 어른의 도움 없이 가지고 올 수 있는 곳에 위치한다.
  - 대집단 활동을 위한 열린 영역을 갖춘다.
  - 모든 저장 영역에 라벨이나 색깔 코드를 붙인다.
  - 학생이 한 활동에서 다른 활동으로 쉽게 이동할 수 있도록 장비와 집단 영역을 정돈하라.
  - 학생을 위한 사물함을 제공하라.

조기중재를 위한 서비스 전달

- 병원 중심 프로그램에서의 조기중재 서비스는 신생아 집중치료실(NICU)에서 저체중아와 기타 고위험 신생아에게 제공된다.
- 가정 중심 프로그램에서 아동의 부모는 가정을 방문한 교사나 특별히 훈련된 치료사들로부터 정기적인 훈련과 교육을 받아 첫 번째 교사로 역할한다.
- 센터 중심 프로그램에서 아동은 부모와 함께 교육받기 위해 센터로 간다. 센터 프로그램은 아동을 돌볼 전문가 팀이 구성되며, 아동이 다른 아동을 만나 상호작용하도록 구성된다.
- 많은 프로그램이 가정 방문과 센터 중심 프로그램을 결합하여 두 가지 모델의 장점을 제공한다.
- 부모와 가족은 조기중재 프로그램에서 가장 중요한 사람들이다. 그들은 대변자 역할을 하고 교육 계획에 참여하며 자녀의 행동을 관찰하고 실질적 목적 설정을 도우며 교실에서 역할을 수행하고 집에서 자녀를 가르친다.

CHAPTER **15**

전환교육

SolStock/E+/Getty Images

 주요 학습목표

15.1 장애학생들의 성인생활과 또래였던 일반 학생들의 성인생활을 서로 비교해보라.

15.2 미국 장애인교육법에 제시되어 있는 '전환 서비스'를 정의하고, 전환교육 IEP의 구성요소를 설명하라.

15.3 중등 이후 교육 영역에서 교육의 결과를 향상시킬 수 있는 증거기반 예측 변인과 실제의 예를 제시하고 설명하라.

15.4 직업생활 영역에서 교육의 결과를 향상시킬 수 있는 증거기반 예측 변인과 실제의 예를 제시하고 설명하라.

15.5 자립생활 영역에서 교육의 결과를 향상시킬 수 있는 증거기반 예측 변인과 실제의 예를 제시하고 설명하라.

학력, 자격증, 경력

- 이스턴미시간대학 초등교육학 학사(1993)
- 웨인주립대학교 교육행정학 석사(2005)
- 자격증: 초등교육, 국어교육, 사회교육, 특수교육(지적장애), 교육행정, 원예사 자격
- 교직 경력 27년(초등교사 13년, 특수교사 14년)
- 미시간주의 올해의 교사상 수상

우수교사 사례

Michael Craig

Charles Drew Transition Center, Detroit Public Schools, Detroit, MI

나는 교사로서 대부분의 시간을 디트로이트 공립학교에서 학생을 가르쳐 왔는데, 최근 몇 년은 나에게 있어서 가장 의미 있는 시간이었다. 나는 장애학생들에게 특별한 직업교육을 제공하는 찰스 드류 전환교육센터에서 원예 프로그램을 가르치고 있는데, 대상 학생은 18~26세의 장애학생으로서 대부분 중등도와 심한 지적장애, 시각장애, 청각장애, 지체장애, 자폐성 장애, 중복장애 등을 가지고 있다. 우리의 교육목적은 학생들에게 직업기술을 가르쳐 그들이 직업과 자립생활, 지역사회 생활에서 잘 살아갈 수 있게 하는 것이다.

하지만 우리 교육프로그램은 단순히 직업기술을 가르치는 것 그 이상이다. 나는 우리 지역에서 가장 큰 학교기반의 원예시장 및 농장 프로그램을 시작하여 운영하고 있다. 드류 전환교육센터에 있는 원예 프로그램은 크게 두 가지의 목적을 가지고 있는데, 하나는 장애학생에게 직업적인 원예훈련을 직접 해보게 하는 것이며, 둘째는 우리 도시의 비어 있는 넓은 땅을 이용하여 우리 학교 가족들과 지역사회에 우리가 재배한 싱싱한 농작물을 공급하는 것이다. 이를 통하여 학생들에게는 학교 급식을 위한 농작물을 제공할 수 있고, 학부형들에게는 학교 안의 판매대를 통하여 농작물을 판매하고, 더 넓게는 지역사회의 필요한 곳에 농작물을 기부하거나 또는 디트로이트에 있는 식품매장이나 식당에 판매도 하고 있다.

교육활동은 아주 다양한 장소에서 이루어지고 있는데, 교실, 여러 개의 온실, 약 3에이커의 농장, 그리고 그 외의 다른 여러 장소에서 이루어지며, 특히 이러한 장소에서는 학습을 위한 조경공사를 하거나 배우는 기회도 가질 수 있다. 또한 학생들은 수경재배를 하는 모든 과정도 배우고 있는데, 씨 뿌리기, 수경재배 기기 작동하기, 싹 틔우기, 재배하기, 농작물을 수확하여 분류하고 포장 작업까지 거의 모든 과정을 배울 수 있다.

가족 참여와 지역사회와의 협력은 성공에 있어 가장 중요한 요소 중의 하나이다. 여러 학부모 중에서 한 학부모는 자신의 무화과나무에서 꺾꽂이용으로 자른 나뭇가지를 우리에게 제공했는데, 우리는 그것을 교실 내에 마련된 재배 공간에서 키우고 있다. 우리는 이와 같은 나무 재배에 대한 여러 가지 교육프로그램을 마련하여 실시하고 있고, 또한 건조기를 구입하여 농작물을 건조시켜 건강 간식을 만드는 과정도 운영하고 있다. 최근의 한 학부모는 우리 교육프로그램을 견학하고 나서 자신이 다니는 교회의 정원을 가꾸어줄 수 있는지 물어 왔다. 그리고 이 학부모는 조경 관계시설을 공사하는 회사에 다니게 되었는데, 우리 센터의 모든 경작지에 필요한 관계시설 물자와 설치 공사를 기부로 해주었다. 이로 인하여 우리는 물을 절약할 수 있었고, 교수활동에 더 많은 시간을 효율적으로 사용할 수 있게 되었으며, 결과적으로 생산도 늘어났다. 그리고 내가 지역사회의 조부모 모임에 참여하게 되면서 조부모들이 농작물을 생산하는 장소가 많이 생겨나게 되어 이를 통하여 조부모들이 학생 가족들과 함께 일하는 기회가 많아지게 되었다.

나는 우리가 하는 일이 정말 자랑스러우며 또한 이러한 일을 나 혼자 하는 것이 아니라는 사실을 잘 알고 있다. 우리가 운영하는 원예 프로그램이 우리 지역에서 가장 큰 학교기반의 원예농장이 된 것은 학생과 학부모, 지역사회 파트너, 사회사업가, 행동치료사, 기타 직원들과의 협력에 의한 것이다. 그리고 무엇보다 가장 중요한 것은 이러한 원예농장 프로그램으로 인하여 어떤 장애를 가지고 있든지 우리 학생들이 참여하고 성취할 수 있다는 것이다.

장애학생이 성인이 되었을 때 그들이 원하는 성인생활에서의 삶의 질을 높일 수 있도록 돕는 것이 특수교육의 궁극적인 목적이다. 학교를 떠나 책임이나 특권이 많아지는 성인생활로 나아가는 전환(transition)은 일반 청년들에게도 어려운 일이지만, 특히 장애 청년들에게는 더욱 어려운 일이다. 부족한 기술, 낮은 기대나 차별로 인한 제한된 기회, 필요한 지원의 부재 등은 많은 장애학생들이 성공적인 성인생활로 전환하는 데 어려움을 주는 방해물이 된다.

장애학생이 고등학교를 졸업하면 어떤 일들이 일어나는가

학습목표 15.1   장애학생들의 성인생활과 또래였던 일반 학생들의 성인생활을 서로 비교해보라.

직업이 있는가? 어디에서 살고 있는가? 행복한가? 장애인들이 경험하는 성인생활은 일반사람들과는 어떠한 차이가 있는가? 등은 특수교육에서 매우 중요한 질문이 되어야 한다.

중등 특수교육을 받고 졸업하거나 도중에 학교를 떠난 장애학생들을 대상으로 실시한 많은 연구들은 그들의 초기 성인생활에 대한 많은 정보를 제시해준다. 장애학생이 중등학교를 마치고 어떻게 성인생활에 적응하는지에 대하여 가장 크고 광범위하게 이루어진 연구는 미국에서 두 번에 걸쳐서 시행된 국가적인 전환종단연구(National Longitudinal Transition Studies, NLTS1과 NLTS2)이다. 이 두 연구는 미국 특수교육국의 지원으로 실시되었다. 첫 번째 전국적 전환종단연구(NLTS1)는 1985~1987년 사이에 고등학교에서 특수교육을 받고 졸업한 8,000명의 장애학생을 대상으로 성인생활을 평가하고 그 변화를 계속적으로 추적하였다. 최근에 실시된 두 번째 전국적 전환종단연구(NLTS2)는 10년에 걸쳐서 실행된 연구로서 2000~2001학년도에 적어도 7학년 이상의 장애학생들을 대상으로 미국 전역에서 선발된 1만 1,000명 이상의 장애학생들에 대하여 그들이 학교를 떠나 성인생활로 나아가는 것에 대하여 연구하였다.

고등학교 졸업

고등학교를 졸업하지 않은 학생들은 학교를 졸업한 학생들보다 성인생활에서 더 많은 어려움을 겪는 경향이 있다. 고등학교를 마치지 못한 장애학생들은 취업률과 임금이 더 낮으며, 중등 이후 교육이나 훈련을 받는 경우가 더 적고, 범죄와 관련되는 비율이 높으며, 지역사회 참여가 더 낮은 경향이 있다(Sanford et al., 2011). 장애학생이 고등학교를 졸업하는 비율은 약 60%인데, 이는 일반 학생들의 80%와 비교하면 매우 낮다(Stetser & Stillwell, 2014). 학교를 도중에 그만두는 비율은 장애 유형과 주에 따라서 매우 차이가 있다(U.S. Department of Education, 2020c). 장애학생이 학교를 졸업하는 비율을 높이기 위해서는 낮은 중퇴 비율과 관련이 있는 변인들에 집중해야 하는데, 예를 들면 효과적인 교과교육, 학교 참여를 위한 중재, 학생과 교사의 긍정적인 관계 형성, 사회성 기술훈련 등이다(Doren et al., 2014)(제6장 전환교육 : 현재가 미래를 만든다 '자퇴하지 않는 것이 최선이다' 참조).

중등 이후 교육

장애학생이 고등학교를 졸업하고 대학교육을 받으면 비록 학위를 받지는 않는다 하더라도 취업 가능성과 직업에 대한 만족도가 높아지고 수입이 증가하게 된다(Kang et al., 2018; Pew Research Center, 2014). 장애인이 대학에 진학하는 것은 더 이상 환상이 아니라 빈번하게 일어나는 실제이다. 2015~2016학년도에 대학에 등록한 약 19.4%가 장애학생으로 나타났다(U.S. Department of Education,

2019). 전환종단연구 2(NLTS2)의 자료를 보면 고등학교에서 특수교육을 받은 학생이 대학교육프로그램에 재학하는 비율이 1990년의 19%에서 2005년에 46%가 되어 2배 이상으로 증가하였다(Newman et al., 2010). 비록 장애학생이 대학교육을 받는 수가 증가하고는 있지만 일반 학생들보다는 지속적으로 낮은 것으로 나타난다. 전환종단연구 2의 연구 대상자 중에서 중등 이후 교육이나 훈련프로그램에 참여한 비율이 장애 유형에 따라서도 매우 차이가 나는 것을 알 수 있는데, 지적장애인 29%에서부터 청각장애인 75%인 것으로 나타났다(Newman et al., 2011).

중등 이후 교육은 일반 학생들보다 장애학생들에게 더욱 중요하다. 왜냐하면 중등 이후 교육을 받은 장애인은 더욱 의미 있는 직업을 구할 수 있는 가능성이 더 커지기 때문이다. 장애 성인 중에서 고등학교를 졸업하지 못한 장애인은 단지 10%만이 취업하고 있다. 그러나 고등학교를 졸업한 장애인의 취업은 17.2%로 증가하며, 중등 이후 교육을 받은 장애인 취업률은 26.2%가 된다(Bureau of Labor Statistics, 2020). 4년제 대학을 졸업한 장애인의 취업률은 30.5%로 증가한다.

중등 이후 교육프로그램(기술훈련 프로그램, 2년제 전문대학, 4년제 대학 등)을 받은 장애인들은 더욱 다양한 직업선택과 더 많은 수입을 올리게 된다. 일반적으로 대학을 졸업한 사람은 건강, 자기확신, 직업 선택, 문제해결 능력, 대인관계 등이 더 좋아지고, 지역사회에도 더 많은 참여를 하게 된다(Madaus, 2006; Mayhew et al., 2016; Pew Research Center, 2014). 또한 중등 이후 교육을 받지 않은 장애인들보다 부모나 정부의 지원에 더 적게 의존하게 된다(Pew Research Center, 2014; Turnbull et al., 2003).

지적장애, 자폐증 또는 중복장애와 같은 심한 장애학생들이 중등 이후 교육을 받는 일이 증가하고 있다. 어떤 교육구들은 특수교육 서비스를 받은 장애학생이 18세가 넘으면 그 남은 기간의 교육을 지역사회에 있는 전문대학이나 직업기술학교 또는 대학에서 교육프로그램을 받을 수 있도록 하고 있다(Institute for Community Inclusion, 2019). 이러한 교육프로그램은 중등도나 중도장애학생들이 자신의 연령에 적합한 교육 환경에서 교육받을 수 있게 하며, 또한 대학과목을 수강하거나 레크리에이션이나 체육교과 활동을 하거나 유급 아르바이트 일을 해보는 것과 같은 전통적인 대학생활을 경험할 수 있게 한다(Grigal et al., 2013). 대부분의 이러한 프로그램은 대학 강의와 기능적인 생활기술 수업, 직업활동 경험 등을 함께 통합하여 제공하고 있다. '대학 생각(Think College)'이라는 단체는 지적장애인들의 중등 이후 교육의 선택 방안을 늘리고 향상시키기 위하여 일하는 기관이다. 기관의 홈페이지에는 이와 관련된 많은 자료와 미국 전역에 있는 수백 개의 중등 이후 교육프로그램에 대한 데이터를 제공하고 있다(https://thinkcollege.net).

대학들이 장애학생들에게 제공하는 관련 서비스가 최근 증가하고 있지만, 장애학생들이 대학을 졸업하는 비율은 아직도 일반 학생들보다 매우 낮은 수준이다(Wagner, Newman et al., 2005).

직업

전환종단연구 2(NLTS2)에서 장애학생들이 고등학교를 졸업한 뒤 첫 4년 동안 임금을 받고 일을 하는 비율이 57%인 것으로 나타났는데, 이는 같은 연령대 일반인들의 66%와 비교하면 낮은 것을 알 수 있다(Newman et al., 2009). 그리고 고등학교를 졸업한 장애학생들은 약 61%가 일을 하고 있는 반면에, 고등학교를 마치지 못한 장애학생들은 약 41%인 것으로 나타났다. 장애학생들이 가장 많이 일을 하는 직종은 음식 서비스(17%), 제조업 근로자(11%), 계산원(10%)(예 : 마트에서 돈 받는 일)이었다.

젊은 장애 성인의 경우에는 절반을 조금 넘는 정도(58%)가 전일제 직업으로 일하는 것으로 나타났다. 고등학교를 졸업한 지 1~4년 사이의 장애 청년이 받는 임금은 시간당 평균 8.2달러인데, 일반 청년의 경우에는 평균 9.2달러였다. 그리고 일을 하고 있는 장애청년의 약 44%만이 의료보험, 병가, 휴가비 등의 혜택을 받는 것으로 나타났다.

장애인의 취업은 일반인들과 비교해보면 매우 어려운 상황이며, 특히 나이가 들수록 더욱 어려워진다. Kang 외(2018)의 연구에 따르면 16~64세의 전체 장애인의 33%가 직업을 가지고 있는 반면에, 장애가 없는 일반인의 경우에는 77%인 것으로 나타났다. 지적장애나 발달장애 또는 중증장애인은 취업하기가 더욱 어려운 것을 알 수 있다. 장애인의 이러한 높은 실업률은 많은 장애 성인이 지속적으로 빈곤층에 속하게 되는 중요한 요인이 된다(Houtenville, 2013).

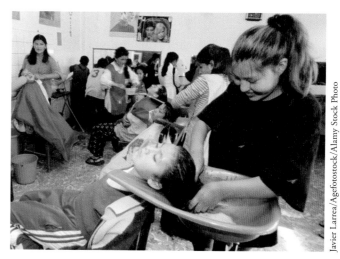

엘레나가 방과 후에 하는 직업활동은 자율성과 지역사회와의 연대감을 느끼게 한다.

지역사회 참여

성공적인 성인생활을 하는 것은 직업을 가지는 것 그 이상이다. 이는 자립적이고 적극적인 사회 구성원이 되는 것을 의미한다. 성인으로서 자립생활을 한다는 것은 지역사회에 참여하고, 일을 하고, 가정을 꾸리고, 가족을 양육하고, 지역사회 생활의 즐거움과 책임을 함께 나누는 것을 포함한다(Ferguson & Ferguson, 2016). 장애인은 매일의 생활 속에서 수많은 장애물에 직면하는데 이러한 장애물은 장애인이 어디서 어떻게 생활하는지, 얼마나 지역사회 자원들을 잘 이용할 수 있는지, 사회생활의 기회는 얼마나 가질 수 있는지에 대해 많은 영향을 미친다.

전환종단연구 2의 대상자 중에서 장애청년들의 약 절반(49%) 정도가 직장이나 집 밖에서 어떤 형태로든지 지역사회 생활이나 활동에 참여하고 있는 것으로 나타났으며, 강연이나 교육을 받거나(22%), 지역사회 자원봉사를 하거나(25%), 지역사회 동아리나 집단 등에 소속하고 있는 것(31%)으로 나타났다. 장애인의 지역사회 참여에 있어서도 성인생활의 다른 요소들과 같이 장애 유형에 따라 많은 차이가 있는데, 시각장애 청년들의 82%가 적어도 한 가지 이상의 지역사회 활동에 참여하는 데 반해 지적장애 청년들은 28% 정도에 불과했다.

젊은 장애성인은 같은 연령의 일반인에 비하여 범죄 관련 비율이 높은 경향이 있다. 전환종단연구 2의 대상자 중에서 고등학교를 중퇴한 장애 청년의 약 28%가 범죄로 체포된 경험이 있는데, 이는 같은 연령의 일반 청년들(12%)보다 2배가 넘는 비율이다. 범죄로 체포되는 비율도 장애 유형에 따라서 차이가 있는데, 정서 및 행동장애의 경우 가장 높은 62%에 해당하였으며 정형외과적인 지체장애인 경우에는 3%에 해당하였다.

장애학생들의 졸업 이후의 성인생활 적응에 대한 결과들이 이전의 연구(예 : 전환종단연구 1)의 결과들보다 향상된 것으로 나타났다. 이것은 아주 좋은 소식이다. 그러나 안타까운 것은 고등학교를 졸업한 많은 장애청년들이 "성인의 일상생활이 학교에서 배운 기능적 수학이나 가사 또는 일상생활기술보다 훨씬 더 복잡하다는 것과 또한 특수교육에서 그들이 받은 보호된 환경으로 인하여 자신들이 실제 성인생활에 준비가 되어 있지 않다."는 것을 알고는 당황하고 낙심한다는 것이다(Knoll & Wheeler, 2005, pp. 502-503). 고등학교를 졸업한 후에 성인생활 적응에 어려움을 겪는 것은 단지 심한 인지장애나 심한 신체적·감각적·행동적 장애학생들에게만 해당되는 것은 아니다. 특수교육을 받은 경도의 장애학생들도 일상의 성인생활에서 많은 어려움에 직면한다(Newman et al., 2011; Rojewski et al., 2014).

현재 고등학교에 다니는 장애학생이나 최근에 학교를 졸업한 장애학생들이 자신이 성인생활에 필요한 기술이 부족하다고 보는 것은 분명한 것 같다. 전환종단연구 2에 참여한 15~19세 사이의 장애학생들의 약 60% 정도가 앞으로 어려움을 이겨낼 수 있다거나 또는 자신을 '유능하고 중요한' 존재로 느낀다고 하였다(Wagner et al., 2007). 잘 계획된 전환교육은 이러한 장애 청년들에게 긍정적인 변화를 만들 수 있을 것이다(Newman et al., 2016).

장애인교육법과 전환 서비스

학습목표 15.2 미국 장애인교육법에 제시되어 있는 '전환 서비스'를 정의하고, 전환교육 IEP의 구성요소를 설명하라.

미국 국회는 1983년에 장애인교육법(IDEA, PL 98-199)을 개정하면서 처음으로 장애 청소년들을 대상으로 하는 중등 특수교육의 전환 서비스를 위한 재원을 마련하였다. 1984년에 특수교육 및 재활 서비스국의 책임자인 매들린 윌은 전환 서비스에 대한 모델을 제시하였다. 이 모델(Will's Bridges Model of School-to-Work Transition)은 일반적 서비스, 시간제한적 서비스, 지속적 서비스의 세 가지 유형으로 구성되어 있는데, 각 서비스 유형은 중등 특수교육과 직업적응을 연결하는 다리로 개념화되어 있다(Will, 1986).

미국 연방정부는 특수교육을 받는 장애학생들의 성공적인 직업적응을 높이는 것이 필요하다고 보았고, 학교에서 성인기로의 직업전환을 목표로 하는 윌의 '다리 모델'은 그러한 인식으로부터 제기되었다. 그러나 많은 특수교육자들은 윌의 전환 서비스 모델은 전환교육에 대한 관점이 너무 제한되었다고 생각하였다. Halpern(1985)은 직업적응만을 전환교육 서비스의 유일한 목표로 삼는 것은 잘못된 것이라고 말하면서 "지역사회에서 성공적으로 생활하는 것이 전환교육 서비스의 목표가 되어야 한다."고 주장하였다(p. 480). 따라서 Halpern은 윌이 제시한 일반적, 시간제한적, 지속적 서비스는 장애학생이 지역사회에 성공적으로 적응하는 것을 돕는 방향으로 제공되어야 한다고 주장하면서, 세 가지 영역으로 확장된 전환교육 모델을 제시하였다. 이 모델(Halpern's Three-Dimensional Model)은 지역사회 생활을 주거생활, 적절한 사회 및 대인관계, 의미 있는 취업의 세 가지 영역으로 구성하였다. 장애학생을 위한 중등 특수교육은 성인생활의 모든 영역을 중요하게 다루어야 한다는 Halpern의 관점은 그 이후에 개정된 장애인교육법(IDEA)에 많은 영향을 미쳤다. 이러한 개정된 법령들은 전환교육 서비스가 장애인을 위한 국가적인 목표인 '기회의 균등, 완전 참여, 자립생활, 경제적 충족'을 성취하는 데 있어서 핵심적인 요소로 간주하였다(IDEA 2004, Sec. 614[d][2][D][5]).

전환 서비스

장애인교육법(IDEA)은 **전환 서비스**(transition service)를 다음과 같이 정의하였다.

> 장애학생이 학교를 떠나 성인생활에 적응하는 결과 중심의 과정으로 구성된 장애학생을 위한 종합적인 활동으로서 장애학생의 교과교육과 기능적 기술능력을 향상시켜 성인생활 영역인 중등 이후 교육, 직업훈련, 통합된 고용(지원고용 포함), 지속적인 성인교육, 성인생활 서비스, 자립생활, 지역사회 참여를 촉진하기 위한 것이다(20 USC §1401 [602][34]).

전환계획

전환계획은 장애학생이 16세(어떤 주에서는 14세)가 되어 개별화 교육프로그램(IEP)이 적용되기 전에 이루어져야 하며, 그 이후에는 매년 수정되어야 하는데, 각 학생을 위한 개별화 교육프로그램에는 다음을 반드시 포함해야 한다.

1. 연령에 적합한 전환평가에 근거하여 훈련, 교육, 직업, 자립생활과 관련된 적절하고 측정할 수 있는 중등 이후 목표
2. 장애학생이 이러한 목표를 성취하는 데 필요한 전환 서비스(교과교육과정 포함)(20 USC §1401 (614) [d][1][A][8])

전환교육 중심의 개별화 교육프로그램은 간단하게 **전환교육 IEP**(transition IEP)라고 불리는데, 장애학생이 성인 사회에 성공적으로 전환할 수 있도록 준비시키는 교육프로그램이나 관련 서비스 등이 기술되어 있다(Mazzotti et al., 2009; Szidon et al., 2015). 전환교육 IEP의 목적은 "장애학생이 자신이 원하는 성인생활을 시작할 수 있도록 보장하기 위한 것이다. 이것은 각 장애학생이 자신의 장점을 인식하고, 어디에서 지원받을 수 있는지를 알고, 확신을 가지고 자신의 성인생활을 기대할 수 있게 하는 것을 의미한다."(Horvath, 2006, p. 603).

전환교육 IEP 개발하기

장애인교육법 2004(IDEA 2004)와 관련 규정은 개별화 교육프로그램 팀으로 하여금 구체적인 전환교육 계획과정을 실행하도록 요구하고 있다(그림 15.1 참조).

연령에 적합한 전환평가   연령에 적합한 전환평가는 전환교육 계획에서 처음부터 계속 실시되어야 하는 가장 중요한 요소이다. 평가의 목적은 장애학생이 다음과 같은 질문에 답하도록 도움을 주는 것이다 (NSTTAC, 2013).

- 나의 재능과 흥미는 무엇인가?
- 나는 내 인생의 현재와 미래 생활에서 무엇을 원하는가?
- 살아가는 데 요구되는 것들 중에서 내가 현재 할 수 있는 것은 무엇인가?
- 학교와 지역사회로부터 내가 원하는 것을 얻는 데 가장 방해가 되는 것은 무엇인가?
- 현재와 미래 생활에서 원하는 것을 할 수 있도록 나 자신을 준비시키기 위하여 학교와 지역사회에서 내가 할 수 있는 선택은 어떤 것이 있는가?

전환교육 IEP 팀은 형식적 평가방법과 비형식적 평가방법을 모두 사용하여 장애학생의 현재와 미래의 직업, 교육, 거주생활, 사회생활 환경에서 학생의 강점, 요구, 선호도, 흥미 등을 파악하고 결정하는 데 사용해야 한다.

비형식적 평가에는 면담, 직접관찰, 일화 기록, 교육과정 중심 사정, 흥미 검사, 선호도 검사, 직업현장 평가 등이 사용된다. 형식적 평가에는 적응행동과 자립생활기술 사정, 적성검사, 흥미검사, 성격 또는 선호도 검사, 직업발달 검사, 자기결정 검사 등이 포함된다.

전환사정과 목표설정(Transition Assessment and Goal Generator, TAGG; Martin et al., 2015) 검사도구는 중등 이후 교육이나 직업과 관련된 목표를 가지고 있는 경도 및 중등도 장애학생들을 대상으로 하는 규준 참조 온라인 검사이다. 이 검사도구는 세 가지 유형으로 구성되어 있는데, 학생용(4.8학년 정도

그림 15.1   전환교육 계획과정의 단계

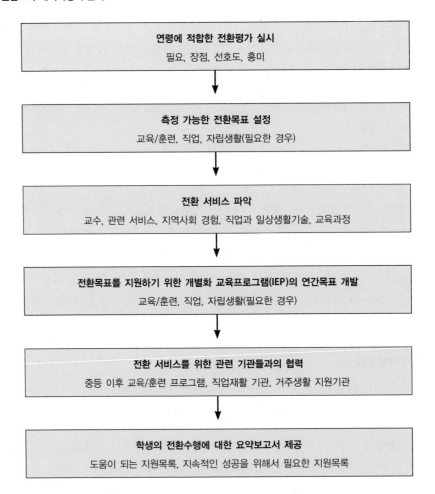

연령에 적합한 전환평가 실시
필요, 장점, 선호도, 흥미

측정 가능한 전환목표 설정
교육/훈련, 직업, 자립생활(필요한 경우)

전환 서비스 파악
교수, 관련 서비스, 지역사회 경험, 직업과 일상생활기술, 교육과정

전환목표를 지원하기 위한 개별화 교육프로그램(IEP)의 연간목표 개발
교육/훈련, 직업, 자립생활(필요한 경우)

전환 서비스를 위한 관련 기관들과의 협력
중등 이후 교육/훈련 프로그램, 직업재활 기관, 거주생활 지원기관

학생의 전환수행에 대한 요약보고서 제공
도움이 되는 지원목록, 지속적인 성공을 위해서 필요한 지원목록

출처 : Center for Change in Transition Services, Seattle University, and Mazzotti et al. (2009).

의 읽기수준), 가족용(5.7학년 정도의 읽기수준), 전문가용(10.4학년 정도의 읽기수준)으로 되어 있다. 검사문항은 중등 이후 교육 및 직업과 관련된 8개 영역 '장점과 제한점, 장애 인식, 지속성, 사회적 상호작용, 목표설정과 성취, 직업, 학생의 개별화 교육프로그램 참여, 지역사회 지원'으로 구성되어 있다. 이용자는 검사도구의 사용방법과 항목에 대하여 문자로 읽거나 오디오 자료로 듣거나 미국 수화로 녹화된 비디오로도 볼 수 있다. 각 이용자의 검사결과는 영역에 따라서 자동적으로 그래픽 프로파일로 구성되는데 전체 요약문, 강점과 교육적 요구에 대한 목록, 국가적 전환교육 기준과 관련된 연간 전환교육 목표를 제시한다. Greene(2018)은 여러 가지 전환교육 영역(예 : 교과, 자기결정, 건강과 안전 등)에 걸쳐서 사용할 수 있는 연령에 적합한 전환 평가방법들과 관련 자료들을 제시하고 있다.

측정 가능한 전환목표   전환목표(postsecondary goal), 즉 졸업 이후 성인생활의 목표는 "일반적으로 학생이 중등학교(예 : 고등학교)를 졸업한 뒤에 성취하기를 소망하는 목표들이 된다."(IDEA 2004 Part B Regulations, §300.320[b]).

미국 장애인교육법은 각 장애학생의 개별화 교육프로그램(IEP)에 교육 및 훈련, 직업, 필요할 경우 자립생활(예 : 여가/레크리에이션, 가정과 자기관리, 또는 지역사회 참여 등에서 필요한 일상생활기술)

그림 15.2 **3명의 고등학생의 전환교육 목표**

학생	교육/훈련	직업	자립생활
앨리슨 : 학습장애, 18세	앨리슨은 4년제 대학에서 아동발달을 전공하여 학위를 받을 것이다.	대학을 졸업하고 앨리슨은 유아교육 분야에서 직업을 구할 것이다.	해당 없음
조디 : 경도 지적장애, 17세	조디는 고등학교를 졸업하고 그해 가을에 지역에 있는 전문대학에서 실시하는 고객 서비스 과목을 수강할 것이다.	조디는 졸업하고 3개월 이내에 직업코치로부터 시간 제한적인 지원 서비스를 받으면서 일반 가게에서 주당 20시간 이상 일을 하는 직업을 얻을 것이다.	조디는 고등학교를 졸업하고 일을 하여 생활비를 어느 정도 책임지고, 부모와 함께 생활비 예산을 짜고 그에 따라 생활할 수 있을 것이다.
케빈 : 심한 지적장애, 18세 (21세가 될 때까지 3년 더 특수교육을 받을 예정)	케빈은 졸업하고 바로 거주 및 일상생활기술 훈련 프로그램에 참여할 것이고 또한 지역의 전문대학에서 실시하는 장애인을 위한 생활 및 직업준비 교육과정에 매주 두 번씩 참여할 것이다.	케빈은 졸업하고 3개월 이내에 자신이 할 수 있는 범위 안에서 보조기술을 사용하여 할 수 있는 지원고용 일자리를 얻을 것이다.	케빈은 졸업 후 원예나 젊은 장애인들과의 교제, 동물이나 음악과 관련하여 자신의 나이에 적합한 지역사회 모임이나 활동에 매주 참여할 것이다.

출처 : *National Technical Assistance Center on Transition (NTACT): Student Case Study Examples & Non-Examples.* Charlotte: University of North Carolina, National Technical Assistance Center on Transition. Available at https://transitionta.org/transitionplanning.

에서 최소한 한 가지씩의 전환목표를 꼭 설정하도록 규정하고 있다.

측정 가능한 전환목표에는 분명하고 구체적인 시간 계획, 구체적 행동, 상황이 포함되어야 한다. 예를 들면 "린은 고등학교를 졸업한 그해 여름에 애견센터에서 시간제 직업을 얻을 것이다." 그림 15.2는 전환과정에 있는 세 학생의 전환목표의 예이다.

부모와 가족 참여는 장애학생이 학교에서 성인사회로 전환해나가는 모든 과정에서 중요한 요소가 되며, 특히 장애학생을 위한 졸업 이후의 전환목표를 설정하기 위하여 평가하고 결정하는 과정에서는 특히 중요하다(Ankeny et al., 2009; Cavendish et al., 2017).

인간 중심 계획은 장애학생과 가족들의 욕구, 관심, 희망, 꿈 등을 결정하기 위한 다양한 방법과 활동을 포함하는데, 특히 전환과정에 장애학생과 가족들을 참여시키는 데 매우 효과적인 방법이 된다(예 : Mazzotti et al., 2015; Michaels & Ferrara, 2005).

교과교육과정 전환계획의 중요한 부분은 고등학교에서 전환교육 목표(졸업 이후의 목표)를 가장 잘 준비하도록 하는 데 필요한 교과교육과정을 파악하는 것이다. 전환교육 목표가 4년제 대학교에서 생물학을 전공하려는 학생의 교과과정은 2년제 대학에서 용접을 공부하려는 학생의 교과과정과는 다른 교과과정이 필요할 것이다. 어떤 주에서는 교과교육과정에 따라서 졸업할 때 다른 형태의 졸업 문서(예 : 자격증, 졸업증 등)를 수여한다. 이를 위하여 IEP 팀은 졸업 이후의 목표를 전환교육 계획에 반드시 포함해야 한다.

전환 서비스와 활동 전환교육 IEP의 전환 서비스 부분은 교육, 직업, 지역사회 경험, 자립생활, 관련 서비스 그리고 필요시에는 일상생활기술과 기능적 직업평가에서 전환과 관련된 다양한 전략과 활동을 포함하는 종합적인 체계로 구성되어야 한다. 장애학생의 졸업 이후의 여러 생활영역을 위하여 설정된 각각의 전환목표를 위하여 IEP 팀은 최소한 한 가지 이상의 교수전략이나 경험 또는 활동을 파악하여 장애학생이 그러한 목표를 달성할 수 있도록 해야 한다. 예를 들면, Mazzotti와 동료들(2009)은 용접 관련

기술에 대한 교육을 받고 기초적인 용접 일을 하는 직업에 취업하려는 한 장애학생의 전환 서비스를 파악하는 것에 대한 예를 제시하였는데, 그러한 활동에는 안전교육, 자동차 공장에서의 현장 경험, 지역사회에서의 경험 등을 포함한다. 또한 전환교육 IEP 팀은 각각의 전환 서비스 활동의 수행에 대하여 책임을 지는 사람이나 기관을 파악하고, 그 일을 수행하는 시간계획도 세워야 한다.

필요한 전환 서비스와 활동을 결정하는 데 아래의 질문에 대한 대답이 지침으로 활용될 수 있다(Cavendish et al., 2017; Flexer et al., 2013; Grossi, 2013; Sitlington et al., 2010; Test, 2012; Wehman & Kregel, 2020).

- 장애학생의 강점은 무엇인가? 성공적인 전환을 촉진하기 위하여 학생은 어떻게 그러한 강점을 개발할 것인가?
- 자신의 전환목표를 이루기 위하여 장애학생은 어떠한 기술을 발달시키고 향상시켜야 하는가?
- 장애학생은 일반고등학교 졸업장을 받기 원하는가? 그렇다면 어떤 교과와 성취검사가 요구되는가?
- 장애학생은 특수교육 서비스를 받을 수 있는 최대한의 나이가 될 때까지 고등학교에 남아 있기를 원하는가? 그렇다면 18세 이후에는 어떤 교육과정과 지역사회 활동이 필요한가?
- 장애학생은 어떠한 학교 및 지역사회 활동에 참여할 것인가?
- 장애학생은 자신이 좋아하는 직종이나 일을 파악하고 있는가? 그렇지 않다면 전환교육 팀은 학생이 여러 가지 직종을 탐색하고 선호하는 직업을 찾을 수 있도록 돕기 위하여 무엇을 할 수 있는가?
- 장애학생이 자신이 원하는 전환목표를 실제로 성취할 수 있도록 하기 위하여 현재와 미래 환경에서 필요한 지원은 무엇인가?
- 적용하려는 전환 서비스와 중재에 대하여 어떠한 증거나 확신이 있는가?

개별화 교육프로그램의 연간목표 각 영역의 전환목표를 위하여 개별화 교육프로그램(IEP)에서는 적어도 1개 이상의 IEP 연간목표를 설정해야 한다. 그림 15.3은 장애학생 앨리슨, 조디, 케빈의 전환목표와 관련되는 IEP 연간목표를 보여준다. IEP 연간목표는 1개 이상의 전환목표와 연계될 수 있다. 예를 들면 앨리슨의 IEP 연간목표는 수학기술을 향상시키는 것인데, 이것은 유아교육 분야에서 대학교육을 받고 직업을 찾는 전환목표와 연관된다.

협력과 조정 중등학교의 장애학생을 위한 전환교육 서비스를 효과적으로 계획하고 실행하기 위해서 다양한 분야의 팀 접근과 기관 간의 협력은 매우 중요하다(Povenmire-Kirk et al., 2018).

성공적이고 지속적인 전환교육을 위해서는 중등학교에서부터 서비스 지원기관(예 : 고용주, 중등 이후 교육과 직업훈련 프로그램, 주거 서비스 지원기관)에 이르기까지 지원 서비스의 협력과 실행 그리고 다른 서비스로의 이동을 포함해야 한다. 장애학생을 위한 직업 현장교육과 직업훈련 프로그램이나 장애 성인을 위한 직업재활 프로그램은 모든 주에서 오랫동안 실시되어 왔지만, 학교와 지역사회 성인 지원기관 사이의 체계적인 협력과 의사소통은 비교적 새로운 현상으로서 성공 실행 여부는 주나 지자체에 따라서 많은 차이가 있다.

비록 서비스 지원기관 간의 협력은 성공적인 전환을 위한 필수 요소임에도 불구하고 장애인교육법(IDEA)에서는 전환교육의 목표와 활동을 실행하는 데 대한 주요한 책임은 학교에 있다고 규정하고 있다. 중등 특수교육 교사가 일반적으로 전환교육 연령에 있는 장애학생들에게 가장 중요한 역할을 한다. 훌륭한 교사(예 : 이 장의 우수교사 Michael Craig)는 롤 모델이나 멘토 역할을 하며, 장애학생이 성공

그림 15.3   전환교육 목표(그림 15.2)와 연계된 IEP의 연간목표

학생	개별화 교육프로그램(IEP) 연간목표
앨리슨 : 학습장애, 18세	앨리슨은 수학기술을 향상시킬 것이다. 이는 숙제나 퀴즈를 통하여 측정될 것이며, 플래너를 사용하여 숙제를 기록하거나, 수업에서 할 질문을 준비하거나, 중급 수학과목에서 공부하는 공식 등을 기록할 것이다. 이것은 전환교육과 관련된 적절한 IEP 목표가 된다. 이유는 다음과 같다. • 중급 수학과목에서 수학기술을 발달시키는 것은 4년제 대학에서 공부하려는 앨리슨의 전환목표와 일치한다. • 앨리슨의 직업영역에서의 전환목표는 대학을 졸업해야 가능하기 때문에 대학교육을 성취하기 위한 연간목표는 그녀의 직업목표도 지원하는 것이 된다.
조디 : 경도 지적장애, 17세	수표를 사용하여 예산을 맞추어 생활하는 교육을 받음으로써 조디는 IEP 동안 6번 중에 4번 정도의 비율로 수표를 바르게 쓰거나, 예금통장에 돈을 입출금하거나 예금 잔고를 맞추는 것을 할 수 있을 것이다. 이것은 전환교육과 관련된 적절한 IEP 목표가 된다. 이유는 다음과 같다. • 생활비를 일정 부분 부담하고 예산에 따라 생활할 수 있는 전환목표와 직접적으로 연관되기 때문이다.
케빈 : 심한 지적장애, 18세 (21세가 될 때까지 3년 더 특수교육을 받을 예정)	보완대체의사소통 기구(GoTalk 20+)를 사용하여 매주 지역사회에서 생활하는 것을 연습함으로써 케빈은 보완대체의사소통 기구로 한 단어를 사용하여 약 80%의 정확도로 식당이나 영화 매표소와 같은 지역사회 환경에서 자신이 원하는 바에 대한 의사소통을 할 수 있게 될 것이다. 이것은 전환교육과 관련된 적절한 IEP 목표가 된다. 이유는 다음과 같다. • 케빈은 보완대체의사소통 기구(GoTalk 20+)를 효과적으로 사용하지는 못하지만 배워서 바르게 사용할 수 있게 된다면 학교를 졸업한 후에도 거주 및 직업훈련 프로그램이나 레크리에이션 활동이나 필요한 교육을 받을 수 있는 기회에 참여할 수 있을 것이다. • GoTalk 20+를 효과적으로 사용하게 된다면, 케빈이 미래 직업에서 다른 보조기기와 연계하여 활용할 수 있게 될 것이다. • 자신의 선택에 대한 의사소통을 할 수 있게 되면, 케빈은 자신이 좋아하는 여가활동에 참여하는 전환목표에 잘 준비될 수 있을 것이다.

출처 : *National Technical Assistance Center on Transition (NTACT)* : *Student Case Study Examples & Non-Examples.* Charlotte: University of North Carolina, National Technical Assistance Center on Transition. Available at https://transitionta.org/transitionplanning.

적으로 고등학교 생활을 마치도록 도와주고, 그들을 직업 세계로 연결해주며, 자기주도적인 결정을 할 수 있도록 격려한다(Lindstrom et al., 2011).

학생의 전환교육 수행보고서   미국 장애인교육법은 특수교육을 받고 졸업하거나 또는 연령이 초과하여 더 이상 특수교육을 받지 못하게 된 모든 학생에게 전환교육 수행보고서(summary of performance, SOP)를 제공하도록 요구하고 있다. 전환교육 수행보고서는 교과교육에서의 성취와 기능적 기술에서 학생의 수행능력을 요약하고, 또한 학생이 전환목표를 향하여 계속적으로 발전해나가기 위해서 무엇을 해야 하는지에 대한 구체적인 제안을 하고, 아울러 이러한 전환목표를 성취하는 데 도움을 받을 수 있는 지역사회중심 교육과 훈련 그리고 직업이나 자립생활과 관련된 서비스 기관과 다양한 서비스들에 대한 내용을 포함해야 한다.

앞에서 살펴본 전환교육 계획과정의 모든 단계에서 장애학생은 전환교육 수행보고서를 만드는 데 적극적인 역할을 해야 한다(Morgan et al., 2017). 장애학생은 개별화 교육프로그램 팀과 함께 고등학교에서 필요한 지원 서비스와 앞으로 성인생활에서 필요할 것으로 여겨지는 지원과 관련 서비스에 대하여 찾아봄으로써 자신에게 필요한 지원을 더욱 잘 인식하게 되고 관련 성인 서비스 기관으로부터 이러한 지원과 서비스를 잘 받을 수 있게 하는 자기주장을 더 잘할 수 있게 될 것이다.

증거기반 예측 변인과 실제

학습목표 15.3 중등 이후 교육 영역에서 교육의 결과를 향상시킬 수 있는 증거기반 예측 변인과 실제의 예를 제시하고 설명하라.

전환교육에서 증거기반 실제(evidence-based practice)는 크게 두 가지로 나누어볼 수 있다. (1) 예측 변인(predictor)이란 졸업 이후에 결과가 좋을 것으로 예측할 수 있는 학교와 교육프로그램의 특징을 의미하고, (2) 실제(practice)는 중고등학교 장애학생에게 적용할 수 있는 효과적인 교육 중재와 방법을 말한다(Haber et al., 2016; Mazzotti et al., 2016; Test et al., 2015). 효과적 전환교육 계획은 이 두 가지 모두에 달려 있다. 다행스럽게도 표 15.1과 표 15.2에서 제시한 것과 같이 이러한 증거기반 예측 변인과 실제

표 15.1 성공적인 전환을 위한 증거기반 예측 변인			
예측 변인	중등 이후 교육	직업	자립생활
진로 인식	✓	✓	
지역사회 경험		✓	
결정하기	✓	✓	
목표설정	✓	✓	
고등학교 졸업장		✓	
통합교육 경험	✓	✓	✓
기관 간의 협력	✓	✓	
작업 교과	✓	✓	
부모의 기대	✓	✓	✓
부모 참여		✓	
교과교육프로그램		✓	
자기결정	✓	✓	
자기관리	✓	✓	✓
사회성 기술	✓	✓	
학생 지원	✓	✓	✓
전환교육프로그램	✓	✓	
이동기술		✓	
직업교육	✓	✓	
직업경험	✓	✓	✓
직업체험 교육		✓	

출처 : *National Technical Assistance Center on Transition (NTACT)* : *Post-school Success.* Charlotte: University of North Carolina, National Technical Assistance Center on Transition. Available at https://www.transitionta.org/postschool.

증거기반 실제	수학	읽기	과학	사회	기능적 일상생활 기술	직업 기술	IEP 학생 참여	일반 목표 달성	학교 중도탈락 예방
앵커드 교수	✓								
행동연쇄					✓				
점검과 연계기법							✓		✓
지역사회 중심교수					✓				
컴퓨터 지원 교수					✓				
직접교수		✓							
등급별 순서 교수	✓								
그래픽 조직자와 개념 맵핑		✓	✓	✓					
연상기법 교수	✓	✓	✓						
한 개 위의 전략					✓				
또래지원 교수	✓	✓	✓	✓					
촉진기법					✓	✓			
출판된 교육과정(예 : 자기주도 IEP)							✓		
반복 읽기		✓							
도식기반 교수	✓								
자기결정 모델 교수								✓	
자기관리 교수	✓	✓			✓				
모의학습					✓				
조직적 탐구			✓						
시간지연 기법				✓	✓	✓			
Touch Math(수학 연산 전략)	✓								
비디오 모델링					✓				

출처 : *National Technical Assistance Center on Transition (NTACT)*: *Effective Practices and Predictors.* Charlotte: University of North Carolina, National Technical Assistance Center on Transition. Available at https://www.transitionta.org/effectivepractices.

는 한 가지 기술이나 한 가지 성인생활 영역을 넘어 다양한 기술과 생활영역에 긍정적인 영향을 미치기 때문에 이를 사용하는 것은 좋은 투자가 된다. 표 15.1은 증거기반 예측 변인과 향상될 것으로 예측할 수 있는 성인생활 영역을 정리한 것이다. 표 15.2는 증거기반 실제와 증거기반 실제가 목표로 하는 기술들을 제시하고 있는데, 이 중에서 몇 가지는 이전 장들에서 다루었으며, 다양한 기술과 장소, 학생 연령에 적용될 수 있는 효과적인 교수기법과 큰 영향력을 미치는 방법들을 포함하고 있다. 그리고 증거기반으로 아직 판정되지 않은 실제나 기법이라도 어떤 면에서는 비교적 효과적일 수 있다. 교사들이 어떠한

대학에 다니는 것은 많은 장애학생들이 성취할 수 있는 졸업 이후의 목표이다.

증거기반의 실제를 선택하거나 또는 계속해서 사용하는 것을 결정할 때는 전문가적인 지혜와 학생들의 자료를 활용해야 한다.

중등 이후 교육

증거기반 예측 변인 장애학생이 통합교육 경험(예 : 일반학급에서 일반교육과정에 참여하는 것)이나 직업 경험 또는 다른 진로와 관련된 활동들을 경험할수록 고등학교를 졸업한 후에 중등 이후 교육에 참여할 가능성이 훨씬 커진다. 고등학교에서는 자기결정기술(자기주장, 목표설정, 결정하기 등을 포함), 교과기술, 자립생활기술, 사회성 기술 등을 반드시 교육해야 한다(Rowe et al., 2015).

또한 중등 이후 교육으로의 전환은 학생들이 지원을 받을 수 있다면 더욱 성공적으로 할 수 있게 될 것이다. 이러한 지원이란 장애학생이 자신의 선호, 흥미, 요구에 적합한 전환교육 연간목표와 중등 이후 교육의 목표를 잘 달성할 수 있도록 다양한 환경에서 지원과 자원을 제공하는 사람들의 관계망(예 : 가족, 친구, 교사, 성인 서비스 기관 직원 등)이라고 볼 수 있다(Rowe et al., 2015, p. 123).

증거기반 실제 대학에 진학하려는 장애학생들을 위하여 중등학교 교사들은 교과기술이 매우 중요함을 인식하고 그러한 기술들을 우선순위를 정하여 교수해야 한다. 이를 위하여 학생들이 교육을 받을수록 점진적으로 심화된 교육과정을 제공해야 하며 또한 이 책에서 제시하는 여러 가지 효과적인 교육방법(예 : 명백한 교수, 전략교수 등)을 사용해야 한다. 사실 표 15.2에서 제시한 모든 증거기반 실제(교육기법)는 교사가 명백한 교수를 실시하거나, 학생이 이러한 실제들을 교사로부터 피드백을 받으며 연습할 수 있는 기회를 많이 제공받거나, 또는 학생이 더욱 자립적이 되도록 학습전략들을 배울 때 더욱 효과적이다.

이에 더하여 중등 이후 교육을 받기 원하는 학생들은 여러 가지 다른 기술들도 필요하다. 이를테면 좋은 사회성 기술은 대학이나 직장에서뿐만 아니라 모든 일상생활에서도 필수적인 기술이다(Clark et al., 2018; Clark et al., 2019; Gear et al., 2011; Jantz, 2011). Wenzel과 Rowley(2010)는 아스퍼거증후군을 가진 대학생이 학교에서 잘 적응하는 데 필수적인 사회성 기술을 가르치는 프로그램을 한 학기 과목으로 제시하였다.

장애학생들은 또한 목표설정, 계획하기, 자기관리, 자기옹호와 같은 자기결정기술에 대한 교육을 받고 연습할 수 있는 기회를 가져야 한다. 이러한 교육활동에는 자신의 장애를 정확하고 적절하게 인식하게 하는 것, 고등학교에서 교과과목을 성공적으로 공부하는 데 필요한 지원과 자료를 파악하는 것, 대학에서 이러한 지원이나 자료를 요구할 수 있도록 연습하는 활동 등이 포함된다.

장애 유무에 관계없이 많은 대학생들은 학업을 위하여 하이테크 기기를 사용한다. 고등학교 교사는 명백한 교수와 같은 증거기반 실제를 사용하여 장애학생이 첨단기기를 사용할 수 있도록 교육시켜야 한다. Francis 외(2018)는 대학에 진학하려는 장애학생들을 위하여 고등학교 교사들이 사용할 수 있는 10가지 앱을 제시하였다. 이러한 앱은 교과, 사회성, 자립생활, 수행기능, 정신건강의 다섯 가지 중요한

교수와 학습

중등학생이 읽기를 하지 못할 때

장애학생이 중등 이후 교육과 성인생활을 잘 준비하기 위해서는 글을 읽을 줄 알아야 한다. 글을 잘 읽지 못하는 학생들은 고등학교를 중도에 그만두는 경우가 많고(Carlson, 2013), 범죄에 빠지는 경우가 높으며(Pyle et al., 2016), 모든 삶의 영역에서 어려움을 겪을 수 있다(예 : 건강, 직업 등)(DeWalt et al., 2004). 학생이 일단 읽기에 어려움을 보이기 시작하면 시간이 지남에 따라 읽기능력은 더욱 나빠지게 되는데, 그것은 그들이 읽기를 피하기 때문이다. 읽기도 조기 중재가 매우 중요하지만, 그러나 고학년이 되어서도 읽기를 잘하지 못하는 학생들에게 읽기를 가르치는 것을 포기해서는 안 된다. 여러 연구들은 고학년 학생들도 적절한 읽기교육을 받으면

독서클럽의 자원봉사자 회원은 지적장애인 회원들이 책 읽기와 토론하기를 즐겁게 할 수 있도록 돕기 위하여 여러 가지 기법을 사용한다.

읽기능력이 향상된다는 것을 보여준다(Solis et al., 2014).

중등학생을 위한 효과적인 읽기교수의 구성요소 읽기에 어려움을 보이는 중등학교 학생들을 대상으로 실시한 연구들은 교사들에게 다음을 하도록 제안한다(Hougen, 2014; Kim et al., 2017; Solis et al., 2014).

* 해독과 이해력을 위한 전략을 모두 가르친다. 글의 해독을 위해서는 다양한 음절로 구성된 단어들을 가르치는 교수가 필요하다. 이해력을 위한 전략에는 요약하기, 다른 말로 바꾸어 표현하기, 자신이 질문하기, 자기점검 등이 포함된다.
* 모델링, 빈번한 연습, 피드백 등을 포함한 명백한 교수를 사용한다.
* 글을 읽고, 배경 지식을 키우고, 단어와 내용을 학습할 수 있는 읽기자료(예 : 과학, 사회)를 사용하는 기회를 빈번하게 제공한다.
* 학생이 동기를 얻고 참여할 수 있도록 많은 노력을 기울인다. 이를 위하여 읽기자료를 선정할 때 학생에게 적절한 것을 찾아 사용한다.
* 포기하지 않는다. 교수는 집중적이고 지속되어야 한다. 고학년 학생이 읽기를 배우기 위해서는 수년이 걸릴 수도 있다.

장애학생을 위해서는 무엇을 해야 하는가 모든 학생은 읽기교수와 글을 읽고 쓰는 기회를 가져야만 한다. 지적장애학생들에게 명백한 교수, 수정된 수업자료, 보조기기, 필요한 지원 등이 제공된다면 그들은 글을 읽고 쓰는 문해력을 기를 수 있으며 일반교육과정에도 참여할 수 있다는 연구결과들이 많이 있다(Knight et al., 2018; Spooner & Browder, 2015).

지적장애학생으로 하여금 일반교육과정에 참여할 수 있게 하는 읽기기술이 매우 중요한 것은 사실이다. 그러나 이러한 교수들이 기능적 읽기에는 해당되지 않을 수도 있다. 예를 들면 장애학생이 인터넷 서핑을 하면서 웹페이지에 제시된 정보의 신뢰성을 평가한다거나(Delgado et al., 2019), 직장이나 직업과 관련된 글을 읽고 뜻을 이해하거나(Storey & Miner, 2017), 쇼핑할 때 필요한 말이나 글을 사용하는 것(Douglas et al., 2018)과 관련된 기능적 읽기기술을 배우는 것은 더욱 중요하다.

더 나아가 교과기술과 기능적 기술을 넘어서 중등학교 학생들은 읽기가 여가기술도 되며 사회적 관계를 맺는 도구도 될 수 있다는 것을 배우고 경험해야 한다. '다음 장 독서클럽'(Next Chapter Book Club: NCBC, 2019)은 지적장애인들이 글을 읽고 쓰는 능력, 지역사회 통합, 사회적 유대감을 높이기 위한 구조화된 활동의 예가 될 수 있다.

소그룹의 지적장애인과 2명의 일반 자원봉사자들이 한 그룹이 되어 지역사회 도서관이나 카페에서 매주 한 번씩 모여 한 시간 정도 책을 읽고 토론하는 것이다. 멤버들은 한 사람씩 돌아가면서 큰 소리로 책을 읽을 때 다른 사람들은 그 부분의 책을 눈으로 읽는다. 독서클럽 멤버들은 읽고 싶은 책을 함께 정하고 독서클럽을 운영하는 방법을 같이 결정하는데, 이러한 활동들을 통하여 멤버들은 자기결정과 자기주장을 연습할 수 있는 기회를 얻게 된다.

영역을 포함하고 있는데, 이는 대학교육과 생활에서 필수적인 것들이다(제11장 전환교육 : 현재가 미래를 만든다 '성인기 성공을 위한 자기관리' 참조).

직업

일을 하는 장애인들의 삶의 질은 일을 하지 않는 장애인들보다 더욱 높은 것으로 나타난다(Lindsay et al., 2018). 일을 하는 것은 돈을 벌 수 있을 뿐만 아니라 사회적인 상호작용과 직업기술을 발전시킬 수 있는 기회를 제공하며 또한 자신감과 자기 만족감을 더욱 느끼게 한다.

모든 젊은이들은 일생 어떤 일을 할 것인가 하는 중요한 물음에 직면하게 되는데 비장애 청년들은 대학이나 기술학교에 간다거나, 벽돌공이나 회계사로 일하는 등과 같이 수많은 선택 중에서 이러한 질문에 답할 수 있다. 그러나 이와 반대로 장애청년들이 결정할 수 있는 선택 범위는 매우 좁다. 더구나 직업기술에 제한을 가지고 있다면 선택은 더욱 좁아지게 되고, 고용주의 편견이나 장애인에 대한 잘못된 관점이 더해지면 그 선택은 더욱더 좁아지게 된다. 그러므로 대부분의 장애인들에게 취업을 하고 유지하는 것은 인생의 중요한 도전이자 목표이다.

증거기반 예측 변인 장애학생이 고등학교 때 일과 관련된 활동을 할 수 있는 기회를 가지게 하는 것은 매우 중요하다(Storey, 2019). 이러한 활동에는 학생의 진로 인식을 개발하고, 직업 교과를 배우고, 실제 직업경험을 하게 하는 것이 포함된다(예 : 인턴십, 직업체험 등). 다른 예측 변인들로는 지역사회 경험, 일반학급에서 일반교육과정에 참여하는 것, 부모 참여, 관련 기관 간의 협력, 학생지원 네트워크 등이 해당된다. 직업을 잘 얻을 수 있도록 하기 위하여 교과기술, 자기결정기술, 자립생활기술, 사회기술 등을 가르쳐야 한다(Rowe et al., 2015). 그리고 교육과정은 기능적인 기술을 강조해야 한다. 즉, 장애학생은 실제 직업현장에서 사용되고 요구되는 필요한 기술을 배워야 한다(Swedeen et al., 2010). 장애청년을 고용하는 많은 고용주들은 교과교육을 가르치는 것은 '그다지 중요하지 않다'고 생각한다(Moon et al., 2011). 장애학생은 또한 통합된 직업환경에서 요구되는 사회 및 대인관계기술을 배울 수 있는 기회를 최대한 많이 가져야 한다(Gear et al., 2011; Hughes et al., 2008). 마지막으로 장애가 심한 학생은 10세 때부터 지역사회 직업 경험과 직업기술 관련 교육을 시작해야 하며, 이에 대한 교육시간의 양은 졸업이 가까울수록 더욱 확대되어야 한다. 이와 관련된 여러 연구들은 고등학교 때 유급으로 일을 한 경험(특히 졸업하기 직전의 2년 동안)이 성인이 된 이후의 취업 및 급여와 긍정적인 상관

종합적인 전환교육 서비스는 테일러 루이스로 하여금 자기가 좋아하는 일을 얻고 유지할 수 있게 한다.

관계가 있음을 보여준다(예 : Carter et al., 2011; Mazzotti et al., 2013).

증거기반 실제 장애학생의 성공적인 직업전환을 위하여 일과 관련된 경험을 잘 계획하는 것은 매우 중요하지만, 또한 이러한 직업경험을 할 때 어떤 일들이 일어나며 교사와 전환교육 담당자들의 역할은 어떠해야 하는 것도 그에 못지않게 중요하다. 장애학생이 지역사회에 있는 사업체에서 훈련을 받는 동안 구체적인 직업기술과 작업속도를 높이는 방법과 혼자서 출퇴근하는 기술 등에 대하여 명백한 교수를 받아야 한다.

이와 같이 장애학생들은 자신의 흥미에 맞는 일을 지역사회에서 직접해보는 경험을 해야만 한다. Martin과 동료들(2008)은 중등도 지적장애가 있는 17세 학생이 자신이 견학하거나 실제로 경험하고 싶은 직업을 선택하기 위하여 어떻게 직업평가 소프트웨어프로그램을 사용하는지에 대하여 보여주고 있다. 그 과정은 선택하기, 계획하기, 직무 해보기, 경험 평가하기로 구성되어 있다.

장애학생들이 지역사회 안에서 훈련받고 일을 하는 기회를 가능한 한 많이 하게 하며, 이렇게 함으로써 그들은 "의사소통, 적절한 행동, 옷 입기, 시간 지키기, 지속적으로 일하기 등과 같이 통합된 직업환경에서 성공적으로 생활하는 데 필요한 기술들을 배울 수 있다."(Brown et al., 1999, p. 6). 교실기반 모의훈련을 실시하면 직업현장에서 하는 직업훈련의 효과를 더욱 높이는 좋은 추가적인 방안이 된다(Lattimore et al., 2006). 예컨대 지역사회 헬스센터에서 수건 접는 일을 하는 장애학생은 실제 현장에서 직업훈련을 받는 것도 효과가 있을 뿐만 아니라 학급에서 수건 접는 일과 관련된 다른 일들을 해보는 것도 많은 효과를 얻을 수 있다.

학교 내에 학교기반 사업체를 마련하여 운영하는 것도 고등학교 학생들이 기능적인 교과교육이나 직업기술, 문제해결기술, 사회기술 등을 배울 수 있는 좋은 방안이 된다. Lindstrom과 동료들(1997)은 오리건주에 있는 여러 고등학교에 재학하고 있는 장애학생들을 위한 네 가지 학교기반 사업체를 소개하고 있는데, 커피와 제과점, 테이크아웃 간이음식점, 우편으로 꽃씨 파는 사업, 겨울에 채소를 재배하는 사업이었다. 이 장에서 우수교사로 제시된 Michael Craig가 실시하는 원예 프로그램인 학교기반의 원예시장과 농장을 통하여 학생들은 앞으로 성인생활에 필요한 다양한 기술들을 배울 수 있다(**전환교육 : 현재가 미래를 만든다** '성공적인 전환을 위한 씨앗 심기 : 드류 센터의 원예 프로그램' 참조).

중등도와 중도장애 고등학생들도 실제 지역사회 현장에서 일을 경험하고 배우는 시간을 많이 가져야 한다. 교육 환경에 관계없이 직업기술 교육은 명백하고 구체적이어야 하며, 최소–최대 촉진과 같은 조력(촉진) 방법(예 : Riesen & Jameson, 2018)과 체계적인 시간지연 기법(예 : Horn et al., 2019) 등과 같은 교수방법을 사용해야 한다. 조력은 학생이 목표로 하는 기술을 잘 수행하게 되면 점차적으로 줄여야 한다.

진로교육 : 유치원에서 고등학교까지의 여정 직업과 관련된 전환 서비스에 대하여 많은 모델들이 개발되고 있다(예 : Kochhar-Bryant & Greene, 2009; Martin et al., 2008; Sitlington et al., 2010; Wehman & Kregel, 2020). 모든 전환교육 모델이 중요하게 강조하는 것은 어릴 때부터 진로교육을 제공하는 것, 학생들이 목표를 선택하는 것, 지역사회에서 직업훈련을 받는 것을 포함하는 기능적인 중등교육과정, 학교와 성인 서비스 기관과의 체계적인 협력, 부모의 참여와 지원 등이다. 이 책에 제시된 **전환교육 : 현재가 미래를 만든다**를 보면 전환교육 중심계획은 모든 장애학생과 부모에게 매우 중요하므로 최대한 일찍 시작해야 한다.

미국 특수아동협회(CEC)의 진로발달 및 전환교육 분과는 모든 장애아동을 위하여 초등학교에서부터 진로교육과 전환교육이 실시되어야 한다고 주장한다(Blalock et al., 2003). 초등학교 때 진로 인식과 직업기술을 가르친다는 것은 8세 아동을 직업현장에 배치하여 훈련시킨다는 것을 의미하는 것은 아니다. 일과 관련된 교육과정과 교수목표는 각 연령단계에 맞게 선택되어야 한다(Cease-Cook et al., 2015; Wandry et al., 2013; Wehman, 2011). 예를 들면 초등학생은 학교에서 꽃에 물을 주거나, 칠판을 지우거나, 교무실에서 심부름을 하는 것과 같이 직업과 관련된 다양한 형태의 일을 경험할 수 있다. 중학교 과정의 장애학생은 지역사회에 있는 사업체에서 실제로 일을 해보는 시간을 보내기 시작해야 하며, 학교에서의 수업도 직업과 관련된 여러 가지 기술(예 : 스케줄 따르기, 일에 집중하기, 변경된 일과에 적응하기 등)을 배우는 시간을 점차적으로 늘려가야 한다(Wehman & Kregel, 2020). 그림 15.4는 장애학생의 IEP에 포함될 수 있는 전환교육과 관련된 교육활동의 예를 가정생활 영역, 지역사회 영역, 여가생활 영역, 직업 영역으로 나누어 제시하였다.

경쟁고용 장애학생의 전환교육을 연구하는 대부분의 특수교육자들은 경쟁고용을 높이는 실제적인 방안은 학교교육과정을 대폭 개정하고 학교와 직업재활 서비스 기관과의 효과적인 협력체계를 실시하

그림 15.4 장애학생의 IEP에 포함될 수 있는 전환교육과 관련된 네 가지 영역의 교육활동

차원	가정생활 영역	지역사회 영역	여가생활 영역	직업 영역
초등학교	• 몸치장하기 • 옷 정리 • 방 치우기 • 애완동물 돌보기 • 식탁 치우기 • 먼지 털기 • 청소기로 청소하기 • 전화 받기 • 침대 정리 • 샌드위치 만들기	• 영양가 있는 간식 사기 • 올바른 식탁예절 지키기 • 긴급 통화하는 것 배우기 • 은행 계좌 만들기	• 비디오 게임하기 • 차례 지키기 • 대화기술 연습하기(예 : 듣기, 주제에 맞는 말하기 등) • 나누기 • 친구 사귀기 • 자전거 타기 • 스포츠 팀에 참여하기	• 선택하기 • 시간 말하기 • 정해진 시간 안에 과제하기 • 조용하게 기다리기 • 다른 사람에게 관심 보이기 • 다른 사람에게 자기소개하기 • 전화 통화하기 • 식탁을 떠나며 동의 구하기
중학교	• 의복 관리하기 • 침대 정리하기 • 전자레인지로 간단한 음식 조리하기 • 세차하기 • 마루 청소하기 • 식물에 물 주기 • 전화 문자 받기 • 응급처치 배우기	• 개인 물건 구입하기 • 예금통장에 입금하기 • 신호등 건너기	• 댄스 클래스 수강하기 • 수업 레슨 받기 • 클럽에 가입하기 • 인터넷 서핑하기 • 친구와 이벤트 참여하기	• 스케줄 계획하기 • 스케줄 따라하기 • 알람 맞추기 • 다른 사람 소개하기 • 계획이 수정될 때 조용하게 기다리기 • 해야 할 일의 목록 만들기 • 서류 작업하기 • 과제에 집중하기
고등학교	• 가족 의복 관리하기 • 음식 만들기 • 해야 할 일 시작하기 • 물건을 고치고 관리하기(예 : 전구 갈아 끼우기, 커피기구 청소하기) • 자동차 관리하기(예 : 오일, 연료 등) • 잔디밭 관리하기	• 매주 식료품 구입하기 • 문제해결 배우기(예 : 불만사항 전달하기 등) • 가게 비교하기 • 은행 잔고 유지하기 • 쇼핑 충동 조절하기	• 자원봉사하기 • 학교 스포츠 행사에 가기 • 친구와 쇼핑하기 • 친구와 외식하기 • 친구 집에 놀러가기 • 데이트하기 • 새로운 친구 사귀기	• 병원에서 환자 옮기는 일 수행하기 • 대형 마트에서 물건 정리하여 쌓기 • 호텔 식당에서 음식 준비하는 일 수행하기

출처 : Paul Wehman(2011a)의 허락받음.

는 길이라고 주장한다(예 : Flexer et al., 2013; Sitlington et al., 2010; Wehman, 2011a). 미국 연방법은 **경쟁고용**(competitive employment)을 다음과 같이 정의하고 있다. 일반 사회의 통합된 환경에서 연방정부가 정한 최저임금 이상의 보수를 받으며 전일제 일이나 파트타임 일을 하는 것으로써 일반인들과 같거나 유사한 일을 하면서 같은 수준의 임금과 직업적 혜택을 받는다(Workforce Innovation and Opportunity Act, 2014).

지원고용 지원고용은 전통적으로 일을 하지 못하거나 보호작업장에서 주로 일을 하던 장애가 심한 성인들이 실제 직업사회에서 월급을 받으며 일을 할 수 있도록 돕는 것을 말한다. 지원고용(supported employment)의 의미는 다음과 같다.

> 1. 심한 장애 성인이 통합된 환경에서 지속적인 지원 서비스를 받으며 이루어지는 경쟁고용으로서, (1) 경쟁고용이 전통적으로 이루어지지 않은 사람들이나 또는 심한 장애 때문에 경쟁고용이 중단된 사람들을 위한 것이며, (2) 심한 장애 때문에 지속적인 지원고용 서비스가 필요하며 또한 직업을 수행하기 위하여 더욱 확장된 서비스를 필요로 하는 사람들을 위한 것이다. 2. 정신적 질병으로 심한 장애를 입은 성인들을 위한 전환고용(transitional employment)도 포함된다(34 CFR 363.6 [c][2][iv]).

지원고용은 시작부터 급속하게 확산되었다. 1986년에는 20개 주에서 약 1만 명 정도의 장애인이 정부에서 지원하는 지원고용으로 일을 하였다. 그러나 2년 후에는 전국에서 약 3만 2,342명으로 증가하였으며, 그들이 받은 월급 총액도, 자료를 제공한 15개 주를 대상으로 계산해도, 총 140만 달러에서 1,240만 달러로 증가하였다(Wehman et al., 1989). 2009년에는 약 11만 7,638명의 장애인이 지원고용으로 일을 하였다(Braddock et al., 2011). 지원고용으로 일을 하는 장애인은 1995년에 연간 총 7억 5,000만 달러 이상을 임금으로 받았으며, 이 중 많은 장애인들이 자기 인생에서 처음으로 세금을 내게 되었다. 버몬트주에서 2009년도에 지원고용으로 일한 장애인들의 시간당 평균 임금은 8.59달러였다(Braddock et al., 2011). 메릴랜드주에서 실시된 한 연구에서는 지원고용이 된 장애인이 받는 평균 주급은 보호작업장에서 일을 하는 장애인보다 약 3.5배나 더 많은 것으로 나타났다(평균 주급이 40.69달러에 비하여 134.33달러임)(Conley, 2003; Association for Persons in Supported Employment's website 참조).

지원고용을 성공적으로 이루기 위해서는 장애인을 위한 직업개발이 가장 중요한데, 지역사회 중심 직업을 할 수 있는 장소를 많이 찾아 개발하는 것과 크게 관련이 있으며(Griffin et al., 2007), 또한 직업훈련에 있어서 '선훈련-후배치 모델'보다 '선배치-후훈련 모델'을 적용하는 것도 중요한 요인이 된다(Wehman et al., 2018, p. 133). 장애인들은 습득한 기술을 새로운 환경에 적용하는 일반화에 있어서 어려움을 많이 겪기 때문에 장애학생을 실제 직업 현장에서 배우게 하는 것은 이러한 어려움을 극복하게 할 수 있어 더욱 성공적인 직업 적응을 할 수 있게 한다.

지원고용 프로그램이 효과적으로 실시되기 위해서는 또한 **직업지원 전문가**(employment specialist)의 역할이 매우 중요하다. 직업지원 전문가는 때로는 직업코치 또는 고용 컨설턴트라고도 불리는데, 이들은 비영리 직업훈련기관이나 국가에서 하는 직업 또는 성인 서비스 기관, 또는 중등 특수교

직업지원 전문가는 장애인들이 실제로 월급을 받으며 일을 하는 데 필요한 지원을 제공한다.

육기관에서 일하는 지역사회 직업 관련 전문가들이다.

일반적인 지원고용프로그램에서 직업지원 전문가는 실제 작업현장에서 장애인에게 현장 직업훈련을 직접 제공할 뿐만 아니라 가장 먼저 장애인에게 지원과 도움을 제공하는 역할을 한다. 비록 직업코치가 직업현장에서 직접 실시하는 훈련과 지원의 양은 시간이 갈수록 점점 줄여가지만 이와 같이 장애인 옆에서 지원을 제공하는 지원고용 모델은 몇 가지 문제점도 가지고 있다(Mank et al., 1998; Simmons & Flexer, 2013; Trach, 2008).

- 직업코치가 옆에 있는 것은 자연적인 작업환경을 방해할 수 있다.
- 지원고용 장애인은 직업코치가 있을 때는 실제와는 다르게 일을 할 수 있다.
- 직업코치가 있으면 지원고용 장애인과 비장애 동료들과의 상호작용이 감소될 수 있다.
- 직업지원 전문가가 시간이 지나면서 변화하는 작업환경의 요구에 항상 민감하게 대응하기에는 어려움이 있다.
- 일상적인 직업 환경에서 동료 근로자가 장애 근로자에게 지원을 제공하는 것보다 직업지원 전문가가 현장에 와서 장애인에게 지원과 훈련을 제공하는 비용이 더 비싸고 효율성도 더 낮을 수 있다.
- 모든 문제에 대하여 항상 지원을 해주는 직업코치가 있으면 장애 근로자로 인하여 발생하는 문제에 대하여 고용주나 동료 근로자들이 자연적인 방안으로 문제를 해결하려는 시도를 하지 않게 될 수도 있다.
- 직업코치가 모든 문제를 다 해결해주기 때문에 오히려 장애인이 직장에서 문제를 스스로 해결하려고 시도하거나 자신의 행동에 대하여 책임을 지려고 하는 것을 방해할 수 있다.

자연적 지원   직업지원 전문가는 처음에는 장애 근로자에게 지원을 제공하는 것에서부터 시작하여 나중에는 고용주나 동료 근로자들을 도와서 직업현장에서 장애인에게 자연적인 지원을 제공할 수 있는 방법을 찾아 발전시켜주는 역할을 하게 된다. Rogan 외(1993)는 자연적 지원을 "지역사회에서 일상적인 과업을 수행하거나 동료 근로자들과 상호작용하는 것과 같이 개인이 직업을 갖고 계속 유지하게 돕는 어떤 지원이나 관계 또는 상호작용을 의미한다."(p. 275)고 설명하였다. 그림 15.5는 Rogan(1996)이 제시하는 자연적 지원의 일곱 가지 유형의 예이다.

자연적 단서 활용과 자기관리   직장에서 자립적으로 일할 수 있도록 장애 근로자가 자립성에 대하여 반드시 배워야 한다는 사실은 많은 지원고용 전문가들이 중요하게 생각하는 것이며, 이로 인하여 자연적 단서와 자기관리 기법을 가르치는 것에 대한 많은 연구들이 이루어지게 되었다. 자연적 단서는 직업현장에 이미 있는 것으로서 장애인이 보고 듣고 감촉을 느끼거나 냄새를 맡을 수 있는 것들이다. 이러한 자연적 단서는 또한 장애인이 다음에 무슨 일을 해야 하는지 알게 해주는 사인으로도 사용될 수 있다(Inge & Moon, 2006). 예를 들면 시계나 호각소리는 작업장으로 돌아가는 단서로 사용될 수 있으며, 동료 근로자가 하던 일을 멈추고 작업장을 떠나는 것은 휴식시간에 대한 자연적인 단서로, 씻어야 하는 접시가 계속해서 쌓이는 것은 접시 닦는 속도를 빨리해야 하는 단서로 작용될 수 있다. 직업지원 전문가의 역할은 장애인에게 여러 가지 직업기술이나 사회적 기술을 어떻게 수행하는지 훈련시키는 것에서부터 장애 근로자가 직업 환경에서 자연적으로 발생하는 단서에 대하여 어떻게 자립적으로 사용하고 반응할 수 있는지를 가르치는 것으로 이동하고 있다. 만약 목표행동을 함에 있어서 자연적인 단서가 불충분하다면 장애 근로자는 만들어진 단서에 대하여 반응하도록 배울 수 있는데, 그러한 예로는 수행해야 할 과제를 각각의 단계로 나누어놓은 그림판(Cihak et al., 2008)이나 소형 오디오 기기(예 : MP3, 소

그림 15.5 장애인이 직업을 얻고 유지하는 데 도움을 주는 자연적 지원의 일곱 가지 형태

조직의 지원(organizational support) 직장에서 작업활동을 준비하고 조직하는 것과 관련된 것을 의미하는데, 시간 스케줄, 작업순서, 작업재료를 두는 장소 등이 이에 해당된다. 지원고용 전문가는 장애 근로자를 위하여 이러한 것에 대한 지원을 고용주에게 요청하는 것이 쉽지는 않지만, 실제 직업현장에서는 일반 근로자들도 이와 유사한 지원이나 고려를 받고 있다. 관련된 예를 보면 다음과 같다.

- 지원고용 장애 근로자가 손쉽게 사용할 수 있는 장소에 작업재료들을 옮겨둔다.
- 지원고용 장애 근로자가 대중교통을 이용할 수 있도록 직업 스케줄을 조정한다. 통근하기 위해서는 휠체어 이동이 가능한 대중교통 수단이 필요한데, 주말에는 이용 가능한 대중교통 수단이 없기 때문에 주말에 일하는 것은 면제해준다.
- 직장의 현장관리자는 지원고용 장애 근로자가 적절하게 직업을 수행하고 책임을 다할 수 있도록 고용상담자와 협력한다.

물리적 지원(physical support) 직업환경에 있는 장비나 물체의 디자인이나 기능과 관련된 것이다. 이러한 지원은 단순한 절삭 공구에서부터 복잡한 컴퓨터 장비까지 포함된다. 관련된 예를 보면 다음과 같다.

- 그렉의 직장 상사는 우편 주머니를 구입하여 매일 아침 주머니를 그렉의 휠체어에 달아주는데, 그렉은 그 주머니에 재활용할 수 있는 것을 모은다.
- 지원고용 장애 근로자는 보완대체의사소통 기구를 직업재활기관을 통해 구입한다.

사회적 지원(social support) 다른 사람들과의 상호작용과 관련된 것이다. 비록 사회적 지원은 일반적으로 같은 직장환경에 있는 사람들과 관련되는 것이 대부분이지만 지원고용 장애 근로자의 직무수행에 영향을 줄 수 있는 다른 환경에 있는 사람들도 포함될 수 있다. 관련된 예를 보면 다음과 같다.

- 존을 담당하는 직업상담가는 관리자의 도움을 받아서 존과 같은 취미를 가진 동료 근로자를 찾아, 그에게 때때로 존과 같이 휴식시간을 보내도록 요청하였다.
- 이웃은 지원고용 장애 근로자가 통근하는 것을 도와준다

훈련 지원(training support) 훈련과 교육을 통하여 개인의 능력과 기술을 향상시키는 것과 관련된다. 지원고용에 있어서 가장 일반적인 훈련 지원은 직업코치가 직접 훈련을 제공하는 것이다. 다른 훈련 지원의 예를 보면 다음과 같다.

- 동료 근로자가 직업코치로부터 훈련활동에 대한 상담을 받고 나서 장애인 근로자에게 훈련내용을 가르쳐준다.
- 장애인 근로자는 작업을 수행하기 위해서 동료 근로자가 작업을 수행하는 것을 따라해본다.

사회 서비스 지원(social service support) 장애와 관련된 다양한 지원 서비스를 찾아 혜택을 받는 것과 관련된 것이다. 관련된 예를 보면 다음과 같다.

- 지원고용 장애 근로자는 직장에 다니는 통근비용에 대한 혜택을 받기 위하여 사회보장계획을 이용한다.
- 장애인의 거주생활을 지원하는 기관은 지원고용 장애 근로자가 직장에 용이하게 다닐 수 있는 아파트를 찾도록 도와준다.

지역사회 지원(community support) 모든 사람이 이용할 수 있는 지역사회 기관이나 서비스를 찾아 사용하는 것과 관련된 것이다. 관련된 예를 보면 다음과 같다.

- 지원고용 장애 근로자는 직장에 다니기 위해 대중교통 수단을 이용한다.
- 지원고용 장애 근로자는 자신의 기술을 향상시키기 위하여 성인 평생교육 과목을 수강한다.

개인과 가족 지원(personal and family supports) 가족이나 개인의 자원을 활용하는 것과 관련된 것이다. 이러한 형태의 지원은 흔히 다른 지원 유형으로 간주되기도 하지만 이 지원 유형 그 자체는 중요하다. 왜냐하면 지원고용 장애 근로자가 필요한 다양한 지원을 받을 수 있도록 조언을 하고 돕거나 대신 신청도 해줄 수 있기 때문이다. 관련된 예를 보면 다음과 같다.

- 지원고용 장애 근로자가 직장에서 자신의 권리를 더 잘 표현할 수 있도록 자기주장 모임에 참여하도록 한다.
- 가족들은 장애인이 일자리를 얻을 수 있도록 관련 기관에 조회하거나 신청한다.

출처 : Trach, J. S. (2008). Natural supports in the workplace and beyond. In F. R. Rusch (Ed.), *Beyond high school: Preparing adolescents for tomorrow's challenges* (2nd ed., pp. 259-261). 출판사의 허락하에 사용함.

형 녹음기 등)에 장애 근로자가 들을 수 있도록 음악 안에 언어적인 단서를 넣어놓은 것 등이 해당될 수 있다(Grossi, 1998; Mechling, 2007).

자기점검은 직업훈련에서도 효과적으로 사용될 수 있다. 이에 관한 연구들은 장애인이 자신의 직무수행 능력과 자립성을 높이기 위하여 자기점검(예 : 자신이 일하는 것을 관찰하고 기록하기)과 자기평가(예 : 자신이 수행한 일을 생산기준과 비교하기)를 사용할 수 있다는 것을 보여준다(Clark et al., 2018; Clark et al., 2019; Gilson et al., 2017; Storey, 2007). Clark와 동료들(2019)은 장애학생들에게 자기평가와 목표설정에 대한 명백한 교수를 제공하는 업그레이드 프로그램을 사용하여 자신의 수행을 평가할 수 있도록 가르쳤다. 학생들은 일의 질, 생산성, 팀워크 등과 같은 다양한 목표기술에서 실제적인 향상을 보였다(업그레이드 프로그램에 대하여 더 알아보려면 제4장에 제시된 전환교육 : 현재가 미래를 만든다 '미래를 준비하기 위하여 학생에게 소프트 기술 가르치기' 참조). 스마트폰이나 태블릿 PC 같은 전자기기는 장애인이 직업기술이나 과제수행을 평가하는 자기점검기술, 그리고 새로운 환경이나 과제에 습득한 목표기술을 적용하는 일반화 기술과 같은 다양한 기술을 배우는 데 유용하게 사용할 수 있다(Cannella-Malone, Brooks et al., 2013; Cullen et al., 2017).

보호고용   **보호고용**(sheltered employment)은 주로 비영리기관에 의해서 운영되는 직업 관련 시설인 작업센터에서 장애인들이 하는 일을 말하는데, 이전에 **작업센터**(work center)는 보호작업장으로 불렸다. 작업센터는 미국 노동부가 제시하는 최소기준 임금 법령과 관련하여 특별한 예외·규정이 적용되는 장애인들을 대상으로 하는데, 생산성에 따라서 시간당 급여(시급)를 줄 수 있도록 하고 있다. 작업센터의 장애 근로자의 급여는 주변 지역사회에서 경험이 있는 일반 근로자가 받는 기준임금에 따라서 결정한다. 예를 들면 작업센터에서 일하는 장애 근로자가 시간당 생산품 50개를 만드는 데 비하여 일반 근로자의 임금 기준이 시간당 100개로 되어 있다면, 그 장애 근로자는 일반 기준임금의 50%의 임금을 받게 된다. 미국에는 30만 명이 넘는 장애인들이 작업센터에서 최저 수준 이하의 월급을 받고 일하고 있다 (NCD, 2018d).

대부분의 특수교육가들과 장애 고용 전문가들은 보호고용을 장애학생의 적절한 전환결과로 간주하지 않는다(NCD, 2018d; Targett & Wehman, 2011). 이론적인 관점에서 작업센터의 원래 목적은 장애인들을 직업과 관련된 구체적인 기술을 훈련시켜서 그들을 지역사회 안의 경쟁고용으로 나아가게 하는 것이다. 그러나 작업센터에 있는 극소수의 장애인만이 지역사회 안에서 취업을 하는 실정이며, 일단 취업을 하였다 하더라도 대부분 그 일을 오랫동안 유지하지 못하며(Rogan et al., 2002), 또한 처음부터 작업센터에서 일을 하지 않는 유사한 사람들보다도 더 낮은 임금을 받고 있는 실정이다(Cimera et al., 2012).

많은 전문가들은 작업센터에서 일하는 장애인들이 경쟁고용에 취업되는 비율이 극히 낮은 것은 장애인이 가지고 있는 직업능력 때문이라기보다는 오히려 보호고용 그 자체의 제한성 때문이라고 주장한다 (Migliore et al., 2008). 보호고용에서 장애인은 주로 분리된 환경에서 일을 하고 있으며, 일명 지적장애인의 막다른 골목으로 불린다(Frank & Sitlington, 1993).

최근의 법령이나 정책들을 보면 긍정적인 모습을 볼 수 있는데, 보호고용의 제한점들을 제시하면서 경쟁고용을 위한 여러 정책이나 법이 제안되고 있다. 예를 들면 노동인구혁신 및 기회법(WIOA, 2014)이 통과되었는데, 이는 지역사회에 통합되는 여러 가지 경쟁고용 방안을 확대하고 최소기준임금 사용을 폐지하고 있다. 노동인구혁신 및 기회법(WIOA)은 또한 직업재활을 위한 재정의 일부를 장애학생이 고등학교에서 중등 이후 교육이나 직업으로 전환하는 것을 지원하기 위한 목적으로 사용할 수 있게 하였다. 게다가 여러 주에서는 경쟁고용을 보호고용보다 훨씬 이상적인 방안으로 인식하는 '직업 우선' 정책들을 채택하고 있다(APSE, 2020).

자립 생활과 지역사회 참여

학습목표 15.5   자립생활 영역에서 교육의 결과를 향상시킬 수 있는 증거기반 예측 변인과 실제의 예를 제시하고 설명하라.

어디에 사는가는 어떻게 사는가에 결정적인 영향을 미친다. 어디에 사는가는 또한 장애인이 어떤 일을 할 수 있는가, 어떤 지역사회 서비스와 지원을 받을 수 있는가, 누구와 친구가 될 수 있는가, 어떤 레크리에이션과 여가 기회를 가질 수 있는가, 또한 더 넓게는 지역사회에서 자기 자신을 어떻게 느낄 것인가 하는 이 모든 것에 영향을 미친다.

한때는 중도장애인이 가족과 같이 사는 경우를 제외하고는 주에서 운영하는 대규모의 장애인 시설에서 살 수밖에 없었다. 미국에 있던 대부분의 대규모 장애인 시설은 19세기와 20세기 초에 설립된 것인데, 그때 지적장애인은 교육이나 훈련을 받을 수 없다고 생각하던 시기였다. 대규모 보호시설은 한때

전환교육 : 현재가 미래를 만든다

성공적인 전환을 위한 씨앗 심기 : 드류 센터의 원예 프로그램

이 장에서 우수교사로 소개된 Michael Craig는 말 그대로 자신이 가르치는 학생들이 성인생활에 성공적으로 전환하는 데 필요한 씨앗을 심고 있다. 그가 운영하는 학교기반 사업체인 드류 원예 프로그램과 농장 운영은 두 가지 목적을 가지고 있는데, 첫째는 장애학생에게 직업적인 원예훈련을 직접 해보게 하는 것이며, 둘째는 도시의 비어 있는 땅을 이용하여 학교의 가족들과 지역사회에 그들이 재배한 싱싱한 농작물을 공급하는 것이다.

학교기반 사업체를 시작하는 것은 매우 힘든 일이지만, 시간을 쏟고, 체계적인 계획을 세우고, 팀워크로 일을 한다면 학생과 지역사회 모두 혜택을 받을 수 있다. 당신이 학교기반의 사업체를 시작하려고 한다면 다음과 같은 단계를 따르면 된다(Lindstrom et al., 1997; Public Schools of North Carolina, 2019).

1. **사업체를 만들기 위하여 시간과 노력을 투자할 전문가와 학생 팀을 구성한다.** 이때 학교의 행정적인 지원도 확보해야 한다.
2. **학교와 주변 지역사회의 요구와 필요를 파악한다.** 싱싱한 채소, 커피, 자동차 세부장식, 학교 물품 등 어떤 제품과 서비스를 필요로 하고 원하는지를 파악한다. 이를 위하여 설문지나 인터뷰를 하는 것은 이러한 것을 파악하는 데 좋은 방법이 된다.
3. **목표로 하는 제품이나 서비스를 선택한다.** 당신이 수집한 데이터를 이용하여 소비자들이 원하는 것을 결정한다.
4. **예산, 홍보 전략, 인적 계획 등을 포함하는 사업 계획서를 작성한다.** 우수교사인 Michael Craig는 다음과 같이 말한다. "사업체의 지속 가능성에 대한 계획도 필요하다. 교사들은 관련 자금이 줄어들거나 없을 때도 시작한 사업체 프로그램을 유지하고 발전시키기 위한 노력을 멈추지 말아야 한다. 그리고 사업체가 계속 유지될 수 있도록 지원금을 신청하거나, 기관의 협력을 요청하거나, 지역 사업체들로부터 기부를 받는 것과 같은 다양한 방법을 찾아 사용해야 한다."
5. **사업체를 시작하는 데 필요한 재료나 물품을 구매한다.** 가능하면 기부를 받으라.
6. **사업체를 스마트하게 운영하라.** 우수교사인 Michael Craig의 말을 명심하라. "모든 것이 계획대로 진행되지는 않으며, 학생들은 많은 실수를 한다. 이러한 상황이 일어나는 것을 미리 알고 그에 대한 계획을 세우고, 학생들이 실수로부터 배울 수 있도록 하라. 웃는 것을 배워라!"
7. **학교 사업체를 운영하는 목적은 학생들에게 기술을 가르치는 것임을 명심한다.** 사업체를 운영하면서 학생들의 IEP와 학년마다 요구되는 교육 기준을 바탕으로 목표로 할 교과기술, 사회성 기술, 의사소통기술, 직업 기술을 결정하라. 그에 따라 교수를 계획하라.
8. **지속적으로 평가한다.** 학생들이 목표를 성취하는가? 사업체를 통하여 운영하는 데 필요한 돈이 들어오는가? 소비자들은 만족하는가? 필요할 때는 바꾸라. 우수교사인 Michael Craig는 프로그램 평가가 매우 도움이 되는 것을 발견하고 다음과 같이 말하였다. "2년 전 겨울에, 추운 날씨 때문에 사업체 프로그램을 교실 안에서만 실시할 때 학생들의 동기가 눈에 띄게 떨어지는 것을 보았다. 그래서 그다음 해에는 실내에서도 할 수 있는 수경재배를 실시하였으며, 이로 인하여 학생들이 겨울 동안에도 의미 있는 작업을 계속해서 할 수 있는 기회를 제공할 수 있었다."

수백 명 또는 1,000명이 넘는 지적장애인이나 다른 유형의 장애인들을 수용하였는데, 그러한 시설들은 수용 장애인을 사회로부터 격리시켰으며, 수용된 장애인들이 지역사회에서 살아갈 수 있도록 하는 어떠한 훈련도 제공하지 않았다. 그러나 1960년대와 1970년대에 들어와서 이러한 시설기관은 장애인들이 안락하고 인간적이며 일반적인 생활환경 속에서 장애인 각자의 개별화된 주거생활을 하지 못하게 한다는 이유로 많은 비판을 받기 시작하였다(Blatt, 1976; Kugel & Wolfensberger, 1969). 그러한 비판은 모든 주거 프로그램에 대한 것은 아니었다. 사실 장애가 아주 심하여 24시간의 지원이 요구되는 장애인에게는 시설기관도 효율적일 수 있다. 문제는 시설에서는 장애인들이 정상적인 일상생활을 경험할 수 없다는 점에 있다.

탈시설화(deinstitutionalization)는 대규모 시설에 수용되어 있는 장애인을 지역사회 안에 있는 소규모의 주거시설, 즉 그룹홈이나 아파트와 같은 주거환경으로 옮기는 것을 말하는데, 이러한 탈시설화는 40년이 넘게 실제로 실행되어 왔다. 주정부에서 운영하는 대규모 시설에 살고 있는 지적 및 발달장애인의 수는 지속적으로 감소하고 있는데, 1967년에 최대 19만 4,650명이었던 것이 2009년에는 3만 2,909명으로 줄었다(Lakin et al., 2011). 지난 2010년 1월에 지적 및 발달장애인을 위해 지난 50년 동안 운영되어 왔던 354개의 주정부 시설기관 중에서 과반이 넘는 수가 폐쇄되었으며, 2015년에 13개 주에서는 모든 장애인 시설을 폐쇄하였다(Lulinski et al., 2018).

Lakin과 동료들(2011)은 36개 연구를 분석하여 약 5,000명이 되는 지적장애인들의 탈시설화에 대한 결과를 제시하였다. 분석된 선행연구 중에서 31개 연구가 거주생활에 있어서 긍정적인 결과를 보였다고 하였으며, 대규모 시설을 떠나서 지역사회 안에서 생활하게 된 지적장애인들의 사회적 기술, 언어와 의사소통기술, 자기관리와 가정생활기술, 지역사회 생활기술에 대하여 구체적으로 살펴본 연구들은 "놀랄 만한 긍정적인 결과를 보였다."고 보고하였다. 연구자들은 "이러한 실제적이고 일관된 결과를 간과하는 것은 국가 정책에서나 교육 중재에서 쉽게 정당화될 수는 없다."고 주장하였다(p. 4). 중도장애학회인 TASH(2000)는 시설기관을 폐쇄하기 위하여 탈시설화에 대한 결의안을 채택하였다.

지원생활   장애인의 주거생활에 대한 많은 발전이 있었음에도 불구하고 여전히 자립생활에 대한 장애물은 존재하고 있다. 개인의 안전, 집안관리기술, 의료지원 등은 가장 일반적으로 제시되는 장애물의 예이다(Reed et al., 2014). 장애인의 주거배치는 장애인의 필요에 따라 이루어져야 한다는 믿음에 근거해야 하며, 그 반대로 주거배치에 장애인을 맞추어서는 안 된다. **지원생활**(supported living)이란 장애인이 지역사회에서 최대한 자립적이고 통합된 형태로 살아갈 수 있도록 돕기 위해서 만들어졌다. 지원고용이 지속적이고 개별화된 지원을 제공하여 장애인이 지역사회 안에 있는 직장에서 의미 있는 취업을 하도록 돕는 것과 같이 지원생활도 각 장애인에 따라서 자원적인 지원을 여러 가지 다양한 형태로 제공해야 한다.

Klein(1994)은 지원생활에 대한 설명을 무엇이 지원생활이 아닌가 하는 것으로 설명하였다. 지원생활은 대상자를 선별하는 어떤 기준을 적용하지 않는다(예 : 자립적으로 요리를 할 수 있는 사람, 신체장애가 있는 사람, 하루 3시간 이상 또는 이하의 보살핌이 필요한 사람, 시각장애인 등의 기준). 지원생활은 장애인의 준비된 능력에 따라 정해진다거나 다양한 주거유형의 한 단계로 여겨지는 것은 아니다. 전통적인 주거 서비스에서는 어떤 거주 프로그램에 대한 장애인의 준비도나 능력을 전문가들이 측정하고 그것을 바탕으로 그 거주 프로그램에 대한 참가의 유무가 정해졌으며, 좀 더 통합된 주거유형으로 이동해 가기 위해서 장애인은 수행을 잘해야만 했다(개별화된 재활계획에 따라 새로운 기술을 잘 학습하는 것). 2009년에 실시된 조사연구는 미국에서 지원생활을 하는 지적 및 발달장애인의 수가 24만 6,822명인 것으로 제시하였다(Braddock et al., 2011).

증거기반 예측 변인   자립생활에 대한 증거기반 예측 변인은 중등 이후 교육이나 직업과 같은 영역과는 달리 연구에서 많이 다루어지지 않고 있다. 그러나 다행스럽게도 자립생활과 관련하여 제시된 예측 변인은 다른 성인생활 영역의 증거기반 예측 변인과 많이 중복되므로 뒤따르는 예측 변인에 집중한다면 큰 어려움은 없을 것이다. 장애학생이 학교에서 통합교육을 받거나 실제 직업훈련 경험을 하거나 자립생활 기술에 대한 교육을 받게 되면 그만큼 자립생활의 비율도 높아진다(Mazzotti et al., 2016). 예를 들면 이와 관련된 교육프로그램은 학생들이 재정 계획, 자조기술, 요리, 가정관리, 지역사회 활용, 자기결정 등과 같은 것을 배울 수 있는 기회를 제공하는 형태로 구성되어야 한다.

증거기반 실제   자립생활을 잘할 수 있도록 준비시키기 위해서는 학생들에게 다양한 기능적 기술을 가르쳐야 하는데, 은행 이용하기, 글을 읽고 쓰기, 쇼핑, 요리, 가정관리, 의사소통, 사회성 기술, 자조기술, 레크리에이션 및 여가기술 등과 같은 것이 이에 해당된다. 다행스럽게도 많은 연구에 의하면 장애가 있다 하더라도 이러한 형태의 일상생활 기술을 배울 수 있다. 지역사회에서나 지역사회 모의환경에서도 교사들은 시간지연 방법(제4장 참조), 비디오 촉진을 포함한 조력기술(교수와 학습 '전환교육을 위한 자기주도적 비디오 촉진' 참조), 비디오 모델링(Test et al., 2015) 등의 교수 방법을 사용하여 가르칠 수 있다. Kellems 외(2018)는 그림 촉진과 비디오 촉진의 효과를 비교하였는데, 이 두 가지 방법 모두 자폐성 장애학생들에게 다양한 일상생활기술을 가르치는 데 효과적인 것으로 나타났다.

교수와 학습

전환교육을 위한 자기주도적 비디오 촉진

Eliseo Jimenez, Helen I. Cannella-Malone

데스몬드가 어린 학생일 때는 개별화 교육프로그램(IEP)에서 일상생활기술을 강조하였다. 그러나 성인생활로 전환해야 하는 지금은 데스몬드에게 연구에 기반을 둔 교수기법, 자기주도적 비디오 촉진, 다양한 영역의 자립생활기술을 가르치고 있다(Cullen & Alber-Morgan, 2015).

자기주도적 비디오 촉진이란 무엇인가   비디오 촉진을 이용하기 위하여 학생들은 자신이 수행해야 하는 과제분석 단계를 다른 사람이 실행하는 것을 녹화해놓은 영상을 모바일 기기를 통하여 보고 있다. 학생들은 그 단계를 수행하고 다음 단계의 비디오 촉진을 보며 과제를 수행한다.

자기주도적 비디오 촉진을 어떻게 계획하는가   자기주도적 비디오 촉진 방법을 적용하려는 교사는 다음과 같은 단계를 따라야 한다.

1. **흥미가 있는 기능적 과제를 선택한다.**   전자레인지로 만든 팝콘은 데스몬드가 가장 좋아하는 간식 중의 하나이며, 전자레인지로 팝콘 만드는 것을 배우고 싶어 한다. 학교에 갔다오면 어머니가 거의 매일 팝콘을 만들어 주기 때문에 어머니도 이 과제를 목표과제로 선정한 것을 매우 좋아하였다.
2. **목표과제에 대하여 과제분석을 실시한다.**   그림 15.6을 통하여 전자레인지로 팝콘 만들기에 대한 과제분석을 살펴보라.
3. **과제분석의 각 단계를 실행하는 것을 비디오로 찍고, 과제분석 단계에 따라 그 비디오 영상을 나누어 비디오 촉진 영상을 구성한다.**   전자레인지로 팝콘 만들기에 대한 전체 비디오 영상을 각각의 과제분석 단계로 나눈다.
4. **비디오 촉진 영상을 모바일 기기에 탑재한다.**   교사는 모바일 기기에서 비디오 촉진을 사용할 수 있도록 적절한 모바일 앱을 사용한다.
5. **학생이 첫 번째 비디오 촉진 영상을 보고 수행하게 한다.**   전자레인지로 팝콘 만들기에 대한 첫 번째 비디오 촉진 영상을 보고 그 단계를 수행하게 한다. 이러한 과정을 모든 단계에 다 실시한다. 교사는 이것을 가르칠 때 학생에게 모바일 기기를 작동하는 방법도 같이 가르친다.
6. **학생이 모바일 기기를 사용하여 비디오 촉진을 자신이 사용할 수 있도록 분명하게 가르친다.**   모바일 기기와 비디오 촉진 사용에 이미 익숙한 학생에게는 최소 조력(예 : 모델링, 언어 조력)을 사용하고, 모바일 기기와 비디오 촉진에 아직 익숙하지 않은 학생에게는 최대 조력(예 : 신체 조력)을 사용하라. 학생의 과제 수행에 대

한 데이터를 참고하여 가능한 한 빨리 그러한 조력을 줄여서 학생의 자립 수행능력을 높여라.

7. **일반화를 촉진한다.**   학생이 비디오 촉진을 사용하여 독립적으로 목표과제를 실행할 수 있게 되면, 그 비디오 촉진을 다른 장소나 다른 과제에 적용하게 한다. 예를 들면 데스몬드가 교실에서 전자레인지로 팝콘 만들기를 배운 후에는 그가 직업훈련을 받는 사업체의 직원 휴게실에서 자기주도적 비디오 촉진을 사용하여 팝콘을 만든다. 교사는 또한 이 방법을 사용하여 데스몬드에게 세탁기 사용법과 시내버스 이용법을 가르칠 수 있었다.

저자 정보 : Eliseo Jimenez는 조지아주립대학교의 특수교육과 교수이며, Helen Cannella-Malone은 오하이오주립대학교의 특수교육 및 응용행동분석 교수진이다.

그림 15.6   전자레인지로 팝콘 만들기에 대한 과제분석

1
팝콘 봉지를 포장한 비닐을 벗겨서 쓰레기통에 버린다.

2
팝콘 봉지를 전자레인지에 넣는다.

3
전자레인지 문을 닫는다.

4
전자레인지를 작동시킨다.

5
전자레인지에서 팝콘 봉지를 끄집어낸다.

6
팝콘 봉지를 연다.

7
팝콘을 그릇에 담는다.

8
팝콘 봉지를 쓰레기통에 버린다.

출처: Helen I. Cannella-Malone, The Ohio State University.

레크리에이션, 여가, 사회적 관계

레크리에이션과 즐거운 여가시간을 보내거나 사회적 관계를 맺는 것은 만족스러운 성인생활을 하는 데 중요한 요소이다. 우리 대부분은 이러한 생활을 당연하게 여기고 있다. 일상생활 속에서 개인적인 취미와 관심사를 즐기거나 친구관계나 데이트하는 방법을 배우는 것은 일생에 걸쳐 좋은 유익을 얻는다.

레크리에이션과 여가 레크리에이션과 여가활동이 많은 장애인에게는 쉬운 일이 아니다. 지역사회에 있는 레크리에이션 자원들을 이용한다 하더라도 교통편이 있어야 하고, 게임을 할 수 있는 신체적인 능력이나 기술이 필요하며, 친구나 함께할 수 있는 사람이 있어야 한다. 이 세 가지 요소는 일반적으로 장애인이 레크리에이션이나 여가활동을 할 때 많은 제약을 받게 한다(Ginis et al., 2016; Matheson et al., 2007; Merrells et al., 2018). 이로 인하여 장애인들의 레크리에이션과 여가활동의 대부분은 분리되고 장애인들만의 활동이 된다. 소위 말하는 장애 성인들의 여가활동은 장시간 TV를 보거나, 방에서 외로이 음악을 듣거나, 또는 혼자서 고립된 채 시간을 멍하게 보내는 것 등이 대부분이다(Strand & Kreiner, 2005).

레크리에이션과 여가기술을 가르치는 교육은 학령기 장애학생을 위한 교육과정에서 중요한 부분이다. Juarez 외(2010)는 어떻게 수많은 게임, 취미, 기술, 프로젝트들이 장애인들에게 즐겁고 가치 있는 여가활동으로 적용될 수 있는지 묘사하였다. 그들이 제시한 예들은 음악감상과 공부, 사진 찍기, 카드게임, 수집하기 등이다. 이러한 제안에는 시각과 청각 중복장애 청년들을 위한 것도 포함되어 있는데, 촉감을 사용한 조력을 준다든지(예 : 핀볼 놀이기구에 촉감을 느낄 수 있는 천을 붙이는 것), 적절한 안전기구를 이용한다든지, 놀이기구에 시각과 청각자극을 더욱 크게 한다든지(예 : 크기를 크게 만든 저시력용 카드놀이), 놀이기구의 작동을 단순화하는 것(예 : 핀볼 기구의 앞발을 들어 올려서 공이 움직이는 속도를 줄이는 것) 등이 해당된다.

신체활동을 포함하여 레크리에이션에 적극적으로 참여하는 것은 장애성인의 생활 만족도를 높일 뿐만 아니라 활력과 신체조건을 향상시킴으로써 직업을 유지하는 데도 도움을 준다(Ispen, 2006). 적절한 레크리에이션과 여가기술을 배우는 것은 특히 중도장애인들에게는 매우 중요하다(Bambara et al., 2020). 대부분의 중도장애인들은 시간은 많이 있지만 그 시간을 생산적으로 사용하지 못하는 경향이 있다. 그들은 흔히 시간의 대부분을 몸을 흔들거나, 손을 떨거나, 기괴한 소리를 지르는 것과 같은 부적절한 행동을 하면서 보낸다. 많은 연구들은 중등도와 중도장애학생과 성인에게 적절한 여가기술을 가르칠 수 있다고 보고한다(예 : Seward et al., 2014; Spriggs et al., 2017; Walker et al., 2010). 한 가지 흥미로운 사례는 4명의 중등도 지적장애 성인들이 연령에 적합한 교수방법을 통하여 간이주점에서 음료를 주문하는 것을 배울 수 있었다고 하였다(O'Reilly et al., 2000).

장애학생과 같은 학급에 있는 일반 학생들에게 레크리에이션과 여가활동을 격려하고 지원하는 프로그램을 실시하는 것은 참여하는 두 집단 모두에게 가치 있는 일이다(Hughes et al., 2002). 장애성인과 함께 지역사회의 레크리에이션과 여가활동에 참여하는 것은 앞으로 교사가 되려는 사람이 학령기 장애학생에게 기능적 교육과정이 얼마나 중요한 것인가를 깨닫게 하고, 또한 그 과정에서 서로 좋은 친구가 될 수 있다(Dardig, 2006)(이러한 프로그램에 대한 예는 이 장의 **교수와 학습** '중등학생이 읽기를 하지 못할 때' 참조).

사회적 관계 모든 사람들은 사회적 활동을 위한 기회가 필요하며, 친구나 동료들과 우정을 나누는 관계도 필요하다. 많은 장애청년들에게 사회적 관계를 맺게 하는 것은 쉽지 않은 일이기 때문에 전환교육

교사들은 사회성 기술을 가르치는 교수를 실시하고 사회적 관계를 위한 계획을 구성하고 실시해야 한다(제6장 참조). 베스트 버디(친한 친구, https://www.bestbuddies.org)는 비영리기관으로서 지적 및 발달장애의 학령기 학생이나 대학생 또는 성인들에게 같은 연령의 비장애 친구들과 일대일 친구관계를 맺을 수 있도록 지원하는 것을 목적으로 하고 있다.

사회성 기술교수에 더하여 장애청년들은 이성과 데이트하는 것과 같이 다소 복잡한 사회적 관계를 잘할 수 있기 위해서는 도움이 필요하며, 이러한 도움은 젊은 성인시절에 더욱 많이 요구된다. 장애인도 성에 대하여 배우는 기회로부터 배제되어서는 안 되며, 친밀한 성생활에 대한 즐거움을 누릴 수 있게 해야 한다. 그러나 데이트를 하거나 로맨틱한 관계를 맺는 것은 장애 청소년들에게 매우 어려운 일이다. 중등학교 전환교육 팀은 이에 대한 장애학생의 요구를 고려해야 한다. Baer와 Daviso(2013)는 이와 관련된 여러 가지 기술을 제시하였는데, 예를 들면 좋아하는 감정을 적절하게 표현하는 것, 데이트를 신청하는 것, 원하지 않은 임신이나 성적 질병을 피하는 것 등이다. 하지만 이러한 기술을 가르치는 것은 조심스럽게 이루어져야 하며, 학생의 구체적인 요구나 가족들이 가지고 있는 가치를 잘 고려하여 실시해야 한다. Travers와 Tincani 외(2014)는 지적장애 청소년을 위하여 성교육과 관련된 연구문헌들을 분석하였는데, 성교육이 매우 필요함에도 불구하고 이에 대한 연구가 거의 이루어지지 않은 것을 알 수 있었다. 더욱이 18세 이하의 지적장애 청소년들을 대상으로 한 연구는 단지 1개만 있었는데, 이 연구는 지적장애 청소년들이 성관계나 성건강과 관련하여 적절한 결정에 대해 거의 준비되어 있지 않은 채 성인사회로 나가고 있음을 보여준다.

전환교육의 궁극적 목적 : 더 나은 삶의 질

장애 성인들의 생활에는 많은 발전이 있었다. 예전에는 시설이나 기관에 분리되어 있던 수많은 장애인들이 지금은 지역사회 안에서 이웃들과 함께 생활하고 있다. 예전에는 의미 있는 직업기술을 배울 기회조차 없었던 수많은 장애인들이 오늘날에는 일을 하면서 월급을 받고 있다. 그러나 지역사회 안에서 생활하며 직업을 가지고 있다는 것이 자동적으로 더 나은 생활이 되게 하는 것은 아니다. 장애인들의 삶의 질이 일반 사람들과 비교하여 낮다는 것은 일관되게 나타나는 현실이다(Kessler Foundation/National Organization on Disability, 2010; van Heijst & Geurts, 2015).

대부분의 전문가들과 옹호자들은 장애인들이 오래전부터 이해해 오던 것을 이제 깨닫고 있다. 그것은 장애인들을 지역사회 안의 통합된 직업과 주거환경, 레크리에이션과 여가환경 안에 물리적으로 배치하는 것이 중요한 첫 단계이지만, 장애인들을 대상으로 하는 지원 서비스 프로그램의 가장 중요하고 의미 있는 결과는 그들의 향상된 삶의 질이라는 것이다. 동료 근로자들과 함께 생활은 하지만 대인관계기술이 발달되지 않아서 점심시간이나 휴식시간에 항상 혼자 앉아 있는 장애인의 삶의 질이 높다고 평가할 수 있는가?

그리고 지역사회에 있는 그룹홈에서 생활하는 장애 청년이 저녁에 먹는 음식이나 잠자러 가는 시간을 거의 선택하지 못하고, 주말에 쇼핑을 함께 가는 유일한 '친구'가 그룹홈에서 일하는 유급 직원이라면 그의 삶의 질은 어떠하다고 생각하는가? 그들의 삶의 질을 측정하는 한 가지 방법은 '얼마나 선택할 수 있는가' 하는 것이다. 선택하는 일은 개인의 정체성에 있어서 매우 중요한 역할을 하는데, 무엇을 먹거나 입는 것을 선택하는 일상적인 것에서부터 어떤 곳에 살며 어떠한 일을 할 것인가 하는 큰 문제까지 모두가 이에 해당된다(Ferguson & Ferguson, 2016).

잘못된 가정

많은 장애인들이 여전히 직면하는 문제는 아직도 그들이 우리 사회의 완전한 구성원으로 받아들여지지 않고 있다는 것이다. 비록 이러한 점에 있어서 많은 변화가 있기는 했지만(이 책에서 제시된 장애인을 위한 법률이나 규정들을 보면 알 수 있듯이), 가야 할 길은 여전히 멀다. 법원의 판결이나 법률은 변화를 요구하고 있지만 일반인들이 장애인을 대하는 인식이나 방법을 변화시키기에는 여전히 어려움이 많다.

대부분의 장애인들은 자신들이 사회에 완전히 통합되는 데 있어서 가장 큰 장애물은 장애인 편의 시설이 없는 건물이나 장애로 인하여 발생하는 어떤 실제적인 제한성이 아니라 비장애인들이 다르게 대하는 태도라고 말한다. **인종차별**이나 **성차별**이라는 용어가 어떤 인종이나 특정한 성별에 대하여 편견을 가지고 차별하는 것을 의미하는 것과 같이 **장애인 차별**(ableism)은 장애인에 대해 편견을 가지고 차별적으로 반응하는 것이다. 이러한 반응은 개인의 자질이나 수행능력에 근거한 것이 아니라 장애인은 어떠할 것이며 또는 어떠해야 한다는 가정이나 편견에 기인한 것이다(Bogdan & Biklen, 1977). 장애인들을 대상으로 일반인들이 자신들에 대해서 어떻게 인식하고 반응하는지에 대하여 질문한 전국적인 조사연구에서 28%의 장애인들이 자신들을 동정의 대상으로 여긴다고 하였으며, 27%가 다르게 대하고, 14%가 다음에 또 만나는 것을 피한다고 대답하였다(Kessler Foundation/National Organization on Disability, 2010). 이 조사연구에서 또한 심한 장애인들이 경도 및 중등도 장애인들보다 이러한 부정적인 경험을 더 많이 하는 것으로 나타났다.

장애가 있는 남자나 여자가 일반적이고 평범한 사람으로 여겨질 때 비로소 장애인의 완전한 사회참여가 이루어지는 것이며 사회의 온전한 구성원으로 살아가게 되는 것이다. 그렇게 될 때 장애인들은 일반 시민들이 당연히 누리는 그러한 삶을 누릴 수 있게 된다.

자기주장과 자기결정

장애아동이나 장애인을 위한 옹호와 주장은 지난 30년 동안 극적인 영향을 미쳤다. 사실 교육, 직업, 주거 서비스 영역에서 일어난 많은 변화는 옹호자들의 노력에 의한 것이다. 장애인 가족이나 친구, 또는 전문가들이나 변호사들이 전통적으로 장애인을 위한 옹호자들이었다.

장애인들도 자신을 주장하고 옹호하는 능력이 없다는 잘못된 인식에 반대하며, 점점 더 자신들의 법적 권리를 주장하기 시작하였다. 전환종단연구 2에서 발견한 흥미로운 사실은 젊은 장애인들의 67%가 투표를 위해서 등록한 반면에 유사한 연령(18~24세)의 일반 청년은 단지 58%에 불과하였다. 가장 눈에 띄는 것은 신체장애인들의 자기주장인데, 그들은 자립생활 서비스를 위한 청원운동(로비)을 아주 효과적으로 해왔다. 감각장애인들도 자기주장을 아주 열심히 하고 있다. 가장 놀라운 예 중의 하나는 청각장애인을 위해 설립된 갤러뎃대학교에서 1988년에 미국 수화를 모르는 사람이 총장으로 지명된 것을 학생들이 반대한 것이었다. 그러나 지적장애인들은 자기주장에 잘 참여하지 못하고 있는데, 아마도 자신들의 권리가 침해되고 있다는 것을 인식하도록 배우지 못했기 때문이거나 자기주장에 필요한 언어기술이 부족하기 때문일 수 있다. 이러한 지적 및 발달장애인들이 자신들의 권리를 찾기 위하여 인터넷 자료와 도구를 사용하기 시작하고 있다(Zubal-Ruggieri, 2007).

여전히 가야 하는 먼 길

일반적으로 장애인의 삶의 질은 지금이 과거보다 훨씬 좋은 상태이다. 많은 장애인들이 지역사회 안의 통합된 환경에서 살고 일하고 여가를 즐기고 있을 뿐만 아니라 여전히 많은 장애인들이 또한 그러한 환경에서 혜택을 누릴 수 있도록 개인적 기술, 사회적 기술, 직업기술, 여가기술 등을 습득하고 있다. 그러나 '많은' 장애인들이 '모든' 장애인을 의미하는 것은 아니다. 그리고 사람들은 '일반적으로' 사는 것이 아니다. 그들 자신의 기쁨과 슬픔, 성공과 실패와 같은 구체적인 일들을 경험하며 사는 것이다. 거기에는 아직도 가야 할 먼 길이 있다.

사실 그룹홈에서 자신의 침실을 가지고 있고 보호고용의 직업센터에서 보수를 받으며 일을 하고 있는 지금의 한 장애인의 삶의 질은 시설기관에서 공동생활을 하면서 단순한 일을 끊임없이 반복하며 시간을 보내던 과거보다는 분명히 향상되었다. 그러나 과거의 받아들일 수 없는 기준과 비교하며 지금의 비교적 나아진 삶의 질이 충분하다고 말할 수 있는가? 당신 자신에게는 그것이 충분하다고 생각하는가?

우수교사로부터의 조언   by Michael Craig

Andrew Craig

- 지역사회, 주정부, 국가기관의 전문가들과 협력하고 그들로부터 조언을 얻는 것을 두려워하지 마라.
- 가르치는 것에는 많은 역할이 있다는 것을 기억하라. 나의 경우에는 교사만이 아니라 농부, 사업가, 자금 지원서 작성자, 판매자 등이다.
- 학생과 부모들과의 신뢰관계를 발전시켜라. 그리하여 서로가 학생의 미래에 대하여 솔직하게 대화할 수 있도록 하라. 무엇이 타당하며 무엇이 그렇지 않은지 투명하고 분명하게 의사소통하도록 하라.
- 학생의 IEP를 위하여 역으로 접근하는 계획을 사용하라. 즉, 학생이 학교를 졸업하고 성인생활에서 하기 원하는 목표를 먼저 세우고, 그것을 기준으로 해서 현재 시간까지 역으로 계획하는 것이다. 이렇게 세워진 목적과 목표는 장애학생의 성공적인 전환을 위한 길잡이가 될 것이다.
- 이미 있는 것을 다시 만드느라 시간을 낭비하지 마라. 만약 효과적인 교육과정이 이미 있다면 구입할 수 있는지, 학생들에게 맞게 수정하여 사용할 수 있는지 살펴보라. 예를 들면 나는 생활중심 진로교육과정과 시카고 식물원에서 발행한 '장애인의 통합을 위한 사회적 사업으로서의 원예'를 함께 사용한다. 비록 내가 가르치는 학생들에게 맞추기 위하여 이러한 교육과정을 수정하고 조정해야 하지만 이 두 가지 교육과정을 사용하여 나는 훌륭한 시작을 할 수 있었다.
- 다양한 환경에서 한 번에 한 가지 이상의 기술을 통합하여 가르치기 위하여 다양한 학습기회를 삽입하여 가르치라. 항상 질문하라. "지금 이 순간 학생에게 어떤 다른 기술을 같이 가르칠 수 있는가?" 의사소통기술, 사회성 기술, 직업기술, 교과기술 등을 통합하여 가르칠 수 있는 길은 항상 존재한다. 전략적으로 실시하라.
- 학생들에게 교육 서비스를 제공하는 것에 대하여 다른 전문가들과 함께 정기적으로 점검하라. 여기에는 두 가지 목적이 있다. 첫째는 교수활동을 효과적으로 만드는 데 필요한 중요한 정보를 모을 수 있고, 둘째는 당신이 열심히 참여하는 교사라는 메시지를 보내게 되는데, 이는 학생들의 교육에서 다른 사람들의 책임감을 증가시킨다.
- 학생들에게 실제적인 환경에서 의미 있는 경험을 하도록 하라. 예컨대 내가 가르치는 학생들은 오늘 그들이 키우는 토마토가 내일이 되면 그들이 사는 지역사회에서 샐러드가 되거나 토마토소스가 된다는 것을 안다. 이를 통하여 우리 학생들은 동기를 더 키우게 되고, 자신들이 습득한 기술을 학교 환경을 넘어 다른 환경으로 일반화할 수 있게 된다.

핵심용어와 개념

경쟁고용	장애인 차별	지원생활
보호고용	전환교육 IEP	직업지원 전문가
작업센터	전환 서비스	탈시설화

요약

장애학생이 고등학교를 졸업하면 어떤 일들이 일어나는가

- 장애학생이 고등학교를 졸업하는 비율은 일반 학생들과 비교하면 매우 낮은 것을 알 수 있다(60% 대 80%).
- 미국의 전환종단연구 2를 보면 장애학생이 고등학교를 졸업하고 중등 이후 교육을 받는 수는 일반 학생들보다 매우 낮으며 장애 유형에 따라서도 매우 차이가 나는 것을 알 수 있다.
- 전환종단연구 2에서 장애학생들이 고등학교를 졸업한 뒤 첫 4년 동안에 임금을 받고 전일제 일을 하는 비율이 58%이며, 약 44%만이 직업과 관련된 혜택(예 : 의료보험, 병가)을 받는 것으로 나타났다.
- 장애 성인은 일반인과 비교하면 훨씬 더 많이 빈곤층으로 살고 있다.
- 전환종단연구 2의 대상자 중에서 장애 청년들의 약 절반(49%) 정도가 직장이나 집 밖에서 어떤 형태로든지 지역사회 생활이나 활동에 참여하고 있는 것으로 나타났다.
- 젊은 장애 성인은 같은 연령의 일반 성인에 비하여 범죄 관련 비율이 훨씬 높은데, 전환종단연구 2의 대상자 중에서 고등학교를 중퇴한 장애 청년의 약 28%가 범죄로 체포된 경험이 있으며, 이는 일반 청년(12%)보다 2배가 넘는 비율이다.

장애인교육법과 전환 서비스

- 고등학교에서 성인기 직업적응을 목표로 하는 Will의 '다리 모델'은 학생의 요구에 따라서 일반적 서비스, 시간제한적 서비스, 지속적 서비스의 세 가지 유형으로 구성되어 있다.
- 장애학생을 위한 중등특수교육은 성인생활의 모든 영역을 중요하게 다루어야 한다는 Halpern의 관점은 장애인교육법(IDEA) 개정에 많은 영향을 미쳤다.
- 전환 서비스는 장애학생이 학교를 떠나 교육과 훈련, 직업, 자립생활 등의 성인생활에 잘 적응하도록 돕는 종합적인 활동이다.

전환계획

- 장애학생이 16세가 되기 전에 장애학생의 개별화 교육프로그램(IEP)은 연령에 적합한 전환평가에 근거를 둔 측정 가능한 중등 이후 목표와 이러한 목표를 성취하는 데 필요한 전환 서비스를 포함해야 한다.
- 장애인교육법은 다음과 같은 전환계획 과정을 규정하고 있다.
  - 연령에 적합한 평가
  - 측정 가능한 중등 이후 목표설정
  - 학생에게 적절한 교육과정 파악
  - 전환 서비스 파악
  - 중등 이후 목표와 관련된 개별화 교육프로그램의 연간목표 개발
  - 지역 서비스 기관과 전환 서비스를 위한 협력
  - 모든 장애학생에게 전환교육 수행보고서 제공

증거기반 예측 변인과 실제

- 중등 이후 교육을 받은 장애인은 원하는 직업을 구할 수 있는 가능성이 더욱 커진다.
- 장애학생이 고등학교를 졸업하고 중등 이후 교육에 참여할 가능성과 관련된 증거기반 예측 변인으로는 통합교육 경험, 직업 경험 또는 진로와 관련된 활동경험, 자기결정기술, 교과기술, 자립생활기술, 사회성 기술에 대한 교육 경험 및 학생 지원 네트워크 등이다.
- 중등 이후 교육으로의 전환을 지원하는 증거기반 실제로는 명백한 교수와 교과기술, 자기결정기술, 사회성 기술을 위한 전략 교수가 있다.
- 성공적인 직업전환을 위한 증거기반 예측 변인에는 학생이 진로 인식을 개발하고, 직업 교과를 배우고, 실제 직업경험을 하는 것이 포함된다(예 : 인턴십, 직업체험 등). 다른 예측 변인들로는 학교와 지역사회에서의 통합 경험, 부모 참여, 관련 기관

간의 협력, 학생지원 네트워크 및 교과기술, 자기결정기술, 자립생활기술, 사회성 기술 등을 가르치는 교수활동이다.

- 직업전환을 위한 증거기반 실제로는 구체적인 직업기술에 대한 명백한 교수, 작업수행 비율을 높이는 방법, 직장에 출퇴근하는 이동기술, 사회성 기술 등이다. 촉진이나 시간지연 기법과 같은 교육방법이나 컴퓨터 지원교수(예 : 스마트폰 앱) 등은 직장에서 성공적으로 적응하는 데 필요한 다양한 기술을 교육하는 데 효과적이다.

- 지원고용은 심한 장애 성인이 직업을 얻고 유지하기 위해서는 지속적인 지원 서비스가 필요하다고 본다. 지원고용이란 장애인이 실제 지역사회 사업체 안에서 월급을 받으며 일을 하는 것을 의미하는데, 이를 위해서는 직업지원 전문가의 지속적인 지원이 필요하다.

- 직업지원 전문가의 역할은 처음에는 장애 근로자에게 지원을 직접적으로 제공하는 것에서부터 시작하여 점차 고용주나 동료 근로자들과 함께 직업현장에서 장애인에게 자연적인 지원을 제공할 수 있는 체계를 구축하는 것으로 변화하고 발전된다.

- 자기점검, 자기평가, 자기교수, 자연적 단서를 활용하는 방법이 네 가지를 배우는 것은 장애인이 일터에서 자립성과 생산성을 높이는 중요한 방법이다.

- 비록 많은 중증장애인들이 작업센터에서 보호고용으로 일을 하고 있지만 이것이 더 이상 적절한 직업 선택 방안은 아니다.

- 지원생활이란 장애인이 지역사회에서 최대한 자립적이고 통합된 형태로 살아갈 수 있도록 돕기 위하여 만들어진 방안이며, 이를 위하여 다양한 형태의 개별화된 지원을 제공한다.

- 레크리에이션과 즐거운 여가시간을 보내는 것 그리고 사회적 관계를 맺는 방법을 배우는 것은 만족스러운 성인생활을 하는 데 중요한 요소가 된다.

- 장애인도 성에 대하여 배우는 기회에서 배제되어서는 안 되며, 친밀한 성생활에 대한 즐거움을 누릴 수 있게 해야 한다.

전환교육의 궁극적 목적 : 더 나은 삶의 질

- 많은 장애인들이 여전히 직면하는 문제는 아직도 그들이 우리 사회의 완전한 구성원으로 받아들여지지 않고 있다는 것이다.

- 장애인에 대해 편견을 가지고 차별적으로 반응하는 것을 뜻하는 장애인 차별은 개인의 자질이나 수행능력에 근거한 것이 아니라 장애인은 어떠할 것이며 또는 어떠해야 한다는 가정이나 편견에 기인한 것이다

- 장애인들은 자신을 주장하고 옹호하는 능력이 없다는 잘못된 인식에 반대하며 점점 더 자신들의 법적 권리를 주장하기 시작하였다.

용어해설

간헐적 자기도뇨법(clean intermittent catheterization) 깨끗한(살균은 하지 않음) 도뇨관을 요도를 통하여 방광에 삽입하는 것으로, 방광이 채워지면 소면을 배출함

감음성 청각장애(sensory hearing impairment) 달팽이관의 손상을 수반하는 청각장애

개별 성장 및 발달 지표(Individual Growth and Development Indicators, IGDI) 어린 아동들의 발달기술에 대한 진보 탐색 평가치

개별화 가족 서비스 계획(individualized family service plan, IFSP) 출생에서 3세까지 영아 및 유아의 조기중재 서비스를 위한 장애인교육법의 요구사항. 개별화 교육프로그램과 유사하며 모든 학령기 장애아동에게 요구됨

개별화 건강관리 계획서(individualized health care plan, IHCP) 특별 건강관리가 필요한 학생들의 개별화 교육프로그램의 요소로서 건강관리절차와 학교 인사가 이행할 서비스 그리고 응급상황 시 계획 등을 규정하고 있음

개별화 교육계획 팀(IEP team) 장애학생을 위해서 개별화 교육프로그램을 개발하는 사람들의 집단. 이 팀은 (1) 아동의 부모, (2) 1명 이상의 일반교사, (3) 1명 이상의 특수교사, (4) 장애학생의 독특한 교육적 필요를 충족하기 위해 특별히 계획된 교수를 제공하고 감독하는 지역 교육기관, (5) 일반교육과정과 지역 교육기관의 자원에 대해 잘 아는 사람, (6) 진단 및 평가결과에 대한 교육적 시사점을 해석할 수 있는 자로서 (2)~(5)에 기술된 자와 중복 가능, (7) 관련 서비스 제공자를 포함하여 아동의 장애에 관련된 전문적 지식을 가지고 있는 자로서 부모나 학교가 임의로 정하는 자, (8) 적절한 경우에 장애학생 자신을 포함

개별화 교육프로그램(individualized education program, IEP) 모든 장애아동을 위해 장애인교육법(PL 94-142)에서 요구하는 문서로서, 현재 성취수준, 연간목표, 단기 교수목표, 필요한 특정 교육 서비스, 일반교육프로그램 참여 정도, 평가 절차 및 해당 날짜 등을 포함하며, 교육 인사뿐 아니라 부모의 동의를 받아야 함

겸상적혈구병(sickle cell disease) 적혈구의 산소 운반 능력에 영향을 주고 극심한 통증, 감염, 기관 이상, 급성흉부증후군, 그리고 뇌졸중을 포함하는 여러 합병증을 유발하는 상염색체 퇴행 질환

경쟁고용(competitive employment) 일반 사회에 있는 직업환경에서 적어도 최소임금이나 그 이상의 임금을 받으며 전일제나 파트타임으로 일하는 것을 말함. 동일하거나 유사한 직종에서 일하는 일반 근로자들과 비교하여 임금이나 고용주가 제공하는 직업혜택이 적지 않음

고막[tympanic membrane(eardrum)] 가운데 귀에 위치하며 소리의 압력 변화에 진동하여 청각 에너지를 소리 에너지로 변화시켜 전달하는 역할을 함

공유된 관심(공동관심, joint attention) 두 사람이 동일한 준거의 틀을 가지고 공동의 환경에서 상호작용하는 사회적 의사소통기술. 공유된 관심은 다른 사람이 바라보는 곳을 바라보거나 다른 사람이 가리키는 방향으로 고개나 눈을 돌릴 때 입증됨

공존장애(comorbidity) 2~3개의 장애 조건이 한 사람에게 동시에 발생하는 것(예 : 학습장애와 ADHD)

과긴장(hypertonia) 뇌의 염증. 중추신경계의 영구적인 손상과 지적장애를 초래함

과제분석(task analysis) 복잡한 행동기술이나 행동연쇄를 더 작은 교육 가능한 단위로 나누는 것

교육과정 압축(curriculum compacting) 심화학습 시간을 확보하기 위하여 학생이 이미 숙달한 교수내용을 압축하는 교육과정 전략

교육과정 중심 측정(curriculumbased measurement, CBM) 학생이 학습하는 교육과정의 목표에 대한 학생의 진보를 자주 평가하는 형성평가의 한 형태

구개파열(cleft palate) 음성이 지나치게 비음으로 나타나는 구개열의 선천성 파열. 외과수술이나 치아기구로 교정 가능함

구문론(syntax) 언어에서 단어의 배열을 지배하는 규칙체계

구어(말, speech) 의사소통하려고 특정 음을 생산하기 위해 호흡과 근육들을 체계적으로 사용하는 것

구어장애(speech impairments) "다른 사람의 구어와 매우 다른 구어로서, (1) 말 자체로 주의를 끌게 되고, (2) 의사소통을 방해하게 되며, (3) 화자나 청자를 화나게 하는 구어"(Van Riper & Erickson, 1996, p. 110). 구어장애의 세 가지 기본 유형은 조음장애, 유창성장애, 음성장애임

구체적-표상적-추상적 순서(concreterepresentationalabstract sequence) 수학을 가르치는 논리적인 순서와 관련된 것으로, 첫 번째는 사물(구체적)을 이용해서 가르치며, 다음으로 그림(표상적), 마지막으로 숫자(추상적)를 이용함

굴절(refraction) 빛이 한 조건(예 : 공기)에서 다른 조건(예 : 눈)으로 통과할 때 곧은 경로로부터의 굴절 혹은 기울어짐. 안과 의사가 시력을 사정하고 교정할 때 사용함

507

규준참조검사(normreferenced test)   한 학생의 점수를 동일 연령의 학생의 점수와 상대적으로 비교하기 위한 검사

근시(myopia)   평행광선이 망막 앞에서 초점을 맺음으로써 멀리 있는 물체의 상이 흐릿하게 보이는 현상

근이영양증(muscular dystrophy)   근육조직이 점진적으로 약해지는 질병군. 보통 4~5세경에 명백히 나타남

급성적 상태(acute condition)   질병이나 상해가 심각한 상태이며, 영속적인 것은 아님. 만성과 대조됨

긍정적 행동중재 및 지원(positive behavioral interventions and supports, PBIS)   도전적 행동을 예방하기 위하여 보편적 지원과 중재(모든 학생을 위한), 표적 지원과 중재(일부를 위한), 집중적 개인 지원과 중재(소수를 위한)를 제공하는 3단계 체제. 이로써 모든 학생이 사회적 기술과 기대행동을 배움

기계 의존적 학생(technology-dependent student)   "중요한 신체적 기능 보상을 위해 의료장비가 필수적이며 사망 혹은 장애를 피하기 위해 실제적이며 지속적인 간호가 요구되는 학생"(Office of Technology Assessment, 1987, p. 3)

기능분석(functional analysis)   문제행동의 유발요인이나 그 행동을 유지시키는 요인을 확인하기 위해 아동이 속한 자연스러운 환경에서 관찰되는 선행 또는 후속사건들을 실험적으로 조작함으로써 행동의 기능을 평가하는 한 방법

기능적 교육과정(functional curriculum)   장애학생이 학교, 가정, 지역사회, 직업현장에서의 성공과 독립을 위해 배워야 할 지식과 기술. 착탈의, 화장실 사용, 구매하기, 간식 준비 등과 같은 기술을 포함한 교육과정으로서 중도 장애학생의 특수교육을 위한 중요한 구성요소임

기타 건강장애(other health impairment, OHI)   아동의 특수교육 적격성을 규정하는 장애인법에 포함된 장애 영역으로 아동의 교육활동과 수행에 영향을 끼치는 암, 당뇨, 낭포성 섬유증 등과 같은 특정 건강 질환을 포함함

ㄴ

난독증(dyslexia)   음운적 처리가 불충분하고, 단일 단어 해독에 어려움을 보이는 언어장애. 이는 발달장애나 감각손상으로 인한 것이 아니며 연령, 인지, 학업능력, 읽기능력 등과 관련하여 예측되지 않으며, 읽기능력을 심하게 손상시킴(Orton Dyslexia Society Research Committee, 1994)

난청(hard of hearing)   청각만을 통해 발화를 이해하기 어려운 상태의 청력손실 단계

낭포성 섬유증(cystic fibrosis)   췌장, 점액, 침, 땀샘의 역기능으로 인한 유전적 장애. 낭포성 섬유증은 심하고 장기적인 호흡곤란을 일으킴. 현재로는 치료 불가능함

내면화 행동(internalizing behaviors)   일부 정서행동장애아동들의 미성숙하고 위축된 행동(예 : 사회적 위축, 비합리적인 두려움, 우울) 특성

내부형 머리손상(closed head injury)   정지된 물건에 머리를 강하게 부딪쳐서 뇌가 두개골 안쪽에서 충격을 받거나, 뇌의 빠른 움직임으로 인한 스트레스, 신경섬유나 신경축색돌기의 파열로 발생함

내용 강화법(content enhancement)   학생들이 해당 정보에 더 잘 접근하고, 상호 작용하고, 이해하고, 유지할 수 있도록 교육과정 내용의 구성 및 전달을 향상시키기 위해 교사가 사용하는 광범위한 기술. 시각적 제시, 그래픽 구성, 안내노트 등이 있음

녹내장(glaucoma)   안구 내의 압력이 비정상적으로 높은 눈의 질병. 만약 치료를 하지 않으면 완전히 실명할 수 있지만 조기에 발견하면 대부분 치료가 가능함

놀이 청력검사(play audiometry)   아동에게 순음이든 말이든 신호음을 들을 때마다 장난감을 들어 올리라거나 공을 컵에 넣으라는 것과 같은 간단하지만 독특한 활동을 수행하도록 가르쳐서 청력을 평가하는 방법

놀이 확장(play expansions)   교사가 아동의 놀이 동작을 모방하고 거기서 좀 더 진전된 동작을 시범 보여서 아동이 모방하게 하는 교수활동

농(deafness)   보청기를 사용해도 말을 이해할 수 없는 심각한 청력손실의 결과. 그러나 어떤 소리는 지각될 수도 있음

농-맹(deaf-blindness)   청각장애 또는 시각장애아동만을 위한 특수교육 프로그램에 적응하지 못하는 개인의 발달상 또는 교육상의 요구를 야기하는 청각과 시각장애의 혼합된 형태

농 문화(deaf culture)   농 문화 공동체는 언어[미국의 경우 미국 수화(American Sign Language, ASL)], 사회적 관행, 문헌, 신념 등을 공유하며, 농을 장애로 여기지 않음

뇌성마비(cerebral palsy)   태아기 또는 출생 과정에서 발생하는 두뇌손상으로 야기되는 운동장애. 다양한 증후군이 있음. 다양한 증상(보행실조, 무정위 운동형, 경직, 경련, 떨림)을 가질 수 있고 경도부터 중도까지 범위가 넓음. 치료 불가능하나 진행성은 아님

뇌수종(hydrocephalus)   두개골 안의 뇌척수액이 증가하여 머리가 커져 있는 상태로, 흔히 뇌손상과 심한 정신지체를 유발함. 그러한 상태는 태어날 때부터 있거나 또는 태어난 후에 바로 나타남. 때로는 머리에 분류기를 넣는 수술을 통해 치료할 수 있음

뇌전증(epilepsy)   두뇌의 비정상적인 전기활동에 의해서 만성적이고 되풀이되는 발작이나 경련, 행동이나 이동의 어려움 등이 나타나는 상태를 말함. 주로 약물요법을 사용하는 데 약물요법은 부작용을 일으킬 수도 있음. 뇌전증은 일시적이거나 평생 지속될 수 있음

능력집단 클러스터(cluster ability grouping)   최상의 학습수행 수준을 보이는 소규모의 학생 집단이 일반학급에서 다양한 능력의 학생들과 함께 학습을 하는 교육 배치 형태

ㄷ

다요인적 평가(multifactored evaluation, MFE)   다양한 검사도구와 관찰 절차를 통해 아동을 사정하고 평가하는 것. IDEA에서는 특수교육서비스

를 받아야 할 아동을 사정할 때 요구됨. 하나의 검사 점수만으로 아동을 잘못 진단하고 잘못 배치하는 것을 예방하기 위함

다운증후군(Down syndrome)　중등도 또는 중도의 지적장애를 초래하며, 신체적 특징으로서 큰 혀, 심장 이상, 낮은 근육 긴장도, 넓고 납작한 코 등을 동반하는 염색체 이상

다층식 학습(tiered lesson)　능력이 다른 아동으로 구성된 집단에게 동일한 기본 지도를 다른 확장된 범위로 지도하는 것. 예를 들면 학급 전체 아동에게 한 편의 시를 알려준 뒤, 상중하의 난이도로 추수활동 혹은 과제를 할 수 있음

다층지원체계(multitiered system of support, MTSS)　학생의 요구에 기초하여 강도를 높여가며 중재하는 전달 체계. 학업과 사회적 행동 둘 다에 초점을 맞춤. MTSS는 모든 수준에서 증거기반의 실제, 적절한 선별, 지속적인 진전 점검, 팀 기반의 문제해결에 의함

단계체계(level system)　학생들이 행동통제를 증가시킴에 따라 더 많은 독립성과 특권을 부여하는 행동관리체계. 토큰경제 참조

단순부분 발작(simple partial seizure)　의식불명을 동반하지는 않지만 갑작스러운 움직임을 특징으로 하는 뇌전증의 한 유형. 단순발작은 주 단위나 월 단위로 혹은 1년에 한두 차례만 나타날 수 있음

달팽이관(cochlea)　내이에 위치한 주요한 청각 수용기관임. 달팽이관 안에 있는 작은 유모들이 기계적 에너지를 중립적인 자극으로 바꾸어 청신경을 타고 뇌로 전달되게 함

당뇨병(diabetes)　신체가 설탕이나 녹말, 기타 음식물을 에너지로 전환할 때 필요한 호르몬인 인슐린을 적절하게 생산하거나 사용하지 못하는 만성적 질병

대안적 배치의 연계(continuum of alternative placement)　장애학생을 위한 교육 배치와 교수선택의 범위를 의미함. 일반적으로 피라미드 모형으로 교육적 배치를 묘사하는데, 가장 아래 있는 배치인 일반학급 교실에서부터 위로 올라가며 특수학교, 시설기관, 가정과 병원 등의 배치로 구성됨. 장애인교육법(IDEA)은 장애학생의 개별적 요구를 충족시키기 위하여 학교가 대안적 배치의 연속체를 제공하도록 요구함

데시벨(decibel, dB)　소리의 상대적인 강도를 대수 눈금으로 측정하는 단위로서 0에서 시작하며, 0dB은 정상 청력을 가진 사람이 감지할 수 있는 가장 작은 소리를 의미함

독화(speechreading)　얼굴표정, 몸짓, 상황, 문맥으로부터 얻는 정보와 결합하여 화자의 입술을 관찰함으로써 구어 메시지를 이해하는 과정

동시에 응답하기(choral responding, CR)　교사가 제시한 일련의 질문이나 문제에 대해 학생들이 구두로 대답하는 것. 학생 참여 및 학습 향상을 위한 증거 기반 전략을 의미

듀센 근이영양증(Duchenne muscular dystrophy, DMD)　신체의 근육이 점차 약해져 사용할 수 없게 되는 장기적 질병의 하나로 근위축증의 가장 흔한 형태

ㅁ

마비말장애(dysarthria)　호흡, 발성, 공명, 조음을 담당하는 신경근육의 손상으로 초래되는 구어장애

마음 이론(theory of mind)　자기 자신과 다른 사람의 생각, 동기, 믿음을 구분하고 해석하는 직관적 능력(즉, 조망 수용)

만성적 상태(chronic condition)　오래 지속되는 조건, 영속적일 수도 있음. 급성과 대조됨

말더듬(stuttering)　구어의 유창성 장애. 특히 단어가 시작되는 자음과 모음에서 연속적인 반복, 연장, 멈춤, 삽입, 막힘이 나타남. 속화와 비교됨

매일 1분 내 빨리 말하기(say all fast a minute each day shuffled, SAFMEDS)　SAFMEDS 카드마다 한 면에는 질문, 어휘, 문제가 적혀 있고 다른 한 면에는 답이 쓰여 있는 한 벌의 카드. 학생은 1분의 연습 시간 동안 최대한 많이 질문이나 문제에 대한 답을 하고 카드를 뒤집어 답을 확인 한 후 '정답'이나 '오답' 파일에 놓음

맹(blind)　시력이 없거나 단지 빛만 지각되는 상태. 학습은 다른 감각을 통하여 이루어짐

맹(blindness, legal)　법률적 맹 참고

무산소증(anoxia)　조직손상을 일으킬 만큼 산소가 결핍되어 있는 상태로, 뇌손상과 정신지체를 초래

무상의 적절한 공교육(free appropriate public education, FAPE)　IDEA에 의해 보장되는 조항으로, 학교는 특수교육에 적격한 각각의 장애아동에게 교육프로그램과 그들의 특별한 요구를 충족시키기 위해 개별적으로 설계된 관련 서비스를 제공해야만 함. 제공된 관련 서비스를 통해 장애아동들은 교육기회의 확대, 고용, 독립적 생활을 포함한 교육 혜택을 받음. 교육 및 관련 서비스에 대한 이 조항은 비장애아동의 부모 및 보호자에게 동일하게 부과되는 수수료를 제외한 다른 비용은 부담시키지 않음

무정위 운동형(athetosis)　크고 불규칙한, 제어할 수 없는 비틀림 동작을 특징으로 하는 뇌성마비의 한 종류임. 근육이 긴장하고 경직되거나 느슨하고 이완되며, 종종 구두 언어의 어려움을 동반함

문자소(grapheme)　하나의 음소에 상응하는 문자 언어의 가장 작은 단위(예 : 자소 t는 음소 /t/에 해당함)

문제기반 학습(problembased learning)　학생이 현실적인 문제에 대한 해결책을 찾는 집단활동 교수전략

문화적 상호교류(cultural reciprocity)　전문가와 가족 구성원이 정보를 공유하고, 그들의 가치관과 신념체계의 차이가 그들의 관점과 소망 및 결정에 어떠한 영향을 미치는지 이해하고 존중하는 양방향 과정. 각 집단 고유의 문화적 배경과 신념체계에 대한 세심한 조사가 필요함

물리치료사(physical therapist, PT)　장애인이 근육과 정형외과적 능력을 발달시키고 유지하며, 바르고 유능하게 움직이도록 돕는 훈련된 전문가

미국 수어(American Sign Language, ASL)　시각-동작 언어로서 그 자체의 규칙, 즉 구문론, 의미론, 화용론 등이 있음. 영어의 문자나 구어 체계와 일치하지 않으며, 미국과 캐나다의 농문화에 속함

ㅂ

반복 읽기(repeated reading) 학생이 구두로 동일한 문장을 한 회기에 보통 3~5회 읽도록 하여 읽기 유창성을 증가시키는 기법. 학생이 성공적으로 읽으면 분당 바르게 읽는 단어 수를 증가시킴. 주어진 문장에서 미리 결정해놓은 유창성 기준에 도달하면 새로운 문장을 제시함. 시간이 감에 따라 성공적인 문장의 난이도가 점진적으로 증가함

반응카드(response card) 교사가 제시한 문제나 질문들에 모든 학생들이 동시에 반응을 표현하기 위한 카드, 기호, 물건들. 반응카드는 학급의 모든 학생이 각각의 질문에 반응하게 함

반향어(echolalia) 다른 사람이 말한 것을 메아리치듯 반복하는 것. 발달지체, 자폐성 장애, 의사소통장애아동의 특징임

발달에 적합한 실제(developmentally appropriate practice, DAP) 어린 아동에게 제공되는 학습환경, 교수 실제, 기타 프로그램의 구성요소들은 일반적인 기대뿐만 아니라 아동의 연령과 발달단계의 경험에 기초해야 한다는 신념에 근거한 실제에 대한 철학과 지침

발생률(incidence) 어떤 시기에 특정 조건을 가진 것으로 판별되는 사람의 비율로서 보통 1,000명 중 해당하는 사례 수로 보고

발음 암시법(cued speech) 영어의 44개 음소를 나타내는 수신호를 사용하여 구어 의사소통을 보조하는 방법임. 8개의 수신호가 자음을 나타내고 턱 주변의 네 곳의 위치가 모음을 나타냄

방언(dialect) 특정 언어 내 억양, 단어 선택, 단어 배열, 형태 변화 등의 다양성

방향정위와 이동(orientation and mobility, O&M) 시각장애인에게 중요한 2개의 상보적 기술. 방향정위는 환경 내의 정보를 해석하여 자신이 어디에 있는지, 어디로 가야 하는지, 어떻게 가야 하는지를 아는 것이며 이동은 한 지점에서 다른 지점으로 안전하고 효율적으로 움직이는 것임

백내장(cataract) 눈의 수정체가 흐리고 불투명할 때 발생하는 시력약화 혹은 상실

법률적 맹(legal blindness) 안경이나 콘택트렌즈로 교정시력이 20/200 이하인 경우 혹은 시야가 20도 이하로 제한되는 경우. 시력이 20/200의 의미는 정상적인 시력으로 200피트 거리에서 볼 수 있는 것을 20피트 거리에서 정확하게 볼 수 있는 시력을 말함

보완대체 의사소통(augmentative and alternative communication, AAC) 구어를 통해 의사소통할 수 없는 사람을 돕기 위한 비구어적인 의사소통 방법으로서 수화, 상징체계, 의사소통판, 음성합성기 등을 포함

보조공학(assistive technology) 상업적으로 구매하거나 수정되거나 또는 사용자 맞춤형으로 개발된 장비 또는 제품으로, 장애아동의 기능적 능력을 증가, 유지, 향상시키기 위해 사용됨(Individuals with Disabilities Education Act regulations, 34 CFR §300.5)

보청기(hearing aid) 소리를 증폭시켜주는 듣기 보조장치

보편적 예방(universal precautions) 혈액 및 체액과 같은 잠재적인 생물학적 위험에 의해 감염되는 연쇄를 막기 위한 안전에 대한 지침(예:소독 장갑을 착용하는 것, 손을 씻는 것)

보편적 학습설계(universal design for learning, UDL) 건축학의 개념을 포함하여 모든 학습자가 접근할 수 있고, 동기가 유발되며 참여할 수 있는 매체로 상호작용과 활용이 가능하도록 설계하는 교육과정 매체와 지도의 접근

보호고용(sheltered employment) 장애인이 분리된 환경에서 작업하는 고용형태. 작업활동시설을 포함하며 법적 최저임금이 보장된 장애인을 고용한 비영리단체가 운영함

복합부분 발작(complex partial seizure) 발작의 일종으로서, 부적절하며 무의미한 활동이 짧은 시간 동안 일어나는 것(정신운동성 발작이라고도 불림). 일반적으로 2~5분 동안 지속된 후 자신에게 일어난 모든 일들을 기억하지 못함

부분 시력(partially sighted) 좋은 눈의 교정 후 시력이 20/70보다 나쁨을 의미하는 것으로 사용되는 법적·행정적 용어

부분 참여(partial participation) 비록 중도장애인이 주어진 과제나 활동의 모든 단계를 독립적으로 수행할 수 없을지라도 과제의 선택적인 요소나 수정된 내용을 배울 수 있다는 것을 인정하는 교수 접근법

부재 발작(absence seizure) 개인이 의식을 잃는 뇌전증 발작의 한 유형으로, 보통 30분 미만으로 지속되며, 일부 아동의 경우 매우 자주 발생함

불균형비율 현상(disproportionate representation) 특정 집단이 그 집단이 대표하는 모집단에서 예상되는 비율보다 더 많게 또는 더 적게 특수교육을 제공받는 것

블룸의 분류체계(Bloom's taxonomy) 인지적 관점에서 여섯 가지 유형으로 구성된 교육목표의 위계를 제시함. (1) 지식, (2) 이해, (3) 적용, (4) 분석, (5) 종합(창조), (6) 평가. 학생에게 다른 유형의 학습이 일어날 수 있도록 질문을 하거나 활동과제를 제시하는 등 차별화된 교육과정을 위한 구성체계로서 사용될 있음

비동시성(asynchrony) 영재아의 지적·정서적·신체적 성장이나 발달특성에 있어서 발달하는 비율이 매우 다른 것을 지칭하는 용어

ㅅ

사시(strabismus) 동안근의 이상으로 양쪽 눈의 시선이 양안 시야(주시점)에 도달하지 못하는 상태

사지마비(quadriplegia) 팔과 다리 모두의 마비

사회적 상황 이야기(social stories) 개별화된 이야기를 통해 사회적 기술을 가르치기 위한 중재법으로 보통 한 페이지는 하나의 문장과 함께 학생의 관점에서 사회적 상황을 묘사한 간단한 선화 혹은 사진으로 구성됨. 흔히 자폐성 장애아동의 상황에 대한 불안을 감소시키기 위해 사용되는데 아동이 관련되는 사회적 단서와 기대되는 행동을 배우도록 도움을 주며, 상황별로 원하는 결과를 성취하기 위해 어떻게 행동해야 하는지를 알려주고, 다른 사람의 관점에서 사건을 이해하도록 도와줌

삽입교수(embedded learning opportunities) 자연스럽게 수행되는 학급

활동(예 : 간식시간, 청소시간)에 의도적이고 체계적인 교수를 삽입하여 학습의 기회를 제공

상동행동(stereotypy) 반복적이며 비기능적인 움직임(예 : 손을 아래위로 흔드는 것, 몸을 앞뒤로 흔드는 것)

서번트증후군(savant syndrome) 특정 영역(예 : 암기, 수학계산, 그리기, 음악)에서의 특이한 능력이나 지식. 반면에 다른 모든 영역에서는 지적장애 수준

선천성(congenital) 출생 시부터 나타나는 어떤 상태

선천성 거대세포 바이러스(congenital cytomegalovirus, CMV) 대부분의 사람들이 감염되는 일반적인 바이러스. 지속적으로 인간의 체내에 살아 있지만 휴면상태로 있으며 일반적으로 무해함. 극소수의 아동이 출생 시 감염되어 이후 점차 발전하여 정신지체, 시각장애, 종종 청각장애 등의 상태를 초래하기도 함

션트(shunt) 신체 내의 한 부분의 액체를 다른 부분으로 옮기는 관. 뇌수종이 있는 사람에게 이식되어 남아 있는 뇌척수액을 뇌로부터 제거하거나 직접 심장이나 내장으로 보냄

속진(acceleration) 일반적으로 우수아 및 영재아에게 사용되는 교육적 접근방법으로서 고학년의 학습경험을 제공하는 것

속화(cluttering) 유창성장애의 일종으로, 말의 속도가 매우 빠르며, 말을 하는 동안 잘못 발음된 소리, 기타 불편한 소리를 동반함. 발화를 이해하지 못할 정도로 왜곡될 수 있음. 말더듬과 대조됨

손상(impairment) 특정 신체 부위 혹은 기관을 잃거나 기능의 저하(예 : 다리 절단)를 의미하며, 장애(disability)와 핸디캡(handicap)과 대비되는 용어

수막염(meningocele) 척추파열로 인한 이분척추의 한 형태로서 척수를 덮고 있는 부분이 돌출되어 척골이 열려 있는 형태. 그러나 척수 그 자체와 신경근 부분은 닫혀 있음

수용언어장애(receptive language disorder) 표현언어 장애와는 대조적으로 언어를 이해하는 데 어려움을 겪는 언어장애

수준별 집단편성(ability grouping) 학업성취 수준이 비슷한 학생을 동일한 학급이나 교수 그룹으로 편성하는 것

시각장애(visual impairment) 교정에도 불구하고 아동의 교육 성과에 부정적인 영향을 미치는 시력 손상. 이 용어는 부분 시력과 실명 모두 포함

시각피질(visual cortex) 시신경을 통한 전기적 자극을 시각적 이미지로 해석하는 영역. 뇌의 후두엽에 있음

시각피질 손상(cortical visual impairments, CVI) 시각적 정보를 해석하는 두뇌 피질의 손상 또는 역기능으로 초래된 시력의 저하 또는 시각장애

시간지연(time delay) 교사가 표적자극(인쇄된 단어)에 대한 촉구를 제공(예 : 교사가 카드에 있는 단어를 말해주는 것)하면서 아동의 반응전환을 통제하는 교수전략. 점진적인 시간지연 절차를 처음 시행할 때는 표적자극과 촉구를 동시에 제시하다가 표적자극과 촉구 제시의 간격 시간(예 : 1초, 2초)을 점진적으로 늘려가면서 학습자가 실수를 거의 하지 않게 함

시력(visual acuity) 특정한 거리에서 형태를 분명하게 구분하거나 세부 사항을 변별하는 능력

시야(field of vision) 두 눈으로 전방을 똑바로 주시할 때 볼 수 있는 범위를 의미하는데 각도로 나타냄. 일반적으로 160~170도를 볼 수 있음

시효율성(visual efficiency) 개인이 어떻게 시야를 효과적으로 사용하는지 설명하기 위한 용어로 안구운동의 통제, 원근 시각 예민성 및 시각적 처리의 질과 속도 등과 같은 요인들을 포함

신경성 청각장애(neural hearing impairment) 청각신경 통로가 이상이 있거나 고장이 있어 나타나는 청각장애

신경학적 장애(neuromotor impairment) 중추신경계에 손상을 입어 몸 일부를 움직이고 사용하고 느끼고 통제하는 능력에 영향을 미침

실어증(aphasia) 말하는 기능을 상실한 것을 의미하나 반드시 뇌의 손상에 의한 것은 아님

실행기능(executive function) 계획, 목표설정, 인지적 및 행동적 융통성, 억제력, 단기기억, 선택적 주의집중 등 자신의 행동을 조절하는 능력

심화(enrichment) 일반교육과정에 포함되어 있지 않은 학습내용을 추가적으로 제공하는 교육방법으로 주로 영재아 교육에 사용됨

○

아스퍼거증후군(Asperger syndrome) 정상적인 인지기능과 언어발달을 보이지만 모든 사회적 영역에서 손상을 보이는 발달장애. 반복적인 상동행동, 이상한 행동이나 물건에 대한 집착, 현학적인 언어 패턴, 서투른 움직임 등을 보임. 자폐성 장애에 포함됨

안구운동(ocular motility) 눈의 운동능력

안구진탕증(nystagmus) 눈을 사물에 고정시키거나 읽기에 어려움을 야기할 정도의 빠르고 불수의적이며 리드미컬한 눈의 움직임

안내노트(guided note) 수업이나 발표를 할 때 학생들이 중요한 요소를 잘 적을 수 있도록 기본적인 정보나 단서를 적어놓은 유인물

알파벳 원리(alphabetic principle) 소리를 나타내는 글자로 단어가 구성된 것을 이해하고, 글자의 소리를 만들고 단어로 합성하여 해독하며 소리를 문자로 쓸 수 있는(철자 쓰기) 능력을 말함

양수검사(amniocentesis) 임신한 여자의 복부에 빈 대롱을 투입해서 양수를 채취하여 태아의 유전적 이상, 염색체 이상 및 성별을 판별할 수 있는 검사

양안시(binocular vision) 단일 이미지를 지각하는 데 있어 두 눈을 함께 사용하는 시력

양육안식 프로그램(respite care) 비가족 구성원이 장애인을 임시적으로 양육하는 프로그램. 중도 장애아동 가족에게 필요한 많은 지원을 제공함

어음수용역치(speech reception threshold, SRT) 개인이 어음청력검사 시 단어의 50%를 이해할 수 있는 데시벨(음압) 수준을 말하며, 각 귀의 어음 이해역치가 측정되고 기록됨

언어(language)   사람들이 서로 의사소통하기 위해 소리, 단어 및 기타 신호를 통해 의미를 부여하는 체계. 언어는 미국 수화처럼 비음성적 부호와 음성적 신호(말 소리)를 사용할 수 있고, 소리 대신에 동작 및 신체 신호를 사용할 수 있음

언어습득이전 청력손실(prelingual hearing loss)   말과 언어발달 이전에 나타난 청력손실

언어습득이후 청력손실(postlingual hearing loss)   언어발달 이후 말하기를 학습한 후에 시작되는 청력손실

언어장애(language disorder)   구어, 문어 또는 기타 상징체계를 이해하고 사용한 데 있어서의 장애

외부형 머리손상(open head injury)   딱딱하고 날카로운 것이나 총알에 맞아 생긴 것과 같은 두개골의 손상

외상성 뇌손상(traumatic brain injury, TBI)   외부적인 물리적 힘에 의해 뇌손상을 입는 것으로 전반적 혹은 부분적 기능장애, 사회심리적 손상을 입게 되며, 둘 다 아동의 학업성취에 부정적 영향을 미침

외이도(auditory canal, external acoustic meatus)   외이에서 중이로 음파를 증폭시켜 전달하는 귀의 한 부분

외현화 행동(externalizing behavior)   정서행동장애가 있는 많은 아동들의 특징인 반사회적·파괴적 행동(예 : 공격성, 불복종, 물건의 파괴)

운동 실조형(ataxia)   뇌성마비의 한 유형으로서 균형감각과 위치감각이 없고 협응이 잘 이루어지지 않음

원시(hyperopia)   이미지가 망막 위에 맺히지 않고 망막 뒤에 맺히는 상태로 가까운 곳에 있는 물체를 보는 데 어려움이 있음

위험군(at risk)   현재는 장애아동으로 진단되지 않았으나, 앞으로 장애를 보일 가능성이 높은 아동을 의미함

유전상담(genetic counseling)   의학적으로 특별히 훈련된 상담자와 아이를 가지려고 하는 사람이 자신의 유전적인 상황으로 인해 태어날 아기가 장애아가 될 가능성에 대하여 상담하는 것

유지(maintenance)   특정 기술을 가르치기 위해 사용된 교수적 중재의 일부 또는 전부가 종료된 후에도 학습자가 습득된 행동을 지속적으로 나타내는 정도

유창성(fluency)   어떤 기능을 측정할 때 정확하고 빠르게 수행하는 능력을 의미함. 유창성이 있는 사람은 어떤 기능을 정확하고 빠르게 수행함. 언어영역에서 유창성은 말의 속도와 흐름에 관한 것인데, 말더듬은 유창성 장애의 가장 대표적인 유형임

유창성 장애(fluency disorder)   소리, 음절, 단어, 구문의 불규칙한 속도, 리듬, 반복을 특징으로 하는 구어장애

융모막 검사(chorionic villi sampling, CVS)   임신 8~10주 동안에 나타날 수 있는 염색체 이상에 대한 태아기 진단절차. 태아의 세포를 융모막 조직에서 떼어내 직접 분석함

음성장애(voice disorder)   "음질, 높낮이, 강도, 공명, 지속시간 등에서 비정상적인 발성이 개인의 연령과 성별에 부적절한 것"(ASHA, 1993, p. 40)

음소(phoneme)   구어에서 확인될 수 있는 소리의 가장 작은 단위. 영어는 42~46개의 음소로 이루어짐

음소 인식(phonemic awareness)   구어의 소리를 듣고 조작하는 능력으로 읽기 학습의 선행 필수 조건임. 음소 인식을 하는 아동은 단어를 만들기 위해 구두로 소리를 섞을 수 있고 단어의 초성, 중성, 종성을 분리시킬 수 있으며 단어를 소리 성분으로 분절할 수 있고 단어 내에서 소리를 조작할 수 있음

음운론(phonology)   언어의 음 체계를 지배하는 언어학적 규칙을 연구

음운 인식(phonological awareness)   언어가 소리 구조(음절, 음소)로 이루어져 있다는 것을 이해하는 것

음운장애(phonological disorder)   아동이 어떤 경우에는 주어진 소리를 바르게 내고 어떤 경우에는 그렇지 못한 언어장애

응용행동분석(applied behavior analysis, ABA)   "행동의 원리에서 파생된 기법을 사회적으로 바람직한 행동을 향상시키기 위하여 체계적으로 적용하고, 행동변화의 원인을 파악하기 위하여 실험을 사용하는 과학"(Cooper et al., 2020, p. 19)

의뢰 전 중재(prereferral intervention)   일반교육 교실에서 학업적 혹은 행동적 어려움을 겪는 학생을 공식적인 특수교육 적격성 검사와 평가에 의뢰하기 전에 행하는 개별화된 중재. 보통 교사가 추가적인 학업적 혹은 행동적 지원을 고안하고 실행하도록 돕는 수립기반팀과 협력함. 중재 반응(RTI) 참조

의미론(semantics)   언어의 의미를 연구하는 학문

의사소통(communication)   최소한 두 사람 사이에서 소리, 상징, 몸짓 등을 통하여 메시지를 기호화하고, 전달하며, 해석하는 상호작용 과정

의사소통장애(communication disorder)   개념, 언어적 또는 비언어적, 그래픽 상징체계를 수용, 전달, 처리, 이해하는 능력에서의 손상으로 청각, 언어, 그리고/또는 발화 과정에서 명백하게 장애가 드러남(American Speech-Language-Hearing Association, 1993)

이개(auricle)   귀의 바깥 부분으로서 음파를 모아 외이도로 보냄

이분척추(spina bifida)   정상적으로 등뼈를 보호하는 척추골이 완전히 발달하지 않아 생긴 등뼈의 선천적 기형으로 신체 하부(하체)의 감각상실과 심한 근육쇠약을 포함함

이소골(ossicles)   소리 에너지를 중이에서 내이로 전달하는 3개의 작은 뼈(추골, 침골, 등골)

이식증(pica)   영양가 없는 물질(예 : 흙, 돌, 막대기, 플라스틱, 끈, 배설물)을 섭취하는 자해행동의 한 형태로, 중도 및 중등도 지적장애인 일부에서 나타남

이중 불일치 기준(dual discrepancy criterion)   만일 학생이 (1) 교수가 제공되어도 학습에 있어서 적절한 성장을 하지 못하고, (2) Tier 2의 수행이 기준 이하일 때 그 학생의 수행을 중재반응(RTI) 접근에 대해 무반응으로 판명하는 기준이 됨(Fuchs & Fuchs, 2007a)

이중언어-이중문화 접근법(bilingual-bicultural(bibi) approach) 청각장애 학생에게 미국 수화언어(ASL)를 모국어로 하고, 영어를 제2언어로 가르치며 농 문화를 강조하는 교육접근법

인간면역결핍 바이러스(human immunodeficiency virus, HIV) 후천성 면역결핍증인 에이즈(AIDS)를 일으키는 바이러스

인공와우(cochlear implant) 외과적 수술로 이식되는 장치로서, 외부의 청각자극을 전기자극으로 변환시켜 청신경을 따라 뇌로 전달되게 함. 일부 청각장애인이 외부의 소리나 목소리를 이해할 수 있게 함

일반화(generalization) 이전에 학습한 지식이나 기술을 훈련 장소가 아닌 다른 상황에서 사용하거나 약간은 다르지만 기능적으로 동일한 방식을 사용하여 수행하는 것. 상황 일반화는 학생이 이전에 학습할 때 제시된 자극이 아닌 다른 자극이 제시될 때도 그 행동을 하는 것을 의미함. 반응 일반화는 이전에 배운 행동과 유사한 행동을 직접 배우지 않고서도 수행하는 것을 말함

ㅈ

자기관리(selfmanagement) 바람직한 행동변화를 가져오는 전략을 개인적으로 적용하는 것. 이는 의도적이고 명료하며 기능적인 정의로서 자기관리 중에 표적행동의 바람직한 변화가 나타나야 함(Cooper et al., 2020)

자기점검(self monitoring) 행동변화 절차로서 개인이 자신의 행동을 체계적으로 관찰하여 목표행동의 발생 또는 비발생을 기록하는 것. 자기기록 또는 자기관찰이라고도 함

자기평가(selfevaluation) 자신의 표적행동 수행을 사전에 설정해놓은 목표 혹은 기준과 비교하는 절차. 자기관리의 요소이며 자기사정이라고도 함

자폐성 장애(autism spectrum disorder) 사회적 의사소통과 상호작용의 결함, 제한적 · 반복적 · 상동증적 행동, 관심, 활동을 특징으로 하는 발달장애. 아동 초기에 증상이 나타남

자폐증(autism) 자폐성 장애 참고

작업센터(work center) 장애가 있는 사람들이 고용훈련을 받고 급여를 받고 일을 수행하는 구조화된 작업 환경. 대부분의 특수교육자와 고용서비스 전문가는 최저 임금 이하의 급여와 분리 배치 때문에 받아들일 수 없는 전환 성과로 간주함. 과거 보호 작업장(sheltered workshop)으로 불림

작업치료사(occupational therapist, OT) 장애인이 유용한 활동에 참여하는 것을 배우도록 교수활동과 교구에 대한 계획을 세우고 실행하는 전문가

잔존청력(residual hearing) 매우 적으나 청각장애인의 남아 있는 청력

잠재 이분척추(spina bifida occulta) 보통은 심한 장애를 야기하지 않는 이분척추의 일종. 비록 척추골이 닫혀 있지 않지만 척수와 막이 돌출하지 않은 것이 특징임

장애(disability) 신체적 감각이나 손상 또는 학습이나 사회적응의 어려움으로 발생하는 것으로서, 일반적인 발달을 방해하는 기능적으로 제한된 상태

장애인 차별(ableism) 장애를 가진 사람이 어떤 느낌을 받거나 어떤 사람

이 되어야 하는지에 대한 가정에 근거한 장애인 차별 대우

저긴장(hypotonia) 약하고 늘어지고 지나치게 낮은 근육의 긴장

저시력(low vision) 시각손상이 너무 심해 특수교육 서비스가 필요한 경우. 저시력 아동은 시각적 채널을 통해 학습할 수 있으며 인쇄물을 읽을 수 있음

적법 절차(due process) 정해진 규칙과 원리에 따라 개인의 헌법적 권리와 법적 권리를 보호하기 위하여 고안된 일련의 법적 단계 및 절차

적응행동(adaptive behavior) 일상생활을 하는 데 필요한 개념적 · 사회적 · 실제적 기술을 의미함. 일반인들이 일상생활의 모든 환경에서 요구되는 기대를 맞추는 데 필요한 일반적인 수행능력으로 언급됨

전신 긴장성-간대성 발작(generalized tonicclonic seizure) 가장 심한 형태의 발작으로, 격렬한 경련을 일으키고 몸이 심하게 굳어지며 의식을 잃음. 전에는 대발작(grand mal seizure)으로 불림

전음성 청각장애(conductive hearing impairment) 외이나 중이의 장애 또는 내이로의 소리파장 전도를 방해하는 기형적 구조에 의해 야기되는 청력 손실. 외과수술이나 치료를 통하여 교정 가능

전환교육(transition IEP) 4개의 영역(고용, 중등 이후 교육, 주거, 레크리에이션/여가)에서 희망하는 학교 이후 성과와 학생이 그러한 성과를 얻을 수 있도록 돕는 교육프로그램 및 지원을 구체화한 것. 학생이 16세가 되면 개별화 교육프로그램의 필수 요소

전환 서비스(transition services) 장애학생이 학교로부터 중등 이후 교육, 고용, 독립생활 및 지역사회 참여와 같이 졸업 후 활동으로 전환하는 것을 지원하기 위해 고안된 조정적 활동. 전환교육 참조

점자(braille) 6개의 도드라진 점들의 조합으로 문자, 숫자 혹은 다른 언어상징을 쓰는 체계. 맹인은 손가락 끝으로 그 점들을 읽음

점자기(brailler) 점자를 적을 수 있는 6개의 키로 구성된 기구

정밀교수(precision teaching) (1) 학습할 기술을 정확히 지적하고, (2) 학생이 그 기술을 수행할 수 있는 초기의 분당 빈도나 비율을 측정하며, (3) 아동의 향상을 위한 목적을 설정하고, (4) 교수 프로그램 중에 나타나는 진전 점검을 위해 매일의 직접적인 측정을 사용하며, (5) 표준수행표에 측정 결과를 도표화하고, (6) 진전이 적절치 않으면 프로그램을 변경하는 교수법

정상분포곡선(normal curve) 전집에서 이론적 확률이나 일정 변수(예:물리적 특성 또는 검사점수)를 설명하기 위해 수학적으로 파생된 곡선. 집단의 약 68%는 평균에서 ±1 표준편차 이내의 범주에 포함되며, 약 27%는 평균에서 ±1과 ±2 표준편차 사이에 포함되고 3% 미만이 ± 2 표준편차 이상의 극단적 점수를 얻음

정상화(normalization) 장애를 가진 개인은 자신이 가지고 있는 장애의 정도나 유형에 관계없이 물리적 · 사회적으로 가능한 한 최대로 사회의 주류에 통합되어야 한다는 철학이나 원리. 중재를 위한 하나의 접근법으로써 가능한 한 문화적으로 개인의 행동을 확립하거나 유지하기 위해 보다 정상적인 환경과 절차를 점진적으로 사용해야 함(Wolfensebeger, 1972, p. 28)

정서장애(emotional disturbance) IDEA에 의해 오랜 기간 다음의 특징 중 하나 또는 그 이상을 보이거나 교육수행에 부정적인 영향을 미치는 조건으로 정의된 장애. 즉, 대인관계를 형성하지 못하거나 만족하지 못하며, 일반적 상황에서 부적절한 행동과 감정을 느끼고, 전반적으로 우울하거나 불행하다고 느끼며 또는 개인적 또는 학교 문제와 관련해 신체적 증상이나 두려움을 느끼는 경향. 다수의 전문가들은 '정서행동장애'라는 용어를 더 선호함

정서행동장애(emotional or behavioral disorders) 정서행동장애는 연령, 문화, 윤리적 기준과는 다르게 정서적 또는 행동적으로 반응하는 것으로 교육적 수행에 부정적인 영향을 미침. 일정한 상황하에서 스트레스를 유발하는 사건에 대한 일시적이며 예측 가능한 반응을 보임. 학교와 관련된 상황 중 적어도 하나에 일관적으로 반응을 보임. 일반교육 상황에서의 직접적인 중재에 대해 반응을 보이지 않으며, 아동의 상태가 일반교육에서의 중재로는 충분하지 않음. IDEA의 정서장애와 대조되고 있음

정안인의 안내기법(sightedguide technique) 정안인이 시각장애인의 이동을 도울 수 있는 방법. 시각장애인은 정안자의 팔꿈치 바로 위를 잡고 반 걸음 뒤에서 자연스럽게 걸음

정적 강화(positive reinforcement) 반응이 나타난 후에 제시되는 즉각적인 자극이 미래에 유사한 반응을 증가시키는 결과를 초래하는 것

정형외과적 장애(orthopedic impairment) 골격 체계(뼈, 관절, 사지, 연결 근육)의 손상

제1형 당뇨병(type 1 diabetes) [공식적으로 소아 당뇨(juvenile diabetes) 혹은 연소자형 당뇨라고 함] 인슐린의 부적절한 분비 혹은 사용으로 혈액이나 소변에 당이 과다해지는 청소년의 질병. 식이요법 혹은 약물요법으로 조절하지만 어려움이 많음. 치료하지 않거나 치료를 부적절하게 하면 의식을 잃게 되고 결국 사망하게 됨. 시각손상과 사지절단을 할 수도 있으며, 현재로서는 완치 불가능함

제2형 당뇨병(type 2 diabetes) 가장 일반적인 당뇨. 인슐린의 저항(적절한 인슐린 사용에 대한 신체의 실패)과 상대적인 인슐린 결핍이 복합적인 것에 의해 생김. 성인 비만인 경우 많이 발생하나 최근에는 소아 비만이 증가하여 제2형 당뇨가 아동에서 증가하고 있음

조음장애(articulation disorder) 소리를 내는 데 있어서의 장애

조작적 조건화 청력검사(operant conditioning audiometry) 소리에 대한 관찰 가능한 반응을 가르쳐서 청력을 측정하는 방법. 예컨대 아동에게 빛과 큰 소리가 제시될 때마다 블록을 박스에 넣도록 가르치고, 이 반응이 학습된 후에 빛은 더 이상 제시하지 않고 음의 볼륨과 높낮이를 점진적으로 줄임. 검사자는 아동이 더 이상 박스에 블록을 넣지 않으면 음을 들을 수 없음을 알게 됨. 때로 무발어 아동과 성인의 청력을 검사하는 데 사용됨

종합적 의사소통법(total communication) 구어, 수화 및 지화를 조합하여 청각장애학생들에게 교육하는 접근법

주의력결핍 과잉행동장애(attentiondeficit/hyperactivity disorder, ADHD) 미국 정신의학회에서 제시한 진단기준에 따르면 발달상 부적절한 부주의, 충동성, 과잉행동을 나타내는 상태

준거참조검사(criterion-referenced test) 아동의 점수를 사전에 설정된 기준이나 숙달 수준과 비교할 수 있도록 구성된 검사. 규준지향검사와 대조됨

중도장애(severe disabilities) 현저한 발달지체와 결합된 중도 및 최중도 정신지체, 자폐, 지체 및 감각장애를 가진 개인이 직면한 어려움을 언급하기 위해 사용되는 용어. 중도장애를 가진 사람은 지적기능에 심한 결손을 보이며, 자조기술 및 다른 사람과의 의사소통과 같은 기초 기술에 대한 체계적인 지도가 필요함

중복장애(multiple disabilities) 한 사람에게 두 가지 이상의 장애가 나타나는 경우. 장애인교육법은 중복장애를 "동시에 발생하는 여러 손상으로 말미암아 하나의 손상에 대해 제공되는 특수교육프로그램으로는 충족될 수 없는 심각한 교육적 요구가 있는 사람"으로 정의함

중이염(otitis media) 전도성 청력손실을 야기할 수 있는 중이의 감염 혹은 염증

중재반응(response to intervention, RTI) 특수교육 적격성 판정을 위한 평가에 의뢰하기 전의 체계적 의뢰 전 중재 및 조기중재 절차로서 보편적 선별과정과 연구 중심의 단계적인 집중적 중재로 구성됨. 미국 장애인교육법 2004(IDEA 2004)는 학교가 아동의 특수교육 적격성을 판정하기 위해 특정 학습장애 영역에서 RTI를 사용할 수 있음을 명문화하였음

중재지원 팀(intervention assistance team) 일반 학급에서 교사를 도와 학업이나 행동 상의 어려움을 가지는 학생을 중재하는 학교 직원 팀. 학생지원 팀, 교사보조 팀, 혹은 문제해결 팀이라고도 함

증거 명시(manifestation determination) 학생의 잘못된 행동과 장애로 인한 행동 간의 관계를 IEP 팀과 다른 자격 있는 요원들이 검토하는 것. 1997년 IDEA 수정안에서는 학교가 장애아동의 행동규율을 잡기 위해 교육환경 배치를 바꾼다든지, 정학 혹은 10일 이상 제적을 하는 경우에 요구하고 있음

지문자(fingerspelling) 수화만으로 나타낼 수 없는 고유명사를 말하기 위해 사용하는 것으로 손을 이용하여 알파벳으로 나타내어 의미를 명확히 함

지속시간(duration of behavior) 주어진 활동을 얼마나 오랫동안 하는지에 대한 측정

지식 펀드(funds of knowledge) 교사가 효과적인 교육을 위해 활용할 수 있는 학생 가족의 강점, 자원 및 안목

지원생활(supported living) 장애인이 자신의 지역사회 내 가정에서 성공적으로 생활할 수 있도록 인적 자원 네트워크가 자연스러운 도움을 줌

지적장애(intellectual disability) 개념, 사회 및 실제 적응기술에서 지적 기능과 적응행동 모두 심한 제한이 있는 장애. 이 장애는 18세 이전에 발생(AAIDD, 2020). 종전의 정신지체로 진단된 동일 집단

직업재활(vocational rehabilitation) 장애인이 직업을 얻고 지속할 수 있도록 돕는 프로그램

직업지원 전문가(employment specialist) 비영리 직업배치 프로그램, 공공기관의 성인 직업서비스 프로그램, 또는 중등 특수교육프로그램에서 일

하는 지역사회에 기반을 둔 전문가로서 고용된 장애인을 지원하며, 직업 코치 또는 고용 컨설턴트 등으로 불리기도 함

집단 유관강화(group contingencies)　행동관리나 동기부여의 한 절차로 몇 명의 선택된 학생이나 전체 학생의 행동에 따라서 전체 학생을 대상으로 후속결과(보상이나 벌칙)를 적용하는 절차

ㅊ

차별화(differentiation)　학생의 각기 다른 요구, 흥미, 준비도, 학습 프로파일에 적합한 차별적 학습 경험을 제공하기 위하여 교수환경, 교육과정, 교수적 실행 등의 수정을 의미하는 광범위한 용어임

척수수막류(myelomeningocele)　이분척추를 가진 아동의 등 부위에 나타나는 돌출부로서 척추의 갈라진 틈을 통해 부풀어 오른 신경조직의 주머니 낭

천식(asthma)　천명, 기침, 호흡곤란을 반복하는 호흡기 질환

청각장애(hearing impairment)　청력손실이 있기 때문에 특수교육이나 훈련 또는 보완대체물을 필요로 하는 사람을 지칭하는 말로 농과 난청을 모두 포함하는 용어

청각학(audiology)　듣기를 연구하는 과학

청능훈련(auditory training)　청각장애인에게 잔존청력을 최대한 활용할 수 있도록 듣기기술을 향상시키기 위한 프로그램

청력검사기(audiometer)　청력을 검사하기 위하여 특정 주파수와 강도를 내는 기구

청력검사 영점(audiometric zero)　정상 청력을 가진 사람이 감지할 수 있는 제일 작은 소리. zero hearingthreshold level(HTL)이라고도 불림

청력도(audiogram)　다양한 주파수대의 각각에 대해 최소한 50%를 들을 수 있는 청력역치를 기록한 그래프

청력손실(난청, hearing loss)　농의 정의에 포함되지 않지만, 영구적 또는 일시적으로 아동의 교육적 수행에 부정적으로 영향을 미치는 청력손실. 이 용어가 결핍이나 병리를 함의하므로 청각장애인 커뮤니티의 많은 사람들은 청력손실을 부적절하고 비하하는 용어로 간주함

청취(audition)　듣는 감각과 행동

촉진된 의사소통(facilitated communication, FC)　의사소통의 촉진자가 아동이 타이핑을 하거나 상징언어를 가리키는 행동에 대하여 조력을 제공하는 보완의사소통의 한 형태. 주로 알파벳-숫자 의사소통판을 사용하여 아동은 의사소통을 위해서 한 번에 한 글자씩 타이핑을 함. 지원받는 타이핑이라고도 하며, 신뢰할 만한 연구에 근거하는 증거기반의 중재는 아님

총괄평가(summative assessment)　교수를 마친 후 학생의 수행이나 학습에 대해 시행하는 모든 유형의 평가(예 : 학년 말에 실시하는 시험)

최소제한환경(least restrictive environment, LRE)　일반학교 프로그램과 가장 유사하고 또한 아동의 특수교육적 욕구를 충족할 수 있는 교육 환경. 많은 장애아동에게는 일반학급이 LRE가 됨. LRE는 상대적인 개념이고 각각의 장애아동을 위해 필요함

최중도장애(profound disabilities)　모든 행동 및 인지 영역에서 전형적인 2세 미만의 발달수준으로 집중적인 지원과 지속적인 감독을 필요로 하는 수준

출생 시(perinatal)　출생 시 혹은 출생 직후에 발생하는 것

출생 전(prenatal)　출생 전의 발생

출생 후(postnatal)　출생 이후의 발생

취약성증후군(fragile X syndrome)　경도부터 중도 지적장애까지 발생시키는 염색체 이상. 지금까지 알려진 유전형 지적장애의 대표적인 원인으로 간주됨. 여성보다 남성에게 더 많고, 남성에게 더 심하게 발생하며, 때때로 자폐성 장애와 유사한 행동특성을 보임. 23번째 성염색체인 X 염색체를 조사하여 진단함

ㅌ

탈시설화(deinstitutionalization)　장애인, 특히 지적장애인을 대규모 수용시설로부터 작은 지역사회 중심의 거주지와 작업환경으로 이주시키려는 사회운동

탐구기반 학습(inquirybased learning)　학생들에게 연구 주제 선정, 조사방법 계획, 자료수집 및 분석, 설명, 그리고 결과를 소통하도록 하는 교수법

터널 시야(tunnel vision)　중앙 시력은 좋으나 주변 시력이 좋지 않은 시각장애

테이삭스병(TaySachs disease)　아주 심한 정신지체, 농, 맹, 마비 및 발작 등을 일으키는 진행성 신경계 장애로, 5세경에 치명적이고 어떤 열성 유전자에 의해 발생함. 혈액검사로 보균자를 확인할 수 있고, 태아세포의 효소분석으로 태아기 진단이 가능함

토큰경제(token economy)　특정 행동을 수행하면 토큰(별표, 점수, 스티커 등)을 제공하는 교수 및 행동관리 체계로 학생들이 모아 온 토큰으로 예정 시간에 보상 일람표의 물건이나 활동과 교환하도록 하는 기법

통합(inclusion)　장애학생을 일반 학급에서 교육하는 것

특수아동(exceptional children)　수행능력이 규준으로부터 위나 아래로 벗어나 있어 특수교육이 필요한 아동

특정 학습장애(specific learning disability)　학습장애 참조

ㅍ

페닐케톤뇨증(phenylketonuria, PKU)　심각한 지적장애를 야기할 수 있는 유전성 신진대사 질환으로 최근에는 출생 시에 발견되며 특정 식이요법을 통해 해로운 영향이 예방될 수 있음

표준편차(standard deviation)　점수들 간의 평균 편차의 양을 보여주는 기술적 통계. 표준편차가 적은 것은 표본 점수들이 평균 부근에 분포되

어 있다는 것을 나타내며, 표준편차가 크다는 것은 표본의 점수가 평균에서 멀리 떨어져 분포되어 있다는 것을 시사

표현언어장애(expressive language disorder) 언어의 산출을 방해하는 언어장애. 수용언어장애와 비교되는 개념

풍진(rubella) 독일 홍역. 임신 첫 3개월인 산모가 걸리게 되면 아동에게 시각장애, 청각장애, 정신지체, 기타 선천성 장애를 야기할 수 있음

프로젝트기반 학습(projectbased learning) 학생이 명백한 질문에 대한 답을 조사하고 그 질문에 대한 답이 되는 결과물을 제시하는 집단활동 교수전략

<hr>

ㅎ

하지마비(paraplegia) 두 다리를 포함한 하반신의 마비. 보통 척수 질환이나 상해에서 초래됨

학생의 적극적 반응(active student response, ASR) 학생의 적극적인 수업 참여를 의미하는 것으로, 진행 중인 수업이나 자료에 대한 관찰 가능한 응답 수를 계산하여 측정하는 것

학습의 습득단계(acquisition stage of learning) 아동이 새로운 기술이나 지식을 습득하는 초기 단계로서 교사의 피드백은 아동 반응의 정확도나 형태에 초점을 맞추어야 함. 학습의 연습단계와 비교

학습의 연습단계(practice stage of learning) 학생은 새로운 기술의 수행 방법을 학습한 후에 그 기술의 유창성을 발달시켜야 함. 연습 단계 동안의 피드백은 학생이 기술을 바르게 수행하는 비율이나 속도를 강조해야 함. 학습의 습득단계와 비교해볼 것

학습장애(learning disabilities) 듣기, 말하기, 읽기, 쓰기, 추리 혹은 수학 능력을 습득하는 데 심한 어려움을 보이는 이질적인 장애군을 지칭하는 일반적인 용어(NJCLD, 2016)

핸디캡(handicap) 장애를 가진 개인이 환경과 상호작용하면서 직면하게 되는 문제 또는 손상. 장애로 인해 특정한 어떤 환경에서 핸디캡을 가질 수 있지만 다른 환경에서는 그렇지 않을 수 있음

행동관찰 청력검사(behavior observation audiometry) 영·유아가 머리를 돌리든지 또는 노는 행동을 중단하는 등의 반응이 신뢰할 만하게 관찰될 때까지 강도를 높여가며 소리를 제시하여 측정하는 청력 검사 방법

행동 유인(behavior trap) 효과적인 행동 유인은 다음과 같은 네 가지 특징을 가짐. (1) 학생들이 행동 유인에 빠져들도록 유인하는 저항할 수 없는 강력한 강화로 구성, (2) 학생의 행동 레퍼토리에 이미 들어 있어 힘을 많이 들이지 않아도 행동이 발생되는 반응들을 포함, (3) 일단 학생이 행동 유인에 들어오면, 학생은 목표로 하는 교과기술이나 사회성 기술을 습득하고 유지하게 하는 상호연관된 강화들로 인하여 행동을 하려는 동기를 얻게 됨, (4) 행동 유인에 포함되는 강화들은 거의 포화상황에 이르는 경우가 없기 때문에 비교적 장기적으로 효과가 있음(Cooper et al.,

2020, p. 740 참조).

행동의 기능평가(functional behavior assessment, FBA) 문제행동의 목적(기능)에 대한 정보를 모으는 체계적인 과정으로 수집된 정보를 통해 중재를 설계함. FBA의 세 가지 기본 형태는 간접 평가(중요한 개인들과의 구조화된 인터뷰), 직접적 기술평가(체계적 관찰), 기능분석. 기능분석 참조

행동중재계획(behavioral intervention plan, BIP) 학생의 문제행동 발생을 예방하거나 중재하기 위하여 구체적인 기법이나 절차로 구성된 계획으로서, 주로 행동의 기능평가의 결과에 따라서 구성. 행동적인 문제로 인하여 교육수행에 부정적인 영향을 받는 모든 장애학생들을 대상으로 만들어져 그들의 개별화 교육프로그램(IEP)에 포함되어야 함

헤르츠(hertz, Hz) 매초에 1사이클에 해당하는 소리 주파수의 단위로 소리의 고저, 즉 음조(pitch)를 측정하는 데 사용됨

형성평가(formative assessment) 학생의 수행이나 학습에 대한 지속적인 평가로서 교수를 더 효과적으로 수정하기 위해 사용됨

형태론(morphology) 언어에서 의미를 전달하는 기본 단위가 어떻게 단어로 조합되는지에 관한 것

형태소(morphemes) 의미를 전달하는 언어의 최소 단위

화용론(pragmatics) 의사소통 맥락에서 언어가 어떻게 사용되는지를 관장하는 규칙

황반 변성(macular degeneration) 망막의 중심 부위가 퇴화하여 세밀한 것을 잘 볼 수 없게 됨

후천성 면역결핍증후군(acquired immune deficiency syndrome, AIDS) 체내의 면역체계를 파괴하는 치명적인 병으로서 현재까지 이에 대한 치료법이나 예방법이 개발되지 않았음. 인간면역결핍바이러스 참조

<hr>

기타

1차 예방(primary prevention) 모든 사람을 대상으로 위험 요인을 제거하거나 중화하여 장애가 발생하지 않도록 설계된 중재

2차 예방(secondary prevention) 존재하는 위험요소의 영향을 제거하거나 감소시키기 위한 중재. 특정 위험요소에 노출되거나 위험요소를 나타내는 개인을 대상으로 함

3차 예방(tertiary prevention) 특정 조건이나 장애의 영향을 최소화하기 위해 고안된 중재. 장애인에게 초점을 맞춘 것

ABC 기록법(ABC recording) 행동의 기능평가에서 직접 관찰의 한 형태로 많이 사용되는 방법. 자연적인 상황에서 행동이 발생했을 때 관심을 가진 목표행동과 그 행동의 선행사건 및 후속결과를 서술적 순서에 따라 관찰하여 기록함

참고문헌

AAIDD Ad Hoc Committee on Terminology and Classification. (2010). *Intellectual disability: Definition, classification, and systems of supports* (11th ed.). American Association on Intellectual and Developmental Disabilities.

Abrams, B. J. (2005). Becoming a therapeutic teacher for students with emotional and behavioral disorders. *Teaching Exceptional Children, 38*(2), 40–45.

Achenbach, T. M. (2020). *The Achenbach System of Empirically Based Assessment (ASEBA).* http://www.aseba.org.

Adams, C. M., & Pierce, R. L. (2014). Science. In J. A. Plucker & C. M. Callahan (Eds.), *Critical issues and practices in gifted education: What the research says.* Prufrock Press.

ADHD Parents Medication Guide. (2013). Joint publication of the American Academy of Child and Adolescent Psychiatry and the American Psychiatric Association. https://www.psychiatry.org/patients-families/adhd/what-is-adhd

Adrian, M., McCauley, E., Berk, M. S., Asarnow, J. R., Korslund, K., Avina, C., Gallop, R., & Linehan, M. M. (2019). Predictors and moderators of recurring self-harm in adolescents participating in a comparative treatment trial of psychological interventions. *Journal of Child Psychology and Psychiatry, 60*(10), 1123–1132.

Agran, M., & Krupp, M. (2011). Providing choice making in employment programs: The beginning or end of self-determinations? *Education and Training in Autism and Developmental Disabilities, 46*(4), 565–575.

Agran, M., Blanchard, C., Wehmeyer, M., & Hughes, C. (2002). Increasing problem-solving skills of students with developmental disabilities participating in general education. *Remedial and Special Education, 23*, 279–288.

Agran, M., Hong, S., & Blankenship, K. (2007). Promoting the self-determination of students with visual impairments: Reducing the gap between knowledge and practice. *Journal of Visual Impairment and Blindness, 101*, 453–464.

Agran, M., Hughes, C., Thoma, C. A., & Scott, L. A. (2016). Employment social skills: What skills are really valued? *Career Development and Transition for Exceptional Individuals, 39*(2), 111–120.

Ahearn, W. H. (2010). What every behavior analyst should know about the "MMR causes autism" hypothesis. *Behavior Analysis in Practice, 3*(1), 46–52.

Al Otaiba, S. (2001). IRA outstanding dissertation award for 2001: Children who do not respond to early literacy instruction: A longitudinal study across kindergarten and first grade [Abstract]. *Reading Research Quarterly, 36*, 344–345.

Al-Hassan, S., & Gardner, R., III. (2002). Involving immigrant parents of students with disabilities in the educational process. *Teaching Exceptional Children, 35*(2), 52–58.

Alawad, H., & Musyoka, M. (2018). Examining the effectiveness of fingerspelling in improving the vocabulary and literacy skills of deaf students. *Creative Education, 9*, 456–468.

Alber, S. R., & Heward, W. L. (1996). "GOTCHA!" Twenty-five behavior traps guaranteed to extend your students' academic and social skills. *Intervention in School and Clinic, 31*, 285–289.

Alber, S. R., Nelson, J. S., & Brennan, K. B. (2002). A comparative analysis of two homework study methods on elementary and secondary school students' acquisition and maintenance of social studies content. *Education and Treatment of Children, 26*,

literacy strategies for content comprehension in inclusive classrooms (pp. 125–140). Paul H. Brookes Company.

Alber-Morgan, S. R. (2010). *Using RTI to teach literacy to diverse learners, K–8.* Corwin.

Alber-Morgan, S. R., Helton, M. R., Oif, A., & Konrad, M. (2019). Adapt curriculum tasks and materials for specific learning goals. In J. McLeskey, L. Maheady, B. Billingsley, M. Brownell, & Tim Lewis (Eds.), *HLPs for inclusive classrooms.* Routledge.

Alber-Morgan, S. R., Ramp, E. M., Anderson, L. L., & Martin, C. M. (2007). The effects of repeated readings, error correction, and performance feedback on the fluency and comprehension of middle school students with behavior problems. *Journal of Special Education, 41*, 17–30.

Alberto, P. A., & Fredrick, L. D. (2000). Teaching picture reading as an enabling skill. *Teaching Exceptional Children, 33*(6), 60–64.

Aldrich, F. K., & Parkin, A. J. (1989). Listening at speed. *British Journal of Visual Impairment, 7*(1), 16–18.

Ali, Z. (2001). Pica in people with intellectual disability: A literature review of etiology, epidemiology and complications. *Journal of Intellectual and Developmental Disability, 26*, 205–215.

Allday, R. A., Hinkson-Lee, K., Hudson, T, Neilsen-Gatti, S., Kleinke, A., & Russel, C. S. (2012). Training general educators to increase behaviour-specific praise: Effects on students with EBD. *Behavioral Disorders, 37*, 87–98.

Allen, K. E., Hart, B. M., Buell, J. S., Harris, F. R., & Wolf, M. M. (1964). Effects of social reinforcement on isolate behavior of a nursery school child. *Child Development, 35*, 511–518.

Allman, C. B., & Lewis, S. (2014). *ECC Essentials: Teaching the expanded core curriculum to students with visual impairments.* American Printing House for the Blind.

Graham, S., & Harris, K. R. (2018). An examination of the design principles underlying a self-regulated strategy development study based on the writers in community model. *Journal of Writing Research, 10*, 139–187.

Kim, Y., Park, C., & Park, Y. (2015). Dimensions of discourse-level oral language skills and their relations to reading comprehension and written composition: An exploratory study. *Reading and Writing: An Interdisciplinary Journal, 28*, 633–654.

Williams, M. E., Atkins, M., & Soles (2009). Assessment of Autism in Community Settings: Discrepancies in classification. Journal of Autism and Developmental Disorders, 39, 660–669.

Alper, S., & Raharinirina, S. (2006). Assistive technology for individuals with disabilities: A review and synthesis of the literature. *Journal of Special Education Technology, 21*, 47.

Alphonso, V. C., & Flanagan, D. P. (2018). *Essentials of specific learning disability identification* (2nd ed.). Wiley.

Alsalamah, A. (2017). Use of the self-monitoring strategy among students with attention deficit hyperactivity disorder: A systematic review. *Journal of Education and Practice, 8*, 118–125.

Alves, K. D., Kennedy, M. J., Brown, T. S., & Solis, M. (2015). Story grammar instruction with third and fifth grade students with learning disabilities and other struggling readers. *Learning Disabilities: A Contemporary Journal,13*(1), 73–93.

American Academy of Pediatrics. (2011). ADHD: Clinical practice guideline for the diagnosis, evaluation, and treatment of attention-deficit/hyperactivity disorder in children and adolescents. *Pediatrics, 128*, 1007–1022.

찾아보기

| 옮긴이 |

김진호
미국 밴더빌트대학교 지적장애 전공(철학박사)
현 순천향대학교 특수교육과 교수

박재국
일본 츠쿠바대학교 특수교육학 전공(교육학박사)
현 부산대학교 특수교육과 교수

방명애
미국 미시간주립대학교 자폐성장애/정서행동장애 전공(철학박사)
현 우석대학교 특수교육과 교수

서효정
미국 캔자스대학교 특수교육학 전공(철학박사)
현 공주대학교 특수교육과 부교수

유은정
대구대학교 언어/청각장애교육 전공(문학박사)
현 인제대학교 특수교육과 교수

이효신
대구대학교 정서행동장애교육 전공(문학박사)
현 대구대학교 유아특수교육과 교수

한경근
미국 일리노이대학교 중도중복장애교육 전공(철학박사)
현 단국대학교 특수교육과 교수